解放军和武警部队院校招生
文化科目统考复习参考教材
(适用于大学毕业生士兵提干推
荐对象、优秀士兵保送入学对象)

综合知识与能力
(上册)

军考教材编写组　编

国防工业出版社

·北京·

内 容 简 介

本书是解放军和武警部队院校招生文化科目统考复习参考教材的综合知识与能力分册,供大学生士兵提干推荐对象和优秀士兵保送入学对象复习使用。本书以《2019年从优秀士兵中选拔干部综合知识考试大纲》为依据,以广大考生复习考试的实际需要为目标而编写的。

图书在版编目(CIP)数据

解放军和武警部队院校招生文化科目统考复习参考教材. 综合知识与能力/军考教材编写组编. —北京:国防工业出版社,2019.4
 ISBN 978-7-118-11846-9

Ⅰ.①解… Ⅱ.①军… Ⅲ.①课程—军事院校—入学考试—自学参考资料 Ⅳ.①E251.3 ②G723.4

中国版本图书馆 CIP 数据核字(2019)第 055120 号

※

国防工业出版社出版发行

(北京市海淀区紫竹院南路23号 邮政编码100048)
天津嘉恒印务有限公司印刷
新华书店经售

*

开本 787×1092 1/16 印张 23¾ 字数 1159 千字
2019 年 4 月第 1 版第 1 次印刷 印数 1—2000 册 定价 138.00 元

(本书如有印装错误,我社负责调换)

国防书店:(010)88540777 发行邮购:(010)88540776
发行传真:(010)88540755 发行业务:(010)88540717

前　言

　　应广大考生要求,军队院校招生主管部门组织专家组编写了《解放军和武警部队院校招生文化科目统考复习参考教材》,这套教材包括高中毕业生[含同等学力]士兵适用的《语文》《数学》《英语》《政治》《物理》《化学》,大专毕业生士兵适用的《语言综合》《科学知识综合》《军政基础综合》,大学毕业生士兵提干推荐对象和优秀士兵保送入学对象适用的《综合知识与能力》。

　　这套教材是军队院校招生考试唯一指定的复习参考教材,内容紧扣2019年解放军和武警部队院校招生文化科目统一考试大纲,科学编排知识框架,合理设置练习讲解,确保了复习内容的科学性、针对性和实用性。同时,这套教材的电子版可在强军网"军队院校招生信息网"(http://www.zsxxw.mtn)免费下载使用。

　　这套教材的编审时间非常紧张,具体内容难免有不当之处,如对书中内容有疑问,请通过强军网邮箱(qjzsb@www.zsxxw.mtn)及时反馈。

军考教材编写组
2019年3月

说 明

本书依据《2019年从优秀士兵中选拔干部综合知识考试大纲》明确的考试范围编写而成，是2019年大学生士兵提干推荐对象和优秀士兵保送入学对象参加从优秀士兵中选拔干部综合知识考试的复习参考教材。

本书包括五部分内容：军事知识、基本常识、分析推理、综合能力和政治知识。每部分除主体内容外均包括考试大纲和综合练习题（含参考答案及解析），同时主体内容的各个章节也包含了大量的例题分析。

本书在最后收录了"2018年从优秀士兵中选拔干部军事职业能力考核优秀士兵保送入学对象综合知识与能力考试试题"和"2018年从优秀士兵中选拔干部军事职业能力考核大学毕业生士兵提干推荐对象综合知识与能力考试试题"，并附有标准答案和答题卡，供考生全面了解考试形式和内容并模拟练习。

感谢国防大学李国亭教授和战略支援军航天工程大学赵祖明教授在百忙之中审定本书，并给予指导，提出宝贵意见和建议！在本书的编写过程中，得到国防工业出版社崔晓莉主任和尹艳编辑等老师的大力支持和帮助，在此表示衷心的感谢！由于时间紧，任务急，难免有不足和疏漏之处，敬请读者批评指正。

编者

2019年2月

目 录

第一部分 军事知识 ··· 1

考试大纲 ·· 1

第一章 军事思想综述 ··· 3
一、军事思想概述 ··· 3
二、军事思想发展概况 ··· 3
三、无产阶级军事思想与资产阶级军事思想的联系和区别 ···································· 6
例题分析 ··· 8

第二章 党的军事指导理论 ··· 9
一、党的军事指导理论概述 ··· 9
二、毛泽东军事思想 ·· 9
三、邓小平新时期军队建设思想 ··· 14
四、江泽民国防和军队建设思想 ··· 16
五、胡锦涛国防和军队建设思想 ··· 17
六、习近平强军思想 ··· 18
例题分析 ·· 22

第三章 中国古代军事思想 ··· 25
一、古代经典兵法著作 ··· 25
二、其他经典著作中的军事思想 ··· 38
三、重要历史人物的军事思想 ·· 42
例题分析 ·· 47

第四章 世界主要大国军事思想 ·· 50
一、外国经典军事著作 ··· 50
二、世界主要国家军事思想 ··· 56
例题分析 ·· 65

第五章 美、俄国防体制与海军情况 ··· 68
一、美国国防体制 ··· 68
二、美国海军 ··· 69
三、俄罗斯国防体制 ·· 72
四、俄罗斯海军 ·· 73
例题分析 ·· 74

第六章 中国人民解放军军史与战史 ··· 76

一、土地革命战争时期 76
二、抗日战争时期 78
三、解放战争时期 80
四、社会主义革命和建设时期 83
五、全面建设社会主义时期 85
六、"文化大革命"时期 86
七、社会主义现代化建设新时期 87
例题分析 88

第七章 第二次世界大战
一、第二次世界大战起因 93
二、第二次世界大战前奏 94
三、第二次世界大战全面爆发 94
四、第二次世界大战进程 95
五、第二次世界大战结局 104
六、第二次世界大战的影响和特点 106
例题分析 106

第八章 冷战时期局部战争和事件
一、朝鲜战争 109
二、中东战争 112
三、越南战争 117
四、马尔维纳斯群岛战争 121
五、古巴导弹危机 123
六、两伊战争 126
例题分析 129

第九章 冷战后局部战争
一、海湾战争 131
二、科索沃战争 136
三、阿富汗战争 142
四、伊拉克战争 145
例题分析 148

第十章 军事高技术
一、军事高技术概述 154
二、军事高技术应用 155
例题分析 181

第十一章 军事地理
一、军事地理和军事地理学 184
二、中国的军事地理形势 186
三、中国的自然地理条件 187

第十二章 军事地形 191

一、地形的概念和分类 ·· 191
　　二、地形的军事意义 ·· 191
　　三、各类地形对作战行动的影响 ·· 192
　　四、地形图的识别 ·· 195
　　五、海图的基本知识 ·· 196
　　六、航空图的基本知识 ··· 200

第十三章　近期国内外军情 ·· 203
　　一、军事战略与作战理论 ·· 203
　　二、装备动态 ··· 207
　　三、体制编制 ··· 210
　　四、军事演习与作战行动 ·· 213
　　五、非战争军事行动 ·· 222
　　例题分析 ··· 225

第十四章　综合练习 ·· 227
　　一、综合练习 ··· 227
　　二、参考答案及解析 ·· 233

第二部分　基本常识 ·· 237

考试大纲 ·· 237
第一章　历史 ·· 238
　　一、中国古代史 ·· 238
　　二、中国近现代史 ··· 240
　　三、世界古代史 ·· 247
　　四、世界近现代史 ··· 248
　　例题分析 ··· 252

第二章　法律 ·· 253
　　一、宪法 ··· 253
　　二、行政法 ·· 256
　　三、刑法 ··· 257
　　四、民法 ··· 260
　　例题分析 ··· 262

第三章　管理 ·· 264
　　一、管理学概述 ·· 264
　　二、计划 ··· 264
　　三、组织 ··· 266
　　四、领导 ··· 269
　　五、控制 ··· 271
　　例题分析 ··· 272

第四章　经济 ·· 273
　　一、社会主义市场经济体制 ··· 273

二、微观经济 ··· 275
　　三、宏观经济 ··· 278
　　四、国际经济 ··· 279
　　例题分析 ··· 282
第五章　文学 ··· 284
　　一、中国文学 ··· 284
　　二、外国文学 ··· 288
　　例题分析 ··· 291
第六章　艺术 ··· 292
　　一、音乐 ··· 292
　　二、舞蹈 ··· 293
　　三、影视 ··· 294
　　四、美术、书法 ·· 296
　　五、戏剧、曲艺 ·· 297
　　六、杂技、民间文艺 ··· 298
　　七、建筑艺术 ··· 299
　　例题分析 ··· 299
第七章　自然 ··· 301
　　例题分析 ··· 306
第八章　地理、环境 ·· 308
　　一、中国地理 ··· 308
　　二、世界地理 ··· 310
　　三、环境保护 ··· 312
　　例题分析 ··· 313
第九章　科学技术 ··· 314
　　一、科技发展史 ·· 314
　　二、天文、航空航天 ··· 314
　　三、生物、农业 ·· 316
　　四、核技术 ··· 317
　　五、计算机、信息技术 ··· 317
　　例题分析 ··· 322
第十章　综合练习,参考答案及解析 ·· 323
　　一、综合练习题 ·· 323
　　二、参考答案及解析 ··· 325

第三部分　分析推理 ··· 328

考试大纲 ··· 328
第一章　数学运算 ·· 329
　　一、数列问题 ··· 330
　　二、比较大小 ··· 330
　　三、数的整除 ··· 330

四、和差倍比问题 …………………………………………………………………… 331
五、行程问题 ………………………………………………………………………… 331
六、工程问题 ………………………………………………………………………… 332
七、集合问题 ………………………………………………………………………… 333
八、几何问题 ………………………………………………………………………… 333
九、排列组合问题 …………………………………………………………………… 334
十、概率问题 ………………………………………………………………………… 334
十一、统筹问题 ……………………………………………………………………… 335
十二、推理问题 ……………………………………………………………………… 336
十三、利润问题 ……………………………………………………………………… 337
十四、分段计算问题 ………………………………………………………………… 337
十五、浓度问题 ……………………………………………………………………… 338

第二章 数字推理 …………………………………………………………………… 339

一、等差数列 ………………………………………………………………………… 339
二、等比数列 ………………………………………………………………………… 340
三、平方数列 ………………………………………………………………………… 341
四、立方数列 ………………………………………………………………………… 341
五、混合幂数列 ……………………………………………………………………… 342
六、分式数列 ………………………………………………………………………… 343
七、无理式数列 ……………………………………………………………………… 344
八、组合数列 ………………………………………………………………………… 344
九、和递推数列 ……………………………………………………………………… 345
十、积递推数列 ……………………………………………………………………… 345
十一、倍数递推数列 ………………………………………………………………… 346
十二、图表中的数字推理 …………………………………………………………… 346

第三章 图形推理 …………………………………………………………………… 348

一、图形种类问题 …………………………………………………………………… 348
二、交点个数问题 …………………………………………………………………… 349
三、笔画数问题 ……………………………………………………………………… 349
四、一笔画问题 ……………………………………………………………………… 350
五、封闭区域个数问题 ……………………………………………………………… 350
六、图形旋转问题 …………………………………………………………………… 351
七、图形翻转问题 …………………………………………………………………… 352
八、图形求同问题 …………………………………………………………………… 352
九、图形叠加问题 …………………………………………………………………… 353
十、去异存同问题 …………………………………………………………………… 353
十一、去同存异问题 ………………………………………………………………… 354
十二、图形折叠问题 ………………………………………………………………… 354
十三、图形展开问题 ………………………………………………………………… 355
十四、轴对称问题 …………………………………………………………………… 355
十五、中心对称问题 ………………………………………………………………… 355

十六、综合图形问题 ………………………………………………………… 356
　第四章　逻辑判断 …………………………………………………………… 357
　　一、分析推理型 …………………………………………………………… 357
　　二、代入推理型 …………………………………………………………… 358
　　三、削弱推理型 …………………………………………………………… 359
　　四、支持推理型 …………………………………………………………… 360
　　五、假设推理型 …………………………………………………………… 360
　　六、解释推理型 …………………………………………………………… 361
　第五章　定义判断 …………………………………………………………… 363
　　例题分析 …………………………………………………………………… 364
　第六章　类比推理 …………………………………………………………… 367
　　一、两项类比推理 ………………………………………………………… 368
　　二、三项类比推理 ………………………………………………………… 369
　　三、对应类比推理 ………………………………………………………… 370
　第七章　资料分析 …………………………………………………………… 371
　　一、文字资料分析型 ……………………………………………………… 373
　　二、表格资料分析型 ……………………………………………………… 376
　　三、图形资料分析型 ……………………………………………………… 379
　第八章　言语理解 …………………………………………………………… 382
　　一、题型概述 ……………………………………………………………… 382
　　二、知识要点 ……………………………………………………………… 382
　　三、基本题型 ……………………………………………………………… 391
　　四、解题方法 ……………………………………………………………… 392
　　五、例题解析 ……………………………………………………………… 394
　第九章　综合练习 …………………………………………………………… 414

第四部分　综合能力 ……………………………………………………………… 425
　第一章　综合能力考试概要 ………………………………………………… 425
　　一、大纲要求 ……………………………………………………………… 425
　　二、综合能力考试的目标 ………………………………………………… 425
　　三、综合能力考试特点 …………………………………………………… 426
　　四、综合能力考试的作答步骤与注意事项 ……………………………… 427
　第二章　归纳概括与综合分析类试题 ……………………………………… 432
　　一、含义 …………………………………………………………………… 432
　　二、能力考查重点 ………………………………………………………… 432
　　三、作答基本要求 ………………………………………………………… 432
　第三章　贯彻执行与提出对策类试题 ……………………………………… 436
　　一、含义 …………………………………………………………………… 436
　　二、能力考查重点 ………………………………………………………… 436
　　三、作答基本要求 ………………………………………………………… 436
　第四章　强化练习 …………………………………………………………… 444

一、习题 ·· 444
　　二、参考答案 ·· 453

第五部分　政治知识 ··· 458

第一单元　考试大纲 ··· 458
第二单元　马克思主义哲学常识 ·· 460
第一章　物质和意识 ··· 460
　　第一节　世界的物质性 ·· 460
　　第二节　物质和运动 ··· 462
　　第三节　物质存在的时间和空间形式 ·· 463
第二章　联系与发展 ··· 465
　　第一节　物质世界的普遍联系 ··· 465
　　第二节　物质世界运动发展的规律性 ·· 465
第三章　实践与认识 ··· 472
　　第一节　实践是认识的基础 ·· 472
　　第二节　认识的辩证过程 ··· 473
　　第三节　认识的真理性及其检验标准 ·· 475
第四章　社会的存在和发展 ··· 477
　　第一节　两种社会历史观 ··· 477
　　第二节　社会基本矛盾及其运动规律 ·· 479
　　第三节　社会发展的动力 ··· 481
　　第四节　人民群众和个人在社会历史中的地位和作用 ··································· 483
　　典型例题 ·· 485

第三单元　政治常识 ··· 490
第一章　习近平新时代中国特色社会主义思想 ·· 490
　　第一节　习近平新时代中国特色社会主义思想的丰富内涵 ···························· 490
　　第二节　习近平新时代中国特色社会主义思想的重大意义 ···························· 491
第二章　当代中国发展的历史方位 ··· 493
　　第一节　中国特色社会主义进入新时代 ·· 493
　　第二节　新时代我国社会的主要矛盾 ·· 496
　　第三节　新时代中国共产党的历史使命 ·· 497
第三章　坚持和发展中国特色社会主义的总任务 ··· 500
　　第一节　社会主义本质及其根本任务 ·· 500
　　第二节　近代以来中华民族最伟大的梦想 ··· 501
　　第三节　全面建成小康社会 ·· 504
　　第四节　全面建成社会主义现代化强国 ·· 505
第四章　全面深化改革 ·· 507
　　第一节　全面深化改革的重大意义 ··· 507

第二节　全面深化改革的总目标和主要内容 ……………………………… 507
第五章　建设中国特色社会主义政治 …………………………………………… 509
　　第一节　中国特色社会主义政治发展道路 ……………………………… 509
　　第二节　全面依法治国 ……………………………………………………… 511
　　第三节　爱国统一战线 ……………………………………………………… 513
第六章　建设中国特色社会主义文化 …………………………………………… 515
　　第一节　中国特色社会主义文化发展道路 ……………………………… 515
　　第二节　培育和践行社会主义核心价值观 ……………………………… 516
第七章　建设社会主义和谐社会 ………………………………………………… 518
　　第一节　保障和改善民生 ………………………………………………… 518
　　第二节　加强和创新社会治理 …………………………………………… 519
　　第三节　坚持总体国家安全观 …………………………………………… 520
第八章　建设社会主义生态文明 ………………………………………………… 522
　　第一节　建设美丽中国的总体要求 ……………………………………… 522
　　第二节　建设美丽中国的重点任务 ……………………………………… 522
第九章　坚持"一国两制"，实现祖国完全统一 ………………………………… 524
　　第一节　坚持"一国两制"和推进祖国统一的方针原则 ……………… 524
　　第二节　推进香港、澳门"一国两制"成功实践行稳致远 …………… 525
　　第三节　推动两岸关系和平发展、推进祖国和平统一进程 ………… 526
第十章　当代国际社会与中国特色大国外交 …………………………………… 528
　　第一节　当代国际社会概况 ……………………………………………… 528
　　第二节　和平与发展的时代主题 ………………………………………… 530
　　第三节　构建人类命运共同体 …………………………………………… 530
第十一章　中国特色社会主义事业的领导核心 ………………………………… 533
　　第一节　办好中国的事情关键在党 ……………………………………… 533
　　第二节　坚持党对一切工作的领导 ……………………………………… 535
　　第三节　坚持全面从严治党 ……………………………………………… 536
　　典型例题 …………………………………………………………………… 539

第四单元　经济常识 …………………………………………………………… 548
第一章　商品和货币 ……………………………………………………………… 548
　　第一节　商品 ……………………………………………………………… 548
　　第二节　货币 ……………………………………………………………… 549
　　第三节　商品的价格 ……………………………………………………… 551
第二章　社会主义初级阶段的基本经济制度和分配制度 ……………………… 553
　　第一节　社会主义初级阶段的基本经济制度 …………………………… 553
　　第二节　社会主义初级阶段的分配制度 ………………………………… 555
第三章　建设现代化经济体系 …………………………………………………… 558
　　第一节　创新、协调、开放、绿色、共享的发展理念 ………………… 558

第二节　建设现代化经济体系的主要任务 ································· 560

第四章　对外开放的社会主义经济 ··· 562
　　第一节　经济全球化带来的机遇和挑战 ································· 562
　　第二节　形成全面开放新格局 ··· 564
　　典型例题 ··· 566

第五单元　思想道德修养与法律基础常识 ····································· 570

第一章　树立正确的人生观、价值观 ··· 570
　　第一节　人生和人生观 ··· 570
　　第二节　人的价值和人生价值观 ······································· 572

第二章　理想信念是人生的精神支柱 ··· 580
　　第一节　理想信念的本质 ··· 580
　　第二节　架起通往理想彼岸的桥梁 ····································· 582

第三章　爱国主义是新时代革命军人的精神支柱 ······························· 586
　　第一节　爱国主义与民族精神 ··· 586
　　第二节　做爱国主义的新时代革命军人 ································· 587

第四章　法律常识 ··· 590
　　第一节　法的基本理论 ··· 590
　　第二节　宪法 ··· 594
　　第三节　一般违法行为和行政制裁 ····································· 598
　　第四节　犯罪和刑罚 ··· 601
　　典型例题 ··· 604

第六单元　国防和军队建设常识 ··· 608

第一章　人民军队历史与光荣传统 ··· 608
　　第一节　人民军队的光辉历程 ··· 608
　　第二节　人民军队的历史功勋 ··· 611
　　第三节　人民军队从胜利走向胜利的传家法宝 ··························· 612

第二章　把人民军队全面建成世界一流军队 ··································· 615
　　第一节　人民军队在中国特色强军之路上迈出坚定步伐 ··················· 615
　　第二节　牢固确立习近平强军思想在国防和军队建设中的指导地位 ········· 616
　　第三节　在新的历史起点上全面推进国防和军队现代化 ··················· 619

第三章　坚持党对军队绝对领导 ··· 621
　　第一节　党对军队绝对领导的根本原则和制度 ··························· 621
　　第二节　军委主席负责制是党对军队绝对领导的最高实现形式 ············· 622
　　第三节　坚决听从党中央、中央军委和习主席指挥 ······················· 623

第四章　全心全意为人民服务是我军的根本宗旨 ······························· 626
　　第一节　我军来自人民、依靠人民 ····································· 626
　　第二节　我军的历史是一部服务人民的壮丽史诗 ························· 627
　　第三节　永远做人民利益的忠实捍卫者 ································· 628

第五章　打仗和准备打仗是军人的天职 ·· 630
　　第一节　军队首先是一个战斗队 ··· 630
　　第二节　忠实履行战斗队的根本职能 ·· 631
第六章　培养有灵魂有本事有血性有品德的新时代革命军人 ····················· 633
　　第一节　培养"四有"新时代革命军人的重大意义 ······························ 633
　　第二节　有灵魂是新时代革命军人必备的理想抱负 ····························· 634
　　第三节　有本事是新时代革命军人必备的素质本领 ····························· 635
　　第四节　有血性是新时代革命军人必备的精神特质 ····························· 637
　　第五节　有品德是新时代革命军人必备的道德情操 ····························· 638
　　典型例题 ··· 639

第七单元　强化训练 645

马克思主义哲学常识 ·· 645
政治常识 ·· 651
经济常识 ·· 662
思想道德修养与法律基础知识 ··· 667
国防和军队建设知识要点 ·· 671

2018 年从优秀士兵中选拔干部军事职业能力考核
　　优秀士兵保送入学对象综合知识与能力考试试题 ···························· 677
2018 年从优秀士兵中选拔干部军事职业能力考核
　　大学毕业生士兵提干推荐对象综合知识与能力考试试题 ··················· 706

第一部分　军事知识

考试大纲

根据《2019 年从优秀士兵中选拔干部综合知识考试大纲》,从优秀士兵中选拔干部综合知识考试包括五个部分,其中第一部分是"军事知识"。大纲明确,此部分主要考核考生对军事基本理论和有关知识的掌握程度。主要包括军事思想、军事历史、军事高技术、军兵种知识、军事地理和军事地形学、近期国内外军情以及其他军事常识。

一、军事思想

了解中国古代、近代经典军事思想和世界主要国家军事思想,包括主要军事思想家的代表著作和主要观点,美、俄、日、印的国防体制和军队建设发展情况等;了解和掌握党的军事指导理论,主要包括毛泽东军事思想、邓小平新时期军队建设思想以及江泽民国防和军队建设思想、胡锦涛国防和军队建设思想、习近平强军思想等内容。

二、军事历史

了解和掌握中国人民解放军军史;了解第二次世界大战史;了解冷战期间世界各热点地区发生的重大局部战争和事件,包括朝鲜战争、中东战争、越南战争、马岛战争、两伊战争及古巴导弹危机等的基本情况与特点;了解冷战后世界局部战争与武装冲突,包括海湾战争、科索沃战争、阿富汗战争、伊拉克战争等高技术局部战争的基本情况与作战特点。

三、军事高技术

主要了解军事高技术的基本种类、特点、应用及其对作战行动的主要影响等。

四、军兵种知识

主要了解和掌握我军军兵种的概念、基本结构及主战装备的种类、性能、特点与运用等。

五、军事地理和军事地形学

了解军事地理和海洋法的基本知识,主要包括世界主要山脉、河流、海峡、水道、海区等军事地理基本知识和内水、领海、毗连区、专属经济区、大陆架、公海等海洋法相关基本概念;了解和掌握地形学知识,主要包括地形图的初步识别和基本运用。

六、近期国内外军情

跟踪了解近期国内外影响较大的军情,主要包括南海问题、台海局势、朝核问题、中东局势、国际反恐形势、美日和美韩同盟关系、美国亚太战略等军事热点情况;了解我军新一轮军队改革后的体制编制情况。

七、其他军事常识

了解和掌握共同条令;了解单兵战术基础与防护、军队基层管理的基本知识等。

第一章 军事思想综述

一、军事思想概述

军事思想是关于战争、军队和国防基本问题的理性认识。通常表现为国防与军队建设、战争准备与实施的指导理论和基本原则。它揭示了战争的本质、战争的基本规律、武装力量建设及其使用的一般原则,反映了从整体上研究军事问题的成果。军事思想是军事实践的经验总结,又给军事实践以理论指导,并接受军事实践的检验。

概括起来说,军事思想具有如下特点:第一,军事思想具有很强的实践性。军事思想是一种社会意识形态,产生于一定物质生产和战争实践的基础之上,同时受其他社会意识形态的制约和影响,并反过来影响和作用于其他社会意识形态的发展。第二,军事思想具有鲜明的阶级性。不同阶级所奉行或推崇的军事思想反映不同阶级对战争的不同认识和立场。第三,军事思想具有时代性。军事思想是一定历史发展阶段的产物,不同历史时期的军事思想具有不同的特征,这种特征往往最能反映当时的物质生产水平。第四,军事思想具有明显的继承性。战争的特性之一,是强制人们必须使自己的主观认识同客观实际相一致才能取胜,所以历史上所形成的许多军事原则、概念和范畴,都因其反映了军事斗争的共同规律而为后人所继承,并不断地得以丰富和发展。第五,军事思想具有创新性。社会生产力的不断提高和科学技术的不断进步,要求军事思想在继承历史上一切优秀遗产的基础上,不断地有所创新和发展。此外,民族和地理环境等因素也对军事思想的形成和发展产生影响,从而使军事思想具有多样性、共同性等特点。

军事思想的研究内容,包括战争观、军事问题认识论和方法论、战争指导思想、国防和军队建设思想等。还可以按照不同的时代、阶级、国家和人物来区分和确定军事思想研究的具体对象。

二、军事思想发展概况

军事思想作为一种社会形态,它是随着社会的发展、战争的发生而逐步形成、深化和发展的。

(一)古代军事思想

1. 奴隶制时期的军事思想

原始社会末期,随着生产力的发展和社会分工的产生,出现了私有财产,人类社会便进入了一个奴隶占有制度占统治地位的历史阶段。这时,原始社会居民的自发武装也开始演变为奴隶制国家机器的重要组成部分——军队,古代氏族或部落之间为求取生存而争夺天然环境的军事冲突开始演变为具有阶级对抗性质的战争。战争成为社会生活中的经常现象,对于战争的研究开始受到重视,反映对战争现象认识的军事思想也就开始萌芽。

中国在原始社会末期就有战争活动,如阪泉之战、涿鹿之战等。当时,战争双方为了打败对方,开始寻求巧妙的办法,如涿鹿之战中,黄帝就采用了后退诱敌策略,利用天候地形之利,以劣势兵力打败对手,从而打破了部落的界限,奠定了夏族定居中原的基础。

公元前21世纪至前8世纪,即中国的夏、商、西周时期,是中国奴隶制社会形成和发展时期,也是中国古代军事思想产生时期。这期间,发生过多次战争,其规模和影响较大的有夏商鸣条之战、商周牧野之战等。这些战争已经摆脱了原始部落时期在组织上的乌合之众和在战争中角力斗勇的状态,开始了谋略的运用。如在夏商鸣条之战中,成汤根据伊尹的建议,采取迂回作战切断敌之退路的作战思想,一举击败了夏桀王。在商周牧野之战中,周武王一面离间殷朝内部,一面争取中原及西南若干部落之拥护,造成了强大的反殷力量,为击败商纣王的军队创造了有利条件。

但此时,人们对于战争的认识还是处于初级阶段,还摆脱不了宗教的影响,如凭借神意攻击敌人,依靠天意实施指挥。这种以天命观指导战争为中心内容的军事思想一直影响着夏、商、周几个王朝的军事斗争。

公元前20世纪至公元2世纪,西亚、欧洲的一些奴隶制国家的军事思想开始产生并得到发展。公元前18世纪,古埃及人在与西克索人的战争中,学会了战车的使用。不久,战车成了当时大多数国家军队的主要突击力量,相应的车战战术思想(用战车打头阵撞击、碾压敌方士兵,冲垮敌方队形,追击退却之敌等)也随之产生,公元前7世纪,希腊创新了公元前30世纪苏美尔人的方阵作战队形,并建立了一套战术体制。公元前8世纪后半期,亚述国采用募兵制,第一次通过铁制兵器和骑兵的作用,使得军队的机动性大大增强,由此正面进攻、侧面迂回、机动包围、奇袭、偷袭等战术思想也应运而生。早在公元前10世纪,骑兵就开始协同步兵进行作战了。公元378年,哥特人以重骑兵战胜了曾称雄几个世纪的以步兵为主的罗马军团,引起了西亚、欧洲军队组织体制和军事思想的大转折,以至于以骑兵为军队主要成分的建军指导思想占了统治地位,骑兵在欧洲战场上称雄长达千年之久。

2. 封建时期的军事思想

公元前8世纪至前3世纪,即中国春秋战国时期,是中国由奴隶社会向封建社会转变的时期,也是中国历史上军事思想空前活跃的时期。

春秋时代,作战的方式以车战为主,步兵只是执行从属性的战术任务,编制上也附属于战车。到了战国时期,由于社会生产力的发展,各诸侯国普遍实行了募兵制和征兵制,士兵的成分变成了以农民为主。同时由于战争的频繁和规模的扩大,兵车受地形、道路的限制,已不能适应战争的需要,步兵因此迅速发展,并作为一个独立的兵种出现在战场上。步兵的兴起,把战场迅速扩大到了山林川泽地区,使军队的作战方式发生了重大变化。诸侯列国的统治者们,为了生存和争霸,迫切需要总结战争经验以指导战争实践,于是出现了百家争鸣、竞相立书的局面,军事理论开始成为一门专门学问而独立发展。这期间在军事思想方面较有建树的代表人物有孙武、孙膑、吴起、尉缭、司马穰苴等,著名兵书有《孙子兵法》《孙膑兵法》《吴子》《尉缭子》《司马法》等,其中《孙子兵法》不仅是中国现存最早的兵法,也是世界上现存最早的兵书,在中外军事学术史上占有重要地位。这些兵书总结了我国古代战争的经验,揭示了许多具有普遍意义的战争规律和指导规律。如"伐谋""伐交""不战而屈人之兵""知己知彼,百战不殆""修道而保法""道者,令民与上同意""内修文德,外治武备""教百姓而亲万民""战胜而强立"等,不仅是指导当时战争的方略,而且很多在今天仍有指导和借鉴意义。

5世纪至15世纪,是欧洲封建社会形成、发展时期。当时欧洲分割为许多封建小国,战争是由少量的军队进行的,其政治目的和规模都很有限,加之宗教神学、经院哲学对社会思想的禁锢，极大地阻碍了军事思想的发展。

公元前3世纪至公元19世纪，中国经历了秦、汉、晋、隋、唐、宋、元、明、清等王朝。这一时期，由于社会生产力的发展、科学技术的进步以及频繁的战争，军事思想得以进一步丰富和提高。在这一时期，出现了许多著名的思想家和将领，如韩信、曹操、诸葛亮、李靖、戚继光等。同时，产生了一批较有影响的兵书，如《三略》《李卫公问对》《阵纪》等。这些兵书在中国古代军事理论史上占有重要地位。《三略》较为广泛地论述了治军作战问题，其中还包含了许多安邦治国、统军驭将之政治试图，该书虽不及《孙子》那样博大精深，但也不乏真知灼见，含有较丰富的军事哲学思想。《李卫公问对》是中国封建社会中期一部较有影响的军事理论著作。它记录了唐太宗同李卫公对一些军事问题进行研究和讨论的内容。此书论题广泛，其中对"奇正"的阐述尤为突出。此外，对阵法布列、古代军制、兵学源流以及攻防关系、将领选拔等都提出了独到见解。宋神宗元丰三年，下诏颁布《孙子兵法》《吴子》《六韬》《司马法》《三略》《尉缭子》《李卫公问对》为《武经七书》，确立了兵书在封建社会的正统地位，对促进中国古代军事思想的发展起到了重要作用。

19世纪中期，由于中国封建社会政治腐败、经济落后，加之长期实行闭关锁国政策，以及后来沦为半殖民地半封建社会，军事思想处于停滞不前的状态。

（二）近代以来军事思想

1. 资产阶级军事思想

15世纪至16世纪，欧洲资本主义开始萌芽，中央集权国家开始形成。随着生产力的迅速发展，新的军事技术不断应用于频繁的战争。特别是火药火器技术使欧洲的作战开始由骑兵时代向步兵为主宰的时代过渡。火药火器逐步取代骑兵的冲击力，不仅对军队的组织体制、战斗队形等产生了影响，也使军事思想的内容发生了深刻的变化。意大利的《君主论》就是在这个时期问世的。该书提出，君主要巩固自己的权势，就必须专心致力于战争，切实掌握军事力量。这就是资产阶级军事思想的最早发端。

17世纪中期到18世纪末期，欧洲经济的迅速发展，推动着社会思想包括军事思想的不断变革和发展。频繁的战争，为军事著作的问世提供了条件。这一时期是资产阶级军事思想产生和形成的重要时期，出现了第一批有影响的资产阶级军事家和军事理论家。其中比较著名的有英国的亨利·劳埃德、法国的拿破仑、德国的克劳塞维茨、瑞士的约米尼等。亨利·劳埃德是第一个最有名的资产阶级军事思想代表人物，他阐述了许多具有一般意义的军事理论问题。他不仅承认军事科学存在，而且肯定"世界上没有比军事科学更难的科学"，提出必须按照战争所需要的一切来训练军队，军队统帅应利用对自由的追求、宗教的狂热、荣誉心等来激励自己的部属。这比封建时代的军事思想无疑前进了一大步。克劳塞维茨和约米尼从历史学和哲学的角度，在总结历史上各次重大战争，特别是法国大革命和拿破仑战争的基础上，对军事上的一些基本问题，进行了较为全面系统的分析和研究，撰写了对资产阶级军事思想具有奠基意义的理论名著《战争论》和《战争艺术》。《战争论》第一次深刻阐述了战争的实质和战争与政治的关系。《战争艺术》详细地论述了战争艺术所包括的内容，即政略、战略、大战术、小战术等，并认为进攻优于防御，主动权和精神因素在战争中具有重要意义。克敌制胜的唯一方法，就是在有决定意义的地点，投放主力同敌人决战，以闪电般的速度实施突击和追击。

19世纪中期到第二次世界大战时期，在军事领域出现了一些新的军事装备和技术兵器，产生了一些新军兵种，创造了一些新的作战样式和作战方式，从而使资产阶级军事思想得以进一步发展。

第二次世界大战后,世界形势发生了重大变化。社会生产力和科学技术突飞猛进,以核能、电子计算机和航天技术为标志的现代科学技术应用于军事领域。这些因素,给资产阶级军事思想注入了新的内容。其基本思想是:凭借先进的技术兵器,特别是以核威慑力量为后盾,保持必要的军事优势,扼制局部战争和地区冲突。

2. 无产阶级军事思想

19世纪中叶,马克思、恩格斯在创立共产主义学说的同时,研究和分析了军事和战争问题,对军事理论领域长期充斥着的宗教迷信、英雄史观、投机冒险、侥幸取胜等唯心主义观点进行了抨击。他们从总结战争历史经验入手,深刻地揭示了战争的本质和规律性,指出:战争只是人类社会发展的一定历史阶段的产物,是随着私有财产和阶级的产生而产生的。军队是统治阶级实现阶级统治的工具,军队的发展取决于社会物质的生产和经济形态。社会的物质条件、生产方式直接影响着军队的作战方式、编成、装备及其战略战术等。并预言由于资本主义工业的迅速发展,人数众多的常备军的出现,新式武器装备的发明和运用,战争形式和作战方式将不可避免地会发生显著变化,而这一发展变化,必将对军队指挥、作战指导提出新的更高的要求。他们还指出,战争的命运从根本上说决定于交战国的经济实力,决定于一个国家的民心士气。无产阶级要夺取政权,实行无产阶级专政必须建立自己的武装,在战场上争取到自身解放的权利。马克思、恩格斯的这些精辟论述,反映了军事斗争的客观规律,为无产阶级军事理论奠定了基础。列宁在领导苏联革命斗争中,继承和发展了马克思主义的军事思想,以阶级分析的观点深刻地阐明了战争的性质,并吸取了克劳塞维茨"战争是政治通过另一种手段的继续"的论点,揭示了战争的本质。他特别重视无产阶级军队的建设,并创立了无产阶级军队的建军原则。

以毛泽东为代表的中国共产党人在中国革命战争中所形成的具有中国特色的军事思想体系,是马列主义军事理论与中国革命具体实践相结合的产物,它极大地充实了无产阶级的军事思想。

三、无产阶级军事思想与资产阶级军事思想的联系和区别

无产阶级军事思想与资产阶级军事思想的联系和区别,主要表现在对战争的本质、研究战争的方法、人民群众在战争中的地位、武装力量的建设和战略战术的基础等问题的认识上。

(一)关于战争的本质问题

资产阶级军事思想对战争的本质有较深刻的认识。克劳塞维茨指出"战争无非是政治通过另一种手段的继续"。他的这一论断明确地把战争同政治联系了起来,在一定程度上反映了战争与政治的关系,从而使人们对战争本质的认识前进了一大步。无产阶级军事思想对克劳塞维茨这一论断给予极高的评价。

但是,克劳塞维茨并没有真正认识到战争的本质问题。他把政治看作是"整个社会的一切利益的代表",是国家与国家之间的关系,是政府的对外政策。这就否定了政治的阶级本质,抹杀了国内的阶级矛盾和阶级斗争。无产阶级军事思想根据历史唯物主义和辩证唯物主义的原理,在承认克劳塞维茨这一观点的同时,又给这一观点赋予了新的革命内容。马列主义认为,在阶级社会里,政治是代表一定阶级利益的,根本没有代表整个社会一切利益的政治。从这一点出发,无产阶级军事思想把阶级关系看作政治的主要内容,把战争紧紧地与阶级、阶级斗争联系在一起,这就使克劳塞维茨所命题的内涵发生了新的深刻变化。

（二）关于研究战争的方法问题

资产阶级军事思想与无产阶级军事思想都很重视研究战争的方法问题，并在具体方法上有许多相同的见解，主要反映在：

主张活用军事理论。克劳塞维茨认为，战争理论应该只是一种考察，只能确定思考的基本线索，只能作为行动的指南，不应该是死板的规定。这是因为战争的特点就在于它是一种活的反映，没有完全相同的两次战争。它的多样性极大，任何理论都不可能把种种情况包罗无遗。无产阶级军事思想认为，科学的军事理论对未来的战争固然具有十分重要的指导意义，但战争的规律不是一成不变的，任何军事理论都不能解决所有战争的全部实际问题。因此，研究与指导战争不应当死搬硬套军事理论，而应当坚持具体情况具体分析的原则，活用理论。

借鉴历史经验指导战争实践。克劳塞维茨认为，在军事艺术中，经验比哲理有更多的价值，光辉的战例是最好的教师，约米尼曾经把战史称为战争的学校。无产阶级军事思想认为，借鉴历史经验指导革命战争的实践，是研究战争的一个重要特点。

大胆探索未来战争的新理论。克劳塞维茨强调，战争理论要随着时代的变化而变化，各个时代有各个时代的战争，各次战争又各有其特有的限制条件和范围，因而不存在永恒的原则，没有无例外的规则。恩格斯指出："一旦技术上的进步可以用于军事目的并且已经用于军事目的，它们便立刻几乎强制地，而且往往是违反指挥官的意志而引起作战方式上的改变甚至变革。"

但是，由于无产阶级军事思想和资产阶级军事思想出自不同的历史观和认识论，因此在研究战争方法上存在着本质的不同。无产阶级军事思想认为，战争是私有制和阶级社会的产物，是阶级矛盾发展到一定阶段的最高斗争形式，它将随着阶级的消亡而消亡。而资产阶级军事思想则认为战争是人类生活中永恒的现象，是不可消灭的。

（三）关于人民群众在战争中的地位问题

无产阶级军事思想与资产阶级军事思想都重视人民群众在战争中的地位和作用。资产阶级军事思想大多主张发挥民众武装在战争中的作用。如克劳塞维茨认为，民众武装的出现，是战争过程扩大和增强的表现，善于运用民众武装的国家可以大大增强自己的力量，占有相对的优势；利德尔·哈特还专题论述了游击战。无产阶级军事思想认为人民群众不仅是创造世界历史的动力，而且是战争胜败的决定力量，并由此提出了"人民战争"的概念。

但是，资产阶级军事思想与无产阶级军事思想在依靠人民群众的目的上有着根本的区别。无产阶级最终是为了解放受剥削、受压迫的广大人民群众，消灭人剥削人、人压迫人的社会制度，实现共产主义社会。而资产阶级则是为了借用人民群众的力量维护资产阶级的利益。所以他们虽然也主张开展民众游击战争，但又惧怕民众广泛武装起来之后，危及资产阶级的统治，且在侵略者离去之后，很难恢复国家的"法律和秩序""很难重建一个安定的国家"，认为游击战的后果是危险的。

（四）关于武装力量的建设问题

资产阶级军事思想和无产阶级军事思想都十分肯定武装力量在武装斗争中具有重要的地位和作用。因此，二者就如何建设武装力量的问题，在许多方面有着共同的认识。主要反映在：发展生产力是改善军队体制编制、提高军队战斗力的前提；加强训练是提高军队战斗力的有效手段；严格纪律是军队战斗力的保证。

但是，资产阶级军事思想与无产阶级军事思想出于不同的阶级利益，对于建设一支什么样性质和职能的军队,在认识上是不同的。资产阶级军事思想通常认为,军队是超阶级的组织,与国家政治无关,军队应保持中立,不参与社会的政治。无产阶级军事思想家们论证了军队的本质及其在国家体系中的地位,指出了在阶级对抗的社会里,军队是作为经济上和政治上的统治阶级的特殊机构而产生并履行其职能的。因此,军队从来没有置身于政治之外。

（五）关于战略战术问题

战争所固有的特点和规律,以及长期以来战争实践的经验,使资产阶级军事思想与无产阶级军事思想就作战方法上的许多问题有相同的认识。这主要是:主张积极防御,反对消极防御;认为战略的奥妙在于集中兵力。然而,无产阶级军队的战略战术是建立在人民军队和人民战争这个基础之上的。无产阶级的军队由于有人民支持这个有利条件,因此,能依靠人民的力量进行人民战争,能机动灵活地运用种种战略战术。

例题分析

军事思想概述部分的题除了考核记忆的准确性外,通常综合性较强,需要将相关部分知识弄懂、吃透,做适当的提炼和总结。

【例题1】军事思想是关于战争与军队问题的具有根本性质的认识和看法。关于军事思想的特点,下列说法不正确的是(　　)。

　A. 军事思想是一种社会意识形态

　B. 军事思想具有时代性,不同历史时期的军事思想具有不同的特征

　C. 战争是客观存在的,对所有人产生的作用是一致的,所以军事思想没有阶级性可言

　D. 古人的经验可为现代战争提供指导,说明军事思想具有明显的继承性

解析:此题答案为C。军事思想具有鲜明的阶级性。不同阶级所奉行或推崇的军事思想反映不同阶级对战争的不同认识和立场。

【例题2】关于无产阶级军事思想和资产阶级军事思想的关系,下列说法错误的是(　　)。

　A. 关于战争的本质,资产阶级认为:"战争无非是政治通过另一种手段的继续"

　B. 无产阶级军事思想把阶级关系看作政治的主要内容,把战争紧紧地与阶级、阶级斗争联系在一起

　C. 无产阶级军事思想与资产阶级军事思想都重视人民群众在战争中的地位和作用

　D. 资产阶级军事思想与无产阶级军事思想不同的是,它认为发展生产力是改善军队体制编制、提高军队战斗力的前提

解析:此题答案为D。资产阶级军事思想对战争的本质有较深刻的认识。克劳塞维茨指出"战争无非是政治通过另一种手段的继续"。他的这一论断明确地把战争同政治联系了起来,在一定程度上反映了战争与政治的关系,从而使人们对战争本质的认识前进了一大步。无产阶级军事思想对克劳塞维茨这一论断给予极高的评价,但同时又根据历史唯物主义和辩证唯物主义的原理,给这一观点赋予了新的革命内容。无产阶级军事思想把阶级关系看作政治的主要内容,把战争紧紧地与阶级、阶级斗争联系在一起,这就使克劳塞维茨所提出的内涵发生了新的深刻变化。所以A和B是正确的,C的提法也是对的,D则是错误的。资产阶级军事思想和无产阶级军事思想都十分肯定武装力量在武装斗争中具有重要的地位和作用,二者就如何建设武装力量的问题,在许多方面有着共同的认识。主要反映在:发展生产力是改善军队体制编制、提高军队战斗力的前提;加强训练是提高军队战斗力的有效手段;严格纪律是军队战斗力的保证。

第二章 党的军事指导理论

一、党的军事指导理论概述

（一）党的军事指导理论的内涵

"党的军事指导理论"这一概念是胡锦涛同志2004年9月20日在中央军委扩大会议上的讲话中首先提出来的。党的军事指导理论包括毛泽东军事思想、邓小平新时期军队建设思想、江泽民国防和军队建设思想、党关于新形势下国防和军队建设思想，是一个一脉相承而又与时俱进的科学体系。党的军事指导理论回答和解决的是在不同的历史时期和阶段，军队的性质和方向、军队的职能和使命、军队建设和军事斗争的特点和规律等根本性问题，是思考、设计、运筹、布局国防建设、军队建设、军事斗争的战略思想、指导原则、战略方针等全局性问题。

（二）党的军事指导理论创新发展的主要内容

① 坚持马克思主义战争观，创新发展遏制战争、维护和平理论；② 适应党的历史任务调整，创新发展人民军队历史使命理论；③ 顺应国际、国内形势变化，创新发展国家安全战略理论；④ 满足党和国家事业发展要求，创新发展国防和军队建设科学发展理论；⑤ 着眼打赢未来战争，创新发展军事斗争准备指导理论。

二、毛泽东军事思想

1. 毛泽东军事思想的科学内涵

毛泽东军事思想的科学内涵具体表现在四个方面：① 毛泽东军事思想是马克思列宁主义普遍原理与中国革命和国防建设实际相结合的产物；② 毛泽东军事思想是中国人民革命战争和国防、军队建设实践经验的总结；③ 毛泽东军事思想是中国共产党人集体智慧的结晶；④ 毛泽东军事思想是毛泽东思想的重要组成部分。

毛泽东军事思想内容十分丰富，它主要包括人民军队、人民战争、人民战争的战略战术以及马克思主义的战争观方法论等，是一个完整的科学体系。马克思主义的战争观和研究战争、指导战争的认识论、方法论，是毛泽东军事思想的理论基础，是进行人民战争的基本依据。实行人民战争必须有一支坚强的人民军队作为骨干力量，人民军队也只有依靠人民群众，实行人民战争，才能生存和发展。以弱胜强、灵活机动的战略战术，是我军作战、训练的重要指导思想之一，它是建立在人民战争基础之上的，只有在人民战争的基础上，才能更有效地发挥其威力。

2. 毛泽东军事思想解决的重大课题

毛泽东军事思想指引我们党正确解决了在半殖民地半封建的旧中国进行新民主主义革命的历史条件下，建设无产阶级新型人民军队，实行人民战争，走以农村包围城市、最后夺取全国胜利的道路，以及取得全国政权后建立现代国防的重大课题。

3. 实行武装的革命，必须建立一支新型的人民军队

作为阶级斗争产物和阶级斗争工具的军队，是国家政权的重要组成部分。因此，要实现政权的更替，打碎旧的国家机器，建立新的国家机器，就必须用革命的武装去消灭反革命的武装。

在中国，武装斗争和建立革命军队有着极端的重要性。旧中国是一个半殖民地半封建的国家，内部受封建制度的压迫没有民主制度，外部受帝国主义的压迫没有民族独立，因此无议会可以利用，无组织工人举行罢工的合法权利，在大小、新旧军阀林立的情况下，离开了武装斗争，就没有无产阶级和共产党的地位，就不能完成任何的革命任务。武装的革命反对武装的反革命，是中国革命的一个特点。

建立一支新型的人民军队，实行武装的革命，是我们党从革命失败中得到的一条深刻教训，也是我们党领导中国革命的一个重要经验。党的"八七"会议总结大革命失败的经验教训，确定了土地革命和武装反抗国民党反动派的总方针。在领导革命战争的实践中，中国共产党创建了一支新型的人民军队，依靠这支军队，经过22年的革命战争，终于推翻了国民党的反动统治，建立了人民民主专政的国家政权，取得了新民主主义革命的彻底胜利。

4. 人民军队的性质和任务

我军是中国共产党为适应革命战争的需要而创建的一支无产阶级的、全心全意为人民服务的新型人民军队。

无产阶级的性质和全心全意为人民服务的宗旨，是我军的基本特征。中国共产党是无产阶级的政党，它所创建的军队要服从党的绝对领导，坚决地执行党的纲领、路线和政策，为实现无产阶级的政治目的而斗争。全心全意为人民服务，是无产阶级军队的根本属性。这种性质，使我军具有高度的爱国主义和革命英雄主义精神，有很好的内部团结和外部团结，始终同人民群众保持着血肉的联系，这是我军生存和发展的基础，是不可战胜的力量源泉。

人民军队是一个执行革命的政治任务的武装集团，担负着打仗、做群众工作和生产三大任务。在土地革命战争时期，红军担负着打仗、做群众工作和筹款三位一体的任务。到了抗日战争时期，筹款的任务改为生产，掀起了大规模的生产运动，英勇善战的八路军、新四军，人人会打仗，会做群众工作，又会生产。解放战争胜利前后，我军的三大任务便通俗地被概括为战斗队、工作队和生产队。新中国成立后，我军作为人民民主专政的工具，它的根本任务是战斗队、肩负保卫祖国的使命，此外还担负着做群众工作和一定的生产任务，并将一部分部队的官兵转业，投入国家的经济建设，既是社会主义的保卫者，又是社会主义的建设者。

5. 人民军队建设的基本原则

人民军队的性质和任务，是我军各项建军原则的基石。在此基础上，我军经过革命战争的实践，不断总结建军的经验，逐步形成了一整套人民军队的建军原则。这主要是：坚持党指挥枪的原则，实行党对军队的绝对领导；坚持官兵一致、军民一致、瓦解敌军的原则，开展强有力的政治工作；贯彻群众路线，实行政治、经济、军事三大民主；实行建立在自觉基础上的严格的纪律；在加强革命化建设的同时，加强正规化和现代化建设；坚持德才兼备、任人唯贤的干部路线，加强干部队伍建设等。这些建军原则，是适应人民军队的性质和任务的要求逐步形成的，同时又保证了我军的无产阶级性质和三大任务的胜利完成。它们同人民军队的性质和任务，是一个相互联系不可分割的整体，成为毛泽东军事思想的重要组成部分——建设新型人民军队的理论和原则。

6. 人民群众是战争胜负的决定力量

人和武器是构成战斗力的两个基本因素。人和武器的关系,不能同意识和物质、主观和客观的关系画等号,它们作为物质都是客观存在的。在人与武器相结合的统一体中,人处于主导的地位,武器则处于从属的地位。人的素质决定着武器效能的发挥。

毛泽东指出:"武器是战争的重要的因素,但不是决定的因素,决定的因素是人不是物。力量对比不但是军力和经济力的对比,而且是人力和人心的对比。"简要地说,人是战争胜败的决定因素,武器是重要因素。这就是毛泽东对待这个问题的基本观点。

人的因素包括人力、人心和人的能动作用。人力是物质力量,人心和人的能动性是精神力量。所以,人是物质因素与精神因素的统一体,是具有自觉能动性的特殊物质。正是由于这种特点,决定了人在战争活动的一切方面和全过程中,都处于支配地位,具有根本的决定作用。因此,我们不但要看到物,而且更要看到人。整个阶级、国家和民族成千上万的人参加战争,这本身就是巨大的物质力量,战争双方的兵员状况(动员能力)、军队兵力数量、官兵素质等,直接影响着战争的进程,决定着战争的结局。

人民群众是进行人民战争的基础,是人民军队赖以生存和发展的条件,是战争中所需人力、物力的源泉,是战争胜负的决定力量。

7. 实行积极防御战略

积极防御战略,是以毛泽东为代表的老一辈无产阶级军事家,根据中国革命战争的特点和规律,在长期革命战争的实践中总结出来的具有中国特色的军事战略理论。它是我军战略战术的重要组成部分。

实行积极防御战略要着重把握以下三点:一是实行战略上的后发制人与战役战术上的先机制敌相结合。战略上实行后发制人,在政治上可以争取主动,有利于充分暴露敌人的侵略面目,有利于教育广大群众,激起同仇敌忾的战斗热忱,获得广泛的同情和支持;在军事上,我军首先在内线作战,可以充分利用天时、地利、人和的条件,发挥人民战争的巨大威力,造成以劣势装备打败优势装备敌人的坚实基础。实行后发制人,并不排斥在敌人首先挑起战争的情况下,我军采取先机制敌的进攻行动。只要敌人发起战争,我们就有采取任何方式给予还击的权利。根据战争情况的不同,可以是先防后攻,也可以直接采取攻势行动,可以在战略内线作战,也可以到战略外线作战。二是实行攻防结合。进攻和防御是进行战争达到保存自己消灭敌人的基本手段。实行攻防结合,就是要把进攻和防御辩证地统一起来。在敌强我弱时,我军必须首先进行战略防御。但在战略上实行防御的同时,在战役战斗上则必须积极地进行有利条件下的进攻战。这就是说,要把战略上的防御和战役战斗上的进攻紧密结合起来,实行战略内线的持久的防御战中的战役战斗的外线的速决的进攻战。通过这种进攻战,不断消灭和削弱敌人,逐步改变敌我力量对比和战争形势,为转入战略反攻和进攻创造条件。尔后,适时将战略防御导向战略反攻或战略进攻,使我军在战略上完全摆脱被动地位,并从根本上解决两军之间谁胜谁负的问题。三是持久胜敌。持久胜敌是从战争的进程和结局来讲的。在敌强我弱的情况下,只有通过持久的战争过程,实现敌我强弱、优劣的转化,才能达到最后战胜敌人的目的。战略的持久战和战役战斗的速决战,是对立统一的关系,两者相辅相成。战略的持久战,主要是通过战役战斗的速决战来实现的。因此,在战略上我们要坚持持久胜敌,但在战役战斗的进攻作战上,则要力争速战速决。

8. 三种作战形式紧密结合,适时进行战略转变

运动战、阵地战、游击战,是我军的三种基本作战形式,都是为贯彻积极防御战略、实

现战争目的所需要的作战形式。前两种属于正规战,后一种属于非正规战。战争情况复杂多变,作战形式要适应各种战争情况的需要,因此三种作战形式必须灵活运用,紧密结合,互相配合。

运动战,就是正规兵团在长的战线和大的战区上面,从事于战役和战斗上的外线的速决的进攻战的作战形式。同时也包括必要的对这种进攻战起辅助作用的运动防御、阵地攻击和阵地防御。

阵地战,就是依托坚固阵地或野战阵地进行防御,或是对据守坚固阵地或野战阵地之敌实施进攻的作战形式。

游击战,是分散流动的作战形式,也是一种群众性的武装斗争形式。它以袭击为主要战斗方式,比正规战具有更大的主动性、灵活性、进攻性、速决性、流动性。

根据敌我力量的消长状况、战争形势和任务的变化,适时进行以改变主要作战形式为基本内容的战略转变,是中国革命战争的一条重要的战略指导原则。

9. 做好战争准备,不打无准备无把握之仗

做好战争准备,是贯彻积极防御战略、达到战争目的的一条重要战略战术原则。只有从最困难的情况着想,准备应付最坏的可能,把准备工作做得更充分、更周密一些,才能比较主动,不论出现什么情况,都可以应付裕如,战胜敌人的把握就更大。有准备和有把握是紧密地联系在一起的,多一分准备,就多一分胜利的把握。就是在我军处于优势地位时,也应做充分的准备。优势而无准备,不是真正的优势,也不能发挥优势的作用,因而也就没有主动。

战争准备的工作很复杂,是多方面的。就整个战争而言,主要是做好精神准备和物质准备。就战役战斗而言,主要是对敌情、地形做周密的侦察;区分任务、部署兵力;组织协同和战斗保障;进行深入的政治动员;地方武装、民兵配合作战和人民群众支前工作部署等。为做好战争准备,需要有热烈而镇定的情绪,紧张而有秩序的工作,要反对由于轻敌而放松准备和被敌人吓倒而惊慌失措的两种不良倾向。

10. 集中优势兵力,各个歼灭敌人

集中优势兵力,各个歼灭敌人的作战原则,是毛泽东战略战术思想的重要组成部分,是我军的基本作战方法,也是我军作战的优良传统。只有集中优势兵力,才能达到各个歼灭敌人的目的,而只有采取各个歼灭敌人的方法,才更能形成和保持兵力的优势。

集中优势兵力,就是要集中主力于主要作战方向,反对军事上的平均主义。"在有强大敌军存在的条件下,无论自己有多少军队,在一个时间内,主要的使用方向只应有一个,不应有两个"。如果主要作战方向和次要作战方向发生变化,集中使用兵力的方向也应随着改变。至于集中兵力的程度,要依当时的具体情况而定,以有把握地歼灭敌人为原则。一般来说,对于强敌或关系紧要的战场作战,应集中绝对优势的兵力;对于弱敌或无关紧要的战场作战,则集中相对优势的兵力即可。

各个歼灭敌人,就是在向敌人进攻时,为形成和保持真正的优势,要拣弱的打,先弱后强,由小到大。首先选择敌人中较弱的一路,集中绝对优势兵力,一战而胜,再及其余,逐次歼灭敌人。在打敌人一路时,不应企图一下子同时全部歼灭,以免平分兵力,攻击不力,拖延时间,难以奏效,而应集中绝对优势的兵力,选择较弱的一点,猛烈攻击,务期必克,同时采取包围迂回穿插分割战术,将该敌各个歼灭。在敌处防御、我处进攻地位的情况下,如果我军兵力多,当地敌军较弱,或者我军出敌不意举行袭击时,则可以同时攻击若干部分的敌军。

11. 战略进攻的指挥艺术

在解放战争的战略进攻阶段,中央军委、毛泽东总结我军长期作战的丰富经验,从战争的实际出发,全局在胸,高瞻远瞩,实施了正确的战略指导,创造性地解决了战略进攻的一系列理论和实际问题,表现出了高超的指挥艺术,创立了战略进攻的系统理论,极大地丰富和发展了毛泽东军事思想。毛泽东在《目前形势和我们的任务》的报告中提出的十大军事原则,成为指导我军战略进攻、夺取全国胜利的军事行动纲领。

十大军事原则是:① 先打分散和孤立之敌,后打集中和强大之敌。② 先取小城市、中等城市和广大乡村,后取大城市。③ 以歼灭敌人有生力量为主要目标,不以保守或夺取城市和地方为主要目标。保守或夺取城市和地方,是歼灭敌人有生力量的结果,往往需要反复多次才能最后保守或夺取之。④ 每战集中绝对优势兵力(两倍、三倍、四倍,有时甚至是五倍或六倍于敌之兵力),四面包围敌人,力求全歼,不使漏网。在特殊情况下,则采用给敌以歼灭性打击的方法,即集中全力打敌正面及其一翼或两翼,求达歼灭其一部、击溃其另一部的目的,以便我军能够迅速转移兵力歼灭他部敌军。力求避免打那种得不偿失的或得失相当的消耗战。这样,在全体上,我们是劣势(就数量来说),但在每一个局部上,在每一个具体战役上,我们是绝对的优势,这就保证了战役的胜利。随着时间的推移,我们就将在全体上转变为优势,直到歼灭一切敌人。⑤ 不打无准备之仗,不打无把握之仗,每战都应力求有准备,力求在敌我条件对比下有胜利的把握。⑥ 发扬勇敢战斗、不怕牺牲、不怕疲劳和连续作战(即在短期内不休息地接连打几仗)的作风。⑦ 力求在运动中歼灭敌人。同时,注重阵地攻击战术,夺取敌人的据点和城市。⑧ 在攻城问题上,一切敌人守备薄弱的据点和城市,坚决夺取之。一切敌人有中等程度的守备而环境又许可加以夺取的据点和城市,相机夺取之。一切敌人守备强固的据点和城市,则等候条件成熟时然后夺取之。⑨ 以俘获敌人的全部武器和大部人员,补充自己。我军人力物力的来源,主要在前线。⑩ 善于利用两个战役之间的间隙,休息和整训部队。休整的时间,一般地不要过长,尽可能不使敌人获得喘息的时间。

这些军事原则,对我军的作战经验作了集中的高度的概括,其核心是打歼灭战,围绕这个核心,对作战方针、歼击目标、作战形式、作战方法、作战准备、战斗作风以及补充休整等问题,做出明确的具体的规定。在战略进攻的过程中,毛泽东科学地分析战争形势的发展变化,实施正确的组织指挥,彻底战胜敌人,创造了独特的、内容极为丰富的战略进攻经验。其要点是:第一,采取跃进的进攻样式,直插敌人战略纵深,建立革命根据地,展开战略进攻。第二,采取逐次决战的方式,就地歼灭敌人重兵集团。第三,坚决地实施战略追击,采取远距离包围迂回的方法追歼残敌。战略追击是战略进攻的继续,要获得战争的全部胜利,必须对敌人的残余军事力量实行战略追击。第四,军事打击与政治上的争取和瓦解相结合。

12. 作战指导上的主动性、灵活性和计划性

主动性,就是军队行动的自由权。战争的双方都力争在战场、战区以至整个战争中的主动权,使敌处于被动地位,从而达到保存自己消灭敌人的目的。要争取和保持主动,必须具备两个基本条件:一是力量的优势;二是主观指导的正确。战争力量的优势或劣势是主动或被动的物质基础,主动和战争力量的优势不能分离,而被动则和战争力量的劣势不能分离。因此,要力争主动,避免被动,首先就要着眼于改变战争力量的优劣形势。正确的主观指导,对于改变战争力量的优劣形势,争取和保持主动,有着重要的作用。一般说来,在战争和战役的开头,战争双方之间的优势和劣势、主动和被动是相对的。在战略上处于相对劣势和相对被动的一方,依靠主

观上的正确指导,集中兵力,造成战场作战的优势,在战役战斗上实行外线速决的进攻战,取得许多的局部优势和局部主动地位,就能逐渐地摆脱战略的劣势和被动地位,造成战略的优势和主动地位。要做到正确的指导,最重要的就是要"知彼知己",在侦察的基础上,进行推论和判断,正确地估计客观情况和处置军事政治行动,使主观指导符合客观实际。同时,除乘敌之隙,充分利用敌人指导上的错误外,还要有计划地造成敌人的错觉,给以出其不意、攻其不备的打击。这是使敌人丧失优势和主动、造成我之优势和主动的重要方法。在民众条件对我有利的情况下,采取各种欺骗敌人的方法,常能有效地陷敌于困境,使其丧失优势和主动。

灵活性,就是灵活地使用兵力。它是具体地实现主动性于作战中的东西,是战争指挥的中心任务。灵活地使用兵力,就是从客观实际出发,抓住时机、地点、部队三个关节,灵活地使用和变换战术,如分散和集中、分进和合击、攻击和防御、突击和钳制、包围和迂回、前进和后退种种的战术或方法。战斗指挥如此,战役和战略指挥也是如此。

计划性,就是一切行动的事先策划和准备,如对战争行动所制定的方针和行动部署等。它是实现指挥灵活性、争取主动、避免被动的一个重要环节。作为战争指导者,在实施指挥时必须有一个严密的计划和通盘的考虑,才能使自己立于主动地位,毛泽东指出:"贯通全战略阶段乃至几个战略阶段的、大体上想通了的、一个长时期的方针,是决不可少的。不这样做,就会弄出迟疑坐困的错误,实际上适合了敌人的战略要求,陷自己于被动地位。""战争没有绝对的确实性,但不是没有某种程度的相对的确实性。我之一方是比较确实的。敌之一方很不确实,但也有征兆可寻,有端倪可察,有前后现象可供思索。"这就使战争的计划性有了客观的基础。战争情况的相对确实性,要求战争计划的相对固定性。"但由于战争只有程度颇低和时间颇暂的确实性,战争的计划性就很难完全和固定,它随战争的运动(或流动,或推移)而运动,且依战争范围的大小而有程度的不同"。战术计划常须一日数变。战役计划虽大体能终战役之局,但部分的改变是常有的,全部的改变也是有的。"战略计划,是基于战争双方总的情况而来的,有更大的固定的程度,但也只在一定的战略阶段内适应,战争向着新的阶段推移,战略计划便须改变。"这就要求战争指导者,要善于根据战争情况的发展变化,及时修改原来计划,使之适应新的情况。所以,片面强调战争的流动性,否认战争计划的相对固定性的战争相对主义是错误的;对原来的战争计划,不能随着战争情况的变化而及时加以改变的机械主义也是错误的。

三、邓小平新时期军队建设思想

1. 邓小平新时期军队建设思想解决的重大课题

邓小平新时期军队建设思想指引我们党正确解决了在和平与发展成为时代主题、我国进行改革开放的历史条件下走中国特色精兵之路,建设强大的现代化正规化革命军队的问题。

2. 和平与发展是当今世界的主题

当今世界的主题,是指当今国际社会的政治、经济基本矛盾的实质和发展方向。邓小平将其概括为战争与和平。① 维护和平是当今世界不可逆转的历史潮流;② 发展经济是当今世界面临的紧迫任务;③ 用和平方式解决争端是稳定世界局势的新办法。

3. 军队要服从整个国家建设大局

中国仍然处在社会主义初级阶段,经济建设是我国的中心任务;相对和平时期,服从国家建设大局是军队建设必须长期遵循的一个根本方针;军队和国防现代化是社会主义现代化的一个重要方面。强调"服从大局",主要是指:第一,要合理确定国防投入比例;第二,要适度压缩军队建设规模;第三,军队要积极承担支援和参加国家经济建设的任务。

4. 军队要担当起维护国家主权和安全的历史责任

军队作为国家利益的捍卫者,要以维护国家利益为最高职责;中国的现代化建设事业是在十分复杂的国际环境中进行的;中国人民解放军过去、现在和将来都是执行党的政治任务的武装集团。

5. 建设一支强大的现代化正规化的革命军队

现代化正规化的革命军队建设是我军建设的总目标和总任务;新时期我军建设要以现代化为中心;革命化是现代化正规化建设的灵魂,正规化是现代化的重要保证和必须条件。

6. 始终不渝地坚持人民军队的性质

邓小平明确指出,军队要始终不渝地坚持自己的性质。这个性质是党的军队,人民的军队,社会主义国家的军队。① 建设强大的现代化正规化的革命军队,必须把革命化建设放在第一位,始终不渝地坚持人民军队的性质;② 坚持人民军队的性质,最根本的是坚持党对军队的绝对领导;③ 坚持人民军队的性质,必须贯彻讲政治这个根本要求,高度重视思想政治建设;④ 坚持人民军队的性质,确保军队永远置于党的绝对领导之下,关键在于培养干部,选拔干部,让枪杆子牢牢掌握在忠于党、忠于人民的人手里;⑤ 坚持人民军队的性质,必须保持和发扬老红军的优良传统与作风。

7. 注重军队质量建设坚持的原则

注重军队质量建设,第一,要坚持"精兵"原则。"精兵",就是要把军队搞精干。一个是要压缩员额,再一个是要精简机关,还有一个就是全面提高官兵素质。从长远来说,重点是在提高素质方面。第二,要坚持"利器"原则。武器装备是军队质量建设的物质基础。要改进武器装备,下决心搞出自己的新的顶用的东西。第三,要坚持"合成"原则。一方面,要重视解决科学编成问题;另一方面,也要重视解决诸军兵种联合作战的指挥和协同问题。在一定意义上说,没有"合成"就没有整体水平。第四,要坚持"高效"原则。从机关来讲,是要提高工作效率和指挥水平;对部队来说,就是提高协同作战能力、快速反应能力、电子对抗能力、野战生存能力和综合保障能力。

8. 军队和国防建设是全党和全国人民的事业

军队和国防建设,关系国家安危,关系社会主义现代化的成败,关系国家的最高利益和广大人民群众的根本利益,是全党的事业、全国各族人民的事业;国防观念是国防建设的社会思想基础;坚持全民办国防的根本方针,需要建立有效的国防动员体制;坚持军民一致,军政一致,拥军优属,拥政爱民。

9. 实行积极防御的军事战略方针

我国新时期军事战略方针仍然是积极防御;坚持积极防御的军事战略方针,从根本上讲,就是要坚持人民战争的战略思想;把赢得战争胜利的基点放在现有武器装备上。

10. 军队和国防建设指导思想实行战略性转变

基于对战争与和平问题的新判断,适应党和国家工作重点的转移,在党中央、中央军委和邓小平的正确领导下,军队和国防建设的指导思想实行战略性转变,即从准备"早打、大打、打核战争"的临战状态,真正转到和平时期的建设轨道上来。实行这一战略性转变,要正确处理国防建设与经济建设的关系,使军队建设服从和服务于国家经济建设大局。强调"服从大局",主要是指:第一,合理确定国防投入比例;第二,适度压缩军队建设规模;第三,军队要积极承担支援和参加国家经济建设的任务。实行这一战略性转变,还要正确处理军队与国防的应急性建设同长远性、根本性建设的关系,坚持军队和国防建设走以现代化为中心的发展道路。

四、江泽民国防和军队建设思想

1. 江泽民国防和军队建设思想解决的重大课题

江泽民国防和军队建设思想指引我们党正确解决了在世界新军事变革蓬勃进行、我国社会主义市场经济深入发展的历史条件下积极推进中国特色军事变革,保证人民军队打得赢、不变质的问题。

2. 党对军队的绝对领导是我军永远不变的军魂

坚持党对军队的绝对领导,是我军建设的根本原则和基本特色;坚持党领导人民军队的一系列根本制度;紧紧围绕军队的中心任务加强和改进党的建设;保证枪杆子永远掌握在忠于党的可靠的人手里。

3. 坚持党领导人民军队的一系列根本制度

制度建设是最根本的,党对军队绝对领导要靠制度来保证。在长期的革命斗争实践中,我们党形成和确立了一整套保证党对军队绝对领导的根本制度,这就是:军队的最高领导权和指挥权集中于党中央、中央军委;坚持党的民主集中制的组织原则;实行党委统一的集体领导下的首长分工负责制;设立党的委员会、政治委员、政治机关制度;支部建在连上制度等。

4. 积极推进中国特色的军事变革

积极推进中国特色的军事变革,是江泽民国防和军队建设思想的核心内容之一。① 迎接世界新军事变革的挑战,推进中国特色军事变革;② 以信息化为主导,完成机械化和信息化建设的双重历史任务;④ 按照"三步走"发展战略,实现我军现代化跨越式发展。

5. 以信息化为主导,完成机械化和信息化建设的双重历史任务

完成机械化和信息化双重历史任务,实现我军现代化建设的跨越式发展,要坚持以机械化为基础,以信息化为主导,以信息化带动机械化,以机械化促进信息化,努力推进机械化和信息化的复合式发展。

6. 国防和军队现代化建设"三步走"发展战略

从20世纪末到21世纪中叶,国防和军队现代化建设分"三步走"的发展战略。第一步,用十几年时间,即到2010年努力实现新时期军事战略方针提出的各项要求,为国防和军队现代化打下坚实的基础。第二步,再用十年时间,即到2020年,随着国家经济实力的增长和军费的增加,加快军队质量建设的步伐,使国防和军队现代化建设有一个较大的发展。第三步,再经过三十年的努力,到21世纪中叶,基本实现国防和军队的现代化。

7. 用新时期军事战略方针统揽军队建设和军事斗争准备的全局

军事战略方针具有全局性的统领作用和宏观定向作用,对于平时进行战争准备,开展维护国家主权、利益的军事斗争,以及战时进行战争,都有直接的指导作用。① 各项建设和一切工作都要服从服务于战略方针的需要;② 以军事斗争准备为龙头,牵引和带动国防和军队现代化建设的整体推进;③ 与时俱进,充实完善新时期军事战略方针。

8. 科技强军战略思想

① 必须把加强质量建设作为实现我军现代化的基本指导方针;② 加强军队质量建设的关键,是实施科技强军战略;③ 依靠科技进步,实现我军建设由数量规模型向质量效能型、由人力

密集型向科技密集型转变;④ 开展科技练兵,推动军事训练向更高层次发展。

9. 全面提高官兵的科技素质

江泽民提出:宁肯让人才等装备,也不能让装备等人才。① 在未来的信息化战场上,知识将成为战斗力的主导因素;② 打赢未来可能发生的信息化战争,需要大批知识型革命军人;③ 推进中国特色的军事变革,对人才培养提出了更高的要求。

10. 解决好打得赢、不变质两个历史性课题

打得赢、不变质,是新的历史条件下我军建设必须着力解决好的历史性课题;坚持打得赢、不变质相统一,反映了人民军队建设的本质要求;解决打得赢、不变质两个历史性课题,必须不断探索新形势下治军的特点和规律、军事斗争准备的特点和规律、国防建设的特点和规律。

五、胡锦涛国防和军队建设思想

1. 新世纪新阶段我军历史使命

为维护国家利益提供有力的战略支撑,为党巩固执政地位提供重要的力量保证,为维护国家发展的重要战略机遇期提供坚强的安全保障,为维护世界和平和促进共同发展发挥重要作用。

2. 依靠科学技术进步加快转变战斗力生成模式

科学技术特别是以信息技术为主要标志的高新技术的迅猛发展及其在军事领域的广泛运用,深刻改变着战斗力要素的内涵,从而深刻地改变着战斗力生成模式。信息能力在战斗力生成中起着主导作用,信息化武器装备成为战斗力的关键物质因素,基于信息系统的体系作战能力成为战斗力的基本形态,人的科技素质在战斗力中具有特别重要的意义。

3. 把从严治军作为全局性、基础性、长期性工作紧抓不放

新世纪新阶段,为了推动正规化建设向更高水平发展,必须始终坚持从严治军的方针。胡锦涛强调指出:"要把从严治军作为全局性、基础性、长期性工作紧抓不放,坚决贯彻到军事、政治、后勤、装备的各个领域,贯彻到部队工作的方方面面,贯彻到战斗力建设的全部过程。"这一重要指示,深刻揭示了从严治军的意义和作用,从"三性"上强调从严治军工作,具有重大的指导意义;"三个贯彻"的要求,指明了实践中贯彻落实从严治军方针的基本途径。

4. 把以人为本作为重要的建军治军理念

坚持以人为本,是科学发展观的本质和核心,是以胡锦涛为总书记的党中央提出的重要执政理念,也是建军治军的重要理念。胡锦涛提出:"军队要把以人为本作为重要的建军治军理念。军队讲以人为本,最重要的是必须始终坚持人民军队的根本性质,坚决维护人民群众的根本利益。"① 充分尊重官兵的主体地位和创造精神;② 不断促进官兵的全面发展;③ 维护和实现官兵的正当权益;④ 军队贯彻以人为本要符合武装集团特殊性的要求。

5. 推进军事训练转变要致力于向信息化聚焦

胡锦涛多次强调,要把军事训练进一步向信息化聚焦,真正使信息技术成为提高军事训练质量效益的新的增长点,切实把"战斗力生成模式进一步转到依靠科技进步特别是以信息技术为主要标志的高新技术进步上来"。

6. 坚持走科技兴训之路,以改革创新推动训练发展

充分发挥科学技术对军事训练发展的推动作用,向科技要训练质量,促进战斗力生成模式转变,是军事训练创新发展的关键环节。胡锦涛指出:"充分发挥科学技术对军事训练的推动

作用,提高科学技术对战斗力增长的贡献率。要积极探索信息化条件下科技练兵的新途径新方法,把科技练兵引向深入。"并强调:"坚持科技兴训,关键是要通过学科技、用科技,不断增大军事训练的科技含量,努力提高军事训练的质量和效益。"

7. 全面提高完成多样化军事任务能力

要着眼全面履行新世纪新阶段军队历史使命,以推动国防和军队科学发展为主题,以加快转变战斗力生成模式为主线,全面加强军队革命化、现代化、正规化建设,坚持党对军队绝对领导的根本原则和人民军队的根本宗旨,培育当代革命军人核心价值观,拓展和深化军事斗争准备,积极开展信息化条件下军事训练,提高国防科技和武器装备自主创新能力,加快全面建设现代后勤步伐,抓紧培养高素质新型军事人才,积极稳妥推进国防和军队改革,坚持依法治军、从严治军,全面提高以打赢信息化条件下局部战争能力为核心的完成多样化军事任务能力。

8. 当代革命军人核心价值观

忠诚于党,热爱人民,报效国家,献身使命,崇尚荣誉。

9. 国防和军队建设现代化实现"一个大的发展"的基本依据、主要思路和奋斗目标

必须坚持以国家核心安全需求为导向,统筹经济建设和国防建设,按照国防和军队现代化建设"三步走"战略构想,加紧完成机械化和信息化建设双重历史任务,力争到二〇二〇年基本实现机械化,信息化建设取得重大进展。

10. 国防和军队建设现代化的主题主线

坚持以推动国防和军队建设科学发展为主题,以加快转变战斗力生成模式为主线,全面加强军队革命化现代化正规化建设。毫不动摇坚持党对军队的绝对领导,坚持不懈用中国特色社会主义理论体系武装全军,持续培育当代革命军人核心价值观。坚定不移把信息化作为军队现代化建设发展方向,推动信息化建设加速发展。加强高新技术武器装备建设,加快全面建设现代后勤,培养大批高素质新型军事人才,深入开展信息化条件下军事训练,增强基于信息系统的体系作战能力。加大依法治军、从严治军力度,推动正规化建设向更高水平发展。

六、习近平强军思想

1. 坚持走中国特色强军之路,全面推进国防和军队现代化

国防和军队建设正站在新的历史起点上。面对国家安全环境的深刻变化,面对强国强军的时代要求,必须全面贯彻新时代党的强军思想,贯彻新形势下军事战略方针,建设强大的现代化陆军、海军、空军、火箭军和战略支援部队,打造坚强高效的战区联合作战指挥机构,构建中国特色现代作战体系,担当起党和人民赋予的新时代使命任务。

适应世界新军事革命发展趋势和国家安全需求,提高建设质量和效益,确保到二〇二〇年基本实现机械化,信息化建设取得重大进展,战略能力有大的提升。同国家现代化进程相一致,全面推进军事理论现代化、军队组织形态现代化、军事人员现代化、武器装备现代化,力争到二〇三五年基本实现国防和军队现代化,到21世纪中叶把人民军队全面建成世界一流军队。

加强军队党的建设,开展"传承红色基因、担当强军重任"主题教育,推进军人荣誉体系建设,培养有灵魂、有本事、有血性、有品德的新时代革命军人,永葆人民军队性质、宗旨、本色。继续深化国防和军队改革,深化军官职业化制度、文职人员制度等重大政策制度改革,推进军事管理革命,完善和发展中国特色社会主义军事制度。树立科技是核心战斗力的思想,推进重大技术创新、自主创新,加强军事人才培养体系建设,建设创新型人民军队。全面从严治军,推动治

军方式根本性转变,提高国防和军队建设法治化水平。

军队是要准备打仗的,一切工作都必须坚持战斗力标准,向能打仗、打胜仗聚焦。扎实做好各战略方向军事斗争准备,统筹推进传统安全领域和新型安全领域军事斗争准备,发展新型作战力量和保障力量,开展实战化军事训练,加强军事力量运用,加快军事智能化发展,提高基于网络信息体系的联合作战能力、全域作战能力,有效塑造态势、管控危机、遏制战争、打赢战争。

坚持富国和强军相统一,强化统一领导、顶层设计、改革创新和重大项目落实,深化国防科技工业改革,形成军民融合深度发展格局,构建一体化的国家战略体系和能力。完善国防动员体系,建设强大稳固的现代边海空防。组建退役军人管理保障机构,维护军人军属合法权益,让军人成为全社会尊崇的职业。深化武警部队改革,建设现代化武装警察部队。

2. 坚持党对人民军队的绝对领导建设一支听党指挥、能打胜仗、作风优良的人民军队,是实现"两个一百年"奋斗目标、实现中华民族伟大复兴的战略支撑。必须全面贯彻党领导人民军队的一系列原则和制度,确立新时代党的强军思想在国防和军队建设中的指导地位、坚持政治建军、改革强军、科技兴军、依法治军,更加注重聚焦实战,更加注重创新驱动,更加注重体系建设,更加注重集约高效,更加注重军民融合,实现党在新时代的强军目标。

3. 党在新时代的强军目标

建设一支听党指挥、能打胜仗、作风优良的人民军队是党在新形势下的强军目标,是习近平国防与军队建设重要论述的核心思想,揭示了强军梦的本质属性,拎起了国防和军队建设的总纲,为在新的起点上推进国防和军队建设提供了根本遵循。① 强军目标是把握国防和军队建设历史方位和阶段性特点提出来的。强军目标总结了我们党建军治军成功经验,考量了国际战略形势和国家安全环境发展变化,抓住了军队建设面临的突出矛盾和问题。② 强军目标明确了加强军队建设的聚焦点和着力点。听党指挥是灵魂,决定军队建设的政治方向;能打胜仗是核心,反映军队的根本职能和军队建设的根本指向;作风优良是保证,关系军队的性质、宗旨、本色。听党指挥、能打胜仗、作风优良,三者相互联系、密不可分,统一于建设强大人民军队的实践,体现了坚持根本建军原则、军队根本职能、特有政治优势的高度统一,体现了永远站在人民立场、捍卫人民根本利益的本质要求,明确了强军兴军的目标图、路线图、展开图。实现强军目标必须紧紧扭住强军之魂、强军之要、强军之基,坚持走中国特色强军之路,按照"三位一体"要求全面加强部队建设。③ 把强军目标要求贯彻到部队建设各领域全过程。④ 把个人理想抱负融入强军梦的实践。

4. 世界依然面临着现实和潜在的战争威胁

当今世界正面临着前所未有之大变局,突出的特点是乱象纷呈。霸权主义、强权政治和新干涉主义有所上升,地区冲突和动荡此起彼伏,恐怖主义、海盗活动层出不穷,核安全、能源资源安全、网络安全形势严峻,贸易战、汇率战轮番出现。各种国际力量都想在乱中求变、乱中谋利,围绕权力和利益再分配的斗争十分激烈。国际体系进入加速演变和深度调整时期,世界急剧变化增大了我国安全的不稳定性不确定性,我国安全和发展的国际环境更加复杂。面对如此大变局,首先要看到机遇,但也要看到挑战。

5. 我国安全面临的现实威胁呈上升趋势

我国的综合国力、核心竞争力、抵御风险能力显著增强,国际地位和国际影响力显著提高,正前所未有地靠近世界舞台中心,前所未有地接近实现中华民族伟大复兴的目标,前所未有地具有实现这个目标的能力和信心,我们的战略回旋空间不断扩大。这为我们实现既定的奋斗目标提供了难得的机遇和有利条件。但是,一些西方国家不愿看到任何国家超越他们,尤其不愿看到意识形态和社会制度与其不同的社会主义中国赶上和超越他们。他们不断加大对我国实施西化、分化战略的力度,加紧策划"颜色革命",干扰和遏制我国发展。我国发展仍处于大有作为的重要战略机遇期,同时重要战略机遇期内涵和条件发生了新的变化。现阶段我国发生大规模外敌入侵的战争可能性不大,但因外部因素引发局部战争和武装冲突的可能性不能低估。

6. 世界新军事革命加速发展

新一轮科技革命和产业变革正在孕育兴起,发轫于20世纪70年代的世界新军事革命仍在加速推进,军事电子信息技术快速发展,纳米技术、临近空间技术、高超声速技术不断取得突破,新概念武器向实战化方向发展,武器装备远程精确化、智能化、隐身化、无人化趋势更加明显,战争形态正加速向信息化战争演变。特别是太空和网络攻防技术成为军事竞争新的制高点,很容易成为国家安全的"阿喀琉斯之踵"。美军在总结反思近几场局部战争经验教训基础上推动"二次转型",俄罗斯围绕建设"职业化、常备化、精干化"军队深入推进"新面貌"军事改革,英国、法国、德国、印度、日本等国也不断采取新的重大军事举措,围绕谋取军事优势地位、争夺军事战略主动权的国际竞争进一步加剧。世界新军事革命加速发展的趋势,对我国加强国防和军队建设提供了难得的历史机遇,同时也提出了严峻挑战。

7. 坚持总体国家安全观

统筹发展和安全,增强忧患意识,做到居安思危,是我们党治国理政的一个重大原则。必须坚持国家利益至上,以人民安全为宗旨,以政治安全为根本,统筹外部安全和内部安全、国土安全和国民安全、传统安全和非传统安全、自身安全和共同安全,完善国家安全制度体系,加强国家安全能力建设,坚决维护国家主权、安全、发展利益。

8. 实现中国梦对军队来说就要实现强军梦

中国梦的基本内涵是国家富强、民族振兴、人民幸福,这寄托着中国人民振兴中华、强国富民的共同意愿,生动形象地描绘了全体人民的共同理想,体现了中华民族和中国人民的整体利益,是海内外中华儿女的最大公约数和最大共识。我军是执行党的政治任务的武装集团,是完全为着人民的利益而结合、而战斗的。国防和军队建设,必须放在实现中华民族伟大复兴这个大目标下来认识和推进,服从服务于这个国家和民族最高利益,为实现中国梦提供坚强力量保证。

9. 军队要担当起维护国家主权、安全、发展利益的重大责任

我军是人民民主专政的坚强柱石,对外要抵御侵略、捍卫国家主权和领土完整,对内要防止敌对势力的颠覆破坏、保卫人民的和平劳动,这是宪法赋予的神圣职责。随着时代发展和国家安全环境变化,我军职能使命不断拓展。一定要充分认识我国安全和发展面临的新形势新挑战,坚持把国家主权和安全放在第一位,坚持军事斗争准备的龙头地位不动摇,以国家核心安全需求为导向,坚决完成军事斗争任务。遂行非战争军事行动任务,是新时期军队履行职责使命很重要的一个方面,是践行我军根本宗旨、维护利益的必然要求。要深入研究和平时期军事力量运用的特点和规律,创新兵力运用方式方法,加强遂行多样化军事任务能力建设,增强军事力量建设和运用的质量和效益。

10. 努力推动国防实力和经济实力同步发展

正确认识和处理经济建设和国防建设的关系。富国才能强兵,强兵才能卫国,富国和强军犹如车之两轮、鸟之双翼,任何时候都不能偏废。经济建设是国防建设的基本依托,只有国家经济实力增强了,国防建设才能有更大发展。国防建设是我军现代化建设的战略任务,只有把国

防建设搞上去了,经济建设才能有更加坚强的安全保障,同时加强国防建设对经济社会发展也具有重要拉动作用。当前,我国经济总量已跃居世界第二,综合国力显著增强,为建设巩固国防和强大军队奠定了雄厚物质基础。要抓住这个难得的历史机遇,牢牢把握加快推进国防和军队现代化这一总体要求,适当增加国防投入,及时把经济实力转化为国防实力,加快提高国防和军队现代化水平,力争在2020年基本实现机械化,信息建设取得重大进展。走军民融合式发展路子,是实现富国和强军相统一的重要途径。在更广范围、更高层次、更深程度上推进军民融合,有利于促进经济发展方式转变和经济结构调整,有利于增强国家战争潜力和国防实力。军队要遵循国防经济规律和信息化条件下战斗力建设规律,自觉将国防和军队建设融入经济社会发展体系。地方要注重在经济建设中贯彻国防需求,自觉把经济布局调整同国防布局完善有机结合起来。

11. 确保部队绝对忠诚绝对纯洁绝对可靠

思想政治建设是我军的根本性建设,关系军队建设全局和方向,是永葆我军性质、宗旨、本色的根本保证,必须始终摆在部队各项建设首位来抓。① 政治工作永远是我军的生命线。坚持从思想上政治上建设部队,是我军建设的一条基本原则,是能打仗、打胜仗的政治保证。加强思想政治建设,是我军保持人民军队性质和正确发展方向的可靠保证。② 提高坚持党对军队绝对领导的政治自觉和实际能力。坚持党对军队的绝对领导,关系我军性质和宗旨、关系社会主义前途命运、关系党和国家长治久安,是我军的立军之本和建军之魂,永远不能变,不能丢。③ 紧紧围绕强军目标加强思想政治建设。军队思想政治建设要紧紧围绕党中央、中央军委关心关注的问题来进行,这样才能真正取得成效。当前,军队思想政治建设要紧紧围绕强军目标来进行,坚持不懈地抓好中国特色社会主义理论体系武装,积极培育和践行社会主义核心价值观和当代革命军人核心价值观,要把培育战斗精神、培养战斗作风突出出来。④ 推进思想政治工作创新发展。要坚持解放思想、实事求是、与时俱进、求真务实,更新军事思维方式和思想观念,把改革创新精神贯彻到各项工作中;要抓好理念创新、手段创新、基层工作创新;要深入研究新形势下官兵成分结构、价值取向、行为方式和官兵关系的新情况新特点,提高部队管理教育的科学性、针对性和有效性;要着力增强思想政治教育的时代性和感召力。

12. 确保部队召之即来、来之能战、战之必胜

军队作为一个武装集团,是要随时准备打仗的,能打仗、打胜仗是强军之要。我军必须强化战斗队思想,坚持全部心思向打仗聚焦、各项工作向打仗用劲,始终坚持用打仗的标准搞建设抓准备,切实提高信息化条件下威慑和实战能力。① 牢固树立战斗力这个唯一的根本标准。"唯一"是指军队各项建设和工作具体指标和要求不尽相同,但衡量标准只有一个;"根本"是指战斗力标准在军事实践活动中起基础性和支配性作用,总揽全局、贯通全程。牢固树立战斗力这个唯一的根本的标准,目的就是强化带兵打仗、指挥打仗的思想,推动全军形成能打仗、打胜仗的正确导向。② 创新和发展军事战略指导。③ 坚持不懈拓展和深化军事斗争准备。④ 建设保障打赢现代化战争、服务部队现代化建设、向信息化转型的后勤。⑤ 大力发展高新技术武器装备。⑥ 提高军事训练实战化水平。

13. 始终保持我军光荣传统和优良作风

必须把作风建设作为军队一项基础性长期性工作抓紧抓实,为实现党在新形势下的强军目标提供有力保证。① 作风问题关系军队生死存亡。② 把我军传统和优良作风一代代传下去。③ 重点解决"四风"方面的突出问题。④ 作风建设要经常抓深入抓持久抓。

14. 努力造就能够担当强军重任的优秀军事人才

实现强军目标,必须要有一大批高素质、敢担当的建军治军骨干。要把干部队伍建设作为关系军队建设全局、关系未来战争胜负的大事来抓,坚持正确选人用人导向,实施人才强军战略,努力推动人才队伍建设整体水平有一个大的跃升。① 成就强军事业,要在得人。② 增强选人用人科学性、准确性、公信度。③ 把联合作战指挥人才、新型作战力量人才培养作为重中之重。④ 构建三位一体的新型军事人才培养体系。

15. 切实打牢实现强军目标的坚实基础

要强化强基固本思想,牢固树立大抓基层的鲜明导向,扎实打基础,反复抓落实,推动基层建设全面进步、全面过硬。① 实现强军目标的基础在基层、活力在基层。② 把党支部建设作为基层建设的重点来抓。③ 研究解决基层建设中的突出矛盾和问题。④ 密切官兵关系、兵兵关系。

16. 完善和发展中国特色社会主义军事制度

国防和军队改革是全面改革的重要组成部分,也是全面深化改革的重要标志,军队要跟上中央步伐,以逢山开路、遇河架桥的精神,坚决推进军队各项改革,为实现强军目标提供强大动力和体制机制保证。① 深化国防和军队改革是回避不了的一场大考。② 正确把握深化国防和军队改革的指导原则。③ 加快重要领域和关键环节改革步伐。④ 坚决拥护改革,积极支持改革,自觉投身改革。

17. 为实现强军目标提供坚强思想和组织保证

当前,我们正在进行具有许多新的历史特点的伟大斗争,这对全面推进党的建设新的伟大工程提出了更高要求,必须把军队党的建设摆在更加突出的位置,坚持党要管党、从严治党,重点在铸牢党对军队绝对领导的军魂上下功夫,在坚定理想信念上下功夫,在培养战斗精神、提高战斗力上下功夫,在强化党的组织上下功夫,在改进作风、弘扬正气上下功夫,全面加强军队党的思想建设、组织建设、作风建设、反腐倡廉建设和制度建设,为实现党在新形势下的强军目标提供坚强思想和组织保证。① 军队党的建设是军队建设发展的核心问题。② 不断提高军队党的建设科学化水平。③ 夯实军队党的组织基础。

例题分析

1. 毛泽东军事思想所包含的内容十分丰富,其跨度为1927年至1976年,不仅战争年代毛泽东军事思想是该部分的重点考查内容,在新中国成立后毛泽东关于国防建设思想同样是考查内容之一。

2. 邓小平新时期军队建设思想所包含内容的跨度为1975年至1989年,这一时期是"文化大革命"的结束,改革开放的前期。因此,这一部分主要考查考生对邓小平新时期军队建设思想对毛泽东军事思想的创新和发展,包括军队和国防建设指导思想实行战略性转变,军队现代化、正规化、革命化建设,中国特色精兵之路等。

3. 江泽民国防和军队建设思想所包含内容的跨度为1989年至2004年。20世纪90年代以来,我国国防和军队建设所处的历史条件出现了新变化,不仅与改革开放前有很大不同,就是与80年代比也有很大不同。国防战略格局出现重大转变,世界新军事变革迅猛兴起,我国对外开放日益扩大,发展社会主义市场经济以及由此引起的社会生活多样化趋势迅速发展,军事斗争准备在军事战略全局中的地位更加突出。因此,这一部分主要考查考生对这一历史时期江泽民提出的新思想、新观点和新论断的掌握。

4. 胡锦涛国防和军队建设思想是党的军事指导理论的新成果,是国防和军队建设的科学指南。它把科学发展观应用于军事领域,集中回答了处于重大转型时期的中国国防和军队需要什么样的发展、如何又好又快发展的问题。因此,这一部分主要考查考生对党关于新形势下国防和军队建设的指导思想、方针原则、战略目标、方法步骤等内容的掌握。

5. 习近平强军思想是党的军事指导理论的最新成果。党的十八大以来,强军兴军开创了新局面。国防和军队现代化不断推进,人民军队政治生态得到有效治理,国防和军队改革取得历史性突破,武器装备加快发展,军事斗争准备取得重大进展。党的十九大明确了党在新时代的强军目标,国防和军队建设必将取得更加重大的突破。强军思想是我军目前建设和发展指导思想,应重点关注。

【例题1】毛泽东为我军规定的政治工作的三大原则是(　　)。
A. 尊干爱兵、热爱人民、优待俘虏　　B. 政治平等、军民一致、优待俘虏
C. 官兵一致、军民一致、瓦解敌军　　D. 政治民主、热爱人民、瓦解敌军

解析:此题答案为C。毛泽东为我军规定了政治工作的三大原则,即官兵一致、军民一致、瓦解敌军。政治工作三大原则是我军无产阶级本质的反映和建军宗旨的体现。坚持政治工作的三大原则,不仅保证了军队内部和外部的团结,使官兵之间亲密无间,军民之间鱼水相依,从而产生出战胜任何困难和敌人的巨大力量,而且也能分化敌人的营垒,调动各方面的积极因素,为争取革命战争的胜利创造条件。故C项正确。

【例题2】军队要服从整个国家建设大局,"服从大局"包括多层含义,下列不正确的说法是(　　)。
A. 要合理确定国防投入比例
B. 要适度压缩军队建设规模
C. 要适当地减少高新武器装备的研制
D. 军队要积极承担支援和参加国家经济建设的任务

解析:此题答案为C。基于对战争与和平问题的新判断,适应党和国家工作重点的转移,在党中央、中央军委和邓小平的正确领导下,军队和国防建设的指导思想实行战略性转变,即从准备"早打、大打、打核战争"的临战状态,真正转到和平时期的建设轨道上来。实行这一战略性转变,要正确处理国防建设与经济建设的关系,使军队建设服从和服务于国家经济建设大局。强调"服从大局",指的主要是:第一,要合理确定国防投入比例;第二,要适度压缩军队建设规模;第三,军队要积极承担支援和参加国家经济建设的任务。

【例题3】江泽民指出,新的历史条件下我军建设必须着力解决好的历史性课题是(　　)。
A. 军队现代化建设　　B. 打得赢、不变质
C. 中国特色军事变革　　D. 思想政治建设

解析:此题答案为B。20世纪90年代以来,国际国内环境发生了前所未有的重大变化,给我军建设带来的影响十分深刻,提出的挑战十分严峻。这些影响和挑战,主要是两个方面:一个是世界多极化出现了曲折而复杂的局面,各主要国家为了在世界格局的深刻变动之中掌握主动权,纷纷把高新技术运用于军事领域,武器装备体系、军队体制编制、作战方式、战场环境等都发生了极为深刻的变化,信息化战争成为现代战争的基本形态。在这种情况下,我军打现代战争能力不足的问题更加突出,履行维护国家主权和安全利益职能面临更大的压力和挑战。另一个是国内社会主义市场经济迅速发展,对外开放不断扩大,社会经济成分、社会组织形式、就业方式和分配方式多样化,各种思想文化相互激荡。这种新社会环境,在给我军建设注入生机和活

力的同时,各种腐朽思想文化影响和侵蚀官兵思想的现象也增加了,对军队的优良传统、官兵的价值观念和理想追求造成冲击,坚持人民军队的性质、本色和作风,面临更为复杂和严峻考验。江泽民指出:"对于新时期的军队建设,有两个最重要的问题是我始终加以关注的:一个是在复杂的国际环境中,我军能不能跟上世界军事发展的趋势,打赢未来可能发生的高技术战争;一个是在社会主义市场经济和对外开放条件下,我军能不能保持人民军队性质、本色和作风,始终成为党绝对领导下的革命军队。"

【例题 4】 新世纪新阶段我军历史使命为"三个提供,一个发挥","一个发挥"是(　　)。

A. 为维护国家发展的重要战略机遇期发挥安全保障作用
B. 为维护国家利益和安全发挥重要作用
C. 为维护党巩固执政地位发挥保驾护航作用
D. 为维护世界和平和促进共同发展发挥重要作用

解析: 此题答案为 D。胡锦涛在十七大报告中再次强调,军队要为维护世界和平贡献力量。这是我军使命任务的新拓展和更高要求。当今时代,和平、发展、合作是人类社会文明发展的主流。历史证明,没有世界的整体和平与共同发展就没有各国自身的和平与发展。努力维护世界和平与促进共同发展已成为世界各国义不容辞的共同职责。我军在担负起维护国家利益的同时,必须在维护世界和平与促进共同发展中有更大的作为。

第三章　中国古代军事思想

中国古代军事思想是中国古代各阶级、民族、政治集团及其军事家、兵学家关于战争和军队等一系列军事问题的系统理性认识，是中国古代各历史时期人们军事实践经验的理论升华。它随着社会的前进、军队建设和战争实践的发展以及人类认识能力的提高而逐渐深化，反过来又指导各时期的军事实践，对社会物质和精神文明的进步产生深刻影响。它是中国乃至世界军事思想宝库中的珍贵遗产。

一、古代经典兵法著作

据20世纪30年代兵书学者陆达节的《历代兵书目录》记载，我国古代兵书有1304部，尚存280多部。90年代初国防大学出版社出版的刘申宁《中国古代兵书总目》收录辛亥革命前的兵书有4221种。我国古代兵书纵论战术之法、争霸方略，可谓卷帙浩繁、精彩纷呈，是璀璨的中华文明的重要组成部分，为后人留下了宝贵的精神财富。

1.《六韬》

《六韬》是中国古代著名兵书，《武经七书》之一，据传为西周初年太公望吕尚（姜子牙）所著。全书是以太公与文王、武王对话的形式而编成的，分为文韬、武韬、龙韬、虎韬、豹韬、犬韬六卷，共60篇。全书就如何做好战争准备、加强对敌斗争策略、搞好作战指挥和运用具体战法等问题进行了阐述，其基本内容有以下几点：

（1）强调战胜攻取必先"富国""爱民"，以此增强军事实力。《六韬》认为，要做好战争准备必须首先治理好国家，只有国富民强才能立于不败之地。所以，"人君必从事于富"，使人民安居乐业而心无他虑。为此，必须掌握"三宝"，即"大工、大农、大商"三种经济事业。经济制度的完备和经济实力的增强，是国家长治久安的坚实可靠的物质基础。《六韬》指出，要增强国家的实力，还必须懂得"爱民"这个"为国之务"。"爱民"，一方面是为了发展经济有利生产，一方面是为了减轻人民的痛苦和负担，为统一全国的战争准备充足的人力、财力。

（2）提出了"用兵之具，尽于人事"的全民防御战略。《六韬》认为，在天下安定、国无战争之时不可忘战，因而战争的武器和用具要常修，防御敌人的守备要常设。它提出，"战攻守御之具，尽在于人事"，认为在平时筹划人民生产生活时就为战争做好充分准备，以便随时都能进行战争动员。这是很有远见的一项加强战争准备的战略措施。

（3）主张"全胜无斗，大兵无创"的不战而屈人之兵的策略。《六韬》把通过政治、经济、外交手段实现政治目的的战略思想称为"全胜"战略，把通过军事斗争赢得胜利的战略称为"伐兵"战略。"善战者，不待张军；善除患者，理于未生；善胜敌者，胜于无形。上战无与战""全胜不斗，大兵无创"，都是指不经交战而获胜利。它把不交战而全胜、无杀伤而完师作为最理想的战争策略，并围绕这一策略提出了一系列作战指导方针，其中包括对敌国实施"文伐"。所谓"文伐十二节"，是指对敌方国君施以投其所好、曲意顺从、贿赂左右、离间近臣、假结友谊、窃取情报、封锁消息和轻其戒备等手段，用这些文的方法实施进攻，可以起到武力所起不到的作用。

其次,在实施进攻战略时,强调采用"示形"方法,就是通过"欲其西,袭其东"的战略佯动,以"密察敌人之机而速乘其利,复疾击其不意"而达到突然袭击的目的。

《六韬》还多方面论述了明察战争胜败的征兆、灵活处置各种不同敌情和地形的情况,要求做到"可攻而攻,不可攻而止"。为了确保达到"全胜"的目的,《六韬》还提出了"王者帅师,必有股肱羽翼"的主张,强调应由各种有"殊能异技"的人来组成参谋部和智囊团,其成员既能为将帅出谋划策,又能各司一行,应付种种复杂的战争情况。

(4) 提出了一系列以少击众、以弱敌强的战术原则。《六韬》虽然在战略上期求"全胜无斗,大兵无创"的理想境界,但是在战术上却十分重视同敌人的作战,它大量论述了各种情况下同敌人作战应当注意的问题。例如,关于诱敌伏击、后发制人、突然袭击、速战速决和密切协同、并力合战等战法,书中都有详尽阐述。它还特别强调,"凡用兵之法,三军之众必有分合之变"。认为只有将战步、战骑、战车巧妙配合起来,各用所长,并力合战,才能充分发挥军队的整体效能。

(5) 在治军方面,特别重视"立将之道"。重视将领的任选是《六韬》治军的一个显著的特点。它首先提出了选将在德性方面的五个要求,即"勇、智、仁、信、忠"。所谓"勇",就是临战不惧;"智"就是不受惑乱;"仁"就是能得众心;"信"就是不欺上下;"忠"就是事君不二心。指出,如果将领缺德不才、庸懦无能,其结果只能是"兵弱国亡"。其次,认为将领的表率行为是激励士卒精神、焕发军队战斗力的重要因素。只有"将与士卒共寒暑劳苦饥饱",三军之众才能听到进军鼓声则喜,听到退军金声则怒,即使"白刃始合"也无所畏惧。再者,指出赏罚有信、不分贵贱是提高将领威严、鼓舞士气的重要手段。《六韬》认为,"杀一人而三军震者,杀之。赏一人而万人悦者,赏之。"只要刑能达上,赏能通下,则将领的威严就能自然树立,三军无不令行禁止。最后还要求任人唯贤,量才选将。《六韬》对此提出的要求是:必须"按名督实,选才考能"。这就是说,要名副其实而有才有能,不能"以世俗之所誉者为贤,以世俗之所毁者为不肖";要考核其能力,观察其行动而不能只看外貌;要不分贵贱亲疏而因才任用。

2.《孙子兵法》

《孙子兵法》是我国现存最早的军事名著,由著名军事家孙武所著,是中国古代军事思想的奠基石及最重要的组成部分。全书共分13篇,即"计篇""作战篇""谋攻篇""形篇""势篇""虚实篇""军争篇""九变篇""行军篇""地形篇""九地篇""火攻篇""用间篇"。《孙子兵法》成书于春秋战国之交,即我国奴隶制崩溃、封建制发展的社会大变革时期。当时,周王室势力日趋衰弱,各诸侯国为了争夺土地、人口和权力,进行了长期、频繁的争霸战争,而且战争的规模也越来越大。在这种形势下,齐国人、兵家孙武,总结了春秋末期及其以前的战争经验,继承和发展了前人的军事思想,创作了这部伟大的作品。北宋神宗颁行官修兵书《武经七书》,此著作被收录其中。

1) 孙武的军事思想

其一,战争观。孙武指出:"兵者,国之大事,死生之地,存亡之道,不可不察也。"(《孙子兵法·计》)认为"亡国不可以复存,死者不可以复生"(《孙子兵法·火攻》),因而主张对待战争必须"慎之""警之",提倡"安国全军之道"。"慎",是不要轻易发动战争,告诫"主不可以怒而兴师,将不可以愠而致战";"警",则是要加强战备,增强实力,要求"无恃其不来,恃吾有以待也;无恃其不攻,恃吾有所不可攻也"(《孙子兵法·九变》)。孙武将战争胜利所必须具备的客观因素概括为道、天、地、将、法"五事",居"五事"之首的"道"既指修明政治("修道而保法"),

也包括争取民心("上下同欲")和振奋士气("并气积力")。其二,战略思想。孙武认为,"百战百胜,非善之善者也;不战而屈人之兵,善之善者也",从而提出了不以直接交战的方式达成政治目的的"全胜"战略。他称不战而胜为"全",战而胜之为"破"。主张对于国、军、旅、卒、伍,"全"为上,"破"次之。为达全胜目的,在战略谋划上要胜敌一筹,"庙算胜者,得算多也"(《孙子兵法·计》);在力量对比上要处于优势,"胜兵若以镒称铢";在战争准备上要周到细致,"先为不可胜,以待敌之可胜""胜兵先胜而后求战"(《孙子兵法·形》);在实行方式上则是"上兵伐谋,其次伐交,其次伐兵,其下攻城;攻城之法,为不得已"(《孙子兵法·谋攻》)。总之,要求达到"屈人之兵,而非战也;拔人之城,而非攻也;毁人之国,而非久也。必以全争于天下,故兵不顿,而利可全"(《孙子兵法·谋攻》)。其三,作战指导思想。孙武主张积极进攻,认为在实施战略进攻时,要秘密决策,"厉于廊庙之上,以诛其事";隐蔽准备,"形人而我无形";突然袭击,"敌人开阖,必亟入之";速战速决,"兵贵胜,不贵久"。孙武强调进攻,但也不忽略防御,认为"不可胜者,守也",要求"善守者,藏于九地之下",以求"自保而全胜"。如果兵力处劣势,还应"逃之""避之",以保存军力。其四,治军思想。即"令之以文,齐之以武"。"文"指厚赏、爱卒,"武"指重罚、严刑,二者相辅相成。他还注重将帅的选拔和任用,认为将帅是"生民之司命",提出了"智、信、仁、勇、严"五条德才标准。

2)部分篇章内容

始计篇。本篇是全书的总纲。它对《孙子兵法》的整个军事思想起了提纲挈领的作用。其中心思想:审己量敌,料胜决策。主要内容:(1)兵者,国之大事。孙子认为,战争是关系到军民生死、国家存亡的大事,用兵之前,必先审己量敌。计其胜负之情,提醒人们重视战争,研究战争。(2)道、天、地、将、法("五事")是决定战争胜负的基本条件。孙子认为,道、天、地、将、法五个要素是取得战争胜利的基本条件,以此为基础对敌我双方进行具体比较:主孰有道?将孰有能?天地孰得?法令孰行?兵众孰强?士卒孰练?赏罚孰明?通过比较,哪一方有利条件占得多,哪一方就能胜利,从而找出胜负的可能性。(3)实现胜利的手段。① 庙算。就是庙堂之上的计划和谋划,即高层决策。② 选将。就是挑选将帅。③ 造势。就是要设法造成战场上的有利态势。④ 诡道。孙子认为,用兵打仗必须遵循奇诈多变的原则,达到"出其不意,攻其无备"的目的。

作战篇。本篇主要从战争对经济的依赖关系出发,阐明速胜之利,久拖之害。孙子认为,举兵十万,日费千金,不具备这些条件,是无法进行战争的。因此,用兵打仗,以速胜为勉,久战为戒。主要内容:(1)举兵十万,日费千金,阐明了战争对经济的依赖关系。进行战争首先要详细计算战争的费用、粮食、器械、车马、用具等基本条件。(2)兵贵胜,不贵久。从军事上、经济上、政治上分析了战争久拖之害,阐明了用兵宜速胜的道理。(3)胜敌而益强。为了减轻战争中的经济负担,主张粮食要在敌国就地解决,缴获敌人的车辆器材,要用来装备自己,俘虏要用来补充自己。这样就能胜敌而益强。

谋攻篇。本篇主要论述采取什么样的进攻方法,以争取战争胜利的问题。孙子认为,恃武强攻,取胜于锋刃矢石之下,即使取胜,自己也难免不付出一定代价;而以谋取胜,既可制胜,又能保全自己。所以强调以智谋胜敌。中心思想:以智谋胜敌。主要内容:(1)"全"为上,"破"次之。"全"就是使敌人完整屈服且自己不受损失;"破"就是突破敌人且自己遭受到一定的损失。从两种方式两种结果的比较中,孙子认为,"百战百胜,非善之善者也;不战而屈人之兵,善之善者也。"(2)谋攻之法。孙子提出了以智谋取胜的四种手段:

"上兵伐谋,其次伐交,其次伐兵,其下攻城。"他认为,首先应争取以"伐谋""伐交"取胜,这是达到全胜的最好手段。其次立足于"伐兵"。他强调在战场上伐兵时要根据力量的对比,兵力的多寡,采取不同的用法:"十则围之,五则攻之,倍则分之,敌则能战之,少则能逃之,不若则能避之。"就是讲在敌我力量对比,我处于优势、势均力敌、我居劣势情况下,要临机应变,以智取胜。只有不得已才去攻打敌人的城寨。(3)知彼知己,百战不殆。孙子认为,在战争指导问题上,重要的是知道敌我情况,强调必须根据敌我情况,从实际出发决定自己的行动,否则,就会产生极其危害的后果。

军形篇。"形"就是指军队的生动力量,包括兵力的众寡强弱,军事素质的优劣,兵力部署的隐蔽暴露等。孙子形象地比喻说:"若决积水于千仞之溪者,形也。"这就是军队的实力。本篇主要论述战前要善于积蓄军队的作战力量,"先为不可胜";尔后积极创造、寻求战机,战胜敌人。中心思想:积蓄军队的作战力量,使自己立于不败之地,然后寻机战胜敌人。主要内容:(1)先为不可胜,以待敌之可胜。孙子认为,创造条件,积蓄军队的作战力量,使自己立于不败之地,是战胜敌人的客观基础,在这个前提下,去等待和寻求战胜敌人的机会,才能取得胜利。(2)先为不可胜,以待敌之可胜的措施。① 活用攻守。主张要善于巧妙灵活地运用攻守两种作战形式,只有这样才能做到"先为不可胜,以待敌之可胜"。② 胜于易胜。就是打好打的敌人。要做到"胜于易胜",就要靠将帅充分发挥能动作用,采取各种措施,使自己"立于不败之地",做到"先胜而后求战"。③ 以镒称铢。敌我双方军事实力的对比,兵力的优劣,是战争胜负的基础。孙子强调,指挥作战必须根据国家和战场的具体情况,造成力量上的绝对优势,而后求战。

兵势篇。"势"就是军队力量的发挥。孙子说:"激水之疾,至于漂石者,势也。"就是说飞速奔泻的激流,能够把大石头漂移,是由于湍急的流沙和奔泻的速度所造成的。又说:"如转圆石于千仞之山者,势也。"也是说从很高的山上滚动圆石,飞转直下,势不可当,是由于利用石头"圆则行,危则动"这种固有的性质,借助险峻的山势所造成的。因此,孙子主张作战必须善于造成和利用这种有利态势,最有效地发挥军队的力量,去争取战争的胜利。中心思想:充分发挥军队的作战力量,最有效地打击敌人。主要内容:① 掌握四个环节。孙子认为,用兵作战必须掌握"分数"(组织编制)、"形名"(通信联络)、"奇正"(活用战术)、"虚实"(创造战机)四个环节,这是发挥军队力量的关键问题。② 善用奇正。用兵打仗应该有一定的法则,但又不要拘泥成法,要根据情况的变化,或正或奇,彼此呼应,使敌人捉摸不定,才能收到出奇制胜的效果。③ 择人而任势。就是选择适当的人,充分利用有利态势。指挥作战,要按照"形之,敌必从之;予之,敌必取之"的一般规律,运用"示形""动敌"等手段,创造有利形势。同时,还要针对不同的形势,不同的任务而选用适当的人,才能有效地打击敌人。

3.《司马法》

《司马法》是我国古代著名兵书,《武经七书》之一。战国初齐威王令大夫追论古者司马兵法,并附春秋时齐国大将司马穰苴兵法于其中,故又称《司马穰苴兵法》。据《汉书·艺文志》记载,全书共155篇。今本《司马法》仅存"仁本""天子之义""定爵""严位""用众"五篇。《司马法》的军事思想主要有以下几点:

(1)"以战止战"的义战观点。《司马法》主张:"杀人安人,杀人可也;攻其国爱其民,攻之可也;以战止战,虽战可也"。就是说,对于那些能够使人得到安全、拯救百姓和制止侵略的正义战争,要给予肯定和支持。然而,支持正义之战不等于好战,反对好战不等于不战,所以《司马法》又说,"国难大,好战必亡;天下虽安,忘战必危"。这些在中外军事史上,都是少有的精辟论断。

《司马法》还指出,一旦进入敌国作战,就要严格军纪,不准烧杀掳掠,要敬老扶幼,不杀缴械敌人,并对受伤战俘给予医治并遣返回家。这不仅是夺取战争胜利的有利保证,而且体现了"兼爱民"(爱敌我两国百姓)的义战思想。

(2)"以仁为本,以义治之"的治军原则。《司马法》强调,要使全军"力同而意和",达到"三军一人胜",就必须"以仁为本,以义治之"。所谓"仁""义",就是对人仁爱、行事顺理。将帅要做到"见危难勿忘其众""胜利与众分善""若使不胜,取过在己,复战,则誓己居前"。这种将帅与士卒分记功劳,失败了把责任归于自己,再战时自己身先士卒并居前指挥的思想,就是"以仁为本"的体现。至于"以义治之",通常是指"赏不逾时""罚不迁列",就是说,赏罚都要当场兑现,好让部下立即感到法制的激励作用和威严。《司马法》认为,"以仁为本"和"以义治之",是治军的两个方面,互为表里,刚柔相宜,不可偏废。同时《司马法》还阐述了"国容不入军、军容不入国"的道理。认为治国的一套不能治军,治军的一套不能治国。如果用治军的方法治国,民众礼让的风气就会废弛;用治国的方法治军,军人尚武的精神就会削弱。

(3)先行"五虑"和"无复先术"的作战指导思想。《司马法》论述了作战要先有准备的所谓"五虑",认为顺从天时、多备财物、悦服众心、利用地利和精良武器是应当及早谋划的五件大事,只有把握天时地利,在人财器物方面进行充分准备,并对军队进行频繁训练,才能比较有把握地夺取战争的胜利。至于作战中的"无复先术",是要求"因地、因敌",而"令阵""称众",即根据不同的地形和敌人的强弱来部署自己的阵势和兵力,从而达到用兵机动灵活、指挥通权达变。

(4)"战相为轻重"的军事辩证方法。《司马法》把战争中的诸因素抽象为"轻""重"两个对立方面,强调指出:"凡战以轻行轻则危,以重行重则无功;以轻行重则败,以重行轻则战。故战相为轻重。"认为将帅的具体战术指挥为轻,全局战略谋划为重。因此提出要求:在军事指挥上应当轻重相节,不可固执一端,既要做到战略战术兼顾,又必须分清主次、"以重行轻",用战略统率战术。《司马法》还用相为轻重的观点,就作战部署、作战命令、军队训练、武器装备等问题作了精辟的论述,在一定程度上强调了实践的作用,具有重要的方法论意义。

4.《吴子》

《吴子》,《武经七书》之一,曾与《孙子兵法》齐名,并称为《孙吴兵法》,为战国前期卫国人吴起所著。据《汉书·艺文志》著录,吴起兵法48篇,今存两卷,含《图国》《料敌》《治兵》《论将》《应变》《励士》六篇。《吴子》以"内修文德、外治武备"为核心,对于战争目的,作战指导,尤其是治军问题作了较为深刻的论述。

1)吴起的军事思想

吴起认为战争起因有五:"一曰争名,二曰争利,三曰积恶,四曰内乱,五曰因饥"(《吴子·图国》)。他将战争区分为五种:"禁暴救乱"的为"义兵","恃众以伐"的为"强兵","因怒兴师"的为"刚兵","弃礼贪利"的为"暴兵","国乱人疲、举事动众"的为"逆兵"。他将战争区分为正义与非正义两类,认为禁暴救乱的正义战争"举顺天人",得到人民拥护,"故成汤讨桀而夏民喜悦,周武伐纣而殷人不非"(《吴子·图国》);而行不合道、举不合义的非正义战争,即使能暂时获得某些政治、经济利益,也终将招致失败。他反对穷兵黩武,认为凭借武力虽然可以暂时取得战争的胜利,但要保住胜利则很难,"是以数胜得天下者稀,以亡者众"(《吴子·图国》)。

认为应"内修文德,外治武备",即对内修明政治,对外加强战备,从战略的高度深刻地阐明了政治与军事必须并重,二者不可偏废的道理。强调"以治为胜",认为兵不在多,贵在于治。治的标准是:"居则有礼,动则有威,进不可当,退不可追,前却有节,左右应麾,虽绝成阵,虽散成行。与之安,与之危,其众可合而不可离,可用而不可疲。投之所往,天下莫当。"强调避实击虚,因情击敌,认为"谋者,所以违害就利"。

2)《吴子》内容体系

(1)明确提出了整军经武的目的是"图国家"。吴起认为,国与国"争名""争利""积恶",国家"内乱"和"因饥",是引起战争的原因。要避免战争,使国家强大,必须"外治武备""内修文德"。也就是说,要组织精锐的军队,并使这支军队明礼义、知耻辱,爱护人民。认为这才是"固国之道"。吴起把人事、军事、国事视为一体,在一定意义上触及到了战争的政治性质问题。

(2)提出了"因形用权"。即根据不同敌情采取不同打法的作战指导思想。吴起十分重视对敌情、民情、经济状况和地理位置的分析,从而在总体上把握一个国家的强弱等特性,并根据不同特性而分别采取分之、恐之、激之、劳之等方式去战胜它们。这是与其他兵书的显著不同之处。吴起还列举了不失时机"急击勿疑"的数十种战法,指出了力不如敌时应"避之勿疑"的几种情况。他认为,"用兵必审敌虚实而趋其危",只有周密细致地"料敌",才能机动灵活地"应变",从而"战无强敌,攻无坚阵""不劳而功举"。

(3)提出了整军备武、明耻教战的治军思想。第一,安国之道,先戒为宝。吴起把"戒"作为国家长治久安的首要条件,指出军队只要常有敌情观念并保持警惕,搞好战备("出门如见敌""虽克如始战"),就可做到有备无患,确保国家安全。这既是保障国家安全的原则,也是建军的措施。第二,严刑明赏,以治为胜。吴起认为:兵不在众,"以治为胜"。所谓"治",一方面是明法令,即规定明确的号令作为军队行动的准则,并用严格的纪律约束将士,使军队"居则有礼,动则有威,进不可挡,退不可追",这样平时严格要求,战时就无往而不胜;另一方面是信奖赏,即对有功的将士一定给予奖赏,同时对于死亡的将士家属给予妥善照顾,并在逢年过节时派人去慰问。总之,有功赏之,无功励之,犯则罚之,并"行之以信",治军制胜就有了坚实有力的保证。然而,吴起也认为,单靠赏罚不能服心。所以他又强调:一要任贤选能,"使贤者居上,不肖者处下";二要爱兵如命,要求将帅对部下要"爱其命,惜其死",以此激发士兵自觉的战斗精神,达到"发号布令而人乐闻,兴师动众而人乐战,交兵接刃而人乐死"的境界。《吴子》的这些主张,体现了以法治军的思想。第三,用兵之法,教戒为先。《吴子》把严格训练放在治军的首位,并将其看作是提高部队战斗力的重要因素。《治兵》篇说道:"夫人常死其所不能,败其所不便。故用兵之法,教戒为先。"由于其懂得打败仗常常是因为本事不高、技艺不熟,所以特别强调教育训练的作用。吴起认为,要使士兵技艺纯熟而能出征打仗,在训练方法上,要使"一人学战教成十人"及至三军,做到人人相教;在训练内容上,既要懂得制敌取胜的原则(如"以近待远,以逸待劳,以饱待饥"等),又要灵活掌握种种阵法、战法;在训练方针上,则应根据士兵个人的体格、气质等不同特点,量材使器、因人施教(如"短者持矛戟,长者持弓弩");同时规定,要把乡民和军队一齐动员起来,做到"乡里相比,什伍相保",互相保证、互相支援。

5.《孙膑兵法》

《孙膑兵法》又称《齐孙子》,系与《孙子兵法》区别之故,是我国古代著名的兵书,战国中期著名的军事家孙膑及其弟子所著。《汉书·艺文志》称"八十九篇,图四卷",但自《隋书·经籍志》始,便不见于历代著录,大约在东汉末年便已失传。1972年,临沂银雀山汉墓竹简出土,这部古兵法始重见天日。但由于年代久远,竹简残缺不全,损坏严重。经竹简整理小组整理考证,文物出版社于1975年出版了简本《孙膑兵法》,共收竹简364枚,分上、下编,各十五篇。《孙膑兵法》继承和发展了孙子等早期兵家的军事思想,在军事理论上做出了新的贡献,其内容主要有以下几个方面:

(1) 在战争观方面,主张通过战争实现国家的统一。孙膑认为:"战胜,则所以在亡国而继绝世也。战不胜,则所以削地而危社稷也。"意思是说,战争的胜负直接关系着国家的存亡。因此,他明确主张"战胜而强立""举兵绳之",认为只能采取战争的手段来解决问题,而且只有采取战争的手段,才能使"天下服",真正实现封建统一的政治愿望。但是,他同时也认为,既然战争胜败关系如此重大,那就切不可"乐兵""利胜",不能轻率好战,贪求胜利,而要"事备而后动",慎重对待战争。

(2) 在治军方面,提出了一些有价值的主张。例如,它首先强调"富国",只有"富国"才能"强兵"。关于强兵,他提出要精选将帅,明于赏罚。特别是要选拔具备义、仁、德、信、智五个条件的"王者之将"。同时,要求士兵要严守纪律,做到令行禁止,战而忘死。为此,他主张"严而示之利",既要严格执行法令,又要有功则赏,而且特别强调赏罚及时,不分贵贱亲疏。

(3) 在作战指导方面。揭示了一些带规律性的制胜原则。例如,他提出"必攻不守,兵之急者"的观点,认为在积极的进攻中要打击敌人没有防备的地方,出其不意,攻其无备。他强调了"制形一也""胜不可一"的观点,认为制胜的原则大都是一样的,但运用原则制取敌人的具体做法却千变万化。他认为奇正无穷,主张以奇制胜。为此,用兵前必先"料敌计险""便势利地",以创造有利的作战态势。他提出用阵要"知八阵之经",必须因地之利。并为此专门论述了十种阵法,强调要根据不同情况灵活运用。孙膑还比他以前的军事家更重视对城邑的攻取,专门总结了攻城的经验。

(4) 具有朴素的唯物辩证法思想。《孙膑兵法》中的唯物辩证法思想,主要是围绕着"相当""相胜""相为变"的观点进行论述的。比如,他指出了事物正反两面是"相当"的,即相互对立的,因而看到万物"有胜有不胜""有能有不能""有所余,有所不足",推及战争,也是如此,从而明确提出了战争中敌我、主客、众寡、强弱、奇正、险易等一系列矛盾对立的概念,并论述了它们的相互关系。他承认矛盾的双方可以"相胜"(一方胜另一方),而"相胜"的趋势和结果必然是"相为变"(互相转化),而且万事万物的转化现象是与天地共始终而无穷尽的。因而得出结论:在战争中少可以胜多,弱能够胜强。他强调要重视人的作用,提出"间于天地之间,莫贵于人"的正确论断,既承认士卒的勇敢是战争取胜的因素,也看到"民"心对于战争胜败的影响。同时,他还断言:"以决胜败安危者,道也。"意思是说,决定胜负的关键是能否正确掌握战争中的矛盾和规律。

《孙膑兵法》一方面继承了前人的重战、慎战、备战思想,强调战争胜负关系社稷安危,"不可不察";"乐兵者亡""利胜者辱",不能不慎;必须做到"有义""有委""事备而后动"。另一方面,针对战国中期七雄并立、诸侯割据、混战不已的现实,充分肯定统一战争在历史上的进步作用,明确提出"战胜而强立,故天下服矣"的思想,主张用战争手段实现国家的统一。《孙膑兵法》发展了前人富国强兵的理论,认为在诸侯纷争的形势下,只有"富国"才是"强兵之急者",因而主张变法革新,发展经济,提高生产,以此建设强大的军队,夺取战争的胜利,促进统一的事业。它把提高人的素质视为强兵的关键,认为"间于天地之间,莫贵于人"。因此,对将帅修养不仅提出德、信、忠、敬等一般要求,而且提出要有驾驭战争的能力,"上知天之道,下知地之理,内得其民之心,外知敌之情,阵则知八阵之经,见胜而战,弗见而净"。十分重视士兵的质量,反复强调"篡卒"和"篡贤取良",即严格选拔,组建精兵。对治军,不仅强调赏罚严明,"素听""素信",令行禁止,而且提出要按"五教法"进行系统的教育训练,包括政治教育("处国之教")、队列训练("行行之教")、行军训练("处军之教")、阵法训练("处阵之教")、战法训练("利战之教"),以全面提高军政素质,适应各种条件下作战的需要。它提出了以"道"(客观规律)制胜的命题。认为正确指导战争的最高要求就是"达于道",指出:"先知胜不胜之谓知道";"知道,胜","不知道,不胜";"安万乘国,广万乘王,全万乘之民命者,唯知道";"知其道者,兵有功,主有名";"求其道,国故长久"。

6.《尉缭子》

《尉缭子》是我国古代著名兵书,《武经七书》之一,成书于战国中后期,主要论述了战争与政治、军队与纪律、料敌与举兵、天时与人事等方面的问题。

(1)"武为表、文为里"的战争观。《尉缭子》已经认识到战争是和政治紧密相连的,从而提出了"兵者,以武为植,以文为种。武为表,文为里"的说法。这里,"文"主要是指政治,"武"主要是指战争,二者是"种"(根)与"植"(干)、里与表的关系。这种论述,相当明确地分清了政治与军事的主从关系。基于这种认识,《尉缭子》非常强调搞好本国的政治制度,认为"兵胜于朝廷",即战争胜负取决于朝廷有无良好的政治。如果国家富足而安定,就能"战胜于外""威制天下"。

(2)"制必先定"的以法治军思想。为了保证战争的胜利,《尉缭子》主张治军必先建立法制,对军队实行严格的纪律和管理。首先,在作战时,要"明赏于前,决罚于后",做到出兵就能得利,进击就能立功;并且特别指出,"刑上究,赏下流",对于违抗军令者,即使是有地位的将吏,也当杀必杀;对于作战有功者,哪怕是出身低微,也该赏则赏。其次,要求将帅"必本乎率身以励众士",要以身作则,激励部下。这不仅是将帅应有的品德,而且是对将帅严格的纪律要求。另外,还强调军队的训练、组织制度、战斗编成、信号指挥、军吏的惩处权限、着装、宿营、从军、戍边等,都应有明确的要求和具体的规定,体现了新兴地主阶级以法治军、从严要求的建军思想。

(3)"权敌审将而后举兵"的作战指导原则。《尉缭子》认为,凡是兴兵打仗,必须先研究敌对双方的形势,了解统兵的将帅,而后才能正确计划军队的行动,否则,就会进退不定,生疑致败。为此,国君应在战前"谋于庙",衡量内外情况,精心运筹。如果没有必胜的把握,切不可轻举妄动。

(4)不靠"天时"靠"人事"的朴素唯物主义观点。《尉缭子》反复论述了在战争中求鬼神不如重"人事"的道理,并明确指出,重"人事"又贵在"求己"。这就是说,要谋求战争的胜利,必须依靠自身的力量,壮大自己的军队,发展本国的实力。这种反天命、重"人事"、贵"求己"的朴素唯物主义思想,在当时是很难得的。

(5)认为经济是决定战争胜负的基础,因而注重耕战,把发展农业作为治国之本;强调商业对战争胜负有重大影响,"市者,所以给战守也""夫提天下之节制,而无百货之官,无谓其能战也"。同时,又认为军事上的胜利会促进国内政治和经济的发展,"战胜于外,福产于内"。

7.《三略》

《三略》又称《黄石公三略》,是中国古代著名兵书,《武经七书》之一,相传为东汉黄石公所著。《三略》即上略、中略、下略三卷韬略。该书主要是讲安邦治国、统军驭将的政治谋略。《上略》通过对"设礼赏,别奸雄,著成败"的分析,论述以"柔能制刚,弱能制强"为指导,以收揽人心为中心,以任贤擒敌为宗旨的治国统军战略思想及其实现方法。《中略》通过"差德性,审权变",论述君主驭将统众的谋略。《下略》主要内容是"陈道德,察安危,明贼贤之咎",进一步论述治军统军的原则。其军事思想主要有以下几个方面:

(1) 主张统军治国要选贤用能。《三略》围绕招贤纳士、驭将这一中心,阐述了封建的治国之道。认为贤人所归向的国家,将是天下无敌的。因此,必须尽全力去"千里迎贤",广罗人才,根据他们的不同特点加以任用,并且要"崇礼"(崇尚礼节)、"重禄"(加重俸禄),形成尊重贤士之风。

(2) 强调将帅要有很高的修养和广博的知识。《三略》认为,一个良将必须"能清、能静、能平、能整、能受谏、能听论、能纳人、能采言、能知国俗、能图山川、能表险难、能制军权"。用今天的话说,就是要廉洁、镇静、公平、严整,能接受批评、明断是非、任用人才、采纳意见,并且知道敌国风土人情、研究山川地理、明了地形险阻、懂得掌握军队的权柄。并且还必须做到"与士卒同滋味而共安危",这样,带出的士兵才能"为天下雄"。

(3) 重视民众在战争中的作用。《三略》提出了人民群众是战争胜利之本的观点。它指出:"庶民者,国之本";"军国之要,察众心";"制胜破敌者,众也";"以弱胜强者,民也"。这些观点反映了人心向背的民众力量对于决定战争胜负的意义。因此,它认为,治理国家、统率军队,"务先养民"。即要爱护民众,减轻赋徭,不占农时,不使民贫。这些主张与孙子的"令民与上同意"和吴子的"教百姓而亲万民"的思想相比较,有了明显的发展。

(4) 具有朴素的唯物论和辩证法思想。《三略》提出了在作战中"不为事先,动而辄随"的观点,意思是不要事先主观规定,而要针对敌人的行动随机应变。它指出:"用兵之要,必先察敌情";在军队中要禁巫祝,"不得为吏士卜问军之吉凶",从而反映了朴素的唯物主义的思想。

在论述将与众、德与威、善与恶、柔与刚、弱与强等关系时,《三略》还注意到了事物的对立方面。比如,它强调掌握军队作战的形势者是将帅,冲锋陷阵去消灭敌人者是士卒,二者缺一不可;认为君主和将帅都不可无德,也不可少威;主张对"顺民"施于善,对"凶民"加于恶;指出治理国家要"能柔能刚""能弱能强",等等。在论述作战指导时,《三略》触及到了事物对立双方相互转化的关系。它指出,战争"变动无常",所以行动要"因敌转化";柔刚弱强四者,要根据实际情况适当运用,柔而得当是美德,刚而不当是祸害,弱而有理"人之所助",强而不仁"怨之所攻",在一定条件下,"柔能制刚、弱能制强"。这些论述,闪烁着朴素辩证法的思想火花。

总之,《三略》在战争观和战略思想上,既承认战争有很强的破坏性,是不祥之器,"天道"好生恶杀,憎恶战争;又认识到战争不会因为人们厌恶它而自行消灭。认为人心的向背关系国家的治乱兴衰,"与众同好,靡不成,与众同恶,靡不倾。治国安家,得人也。亡国破家,失人也"。重视收揽人心,"夫主将之法,务揽英雄之心,赏禄有功,通志于众"。认识到只有富民才能富国,"四民用虚,国乃无储。四民用足,国乃安乐"。提出控制战略要地的思想,把战略要地概括为"固""厄""难"三种类型,分别提出"守""塞""屯"三种处置方法。在治军方面,《三略》主张恩威并重,赏罚必信。强调将帅要施恩于士卒,"蓄恩不倦,以一取万"。要求严明法令,树立将帅威权,"不可以无威,无威则国弱","将无还令,赏罚必信,如天如地,乃可御人"。在将帅修养方面,提出"虑、勇、动、怒"是为将的明诫。要求将帅"必与士卒同滋味而共安危";"以身先人",做出表率,具有广博的知识和才能,并能博采众长,听取各种人的意见,"仁贤之智,圣明之虑,负薪之言,廊庙之语,兴衰之事,将所宜闻"。在将帅的选拔使用上,反对任人唯亲,主张任人唯贤,认为"贤人所归,则其国强;圣人所归,则六合同"。

8.《唐太宗李卫公问对》

《唐太宗李卫公问对》(以下简称《问对》),亦称《李卫公问对》《唐李问对》或《李靖问对》,是中国古代著名兵书,《武经七书》之一。它是后人根据唐太宗李世民同军事家、卫国公李靖讨论军事问题的谈话,以二人讨论兵法问答形式编辑而成,分上、中、下三卷,内容包括军制、阵法、选将、训练、边防等问题,其中着重讨论了作战指挥的原则。《问对》主要从"奇正""虚实""主客""攻守"等几个方面生发议论,着重探讨如何争取作战主动权。该书在继承前人军事思想和总结历代战争经验的基础上,提出了许多独到见解:

(1)"正亦胜,奇亦胜"的用兵原则。《问对》从探讨《孙子》"奇正"命题入手,对如何争取战场主动地位作了深入分析。关于"奇正"这个命题,不少兵书都有论述。《孙子兵法》说:"凡战者,以正合,以奇胜。"意思是说,指挥作战,都是以正兵挡敌,以奇兵制胜。在唐代以前,孙子的话一直被兵家奉为不可改变的信条。但是,《问对》认为奇正原是指正兵变为奇兵,即古代五军阵(东、南、西、北、中五军)中位于"阵地"的正兵,向"闲地"实施机动变为奇兵;奇正是兵力的灵活使用和战法的随机应变。奇正的运用,必须根据敌情和地形,"临时制变",慧心独用。"善用兵者,无不正,无不奇,使敌莫测。故正亦胜,奇亦胜";把奇正与"虚实""示形""分合"等结合起来阐述,探求它们之间的关系。要求以正兵对敌之实,以奇兵击敌之虚;利用"示形",制造假象,隐蔽奇正之变;兵力分散时以集中为奇,兵力集中时以分散为奇,这样便可达到"使敌势常虚,我势常实"的目的,争取作战的主动。这是对《孙子兵法》思想的丰富和发展。

(2)"有分有聚""攻守两齐"的指挥艺术。《问对》认为,在用兵问题上,适当的分散或集中是非常重要的。李靖说:"兵有分有聚,各贵适宜。"因此,"分不分为縻军,聚不聚为孤旅",即该分而不分的军队叫作縻系之军,该合而不合的军队叫作孤独之旅,这些都是用兵的败错。在攻守问题上,《问对》认为,历史上总是讲守,是因为兵力不足;讲攻,是因为兵力有余,其实正如孙子所讲,决定攻守的不是以敌之强弱为由,而是看"可胜不可胜",即是否掌握有利的战机问题。关于战机,《问对》进一步指出:"攻是守之机,守是攻之策,同归乎胜而已矣。"意思是说,攻是守所创造的时机和条件,守是为了攻而采取的策略,攻与守都是为了战胜敌人这一根本目的。强调进攻时,不仅要"攻其城,击其阵",还要攻敌之心,瓦解其士气;防御时,不仅要"完其壁,坚其阵",还要保持自己军队旺盛的士气。只有坚持"攻守两齐之说",才算懂得用兵之道。这些论述颇具辩证法的道理。

(3)"爱设于先,威设于后"的治军制胜思想。"严刑峻法,使人畏我而不畏敌",历来被看作治军制胜的主要方法,而《问对》却对此提出了不同看法,认为"兵家胜败,情状万殊""不可以一事推也",而应全面地看问题。例如,治军必须有刑法,而严刑峻法又必须以"爱"为前提,"将先有结爱于士,然后可以严刑也"。这就是说,为将的只有真正爱护所属官兵,然后对违法乱纪的士卒施以严刑,士卒才会诚服;如果对部属没有一点恩爱,而只知处罚,士卒反而不服,那么,这种严刑也不能起什么作用。所以,治军要以爱为主,以刑为次,这种关系是不可颠倒的。《问对》的这一主张,同《尉缭子》那种"杀士卒"以"立威"的压迫手段相比较,是一个很大的进步。

(4)"各任其势""因地制流"的教育训练方法。《问对》非常重视军队的训练,主张"教得其道"、反对"教不得法"。在实践上,它提出了由小分队到大部队,由分练到合练,由浅入深、循序渐进的"三等之教"的三个阶段的训练方法。《问对》认为"有制之兵"即训练有素的部队是很少打败仗的。所以,提出"教阅之法,信不可忽"(训练的方法问题切不可忽视)。那么如何搞好部队的教育训练呢？《问对》主张"各任其势""因地制流"，就是根据部队的不同情况，因地制宜，因材施教。比如，在"番（番人）汉（汉人）杂处"的情况下，"番长于马""汉长于弩"，应"各随番汉所长"进行分别训练。至于阵法的训练，那就要灵活掌握。《问对》认为，在防御和进攻中，车、步、骑三种兵力的配合也要多样化。总之，"兵形象水""用之在人"，教育训练部队，随各自的情况而定。

9. 《武经总要》

《武经总要》是一部中国古代北宋官修的军事著作。北宋自澶渊之盟以后，武备日渐废弛，将帅多不学无术。为此，宋仁宗于庆历三年（1043年）十月，命曾公亮、丁度等编修该书，供将帅学习，历三年半而成。该书是中国第一部规模宏大的官修综合性军事著作，包括军事理论与军事技术两大部分，对于研究宋朝以前的军事思想非常重要。其中大篇幅介绍了武器的制造，对科学技术史的研究也很重要。该书成书时间更早于《武经七书》。其主要内容是：针对当时军队缺乏训练的状况，强调"军无众寡，士无勇怯，以治则胜，以乱则负"。这里的"治"指的就是教育和训练。对教育训练的基本原则，它主张要立法，"法制未立"，则"旗蟠虽设，不主进退；鼓角虽备，不为号令；行伍虽列，不问稀密；部阵虽立，不讲圆方"，达不到预期目的。关于教育训练的基本方法，明确提出要"约""繁"并举，循序渐进。"不先日阅是谓教而无渐，不后讲武是谓训习而无功"，只有二者"交相为用"，才能把军队训练成"折冲靖难之具"。针对宋代骑兵建设落后于辽和西夏的情况，充分肯定了骑兵在战争中的地位和作用，具体分析了骑兵"能合能离，能寇能追""击首则应尾，备前则冲后"的优长，以此来论证加强骑兵建设的必要性。鉴于同宋对峙的辽、西夏政权均为少数民族所建，它还要求将帅必须了解周边特别是北边西边少数民族风情。强调指出："北方狄与西方之戎，其性相类，土力能弯弓，尽为甲骑。其宽则随畜田猎禽兽为生，急则习战攻以侵伐为事。其长兵则弓矢，短兵则刀铤，利则进，不利则退。"战争指导者只有"度其俗之强弱，能之长短"，才能"以我之长，击彼之短，料其所好而诱之，因其所恶而攻之"。鉴于太宗时将领要按皇帝所授阵图布阵作战的呆板做法，其在具体地介绍宋朝阵制和古代兵书战策的同时，一方面重新强调了古代军事理论中的"兵贵知变""不以冥冥决事"的思想；另一方面提出了变通古今阵法的正确主张。要求对古今阵法"或因或革"，以"便于施用"为原则，要"度宜而行""沿古以便今"。

10. 《虎钤经》

《虎钤经》，北宋许洞于1004年撰，是宋代开国后出现的第一部对后世有影响的兵书，该书"上采孙子、李筌之要，明演其术；下摄天时人事之变，备举其占，或作于己见，或述于古人"，论述了许多用兵的实际问题，并汇集了许多与军事有关的天文、历法、记时及识别方位等知识，常为谈兵者引用。《虎钤经》以"上言人谋，中言地利，下言天时"为主旨，兼及风角占候、人马医护等内容。它认为，用兵离不开天、地、人。然而，三者的关系不是平列的，"先以人，次以地，次以天"，特别是人（主要是将帅）在战争中的作用尤为重要。主张谋划战争要作周密和全过程的考虑。未战之前要"先谋"：欲谋用兵，先谋安民；欲谋攻敌，先谋通粮；欲谋强兵，先谋赏罚等。要"先定必胜之术"，做到"三和"（和于国、和于军、和于阵）、"三有余"（力有余、食有余、义有余）、"三必行"（必行其谋、必行其赏、必行其罚）。既战之后，要善于夺敌之所恃：夺气（伺敌力衰而乘之）、夺隘（待敌动时而攻之）、夺勇（据隘设伏示弱以诱之）等；要善于"袭虚"，以佯动、诱敌击其虚；要"任势"，乘机击敌懈怠，设伏击敌不意，乘胜扩张战果等。重视"知变"，强调"用兵之术，知变为大""兵家之利，利在变通之机""能以虚含变应敌，动必利矣"。"知变"就要"观彼动静""观其逆顺",如此才能"以虚含变"。"知变"的关键在于从利与害两个方面观察问题,从中"择利而从之"。并将这一"知变"思想,应用到灵活运用古兵法方面,独树一帜地提出了"逆用古法"的理论。认为"以古法为势"是"未见决中者";而"反古之法",则往往可以料敌为胜。

11. 《何博士备论》

《何博士备论》简称《备论》,成书于北宋元祐年间,南宋《遂初堂书目》和《直斋书录解题》以及《宋史·艺文志》等书目均有著录,是中国古代第一部军事人物评论集。共1卷,28篇(今本缺2篇)。作者何去非,字正通,北宋武学博士,曾参与校定《武经七书》。作者有感于北宋王朝积弱积贫的衰败形势,为适应宋神宗、王安石变法图强,重整军备的需要,对战国至五代各王朝的兴亡成败和22个重要军事人物的用兵得失进行了评述,以古喻今,从中寻求历史借鉴。每篇以引一朝或一人事迹为主,紧紧围绕一个中心思想展开评论,然后历数古代正反事例,来论证作者的观点。在建军问题上,重视军队的质量。认为:"师不必众也,而效命者克;士无皆勇也,而致死者胜"。要提高军队质量,就要坚持以法治军,"治国而缓法制者亡,理军而废纪律者败"。为此,一方面呼吁君主要行"将将"之道,即知人善任,不能因其所任非人而"以其将予敌",并对将领提出的非其所任的要求能加以禁止,不充当那种制将"无断"的"听主"。另一方面,将领要行"为将"之道。要求将领要有自知之明,不能提出非其所任的要求,以致"以其身予敌";在有利形势下要保持清醒的头脑,不可因兵强势众而"易敌轻进";要能"自将其身";在困难时能够忍耐等。并分析指出,孙武、司马穰苴、周亚夫、诸葛亮、王猛等历代名将贤相因为"深得于君",权不中御,才"武事可立,而战功可收"。在战争指导上,认为"智"胜于"勇",所以楚汉战争中"能得真智之所在"的刘邦能战胜一味争强斗力的项羽;"智足以役勇,勇足以济智",隋朝名将杨素恰因智勇兼备才无往而不胜。为了以智胜敌,主张用"谋夫策士"组成自己的智囊团,认为东汉末孙坚所以"功业不就",就是因为无人"发其智虑之所不及"。《何博士备论》褒贬历史人物不囿旧说,苏轼曾誉"其论历代所以废兴成败,皆出人意表,有补于世"。这对于不迷信古人,开阔视野,有积极意义。

12. 《百战奇法》

《百战奇法》,清雍正后更名《百战奇略》,约成书于北宋末年,作者无从确考。它是我国古代一部颇具特色的兵书,是中国古代分条论述战法的兵书,现有明刻本存世,10卷,3万余字。该书自产生以来一再刊行,广为流传,为后世兵家所重视和推崇,被列为"中国古代十大兵书"之一。《百战奇法》以《武经七书》等古代兵法为依据,以五代前的战例相印证,将战争诸方面概括归纳为100个题目,即"百战",着重论述了古代战争的作战原则和方法,继承和发展了我国古代军事思想。该书简明扼要、事理结合地论述用兵之道,颇具特色,有参考价值。

《百战奇法》朴素和辩证地分析了军事斗争领域的矛盾双方既相互对立,又在一定条件下相互转化的现象,辩证地论述了强与弱、众与寡、虚与实、进与退、攻与守、胜与败、安与危、奇与正、分与合、主与客等大量对立统一关系,其思维方法和著述方式,对后世影响很大,在中国古代军事思想史上占有一定地位。其主要观点是:在战争问题上,认为战争性质有顺与逆、直与曲之分。既反对穷兵黩武、肆意发动战争,又主张居安思危、常备不懈;既强调人的因素在战争中的决定性作用,提出"人战"的可贵思想,又重视物的因素在战争中的重要作用,主张"利器械""有粮必胜"。在作战指导上,认为分析和研究敌我实际情况,是制定用兵方略的根本前提。"兵家之法,要在应变",故作战中要因变制敌,灵活用兵,不同情况下采取不同作战原则。在治军问题上,主张"凡欲兴师,必先教战",认为只有平时搞好训练,战时才能打胜仗。强调思想教育的重要性,只有"激励士卒,使忿怒而后出战",才能奋勇杀敌。

13.《守城录》

《守城录》是中国古代专论守城作战问题的兵书,南宋陈规、汤璹著。《守城录》全书由陈规所著的《〈靖康朝野佥言〉后序》《守城机要》及汤璹所著的《建炎德安守御录》三部分构成。该书在火器已用于作战、攻城手段有新发展的历史条件下,集中阐述了守城作战指导与城防体制改革的思想。其一,守城作战指导思想。其核心是勇抗强敌,积极守城,守中有攻。陈规针对当时金兵锐不可当、宋军望而怯溃的现实,指出:"强者复弱,弱者复强,强弱之势自古无定,惟在用兵之人何如耳!"只有守城者坚定信心,敢于以弱抗强、顿挫攻敌,才能转弱为强,战而胜之;否则,就会"终止于弱而已"。针对当时攻城手段的发展,他着重驳斥了所谓"金人攻城,大炮对楼,势岂可当"的悲观论调。认为守城作战的有利条件甚多,应以积极态度对待守城,做到处处高敌一等。"凡攻守之械,害物最重,其势可畏者,莫甚于炮。然亦视人之能用与不能用耳。若攻城人能用,而守城人不能御之,则攻城人可以施其能;若守城人能用,则攻城人虽能者,亦难施设"。该书十分重视"守中有攻",认为只守不攻是"自闭生路",守中有攻才是"善守城者"。其二,城防体制改革思想。该书从防御重达百斤以上的大炮攻城出发,着眼于守城和出击两利的原则,对城门、城身提出一系列改革措施,并主张建立重城重壕的防御体系。此书还记载了陈规于绍兴二年(1132年)研制成长竹竿火枪20余支及其在守城作战中发挥的作用。这种火枪是最早的管形火器,在科技史上具有重要意义。

14.《历代兵制》

《历代兵制》,初名《周汉以来兵制》,南宋陈傅良撰,全书八卷,是中国古代第一部军制通史。该书历述周代及春秋、秦汉、唐代以来历代兵制得失,依朝代顺序,直接引录或综述文献、史料,记述两周至北宋诸代的统军指挥、将帅职权、军队编制、兵种区分、组织管理、武器装备、兵员征募、武官选任、训练教阅、部伍调发、宿卫番上、戍边屯守、纪律号令、功过赏罚、服制饷章、马政厩库、供给军需等制度及其演变因革,评议其优劣得失,对汉、唐、宋军制言之尤详。该书以史立论,阐述了有关军制的理论观点:① 军事优劣得失与国家治乱安危攸关。军制不修,往往是造成军弱国危的原因。只有建立良好的军事制度,才会"上无叛将、下无骄兵","连兵数年而邦本不摇"。② 寓兵于农,"兵制之善,莫出于此"。这种制度由成周垂范,汉唐继统,普遍出兵,"更劳均佚",故"民有常兵而无常征之劳,国有常备而无聚食之费"。③ 兵无专主,将无重权。只有临战任将,战毕罢官,将帅无握兵之重,才会听从中央指挥。④ 统兵体制必须居重驭轻,"内外相维、上下相制",中央掌握优势兵力,才会利于国家长治久安。⑤ 加强训练,熟习武器。将士只有"日课其艺",掌握手中武器,才能去怠惰之情,出骁锐之师。⑥ 以法治军,赏罚严明。只有明赏罚、审法令,才能使"制度号令,人不敢慢",纪律严明,士气旺盛,"兵虽少而至精也"。

15.《乾坤大略》

《乾坤大略》,清代王余佑撰,其指导思想是专论大端,即专论"王霸大略",览天下之大势,求帝王之得失成败,阐述逐鹿问鼎、扭转乾坤的大方略。论述了从起兵作战到夺取天下等一系列战略问题,目的是"熟览天下之大势,推求古今帝王得失成败之机"(《总序》)。该书是一部专讲战略的兵书,王余佑明确指出:"此非谈兵(战术)也,谈略(战略)也","至于选将、练兵、安营、布阵、器械、旗鼓、间谍、向导、地利、赏罚、号令种种诸法,各有专书,不在此列"。

《乾坤大略》共十卷,将天下成败剖析为十事,也就是十大端、十大方略。十大方略不仅互不重复,最重要的是它们还各有先后次序,必须依次而行,不可以超前,不可以打乱,不可以增减,不可以颠倒。这十大方略是:① 兵起先知所向;② 兵进必有奇道;③ 初战决战为上;④ 决胜在于出奇;⑤ 略地莫过招降;⑥ 攻取必于要害;⑦ 据守必审形胜;⑧ 立国在有规模;⑨ 兵聚必资屯田;⑩ 克敌在勿欲速。十大方略不是可以更番尝试的十样招式,而是保举王业自始至终克成其功的一盘完整的棋局。就此一点而言,此书确实具有不同于一般兵书的特殊价值。

该书的基本思想是:① 注重战略方向的选定。这是初起之兵成败的关键,"霸王大略,此其首矣"。选定战略方向应以敌之强弱为准,"敌弱,或可直冲其腹;敌强,断宜旁剪其支"。② 起兵之后,"贵进取,贵疾速",应以快速的行动,不断向敌人进攻。当与强敌相遇不得不战时,要敢打敢战,夺取初战的胜利。③ 奇正结合,重在用奇。初起之兵缺乏训练而又弱小,不可与强敌堂堂正正地列阵角逐,而应出奇设伏,"用寡以覆众,因弱而为强"。④ 积极准备,持久作战。为最后战胜敌人,应"强其势,厚其力,谨其制,利其器",从各方面做好准备,不断增强自己的力量,在双方力量发生根本变化之前,"吾宁蓄全力以俟之",决不贸然与敌最后决战。⑤ 要善于安抚招降,但强调招降必须以军事斗争的胜利为条件,"胜则人慑吾威而庇吾势,利害迫于前而祸福怵其心,故说易行而从者顺"。⑥ 战争的胜负不全在力量的强弱,也取决于"人之运用何如耳"。

二、其他经典著作中的军事思想

1. 《周易》的军事思想

《周易》,又称《易经》,简称《易》。"易"有变易(变、化)、简易(执简驭繁)、不易(相对永恒不变)三义。《易经》分两部分,一是"经",相传为伏羲氏和周文王所撰,只有六十四卦的卦象、卦辞和爻辞;二是"传",原意是为《易经》做注释,称为"十翼",为孔子及其后学的合作结果。可以说,《易经》是伏羲氏、周文王,以及孔夫子三位古代的圣人合作的结果。《周易》是中国传统思想文化中自然哲学与伦理实践的根源,对中国文化产生了巨大的影响。是古代汉族人民智慧与文化的结晶,被誉为"群经之首,大道之源"。在古代是帝王之学,政治家、军事家、商家的必修之术。

《周易》中的军事思想主要反映在《师》《同人》《谦》《晋》等卦中。主要观点是:战争起源于讼争,"讼必有众起,故受之以师";正义的军队,高尚的统帅,可以成就王业,"师,贞,丈人吉,无咎""能以众正,可以王矣"。主张防御外部入侵,反对对外侵扰,"不利为寇,利御寇";但对于构成祸害的邻敌,则应攻伐,"不富以其邻,利用侵伐,无不利";要居安思危,"君子安而不忘危,存而不忘亡,治而不忘乱"。军队要有纪律,"师出以律,否臧凶";要有高强的军事技艺,否则,如同技穷鼫鼠,必然危殆。在作战中要善用智谋,应先试敌人虚实而后战斗,"晋其角,维用伐邑";要善于利用地形,"伏戎于莽,升其高陵"。《周易》中还体现了较为丰富的辩证法思想,对进退、得失、阴阳、刚柔、平破、往复等的对立统一关系已有初步认识。

2. 《左传》的军事思想

《左传》,即《春秋左氏传》,亦称《左氏春秋》,传为春秋时左丘明撰,记述春秋时代史实,是我国第一部完整的编年体史书,共三十五卷。

《左传》认为"兵之设久矣",在"诸侯逐进"的时代,"去兵"不可能,"弭兵"是欺骗。认为"侵小""兼国"的战争,既是造成"民不堪命"的祸害,又是形成局部统一的途径。寄希望于有实力的大国,称颂齐桓公霸业,主张用"威不轨而昭文德"的"义兵"消除诸侯混战局面,实现天下统一。认为安国求胜之道在于"德"与"力",强调"有德不可敌""量力而动"。用胜败兴亡的大量事实告诫统治者,民为国之本,取信于民,"能用其民"者,国必兴,战则胜,反之则败亡。要求国君以"恤民为德",节用抚民,使民"莫不尽力以从上命"。还须"务材、训农、通商、惠工",增殖财力,"整军而经武",以实力为后盾。从"有礼无败""能刑"则"民服"的观点出发,把"礼"和"刑"视为经国治军的准则,做到既有"德政",又有"威刑"。主张以"礼"选将,不知"礼"者,"不可以治民"。"明耻教战",用"礼""义"训导将士,使"军无私怨",忠心卫国,发扬果毅精神;强调治军不失赏刑,出师必用法制号令,"师众以顺为武,军事有死无犯为敬"。注重兵谋,主张"不备不虞,不可以师";"要结外援",争取与国"观衅而动""兼弱攻昧";"师直为壮,曲为老";"三军以利用",因情而制敌。

3. 《老子》的军事思想

《老子》为道家的创始人老子所著,被奉为道教根本经典,又名《道德经》《道德真经》《五千言》《老子五千文》,分《道经》《德经》上下两篇,81 章。该经典还是中国古代重要的哲学著作之一,它文约义丰,涵盖哲学、伦理学、政治学、军事学等诸多学科,其内容博大精深、玄奥无极、涵盖百家、包容万象,被后人尊奉为治国、齐家、修身、为学的宝典。这部被誉为"万经之王"的神奇宝典,对中国古老的哲学、科学、政治、宗教等产生了深远的影响,全面地体现了古代中国人的一种世界观和人生观,无论是对中华民族性格的铸成,还是对政治的统一与稳定,都起了不可估量的作用。

《老子》认为战争起因于统治者的贪欲,是"天下无道"的表现。战争会杀伤很多人,严重破坏农业生产:"师之所处,荆棘生焉;大军(战)之后,必有凶年"。所以,对战争持否定和反对态度,"兵者,不祥之器,非君子之器……故有道者不处"。如果不得已而用兵,也要以战胜敌人为原则,切不可以武力逞强。《老子》认为一切事物都存在着相互对立的两个方面并向相反的方向转化,提出了著名的"柔弱胜刚强"的策略思想和辩证观点,强调"贵柔""守雌""不争"。主张不首先挑起战争,而要以静制动,后发制人,"吾不敢为主而为客,不敢进寸而退尺",即以退为进,以守为攻。要善于麻痹诱惑敌人,"将欲弱之,必固强之""将欲夺之,必固予之"。《老子》还提出"以正治国,以奇用兵";强调对下要慈,"慈故能勇"。认为轻敌将造成大祸,胜利后不可自满;善于带兵的人不耀武扬威,善战的人不暴躁发怒,善于用人的人谦恭地对待下属。

4. 《论语》的军事思想

《论语》是我国先秦时期一部语录体散文集,主要记载孔子及其弟子的言行,是由孔子弟子及再传弟子记录编纂而成。全书 20 篇,492 章。

孔子的军事思想主要反映在《论语》中。面对礼崩乐坏、战争频仍的局面,他以"礼"为标准衡量战争,力主"礼乐征伐自天子出",反对"礼乐征伐自诸侯出"(《论语·季氏》),称颂尊王攘夷、讨叛伐逆的战争,抨击灭国绝祀、以下犯上的行为。从以礼治国、以德服人的观点出发,主张言战议兵必须慎重,"临事而惧,好谋而成"(《论语·述而》),并提出"文事""武事"兼备的国策。把"民信""足食""足兵"作为国防的必备条件,认为"民信"是根本,居于首位,"足食"为次,"足兵"再次。将取信于民与充实军备统一到"仁"的思想体系之中。强调教民"即戎",进行长期训练,反对"不教民战"(《论语·子路》)。主张经国治军要"一张一弛",宽猛相济。提倡"仁""知(智)""勇"。这些论述奠定了先秦儒家军事思想的基础,对后世兵学具有积极的和消极的双重影响。

5. 《墨子》的军事思想

《墨子》是墨家学说的重要著作,是墨子及其后学的著作总汇,成书于战国时期。

《墨子》的军事思想包含着"非攻""救守"两个不可分割的方面,而以注重防御为突出特点。《墨子》愤于"天下处攻伐久矣",认为天下战乱"其所以起者,以不相爱生也",战争乃是"交相恶"所致的凶事,攻伐实为"天下之巨害"。它批驳攻战有理、有利的观点,指出一旦发起战争,必"夺民之用,废民之利",造成国家和百姓生命财产"不可胜计"的损失。《墨子》中《备城门》诸篇专论守城,系统论述了守城思想,在军事史上具有重要地位。主要观点是:① 注重以军队为骨干的全民防守。当国家处于紧急状态时,要实行将卒吏民总动员,揭露敌人的罪恶目的,激发"养勇高奋,民心百倍"的抗敌热情,做到"百官共财(出钱),百工即事(出力)",人人尽责。得知敌要攻城,应组织民众坚壁清野,"无令客得而用之"。② 主张以城池为依托的纵深防守。就一国全境而言,要以国都为中心,形成边城、县邑、国都的多层次防御,不让敌人轻易直逼国都。③ 强调以杀伤敌人有生力量为目标的积极防守。守城要争取"四邻诸侯之救",但决不可消极待援,"其延日持久以待救之至,不明于守者也"。守城的根本原则应"以杀伤敌为上",迅速挫败和消灭敌人。

6. 《鬼谷子》的军事思想

《鬼谷子》成书于战国晚期,作者鬼谷子,姓王名诩(或利),又名王禅,号玄微子,春秋战国时期著名的道家、兵家,是纵横家的鼻祖,是中国历史上一位极具神秘色彩的人物,被誉为千古奇人,长于持身养性,精于心理揣摩,深明刚柔之势,通晓纵横捭阖之术,独具通天之智。

《鬼谷子》全书17篇:《捭阖》《反应》《内揵》《抵巇》《飞箝》《忤合》《揣篇》《摩篇》《权篇》《谋篇》《决篇》《符言》《转丸》《胠箧》《本经阴符》《持枢》《中经》。其中,《转丸》《胠箧》已经亡佚。该书主要阐述游说术,直接论述军事的内容不多。但因其中所谈到的许多原则都可以直接用于军事,历代兵家多视其为兵书。它崇尚权谋数术、奇诡变诈、揣情摩意、纵横捭阖、"阴道阳取"。推崇圣智聪慧,认为不达到高超深奥的境界,不能统治天下;不足智多谋,不能用兵。提出智慧高超的人应该"主事日成而人不知,主兵日胜而人不畏"。并具体解释说:主兵胜者,经常在不诉诸武力、不消耗财富的条件下与敌人作战,把敌人制服了,老百姓还不知怎样制服的,因而也不知道为此事畏惧,天下人叹为神明。此外,它还强调重视侦察敌情,揣摩敌人意图,保守秘密。这些论述都可视为重要的军事原则。

7. 《孟子》的军事思想

《孟子》,战国中期孟子及其弟子万章、公孙丑等著。最早见于赵岐《孟子题辞》:"此书,孟子之所作也,故总谓之《孟子》。"《汉书·艺文志》著录《孟子》十一篇,现存七篇十四卷,286章,3.5万余字。书中记载有孟子及其弟子的各项活动,及政治、教育、哲学、论理等学说和思想。

孟子从"仁政"学说出发,将战争区分为正义和非正义两大类。认为凡是以"吊民伐罪""救民于水火之中""安天下之民"为目的而进行的战争是正义的;为满足统治者攫取土地、财富,争夺霸权等私欲而进行的战争,则是"不志于仁"的非正义"强战"。他反对封建兼并战争,认为这类战争"争地以战,杀人盈野;争城以战,杀人盈城",主张对"善战者服上刑";肯定和支持"武王伐纣""周公东征"一类"义战"。他重视政治在军事活动中的制约作用,认为民心向背决定着战争胜负,"天时不如地利,地利不如人和";而争取民心,关键在于修明政治,"得道者多助,失道者寡助"。政治修明的标志就是施行仁政,"仁者无敌""可以制梃以挞秦楚之坚甲利兵",实现"一天下"的理想。

8. 《荀子》的军事思想

《荀子》是战国时期荀子的著作集,其思想偏向于经验以及人事方面,是从社会脉络方面出发,重视社会秩序,反对神秘主义的思想,重视人为的努力。

《荀子》的军事思想集中于《议兵》,亦散见于其他篇章。主要内容有:用兵的根本在于团结民众,使民心一致,"用兵攻战之本在乎壹民"。用兵的目的不是为了争夺财富,而在于"禁暴除害"。战争是一种"行仁"的工具,这便是"仁人之兵"。要以礼治军,认为只有用礼义教育军队,才能使军队齐心合力,成为"王者之兵"。而不懂得以礼治军,单纯追求功利,崇尚赏罚的军队是"盗兵",这样的军队胜败不定,强弱无常。将帅要具备"六术""五权""三至""五无圹"的素质。"六术"是对将帅在治军、营垒、行军、观察敌情、作战等方面提出的六项要求;"五权"则侧重于将帅的道德素质修养;"三至"要求将帅宁违反君命,也不要使军队处于或防守条件不好,或攻击不可击败之敌,或欺凌百姓的境地。"五无圹"要求将帅在对待计谋、事务、敌人、将佐、士兵方面要谨慎处事而不可疏忽。做到上述要求,"是之谓天下之将,则通于神明"。

9.《韩非子》的军事思想

《韩非子》,亦称《韩子》,共55篇、10余万字,是法家学说的重要著作,大部分篇章为战国末韩非所著。《韩非子》风格严峻峭刻,干脆犀利,里面保存了丰富的寓言故事,在先秦诸子散文中独树一帜,呈现了韩非极为重视唯物主义与效益主义思想,积极倡导君主专制主义理论,目的是为专制君主提供富国强兵的霸道思想。主张君主集权,提出重赏罚、重农战,反对儒、墨"法先王"(效法古代君王对国家的管理),主张变法改革。

《韩非子》在军事上持既主战又慎战的观点。从"当今争于气力"的现实出发,摒弃仁义智辩之说,主张"明君务力""富国以农""坚甲厉兵",奖励耕战,用武力实现霸王之业。同时反对"主多怒而好用兵""无守战之备而轻攻伐"。批判战争问题上的天命观和依恃外援的思想,认为"龟策鬼神不足举胜,左右背乡不足以专战""恃诸侯者危其国",只有治内图强,"服战于民心",才能立于不败之地。把"不务德而务法"作为治国、治军的基本指导思想,提出"以法为教""以吏为师""以斩首为勇"的训导原则。强调"严刑""重罚""厚赏",并做到"刑过不避大臣,赏善不遗匹夫"。既要"计功而行赏",又要"程能而授事",虽有军功而无智能不能授官。主张从基层选拔将吏,提出"宰相必起于州部,猛将必发于卒伍",先经"屯伯之试,州部之关"的实际考验,方能授以重任。赞同"战阵之间,不厌诈伪"的观点。

10.《吕氏春秋》的军事思想

《吕氏春秋》亦称《吕览》,是在秦国丞相吕不韦主持下,集合门客共同编撰而成,全书共分12卷,160篇,20余万字。《吕氏春秋》凡十二纪、八览、六论,博采众家学说,以道家黄老思想为主,兼收儒、墨、法、兵、农、纵横和阴阳各先秦诸子百家言论。

《吕氏春秋》中多篇论及军事,其中《荡兵》《振乱》《禁塞》《怀宠》《论威》《简选》《决胜》《爱士》《召类》《贵卒》等为论兵专篇。其主要内容是:反对战争问题上的"偃兵""非攻"之说,提出"古圣王有义兵而无有偃兵"的观点。认为战争"与始有民俱",故"诛伐不可偃于天下"。战争有义与不义之分,"兵苟义,攻伐亦可,救守亦可;兵不义,攻伐不可,救守不可";只有兴"义兵","攻无道而伐不义",才能实现天下的统一。主张尚德顺民,以德服人和以力服人相结合。争胜天下必先自胜,自胜的根本在于"行德爱人""先顺民心"。为此,要体恤民情,"务除其灾,思致其福"。攻伐敌国,也要"以爱利民为心",使其"归之若流水","望之若父母"。经国治军,不能专恃威势和刑赏,要用德、义教化士民,在潜移默化中树立共同一致的"死生荣辱之道",形成"三军一心"的无敌力量,"先胜之于此,则必胜之于彼"。注重兵精械良,强调军事训练。认为克敌制胜不能单靠难以把握的"时变",而士卒之教,将佐之精,兵械之利,加上地形之便,才是"义兵之助",胜敌之策。因此,必须"简选精良,兵械铦利,令能将将之"。提出一系列"决胜"的指导原则:以威慑致胜,"才(士)民未合,而威已谕矣,敌已服矣";攻乱国不攻治国,"乱则用,治则止";力争快速与先手,"凡兵欲急疾捷先";因时因势制宜,兵"贵其因","能审因而加胜";务求自己立于不败之地,兵不贵胜,而"贵不可胜";益气养勇,以勇胜敌,"有气则实,实则勇,无气则虚,虚则怯"。

三、重要历史人物的军事思想

1. 刘彻的军事思想

汉武帝刘彻(前156—前87年),在位54年间,用兵击逐匈奴,攻灭南越,收滇国,通西域,拓展并巩固了统一的多民族国家。其一,国防思想。汉武帝认为,"不出师征伐,天下不安"(《资治通鉴》卷二十二),表露出以战求安、以攻为守的思想。他凭借"文景之治"造就的雄厚国力,首先对匈奴,继而对南越、西羌等采取以军事打击为主的方针,将匈奴逐至漠北,将岭南收归汉朝。继承并完善文帝"徙民实边"之策,每收取一地,即设郡县,筑城邑,大量移民居住;在河西走廊等地实行大规模军屯,且耕且戍;在边境筑塞列障,遣兵驻守,健全烽燧候望制度。其二,治军思想。汉武帝高度重视骑兵建设,使骑兵成为主要兵种,大规模骑兵集团远距离奔袭成为重要的作战方式。他还对兵制进行了两项重要改革:一是扩建南北军,加强朝廷直辖军的力量,以便居中驭外,维护中央集权。二是注重选将练卒。选将用人不求全责备,认为"非常之功,必待非常之人",即使是"泛驾之马,跅弛之士,亦在御之而已"(《汉书·武帝纪》)。坚持以战功为拔擢军人的标准,卫青、霍去病就是武帝提拔的卓越青壮年将领。其三,战争指导思想。(1)注重庙算,争取战争主动权。在对匈奴作战中,汉军首先夺取河南地,解除近侧威胁;进而夺取匈奴族的发祥地阴山、大青山地区,使之在漠南无立脚之处;接着控制河西走廊,断匈奴右臂,为前出至西域建立坚实的基地;随后深入漠北,打击匈奴主力,重创其左部。(2)灵活多变,出敌不意,力求速决。漠南之战,攻右贤王所不备;两次河西作战,进军路线完全不同;漠北之战,针对匈奴人的部署两路出击,令单于始料不及而最终败北。

2. 曹操的军事思想

曹操的著述大都亡佚,从《孙子注》和存世的军事文书以及《三国志》等史书中,可窥其军事思想。其一,战争观。他认为军事斗争离不开政治形势的配合。要有足够的武装力量,才能拯救社会。不能像春秋时吴国夫差那样只凭武力,不注重政治;也不可似周朝诸侯徐偃王那样,以"仁义"代替用兵。他强调"兵以义动","示天下形势,以顺诛逆"(《三国志·武帝纪》)。其二,治军思想。曹操抛弃儒家以礼治军的原则,认为"礼不可治兵",强调"吾在军中持法是也",注重以法治军。他针对汉末政失于宽的状况,"纠之以猛",以使"上下知制","所是进之以礼,所不是正之以法"(《三国志·郭嘉传》裴松之注引《傅子》)。他"揽申、商之法术"(《三国志·武帝纪》),制定管理、训练等军事法规,如《军令》《步战令》《船战令》《论吏士行能令》《败军抵罪令》等,以维护军队的统一指挥,强化军队的战斗力。其三,谋略思想。曹操说:"欲攻敌,必先谋。"强调用兵"不可以祷祀而求,亦不可以事类而求",显示出求实、尚变两大特点。视善变为用兵核心,其行军用师,"因事设奇,诱敌制胜,变化如神"(《三国志·武帝纪》裴松之注)。强调"兵无常形","兵无常势","兵之变化,固非一道",只有灵活用兵,"以诡诈为道",才能以变制胜。

3. 诸葛亮的军事思想

据《三国志·诸葛亮传》著录,诸葛亮著有文集24篇,今多已亡佚。《三国志》及唐、宋类书中有反映其军事思想的记述。其一,战略思想。诸葛亮认为,弱者所从事的战争只要是正义的,就可能战胜强者。"据道讨淫(邪伪),不在众寡"(《三国志·诸葛亮传》)。注重人谋,认为名望低微、兵力寡弱的曹操所以能够战胜袁绍,以弱为强,不仅是靠"天时",也是靠"人谋"(《三国志·诸葛亮传》)。为实现吴蜀结盟,主张抓住强者对两弱进攻的契机,对东吴晓以利害,以必要的让步为代价(如承认荆州被东吴攻占的既成事实),"略其衅情",以"求犄角之援"(《三国志·诸葛亮传》)。其二,治军思想。主张精简将士,实行变通之道,强调"若不能然者,虽兵多何益"(《三国志·诸葛亮传》)。强调以法治军,"赏不遗远,罚不阿近,爵不可以无功取,刑不可以贵势免"(《三国志·张裔传》)。

4. 铁木真的军事思想

铁木真的军事思想,主要反映在《元朝秘史》《元史》《史集》等历史文献中。他在自己势力弱小时,主张依附或联合其他势力,建同盟,积聚和扩大自己的势力。他强调师出有名,或声称"复仇",或宣布对方"毁约",以争取政治上的主动权。他主张继承蒙古部落议事会的传统,凡征战大事都举行大聚会,让部将畅述己见,集思广益,最后由大汗决断。征战中,重视采纳部将建策,不断改进作战方法和手段。出师前,注重谍报和侦察,及时察明敌情真伪,主张乘敌不备发动攻势,强调用夜战、突袭和多路迂回围歼敌人。对强大之敌,主张不可轻动,而是利用矛盾,联此击彼,先剪两翼,除敌屏障,使其孤立无援,尔后集中兵力破之。注重发挥骑兵的远程奔袭和驰突冲击力,并以千户制编组军民,规定凡成年男子皆集兵民于一身,上马则备战斗,下马则屯驻牧养。重视军事训练,认为官兵训练的目标是使之能够"不感到远征之苦,不知饥渴""在平时像牛犊般地驯顺,战时投入战斗像扑向野禽的饿鹰"(《史集》第二编)。

5. 朱元璋的军事思想

在治军问题上,主张练精兵、选良将、严纪律、明赏罚、恤军士。认为"兵不贵多而贵精,多而不精,徒累行阵"(《明太祖宝训·谕将帅》)。精兵要由良将统率和训练,才能做到部伍严整、进退有节。在两军决战之际,克敌在兵,制兵在将,良将比精兵更为重要。用兵重在任将,任将必须因材而授职,选将以智、仁、勇为标准,用将要任专信笃。认为军纪严则将士一心,训练有素,攻必克,守必固。赏罚明则能鼓励官兵为国建功立业,警戒将士遵守纪律。赏以当功,罚以当罪,则号令必行,所向无敌。在作战指导上,他采纳儒生朱升"高筑墙、广积粮、缓称王"(《明史·朱升传》)的建议,精心经营以金陵为中心的根据地,兵农兼资,耕战结合,积粮练兵,待机而动。条件具备后,不失时机地利用矛盾,军事进攻和政治攻心兼施,各个击破。他指出:"用兵之道,必先固其本,本固而战,多胜少败。"(《明太祖实录》卷四十八)在国防建设上,主张富国强兵,大力加强武备。他一方面把军权集中于自己之手,一方面又从"民劳乃易乱之源"(《明太祖宝训》卷六)的思想出发,确立了卫所制,实行军户世袭和寓兵于农、守屯结合的政策,既保证了众多军队的供给,又减轻了国家负担,养兵而不扰民。实行防御战略,主张不发兵征讨他国,与周边国家睦邻友好,相安而处。对北部蒙古贵族的侵扰,主张"修武备,谨边防",修缮长城,构筑营垒,屯驻重兵,着眼点仍在备和御,"来则御之,去不穷追"(《明史·兵志》)。在沿海地区,扩建卫所,加强水军实力,建成陆置步兵、水陈战舰、寨垒错置其间的海防体系。对倭寇的海上入侵,实行御之于海、近海歼敌的方针。

6. 王守仁的军事思想

王守仁(1472—1529年),字伯安,因曾筑室会稽(今浙江绍兴)阳明洞,故学者称其为阳明先生,明代著名的思想家、文学家、哲学家和军事家,陆王心学之集大成者,精通儒家、道家、佛家。晚年官至南京兵部尚书、都察院左都御史。因平定宸濠之乱而被封为新建伯,隆庆年间追赠新建侯。著有《王文成公全书》《历朝武机捷录》《国朝武机捷录》《新镌标题武经七书》。他认为农民和少数民族造反,皆因有司不能抚缉。制止"祸乱"的根本是安民。主张健全行政机构,实行保甲法、乡约法,管理约束,抚恤教化,使百姓各安其心,彰"善"纠"过",畏威怀德。针对明卫所军队衰败的现实,主张各地建立精干的地方军。强调兵不贵多,唯贵精练,应选拔骁勇超群、胆力出众之士,编制成伍,务使上下相维,大小相承,成为有制之兵。训练要根据士兵的素质,分别编队,分等教授;使将领和士兵建立起父兄子弟之爱。选拔任用将领,把"忠君"放在第一位,"不贵其有过人之才,而贵其有事君之忠"(《王文成公全书·辞免重任乞思养病疏》)。重视人的主观能动作用,主张"胜败由人,兵贵善用"(《王文成公全书·闽广捷音疏》)。用兵作战,因敌变化而制胜,根据不同的事势,即地形、时间和作战对象定其战略和战法,主张多方误敌,以奇制胜。王守仁融心学于兵学之中,强调忠君、攻心;主张并运用保甲法、乡约法维护封建秩序,多为后世统治阶级所仿效。

7. 戚继光的军事思想

戚继光(1528—1588年),明朝杰出的军事家、书法家、诗人、民族英雄。戚继光在东南沿海抗击倭寇十余年,扫平了多年为虐沿海的倭患,确保了沿海人民的生命财产安全;后又在北方抗击蒙古部族内犯十余年,保卫了北部疆域的安全,促进了蒙汉民族的和平发展。

戚继光的军事思想,主要反映在十八卷本《纪效新书》和十四卷本《练兵实纪》等著名兵书和大量的奏疏、论稿中。其一,治军思想。戚继光针对当时军备废弛、军队衰败,"兵无节制,卒鲜经练,士心不附,军令不知"的现象,主张通过练兵、练将和改善武器装备,建设一支技术强、战术精、守纪律、听指挥、能征善战的节制之师。在练兵上,主要观点是:① 精选兵。选兵是练兵的基础,"其法惟在精"。② 严编伍。部队所以能够统一行动,有战斗力,"其功出于编伍"(十八卷本《纪效新书·束伍》),故应按照一定编制严密地组织起来,使其节节相制,层层负责;组织编制应与战术相适应,"营阵之法,全在编派伍什队哨之际,计算之定"(十八卷本《纪效新书·束伍》)。③ 重在练。提倡练"临阵的真法、真令、真营、真艺"(十八卷本《纪效新书·纪效或问》),反对练"花法""虚套"。④ 严赏罚。要合乎情理,赏一人使千万人振奋,罚一人使千万人更听命令,达到齐一人心的目的。在练将上,认为"练兵之要在练将"(十四卷本《纪效新书·练将》),练将是军队建设的根本。将领应该具备的素质,是德、才、识、艺四个方面。德、才、识、艺,以将德为上。具备将德,才能成为"真将"。培养将领的途径:研读兵书,在"实境"中锻炼。在人与武器结合上,认为人和武器应相辅相成,"有精器而无精兵以用之,是谓徒费;有精兵而无精器以助之,是谓徒强"(十四卷本《纪效新书·手足》)。其二,作战指导思想。力主"算定战",反对"舍命战""糊涂战",要求战前件件算个全胜,谋而后战。强调作战要从实际情况出发,"形势既殊,而因形措胜之法,亦必各异"(《重订批点类辑练兵诸书》卷二)。认为用兵作战,唯战守二端,要战守结合,二者不可偏废,必"战守相兼",战中有守,守中有战,这样才能战胜敌人。主张集中兵力,以歼灭战取胜,反对分兵。认为对付强悍的倭寇,"须用素练节制劲兵,以五当一,始为万全"(《重订批点类辑练兵诸书》卷一)。

8. 王鸣鹤的军事思想

王鸣鹤,明代诗文家、武将、武学理论家。其军事思想,主要反映在他纂辑的《登坛必究》。《登坛必究》是一部图文并茂的中国古代军事巨著,辑录了自周秦到明朝中叶有关军事的多项重要资料,并加以整理和解说,内容十分广泛,不仅写军事,还涉及政治、经济、科技等方面。全书40卷,图634幅,文100万字左右,分72类,各类均大体以时代为序。王鸣鹤鉴于当时社会上轻视武将,武将亦自轻而不知兵的状况,从历代兵书和经史子集中汇辑天文、地理、选将、训练、赏罚、军制、屯田、马政、敌情、城池攻防、江河守备、步骑车战、阵法布列、舰船器械、河海运输、人马医护以及近世名臣有关军事问题的奏疏等内容,编为该书,以备将帅学习参考。其主要观点是:① 在国防建设上,主张积极备战御倭。认为只有"无事常为有事之备",才能使国家立于不败之地。根据明与倭寇双方的实际情况,提出了"设重镇,集舟师,水陆兼备"的国防战略,主张"一面清野练兵备之于陆,一面鸠工造舟御之于海"。② 在治军问题上,主张要"储将练兵"。认为搞好平时将帅的选拔、任用和储备,乃是"万世行军之要"。主张不拘一格地选拔得力将帅;强调"任将以权",给将帅以机断专行的指挥权。认为提高明军的战斗力,"吃紧至计不在增兵,而在练兵";疏于训练,"即有坚甲利刃,无所用之"。为此,主张抓部队平时的养成训练,使之保持常盛不衰的士气;强调练兵先要"练心",只有抓好思想教育和纪律教育,使部队"人心齐一",才能"常胜在我"。③ 在作战指导上,主张从战争实际出发,活用古代兵法战策。"古今沿革不同,有一代之兵戎,则有一代之阵法";为将帅者必须根据千变万化的战争实际,随机应变,灵活用兵,因敌制胜。指导战争,不可"拘于成法",只能以前人的经验为借鉴,在新的条件下创造新的战法。

9. 茅元仪的军事思想

茅元仪,明末归安(今浙江吴兴)人,目睹武备废弛状况,汇集兵家、术数之书2000余种,历时15年辑成《武备志》。《武备志》内容丰富,设类详备,编纂方法科学,被誉为古代军事百科全书。它的编纂、刊行,对改变明末重文轻武、武备废弛的状况有一定的现实意义,对后世亦有较为深远的影响。其军事思想主要反映在《武备志》中,主要是:主张文武并重,提出"有文事者必有武备,此三代之所以为有道之长也。自武备弛,而文事遂不可保"。强调军事理论学习,把《兵诀评》作为全书的首篇。重视训练,强调"言武备者,练为最要",因为士不练,则不可以营,不可以阵,不可以攻,不可以守,不可以战。然练必先选士,士不选,则不可以练,"选即所以练也"。提出边、海、江三者并重的国家防御战略,认为"疆场之大要有三:曰边、曰海、曰江"。主张足饷足食,富国强兵,指出民以食为天,而军队"足饷尤先务""惟富国者为能强兵"。重视军事地理的研究,认为军事地理对军事的影响很大,而兵家谈地理,或无方舆之概、户口兵马之数,或缺关塞险要,"非所以言武备也"。

10. 玄烨的军事思想

康熙皇帝玄烨虽无专门的军事著作,但在记载其言行的"实录""圣训"等文献中,较充分地反映了他的军事思想。其基本观点是:反对穷兵黩武,主张慎重地对待战争。但他又强调,"欲除寇虐,必事师旅","战伐因声罪,驰驱为息兵",坚决主张用战争手段平息封建割据,抵御外敌入侵。认为战争胜负与国家安定与否的根本在于人心的向背,"民心悦,则邦本得,而边境自固,所谓众志成城者是也"(《清圣祖实录》卷一百五十一)。重视军事训练,认为人皆"由学而能"。他十分重视火器的制造和使用,并在清军中建立了专用火器的特种部队"火器营"。但他不迷信火器,认为"治天下之道,在政事之得失"(《清圣祖实录》卷一百四),火器不是战争胜败和政权巩固与否的决定因素。在战争指导上,强调战前必须有周密的谋划和充分的准备,以期于必克;作战时,要因情用兵,相机而行。为此,提出了"虚己以视机宜"的主张。"虚己",就是因情应变而不固执己见。

11. 林则徐的军事思想

在抗敌御侮的鸦片战争中,林则徐开眼看世界,注意了解西方情况。鉴于当时清朝与英国海上实力相差悬殊,确定以守为战,以逸待劳,不与敌在远洋接战,而在海口或陆地歼敌的战略防御方针。他重视依靠民众抗敌,号召广东沿海居民组织团练自卫,协防炮台、隘口,痛杀入侵之敌;将火攻船只交给渔民,由弁兵带领,伺机夜袭敌船。他还认真总结经验教训,破除成见,提出"师敌之长技以制敌"的新观点。从当时清军武器装备水平远逊于西方的实际情况出发,他认识到研究、仿制外国战舰、火器的重要性,建议组建强大水军,严防海口,争锋海上,认为这关系到对外反侵略战争的成败,"剿夷而不谋船炮水军,是自取败也"。他还主张以"器良技熟,胆壮心齐"(《林则徐书简》卷六)为宗旨,大力整顿清军。他不仅重视海防,也重视边防。在充军新疆期间,曾建议在当地屯田实边,将屯兵制改为由当地驻军轮流耕种和训练的"操防制"。在对付边境现实威胁的同时,还强调警惕沙俄的侵略野心,提出"为中国患者,其俄罗斯乎!"(《清史稿·林则徐传》)后来沙俄的侵华行径印证了他的预言。林则徐对外国情况的了解尚处于初始阶段,但他学习西方长技、抗敌御侮的基本观点对改造传统兵学和推动中国军事近代化具有积极、深远的影响。

12. 魏源的军事思想

魏源编撰的《海国图志》反映了他的军事思想。其主要内容有:① 在对待反侵略战争的态度上,认为外国侵略者的本性是"唯利是图""唯威是畏"。主张整军经武,以战止战。在"制敌者必使敌失其所长"的思想指导下,提出了"师夷之长技以制夷"(《海国图志·筹海篇·议守上》)的著名口号,倡导学习外国制造战船、火器的先进技术和养兵练兵之法,"尽得西洋之长技为中国之长技"(《海国图志·筹海篇·议战》),以改变中国军事落后的状态。② 在军队建设问题上,提出"心灵胆壮,技精械利"(《海国图志·筹海篇·议守下》)的基本原则,主张汰冗兵练精兵。认为明减冗兵10万,等于暗增精兵10万。反对临时从内地抽调"客兵"拒敌,主张沿海各省就地招募"义民"编练成军,认为只要募练得法,调度得人,一省之精兵足捍一省之疆圉。重视军队训练,同时,主张建立一支拥有100艘战舰、3万余人的强大海军,驶楼船于海外,战外敌于海中。为改变外海水师操练废弛的弊病,建议由水师保护海上粮运,使护航与训练结合,借以提高海战能力。认为部队强弱在将,故主张慎选将,强调将领精读兵书,提高军事素质,变"纸上"之功为"马上"之功。③ 在战略战术问题上,基于清军水师落后的状况,强调应以防守为主,指出:"不能守何以战,不能守何以款?"(《海国图志·筹海篇·议守上》)在防御作战中应发挥自身水陆协同作战的优势,诱敌深入内河而击之。鸦片战争以后,还注意到俄国兼并西北、英国蚕食东南的严峻国防形势,强调海防、塞防并重。

13. 曾国藩的军事思想

曾国藩的军事思想主要反映在《曾国藩全集》中。他的军事思想具有鲜明的封建统治阶级和儒家的思想印记,有浓郁的"兵为将有"色彩。其一,治军思想。以忠君勤王、捍卫封建礼教为建军宗旨。以"忠义血性"的儒生为军队骨干,"朴实少心窍"的山农为军队基础。强调将必亲选、兵必自招。认为"加粮拔缺"是鼓舞士气的有效措施,主张以厚给薪饷、广赐翎顶来固结军心和激励士气。要求将士恪守"仁礼""忠信"和"君臣父子""上下尊卑""秩然如冠履之不可倒置"的封建秩序,在军内形成一种"辨等明威"的"军礼",以维系上下之间的等级关系。强调军人行为以"勤恕廉明"和"谦慎"为准则,要求各级官长勤以治事,恕以待人,廉以服众,明以应务,身体力行,知人善任,使部队保持紧张、融洽的气氛。告诫部属务必谨慎谦虚,戒骄戒惕,因为军队有了骄气、惰气,必然要打败仗。认为"精练勤训"是提高战斗力的重要措施,指出不练之兵断不可用,训练不精,不可征战。其二,作战指导思想。为"致人而不致于人",主张"稳慎徐图""谋定后发",反复强调宁失之慎,毋失之疏。主张深沟高垒,稳扎稳打,以主待客,以逸待劳,即所谓"结硬寨,打呆仗"。认为制定战略方针,"宜从大处分清界限,不宜从小处剖晰微茫"(《曾国藩全集·家书·致坑弟》);要"审势",对地势敌势详查清楚;要"审力",弄清敌我双方兵力兵器的对比;要倾听各种意见,择善而从。将稳定后方、保障粮运视为战争获胜的必备条件。

14. 胡林翼的军事思想

胡林翼善于从自身实践中总结用兵经验,也注意钻研古代兵学,其军事思想主要集中在他的函札、奏稿及主持辑录的《读史兵略》一书中。他治军首重选将,认为兵易募而将难求,兵事之强弱,系于一将。将领得人,兵少可战。军无良将,终归于败。主张从儒生中选将,要求将领必须智勇兼备。有智无勇,能说而不能行;有勇无智,不明方略,不能审势,均非良将。他也重视选兵,盛赞明代戚继光不用城镇游闲而用乡农的做法,主张挑选兵丁以山乡农民为上。且兵不在多而在精,多而不治,不如求精,主张因地制宜地组建军队。例如,他十分强调水师和骑兵的建设,认为水师一万,可抵步兵十万;马队之力,一可抵步军五。故湘军在湖北、江西、安徽与水师较弱而缺乏马队的太平军作战时屡屡取胜。用兵作战,他强调水陆结合,骑步结合,并力主集中兵力,要求握有强大预备队,每战预留一大支兵力于空闲之处,以为应变之兵,待他路之敌露出端倪,然后起而乘之。强调消灭敌方有生力量,认为兵事以全军、杀敌为上,得土地、城池次之;攻坚损伤精锐,士气不振,非之谋。他以之指导安庆之战,令湘军一部围太平天国重镇安庆不攻,而以另一部伺机打援,从而屡败太平军增援部队,最后攻取安庆,创造了围城打援的著名战例。

15. 左宗棠的军事思想

左宗棠的军事思想主要保存在大量奏稿、书牍、批札、咨札及《楚军营制》一书中。其主要内容有:① 以"师远人之长,还以治之"为出发点,寻求御敌自强之道,并具体创办福州船政局和兰州制造局、火药局,聘请外国工匠,制造轮船、枪炮,以为反侵略的基础。② 主张海防、塞防并重,反对放弃新疆专注海防。认为新疆为边陲重地,西北屏障,"重新疆者,所以保蒙古;保蒙古者,所以卫京师。西北臂指相联,形势完整,自无隙可乘"(《左文襄公全集·奏稿》卷四十六),力主收复新疆和在新疆建省。③ 重视军队编制,认真选拔军官,注意处理好军队内部及军队与地方的关系。④ 主张正确选择战略方向,规定合适的战略原则。在与太平军作战时,认定江西为战略要地,全力往争。在西北镇压捻军和陕甘回军时,又提出"先秦后陇""先捻后回",即厚集兵力对付近敌和强敌。收复新疆之役,强调"缓进速战",又提出"先北后南",意在做好充分准备避实击虚,调动敌人。⑤ 作战指挥上讲求反客为主,奇正并用,常分兵三路,通过不同的突击方向,把兵力集中到最有价值的关键点上。⑥ 把后勤保障视为争取战争胜利的先决条件,说"转馈之功,岂出战伐下哉"(《左文襄公全集·奏稿》卷二十二),制定战略方针及部署兵力,皆以粮饷筹措和运输状况为重要依据。他在收复新疆之役建功,与其重视后勤保障有着密切关系。

例题分析

中国古代军事思想考查内容主要有军事思想家的兵书著作、主要观点、历史地位,以及重要历史人物、经典兵书著作的军事思想等要素。

【例题1】《孙子兵法》的作者是(　　)。
A. 孙膑　　　　B. 孙权　　　　C. 孙武　　　　D. 孙传芳

解析：此题答案为C。孙武,齐国田氏家族后裔,后移居吴国,经伍子胥推荐,晋见吴王阖闾,献兵书,任将军,辅佐吴王经国治军,西破强楚,北威齐晋,显名诸侯。其军事思想集中反映在所著《孙子》十三篇中。

【例题2】兵书《吴子》的作者是(　　)。
A. 姜尚　　　　B. 吴起　　　　C. 张良　　　　D. 吴用

解析：此题答案为B。吴起,卫国左氏(今山东定陶西)人。初为鲁将,后奔魏为将,守西河,与诸侯数十战,辟土四面,拓地千里。武侯时,被谮,奔楚。楚悼王任为令尹,主持变法,富国强兵,南平百越,北却三晋,西伐秦。悼王死,为旧贵族所杀。吴起曾师事曹参,习道义之说,故其论兵颇具儒家特色。吴起的军事思想主要反映在《吴子》一书中。

【例题3】(　　)提出了"仁政"学说,认为政治修明的标志就是施行仁政,"仁者无敌"。
A. 孟子　　　　B. 荀子　　　　C. 管子　　　　D. 老子

解析：此题答案为A。孟子,名柯,邹(今山东邹县东南)人。曾游历齐、魏、宋、鲁、滕诸国,宣传儒家"仁义"为中心的政治思想,提出了"仁政"学说,未被执政者采用。晚年与弟子万章等著书立说,"述仲尼之意,作《孟子》七篇"。

【例题4】(　　)的军事思想中,最具特色的是守城思想,他撰辑的《备城门》诸篇专论守城,在军事思想史上具有重要地位。
A. 孔子　　　　B. 孟子　　　　C. 韩非子　　　　D. 墨子

解析：此题答案为D。墨子的军事思想,包含着"非攻""救守"两个不可分割的方面,而以注重防御为突出特点。他的守城思想,在中国古代军事思想中具有重要地位。

【例题5】《唐太宗李卫公问对》是唐太宗李世民与(　　)多次谈兵的言论辑录。
A. 李靖　　　　B. 李光弼　　　　C. 李荃　　　　D. 李陵

解析：此题答案为A。《唐太宗李卫公问对》,亦称《李卫公问对》《唐李问对》《李靖问对》,《武经七书》之一,是以唐太宗李世民与卫国公李靖讨论兵法问答形式写成的兵书。该书主要从"奇正""应实""主客""攻守"等几个方面生发议论,着重探讨如何争取作战主动权。

【例题6】下列著作中不属于《武经七书》的是(　　)。
A.《墨子》　　　　　　　　B.《三略》
C.《孙子兵法》　　　　　　D.《吴子》

解析：此题答案为A。《武经七书》是宋代为武举考试而编撰的一部丛书类兵书,包括《孙子兵法》《吴子》《六韬》《司马法》《三略》《尉缭子》《唐太宗李卫公问对》七部兵书。

【例题7】(　　)是我国第一部完整的编年体史书。
A.《司马法》　　B.《三略》　　C.《左传》　　D.《周易》

解析：此题答案为C。《左传》,即《春秋左氏传》,亦称《左氏春秋》,传为春秋时左丘明撰,记述春秋时代史事,是我国第一部完整的编年体史书。

【例题8】下列兵书中由戚继光编撰的是(　　)。
A.《纪效新书》《练兵实纪》　　　　B.《三略》《六韬》
C.《左传》《周易》　　　　　　　　D.《吴子》《司马法》

解析：此题答案为A。戚继光,明代抗倭名将,编撰有《纪效新书》《练兵实纪》。

【例题9】(　　)是中国古代第一部军制通史。

A. 《左传》　　　　B. 《周易》　　　　C. 《历代兵制》　　　　D. 《吕氏春秋》

解析：此题答案为C。《历代兵制》,初名《周汉以来兵制》,南宋陈傅良撰,是中国古代第一部军制通史。

【例题10】魏源,清代思想家,提出了"师夷之长技以制夷"的著名口号,倡导学习外国制造战船、火器的先进技术和养兵练兵之法,以改变中国军事落后的状态。其军事思想主要反映在(　　)。

A. 《练兵实纪》　　B. 《纪效新书》　　C. 《守城录》　　D. 《海国图志》

解析：此题答案为D。为救亡图存,师夷制夷,魏源编撰了以"筹海篇"为总纲的《海国图志》。该书对中国近代海防和海军建设具有思想启蒙作用。

【例题11】孙武将战争胜利所必须具备的客观因素概括为道、天、地、将、法"五事",其中居首位的是(　　)。

A. 道　　　　B. 天　　　　C. 地　　　　D. 将

解析：此题答案为A。居"五事"之首的"道"既指修明政治("修道而保法"),也包括争取民心("上下同欲")和振奋士气("并气积力")。

【例题12】"不战而屈人之兵,善之善者也"反映的是孙武的(　　)思想。

A. 速胜　　　　B. 全胜　　　　C. 知胜　　　　D. 威胜

解析：此题答案为B。孙武提出："百战百胜,非善之善者也;不战而屈人之兵,善之善者也",主张不以直接交战的方式达成政治目的的"全胜"战略。

【例题13】"师夷之长技以制夷"的观点是(　　)提出的。

A. 曾国藩　　　　B. 左宗棠　　　　C. 林则徐　　　　D. 魏源

解析：此题答案为D。林则徐、魏源都主张学习西方长技、抗敌御侮,林则徐提出了"师敌之长技以制敌"的观点,魏源提出了"师夷之长技以制夷"的观点。

【例题14】在战争问题上,(　　)提出了"兵者,国之大事,死生之地,存亡之道,不可不察也"的观点。

A. 请葛亮　　　　B. 韩非子　　　　C. 孙武　　　　D. 孟子

解析：此题答案为C。孙武指出,"兵者,国之大事,死生之地,存亡之道,不可不察也",主张对待战争必须"慎之""警之"。"慎",是不要轻易发动战争;"警",则是要加强战备,增强实力。

【例题15】(　　)指出："天下虽安,忘战必危","国虽大,好战必亡"。

A. 司马穰苴　　　　B. 孙武　　　　C. 孟子　　　　D. 顾炎武

解析：此题答案为A。"天下虽安,忘战必危",指的是要居安思危,常备不懈,不忘战并随时准备应战;"国虽大,好战必亡",指的是不可好战。这些观点反映了司马穰苴的备战、慎战思想。

第四章　世界主要大国军事思想

一、外国经典军事著作

（一）《战争论》

《战争论》是卡尔·冯·克劳塞维茨的著作，写于1818—1830年。克劳塞维茨是普鲁士军事理论家和军事历史学家、将军。他参加过干涉法国革命和反对拿破仑侵略的战争，普鲁士战败后到俄军供职了一段时间。担任过教官、军和军团的参谋长、军官学校校长、第二炮兵监察部总监等职。晚年致力于军事史和军事理论著作。

1789年开始的法国资产阶级革命取得了胜利，新的军队和新的作战方法随之产生。法国的资产阶级军队在几十年的战争中多次打败君主制国家的封建军队。战争的实践宣告了封建军事理论的破产，资产阶级军事理论在战争中有了很大发展。克劳塞维茨虽然对法国大革命持反对态度，却清楚地看出了这次革命在军事上引起的根本性变化。他以自己参加这一时期战争的实践为基础，研究过130多个战例，写出了《战争论》这部资产阶级军事理论的经典著作。《战争论》的核心内容主要有以下几个方面：

1. 战争本质

对什么是战争这个看似简单的问题，作者用了大量的篇幅进行反复论述，他给战争下的定义是："战争是迫使敌人服从我们意志的一种暴力行为。"作者指出，战争中要准备流血牺牲，任何仁慈、怯懦的观点都是有害的；战争近似一场赌博，因而冒险精神和统帅的天才大有用武之地；战争是政治的工具，因而统帅应具有政治头脑，正确认识所从事的战争。作者揭示出战争具有暴烈性、盖然性、偶然性和从属性，并对战争的从属性，即战争与政治的关系，作了深刻分析。作者指出：战争是由政治产生的，战争的轮廓决定于政治；"战争就其主要方面来说就是政治本身"；战争"是政治交往的继续"；"政治是头脑，战争只不过是工具"，"如果说战争有特殊的地方，那只是它的手段特殊而已"，而这个特殊性就是以剑、暴力作手段。作者在论述中提出了自己关于战争本质的著名观点："战争无非是政治通过另一种手段的继续。"

2. 建立战争理论的原则

作者认为，战争理论应是研究如何使用训练好的手段（军队）来达到战争目的的理论。他称之为"作战理论"，或称"使用军队理论"，或称"狭义的军事艺术"，它包括战略和战术两个部分，不包括战争的准备活动。作者批判地继承了当时流行的战争理论，提出了建立战争理论的原则：第一，"理论应该是一种考察，而不是死板的规定"；第二，理论"只能面向经验，根据战史所提供的战例进行研究"；第三，精神要素是战争中最重要的问题之一，战争理论应该包括对精神要素的研究；第四，"各个时代有各个时代的战争"，各个时代又有"自己的战争理论"，战争理论要随时代的变化而变化。

3. 精神要素在战争中的作用

作者驳斥了那些忽视精神因素并把它排除在战争理论之外的庸俗看法，指出精神要素贯穿整个战争领域,对军事力量有决定性的影响;它主要指统帅的才能、军队的武德、军队的民族精神、政府的智慧、作战地区的民心等;它与物质要素密不可分,能使物质力量具有生命力;它来源于战争锻炼和军事演习。

4. 进攻与防御

作者从哲学的角度论述了进攻和防御这两种作战形式。他认为:防御和进攻互相作用,防御中有进攻的因素,进攻中又有防御的因素,两者可以互相转化;防御不应是单纯据守,其中要有进攻,"在战争中防守只能是相对的""应该把转入反攻看作是防御发展的必然趋势,是防御的一个基本组成部分";防御中的抵抗方式主要有两种类型,一种是在边境附近进行决战,一种是在本国腹地进行决战。作者对后一种类型比较赞赏,作了非常详细的分析。

5. 要善于运用民众战争

作者认为,民众战争是战略防御的抵抗手段之一,采用民众战争可以大大增强自己的力量;开展民众战争,必须建立民众武装,其任务是分散蚕食敌人,配合正规军行动;但民众武装不宜用于进行大规模的战斗,不宜用于战术防御。

6. 作战中的致命因素

作者主要强调了以下几条:一是集中兵力。无论在空间还是在时间上,兵力都要集中,"任何预备队留在主力决战以后使用都是荒谬的"。二是数量优势。作者认为,"数量上的优势不论在战术上还是在战略上都是最普遍的制胜因素"。在兵力不足的情况下,即使不能取得绝对优势,也要在决定性地点上造成相对的优势。三是打击敌人重心。所谓重心,即"敌人力量的核心",敌人的要害、关键部位。作者强调:以打垮敌人为目标的作战,所有力量的集中打击都必须指向敌人整体所依赖的重心。四是速战速决,出敌不意。作者认为,"速战速决是进攻战的一个重要特点""一般说,进攻的唯一优点几乎只在于揭开战争序幕的出敌不意"。五是包围迂回。"进攻会战的主要特点是一旦发起会战就进行包围或迂回"。六是不能超越进攻的顶点。作者认为:进攻者由于力量不断削弱,到一定时机应该停止进攻转入防御,否则"就会遭到还击,这种还击的力量通常比进攻者的进攻力量大得多"。七是消灭敌人和保存自己相辅相成。作者指出,"消灭敌人军队是一切军事行动的基础",它和保存自己是"互相影响的,它们是同一意图的不可缺少的两个方面"。

(二)《大战略》

《大战略》是一部比较系统地论述美国战略问题的著作,1973年在美国出版,作者约翰·柯林斯是美国国会研究防务问题的高级专家、美国国防大学战略研究所所长。该书是作者多年研究美国军事战略的成果,其中一些观点有新颖独到之处,在国内外产生了较大的影响。他在书中除重点叙述了当时美国的各派军事思想和军事战略外,还叙述了美国的对外政策以及与军事战略有关的地理、经济和科学技术等问题。全书分为代序及六个部分,各部分主要内容包括:

代序"战略思想的演变"。作者首先论述了古代环境的特点,认为今天所说的大战略——运用国家力量,在一切可能想象的情况下满足国家安全目标的需要,虽然在古代是稀有的东西,然而现代战略的基本观点在古代全部都有了。作者接着依次简要论述了世界上29个公认的战略创新人物,认为中国的"孙子是古代第一个形成战略思想的伟大人物"。

第一部分在承认存在威胁的前提下,探讨大战略整个领域与国家安全利益、目标、政策以及国家力量各组成部分之间的相互关系。同时,还评述了各种基本战略思想和战略原则。作者指出,"利益和目标确定了战略要求。政策提供了满足这些战略要求的准则。现有的人力物力提供了达成战略要求的手段。这些要素综合起来就形成大战略的结构"。作者逐条探讨了十二条原则：目的、主动权、灵活性、集中、节约、机动、突然性、扩张战果、安全、简明、统一指挥和士气。

第二部分"战略环境"。集中叙述了当时的战略环境以及由这种环境引起的种种战略问题。作者对全面战争、有限战争、革命战争和冷战的性质表述了自己的看法。

第三部分"当代美国各派军事思想"。主要论述了美国过去和现在的种种战略思想。如遏制战略、大规模报复战略、灵活反应战略、现实威慑战略等。作者认为："对美国安全的唯一严重威胁来自苏联。"并宣称，在美国的国家安全利益中有一项"就是保持美国作为全球性大国的行动自由"。在此基础上，作者进一步论述了美国对世界主要地区和国家战略的思想。

第四部分"特殊考虑事项"。主要叙述了制定大战略时种种需要特殊考虑的问题和制约因素。如地理、武装部队、军备、经济财政、科学技术、民族特性等。

第五部分"通往战略优势的通路"。主要论述了成功的战略革新者的各种特点，介绍发现、动员、鼓励和指导军内外有才干的人的方法。作者认为，克劳塞维茨、康恩、列宁、毛泽东和杜黑是五位具有革新思想的战略家，他们一般都具有以下特征：多智慧、有理性、敢怀疑、有耐心、博学多才、擅长分析、虚心好学、有自信心、能够钻研、富有想象、尊重客观、善于表达。作者指出，战略家必须具备才智、智力的主动性、敏锐的分析能力、坚韧性、能言善辩、眼界开阔、有预见性等品德。

第六部分"战略的运用"。主要用以上各章提供的分析方法，评价了越南战争中双方使用的战略。

(三)《军事战略》

《军事战略》是一部全面论述苏联战略学的著作，1962年由苏军总参谋长瓦·达·索科洛夫斯基主编。

《军事战略》比较广泛地论述了苏联各个历史时期的战略和现代战争中的种种问题。由于该书的作者多系苏联的高级军官和军事专家，因此，该书的主要倾向，实际上反映了当时苏联官方的观点。全书分为八章，各部分的主要内容包括：

第一章"绪论"。主要论述了战略和战略学的概念、定义、范围、性质及其形成、发展过程，战略与政治、经济、技术、精神因素以及和军事学说的关系，战略学在军事学术中的地位，它与战役学、战术学的关系。

第二章"帝国主义国家的战略及其对新战争的准备"。主要论述了现代资本主义国家准备新战争战略的实质和内容。

第三章"苏联军事战略学的发展"。主要叙述了从1917年至卫国战争时期的苏联军事战略学。

第四章"现代战争的性质"。主要分析和论述了现代战争特别是核战争的性质、特点和规律；新的世界大战的根源、样式、爆发的原因和可能性。

第五章"军队的建设问题"。主要论述了军队建设的决定因素和军队建设的基本方向。作者指出，军队建设"首先取决于一个国家的社会制度的性质、经济能力和它所推动的政治、居民的数量、精神素质和民族特点。此外，一个国家的地理位置、幅员的大小和国土的特点对于军队建设也产生一定的影响"。作者认为，"考虑预想敌人的军队的作战能力和发展方向以及他正在准备的战争性质，是正确解决军队建设问题的必要条件"。

第六章"作战方法"。从战略学角度探讨了以往战争和现代战争的作战方法。作者认为,"和平时期,由于缺乏实践经验,军事科学和理论上的预见对于作战方法的发展具有决定性作用"。作者着重论述了核战争的战略思想、原则,各军种的任务、组织形式、使用原则、战争阶段的划分、战略行动的分类及作战方法等。

第七章"国家对反侵略的准备"。主要论述了国家战争准备的三个主要方面:军队的准备、国家经济的准备和居民的准备。作者在论述中强调了研究预想敌人对战争的看法的重要性。作者还探讨了民防的战略意义。

第八章"军队的领导"。主要论述了各主要资本主义国家的军队和苏联武装力量的战略领导机关、战略领导方法等问题。

此书尽管在苏军内部褒贬不一,但作为了解苏联和西欧各国军队发展情况及其战略趋势的资料,仍有较大的参考价值。

(四)《海权论》

海权论是一种宣扬建立海权,控制海洋是胜利和富国之本的战略理论,主张建立并运用优势的海上实力去控制海洋,进而实现国家经济、政治和军事目标。海权论创立的时代,是美、英等国资本主义获得巨大发展并进入垄断阶段,而世界基本被瓜分完毕的时代。海权论适应了当时帝国主义国家垄断资本重新瓜分世界的政治需要,对一些海军强国的海洋战略具有重大影响。该理论认为,夺取制海权的基本方法,就是以一两次总决战来歼灭敌人舰队,或将其封锁于基地港口之中。

马汉(1840—1914年),美国海军理论家和海军历史学家、海军少将、是海权论基本观点最重要的提出者。其海权论观点主要反映在《海权对历史的影响1660—1783年》(1890年初版)、《海权对法国革命和帝国的影响1793—1812年》(1892年初版)和《海权的影响与1812年战争的关系》(1905年初版)等著作中。马汉主张应该拥有并运用优势海军和其他海上力量确立对海洋的控制权力和实现国家战略目的。他把产品、海运、殖民地归结为海权的三大环节,并提出了影响海权的六个条件,即地理位置、自然结构、领土范围、人口、民族特点、政府的特点和政策。他通过讲述欧洲和美洲的历史,特别是海上战争史,提示海权对历史发展的影响。马汉认为,世界统治地位可以通过掌握制海权取得,制海权又可以通过海军力量而取得。为此,首先必须拥有一支强大的水面舰队,这支舰队能够破坏敌人的海上交通和能把敌人的舰队驱逐出海区,从而破坏敌国的经济实力;其次,必须有发达的海军基地网,以保证舰队能够在远海区域活动。马汉指出,取得海上胜利的最重要条件是在作战区域集中压倒敌人的绝对优势的兵力。

《海权对历史的影响1660—1783年》是马汉海权论的第一部成功之作、奠基之作。该书在美国再版超过30次,几乎被所有欧洲国家翻译出版。英国的评论家把这本书看作是他们的军官和政治活动家应遵循的原则的说明。德国皇帝命令将此书译本放在他的新海军的每艘舰船的舱室里供军官阅读。日本政府特别命令将本书的译本分发给陆、海军军官和政治领袖与学校。美国总统西奥多·罗斯福称马汉是"美国生活中最伟大、最有影响的人物之一"。美国的军事院校和军事理论研究机构均把本书列为必修的课程。因此,海权论不仅成为美国军事思想的重要组成部分,而且它对西方国家和苏联的海军建设和海军战略都产生了重要影响。

(五)《国家的海上威力》

《国家的海上威力》是担任过苏联海军总司令的海军元帅谢·格·戈尔什科夫所著。全书共4章,另有绪言和结束语,约29万字。第一章,海洋和国家的海上威力;第二章,各国海军史片断;第三章,第二次世界大战后各国海军的发展;第四章,海军艺术问题。该书通过系统总结历次战争经验,强调海洋、海战场和海军的作用,主张拥有并运用国家的海上力量开发和控制海洋,以实现国家的战略目的。

作者在序言中指出:"海军作为一种军事因素""在和平时期可以用来在国外显示一个国家的经济实力和军事实力,而在各军种中,海军最能够有效地保卫一个国家在国外的利益"。因此,他介绍了过去战争中的海军及其在国家建立与发展中的作用,但"目的并不是为了将海军的发展及其作战方法描绘成一幅包罗万象的图画,而是为了说明海军作用的提高,并证明过去所产生的一些规律的发展情况",从而力求说明,在苏联的武装力量中"必须保持强大的海军"。

作者在书中比较系统地总结了近几十年来苏联海军建设的经验,论证了海洋、海战场和海军的地位与作用,为进一步发展海军提出了自己的观点和建议。他认为,海军对于一个沿海国家来说是极端重要的。历史上,"在多次战争中,尤其是在主要交战双方远隔重洋的战斗中,海军起过夺取胜利的决定性作用"。今天,"在科学技术革命的过程中,海军已成为最重要的战备因素之一,它能直接作用于敌集团军和敌领土上极为重要的目标,从而给予战争进程以非常大的、有时甚至是决定性的影响"。作者断言,海军的兴衰与国家的兴衰紧密相关,一个海上大国的崛起,必须有一支强大的海军作后盾,没有强大海军的国家,不能长期成为强国。他强烈要求:为了为国家的政治服务,在当时的国际环境里,苏联必须保持一支强大的海军,特别是保持一支远洋导弹核舰队。

在如何建设海军方面,作者主张根据本国情况走自己的道路,不同的国家应有不同的特色,须遵循本国的军事思想和物质基础逐步进行。他提出把平衡地发展海军作为苏联海军建设的基本方针,认为海军保持平衡的实质,就是科学地确定海军的结构,使各个组成部分处于按比例发展的状态,从而达到最有利的配合。

在如何使用海军方面,作者提出要非常重视海军理论的研究,切实掌握海军学术问题,认为不同的历史时期有不同的海军学术,武器装备的变化必然导致海军学术理论的变化,一成不变的学术是不存在的。作者根据战后的情况变化,重点论述了今后海战的特点、规模、战斗的持续时间,以及制海权等一系列海军学术理论。

此书出版于20世纪70年代中期,是为苏联当时推行全球战略服务的,主要目的在于进一步为发展海军制造舆论。由于作者在此书之前已出版了《战争年代与和平时期的海军》,西方借此把他称之为"现代的马汉",认为戈尔什科夫不仅建成了一支强大的海军,而且已把这支海军推向远洋。作为国家海军首脑,作者在书中不仅为苏联当时的政策作辩护,而且为老沙皇的侵略扩张进行粉饰,以致书中有些叙述失当,有些观点明显错误。例如,在某些方面夸大了海军的作用;抹杀了沙皇对外侵略扩张罪行;在国际海洋法问题上,坚持旧的原则,反对和攻击第三世界国家;同时,还在评述第二次世界大战中的太平洋海战时,违背事实地夸大了苏军所起的作用。

（六）《制空权》

《制空权》是意大利著名军事理论家朱里奥·杜黑的一部代表作。而其完整的制空权理论则包含在他的四本书中,即1921年初版的《制空权》,1928年初版的《未来战争的可能面貌》,1929年初版的《扼要的重述》,1930年初版的《19××年的战争》。

杜黑是近代军事史上的一位著名人物。他的《制空权》一书从战略高度论述了有关空军建设和作战使用方面的许多问题,比较系统地提出了自己的独到见解,而且其中许多论点直到今天仍有很大的参考价值。

《制空权》全面阐述了他的理论的基本观点,其他三本书则从不同侧面继续论证和发展了这些观点。《制空权》强调:飞机用于战争,彻底改变了战争的面貌,是战争发展史上的转折点。从此,战争将成为全民的、总体的,不分前方后方,也不分战斗人员和非战斗人员的战争。该书认为夺取制空权在未来战争中是绝对重要的,"掌握制空权就是胜利,丧失制空权就是战败";夺取制空权只能靠空军,而掌握制空权,就是要能阻止敌人飞行而同时自己却能保持飞行。1927年《制空权》再版时,作者增补了第二篇,除重复第一版(第一篇)的观点外,进一步强调了制空权的重要性,提出本书论断的基础是:"制空权是赢得胜利的必要的和充分的条件。"并且说明,不能把制空权和空中优势混为一谈,也不存在局部的相对制空权;强调制空权就是要完全制止敌人的空中活动。

《未来战争的可能面貌》简要地回顾了第一次世界大战的陆上战争和海上战争;认为由于低估了小口径速射火器和潜艇的作用,在战争指导上发生了许多错误;指出航空兵的出现,将改变未来战争的整个面貌,也将影响陆海军的作战行动,不正确估计到这一点将是极端危险的。有鉴于此,作者对他预想的未来战争,描述了四个特点,提出了五点要求。

《扼要的重述》是杜黑对各种批评意见的答复。他在书中要求,"将国家的大部分资源集中于决定性战场——空中战场",主张在未来战争中,应在地面取守势,在空中取攻势,由空中战争决定胜负,并为此从四个方面提出了见解。

《19××年的战争》以叙事的形式形象地阐述了对于一场未来战争的设想。设想是以德国为一方,法国和比利时为另一方,预计战争在1932年或1933年爆发。作者认为,法、比是第一次世界大战中的战胜国,因而仍然坚持上次大战的经验;德国是上次大战的战败国,陆海军的发展受到限制,而航空工业和化学工业却有较大发展,故其作战思想有所不同,将把空中战场作为决定性战场,试图用空中进攻来夺取战争的胜利。

从制空权理论的提出和后来的发展、传播来看,杜黑确是一位有创建的军事思想家,在空中学术史上占有先驱地位。但是,由于缺乏实践,杜黑的理论带有很大的预测性和主观性,其中既有正确的,也有错误的。例如,他正确地预见到空中战场的出现。但其最后的结论,即肯定空中战场为决定性战场,则是武断的;他论述了建设独立的空军的必要性,但对陆、海军的航空兵持否定态度,对防空的作用持怀疑态度,则是不正确的。因此,后人把他的理论概括为"空军制胜论",应该说颇为恰当。此外,杜黑的其他观点和论述还有不少错误。这些都是时代的局限性和思想局限性所造成的。

(七)"闪击战"理论

"闪击战"理论的创始人施利芬在其制定的《对法战争》备忘录(即"施利芬计划")中,提出了一个大胆的战略构想。其主要内容包括:先于敌国秘密动员、集中和展开军队,以闪电般的突然袭击发动战争。以大量的现代化快速兵团实施强大的首次突击,围歼敌军重兵集团,摧毁对方的抵抗能力和意志,迅速夺取战争胜利。

(八)"总体战"理论

"总体战"理论的创始人及其系统论述者鲁登道夫认为,现代战争已变成总体战。他在《总体战》一书中写道:"总体战不单单是军队的事,它直接涉及参战国每个人的生活和精神。……战争的多种多样性时代已成为过去,而总体战却随着技术手段的改善广泛深入人们的生活。""因此说,总体战不仅是针对军队的,也是直接针对人民的。……而且必将使用各种作战手段为这一现实服务。"在与敌军作战的同时,"也需对敌国民的精神和肉体施以攻击,以达瓦解其精神、瘫痪其生命的目的"。

二、世界主要国家军事思想

(一)美国军事思想

"冷战"后美国军事理论创新数量之多,内容之丰富,覆盖面之全,都是史无前例的。这些理论已形成有内在联系的严密体系。表现在:① 军事战略理论着眼于应对危机,快速反应;② 作战理论着眼于提高自身效能,瓦解敌作战体系;③ 军队建设理论着眼于把美军打造成无所不能、战无不胜的军队。

美国军事理论创新的主要特点:① 勇于超越自我;② 紧密结合科技;③ 着眼体系博弈。贯穿美国军事理论创新的核心思想,是体系博弈思想;④ 得益于独特的学术研究氛围和机制。

1. 美国"天权论"

2007年8月至9月,美国国防大学项目组正式提出"天权论"。

(1)提出"天权论"的动因:① 需要统一的太空力量理论来指导美国的太空开发和利用;② 需要制定新的太空游戏规则;③ 需要以马汉式的方法制定一套有关太空力量的战略理论。

(2)"天权论"的主要内容:① 明确界定"太空""太空能力""太空能力行为体""太空力量"等概念。"太空"是指距地球表面93英里(约150千米)以外的宇宙太空;"太空能力"是指在太空从事某些活动的能力;"太空能力行为体"是指参与太空活动的国家或非国家实体;"太空力量"是通过利用太空,影响其他行为体的行为并在特殊情况下影响太空环境本身,以达成己方意图的能力。② 人类开发和利用太空的过程划分为三个时代。第一个太空时代(1957—1991年),最大收益是"威望"。第二个太空时代(1991年至今),主要收益是"信息"。下一个太空时代,可能的收益将是"财富"。③ 把人类的航天活动归纳为三个领域。所有的航天活动都不外乎民用、商用、军事或情报等领域。民用领域是最好的合作领域;商业领域既是竞争也是可以合作的领域;国家安全领域主要是竞争领域。④ "天权"由社会文化力量、经济力量和安全力量三部分要素构成。与太空活动的民用、商用和军用三个领域相对应,"天权"的力量构成也可分为三部分,即社会文化力量、经济力量和安全力量。⑤ 主张修改现行国际体系下的太空游戏规则。第一,当前国际体系下的太空游戏规则及其面临的挑战;第二,确保太空"永久性稳定"应成为太空大国的共同目标;第三,太空行为体要合作应对全球性问题。

(3)"天权论"的主要特点:美国"天权论"是在中、俄、日、印等国在航天领域突飞猛进,而美国将主要精力放在所谓"反恐战争"这一特殊背景下提出的。该理论主要特点:① 突出综合;② 强调合作;③ 着眼未来;④ 聚焦规则。

2. 决策周期论

决策周期论,又叫OODA循环论或OODA周期论,由美国著名军事理论家约翰·博伊德于1977年提出。该理论认为,"观察、判断、决策和行动"四个环节是相互关联、相互重叠的循环,构成人类一切活动的基础,在战争中谁能够更快地完成这一循环并打乱敌方循环,谁就能够获得主动和胜利。这一理论对美国军界破除歼灭战和消耗战的传统思维定式,进而提出创新性的网络中心战和基于效果作战等理论,产生了很大影响。

(1)决策周期论的主要观点。

OODA,分别为观察、判断、决策和行动的英文的第一个字母。该理论主要关注四个环节、一个重心、四个因素、三个领域和三个层次。

四个环节:观察,指通过感觉收集材料。判断,就是指对材料进行分析和综合,以形成思想观点。决策,是基于已形成的思想观点,对行动方案定下决心。行动,就是实施决心。在这四个环节中,博伊德特别强调"判断"的重要性,认为"判断"是重中之重。

一个重心:"判断"。关于"判断",博伊德强调,"判断就是重心。它塑造我们与环境互动的方式——因此,判断塑造我们观察、我们决策和我们行动的方式"。

四个因素:多变、快速、主动和和谐。博伊德认为,能否进入对方的 OODA 周期并以最快的速度完成自己的 OODA 周期,关键取决于这四个因素。

三个领域和三个层次:把敌人看成是一个系统或一个整体,是由道德、心智和物理力量三部分构成的复杂的适应系统。与三个力量相对应,战争在三个领域展开,即道德战、心智战和物理战。

(2) 决策周期论的实践基础和理论来源。

博伊德能够提出决策周期论,既有其个人实战经历、广博的知识和个人的创新努力,又有美国在越南战争后所形成的反思和探讨的特殊环境:① 空中格斗的实战经验奠定了 OODA 理论的实践基础;② 对以《战争论》为代表的西方传统军事理论的批判和对《孙子兵法》的再发掘为其提供了理论基础;③ 现代科学理论是博伊德进行战争和战略研究的方法论基础;④ 对人性的本质的研究是他进行军事理论研究的出发点;⑤ 越南战争失败后美国进行的反思和改革为博伊德提出新理论提供了良好的氛围。

(3) 决策周期论奠定当代美国军事哲学思想的基础。

"决策周期论"运用现代科学理论提供的科学方法,创造性地吸收了以《孙子兵法》为代表的东方兵学的精髓,通过深入研究和总结世界军事史的经验教训,提出了一套全新的具有普遍指导意义的战争决策理论,从根本上改变了西方重技术轻战术、重实力轻谋略的传统军事思维,为当代美国军事思想解放运动奠定了基础。

(4) 决策周期论的理论局限。

① 忽视了战争性质的作用。正义战争与非正义战争是有本质区别的,但博伊德在分析战争胜败时完全抛弃政治性质对战争胜败的影响。② 在"时间"和"空间"的关系上过于强调"时间"。③ 对技术的发展重视不够。

3. 文明冲突论

"文明冲突论"的代表人物是美国哈佛大学的教授塞缪尔·亨廷顿。他于 1993 年夏在美国《外交》杂志上发表了《文明的冲突》一文,1996 年在《文明的冲突与世界秩序的重建》一书中又作了系统阐述,被称为继凯南的"遏制"理论之后的又一重大国际关系理论。亨廷顿认为,"冷战"后世界冲突的基本根源是文化方面的差异,文明的冲突将主宰全球;强调西方文明要受到其他文明的挑战,特别是儒教文明与伊斯兰文明可能联手对抗西方文明;未来的冲突很可能是西方对非西方国家的冲突。"文明冲突论"实质上是为"西方中心论"和"中国威胁论"提供理论支撑,为美国在"冷战"后推行全球霸权主义战略、重建世界秩序服务。

4. "新干涉主义"理论

"新干涉主义"理论,是 20 世纪 90 年代末科索沃战争后出现的一种以人道主义和捍卫西方共同的价值观为借口,以武力干涉别国内政为手段,以推行霸权主义和构筑有利于西方的国际关系新秩序为目的的思潮和模式的集中反映。其基本观点包括"人权高于主权""为价值观而战""主权不容干涉过时"等。该理论有三个特征:① 主张综合运用政治、经济、外交、心理等多种手段干涉别国内政,并以军事实力为后盾,动辄使用武力或以武力相威胁;② 力求得到联合国的授权,不能如愿时则会毫无顾忌地抛开联合国自行其是;③ 利用对其有利的形势,制定新的国际规则,以便建立有利于西方的国际秩序。

5. 新帝国论

这是9·11事件和伊拉克战争后在美国学术界甚嚣尘上的一种理论。主要由有着严密内在逻辑的5个理论要点组成:单极时代、单边主义、先发制人、全球统治、帝国战略。

6. "兵力投送"理论

20世纪90年代初,为了贯彻和执行"地区防务战略",美国参联会提出了"兵力投送"概念。"兵力投送"是指"在全球任何地方具有快速预警、动员、部署和作战的能力"。它是美国军事战略中"力量投送"的组成部分,力量投送不仅指兵力投送,还包括政治、经济和外交等多种实力的显示和运用;兵力投送并不是把部队运到出事地点就算完成任务,它包括美军为解决地区冲突所采取的军事行动的全过程。

7. "由海向陆"理论

"由海向陆"战略实现了海军作战指导上的根本性转变,涉及的内容广泛,包括:① 美海军未来的基本作战想定由打一场全球性的全面战争转变为对付各种地区性冲突;② 主要作战对象由原苏联海军单一的明确对象转变为第三世界国家军队多元的不确定对象;③ 首要作战任务由控制海洋转变为支援陆上作战;④ 主要战场由海洋转变为沿海地带;⑤ 美海军的主要作战方式由单军种作战转变为与陆战队,与陆、空军,以及与盟国军队联合作战。

8. "全球快速机动"理论

"全球快速机动"的含义是美国空军能够在最短的时间内抵达全球任何角落。全球快速机动与全球攻击能力、航空与航天优势、精确打击、信息优势和灵活的作战支援等能力共同构成美国空军的核心能力。

9. "全球攻击"理论

"全球攻击"指的是美国空军可在任何时间对全球范围内的任何地点实施快速远程攻击的独特能力,是美国战略威慑和常规力量威慑的重要方面。全球攻击能力与航空航天优势、全球快速机动、精确打击、信息优势和灵活的作战支援等能力共同构成美国空军的核心能力。

10. "战略瘫痪"理论

"战略瘫痪"是一种从物质、心理和精神上使敌失能而非将其歼灭的军事选择,它谋求以最低限度的军事努力或代价获取最大的政治效果或利益,注重为降低敌抵抗意志而打击敌维持和控制战争的物质和精神能力,从而快速决定战争结局。其思想主要体现为:① 突破歼灭战和消耗战的思维框架,追求以较小的代价、在尽可能短的时间内使敌人丧失作战能力;② 突破工业时代的作战模式,将敌方作为一个系统,追求打重心、打关节、瘫痪对方;③ 突破单纯以消灭敌有生力量为主的目标模式,追求同时瘫痪敌人物质力量和精神力量,更加注重精神打击。

11. "基于效果作战"理论

"基于效果作战"意指紧紧围绕达成战争目的这一核心,综合运用军事和非军事手段,打击敌整个战争体系的重心、关节点和脆弱点,力求在尽可能短的时间内,以最快的速度,实现不战、少战或小战而屈人之兵的效果。中心思想包括:① 主张把敌人看作一个"系统"或一个"系统集成"，对系统只需要控制和瘫痪，而不需要消耗和摧毁；② 主张战争的政治目的与军事目的高度统一，尽可能直接谋取战略效果；③ 摒弃传统的兵力集结、部署、逐次突破推进、最后举行决战的"顺序作战"，而是采用探明敌情、部队进入、实施打击、夺取或摧毁关键目标、决战、信息作战及作战保障同时展开的"平行作战"；④ 主张从过去的"集中兵力""集中火力"发展为"集中效果"，优先打击影响战争进程与结局的"时间敏感目标"，通过集中造成物理毁伤和心理"震慑"，快速达成战争目的。

12. "五环目标论"

"五环目标论"由美国空军退役上校约翰·沃顿在 1986 年版的《空中作战》和其后的著作中提出。即主张把敌人的作战系统分成五个功能环，并通过发现、干扰、控制、打击和改变敌作战系统的"重心"而达成战争目的的作战理论。五个功能环分别是：① 领导指挥环，即国家、军队的指挥中枢；② 有机必须环，即能源、电力等设施；③ 基础结构环，即交通设施等；④ 单个群体环，即民心、民族意志；⑤ 保护机制环，即野战部队。其中，领导指挥环就是"重心"，是首选打击目标。

13. "快速决定性作战"理论

1996 年哈伦·厄尔曼等人出版《震慑:达成快速主宰》一书，首次提出了"通过震慑达成快速主宰"理论。该理论突出"攻心为上"的思想，强调快速实施决定性的军事行动，毁灭性地打击敌人的意志力、判断力和理解力，给敌人造成足够的震慑，即取得类似于使用核武器才能得到的心理威慑效果。"快速决定性作战"思想包括：① "快速"，指在速度上都要快于敌人，尽快达成作战目的；② "决定性"，指通过打击敌人的凝聚力，摧毁其抵抗意志和能力，把自己的意志强加于敌；③ 强调发挥信息优势和指挥控制优势，力争实现战场的单向透明，先敌决策，先敌展开，先敌行动；④ 协调使用军事和非军事手段，高度重视心理战和特种作战作用，以瓦解和削弱敌人。

14. "网络中心战"理论

1997 年 4 月，美海军作战部长约翰逊上将提出了"网络中心战"。"网络中心战"，是指将军队的所有通信系统、探测系统和武器系统组成一个以计算机为中心的网络体系，各级作战人员利用该网络体系感知战场态势，交流作战信息，指挥与实施作战行动。"网络中心战"具有以下特点：① 作战行动具有随机性；② 联合行动具有自适应性；③ 行动领域具有多维性；④ 指挥行动具有高效性；⑤ 保障行动具有精确性。

15. "非接触性作战"理论

"非接触性作战"理论的总体思想是，在未来的作战行动中，要充分利用自身"在速度、潜隐防空区外发射空对地弹药、高超的情报能力以及高技术装备等有利条件"，采取"集中火力而不是集中兵力"的办法，以各类"远程间接火力武器和置于远程距离的弹药"而不是直接使用坦克等来杀伤和击败敌人。具体地说：① 集中和机动火力；② 最大距离开火；③ 保持合理的交战距离；④ 连续不断的火力突击。

16. "机动战"理论

1982 年起，美陆军开始由消耗战作战转向机动战作战。机动战的基本含义：① 机动战是一种作战样式，更是战役战术思维方式；② 机动战的目标是瓦解敌军，而不是从肉体上消灭敌军；③ 机动战谋求己方的作战行动始终快于对方；④ 机动战强调结合运用机动和火力，并使其保持平衡；⑤ 实施机动是一种能动的作战方法；⑥ 机动战主张攻击敌翼侧和后方；⑦ 机动战主张非线式作战。

17. "空地一体"作战理论

在1982年版的《作战纲要》中,美军首次提出"空地一体"作战理论,在1986年版的《作战纲要》中进一步做了修改和完善,并以此作为美国陆军的基本作战思想。它所体现的主要内容有:① 重视作战理论与武器装备的发展同步更新,"空地一体"作战理论实质在于充分发挥美军的技术装备优势,在广阔的战场上综合运用陆军和空军的各种作战手段对敌实施全纵深打击;② 强调把握作战主动权;③ 强调进攻;④ 强调联合作战;⑤ 重视应急作战;⑥ 战斗力要素。

(二)俄罗斯(含苏联)军事思想

1. 苏联军事战略发展演变

苏联军事战略的发展演变可按时期分类:① 斯大林时期:"加强积极防御,防止敌人侵略"的战略方针。美国推行"遏制战略",苏联确立了"加强积极防御,防止敌人侵略"的战略方针,并且在政治、经济、外交和军事方面采取了一系列措施。② 赫鲁晓夫时期:以准备世界核大战为核心,强调进攻的"火箭核战略"。即以准备世界核大战为核心,鼓吹进攻战略,否定防御战略,强调先发制人和战争初期的核突袭,谋求核武器决胜。③ 勃列日涅夫时期:以打核武器为后盾的常规战争为主,与美争夺世界霸权的全球进攻战略。以美国为主要对手,以欧洲为战略重点;控制东欧,使其成为向西欧出击的桥头堡;以东亚、西太平洋为重要战略区,逐步加强这一地区的军事力量,以形成东西两线相互策应的态势;加紧南下扩张,把东西两线连接起来,从侧翼包围欧洲。④ 戈尔巴乔夫时期:立足于打高技术常规战争,但不放弃核战争准备的防御性战略。苏联军事战略的基本出发点由"准备战争"转变为"防止战争",其性质变为纯防御,具体内容是:立足于打新水平的高技术常规战争;立足于持久战;强调"只有各军种联合努力才能获得战争胜利";进一步纠偏,重新肯定一系列传统的战略原则和概念。

2. 俄罗斯"非对称"战略理论的形成与发展

苏联解体后,俄罗斯军事、经济实力严重衰落,面对北约东扩和西方"颜色革命"的挤压,为捍卫其大国地位和国家利益,逐步发展并形成了以"非对称"战略为牵引的一整套军事理论。它是当今世界以弱胜强"非对称"方略的集中体现,目前已成为俄罗斯官方指导战争和军事斗争准备的战略方针。俄"非对称"战略思想萌芽于20世纪80年代初。苏联解体后,围绕以什么方式和建设一支什么样的军队等问题,军内外展开了长时间的争论。一派被称为"改革派",以科科申(后来成为国防部的第一副部长)等人为代表,他们主张放弃传统的国防与军队建设模式,根据国家面临的安全威胁、可能获得的资源保障,并结合世界经验,对庞大而笨重的苏式军队进行改造,建设一支规模精干、装备精良、机动灵活,并完全职业化的新型军队;另一派为"传统派",以俄军筹建委员会主席沃尔科戈诺夫上将为代表,得到了现役军人的大力支持。他们仍然沿用苏式军队建设的惯性思维,主张保持军队体制的稳定性,以防止军队失去控制,在武器装备水平总体相对落后的情况下,必须通过维持一定规模的军队来保持国际战略的平衡。2003年,伊拉克在战争中迅速溃败使俄军"传统派"受到重大冲击。以当年10月召开的军事工作会议为标志,"非对称回应"战略开始逐步被官方所接受,尘封了10多年的文人改革方案经外交与国防政策委员会等智囊团的修订也得以全盘复活,此后俄罗斯开始按"非对称"原则规划国防和军队建设。

(1)"非对称"战略理论的基本内容。

"非对称"战略理论的实质就是放弃军备竞赛和对战略均势的追求,找准对手的弱点,发挥自己在各个领域的局部优长,从方式、手段、时间、领域等方面对威胁和挑战做出非对称性的回应,主张在美国强势领域避其锋芒,在美国没有防范和薄弱的领域主动出击,达到以柔克刚的效果。其内容包括:① 回应力量上的非对称:一是要压缩军队规模,重点提高军队的质量;二是优化军队结构,打造高效的指挥自动化系统和统一的军事信息空间;三是瞄准敌软肋和"死穴",发展低成本高效益的技术手段。② 回应空间的非对称。③ 回应方式上的非对称。④ 回应时间的非对称。⑤ 军人意志上的非对称。

(2)"非对称"战略理论对俄军建设和战争准备的影响。

① 压缩军队规模,建立包含现代军队所有构成要素的"胚胎式"军队;② 按军政军令分开的原则,建立精干高效的领导指挥体制;③ 重组武装力量结构,保持最低限度的战略核力量、中等水平的空天防御力量和最大限度的一般任务部队;④ 加强信息基础设施建设,加速推进统一信息空间的建设进程;⑤ 在武器装备研发上,要优先发展"撒手锏"武器;⑥ 建立职业军官和职业士官制度,提高军人的职业素养。

(三)法国军事思想

1. 军事战略理论

法国的军事战略谋求四项战略功能:核威慑、预防、保护和投送。其中核威慑以不使用核武器为理论特征,其余三项功能的性质则是采取可灵活调整、相互紧密联系、互为补充的行动的战略。法国认为,这是一种雄心勃勃、充满活力的行动战略,目的首先是通过摈弃纯反应式的被动防御,实施坚定的"大范围"防御来预防地区性危机,因而法国有必要对本土和海外的事件做出预测,并协调采取各种战略行动模式。

2. 核威慑理论

法国认为,核威慑从前是并将一直是国家生存的根本保证。其主要内容有:① 维持独立的核威慑能力;② 维持刚好足够的核威慑力量;③ 以全方位威慑取代以弱对强的威慑形式,重点威慑"无赖国家";④ 推动全面核禁试、核裁军与调整核力量结构;⑤ 谋求以法国核武器为欧盟建立核威慑,为欧洲安全提供核保护伞。

3. 核威慑战略的三大任务

法国赋予其核威慑战略三大任务:① 在面临重大威胁时保全国家的生存;② 使法国免受拥有大规模杀伤性武器的较弱小国家的讹诈;③ 为保护欧洲和大西洋联盟的安全做出贡献。

4. 预防、保护和力量投送

法国的行动战略还包括预防、保护和力量投送。在法国的军事战略理论中,这三项战略功能相互联系,是一个有机的整体。

预防是法国军队实施其战略的第一个阶段,其首要功能是防止地区冲突的发生。预防包括三种战略行动方式:预警、说服和威胁动武。保护,要能够在任何时候预测出对领土、人口或者海外侨民的勒索、报复或有限侵犯。战略投送功能涉及使用军事力量在海外包括在欧洲和欧洲以外所进行的干预行动。这一方面要求具备战略预警能力和快速反应能力,尽可能快地到达战场。

5. 军事改革的动因

① 世界格局的变化是法军进行军事改革的外部动力。法军认为,"冷战"结束标志着与华约集团大规模军事对峙的结束,军队的任务也有所改变,从过去"冷战"时时刻准备与华约集团进行大规模战争的军队,转变成为一支维护法国和欧洲的稳定,并可以进行对外干涉的军队。② 法军通过参战反映出的问题是法国对其军队进行改革的内部动因。海湾战争后,法军认为

存在的问题主要有:作战理论陈旧过时;指挥组织与实施不力;后勤供给满足不了作战需求;作战人员的管理不力以及装备水平落后等。

6. 军队建设改革的主要内容

① 压缩军队规模,建设职业化军队;② 军队编制和指挥体制的调整;③ 加强重点部队建设;④ 改革武器装备研制、采办方式。

7. 陆军作战理论

为适应网络中心战的要求,法国陆军提出了"空地作战气泡"概念,这一概念形象地反映了未来网络中心战的特点。在网络中心战环境下,单个武器的攻防性能通过与其他武器平台的网络联结得到增强和延伸。因此,法军强调战场上坦克装甲车辆、侦察平台及指挥控制平台要具有很高的协同作战能力,于是在网络中心战的整体构思中提出了"空地作战气泡"概念:将陆军战场设想为一种立体的、像气泡一样的透明圆罩,这个气泡的作战范围通常限定在发生直接交战的 7~10 千米内。在作战气泡内,以新一代装甲车辆为核心,主战坦克、无人侦察机、武装直升机等作战平台形成一个网络化的作战整体,相互协同作战。

8. 海军"由海向陆"作战思想

① 法海军"由海向陆"联合行动可充分发挥海军舰艇作战平台的特点,载重量大、机动性强;② 可利用广阔的海域隐蔽作战企图,能在大洋公海跨国实施机动却又不违反国际法公约;③ 可利用宽阔的海疆临机选择在何时从何处向陆地发起远程攻击;④ 可在足够远的安全距离上通过远程精确打击和情报侦搜为达成作战企图服务;⑤ 可以灵活采取不同的作战行动打击敌人,尔后视情与敌人脱离接触,以达成或创造新的战场有利态势。

(四)德国军事思想

1. 影响德国安全战略的主要因素

德意志是个善于求生存、谋发展的民族。突出体现在:① 地缘"中心"与对外扩张;② 政治野心与进攻冒险;③ 文化理性与善于守拙。

2. 第二次世界大战后德国安全战略指导思想

20 世纪上半叶,德国两次发动世界大战,两次都战败。惨痛的教训使德国人清醒地认识到,在世界日趋文明的时代,光靠武力和战争已难以达成国家的目标,必须另寻他途。德国最终找到了这个途径——"和平与理性"之路,即以退为进,居下以求上。这就是战后德国国家战略总的指导思想。基于此,德国巧妙地确立了其新的作为国家战略的安全战略(政策),即以强大的国家实力为基础,通过联盟政策和均势政策谋求其国家目标——恢复主权、重新统一、欧洲的统一、成为政治大国——的实现。这四大目标用一句话来概括,就是"一个自由和统一的德国屹立于一个自由和统一的欧洲"并"作为在统一的欧洲中享有平等权利的一员为世界和平服务"。

3. 德国实现安全战略目标的手段

由于德国的安全战略(政策)是德国面对战败后的艰难处境而奉行的政策,并且是融政治政策、外交政策、军事政策乃至经济政策和其国内其他政策为一体的具有国家战略性质的政策,这就决定了其手段的综合性、多样性、原则性和灵活性。从总体上来看,德国采取的策略是,以低姿态出现于欧洲和世界舞台,巧妙地周旋于各战胜国之间和苏、美及东西方乃至整个国际社会之间,以谋求其国家目标的实现。① 审时度势,适时而变;② 尊重法律,不授人以柄;③ 坚持联盟政策,力争独立自主;④ 均势为本,威慑为用。

4. 第二次世界大战后德国安全战略的主要特点

① 以忍辱和妥协的方式积蓄力量;② 以追求相对主权实现更大的国家利益;③ 以经济优势达成政治优势;④ 以建立在利益均衡基础之上的力量均衡来维护国家安全;⑤ 以多重均势获取有利地位和主动权。

5. 统一后德国安全战略的主要内容

德国安全战略的目标是根据其安全环境和对安全的认识而确定的,主要有三个方面:① 保卫德国及其盟国的安全;② 建立有利于德国的安全机制;③ 成为世界政治大国。为了实现上述目标,德国安全战略主要采取了三个重点手段,即强调经济、联盟和联邦国防军的作用。

6. 统一后德国安全战略的主要特点

① 具有较强的应变能力和针对性;② 既具有很强的坚定性,又具有较大的灵活性,体现了坚定性与灵活性的结合与统一;③ 具有明显的层次性,各种层次有机相联;④ 具有谋略式的隐蔽性。

7. 德国军事发展动态

① 确立新的安全政策;② 建立新型的、精干的、基于能力的一体化联合军队;③ 调整军队领导指挥体制和部队体制编制;④ 着眼于提高网络战能力,全面推进军事转型;⑤ 充实和完善部队指挥原则,以适应未来作战与其他军事行动的需要。

8. 德国军事发展的新特点

① 德国的国家战略已逐步形成,并初具大国气概;② 寓军事战略于安全政策之中,继续韬光养晦;③ 根据时代和形势的发展和出于维护国家利益的需要,适时进行军事改革;④ 在军事改革中,正确处理继承与发展的关系。

9. 德国联邦国防军的使命任务

联邦国防军的新使命是:① 确保外交的行动能力;② 为欧洲和全球范围内的稳定做出贡献;③ 确保国家安全,巩固国防;④ 为盟国的防御贡献力量;⑤ 促进多国合作与一体化。

新任务是:① 防止国际冲突,消除危机,包括进行国际反恐作战;② 为联盟的防御贡献力量;③ 保卫德国及其公民;④ 遂行救援与疏散行动;⑤ 增强伙伴关系,加强合作;⑥ 在国内外自然灾害和重大事故中提供帮助和人道主义援助。

10. 德国联邦国防军新的建军指导思想

为把联邦国防军真正建设成为一支新型的、精干的、基于能力的一体化联合军队,德国根据目前军事技术的新发展和未来信息化时代的要求,适时提出了"网络化作战指挥"新思想,并以此作为目前和今后军队建设的指导思想。所谓网络化作战指挥,就是以共同的情况理解、共同的情况意识、技术上的联网以及以信息技术为支撑的合作为基本前提条件,通过更强的能力和更有效的任务实施以及更科学的计划与决策所形成的指挥优势和信息优势,达成效果优势。

(五)日本军事思想

1. "冷战"期间日本"专守防卫"军事战略

"冷战"期间,日本军事战略大体经历了由"集体防御"到"专守防卫"的演进过程,但基本上没有超出被动防御战略的范畴。"专守防卫"战略构想是根据日本当时的具体国情而制定的,基本特征是战略上对美国的依赖性和行动上的消极被动性。

2. "冷战"后日本军事战略以主动先制的"积极防御"为主要特征

"冷战"后,日本军事战略出现重大变化,"专守防卫"已逐步转变成为先机制敌的"积极防御"战略。其标志主要有:① 对威胁的判断发生变化,威胁趋于"多样化";② 从法律上突破专守防卫原则,确立主动先制的积极防御思想;③ 海外派兵行动表明,日本已经践行主动先制的积极防御战略;④ 制定各种主动应对的预案,"积极防御"战略有谋有划。

3. 日本军事战略转型的主要动因

① 国内政治环境为日本军事战略转型提供了较为适宜的土壤;② 国家战略目标的牵引是日本军事战略转型的原动力;③ 经济利益追求是推动日本军事战略转型的重要因素;④ 美国全球战略调整是推动日本军事战略转型的重要外部因素。

4. 日本"多能、灵活、有效的防卫力量"构想

2004年12月,日本根据新的形势变化和战略目标的要求,制定了新《防卫计划大纲》。提出了在继承"基础防卫力量构想"有效部分的同时,建设一支"多能、灵活、有效的防卫力量"的构想。这一新的建军指导思想包括以下几个内容:① 高效合理,追求质量;② 合理配置资源;③ 加强联合作战;④ 实现建设方针的三个转变。陆上自卫队将重点转向建设快速反应机制上,重点对付低强度的多样化的军事行动。海上自卫队由强调反潜作战转向强调岛屿防御、导弹监视和反游击队作战。航空自卫队将减少包括战斗机在内的飞行部队的数量,谋求提高效率,将加强导弹部队建设,提高导弹防御能力。

5. 日本联盟战略基本走向

在联盟战略方面,日本将继续强化日美同盟,试图建立海洋国家联盟:① 日本具有"与强者为伍"的传统思维;② 日本继续选择与美国结盟,并进一步强化同盟关系;③ 加强日澳安全合作,试图结成海洋国家联盟。

2014年7月,日本解禁自卫队集体自卫权,其战略走向牵动世界各国神经,成为当前世界不稳定的重要因素之一。

(六) 印度军事思想

1. 有限战争理论

有限战争理论是印度军事理念研究的最新成果,其主要特点有:① 强调军事目标服从并服务于政治目标。② 强调对战争范围实施有效的控制。首先,应确保战争空间的有限性;其次,确保作战目标的有限性;再次,强调战争时间的短促性。③ 强调战争强度的有限性。④ 军事手段与外交手段相配合。

有限战争理论的局限性:① 难以对有限战争实施有效控制;② 难以排除有限战争升级为核冲突的风险。

2. "冷启动"作战理论

2004年4月28日,在印度陆军司令官年度会议上,陆军参谋长维吉上将正式宣布了印军的"冷启动"新作战理论。

(1)"冷启动"作战理论形成的动因。

印军提出这一理论的主要原因是:① 适应"惩戒威慑"新军事战略的需要。② 在总结对巴作战经验的基础上强化攻势作战思想。印军攻势作战思想主张:一是严密隐蔽作战意图,达成进攻的突然性;二是集中优势兵力兵器,力求速战速决;三是强调发挥空中优势,实施包括远程奔袭的机动作战;四是强调超越攻击,实施空袭作战。③ 吸收和借鉴美军的作战理念;④ 积极推动新军事变革。

(2)"冷启动"作战理论的基本内涵。

"冷启动"作战理论,意指军队像计算机冷启动一样,在最短的时间内,迅速完成部队的动

员、集结和部署,并在第一时间内对敌发动先发制人的打击。"冷启动"作战理论的基本含义可概括为:一是先发制人;二是"闪电式"进攻作战;三是快速机动、多点进攻。"冷启动"作战理论的核心是先发制人的进攻作战,目的是要达成战争的突然性,避免因过长的军事动员时间,导致在战略和军事上失去突袭的机会,同时也避免政治领导人在面临压力时动摇信心,以确保陆军从一开始就能完全发挥作战潜力。

(3)"冷启动"作战理论的依据。

印军提出"冷启动"作战理论的依据主要是:① 军事战略的调整与发展;② 武器装备现代化步伐加快;③ 世界新军事变革的强烈冲击。

(4)"冷启动"作战理论的主要影响。

① 印度三军将加快制定和完善军种作战理论;② 印军在体制编制、武器装备和军事训练等方面采取相应措施,以初步具备新作战理论要求的作战能力;③ 印度将更倾向于使用军事力量;④ 对华军事战略的作战指导思想将更具进攻性。

3. 印度海军理论的主要特点

① 确立了将战场推向敌方领土的进攻性作战思想;② 强调海军必须直接服务于国家经济建设;③ 主张海军应成为推行国家对外政策的强有力工具,而不仅仅是战争工具。海军新理论称,印度海军除作战、治安和救灾三项职能外,还要在国家推行对外政策中扮演重要的角色,不仅要成为联结友谊的桥梁,而且要成为战略核威慑力量的最可靠支柱。

4. 印度空军新作战理论

近年来,印度空军加快对其作战理论的研究,在对世界军事变革以及近几场局部战争进行研究和总结的同时,对其原先的空军军事理论进行修改,提出了"战略性威慑防空"这一新的作战理论。"战略性威慑防空"是指印度空军利用信息技术和空间技术的优势,在承受住敌对国的首次攻击后,用现代化技术和高性能的远程飞机,通过空中加油,延长空中作战时间,对入侵之敌进行大纵深、远距离和有效的反击作战,以求"后发制人"。"战略性威慑防空"的目的就是要利用强大的灾难性的远程战略反击能力给对手以震慑,让其不敢轻举妄动,以不战而屈人之兵。

例题分析

(1)美国军事思想是美国官方和军事理论界关于战争、军队和作战等问题的系统理性认识,是美国长期军事实践活动的经验总结和理论概括,是美国进行战争和军队建设等军事实践活动的理论依据。美国军事思想大致可以分为战争观与战略理论、军队建设理论和作战理论三方面。其中美国的战争观、战略理论特别是作战理论是该部分的重点考察内容。

(2)俄罗斯军事理论是随着苏维埃国家及其有关力量的建立和发展而逐步形成的。苏联解体后,俄罗斯军事理论发生了根本性的变化,有选择地继承了苏联的军事理论。苏联军事理论是苏联70多年军事实践和理论研究的结晶,具有比较完整的体系和丰富的内容。军事理论的继承性使苏联的军事理论对俄罗斯仍然具有指导作用。俄罗斯信息时代的军事理论是该部分的考察重点。

(3)法国军事思想主要包括其军事战略理论、军队建设理论和军队作战理论。本部分考查重点是21世纪法军建设理论和军队作战理论。

(4)德国军事思想部分重点关注德国安全战略的发展演变、统一后德国军事战略的发展及德国军事发展新动态等。

(5) 日本军事理论是日本理论界关于战争、军队、作战等问题的系统的理性认识，包括国家安全理论、战争观、战略理论、建军理论、作战理论等内容。

(6) 印度军事理论是印度官方和军事理论界关于战争、战略、建军和作战等问题的系统理性认识，是印度进行战争和军队建设等军事实践活动的理论依据。它全面继承了英帝国主义扩张的思想，注重利用国际战略形势的发展变化为军队建设创造有利的国际条件，强调以军事力量为后盾实现对外扩张目标，主要包括战争观、军事战略理论、建军理论和作战理论等内容。

【例题1】网络中心战概念是由美国（　　）首先提出，后来才逐渐发展成为美陆、海、空三军普遍接受的作战理论。

A. 陆军　　　　B. 海军　　　　C. 空军　　　　D. 国防部

解析：此题答案为B。美军认为，"网络中心战"是信息时代的基本战争形态，是未来战争的全新构想。这个理论由美国海军于1997年提出，2001年得到美国国防部和三军的认同，目前已上升为指导美军转型、作战的重要理论。该理论主张利用计算机网络，将侦察探测系统、指挥控制系统和精确火力打击系统，集合为一个统一高效的作战体系，使所有作战单元共享战场信息，从而把战场信息优势转化为作战行动优势。

【例题2】美军认为，第二个太空时代（1991年至今）的主要收益是（　　）。

A. 信息　　　　B. 威望　　　　C. 财富　　　　D. 力量

解析：此题答案为A。美军"天权论"把人类开发和利用太空的过程划分为三个时代：第一个太空时代（1957—1991年）的主要特征是：展示技术、经济和军事实力的地缘战略竞争，旨在获取战略优势的秘密军事和情报竞争，最大收益是"威望"。第二个太空时代（1991年至今）的主要特征是：卫星技术的发展，带来高度发达的通信和信息流动，促进了全球化的兴起；军事上从强调获得太空战略优势转为强调在地面作战中获取战役和战斗的优势；民用航天活动不再像以前那样受重视。同时，进入太空领域收获"威望"，而先进的航天大国则谋求通过开发和利用太空尽快跨入信息时代，主要收益是"信息"。下一个太空时代，可能的收益将是"财富"。故答案是A。

【例题3】俄罗斯"非对称"战略理论萌芽于（　　）。

A. 20世纪70年代　　　　　　B. 20世纪80年代
C. 20世纪90年代　　　　　　D. 21世纪初

解析：此题答案为B。俄罗斯"非对称"战略理论具有自身的特色，它更多地区别于"冷战"时期美苏所进行的对称式战争准备与军事建设方略，即你有什么我也要有什么，你怎么打我也怎么打，双方在同质军事力量的基础上进行势均力敌的正面对抗和交锋。1983年，美国里根政府提出了"战略防御倡议"，为应对美国"星球大战计划"对美苏战略平衡造成的冲击，苏联政府成立了由科学院下属研究所和军队与军工部门科研机构组成的庞大论证组织，研究和探索应对策略。以苏联科学院副院长利维霍夫院士为首的跨学科专家小组，提出了"非对称回应"的概念和战略。故这一思想萌芽于20世纪80年代初。

【例题4】法国的军事战略主要谋求四项战略功能：核威慑、（　　）、保护和投送。

A. 常规威慑　　B. 远程打击　　C. 反击　　　　D. 预防

解析：此题答案为D。法国的军事战略谋求四项战略功能：核威慑、预防、保护和投送。预防是法国军队实施其战略的第一个阶段。作为法国行动战略的首要内容，这项战略功能首先是要防止地区冲突的发生。而最终目的是预防可能发生危机的情况以及直接或间接的危险的出现,避免使用武力,将危机和冲突限制在最低水平。预防应是全方位的,包括外交、经济、文化、人道、军事等各个领域,所有因素协调实施。

【例题5】"闪击战"理论是由( )提出的。

A. 克劳塞维茨　　　B. 鲁登道夫　　　C. 施利芬　　　D. 卡尔·施米特

解析:此题答案为C。卡尔·施米特是德国纳粹主义最早的理论家,其所著作是《政治的概念》。克劳塞维茨被举为西方的孙子,其著作是《战争论》;鲁登道夫是"总体战"理论的创始人。他在《总体战》一书中写道:"总体战不单单是军队的事,它直接涉及参战国每个人的生活与精神……战争的多种多样性时代已经成为过去,而总体战却随着技术手段的改善广泛深入人们的生活。"而施利芬在速战速决思想的基础上正式提出"闪击战"理论。

【例题6】"冷战"期间日本军事战略一直是以( )为主,但自日本解禁集体自卫权后,其军事战略可能会作较大的调整。

A. 积极防御　　　B. 专守防卫　　　C. 区域防卫　　　D. 本土防卫

解析:此题答案为B。"冷战"期间,日本军事战略大体经历了由"集体防御"到"专守防卫"的演进过程,但基本上没有超出被动防御战略的范畴。20世纪七八十年代,尽管日本对"专守防卫"军事战略进行了两度调整,逐步扩大了防卫范围,但总体上仍未超越被动防御战略的性质。"冷战"后,日本根据国际形势的变化对军事战略进行大幅度的调整。其标志是1995年和2004年制定的两个《防卫计划大纲》和为日本向海外派兵开绿灯的一系列法律措施及其海外派兵实践。因此,从其内涵和实际表现来看,"专守防卫"已逐步转变成为先机制敌的"积极防御"战略。日本解禁集体自卫权后,其军事战略可能会进一步作较大的调整。

【例题7】2004年4月,在印度陆军司令官年度会议上,印度陆军参谋长维吉上将正式提出并宣布了印军的( )作战理论。

A. 空地一体战　　　B. 有限战争　　　C. "冷启动"　　　D. 快速决定性

解析:此题答案为C。用排除法可直接排除答案A和D。此题明确了该理论的创始人,2004年4月28日,在印度陆军司令官年度会议上,陆军参谋长维吉上将正式宣布了印军的"冷启动"新作战理论。

第五章 美、俄国防体制与海军情况

一、美国国防体制

美国的国防体制有以下两个主要的特点：① 文职控制军队。美军自建军以来，其军队指挥体制一直坚持文官对国防的领导和对军队的控制，它构成了美国军政关系的核心。② 实行作战指挥与行政领导分离。总统是武装部队的最高统帅，国防部为最高领导机关。行政领导是由国防部通过陆、海、空三军军种部对全军实施行政管理，而作战指挥则是总统、国防部通过参谋长联席会议对各战区实施的。

美军的统帅机构可分成两级：一是国家级，即总统、国家安全委员会、国防部和参谋长联席会议；二是军种战区级，即三军部、海外战区总部和特种司令部。在总统（以及国家安全委员会）的统一领导下，从国防部到三军总部构成了专管政令的军事行政系统；从参谋长联席会议到特种司令部和海外战区总部，构成专管军令的作战指挥系统。

美国宪法规定，总统兼任武装部队总司令，为美军最高统帅，通过国防部对全军实施行政领导，通过参谋长联席会议对全军实施作战指挥，紧急情况下可越级指挥。战略核力量不论何时都由总统指挥控制。

国家安全委员会是美国国家安全问题的最高决策机构，负责为总统提供与国家安全有关的内政、外交与军事决策咨询。该委员会直属总统领导，法定成员包括总统（任委员会主席）、副总统、国务卿和国防部长，参谋长联席会议主席和中央情报局局长分别为法定军事和情报顾问。委员会日常工作由总统国家安全事务助理主持。

参谋长联席会议由主席、副主席和三大军种参谋长（海军为作战部长）组成，是总统、国防部长、国家安全委员会的军事咨询机构。参联会主席由总统提名并经参议院批准任命，是美军最高军事长官，也是总统和国防部长的首席军事顾问。

国防部是军队最高行政机关，由武装力量政策委员会、国防部长办公厅、陆海空三军种部和参谋长联席会议组成。国防部部长为文职官员，是总统在防务方面的首席助手。国防部的主要职责是：制定和实施国防政策；通过参谋长联席会议对三军实施作战指挥；制定国防预算和三军兵力计划；统一领导三军国防科学技术的研究和后勤保障工作；对外负责军事谈判、派遣军事顾问团、培训军队和监督军事援助的使用等。

美军为统一全球军事作战指挥，将全球划分为六大战区，设立了6个战区总部，统一指挥所属战区内的美国陆、海、空三军部队，并协调与盟军的军事行动。① 太平洋战区，成立于1947年，包括整个太平洋和印度洋海域、大洋洲南极洲、东亚、南亚、东南亚及太平洋诸岛等。总部设在夏威夷的珍珠港。② 欧洲战区，成立于1947年，包括欧洲大陆、地中海地区、俄罗斯本土、格陵兰岛以及北极地区。总部设在德国的斯图加特。③ 南方战区，成立于1963年，其辖区包括除墨西哥以外的整个拉丁美洲。总部设在美国本土的迈阿密。④ 中央战区，成立于1983年，其管辖范围包括西亚、中亚和巴基斯坦、埃及等，共25个亚非国家，以及红海、波斯湾两个重要海域。总部设在美国本土佛罗里达州的麦克迪尔基地。⑤ 非洲战区,成立于2007年管辖除埃及之外的非洲。目前总部仍在德国斯图加特市的凯利兵营,正在寻求移址非洲大陆。⑥ 北方战区,成立于2002年,负责北美洲本土防御,辖区涵盖加拿大、墨西哥,协调与非军事武装部队的本土防御职能。总部设在科罗拉多州彼得森空军基地。

冷战结束后,美国将"前沿部署"调整为"前沿存在",适当收缩了海外驻军,尤其是大大削减了驻欧兵力,但美军兵力部署的基本方针并未改变,即"内外结合,外轻内重,机动为主"。所谓"内外结合",是指采取海外军事存在和本土力量投送相结合的部署原则;"外轻内重",是指将绝大部分兵力部署在本土,以保卫国土为核心,而将一定数量的精锐部队部署在海外基地;"机动为主",是指美军在战时将主要依靠强大的运输力量向海外进行"兵力投送",以支援海外战区作战。近年来美军调整兵力部署,拟将大量驻欧兵力回撤或向东南欧、北非、西太转移。

美军的兵力部署具有以下特点:① 前沿存在。采用海外军事存在与本土力量投送相结合的方法,保持美军在世界"热点"地区的"前沿存在",以提高快速反应能力。② 欧亚并重。欧洲和亚洲是美国军事战略关注的两个重点地区,因此也是美军海外兵力部署的重点。③ 控制要点。美国曾宣布其在战时要控制世界上十六个重要的海峡、水道,它们是:巽它海峡、朝鲜海峡、马六甲海峡、望加锡海峡、阿拉斯加湾、巴拿马运河、非洲以南海峡、苏伊士运河、直布罗陀海峡、佛罗里达海峡、北美的航道、斯卡洛拉克海峡、大不列颠及北爱尔兰联合王国海峡、卡特加特海峡、霍尔木兹海峡、曼德海峡。④ 梯次配置。如在亚太地区,美军的兵力部署形成了日本、韩国为一线,关岛为二线,美国本土为三线的梯次配置的结构。

二、美国海军

为适应"冷战后"世界新形势,在美国新军事战略的指导下,美国海军制定了"……由海到陆"和"前沿存在……由海到陆"战略,将过去主要应付世界大战转向应付地区性冲突。21世纪初,美国海军开始了具有历史性质的转变,朝适度压缩海军规模,调整兵力结构,大力提高战斗力和装备质量的方向发展,提出"21世纪海上力量合作战略"。

(一)作战原则

美国海军根据海战和自身的特点等因素,总结出九大作战原则,即目的、集中、机动、进攻、节省使用兵力、统一指挥、简明、突然、安全。美海军认为"应把它当作选择当前行动的概念框架"。① 目的原则。这是美国海军在总结朝鲜战争、越南战争,以及索马里冲突等局部战争后,得出的一条重要经验。因为,形式多样的地区性冲突政治性较强,往往使美军作战目的模糊不清、变化不定,作战指挥员难以把握。为了执行好任务,首先必须准确理解把握作战的目的。美国海军认为:"海军作战行动是实现国家最高指挥当局确定的政治目标。……指挥官最好的工作是向下级讲明行动的目的"。② 集中原则。在具有决定性的时间及地点集中使用战斗力量,以己之长克敌之短。即使规模比对手小的部队也可通过集中力量攻击敌人关键的薄弱环节来取得战争的胜利。集中兵力还意味着保持主动进攻的势头以取得决定性的胜利。目前集中兵力的原则正向集中火力的原则发展。③ 机动原则。通过合理地运用战斗力量将敌置于不利地位。机动原则强调发挥部队(作战平台和武器系统)行动的速度和灵活性,从而在打击敌人薄弱环节时获得时间和空间上的优势。④ 进攻原则。夺取、保持和利用战场上的主动权。通过采取进攻行动来掌握主动是灵活使用现有部队、剥夺敌人行动自由的一种作战思想。⑤ 节省使用兵力原则。即尽可能最有效地使用现有的战斗力量;部署最低限度的战斗力量准备第二阶段的进攻。⑥ 统一指挥原则。在攻击一个目标时,应由一名指挥官负责统一指挥以确保作战行动的协同一致。⑦ 简明原则。避免在军事行动的准备、计划和实施过程中不必要的复杂化。简明的计划和清楚的指示提高了对行动目标的理解,减少混乱。⑧ 突然原则。选择敌人毫无准备的时间、地点或方式发起进攻。突然地进攻可使敌人陷入防御的不利境地,从而掌握主动权。突然性可通过隐蔽技术和军事欺骗来隐蔽军事能力和意图。⑨ 安全原则。不给敌人进行突然袭击而取得主动权的机会。保护部队就是提高战斗力。美国海军强调通过全面理解敌人的战略、条令和战术来提高自身的安全。

(二) 主要作战样式

美国海军的主要作战样式有:袭岸战、两栖战、防空战、反舰战、反潜战和水雷战。随着"由海到陆"战略的逐步贯彻,袭岸战、两栖战的地位有了明显的提高,而反潜战和反舰战则有所下降。信息战(电子战)贯穿于各种基本作战样式的始终。① 袭岸战。即对岸打击战,是美国海军的传统作战样式,但随着美国海军"由海向陆"战略的实施,以及"战斧"巡航导弹等远程精确制导武器的使用,袭岸战的作用和地位有了很大提高,是"兵力投送"的主要形式之一。② 两栖战。美国海军两栖战,强调贯彻隐蔽突然、避强击弱、乘虚而入和快速机动的机动战思想。其基本的战法为"超地平线"两栖登陆作战。两栖战的基本原则为:集中、快速、突然、大胆。③ 防空战。防空战是确保海军部队自身安全以及夺取作战地域制空权的基本作战样式。防空战的基本原则为:主动性和进攻性;整体性和协同性;可靠性和有效性。防空战的基本样式为:一是通过袭岸战主动出击,先期打击,力争在敌空中作战平台和武器构成威胁之前将其摧毁;二是由舰载机、岸基飞机和中远程对空导弹担负编队的区域防空;三是由各舰装备的中近程舰空导弹、舰炮和电子战系统担负点防御任务。④ 反舰战。反舰战是美国海军夺取和保持制海权的基本方法之一,也是"由海到陆"战略的基本保证。美海军认为,在高技术条件下反舰战已逐渐摆脱了传统反舰战的短兵相接、火力交锋的样式,而趋向于"防御圈外"的进攻战。为此,美国海军提出反舰战的基本原则为:充分运用主动性、进攻性原则,以电子战系统为保障,在敌反舰武器系统尚未构成威胁之前就把它摧毁。反舰战的基本样式有4种:以空制海;"超地平线"攻击;水下攻击;协同打击。⑤ 反潜战。反潜作战是美海军主要作战样式之一。冷战时期美海军主要侧重大洋深海反潜,冷战后,美海军在保持传统的大洋深海反潜能力的同时,开始加强近海沿岸的浅海海域的反潜能力。反潜战的基本原则为:主动进攻、整体协调、持续有效。基本样式有:攻击敌潜艇基地;组织反潜封锁;实施机动反潜;进行护航反潜。⑥ 水雷战。水雷战是冷战后日益受到美国海军重视的一种传统作战样式。它在美国海军实施对岸作战时的地位越来越重要。美国海军水雷战包括攻势布雷和扫雷两个方面,重点是扫雷,尤其是浅水水域扫雷。

(三) 作战兵力基本编成

冷战后,美国海军根据世界形势的变化和"前沿存在……由海到陆"海军新战略,调整了海军作战兵力的编成,改变以往只围绕航空母舰部署海军兵力的传统方法,而采用把海军作战兵力的编成调整为适应沿岸作战需要和具有较强灵活性的多种编组形式,以充分发挥海军舰艇编队特有的灵活性和机动性。美国海军作战兵力主要有以下五种基本编成形式:① 航空母舰战斗群。航空母舰战斗群是由航空母舰及其警戒兵力组成的海上作战编队,美军称之为航空母舰战斗大队、航空母舰战斗部队。航空母舰战斗大队是指由1艘航空母舰,配备一定数量的水面作战舰艇(通常为2艘"提康德罗加"级导弹巡洋舰、2艘"伯克"级导弹驱逐舰、2艘"斯普鲁恩斯"级导弹驱逐舰)、1~2核潜艇及后勤补给船只组成的特混编队,是美国海军平时和战时的基本作战单位。航空母舰战斗部队通常指由2~3个航空母舰战斗大队及其他兵力(如水面战斗大队,两栖、后勤船团等)组成的特混编队。美军航母战斗群的使命和任务为:参与对陆上战略性目标的核打击;夺取全球关键海域和通道的控制权,全球作战前沿部署;实施全球兵力投送,与两栖攻击编队组成远征部队应付高强度局部战争;实施海上封锁,保卫海上交通线;歼灭水面、水下力量及运输船队;控制危机,推行政府外交和经济政策。② 两栖突击群。两栖突击群又称海军远征特遣群,是美国海军为适应冷战后新形势而重点加强的海军编组形式。其编成较为灵活,主要有以下三种:两栖戒备群、控制海洋战斗群、两栖战斗群。两栖突击群的任务为:前沿配置,执行各种特种作战;实施威慑;实施两栖突击;配合地面作战。两栖突击群较适应沿海作战,其特点为:戒备程度高,反应快;具有较强的自身防御能力和两栖突击能力;有自己独立的后勤保障体系,持续作战能力强;作战灵活性大,能遂行多种作战任务。③ 水面战斗群。水面战斗群是美海军冷战后组建的一种新的编组形式,主要用于对付低强度地区冲突。其主要任务是:实施前沿存在;为部队进入危机地区提供安全手段;补充航空母舰编队数量减少所造成的兵力和能力的不足,扩大航空母舰编队的作战范围;在条件受限的情况下,实施适当的兵力投送;保持对局势的控制直到航空母舰战斗群或其他部队的抵达;运用"战斧"式巡航导弹实施对陆上目标的突击;与海洋控制特遣群结合实施两栖战。④ 陆战队空地特遣部队。空地特遣部队是实施登陆作战及其他作战的实质性作战单位,由陆战队、海军部队和陆战队航空兵组成。其特点是具有较强的远洋作战、前沿部署、机动作战和快速反应的能力。按规模不同分为四种类型:陆战队远征部队、陆战队远征旅、陆战队远征小队、特种作战部队。⑤ 水雷战群。美国海军在水雷战方面主要以实施反水雷战为主。实施反水雷战的兵力主要由水面反水雷力量、航空兵反水雷力量和水中爆破排雷小组组成。在实施反水雷战时,美海军通常组成反水雷战群。

美国海军几乎所有的作战部队都包括在两洋舰队(太平洋舰队和大西洋舰队)之中,或者与两洋舰队有关。目前美国海军共有5大任务编组,即第3、4、5、6、7作战舰队,第2舰队近年来从事非战争军事行动,新建第10舰队负责网络战。第2舰队司令部驻美国诺福克;第3舰队司令部驻美国圣迭戈;第4舰队司令部驻美国杰克逊维尔;第5舰队司令部驻巴林;第6舰队司令部驻意大利加埃塔;第7舰队司令部驻日本横须贺。

第7舰队是太平洋舰队的战略第一梯队,是美国海军的主要作战舰队之一,拥有各型舰只近30艘,旗舰为"蓝岭"号两栖指挥舰。其任务区域为西太平洋和印度洋海域。主要任务是保护西太平洋和印度洋的海上交通线,熟悉海区,组织战备训练,保护美国及其盟国的利益等。

第3舰队是太平洋舰队的战略第二梯队,活动范围为东太平洋及中太平洋水域,必要时也可进入第7舰队辖区支持第7舰队。其主要任务是协调指挥太平洋战区反潜作战;组织护航兵力;保卫美国本土西部、夏威夷和阿拉斯加的安全;支持第7舰队作战等。平时,主要负责组织对潜防御和部队训练,对新装备进行海上试验和鉴定,支持第7舰队演习等。第3舰队拥有各型舰只100多艘,旗舰为"科罗拉多"号。第3舰队的组织序列形式与第7舰队基本一样。

美国海军于1995年7月1日,重新组建第5舰队。旨在加强在海湾地区的前沿军事存在,理顺驻中东海军部队的作战指挥关系。该舰队部署在海湾地区,统辖波斯湾、红海、阿曼湾、亚丁湾和阿拉伯海活动的海军部队,作战上隶属于美中央总部指挥,行政管理和后勤供应则由两洋舰队负责。舰队所辖兵力由两洋舰队共同派出,常备舰只保持在20艘左右。

第6舰队是大西洋舰队的战略第一梯队,是隶属于欧洲美国海军司令部的主要作战部队。任务海区包括地中海和黑海。主要任务是:实施海战,确保地中海和黑海范围内的制海、制空权;在地中海沿岸实施两栖登陆作战;重点防守和封锁海区的通道。第6舰队在行政上受大西洋舰队领导,作战上则受美驻欧洲海军司令部指挥。

美国海军共辖3个陆战远征部队,每个陆战远征部队一般都是由1个陆战师、1个陆战航空联队和1个勤务支持大队组成。陆战师为最高战术单位,有团、营、连、排编制。每师编有3个陆战团、1个炮兵团、5个独立营。陆战营为基本战术单位,能独立地或协同其他兵种进行作战活动。每营辖有5个连,每连3个排。由于战略环境的不同,太平洋陆战队所属兵力为两个陆战远征部队,而大西洋陆战队只有一个陆战远征部队。

美军战略核力量由美国战略司令部管辖,实力计在海、空军内。主要装备有:432枚潜射弹道导弹,配置于18艘战略导弹核潜艇中["俄亥俄"级的SSBN-734型核潜艇10艘,每艘携24枚"三叉戟"Ⅱ型(D-5)导弹;SSBN-726型核潜艇8艘,每艘携24枚"三叉戟"Ⅰ型(C-4)导弹];洲际弹道导弹共550枚,其中"民兵"Ⅲ型500枚、"和平卫士"50枚;战略轰炸机208架,其中B-1B型93架(只执行常规作战任务)、B-52H型94架、B-2A型21架。

美国是世界上最早拥有航空母舰的国家之一,也是当前世界上拥有航空母舰数量最多、航空母舰吨位最大、现代化程度最高的国家。航空母舰是美国海军作战力量的核心,是美国推行全球战略的主要工具。美军航空母舰至今已发展了四代。目前在役的航空母舰只有"尼米兹"级10艘。下一代更先进的"福特"级航母正在研制生产中,下步将逐步装备美国海军。

三、俄罗斯国防体制

根据《俄罗斯联邦宪法》《国防法》及有关法律,俄罗斯联邦总统、俄罗斯安全会议、俄罗斯联邦议会和俄罗斯联邦政府对保障国家安全、国防能力状况以及俄罗斯武装力量和其他军队的战斗准备程度、动员准备程度和战斗力负全责。在组织结构上,俄罗斯武装力量划分为战略火箭军、陆军、空军和海军4个军种,没有编入武装力量的其他军队有边防军、内卫部队、俄联邦安全部队、政府通信部队、联邦保卫总局、俄罗斯联邦铁道兵、民防部队、国家消防局等。

俄罗斯联邦武装力量的领导与指挥体制是:俄罗斯联邦总统兼任俄联邦武装力量最高统帅,对联邦武装力量和其他军队实施全面领导。通过国防部长和总参谋长对武装力量和其他军队实施全面领导,并通过国防部长和总参谋长对武装力量实施作战指挥。国防部长通过国防部对联邦武装力量实施直接领导,俄联邦武装力量总参谋部对武装力量进行作战指挥,对武装力量各军种的指挥通过各军种总司令部进行。

俄联邦议会在国防和军事方面的权力包括:① 确定军事政策,通过俄联邦军事学说的基本原则;② 批准国防预算;③ 确定军衔;④ 批准并监督国防立法;⑤ 同意对俄联邦国防部长、副部长,俄联邦武装力量总参谋长及其副职,俄联邦武装力量诸军种、地区和职能司令的任命;⑥ 决定是否实行战争状态等。

俄罗斯安全会议是负责国家安全(包括军事安全和内外综合安全)的国家最高权力机构。成员包括总统、议会代表、政府代表、高级指挥官、学者和经济专家。主要任务是制定国家军事、经济和生态安全政策、研究军事指挥机关的结构、挑选国防部领导人员等。

俄罗斯武装力量的管理与指挥一直沿用帝俄时期创立的当时很先进的军区体制,这种旧有形式的军区和指挥体制随着时代的进步,逐渐成为了长期阻碍俄罗斯武装力量发展的绊脚石。特别是2008年俄军在格俄战争中暴露出的种种问题,让俄军政高层坚定决心,重新审视军队改革和新的局部战争条件体系下的诸兵种联合作战需求。考虑到遭受北约大规模入侵的可能性极小,俄罗斯当下面临的主要威胁是边境地区的军事冲突,以及由此引发的局部战争。因此将一支应对大规模核战争的庞大战时动员部队,改编成足以应对边境地区军事冲突和局部战争的新型联合作战常备部队,变成了亟待解决的首要问题。

2008年10月~2011年12月,俄军在保留陆、海、空三军和战略火箭兵、航天兵、空降兵三大兵种体制和指挥机构的同时,进行了大刀阔斧的改革,建立了新的作战指挥、部队编制、战争动员、军事训练、物资技术保障体制,以及义务兵役制与合同兵役制相结合的复合兵役制度、新的空天防御体系等。2015年8月1日,在原空军、空天防御部队和军事航天部队的基础上,俄组建了空天军,实现了对航空兵部队、空天防御部队和航天部队的统一指挥,最终实现了作战力量建设的空天一体化,以及空天作战手段应用上的信息火力一体化。

俄罗斯联邦武装力量现由陆军、空天军、海军三大军种,战略导弹部队、空降兵部队两大兵种及独立的后勤部队组成,截至2016年,俄军总员额约为85万人。俄罗斯原先的六大军区削减调整为4个:① 莫斯科军区与列宁格勒军区合并为西方军区,北方舰队和波罗的海舰队列入其编成,组成西方联合战略司令部;② 北高加索军区和黑海舰队合并为南方军区,成立南方联合战略司令部;③ 伏尔加河沿岸—乌拉尔军区与西伯利亚军区西部合并为中央军区,成立中央联合战略司令部;④ 远东军区与西伯利亚军区东部和太平洋舰队合并为东方军区,构成东方联合战略司令部。新成立的4大军区总部将分别设在圣彼得堡、顿河畔罗斯托夫、叶卡捷琳堡和哈巴罗夫斯克。

调整完成后,实现了军令与军政分离,军区承担联合战略司令部角色,俄军三军联训联战真正从组织上得以实现。四大军区在作战指挥关系上获得了总参的战区联合作战指挥权,作为联合战略司令部统一指挥辖区内陆、海、空三军部队。各军种司令部被剥离作战指挥链,专司本军种的发展、装备更新和人员轮训,而部队作战指挥权则完全放心地交付军区。

改革后的俄军从根本上改变了部队原有的隶属关系、编制体制和装备组成。以俄陆军为例,原先的"军区—集团军—师—团"四级指挥层次被减到了三级,即"联合战略司令部—战役司令部—旅"。师级编制被撤销改为常备旅,可使陆军部队成功遂行平时和武装冲突过程中的各种任务,在战时则能够保证在最短时间内在某一个战略方向上建立起军队集群。

四、俄罗斯海军

俄海军兵力约为22万人,由潜艇部队、水面舰艇部队、海军航空兵、海军陆战队和海岸防御部队五个兵种组成。前三个兵种是主要兵种,后两个兵种是辅助性兵种。俄海军是一支能遂行远洋进攻性作战任务的全球性海军,编有北方舰队、波罗的海舰队、太平洋舰队、黑海舰队及1个里海独立舰队。拥有各型舰艇800余艘(含潜艇70余艘),各类飞机800余架(其中作战飞机近500架);海军陆战队2.5万人,编成1个陆战师;岸防部队5个旅。海军是俄军建设的一个重点军种,其兵力部署与苏联海军相比,最大的特点是进行了全面的战略收缩。俄海军舰队是战役战略军团,其使命是在一定的海洋战区单独地或协同其他舰队或其他军种的军团(兵团)完成战役和战略任务。俄罗斯海军目前已经不在地中海、印度洋和南中国海部署常驻兵力。根据俄罗斯的海洋地理特点和未来的作战设想,兵力部署重点突出北方舰队和太平洋舰队。俄罗斯海军把战略核潜艇、航空母舰、核动力巡洋舰等主要作战力量部署在北方舰队和太平洋舰队,相应地在波罗的海海区和黑海海区部署区域防御性的兵力。

俄罗斯海军的战略任务主要有:① 遏制从海上对俄罗斯及其盟友使用武力和以武力相威

胁,包括参与战略核遏制;② 发现、预告和防止从海上对俄罗斯及其盟友的军事威胁,并对这种威胁做出反应,防止发生武装冲突,并在早期制止其蔓延;③ 保卫国家的水下边境,协助俄罗斯边防局保卫国家边境、特殊经济区和大陆架;④ 保障海上交通和海洋开发,保证俄罗斯国家经济部门和其他经济部门在与俄罗斯毗邻的海域安全航行和安全生产;⑤ 保障国家海洋科研活动,为俄罗斯国家一级的和其他的经济机构进行海洋学研究、水文气象研究、地图绘制和勘探等活动提供保障。

俄罗斯海军兵力部署的特点是:① 采取"东西并重、突出西线"的原则,欧洲部分部署了北方、波罗的海、黑海3个舰队和1个直属区舰队,人员和舰艇兵力占海军兵力的70％以上,在亚洲部分部署了太平洋舰队;② 从各舰队情况看,俄海军部署重点是北方舰队和太平洋舰队,这两大舰队集中了俄海军全部的潜基战略核力量、攻击核潜艇以及包括航母、导弹巡洋舰在内的绝大部分大型水面战舰;③ 波罗的海舰队和黑海舰队则主要部署区域防御性的常规作战兵力。

北方舰队是俄海军的第一大舰队,人员约5万人,司令部驻北莫尔斯克,主要基地有北莫尔斯克、莫尔曼斯克、科拉湾、波利亚内尔等。北方舰队拥有俄海军66％的海基战略核力量、40％的大中型水面舰船、50％的攻击型潜艇。它的战略任务是:保持海基核力量的战略稳定性,实施核威慑;保卫巴伦支海及其俄西北部濒海地区的安全;前出至大西洋或其他远洋海区作战。

太平洋舰队是俄海军的第二大舰队,人员约5万人,司令部驻符拉迪沃斯托克(海参崴),主要基地有海参崴、彼得罗巴甫洛夫斯克、苏维埃港、斯特列洛克湾等。俄海军三分之一的核动力弹道导弹潜艇、大中型水面舰只和攻击潜艇部署在太平洋舰队。该舰队还拥有一支装备现代化的宇宙空间跟踪船队,担负宇宙空间发射和导弹试验的跟踪监测任务。它的主要战略任务是:保持所属海基核力量的战略稳定性,实施海上核威慑,保卫鄂霍次克海、日本海北部海区及俄远东濒海地区的安全,前出至西北太平洋作战。

"库兹涅佐夫"级航空母舰是苏联海军第三代航空母舰,是目前俄罗斯海军唯一的一艘重型航空母舰,也是世界上第一艘无需弹射而能起飞常规起降飞机的航空母舰。该舰于1991年1月服役,目前隶属于俄海军北方舰队。在设计思想上,"库兹涅佐夫"级更强调机舰协同,它不仅是飞机运载支援平台,而且也是一个作战平台,具有完备的武器系统,很强的攻防能力。它装备有任何国家航空母舰所不能比拟的强大的武器系统,使该舰不仅具备大型航空母舰的功能,而且拥有超级巡洋舰的战斗力。同时该级舰采取了利用滑橇式甲板(首部呈12度上翘)实现高性能飞机滑跃起飞的独特方式,开创了舰载机舰上起降的新途径。

"台风"级弹道导弹核潜艇是世界上排水量最大的潜艇,适于在北极冰下航行和发射导弹,苏联海军以此来和美海军"俄亥俄"级弹道导弹核潜艇相抗衡。首艇1982年服役,共建造了6艘。该级艇水上排水量18500吨,水下排水量26500吨,水下最大航速27节,人员编制150人;可携带20枚SS-N-20型弹道导弹,SS-N-15型或SS-N-16型潜对潜导弹,装有2枚"针"式防空导弹,4具650毫米、2具533毫米鱼雷发射管。其后继型号潜艇为"北风"级。"北风"级弹道导弹核潜艇在性能和作战能力等多方面超越前代战略潜艇,主要包括:① 水下噪声;② 艇艉航迹;③ 热力指标;④ 突破防潜网阵能力;⑤ 对抗水面舰艇和潜艇攻击能力。

例题分析

国防体制通常包括领导体制、作战指挥体制以及国防力量建设情况和兵力部署情况等,考查主要侧重于记忆,但对各种情况的综合比较也较常见。因此要注重理解、分析。美、俄海军对我国建设和国防等方面都产生着重大的影响。对两国海军情况的考查,主要侧重于对其作战原则、兵力部署、作战样式以及重要武器装备的熟悉了解程度。

【例题1】美国国防体制的特点是(　　)。
A. 文官无实权,作战指挥与行政领导分离
B. 文官无实权,作战指挥与行政领导统一
C. 文职控军,作战指挥与行政领导分离
D. 文职控军,作战指挥与行政领导统一

解析:此题答案为C。美国的国防体制有以下两个主要的特点:① 文职控制军队。美军自建军以来,其军队指挥体制一直坚持文官对军队的控制,它构成了美国军政关系的核心。保持文官对国防的领导和对军队的控制,是美国国防体制的一大特点。② 实行作战指挥与行政领导分离。总统是武装部队的最高统帅,国防部为最高领导机关。行政领导是由国防部通过陆、海、空三军军种部对全军实施行政管理,而作战指挥则是总统、国防部通过参谋长联席会议对各战区实施的。

【例题2】俄联邦议会在国防和军事方面的权力有(　　)。
Ⅰ. 确定军事政策,通过俄联邦军事学说的基本原则;批准国防预算;确定军衔
Ⅱ. 批准并监督国防立法
Ⅲ. 同意对俄联邦国防部长、副部长,俄联邦武装力量总参谋长及其副职,俄联邦武装力量诸军种、地区和职能司令的任命
Ⅳ. 决定是否实行战争状态等
A. Ⅱ、Ⅲ　　　　　　　　　　B. Ⅰ、Ⅱ、Ⅲ
C. Ⅲ、Ⅳ　　　　　　　　　　D. Ⅰ、Ⅱ、Ⅲ、Ⅳ

解析:此题答案为D。俄联邦议会在国防和军事方面的权力包括:① 确定军事政策,通过俄联邦军事学说的基本原则;② 批准国防预算;③ 确定军衔;④ 批准并监督国防立法;⑤ 同意对俄联邦国防部长、副部长,俄联邦武装力量总参谋长及其副职,俄联邦武装力量诸军种、地区和职能司令的任命;⑥ 决定是否实行战争状态等。

【例题3】美国海军现行的战略是(　　)。
A. 重返亚太　　　　　　　　B. "前沿存在……由海到陆"
C. "21世纪海上力量合作战略"　　D. "空海一体战"

解析:此题答案为C。为适应"冷战后"世界新形势,在美国新军事战略的指导下,美国海军制定了"……由海到陆"和"前沿存在……由海到陆"战略,将过去主要应付世界大战转向应付地区性冲突。21世纪初,美国海军开始了具有历史性质的转变,朝适度压缩海军规模,调整兵力结构,大力提高战斗力和装备质量的方向发展,提出"21世纪海上力量合作战略"。

【例题4】世界上排水量最大的潜艇是(　　)战略核潜艇。
A. "台风"级　　B. "海狼"级　　C. "北风"级　　D. "弗吉尼亚"级

解析:此题答案为A。俄罗斯海军的"台风"级弹道导弹核潜艇是世界上排水量最大的潜艇,该级艇水上排水量18500吨,水下排水量26500吨。

第六章 中国人民解放军军史与战史

中国人民解放军从1927年南昌起义诞生至今,已经走过了91年的光辉历程。建军以来,人民解放军从小到大、从弱到强,建立了不朽的功勋。在人民军队成长、发展的各个历史时期,经历了一系列重大事件。

一、土地革命战争时期

土地革命战争(1927年8月至1937年7月),亦称第二次国内革命战争或十年内战。1927年,国民党蒋介石和汪精卫集团背叛革命,大革命遭到失败。共产党于1927年8月1日举行南昌起义。8月7日中共中央召开紧急会议,确定土地革命和武装起义的方针。随后,领导秋收起义、广州起义和其他起义。同年10月,毛泽东率领湘赣边界秋收起义部队到达井冈山,创立第一个农村革命根据地。1928年4月,朱德、陈毅率部到井冈山与毛泽东领导的部队会合。1930年11月至1931年9月,第一方面军粉碎国民党军对中央苏区的第一、第二、第三、第四次"围剿"。第五次反"围剿"中,在以王明为代表的"左"倾错误战略指导下,反"围剿"遭到失败。1934年10月,中央红军主力第一方面军被迫进行长征。1935年1月,中央红军到达贵州遵义,中共中央召开政治局扩大会议,结束王明"左"倾冒险主义在党内的统治,确立以毛泽东为代表的新的中央的正确领导。1935年10月和1936年10月,红军先后到达陕北,胜利完成长征。1935年,中共中央发表《八一宣言》,1936年12月发生西安事变。1937年7月卢沟桥事变后,全国抗日民族统一战线形成,中共中央决定将第一、第二、第四方面军和南方八省红军、游击队分别改编为八路军和新四军,参加抗日战争。

1. 八一南昌起义

1927年蒋介石、汪精卫叛变革命,中国大革命失败。为了挽救革命,中共中央决定,集合党掌握的武装举行起义,南下广东,建立根据地。7月27日,由周恩来、李立三、恽代英、彭湃组成中共前敌委员会,周恩来任书记,领导南昌起义。8月1日,周恩来、贺龙、叶挺、朱德、刘伯承等领导国民革命军2万余人,在江西南昌举行起义,歼守军3000余人,缴枪5000余支。南昌起义打响了武装反抗国民党反动派的第一枪,是共产党独立领导武装斗争的开始。

2. 八七会议

1927年8月7日,中国共产党中央委员会在湖北汉口召开紧急会议。会议由瞿秋白主持。参加会议的有中央委员和候补中央委员等20余人。毛泽东在发言中提出了"以后要非常注意军事,须知政权是由枪杆子中取得的"著名论断。会议通过了《中共"八七会议"告全党党员书》等决议案,产生了中共中央政治局,由瞿秋白负领导责任。会议纠正了中共中央过去的错误,确定了实行土地革命和武装起义的总方针。从此,中国革命进入了中国共产党创建人民军队,独立领导革命战争的新时期。

3. 湘赣边界秋收起义

1927年蒋介石、汪精卫集团背叛了孙中山的革命政策,中国大革命失败。共产党于8月7

日在汉口召开紧急会议,确定土地革命和武装起义的方针,并决定发动秋收起义。1927年9月9日,毛泽东亲自发动,领导湖南东部、江西西部一带工农和部分北伐军举行武装起义。起义后成立了工农革命军第一军第一师。10月,部队到达江西井冈山地区,创立了农村革命根据地。

4. 广州起义

1927年12月上旬,广东省委成立了起义军总指挥部和总参谋部,叶挺任总指挥,叶剑英任副总指挥,徐光英任参谋长。12月11日晨,在张太雷、叶挺、叶剑英等领导下,共产党掌握的国民革命军第四军教导团和警卫团大部及工人赤卫队共5000余人起义。同时,广州市郊农民约2万人起义,一部进入市区配合起义军作战。起义军歼国民党守军大部,缴获炮20余门、枪1000余支。起义军因未主动撤离广州,遭国民党军及帝国主义势力进攻而失败。

5. 井冈山革命根据地的创建

1927年10月,毛泽东率领湘赣边界秋收起义的工农革命军,到达井冈山地区,开展游击战争,进行土地革命,建立革命政权和地方武装,并将经过教育与改造的袁文才、王佐两支农民自卫军编入工农革命军。至1928年2月底,拥有宁冈全县,遂川西北部,永新、酃县(今炎陵)、茶陵等县部分地区的井冈山根据地初步形成。井冈山革命根据地的建立,是中国革命建立农村根据地,以农村包围城市,最后夺取全国胜利的道路的开端。

6. 古田会议

1929年12月28日至29日,中国工农红军第四军在福建上杭古田镇召开共产党的第九次代表大会。毛泽东在会上作政治报告,朱德作军事报告,陈毅传达中共中央的指示。会议通过了毛泽东起草的8个决议,总称《中国共产党红军第四军第九次代表大会决议案》。大会选出毛泽东、朱德、陈毅等11人为中共第四军前委委员,毛泽东重新当选为前委书记。会议总结了南昌起义以来红军的建军经验,批判了各种错误思想,坚持以无产阶级思想建设军队。这是红军发展史上一次重要会议,其决议是中国共产党和红军建设的纲领性文献。

7. 中央苏区第五次反"围剿"

1933年秋,蒋介石调集50万人的兵力,采取持久战和堡垒主义的新战略,对中央苏区进行大规模"围剿",企图摧毁苏区,消灭红军。这时,王明"左"倾冒险主义已取得完全的统治,全盘否定毛泽东的战略战术。反"围剿"开始时,他们实行军事冒险主义,企图御敌于苏区之外,令红军进攻白区国民党军之坚固阵地,屡战不胜,丧失主动权。继而实行防御中的保守主义,企图以"短促突击"顶住国民党军的进攻。这样,红军虽然在苏区人民的全力支援下,苦战一年,但终未能打破"围剿"。红军主力于1934年10月被迫退出中央苏区,进行长征。

8. 长征

由于王明"左"倾冒险主义的错误领导,中央红军未能打破国民党军第五次"围剿",被迫退出苏区,进行长征。除陕甘苏区红军外,其他主要苏区的红军,也退出原来的苏区进行长征。中央红军主力1934年10月离开中央苏区开始长征。1935年1月,攻占遵义城。遵义会议后,中央红军在以毛泽东为代表的中共中央、中央军委指挥下,转战川黔滇地区,四渡赤水河,歼灭大量国民党军,随后南渡乌江,直通贵阳,进军云南,抢渡金沙江,摆脱数十万国民党军的围追堵截,取得具有决定性意义的胜利。7月初,第二、第四方面军共同北上,10月到达甘肃会宁、静宁地区,同第一方面军会师。至此,红军长征胜利结束,中国革命进而出现一个新局面。

9. 遵义会议

中国共产党中央委员会于1935年1月15日至17日在贵州遵义召开的政治局扩大会议。

出席会议的有政治局委员和候补委员毛泽东、张闻天、周恩来、朱德等。会议着重批评了第五次反"围剿"和长征以来博古、李德在军事指挥上的错误,肯定了毛泽东正确的军事原则。会议决定改组中共中央领导机构,补选毛泽东为政治局常委,参加中央领导工作,取消三人团和博古、李德的最高军事指挥权。会后,成立由毛泽东、周恩来、王稼祥组成的三人组全权指挥军事。遵义会议结束了王明"左"倾冒险主义在中共中央的统治,确立了毛泽东在全党和红军的领导地位,使中国共产党重新走上马克思主义的轨道,从而在最危急的关头,挽救了红军,挽救了党,是中国共产党历史上生死攸关的转折点。

10. 南方八省红军坚持艰苦的三年游击战争

红军主力长征后,留下的部队于1934—1937年坚持在赣、闽、湘、鄂、豫、浙、皖、粤等八省进行武装斗争。红军和游击队在与中共中央失掉联系、被分割包围的形势下,地区日益缩小,损失严重。保存下来的部队在赣粤边、闽赣边、闽西、闽粤边、皖浙赣边、浙南、闽北、闽东、闽中、湘鄂赣边、湘赣边、湘南、鄂豫皖边、鄂豫边和广东琼崖15个地区,紧密依靠群众,进行艰苦卓绝的斗争。西安事变后,蒋介石以大批军队"清剿"红军游击队,游击战争更为艰苦。1937年抗日战争全面爆发后,南方八省的红军和游击队,于同年10月改编为新四军。

11. 红军三大主力会师

红军长征途中,由于张国焘对革命前途悲观失望,拒不执行中共中央北上的方针,率部向西康边界地区退却,给党和红军造成严重损失。在中共中央的耐心批评教育下,在朱德、任弼时、贺龙、关向应、刘伯承等坚决斗争和第四方面军广大指战员的要求下,张国焘被迫放弃反对党中央的活动,表示愿率部与第二方面军共同北上。1936年10月,在第一方面军接应下,第二、第四方面军同第一方面军,在甘肃静宁和会宁地区胜利会师,结束了具有伟大历史意义的长征。

12. 西安事变的和平解决

1936年12月12日,张学良、杨虎城发动西安事变,以兵谏方式逼蒋介石抗日。同日,中央军委三局直属电台收到张学良致中共中央电:"吾等为中华民族及抗日前途利益计,不顾一切,今已将蒋等扣留,迫其释放爱国分子,改组联合政府。"并征询意见。12月13日,毛泽东、周恩来发出复电:"只有将全部行动基础置于民众之上,西安事变才能胜利。"应张、杨要求,12月17日中共中央派周恩来率代表团去西安调解谈判,西安事变才得以和平解决。

13. 毛泽东撰写《中国革命战争的战略问题》

《中国革命战争的战略问题》是毛泽东根据土地革命战争的经验教训所撰写,并于1936年12月以此在陕北红军大学作讲演。在这部著作中,毛泽东论述了无产阶级的战争观和方法论,着重研究了中国革命战争所具有的(经过第一次大革命政治经济不平衡的半殖民地大国,强大的敌人,弱小的红军,土地革命等)4个特点,以及这些特点所规定的中国红军可能发展和可能战胜其敌人,同时又不可能很快发展和不可能很快战胜其敌人,即战争是持久的根本规律。这部军事著作是把马列主义同中国革命战争具体实践相结合的杰出典范。

二、抗日战争时期

1937年7月7日,日军制造"卢沟桥事变",发动全面侵华战争。中国守军第二十九军奋起抵抗,拉开了全国性抗日战争的序幕。1937年8月,中共中央在陕西洛川召开政治局扩大会议,通过《中央关于目前形势与党的任务的决定》和《抗日救国十大纲领》;确定实行全面的全民族的抗战路线和持久战的战略总方针;8月25日,中国共产党领导的红军主力改编为国民革命军第八路军;10月12日,南方八省的红军和游击队改编为新编第四军。八路军和新四军陆续开赴华北和华中敌后,开展独立自主的游击战争,创建敌后抗日根据地。进行百团大战、卫南、林南等战役,并打退了国民党顽固派掀起的3次反共高潮,为抗日战争转入反攻准备了条件。1945年8月6日和9日,美国在日本投下原子弹;8月15日,日本被迫宣布投降,中国抗日战争(1937年7月至1945年9月)胜利结束。

1. 卢沟桥事变

1937年6月,日本驻屯军频繁进行军事演习,剑拔弩张。7月7日夜,日军驻北平丰台的中国驻屯军河边旅团第一联队第三大队第八中队,在北平西南通往河北南部的咽喉要地卢沟桥附近进行军事演习,诡称一名士兵失踪,要求进入中国守军驻地宛平城(今北京丰台区卢沟桥镇)搜索,遭拒绝后,即炮轰宛平城,向中国守军发起进攻,制造了"卢沟桥事变"。当地中国守军第二十九军第三十七师奋起还击。从此,日本开始进行全面侵略中国的战争,中国开始全国性的抗日战争。

2. 红军改编为八路军和新四军

1937年7月全国抗日战争爆发后,中国共产党根据同国民党达成的协议,8月25日,将中国工农红军第一、第二、第四方面军和陕北红军,改编为国民革命军第八路军(简称八路军),朱德任总指挥、彭德怀任副总指挥(9月11日起,改称第十八集团军,朱德任总司令、彭德怀任副总司令),叶剑英任参谋长,左权任副参谋长,任弼时任政治部主任,邓小平任副主任。下辖第一一五、第一二〇、第一二九师和特务团、后方留守处(后改称留守兵团),共4.6万人。1937年7月,根据中共中央向国民党当局的建议,国民政府军事委员会于10月12日宣布,将中共领导的南方8省(江西、福建、浙江、安徽、河南、湖北、湖南、广东)境内的中国工农红军和游击队,改编为国民革命军新编第四军(简称新四军)。叶挺任军长,项英任副军长。下辖第一、第二、第三、第四等4个支队和特务营,共1.03万人。

3. 八路军平型关大捷

1937年9月中旬,日军第五师团沿平绥(今京包)铁路东段向西进攻,占领晋冀边界浑源、灵丘、涞源一线后,继续向平型关进犯,企图与大同南进的察哈尔派遣兵团一道,在突破国民党军内长城防线以后,南下夺取太原。为了配合国民党军防御作战,八路军第一一五师师长林彪、副师长聂荣臻决心利用平型关东北关沟至东河南镇居高临下的有利地形,伏击向平型关进犯的日军。9月25日7时许,日军第五师团一部和大批辎重车辆进入伏击地域。第一一五师预伏部队突然开火,予日军以大量杀伤。13时左右战斗结束。此战,共歼灭日军1000余人。八路军首战告捷,沉重打击了日军的气焰,鼓舞了全国军民抗战胜利的信心。

4. 《论持久战》

《论持久战》是1938年5月26日至6月3日,毛泽东在陕西延安抗日战争研究会上的讲演稿。毛泽东全面考察和分析了中日双方的4个基本特点,即日本是一个帝国主义强国,但它的战争是退步的、野蛮的,人力、物力不足,失道寡助;中国是个弱国,但进行的战争是进步的、正义的,又是个大国,得道多助。因而决定了战争的持久性和最后胜利属于中国。驳斥了"亡国论""速胜论",并科学地预测持久的抗日战争将经历战略防御、战略相持、战略反攻三个阶段。《论持久战》的发表,为夺取抗日战争的胜利指明了正确方向和具体道路。

5. 晋察冀边区抗日根据地的创建

1937年9月25日,八路军第一一五师在晋东北取得平型关大捷后,师主力南下晋西南,该师副师长聂荣臻(10月改任师政治委员)率部3000人留在五台山地区创建抗日根据地。11月7日成立晋察冀军区,聂荣臻任司令员兼政治委员,辖4个军分区兼4个支队。

6. 中国人民抗日军事政治大学

抗日军事政治大学简称"抗大"。1936年6月1日,创办于陕北的"中国工农红军学校"改称"中国人民抗日红军大学",简称"红大"。1937年1月,改称"中国人民抗日军事政治大学",毛泽东兼任抗大教育委员会主席和政治委员,林彪任校长。抗大在8年间,连续办了8期,培养了十余万名军政干部。抗大的办校方针和校风,成为中国人民解放军院校建设和部队建设的优良传统之一。

7. 百团大战

百团大战是1940年抗日战争时期,八路军在华北地区发动的大规模进攻战役。为打击日伪军分割封锁抗日根据地的"囚笼政策",争取华北战局更有利的发展,并影响全国的抗战形势,克服国民党内存在的投降危险,八路军总部决心向华北日军占领的交通线和附近据点,发动一次大规模进攻战役。由于参战兵力达105个团,史称"百团大战"。百团大战历时3个半月,共作战1824次,毙伤日军20645人、伪军5155人,俘日军281人、伪军18407人,日军投降47人,伪军反正1845人;破坏铁路470余千米、公路1500余千米,破坏桥梁、车站、隧道260多处,拔除据点2900多个;缴获各种炮53门、各种枪5800多支(挺)。

8. 皖南事变

1941年1月4日,新四军军部和所属皖南部队共9000余人,从安徽泾县云岭地区出发北移,7日拂晓,即遭国民党顽军主力部队的拦击,一场预谋已久的血腥屠杀自此爆发。新四军皖南部队被迫奋起自卫。至14日,终因寡不敌众,弹尽粮绝,阵地全部失守。至此,全部9000余人,除前后约2000人分散突出重围外,一部被打散,大部壮烈牺牲或被俘。叶挺在下山与国民党顽军谈判时被扣留,政治部主任袁国平在突围中牺牲,副军长项英、副参谋长周子昆突围后遭叛徒杀害。17日,国民党政府军事委员会发布命令,反诬新四军为"叛军",宣布取消番号,声称将叶挺军长"交军法审判"。这就是国民党顽固派制造的震惊中外的皖南事变。

9. 全军大练兵运动

为适应战略大反攻、夺取抗日战争最后胜利的需要,中国共产党中央委员会于1944年7月1日发出《关于整训军队的指示》。各部队按部署,陆续开始军事政治大整训,在完成政治整训的基础上,迅速转入军事大练兵运动。这次大练兵,学习陕甘宁晋绥联防军的经验,打破教条主义和形式主义的束缚,出现了很多新特点。在练兵内容上,技术训练主要以射击、投弹、刺杀三大技术为主,战术训练突出了单兵动作、战斗勤务和近战、夜战、村落战、攻坚战等内容。在练兵方法上,实行互助组或按水平组施训,便于互帮互学,提高了训练实效。

三、解放战争时期

解放战争(1945年9月至1949年9月),亦称第三次国内革命战争。1945年抗日战争胜利后,国共两党就和平建国等问题举行谈判,并签订了《国共双方代表会谈纪要》和《关于停止军事冲突的协定》。在此期间,国民党军公然撕毁停战协定和政协决议,于1946年6月26日,开始向解放区发动全面进攻。战争第一年,解放军共歼灭国民党军112万人。1947年6月底,解放军由战略防御转入战略进攻,以主力一部挺进中原,将战争引向国民党统治区。战争第二年,解放军歼灭国民党军152万人,为与国民党军进行战略决战创造了有利条件。1948年9月至

1949年1月,解放军连续进行了辽沈、淮海、平津三大战役,基本上歼灭了国民党军主力,解放了长江中、下游以北地区。1949年4月20日,解放军遵照中央军委主席毛泽东和解放军总司令朱德《向全国进军的命令》,以百万大军横渡长江,23日解放南京,宣告了国民党反动统治的覆灭,取得了解放战争的伟大胜利。

1. 上党战役

1945年8月下旬,国民党军第二战区司令长官阎锡山令第十九军军长率部1.7万余人,自临汾、浮山、翼城侵入晋冀鲁豫解放区长治地区。晋冀鲁豫军区司令员刘伯承、政治委员邓小平指挥太行、太岳、冀南军区3个纵队及地方武装一部,共3.1万余人,于9月10日发起上党战役。此役,共歼国民党军3.5万余人,击毙彭毓斌,俘史泽波和5个师长。

2. 中原突围

1946年6月下旬,蒋介石破坏国共双方于1月签订的停战协定,调集11个整编师30万人,将中原军区第一、第二纵队等部共5万余人包围在湖北礼山宣化店地区。中原军区司令员李先念、政治委员郑位三遵照中共中央的指示,决定在国民党军总攻前夕分路突围。主力于6月29日和7月1日分北南两路从信阳以南之柳林、孝感以北之王家店附近,越过平汉铁路(今京广铁路北段)西进,沿途粉碎了国民党军的围追堵截。中原部队胜利突围,保存了力量,牵制了国民党军30余个旅,从战略上配合了其他解放区的作战。此役,共歼国民党军5000余人。

3. 全国解放战争开始

1945年抗日战争胜利后,国共两党就和平建国等问题举行谈判,并签订了《国共双方代表会谈纪要》和《关于停止军事冲突的协定》。在此期间,国民党军并没有停止对解放区的进攻,在其完成各项军事部署后,公然撕毁停战协定和政协决议,于1946年6月26日,开始向解放区发动全面进攻。中共中央和毛泽东制定以歼灭国民党军有生力量为主而不是以保守地方为主的积极防御的战略方针,指挥解放区军民奋起还击。

4. 华中野战军苏中七战七捷

1946年7月,国民党军调集9个整编师共15个旅约12万人,由南通至泰州一线向苏中解放区大举进攻。华中野战军司令员粟裕、政治委员谭震林指挥第一、第六师和第七、第十纵队等部共19个团3万余人,发起苏中战役。至8月26日结束,共历七战,故亦称七战七捷。此役,历时一个半月,共歼国民党军5万余人。

5. 中央军委发出《集中优势兵力,各个歼灭敌人》指示

1946年9月16日,毛泽东为中央军委起草《集中优势兵力,各个歼灭敌人》的指示。其中指出:采取集中优势兵力各个歼灭敌人的战法,其效果一能全歼、二能速决,是战胜国民党军进攻的主要方法。指示强调这种战法不但必须应用于战役的部署方面,而且必须应用于战术的部署方面。

6. 孟良崮战役

1947年5月上旬,国民党军3个兵团分三路向鲁中解放区进攻。其整编第七十四师骄横冒进,13日,前出至蒙阴东北坦埠附近。华东野战军司令员兼政治委员陈毅抓住战机,当机立断,以第一、第四、第六、第八、第九纵队分别对整编第七十四师发起猛烈攻击。15日拂晓,将其分割包围于孟良崮山区。战至16日17时,全歼国民党军五大主力之一的整编第七十四师,击毙其师长张灵甫。此役,共歼国民党军3.2万余人,有力地配合了陕北和其他战场的攻势作战。

7. 刘邓大军千里跃进大别山

1947年6月10日，中央军委决定以刘伯承、邓小平率领的晋冀鲁豫野战军第一、第二、第三、第六纵队组成南征野战军（亦称刘邓野战军），执行挺进中原创建大别山根据地的战略任务。8月7日，南征野战军分三路挥师南下，千里跃进大别山。至27日，胜利到达大别山区。随即进行张家店、高山铺等战役，一举粉碎了国民党军对大别山的围攻，创建了巩固的根据地。

8.《中国人民解放军宣言》发表

1947年10月10日，中国人民解放军总部发布的由毛泽东起草，朱德、彭德怀署名的政治宣言。《宣言》在回顾了国民党的内战政策，揭露了国民党统治者对内镇压人民、对外卖国的种种罪行后，提出了"打倒蒋介石，解放全中国"的口号。

9. 全军进行新式整军运动

1947年冬至1948年春，中国人民解放军结合整党和土地改革，在全军采取诉苦、三查（查阶级、查工作、查斗志）的方法而开展的一次有领导、有秩序的民主整军运动。这次运动的中心内容是进行阶级教育，基本方法是发动和依靠广大官兵自己教育自己。

10. 石家庄战役

1947年10月下旬，清风店战役后，石家庄仅有国民党军第三十二师及保安团队一部守备。晋察冀军区司令员兼政治委员聂荣臻遵照中央军委的指示，决心集中第二、第三、第四纵队及6个独立旅发起石家庄战役。11月6日，攻城部队向石家庄发起进攻。至12日11时，攻克该城，全歼守军。此役，共歼国民党军2.8万余人。石家庄战役是中国人民解放军由运动战向阵地战转变的转折点。

11. 华东野战军攻克济南城

1948年9月，国民党军被迫采取重点防御后，以第二绥靖区部队11万人守备战略要地济南，并准备以徐州地区主力17万人随时北援。华东野战军代理司令员、代理政治委员粟裕，遵照中央军委的指示，采取攻城打援的部署，发起济南战役。9月16日，攻城兵团分别由东、西两面向济南发起攻击。至24日全歼守军，俘第二绥靖区司令官王耀武。至此，山东全境基本上解放。

12. 辽沈战役

解放战争进入第三年度时，战略决战的时机已经成熟，东北战场形势尤为有利。国民党军在东北地区的4个兵团14个军44个师及地方保安团队，共约55万人，分别收缩在长春、沈阳、锦州3个孤立场区。东北野战军司令员林彪、政治委员罗荣桓，根据中央军委制定的主力南下北宁（今京沈）线，攻克锦州，封闭蒋军于东北加以各个歼灭的作战方针，集中12个步兵纵队、1个炮兵纵队、17个独立师共53个师，70余万人，另有二线兵团和地方武装30万人，在广大群众支援下，于1948年9月12日发起辽沈战役。此役，共歼国民党军47万余人，解放东北全境。

13. 淮海战役

1948年9月，济南战役后，蒋介石将徐州"剿总"的4个兵团，4个绥靖区的部队和原华中"剿总"的1个兵团共29个军，70个师，约70万人调集于以徐州为中心的津浦铁路徐州至蚌埠段及其两侧地区，采取攻势防御。中央军委决定集中华东野战军16个纵队、中原野战军7个纵队和华东、中原军区及冀鲁豫军区部队，共60万人，进行淮海战役，并决定由刘伯承、陈毅、邓小平、粟裕、谭震林5人组成中共淮海战役总前委，邓小平为书记，统筹淮海前线一切事宜。战役于11月6日发起，共分三个阶段。战役至10日结束，历时65天，共歼灭国民党军55.5万人。

至此,基本上解放了长江以北的华东、中原地区,使国民党反动统治中心南京处在解放军的直接威胁之下。国民党反动统治集团从此陷入土崩瓦解的状态。

14. 平津战役

1948年11月初,辽沈战役结束后,国民党华北"剿匪"总司令傅作义所率部队60余万人,已成惊弓之鸟,陷入或守或逃举棋不定的状态。为了稳住平津地区守军,不使其逃跑,中共中央和毛泽东指示东北野战军提前入关,会同华北军区部队共100多万人,在林彪、罗荣桓、聂荣臻三人组成的总前委的统一指挥下,于11月29日发起平津战役。战役分三个阶段,到1月31日,北平宣告和平解放,平津战役结束。是役,共歼灭和改编国民党军52万余人,基本上解放了华北地区。

15. 百万雄师渡长江

辽沈、淮海、平津三大战役后,国民党一面玩弄和平阴谋,一面加强长江防线,企图取得喘息时间,重整军备,卷土重来。1949年4月20日,国民党政府最后拒绝在国内和平协定上签字,第二、第三野战军和第四野战军一部,共8个兵团部、26个军120万人,在刘伯承、邓小平、陈毅、粟裕、谭震林5人组成的中共渡江战役总前委的统一指挥下,于当日发起渡江战役。在西起江西九江、东至江苏江阴长达500余千米的战线上,分东、西、中3个突击集团强渡长江。迅速摧毁了国民党军的长江防线,23日解放了国民党政府所在地南京。至6月2日,第三野战军一部占领崇明岛,渡江战役结束。此役,歼灭国民党军11个军部、46个师约43万人,占领了国民党的统治中心南京和上海、武汉等城市及苏南、皖南、浙江全省和江西、湖北、福建3省部分地区。

四、社会主义革命和建设时期

社会主义革命和建设时期(1949年10月至1956年9月)是指从新中国建立到社会主义制度基本建立的这段过渡时期。

1. 中华人民共和国成立,人民解放军接受检阅

1949年10月1日,在首都北京举行。中国人民解放军总司令朱德任阅兵司令员,代理总参谋长、华北军区兼平津卫戍区司令员聂荣臻任阅兵总指挥。阅兵历时2个半小时,向全世界展示了新中国武装力量的强大阵容。

2. 解放舟山群岛

1949年夏,浙江大陆解放后,国民党军第七十五、第八十七军及杂牌部队共6万人,退守舟山群岛。为迅速解放该岛,第三野战军第七兵团第二十二军和第二十一军一部,于8月18日发起渡海登陆作战。至11月6日,先后攻占金塘岛、梅山岛、六横岛、桃花岛等30多个外围岛屿,夺取了进攻舟山主岛的前进基地。在经过5个月的战备整训,战斗即将发起时,国民党军鉴于防守舟山群岛已无望,于1950年5月13日至16日秘密撤逃台湾。第三野战军即向舟山群岛各岛实施全面进军,至19日,全部解放舟山群岛。此役,共歼国民党军8000余人。

3. 向新疆进军

1949年9月,陕西、甘肃、宁夏、青海4省解放后,国民党军新疆警备总司令陶峙岳部整编第四十二、第七十八师,骑兵第一师及骑兵第九旅等部共7万余人,在全国胜利形势影响下,接受中国共产党提出的八项和平条件,于25日通电起义,新疆宣告和平解放。

4. 进军西藏

1950年2月至1951年12月,中国人民解放军第二野战军一部,在西北军区部队配合下,遵照中共中央关于"在军事进攻的同时,争取和平解放西藏"的方针,第二野战军令第十八军和第十四军一部,在西北骑兵部队配合下执行进藏任务。1951年5月23日,西藏地方政府代表团与中央人民政府代表团在北京达成《关于和平解放西藏办法的协议》。根据协议规定,进藏部队于8、9月间出发,向西藏进军。进藏部队战胜艰难险阻,于10至11月先后抵达拉萨、日喀则、江孜、察隅、阿里、改则等地区。12月20日,中央人民政府代表张经武一行及西藏地方代表团同进藏部队一起在拉萨举行大会,西藏和平解放。

5. 海南岛战役

1950年3月,广东大陆基本解放后,国民党军海南防卫总司令薛岳指挥5个军共10万余人,据守海南岛。为解放该岛,第四野战军第十五兵团第四十、第四十三军等10万余人组成渡海登陆兵团,采取积极偷渡、分批小渡与最后登陆相结合的作战方针,在琼崖纵队的接应配合下,发起海南岛战役,至5月1日占领海南岛全岛。此役,共歼灭国民党军3.3万余人。

6. 人民解放军各军种、兵种、公安部队成立

1949年11月11日,中央军委电告各军区、各野战军:中国人民解放军空军司令部现已成立,11月11日成为空军成立日。1949年4月23日,组建了一支海军部队——华东军区海军。1950年4月14日,以第12兵团机关和四野后勤二分部各一部为基础,中国人民解放军海军司令部正式成立,萧劲光任司令员。1950年8月1日,中国人民解放军炮兵司令部正式成立,陈锡联任司令员。1950年9月,组建中国人民解放军摩托装甲兵司令部,许光达任司令员,向仲华任政委。1950年11月,中国人民解放军公安部队司令部成立,罗瑞卿任司令员兼政委。

7. 抗美援朝

1950年6月25日,朝鲜内战爆发,美国为维护其在亚洲的霸权地位,立即出兵干涉,并向鸭绿江边挺进,严重威胁中国安全。10月初,中共中央和毛泽东主席根据朝鲜劳动党、政府请求和中国人民的意志,做出"抗美援朝、保家卫国"的决策。19日,中国人民志愿军在司令员兼政治委员彭德怀率领下,开赴朝鲜前线,与朝鲜人民军并肩作战。这次战争,志愿军共歼灭"联合国军"718477人,己方伤亡36万余人。抗美援朝战争的胜利,保卫了朝鲜民主主义人民共和国,捍卫了中华人民共和国的安全,为维护世界和平做出了贡献。

8. 中国人民解放军军事学院成立

1951年1月15日,中国人民解放军军事学院在原华北、华东军政大学的基础上成立,直属中央军委领导。院址在江苏南京,刘伯承任院长兼政治委员。建院初期,教学科研机构和学员培训管理机构分设11个教授会(后改称教研室)和4个系。

9. 解放一江山岛

一江山岛位于浙江台州湾外,两岛面积共1.2平方千米,是大陈岛国民党军的外围屏障,由其一江山地区司令部1100余人据守,经常对大陆沿海进行袭扰。为粉碎国民党军破坏袭扰,解放浙东沿海岛屿,打击美蒋共同防御条约的签订,华东军区奉命攻占一江山岛。1955年1月18日发起渡海登陆作战。此役,共毙国民党军519名,俘567名。一江山岛战役是人民解放军首次三军联合登陆作战,沉重打击了国民党军,改变了台湾海峡斗争形势,取得了三军联合作战的初步经验。

五、全面建设社会主义时期

全面建设社会主义时期(1956年9月至1966年5月),是指从社会主义制度基本建立到"文化大革命"开始前的全面建设时期。

1. 福建前线部队炮击金门

1958年7月至1961年12月,为惩罚国民党军对大陆的骚扰破坏活动,人民解放军福建前线部队36个地面炮兵营,还有6个海岸炮兵连,共459门火炮,于8月23日17时30分,对金门防卫部和炮兵阵地、雷达阵地及停泊在料罗湾的国民党军舰艇进行突然猛烈的射击。后又多次进行炮击。1979年1月1日,中美两国建交,美国政府与台湾国民党当局的《共同防御条约》即告终止,中国人民解放军福建前线炮兵部队停止了炮击。

2. 驻藏部队同西藏人民共同平息地方上层反动集团武装叛乱

原西藏地方上层反动集团,坚持分裂祖国,维护农奴制度的反动立场,撕毁关于和平解放西藏办法的协议,于1959年3月10日,公然发动以拉萨为中心的全区性武装叛乱。20日凌晨,叛乱武装向中央人民政府驻拉萨代表机构和西藏军区机关发起攻击。遵照中共中央、中央军委的指示,西藏军区部队于20日上午开始平息武装叛乱的作战。至1961年底,整个西藏地区的武装叛乱彻底平息。西藏平叛的胜利,彻底打击了西藏地方上层反动集团勾结外国势力分裂祖国的图谋,维护了国家统一和民族团结,为西藏民主改革开辟了道路。

3. 西藏、新疆边防部队取得中印边境自卫反击作战胜利

1962年10月至11月,中国人民解放军西藏、新疆边防部队,在中国、印度边境击退入侵印军的自卫反击作战。印度独立后,大量蚕食中国领土,建立侵略据点。中国政府曾多次提出通过谈判解决边界问题的建议。印度政府拒绝谈判,并集结重兵,自10月17日起向中国边防部队进攻。为了维护国家领土主权和民族尊严,中国政府被迫做出自卫反击的决定。20日,中国边防部队在东、西两线同时向入侵印军发起反击。11月21日,中国政府发表声明,宣布从22日零时起,中国边防部队在中印边界全线停火。中国边防部队主动停火后撤,作战遂告结束。此战历时一个月,全歼印军3个旅,俘3900余人,缴获大批武器物资,打击了印度扩张行径,巩固了中国西部边防,粉碎了帝国主义的图谋。

4. 毛泽东发出"向雷锋同志学习"的伟大号召

雷锋是中国人民解放军全心全意为人民服务的楷模,运输连班长,湖南望城人。1960年1月入伍,同年11月加入中国共产党。入伍前工作出色,多次被评为模范。入伍后,在平凡的岗位上做出不平凡的事迹,多次立功受奖,被评为标兵。1962年8月15日,不幸殉职。后毛泽东发出"向雷锋同志学习"的号召。

5. 中国第一颗原子弹爆炸成功

1964年10月16日15时,中国自行研制的第一颗原子弹爆炸成功。

6. 人民解放军援助越南人民进行抗美救国战争

1965年4月12日,鉴于美国在越南扩大侵略战争,威胁中国安全的严重局势,根据中越两国政府签订的协议,中国人民解放军于1965年6月至1973年8月,先后派出防空、工程、铁道、后勤等部队23个支队和海军扫雷工作队共32万余人,到越南北方担负防空作战、修建和维护铁路、公路、机场、通信设施、国防工程和沿海扫雷等任务。8年中,援越部队同越南人民一起,用鲜血和生命保卫了越南北方的领空,保证了运输线的畅通,并使越南人民军得以抽调大批部

队到南方作战。

六、"文化大革命"时期

"文化大革命"时期是指从1966年5月至1976年10月这一特殊历史时期。

1. 第二炮兵领导机构成立

中国人民解放军第二炮兵,组建于1966年7月,由近程、中程、远程和洲际导弹作战部队、工程部队、勤务保障部队以及院校、科研单位组成,直属中央军事委员会领导,是一支具有一定规模和实战能力的主要核威慑和战略核反击力量。

2. 人民解放军奉命执行"三支两军"任务

"三支两军"是人民解放军在"文化大革命"中,执行支左、支农、支工、军训、军管任务的简称,是人民解放军介入"文化大革命"的标志。"支左"是指"文化大革命"前期,部队支持地方被称为左派的一些组织;"支农""支工"是到地方贯彻党中央"抓革命、促生产"的规定,支援农业和工业生产;"军管"是部队对一些要害部门、单位、系统等实行军事管制;"军训"则是派军队对大中专院校进行军训。"三支两军"是在"文化大革命"使国家和人民陷入严重内乱的形势下开始的。

3. 中国边防部队进行珍宝岛自卫反击作战

1969年3月2日,苏联边防军70余人分乘4辆军车入侵珍宝岛,袭击中国边防部队巡逻人员,打死打伤6人。中国边防部队被迫自卫反击,经1个多小时激战,将其逐出珍宝岛。15日,苏联边防军3次向中国边防分队发起猛烈进攻,并开炮轰击中国境内纵深地区。中国边防部队英勇奋战近9个小时,挫败其进攻。17日,苏军出动步兵70余人,在坦克掩护下再次入侵珍宝岛。中国边防部队以炮火将其击退,作战遂告结束。珍宝岛自卫反击战保卫了祖国领土,维护了民族尊严。

4. 林彪反党集团反革命武装政变阴谋彻底破产

"文化大革命"中,林彪组织反革命集团,同江青反革命集团互相勾结,有预谋地诬陷迫害党和国家领导人,阴谋篡夺党和国家的最高权力。阴谋败露后仓皇外逃,在蒙古温都尔汗坠机身亡。1973年被中共中央开除党籍。1981年被最高人民法院特别法庭确认为反革命集团案首犯。

5. 海军南海舰队进行西沙自卫反击作战

1974年1月15日、17日和18日,南越当局不顾中国政府的严正警告,先后派出驱逐舰3艘、护航炮舰1艘侵入西沙海区,并输送士兵侵占金银岛和甘泉岛。1月19日,人民海军南海舰队所属部队与陆军、民兵密切协同,对南越军队的侵略行径予以坚决反击。击沉其护航炮舰1艘,击伤驱逐舰3艘,俘虏49人(战斗结束后不久即将其全部遣返),收复永乐群岛中被南越军队侵占的3个岛屿。

6. 人民军队进行全面整顿

1975年1月5日,中共中央根据毛泽东主席的提议,决定邓小平就任中共中央军委副主席兼中国人民解放军总参谋长,并在8日至10日的中共十届二中全会上被选为中共中央副主席、中央政治局常委。6月24日—7月15日,叶剑英与邓小平主持召开了中央军委扩大会议,邓小平在会上发表了《军队整顿的任务》的重要讲话,尖锐地指出:军队建设要解决"肿""散""骄""奢""惰"5个字,领导班子要解决"软""懒""散"的问题。

七、社会主义现代化建设新时期

社会主义现代化建设新时期(1976年10月至今),是指从"文化大革命"结束至今的现代化建设时期。

1. 对越自卫反击作战

1979年2月至3月,中国人民解放军边防部队在中越边境对挑衅和入侵的越南军队进行的自卫反击作战。越南当局在结束抗美战争实现国家统一后,背信弃义,把维护和平、主持正义的中国看成它推行地区霸权主义的主要障碍,极力恶化同中国的关系,不断在中国边境进行武装挑衅,蚕食中国领土。在忍无可忍的情况下,中国政府和中央军委做出自卫反击的决定。

2. 中国人民武装警察部队组建

1983年4月,中国人民武装警察部队在北京成立。根据中共中央、国务院、中央军委决定,中国人民武装警察部队由中国人民解放军担负内部执勤任务的部队同公安部门实行兵役制的武装警察、边防警察和消防警察统一组建而成,是中华人民共和国武装力量中担负国内安全保卫任务的武装组织。

3. 全军体制改革和精简整编

1985年5月23日至6月6日,中央军委召开扩大会议。会上,邓小平代表中国政府向全世界郑重宣布:中国军队裁减员额100万。7月11日,中共中央、国务院、中央军委批转《军队体制改革、精简整编方案》。体制改革和精简整编到1987年底基本完成:各级机关精简53.6%,对部分部队院校予以撤并,军事学院、政治学院、后勤学院合并为国防大学。原有的11个大军区合并为北京、沈阳、济南、南京、广州、成都、兰州7个大军区。

4. 中国人民解放军国防大学成立

国防大学是中华人民共和国最高军事学府,是中国人民解放军军官三级院校培训体制的最高层次。1985年12月24日,由军事学院、政治学院和后勤学院在北京合并组成。张震任校长,李德生任政治委员。

5. 中国人民解放军驻港部队进驻香港

1997年4月21日,中国人民解放军驻港部队首批先遣人员进入香港,为7月1日正式接管香港防务做好准备。6月30日,中华人民共和国中央军事委员会主席江泽民发布《中国人民解放军驻香港部队进驻香港特别行政区的命令》。当日晚上9时,中国人民解放军驻港部队先头部队通过落马洲口岸进入香港。7月1日零时,中华人民共和国国旗在香港添马舰营区升起。中国人民解放军驻港部队从此时起正式接管了香港的防务,履行祖国人民赋予的神圣使命。

6. 亚丁湾护航

2008年12月26日,我海军由"武汉"号、"海口"号导弹驱逐舰和"微山湖"号综合补给舰组成的首批护航舰艇编队从三亚启航,途经南中国海,过马六甲海峡,跨越印度洋,连续航行11昼夜,总航程4400余海里,于当地时间2009年1月6日凌晨1时安全抵达亚丁湾护航会合点。护航行动开始前,编队举行了简短的动员大会。编队指挥员杜景臣要求全体官兵牢记使命,鼓足干劲,坚决圆满完成此次护航任务。

截至2017年12月,我国已连续派遣27批舰艇兵力前往亚丁湾执行护航任务,共完成护航任务1106批次。

7. 国防与军队改革

党的十八届三中全会后,中央军委成立深化国防和军队改革领导小组和相关工作机构,经过深入调研论证,集中全军智慧,形成了深化国防和军队改革总体方案及相关实施方案。

2015年7月底,中央政治局常委会会议审议通过了深化国防和军队改革整体方案。11月24日,中央军委召开改革工作会议,国防和军队改革正式进入实施阶段。对领导管理体制和联合作战指挥体制进行一体设计,通过调整军委总部体制、实行军委多部门制,组建陆军领导机构、健全军兵种领导管理体制,重新调整划设战区、组建战区联合作战指挥机构,健全军委联合作战指挥机构等重大举措,着力构建军委——战区——部队的作战指挥体系和军委——军种——部队的领导管理体系。

这次军改分为三步走:2015年,重点组织实施领导管理体制、联合作战指挥体制改革;2016年,组织实施军队规模结构和作战力量体系、院校、武警部队改革,基本完成阶段性改革任务;2017年至2020年,对相关领域改革作进一步调整、优化和完善,持续推进各领域改革。

根据改革总体方案确定的时间表,2020年前要在领导管理体制、联合作战指挥体制改革上取得突破性进展,在优化规模结构、完善政策制度、推进军民融合发展等方面改革上取得重要成果,努力构建能够打赢信息化战争、有效履行使命任务的中国特色社会主义军事制度。

例题分析

中国人民解放军军史与战史的考查内容通常有重要历史事件的名称、时间、地点、人物等基本要素,以及重要会议、战役战斗、历史文献的具体内容或一些其他细节。

1. 重要人物

在军史与战史考试中,对历史事件中的重要人物的考查是最常见的。

【例题1】1927年8月,中共湖南省委决定(　　)到湘赣边界担任中共湖南省委前敌委员会书记,领导湘赣边界秋收起义。

A. 彭公达　　　B. 毛泽东　　　C. 周恩来　　　D. 罗荣桓

解析:此题答案为B。本题考查的是对秋收起义领导人的记忆。1927年8月,中共湖南省委决定毛泽东到湘赣边界担任中共湖南省委前敌委员会书记。1927年9月9日,毛泽东亲自发动,领导湖南东部、江西西部一带工农和部分北伐军举行武装起义。

【例题2】下列领导人中(　　)提出了"枪杆子里面出政权"的著名论断。

A. 毛泽东　　　B. 周恩来　　　C. 刘少奇　　　D. 邓小平

解析:此题答案为A。毛泽东在1927年"八七"会议上提出"政权是由枪杆子取得的";1938年11月6日在《战争和战略问题》中再次提出"枪杆子里面出政权"。

2. 时间问题

在军史与战史考试中,对历史事件时间的考查也是常见的。作答此类题目,需要考生有良好、准确的记忆。

【例题1】(　　)6月30日,中央革命军事委员会决定以南昌起义的8月1日作为中国工农红军成立纪念日。

A. 1927年　　　B. 1932年　　　C. 1933年　　　D. 1934年

解析:此题答案为C。本题考查的是建军节的确定时间。1933年6月30日,中华苏维埃共和国中央革命军事委员会决定以发动南昌起义的8月1日为中国工农红军成立纪念日。从此,8月1日成为人民军队建军纪念日。

【例题2】( ),国民党22万军队开始围攻中原解放区。接着,国民党军队又大举进攻华东、晋冀鲁豫、晋绥、东北及海南岛等解放区,全面内战爆发。

A. 1946年6月26日　　　　　　　　B. 1946年9月26日
C. 1947年6月26日　　　　　　　　D. 1947年9月26日

解析:此题答案为A。1946年6月下旬,蒋介石以围攻中原解放区为起点,发动对解放区的全面进攻。解放区军民在中国共产党领导下奋起抗击,揭开了全国解放战争的帷幕。

3. 地点问题

在军史与战史考试中,对历史事件地点的考查也是常见的。作答此类题目,也需要考生有良好、准确的记忆。

【例题1】1935年1月,中国共产党中央委员会在( )遵义召开政治局扩大会议,确立了毛泽东在红军和党中央的领导地位,挽救了党,挽救了红军,挽救了中国革命,成为党的历史上一个生死攸关的转折点。

A. 四川　　　　B. 广西　　　　C. 贵州　　　　D. 云南

解析:此题答案为C。中国共产党中央委员会于1935年1月15日至17日在贵州遵义召开政治局扩大会议,在最危急的关头,挽救了红军,挽救了党。

【例题2】1936年10月,红军三大主力在( )会师,伟大的长征胜利结束。

A. 山西太原　　B. 甘肃会宁　　C. 陕西延安　　D. 陕西会宁

解析:此题答案为B。1936年10月,第二、第四方面军到达甘肃会宁、静宁地区,同第一方面军会师。至此,红军长征胜利结束,中国革命进而出现一个新局面。

4. 历史名词

在军史与战史考试中,对历史事件名称的考查也是常见的。此类题目通常都是考一些常识。

【例题1】1937年11月7日,( )在山西五台县成立,司令员兼政治委员聂荣臻,参谋长唐延杰,政治部主任舒同,供给部部长查国桢,卫生部部长叶青山,辖4个军分区兼4个支队。

A. 晋绥军区　　B. 晋察冀军区　　C. 晋西北军区　　D. 晋冀鲁豫军区

解析:此题答案为B。本题主要是考查考生对抗日战争期间晋察冀军区的了解。晋察冀军区是抗日战争和解放战争时期,中国共产党领导的战略区之一。1937年11月7日成立,聂荣臻任司令员兼政治委员。

【例题2】毛泽东游击战术"十六字诀"是:敌进我退,敌驻我扰,( ),敌退我追。

A. 敌驻我扰　　B. 敌走我进　　C. 敌疲我打　　D. 敌走我追

解析:此题答案为C。游击战争十六字诀是:"敌进我退、敌驻我扰、敌疲我打、敌退我追"。

【例题3】2008年底,胡锦涛在军队一次重要会议上提出,要围绕强化官兵精神支柱,大力培育"( ),献身使命,崇尚荣誉"的当代革命军人核心价值观。

A. 听党指挥,热爱人民,报效国家　　　　B. 忠诚于党,热爱人民,报效国家
C. 听党指挥,服务人民,报效国家　　　　D. 忠诚于党,服务人民,报效国家

解析:此题答案为B。胡锦涛提出的大力培育"忠诚于党,热爱人民,报效国家,献身使命,崇尚荣誉"当代革命军人核心价值观,是新形势下加强军队思想政治建设的重大举措。

5. 数量问题

在军史与战史考试中,对历史事件地点中有关数量的考查也是常见的。该类型题通常需要考生有较强的判断推理能力。

【例题1】长征中为摆脱国民党军队的围追堵截,毛泽东指挥部队(　　)渡赤水,成功绕出敌军包围圈。

A. 三　　　　　B. 四　　　　　C. 五　　　　　D. 六

解析:此题答案为B。四渡赤水是土地革命战争时期,中央红军长征中在川黔滇的赤水河流域,同国民党军进行的运动战役。1935年1月遵义会议后,中央红军3万余人于1月29日西渡赤水河,于2月18日至21日东渡赤水河,3月16日三渡赤水河,3月21日晚四渡赤水河,将几十万追剿敌军甩在江北。

【例题2】辽沈、淮海、平津三大战役中,人民解放军共歼敌(　　)多人。

A. 120万　　　B. 300万　　　C. 154万　　　D. 145万

解析:此题答案为C。1948年9月至1949年1月,人民解放军连续进行了辽沈、淮海、平津三大战略性战役,歼灭国民党军154万余人。

【例题3】1985年5月23日至6月6日,中央军委召开扩大会议,军委主席邓小平在会上宣布:中国政府决定,人民解放军减少员额(　　)。这是中国政府和人民有力量和有信心的表现,是用实际行动对维护世界和平做出的贡献。

A. 80万　　　　B. 100万　　　C. 120万　　　D. 150万

解析:此题答案为B。本题考查的是1985年大裁军数量。1985年5月23日至6月6日,中央军委扩大会议在北京召开。6月4日,中央军委主席邓小平在会上郑重宣布:中国政府决定,人民解放军减少员额100万。

6. 历史文献

在军史与战史考试中,对历史文献的考查也是常见的。该类型题需要考生联系具体的历史事件或文献的具体内容来判断和解答。

【例题1】1928年5月25日,中共中央颁发(　　),规定"在割据区域所建立之军队,可正式定名为红军,取消以前工农革命(军)的名义"。

A.《军事工作大纲》　　　　　　B.《军队工作大纲》
C.《政治工作大纲》　　　　　　D.《军事运动决议案》

解析:本题答案为A。本题主要考查的是《军事工作大纲》的内容。《大纲》指出:"在割据区域所建立之军队,可正式定名为红军,取消以前工农革命军的名义。"从此,中国工农革命军正式改名为中国工农红军。

【例题2】1930年1月5日,毛泽东给红四军第一纵队司令林彪复信。这封信也就是《毛泽东选集》中的(　　),标志着以毛泽东为代表的中国共产党人关于中国革命必须走以农村包围城市,最后夺取全国胜利道路的理论基本形成。

A.《中国的红色政权为什么能够存在》　B.《井冈山的斗争》
C.《星星之火,可以燎原》　　　　　　D.《中国革命战争的战略问题》

解析:本题答案为C。本题主要考查的是1930年1月5日毛泽东在福建上杭古田写给林彪的复信。复信针对一些同志对时局的悲观估计和怀疑"红旗到底打得多久"的错误思想,明确指出中国革命高潮快要到来。

【例题3】1938年5月,毛泽东发表了( )一文,从战略高度集中论述了抗日游击战争的地位和作用等一系列战略问题。
　　A.《论反对日本帝国主义的策略》　　B.《中国共产党在抗日时期的任务》
　　C.《抗日游击战争的战略问题》　　D.《反对日本进攻的方针、方法和前途》
　　解析:本题答案为C。1938年5月,毛泽东发表了《抗日游击战争的战略问题》,之后又在延安抗日战争研究会上发表了《论持久战》的讲演,指明了夺取抗战胜利的正确道路。

7. 重要会议
在军史与战史考试中,对历史会议的考查也是常见的。该类型题通常是常识题。
【例题1】"枪杆子里面出政权"是在( )会议上提出的。
　　A. 八七会议　　B. 遵义会议　　C. 古田会议　　D. 宁都会议
　　解析:本题答案为A。毛泽东在1927年"八七"会议上提出"政权是由枪杆子取得的";1938年11月6日在《战争和战略问题》中再次提出"枪杆子里面出政权"。

【例题2】中国共产党历史上第一次独立自主地运用马克思主义的基本原理,解决中国革命和革命战争的重大问题的重要会议是( )。这次会议是中国共产党在政治上成熟的标志。
　　A. 黎平会议　　B. 遵义会议　　C. 俄界会议　　D. 扎西会议
　　解析:本题答案为B。本题主要考查的是遵义会议。遵义会议确立了毛泽东在全党和红军的领导地位,在最危急的关头,挽救了红军,挽救了党,是中国共产党历史上生死攸关的转折点。

【例题3】抗日战争胜利后,蒋介石迫于国内外舆论的巨大压力,于1945年8月14日、20日和23日,连续三次电邀中共中央主席毛泽东到( )进行和平谈判。
　　A. 成都　　B. 武汉　　C. 西安　　D. 重庆
　　解析:本题答案为D。1945年8月14日、20日和23日,蒋介石连续三次电邀中共中央主席毛泽东到重庆进行和平谈判。1945年8月28日,中共中央派毛泽东、周恩来、王若飞等赴重庆同国民党进行和平谈判。

8. 战役战斗
在军史与战史考试中,对战役战斗有关情况的考查也是常见的。该类型题通常是常识题。
【例题1】1932年8月,红一方面军发起( )战役,在周恩来、毛泽东、朱德、王稼祥的直接指挥下,全歼国民党军第27师,俘其5000余人,缴枪4000余支。
　　A. 南雄、水口　　　　　　B. 乐安、宜黄
　　C. 漳州　　　　　　　　D. 建(宁)黎(川)泰(宁)
　　解析:本题答案为B。1932年8月上旬,中共苏区中央局鉴于国民党军在赣江以东地区兵力薄弱,决定发起乐安、宜黄战役。此役,共歼国民党军约3个旅,俘5000余人,击落飞机1架,缴枪4000余支(挺)。

【例题2】以下解放战争的著名战役歼敌数量最多的是( )。
　　A. 孟良崮战役　　B. 辽沈战役　　C. 淮海战役　　D. 平津战役
　　解析:本题答案为C。孟良崮战役共歼国民党军3.2万余人,辽沈战役共歼国民党军47万余人,淮海战役共歼灭国民党军55.5万人,平津战役共歼灭和改编国民党军52万余人。

【例题3】毛泽东有诗云:"钟山风雨起苍黄,百万雄师过大江。虎踞龙盘今胜昔,天翻地覆

慨而慷。"该诗反映的重大历史事件是( )。

A. 八路军发起的百团大战　　　　B. 人民解放军攻占南京

C. 人民解放军解放上海　　　　　D. 中国人民志愿军赴朝作战

解析：本题答案为 B。本题属于送分题，"百万雄师过大江"明显指的是渡江战役。

9. 其他考题

在军史与战史考试中，对有关历史情况的细节的考查也是常见的。该类型题解题时需要具体问题具体分析。

【例题1】辽沈战役结束后，人民解放军改变了长期以来数量上的劣势，第一次在数量上超过国民党军，达到( )万人，而国民党军的人数则下降到290万人。

A. 310　　　　B. 330　　　　C. 350　　　　D. 370

解析：本题答案为 A。本题主要考的是辽沈战役结束后敌我力量的对比情况。辽沈战役后，人民解放军不但在质量上早已占优势，而且在数量上也占了优势。

【例题2】( )，中国人民志愿军跨过鸭绿江，开赴朝鲜，与朝鲜人民军并肩作战。

A. 1951年10月19日　　　　B. 1950年5月19日

C. 1950年10月19日　　　　D. 1951年5月19日

解析：此题答案为 C。中国人民志愿军1950年10月8日组成，彭德怀任司令员兼政治委员，19日开赴朝鲜参战。

【例题3】2003年10月16日，"神舟"五号载人飞船安然着陆，我国首次载人航天飞行获得圆满成功。我国载人航天事业取得的这一历史性突破，是我国高科技领域继"两弹一星"之后又一座光辉的里程碑，中国由此成为世界上第( )个将航天员送上太空的国家。

A. 2　　　　B. 3　　　　C. 4　　　　D. 5

解析：此题答案为 B。本题主要是考查考生对我国首次载人航天飞行成功的掌握情况。2003年10月16日，我国成为世界上第3个将航天员送上太空的国家。

第七章 第二次世界大战

一、第二次世界大战起因

第二次世界大战是指1939—1945年以侵略者德、日、意法西斯轴心国为一方,以反法西斯同盟国和全世界反法西斯力量为另一方进行的第二次全球规模的战争。这场战争给人类带来极大灾难,其结果以美、英、苏、中等反法西斯国家和世界人民战胜法西斯侵略者赢得和平与进步而告终。

第二次世界大战是德、日、意法西斯国家实行侵略扩张,争夺世界霸权所挑起的,经过多次局部战争逐渐演变而导致全面战争。德、日、意等后起的帝国主义国家所确立的法西斯政权及其侵略扩张,是这次世界大战的根源。

1. 法西斯政权建立

第一次世界大战后,按照英、法、美等主要战胜国的意志确立了凡尔赛—华盛顿国际关系体系。战败的德国不甘心于《凡尔赛和约》给予的严厉惩罚和约束。战胜国意大利因未能获得英、法许诺的领土而不满,另一个战胜国日本扩张要求日益强烈。由于德、日、意等国的实力很快得到恢复和加强,要求重新瓜分世界,成为英、法、美等国的对手。随着1929—1933年世界资本主义经济危机的爆发,帝国主义制度的各种基本矛盾重新尖锐化并愈演愈烈,以致发展到诉诸战争。20世纪二三十年代,在意大利、德国和日本相继兴起以极端民族主义和极权主义为核心内容的法西斯主义势力和运动。1922年10月,墨索里尼在意大利掌握政权。1933年1月,希特勒在德国执政。1936年3月,日本军部实现对内阁的全面控制,开始确立法西斯专政。他们同英、法、美等国争夺势力范围和世界霸权,不惜通过战争手段改变由凡尔赛—华盛顿体系所确立的国际秩序,从而形成对世界和平的严重威胁。

2. 战争策源地形成

德国从1933年起加速扩展军事工业。1934年秘密突破《凡尔赛和约》对其军队的限额。1935年正式重建空军,实施义务兵役制,秘密颁布《国家防御法》。1936年3月7日,德国宣布废除《洛迦诺公约》和《凡尔赛和约》的有关规定,派兵进入莱茵非军事区。早在1935年秋德国国防军即已开始制定代号为"红色"的对法作战计划、入侵奥地利的"奥托"方案和进占捷克斯洛伐克的"绿色"方案。纳粹德国成为主要的和最危险的欧洲战争策源地。1936年10月,德、意两国签订《柏林协定》,形成柏林—罗马轴心。意大利成为欧洲战争策源地的组成部分。1927年,日本首相田中义一召开东方会议,确定武力侵占中国,进而征服印度、南洋群岛、中亚细亚和小亚细亚以至欧洲的侵略扩张总纲领。从1931年起,日本对中国发动并逐步扩大局部性侵略战争。1936年制定向太平洋地区及西伯利亚的扩张目标和对美、苏、中、英等国作战的具体方针。日本成为挑起世界战争的远东战争策源地。三个法西斯国家在对外扩张和发动侵略战争的过程中结成侵略集团。1936年11月25日,德、日两国签订《反共产国际协定》,次年11月6日意大利参加该协定。

二、第二次世界大战前奏

20世纪30年代,法西斯国家多次发动局部战争。日本首先在亚洲燃起战火,揭开世界战争的序幕。

1. 日本对中国的侵略战争

1931年日本制造"九一八"事变,侵占中国东北三省。翌年3月建立"满洲国"傀儡政权。接着入侵中国上海、热河省、察哈尔省北部和河北省东部等地区。美、英、法等国对日本的侵略行径姑息纵容。1937年7月7日,日本发动全面侵华战争。中国人民在中国共产党领导下结成抗日民族统一战线,以国民党、共产党两党合作为核心,举国一致,英勇进行反法西斯的抗日民族解放战争。中日战争在1938年10月日军占领武汉、广州以后,开始转入战略相持阶段。

2. 日本对苏联的战争挑衅

日本于1938年7月29日至8月11日在邻近朝鲜的中苏边境挑起张鼓峰事件(哈桑湖事件)。1939年5月至8月,日军在中国黑龙江省西部与蒙古接境地区再次挑起诺蒙坎事件(哈勒欣河事件)。日本的两次战争挑衅均遭失败。

3. 意大利侵略埃塞俄比亚

1935年10月3日,意大利30万军队侵入埃塞俄比亚。埃塞俄比亚第二次抗意战争爆发。尽管国际联盟通过决议宣布意大利为侵略者,并表示要对它实行有限的经济制裁,意大利仍能从西方民主制国家,尤其是从美国获得源源不断的石油供应。

4. 德意武装干涉西班牙

1936年7月西班牙内战爆发。截至1939年4月,德国、意大利分别向西班牙派遣作战人员,其中德国派遣超过5万人,意大利派遣约15万人。德、意向叛军提供军火价值10亿美元。英、法、美等国则宣布"中立",实行"不干涉"政策,禁止西班牙政府购买的武器过境。1939年2月27日,英、法与西班牙共和国断交,公开承认佛朗哥政府。

5. 德国吞并奥地利和肢解捷克斯洛伐克

1938年3月12日拂晓,德军入侵奥地利。3月14日,宣布将其划为德国的一个州,兵不血刃地吞并了奥地利。接着,德国就捷克斯洛伐克苏台德区"自治"问题制造五月危机,陈兵德捷边境。9月12日,希特勒再次进行战争恫吓。在德国压力下,英、法两国政府推行绥靖政策,以牺牲弱小国家利益的方式换取"和平",9月29日在慕尼黑会议上签订出卖捷克斯洛伐克的协定。10月1日,德国占领苏台德区。10月6日,在德国操纵下,斯洛伐克"自治政府"成立。捷克斯洛伐克被肢解。

三、第二次世界大战全面爆发

1939年春夏,欧洲再次出现紧张局势,经过波兰危机和错综复杂的外交斗争,终于爆发全面战争。

1. 严重的战争危机

1939年3月15日,德国出兵占领捷克斯洛伐克全境。3月21日又制造但泽危机,向波兰提出领土要求。次日出动海军占领立陶宛的默美尔。4月1日在德、意武装支援下,佛朗哥军队控制西班牙全境。4月7日,意大利军队入侵阿尔巴尼亚。5月22日,德、意正式签署军事同盟条约,即钢铁同盟。德军统帅部在4月3日即下达代号为"白色方案"的对波兰作战计划。面对德国的战争威胁,波兰向英、法求助。英国张伯伦政府认为德国如果占领波兰将危及英、法安全及其在欧洲的根本利益,鉴于绥靖政策遭到世界和国内舆论的遣责,被迫开始对政策做出某些调整。1939年3月22日,英、法互换照会,承担遭到侵略时相互援助的义务,把实际存在的同盟关系固定下来。3月31日,张伯伦代表英法两国政府宣布,一旦发生威胁波兰独立的行动,英、法立即给予波兰全力支持。4月6日,英、波缔结临时互助条约。4月13日,法国重申忠于法波同盟义务。5月19日,法、波正式签署军事协定。

2. 三角谈判和斗争

1939年春夏,围绕欧洲的战争与和平形成英、法、苏三角谈判和斗争相互交错的局面。4月15日举行英、法、苏莫斯科谈判,就采取共同行动制止法西斯扩大侵略进行磋商。由于英、法两国缺乏诚意,先后举行的政治和军事谈判均未取得任何积极成果。与此同时,英、德秘密谈判也在进行。德国的战略方针首先以英、法为主要对手,集中力量与西方国家作战,需要缓和德苏关系,以避免在向西方进攻时腹背受敌。苏联同样面对严峻的国际形势:在亚洲,正与日本军队在诺蒙坎地区进行战斗;在欧洲,世界大战一触即发;英、法、苏三国谈判因英、法蓄意让德国侵苏,毫无诚意,致使谈判旷日持久,濒于破裂。1939年8月23日,《苏德互不侵犯条约》在莫斯科签订。

3. 德波战争和英法对德宣战

1939年9月1日,德国出动57个师约150万人、2500辆坦克、2300架飞机,从北、西北、西南三个方向对波兰发动突然袭击。同日,英、法先后发出照会,要求德国停止进攻,从波兰领土撤出一切军队。德国置之不理。9月3日,英、法两国政府对德宣战。德波战争期间,法军在法德边境消极观战。英国迟至10月间才派远征军到法国。波兰孤军作战,9月16日,波军防线全面崩溃,德军完成对波兰首都和波军主力的包围。9月17日,波兰政府成员逃往国外。华沙军民战斗到弹尽粮绝,9月28日被迫停止抵抗。

四、第二次世界大战进程

这次大战经历了法西斯轴心国战略进攻、交战双方攻守互易的战略转折和反法西斯同盟国战略反攻三个阶段。

1. 轴心国全面进攻和世界反法西斯联盟的形成

德、日、意法西斯国家从1939年9月至1942年下半年在欧洲、非洲、亚洲、大洋洲和太平洋、大西洋展开全面的战略进攻。

1)西线战场

德国占领波兰后接连在欧洲从西、北、东南三个战略方向发动大规模进攻。意大利参加了对法国的战争,它在非洲发动的攻势遭到失败。

(1)奇怪战争。

德波战争结束后,德国一面做出和平姿态,一面扩充军备,将主力调往西线,伺机进攻西欧国家。英、法两国实行消极防御战略,静守马奇诺防线。1940年2月,美国试图进行和平斡旋,被德国拒绝。1939年9月至1940年4月,英、法与德国之间没有发生过真正的战事,史称奇怪战争。

(2) 德军进攻北欧。

1940年春,希特勒担心英法联军进入挪威,从北面威胁德国,切断瑞典对德铁矿砂供应,遂先发制人于4月9日侵占丹麦,丹麦投降。同日,德军入侵挪威,空降部队占领奥斯陆。吉斯林被扶植为傀儡政府首脑。4月17日,英、法及波兰联军在挪威登陆。6月,联军退出挪威。7月,挪威国王和政府成员流亡英国。德军的闪电战在北欧取胜。

(3) 德国进攻西欧。

1940年5月10日凌晨,德军调集136个师,其中包括10个坦克师和7个摩托化师,2580辆坦克,3824架飞机,向西欧国家发动进攻。当时西欧各国总兵力约147个师。德国空军猛烈轰炸荷兰、比利时、卢森堡和法国,在荷、比军队后方实施空降,坦克摩托化部队出其不意在比、卢接壤的阿登山区分三路纵队快速挺进,致使马奇诺防线未起实际作用。德军进攻西欧宣告绥靖政策的彻底破产,英国张伯伦政府立即垮台,由丘吉尔出任首相,组成保守党、工党、自由党联合政府。在德军闪电战面前,英、法等国联军不堪一击。5月14日,荷兰军队停止抵抗,女王流亡英国。5月26日德军夺取加莱,进抵英吉利海峡,将法国北部和比利时境内的英法联军同法国中部军队的联系拦腰切断。5月28日比利时国王宣布投降。5月27日至6月4日,英、法海军利用德军数日停止进攻时机,集中各类舰船850余艘,成功地将被困在敦刻尔克狭小三角地带的英、法联军33.8万余人运过英吉利海峡,进入英国。在敦刻尔克撤退中,英国远征军几乎丧失了全部武器装备,243艘大小舰船沉没,但保存了英军的有生力量。

(4) 意大利参战与法国战败。

1940年6月6日,德军在横贯法国北部的643千米战线上发动总攻。法军总司令魏刚集结100多万军队在索姆河和安纳河一线构筑的魏刚防线不到3天即告崩溃。德军进逼巴黎,6月10日,意大利向英、法宣战。6月14日,德军占领巴黎。6月17日,法国贝当政府宣布"停止战斗"。6月22日晚7时,在1918年11月11日德意志帝国向法国及其盟国签署投降书的贡比涅森林同一节车厢里,法国政府代表在纳粹德国提出的停战协定上签字。该协定规定,德国占领法国总面积3/5的北部和西部工业发达地区,非占领地区建立以维希为首都的贝当傀儡政府。

在勃朗峰到地中海的200多千米战线上,意大利军队32个师进攻法国,被法军6个师挡住。6月24日,在罗马附近签署法意停战协定。意军占领法一小块地区。意大利还攫取了东非吉布提港和使用法属索马里境内铁路的权利。

(5) 意军在非洲失败。

1940年7月初,意军从埃塞俄比亚进犯东非英军,9月中旬占领英属索马里和肯尼亚部分地区。9月16日占领埃及的西迪拜拉尼。12月11日英军发起反击收复该地,并于1941年2月6日占领利比亚的班加西等地。两个月内推进700千米,俘虏意军13万人。在东非,英国从印度、澳大利亚、新西兰调集军队,并就地征集大批非洲人入伍,于1941年1月19日举行反攻,4月1日占领厄立特里亚首府阿斯马拉,4月6日同埃军一起收复亚的斯亚贝巴。5月20日,意属东非总督投降,英国重新控制红海与非洲之角。

(6) 海狮计划和英伦空战。

法国沦亡后,英国陷于孤军作战困境。希特勒声称,英国把殖民地归还给德国,承认德国在欧洲的霸主地位,即可避免英德战争,遭英国政府拒绝。7月16日,德军统帅部发布准备对英国实施登陆战役的号令,制定海狮作战计划。要求8月15日完成作战准备。希特勒力图取得英吉利海峡及伦敦的制空权,摧毁英国空军、机场和港口,为其渡海作战创造先决条件。德国共集结2669架作战飞机,在7月10日至10月底的3个月内猛烈空袭英国。8月24日,英国飞机首次空袭柏林。德国空军始终未能取得预期战果,在英伦之战中损失飞行员600人,飞机915架。海狮计划一再推迟执行,以后实际上被取消。英国赢得空中自卫战的胜利。

(7)德意扩大对巴尔干的侵略。

1940年7月21日,希特勒下令德国陆军总司令布劳希奇着手准备对苏作战,12月18日,希特勒签署代号为"巴巴罗萨"的对苏作战计划,号令德军在1941年5月15日以前完成入侵苏联的各项准备。1940年9月27日,德、日、意在柏林签署军事同盟条约,正式结成轴心国侵略集团。德、意两国加紧扩大对巴尔干的侵略,作为争夺东地中海、北非、中东的跳板和进攻苏联的战略前进基地。罗马尼亚、匈牙利及保加利亚相继加入轴心国同盟。1940年10月28日,意大利侵入希腊,遭反击,被迫停止进攻。1941年3月27日,南斯拉夫新政府拒绝加入轴心国同盟,并与苏联签订友好条约。4月6日黎明,德、意同时进攻南斯拉夫和希腊。德军于4月13日占领贝尔格莱德。4月9日占领希腊萨洛尼卡,4月21日希军投降。英国5.8万名远征军在希腊作战,伤亡1.2万,其余从海上撤退。4月27日,德军进入雅典。5月30日,德空降部队占领克里特岛。希腊国王流亡伦敦。

2)苏德战场

苏德战争爆发后,苏联境内成为世界反法西斯战争的主要战场。

(1)德国对苏联突然袭击。

1941年6月22日凌晨,德军在北起波罗的海、南至黑海的1800多千米战线上分三路向苏联突然袭击,苏联卫国战争爆发。苏军在战争初期遭到重大损失,西部大片国土沦陷。

(2)苏联建立东方战线。

早在德波战争期间,苏联即着手建立一条从波罗的海到黑海之间防备德国进攻的所谓东方战线,企图通过扩大西部疆域加强防御德国侵略的战略地位。1939年9月17日,苏军出兵波兰,占领西乌克兰、西白俄罗斯等地约20万平方千米的地区。11月西乌克兰和西白俄罗斯加入苏联。1939年11月30日爆发苏芬战争。翌年3月12日苏芬和约将列宁格勒附近苏联国境线向北推移150千米,苏联获取4.1万平方千米领土,并租借汉科半岛及附近岛屿30年。1940年6月15日,苏联以立陶宛政府违反苏立互助公约,与爱沙尼亚、拉脱维亚组成反苏军事联盟为由,出兵进驻立陶宛和爱沙尼亚、拉脱维亚。8月初,波罗的海沿岸三国并入苏联。1940年6月28日,苏联以国际形势要求用最快速度解决历史遗留的领土问题为由,出兵进驻罗马尼亚管辖的比萨拉比亚和北布科维纳。至此,苏联已将其国界向西推移300～400千米。但是,德国在发动对苏战争后3个星期内分别在三个方向推进300～600千米,6月28日即占领明斯克。东方战线并未起到苏联预期的作用。

(3)莫斯科战役。

德军自1941年9月30日向莫斯科发起进攻,最近点距莫斯科城只有20千米。10月20日起,苏联大部分政府机构和部分工人撤离莫斯科。12月6日苏军遏制德军攻势,转入反攻。1942年1月8日起,苏军经3个月鏖战,排除了德军占领莫斯科的危险,将德军击退150～400千米。冬季战役结束时,德军伤亡总数为83万多人。德军首次遭到重大挫折,希特勒的闪电战亦告破产。

(4)德军1942年夏季攻势。

1942年6月28日,德军在南线发动攻势,以求在顿河地区消灭苏军主力,夺取高加索油田。7月17日德军进抵顿河河湾,揭开斯大林格勒战役的序幕。9月13日德军突入市区。双方激战到苏军反攻前夕,德军始终没有全部占领斯大林格勒。

3) 亚洲太平洋战场

日军偷袭珍珠港,挑起太平洋战争,战火席卷东南亚,进逼大洋洲,将美国及美洲、大洋洲许多国家卷入战争。这使第二次世界大战发展成为一次空前的全球性战争。

(1) 远东慕尼黑阴谋及美日谈判。

中日战争进入相持阶段后,英美曾谋求与日本妥协,推行远东慕尼黑阴谋。1939年9月,英国承认日本侵华现状,同意不妨碍日本在华行动。美国为集中应付欧洲局势,力图缓和美日矛盾,自1940年11月起与日本进行正式或非正式谈判,但双方的对立未能调和。

(2) 日本偷袭珍珠港。

1941年10月,日本组成东条英机内阁,完成法西斯体制。12月7日夏威夷时间7点55分,日本以航空母舰编队向位于夏威夷群岛中心瓦胡岛上的美国海军基地珍珠港发动偷袭。日军以极小的代价,炸沉美国战列舰4艘,重创1艘,炸伤3艘,其他大型舰船10余艘,击毁飞机260余架,美国太平洋舰队除3艘未停泊在港内的航空母舰免遭攻击外,几乎全军覆没。这一事件使美国威望扫地。珍珠港的惨败促使美国举国一致地投身于第二次世界大战之中。太平洋战争从此拉开了帷幕。

(3) 日军进攻东南亚。

日本自1941年12月7日起在东南亚和西南太平洋发动全面进攻。12月7日、8日,日军在马来亚的哥打巴鲁和泰国的宋卡、北大年等地空降或登陆。12月10日占领关岛。12月22日占领威克岛。12月25日攻占香港。1942年1月11日,日军占领吉隆坡,1月31日攻占马来亚全境。2月15日新加坡陷落。1941年12月9日侵占曼谷,12月21日日本将同盟条约强加给泰国政府。1942年1月2日进入马尼拉。4月9日,驻守美军与菲军约7万人投降。

1942年2月14日,日军出动320架飞机在苏门答腊的油田区巴邻旁空降。3月1日,日军在爪哇登陆,3月5日占领巴达维亚(雅加达),3月12日,荷兰总督投降。3月15日,日军占领整个荷属东印度(印度尼西亚)。

1942年3月8日,日军占领仰光。应英国当局请求,中国派出赴缅远征军10万余人,配合英缅军队作战。5月初,日军攻入中国云南省。中国军队凭借怒江天险挡住日军攻势。1942年4月5日,日本航空母舰机动编队进入印度洋,轰炸锡兰(斯里兰卡)科伦坡和亭可马里港。英东方舰队撤往东非海岸。日本海军一度掌握印度洋制海权,达到日本向西扩张的顶点。

(4) 珊瑚海日美海空战。

南进日军于1942年2月攻占澳大利亚军队防守的新不列颠岛及拉包尔港。5月初,日军对所罗门群岛中的图拉吉岛和新几内亚东南重镇莫尔兹比港发起进攻。5月7日,美国飞机击沉日本航空母舰1艘。5月8日上午,日、美舰队正面对阵,1艘日本航空母舰受重创,美国1艘航空母舰被炸沉,另1艘受创。这是日本发动太平洋战争以来首次受挫,标志着日军在大洋洲南进势头被遏制。

(5) 中国战场局势。

中日战争进入相持阶段后,日本对国民政府采取以政治诱降为主、军事打击为辅的方针。汪精卫公开投降日本,1940年3月30日在南京成立日本卵翼下的伪国民政府。中国共产党提出坚持持久抗战,反对妥协、投降和分裂的方针,稳定了抗日阵线。1939年,八路军、新四军占抗击日军侵华总兵力的62%,敌后战场成为抗日战争主要战场。1939—1941年秋,正面战场主要在武汉外围地区作战,以后进行了南昌、鄂北豫南和长沙会战以及南宁和中条山会战。

2. 世界反法西斯联盟的形成

随着战火的蔓延,经过反法西斯国家一系列双边和多边会谈,以美、英、苏、中诸国为核心的反法西斯国家加强了彼此间的援助和合作。

1）美国租借法案和英美同盟

世界大战在欧洲爆发后,美国根据1937年中立法宣布中立。1939年11月美国修改中立法,实行现金购货、运输自理原则,向交战国出售武器,有利于拥有海军优势的英、法。法国败降和英国退守英伦三岛,美国公众舆论要求给英国以援助,孤立主义势力削弱。1940年9月2日,美、英达成美国以50艘旧驱逐舰换取在英属百慕大群岛等8个岛屿建立军事基地的协议。由于英国无力以现款购买军火,1940年底丘吉尔紧急致函美国总统罗斯福求援,罗斯福提出以"租借"方式援英。1941年3月11日,美国国会通过《租借法案》,授权总统向与美国安全有重大意义的国家用出售、转让、交换或租借等方式提供武器和军用物资。这意味着美国完全放弃"中立"政策,实际上介入欧洲国家的反法西斯战争。英、美开始结成反对德国法西斯同盟。与此同时,美、英于1941年1月至3月就先欧后亚的全球战略达成协议,并据此制定ABC-1计划。1941年12月,美、英首脑以代号为"阿卡迪亚"的华盛顿会议确认先欧后亚的方针。美国在会上提议并起草同法西斯轴心国相对抗的《联合国家宣言》草案。

2）苏英协定和美国援苏

德苏战争爆发当晚,丘吉尔宣布英国将支援苏联和一切反希特勒的国家。1941年7月12日,苏、英签订在对德战争中一致行动的协定,相互承担在反法西斯战争中彼此支援和战斗到底的义务。8月16日,苏、英签订贸易、贷款和支付协定,英国给予苏联1000万英镑贷款。1941年6月24日,罗斯福总统宣布,凡是抵抗法西斯侵略的国家,包括苏联在内,都将得到美国的援助。8月中旬,美国派往苏联的船队首次启航。

3）反法西斯国际联合的扩大

1941年7月,苏捷、苏波签订在反法西斯战争中一致行动协定。1942年1月29日苏、英和伊朗三国缔结同盟协定。法国战败前夕,戴高乐将军于1940年6月17日飞抵伦敦,次日宣布建立自由法国,6月23日宣布成立法国民族委员会。6月28日,英国正式承认自由法国,并与之结成同盟关系。9月,苏联也予以承认。1941年8月14日,美、英两国政府首脑公布《大西洋宪章》。这是美英战时政治联盟的标志,成为以后联合国宪章的基础,对于动员和鼓舞全世界人民、加强反法西斯联合起了积极推动作用。

4）苏美英莫斯科会议

1941年9月29日,苏、美、英三国会议在莫斯科召开。10月1日,三国签订议定书,规定美、英两国从1941年10月至1942年6月每月向苏联提供400架飞机、500辆坦克及其他武器装备;苏向英、美提供原料。10月30日,罗斯福宣布向苏提供10亿美元贷款。11月7日,美国把《租借法案》扩大到苏联。

5）联合国家宣言

经过磋商,1942年1月,在华盛顿签署中、苏、美、英等26个国家的《联合国家宣言》,标志着以美、英、苏、中为核心的世界反法西斯联盟正式形成,并为建立联合国组织奠定初步基础。

3. 反法西斯联盟由防御到反攻的战略转折

美军1942年6月中途岛海战的胜利,英军1942年11月阿莱曼战役的胜利,以及作为主要标志的苏军1943年2月斯大林格勒战役的胜利,表明反法西斯盟国开始从战略防御转向战略进攻。

1）苏德战场

苏军在斯大林格勒战役中的胜利是苏联卫国战争的转折点,它同时也标志着世界反法西斯战争发生历史性转折。

（1）斯大林格勒战役。

1942年11月19日,苏军3个方面军在斯大林格勒开始反攻。在粉碎德军顿河集团军群的解围行动后,1943年1月10日,苏军发动围歼战。2月2日,被围德军全部投降或被歼。在持续200天的战役期间,德军在顿河、伏尔加河和斯大林格勒地区共损失150万人、坦克和强击火炮3500门、飞机3000架,遭到发动战争以来最大的失败。

（2）库尔斯克会战。

1943年1月,苏军突破德军对列宁格勒的封锁。同年夏,德军在库尔斯克南北集结,力图在此区域粉碎苏军主力,夺回战略主动权。7月12日苏军反攻,8月23日收复哈尔科夫。在激战的50天中,双方动用的总兵力达400余万人,共出动坦克和自行火炮1.3万多辆、作战飞机近1.2万架,是第二次世界大战中最大的坦克兵团会战。德军共损失50万人、坦克1500辆、飞机3500余架。苏军完成了苏德战场的根本转折,从战略防御全面转入战略反攻阶段。

2）非洲地中海战场

英军赢得阿莱曼战役的胜利,扭转了非洲战局。在西线作战的盟军获得战略主动权。英美盟军在摩洛哥、阿尔及利亚登陆成功,从东、西两个方向夹击并肃清北非德、意侵略军,随后盟军展开西西里和意大利南部战役。

（1）阿莱曼战役。

北非意军在1940年12月至1941年1月遭到英军歼灭性打击。2月德国非洲军团由隆美尔指挥进入北非。1942年6月21日托布鲁克英军3.5万人向德军投降。6月30日德、意军队进抵距埃及亚历山大港约96千米的阿莱曼。丘吉尔亲赴开罗改组英国中东司令部,蒙哥马利出任英第八集团军司令,于9月初击退隆美尔对阿莱曼防线发动的最后一次进攻。10月23日至11月4日,英军进行阿莱曼战役,共击毙击伤和俘获德意军5.9万人。1943年1月23日英军进入的黎波里。至此,共向西追击2200多千米。

（2）盟军登陆西北非。

1942年11月8日,由艾森豪威尔任总司令的盟军10余万人分三路在卡萨布兰卡、奥兰、阿尔及尔登陆。11月12日,部分盟军进入突尼斯。这次代号为"火炬"的作战行动是英、美作为开辟欧洲第二战场的替代行动。

11月10日,德、意军队占领维希政府统治下的法国南部及科西嘉,并出兵突尼斯。11月27

日,德军企图夺取法国舰队,封锁并占领土伦。法国海军将包括 3 艘战列舰、1 艘航空母舰在内的 60 余艘舰艇全部凿沉。

（3）肃清非洲轴心国军队。

1942 年 11 月至 12 月间,增援突尼斯的德、意军 5 个师与非洲军团会合,盟军进攻失利。1943 年 4 月,从东西两个方向进军的英、美两国军队会师,5 月 7 日攻入突尼斯城。5 月 13 日,北非德、意军队 25 万人向盟军投降。

（4）意大利投降及其对德宣战。

1943 年 7 月 10 日,美、英和加拿大军队在西西里岛东南部登陆。7 月 22 日,美军攻占巴勒莫,8 月 16 日占领墨西拿。在西西里战役的 38 天内,德意军损失 16.7 万人,其中德军 3.7 万人。7 月 25 日,意大利国王罢免墨索里尼首相职,由巴多利奥继任。7 月 28 日,宣布解散法西斯党。统治意大利 21 年的法西斯政权垮台。9 月 3 日,意大利签署停战协定,盟军在亚平宁半岛登陆。德军占领罗马及意北部地区。9 月 29 日,巴多利奥在马耳他签署意大利投降书。10 月 13 日,意大利正式退出法西斯同盟,对德宣战。

（5）大西洋之战。

大西洋航运量占当时世界航运量的 3/4,对盟国军事运输至关重要,对英国更是生死攸关。大战初期,德国破袭英法海上通道。英国建立护航制,出动海空力量搜捕德舰,仍损失严重。法国败降后,美国逐步参与大西洋护航。德国在大西洋实施无限制潜艇战,以多艘潜艇结群进行攻击。1942 年,德击沉盟国舰只 770 万吨位。1943 年 5 月,盟国举行大西洋护航会议后,大西洋之战出现转折。同年下半年,德潜艇战迅速走向失败。

3）亚洲、大洋洲及太平洋战场

经中途岛海战和瓜达尔卡纳尔岛争夺战,美军夺得制空权和制海权,在亚洲、大洋洲及太平洋战场实现战略转折。

（1）中途岛海战。

1942 年 4 月 18 日,美国飞机轰炸东京。日本海军以中途岛为主要攻击目标,企图诱出美国太平洋舰队予以歼灭。6 月 4 日,美日双方以航空母舰舰载机和岸基（美国）飞机交战。日方损失航空母舰 4 艘,重巡洋舰 1 艘,飞机 330 架。此役为日本发动太平洋战争后第一次惨败,从此丧失太平洋作战的空中优势。

（2）瓜达尔卡纳尔岛战役。

1942 年 8 月 7 日,美军占领西南太平洋所罗门群岛中的瓜达尔卡纳尔岛和图拉吉岛。日军逐次增兵反攻,均遭惨败。1943 年 1 月,美军在瓜岛增兵到 5 万余人。日本守军 2.5 万人补给困难,疾病蔓延,被迫于 2 月 1 日至 7 日分三路撤出瓜岛。长达半年的瓜岛之战,日军死亡 2.46 万人,损失各种舰艇 30 余艘、飞机 600 架。

（3）中国战场转折。

1943 年下半年,中国抗日战争开始向战略反攻过渡。1943 年春夏,抗日军民缩小敌占区,扩大解放区。正面战场,1943 年在武汉外围长江南北进行鄂西会战和常德会战。中国驻印军队于 10 月 14 日向缅甸北部日军发起反攻。

4）大国首脑会议

随着战局的根本转折,美、英、苏、中 4 个主要盟国于 1943 年多次分别举行首脑会议,巩固了世界反法西斯联盟。

(1) 美英首脑会议。

1943年美英首脑多次会晤,制定共同战略,协调两国行动。1月14日至24日卡萨布兰卡会议讨论1943年作战方针,罗斯福倡导要法西斯国家无条件投降原则。5月12日至25日华盛顿会议决定将盟军在欧洲开辟第二战场的时间推迟到1944年5月,遭到苏方强烈反对。8月19日至25日魁北克会议确定进攻西欧的霸王作战计划,并讨论对日作战战略。

(2) 开罗会议和德黑兰会议。

1943年11月22日至26日,美、英、中三国政府首脑在开罗举行会议。开罗会议签署的《开罗宣言》是战后处理日本问题的主要国际文件。1943年11月28日至12月1日,苏、美、英三国首脑在德黑兰举行会议。签署《德黑兰宣言》和《德黑兰总协定》。会议决定1944年在欧洲开辟第二战场的部署,缓解了苏、美、英三国在对德作战方针上的尖锐分歧,为联合国的诞生进一步奠定了基础。

4. 反法西斯同盟国的战略反攻

美、英等国盟军在西欧登陆作战,与东线苏军强大攻势相呼应,形成对德东西夹攻的战略态势。太平洋盟军的战略反攻,主要通过岛屿登陆战和海空作战加以实施,进展较为缓慢,欧亚各国被占领区的抵抗运动和游击战争,在反法西斯战争中占有主要战略地位。

1) 欧洲东线战场

苏军于1944年进入东欧作战。

(1) 德军被逐出苏联。

1943年苏军解放近百万平方千米国土。1944年苏军发动10次战略性战役,除拉脱维亚西部沿海库尔兰部分地区有被围的30多个德国师于1945年5月9日后投降之外,其余所有德军皆被逐出苏联国境。

(2) 罗马尼亚和保加利亚武装起义。

1944年8月,罗马尼亚人民于8月23日举行武装起义。8月31日苏军进入布加勒斯特。9月肃清罗全境德军。1944年9月5日,苏联对保加利亚宣战。新成立的祖国阵线民主政府对德宣战。9月底,保加利亚在苏军协助下解放全部国土。1944年3月,德军占领匈牙利。苏军9月进入匈牙利。12月28日,匈牙利临时国民政府对德宣战。1945年2月13日,苏军解放布达佩斯。4月4日匈牙利解放。

(3) 南斯拉夫和阿尔巴尼亚解放战争。

1941年4月,德军侵占南斯拉夫。1944年10月20日,南军与苏军协同作战解放贝尔格莱德。此后苏军北上匈牙利,南军继续肃清境内13个师、30万德军,于1945年5月15日解放全部国土。1939年4月,意大利入侵阿尔巴尼亚。1943年7月,阿尔巴尼亚成立民族解放军总司令部;1944年11月17日,解放地拉那,11月29日解放全部国土。阿先后抗击过10万意军和7万德军,歼敌6.8万。

(4) 波兰和捷克斯洛伐克的解放。

1942年5月,波兰工人党领导成立人民近卫军。1943年12月波兰人民军正式诞生。1944年7月苏军进入波兰;8月1日爆发华沙起义,历时63天后失败。1945年1月17日,苏、波军队解放华沙,2月3日苏军进抵奥得河;波兰全境获得解放。1944年10月6日苏军进入捷境。1945年5月5日,捷举行布拉格起义;5月9日,苏军突入布拉格;5月11日,捷全境解放。

2）欧洲西线战场

盟军在欧洲开辟第二战场,被德军占领的西欧、北欧国家和意大利北部相继获得解放。德军在阿登山区发动最后反扑失败。

(1) 诺曼底登陆。

1944年6月6日,美、英和加拿大等国盟军5个步兵师、3个空降师在法国塞纳湾诺曼底沿海登陆。为此次登陆,盟军集结兵力达287.6万人,6500艘战斗舰艇和运输船只,11000架作战飞机及2700架运输机。迄12日已有19个师、32.6万人登陆,将5个登陆场连成一片。这是世界战争史上规模最大的两栖登陆战。

(2) 法国解放。

1940年,法国反法西斯各党派在国内组织各种抵抗运动。1943年6月,法国民族解放委员会在阿尔及尔成立。1944年8月19日,巴黎爆发武装起义;8月30日,以戴高乐为主席的法国临时政府成立;8月15日,美法联军在戛纳以西登陆,开始在法国南部作战;8月28日盟军开进马赛和土伦;9月12日,南北两支盟军在巴黎与马赛间的蒙巴尔会师。1944年底法全境解放。

(3) 比荷卢挪丹等国解放。

1944年9月2日,盟军进入比利时;9月8日,比利时政府从伦敦迁回布鲁塞尔;9月9日卢森堡解放。1945年3月荷兰全境解放。1945年5月上旬,挪威境内德军向盟军投降。1945年5月5日,丹麦境内敌军向盟军投降。

(4) 阿登战役。

1944年冬,德国在比利时与卢森堡交界的阿登山区实施代号为"悲哀之战"的最后反扑;12月德军冲破美军防线。1945年1月1日,德军又向驻阿尔萨斯美军进攻,盟军猝不及防,陷于被动,向苏军求援;1月12日,苏军全线发动攻势,盟军同时展开反击;1月28日,德军被赶回原来阵地。

(5) 意大利解放。

1943年9月,德国出兵占领罗马和意大利北部,并将被囚禁的墨索里尼营救出来,拼凑"意大利社会共和国"傀儡政府。1944年6月4日,盟军开进罗马。1945年4月29日,驻意德军残部投降;5月4日,意大利人民肃清境内敌军。

3）亚洲太平洋战场。

美军对太平洋日军重点设防岛屿实施海陆空联合作战,到1945年春夏打开通向日本本土作战大门。

(1) 太平洋岛屿作战。

美军分两路出击,越岛进攻,大体上经历三个阶段:① 1943年中至1944年9月,美军在西南太平洋战区攻占所罗门群岛、俾斯麦群岛,肃清新几内亚日军;在中太平洋战区攻占吉尔伯特群岛、马绍尔群岛、马里亚纳群岛和加罗林群岛。② 攻取菲律宾。1944年10月24至25日爆发世界海战史上规模最大的莱特湾海战。日、美双方共出动282艘舰只,日方从此丧失远洋作战能力。1945年3月4日美军收复马尼拉,3月中旬控制整个菲律宾。③ 1945年2月14日至3月8日,美军攻取距东京1200千米的硫磺岛。日军战死2.3万人,美军伤亡2.4万人。4月1日美军在冲绳岛登陆,在付出伤亡4.9万人的代价后,于6月30日占领全岛,取得进攻日本本土的海空军基地。

(2) 盟军在缅甸反攻。

1944年,中英美联军在缅甸、印度和中国云南几个方面相互策应,连续给予日军打击。1945年1月27日中国远征军在缅北与中国驻印军会师,打通中印、中缅公路。英军在南线取得对日作战的首次大捷。1945年5月2日盟军开进仰光,5月6日收复缅甸全部国土。

(3) 中国战场局部反攻。

1944年4月至1945年初,日军发起平汉、粤汉、湘桂铁路战役,以打通大陆交通线,攻占美国在华空军基地,消除对其本土轰炸威胁。中国国民政府军队抵抗不力,8个月内丧失大小城市146座,损失兵员50万~60万人。在日军后方,各解放区战场于1944年开始局部反攻,攻克城市70余座。至1945年春,解放区已发展到19个,总面积约95万平方千米,总人口9500万,八路军、新四军等人民军队发展到91万,民兵220万。

五、第二次世界大战结局

反法西斯同盟国在1945年迫使德国和日本投降。各国人民为了争取反法西斯战争的胜利付出极大代价,终于赢得和平与进步。

1. 两次重要会议

反法西斯同盟国协同作战,粉碎德、日法西斯的最后顽抗;同时商定处置战败国的原则,规划战后国际和平。

(1) 雅尔塔会议。

1945年2月4日至11日,美、苏、英三国首脑罗斯福、斯大林、丘吉尔在苏联克里米亚半岛举行雅尔塔会议。雅尔塔会议对于缓和盟国之间的矛盾、加强反法西斯统一战线、协调对德日的作战行动、加速反法西斯战争胜利进程以及战后惩处战争罪犯、消除纳粹主义和军国主义势力影响等起了重要作用,为联合国的建立奠定了基础。但会议的某些协议未经有关国家同意,具有明显的大国强权政治和绥靖政策的倾向,严重损害了中国等国的主权、利益和领土完整。三大国在会议上做出的战后世界秩序的安排被称为雅尔塔体系,对战后世界影响巨大。

这次会议是继1943年德黑兰会议后的第二次同盟国首脑会议。这次会议的结论在1945年7月至8月的波茨坦会议就有所争议。许多人批评此次会议使苏联以及各国共产党得以控制中欧、东欧以及亚洲许多国家,因为在会议中美国总统罗斯福以及英国首相丘吉尔都没有依照当时被占领的国家之期望,要求战后被苏联"解放"的国家交由联合国代管。此外为争取苏联对日宣战,会议部分内容侵犯中国权利甚大。会前其他国家并不知情,故其结论亦有"雅尔塔密约"之称。

(2) 波茨坦会议。

1945年7月17日至8月2日,苏、美、英三国首脑举行波茨坦会议,决定战后德国应非军国主义化,实行民主化,肃清纳粹主义,消灭垄断集团,重建德国经济。关于德国战争赔偿问题,最后商定赔偿应由每个占领国从自己的占领区征收,苏联还从西方占领区取得所拆迁的德国工业设备的25%,其中10%是无偿获得,15%用粮、煤交换。会议承认了新成立的波兰全国统一临时政府,并确定了波兰的疆界问题,会议决定设立苏、美、英、法、中五国外长会议,负责准备同欧洲战败国的和约。此外,还讨论了对意、罗、保、匈、芬等国的政策及其加入联合国组织的问题。7月26日,以美、英、中三国宣言形式发表了《波茨坦公告》,敦促日本立即无条件投降,宣布了盟国占领日本后将实施的基本原则,并重申《开罗宣言》必须实施。苏联对日宣战后成为四国共同宣言。

2. 夺取反法西斯战争最后胜利

（1）纳粹德国倾覆。

1945年4月，苏军集结250万人发起柏林战役，于4月25日完成对柏林的包围。4月1日西方盟军在鲁尔地区包围西线德军主力，并于4月18日迫使被围的32.5万德军投降。4月25日苏军与美军在易北河畔托尔高会师。4月27日，苏军突入柏林市中心。4月30日，希特勒畏罪自杀。5月3日柏林战役结束，德军伤亡25万人，被俘48万人。5月7日，在西方盟军司令部所在地兰斯，德国政府代表向美、英、苏、法代表签署无条件投降书。5月8日在苏军司令部所在地正式签署投降书，德国纳粹政权彻底覆灭。5月9日欧洲战事结束。

（2）日本战败。

1945年7月28日，日本政府拒绝《波茨坦公告》。8月6日和9日，美军飞机分别在广岛和长崎投下原子弹。8月8日，苏联对日宣战。8月14日，日本天皇向全国广播了接受波茨坦公告、实行无条件投降的诏书。8月15日，日本政府正式宣布日本无条件投降。9月2日上午9时，在停泊于东京湾的美国战列舰"密苏里"号上举行向同盟国投降的签降仪式。日本新任外相重光葵代表日本天皇和政府、陆军参谋长梅津美治郎代表帝国大本营在投降书上签字。

（3）美机空袭日本和投掷原子弹。

自1944年中起，美国飞机连续大规模空袭日本，到战争结束前共出动14569架次，投弹10万余吨，严重打击了日本军事工业，也导致日本居民大量死伤，近千万人流离失所。1945年8月6日，美机在广岛投下当量为2万吨TNT炸药的原子弹，日本居民死难78150人，受伤和失踪51408人。8月9日，美机在长崎投掷第二颗原子弹，居民死难23750人，受伤43020人。

（4）苏联对日作战。

1945年8月8日，苏联对日宣战。次日，百余万苏军分别从西、东、北三个方向在中国东北、内蒙古和朝鲜北部4000余千米战线上对日军发起进攻。8月15日日本宣布投降后，关东军总司令于8月18日下令部队投降。在中国军民协助下，苏军于8月底肃清中国东北地区顽抗的日军。8月11日至30日，苏军进军朝鲜北部，推进到三八线。同期还占领萨哈林岛（库页岛）南部和千岛群岛。9月1日进占国后、色丹两岛。苏军共击毙日军8.3万余人，俘虏59.4万人。

（5）中国全面反攻。

1945年8月，八路军、新四军抽调10万余人进军东北，会同东北抗日联军配合苏军作战。日本投降后，由中国国民政府接受关内各省和越南北纬16°以北地区日军投降。至10月底，日军投降完毕，共128万名官兵放下武器，伪军投降者146万人。中国战场在抗战期间毙伤俘日军总数，按日方有关统计为133万人（不含东北抗日联军歼敌17万人）。太平洋战场盟军共使日军损失124.7万人（包括印缅战场中、英、美三国军队共同消灭的日军16万人在内）；苏军共使日军损失67.7万人。

（6）亚洲各国抗日斗争。

朝鲜于1943年建立人民革命军。1945年8月配合苏军解放朝鲜北部。1940年9月日军入侵印度支那，越南人民举行北山起义。1945年5月越南解放军成立；9月2日越南民主共和国成立；同日，越南北纬16°线以南日军向英军投降。1942年1月马来亚人民抗日军成立。经过3年艰苦斗争,解放全国一半以上的农村。1942年3月菲律宾人民抗日军成立;10月美军在菲律宾登陆。1945年3月8日,昂山领导缅甸国民军在曼德勒起义,后全缅掀起起义,配合盟军反攻。1945年自由泰人运动用美国援助的武器装备近万人的武装力量。后英军在泰国登陆,接受日军投降。

（7）日本法西斯投降。

1945年8月9日,日本最高战争指导会议、内阁会议就是否接受《波茨坦公告》争论不休,最后经天皇裕仁裁决,8月10日,日本正式接受该公告。8月15日天皇广播投降诏书,8月17日向国内外日军发布和平投降命令。散布在远东、南亚、东南亚各国和太平洋岛屿的330万日军陆续向盟军投降。8月30日美军在东京及附近地区登陆,实现对日本的占领。9月2日,日本正式签署投降书。至此,反法西斯的第二次世界大战结束。

六、第二次世界大战的影响和特点

第二次世界大战使人类蒙受空前灾难。战火燃及欧洲、亚洲、非洲和大洋洲四大洲及大西洋、太平洋、印度洋、北冰洋四大洋,有五六十个国家参战,作战区域面积2200万平方千米。在抗击德、日、意法西斯的战争中,中国坚持了8年,英国6年,苏联4年2个月,美国3年9个月。双方动员军事力量约9000万,其中苏联2200万,美国1500万,英国1200万,轴心国德、日、意3000万。中国共有4.5亿人卷入战争。按不完全统计,战争中军民共伤亡9000余万,死亡者达5500万,是历次战争中死亡人数最多的一次。死亡者中有一半是无辜的平民。直接军费开支11170亿美元(中日军费开支自1937年算起),参战国物资总损失价值40000亿美元。数不清的人类历史文化遗产毁于一旦。

第二次世界大战唤醒了人民,引起社会主义和民族解放运动的高涨,同时也促使资本主义世界各国的统治集团设法调整、改善其经济政治制度。

第二次世界大战是一场现代化的战争,旷日持久,消耗巨大,战争中部署的人力和武器之多,是以前历次战争无法比拟的。战争的胜利,依赖于雄厚的物质基础。同盟国之所以最终取得胜利,除战争的正义性之外,拥有强大的人力、物力和财力资源是一个重要原因。而轴心国进行的是侵略战争,失道寡助,资源不足,故难逃失败之命运。这次战争是两大联盟之间的生死搏斗,同盟国之间的战略协同较好,特别是中、苏、美、英等国的首脑在战争期间多次会晤,对加强各盟国在对敌作战中的协同起了很大作用。而轴心国却是同床异梦,相互掣肘,这也是它们必然失败的原因之一。这次战争是在几个战场同时展开的,苏、美、英三国在战争中坚持先德后日、先欧后亚方针,较好地处理了两线作战问题。而德国则是在西欧战事未结束时就匆忙向苏联发起进攻,日本也是在身陷中国战场不能自拔的情况下,冒险发动太平洋战争,结果陷入腹背受敌、两面挨打的困境。这次战争使用了许多新式武器装备,如喷气式战斗机、火箭炮、V-1飞弹、V-2弹道火箭、原子弹及雷达等,对作战进程以及战后的军事学术发展和部队编制都有较大影响。

例题分析

战争是人类的灾难,是我们应记取的教训,第二次世界大战尤其如此。

【例题1】雅尔塔会议是第二次世界大战末期美、苏、英三国首脑罗斯福、斯大林、丘吉尔在苏联克里米亚半岛雅尔塔举行的会议,会议时间为1945年2月4日至11日。以下有关雅尔塔会议的描述,错误的是(　　)。

　　A. 这次会议为联合国的建立奠定了基础

　　B. 会议是继 1943 年的德黑兰会议后的第二次同盟国首脑会议

　　C. 会议维持了同盟国间的战时团结,对夺取战争的全面胜利、建立战后新的国际秩序有其积极作用

　　D. 在牵涉其他国家的主权利益问题上,会议体现了世界各国平等合作,尊重主权完整的原则

　　解析：此题答案为 D。雅尔塔会议的某些协议未经有关国家同意,具有明显的大国强权政治和绥靖政策的倾向,严重损害了中国等国的主权、利益和领土完整。三大国在会议上做出的战后世界秩序的安排被称为雅尔塔体系,对战后世界影响巨大。

【例题 2】1943 年 11 月 22 日至 26 日,美、英、中三国政府首脑在开罗举行会议。会议签署了著名的《开罗宣言》。关于《开罗宣言》内容的描述,正确的是(　　)。

　　A. 该宣言是战后处理日本问题的主要国际文件

　　B. 该宣言标志着以美、英、中为核心的世界反法西斯联盟正式形成,并为建立联合国组织奠定初步基础

　　C. 该宣言通过了 1944 年在欧洲开辟第二战场的部署,缓解了苏、美、英三国在对德作战方针上的尖锐分歧,为联合国的诞生进一步奠定了基础

　　D. 该宣言是美、英、中战时政治联盟的标志,成为以后联合国宪章的基础,对于动员和鼓舞全世界人民、加强反法西斯联合起了积极推动作用

　　解析：此题答案为 A。开罗会议签署的《开罗宣言》是战后处理日本问题的主要国际文件。其余都是错误的。

【例题 3】1943 年 1 月苏军突破德军对列宁格勒的封锁。同年夏,德军在库尔斯克南北集结,力图在此区域粉碎苏军主力,夺回战略主动权。7 月 12 日苏军反攻,8 月 23 日收复哈尔科夫。在激战的 50 天中,双方动用的总兵力达 400 余万人,共出动坦克和自行火炮 1.3 万多辆、作战飞机近 1.2 万架,是第二次世界大战中最大的坦克兵团会战。这就是第二次世界大战中著名的库尔斯克会战。关于库尔斯克会战的描述,正确的是(　　)。

　　A. 这次会战之后,《苏德互不侵犯条约》在莫斯科签订

　　B. 这次会战使德军首次遭到重大挫折,希特勒的闪电战亦告破产

　　C. 苏军由此完成了苏德战场的根本转折,从战略防御全面转入战略反攻阶段

　　D. 这次会战是苏联卫国战争的转折点,同时也标志着世界反法西斯战争发生历史性转折

　　解析：此题答案为 C。库尔斯克会战使苏军完成了苏德战场的根本转折,从战略防御全面转入战略反攻阶段。其余都是错误的。

【例题 4】第二次世界大战是指 1939—1945 年以侵略者德、日、意法西斯轴心国为一方,以反法西斯同盟国和全世界反法西斯力量为另一方进行的第二次全球规模的战争。关于第二次世界大战的起因,下列说法错误的是(　　)。

　　A. 第一次世界大战之后,战胜国日本扩张要求日益强烈

　　B. 第一次世界大战之后,战胜的德国因未能获得英、法许诺的领土而不满

　　C. 德、日、意等后起的帝国主义国家所确立的法西斯政权及其侵略扩张,是这次世界大战的根源

D. 随着1929—1933年世界资本主义经济危机的爆发,帝国主义制度的各种基本矛盾重新尖锐化并愈演愈烈,以致发展到诉诸战争

解析： 此题答案为B。第一次世界大战后,按照英、法、美等主要战胜国的意志确立了凡尔赛—华盛顿国际关系体系。战败的德国不甘心于《凡尔赛和约》给予的严厉惩罚和约束,战胜国意大利因未能获得英、法许诺的领土而不满,另一个战胜国日本扩张要求日益强烈。

【例题5】 1945年7月17日至8月2日,苏、美、英三国首脑举行波茨坦会议。会议就结束对日作战的条件和战后处置日本的问题达成协议,即《波茨坦公告》。有关波茨坦会议和《波茨坦公告》,下列说法错误的是(　　)。

A. 1945年7月28日,日本政府接受《波茨坦公告》

B. 苏联对日宣战后,《波茨坦公告》成为四国共同宣言

C. 《波茨坦公告》以中、美、英三国共同宣言的形式发表

D. 波茨坦会议决定,战后德国应非军国主义化,实行民主化,肃清纳粹主义

解析： 此题答案为A。1945年7月28日,日本政府拒绝《波茨坦公告》。1945年8月9日,日本最高战争指导会议、内阁会议就是否接受《波茨坦公告》争论不休,最后经天皇裕仁裁决,8月10日,日本正式接受该公告。

第八章 冷战时期局部战争和事件

第二次世界大战(简称二战)刚结束的时候,各老牌资本主义国家的国力,除美国以外都不同程度地遭到削弱,对原来所属殖民地的控制力也相应减弱。与此同时,各殖民地国家为争取国家独立和民族解放而纷纷揭竿而起,反对帝国主义的殖民统治,从而引发局部战争,如越南抗法战争、非洲独立战争等。这也成为战后局部战争的一个重要原因。进入冷战时期,在很长时间内,世界都笼罩在核战争的乌云之下,但世界大战却没有再次爆发。局部战争成为这一时期的主要战争形态,也是我们研究战争的重点对象和重要内容。冷战期间发生局部战争的原因多种多样,但主要的根源在于超级大国争夺世界霸权、个别地区霸权国家的侵略扩张等。而历史上长期以来形成的国家分裂、民族矛盾和宗教矛盾是这一时期局部战争的又一重要诱因。

一、朝鲜战争

朝鲜战争,也就是我国通常所提到的抗美援朝战争,是指1950年6月朝鲜(朝鲜民主主义人民共和国)和韩国(大韩民国)之间爆发的战争,战争自1950年6月25日开始,一直持续到1953年7月27日停战协定签署后才结束。韩国人通常称这次战争为"6·25"战争(以战争爆发日命名)或韩国战争,而北朝鲜则称之为祖国解放战争。美国政府则称之为朝鲜半岛联合国警察行动——朝鲜冲突,而不是称之为朝鲜战争,这很大程度上是因为,如果称之为战争,那就意味着美国国会曾授权宣战,而实际上美国国会并没有就此对外宣战。人们有时也称这场战争为"被遗忘的战争"或者"无名战争",因为这场发生在二战之后、越战之前的战争虽然是20世纪较大的军事冲突之一,但却远没有第二次世界大战那么引人关注。在这次战争中,参战各方首次将一战和二战的技术结合使用:战争伊始,步兵兵团快速推进,然后是美军及联合国军空军的大规模轰炸袭击,随后由于双方都未能固守夺取的阵地,战争很快回到一战模式——1951年1月参战各方陷入堑壕战,并一直持续到战争末期的各方的僵持阶段。

(一)战争起因

朝鲜战争,发生在第二次世界大战之后的冷战初期,是一场从朝鲜内战升级为多国派兵参加、具有相当规模的国际性的局部战争。战争的起因在于朝鲜半岛上当时并存的两个政权都试图统一朝鲜半岛。二战结束后,美、苏分别在北纬38度线为界的朝鲜南北部接受日本投降。之后,美国先是于1948年5月10日在南朝鲜举行选举。接着,又一手包办了这届南朝鲜国会(又称制宪国会),确保李承晚当选为总统。8月15日,大韩民国在汉城宣布成立,李承晚在成立仪式上声称北进,用武力统一全朝鲜,并得到了出席该仪式的美国远东地区陆军司令麦克阿瑟的支持。8月25日,北朝鲜举行了最高人民会议的选举。9月8日,金日成当选为朝鲜民主主义人民共和国内阁首相。9月9日,朝鲜民主主义人民共和国正式成立。此后,朝鲜北南双方均制定了武力统一全朝鲜的计划。

战争爆发前,朝鲜半岛上两个并存的政权曾试图谈判协商进行朝鲜全民选举而统一朝鲜半岛,但随着朝鲜半岛北纬38度线附近双边边界冲突升级,最终朝鲜军队在1950年6月25日反攻进入南韩,双方的谈判宣告破裂,朝鲜战争正式爆发。究其根本,美国为实现其国家战略利益,插手朝鲜半岛内政,破坏半岛民族团结及和平统一,是导致朝鲜战争爆发的根本原因。

(二)各战略目的

朝鲜战争实际参战的有四方:美国、韩国、朝鲜和中国人民志愿军,参战各方的目的各有不同。

1. 美国

1950年6月19日,时任美国总统特使的杜勒斯曾经在韩国国会上口吐狂言:"共产党终将失去对北朝鲜的控制",充分暴露了美国方面参战的目的。美国裹胁16国组成所谓"联合国军",迅速介入朝鲜内战,其战略目的一方面是帮助韩国占领全朝鲜,进一步威胁新中国;另一方面,也是其战略核心所在,就是要突破社会主义阵营,"遏制"共产主义,在冷战和随后争夺世界霸权的激烈冲突中占据先手。

2. 朝鲜半岛南北双方

韩国和朝鲜的战略目标都是想通过武力控制整个朝鲜半岛,实现国家的统一。

3. 中国

我国提出的口号是"抗美援朝,保家卫国",志愿军参战的目的,一方面是要帮助朝鲜击退侵略,解除危难,进一步解决东北边境所面临的安全问题,把战火拒之国门外,使祖国人民免受战争祸害,保卫祖国的国民经济恢复和经济建设,为我国人民赢得和平的生活环境和生产环境,实现"保家卫国"的目标;另一方面则是粉碎美国突破社会主义阵营的企图,捍卫社会主义阵营的集体安全。

(三)战争经过

1. 第一阶段:朝鲜内战爆发

从1949年1月至1950年6月,朝韩双方在"三八线"附近共发生了2000多起纠纷。这种武装冲突不断升级,终于于1950年6月25日拂晓,战争全面爆发。朝鲜12万人民军在击退韩国军队的进犯后,开始反攻。韩国军队兵败如山倒,朝鲜人民军两路追击大举南下,6月28日夺取汉城,7月20日占领大田,7月24日占领木浦,7月31日则占领了晋州。韩国国防军和美军被一直逼退到釜山。此时美军第25师收到死守南方防线的命令,不得再后退。朝鲜人民军已占领朝鲜半岛90%的土地、92%的人口。

2. 第二阶段:美国的干涉

1950年6月26日,美国总统杜鲁门命令驻日本的美国远东空军协助韩国作战,27日美国宣布武装援助南朝鲜,干涉朝鲜内政,命令美国第七舰队驶入基隆、高雄两个港口,在台湾海峡巡逻,阻止解放军解放台湾。随后,美国操纵联合国安全理事会通过决议,组成"联合国军",以美军为主导,英国、土耳其、加拿大、泰国、新西兰、澳大利亚、荷兰、法国、菲律宾、希腊、比利时、哥伦比亚、埃塞俄比亚、卢森堡、南非等15个国家军队参战,与韩国国防军一同归驻日的美远东军指挥,进一步扩大侵朝战争,五星上将麦克阿瑟为美军远东军司令。7月5日美军参加了第一场对朝鲜的战役。

8月6日麦克阿瑟将军在东京与其他高级军官会面,并说服他人实施风险很大的仁川登陆计划。9月15日,麦克阿瑟登上旗舰"麦金利山"号亲自督战,在美英两国300多艘军舰和500多架飞机掩护下,美军第十军团成功登陆仁川,从朝鲜军队后方突袭,切断朝鲜半岛的蜂腰部一线,迅速夺回了仁川港和附近岛屿。9月22日,撤退到釜山环形防御圈的联合国军乘势反击,9

月 27 日仁川登陆部队与釜山部队于水原附近会合,一日之后重新夺回汉城。同日,美国参谋长联席会议与总统杜鲁门都同意了麦克阿瑟要求乘势追击,将共产主义逐出整个朝鲜半岛的建议,次日美军部队就逼近三八线,10 月 1 日韩国第一批部队终于进入朝鲜作战。

10 月 7 日,美军大举越过三八线,向平壤推进,并于 19 日占领该城。到 10 月 24 日,美国第 8 集团军的部队在楚山和渭原市地域内前出到了朝中边境,已构成对中国的威胁。

3. 第三阶段:中国抗美援朝

1950 年 10 月 19 日,中国人民志愿军入朝作战。

10 月 27 日至 31 日,中国人民志愿军发动第一次战役,联合国军退至清川江和德川地区。

11 月 26 日至 12 月 6 日,志愿军从云山、龟城一带发起对联合国军的攻击,展开第二次战役,迅速向南推进。12 月 5 日,志愿军收复平壤。

12 月 7 日,印度驻华大使潘尼迦向中国外交部转交印度、埃及、缅甸、菲律宾等 13 国联合倡议备忘录。倡议提出:作战双方先在三八线停火,然后谈判和平解决朝鲜问题。备忘录称:"如果中国宣布不越过三八线的话,则将得到这些国家的欢迎和道义上的支持。"同日,苏联驻联合国代表否决了在朝鲜恢复和平的提案。

12 月 15 日,联合国军退至三八线以南。

12 月 31 日,志愿军发动第三次战役;1951 年 1 月 4 日,占领汉城,跨越汉江,收复仁川,推进到三八线以南 80 公里。

1951 年 1 月 11 日,联合国大会通过联合国停战小组提出的停战五项原则:立即停火;召开会议,恢复和平;外国军队分阶段撤出;安排朝鲜人民自由选举其政府,为统一朝鲜做出安排;停火后英美苏和共产党中国召开会议,讨论远东问题,包括台湾地位问题及共产党中国在联合国的代表权问题。

1 月 15 日至 25 日,联合国军发动"猎狼狗"战役,志愿军退却至汉城以南 60 千米的乌山。

2 月 11 日,志愿军发动第四次战役,迫使联合国军从朝鲜中部撤退。

2 月 21 日,联合国军连续发起多次战役,大举反攻,收复汉城。

4 月 22 日至 6 月 10 日,志愿军发动第五次战役。

4. 第四阶段:停战谈判

1951 年 7 月 10 日,双方在开城举行了第一次停战谈判,之后进入边打边谈阶段。

1952 年 10 月 14 日凌晨,联合国军第 8 集团军司令范弗里特发动金化以北的上甘岭战役,双方在表面阵地上失而复得、得而复失。多次反复争夺的结果令双方皆死伤惨重。前后历时 43 天,在 3.7 平方公里的地区,共发射炮弹超过 230 万发,岭上泥土平均被炸翻出至少 3 米。中国人民志愿军军队伤亡情况剧增,不过阻止了美军的攻击,更使美军伤亡情况剧增,环岭遭击毙美军遗尸超过千具以上。

1953 年 7 月 27 日上午 10 时在板门店,朝、中、美三方签署了《朝鲜停战协定》及《关于停战协定的临时补充协议》的停火协议,正式停战。

(四)影响和启示

相对于第二次世界大战来说,朝鲜战争只是一场规模不是很大的局部战争。整个战争都局限在朝鲜半岛不大的空间内,参战的国家以及运用的武装力量的规模都相对有限。但是,朝鲜战争发生在冷战开启的特殊时期,是美苏争霸的直接体现,再加上美国以及刚刚浴火重生的新中国直接出兵参战,此战加剧了两极对峙,对当时乃至之后数十年的国际格局都产生了重大的影响。

对于朝、韩双方而言,此战进一步加剧了朝鲜半岛的分裂局面,破坏了南北双方走向国家统一和民族团结的希望,导致时至今日,半岛仍是国际热点之一,时刻引起国际局势的动荡。对于中国来说,由于中国人民志愿军的英勇顽强,最终迫使美国停战,取得了抗美援朝作战的胜利,捍卫了国家安全,极大地提高了中国的国际地位,但也使中美长期处于敌对状态,直到1972年美国总统尼克松访华才得到改善。某种程度上也因此导致失去了解放台湾的有利时机。美国在此战中,虽然损兵折将,被迫停战,但最终基本控制了南韩,实际上加强了对亚太地区的控制。苏联虽然没有直接参战,但也是战争中重要的利益争夺者。通过此战,苏联巩固了其在亚太地区的利益,获得了在该地区与美国对抗的能力。同时,由于朝鲜战争的爆发,美国对于日本的态度也由原本的削弱转为扶植,极大地刺激了日本经济的发展,使日本在此后较长时期内走上了高速发展,从而一跃成为经济大国。

朝鲜战争使参战各方遭受了巨大的损失。仅就人员损失来说,自1950年10月25日参战至1953年7月27日停战,中国人民志愿军共阵亡114000余人,医院救治战斗和非战斗负伤的伤员383000余人次,其中救治无效致死者21600余人,去掉伤员因第二、第三次负伤而造成统计上的重复数位和救治无效死亡以及非战斗负伤者,故最后确定的战斗伤亡减员总数为366000余人。除伤亡减员外,志愿军还有29000余人失踪,失踪者中除在美方战俘营中的21400余人外,尚有8000余人下落不明,估计多已在战地或在被俘后死亡。如此可以确定,加上失踪,在整个抗美援朝战争中,中国人民志愿军共计战斗损失39万余人。加上朝鲜人民军的伤、亡、失踪数量,中朝军队共损失62.8万的兵员代价。据1953年8月14日中朝联合公报的战情记载:中国共计毙伤俘敌力109万。而韩国国防部《韩国战争史》记载:美军损失17.98万(美公布14.2万),南朝鲜损失98.84万,总计113万(均不包括非战斗减员),比我方公布的还多4万。

二、中东战争

中东地区是欧洲人以欧洲为中心而提出的一个地理概念,它包括埃及、叙利亚、黎巴嫩、伊拉克、约旦、科威特、巴勒斯坦和以色列等18个国家和地区,面积740万平方千米,它衔接亚、非、欧三大洲,并拥有丰富的石油资源,战略位置十分重要。巴勒斯坦位于亚洲西部地中海东岸,为约旦河和以西一狭长地区,面积约2.7万平方千米,北邻黎巴嫩,东北接叙利亚的戈兰高地,东邻约旦,南端一角临红海亚喀巴湾,西南与埃及的西奈半岛接壤。巴勒斯坦和西奈半岛地处亚、非、欧三大洲会合处,扼三洲、两洋、四海的交通要冲,是联结东西部阿拉伯国家的纽带,战略地位非常重要。

长期以来,巴勒斯坦一直是强邻和大国争夺的主要目标,在历史上也出现过部族的迁徙和后来者征服先来者。而邻近的苏伊士运河是波斯湾各主要产油国经阿拉伯海、红海、地中海通往欧美各国的主要通道。第二次世界大战后,阿拉伯国家同以色列之间先后进行五次战争。因发生在中东巴勒斯坦及死海周围地区,因此通常统称为中东战争,有时也称之为阿以战争。

(一)战争起因

阿拉伯人和犹太人的祖先都曾在巴勒斯坦地区建国,自古以来受到周边国家和欧洲强国的侵略和统治。公元前1世纪,罗马帝国入侵巴勒斯坦,犹太人或被屠杀,或被赶出该地区,流落各地,受到歧视和迫害。19世纪末,西欧等地犹太人发起复国运动,陆续迁返巴勒斯坦。第一次世界大战后,巴勒斯坦地区于1922年成为英国的"委任统治地"。第二次世界大战期间,犹太人在欧洲被德国法西斯屠杀达600万人。战后,犹太人的复国要求日趋强烈。新老殖民主义、帝国主义国家出于向中东地区扩张的需要,支持犹太人复国,同时利用阿犹民族矛盾制造事端,致使阿犹之间的武装冲突时有发生并逐步发展。1947年11月,第二届联合国大会通过巴勒斯坦分治决议,规定在该地区建立阿拉伯和犹太两个国家,耶路撒冷市由联合国托管。由于该地区阿拉伯人口较多,而划给阿拉伯国的版图较小,且多为丘陵和土地贫瘠地区,因此阿拉伯国家坚决抵制分治决议,反对建立犹太国家。日趋激化的阿犹民族矛盾,新老殖民主义、帝国主义、霸权主义国家对这一地区的争夺,是引发战争的主要原因。

(二)历次中东战争基本情况

1. 第一次中东战争(1948—1949年)

又称巴勒斯坦战争,以色列称"独立战争"。1948年5月14日,英国结束对巴勒斯坦的委任统治。当日下午,犹太人宣告建立以色列国。次日凌晨,外约旦、伊拉克、叙利亚、黎巴嫩、埃及和沙特阿拉伯等阿拉伯国家为扼杀刚建立的以色列国,出动4万军队(后增至6万人)从三面向以色列发起进攻。南面,埃及、沙特阿拉伯军队攻占贝尔谢巴后,进逼临时首都特拉维夫和耶路撒冷;东面,外约旦和伊拉克军队攻占耶路撒冷东城区(旧城),几乎把以色列占领区拦腰切断;东北和北面,叙利亚和黎巴嫩军队的进攻受到以军顽强阻击。以色列国防军前身"哈加纳"等武装部队(共3万人)虽顽强抵抗,但战争初期极为被动。以军加紧扩编(几个月后增至10万人)、调整部署、统一指挥,财政上得到美国援助,并从捷克斯洛伐克转运西欧国家的武器,先后于5月、7月、10月和12月逐次展开反攻和进攻。阿拉伯国家因受帝国主义国家掣肘,缺乏统一的作战指挥,武器装备和部队素质较差,结果战败。阿方亡约1.5万人,以军亡约6000人。1949年2月至7月,埃、约、黎、叙分别同以色列签订停战协定。结果,以色列占领除加沙和约旦河西岸部分地区以外的巴勒斯坦大部地区,其中包括分治决议划归阿拉伯国的约6700平方千米土地,使近百万巴勒斯坦阿拉伯人被赶出家园。

2. 第二次中东战争(1956—1957年)

又称苏伊士运河战争或英法以侵埃战争,以色列称"西奈战役"。1956年10月,英、法、以色列借口埃及宣布苏伊士运河公司收归国有和禁止以色列船只通过运河与蒂朗海峡,联合向埃及发动进攻,企图重新控制运河,推翻埃及总统纳赛尔领导的民族进步政府,镇压阿拉伯民族解放运动。10月29日17时,以军首先在西奈半岛战略要地米特拉山口空降1个加强伞兵营,随后出动10个旅的兵力,以坦克部队为先导分四路实施快速突击,一周内占领西奈半岛和加沙地区。10月31日,英法联军(100余艘舰艇、约650架飞机以及大量海军陆战队和其他地面部队)出动飞机和舰艇袭击埃及空军基地和港口,掌握制空制海权,使拥有250余架作战飞机的埃及空军遭到毁灭性打击。11月5日,英、法空降兵在塞得港和福阿德港地区空降,并大量使用直升机实施机降作战;6日,两国登陆部队2.2万人占领塞得港和福阿德港,随后沿运河向南推进约30公里。纳赛尔为集中兵力保卫运河,命令驻西奈半岛埃军3万人撤回运河区。埃军(野战部队15万人、坦克500余辆)奋力抗击入侵者。塞得港武装起来的人民群众勇敢战斗,配合正规军抗击英、法军队的进攻。战争中,埃及人民得到全世界人民的道义支持,并利用美、苏与英、法之间的矛盾,迫使侵略者于11月6日深夜同意停火和撤军。12月,英法联军撤兵,以军于次年3月撤出加沙地区和西奈半岛。以色列取得通过蒂朗海峡的航行权,联合国部队进驻加沙和亚喀巴湾沿岸地区。战争中,埃军亡约1600人,损失飞机210架;以军亡约200人,损失飞机约

20架;英、法军队损失很小。

3. 第三次中东战争(1967年)

又称"六五战争",阿拉伯国家称"六月战争",以色列称"六天战争"。1967年,美、苏对中东的争夺加剧,阿拉伯国家反控制、反侵略斗争日益发展。以色列为了向外扩张并压制阿拉伯民族解放运动,借口埃及封锁亚喀巴湾,决定对埃及发动突然袭击。5月上旬,苏联向阿拉伯国家提供了以军在边境集结的情报。中旬,埃及要求联合国部队撤离加沙地区和西奈半岛,并封锁蒂朗海峡;同时命令进驻西奈半岛的7个师约10万人和近千辆坦克集结备战。6月5日晨,以军乘埃军早饭和军官上班前戒备松懈之机,集中使用200架作战飞机袭击阿拉伯国家25个空军基地,击毁埃军绝大部分飞机于地面,给埃空军以毁灭性打击;同时击毁叙利亚飞机50余架、约旦飞机约20架、伊拉克飞机10余架。以军掌握制空权后,出动22个旅实施多方向快速突击,4天内在西线占领西奈半岛和加沙地区,东线占领耶路撒冷东城区和约旦河西岸全部地区。6月10日又向东北出击,占领叙利亚的戈兰高地。8月至11月,埃、约、叙先后同意停火。至此,以色列共侵占阿拉伯国家领土约6.5万平方公里,把联合国分治决议规定的犹太国版图扩大5倍多;数十万巴勒斯坦阿拉伯人被赶出家园,阿以矛盾更加尖锐。战争中,阿方亡4300人(多数为埃军),损失坦克约960辆(埃及约占700辆)、作战飞机440余架(埃及350余架,占埃机总数80%以上)。

战后,阿以对抗继续发展,小规模交火事件经常发生。1967年10月,埃及海军使用"冥河"式舰舰导弹击沉以军驱逐舰"埃拉特"号,首创导弹击沉军舰的纪录。1968年下半年,双方进入"消耗战"时期:埃军炮兵部队开始向运河东岸以军阵地实施大规模炮击;以军从1969年下半年开始向运河西岸包括开罗周围地区实施战略空袭。此外,双方还经常派遣突击队偷袭对方。1970年8月,双方实现停火。停火后,阿以双方都为下次战争做准备,分别从苏、美得到新式飞机、坦克、火炮以及各种战术导弹和电子对抗设备等武器装备。苏、美对中东的争夺加剧,是导致第四次中东战争的重要国际原因。

4. 第四次中东战争(1973年)

又称"十月战争",阿拉伯国家称"斋月战争",以色列称"赎罪日战争"或"十八天战争"。1973年10月,埃、叙为收复失地和摆脱美、苏造成的"不战不和"局面,向以色列开战。伊拉克、约旦、阿尔及利亚、利比亚、摩洛哥、沙特阿拉伯、苏丹、科威特、突尼斯和巴勒斯坦解放组织派部队或飞机参战。埃及(总统萨达特)企图收复运河东岸部分失地,为尔后通过谈判收复西奈半岛创造条件。叙利亚(总统阿萨德)企图收复全部戈兰高地。埃、叙为达成进攻的突然性,采取反复动员复员、进行军事演习等多种欺骗措施并把开战时间选定在伊斯兰教斋月(穆斯林白天斋戒)和犹太教赎罪日(教徒当日斋戒,停止一般公务活动),隐蔽进攻企图和进攻时机。以色列于1967年侵占埃、叙部分领土后,扩大了防御纵深,并在运河东岸构筑巴列夫防线和在戈兰高地构筑防线,转取守势战略。以军自恃有强大的空军、坦克部队和侦察情报系统,骄横麻痹,疏于戒备。直到开战前数小时,以统帅部(总理梅厄、国防部长达扬等)仍认为埃、叙不敢发动进攻,在西奈半岛只驻4个旅,在戈兰高地只驻3个旅。10月6日14时,埃、叙使用优势兵力在炮兵、航空火力和防空火网掩护下,分别向西奈半岛(西线)、戈兰高地(北线)同时突然发起进攻。北线,叙3个步兵师当日突破以军防线,7日又投入2个装甲师,进抵距以本土数公里的地区。西线,埃陆军在海、空军协同下强渡运河,第2集团军3个步兵师在大苦湖以北、第3集团军2个步兵师在大苦湖以南迅速突破巴列夫防线,步兵携带反坦克导弹、火箭筒率先穿过以军各支撑点间的空隙,击毁大量以军坦克;工程兵快速破堤,9小时打开60条通道,架设浮桥12座,保障2个装甲师、2个机械化师等后续部队渡河。海军则同以军舰艇进行海战并用舰炮支援地面部队进攻。10日,埃军按预定计划停止大规模进攻。以色列在损失惨重、极为被动的情况下,迅速动员预备役部队,使总兵力增至近40万人,先以北线为重点,遏制叙军进攻并实施局部反击,集中使用空军主力向叙地面部队和防空导弹阵地展开攻击并空袭叙后方大城市。11日,以军3个师转入进攻,越过1967年停火线,形成威胁叙首都大马士革之势,并打击了伊拉克、约旦的援叙部队,夺得北线战场主动权。继之,以军将重点转向西线。当埃军于14日投入1000辆坦克展开第二次大规模进攻时,以军投入800辆坦克,步、坦、炮协同作战,并使用武装直升机和其他飞机发射"小牛""百舌鸟"式空地导弹和"白星眼"式电视制导炸弹等,击毁埃坦克250辆,迫使埃军当日撤回进攻出发阵地。这是第二次世界大战后最大规模的坦克大战。15日晚,以军沙龙师向大苦湖地区埃第2、第3集团军接合部穿插突击,先头部队于16日晨在湖北侧德维斯瓦附近渡河,摧毁若干埃防空导弹阵地,为空军活动创造有利条件;架设浮桥后,又有2个师渡河,向南迂回,发展进攻。23日进抵苏伊士湾,占领阿代比耶港,对苏伊士城和埃第3集团军形成合围态势,夺得西线战场主动权。24日,埃以双方按照联合国安理会决议停战。埃、叙同以分别于次年1月和5月签署第一阶段脱离军事接触协议。至此,埃控制了运河东岸纵深约10公里的狭长地带,基本达到战略目的(1982年4月,根据1979年3月埃以和平条约,以色列完全撤出西奈半岛)。北线以军撤至1967年停火线以西。

此次战争,双方损失重大。死亡人数大致为:以色列2,800人、埃及5000人、叙利亚3000人、其他阿拉伯国家500人;坦克损失:以军850辆、埃军1000辆、叙军1000辆、其他阿拉伯国家200辆;飞机损失:以军110架、埃军260架、叙军130余架、其他阿拉伯国家50余架;舰艇损失:以色列1艘、埃叙共10艘。由于在短时间内消耗巨大,双方不得不在战争期间分别请求苏、美供应武器装备。苏联和美国先后从10月10日和13日向阿、以实施战略空运。苏联在29天中出动大型运输机930余架次,给埃、叙空运约1.5万吨军用物资(海运23万吨物资于停战后到达)。美国出动566架次,给以色列空运约2.3万吨物资(不含以色列民航空运的5000吨)。其间,阿拉伯国家使用"石油武器",采取提高油价、限制输出等手段,力图遏制美国和西欧一些国家对以色列的支持,从经济上给以色列和美国等亲以国家以一定打击。

5. 第五次中东战争(1982年)

第五次中东战争是以色列为消灭巴勒斯坦解放组织,借口其驻英国大使被巴勒斯坦游击队刺杀而发动的一次战争。1982年6月4日,以色列在美国的支持和纵容下,出动飞机空袭贝鲁特和黎南部巴解游击队基地。6月6日11时,以军出动4个旅约2万余人,经过长达5小时的炮兵和航空兵火力准备后,在武装直升机和海、空军及炮兵火力支援下,在宽达53公里的正面上,分西、中、东三路向巴勒斯坦解放组织游击队和叙利亚驻军发动突然进攻。以军仅用了8天时间(6月6日至13日),向前推进了90余公里,占领黎巴嫩领土约3000平方公里,摧毁了巴解游击队在黎南部的全部基地,消灭了巴解大量有生力量,缴获了巴解在黎南部的全部仓库,并将巴解总部机关2000人和武装人员5000人包围在贝鲁特西区及南部;同时,驻贝卡谷地的叙利亚军队也遭到以色列空军的重创,萨姆导弹设施和空军力量遭到重大损失。6月14日至17日,在经过长时间的激战后,以色列军队占领了哈迪勒国际机场及其附近区域。6月18日,以军宣布单方面停火并要求巴解组织停火并从贝鲁特撤军,但是巴解游击队拒绝了这一要求。6月22日,以色列再次向叙利亚军队发起攻击,并使叙军后撤并控制住了贝鲁特西区,随后以军不断地向这一方向增军并希望以此迫使巴解组织撤出贝鲁特西区。

1982年6月27日,联合国大会第七次紧急特别会议通过决议,要求以军立即停火并从黎巴嫩无条件撤军,但遭到以色列拒绝。在长时间谈判无果的情况下,以色列于8月5日包围了巴解总部大楼,8月12日,巴解最终同意从黎巴嫩撤出。自8月21日到9月1日,黎巴嫩境内的12000名巴解游击队自黎巴嫩撤至约旦、伊拉克、突尼斯、苏丹、叙利亚、阿尔及利亚、南也门和北也门等8个阿拉伯国家;而贝鲁特的25000名叙利亚军队也撤回了贝卡谷地。8月21日,法、美、以多国部队进驻贝鲁特以监护巴解和叙军的撤军,9月10日后多国部队也相继撤离。9月15日,以色列以黎巴嫩总统贝希尔·杰马耶勒遇害为由,再次进驻贝鲁特西区。在外界舆论压力下,9月29日以军撤军,多国部队重回贝鲁特再次维持秩序,不过以色列军队并未完全撤出。在五个月谈判后,以色列同黎巴嫩签署了撤军协议,不过叙利亚及巴解都反对这项协议,以色列最终单方面撤军,第五次中东战争告终。

著名的贝卡谷空战就发生在这次战争中。贝卡谷地位于黎巴嫩东部靠近叙利亚边境地区,是一块由南向北的狭长地带,谷地两侧高山连绵,地势险要,驻黎叙军的地面部队主力部署在这里。为保护这支部队免受以色列空袭,叙利亚从1981年5月开始,在贝卡谷地部署了以"萨姆-6"导弹为主要装备的防空部队。以色列为夺取制空权,决定对叙利亚设在贝卡谷地的导弹基地进行袭击,以消灭其防空能力。这也是以军入侵黎巴嫩的主要目的之一。6月9日下午2时左右,以军出动96架F-15、F-16战斗机进行高空掩护,在E-2C预警机的指挥下,用F-4、A-4攻击机对贝卡谷地的导弹基地进行了猛烈轰炸。叙军得知以军空袭,从国内各地紧急出动了60余架米格-21和米格-23战斗机,云集贝卡,同以军展开空战,由于以军实施了电子干扰,使叙军飞机起飞后与地面失去联络,防空导弹发射后也失去控制,以军飞行员素质和装备都比叙利亚空军好,在空中处于主动。而叙空军战术呆板,且过分依赖地面指挥所指挥,结果在空中被动挨打。第一天空战结果,以军摧毁叙利亚防空导弹连阵地19个,击落叙机29架。10日,以军又出动92架各型飞机空袭叙军黎巴嫩指挥所及附近的防空导弹基地,叙军起飞52架飞机迎战,结果又被击落25架,7个防空导弹连被毁。使叙利亚在贝卡谷地经营10余年、耗资20亿美元的防空体系毁于一旦,而以色列仅损失飞机10架,其中无人驾驶飞机和直升机6架。

第五次中东战争中,巴勒斯坦解放组织游击队伤亡3000余人,被击毁坦克100余辆、火炮500门,设在黎南部的游击队全部被毁,有400多座秘密武器库被占领。叙利亚军队伤亡1000余人,被毁坦克400余辆、飞机85架。

(三) 主要特点

第一次中东战争,以军在劣势条件下快速编组、扩充军队,分地区、分阶段迅速集结与转移兵力;作战指挥机动灵活,变全局被动为局部主动,进而转为全局主动。

第二次中东战争,以军和英法联军的主要作战特点是:陆海空三军协同作战,夺取制空制海权;使用伞兵和直升机载运部队实施空降作战;装甲部队大纵深快速突击。

第三次中东战争,以军进攻的主要特点是:先发制人,空中突击,首先使用大量飞机袭击阿方机场、雷达站等,把阿方飞机摧毁于地面,完全掌握制空权,使阿方地面部队失去空中掩护,随后装甲部队实施突击,夺取战场主动权。

第四次中东战争,埃、叙经周密准备对以实施战略突袭,通过两线夹击首战告捷,振奋了阿拉伯国家的民心士气;埃军强渡运河成功,显示出陆海空诸军兵种协同作战的威力;虽然埃军在战场上逐步陷入被动,但停战时终于在运河东岸占据两段狭长的滩头阵地,达到了为尔后通过政治谈判收复全部失地创造条件的战略目的。以色列面对两线作战的严峻局面,坚持先北后西、重点用兵的方针,动员迅速、指挥灵活,终于化被动为主动,转败为胜;但战前对开战情报判断有误,从而导致早期预警落空,初战失利,空军和坦克部队未能阻滞阿方进攻。此次战争是截至当时第二次世界大战后最具现代化特点的战争之一,双方分别使用苏、美先进的武器装备,并通过苏、美战略空运及时得到补充,同时利用苏、美侦察卫星获取对方军事情报,使广泛的战场成为苏、美新式武器的实验场。双方均大量使用新式飞机和对空导弹争夺制空权,使用舰对舰导弹争夺制海权,使用新式坦克和反坦克导弹以及武装直升机发射空地导弹和制导炸弹对付坦克,并通过电子对抗等手段争夺地面战场的主动权。导弹在战争中充分发挥了作用,双方损失的60%以上飞机,80%舰艇和大部分坦克是被导弹击毁的。战争以突袭方式迅猛展开,作战行动快速多变;火力空前增强,消耗快速而又巨大;地面、空中、海上作战与电磁战场相互渗透,电子技术得到广泛运用并取得显著效果。这些都对战略筹划、作战指挥、部队素质、后勤保障与动员体制等提出了更高要求和新的课题,从而推动了各国对军事学术和未来战争的研究。

第五次中东战争,是以色列为了围剿黎巴嫩境内巴勒斯坦游击队而入侵黎巴嫩的一场战争。这场战争规模庞大,现代化水平高,战争中首次大批量使用了导弹、电子战等信息化武器装备,对世界军事变革起到了重要推动作用。贝卡谷空战成为现代条件下空战的范例。

(四)影响和启示

中东战争是近代战争中持续时间最长的局部战争,先后十多个国家参战。以色列以一国之力对抗阿拉伯世界,每一次都取得了战争的胜利。但不管是战争的哪一方,都付出了惨痛的代价,造成了极大的灾难。

一是严重阻碍了中东地区社会、经济、文化的发展,给人们带来严重灾难。二是以色列虽然通过战争占领了巴勒斯坦的几乎全部领土和其他阿拉伯国家的部分领土,却无法使阿拉伯邻国承认它在中东的合法地位。三是阿拉伯国家和巴勒斯坦无法通过战争收复失地,战争难以化解阿以之间的分歧和积怨。

三、越南战争

越南战争自1961年5月14日美国发动"特种战争"开始,至1973年1月27日,美国在《关于在越南结束战争、恢复和平的协定》上签字为止,历时12年。

(一)战争起因

1954年7月,日内瓦会议达成关于恢复印度支那和平的各项协议,要求交战各方在越南、老挝、柬埔寨停止敌对行动,承认三国的主权、独立、统一和领土完整,并规定其他国家不得在三国领土上建立军事基地。在越南,以北纬17度线为南、北双方的临时军事分界线,并规定1956年7月举行自由选举,以实现越南的民主和统一。

不久,美国取代法国的殖民地位,干涉印度支那三国内部事务。1956年9月,美国策划建立东南亚条约组织,宣布将越南南方、老挝、柬埔寨置于其"保护"之下,并在越南、老挝、柬埔寨三国扶植亲美政权和极右势力,阻挠和破坏《日内瓦协议》的实施。

在越南南方,美国支持吴庭艳独裁政权,提供经济、军事援助并派遣大量军事顾问,至1958年底建成一支包括15万正规军、6万保安军、4.5万警察部队和近10万民卫队的武装力量,对南方人民进行武力镇压。

在老挝,美国于1958年策划极右势力发动政变,推翻以富马亲王为首的民族联合政府,1959年支持右派势力挑起内战,企图消灭"爱国战线"武装力量。

在柬埔寨,美国支持右翼势力对抗西哈努克亲王为首的柬埔寨政府,多次策划政变,破坏柬埔寨的和平和中立。

因此,美国为谋求世界霸权,实现其战略利益,扶植亲美政权和极右势力,阻挠和破坏《日内瓦协议》的实施,是越南战争爆发的根本原因。

(二)战争经过

为反抗美国干涉及右翼势力的进攻,越南南方人民和老挝人民于1959年率先开展武装斗争;8月,南越中部广义省茶蓬地区人民举行起义。1960年1月,南部槟知省人民奋起反抗;12月20日,越南南方成立民族解放阵线。翌年2月15日,各地人民武装组成越南南方解放武装力量,南越人民武装斗争进入新阶段。老挝人民于1960年在桑怒和查尔平原地区建立解放区,积极开展抗美游击战争。根据战争样式和特点越南战争可分为三个阶段。

1. 第一阶段(1961—1964年,美国在越进行"特种战争")

1961年5月14日,美国总统肯尼迪下令抽调100名美"特种作战部队"队员进入南越,开始发动由美国出钱出枪、由美国顾问指挥西贡军队进行的"特种战争"。从此,拉开了美国对越南的侵略战争。

根据1961年制定的"斯特利—泰勒计划",美国计划在1962年底前的18个月内在南方建立1.6万个"战略村",以平定南方人民的革命斗争。1961年末,美国增派军事顾问,训练和指挥西贡军队作战,并于1962年2月在西贡(今胡志明市)设立"驻越军援司令部",作为特种战争的指挥部。美军顾问和特种部队人数逐年增加,到1964年底达到2.5万人,西贡军队(包括正规军、保安警察与民卫团)达60万人。他们采用"油点扩散""分进合击"等战法进行清剿与扫荡。

在北方人民支援下,南方人民广泛开展游击战,变"战略村"为战斗村。1961年8月至1963年11月,先后取得达哈、福成、嘉和、波莱龙、达姆容、北村、金瓯、管隆、协和、茶拉、唐朗等战斗的胜利,挫败敌人的清剿与扫荡。同时,包括佛教徒在内的城市各阶层人民,掀起反美、反独裁斗争高潮。

1963年11月,西贡发生军事政变,吴庭艳被杀,杨文明、阮庆等军人相继上台执政。

1964年3月,美国开始执行1964—1965年两年内"绥靖"南越的"约翰逊—麦克纳马拉计划",建立"越美联合指挥部",强化侵越战争。

与此同时,美国破坏1962年《关于老挝中立的宣言》,策动老挝极右势力再次颠覆民族联合政府,并出动飞机配合右派军队进攻解放区。老挝爱国军民英勇抗击,粉碎右派军队重占查尔平原的企图。

2. 第二阶段(1964—1968年,美军轰炸越南北方港口)

1964年8月5日,美国借口其军舰在公海遭到攻击,出动飞机轰炸越南北方港口,制造北部湾事件。

1965年2月,美国开始对北方进行大规模轰炸。3月,美地面部队在岘港登陆,开始在南方直接承担主要作战任务。

"特种战争"升级为以美军为主、以"南打北炸"为基本特点的局部战争。侵越美军兵力1965年底为18万人,到1969年7月增至54.4万人;西贡军队扩大到近100万人。在侵越美军司令部指挥下,美军和西贡军队对南方解放区采取"寻歼"和"绥靖"行动,对北方进行猛烈轰炸。

在南方战场,美军推行"搜索与摧毁"方针,反复进行大规模扫荡。南方军民积极开展机动作战,连续粉碎美军和西贡军队 1965—1966 年、1966—1967 年冬春两个旱季攻势,迫使美军改取"固守与清剿"方针,将主力撤回内线固守要点,而由西贡军队进行"绥靖"活动。

1968 年 1 月至 2 月,南方军民发动新春攻势,向西贡、顺化、岘港等 64 个大中城市及军事基地发起猛烈进攻,歼敌 10.4 万人,游击战由农村发展到城市。在"南打"的同时,侵越美军为切断南、北方的联系,对"胡志明小道"、北方的军事设施和河内、海防等重要城市实施轰炸,至 1968 年 7 月共投弹 258 万吨,为侵朝战争的 4 倍。北方军民奋起抗击,开展全民防空运动,击落敌机 3,300 多架。美国在战争泥潭中越陷越深,国内反战运动迅猛发展。

1968 年 3 月,美国政府被迫放弃战争升级政策,宣布部分停止对北方的轰炸。5 月,越南民主共和国与美国在巴黎举行和谈。11 月,美国宣布无条件停止对越南北方的轰炸和炮击。

3. 第三阶段(1969—1973 年,美推行战争"越南化"政策)

1969 年 1 月,尼克松总统上台后,巴黎谈判扩大到包括南方民族解放阵线和西贡阮文绍政权在内的四方会谈。

1969 年 7 月,尼克松在关岛发表讲话,宣布美军将逐步撤出南越,执行战争"越南化"政策。美军兵力逐步减少,至 1970 年底共撤出 21 万人;西贡军队则增加到 100 多万人,开始接替美军承担主要作战任务。

1970 年 3 月,美国在柬埔寨策动军事政变,颠覆西哈努克政府,扶植以朗诺为首的右翼政府,4 月以摧毁"越共庇护所"为名出动 8 万美军侵入柬埔寨。

1970 年 4 月 24 日至 25 日,印度支那三国四方(越南南方、越南北方、柬埔寨、老挝)领导人举行最高级会议,组成联合抗美统一战线。越、老、柬人民抗美救国战争进入互相配合、迅猛发展的新阶段。柬埔寨共产党和西哈努克亲王组成民族统一阵线,领导人民开展抗美救国武装斗争。

1970 年 4 月至 6 月,老挝解放军发起进攻,先后解放下寮的阿速坡、沙拉湾和波罗芬高原。11 月,美国恢复对北越的轰炸,并加强在老挝的军事行动。

1971 年 2 月至 3 月,美军和西贡军队为控制下寮战略要地波罗芬高原,出动 4 万余人在越南溪山至老挝车邦 9 号公路两侧地区发动"蓝山 719 行动",企图切断"胡志明小道",最终达到扭转战局的目的。越、老解放军集中 5 万兵力协同作战,采取诱敌深入、各个歼灭战法,激战 44 昼夜,歼敌 2 万余人。"九号公路战役"标志着美国的战争"越南化"政策严重受挫。

1971 年 8 月,柬埔寨朗诺政权在美军空中支援下发动"真腊"2 号战役,企图打通 6 号公路,切断东部解放区和西南解放区的联系。柬埔寨军民经过 100 多天战斗,歼敌 1.2 万余人,粉碎敌人的攻势。

1972 年春,越军在广治、顺化等地区发动战略反攻,给敌以重创。为挽回败局,美国政府于 4 月 1 日再次恢复对北越的全面轰炸,并于 5 月 8 日开始对北越的港口、河道进行水雷封锁,采取新的战争冒险政策。

1972 年 12 月,越美巴黎和谈陷入僵局。18 日至 29 日,美国出动近千架战术飞机和 203 架 B-52 战略轰炸机对河内、海防连续轰炸 12 昼夜,投弹 10 余万吨,企图达到"以炸迫和"的目的。越南北方军民英勇抗击,击落美机81架(包括B-52轰炸机34架),挫败美国的战争讹诈政策。

1973年1月27日,美国被迫在《关于在越南结束战争、恢复和平的协定》上签字,标志着长达12年的越南战争结束。

美军撤离后,美国政府继续推行战争"越南化"政策,在南越留下2万多名军事顾问,支持西贡军队蚕食解放区。但整个印度支那的军事形势已发生重大变化。

1973年初,柬埔寨朗诺集团被解放军围困在首都金边周围60~70千米的地区;老挝"爱国战线"力量迅速发展,控制全国4/5的土地、1/2的人口。

1973年2月21日,老挝交战双方签订恢复和平、实现民族和睦的《万象协定》。3月,美国地面部队撤出南越。

1975年1月,柬埔寨军民首先发动进攻,4月17日解放金边,19日解放全国。3月至4月,越南南方军民发起春季攻势,取得西原战役、顺化—岘港战役和胡志明战役的重大胜利,4月30日解放西贡,5月2日解放南越全境。同时,老挝军民自下而上开展夺取政权的斗争,12月初在万象举行全国人民代表大会,宣布废除君主制,建立老挝人民民主共和国。

(三)主要特点

一是战争受到冷战政治的直接影响。越南战争的缘起、进程和结局都受到冷战政治的强烈制约。它既是推动冷战国际格局变动的因素,反过来也明显受到冷战国际格局的规束。二是战争具有典型的非对称性。美国在军事资源、力量和技术上占有全面的优势,但它的战争意志远不及对手强大和坚韧。对美国而言,这只是一场有限战争,而对越南来说,这是一场关系到整个国家和民族生死存亡的全面战争,除了全力以赴争取胜利外别无选择。三是直升机机动作战得到大规模应用。越南的自然条件不利于地面重型装备的机动,因此美军在战争中逐步加大对直升机的使用,从而将直升机空中机动作战发展为现代战争中一种重要的作战手段。整个战争期间,美军出动直升机3612.5万架次,共损失了4800多架直升机。四是高技术武器装备初露锋芒。战争中美军使用了早期的指挥、控制和通信一体化系统,电子战设备和精确制导武器。这些武器装备反映了以电子技术为核心的新技术革命在军事领域所引起的初步变革,代表了20世纪60年代和70年代初期常规军事技术发展的最新成果,代表着战争技术形态发展的新趋向。

(四)影响和启示

印度支那三国人民的抗美救国战争获得世界各国人民,包括美国人民在内的广泛同情与支持。为支援三国人民的正义斗争,中国人民做出巨大的民族牺牲,战争期间先后派遣防空、工程、铁道、后勤保障和海军扫雷部队共32万人,与越南北方军民并肩战斗,数以千计的中华儿女为三国人民的解放事业光荣献身。

此次战争是第二次世界大战后持续时间最长、战斗空前激烈的反侵略战争。美国使用了除核武器以外各种新式武器,耗费2000多亿美元的战争开支,伤亡36万多人(其中亡5.6万余人),损失飞机和直升机8612架。伏击和反伏击、扫荡和反扫荡是此次战争的主要作战形式,为研究现代条件下的人民战争尤其是热带丛林地开展游击战以及运动战和城市袭击战提供了经验。

越南战争是美国继朝鲜战争后,在亚洲发动的又一次战争。这场战争,无论是从持续的时间还是从战争的规模上看,都是朝鲜战争难以企及的。除了直接参战国美国和越南外,澳大利亚、韩国、奥地利也都派兵进入越南战场,中国也以援助越南的名义,秘密派遣大批工程兵、铁道兵、高炮兵和海军、空军部队。这是一场在冷战的大背景下发生的局部热战,它带来的影响是巨大的。越南战争是战后美国外交政策的分水岭,它是冷战走向缓和的象征,又是冷战趋于结束的前兆。越战的结束和美中和解的实现导致国际关系发生了根本性变化,从划分势力范围和对抗为标志的冷战思维向以对话和合作为标志的全球化时代转变,国际格局也由此走出对抗的两极格局的氛围,人类相互依存和彼此合作的时代已经到来。

四、马尔维纳斯群岛战争

马尔维纳斯群岛战争,又称马岛战争,是第二次世界大战结束以来南大西洋首次爆发的一场规模较大的海上冲突。这场战争发生在1982年4月至6月间,历时74天,是阿根廷和英国因马尔维纳斯群岛(简称马岛,亦称福克兰群岛)、南乔治亚群岛、南桑威奇群岛归属问题进行的战争。马岛战争虽然是一场局部战争,但却引起非常广泛的关注。

(一)战争起因

马尔维纳斯等三个群岛地处南大西洋和南太平洋航道要冲,又是通往南极的大门和前进基地,战略地位重要。马尔维纳斯群岛距阿根廷500多千米,由346个岛屿组成,总面积15800平方千米,当时有人口约2000人。南乔治亚群岛距马岛1300多千米,总面积约3700平方千米,居民随季节变化,数十到数百不等。南桑威奇群岛距离马岛和南极大陆均为2000千米,由7个岛组成,陆地总面积约310平方千米,无常住居民。

英、阿马岛主权争端由来已久。1690年,英国人发现并登上马岛。18世纪,法国人和英国人先后登岛定居,1770年被西班牙人夺占。1806年英国占领布宜诺斯艾利斯,吓跑了西班牙驻马岛的行政长官。1816年阿根廷独立后,以继承西班牙对马岛的主权为名,宣布马岛为阿领土的一部分。英国则正式声明马岛主权属英国。1833年,英军重占马岛。1908年7月4日,英国宣布,南纬50度以南、西经80度以东均属英统治区。自英军正式占领马岛时起,英阿双方就马岛主权反复多次谈判,至战争爆发时已有150年,但毫无进展。1982年2月,英阿谈判破裂。阿根廷政府决定以包括武力在内的"其他形式"解决争端。3月18日,阿根廷科学考察组在南乔治亚岛升起国旗,英阿关系急剧恶化。阿政府决定以武力解决争端。接着,阿根廷于3月28日出兵,于4月2日和3日先后在斯坦利港和南乔治亚岛登陆,马岛战争爆发。

(二)战争经过

战争进程分三个阶段。

1. 第一阶段:阿军占领马岛与英军战略展开(1982年4月2日至30日)

4月2日,阿军占领马岛首府阿根廷港(斯坦利港),次日占领南乔治亚岛,英守军投降。随后,阿增兵马岛,并成立南大西洋战区(司令为隆巴多将军)。英国反应迅速,成立战时内阁,组建特混舰队(司令为伍德沃德海军少将),并征用商船开赴战区。4月5日,英首批舰船出航,空军转场至南大西洋阿森松岛,并于7日宣布马岛周围200海里为禁区。12日,英4艘核潜艇进入马岛海域,实施海上封锁。22日,特混舰队先头部队到达南乔治亚岛海域。25日,英军在南乔治亚岛首府格里特维肯港登陆,消灭守岛阿军,取得进攻马岛的前进基地。28日,特混舰队主力进入马岛海域并展开,30日完成对马岛的海空封锁。

2. 第二阶段:英军对马岛的封锁与阿军的反封锁(1982年5月1日至20日)

英军在这个阶段的主要目标是进一步扩大海上封锁,夺取制海权,切断马岛阿军的运输补给线,削弱其防御能力,为最后夺取马岛创造条件。5月1日起,英军以从阿森松岛起飞的"火神"式中程轰炸机和"海鹞"式舰载战斗机轰炸马岛机场,以舰炮炮击马岛阿军港岸设施和阵地,基本切断驻岛阿军的补给线。2日,英核潜艇"征服者"号发射2枚鱼雷击沉了阿"贝尔格拉诺将军"号巡洋舰。阿军依靠航空兵实施反封锁,5月4日,阿海军航空兵的两架"超级军旗"式战斗轰炸机以"飞鱼"式反舰导弹击沉英"谢菲尔德"号导弹驱逐舰,并以潜艇牵制英舰的行动,给英舰造成一定威胁。与此同时,阿利用封锁间隙向马岛实施空中补给,但成功率很低。

3. 第三阶段:英军登陆与阿军抗登陆(1982年5月21日至6月14日)

5月21日,英军在圣卡洛斯港附近地域登陆,经六天激战巩固和扩大登陆场。27日,上岛部队分两路东进南下。南路英军于29日攻占达尔文港和绿鹅村机场,切断索莱达岛阿军与大马尔维纳岛的联系,尔后向阿根廷港推进;北路英军于6月1日占领肯特山和查杰林山并与南路英军会合,完成陆上对阿根廷港的包围。同日,英后续梯队在圣卡洛斯登陆。5日至8日,英军一部在布拉夫湾登陆。13日,英军发起总攻。14日21时,守岛阿军投降。19日,英军派少量部队在南桑威奇群岛登陆,解除岛上阿军武装。英军登陆后,阿海空军飞机曾猛烈轰炸英军上陆地域和英舰,先后击沉英"考文垂"号导弹驱逐舰、"热心"号和"羚羊"号护卫舰、"大西洋运送者"号集装箱货船、"加拉哈德爵士"号登陆舰等5艘舰船和1艘登陆艇,并击伤英舰艇4艘。

整个战争历时74天。阿方参战兵力约6.5万人,作战舰艇和辅助船只33艘12万吨,飞机350余架,地面部队1.3万余人;伤亡约2300人,被俘1.13万人,损失舰船11艘、飞机105架。英军参战约3.5万人,各型舰船118艘100余万吨,各型飞机340架,地面部队9000余人;伤亡1000人、被俘200余人,损失舰船6艘、飞机34架。

(三) 主要特点

马岛战争是一场特定条件下的有限的现代海上岛屿争夺战。具有以下特征:

(1) 双方坚持维护自己对争议诸岛的主权,但都对这次战争缺乏充分的准备;
(2) 作战范围仅限争议地区,不涉及对方本土,双方也未正式宣战;
(3) 战争具有中远海和远洋作战性质,不同于近海作战;
(4) 有诸军种参加,作战类型有海战、空战和陆战;
(5) 双方使用的都是西方国家的武器装备,是一场现代局部常规战争;
(6) 战区气候严寒,风大雾浓,岛上地形复杂,交通不便,人烟稀少,条件特殊;
(7) 战争持续时间短,阶段性明显;
(8) 双方都有节制,战争的激烈性与紧张程度相对较低。

这次战争在兵力运用和作战上还具有以下特征:一是通过夺取主要而关键岛屿,取得对周围诸岛的控制权;二是以夺取岛屿为目的来组织诸军种联合作战,并充分发挥诸军种的作战能力;三是海上封锁是此次海战的主要作战样式,登陆反登陆是重要作战样式;四是在海战、空战和陆战中都广泛进行电子战。

(四) 影响和启示

马岛战争的硝烟已经散尽,但它留给后人的警示却不断延续。在这场血与火的较量中,尽管英国用近千人的伤亡代价和27亿美元的巨额花费换来了名义上的胜利,但除了挽回一点面子外,似乎再也没有获得什么好处。名义上的失败也没有使阿根廷人放弃争夺马岛主权的斗争,他们在战后把每年的6月10日定为"马岛主权日"。有西方媒体评论说:"这是一场没有赢家只有输家的战争。"就连英国著名记者汉拉恩也感慨地说:"经过一段漫长的,有时甚至是危险的征途,我们才到达那儿。在付出沉重代价后,姑且不说这些代价是否真的有价值,我们打赢这场战争丝毫也没有能够解决问题。战争并没有平息两个国家对马岛主权的争执,相反,战争使两个国家的距离更远,仇恨更深了。"

战争对双方的政治影响都是巨大的。阿根廷的战败导致了更大规模的反政府运动,最后导致军政府倒台。对于英国来说,强烈的爱国主义情绪横扫全国,加强了以首相撒切尔夫人为首的政府的权威,同时帮助英国保守党赢得1983年的普选。尽管这场战争双方的伤亡并不是很大,在双方历史的长河中也很难称为主要历史事件,但它在两国历史上还是占有重要的一页。

英阿马岛战争是一场领土主权争夺战。这场战争在战争指导、战争动员等方面都给予人们深刻启示,但最重要的是它展示了精确制导武器的使用给战争,主要是海战带来的变化。战争中,双方都有一些成功使用精确制导武器的例子。战后,无论是战争双方还是其他一些海军大国,包括美国,都从这场现代化高科技战争中学到了不少的经验教训,这些经验教训已经影响了到目前为止的所有海战的指挥。通过此战,美国海军特别注意到了阿根廷对反舰导弹的成功利用,其中有3枚飞鱼导弹命中目标。于是美国和英国的海军都加速采购密集阵近防炮等近战武器系统,另外还都研制了改进的干扰物和ECM(电子对抗措施)。

此战,阿方对英国的决心和兵力动员判断失误,英国则对战争爆发估计不足,但双方坚持战争目的的有限性,未采取扩大战争的行动。开战后,英国决策果断,反应快速;阿动员体制不健全,军队战备程度低,战争后劲不足。封锁与反封锁是此战的主要作战样式,英军以核潜艇和舰载机对驻马岛阿军实施封锁,显示出高技术武器的威力;阿军以航空兵实施反封锁,高低技术并用,给英军造成相当大的损失。英军审慎选择登陆场,以佯动和利用夜暗达成登陆的突然性;海上多点登陆和直升机垂直登陆相结合,提高上陆速度;官兵训练有素,诸军兵种协同作战,发挥整体威力。阿军指挥失当,各军种互不协调,保障不力,军队素质参差不齐。此战证明:掌握制空权在现代海战中具有极重要作用,电子战和预警机在夺取制空权的斗争中占有重要地位。

五、古巴导弹危机

古巴导弹危机,又称加勒比海导弹危机、加勒比海危机,是冷战时期的1962年在美国与苏联、古巴之间爆发的一场极其严重的政治、军事危机。

(一)危机起因

古巴导弹危机爆发的直接原因是苏联在古巴部署导弹,而在此之前美国在意大利和土耳其部署中程弹道导弹,则是古巴导弹危机的导火线。

冷战期间,作为第二次世界大战两个战胜国的美国和苏联,分别代表两个截然不同的意识形态和军事阵营。两个超级大国为争夺世界霸权,不断使用新的武器来显示自己的优势。双方的战略考虑均不排除对对方进行核"首发"的措施。这个战略的目的在于对对方进行猛烈的第一次打击,以致对方瘫痪,无法进行核反击。常规武器的火力无法达到这个目的。当时两国所拥有的导弹技术已可以保证洲际弹道导弹击中18000公里外的目标,因此双方均可以从自己的国土打击对方国土内的目标。同时双方的战略轰炸机机队(B-52同温层堡垒轰炸机和图波列夫Tu-95)也具备了打击对方领土内目标的能力。但是使用这些武器通常都是远距离突击,对方将有较长的预警时间,从而赢得足够的时间采取反制措施。为了缩短预警时间,双方都谋求将其核导弹尽量部署到对方的领土附近。

1959年5月苏联与古巴新政府建交。对于苏联和古巴来说,两国之间的联盟对双方有利。

古巴获得了一个强大的经济同盟并希望成为拉丁美洲独立国家的榜样,苏联可以通过古巴来补偿它的地理劣势,古巴则视苏联为自己最重要的商业伙伴和保护人,苏联是卡斯特罗政府获得生机的保障。因此,作为应对美国在意大利和土耳其部署中程导弹所造成的战略劣势的弥补,苏联从1962年5月开始秘密在古巴部署可以装置核弹头的SS-4中程弹道导弹。

美国则将古苏关系的发展看作是共产主义向南美洲和中美洲的渗透,是不可容忍的。1961年4月17日,在美国中央情报局的协助下,逃亡美国的古巴人在古巴西南海岸的猪湾对菲德尔·卡斯特罗领导的古巴革命政府发动了一次失败的入侵行动,这就是猪湾事件。猪湾事件后,古美关系继续恶化,特别是当年5月卡斯特罗宣布古巴走社会主义道路后,美国把古巴看作是苏联在西半球扩张的跳板与基地,变本加厉地推行敌视古巴的政策。而苏联加紧改善同古巴的关系,从政治、外交和经济上给古巴以支持。

1962年8月31日,美国从侦察机拍照的空中照片上看到了古巴开始安装苏联的防空导弹,也看到了运载地对地导弹驶向古巴的苏联船只。9月4日,白宫发表了一纸声明肯定了报纸所披露的有关苏联对古巴的军事援助,包括部署导弹和约3500苏联人在这个岛国进行技术服务的报道。对于美国的评论和报道,苏联矢口否认。苏联领导人赫鲁晓夫致函肯尼迪,保证在美国国会中期选举之前不会干任何有损国际关系和两国关系的事情。塔斯社也在9月11日发表声明,否认苏联把进攻性武器运到古巴,因为"苏联有从它本土上给予任何酷爱和平的国家以支援的能力"。此时肯尼迪并不认为苏联向古巴提供的武器业已构成对美国的严重威胁,美国政府没有必要采取先发制人的措施。但他强调,只要这种威胁出现或古巴成为苏联进攻西半球的基地,美国将会采取断然的措施予以反击。10月15日,当美国侦察机拍摄的照片明确地显示苏联导弹在古巴的存在后,古巴导弹危机不可避免地爆发了。

(二) 危机过程

从1959年开始,美国分别在意大利和土耳其部署了30枚和15枚对准苏联的"雷神"和"朱比特"核导弹。

1960年10月26日和27日,美国U-2侦察机首次从德克萨斯州的劳夫林空军基地起飞飞越古巴。1961年9月5日美国侦察机首次拍摄到SA-2地对空导弹以及米格-21战斗机。

1962年8月5日和29日,中央情报局通过U-2侦察机以及间谍报告在古巴比那尔德里奥省首次发现了导弹发射装置。

9月8日,苏联货船"鄂木斯克"号携带SS-4中程导弹赴哈瓦那,但没能运抵。

10月14日,肯尼迪总统再次下令进行空中侦察。两架从德克萨斯州劳夫林空军基地起飞的U-2侦察机飞越古巴的导弹发射场拍照。

10月15日,侦察机拍摄的照片明确地显示了导弹的存在。这些导弹是部署在古巴东北部圣克里斯托佛附近的SS-4导弹,它们可以打击华盛顿哥伦比亚特区。

10月16日,国家安全顾问麦克乔治·邦迪向肯尼迪汇报侦察结果,肯尼迪召集他的执行委员会来讨论各种反应方式。其中包括容忍苏联部署导弹、试图采取外交解决以及军事手段如封港、空袭和入侵。肯尼迪下令继续使用U-2侦察。

10月17日,美国派出6架U-2侦察机拍摄导弹发射场,证明当地部署了至少16枚、最多32枚SS-4和SS-5导弹。这些导弹的最大射程为4500千米,它们可以攻击所有美国重要的工业城市,包括华盛顿。预警时间只有5分钟。此外,苏联还部署了伊尔-28轰炸机。

10月18日,苏联外长安德烈·葛罗米柯赴白宫与肯尼迪会晤。这次会晤是一次计划已久的会晤。出于策略性考虑,肯尼迪在会晤中没有提到古巴问题,双方多次讨论苏联已经多次提出的使柏林非军事化的问题。美国仍然认为苏联是打算通过它在古巴的发展来改善在柏林问题讨论过程中的地位。

10月19日,卡赞巴赫向执行委员会汇报封港的法律基础。执行委员会被分为数个组,分别研究对付古巴导弹的各种方案。

10月20日,虽然肯尼迪的高级顾问要求入侵,执行委员会还是决定进行封港。

10月21日,肯尼迪决定封港。

10月22日,美国军队进入警备状态,为了准备入侵,更多的美军被移驻到佛罗里达州,约200艘舰船围绕古巴。英国、法国、西德和加拿大的政府代表获得通知,这些国家向肯尼迪表示他们的支持。肯尼迪发表电视演讲,宣布从10月24日开始对古巴进行封锁。此外,他要求赫鲁晓夫将苏联导弹撤出古巴,并威胁假如美国被攻击的话将进行强大回击。克里姆林宫担心会出大事,可能美国会入侵古巴。

10月23日,赫鲁晓夫宣布不接受封锁,但是保证部署的导弹完全是出于防御策略的。美洲国家组织开会投票同意封锁古巴。

10月24日,美国对古巴的封锁开始。美国舰只和苏联舰只首次发生冲突。为了防止冲突升级,美国舰只没有总统的直接命令不许开火。苏联舰只进入封锁圈(离古巴海岸500海里),但是美国缩小其封锁圈后所有苏联舰只掉头离开了封锁圈。苏联政府继续表示不做任何让步。

10月25日,在联合国安全理事会的会议上美国大使与苏联大使针锋相对,美国首次展示苏联导弹发射场的照片证明。

10月26日,苏联不顾封锁,在古巴继续部署导弹。肯尼迪的执行委员会讨论军事步骤。强硬派要求空袭,假如必要的话入侵。赫鲁晓夫写信给肯尼迪,表示假如美国保证不入侵古巴的话苏联可以撤离导弹。肯尼迪回复保证不入侵古巴。

10月27日晨,美国进行了一次运载火箭试验,这次试验没有通知执行委员会。美国海军对一艘苏联核潜艇投深水炸弹。核潜艇上的舰长以为战争已经爆发,决定发射舰上的核导弹,由于大副执意不同意(按照当时苏联核潜艇的规章必须三位最高军官:舰长、政委、大副一致同意才能发射导弹),最后潜艇上浮来请示莫斯科的命令。一架美国U-2侦察机在古巴上空被一枚SA-2反空导弹击中坠毁。另一架美国海军的RF-8A也被37毫米防空炮火击中,当时几乎所有人都预料美国会在数小时内进行报复,第三次世界大战似乎不可避免。肯尼迪决定不报复并表示同意继续谈判。他向赫鲁晓夫密电表示同意赫鲁晓夫的第二封、比较官方的信中建议的撤回部署在土耳其的导弹。不过肯尼迪并没有通知大多数执行委员会的成员说他答应撤回在土耳其的导弹。与此同时,罗伯特·肯尼迪秘密与苏联驻美国的大使谈判。

10月28日,秘密外交谈判终于成功。赫鲁晓夫宣布同意撤回古巴的导弹。美国同意不入侵古巴,并秘密撤回土耳其和意大利的导弹。赫鲁晓夫在莫斯科电台中宣布撤回古巴导弹。危机结束。

1962年11月导弹运走。

最后双方达成以下协议:苏联撤回部署在古巴的导弹,美国宣布不再对古巴进行任何入侵行动,美国撤回部署在土耳其和意大利的导弹。

为了不使得美国的北大西洋公约组织盟国感到难堪,另外也出于宣传目的,美国从土耳其撤军比苏联晚一些,而且是秘密撤军。这样美国从表面上看是这场危机的胜利者。不顾虑这个对外的心理效果的话,苏联在这场危机中获得了一个战术胜利。通过在古巴部署和撤出导弹,苏联达到了美国从苏联的邻国撤出导弹的目的。平心而论,双方都达成了原先所设定的目标,也都各自保住了面子,算是一个相当圆满的解决。

(三)影响和启示

这场危机差一点引发了核战争,使世界安危处于千钧一发之际。人类进入核时代以来,在美苏军备竞赛和争夺世界霸权的激烈斗争中,没有任何一次危机达到如此惊心动魄的程度。在漫长的冷战岁月中,美国曾四次动过使用核弹的念头。这四次核战边缘,只有古巴导弹危机最具一触即发之势,美苏双方在核弹按钮旁徘徊。古巴导弹危机不仅使研究国际关系的人们感兴趣,而且值得生活在和平时期的人们去回顾和思考。它作为国际关系史的经典事例,为我们以后解决危机冲突提供了良好的借鉴范式。

古巴导弹危机被看作冷战的顶峰和转折点,在世界史中人类从未如此近地从一场核战争的边缘擦身而过。这次危机尤其强调了冷战中两个超级大国之间爆发核战争的危险。古巴危机后两国均开始考虑如何避免类似的危机。在华盛顿和莫斯科之间建立了美苏热线,这样可以在紧急情况下立刻进行双边首脑谈判来避免危机升级。以色列与埃及、约旦和叙利亚之间的第三次中东战争爆发后不久,1967年6月5日美苏两国第一次使用热线。后来,两国在冷战中还数次使用过热线。

在古巴导弹危机的余烟中,军备竞赛得到了加强,但它在一套日益完善的制度下被处理,竞争在一些正式的协议里被法制化,如1963年的《禁止有限核试验条约》、1968年的《不扩散条约》和1972年的《战略武器限制条约》,还有同样重要的非正式的关于双方都容忍卫星侦察的谅解备忘录。到20世纪70年代晚期,冷战变得更加激烈、更加持久了,影响着整个"和平"的国际体系。

对苏联来说,古巴导弹危机促使克里姆林宫下决心大力发展核武器,改变劣势,洗刷当年"懦夫的耻辱"。到20世纪60年代末苏联就赶上了美国,使苏联在全球争夺中逐步转为攻势。

六、两伊战争

两伊战争指的是1980年至1988年,伊拉克和伊朗为争夺边界领土、打击对方政权而进行的战争。

(一)战争起因

伊朗-伊拉克战争的主要原因有三:一是宗教纠纷。伊拉克和伊朗均为海湾地区强国,都信奉伊斯兰教,但伊朗5000多万居民信仰伊斯兰教的什叶派,而伊拉克1600万人口中有半数以上为什叶派,且反政府势力活跃,当政者却是逊尼派。1979年2月,伊朗推翻巴列维王朝的"伊斯兰革命"胜利后,以宗教领袖霍梅尼为代表的什叶派穆斯林上台执政。毛拉们(宗教专职人员)掀起宗教狂热,公开鼓吹对外输出"伊斯兰革命",作为邻国的伊拉克首当其冲。二是领土争端。伊拉克和伊朗均为海湾地区强国,但长期存在民族宿怨和边界争议,曾多次为阿拉伯河下游地区的归属问题兵戎相见。领土争端主要涉及两个问题:其一是伊拉克要求收复阿拉伯河的全部主权。这个问题本来根据萨达姆同伊朗已故国王巴列维1975年签订的《阿尔及尔协议》已经解决了,协议规定构成两国共同边界的阿拉伯河一段以河流主航道中心线划界。但萨达姆签约后一直感到后悔,趁伊朗伊斯兰革命后动乱之机废除了协议。另一领土争端问题是间接的。伊拉克要求伊朗将其在1971年英国实行撤出苏伊士以东政策时被伊朗占领的霍尔木兹海峡附近的阿布穆萨、大通布和小通布三岛归还给阿拉伯国家。当时的伊拉克国富兵强,积极谋求海湾地区霸权，企图趁霍梅尼政权立足未稳之际对其进行打击，以消除所面临的威胁并彻底解决边界争端。这导致两国关系日趋紧张，边境冲突加剧。三是由宗教纠纷和领土争端引起的民族矛盾，其中还夹杂着双方领导人个人的决策。伊朗领袖霍梅尼从1964年起，流亡到伊拉克，1978年被伊拉克时任总统、当时的第二号领导人萨达姆·侯赛因以煽动当地什叶派叛乱的罪名驱逐到巴黎，为此，双方结下了"一箭之仇"。一方要输出革命，一方要收复失地，并谋求地区霸权，加上双方领导人又都采取针锋相对的政策，互不让步，最终激起了历史的民族矛盾和怨恨，导致爆发了战争。

（二）战争经过

战前，伊拉克总兵力24.2万人（陆军12个师又3个旅20万人、空军3.8万人、海军4000人，坦克2750辆、作战飞机340架、各型舰艇48艘），另有民兵约10万人；伊朗总兵力24万人（陆军10个师又4个旅15万人、空军7万人、海军2万人，坦克2000辆、作战飞机445架、各型舰艇51艘），另有革命卫队约9万人。但伊朗经济困难，政局动荡，国际处境孤立；武器装备不足，军队几经清洗，军队与革命卫队之间不够协调，战斗力不能充分发挥。伊拉克在经济上有阿拉伯富国作后盾，武器装备供应充足，但国土只有伊朗的四分之一强，人口约为其三分之一，兵员严重短缺。战争进程可分为四个阶段。

第一阶段，伊拉克全面进攻，伊朗组织边境防御和反攻（1980年9月至1982年6月）。为夺取有争议的边境领土，攻占伊朗南部阿拉伯人聚居的阿巴丹等重要经济地区，伊拉克于1980年9月22日午夜出动大批飞机空袭伊朗，随后以5个师又2个旅近7万人和1200辆坦克的地面部队，分北、中、南三路在北起席林堡、南至阿巴丹约690千米的边界上，先北后南向伊朗境内推进，占领席林堡、梅赫兰、富凯和博斯坦等10个城镇；10月24日又夺取霍拉姆沙赫尔西区，包围苏桑盖尔德、阿巴丹，控制近2万平方千米的伊朗领土。伊朗仓促应战，驻边境地区的4个师退守重要城市，并急调增援部队阻滞对方进攻，同时出动大批飞机轰炸伊拉克重要军事目标与石油设施。11月，伊拉克因阿巴丹等城镇久攻不克，进攻势头锐减；伊朗乘机开始局部反攻。1981年9月27日，伊朗转入全面反攻，先后组织阿巴丹、博斯坦、胡齐斯坦和"圣城"等战役，逐步收复失地，取得战场主动权。1982年6月，伊拉克单方面宣布停火，并从伊朗撤军。

第二阶段，伊朗发展反攻势头，伊拉克被动挨打（1982年7月至1984年2月）。为夺取伊拉克领土，消耗伊拉克军队有生力量，推翻或动摇萨达姆政权，伊朗于1982年7月13日至18日出动10万兵力发起"斋月"战役，首次进入伊拉克境内作战，占领巴士拉地区约100平方千米土地。至1984年2月，又先后发动"穆斯林·本·阿格勒""回历一月""曙光"和"曙光"1～6号等九次战役，占领伊拉克北部和南部共约300多平方千米领土。2月22日，伊朗发起"海巴尔"战役，攻占伊拉克南部盛产石油的马季农岛及其周围地区共约1000平方千米土地。伊拉克消极防御，被动挨打，多次要求停战，均遭拒绝。

第三阶段，双方展开地面拉锯战，加强空中与海上袭击（1984年2月至1988年3月）。1984年2月，伊朗不顾伊拉克停战要求和国际调停继续发展进攻，企图迫使萨达姆下台，建立伊拉克伊斯兰共和国。至1988年3月，先后发动"巴德尔"、"曙光"8～9号、"圣城"1～9号和"佐法尔"1～6号等50多次战役。在1986年2月的"曙光"8号战役中，攻占伊拉克南部主要出海口法奥地区；在1988年1月的"圣城"2号战役中，夺取伊拉克北部约110平方公里土地；在1988年3月的"曙光"10号战役中，占领伊拉克北部重镇哈莱卜杰，夺地1000多平方公里。其他战役则多数受挫，占地得而复失。伊拉克守中有攻，先后在中线和南线多次组织进攻战役，并利用伊朗反政府武装配合作战。为改变战场态势,阻止伊朗进攻并削弱其战争潜力,伊拉克除在地面战斗中使用化学武器外,还先后于1984年2月和1985年3月率先进行"袭船战"和"袭城战",攻击对方石油输出终端和军事、经济目标。伊朗针锋相对予以还击,在空军力量不足情况下率先使用地地弹道导弹(至战争结束共使用50余枚),引起双方"导弹战"。由于伊朗使用导弹袭击科威特并威胁海湾其他国家的石油输出,美、苏、英、法等国自1987年7月起先后出动80多艘军舰在海湾为油轮护航。美海军曾多次同伊朗发生冲突,战火由两伊边境蔓延到海湾地区。

第四阶段,伊拉克重新掌握战场主动权,再次攻入伊朗境内(1988年3月至8月)。1988年上半年,伊朗经济危机加剧,国际压力增大,战场形势恶化。伊拉克采取以战迫和方针,继续对伊朗纵深目标实施导弹袭击(战争期间共发射180多枚)。1988年4月,伊拉克开始全面反攻,先后通过"斋月行动""信赖真主"等战役,收复法奥等南部失地和北部山区,并攻占伊朗的代赫洛兰及其周围地区,随后主动撤离;在其他地区共占领伊朗2000多平方公里土地。1988年7月14日,伊朗政府宣布接受联合国安理会关于和平解决争端的598号决议。8月20日,双方在联合国军事观察团监督下实现停火。

1990年伊拉克因侵占科威特面临严重的海湾危机,于8月15日宣布5天内从伊朗撤军,接受1975年签订的阿尔及尔协议并开始释放战俘。至此,两伊结束战争状态。

(三) 主要特点

两伊战争是海湾地区两个盛产石油国家之间的一场长期的大规模常规边境战争。两国边境一带地形复杂,南北差异较大。交战双方使用的主要都是苏、美和西方其他国家当时先进的现代常规武器装备,而且双方的战争目的和战略企图都很有限。作战方式以地面作战为主,并辅之以有限规模的空中作战和海上作战。从总体上看,双方作战思想都较为保守,作战上没有出色的成就,但是,相对于现在高技术条件下的局部战争,这场战争仍然反映出当时条件下常规边境战争的很多特点,也有一些自身独特的方面,对思考传统机械化条件下作战与高技术条件下作战之间的区别有一定的借鉴意义。从作战的角度看,主要有以下特点:

(1)双方兵力一线展开,主力主要集中使用于一些重要的战役方向上。两伊战场正面较宽,全长640公里,分为南、中、北部三个战场,作战地幅纵深小,最大处不超过100公里。其中,以南部为主战场,中部为辅,北部为牵制战场。双方兵力主要集中在南部战场。

(2)依托有利地形控制边境要地,重点争夺边境重要城镇。双方都利用有利地形构筑据点式防御工程,敷设雷区,建立障碍地段,以控制主要接近道路。在浅近纵深则利用江河、高地或其他障碍建立阻击阵地。

(3)以阵地攻防为主,在边境地区进行拉锯战,歼灭战较少。战争中双方对峙,进攻一方通常依靠优势兵力,在炮兵和航空火力的排斥下,以装甲机械化部队为先导,沿主要公路线实施阵地进攻,尔后向纵深发展,合围并攻占重要城镇。防御一方则依托既设阵地和天然障碍组织防御,通过第二梯队或预备队反冲击和反突击抗击对方的进攻,并迟滞敌人。

(4)以火力战为主,机动作战为辅。双方都拥有较多的火炮、迫击炮和火箭,在地面进攻中,都要先进行持续的炮兵火力准备,并在进攻过程中不断提供炮兵火力支援和火力护送。而防御一方炮兵也发挥了重要作用,在争夺边境城镇的战斗中,双方也是以火炮袭击为主。此外,双方还大量使用反坦克导弹和其他反坦克武器来抗击对方的坦克,并且越来越多地使用武装直升机袭击对方的坦克群。

（5）在正面进行近距离作战的同时,双方还使用远程袭击兵器打击对方的后方目标,破坏对方的战争潜力。双方使用地地战术火箭和战役火箭、武装直升机、作战飞机和舰艇袭击对方后方地域集结或开进的军队集群、通信指挥和雷达阵地,破坏对方城市、港口、机场以及石油设施等有关经济设施,破坏对方的战争潜力,打击对方的民心士气。

（6）装备物资损耗大,补给困难,直接导致战争只能在较小规模下打打停停。准备一次新的战役,每集结两三个师,筹足作战物资,往往需要3至5个月以上时间。就算双方不断从外国购买武器装备也不能满足作战需求。

（四）影响和启示

战争中,伊朗亡35万人、伤70万人、被俘3万多人,损失作战飞机150架、坦克1500辆、火炮1200门、舰艇16艘;伊拉克亡18万人、伤25万、被俘5万多人,损失作战飞机250架、坦克2000多辆、火炮1500门、舰艇15艘。两国军费开支近2000亿美元,经济损失约5400亿美元。在双方"袭船战"中,航行于海湾的各国油轮共546艘被击中,420名船员丧生。战争使双方的综合国力受到很大削弱,客观上削弱了伊朗输出伊斯兰革命的势头,推迟了中东地区主要热点问题阿以争端和平解决的进程,刺激了中东地区各国对地地导弹、化学武器等大规模杀伤性兵器的追求,引起新的军备竞赛。伊拉克在这场竞赛中略占上风,以至很快忘却战争教训,停火两年后贸然武装入侵科威特,酿成规模空前、给伊拉克带来灾难性打击的海湾战争。

此次战争是双方大量使用先进或较先进武器,人力、物力、财力消耗巨大,最终结局无明显胜负的现代局部战争。战争久拖不决的主要原因是:双方对彼此的政治、经济和军事形势缺乏全面认识,是战是和,战略决策失当,战争指导带有盲目性;美、苏等国不愿两伊决一雌雄,竭力维持双方实力平衡,使战争进程和结局受到制约;双方缺乏现代作战经验,军队素质及指挥水平距现代战争要求甚远,作战方法未突破传统攻防作战思想的束缚。但此次战争显示了现代局部战争中装备与物资损耗巨大、弹道导弹和化学武器具有一定威慑作用等特点,为军事科学研究提出了新课题,在一定程度上促进了对高技术武器装备及其战争应用的研究。

例题分析

第二次世界大战后,波及全世界的大战没有再度爆发,乃人类之福。但不同强度的局部战争却长期存在,特别是不同时期世界各热点地区争端不停,战火不断,给当地人民带来巨大的生命财产损失,也给世界带来动荡的因素。关于二战后局部战争,考题主要以战争发生时间、原因以及影响和启示为主,对于战争的经过,作适当了解即可。

【例题1】抗美援朝战争中,中国人民志愿军于（　　）跨过鸭绿江入朝作战。

A. 1950年10月19日　　　　　　　B. 1950年10月15日
C. 1951年10月19日　　　　　　　D. 1951年10月15日

解析:此题答案为A。1950年6月25日,朝鲜内战全面爆发。26日,美国总统杜鲁门命令驻日本的美国远东空军协助韩国作战,27日美国宣布武装援助南朝鲜,干涉朝鲜内政。9月15日,麦克阿瑟率军在仁川登陆。10月19日占领平壤,之后向北进逼,威胁我东北安全。当天,中国人民志愿军入朝作战。

【例题2】实战中首创以导弹击沉军舰纪录发生在（　　）后阿以冲突中。

A. 第一次中东战争　　　　　　　B. 第二次中东战争
C. 第三次中东战争　　　　　　　D. 第四次中东战争

解析：此题答案为 C。第三次中东战争经过 6 天激烈的军事对抗，最终以色列占领了阿拉伯国家约 6.5 万平方公里领土，数十万巴勒斯坦阿拉伯人被赶出家园，阿以矛盾更加尖锐。战后，阿以对抗继续发展，小规模交火事件经常发生。1967 年 10 月，埃及海军使用"冥河"式舰舰导弹击沉以军驱逐舰"埃拉特"号，首创导弹击沉军舰的纪录。

【例题 3】第二次世界大战后持续时间最长的一次局部战争是(　　)。
A. 朝鲜战争　　　B. 两伊战争　　　C. 中东战争　　　D. 越南战争

解析：此题答案为 D。朝鲜战争 1950 年 6 月 25 日爆发，1953 年 7 月 27 日停战，持续时间约 3 年；两伊战争发生时间是 1980 年 9 月至 1988 年 8 月，持续约 8 年；中东战争一共发生了五次，每次持续时间为数天至数年；越南战争自 1961 年 5 月爆发至 1973 年 1 月结束，持续将近 12 年，持续时间最长。

【例题 4】关于英阿马岛战争，下列说法不正确的是(　　)。
A. 自英军正式占领马岛时起，至战争爆发时已有 150 年
B. 英核潜艇"征服者"号用鱼雷击沉了阿"贝尔格拉诺将军"号巡洋舰
C. 阿根廷海军航空兵以"飞鱼"式反舰导弹击沉了英"谢菲尔德"号导弹驱逐舰
D. 战争期间，阿根廷主要以航空兵攻击英军，没有使用潜艇

解析：此题答案为 D。1816 年阿根廷独立后，以继承西班牙对马岛的主权为名，宣布马岛为阿领土的一部分。英国则正式声明马岛主权属英国。1833 年，英军重占马岛，至 1982 年战争爆发约为 150 年。战争期间，阿军不仅依靠航空兵实施反封锁，还使用潜艇牵制英舰的行动，给英舰造成一定威胁。

【例题 5】猪湾事件发生在(　　)。
A. 1961 年 4 月 17 日　　　　　　B. 1961 年 6 月 17 日
C. 1962 年 4 月 17 日　　　　　　D. 1962 年 6 月 17 日

解析：此题答案为 A。1959 年 1 月卡斯特罗领导的古巴人民推翻了美国长期扶植的巴蒂斯塔政府，建立新的革命政权。从那之后，卡斯特罗就成为美国的头号敌人。美国政府担心距离美国海岸只有 100 多公里的古巴将成为苏联人威胁美国的滩头堡，一直企图颠覆卡斯特罗领导的古巴新政权。1961 年 4 月 17 日，一支由约 1500 多人组成的美国雇佣军在美国飞机和军舰的直接掩护下突袭古巴，在古巴中部拉斯维利亚斯省南部登陆，占领了长滩和吉隆滩，并继续向北推进。古巴军民经过 72 小时的战斗，全歼了被包围在吉隆滩的美国雇佣军。这就是震惊世界的"吉隆滩之战"，美国称之为"猪湾事件"。

第九章　冷战后局部战争

进入21世纪，美国重新寻求霸主地位，打着反恐的名义发动战争，是近期世界局部战争的一大特点。

与世界大战相比较，局部战争波及的范围较为有限，往往只在某一地区内对国际形势产生影响。但是，在错综复杂的国际环境中，世界上许多社会基本矛盾尚未解决，在目前一超多极的国际大格局中，历史遗留下来的民族矛盾、宗教矛盾、领土纠纷以及近年来有愈演愈烈趋势的恐怖主义活动，在不同程度上会引发各种程度的武装冲突甚至局部战争。

特别是随着大国之间战略利益调整，超级大国在长期形成的强权政治和霸权主义思维的影响下，仍然会干涉别国内政，挑起事端，成为冷战后爆发局部战争的最主要根源。

一、海湾战争

海湾战争(1991年1月17日至2月28日)是以美国为首的多国联盟在联合国安理会授权下，为恢复科威特领土完整而对伊拉克进行的战争。战争中使用了大量高技术武器装备，并在作战方法、作战理论、战略战术、指挥管理、后勤保障等方面都发生了深刻的变革，是一场典型的高技术局部战争。

(一) 战争起因

海湾战争爆发的直接原因是由伊拉克对科威特的入侵而引发的。历史上，由于种种原因，伊、科两国围绕主权和边界问题存有争端。20世纪80年代末，随着两伊战争的结束和世界两极体系的瓦解，伊科争端又突显出来。从伊拉克方面来说，主要原因是，它希望在新的国际形势下迅速实现国家的发展，具体说就是解决长期困扰它的出海口问题、免除两伊战争中欠下的巨额债务、成为海湾的地区性强国。1990年7月中旬，由于石油政策、领土纠纷、债务等问题，伊拉克与科威特和阿拉伯联合酋长国之间的争端突然公开化。伊拉克在向科威特提出一系列要求遭到拒绝后，定下了以武力吞并科威特的决心。1990年8月2日凌晨1时(科威特时间)，在经过周密准备之后，伊拉克共和国卫队三个师越过伊科边界，向科威特发起突然进攻。与此同时，一支特种作战部队从海上对科威特市实施直升机突击。拂晓时分，东西对进的两支部队开始攻打市内目标。上午9时，伊军基本控制科威特市。下午4时，伊军占领了科威特全境，并将科威特划归为其第19个省。

伊拉克入侵科威特不可避免地同在海湾存在巨大战略利益且谋求建立"国际新秩序"的美国产生不可调和的矛盾。加上海湾地区一直是美国和西方的生命线(美国进口石油的20%、西欧的35%、日本的70%都来自海湾)，为了控制海湾的石油资源，从经济和军事上打垮伊拉克，维持中东地区的稳定和势力均衡，并显示美国在世界上的领导作用，重新确立美国在全球的支配地位，美国便打着"维护正义"和"解放科威特"的旗号，迅速出兵。

（二）双方战略目的

美国的战略目的是：控制海湾石油资源，维护西方经济命脉；制服地区强国伊拉克，保持海湾地区力量均衡；长期驻足海湾，在中东建立以美国为主导的"新秩序"；显示美国在世界上的领导作用，重新确定美国在全球的支配地位，为建立"冷战"后以美国为主导的国际新秩序打下基础。

伊拉克的战略目的是：依托既设阵地以藏避炸，保存实力，然后实施反击；依托坚固阵地，发挥兵力优势并利用日益严酷的天候等条件，使战争长期化、复杂化，最终迫使敌人退却，以图永久占领科威特。

（三）战争经过

1. 战前准备

（1）美军和多国部队。

1990年8月2日和3日，美国总统布什主持召开国家安全委员会全体会议研究对策。会议决定，采取大规模军事部署行动，以迫使伊拉克撤军，并为必要时采取军事打击行动做好准备。根据这一精神，负责中东地区防务的美军中央总部拟定了"沙漠盾牌"行动计划。8月7日凌晨2时（美国东部时间），布什总统正式批准了该计划，并于8月中旬成立了协调性作战指挥机构。

"沙漠盾牌"行动计划拟分两个阶段向海湾地区部署部队。第一阶段用3~4个月时间（17周）部署24万人的部队及其建制装备，以使该地区美军和其他出兵国家部队兵力达到同伊军大致相抗衡的水平。第二阶段将视形势发展继续增兵，以使兵力达到足以将伊军赶出科威特的水平。

计划确定后，美军分别于1990年11月8日和11月底完成了两个阶段的部署。此时，美军在海湾地区的总兵力达到43万人，其中陆军26万人，海军5万人，空军4万人，海军陆战队8万人。主要武器装备有：坦克1200辆，装甲车2000辆，作战飞机1300架，直升机1500架，军舰100余艘，连同其他国家出动的兵力总兵力达50万人。

（2）伊军。

总的战略指导思想是：拖延战争爆发，使海湾冲突长期化、复杂化，进而分化以美国为首的军事阵营，打破对伊拉克的各项制裁，保住既得利益，同时，做好军事上防御作战的准备。为此，它在外交上打出了"圣战"的旗号，并将撤军问题同以色列从阿拉伯被占领土撤军联系在一起，以转移阿拉伯国家的矛头指向；在经济上采取了内部紧缩、对外寻求突破口的政策；在军事上则加紧了扩军备战，恢复和新建24个师，使军队总兵力达到77个师120万人。同时加强了科战区的兵力部署，按三道防线共部署43个师约54万人，坦克4280辆、火炮2800门、装甲输送车2800辆。

2. "沙漠风暴"行动

美军在开始执行"沙漠盾牌"计划时即已估计到伊拉克拒不撤军的情况，拟定了代号为"沙漠风暴"的军事打击行动计划。该计划的要点是，实施进攻作战，以达到瘫痪伊拉克国家指挥当局、将伊拉克军队赶出科威特、消灭伊拉克共和国卫队、尽量摧毁伊拉克的弹道导弹和核生化武器、帮助恢复科威特合法政府。整个作战过程分为战略空袭、夺取制空权、空袭地面部队、地面进攻作战四个阶段。

1）空中战役阶段（1991年1月17日至2月23日）

1991年1月17日凌晨，美军的空袭行动开始实施。整个空袭包括"沙漠风暴"计划四个作战阶段的前三个,美军称之为空中战局。按计划三个阶段同时开始,齐头推进,逐一达到既定目标。

(1) 战略空袭。

1991年1月17日凌晨2时39分,9架"阿帕奇"攻击直升机组成的"诺曼底"特遣队在3架空军MH-53J"铺路激光"特种作战直升机的引导下,率先发起突击。与此同时,美第37战术战斗机联队的数架F-117"夜鹰"式隐形战斗机早已飞过伊军预警雷达站,深入到伊拉克雷达覆盖区,并于凌晨2时51分投下了"沙漠风暴"行动的第一颗炸弹,攻击了南部一个加固的防空截击指挥中心。

1月17日黎明,多国部队第二波空中攻击开始,空袭的规模进一步扩大。除集中力量打击伊拉克全境的战略目标外,也开始对第二、第三阶段计划攻击的目标进行了突袭。整个昼间,美空军的A-10"雷电"式攻击机出动了150架次,袭击了科威特战区和伊境内的雷达站,而F-16战斗机则重点攻击科威特战区内的机场和许多地对空导弹发射场。

1月17日傍晚,伊拉克战略C3网络、号称固若金汤的战略防空系统以及主要的领导指挥设施都遭到多国部队空军的毁灭性打击。部分已探明的核生化武器和设施也遭到了不同程度的打击。此外,多国部队的空中力量还挫败了伊空军进行协同抵抗的企图。

1月17日夜幕降临时,多国部队发起了第三波空中攻击,打击的重点仍是伊拉克的战略目标,尤其是一体化防空系统。

1月18日,多国部队的空中力量仍继续对伊拉克境内及科威特战区的战略目标展开全方位打击,袭击了伊拉克防空系统、核生化武器设施、领导指挥机构以及机场等目标。

1月18日天亮后,多国部队出动近百架次的F-16战斗机攻击了塔瓦卡尔那共和国卫队师;另出动约150架次A-10攻击机袭击了沙、科、伊三国交界地区及西部的伊军;海军陆战队的大批飞机袭击了巴士拉以西共和国卫队的麦地那师。

1月18日中午,多国部队海军的飞机袭击了马姆盖斯尔附近的伊拉克海军设施,摧毁了谢拜和艾哈迈德杰拜尔机场和机库、停机坪。此外,多国部队还用"战斧"巡航导弹袭击了伊拉克的石油、电力设施和领导指挥机构。

1月18日夜幕降临,多国部队又展开了新一波次的空中打击。装有前视红外装置和雷达的多国部队飞机袭击了伊拉克共和国卫队后方的桥梁,切断了其与后方补给基地的联系。

开战一周内,多国部队的空中力量共出动各型飞机1.2万余架次,投弹量超过6万吨,并以80%的成功率使伊军指挥控制系统、空军基地、防空体系和导弹基地等受到严重破坏,伊军地面部队也遭到沉重打击。此外,多国部队击落伊作战飞机14架,在地面摧毁伊飞机25架以及伊拉克"飞毛腿"导弹机动发射架10多部。在作战中,多国部队共损失飞机22架,其中美国损失14架,英国损失5架,科、沙、意各损失1架。

(2) 夺取制空权。

随着第一阶段对伊拉克战略目标群的空中打击取得重大战果,从第二周开始,多国部队将空袭的重点转移到了夺取科威特战区制空权上。为完成这一任务,多国部队空中力量重点突袭了两类目标群,即伊空军和科威特战区内的伊军防空武器系统。

为了保存空中力量,伊军被迫将其飞机藏于战前精心修筑的加固掩体中。尽管如此,多国部队的空中力量仍对其进行了有效打击。从1月23日起,多国部队开始使用近1,000千克重的加固弹壳钻地激光制导炸弹,直接攻击藏在掩体内的飞机。在多国部队的打击下,许多隐藏于掩体内的伊拉克飞机被摧毁。1月27日,美中央总部司令施瓦茨科普夫将军宣布:伊空军已失去战斗力,多国部队掌握了制空权。

压制伊防空配系是多国部队实施第二阶段计划的重要步骤,攻击的目标包括伊拉克地空导弹系统、高炮、预警和目标跟踪雷达以及连接这些系统的指挥与控制枢纽。该阶段的攻击为合同作战,涉及多国部队的若干成员国以及陆军、海军、海军陆战队和空军的各型飞机。在这一阶段,专门用于执行压制伊防空配系任务的电子战飞机是多国部队作战的核心和灵魂。

到第二周结束时,多国部队从开战伊始就付诸实施的大规模压制伊拉克防空配系的作战行动取得了显著成效,大批伊军雷达站被多国部队的高速反辐射导弹和硬杀伤武器所摧毁,16个截击控制中心只有3个还能正常工作,严重削弱了伊军的防空能力,切断了其指挥通信系统,阻止了伊拉克整个指挥体系的信息传输。

在"沙漠风暴"第二阶段的7天中,多国部队共出动飞机1.8万余架次,仅损失作战飞机3架,一架为美军的F-16,一架为美军的AV-8B"鹞"式垂直起降攻击机,一架为英国皇家空军的GR-1飞机。伊空军在空中格斗中损失飞机11架。

(3)空袭地面部队。

从第三周开始,多国部队的空中打击进入第三阶段,即进行战场准备,为地面进攻奠定基础。在此期间,驻海湾地区多国部队的空中力量集中攻击了共和国卫队和科威特战区的伊军,打击重点从战略目标转向科威特战区的战术目标,具体行动包括:继续破坏伊拉克境内的重要桥梁,摧毁科威特战区内伊军装甲车辆,实施强大的心理战。

在实施了5周的猛烈空袭之后,从战略角度看伊拉克已经瘫痪。伊拉克海军已不再是一支有效的作战力量;伊空军和许多飞机或者被持中立态度的伊朗扣留,或者在伊拉克被炸毁;伊战略防空系统也失去应有的作用;伊地面部队的作战能力在多国部队空中力量打击下严重削弱;伊全国的电力网已经瘫痪,石油加工业已停产;伊核生化设施遭到打击,生产生化武器弹药和战剂的能力遭到严重破坏。

到2月24日,多国部队实施地面战役的条件已经成熟。经过38天的空中打击,孤立了伊拉克的领导集团,严重削弱了伊军有效实施进攻和防御的作战能力。到地面战斗发起之前,多国部队共出动作战和支援飞机近10万架次,发射巡航导弹323枚,其中35枚为空射巡航导弹。在出动的全部飞机架次中,执行攻击性作战任务的飞机超过60%。在多国部队空中力量的全方位打击下,科威特战区的伊拉克部队损失巨大,其指挥与控制系统基本上被摧毁,后勤运输线遭到严重破坏,沉重打击了伊军士气,伊拉克前线各作战部队的战斗力已下降约50%,伊军后方部队的战斗力也下降了25%以上。多国部队历时38天的对伊全方位空袭,确保了以解放科威特为主要目标的地面进攻作战得以顺利进行。

2)地面战役阶段(1991年2月24日至28日)

为了实施地面进攻作战,美中央总部陆军制定了"沙漠军刀"计划。该计划事实上是"沙漠风暴"计划的组成部分。计划决定,由5个军队集团执行地面作战任务。美第十八空降军在整个战线西部实施进攻,负责切断科战区伊军同后方的联系;美第七军在战线中段担负主攻任务,重点消灭伊拉克共和国卫队;在第七军右翼,依次是北线联合部队、美军中央总部海军陆战队和东线联合部队,他们将包围科威特后方及科威特市内的伊军部队,牵制伊军战术和战役部队,其中北线和东线联合部队的阿拉伯部队将负责解放科威特市。

1991年2月24日当地时间凌晨4时整,多国部队向伊军发起了大规模诸军兵种联合进攻,将海湾战争推向了最后阶段。多国部队首先在战线中部发起攻击,以吸引伊军统帅部注意力。随后,东西两端开始行动,以造成西端"关门"、东端"驱赶"之势。在这种情况下,担负主攻的美第七军发起决定性攻击。先向北,随后向东,歼击伊军主力部队。28日晨,科威特城已全部被阿拉伯部队控制,多国部队也大多完成了各自任务。鉴此,布什总统下达了当日当地时间8时暂时停火的命令。整个地面进攻历时100小时。

暂时停火以后,伊拉克表示接受美国提出的停火条件和愿意履行联合国安理会历次通过的有关各项决议,海湾战争至此宣告结束。

据战后统计,在这场战争中,伊拉克方面参战的43个师共有38个师被重创或歼灭,6.2万人被俘,3847辆坦克、1450辆装甲输送车、2917门火炮被击毁或缴获。107架飞机被击落、击毁或缴获。多国部队方面共有126人阵亡(其中美军74人),300余人受伤,12人失踪。

(四) 主要特点

海湾战争是世界两极体系瓦解、"冷战"结束后的第一场大规模局部战争。它体现了人类社会生产力特别是科学技术的发展所引起的战争特征的革命性变化,主要是:武器装备建立在高度密集的技术基础之上;打击方式已不再以大规模毁伤为主,而是在破坏力相对降低的基础上突出打击的精确性;整个战争的范围与过程被视为一个完整的系统,战争的协同性和时间性空前突出。它也展示了新的作战手段和作战思想运用于战争而产生的作战样式的诸多新特点,主要包括:

(1) 空中力量发挥了决定性作用。海湾战争开创了以空中力量为主体赢得战争的先例,表明战略空袭和反空袭是未来战争的主要作战样式,有时甚至是唯一的战争样式。

(2) 电子战成为未来战争的核心,对战争进程和结果产生重要影响,因此电磁优势将成为现代战场双方激烈争夺的制高点。

(3) 作战空域空前扩大,战场向大纵深、高度立体化方向发展,不存在明显的前方和后方。

(4) 高技术武器大大提高了作战能力,使作战行动向高速度、全天候、全时域发展。

海湾战争因多国部队在质量和技术方面占据的绝对优势,使其以高技术局部战争的代名词载入战争史册。在海湾战争中,美国动用了12类50多颗各种军用和商用卫星构成战略侦察网,为多国部队提供了70%的战略情报;多国部队集结了2790架现代化的固定翼飞机、1700多架旋翼飞机(其中600多架攻击直升机)、6500余辆坦克装甲车辆以及大量自行火炮、火箭发射车、工程技术保障车辆等;多国部队虽然与伊军在数量对比上不占优势,人员比为1∶2.4,火炮数量比为1∶2.4,坦克数量比为1∶1.44,但多国部队调集的现代化装备数量却超过伊军许多倍:新式飞机数量比为13∶1,攻击直升机数量比为16∶1,在精确制导武器上多国部队拥有绝对优势。在海湾战争空中作战投掷的8万多吨弹药中,精确制导武器仅占总投弹量的7%,但命中率却高达90%,完成总攻击目标的40%,显示了高技术武器装备的战场优势。海湾战争中所体现出来的技术对战争的强烈影响使海湾战争预示了另一个新时代的到来:在拥有质量优势的部队面前,单纯的数量对比已失去了意义;各种军事高技术应用导致的对信息的大量获取,也使与之对阵的敌人在战术运用方面困难重重。

(五) 影响和启示

海湾战争以大量高技术兵器投用于战场而成为高技术局部战争的重要标志,以武器系统的信息化、智能化和作战行动的多维一体化的特征,确立了信息化战争的雏形。海湾战争是发生在工业时代向信息时代过渡期间的一场具有划时代意义的战争,这场战争的发生,不论是对世界各国军事体系还是对人们的军事观念都产生了强烈的震撼,由此而引发了一场深层次的军事变革与思考。

在人类战争史上,海湾战争是一场承前启后的重要战争,它发生在工业时代向信息时代的过渡期间,既有工业时代机械化战争的"遗迹",也有信息时代信息化战争的"新容"。因此,世人对它的评价也众说纷纭,有的说它是一场科技含量很高的高技术局部战争,有的说它有战争形态上的新迹象,也有的惊呼它是世界上"第一场信息战争"。但是,无论如何,它是人类战争史上非同寻常的一场战争,它具有巨大的昭示作用,它使仍沉湎于机械化战争形态的人们从睡梦中惊醒。在海湾战争中人们发现:芯片的作用大于钢铁,战争形态正在发生深刻变化,机械化战争形态正在向信息化战争形态转变。它的许多有别于工业时代战争的新特点,不仅使人耳目一新,还提醒人们新军事革命已悄然来临,在思想上要冲破机械化战争思维的藩篱,更新观念,大胆创新。

海湾战争是第二次世界大战结束后现代化程度最高的局部战争,广泛使用了20世纪80年代末90年代初最先进的高技术武器装备。战争节奏快、烈度高、立体性强。战争表明,掌握电磁空间的控制权,对取得战争胜利具有重大意义;战略空袭已成为战争的独立阶段,对战争进程影响很大;在地面战斗中,实施战役欺骗、加强海空协同、实施大纵深迂回包围、重点打击对方重兵集团,对迅速达成战役目的起了重要作用;传统的作战方式,如构筑坚固的地下掩体和人防工事,大量布设水雷、地雷和开展心理战等,在现代条件下仍未失去其意义;高技术武器装备虽然在战争中发挥了巨大威力,但如果没有可靠的技术保障和后勤保障,则难以充分发挥作用。此战是在国际条件地理条件特殊、双方实力对比悬殊情况下进行的,其经验教训有一定的局限性。然而,它是"冷战"结束后第一次大规模局部战争,是世界多种矛盾进一步发展的结果,对战争演变与军事形势的发展具有深远影响。

这场仅打了42天的高技术局部战争,虽然还称不上像很多美国军方人士所说的"世界上第一次信息战争",但它不同于以往战争的很多新特征,展示了信息化战争的雏形,在战争形态上已拉开信息化战争的序幕。

二、科索沃战争

科索沃战争(1999年3月24日至6月10日)是以美国为首的13个北约集团国家,在未经联合国授权的情况下,打着维护人权、制止"种族清洗"的旗号,对南联盟进行的战争,是第一场完全依靠信息化空中力量、以远程精确打击为主要手段取胜的大规模空袭作战,开辟了单一使用信息化空中力量达成战争目的的先河。

(一)战争起因

科索沃战争是由科索沃危机引发的,而科索沃危机则根源于南斯拉夫社会主义联邦共和国的解体。作为东欧剧变的组成部分,1945年成立的南斯拉夫联邦于1991年迅速解体,原南斯拉夫联邦分裂为5个独立国家。

在南斯拉夫联邦时期,科索沃是塞尔维亚共和国的自治省,人口约有200万人,其中90%是阿尔巴尼亚族人,塞尔维亚族不到10%。这个地区始终存在着要求更高程度民族自治的潮流。1980年铁托逝世后,以独立为目标的科索沃民族主义运动逐步兴起,并得到阿尔巴尼亚的支持。在这一背景下,阿族与塞族的矛盾日益尖锐,冲突时有发生。1989年2月27日,当时担任塞尔维亚共产党领导人的米洛舍维奇为了压制阿族的民族主义运动,宣布取消科索沃的自治省地位,由此更激发了阿族的对抗情绪,阿族与塞族的冲突趋向激烈,塞尔维亚当局对阿族的镇压也随之升级。进入20世纪90年代后,阿族的民族主义运动进一步高涨,于1992年5月自行组成议会和行政机构,还选举民主联盟领导人鲁戈瓦为"科索沃共和国"总统,形成了与塞族政权并行的另一个政权。1996年,阿族激进分子成立武装组织"科索沃解放军",开始了运用暴力手段的分离运动。面对阿族人的反抗,南联盟和塞尔维亚当局采取强硬镇压措施,派遣大批塞族军队和警察部队进驻科索沃,试图消灭"科索沃解放军"。这样,科索沃的战火越燃越旺,1997年以后不断发生武装冲突事件,伤亡人员日趋增多,约30万人流离失所,沦为难民。科索沃危机的发展使代顿协议后力图控制巴尔干局势的美国等西方国家感到不安,它们不能容许南联盟的行为干扰"冷战"后世界新格局的构建,同时它们也图谋借这一危机的处理排除东南欧地区最后一个被西方视为异己的米洛舍维奇政权。

因此,从1998年底起,以美国为首的北约开始介入科索沃危机,北约与南联盟的矛盾逐渐成为主要矛盾。1999年2月6日,在美国和北约的压力下,塞尔维亚和科索沃阿族代表在巴黎附近的朗布依埃举行和平谈判,谈判的基础是美国特使希尔草拟的方案。

该方案的主要内容是:尊重南联盟的领土完整,科索沃享有高度自治,南联盟军队撤出科索沃,"科索沃解放军"解除武装,按当地居民人口比例组成新的警察部队维持治安,北约向科索沃派遣多国部队保障协议实施。

这个方案对双方来说都难以接受,阿族坚持要最终走向独立,并且不愿被解除武装,南联盟则不同意科索沃获得自治共和国的地位,亦反对北约部队进驻科索沃。但是,主持谈判的美国和北约表示,这个方案的80%内容不许改变,必须接受,否则拒绝的一方将受到惩罚,其中对南联盟而言将遭到北约的军事打击。谈判陷入僵局后曾一度休会,3月15日复会,阿族代表于18日签署了协议,但塞尔维亚方面仍然拒绝签字。3月19日,北约向南联盟发出最后通牒。3月24日,北约发动了对南联盟的空中打击,科索沃战争爆发。

(二)双方战略目的

北约的战略目的:美国及其西方盟国利用北约组织,打着维护人权、制止"种族清洗"的旗号,实际上却是通过这场战争,获取制裁南联盟、排挤俄罗斯、控制欧洲并维护其处理欧洲事务的主导权,进一步推行北约新战略和验证其新军事技术革命成果等多重利益。

南联盟的战略目的:充分利用战场建设完备和地理条件的优势,采取有效的防护措施,最大限度地保存实力,运用全民抗战的力量和灵活的战法,粉碎北约速战速决的作战企图,维护对科索沃的主权、国家的统一和尊严。

(三)战争经过

1999年3月23日(南联盟当地时间),北约秘书长索拉纳在布鲁塞尔北约总部下达对南联盟进行空袭的命令。3月24日晚19时50分,第一枚"战斧"巡航导弹从部署在亚得里亚海上的"冈萨雷斯"号驱逐舰上发射升空,从而拉开了美国主导下的北约空袭南联盟的侵略战争"联盟力量"行动的序幕。科索沃战争历时78天,根据北约的空袭进程,大体可分为夺取制空权、打击军事目标、全面打击、不对称空中打击四个阶段。

1. 夺取制空权

战争第一阶段从1999年3月24日北约发动首轮空袭起至3月27日北约完全夺取制空权止,共历时4天。在该阶段,北约重点打击南军防空系统、空军基地、指挥控制中心和通信中心,以夺取制空权及削弱整个南军指挥控制系统。南军实施全国紧急动员,奋起抗战。

3月24日晚19时55分,北约发动了首轮空袭,对南军的防空导弹阵地、雷达站、机场、指挥控制中心和通信系统等军事目标实施了重点打击,企图迅速瘫痪南军的防空体系,全面夺取作战地域的制空权,以确保北约飞机在南联盟上空活动的安全,为后续阶段的大规模空袭创造条件。美军的数架EA-6B和EC-130等电子战飞机,对南军实施强大的电子干扰和压制,使南军无法对下属部队实施有效的指挥与控制,对外无线电通信联系曾一度中断。

在首轮空袭中,北约投入作战飞机70余架,出动100多架次,发射各型巡航导弹100余枚,轰炸了南联盟8个城市或附近地区的50多个军事目标,打击的重点是科索沃省和首都贝尔格莱德附近的防空系统、指挥与控制系统以及机场、军事基地等目标。

3月25日晚8时,北约出动飞机100余架,对南实施了第二轮空袭,集中打击南联盟各地,特别是部署于科索沃地区的南军防空系统及其相关设施,并首次攻击了部署于科索沃的南军地面部队。

3月26日,北约出动249架次的作战飞机,对科索沃及其周边地区的南特种警察总部和南军指挥机构实施了重点打击,其中对科索沃境内目标的打击占当天空袭目标总数的40%。

3月27日,北约实施了开战后强度最大的一轮空袭,打击范围涵盖了南联盟全境,主要目标是摧毁南联盟各地的雷达和发电站。

战争爆发后,南军民在米洛舍维奇政府的领导下,立即进行全民族的战争动员,号召举国上下团结一致,采取一切手段抗击北约发动的侵略战争。南军防空部队对北约飞机或巡航导弹实施了火力拦截。战争开始当天,南军就击落了北约一架F-16飞机。27日,南军贝尔格莱德防空部队使用"萨姆"-3防空导弹击落一架F-117A飞机。为保证不间断的指挥,南军在无线电通信受到强干扰的不利情况下,立足有线通信,全力保证有线通信网的畅通。此外,南军还在主要方向由远而近设立多层观察哨,对北约空袭动向实施24小时目视和光学观察,随时用接力通信方式向总部传递情报信息。

同时,南军飞机也升空作战。但由于双方力量在作战体系、信息保障和装备数量上相差悬殊,南机无力与敌机在空中进行有效抗衡,致使其损失严重。3月24日、26日,南军先后有5架先进的米格-29战斗机被北约空军击落。

在第一阶段,北约共出动飞机1300多架次,使用的精确制导武器高达98%,基本夺取了战场制空权,但并未完全达到作战目的。南军防空设施虽受到严重破坏,但指挥系统仍在运转,南军通过机动防空等方式保存着有生力量。

2. 打击军事目标

战争第二阶段从1999年3月28日起至4月4日止,共历时8天。该阶段,北约作战任务的重点是打击南军防空系统和其他军事目标,特别是科索沃及其附近地区的南军警部队,削弱南军作战能力,同时开始打击南联盟各类基础设施。南军适时调整作战方针,坚持持久作战。

3月28日下午,部署在亚得里亚海的美国战舰首先向南联盟黑山共和国的波德戈里察地区的军用机场发射了2枚巡航导弹,进而开始了北约第二阶段的作战行动。

3月29日,北约首次将美军A-10攻击机投入空袭作战,标志着其打击重点已经转到部署在科索沃的南军地面部队。同时,南联盟的军事工业基础也成为北约打击的重点目标。次日,北约扩大了空袭规模,由过去的间歇式空袭改为24小时的不间断打击。

3月31日,北约飞机首次在普里什蒂纳地区使用集束炸弹,对当地的一座有680多年历史的塞尔维亚教堂和风景区实施了轰炸。当天,北约还轰炸了贝尔格莱德市中心附近的南特种部队总部。

4月1日,北约进一步扩大了空袭的范围,开始轰炸南联盟境内的重要交通设施,炸毁了诺维萨德的一座横跨多瑙河的大桥和普里什蒂纳西南约15千米处的一座桥梁。

4月3日,北约以巡航导弹攻击了位于贝尔格莱德市中心的南联盟内务部和塞尔维亚共和国内务部。4月4日,北约轰炸了贝尔格莱德的警察学院、炼油厂、中心供暖厂及克拉列沃的一座油库,表明北约加大了对南联盟各类基础设施的打击力度。

北约的空袭决心与强度远远超出了南联盟方面的预料。与此同时,阿族非法武装"科索沃解放军"也乘机向南军发动进攻。在这种情况下,3月28日,米洛舍维奇总统主持召开最高军政会议,讨论抗敌斗争对策。南联盟总结第一阶段作战情况,认为敌人力量过于强大,己方力量特别是空军力量弱小,难以与敌硬拼;高技术战争消耗过大,敌人难以持久作战,意在速决。为此,南军最高统帅部一方面命令军队作战行动以藏为主,尽最大可能保存自己,并加强对非法武装"科索沃解放军"的围剿行动;另一方面指令政府各部门在配合军队行动的同时,重点抓好农业工作,争取当年粮食大丰收,为长期作战提供物质条件。

南军的主要做法是:将飞机、坦克、火炮等重型武器装备隐藏在各战略要地长期建设起来的大量战备工事和防空设施里;利用境内复杂地形和天候条件,将部队疏散配置,并加以严密伪装;利用城乡各种建筑物,分散部署作战人员和武器装备;巧妙设置大量假目标、假阵地,使敌人难辨真伪;进一步加强要地防空;继续进行地面作战准备,在科索沃过境地区重要通道埋设大量地雷,加强南马、南保边境的防御力量;加强情报工作,防奸反特。南军英勇抗战,继续取得新的战果。据南军报道,3月28日击落敌机2架;29日击落敌机6架,俘获3名美军特种部队士兵。与此同时,南联盟积极开展政治外交活动,争取外援和世界舆论的同情和支持:3月29日,南联盟表示,如果北约停止空袭和阿族人停止恐怖活动,南将接受和平谈判;4月1日,米洛舍维奇与科索沃阿族温和派领袖鲁戈瓦举行会谈,两人共同签署了政治解决科索沃危机的联合声明;4月2日,南联盟将击落的美军F-117A战机残骸移交给俄罗斯,并敦促俄罗斯提供军事援助。

由于南联盟军民的抗敌意志十分坚强,北约原计划数日内用军事手段解决科索沃危机的企图彻底破产,被迫向战区增派兵力,其中包括一个航母编队和B-1B战略轰炸机在内的130多架作战飞机(含75架航母舰载机)。在第二阶段作战中,北约虽给南联盟造成巨大损失,但仍未达成预定作战目的。

3. 全面打击

战争第三阶段从1999年4月5日起至5月27日止,共历时53天。在该阶段,北约作战行动的重点是全面打击南联盟各类目标,最大限度地削弱其维持战争的能力。南联盟继续抗敌,但形势极为严峻。由于前两个阶段的作战行动没能实现预期的作战目标,北约在第三阶段大幅度扩大了空袭的规模,力求最大限度地削弱南联盟维持战争的能力,震撼南联盟军民的心理,动摇南领导层的战争意志和决心,迫使南联盟无条件接受北约提出的和谈条件。

为加强对南联盟的打击力度,尽快实现其战争目的,北约继续向战区增派兵力,到本阶段行动结束前,北约部署在亚得里亚海海域的作战舰艇已达40余艘,参战飞机达1100余架。

在第三阶段,北约重点打击的目标有四类:一是南军的指挥控制系统和雷达站、导弹阵地、机场等防空体系;二是南军的军事基地、有生力量和坦克、火炮、装甲车辆等重武器及运输装备等;三是南联盟的通信系统、重要的交通运输干线和枢纽及重要的工业基地等基础设施和生产设备;四是国家的内务部、国防部、空军防空司令部甚至总统官邸等重要机构。5月7日晚,中国驻南联盟大使馆被炸,致使3人死亡、20多人受伤。

与此同时,北约在该阶段还加紧实施对南联盟的海上石油禁运等经济制裁措施,并广泛采取了心理战、电子战、情报战和特种作战等多种作战样式,包括对南联盟全境进行塞尔维亚语广播、投撒传单、轰炸南联盟的新闻宣传机构和设施,以各种手段实施电子干扰和压制,对南金融计算机系统和指挥控制系统进行网络攻击等。

鉴于战争形势的需要,北约还开始进行地面作战的军事部署。4月5日,美军向战区派遣24架"阿帕奇"攻击直升机和2000名陆军官兵。

南军民继续进行顽强抗击。在整体防空系统被严重破坏的情况下,南军依靠小规模的防空游击群打击空中之敌。据南军战报报道:4月5日,南军防空部队击落敌机3架;6日,击落敌机2架;8日,击落敌无人飞机1架;10日,击落敌机2架;18日,击落敌直升机2架,机上50名美军士兵全部毙命(但北约对此坚决予以否认)。5月3日,击伤敌机1架;5日,击落敌机1架;7日,击落敌机3架;26日,击落敌无人飞机1架。

在此作战阶段,南联盟继续加强外交斗争,争取国际支持与援助。4月7日,南单方面宣布在东正教复活节期间在科索沃实现停火;4月12日,议会通过南加入俄白联盟的议案;5月2日,为表示和平结束战争的诚意,南释放了3名被俘美军士兵,这件事使得美国国内反战呼声高涨起来;5月29日,南政府发表声明,同意在科索沃派驻必须有俄罗斯参加的联合国维和部队。

然而,尽管南联盟军民竭尽全力抗战,却难以扭转战争态势,面临的形势越来越严峻:一是损失巨大。截至5月22日,北约出动的25000架次的空袭行动,已造成南联盟6000余人伤亡,财产损失达1000多亿美元,大量桥梁、道路、电厂、油库等基础设施的被毁,已严重影响民众的生活。二是外援无望。南本想从俄罗斯等国得到大量援助,并为此做了大量努力,然而俄罗斯等国对南的支持仅限于道义上的声援和少量的人道主义救援。俄罗斯坚持"三不原则",即俄不会在军事上卷入战争,不会与北约公开对抗,不会回到"冷战"时代。这就等于破灭了南寻求外援的希望。三是周边安全环境恶化。自战争爆发以后,与南接壤的所有国家都站在北约一边。例如,阿尔巴尼亚把整个国家变成北约的军事基地;马其顿要求参加北约,并允许北约地面部队部署、进驻;匈牙利、保加利亚等国同意向北约提供领空和空军基地,使南面临来自多个方向的空中打击,防空作战更加艰难;匈牙利扣留了向南提供人道主义援助的俄罗斯过境车队,等等。四是国内出现悲观失望情绪。有的部队士气低落,发生了数起兵变或叛逃事件,反对党也乘机发难,要求政府尽快同北约就科索沃问题达成协议,早日结束战争。南联盟政府不得不正视面对的严峻形势,在继续抗战的同时,积极寻求尽快结束战争的途径。

4. 不对称空中打击

战争第四阶段从1999年5月28日开始至6月10日止,共历时14天。在该阶段,北约继续保持强大的空中压力,以配合俄欧美三方斡旋以及北约与南联盟军事代表团谈判的进行,确保在取得科索沃战后事宜主导权的同时,最大限度地削弱南联盟的作战实力和战争潜力。南联盟难以继续抗敌,决定有条件地接受北约和谈条件。

5月28日,北约实施了自战争爆发以来最猛烈的一次空袭,共出动792架次飞机,击毁或摧毁南军几十处军事目标及桥梁、电厂等基础设施,致使几个大城市断电停水;30日,北约又出动697架次飞机,空袭了南机场、交通线、弹药库、桥梁等目标;31日,北约850架次飞机猛烈打击了南联盟的十余处各类目标,造成重大人员伤亡。从6月1日至10日,北约继续保持对南联盟打击力度,每天执行空袭任务的飞机多则600余架次,少则430多架次。为配合北约与南联盟 6 月 5 日举行的谈判,从 6 月 4 日起,北约缩小了空袭范围,主要集中打击科索沃境内的南军地面部队、警察部队、重型武器装备、防空阵地、炮兵阵地、机场等军事目标。同时,北约扬言,如果南联盟在未来 3 周内仍不接受北约提出的条件,将考虑实施地面作战的可能性。

北约两个多月的狂轰滥炸,给南联盟造成极大的战争灾难,使其蒙受了巨大的物质损失和人员伤亡。在这场以空袭为主的战争中,南军采取疏散、隐蔽、机动等战术,固然保存了相当程度的作战实力,但由于国力弱小,且缺少反击武器,南军是有御敌之策,但无退敌之力,关系到国计民生的经济基础设施遭到摧毁性打击。

在这种局势下,南联盟政府举行高级军政会议,一致认为,尽管北约内部存在着严重的分歧,面临着巨大的政治和心理压力,但仍将继续加强对南的打击力度。为避免国家遭受更大损失,稳定国内局势,南决定接受八国集团就解决科索沃问题达成的协议,与北约举行停战谈判。6 月 1 日,南联盟正式将此决定告知欧盟轮值主席国德国。3 日,南联盟塞尔维亚议会以压倒多数票通过决议,接受八国集团提出的和平协议。八国集团协议基本满足了北约的停火条件,表明南联盟放弃了早先提出的参加驻科索沃维和部队等原则立场。5 日,北约与南联盟的军事代表在南马边境的布拉采镇举行会晤,协调接受科索沃和平协议、南军撤离科索沃地区的细节问题。次日,双方代表在马其顿的库马诺沃机场再次举行谈判。为表示和平诚意,在未达成协议的情况下,南军就撤离了科索沃地区。9 日,双方就南军撤离科索沃的安排达成协议。

6 月 10 日,南军按照撤军协议开始大规模撤离科索沃。当晚,北约欧洲盟军最高司令克拉克下令暂时停止对南联盟的军事打击,进而实际结束了长达 78 天的科索沃战争。

6 月 20 日,北约秘书长索拉纳在布鲁塞尔北约总部宣布,由于所有塞尔维亚军警部队已经遵照国际协议撤出科索沃,北约正式结束对南联盟的空袭行动。

(四) 主要特点

科索沃战争是发生在 20 世纪末的一场重要的高技术局部战争,是美国为了独霸全球、利用北约这个地区组织对南斯拉夫联盟进行的一场非正义、反人道的战争。它的主要特点是:

(1) 霸权主义和强权政治阴谋得逞。在高强度空袭的威逼下,南联盟被迫妥协,接受了和平协议。战争实践证明,北约不经过联合国批准,照样可以发动一场战争,而且在战争中可以用武力的方式威迫对方接受自己的条件。这种既当裁判员又当运动员的做法,有悖于国际法准则,只能是霸权主义和强权政治阴谋得逞。

(2) 独立空袭战役结束了一场战争。单靠航空兵和导弹空袭战役,就结束了一场历时 78 天的战争,这在历史上是十分少见的。造成这种结果,主要有四个原因:一是北约空袭强度和精度提高,对南联盟造成了军事、物质、经济、精神和政治等方面的震撼。二是国际形势的发展,使南联盟陷入空前的孤立。"冷战"结束之后,东欧所有国家都积极争取加入北约,唯独南联盟不加入,此举不仅惹恼了北约和美国,而且招致周边所有邻国的反对,南联盟处在一个无助的世界。三是不接受协议可能就面临地面战的危险。经过 70 多天的轰炸,南联盟已经全面瘫痪,损失 1000 多亿美元,国民经济倒退了 20 多年。在这种情况下,政府感到不能再让人民承受一场二战那样的地面作战,因此,米洛舍维奇签署了和平协议。四是北约战争目的已经达到。北约是战争的发起者、主宰者和胜利者,如果它不打算结束一场战争,战争就一定会继续下去。由此可见,无须地面战便结束一场战争,不仅仅是军事上的原因,也是多种原因结合在一起共同作用的结果。

(3) 大量使用远程精确制导武器,"三非"特征突出。在整个联合火力打击行动中,北约大量使用了精确制导武器,实施了高精确、高效能的打击。大量精确制导武器的使用,给这场战争的作战样式带来了革命性的变化,使北约的联合火力打击体现出明显的"三非"特征,即非线性作战、非接触作战、非对称作战。

北约联合火力打击时的非线性作战主要体现在,在作战一开始就直接打击南联盟首都贝尔格莱德、科索沃首府普里什蒂纳以及南联盟的重要指挥控制系统和防空系统。而且,在第一轮打击中,就打击了南联盟的40多个目标,可以说是直捣重心、全面开花。非接触作战主要体现在,在整个联合火力打击行动中,北约总是在南联盟防空区外实施火力打击。除发生几起小的空战外,北约的打击兵力根本没有和南联盟的兵力发生直接接触,从而减少了己方的危险性和战损率。所谓非对称作战,主要体现在北约对南联盟具有绝对优势。北约在对精确制导武器的运用上,主要采用了三种方法:一是使用"点摧毁"武器实施精确摧毁;二是使用"面杀伤"武器,实行覆盖打击;三是使用"新机理"武器实施特种破坏。北约此次使用的"新机理武器"有两种:一种是电磁脉冲炸弹,专用于打击指挥控制系统;另一种是石墨纤维炸弹,专用于打击电力系统。

(五)影响和启示

科索沃战争是一场没有经过地面交战就达成战争目的的战争,它呈现出明显的非接触作战、非对称作战特征,推动了非对称、非接触作战理论的实践和发展。

非对称作战,主要指交战双方使用不同类型的作战力量或不对称优势进行的作战。美军认为,与对称作战相比,非对称作战最大的好处是不受传统战场空间框架的制约,能充分发挥各军兵种联合作战的威力,以己某一军兵种之长,击敌某一军兵种之短。因此,非对称作战理论的实质在于发挥己方优势,与对手进行"不平衡的较量"。科索沃战争是先进完整的军事体系与落后不完整的军事体系的对抗,南联盟一方缺乏有效的精确制导武器系统对抗的能力,北约则以精确制导武器为主进行打击,从而进一步实践和推动了非对称作战理论的发展。

非接触作战,是指交战双方在作战能力优劣非对等的条件下,优势一方利用自己作战系统的优长,实施单向打击,同时造成劣势一方无法对优势一方进行有效还击的作战行动。非接触作战最初是指在敌视力区或火力杀伤半径以外出动作战平台及投射弹药实施打击,其作用是"减少对本军造成的危险性"。随着武器装备的发展,这种远程精确打击的作战方法在科索沃战争中得到了较广泛的运用,并逐渐形成了一整套非接触作战方法。非接触作战理论更多地被高技术一方用于对付低技术一方的战争中,是"以强击弱"的最佳手段,因此,一些军事强国越来越多地运用非接触作战手段来对付弱者。

三、阿富汗战争

阿富汗战争(2001年10月7日至2002年12月7日)指美国为打击阿富汗塔利班政权和"9·11"事件头号嫌疑犯本·拉登及其"基地"组织而发动的战争。在阿富汗战争中,美军以信息化空中力量为打击主体,以"空中点穴"式空袭为主要作战样式,开创了依靠信息化空中力量实施"空战反恐"的先河。

(一)战争起因

2001年的美国东部时间9月11日上午,北京时间的9月11日晚上,恐怖分子劫持客机并撞向美国的经济、军事和政治中心,象征美国光荣与梦想的世贸中心双子塔在全世界的注视中轰然倒塌,美国战争机器的"中枢神经"五角大楼部分被毁,政府核心部门国务院和国会全笼罩在汽车炸弹的硝烟中,3000多条无辜生命在恐怖分子丧失理性的罪恶行动中与亲人永别。

"9·11"事件发生以后,美国迅速断定袭击事件为仇视美国的恐怖组织所为,并把矛头直接指向恐怖主义头目本·拉登及其"基地"组织。随着美国政府和军方对"9·11"事件调查的不断深入,他们发现阿富汗塔利班政府不仅资助恐怖分子,而且就掌握在恐怖组织的手里。基地组织的巢穴虽然遍布大约60个国家,但阿富汗是它的大本营,是它长期的军事行动基地,基地组织和塔利班政府控制了阿富汗80%的国土,毫无疑问,基地组织是阿富汗塔利班政权真正的幕后老板。美国国防部部长拉姆斯菲尔德认为必须采取军事行动才能解决问题,为此,他要求美军中央司令部制定一份阿富汗作战计划,以便将阿富汗战争尽快动作起来。

美国遭遇恐怖袭击看似突然,然而其对阿富汗战争的准备却早已展开。早在克林顿执政时期,美国政府就制定了以推翻"塔利班"、对拉登发动全面攻击和搜索行动的战争计划。布什政府上台以后,针对"基地"组织和阿富汗塔利班政府的军事打击准备工作早在事件发生前几个月就已经展开了。

(二)双方战略目的

美国的战争目的:摧毁阿富汗塔利班政权和消灭拉登及其恐怖组织;铲除"反美"国际恐怖组织及其纵容、支持和庇护者;争夺中亚势力范围;控制南亚;掌握里海石油资源;强化军事同盟;建立由美国主导的反恐怖国际联盟。

阿富汗塔利班及"基地"组织的战争目的:不与美军进行正面交战,依靠其长期的战争经验和对有利地形的利用,以山地游击战为主打持久战,能打则打,不能打则藏,尽量减少损失,保存实力。

(三)战争经过

1. 战前情报侦察

据报道,美国在对塔作战中,使用了四大侦察定位技术:一是先进的KH-11、KH-12"锁眼"系列照相侦察卫星。美将多颗"锁眼"卫星调集到中亚地区上空,其地面分辨率达0.1米,能自动将照片传送到地面接收站及指挥中心。二是无人侦察机。美已向邻近阿富汗的基地派驻多种无人侦察机,可在空中完成情报处理。三是激光光标定位仪。此装置安装在武装直升机机鼻上,它包括一个热成像瞄准器,与飞行员头盔同步移动。四是全球卫星定位导航系统(GPS)。能使美军士兵不依赖气象条件在地球表面任何一点确定自己的坐标和精确时间,并获得相关导航信息。这些高科技信息技术犹如一张大网,昼夜监视阿富汗全境。

2001年10月7日始,美、英两国部署了近8万人兵力,先后动用5个航母编队及500多架战机,对阿富汗实施了军事打击。两个月后,在阿富汗"反塔利班联盟"武装的协助下推翻了塔利班政权。

2. 空中打击

10月7日,美国对阿富汗塔利班宣战,同时从阿拉伯海上和阿富汗北方联盟的基地对阿富汗境内的目标实施持续空袭。攻击目标主要是塔利班的指挥和控制中心、防空导弹基地、燃油补给站、机场及通信系统、地面部队、装甲车辆。美国在首轮空袭中采用了不同种类的武器。据美国军方公布,共动用了50枚导弹、15架战机和25枚炸弹。轰炸中美军使用了威力巨大的GBU-28激光制导炸弹。第二轮打击过后,塔利班政权的大部分通信、交通、空防炮基地、雷达设施基本被摧毁,塔利班当局已无法统一指挥各地军队,其高炮及少数的导弹无法准确攻击英美战机。美国总统布什和国防部长拉姆斯菲尔德在10月10日均表示,美军的攻击已摧毁了

85%的目标,因此,基本上已掌握制空权,美军飞机已可如入无人之境地飞临阿富汗地区。

10月20日开始,美英空袭以配合地面行动为主,精锐小部队则以武装直升机为主要攻击手段,直接深入阿富汗腹地配合北方反塔联盟进行特种作战。20日凌晨,美军特种部队发动第一次地面袭击,并使用了集束炸弹。从10月21日起,美军开始轰炸塔利班政权和本·拉登组织在阿北部的前线部队,并加强与阿富汗反塔联盟的军事合作。在美国的支援下,10月22日起,反塔利班北方联盟的部队开始向塔利班武装的阵地发起攻击。在美军猛烈的空中打击下,塔利班武装不战而退,北方联盟乘势占领了阿北部和东部的大部分省份。在美国对阿富汗的军事打击中,英国军队参与了对阿富汗的空袭。

3. 地面作战

(1)塔利班的撤退。

2001年11月9日,马扎里沙里夫战役开始。马扎里沙里夫是阿富汗北方的一座大型城市。塔利班在马扎里沙里夫有较强的群众基础。美国轰炸机地毯式轰炸塔利班部队的阵地。下午2时,北方联盟部队攻下了城市的南部和西部,并且控制了城市的主要军事基地和机场。战斗在4个小时后结束。到日落时分,塔利班残余部队向南部和东部撤退,塔利班在北方地区的势力开始瓦解。

(2)喀布尔陷落。

11月12日晚,塔利班部队在夜色的掩护下逃离喀布尔市,11月13日北方联盟部队抵达喀布尔市。喀布尔陷落标志着塔利班在阿富汗全国的瓦解。在24小时内,所有的阿富汗沿伊朗边境各省,包括关键的城市赫拉特,都被北方联盟攻下。

(3)交出坎大哈。

11月14日,北方联盟军队占领阿富汗东部主要城市贾拉拉巴德,塔利班在阿富汗的统治已呈现出崩溃之势。12月7日,塔利班交出了大本营坎大哈,标志着塔利班在阿富汗统治的彻底完结。

(4)清剿行动。

为清剿残存的"基地"组织和塔利班武装,以美国为首的联合部队和阿富汗政府军多次进山清剿。其中规模较大的是2002年3月1日,在阿富汗东部城市加德兹附近山区发动的代号为"蟒蛇行动"的清剿行动。参加此行动的部队大约有1000名美军和1000名阿富汗政府军,以及来自澳大利亚、加拿大、丹麦、法国、德国和挪威的部队。这是美军发动阿富汗战争以来最大的一次常规地面部队军事行动,也是以美军为首的"反恐联盟"军队规模最大的一次联合作战。在为期12天的战斗中,有800名"基地"组织和塔利班武装分子被消灭,有9名美军士兵被打死,40多名美军士兵受伤,7名阿富汗政府军人阵亡。

5月15日,由英军领导的大约1000名反恐盟军士兵又在阿富汗东部山区发动代号为"秃鹰行动"的反恐新战斗。反恐盟军方面没有人员伤亡,一些塔利班武装分子被击毙。5月下旬,清剿残存的"基地"组织和塔利班武装的大规模的作战暂告一段落。

(四)主要特点

(1)注重"信息优势"构建,"单向透明"程度明显。在对阿空袭作战之前,为了确保空袭行动的顺畅无阻和单向透明,美军综合运用作战保密、情报侦察、信息心理战等手段,在有形空间和无形空间全面构建"信息优势",战场"单向透明"特征明显。恐怖分子处于不敢联络的"静默"之中,致使其被动挨打。

(2) 全方位调动部署军力,"不对称"幅度显著。在军力部署调用上,美军以前进基地为依托,本土力量调防投送与战区力量结合,攻势部署与防卫部署结合,进一步拉大"不对称"幅度。阿富汗战争中,美军不对称和非接触作战指导思想非常明确,始终发挥自己的长处,以连续的空中远程精确打击为主。

(3) 全面实施联合作战,综合打击效果突出。对阿打击行动,美强调空袭、特种作战和地面攻击有机结合,注重综合打击效果。在作战中美注重将外部力量和阿内部的北方联盟有机结合,实现了立体化综合打击。阿富汗战场情况特殊,整个国家没有多少重要设施。美军空袭作战主要打击的不是指挥机构、通信枢纽、机场等传统意义上的"战略目标",而是那些转瞬即逝的"突发目标"。

(4) 特殊地形,特种武器,特种作战。针对阿富汗国土面积约有 80% 是山区的特殊地理条件和塔利班军队数量少、装备差等特点,美军大量使用特种武器,以"特种侦察,查打一体"为指导,适度展开了特种作战。

(五) 影响和启示

仅从纯军事而非纯政治的角度看,阿富汗战争实质上就是一场信息战。由于美国人掌握了在外层空间卫星技术基础上的制海权和制空权,优先采用卫星技术,对塔利班的信息了如指掌。掌握了塔利班的信息,又掌握了制海权和制空权,美国就可以用强大火力切断塔利班作战系统之间的通信联系,将庞大的军事作战系统点击切割成互不相关、从而各部分没有能动反应力的"板块"。此后,美国再派为数不多的地面部队进入阿富汗将这些被动的"板块"围而歼之。海湾战争中,萨达姆是这样被打败的;科索沃战场上,南联盟也是这样被打败的;这次美国人又用同样的方式赢得了阿富汗战争。可以说,在新世纪的战场上,谁掌握了外层空间的监控技术,谁就掌握了低层空间的制空权和制海权,从而也就掌握了战争的主动权,不能掌握战争主动权的国家,不管从进攻还是从防卫的角度看,其安全是不能得到保障的。

阿富汗战争的最大价值在于它为各国的反恐怖战争提供了一个范例。对游击武装来讲,空中机动总是比地面机动速度要快,所以拥有先进侦察手段的美军总是占得先机。制空权仍然是现代战争中的第一重点,没有制空权就不可能拥有战争的主动权。

从军事角度上看,美英联合空袭行动,在战术运用上基本是沿用"沙漠风暴"、"沙漠之狐"、科索沃战争等所采用的战术手段。这次军事打击行动除英军参加之外,加拿大、澳大利亚、德国和法国都表示随着行动的深入派兵参加。另外,中东、非洲、欧洲和亚洲的约 40 个国家在许多方面和美国进行了合作,包括向美军战机提供基地和开放领空,而更多的国家则与美国分享情报。

美国借反恐渗透到了中亚。通过控制阿富汗,北可以牵制俄罗斯等国,南可牵制印、巴地区,东可窥视中国,西可威胁两伊,为其实现"单极"世界和全球战略开辟了通道。

四、伊拉克战争

伊拉克战争(2003 年 3 月 20 日至 4 月 15 日),是美国借口伊拉克拥有大规模杀伤性武器而发动的战争,英国、澳大利亚和波兰的军队也参与了此次联合军事行动。伊拉克战争是一场引发争议、遭到世界大多数国家和民众质疑和反对的战争。

(一) 战争起因

美国"9·11"恐怖袭击事件发生后,美国总统布什宣布向恐怖主义宣战,并将伊拉克、朝鲜、伊朗三个国家列入"邪恶轴心国"。2002年伊拉克危机爆发,联合国通过1441号决议,联合国武器检查团重返伊拉克检查伊拉克拥有的大规模杀伤性武器。伊拉克方面做了实质性配合,但3月18日美国总统布什发表电视讲话,要求并没有在伊拉克境内发现任何大规模杀伤性武器的武检团立即撤离伊拉克。3月20日,美国便以萨达姆政权拥有大规模杀伤性武器以及伊拉克政府践踏人权为由发动了伊拉克战争。

(二)双方战略目的

美国等国家的战略目的:铲除萨达姆政权,帮助伊拉克人民建立一个自治的政府,发现并销毁藏匿在伊拉克境内的大规模杀伤性武器以及恐怖分子;结束制裁,并提供人道主义援助;保护伊拉克的石油以及其他天然资源。深层次的原因在于美国要建立国际新秩序,实行单边主义,尽可能长时间维持"一超"地位。

伊拉克战略目的:企图通过分散和隐蔽的方式,最大限度地减少美英空中打击所造成的损失,迫使美英联军与其打地面战,以短兵相接的巷战和游击战形式与美英联军进行持久抗争。

(三)战争经过

(1)战争开始阶段。美英联军从2003年3月20日(伊拉克时间)起向伊拉克发动代号为"斩首行动"和"震慑"行动的大规模空袭和地面攻势。布什在战争打响后向全国发表电视讲话,宣布推翻萨达姆政权的战争开始,强调战争将"速战速决"。在这一阶段,美英联军先后向巴格达、巴士拉、纳杰夫、摩苏尔、基尔库克、乌姆盖斯尔等十余座城市和港口投掷了各类精确制导炸弹2000多枚,其中"战斧"巡航导弹500枚。与此同时,萨达姆也向全国发表讲话,号召伊人民抗击美国侵略,击败美英联军。

(2)战争僵持阶段。由于供给线太长和伊拉克方面的抵抗,美英联军"速战速决"的目标未能实现,地面进攻曾一度受阻。伊军在伊中部的卡尔巴拉、希拉、欣迪耶等地与美英联军展开激战。与此同时,每天都有数百名伊拉克人从约旦等国家返回伊拉克,加入与美英联军作战的行列。

(3)战争转折阶段。美英联军凭借空中优势和机械化部队,兵分几路发起强大攻势,先后攻陷伊南部巴士拉等重要城市和战略要地,并对巴格达形成合围,从而使战事呈现一边倒的态势。2003年4月8日,美军从北部和南部两个方向推进到巴格达,并夺取了巴格达东南的拉希德军用机场。美国坦克开进巴格达,占领了萨达姆城。面对美军长驱直入巴格达和提克里特,伊拉克领导人号召军队和人民对美英联军采取"同归于尽"式的袭击行动。

(4)战争收尾阶段。美军2003年4月15日宣布,伊拉克战争的主要军事行动已结束,联军"已控制了伊拉克全境"。据美国官方公布,在伊拉克战争中死亡的美军人数为128人,其中110人阵亡,18人死于事故。英军士兵死亡31人。战争消耗了美国大约200亿美元。

伊拉克总统萨达姆·侯赛因于2003年12月14日,在家乡提克里特被捕。2006年12月30日,伊拉克当地时间上午6点左右,萨达姆因"杜贾尔村案",以谋杀和反人类罪被处以绞刑。

(四)主要特点

(1)信息化特征明显,精确打击作用突出。这次战争,美英联军动用了大量的信息化作战装备,在战场上构建了功能强大的战场信息化网络,使陆基、海基、空基、天基的作战平台和各类人员能实时交换作战信息,并共享各类信息资源,形成了支持各种作战活动的多维信息空间环境。作战中,美军充分利用信息优势,大量使用精确制导武器,使精确制导弹药的用量比例高达70%以上,是近几场战争中比例最高的。而精确制导武器本身的精度也有所提高,如美军使用了GPS辅助制导系统后,巡航导弹的发射距离增加了20%,精度提高了30%,大大增强了对目标的打击效果。

（2）双方实力相差悬殊，战场局势呈一边倒。此次战争美伊双方兵力数量基本相当，但实际作战能力悬殊较大。美英联军是一支信息化的军队，而伊军则是一支半机械化的军队，无论是武器装备质量、作战指挥控制，还是人员素质与勤务保障等方面，都与美英联军具有时代性差距。加之伊军作战指导、部队士气等方面的问题，导致战局一直处于"一边倒"的态势。美英联军充分发挥其装备技术优势和战场信息优势，完全掌握了战场行动的主动权。而伊军基本处于被动挨打的地位。

（3）地面部队介入较早，地面作用突出。在海湾战争和阿富汗战争中，美军都是实施了长时间、大规模的空袭后，再派出地面部队作战。这种做法，似乎已成为军事强国打高技术战争的经典套路。但在伊拉克战争中，美英联军在开战后仅十多个小时便投入地面作战部队参战，并对战争进程和结局产生决定性的影响。这充分说明，即使在信息化战争中，陆军部队仍具有其他军种难以替代的作用，特别是在以城市攻防为主的作战中，空中打击与地面作战行动协同，仍是达成战争目标的最快捷方式。

（4）心理战对抗激烈，传媒战作用特殊。伊拉克战争中，美伊双方都非常注重攻心作战，力求通过心理战达到"屈人之兵"的目的。伊拉克战争爆发后，美英联军刻意通过现代传媒频频发布真假难辨、虚实结合的战场信息，以瓦解伊军战斗意志，鼓舞己方士气和争取国际国内舆论的支持。而伊方也不示弱，充分利用电视传媒及时进行针锋相对的反击。双方在心理战领域开展的斗争，从手段到规模，从影响到后果，都是以往战争所不及的，使心理战成为这场战争的突出"亮点"之一。

（五）影响和启示

从政治、军事、经济、社会等综合角度看，伊拉克战争对世界格局有深远影响。

（1）伊拉克战争是一场非法的战争。这是一场非法的战争，美国打着萨达姆拥有大规模杀伤性武器的借口，在联合国没有授权的情况下，悍然攻打了一个主权国家。这开创了一个非法的先例，也树立了美国喜欢使用武力的形象，受到美国国内和国际的共同谴责。事实已经证明：伊拉克战争，美国不是反恐，而是在制造恐怖。伊拉克战争是美国为了控制伊拉克石油和整个中东而发动的一场侵略战争。

（2）伊拉克战争将深刻影响中东局势。伊拉克战争，是美国武力改造中东的序幕。伴随着伊拉克战争，美国推出了"邪恶轴心国"、文明冲突论和大中东计划。美国的战略意图非常明显：通过攻打伊拉克，推翻萨达姆，让中东国家知道，如果不自动服从美国控制，就会遭到如萨达姆一样的下场。同时，推出邪恶轴心国，明确以伊朗和朝鲜为邪恶轴心国，即对朝鲜和伊朗发出警告。为了安抚世界舆论和其他温和的阿拉伯国家，美国推出文明冲突论和大中东计划，把美国霸权殖民中东的目的说成是改造文明、和平、自由、民主的中东，把美国与伊拉克、伊朗人民的冲突说成是文明的冲突，以获得最大的西方世界人民的支持。

伊拉克的局势，特别是伊拉克人民悲惨的遭遇，使美国在中东受到中东人民的共同敌视。据统计，伊拉克战争以来，美国已经造成60多万平民的死亡，造成几百万人民的流离失所，无家可归。美国在伊拉克的所作所为，已经证明了是一个侵略者的所作所为，并没有想把伊拉克改造成一个民主、自由、幸福的国家。伊拉克人民的悲惨遭遇，注定了美国在中东已经树立了一个侵略者形象，树立了一个残暴的形象。伊拉克人民的悲惨遭遇，将成为伊朗、叙利亚等国人民对抗美国的强大的精神动力和战斗意志。

（3）伊拉克战争对世界格局的战略影响。伊拉克战争虽然没有改变世界"一超多强"的战略格局,但却使"一超"与"多强"的关系发生了明显的变化。一是"一超"实力减弱。作为一场局部战争,伊拉克战争没彻底改变"一超强、多强弱"的特点,但却在一定程度上削弱了美国的实力。在政治上,由于美国不顾世界上大多数国家的反对,在没有联合国授权的情况下发动了伊拉克战争,并且战争借口查无实据,美国的形象大跌,声望降到历史最低点。在经济上,伊拉克战争和阿富汗战争的费用使美国经济不堪重负,增长率持续走低。在军事上,伊拉克战争使美国军力"薄弱到危险的地步"。伊拉克战争主要作战行动结束后,美军在伊拉克战场上一直维持着13万~15万兵力,有时甚至高达17万人。多年来,美军一直被死死拖在伊拉克战场上,不断遭受反美武装的袭击,伤亡不断增加,士气日渐低落,战斗力大不如前。美国政治、经济、军事实力全面走低,减弱了其处理世界事务的能力,迫使其在许多国际事务上更多地依靠联合国、中国、俄罗斯、日本、印度和欧盟。二是"多强"实力增长。在"一超"实力下降的同时,"多强"实力却在稳步增长,对世界事务的影响力有所增加。在政治上,伊拉克战争开始前,中、俄、法、德等国反对美国武力入侵伊拉克,主张依靠联合国,通过非武力手段解决伊拉克问题,避免给伊拉克人民带来灾难。伊拉克战争主要作战行动结束后,为了减少伊拉克人民遭受的痛苦,这些国家又摒弃前嫌,通过联合国共同致力于伊拉克战后重建工作。中、俄、法、德主持正义、维护和平、反对霸权的行动提升了其良好政治形象和国际影响力。在经济上,在美国经济走低的同时,中、俄、印、日和欧盟的经济都保持了较好的增长势头,特别是中、俄、印三国经济的增长幅度较大,成为带动世界经济发展的火车头。在军事上,尽管各国的军费都有较大幅度的增加,但美国增加军费的很大一部分用到了阿富汗和伊拉克战争上,而"多强"增加的军费由于没有战争的拖累基本上都用到了军队转型建设上。因此,在"一超"军力水平下降的同时,"多强"军力水平却有不同程度术的上升。

上述几场局部战争所展现出的某些带有共同性质的特征,向我们提供了一些通向未来信息化战争之门的道路,使我们可以前瞻到未来战争的大致走势,主要表现在:一是传统的战争观念将被打破,平时与战时、战略与战术、软战与硬战相互交织,界限日趋模糊;二是战场空间相互重叠,呈现出全维化特征,网络空间、心理空间、外层空间将会成为交战双方争夺的主战场;三是战争的主体力量、军队内部的军种界限等日趋模糊,日益呈现出小型化、轻型化、一体化、智能化和数字化等特征;四是交战的方式呈现出不对称、非线性、超视距、不接触特征,等等。

例题分析

1. 海湾战争

【例题1】(　　)战争是高技术局部战争的重要标志,展示了信息化战争的雏形,在战争形态上已拉开信息化战争的序幕。

A. 阿富汗　　　B. 伊拉克　　　C. 科索沃　　　D. 海湾

解析:此题答案为D。海湾战争是第二次世界大战结束后,第一次以大量高技术兵器投用于战场而成为高技术局部战争的重要标志;以武器系统的信息化、智能化和作战行动的多维一体化的特征,确立了信息化战争的雏形。故D选项正确。

【例题2】海湾战争是以美国为首的多国联盟在联合国安理会授权下,为恢复科威特领土完整而对(　　)进行的战争。

A. 伊拉克　　　B. 南联盟　　　C. 朝鲜　　　D. 伊朗

解析：此题答案为 A。1990 年 8 月 2 日凌晨 1 时,伊拉克共和国卫队三个师越过伊科边界,向科威特发起突然进攻。下午 4 时,伊军占领了科威特全境,并将科威特划归为其第 19 个省。伊拉克入侵科威特不可避免地同在海湾存在巨大战略利益而且谋求建立"国际新秩序"的美国产生不可调和的矛盾。为了控制海湾的石油资源,维持中东地区的稳定和势力均衡,并显示美国在世界上的领导作用,美国便打着"维护正义"和"解放科威特"的旗号,迅速出兵,海湾战争由此爆发。故 A 选项正确。

【例题 3】美军在海湾战争中拟定了代号为"沙漠风暴"的军事打击行动计划。关于该计划的要点,下列说法错误的是(　　)。

　　A. 尽量摧毁伊拉克的弹道导弹和核生化武器
　　B. 瘫痪伊拉克国家指挥当局、消灭伊拉克共和国卫队
　　C. 实施防御作战
　　D. 将伊拉克军队赶出科威特、帮助恢复科威特合法政府

解析：此题答案为 C。美军在开始执行"沙漠盾牌"计划时,即已估计到伊拉克拒不撤军的情况,拟定了代号为"沙漠风暴"的军事打击行动计划。该计划的要点是,实施进攻作战,以达到瘫痪伊拉克国家指挥当局、将伊拉克军队赶出科威特、消灭伊拉克共和国卫队、尽量摧毁伊拉克的弹道导弹和核生化武器、帮助恢复科威特合法政府的目的。故 C 选项说法错误。

【例题 4】美军在海湾战争中拟定了代号为"沙漠风暴"的军事打击行动计划,整个作战过程分为战略空袭、夺取制空权、(　　)、地面进攻作战四个阶段。

　　A. 打击核生化武器设施　　　　　　B. 打击领导指挥系统
　　C. 空袭地面部队　　　　　　　　　D. 打击一体化防空系统

解析：此题答案为 C。"沙漠盾牌"计划作战过程分为战略空袭、夺取制空权、空袭地面部队、地面进攻作战四个阶段。打击核生化武器设施、打击领导指挥系统和打击一体化防空系统属于战略空袭阶段的目标,故 C 选项正确。

【例题 5】在海湾战争"沙漠风暴"的军事打击行动计划中,被美军称为空中战局的三个阶段是(　　)。

　　A. 战略空袭、夺取制空权、地面进攻作战
　　B. 战略空袭、夺取制空权、空袭地面部队
　　C. 夺取制空权、空袭地面部队、地面进攻作战
　　D. 战略空袭、空袭地面部队、地面进攻作战

解析：此题答案为 B。在海湾战争中美军的空袭行动包括"沙漠风暴"计划四个作战阶段的前三个,即战略空袭、夺取制空权、空袭地面部队,美军称之为空中战局。按计划三个阶段同时开始,齐头推进,逐一达到既定目标。故选项 B 正确。

【例题 6】关于海湾战争的主要特点,下列说法错误的是(　　)。

　　A. 武器装备建立在高度密集的技术基础之上
　　B. 打击方式以大规模毁伤为主
　　C. 整个战争的范围与过程被视为一个完整的系统
　　D. 战争的协同性和时间性空前突出

解析：此题答案为 B。海湾战争的打击方式不再以大规模毁伤为主,而是在破坏力相对降低的基础上突出打击的精确性,因此打击方式以大规模毁伤为主这种说法是错误的。故 B 选

项说法错误。

2. 科索沃战争

【例题1】(　　)战争开辟了单一使用信息化空中力量达成战争目的的先河。

A. 阿富汗　　　B. 伊拉克　　　C. 科索沃　　　D. 海湾

解析：此题答案为C。阿富汗战争、伊拉克战争、海湾战争都有地面作战阶段，唯独科索沃战争单靠独立空袭战役结束了一场历时78天的战争。故C选项正确。

【例题2】(　　)是指交战双方在作战能力优劣非对等的条件下，优势一方利用自己作战系统的优长，实施单向打击，同时造成劣势一方无法和优势一方的兵力发生直接接触并进行有效还击的作战行动。

A. 非接触作战　　B. 非线性作战　　C. 非对称作战　　D. 非单一作战

解析：此题答案为A。非线性作战主要体现在，在作战一开始就直接打击重要目标，直捣重心、全面开花。非对称作战，主要指交战双方使用不同类型的作战力量或不对称优势进行的作战。故A选项正确。

【例题3】在科索沃战争中，北约空袭的特点是(　　)。

A. 持续时间长、空袭范围广、作战手段多样、打击强度高
B. 持续时间短、空袭范围广、作战手段多样、打击强度高
C. 持续时间长、空袭范围广、作战手段单一、打击强度高
D. 持续时间长、空袭范围广、作战手段多样、打击强度弱

解析：此题答案为A。科索沃战争中，北约空袭一是持续时间长，历时78天，其中从4月5日至5月27日的53天中，每天都是24小时不间断地轰炸，如此长时间不间断的轰炸为战后历次局部战争所少有。二是空袭范围广，打击范围不再仅仅局限于军事目标，而且扩大到民用目标，其中包括桥梁、公路、铁路、炼油厂、电力系统、电台、电视台、医院、集市、民居、国际列车、难民车队、总统府，甚至连外国使馆也成了打击的目标。三是作战手段多样，既有空中打击，又有特种作战；既有远程突击，又有临空轰炸；既有精确打击，又有隐形突袭；既有常规弹药打击，又有特种弹药打击。四是打击强度高，每天出动的各型飞机达数百架次之多，并且使用了贫铀弹、集束炸弹和石墨炸弹等特种弹药。故A选项正确。

【例题4】以下哪项不是"三非"作战的基本内容？(　　)

A. 非线性　　　B. 非对称　　　C. 非理性　　　D. 非接触

解析：此题答案为C。随着高技术武器装备在军事领域的广泛应用，现代战争越来越呈现出非线性、非接触性和非对称性，也就是俗称的"三非"作战。非理性并不是"三非"作战的基本内容。故C选项正确。

【例题5】在1999年爆发的科索沃战争中，南联盟击落了美军先进的(　　)隐形战斗轰炸机，这是该型战机首次在战争中被击落。

A. F－111　　B. F－117　　C. F－18E/F　　D. F－16C/D

解析：此题答案为B。题中明确给出了战机的类型为隐形战斗轰炸机，F－18E/F与F－16C/D既不具备隐身特性，又不是战斗轰炸机，首先排除，F－111虽然是战斗轰炸机，但不具备隐身性能，故也应排除。因此，B选项正确。

【例题6】下列关于科索沃战争说法错误的是(　　)。

A. 打着维护人权、制止"种族清洗"的旗号，对南联盟进行的战争

B. 经过联合国的授权

C. 开辟了单一使用信息化空中力量达成战争目的的先河

D. 时间是1999年3月24日至6月10日

解析：此题答案为B。科索沃战争(1999年3月24日至6月10日)是以美国为首的13个北约集团国家,在未经联合国授权的情况下,打着维护人权、制止"种族清洗"的旗号,对南联盟进行的战争;是第一场完全依靠信息化空中力量、以远程精确打击为主要手段取胜的大规模空袭作战,开辟了单一使用信息化空中力量达成战争目的的先河。故B选项说法错误。

3. 阿富汗战争

【例题1】阿富汗战争的直接起因是(　　)。

A. 争夺中亚势力范围　　　　B. "9·11"事件

C. 掌握石油资源　　　　　　D. 强化军事同盟

解析：此题答案为B。美国发动阿富汗战争的目的包括：摧毁阿富汗塔利班政权和消灭拉登及其恐怖组织,铲除"反美"国际恐怖组织及其纵容、支持和庇护者,争夺中亚势力范围,控制南亚,掌握里海石油资源,强化军事同盟等等,但直接起因是"9·11"事件。故B选项正确。

【例题2】阿富汗战争的主要特点包括：注重"信息优势"构建,"单向透明"程度明显；全方位调动部署军力,"不对称"幅度显著；全面实施联合作战,综合打击效果突出；(　　)。

A. 特殊地形,特种武器,特种作战　　B. 地面部队介入较早,地面作用突出

C. 独立空袭战役结束了一场战争　　D. 霸权主义和强权政治阴谋得逞

解析：此题答案为A。美军针对阿富汗国土面积约有80%是山区的特殊地理条件和塔利班军队数量少、装备差等特点,大量使用特种武器,并以"特种侦察,查打一体"为指导,适度展开了特种作战。地面部队介入较早,地面作用突出是伊拉克战争的主要特点。独立空袭战役结束了一场战争,霸权主义和强权政治阴谋得逞是科索沃战争的主要特点。故A选项正确。

【例题3】通过阿富汗战争,美国借反恐之机渗透到了(　　)地区。

A. 中亚　　　B. 海湾　　　C. 南亚　　　D. 东欧

解析：此题答案为A。美国借反恐渗透到了中亚。通过控制阿富汗,北可以牵制俄罗斯等国,南可牵制印、巴地区,东可窥视中国,西可威胁两伊,为其实现"单极"世界和全球战略开辟了通道。故A选项正确。

【例题4】阿富汗战争中作战行动的代号是(　　)。

A. "沙漠风暴"　　　　　　B. "沙漠军刀"

C. "黄金峡谷"　　　　　　D. "持久自由"

解析：此题答案为D。"沙漠风暴"和"沙漠军刀"是海湾战争中相应作战行动的代号；"黄金峡谷"是1986年美国空袭利比亚中相应作战行动的代号；"持久自由"是阿富汗战争中美军作战行动的代号。故D选项正确。

【例题5】阿富汗战争爆发的深层次原因是(　　)。

A. "9·11"事件　　　　　　B. 打击塔利班政权

C. 解救阿富汗人民　　　　　D. 美国全球军事态势调整的需求

解析：此题答案为D。"9·11"事件与打击塔利班政权只是美国发动阿富汗战争的表面原因,解救阿富汗人民则是美国发动战争的冠冕堂皇的借口,深层次原因则是美国全球军事态势调整的需求。故D选项正确。

【例题6】在阿富汗战争的第四阶段,以美国为首的联合部队和阿富汗政府军多次进山清剿。其中规模较大的清剿行动代号为(　　)。

A. "沙漠风暴"　　　B. "沙漠军刀"　　　C. "沙漠盾牌"　　　D. "蟒蛇行动"

解析:此题答案为D。"沙漠风暴""沙漠军刀"和"沙漠盾牌"是海湾战争中美军作战行动的代号。在阿富汗战争的第四阶段,以美国为首的联合部队和阿富汗政府军多次进山清剿。其中规模较大的是2002年3月1日,在阿富汗东部城市加德兹附近山区发动的代号为"蟒蛇行动"的清剿行动。故D选项正确。

4. 伊拉克战争

【例题1】心理战是(　　)战争的突出亮点之一。

A. 阿富汗　　　B. 伊拉克　　　C. 科索沃　　　D. 海湾

解析:此题答案为B。伊拉克战争中,美伊双方都非常注重攻心作战,力求通过心理战达到"屈人之兵"的目的。美英联军刻意通过现代传媒频频发布真假难辨、虚实结合的战场信息,以瓦解伊军战斗意志,鼓舞己方士气和争取国际国内舆论的支持。伊方也不示弱,充分利用电视传媒及时进行针锋相对的反击。双方在心理战领域开展的斗争,从手段到规模,从影响到后果,都是以往战争所不及的,使心理战成为这场战争的突出"亮点"之一。故B选项正确。

【例题2】伊拉克战争中,关于美国的战略目的说法错误的是(　　)。

A. 铲除萨达姆政权

B. 销毁藏匿在伊拉克境内的大规模杀伤性武器以及恐怖分子

C. 建立国际新秩序,实行单边主义

D. 摧毁塔利班政权和消灭拉登及其恐怖组织

解析:此题答案为D。美国在伊拉克战争中的战略目的是:铲除萨达姆政权,帮助伊拉克人民建立一个自治的政府,发现并销毁藏匿在伊拉克境内的大规模杀伤性武器以及恐怖分子;结束制裁,并提供人道主义援助;保护伊拉克的石油以及其他天然资源。深层次的原因在于美国要建立国际新秩序,实行单边主义,尽可能长时间维持"一超"地位。摧毁塔利班政权和消灭拉登及其恐怖组织是阿富汗战争中美国的战略目的。故选D项正确。

【例题3】对于伊拉克战争,下列错误的说法是(　　)。

A. 时间是2003年3月20日至4月15日

B. 是合法的、正义的战争

C. 是美国武力改造中东的序幕

D. 使"一超"与"多强"的关系发生了明显的变化

解析:此题答案为B。伊拉克战争是一场非法的战争,美国打着萨达姆拥有大规模杀伤性武器的借口,在联合国没有授权的情况下,悍然攻打了一个主权国家。故选B项正确。

【例题4】伊拉克战争中作战行动的代号是(　　)。

A. "沙漠风暴"　　　B. "沙漠军刀"　　　C. "斩首行动"　　　D. "持久自由"

解析:此题答案为C。"沙漠风暴"和"沙漠军刀"是海湾战争中相应作战行动的代号;"斩首行动"是美英联军于2003年3月20日起向伊拉克发动大规模空袭和地面攻势作战行动的代号;"持久自由"是阿富汗战争中美军作战行动的代号。故C选项正确。

【例题5】伊拉克战争可以分为战争开始、战争僵持、(　　)、战争收尾四个阶段。

A. 地面作战　　　B. 战略空袭　　　C. 战争转折阶段　　　D. 全面打击

解析：此题答案为 C。伊拉克战争的经过可以划分为：① 战争开始阶段。美英联军从 3 月 20 日起向伊拉克发动代号为"斩首行动"和"震慑"行动的大规模空袭和地面攻势。与此同时，萨达姆也向全国发表讲话，号召伊人民抗击美国侵略，击败美英联军。② 战争僵持阶段。由于供给线太长和伊拉克方面的抵抗，美英联军"速战速决"的目标未能实现，地面进攻曾一度受阻。③ 战争转折阶段。美英联军凭借空中优势和机械化部队，兵分几路发起强大攻势，先后攻陷伊南部巴士拉等重要城市和战略要地，并对巴格达形成合围，从而使战事呈现一边倒的态势。④ 战争收尾阶段。美军 4 月 15 日宣布，伊拉克战争的主要军事行动已结束，联军"已控制了伊拉克全境"。伊拉克总统萨达姆·侯赛因被捕并被处以绞刑。故 C 选项正确。

【例题 6】对于伊拉克战争的主要特点，下列说法中错误的是(　　)。

　A. 信息化特征明显，精确打击作用突出
　B. 双方实力相差悬殊，战场局势呈一边倒
　C. 地面部队介入较晚，地面作用不明显
　D. 心理战对抗激烈，传媒战作用特殊

解析：此题答案为 C。伊拉克战争中，美英联军动用了大量的信息化作战装备，在战场上构建了功能强大的战场信息化网络。作战中，美军充分利用信息优势，大量使用精确制导武器，是近几场战争中比例最高的，因此具有信息化特征明显，精确打击作用突出的特点。美英联军是一支信息化的军队，而伊军则是一支半机械化的军队，无论是武器装备质量、作战指挥控制，还是人员素质等方面，都与美英联军具有时代性差距。美英联军完全掌握了战场行动的主动权，而伊军基本处于被动挨打的地位，因此具有双方实力相差悬殊、战场局势呈一边倒的特点。在伊拉克战争中，美英联军在开战后仅十多个小时便投入地面作战部队参战，并对战争进程和结局产生决定性的影响，因此具有地面部队介入较早、地面作用突出的特点。伊拉克战争中，美伊双方都非常注重攻心作战，双方通过现代传媒频频发布真假难辨、虚实结合的战场信息，因此具有心理战对抗激烈、传媒战作用特殊的特点。故选 C 项正确。

第十章 军事高技术

20世纪70年代后一大批高新技术的迅速涌现及其在军事领域的广泛应用,一方面直接催生出各类高技术武器装备,另一方面又间接从理论到实践对军事领域产生了全方位的深刻影响。本章主要介绍在军事领域应用广泛又具有决定性作用的几种军事高技术。

一、军事高技术概述

(一)军事高技术的概念

高技术是指以当代科学技术最新成就为基础的,处于科学技术发展的最前沿,对提高生产力、促进社会文明、增强综合国力起先导作用的新技术群。主要包括信息技术、新材料技术、新能源技术、航天技术、生物技术、海洋技术等六大技术领域。

所谓军事高技术,就是应用于军事领域或从军事领域直接产生的高技术,具体来说,军事高技术是指建立在现代科学技术成就基础上,处于当代科学技术前沿,对武器装备发展起巨大推动作用的那部分高技术的总称。

军事高技术涉及的主要领域有两个方面:一是支撑高技术武器装备发展的基础技术,主要包括微电子技术、光电子技术、计算机技术、新材料技术、高性能推进与动力技术、仿真技术、先进制造技术等;二是应用于武器装备的应用技术,主要包括侦察监视技术、信息战/电子战技术、精确制导技术、航天技术、伪装与隐身技术、指挥自动化技术、核生化武器技术、新概念武器技术等。

(二)军事高技术的主要特征

军事高技术具有综合性、渗透性、创新性、增效性、时效性、智能性、竞争性、风险性、知识性、战略性等特点。

军事高技术是由多种技术组成的一个技术群体,应用范围不仅遍及整个军事领域,还可以迅速转为民用。军事高技术的创新科技成果具有生命周期短、创新快的特点,同时还可在军事领域中支援其他各种创新活动,它能使武器装备的自动化、智能化水平大大提高,提升作战效能,使部队的战斗能力快速增强。军事高技术发展很快,具有很强的时效性,其阶段性成果只有及时应用与推广,才能发挥巨大的军事效用。发展军事高技术是国家的战略决策,直接关系到一国在世界战略格局中的地位,因此,各国竞相发展自己的军事高技术,军事高技术领域的竞争异常激烈。

(三)军事高技术对现代军事的重大影响

随着高新技术特别是信息技术广泛应用于军事领域,军事理论、军事组织、军事行动正在经历着深刻的变化,世界各国军队都在加紧研究高技术对现代军事的影响。

第一,军事高技术推动了新军事变革。军事变革是指先进的军事技术与武器系统、创新的军事学说和部队编成及时、正确地结合在一起,从而引起战争样式的深刻变化和作战性能的极大提高。先进的军事技术与武器系统是军事变革的物质基础和内在动力;创新的军事理论是军事变革的核心;创新的军队编成是军事变革的组织保证,是先进的军事技术和军事理论结合起来并付诸行动的兵力、兵器结构系统。

在世界军事发展的历史长河里,人类已经经历了徒手作战、冷兵器作战、热兵器作战和机械化战争等四个阶段,现正在向信息化战争阶段发展,即所谓第五次军事革命,也称为新军事变革。在信息化战争阶段,信息战能力成为衡量军队作战能力的关键因素,未来作战将把摧毁敌方信息能力作为首要的关键目标,机械化战争时代的战略、战役、战术三个层次的界限趋于模糊,三个层次的作战行动正在大大压缩,甚至重合到一起。

第二,军事高技术改变了现代战争。高技术武器装备将明显改善现代战场与作战行动。首先,信息战能力成为现代战争手段的核心;其次,战争向空地海天磁全维空间拓展;再次,军队具有全时空、全天候的作战能力。未来作战行动将更加强调诸军兵种协同作战和联合作战。

高技术武器装备将强制性地引起作战方式的变革。一是战略空袭成为最重要的作战样式;二是强调精确打击;三是电子战、计算机战、网络中心战成为新的作战任务和方式。

作战指挥体系将"扁平网络化"。传统的自上而下的高度集中的"树状"指挥体系被扁平的"网状"指挥体系取代,减少指挥层次,缩短指挥流程,充分发挥横向网络的作用,使尽可能多的作战单元同处于一个信息流动层次。

第三,军事高技术推进了军队建设。军队的规模将缩小。武器系统的作战效能提高,使军队的规模缩小,但对作战人员的军事高技术素质要求更加苛刻。军队的数量、质量与战斗力之间的关系将发生根本性的改变,军队由数量规模型向质量效能型转变。

军队结构不断优化,出现新的作战部队。为适应高技术武器系统作战功能一体化的需要,各军兵种部队的比例关系将进行调整,结合更加紧密。部队编成趋向一体化、多能化、小型化,机动灵活,可满足遂行各种任务的需要。随着各式新武器装备的使用,将出现一批崭新的作战部队,如信息战部队、激光武器部队、太空部队、数字化部队。

军队人员构成和素质大幅改善。为适应操纵高技术武器装备的需要,军队官兵的科学技术水平和操作技能必将相应提高。军队的技术军官和技术保障人员数量增加,军队将成为人才密集型群体。

从现代科学技术在军事领域应用的情况来看,军事高技术包括侦察监视技术、信息战/电子战技术、精确制导技术、航天技术、伪装与隐身技术、指挥自动化技术、核生化武器技术、新概念武器技术等内容。以下将分别介绍其基本概念、原理、对现代战争的影响及未来发展趋势。

二、军事高技术应用

(一)侦察监视技术

1. 侦察监视技术的概念

侦察监视技术是指从发现、识别、监视、跟踪到定位的全过程所采用的技术。对现代侦察监视技术的基本要求是及时、准确、连续、隐蔽、安全。

现代侦察监视技术分类方法有多种。按照军事目的,可分为战略侦察、战役侦察和战术侦察;按照侦察空间,可分为航天侦察、航空侦察、地(水)面侦察、水下侦察等;按照侦察手段,可分为电子侦察、光学侦察、声学侦察等。

2. 现代战争中的侦察监视手段

侦察就是通过各种技术手段获取目标产生的声、光、电、磁、热、力等特征信息。现代侦察监视技术获取的目标特征信息主要是电磁波。从物理学知识知道,电磁波包括音频、视频、射频、光、射线等全频谱范围。因此,根据目标特征频谱信息,现代侦察手段包括可见光侦察、红外侦察、雷达侦察、电子侦察、多光谱侦察、声学侦察等。

1)可见光侦察

根据目标在可见光波段的物理特征,使用不经过光电转换的光学仪器设备来进行侦察。军用光学侦察器材主要有望远镜、潜望镜、指挥观察仪、测距仪等,此外还包括照相、电视、激光、微光夜视侦察器材等。

2)红外侦察

红外波段位于可见光(0.76~0.39微米)和微波(毫米波、厘米波、分米波)之间,波长在0.76~1000微米。任何绝对温度高于零度的物体都在不断地向外辐射红外线,温度越高,辐射越强。红外侦察的基本原理就是利用各种红外侦察设备,如红外照相机、红外夜视仪、热成像夜视仪、红外遥感器、红外预警推测器等,把目标辐射的强度不同的红外线转换成人眼看得见的图像或数据。

3)雷达侦察

雷达侦察是利用物体对无线电波的反射特征来发现目标和确定目标状态(距离、高度、方位角、速度等)的一种侦察手段。雷达通常分为连续波雷达和脉冲雷达。目前广泛应用的是脉冲雷达,它由发射机、天线、接收机、收发转换开关、显示器、定时器、天线控制器、电源等部分组成。雷达工作时,天线转动(相控阵雷达天线不转动,只是相位发生变化),并不断地向外发射高频电磁波,遇到目标经目标反射成为雷达回波,经天线接收后在显示器上显示目标信号。

4)电子侦察

电子侦察主要分为两大类:一类是无线电探测,用于侦察敌方电台通信内容,并确定敌电台的大致位置;另一类是微波侦察,专门侦察敌方雷达信号,判定敌方雷达的性能和位置,为己方飞机和导弹突破敌防空网以及实施电子干扰与摧毁敌方雷达提供情报支持。

5)多光谱侦察

多光谱侦察是把目标发射和反射的各种波长的电磁波划分为若干窄的波段,在同一时间内,用几台仪器分别在各个不同光谱带上对同一目标进行照相或扫描,将所得的图像或信号进行加工处理,分析比较,就可从物体光谱和辐射能量的差异上区分目标。多光谱侦察的主要特点是能识别伪装。在多光谱侦察获得的"加彩色合成图像"上,生长旺盛的活体植物呈现红色,伪装用的砍伐植物呈现灰蓝色,涂有绿漆的金属物体呈现黑色,这样就能把真假目标很明显地区分出来。多光谱侦察设备主要有多光谱照相机、多光谱电视和多光谱扫描仪等。

6)声学侦察

声学侦察是根据声音在不同媒介中的传输特点,利用声电变换器件和电子放大器件,来拾取声音信号,并进行声音放大或远距离传输,从而测定声源方位、推测目标参数,如炮兵用的声振仪、海军用的声纳等。

3. 现代侦察监视技术对作战的影响

现代侦察监视技术的发展及其在战场上的应用,使得现代战场侦察与监视手段有了显著的改善。侦察手段多样化,各种手段综合运用,大大提高了大面积监视能力、精确侦察能力、夜间和复杂条件下全天候侦察能力、实时侦察能力和揭露伪装的能力,对现代作战产生了深刻的影响。

第一,扩大了战场空间。现代侦察技术装备可在全球范围内进行全纵深、大面积的侦察和监视,并覆盖整个战场。如卫星侦察和监视可覆盖数百万平方千米,高空侦察机每小时监视能力近40万平方千米。

第二,增加了战场透明度。高技术多频谱/多传感器的综合侦察方式能够探测目标的多种不同信息特征。如多光谱照相侦察能够揭露一般的色彩伪装,雷达侦察能够使一般遮盖伪装失去作用,微光夜视仪大大提高了夜暗战场的可视距离,红外侦察热像仪能够克服烟、雾、风、沙对观察的妨碍,声学侦察及无线电侦察能够克服高山丛林的屏障,航空航天侦察则将战场环境尽收眼底。

第三,提高了指挥决策质量。现代侦察技术特别是卫星、遥感技术应用于军事领域后,不仅使军队获取信息的范围增大,而且速度和准确率大大提高。

第四,促进了反侦察技术的发展。侦察技术在军事领域的广泛应用,使战场透明度越来越大,部队企图隐蔽行动更加困难,同时还使战场目标的生存面临更大的威胁,战役行动的突然性越来越难以达成,必须不断发展反侦察技术,探索新的伪装和行动方法。

4. 现代侦察监视技术的发展趋势

随着各种高新技术的广泛应用,现代侦察监视技术正在进入一个崭新的发展阶段。未来侦察监视技术将向着立体化、实时化、综合化的方向发展,并将逐步实现侦察、监视与攻击系统一体化。同时,提高侦察监视系统自身的生存能力也是未来迫切需要解决的新课题。

(二)精确制导技术

制导技术最早出现在第二次世界大战期间。当时的德国研制出第一枚无线制导的滑翔炸弹,尔后又研制出 V-1、V-2 惯性制导导弹。第二次世界大战后,美苏两国开始发展中、远程巡航导弹和弹道导弹。1957年8月,苏联首次发射弹道导弹成功。1958年11月,美国的洲际弹道导弹发射成功。20世纪60年代以后,由于电子技术、制导技术和小型涡轮风扇喷气技术的发展,巡航导弹重新受到重视。70年代中期,"精确制导技术"的概念被正式提出。精确制导技术在战后军事领域的广泛应用,直接刺激了导弹的发展,使导弹最终成为现代高技术战争的主战兵器。1998年"沙漠之狐"、1999年科索沃战争、2001年末阿富汗战争、2003年伊拉克战争,无一例外地将空中火力打击摆在重要地位,而空中火力先行成为现代战争的一大作战特点。其中,各种精确制导武器成为空中打击力量的中流砥柱。特别在2003年伊拉克战争中,美英联军鉴于各个方面的压力,争取最大限度地减少对平民的伤亡,在战术上对伊拉克政治、军事设施等重要目标都实施了精确打击,使误炸率降到了最低限度。

1. 精确制导技术的概念

制导是指按选定的规律对某些武器进行导引,并调整其运动轨迹直至以允许误差命中目标。制导技术是一种按照特定规律选择飞行路线,引导和控制武器系统对目标攻击的综合性技术。精确制导技术是指按照一定规律控制武器的飞行方向、姿态、高度和速度,引导其战斗部准确攻击目标的军用技术。精确制导过程分为导引和控制两个部分,导引过程是通过测量和计算,发现导弹或制导弹药的实际飞行弹道与理想飞行弹道的偏差及所需的修正量,并向控制系统输出修正偏差的控制指令;控制过程是根据导引系统的指令,操纵弹翼或改变发动机推力方向,进而调整导弹或制导弹药的飞行姿态,修正偏差,使之按照理想弹道飞行。所以,导引和控制,就是发现偏差和修正偏差的过程。

2. 精确制导技术的分类

目前,精确制导技术主要包括寻的制导、遥控制导、惯性制导、地形或景象匹配制导、卫星制导、复合制导等技术,已研制出导弹、制导炸弹、制导炮弹、制导地雷和末敏弹药等精确制导武器。包括战略战术弹道导弹、巡航导弹等在内的各种精确制导武器的研制成功并用于作战,已对现代战争产生了重大影响。

1) 寻的制导

寻的制导就是弹体自己寻找、跟踪并击毁目标。当弹体上的导引头接收到从目标辐射或反射来的红外波、无线电波、光波或声波信号时,弹上的制导系统就会引导弹体沿着信号的来向追踪目标。根据能量来源不同,寻的制导可分为以下三类:

(1) 主动式寻的制导。

主动式寻的制导是在弹头上装有信号发射机和接收机。发射机发射激光、红外线、雷达波或声波等信号照射目标,接收机接收目标反射的信号,从而引导弹体命中目标。这种系统在锁定目标之后便自动地、完全独立地去攻击目标,因此,以这种方式制导的导弹具有"发射后不管"的能力。主动式寻的制导一般适用于作末段制导。如法国的"飞鱼"导弹就采用了末段雷达主动式寻的制导方式。

(2) 半主动式寻的制导。

该制导方式是用弹外的信号发射器发射信号,照射或选定目标,弹上的信号接收机接收目标反射的信号,引导弹体命中目标。与主动式寻的制导相比,它的最大优点是不需要增大武器的重量和尺寸,就可以大大增加攻击目标的威力。半主动寻的制导主要有雷达半主动寻的制导和激光半主动寻的制导两种。如美国的"霍克"地空导弹采用雷达半主动寻的制导,"海尔法"反坦克导弹、"铜斑蛇"制导炮弹和多数制导炸弹则采用激光半主动寻的制导。

(3) 被动式寻的制导。

这种制导系统是在弹头上装有信号接收器,信号接收器接收到目标发射或辐射的信号后,引导弹体命中目标。这是一种便宜而有效的制导方式。通信卫星的电波、喷气发动机的尾烟、舰艇烟囱的热流等都可能成为这种制导武器的"向导"。比如反辐射导弹就是雷达被动寻的制导的导弹,鱼雷则采用声波被动寻的制导。近距离的防空导弹、空空导弹和空地导弹大多也采用这种制导方式。

2) 遥控制导

遥控制导是导引系统全部或部分设备安装在弹外制导站,由制导站执行全部或部分的测量武器与目标的相对运动参数并形成制导指令之任务,再通过弹上控制系统导引制导武器飞向目标。制导站的位置可设于地面上、舰船上或飞机上。指挥站就像一个前方指挥所,它根据跟踪测量系统测得的目标和弹体的相对位置和运动参数,形成制导指令并发送给弹体,弹体接收到指令后,由自动驾驶仪控制弹体,按指挥员的意图飞行,直至命中目标完成任务。遥控制导可分为指令制导和波束制导两类。

(1) 指令制导。

按指令传输手段的不同,指令制导又有以下几种制导方式:

有线指令制导。利用导线传输指令的遥控制导称为有线指令制导。这种制导系统主要由制导控制装置、光学瞄准镜、操作手柄和控制导线组成,导弹发射后,操作手需用瞄准镜瞄准目标,同时还要跟踪导弹,并从镜内判断出导弹的飞行偏差,用操作手柄产生控制指令,不断修正其偏差，导线把控制指令传输给导弹，引导导弹飞向目标。这种制导系统的优点是精度高、抗干扰能力强，缺点是操作难度大，操作手既要瞄准目标又要跟踪导弹，一有差错导弹就会失控。

无线电指令制导。无线电指令制导是利用无线电传输指令的遥控制导，制导站由目标跟踪雷达、导弹跟踪雷达、解算装置、指令发射天线组成，工作过程是这样的：目标跟踪雷达发现目标后，将目标诸元输入计算机，导弹发射后，导弹跟踪雷达把导弹的运动参数也输入计算机，计算机算出的制导指令经过指令发射天线传给导弹。弹上接收机将指令转换成控制导弹的信号，导引其飞向目标。这种制导方式的跟踪探测系统主要是雷达，因此，优点是作用距离远，制导精度高，但易受电子干扰和反辐射导弹的袭击，还需采用多种综合抗干扰措施来配合。这种制导方式多用于中、远距离的防空导弹。

电视指令制导。这种制导系统的主要器件有导弹头部的微型电视摄像机和制导站的电视接收机、无线电指令发射机等。导弹发射后，其头部的电视摄像机不断地将目标及其周围环境摄取下来，把信号发回制导站。制导站的电视接收机将图像显示出来，导弹操纵员调整目标图像至荧光屏十字线中心的过程，就是向导弹发出指令的过程。若荧光屏上的十字线中心对准目标图像，导弹就会准确命中目标。这种制导方式可使制导站对攻击情况一目了然，在多目标的情况下，便于操纵员选择最重要的目标进行攻击，导弹发射后，装有制导站的车辆、舰船或飞机即可退出目标区，以保证其安全。但它受能见度影响大，而且容易受电子干扰。

（2）波束制导。

波束制导指由地面、机载或舰载的制导站向目标发射一束定向辐射的圆锥形波束，并始终跟踪目标，导弹发射后，弹上的制导设备不断接收这一波束信号，引导导弹进入波束并沿波束轴线飞向目标。波束制导主要有雷达波束制导和激光波束制导两种。

雷达波束制导，是利用制导站雷达发射的波束来引导导弹飞向目标的制导方式。由于雷达发射的定向波束较窄，圆锥形波束宽度仅在 2 度以内，而且跟踪低空高速目标时波束移动很快，导弹不容易进入波束，或者进入后也容易被快速移动的波束甩掉。所以，制导站通常采取一个雷达天线同时发射两个宽窄不等的同轴波束的方式来进行制导。宽波束用来导引导弹首先找到雷达波束，然后进入宽波束，最后引导导弹进入窄波束，用窄波束制导导弹攻击目标。

激光波束制导，即由激光器瞄准目标并不断发射激光束，导弹发射后，由导弹上的激光接收器接收制导站发射的激光束，并导引导弹飞向目标。

3）惯性制导

惯性制导是指利用陀螺仪、加速度表等惯性仪表组成的测量装置，按惯性原理控制和导引导弹飞向目标的制导方式。通常由弹上计算机控制发动机推力的方向、大小和作用时间，把导弹引导和控制到目标区。惯性制导具有抗干扰性强、隐蔽性好、不受气象条件影响等优点。但惯性制导系统随着工作时间的延长，积累误差增大，所以中、远程制导通常加装地形匹配制导系统，以便定期修正这些误差。目前，地地弹道导弹和潜地导弹几乎都采用这种制导方式。

4）地形匹配制导与景象匹配制导

地形匹配制导又称地图匹配制导。它是根据侦察照相，获取导弹预定攻击目标及沿途航线上的地形地貌情报，并据此作专门的标准地貌图。例如，在一块 10 千米×2 千米的长方形区域内，可以画成百上千个小方格，在每个小方格内都标上该处地面的平均标高，这样，一幅数字地图就出现了。把这幅预先测定的数字地图存入弹体计算机，导弹在实际飞行的过程中，利用高度表连续测量飞经地区的实际地面海拔高度，并把这一数据输入计算机与预定弹道的相关数据进行比较,如发现已偏离预定飞行轨道,计算机会将需要纠正的偏差修正量以指令形式传给自动控制装置,使导弹"改邪归正",及时回到预定轨道上来。然而,在导弹的整个射程内,要把沿图地形全部做成数字地图存入导弹的计算机是不可能的,所以一般只能沿其飞行弹道选定 3~4 个定位区予以修正。

景象匹配制导又称数字景象匹配制导。景象匹配制导即利用弹上的"景象匹配区域相关器"获取目标区域景物图像,然后把目标及其周围的景象与弹体计算机存储的原摄影景象进行比较,从而确定目标的位置,对目标"验明正身",确认目标无疑时再进行攻击,因而这是一种高度精确的末端制导方式。

5) 卫星制导

卫星制导的工作原理是利用弹上安装的接收机接收 3 颗以上导航卫星播发的信号,确定导弹本身的位置,用来修正导弹的飞行路线,提高制导精度。

6) 复合制导

导弹从发射到命中目标要经历三个飞行阶段:初始段、中段和末段。如果在其中某段或某几段采用一种以上制导方式,即称为复合制导。

3. 精确制导武器的概念

在世界军事理论界,对"精确制导武器"这个概念始终没有一个统一的定义,有关它的解释也是多种多样。总之,精确制导武器的显著特点就是其战斗部能够直接击中目标的"软肋"。可以这样认为,精确制导武器是指直接命中概率超过 50% 的制导武器。这个指标基本上反映了当前精确制导武器的水平,并且基本上满足了现代战争对武器精度的要求。直接命中的含义是指制导武器的圆概率误差(也叫圆公算偏差)小于该武器弹头的杀伤半径。圆公算偏差(CEP)是指以目标为中心,弹着概率为 50% 的圆域或半径,单位为米。显然,CEP 值越小,武器的命中精度越高。

4. 精确制导武器的特点

第一,可控性强。精确制导武器采用导引、控制系统或装置,调整受控对象(导弹、炸弹、炮弹等)的运动轨迹,使之完成规定的任务。目前出现的新一代精确制导武器具有"发射后不用管"的能力,可完全依靠弹上的制导系统独立自主地捕捉、追踪和击中目标,不必由人或其他辅助设备进行干预。

第二,命中精度高。这是精确制导武器最主要的特征。一些有代表性的精确制导武器,命中概率可达 80% 以上。如美军"铜斑蛇"激光制导炮弹,命中精度小于 1 米,而同类非制导炮弹则为 30 米;美军"小牛"电视制导空地导弹在实战中发射 100 枚,87 枚命中目标,比同类非制导武器的命中精度高 10~100 倍。

第三,总体效能高。精确制导武器的效能是用精度、威力、射程、重量、尺寸、效费比、可靠性、全天候作战能力等主要战术指标来衡量的。比如效费比,虽然精确制导武器造价较高,但其作战效益更高。例如,一枚"陶"式反坦克导弹造价虽为 1 万美元,但用它击毁一辆 M-1 坦克,仅需一枚即可,M-1 坦克造价为 244 万美元,二者的比值为 1:244。

5. 精确制导武器分类

精确制导武器包括导弹和精确制导弹药两大类。

导弹是依靠自身的动力装置推进,由制导系统导引、控制其飞行路线并导向目标的武器。导弹是精确制导武器的一大家族,它的分类方法很多。

按导弹发射点和目标位置分类，导弹可分为地对地、地对空、空对地、空对空等类型。地对地导弹包括地地导弹、岸舰导弹、舰舰导弹、舰潜导弹、舰地导弹、潜地导弹、潜舰导弹、潜潜导弹；地对空导弹包括地空导弹、舰空导弹、潜空导弹；空对地导弹包括空地导弹、空舰导弹、空潜导弹；空对空导弹即空空导弹。

按作战使命分类，导弹可分为战略导弹和战术导弹两类。战略导弹是用于遂行战略任务，打击战略目标的导弹。战术导弹是用于直接支援战场作战，打击战役战术纵深内目标的导弹。战略导弹和战术导弹又都有进攻和防御两种使命，因此又分为战略进攻型导弹、战略防御型导弹和战术进攻型导弹、战术防御型导弹四类。

按射程分类，导弹可分为：短程导弹，射程小于100千米；近程导弹，射程为100～1000千米；中程导弹，射程为1000～3000千米；远程导弹，射程为3000～8000千米；洲际导弹，射程大于8000千米。

按攻击目标分类，导弹可分为反坦克导弹、反舰导弹、反雷达（反辐射）导弹、反飞机导弹、反卫星导弹、反导弹导弹（如爱国者导弹）等。

按导弹的弹道特征分类，导弹可分为弹道式导弹和飞航式导弹。飞航式导弹又称为巡航导弹，是在大气层中飞行的导弹，由气动升力、喷气发动机的推力和导弹的重力决定其飞行弹道，弹体需要有弹翼，用以在大气层中飞行时产生升力来平衡导弹的重量，它的形状有点像飞机。弹道式导弹，简称弹道导弹，它是一种由火箭发动机推送到一定高度和一定速度后，发动机关闭，尔后弹头沿预定弹道飞向目标的导弹。

精确制导弹药与导弹的区别在于自身没有动力装置，主要包括精确制导炸弹、炮弹、鱼雷以及带有制导装置的末敏弹药等。精确制导弹药可分为末制导弹药和末敏弹药两类。

制导炮弹、制导炸弹等末制导弹药武器系统通常由弹头、弹体、弹上制导系统、弹上电源等构成，一般无动力系统，但少数装有大射程的助推器。末制导弹药有寻的器和控制系统，在其弹道末段能根据目标和弹药本身的位置自行修正或改变弹道，直至命中目标。末制导弹药主要有制导炮弹、制导炸（航）弹、制导地雷等。

末敏弹药不能自动跟踪目标，也不能改变飞行弹道，只能在被撒布的范围内利用其自身的探测器（寻的器）探测和攻击目标。末敏弹药探测范围一般仅为末制导弹药探测范围的1/10左右。其中，末敏弹药是通过飞机、导弹、火炮、弹药撒布器等带到目标区上空释放出来，使用弹药本身的探测器搜索目标和攻击目标的子弹药，前者主要有制导炸弹、制导炮弹、制导雷等，后者主要是一些反装甲子弹药。

6. 精确制导技术的发展趋势

目前，精确制导技术总的发展趋势是：着重开发毫米波、长波红外和多模制导技术；提高目标识别及在复杂战场环境下的自适应跟踪和抗干扰能力；发展新的探测技术，增大作用距离，使武器能在防区外攻击目标；导引头模块化、多样化，实现一弹多头，满足多种作战要求。

现代高技术局部战争表明：军队正在由"体能型""技能型"向"智能型"的方向发展；由单纯的兵器对抗向作战体系之间的对抗方向发展；由单纯的防守型向攻防并重的方向发展；由临空、近距作战向防区外远距离作战的方向发展。因此，21世纪的战争，对制导兵器的发展提出了更高的要求：必须建立完善的作战系统；必须对不同目标具备精确的打击能力；具有应急机动作战能力；具有远程精确打击能力；具有防空作战能力；具有较高的战场适应能力。

现在，制导兵器需要攻克的技术难点主要有：低成本高性能制导与控制部件的设计和制造；

多模/多光谱寻的头技术;高速信号及图像处理技术;低成本涡轮发动机技术;微型制导与控制舵机及先进的复合高性能推进系统在小口径高速动能导弹上的集成技术;适于发射多种导弹的发射装置在舰船上的安装技术;低阻和低雷达散射截面弹体形状的设计;满足战术导弹高温和高硬度需求的低成本轻型复合壳体材料;高能量、高密度固体推进剂发动机技术;改善惰性发动机材料的强度和质量/体积比,减小烧蚀和绝缘及喷嘴材料的重量;提高吸气式发动机的燃料效能,降低烧蚀和燃烧室绝缘物质重量;减轻冲压式发动机的振动,提高其部件的性能并减小其尺寸。

(三) 电子战技术

电子战技术与信息战技术是彼此密切相关的国防高技术领域。一般认为,信息战是电子战的新发展,电子战是信息战的核心和支柱。信息战是在信息领域进行的作战或采取的对抗行动,包括指挥与控制战、情报战、电子战、心理战、"黑客"战、经济信息战及电脑战或网络空间战。电子战(我军称为电子对抗)是指在战争中敌对双方为争夺电磁频谱的使用权和控制权而采取的对抗或作战行动,也称为无线电电子斗争。电子战技术是研究利用电子装备或器材进行电磁斗争的技术,由于电子战在高技术战争中起着关键作用,其有关技术发展很快,已成为战场指挥控制战的核心。

1. 电子战的概念

电子战又称电子对抗,是指敌对双方利用电子设备、武器、器材所进行的电磁斗争。一般包括电子进攻、电子防御和电子战支援三个部分。电子进攻是指一方利用电磁能或定向能攻击敌方人员、设施或设备,降低、削弱或摧毁敌方的战斗力;电子防御是指为保护己方人员、设施或设备免受己方或敌方运用电子战而降低、削弱或摧毁己方战斗力而采取的行动;电子战支援是指对有意和无意电磁辐射源进行搜索、截获、识别和定位,达到立即识别威胁而采取的行动。

电子战主要是使用电磁波来进行斗争的,因此所有使用电磁波的设备,如 C^4ISR 系统、雷达、通信、导航、敌我识别、精确制导、无线电通信、计算机和光电兵器等,都是电子战的对象。

2. 电子战的目的

电子进攻的目的是削弱、抵消或摧毁敌方战斗能力。手段是使用电磁能或定向能攻击其人员、设备和装备。一般使用反辐射导弹、定向能、电磁干扰、电磁欺骗来攻击或干扰敌方等方法。

电子防御的目的是为保护人员、设备和装备在己方实施电子战或敌方运用电子战削减、抵消或摧毁己方战斗能力时不受任何影响。一般采用发射控制、电磁加固、避开电子战频率及其他措施或技术等方法。

电子战支援的目的是为搜索、截获、识别和定位电磁辐射源,以立即辨认威胁,支援电子战作战或其他如威胁规避、寻的、目标确定等战术行动的实施。一般采用战斗测向、战斗威胁告警等方法。

3. 电子战的手段和方法

1) 电子侦察与反电子侦察

电子侦察是利用电子装备获取敌方电子情报的侦察活动。侦察手段有地面电子侦察站、电子侦察飞机、电子侦察船、电子侦察卫星和投掷式电子侦察器材等。

反电子侦察是为了防止敌方截获、利用己方电子设备发射的电磁信号而采取的措施。目的是使敌方难以截获己方的电磁辐射信号,或无法从截获的信号中获得有关情报。

（1）无线电通信侦察。

无线电通信侦察是使用无线电器材，截收和破译敌方无线电通信信号，查明敌方无线电通信设备的配置、使用情况及其战术技术性能的一种侦察手段。

无线电通信侦察设备通常有无线电通信侦察接收设备和无线电测向设备。

无线电通信侦察接收设备由天线、接收机、信号处理器、显示器、记录器、存储设备和控制装置等部分组成。它是专门用于搜索、截获敌无线电通信信号，以获取其通信体制、工作频率、调制方式以及电台呼号、属性等内容的电子设备。

无线电测向设备由天线系统、输入网络、接收机、信号处理机、方向显示装置、存储器及控制器等部分组成。它是用于测量电磁波的来波方向，从而确定正在工作的无线电发射台所在方向的电子设备。

无线电通信侦察的基本方式有两种：一是侦听、侦收。侦听、侦收是接收敌方无线电通信信号，并直接从中获取有关情报的一种侦察方式。侦听接收的是手工电报、电话等有声信号；侦收接收的是电传电报、传真电报和图像等无声信号。二是测向。无线电通信测向按使用方法可分为固定测向和移动测向，按终端显示方法可分为听觉测向和视觉测向。使用一部测向机只能测定电台的方位。使用两部配置在不同地点的测向机，可以测定一个电台的位置。

无线电通信侦察的任务：一是获取敌方的作战情报。查明敌方无线电通信的网络组成、联络关系和电台位置，可以获得敌兵力部署和调动等情报，掌握敌作战行动的发展变化。在作战过程中，敌方处境越危急，电台联络的次数就越多，联络的时间就越长，甚至语调和手法也会受战斗情况的影响而变化。截取敌方无线电通信信息，进行破译和分析，可直接掌握敌方动向。二是获取敌方无线电通信的技术情报。及时查明敌方无线电通信设备的工作频率、辐射特性、调制方法、工作种类、电台功率等参数，为选择最佳的干扰设备、手段和样式提供依据。三是为实施无线电通信干扰识别和指示目标。查明被干扰对象使用的无线电信号参数，引导干扰站施放干扰。监视被干扰台的工作情况，随时引导和校正干扰发射机，以提高干扰效果。

（2）无线电通信反侦察。

无线电通信反侦察是指己方无线电通信为防止敌方无线电通信侦察而采取的措施。它的任务是防止敌截收、破译己方无线电通信的内容和掌握无线电通信设备的战术技术性能，隐蔽己方无线电通信台、站的配置与使用情况，减少对己方无线电通信的干扰，保障无线电通信的安全。

无线电通信反侦察的措施：

一是加强无线电通信保密。要求无线电通信人员严格执行有关保密规定，严格使用规定的呼号、频率，按时更换和正确使用联络规定。使用密语和密码通信。设立专门的监察台，监视和制止非加密通信内容的传递。

二是控制无线电发信。为了保证部队行动的隐蔽性，应控制无线电发信。在保证通信的前提下，使用小功率发信机和使用定向天线，减少电磁信号在空间的传播范围。

三是进行无线电通信伪装、实施无线电佯动和欺骗。如不规则地变换电台的呼号、频率、联络时间等，使敌方侦察无规律可循。在规定的时间和地区内，实行无线电禁止发信，即无线电静默。通过网路内各电台间的相互转信，使敌方难以根据通信联络对象来判明部队的指挥关系。在次要方向的无线电网路加大工作量，以掩护主要方向无线电网路的工作。还可拍发假的密码电报，以扰乱敌通信侦察。

四是发展现代通信技术。①快速通信,是一种速率极高的通信方式。如猝发通信,以比正常通信高许多倍的速度发送出去,从而降低了被敌方侦收的可能性。②跳频通信,即所发射的无线电通信信号频率是不固定的,在一定的范围内跳动。一般的通信侦察手段难以捕捉到这种通信信号。③数字通信,是把所传递的信息变成一串速度较高的数字脉冲,经过自动加密,由发射机调制后发射出去。敌方在不掌握数字脉冲形成规律的情况下,很难还原出本来的信息,对加密后的数字脉冲信号就更难破译。④微波通信和激光通信,其波长很短,天线方向性强,增加了敌方无线电通信侦察的困难。

(3)雷达侦察。

雷达侦察是为获取敌方雷达的战术、技术参数而实施的电子侦察,主要收集敌方雷达的频率、脉冲宽度、脉冲重复频率、天线转速、波束宽度和雷达的位置、用途、工作体制等。

雷达侦察机由天线、天线控制设备、接收机和终端设备四部分组成。

天线和天线控制设备用来接收敌方雷达发射的信号,确定敌方雷达方向。

接收机是一个宽频段放大解调设备,它把微弱的雷达信号经过放大、解调后,送到终端显示设备显示、分析和记录。

终端设备包括显示器、分析器和记录器等。显示器有指示灯、扬声器、示波器以及数字显示器,用来显示发现的雷达目标和测定的雷达参数及方位。分析器用于对雷达信号波形分析和测定雷达信号调制参数。记录器能全面、及时地将信号记录下来,以供详细分析和研究。

雷达侦察的基本任务:一是发现带雷达的目标。雷达侦察机工作时不发射电磁信号,直接接收目标发射的信号,侦察距离要比雷达作用距离远1.5~2倍。雷达侦察具有高度的隐蔽性,不易被敌方侦察发现。侦收到雷达信号必须同时满足三个条件:侦察雷达频率与对方雷达发射信号频率相同;侦收到的雷达信号功率足够强;雷达侦察机天线与对方雷达波束在方向上重合。二是根据雷达的参数确定目标性质。雷达的主要参数包括工作频率、信号波形、信号极化方向、脉冲重复频率、脉冲宽度、天线波束宽度、扫描周期、扫描方式等。通过对雷达参数的侦测,判断雷达探测到的目标的性质、类型,分析目标可能动向及其对我方的威胁程度,以便采取必要的对抗措施,为指挥员决策提供依据。三是引导干扰机对敌方雷达实施干扰。四是引导杀伤武器摧毁敌方雷达。

(4)雷达反侦察。

雷达反侦察的目的是为了防止敌方侦察己方雷达的位置、数量、性能和各种技术参数。这样,才可能使敌方在战时不能对己方各种雷达实施摧毁和干扰,不致过早地暴露己方兵力的活动和作战意图,赢得战役战斗的主动权。

雷达反侦察的任务:

第一,使敌方难以侦收到己方的雷达信息。一是控制雷达的工作时间。雷达开机要严格控制,防止暴露雷达站位置和雷达性能参数。在保证发现和掌握敌情的情况下,尽量缩短雷达开机时间。二是限制雷达的工作方向。当知道敌人概略方向时,雷达应使用扇形搜索。经过敌占区域附近时,严禁向敌占区域、敌舰、敌机方向发射电磁信号,完成任务后立即关闭雷达。三是限制雷达频率和功率的使用。雷达频率分为现用频率和保密频率两种。平时严禁使用保密频率。可以改频工作的雷达,应按照规定的常用频率工作,不得擅自改变雷达的发射频率等。

第二,发射假雷达信号。设立假雷达站、发射假信号,可以造成敌方真假难分,增加其雷达侦察的困难。

2）电子干扰与反电子干扰

（1）无线电通信干扰。

无线电通信干扰是指妨碍或阻止敌方无线电通信发挥正常效能的电子干扰。要有效地实施干扰，在技术上必须做到干扰频率对准敌方接收设备的工作频率，干扰信号功率超过敌方通信信号的功率，干扰信号的样式与敌方接收机的工作样式相同。

无线电通信干扰的主要方式有：

第一，压制性干扰。无线电通信压制性干扰是指用无线电通信干扰机，在敌方通信频段内发射干扰信号，使敌方接收到的通信信号模糊不清或完全被淹没，从而不能正常通信。压制性干扰按干扰信号频谱宽度分为瞄准式干扰、半瞄准式干扰、阻塞式干扰。

施放瞄准式通信干扰时，每次只能对一个通信频率实施干扰，干扰信号的频率完全与敌方通信信号的频率重合。其特点是干扰功率集中，干扰效率高。

半瞄准式干扰信号的频率没有和敌方通信信号频率完全重合，但其频谱的全部或大部分能通过敌方接收设备的频带。其干扰效率低于瞄准式干扰。

阻塞式干扰是一种宽频带干扰，能同时干扰同一频段内不同工作频率的多部电台。

第二，欺骗性干扰。欺骗性干扰分为无线电通信冒充和无线电通信伪装。

无线电通信冒充就是模拟敌方无线电通信的特点，冒充敌方无线电通信网路内某一电台，与该网路的其他电台进行联络和通信。它可骗取敌方的作战命令、指示或情况报告等重要信息，使敌行动企图暴露，也可向敌方传递各种欺骗性信息，造成敌行动和判断的错误。

无线电通信伪装是采取示假隐真的方式达成欺骗目的，使敌方侦收到的是假电文、假电台，造成敌真假难分。

（2）无线电通信反干扰。

无线电通信反干扰是指为削弱或消除敌方通信干扰对己方无线电通信设备的影响，保证己方通信发挥正常效能而采取的措施。主要有三类措施：

一是提高无线电通信设备的抗干扰能力。采用强方向性天线，增大发射机辐射功率，使干扰信号压制不住工作信号。如发展快速数据通信；采用新的信号调制方式和话音保密技术；实施跳频通信等。

二是反敌压制性干扰的措施。建立隐蔽的无线电通信网路；组织实施无线电转信；灵活、连续地改变工作频率等。

三是反敌欺骗性干扰的措施。无线电通信人员要保持高度警惕，熟悉联络对象，与新的联络对象初联时必须用识别暗令。发现敌台冒充，做如下处置：通知其他台；立即停止与冒充台的联络；迅速改频甩掉冒充台；继续与冒充台通假报，另开网路工作。

（3）雷达干扰。

雷达干扰是指为削弱或破坏敌方雷达的探测和跟踪能力而实施的电子干扰。雷达干扰可形成强杂波背景或假目标回波，给雷达操纵员或收录设备发现、测定目标造成严重困难，使自动跟踪设备出现错误或中断。按干扰产生的方法分为有源雷达干扰和无源雷达干扰。

有源雷达干扰。利用雷达干扰机发射电磁波对敌雷达造成的干扰，称为有源雷达干扰。常用的有源干扰有压制性干扰和欺骗性干扰。压制性干扰就是利用干扰机发射强大的干扰信号，压制住敌雷达的目标回波，使目标回波淹没在干扰信号之中，在显示器荧光屏上识别不出真实目标。欺骗性干扰是利用干扰机发射欺骗性干扰信号对敌方雷达造成的干扰，使敌方雷达以假当真、做出错误的判断。

无源雷达干扰是指使用不发射电磁波的器材,通过其反射或吸收敌方雷达发射的电磁波而形成的电子干扰。

用反射性干扰器材实施干扰。反射性干扰器材主要有干扰"箔条"、角反射器(体)和电离气悬体等。干扰"箔条"是用金属或镀有金属的介质制成的丝状、片状、条状物的总称,可用飞机、火箭、炮弹和降落伞等投放,形成干扰走廊、干扰云幕或干扰屏障,对雷达进行干扰。角反射器是由互相垂直相交的三个金属导体平面制成,它可以把雷达射来的雷达波按原来方向反射回去,而且回波信号很强。电离气悬体是利用飞机、火箭或导弹的发动机,在空中喷洒易燃烧电离的金属粉末,在高温气流下使空气产生电离,形成局部空间的等离子云,长时间悬浮在空中,能强烈地反射电磁波。

用吸收性干扰器材实施干扰。常用的吸收性干扰器材有反雷达覆盖层和反雷达伪装网等。反雷达覆盖层是一种在目标表面涂敷的一层大量衰减无线电波的材料,也叫反雷达涂层,它使敌方雷达收到的目标回波很微弱,难以发现目标。反雷达伪装网是将反雷达涂层涂在伪装网上,它不仅可以减少被隐蔽目标的雷达反射截面积,而且能隐蔽目标的外形。

(4)雷达反干扰。

雷达反干扰是指为削弱或消除敌方干扰对己方雷达的影响,保障雷达发挥正常效能而采取的措施。

反雷达干扰的战术措施:

一是做好反雷达干扰的准备。严格遵守雷达频率使用管理规定,严禁使用隐蔽频率,防止敌方侦获我雷达的战术技术性能;认真研究敌方施放各种干扰的特点和手段,制定干扰条件下的观察方案;经常保持雷达各种反干扰装置的良好状态;多配置改频反干扰的雷达;加强反干扰训练,提高干扰条件下观察目标的能力。

二是及时发现和判断干扰情况。雷达站受到干扰后,应迅速查明干扰的种类、频率、强度、位置等,判断敌方施放干扰的企图,以便采取相应的反干扰措施,并及时向上级报告。雷达受干扰后,不得擅自关机,雷达操作员应继续观察目标信号。

三是合理部署和使用雷达。把不同波段、各种体制的雷达交错配置,合理展开,相互弥补,可发挥雷达网的整体抗干扰能力。在使用制导武器时,雷达、红外、激光等制导的武器同时发射,当某一制导武器因受干扰而失效时,其余制导武器仍能摧毁目标。

反雷达干扰的技术措施:

一是增大雷达的发射功率。雷达的发射功率增大,目标回波强度就会增强,雷达就容易从干扰波中识别出目标,因而提高雷达抗干扰能力。

二是改变雷达的工作频率。改频反干扰常用的方法有跳频反干扰、频率捷变反干扰和使用多波段雷达等。跳频反干扰雷达的工作频率,在一个频段内可以离散跳变,及时地将干扰甩掉。频率捷变反干扰雷达的工作频率能快速地改变,只要雷达工作频率快于干扰信号,就可以保证雷达正常工作。多波段雷达有几个工作波段,当雷达在某一波段工作受到干扰时,可立即转到其他波段上工作,甩掉干扰。

三是提高雷达天线的方向性。提高雷达天线的方向性就是将雷达天线的波束变窄。由于雷达波束变窄,进入雷达的干扰功率仅仅是干扰发射功率的一小部分,雷达受到的干扰就会减弱。同时,增加了雷达干扰在方向瞄准上的困难,因为干扰机的天线不易对准雷达天线。

四是使用动目标显示雷达。动目标显示雷达可以在干扰"箔条"、地物和海浪等无源干扰情况下发现和测定运动的目标。固定目标的位置在雷达显示屏上是不变的,而运动目标是变化的,两种目标的回波有差别。根据两种目标回波的差别,在技术上采取措施,将固定目标回波消除,雷达显示屏上只显示运动目标。

3)电子摧毁与反电子摧毁

现代高技术局部战争中的电磁斗争,不仅使雷达、通信及其他光电设备难以发挥效能,而且对作战飞机、舰船、装甲车辆、精确制导武器等大量应用电子技术装备的武器系统构成严重威胁。战争中的电子对抗形式由"软"杀伤发展成为"软""硬"兼施,电子作战方法由使敌方电子装备失效发展为直接打击。

(1)摧毁敌方电子设备的方法。

摧毁是指在查明敌方电子设备及其对抗装备工作情况的基础上,用直接毁伤的方法使其瘫痪,并在短期内难以恢复正常工作的一种电子对抗手段。主要有火力摧毁、兵力摧毁。

火力摧毁:一是航空兵使用航空炸弹、空地导弹,炮兵使用火炮,在侦察引导兵力的引导下,将敌方电子设备摧毁。二是使用反辐射导弹。通常用反雷达飞机、无人机发射反辐射导弹。导弹发射后,弹上被动寻的设备接收并跟踪敌方电磁辐射信号,自动将导弹导向被攻击的目标。三是使用高功率微波弹。高功率微波弹是利用微波在与物体的相互作用过程中所产生的电效应、热效应对电子设备造成杀伤破坏。

兵力摧毁:是指派遣特种部队、地方武装等利用夜暗和不良天气,采用直升机空降等方法,进行突然袭击,将敌电子设备摧毁。

(2)反电子摧毁的措施。

反摧毁是针对敌方攻击手段,保障己方雷达生存而采取的措施。反电子侦察是反摧毁的重要环节,对电磁辐射加强管制是反电子摧毁的有效措施之一。电磁管制方法包括部分或全部停止电磁信号的发射活动,控制开机时机和发射方向等。使用雷达、红外、激光、电视等跟踪方法,并根据反辐射导弹制导的方式灵活变换跟踪手段。修筑坚固的防护工事,适当增大雷达观察室与天线的距离,即使导弹命中雷达站,也可减少设备和人员的损伤。

4. 电子战的发展趋势

第一,电子战场所利用的频谱将向全频谱扩展。随着电子技术的发展,电子对抗的范围在频谱上已大大超过以往只限于射频范围的概念,迅速向两端扩展,也就是向低端的声频和高端的光频扩展,使电子对抗既有射频对抗还有光频对抗、声频对抗。目前,军事电子技术所利用的频谱已经覆盖了从低频、短波、微波、毫米波、红外、可见光等全部频谱。

第二,将重点发展网络对抗、计算机病毒武器。传统的电子对抗技术也将不断向高新方向发展。无源干扰技术如箔条、干扰丝等,是廉价有效、易行的干扰技术,将继续被采用。新技术新材料的发展使干扰箔条和干扰丝不断更新,从而更具威力。比如,用镀铝、镀锌、镀银的玻璃丝、涤纶丝、尼龙丝代替以前的锡、锌、铝等箔条,可以增加在空中滞留的时间,增强干扰效果;新发明的复合箔条将微波、毫米波反射型材料和红外全溶胶涂料结合起来形成可干扰红外、可见光、微波等宽频带干扰物;干扰箔条从结构上设计出了干扰球、金属体和干扰绳等新型干扰物,可对雷达、红外和微波进行复合干扰。

第三,装备将向系统化、系列化、软硬武器一体化、标准化和"模块化"方向发展。电子战中的无线电侦察和干扰器材将从单一手段发展到宽频段、多功能的综合系统;电子战装备向一体化通用系统方向发展,干扰的重点转向 C^4ISR 系统;电子战将由电子干扰软杀伤手段向硬杀伤、软硬结合杀伤方向发展;电子战装备将致力于发展反隐形技术,广泛使用先进的隐形技术;电子战装备将不断采用各种新电子技术。

(四)航天技术

航天技术是指向太空运送无人或载人航天器,并且用来探索、开发和利用太空以及地球以外天体的综合性工程技术,也称空间技术。通常可将航天技术划分为航天运载器技术、航天器技术和航天器测控技术三大部分。以航天技术为基础,以军事应用为目的的军事航天技术是军事高技术的重要组成部分,它的出现使战争空间由陆地、海洋、大气层扩展到了外层空间,将开创一个新的战争模式。

1. 航天运载器技术

航天运载器技术是航天技术的基础,必须利用航天运载器克服地球引力和空气阻力将航天器送到外层空间。常用的运载器有运载火箭,一般为多级火箭,即由两级或两级以上火箭组合而成的火箭。运载火箭是单向运输系统,它只能将有效载荷从地面送往轨道,而不能将轨道上的有效载荷送往地面。

运载火箭多数为两级以上的多级火箭。每一级都有推进剂储箱、火箭发动机和飞行控制系统,末级有仪器舱和有效载荷,级与级之间有级间段连接。有效载荷装在仪器舱上面,外面有整流罩,在火箭飞出大气层后,整流罩即抛掉。为了增大运载能力,大部分运载火箭的第一级捆绑有助推火箭,数量根据需要而定。

运载火箭主要由动力系统、控制系统、箭体结构和无线电测量系统组成。动力系统由火箭发动机和推进剂组成,如果是液体火箭发动机,还应有液体推进剂和输送系统。动力系统有火箭的"心脏"之称,是使火箭实现飞行运动的原动力。控制系统由制导、姿控以及程控等分系统组成,是火箭飞行中的指挥系统,被称为火箭的"大脑",其任务是用来保证火箭的稳定飞行,并确保火箭精确地进入预定轨道。箭体结构包括整流罩、仪器舱段、贮箱、尾部舱段、级间舱段和各舱段的连接、分离等机构。各舱段用来安装宇宙飞行器、制导系统、无线电测量系统和动力系统。箭体结构设计要使火箭具有良好的气动力外形,保护箭体内部的各种仪器设备在良好的环境下工作。同时火箭在运输、起吊和飞行过程中,箭体结构还用来承受各种载荷。在运载火箭上,都装有一些小型的无线电测量系统,主要是用于了解火箭飞行情况的测量和跟踪系统,它为设计者和使用者提供火箭飞行实况资料,供性能分析及必要时进行故障原因分析之用。

运载火箭的发射需要有专门的发射场。火箭从地面发射台上垂直起飞,一般在十几秒钟后按预定程序转弯,第一级火箭工作完毕后分离,第二级接替工作,直至末级火箭把有效载荷送入预定轨道。

2. 航天器技术

人类至今已先后将卫星、飞船、航天飞机和空间站等航天器送入太空。航天器是指在地球大气层以外的宇宙空间,基本上按照天体力学的规律运行的各种人造飞行器的统称,亦称空间飞行器。

航天器按有无载人分为无人航天器和载人航天器两种。无人航天器又分为人造地球卫星、空间探测器。人造地球卫星是指在空间轨道上环绕地球一周以上的无人飞行器。它又分为科学卫星、技术试验卫星和应用卫星。空间探测器是指在空间中探测月球、其他行星及其卫星的飞行器。从1961年开始,美、苏陆续向火、金、水、木、土等行星发射了一系列探测器。载人航天器又分为载人宇宙飞船、永久式航天站、航天飞机、空天飞机。

航天器一般由结构系统、温度控制系统、姿态和轨道控制系统、电源系统、测控、通信及数据系统和回收系统六部分组成。

航天器的轨道由发射轨道、运行轨道和返回轨道组成。

3. 航天器测控技术

航天器测控技术是指对飞行中的运载火箭及航天器进行跟踪测量、监视和控制的技术。为了能正常工作，除运载火箭和航天器上的测控设备和系统外，地球表面还必须建有分布全球各地的测控台、测控站及测量船。测控系统包括各种精密跟踪雷达、光学跟踪望远镜、多普勒测速仪、测速调解器、实时数据处理、遥控发射机、电子计算机和通信设备等系统。当前，法国、美国、日本、欧洲和中国等航天技术发达国家的测控组织已经建立了联网关系，形成了公认的操作模式和技术标准，并形成具有广阔发展前景的国际测控网服务市场。国际测控网联网，可以将分散于有航天测控能力国家的航天测控资源，通过计算机和数字通信网连成一片，形成"通达四海"的庞大测控网，从而实现国际测控资源共享，有效弥补各自测控网覆盖率的不足，填补本国测控网的测控盲点，大大提高航天测控成功率。测控方法一般有遥测、遥控、跟踪、通信和数据传输等几种。

4. 军事航天技术

航天器的军事应用，主要通过航天器加载各类军事装备组成军用航天器，完成空间军事和作战任务。军用航天器通常由军用卫星、天基武器系统及军用载人航天器组成。

1）军用卫星

军用卫星是指完成各种军事任务的人造地球卫星。它是世界上发射数量最多的一类卫星，约占世界各国航天器发射数量的 2/3 以上。20 世纪 60 年代初，美国首先发射了具有明显军事目的的照相侦察卫星，宣告太空军事利用的正式开始。从那时起，军用卫星技术性能有了很大提高。军用卫星按用途可分为军事侦察卫星、军事通信卫星、军事导航卫星、军事气象卫星、军事测地卫星等。

（1）军事侦察卫星。

根据不同的侦察手段和侦察任务，侦察卫星可以分为照相侦察、电子侦察、导弹预警、海洋监视、核爆炸探测等不同种类。

照相侦察卫星：在各种侦察卫星中，照相侦察卫星发展最早，发射数量最多，是空间侦察监视任务的主要承担者。目前，只有美国、俄罗斯、中国等少数国家能够发射并回收照相侦察卫星，其中以美国历史最久、水平最高。美国从 1959 年开始研制照相侦察卫星，至今已发展到第六代。

电子侦察卫星：用于截获对方雷达和电信设施发射的电磁信号，并测定其辐射源的地理位置。

导弹预警卫星：用于监视和发现敌方发射的战略导弹，并发出警报。导弹预警卫星的关键设备是红外探测器，用于探测导弹尾焰的红外辐射。美国第三代导弹预警卫星可在两个红外波段工作，灵敏度很高，可探测到飞机喷气的红外辐射，并且大大提高了探测潜射导弹的能力。

海洋监视卫星：主要用来对海上舰船和潜艇进行探测、跟踪、定位、识别，并监视其行动，获取军事情报，包括电子侦察型和雷达型两种。电子侦察型海洋监视卫星既可以单独使用，也可以与雷达型海洋监视卫星配合使用，其工作轨道比雷达型卫星的轨道要高，覆盖范围也更大，识别目标的能力更强一些,但对目标的定位精度不如雷达型卫星。

核爆炸探测卫星:用于探测大气层内和外层空间核爆炸的卫星。能够实时地提供在世界上任何地点进行的核爆炸的当量、高度和位置。

(2)军事通信卫星。

通信卫星就是天基无线电波中继站,一般部署在地球同步轨道上,也有少数部署在大椭圆轨道和其他轨道上,它接收到地面发出的无线电波以后进行放大,然后再转发到地面。卫星通信具有覆盖范围大、通信距离远、通信容量大、传输质量高、机动性和生存能力强等优点,因而在军事通信中有举足轻重的作用。

军事通信卫星用来担负保密的、大容量的、高速率的战略和战术通信勤务。为了保证在核战条件下提供可靠的通信,未来的军事通信卫星将逐步采用多波束的自动调零天线、扩展频谱的调制技术、自适应的位置保持系统、星上抗辐射加固、卫星间中继链路等技术,以大大提高保密、机动、抗干扰及在核战下的生存能力。

(3)军事导航卫星。

导航卫星是为航天、航空、航海、巡航导弹和洲际导弹等提供导航信号与数据的卫星。一颗导航卫星,就相当于一个设在空间的无线电导航台。导航卫星上所装有的无线电信标机以固定的频率,按照规定的时间间隔向地面、空中、海上的用户发射无线电信号,报道当时卫星在空间的位置和发出信号的时间,用户利用无线电接收设备接收到卫星发出的信号,从而确定自身的位置、高度和航向。用导航卫星进行导航不受气象条件和距离的限制,而且导航精度高。

(4)军事气象卫星。

气象卫星从外层空间对地球及其大气层进行气象观测,是从空间获取军事气象情况的重要手段,对全球天气监视和天气预报业务均有十分重要的作用。气象卫星上携带有多种气象遥感器,能够拍摄全球的云图,卫星上的扫描辐射计的探头能敏感地探到一定波段的电磁辐射,当它对云层和大气扫描时,就能记下云层和大气在各个波段,如可见光、红外、微波的辐射强度,转变成电信号以后,通过无线电波发送给地面。地面站接收以后,经过计算机处理,就可以得到云的形状、云顶高度、大气温度和湿度、海面温度和冰雹被盖面积等气象资料。

(5)军事测地卫星。

测地卫星是用来测定地球的形状和大小、地球重力场的分布、地面的城市、村庄和军事目标地理位置的卫星,具有重要的军事价值。地球不是标准球体,而且地面上有山、河、湖、海,高低不平,因此地球重力场的分布不均匀。同时又由于测量误差等原因,原有地图上标明的各种地理位置常与实地不符。这一切对导弹弹道的计算、飞机和导弹的惯性制导及巡航导弹的地图匹配制导都会造成很大的影响。如果不用测地卫星准确测定有关数据,洲际弹道导弹和巡航导弹就难以击中目标,从而大大降低战略武器的效能。目前,各国都在利用测地卫星进行全球大地测量,以获取重要的具有战略意义的资料。此外,测地卫星还可以配备其他专用设备(如多光谱观测相机等)进行地球资源的勘察,成为地球资源卫星,用于了解和掌握各国战略资源的储备情况等。

2)天基武器系统

天基武器主要指攻击敌方航天器用的卫星及卫星平台,如反卫星卫星、反卫星及反弹道导弹动能武器平台和定向能武器平台等。反卫星卫星有两种类型:一种是携带有常规炸药的卫星,当它在轨道上接近目标卫星时,以地面遥控或自动引爆的自毁方式与目标卫星同归于尽,所谓"天雷"或"太空雷"实际上也就是这种拦截卫星;另一种是装备有导弹或速射炮的卫星平台,当目标卫星进入武器的射程之内时便进行发射摧毁。反卫星卫星实施拦截作战可采取同轨道"追击式"或"迎击式"摧毁目标卫星。拦截时,首先将反卫星卫星发射进入与目标卫星相近的轨道,在此轨道上运行到适当位置时通过变轨机动进入目标卫星的同一轨道,在同一轨道上,拦截卫星与目标卫星可同向运行,以追击方式摧毁目标卫星;或反向运行,以迎击方式摧毁目标卫星。用反卫星卫星拦截军事卫星不一定要摧毁目标卫星,只要采取一定的方式(如喷涂某种不透明的性能稳定的化学物质等)使其照相装置或通信装置等毁坏或失灵,则目标卫星也就不起作用了,或者将目标卫星俘获,然后一道重返大气层烧毁。

3)军用载人航天器

载人航天器可军用也可民用,军用载人航天器实际上是载人航天器的军事应用。载人航天器包括载人飞船、空间站、航天飞机和正在研制中的单级火箭式空天飞机,它们都可执行军事任务。

(1) 载人飞船。

载人飞船是能保证宇航员在空间轨道上生活和执行航天任务并返回地面的航天器。它的运行时间有限,仅能一次性使用,可独立进行航天活动,也可以作为往返于地面和空间站之间的"渡船",还能与空间站或其他航天器在轨道上对接后进行联合飞行。载人飞船容积较小,所载消耗性物质数量有限,不具备再补给能力,不能重复使用。但它是第一种将人直接送入太空的航天器,是航天技术在人造卫星技术基础上的新突破。

载人飞船能担负的军事使命有:作为地面与空间站的军事运输工具,可向空间站运送各种军事补给物资以及接送人员、进行空间救护等;试验新的军用航天设备;用于特定目标的侦察与观察等。在未来可能发生的空间战争中,载人飞船将是不可缺少的军事高技术装备。

(2) 空间站。

空间站是大型的、绕地球轨道做较长时间航行的载人航天器,是多用途的空间基地。各主要航天大国都把建立长期性载人空间站作为突破和发展载人航天技术的目标。空间站具有载人多、空间大、寿命长和综合利用的优点,在军事上有广泛应用前景。由于空间站可承载许多复杂的仪器设备,并可由人直接操作,因而能完成复杂的、非重复性的工作任务。如军用航天飞机或空天飞机以空间站为基地可对付任何卫星式作战平台,并随时对全球任何地方构成威胁。空间站可以作为空间军事基地,在其上部署、组装、维修和回收各种军用航天器,可以试验、部署和使用空间武器,可以直接参与跟踪、监视、捕获和拦截敌方航天器和洲际弹道导弹的作战行动,可以在军用卫星、飞机和地面系统的配合下成为空间的预警、通信、指挥和情报中心及国家安全防务系统的神经中枢。因此,要开辟空间战场,建立空间站是必不可少的。

(3) 航天飞机。

航天飞机是部分可重复使用、往返于地面和近地轨道之间运送有效载荷并完成特定任务的空间飞行器。航天飞机由轨道器、助推器(即助推火箭)、外燃料箱三部分组成,用火箭垂直发射,入轨时助推火箭及燃料箱均被抛掉,只有轨道器在地球轨道上飞行,执行任务后再重返大气层并滑翔着陆。航天飞机集中了许多现代科学技术成果,是火箭、航天器和航空器技术的综合产物。因此,它比火箭、卫星和飞船具有更多的优点和用途。在军事上,航天飞机可用于部署、维修、回收各种卫星;可方便地实施空间机动,执行反卫星作战任务,拦截、摧毁或俘获敌方卫星;可执行空间侦察,对地面目标进行监视、跟踪;对敌方弹道导弹的发射和飞机进行预警、作为战斗机袭击地球上的目标;航天飞机还可作为从地面到空间站的军事交通工具,为军事目的向空间站运送人员和物资,为建立永久性空间军事基地和军事工厂服务。

（4）空天飞机。

正在研制的空天飞机是能在普通跑道上水平起降,并在大气层内和空间轨道上飞行的完全可重复使用的航天器。20世纪80年代兴起的空天飞机计划是以解决天地往返运输、军用跨大气层飞行和民用高超音速运输问题为目的的。

（五）伪装与隐身技术

1. 概述

伪装技术是为了隐蔽自己和欺骗、迷惑敌人所采取的各种隐真示假的技术措施,是军队战斗保障的一项重要内容。

隐身技术又称隐形技术或低可探测技术,是改变武器装备等目标的可探测信息特征,使敌方探测系统不易发现或发现距离缩短的综合性技术。隐身技术是传统伪装技术的一种应用和延伸。

军事伪装和隐身技术有很强的综合性,所涉及的学科包括光学、电学、声学、热学、化学、植物学、仿生学、流体力学、材料学等。针对高技术侦察的特点,现代伪装技术主要是为减少目标和背景在光学、热红外、无线电波等方面的反射或辐射能量差异而采取的各种工程技术措施。

2. 伪装技术

1）现代伪装的分类

按其在作战中的运用范围,伪装可分为战略伪装、战役伪装和战术伪装。战场目标的隐身技术属于战术伪装。

按所对付的高技术侦察器材的工作频谱范围,伪装可分为防光学探测伪装、防热红外探测伪装、防雷达侦察伪装和防声测伪装。

2）伪装的基本原理

伪装是与敌侦察作斗争的基本手段。侦察的目的是要探测和识别各种军事目标,而伪装则是尽量保护这些军事目标的暴露征候,使其不被对方的侦察所发现。

伪装的基本原理:防光学侦察的原理是消除和降低目标与背景之间的色彩和亮度上的差别,达到伪装的目的;防红外侦察的原理是消除和降低目标与背景之间的反射红外线的差别,达到伪装的目的;防雷达侦察的原理是消除和降低目标与背景之间的反射雷达波的差别,达到伪装的目的。

3）现代伪装方法

现代伪装技术主要有遮蔽、融合、示假、规避四种。

第一,遮蔽技术又称遮蔽隐真技术,是把真目标遮蔽起来,不让敌发现和识别的技术。遮蔽技术在高技术局部战争中是反侦察和对付精确制导武器最有效的方法之一。遮蔽技术可分为两个种类:一是迷彩遮蔽,即用涂料、染料和其他材料改变目标和背景的颜色、图案所实施的伪装。二是人工遮障,又叫人工遮蔽,是利用各种制式伪装器材对目标进行伪装的一种方法。人工遮障通常由遮障面和支撑构件组成。支撑构件由竹木或金属支架、控制绳等组成。按其用途和外形不同分为:伪装网遮障和烟雾遮障。

第二,融合技术,是指减小和消除目标与背景的差别,使目标融合于背景中的技术。例如,单个士兵可用油彩涂抹皮肤的暴露部位,在钢盔和衣服上披上麻皮,抹上涂料和编插新鲜植物,以求得与周围背景近似或相融合。融合技术主要分为：一是防光学侦察融合技术,该技术的实质就是要降低或消除目标与背景的对比度,其途径是将传感器所要接收目标信号的强度降低或使背景的信号强度增强,以便使目标和背景的反射或辐射强度相接近。二是防雷达侦察融合技术,如采用角反射器,运用龙伯透镜反射器,采用偶极子反射体。三是防红外侦察的融合技术,是通过适当的方式把热红外目标乔装打扮,使其与背景具有相似的表面特征,也就是使伪装后的红外目标与背景的反射特性、热辐射特性和表面结构相一致,使热红外目标完全融合在背景当中的技术。如在海湾战争中,伊拉克采用烟火剂燃烧发出红外辐射的诱饵弹,来模拟飞机、舰艇、坦克、战斗车辆等红外目标。红外诱饵弹发出的红外辐射,能以假乱真,吸引、迷惑、干扰敌人的红外侦察和红外寻的制导导弹,造成削弱或破坏这些装备的工作效能和使导弹攻击失误,从而使真目标免遭攻击。

第三,示假技术。高技术条件下的示假技术主要有光、声、热、电模拟示假技术。它是利用侦察器材只识别各种"源"的弱点,用"源"模拟各种目标在特定的背景上所产生的暴露征候,以达到蒙蔽和欺骗侦察器材的目的。

第四,规避技术。虽然现代侦察技术能多谱段、全方位、全天候、高分辨地收集情报,但并未达到"天网恢恢,疏而不漏"的境界。可以根据侦察的盲点,来对目标进行规避,其方法有：一是掌握侦察卫星的运动规律,利用不良天气或敌侦察卫星的过境时间,使军队行动避开敌卫星的侦察；二是选择合理的行动路线,能有效地对付雷达等侦察。

4）现代伪装器材

目前各国装备部队的伪装器材一般都是配套的遮蔽伪装器材,包括遮障面和支撑系统。其中遮障面（伪装网、伪装盖布）是进行遮障伪装的主体,可单独使用。针对现代侦察技术和手段,世界各国所使用的遮障面都具有防可见光、红外线和雷达侦察的综合性能。其中,美军伪装装备在性能上较为优越。

我军现装备的人工遮障制式器材有成套遮障、各种伪装网、角反射器等。

外军列装的气溶胶即烟幕伪装器材有40多种,包括发烟手榴弹、发烟火箭、发烟炮弹、发烟炸弹、烟幕施放器、飞机布撒器和航空发烟器等。

3. 隐身技术

1）隐身技术途径

（1）隐身外形技术。

外形是目标暴露的主要特征,现代兵器对外表形状处理得如何,将直接影响到防可见光和雷达侦察效果。目前对武器装备的外形设计是以防雷达侦察为主,兼顾对付可见光侦察。

反雷达探测隐身外形技术。目标的雷达反射截面积与雷达探测距离的四次方成正比,它直接决定着雷达的探测能力。因此,要想缩短雷达的探测距离,防雷达探测的外形设计也必须把减小雷达反射截面积作为武器系统隐身的重要措施。在外形设计时,避免出现任何边缘、棱角、尖端、缺口等垂直相交的面,将这部位设计成锐缘或弯曲缘,以抑制强天线型反射和谐振反射。

反可见光探测隐身外形技术。在可见光侦察条件下,目标的可见性除与目标与背景间的颜色差别、目标与背景间的距离、照明条件、大气透明状况等一系列因素有关外,目标的可见尺寸越小越难辨认,目标的外表形状越不规则,侧外形轮廓也越不清楚。因此,隐身兵器的外形设计,必须考虑到尽量减小目标的外形尺寸。

(2) 隐身结构技术。

兵器结构的隐身,是以整体结构和局部结构为对象,探索其组合规律和合理形式,达到减小目标暴露特征的目的。现代兵器的结构非常复杂,反光、声、电、热、磁探测的隐身结构技术则与之相匹配发展。

反雷达隐身结构技术主要包括:合理设计发动机进气和排气系统;减小辐射源数量,尽最消除外露突起部分;采用遮挡结构;为缩小兵器尺寸,采用高密度燃油及适应这种燃油的发动机等。

反红外隐身结构技术主要是通过改造红外辐外源来抑制目标的红外辐射。其技术措施包括:采用散发热量较小的发动机;改进发动机结构,改进发动机喷管的设计;采用闭合环路冷却的环境控制系统,用以降低载荷设备的工作温度等。

反电子隐身结构技术包括:减少无线电设备;采用低截获概率技术改进的电子设备;减小电缆的电磁辐射;避免电子设备天线的被动反射等。

反可见光隐身结构技术主要包括:控制目标的亮度和颜色;控制目标发动机喷口的火焰和烟迹信号;控制目标照明和信标灯火;控制目标运动构件的闪光信号等。

反声波隐身结构技术主要包括:改进发动机和辅助机的设计;采用减振和隔声装置;减小螺旋浆运动对介质的扰动噪声;合理进行目标整体设计等。

(3) 隐身材料技术。

隐身材料技术是隐身技术的关键技术。

一是吸波、透波材料。当目标体或其蒙皮采用吸波、透波材料制造时,则照射其上的雷达波会有部分被吸收或被透过,从而减小雷达回波强度,达到目标隐身目的。

二是吸热、隔热材料。吸热材料是指那些热容量较大或能将热能转换成其他能量的材料。用于隐身兵器的吸热材料,由于热容量大、升高温度所需吸收的热量就较多,目标向外辐射红外线就少;材料又能将部分热量转换成其他形式的能量,使目标向外辐射红外的强度减弱。

三是吸声、阻尼声材料。声音来源于物体的振动。为了降低被声纳等探测设备发现的可能性,提高其隐蔽性,兵器在设计、制造时都必须采用高性能的吸声、阻尼声材料。

2) 隐身兵器

(1) 隐身飞机。

隐身飞机是研制最早、发展最快、隐身技术含量最高的隐身兵器。它的发展经历了利用单一技术对飞机进行局部隐身和运用综合技术对飞机进行全面隐身两个阶段。已研制成功的隐身飞机主要有:SR－71隐身战略轰炸机、F－117A隐身战斗轰炸机、B－1B隐身战略轰炸机、B－2隐身战略轰炸机等。

(2) 隐身导弹。

目前已研制成功的隐身导弹只有美国的隐身战略巡航导弹和隐身战术导弹。如AGM－86和ACM－129隐身战略巡航导弹,ACM－137和MCM－137隐身战术导弹。

(3) 隐身舰船。

隐身舰船的概念是近年来提出的。也是由于各种侦察系统、红外寻的反舰导弹、新一代鱼雷和水雷迅速发展,要求降低舰船可探测概率的结果。

隐身舰艇采用的隐形措施主要有:为减少雷达反射截面,改进舰体及上层建筑形状,使用吸波、透波材料,采用尾流隐蔽技术,千方百计地降低噪音辐射,抑制红外辐射,控制电磁特征。

4. 伪装技术对作战的影响

第一,伪装是造成敌人获取错误情报的重要方法。敌对双方的作战企图和行动是建立在所获取情报基础上的。尽管现代光电侦察技术具有全天候、实时化、高分辨率和准确的定位识别能力,但由于伪装技术的运用,能使敌人造成错觉,以致获取错误情报。

第二,伪装是提高作战部队生存能力的重要措施。战场上,作战双方都将面临如何保存自己的问题。通过伪装,既可增加敌人侦察的困难,使其不易发现真目标,又可诱骗敌人实施攻击,分散敌人火力;还可使敌人真假难辨,无所适从,从而减少敌武器的命中率和杀伤率,提高部队生存能力。

第三,伪装使作战任务和作战方法发生了变化。从提高部队的打击能力和提高部队的生存能力出发,未来战场将有更多的部队担负战略伪装任务,伪装也将成为战场所有部队的任务之一。伪装技术的发展,将使人们重新认识近战、夜战的作用,高技术条件下作战缺少伪装技术必将失去战场的主动权。

5. 隐身兵器对作战的影响

第一,隐身飞机的使用,增大了对空防御难度。部分隐身飞机和隐身导弹的研制成功并用于战场,使空袭武器的结构发生了变化。随着其他隐身飞行器的不断出现,空袭武器装备将发生根本性的飞跃。这必定给反空袭作战带来很大的困难。普通预警系统将失去预警功能,无法实施有效的对空防御。隐身飞机由于其目标信息特征小,一般的雷达系统无法发现,使得已有的防空兵器无法发挥作用。

第二,地面隐身兵器的出现,使战场生存能力明显提高。地面兵器隐身性能的提高,将极大地增强其隐蔽性和防护力。如研制中的新一代坦克和其他装甲车辆,广泛地采用了隐身材料、外形设计、结构设计和部件设计技术,使目标的暴露特征信息明显降低。

第三,指挥系统面临生存威胁。现代战争是诸兵种协同作战,对指挥系统的依赖极大,交战双方都把打击对方的指挥系统作为打击的重点目标和首要任务。而武器系统的隐身攻击能力提高,使得指挥系统面临生存威胁。

第四,使电子对抗、侦察和反侦察的斗争更加剧烈。大量用于战场的隐身兵器,由于采用电子对抗隐身技术,将使电子对抗的均势被打破,伪装由消极的反侦察向积极的反侦察方向发展。这必将刺激电子支援技术和侦察技术的发展,从而形成更高层次的电子对抗和侦察反侦察的斗争。

(六)指挥自动化技术

1. 指挥自动化的含义

指挥自动化是指以电子计算机为核心,具有指挥、控制、情报侦察、预警探测、通信、电子对抗和其他作战信息保障功能的军事信息系统,又称为 C^4ISR 系统。C^4ISR 系统包括通信(Communication)、计算机(Computer)、指挥(Command)、控制(Control)、情报(Intelligence)、监视(Surveillance)、侦察(Reconnaissance)。

为了完成作战指挥,这一系统要执行多种作战功能与步骤,如情报收集与评估、信息处理、作战方案的制定、战场指挥与管理等。上述各项功能的操作,都可能有人的参与,因此它是一个人—机系统。

2. 指挥自动化的分类

指挥自动化系统可从不同角度分类:

按系统,可分为战略、战役和战术指挥自动化系统;

按使用系统的军种和使用的层次,可分为陆军指挥自动化系统、海军指挥自动化系统、空军指挥自动化系统、二炮指挥自动化系统等;

按部队编成和指挥级别,可分为国家级指挥自动化系统、战区级指挥自动化系统、战场级指挥自动化系统。

3. 指挥自动化系统的构成

指挥自动化系统的构成是指其物理实体的空间排列方式和实体内各部分的相互联系。它使物理实体成为统一的整体。

由于物理实体既包括设备又包括软件,因此,实体内各部分间的联系既有实实在在的物理联系,如计算机的输出通过电缆、打印机、显示器相连;又包括概念、逻辑上的联系,如态势信息流(流向指挥全体的信息)和指令信息流(流向指挥客体的信息)与各级指挥自动化系统的关系;各级都有自己的指挥自动化系统,上下左右贯通形成有机整体。处于中间层次的指挥自动化系统,其流入、流出的信息均包括态势信息流和指令信息流。

指挥自动化系统的体系通常由指挥控制系统、情报侦察系统、预警监测系统、通信系统、电子对抗系统和其他作战信息保障系统等6个子系统构成。

4. 指挥自动化系统的发展趋势

一是建立多层次、全方位的情报系统;二是生存防御和电子战能力将进一步提高;三是由集中式向分布式体制发展。

(七) 核、生、化武器技术

1. 核武器

核武器是指利用能自持进行的核裂变或核聚变反应瞬间释放的能量,产生爆炸作用,并具有大规模杀伤破坏效应的武器的总称。核武器的横空出世是20世纪人类科学技术进步与大国战略需求相结合的产物。它以迄今为止仍然无与伦比的巨大杀伤破坏效应改变了世界军事对抗与斗争的形态,并使国际政治舞台上的重要外交活动与力量角逐无不打上核时代的烙印。

2. 核武器分类

随着核武器技术的发展,核武器种类日益增多,从不同角度出发,核武器有不同的分类。

从作战使用上,可将核武器分为战略核武器和战术核武器。战略核武器指用于攻击敌方或保卫己方战略要地的核武器的总称,它是由高威力的核弹头和远距离的投射工具组成的武器系统,其作用距离可远至上万千米,弹头爆炸威力高达几十甚至上千万吨梯恩梯当量。战术核武器是指用于支援陆、海、空战场作战,打击对敌方军事行动有直接影响的目标的核武器,它是由威力较低的核弹头和射程较近的投射工具组成的武器系统,其射程一般在几十到几百千米,核弹头的威力多为几千至几万吨梯恩梯当量。

从核装置原理结构上,可划分为原子弹、氢弹和特殊性能核弹。

3. 原子弹

原子弹是利用重核裂变链式反应瞬间释放巨大能量起杀伤破坏作用的核武器。又称为裂变武器或裂变弹。原子弹的核装料选择易裂变原子核的铀-235或钚-239等。原子弹具有很大的杀伤破坏力,核爆炸装置可单独装配在不同的投射工具中而成为核导弹、核航空炸弹、核地雷和核炮弹等。

4. 氢弹

氢弹是指利用原子弹爆炸的能量点燃氘、氚等轻核的自持聚变反应,瞬时释放巨大能量起杀伤破坏作用的核武器,又称聚变弹或热核弹。氢弹的热核装料一般用浓缩的氘化锂,其中锂的原子核在受到中子轰击时会立即产生氚。氢弹的杀伤破坏因素与原子弹相同,但其威力要大得多。通过设计还能增强或减弱某些杀伤破坏因素,因而它的战术技术性能远远优于原子弹。

5. 中子弹

中子弹是指以高能中子为主要杀伤因素,同时相对减弱冲击波和光辐射效应的一种特殊设计的小型氢弹,其较为确切的名称是增强辐射弹。中子弹的热核装料采用高密度的氘氚混合物,裂变装料采用高纯度的钚-239并配以其他特殊装置。中子弹爆炸能放射出可以穿透1英尺厚钢板的高能中子流,它可以毫不费力地穿透坦克装甲、水泥掩体和砖墙等物体,杀伤其中的人员,而坦克、建筑物、武器装备等却能完好地保存下来。而且中子弹爆炸时放射性沾染很轻,只需经过较短时间部队即可进入爆炸地区,因此在军事上具有较强的使用价值。

6. 其他类型核武器

在原子弹外壳加一些材料,利用爆炸产生感生放射性以增强放射性沾染,如钴弹和锌弹;在中子弹的周围包上一层材料使此种材料的原子核和中子相互作用后,能在瞬间释放大量高能γ射线,在γ射线运动的方向上会打出高速运动的电子,而引起核电磁脉冲的核电磁脉冲弹;1979年美国试制成功冲击波弹,比纯裂变弹的剩余辐射减少90%左右。其他还有能摧毁地下工事、穿入地下后才爆炸的穿地弹等。

7. 核武器杀伤破坏特点

核武器与常规武器杀伤破坏作用相比,具有以下特点:一是多种因素综合使用,杀伤破坏效应空前复杂严重;二是杀伤破坏范围空前增大,大规模毁伤顷刻形成;三是有延期、无形、积累的杀伤作用,精神威胁的心理影响严重;四是杀伤破坏程度重。

8. 生物武器

生物武器是军事行动中用以杀死人、牲畜和破坏农作物的致命微生物、毒素和其他生物活性物质的统称。生物战剂是构成生物武器杀伤威力的决定因素。致病微生物一旦进入机体(人、牲畜等)便能大量繁殖,导致破坏机体功能、发病甚至死亡。它还能大面积毁坏植物和农作物等。

9. 生物武器分类

根据生物战剂对人的危害程度,可分为两种:一是致死性战剂。致死性战剂的病死率在10%以上,甚至达到50%~90%,如炭疽杆菌、霍乱狐菌、野兔热杆菌、伤寒杆生物武器菌、天花病毒、黄热病毒、东方马脑炎病毒、西方马脑炎病毒、斑疹伤寒立克次体、肉毒杆菌毒素等。二是失能性战剂。病死率在10%以下,如布鲁氏杆菌、Q热立克次体、委内瑞拉马脑炎病毒等。

根据生物战剂的形态和病理,可分为:一是细菌类生物战剂,主要有炭疽杆菌、鼠疫杆菌、霍乱狐菌、野兔热杆菌、布氏杆菌等。二是病毒类生物战剂,主要有黄热病毒、委内瑞拉马脑炎病毒、天花病毒等。三是立克次体类生物战剂,主要有流行性斑疹伤寒立克次体、Q热立克次体等。四是衣原体类生物战剂,主要有鸟疫衣原体。五是毒素类生物战剂,主要有肉毒杆菌毒素、葡萄球菌肠毒素等。六是真菌类生物战剂,主要有粗球孢子菌、荚膜组织胞浆菌等。

根据生物战剂有无传染性,可分为两种:一是传染性生物战剂,如天花病毒、流感病毒、鼠疫杆菌和霍乱弧菌等。二是非传染性生物战剂,如土拉杆菌、肉毒杆菌毒素等。

过去主要利用飞机投弹,施放带菌昆虫动物。在科技发达的现代社会,将主要利用飞机、舰艇携带喷雾装置,在空中、海上施放生物战剂气溶胶;或将生物战剂装入炮弹、炸弹、导弹内施放,爆炸后形成生物战剂气溶胶。

10. 生物武器的基本特点

一是致病性强;二是污染面积大;三是传染途径多;四是成本低;五是使用方法简单;六是受影响因素复杂。

11. 生物武器的防护措施

一是做好经常性的防疫工作;二是组织观察、侦察和检验,及时发现敌生物武器袭击;三是做好个人防护和集体防护;四是对污染区要及时标示范围,监视疫情,控制人员通行;五是加强疫区管理,控制传染病向外传播。

12. 化学武器

战争中使用毒物杀伤对方有生力量、牵制和扰乱对方军事行动的有毒物质统称为化学战剂(Chemical Warfare Agents,CWA)或简称毒剂。装填有 CWA 的弹药称化学弹药。应用各种兵器,如步枪、各型火炮、火箭或导弹发射架、飞机等将毒剂施放至空间或地面,造成一定的浓度或密度从而发挥其战斗作用。因此,化学战剂、化学弹药及其施放器材合称为化学武器。

13. 环境对化学武器的影响

气象条件对化学武器的使用效果影响很大。不利的气象条件,如无风、风速过小(小于1米/秒)、风向不利或不定时,使用气态毒剂就受到很大限制;风速过大(如超过6米/秒)毒剂云团很快吹散,不易造成战斗浓度,甚至无法使用。炎热季节,毒剂蒸发快,有效时间随之缩短;严寒季节,凝固点较高的毒剂则冻结失效。雨、雪可以起到冲刷、水解或暂时覆盖毒剂的作用。空气垂直稳定度对初生云的毒剂浓度影响很大。对流时,染毒空气迅速向高空扩散,不易造成战斗浓度,有效杀伤时间和范围会明显缩小;逆温时,空气上下无流动,染毒空气沿地面移动,并不断流向散兵坑、沟壑、山谷等低洼处,此种情况下,毒剂浓度高、有效时间长、纵深远;等温是介于逆温和对流之间的居中条件。

地形、地物和地面植被对毒剂的使用也有一定影响。山峦或高大建筑会阻碍染毒空气的传播,并改变传播方向和速度。在复杂的山区、洼地、丛林地带,毒剂滞留时间长、浓度高、杀伤范围则相对缩小,如毒剂云团传播方向与山谷走向大致相同,危害纵深可以很远。在平坦开阔地或海面,毒剂云随风运动,不受阻碍,并向周围扩散,形成较大的杀伤范围,但有效时间缩短。

城市居民区因街道形状、宽窄、方向不一,建筑物高低、大小不等,风向、风速受影响的程度会有不同,毒剂云团传播和扩散就比较复杂。如街道方向与风向一致或交角不大于30°,风速4米/秒~8米/秒,染毒空气沿街道顺利传播;风向与街道交角30°~60°,染毒空气则部分受阻;风向与街道交角60°~90°时,气流可越过低小房屋穿过街道;若是高层楼房,则有被挡回的可能。死胡同、小巷、拐角较多的街道、庭院及其背风处染毒空气易被滞留。

在居民区染毒空气的流动还会受空气垂直稳定度的影响。如白昼晴天,染毒空气能沿向阳面的墙壁"上楼";夜间,染毒空气贴近街面运动,并可进入地下建筑和工事内,楼上则较安全。

化学袭击的效果,还取决于己方化学防护的有效性。也就是说,化学武器只能对毫无准备、缺乏训练和防护设备差的部队造成很大的危害。但对训练有素、有着良好的防护的部队来说,敌人就会考虑使用化学武器是否合算,并最终动摇敌人使用化学武器的决心或计划。

14. 化学武器的特点

与常规武器比较,其特点有:一是毒性作用强;二是中毒途径多;三是持续时间长;四是杀伤范围广。

15. 化学武器的防护措施

化学武器虽然杀伤力大、破坏力强,但由于使用时受气候、地形、战情等的影响使其具有很大的局限性,而且同核武器和生物武器一样,化学武器也是可以防护的。其防护措施主要有:探测通报、破坏摧毁、防护、消毒、急救。

探测通报:采用各种现代化的探测手段,弄清敌方化学袭击的情况,了解气象、地形等,并及时通报。

破坏摧毁:采用各种手段,破坏敌方的化学武器和设施等。

防护:根据军用毒剂的作用特点和中毒途径,防护的基本原理是设法把人体与毒剂隔绝。同时,保证人员能呼吸到清洁的空气,如构筑化学工事、器材防护(戴防毒面具、穿防毒衣)等。

消毒:主要是对神经性毒剂和糜烂性毒剂染毒的人、水、粮食、环境等进行消毒处理。

急救:针对不同类型毒剂的中毒者及中毒情况,采用相应的急救药品和器材进行现场救护,并及时送医院治疗。

(八)新概念武器技术

1. 新概念武器

新概念武器是指与传统武器相比,在基本原理、杀伤破坏力和作战方式上都有本质区别,尚处于研制或探索之中的一类新型武器。

新概念武器主要包括定向能武器、动能武器和军用机器人。定向能武器是指武器的能量是沿着一定方向传播的,并在一定距离内,该武器有杀伤破坏作用,在其他方向就没有杀伤破坏作用,如激光武器、微波武器和粒子束武器。动能武器指的是一类能够发射 5 倍于音速的高速弹头,利用弹头的动能直接撞毁目标的武器,主要有动能拦截弹(分为反卫星、反导弹 2 种)、电磁炮(分为线圈炮、轨道炮和重接炮 3 种)、群射火箭等。军用机器人(具有某种仿人功能的自动机器的总称),可以用于执行战斗任务、侦察情况、实施工程保障等。

2. 新概念武器的基本特征

新概念武器的主要特征通常表现为:一是创新性。与传统武器相比,新概念武器在设计思想、工作原理和杀伤机制上具有显著的突破和创新,它是创新思维和高新技术相结合的产物。二是高效性。一旦技术上取得突破,可在未来的高技术战争中发挥巨大的作战效能,满足新的作战需要,并在体系攻防对抗中有效地抑制敌方传统武器作战效能的发挥。三是时代性。新概念武器是一个相对的、动态的概念。随着时代的发展和科技的进步,某一时代的新概念武器日趋成熟并得到广泛应用后,也就转化为传统武器。四是探索性。新概念武器与传统武器相比,高科技含量大,技术难度高,在技术途径、经费投入、研制时间等多方面的不确定因素多,因而探索性强,风险也大。

3. 网络战武器

计算机病毒对信息系统的破坏作用,已引起各国军方的高度重视,发达国家正在大力发展信息战进攻与防御装备与手段,主要有:计算机病毒武器、高能电磁脉冲武器、纳米机器人、网络嗅探和信息攻击技术及信息战黑客组织等。研究的内容主要包括:病毒的运行机理和破坏机理,病毒渗入系统和网络的方法,无线电发送病毒的方法,等等。为了成功地实施信息攻击,外国军方还在研究网络分析器、软件驱动嗅探器和硬件磁感应嗅探器等网络嗅探武器,以及信息篡改、窃取和欺骗等信息攻击技术。在黑客组织方面,美国国防部已成立信息战"红色小组",这些组织在和平时期的演习中,扮作假想敌,攻击自己的信息系统,以发现系统的结构隐患和操作弱点并及时修正。同时也入侵别国的信息系统和网络,甚至破坏对方的系统。另外,美国国防高级研究计划局还在研究用来破坏电子电路的微米/纳米机器人、能嗜食硅集成电路芯片的微生物以及计算机系统信息泄漏侦测技术等。

4. 粒子基因武器

粒子基因武器,也被称作遗传工程武器或 DNA 武器。它运用遗传工程技术,用类似工程设计的办法,按人们的需要重组基因,在一些致病细菌或病毒中"植入"能抵抗普通疫苗或药物的基因,或者在一些本来不会致病的微生物体内接入致病基因而制造成生物武器。粒子基因武器的使用方法简单多样,可以用人工、飞机、导弹或火炮把经过遗传工程发行过的细菌、细菌昆虫和带有致病基因的微生物,投入他国的主要河流、城市或交通要道,让病毒自然扩散、繁殖,使人、畜在短时间内患上一种无法治疗的疾病,使其在无形战场上静悄悄地丧失战斗力。由于这种武器不易发现且难以防治,一些科学家认为,它的破坏性远远超过核武器。

5. 束能武器

这种武器能以陆基、车载、舰载和星载的方式发射,突出特点是射速快,能在瞬间烧穿数百甚至数千千米外的目标,尤其对精确制导高技术武器有直接的破坏作用,因此被认为是战术防空、反装甲、光电对抗乃至反战略导弹、反卫星的多功能理想武器。目前,这一崭新机理的"束能技术"发展很快,X 射线激光器、粒子束武器、高能微波式武器等已走出实验室,准分子激光器、短波长化学激光器、等离子体炮、"材料束"武器等在加速研制中。束能武器中,微波射频武器被誉为"超级明星",其强电磁干扰能使敌方雷达、通信混乱,能破坏敌方电子设备中的电路,发射强热效应可造成人体皮肤烧灼和眼白内障,甚至烧伤致死。

高功率微波武器与激光武器、高能粒子束武器同属定向能武器,各有特点,目前难以确定哪种武器最好。据有关专家分析,激光武器技术已经成熟,可能最先应用在战场上,而粒子束武器和高功率微波武器的发展相对慢一些。

6. 次声波武器

这是一种能发射 20 赫兹以下低频声波即次声波的大功率武器装置。在空中它能以每小时 1200 千米的速度传播,在水中能以每小时 6000 千米的速度传播,可穿透 1.5 米厚的混凝土。它虽然难闻其声,却能与人体生理系统产生共振而使人丧失功能。目前研制的次声波武器分神经型和内脏器官型两种,前者能使人神经错乱,癫狂不止;后者能使人体脏器发生共振,周身产生剧烈不适感,进而失去战斗力。由于次声波能穿透建筑物和车辆,因而躲在工事和装甲车里的人员也难以幸免,在波黑战争中美军就曾使用次声发生器发射次声波,几秒钟后使对方大批人员丧失了战斗力。次声波武器已被列为未来战争的重要武器之一。

7. 幻觉武器

幻觉武器是运用全息投影技术从空间站向云端或战场上的特定空间投射有关影像、标语、口号的一种激光装置。可谓最直接的心理战武器。它的作用是从心理上骚扰、恫吓和瓦解敌军,使之恐惧厌战,继而放弃武器逃离战场。据报道,美国在索马里就曾使用过这种幻觉武器进行了一次投影效应实验,把受难耶稣的巨幅头像投射到风沙迷漫的空中。另外,还有动能、智能、超微型、闪电、地震、气象等武器也正在研究中。

8. 无人作战平台

21世纪,随着微机电、微制造技术的快速发展,微型无人作战平台在军事领域越来越显示出巨大的应用价值。目前,世界研究的微型无人作战平台主要有两大类:微型飞行器和微型机器人。

微型飞行器。微型飞行器具有良好的隐蔽性,因此可执行低空侦察、通信、电子干扰和对地攻击等任务。

微型机器人。微型机器人可分为厘米、毫米和微米尺寸机器人,有一定智能,可在微空间进行可控操作或采集信息,其最突出的优点是能执行常人无法完成的任务,而且可批量、廉价制造。

9. 非致命武器

非致命武器是指为达到使人员或装备失去功能而专门设计的武器系统。按作用对象,非致命武器可分为反装备和反人员两大类。

第一,反装备非致命武器。目前,国外发展的用于反装备的非致命武器主要有超级润滑剂、材料脆化剂、超级腐蚀剂、超级粘胶及动力系统熄火弹等。

第二,反人员非致命武器。反人员非致命武器,可使敌方战斗力减员,给敌方造成沉重的伤员负担。目前国外正在研究的反人员非致命武器主要有化学失能剂、刺激剂、黏性泡沫等。

例题分析

【例题1】侦察是通过各种技术手段获取目标产生的声、光、电、磁、热、力等特征信息。红外侦察是侦察的重要手段。有关红外侦察的描述,错误的是(　　)。

A. 红外波段位于可见光和微波之间
B. 红外侦察热像仪不能克服烟、雾、风、沙对观察的妨碍
C. 任何绝对温度高于零度的物体都在不断地向外辐射红外线,温度越高,辐射越强
D. 红外侦察的基本原理就是利用各种红外侦察设备,如红外照相机、红外夜视仪、热成像夜视仪、红外遥感器、红外预普推测器等,把目标辐射的强度不同的红外线转换成人眼看得见的图像或数据

解析:此题答案为B。侦察监视技术对作战的影响,使战场的透明度更加增强,红外侦察热像仪能够克服烟、雾、风、沙对观察的妨碍。其余选项说法都正确。

【例题2】惯性制导是指利用陀螺仪、加速度表等惯性仪表组成的测量装置,按惯性原理控制和导引导弹飞向目标的制导方式。有关惯性制导的描述,错误的是(　　)。

A. 惯性制导系统随着工作时间的延长,积累误差就越大
B. 惯性制导具有抗干扰性强、隐蔽性好、不受气象条件影响等优点
C. 惯性制导需要利用高度表连续测量飞经地区的实际地面海拔高度
D. 使用惯性制导的武器系统通常加装地形匹配制导或其他制导系统,以便定期修正积累误差

解析:此题答案为C。惯性制导系统不需要高度表;地形匹配制导需要测量导弹飞经地区的实际地面海拔高度。

【例题3】雷达侦察是为获取敌方雷达的战术、技术参数而实施的电子侦察,主要收集敌方雷达的频率、脉冲宽度、脉冲重复频率、天线转速、波束宽度和雷达的位置、用途、工作体制等。

有关雷达侦察机的描述,错误的是(　　)。

A. 雷达侦察机侦收到雷达信号必须满足侦收到的雷达信号功率足够强的条件

B. 雷达侦察机侦收到雷达信号必须满足侦察雷达频率与对方雷达发射信号频率相同的条件

C. 雷达侦察机侦收到雷达信号必须满足雷达侦察机天线与对方雷达波束在方向上相交的条件

D. 雷达侦察机工作时不发射电磁信号,直接接收目标发射的信号,侦察距离要比雷达作用距离远 1.5~2 倍

解析:此题答案为 C。雷达侦察机侦收到雷达信号必须满足雷达侦察机天线与对方雷达波束在方向上重合的条件。

【例题 4】雷达干扰是指为削弱或破坏敌方雷达的探测和跟踪能力而实施的电子干扰,可以给雷达操纵员或收录设备发现、测定目标造成严重困难。有关雷达干扰的描述,错误的是(　　)。

A. 可形成强杂波背景或假目标回波

B. 可使自动跟踪设备出现错误或中断

C. 按干扰产生的方法分为有源雷达干扰和无源雷达干扰

D. 压制性干扰是有源雷达干扰,欺骗性干扰是无源雷达干扰

解析:此题答案为 D。有源干扰分为压制性干扰和欺骗性干扰。

【例题 5】电子战又称电子对抗,是指敌对双方利用电子设备、武器、器材所进行的电磁斗争。电子战一般不包括(　　)。

A. 电子进攻　　　B. 电子防御　　　C. 电子遮蔽　　　D. 电子支援

解析:此题答案为 C。电子战又称电子对抗,是指敌对双方利用电子设备、武器、器材所进行的电磁斗争。一般包括电子进攻、电子防御和电子支援三个部分。

【例题 6】指挥自动化是指以电子计算机为核心,具有指挥、控制、情报侦察、预警探测、通信、电子对抗和其他作战信息保障功能的军事信息系统。指挥自动化系统按部队编成和指挥级别划分正确的是(　　)。

A. 战略、战役和战术指挥自动化系统

B. 陆军指挥自动化系统、海军指挥自动化系统、空军指挥自动化系统

C. 国家级指挥自动化系统、战区级指挥自动化系统、战场级指挥自动化系统

D. 国家级指挥自动化系统、军队级指挥自动化系统、军种级指挥自动化系统

解析:此题答案为 C。指挥自动化系统按部队编成和指挥级别可划分为国家级指挥自动化系统、战区级指挥自动化系统、战场级指挥自动化系统。

【例题 7】外形是目标暴露的主要特征,现代兵器对外表形状处理得如何,将直接影响雷达侦察效果。目前对武器装备的外形设计是以防雷达侦察为主。反雷达隐身结构技术不包括(　　)。

A. 减小电缆的电磁辐射

B. 合理设计发动机进气和排气系统

C. 减小辐射源数量,尽量消除外露突起部分

D. 为缩小兵器尺寸,采用高密度燃油及适应这种燃油的发动机

解析：此题答案为 A。反雷达隐身结构技术主要包括：合理设计发动机进气和排气系统；减小辐射源数量，尽量消除外露突起部分；采用遮挡结构；为缩小兵器尺寸，采用高密度燃油及适应这种燃油的发动机等。

【例题 8】外形是目标暴露的主要特征，现代兵器对外表形状处理得如何，将直接影响到使用可见光的侦察效果。目前对武器装备的外形设计已经兼顾了防可见光的侦察。反可见光隐身结构技术不包括(　　)。

A. 采用遮挡结构

B. 控制目标的亮度和颜色

C. 控制目标运动构件的闪光信号

D. 控制目标发动机喷口的火焰和烟迹信号

解析：此题答案为 A。反可见光隐身结构技术内容包括：控制目标的亮度和颜色；控制目标发动机喷口的火焰和烟迹信号；控制目标照明和信标灯火；控制目标运动构件的闪光信号等。

【例题 9】隐身兵器是把隐身技术应用于武器装备上而形成的新式武器，它可以是对原来不具隐身能力的武器装备的改进，也可以是新设计、研制的武器。下列兵器中，研制最早、发展最快、隐身技术含量最高的隐身兵器是(　　)。

A. 隐身飞机　　　B. 隐身坦克　　　C. 隐身导弹　　　D. 隐身舰艇

解析：此题答案为 A。隐身飞机是研制最早、发展最快、隐身技术含量最高的隐身兵器。它的发展经历了利用单一技术对飞机进行局部隐身和运用综合技术对飞机进行全面隐身两个阶段。

第十一章 军事地理

一、军事地理和军事地理学

(一) 概念

军事地理是研究军事活动的与地理环境关系的学科,是国防和军队建设所必需的基础信息之一。研究和应用军事地理,对战争胜负历来有着至关重要的作用。随着人类社会和科学技术的发展,从冷兵器时代到热兵器时代,再到机械化及信息化时代,战争形态和作战样式发生了根本变化。但地理环境作为军事行动的基本条件没有变,研究和应用战场地理环境对克敌制胜的重要作用没有变。特别是进入信息化时代,作战空间由陆、海、空三维空间拓展为陆、海、空、天、电五维空间,联合作战、精确打击、远程作战成为主要作战样式,参战军兵种和武器装备系统日趋复杂,地理环境对军事行动的制约和影响越来越大,均对军事地理的研究与应用提出了前所未有的新课题和新任务。

军事地理学是军事学与地理学的边缘学科,是军事科学的组成部分。军事地理学受地理学、战略学等学科理论与研究方法的指导,吸收军事历史学、军事经济学、战争动员学、军事后勤学、军队指挥学、军队政治工作学等学科的精华和翔实材料,主要探索地理环境对军事行动与国防建设的影响和军事上运用地理条件的规律为制定国防政策和军事战略,进行武装力量建设,规划预设战场,拟定作战计划,指导军事训练,准备和实施战争等提供科学依据。

(二) 研究对象

军事地理环境是指地球表层与军事活动有关的地理因素所构成的综合体,是军事地理学的研究对象。军事地理环境主要由地理实体和军事设施等组成。军事地理环境是军事活动实施的载体和指挥决策的基础,具有空间维度和尺度特性,又称地域空间,即表达军事地理环境的位置、空间形状及范围等。地理实体是指地域空间范围内各种自然要素和人文社会要素实体,及其所表现出的各种特征。自然要素包括地貌、气候、水文、植被、土壤和岩石等,人文社会要素包括国家、人口、民族、宗教、经济、交通和城市等。军事设施是指相应地域空间范围内,为达成一定的战略、战役和战术目的,结合地理环境特征而构建的具有一定军事价值的实体,如战略物资仓库、军事基地、指挥工程、阵地工程、要塞等。由于军事活动发生地域空间的不同,军事地理环境构成及特征有很大不同。如军事活动可能只发生于陆域、海域或空域,或发生于海、陆结合地域,也可能陆、海、空域均涉及。就陆域上的军事活动来讲,由于其发生地域自然条件的差异和人文社会条件的不同军事地理环境亦有很大的不同,如热带山岳丛林、荒漠、高寒高原、水网地及城市等。不同的军事地理环境对军事活动具有重要的影响和制约作用。

随着科学技术的发展,军事活动空间不断增大,军事活动日益多样、复杂,军事地理环境也向更广的范围扩展,军事地理环境的构成及特征也将更为复杂。

(三) 分类

军事地理学按研究对象和范围的不同,可分为理论军事地理学和应用军事地理学。

1. 理论军事地理学

理论军事地理学又称普通军事地理学,是研究军事与地理关系一般规律的学科。主要研究军事地理学的历史发展,研究对象、任务、方法与学科体系;研究和探索地理环境对国防建设和军事行动影响的一般规律;研究和揭示军事地理保障和军事地理资料编纂的一般原则和方法等。其目的在于揭示、认识、利用和改造地理环境的规律,为指导军事行动和军事地理研究提供理论依据。

2. 应用军事地理学

应用军事地理学是指围绕特定军事目的,研究军事应用与地理关系的学科。包括专题军事地理学和区域军事地理学。

部门或专题军事地理学 根据某一军种、兵种或军事职能部门需要,研究特定军事行动与地理环境关系的学科。主要分支学科有:① 战略地理学。研究筹划和指导战争全局与地理环境的关系,为分析战争形势和特点,拟定战略方针和计划,进行战争准备与实施作战等提供地理依据。② 战役地理学。研究战役活动与地理环境关系的学科。其任务是揭示区域地理环境对战役活动的影响,以及在战役活动中认识、利用和改造地理条件的规律,为战役军团进行战役准备和指导战役实施提供地理依据。③ 战术地理学。研究战斗行动与战场地理环境关系的学科。其任务是探索战斗行动利用地理条件的规律,为制定战术和组织指挥战斗提供地理依据。④ 陆军地理学。研究陆军建设和诸兵种以陆地为基础的作战行动与地理环境的关系,也涉及部分海洋与空中作战的地理研究。⑤ 海军地理学。研究海军建设和军事行动与地理的关系,主要研究海洋及其毗邻陆地的地理环境对海军建设和军事行动的影响规律。⑥ 空军地理学。研究空军建设和军事行动与地理的关系,主要研究以航空兵为主体进行空对空、空对地、地对空作战中的军事地理问题。⑦ 战略导弹部队地理学。研究战略导弹部队建设和运用与地理关系的学科。⑧ 武装警察部队地理学。研究武装警察部队建设和军事行动与地理环境关系及其发展变化规律的学科。⑨ 军事后勤地理学。研究军事后方勤务与地理的关系,主要研究军队后方指挥、物资保障、交通运输、技术保障、医疗卫生和后方基地建设等方面的地理问题。⑩ 军事装备地理学。研究军事装备实践活动与地理环境关系的学科。⑪ 核、化学、生物武器防护地理学。研究核、化学、生物武器防护活动与地理环境关系的学科。⑫ 军事水文地理学。研究军事行动与水文地理关系的学科。其任务是研究河流、湖泊、冰雪、地表浅层地下水和海洋等水文地理对军事行动的影响,以及军事上运用水文地理条件的规律,为国防建设和军事行动提供水文地理方面的科学依据。⑬ 军事气候学。研究军事行动与气候的相互关系,以及应用气候学为军事服务的学科。其任务是研究、解决军队行动和国防建设中提出的各种气候问题,为军队建设和提高部队战斗力服务。⑭ 历史军事地理学。研究各历史时期军事活动与地理的关系及其发展变化规律,目的在于总结经验教训,提供历史借鉴。⑮ 军事经济地理学。研究军事经济活动与地理环境关系的学科。其任务是探索地理环境对军事经济活动的影响和军事经济活动中运用地理条件的规律,为军事经济活动和战争及军事行动的物质保障等提供科学的地理依据。

区域军事地理学 研究地球表面某一区域的武装力量建设和军事行动与地理环境关系的学科。着重研究国家、战区和其他军事区的地理环境对军事活动的影响规律。研究目的是为军事区域划分、区域军事地理环境分析、战争准备和实施作战行动等提供地理依据。主要有:研究国家的国防建设和军事斗争与国家地理环境关系的国家军事地理;研究既定或预设作战区域军事行动与地理环境关系的战区军事地理;研究边疆军事行动与地理环境关系的边疆军事地理等。一个地区的军事地理研究内容通常包括:① 地理形势。包括地区组成、地理位置、范围、面积,陆、海疆界及其与周围地区的关系,地理特征及其在政治和军事斗争中的地位等。② 自然地理条件。主要包括地貌、水文、气候、地质、土壤、植被等自然地理要素的分布、特征及其对军事行动的影响等。③ 社会状况。包括社会制度、阶级关系、对内对外政策、民族、宗教和人口状况,地方病流行情况等及其对军事活动的影响。④ 经济条件。包括工农业生产状况和布局、国民经济结构、生产总值和人均产值、战略资源等及其保障和支持战争的能力。⑤ 交通运输。包括铁路、公路、水路、航空线和管道的分布及其运输能力,交通枢纽、港口、机场等的分布和设施,通信设施的分布和保障能力。⑥ 军事要地。重要城镇、军事基地、要塞、岛屿、关隘等分布和地理特征及其军事设施。⑦ 军事力量。武装力量的组成、装备、数量,以及兵力和兵器配置等。⑧ 历史战例。本地区军事斗争的历史状况及运用地理条件的借鉴。⑨ 评价。主要是有关本地区地理环境对军事行动可能产生的利弊影响和应采取的措施等。

(四) 发展趋势

随着现代科学军事上的广泛应用,以及世界战略格局的演变和海洋与外层空间战略地位的提高,军事地理学业的研究范围不断扩大,将向世界范围的战略地理、海洋军事地理和空间军事环境扩展,将进一步扩充人文地理环境、大气物理和地球物理等方面的研究内容,并重点发展联合作战保障相关内容。各军种、兵种的军事地理理论及不同层次的军事地理研究成果,将不断丰富和发展军事地理学学科体系,使其更加完善。军事地理研究方法和手段,将因航天、遥感和计算机技术的应用,使军事地理信息的获取、存储、管理和应用手段进一步现代化,并实现一体化保障。

二、中国的军事地理形势

(一) 地理位置

中国位于地球的北半球,亚洲大陆的东部,太平洋的西岸,疆域范围北起黑龙江省漠河东北侧黑龙江主航道中心线(北纬约53°31′),南达南沙群岛南端的曾母暗沙南侧疆界线(北纬约3°26′),东起黑龙江省抚远县境内的黑龙江与乌苏里江主航道中心线汇合处(东经约135°05′),西至新疆维吾尔自治区西部帕米尔高原(东经约73°26′,未包括中塔边界待议地区)。南北相距约5500公里,纬差约50度,东西相距约5200公里,跨经度超过60度,东西两端时差四个多小时。

(二) 领土

我国的领土,既有宽广的陆地,又有辽阔的海洋,是一个陆海兼备的国家。

1. 陆地

我国陆地面积为960万平方公里,约占世界陆地总面积的1/15,占亚洲面积的1/4,仅次于俄罗斯和加拿大,居世界第三位。广阔的陆地为我国发展经济、巩固国防提供了优越的地理条件。

我国广阔的陆地是一个巨大的资源宝库,目前已发现的矿藏就有140多种,是世界上已知矿种比较齐全的少数国家之一,其中钨、锡、钼、锑、汞、铅、锌、铁、煤等储量居世界前列。广阔的陆地使经济发展有了充分的空间条件,生产布局有较大的选择余地。同时,广阔的陆地造成了自然条件的多样性,便于发展多种经营,从而为国防经济的发展和布局提供了可靠的物质基础。

我国广阔的陆地具有良好的国防自然条件。陆地周围被高山、沙漠、海洋所阻隔,独立完整,自成体系。纵深地区山脉交错,江河纵横。平原、盆地相间分布,把辽阔的国土分成若干既相互联结又相对独立的地理区域,为划分战略区域、进行国防建设、抵御外来侵略提供了许多有利的条件。我国广阔的陆地,为我军提供了较大的回旋余地,便于实施兵力兵器的广泛机动,便于持久作战。

在现代条件下,国土幅员辽阔,在承受核武器及高技术兵器打击的能力方面比小国具有更大的优势,可以使战略目标进行有效地疏散,大大减轻核武器的杀伤,特别是在首次遭敌方核突击后还具备第二次还击能力,这一点往往成为遏制敌方,使之不敢进行核攻击的强有力因素。

2. 海洋

我国近海由北向南分为渤海、黄海、东海、南海,包括台湾岛以东的部分海域,海区总面积约490万平方公里。根据1982年通过的《联合国海洋法公约》规定,我国可划定约300万平方公里的管辖海域,或称海洋国土。辽阔的海域对我国发展经济,巩固国防具有极其重要的意义。

我国海区的海洋资源极其丰富,按照资源的属性,可以把海洋资源分为化学资源(如海盐资源)、矿产资源(如油气资源)、动力资源(如潮汐能)和生物资源。宽广的大陆架海底蕴藏着丰富的石油、天然气资源,它对我国经济发展提供了有利的条件。我国辽阔的海域也为发展海上交通运输提供了便利条件。

(三)疆界

我国辽阔的国有着漫长的陆海疆界,陆地疆界全长约2万公里,与朝鲜、俄罗斯、蒙古、哈萨克斯坦、吉尔吉斯斯坦、塔吉克斯坦、阿富汗、巴基斯坦、印度、尼泊尔、不丹、缅甸、老挝、越南等国家接壤。大陆海岸线北起中朝边境的鸭绿江口,南达中越交界的北仑河口,全长约1.8万公里,与韩国、日本、菲律宾、马来西亚、文莱、印度尼西亚、新加坡等国隔海相望。我国在1992年2月25日通过的领海及毗连区法中规定,我国领海宽度为12海里,领海基线采用直线基线。我国有大小岛屿7100多个,总面积约8万公里,岛屿海岸线达1.4万公里。

三、中国的自然地理条件

中国疆域广阔,自然环境错综复杂,地貌类型齐全,山地面积广大,水系众多,河流、湖泊密布,气候复杂,海域辽阔,岛屿众多。

(一)地形多样

地形是战场的自然结构,是战争的依托,也是战场环境的一个重要因素。古今中外的一切战争,无不与地形有着密切的联系,作战行动无时不受地形条件的制约与影响。信息化时代,地形条件将以新的特点影响和制约作战行动。

1. 西高东低的阶梯状地势

中国地势的基本特征是西高东低,自西向东逐渐下降,构成个巨大的阶梯状斜面,按其不同高度和自然条件可分为三个阶梯。

第一阶梯,位于西南部,以昆仑山—祁连山—岷山—邛崃山—横断山一线为界的青藏高原,海拔多在4000米以上,由许多极高山、高山和大高原组成,面积达250万平方公里,有"世界屋脊"之称。世界第一高峰——珠穆朗玛峰就在喜马拉雅山脉上的中尼交界处。该地区自然环境十分恶劣,人烟稀少,交通条件差,有些地方甚至不适宜人类活动。由于该阶梯所具有的独特地理环境,形成一个宽广的高原地带,成为中国西南部的天然屏障,历史上还没有一个侵入中国的外国军队能够横越过青藏高原进入中国腹地,可以说青藏高原是屏护祖国西南的巨大屏障和战略安全地带。

第二阶梯,位于青藏高原东北边缘线至大兴安岭—太行山—巫山—雪峰山一线的广大地区。这个阶梯大部为海拔 1000～2000 米的山地、高原和盆地,总面积达 450 万平方公里,这一地带地形复杂,交通不便。新疆至内蒙古东部的整个弧形地带和这一地带的南端,地处边疆,是战略防御地带。中部的四川盆地,背靠第二阶梯,其北面有秦岭、大巴山,东西横亘,山势险峻,构成横隔南北的两道天然屏障。东面有巫山天险,南面有云贵高原,自然条件优越,人称"天府之国",形成一个非常有利的战略腹地,成为国家战略后方的中心区域,对巩固国防有着重要意义。

第三阶梯,是大兴安岭—太行山—巫山—雪峰山一线以东至海岸线的广大地区,面积约 260 万平方公里,平均海拔 500 米以下,除少数山地外,大部为平原和丘陵,地势较平坦,天然防御条件较差。该地带自然条件优越,人口集中,经济发达,交通方便,是中国政治、经济、军事的重心地区。由于东部沿海有漫长的大陆海岸线,历史上曾是帝国主义从海上入侵我国的重要方向,今后仍然是中国最重要的战略方向。

2. 复杂多样的地貌类型

中国自然环境复杂,地貌类型多种多样。山地、高原、盆地、平原、丘陵五种常态地貌类型齐全。按岩性的差异,还有黄土地貌、花岗岩地貌、喀斯特地貌、火山地貌、红层地貌等非常态地貌。不同的地貌类型对军事活动有着不同的影响。

山地 中国是个多山的国家,山地面积约 320 万平方公里,约占全国总面积 33%。山脉是中国地形的骨架,是国防上的重要屏障和军事依托,它们按照一定方向排列有序。

东西走向的山脉主要有三列,最北部的一列为天山—阴山—燕山;中间的一列为昆仑山—秦岭—大别山;最南的一列为南岭。

东北——西南走向的山脉也有三列,分布在中国东部。西边的一列为大兴安岭—太行山—巫山—雪峰山;中间的一列为长白山—武夷山;最东边的为台湾山脉。

西北——东南走向的山脉多分布于中国西部,由北而南分别为阿尔泰山、祁连山、喀喇昆仑山。

南北走向的山脉纵贯中国中部,主要有贺兰山、六盘山、邛崃山和横断山脉。

喜马拉雅山为一弧形山脉。

上述这些按一定方向排列的山脉,构成了中国地形的骨架,它们把中国大地分隔成许多网格,高原、盆地、平原分布其中,如大兴安岭—太行山—巫山—雪峰山,分别被阴山—燕山和秦岭大别山所分隔,西面形成内蒙古高原、黄土高原和四川盆地,东面形成东北平原、华北平原和长江中下游平原。这种地形的天然布局,具有重要的战略价值。

(二) 水系众多

水系是一个重要的自然地理因素,对军事行动的影响程度依其分布、流向、水文特点及附近地形情况的不同而不同,并与季节的变化有密切的关系。

水系对军事行动的影响主要有三个方面。一是对作战行动的影响,表现在其屏障和障碍作用。横方向的江河对防御者是一道天然屏障,而对进攻者则成为天然的障碍;纵方向的江河则容易分割战斗队形及防御体系,不利于组织协同和相互支援。二是对交通运输的影响,江河对陆地交通是严重的障碍,只有通过桥梁才可以通行,而一旦桥梁被毁,将给部队机动带来严重困难,但江河本身又为水上运输提供了便利条件。三是为部队生存和作战提供了水源条件。

中国的江河湖泊众多,流域面积超过100平方公里的河流达5万多条,流域面积超过1000平方公里的有1600多条,天然河道总长约40万公里。面积在1平方公里以上的天然湖泊有2800多个,湖泊水面总面积达8万平方公里。中国是一个水量分布很不均匀的国家,南方河流湖泊较多,水量丰富,而北方许多地区缺水严重;南方河流含沙量和输沙量较小,而北方河流含沙量较大。

1. 河流

中国河流分为外流河和内流河两大部分。外流河流域面积约占全国总面积的64%,内流河流域面积约占全国总面积的36%。外流河一般源远流长,对军队行动阻碍作用较大,内流河分布在中国西部,一般流入盐湖或没入沙漠之中,除洪水期外,平时水量很少,甚至干涸,对军队行动无大影响。

中国主要河流特征见下表:

河名	流入湖海	流域面积(km^2)	长度(km)	河口年平均流量(m^3/s)	年径流总量(亿m^3)
长江	东海	1808500	6300	31060	9513
珠江	南海	453700	2197	11070	3338
黑龙江	鄂霍次克海	1843000	4370	8600	2709
雅鲁藏布江	孟加拉湾	246000	1940	3700	1167
澜沧江	南海	164799	1612	2350	742.5
怒江	孟加拉湾	142681	1540	2220	700.9
闽江	台湾海峡	60992	577	1980	623.7
黄河	渤海	752443	5464	1820	574.5
钱塘江	东海	54349	494	1480	468
淮河	黄海	185700	1000	1110	351
鸭绿江	黄海	62630	773	1040	327.46
韩江	南海	34314	325	942	297.1
海河	渤海	264617	1090	717	226
元江	北部湾	34917	772	410	129.2
伊利河	巴尔喀什湖	56700	375	374	117.9
额尔齐斯河	喀拉海	50860	442	342	107.9
辽河	渤海	164104	1430	302	95.27

2. 湖泊

中国湖泊分布具有范围广而又相对集中的特点。外流区以淡水湖为主,占全国湖泊总面积的45%,通常与河流相通,成为某一水系的组成部分;内流区以咸水湖或盐湖为主,占全国湖泊总面积的55%。凡湖泊分布比较集中的地区,大多是过去受冰川作用或在湿润气候影响下一些排水不良的地区,湖泊往往成群分布。中国湖泊可分为五大湖区:

东部湖区 包括长江中下游的沿江地带,黄河、淮河、海河下游及大运河沿线分布的众多湖泊。全区湖泊总面积达2.2万平方公里,约占全国湖泊总面积的27.5%。本区湖泊水源丰富,均为淡水湖，绝大部分湖水都通过河流排泄。著名的湖泊有鄱阳湖、洞庭湖、太湖、洪泽湖、巢湖等。其中鄱阳湖最大，汛期面积可达5050平方公里。

东北湖区　本区湖泊分布广泛，总面积3700多平方公里。中部平原分布的许多湖泊、沼泽，水浅面积小，并含有盐碱成份，冬季结冰，冰期长达4～5个月，对军事行动阻碍不大。主要湖泊有松花湖、镜泊湖等。

蒙新湖区　在内蒙古至新疆的广大地区，发育了众多的内陆湖泊，湖泊面积约2.2万平方公里。该区湖泊分布虽多，但由于气候干燥，湖面小，水浅，矿化度高，多为咸水湖和盐湖，而且多为季节性湖泊。湖水冬季结冰，冰期长达4～7个月。主要湖泊有呼伦湖、博斯腾湖、乌伦古湖、艾比湖等。

青藏高原湖区　是世界上最大的高原湖泊群分布区，约占全国湖泊总面积的38.4%。除东部及南部有少数外流湖外，绝大多数为内陆湖，而且大多数发育成咸水湖或盐湖，湖面不断缩小，干化现象严重。主要湖泊有青海湖、纳木错湖色林错湖、扎日南木错湖等。其中青海湖面积4583平方公里，是中国最大的咸水湖。

云贵湖区　本区湖泊多分布在云贵高原中部，多为淡水湖，全区湖泊面积为1188平方公里。主要湖泊有滇池、洱海等。

第十二章 军事地形

一、地形的概念和分类

地形是地貌和地物的总称。地貌是指地表高低起伏的自然形态(含浅层物质),如山地、丘陵、平原等;地物是指分布在地面上人工或自然形成的固定性物体,如居民地、道路、河流、森林等。地貌和土质构成地形的基本形态,是起基础和主导作用的地形要素,它也影响着地物的分布。

不同地貌和地物的错综组合,形成不同种类的地形。地形可从不同角度进行分类。按地形要素的组合来分,可分为平原、丘陵和山地地形等等,如表 11 - 1 所列,每种地形起突出作用的只是其中一两个要素,而且必须包括地貌并以它的三种起伏形态为基础,叠加其他地形要素组合而成;按地形对作战行动的影响来分,可分为开阔地、隐蔽地、起伏地和断绝地。

表 11 - 1 按地形要素的组合分类

地貌	地形要素	综合 (居民地、道路、水系、植被、土质)	居民地 (含道路)	水 系	植 被	土 质
平原	平原地形	低平原(海拔<900米)	平原密集 居民地地形	平原水网地形 沼泽地形 海岸地带地形*	草原地形	沙漠戈壁地形
		中平原(900—3500米)				
		高平原(3500—5000米)				
丘陵	丘陵地形	低丘陵(海拔<900米)	丘陵密集 居民地地形		丘陵地形 (丘陵密林)	黄土丘陵地形 石炭岩丘陵地形 沙漠丘陵地形
		中丘陵(900—3500米)				
		高丘陵(3500—5000米)				
山地	山地地形	低山地(海拔<900米)			山林地形	
		中山地(900—3500米)				
		高山地(3500—5000米)				
		极高山地(5000米以上)				
说明	*海岸地形出现在低平原和低丘陵地形上					

二、地形的军事意义

地形与战争的关系历来为军事家所重视,这是由地形在战争中的地位和作用所决定的。

地形是军队行动的客观基础,是构成作战活动的基本要素之一,是各级指挥员定下决心的重要依据之一,也是指挥作战和组织各种保障要重点考虑的重要因素之一。军队的活动都是在一定地形条件下实施的,都不可避免地要受到地形条件的影响和制约。如军队的机动、观察射击、隐蔽伪装、工整构筑、技术兵器的使用、对核生化武器的防护及后勤保障等,都和地形有着密不可分的关系。战争实践证明,不论是进攻还是防御,在其他条件都具备的情况下,善于利用地形,可以减少损失,取得作战的胜利;反之则会给作战增加困难,甚至遭受挫折或失败。古今中外的军事家无不重视地形的研究和利用。

地形对作战行动具有载体、依托和目标作用。所谓载体作用,是指它负载着双方的兵员、兵器、物资和装备,制约着投入的兵种、战场容量、作战方式与规模;所谓依托作用,是指地形是进行战争的依托和舞台,任何作战计划的制定和实施,无不依附和受制于地形,无不与地形相联系;所谓目标作用,是指地形是作战争夺的目标,战斗、战役乃至战争的胜负,最终表现为对一定地区和重要地形的占领、控制或施加影响。总之,地形影响作战诸层次、诸环节并贯穿作战全过程。可以说,没有地形就构不成战争。

现代信息化条件下的战争中,高技术武器装备越来越多地运用于战场,使现代战场呈现出许多新的特点。高技术武器装备在一定程度上降低了地形对部队的障碍程度,但从总体上来说,地形对部队和作战行动的影响和制约作用不是削弱,而是在形式上变化了,内容上扩充了,因而地形在军事上的地位更高、作用更大了。这要求我们更新传统的地形观念和研究方法,更加全面、广泛、深入地研究、依托、改造和利用地形,趋利避害,顺利完成作战和保障任务。

三、各类地形对作战行动的影响

地形对作战行动的影响是多方面的,通常应着眼于对地形基本作战性能的分析,主要包括地形对军队的机动、观察射击、隐蔽伪装、工程构筑、组织指挥、对核化武器袭击的防护和后勤保障等方面的影响进行分析和研究。

（一）平原

地面平坦宽广,高差在50米以下的地区叫平原。平原的高度低于高原,起伏小于丘陵地。我国平原面积约占全国总面积的12%,主要有东北平原、华北平原、长江中下游平原。

平原地面平坦,交通发达,人烟稠密,物产和水源丰富。便于机械化部队行动和大兵团作战;便于军队组织指挥和协同;便于部队宿营和后勤物资的筹措、运输及补给,但不便于物资隐蔽;冬春季节展望良好,视界、射界开阔,但大部队行动容易暴露企图;夏秋季节树木和高杆作物繁茂,便于隐蔽伪装,但视界和射界受到一定限制;遭核化武器袭击危害范围大,但利用土堆、小丘、凸道、凹道、土坑和淘渠等,可起到一定的防护作用;不易选择良好的观察所,直射火器也不便于超越射击。防御时难于找到适于坚守的有利地形,不易选择和构筑各种阵地;进攻时便于实施多路多方向突击和迂回包围,因而利于攻而不利于守。

（二）丘陵地

地面起伏较缓,高差一般在200米以下的高地叫丘陵。许多丘陵错综连绵的地区叫丘陵地。我国丘陵地分布较广,约占全国总面积的10%,较大的有东南丘陵地、胶东丘陵地和辽西丘陵地等。

丘陵地是介于山地与平原的过渡地形。接近平原的地区,高差较小,丘陵分布较稀;接近山地的地区,高差较大,丘陵分市较密。丘陵地坡度较缓。顶部圆浑,谷宽岭低;人烟较稠密,物产较丰富,交通较方便。丘陵地便于军队机动和隐蔽配置;观察射击条件好;构筑工事和指挥协同方便;对核化武器袭击有较好的防护作用,但山谷和凹地容易滞留毒剂;便于后勤各库所隐蔽配置和补给。防御时可依托高地构筑纵深梯次的支撑点式防御阵地;进攻时便于实施多路、多方向的进攻与迂回。一般来说,丘陵地既利于攻也利于防,适合大兵团作战。

(三) 山地

地面起伏显著，高差一般在 200 米以上的高地叫山，群山连绵交错的地区叫山地。我国山地面积很广，约占全国总面积的 33%。较大的有：东北的大兴安岭、小兴安岭和长白山，北部的阿尔泰山、阴山和燕山，西部的天山、昆仑山、唐古拉山和喜马拉雅山，西南的横断山，东南的南岭和武夷山，中部的秦岭、太行山、大别山等。

山地坡陡谷深，地形断绝，道路少且质量差，人烟稀少，物资缺乏。山地部队机动受限，坦克等战斗车辆只能沿公路和平坦的谷地机动；便于选择良好的制高点、观察所、指挥所，但观察射击死角较多；路蔽伪装条件较好，但指挥协同困难；技术兵器的使用受到一定的限制；判定方位困难，容易迷失方向；对核化武器袭击有良好的防护作用，但容易滞留毒剂，洗消困难；便于后勤隐蔽地配置，但物资的筹措和前(后)送困难。防御时，便于凭险固守、重点设防和守备；进攻时，便于隐蔽接敌和实施穿插、迂回、包围。

(四) 沙漠与戈壁

被松散沙粒所覆盖的广袤地表称为沙漠，而被大小不一的碎砾石所覆盖的广阔地表称为戈壁。我国沙漠与戈壁多分布在西北地区，占全国总面积的 13%。较大的有塔克拉玛干沙漠、古尔班通古特沙漠、巴丹吉林沙漠、腾格里沙漠、科尔沁沙漠、毛乌素沙漠、柴达木沙漠等。戈壁一般多分布在大沙漠的边缘地区，但也有独立分布的。

沙漠戈壁气候恶劣，温度变化大，多暴风沙，雨水少，水源缺乏，道路较少，交通不便，人烟稀少。沙漠戈壁视界、射界良好，但不便于军队隐蔽伪装；部队机动困难，且车辆油耗和人员、马匹体力消耗大；缺乏方位物，判定方位困难，容易迷失方向；部队容易中暑和冻伤；水源、物资缺乏，宿营和就地补给困难，后勤保障任务重。对核化武器袭击的防护能力较小，洗消困难。

(五) 水网稻田地

河渠纵横交错，湖泊、池塘众多，水田遍布的地区叫水网稻田地。我国长江三角洲、珠江三角洲、洞庭湖平原、鄱阳湖平原、江汉平原和成都平原等地区，多是水网稻田地。

水网稻田地一般地形平坦，视界射界开阔；但河渠变错，河底多淤泥，形成开阔断绝地；居民地小而密，公路稀少，乡村路狭窄，桥梁不坚固，各兵种的机动和协同不便；地下水位较高，不便构筑坚固的工事；夜间行进容易迷失方向；遭敌核化武器袭击时不易引起火灾，放射性沾染波及范围大，某些毒剂易起水解作用，持续时间缩短，洗消用水方便；但水源易遭污染，不便于后勤库所的开设和物资的储备及运输。

(六) 山林地

许多树木聚生的山地叫山林地。我国山林地约占全国总面积的 10%。面积较大的有云南山区、南岭、武夷山、长白山、大兴安岭、小兴安岭北部、鄂西山区、大别山、吕梁山北部、中条山等山林地。

山林地与山地相比较，地形更隐蔽，人烟更稀少，交通更不便。便于隐蔽集结和接敌，容易达成战斗的突然性；便于迂回包围，穿插分割；便于控制要点，据险扼守，节省兵力；便于采集野生食物，克服暂时性的生活困难；大兵团和战斗车辆机动困难，技术兵器的使用受到一定限制；部队行动常需自己开路，体力消耗大，行进速度慢，容易迷失方向；观察射击、组织协同困难；武器、弹药、器材和被服容易受潮、发霉、变质，疾病、毒虫对部队危害大；补给困难，后勤保障任务繁重；对核化武器袭击有良好的防护作用，但容易引起火灾和滞留毒剂。

(七) 城市居民地

具有一定规模的工商业,并以非农业人口为主的聚居地叫城市。它是人们生产与生活高度集聚的场所,通常是国家或一定地区范围内的政治、经济、科学文化,军事中心与交通枢纽。

城市人口集中,经济发达,建筑物坚固、高大、密集,街道纵横交错,交通便利。供电、供水、供气、消防、通信、医疗等公用设施完备。城市的地位使它常成为航空兵、炮兵、核化武器袭击的目标。在城市作战中,观察射击、指挥协同不便,战斗队形常被分割;建筑物的阻障性使地面机动受到较大限制,坦克和战斗车辆只能沿街道机动,不易展开;高大密集的建筑物,便于构成防御支撑点;市区和市郊的高地、隘路、交通枢纽、重要的工业区、桥梁和渡口等,常成为进攻和防御争夺的要点;具有良好的隐蔽条件;城市建筑物和地下室及人防工程对常规和核武器有较好的防护能力,但容易造成间接杀伤、引起火灾和滞留毒剂;便于军队宿营、物资储存和后勤补给。

(八) 岛屿和海岸

岛屿是散列于海洋、江、湖中的陆地。面积大的通常叫岛,小的叫屿。我国岛屿众多,以台湾岛为最大,海南岛次之,还有崇明岛、长山列岛、庙岛列岛、舟山群岛、万山群岛和南沙群岛等。面积在 500m 以上的有 6500 多个。

海水面与陆地接触的滨海地带叫海岸。海水面与陆地相接触的分界线称海岸线。我国大陆海岸线北自鸭绿江口,南至中越边境的北仑河口,共 18400 多千米。岛屿四面环水,面积狭小。一般岛上多山,坡度陡峻,地形复杂;岸线弯曲,岸陡滩狭;道路稀少且曲折狭窄;居民少,物产有限,淡水缺乏,多数岛上土壤贫乏,植被较少;气象复杂多变,夏季台风威胁较大。

岛屿是国防前哨,是大陆的天然屏障,是海军作战的重要依托。岛屿对战斗行动的影响主要取决于岛屿的位置、形状、大小、岛上地形以及港湾、交通和给水条件等。由于岛上多山,地形险要,登陆地段少,这就便于防御时依托有利地形,组成完善、坚固的防御阵地,凭险固守;岛屿进攻时,由于岛内多险峻山地,沿海岸岸陡滩狭,登陆和发展战斗都受到限制;航渡时,战斗队形露于海面,易遭受来自空中、海上和岛屿上的袭击;敌前上陆,背水攻击,增加了进攻战斗的艰巨性。因此岛屿一般来说利于防御而不利于进攻。由于岛屿四面环水,岛与岛之间联络不便,指挥和协同困难;军队的机动受限制;物资筹措、运输和补给困难较大。

海岸是我抗击外军入侵的前沿阵地,也是我国在统一祖国进程中可能出现的登陆作战中首先要克服的障碍。它对军队行动的影响,主要取决于海岸的性质和曲折程度、港湾的大小与设备、滨海地形、近岸岛屿及潮汐情况等。海岸依其性质可分为泥岸、岩岸和沙岸。

泥岸多与平原连接,岸滩多淤泥,岸线直、岸坡缓,涨落潮界线距离远,不便于军队登陆;由于泥泞下陷,技术兵器不便于发挥作用,构筑工事亦较困难,有海堤时可作依托;但内陆地形平坦开阔,除水网稻田地外,一般适于诸兵种合成军队登陆后发展进攻。

岩岸多为山地延伸入海,岸高且陡,岸线曲折,土质坚硬,近岸多岛屿、礁石,海滨地形起伏大,港湾多,这种海岸的登陆地段小,不便于展开和靠岸,技术兵器使用受限制,向纵深发展困难,但便于依托要点组成纵深梯次防御,便于对核化武器袭击的防护。

沙岸多由丘陵地延伸入海,岸线较曲折,港湾较多,岸坡短平,地形隐蔽。这种海岸便于登陆的地段较多,舰船易于靠岸,技术兵器使用受限制小,便于向纵深发展;防御时则便于控制要点和隐蔽机动兵力兵器。

港湾是舰船抛锚、停靠和装卸货物之处,是海军作战之依托,也是敌我双方争夺的主要目标。海岸突出部、沿岸高地和近岸岛屿是防御的重点。

海岸防御时便于物资储存和补给,而登陆作战时后勤物资的运输和补给困难大,后勤保障任务繁重,应特别重视立体保障。

四、地形图的识别

地图是按照一定的数学法则,用特定的图式符号、颜色和注记,将地球表面的自然和社会现象,经过一定的制图综合,测绘于平面图纸上的图,是地球表面的缩写。

比例尺大于1∶100万的普通地图叫地形图。普通地图,是一种通用地图,它能综合反映地球的地理外貌,比较全面地表示自然和社会要素。地形图是普通地图的一部分,它是国家经济建设、国防建设和军队作战、训练的重要地形资料。

(一)地图比例尺

地球表面的面积有五亿多平方千米,要把它绘制成地图,必须按照一定的比例进行缩小。根据地图比例尺可以量算距离,判断地形图显示地形的详略程度和使用范围。

1. 地图比例尺的定义

图上某线段长与相应实地水平距离之比,叫地图比例尺。根据定义,则:

$$\text{地图图比例} = \frac{\text{图上长}}{\text{相应实地水平距离}}$$

例如:一幅地图上两点间的长为1厘米,相应的实地水平距离为250米(25000厘米),则1与25000之比,就是该幅地图的比例尺。

比例尺是一种没有单位的比值,相比的两个量的单位必须相同(如图上长以厘米为单位,则相应实地的水平距离也必须以厘米为单位)。地图比例尺的分子恒用"1"表示,以便了解地图缩小的倍数,如1∶5万即表示图上长是将实地水平距离缩小了5万倍。

2. 地图比例尺的表示形式

地图比例尺通常以数字比例尺和直线比例尺两种形式单独或结合表示,如图11-1所示。

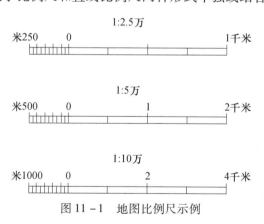

图11-1 地图比例尺示例

数字比例尺是用数字或汉字以比例式或分式表示的比例形式,比较直观和清楚。如 $1∶50000$,$1∶5$万,$\frac{1}{50000}$ 等。

直线比例尺是将图上长与实地长的比例关系用线段在图形上表示的比例形式,便于从图上直接量取实地水平距离。

(二)地图比例尺的大小和特点

1. 比例尺的大小

地图比例尺的大小,是按比值的大小来衡量的。比值大,比例尺就大;比值小,比例尺就小。而比值的大小可按比例尺的后项(分母)确定,因此后项小则比值大,比例尺就大;后项大则比值小,比例尺就小。如1:2.5万大于1:5万,1:10万大于1:25万。

2. 不同比例尺地形图的特点

地图比例尺的大小,决定着地图显示实地地形的详略程度、精度高低和范围大小。在幅面大小相等的情况下,地图比例尺大,显示地形详细、精度高,图幅包含的实地范围小;地图比例尺小,显示地形简略、精度低,图幅包括的实地范围大。

3. 基本比例尺地形图及其用途

我国地形图比例尺系列为:1:1万、1:2.5万、1:5万、1:10万、1:25万、1:50万、1:100万七种。其中前四种为大比例尺地形图,后三种为小比例尺地形图。各种比例尺地形图的特点和用途如下。

1:1万、1:2.5万地形图,显示地形最详细、精确,是经过实地调查测绘而成的,但图幅包括的实地范围小。所以只在重要城市、要塞、基地和重点设防地区才测制。主要供营以下分队研究地形、组织指挥战斗行动,重点设防以及国防工程设计等使用。

1:5万地形图,显示地形比较详细、精确,是经过实地调查测绘而成的,图幅包括的实地范围较小。它是师以下部(分)队合同作战的共同用图。步兵、装甲兵、炮兵、工程兵、通信兵等均以它实施作战指挥和组织协同,是我军最基本的战术用图,也是编绘各种小比例尺地形图的基础。

1:10万地形图,多数是根据1:5万地形图编绘的,少数(如草原、戈壁地区)是经过实地调查测绘的。具有1:5万地形图的特点,但较为概括。主要供装甲、机械化部队和师、集团军以上机关组织指挥战斗和后勤保障使用,也是合成军队的基本用图。

1:25万和1:50万地形图,是根据1:10万地形图编绘的,能以较小的幅面显示较大地区的地形概貌。主要供集团军以上高级指挥机关研究兵力部署、拟定战役计划、指挥大兵团协同作战使用。

1:100万地形图,是根据1:25万和1:50万地形图编绘的,能以较小的幅面显示广大地区的地形总貌。主要供航空兵目视领航和陆海空三军领率机关研究战役方向,进行战略、战役部署和作战指挥使用。

由于不同比例尺地形图具有不同的特点,因而在使用时,应根据任务和需要选择适当比例尺地形图。

五、海图的基本知识

(一)海图和潮汐的基本知识

海图是根据航海需要测制或运用各种航海资料编制的地图。它是以海洋为主要描绘对象,着重表示与航海有关的海岸地形、港湾、岛屿、礁石、浅滩、海底地貌、深度、底质、水文、航行障碍物与助航标志等要素。主要供航海、作战、训练和开发海洋、进行海洋科学研究,以及合成军队组织登陆和抗登陆作战使用。

海图按用途和表示内容的不同,分为军用海图和民用海图两大类。军用海图按表示内容的不同,又分为普通海图和专用海图。前者重点表示海区周围的自然地理要素和海区的基本情况,是具有通用性质的航海地图;后者是为满足有关部门的特殊需要,着重显示某项要素的特殊海图。

1. 普通海图的种类与用途

为满足各类舰艇和各种专业用图的需要,我国海图按其用途不同分为以下几种:

港湾图。着重表示海湾、锚地和水道的海图,称为港湾图。图上详细表示海岸性质与地形、水深、底质、助航设备、锚位、港湾设施等。它主要供舰船进出港口、驻港避风、布扫水雷、组织登陆和抗登陆作战以及港湾建设等使用。比例尺较大,多在1∶5千至1∶7.5万之间,以一张图纸上能完整地表示出港湾为原则。

海岸图。以描绘海岸带为主的沿海详图,称为海岸图。它较详细地表示海岸带地形、岛礁、岸滩和沿海航行标志,主要供舰船近岸和在复杂航道上航行,也可供守备岛屿、要塞,布扫水雷障碍,研究海岸地形和海岸炮兵阵地配系,以及组织登陆和抗登陆作战使用。我国以1∶5万比例尺沿海岸分幅成套出版。

航海图。以描绘大海域范围和一定航道为主的海图,称为航海图。图上着重表示有利于航行的岛岸目标、导航设备、海水深度和海底地貌,主要供舰船近海、中海和远海航行使用。其比例尺的大小决定于距岸航行的远近。通常规定为:

1∶10万,供近岸航行。是海军航海用的基本比例尺海图。

1∶20万,供近岸、近海航行。是组织近海作战与训练的常用海图。

1∶50万~1∶100万,供中、近海航行。常用用以研究海区地理水文特点,制定航行计划和标绘海上战斗配系。

1∶200万~1∶500万,供远海和远洋航行。

海区总图。描绘某一海区总貌的海图,称为海区总图。它较详细地表示有海岸线、港湾、岛屿、海峡、水道、海底地貌和重要灯塔、地理名称等,供选择航线、远海航行、研究海区地理水文特点和拟定作战计划使用。比例尺通常小于1∶200万。

2. 专用海图的种类和用途

以重点表示某海洋的水文要素或助航资料为主,满足有关部门的特殊需要而编制的海图,称为专用海图。按用途的不同,又分为参考用海图和专门海图两类。

参考用海图。包括:索引图、海区形势图、海岸类型图、海洋底质图、海洋水文气象图、海底地貌图、地磁偏差图等。此类海图不能直接用于航海,仅作为航海人员了解某项要素时参考。

专门海图。包括:无线电导航图、无线电指向标图和无线电台图,以及潜艇专用图、快艇专用图和渔业用图等。

(二)海图的主要内容

海图的主要内容有水深注记、等深线、底质注记、高程注记等。

1. 水深注记

海图上水深注记是表示该点从深度基准面起至海底的垂直距离。为保证航行安全需要,水深注记在浅水区较多,深水区较少,并根据海底地形和障碍物的分布情况而有所增减。水深注记的形式有以下几种,如图11-2所示。

(1)"斜体"数字,表示是实测的水深资料,精度可靠。如图中的

14_6	17_8
55	3̇12
⑫	10(绿色)
0 1 2 3 4	
5 6 7 8 9	
8_7 2·5 175	
31·13	

图11-2 水深注记示例

14.6米。

（2）"直体"数字，说明该水深系采用旧版海图或小比例尺海图资料转写过来的，精度较差。如图中的17.8米。

（3）数字上方划有一横线的注记，表示深度未经潮汐改正或位置不准确的水深。如图中55米。

（4）数字上方划有横线加点的注记，表示未测到海底的水深，图中312米说明该点的水深不止312米。

（5）在数字周围绘有黑色点圈符号的注记，如图中之12，表示为特殊水深。说明它与周围水深有显著差异，或者说水深没有12米，有浅地存在。

（6）在数字的下方绘有槽形符号的注记（均为绿色），表示为舰船利用拖带扫海器在一定范围内，进行了一定深度的扫测。图中"10"表示该区域内以10米定深扫过海。

（7）为了准确表示水深注记点的位置，同时又不专设符号点，因此海图上规定注记数字的特定位置为实测点的位置。如图中小圆圈示意的位置。

2. 等深线

海面以下连续深度相等点的连线，叫等深线。它与陆图上的等高线含意是一致的。用以显示海底表面起伏形态。但由于海底地形看不见，只能根据足够密度的水深点，按一定原则插绘，所以用等深线表示的海底地貌是比较粗略的。新版海图的等深线一律采用黑细实线加深度注记表示。等深线的间距根据用途、比例尺、地貌特点以及不同类型的舰船吃水深度限制，采用变距等深线。通常深度小于2米，小型舰艇不能到达；深度小于5米，中型舰船及潜艇浮航不能到达；深度小于10米，重型舰船不能到达；深度小于20米，是水面舰船避免潜艇袭击的相对安全地带；深度30米以上，为潜艇潜航安全地带。

3. 底质注记

海底底质是指海底表层的组成物质。它影响登陆舰船的抢滩、退滩、抛锚、潜艇坐底，以及布设水雷、障碍物、助航标志、海底管线，水上军工建筑和开发利用海洋等。所以海图上要求正确反映出底质的性质及分布状况。

底质在海图上采用汉字简注的形式注出。如"沙""石""岩石""淤泥"等。若已知下层底质不同于上层底质，则按先上后下的顺序以分式注出，如"沙/泥"。若为混合底质，则按成分先多后少的顺序注记，如"沙泥"，即沙多于泥。

4. 高程注记

海图上所注的高程，根据使用的需要，采用三种形式的高程基准面作为起算面。一是陆地和岛屿的高程，与地形图高程的起算面一致，从黄海平均海面起算；二是灯塔、灯桩和立标的高程，由平均大潮高潮面起算。三是干出，是指高潮时淹没，低潮时露出的岩、礁、滩等，其高度由深度基准面起算。

（三）潮汐现象和我国海区潮汐概况

海洋潮汐是指海水受月球和太阳的引潮力作用而周期性有规律的涨落现象，涨落高度之差一般为几米。在我国的多数海区，海水涨落的周期约为半天，即白天涨落一次，夜间涨落一次；少数海区，周期约为一天，即一昼夜涨落一次。古人把海水白天的一次涨落叫潮，夜间的一次涨落叫汐，故统称潮汐。潮汐在军事上有重要意义，它关系到海上作战的胜败，影响航行的安全，影响布扫水雷的效果，关系到军港码头的建设等等。

观测记录某点海面高度每小时的变化情况,将结果以图表示,即以横坐标表示时刻——对潮汐而言叫潮时;纵坐标表示海面高度——称为潮高。在图上标出它们的对应点,并以光滑曲线连接各点,就可得到该点处的潮汐变化曲线图,如图 11-3 所示。

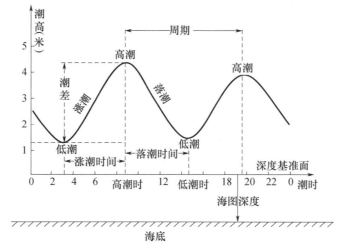

图 11-3 潮汐变化曲线图

海面升至最高点时,叫高潮;下降至最低位置时,称低潮。海面由低潮升至高潮的过程叫涨潮,相应的时刻间隔叫涨潮时间;从高潮下降至低潮的过程叫落潮,相应的时刻间隔叫落潮时间。海面上升至高潮或下降至低潮时,有一段时间海面几乎不升不降,称此为平潮,相应的时刻间隔叫平潮时间。相邻高潮和低潮的高度差,称为潮差。两个相邻高潮或低潮之间的时刻间隔,称为周期。如果某港一天内有两次高潮和两次低潮,其变化周期约为 12 小时,则称此为半日潮,该港为半日潮港。如果一天内只有一个高低潮周期,则叫全日潮和全日潮港。若在一个月内半日潮与全日潮混合出现,则称为混合潮和混合潮港。

潮差随日期变化,以半月为周期,且其中一天的潮差最大,该天的潮汐称大潮;一天的潮差最小,该天的潮汐称小潮。对半日潮而言,大潮发生在农历初一(称为朔)、十五(称为望)后的某天;小潮发生在初七、二十二后的某天。对全日潮而言,大潮发生在月亮最大赤纬(指天体中心与地球中心的连线对于赤道面的夹角,类似地面上点的纬度)后的某天;小潮发生在月亮赤纬等于零后的某天。

我国大部分海区的潮汐类型属于半日潮性质,少部分海区为其他类型。如河北秦皇岛附近,山东莱州湾西北黄河口外,广东汕头至香港一线,海南岛南部等为不规则全日潮;北部湾海区,台湾西南岸及基隆为全日潮。如果以我国四个海区来划分的话,渤海、黄海和东海的潮汐为半日潮或不规则半日潮,而南海则以混合潮为主。

海洋本身直接受月球和太阳的引潮力而产生的潮差是很小的。计算可知,月球和太阳合起来最大引潮力所引起的最大潮差也只有约 78 厘米(其中月球约占 53.4 厘米,太阳约占 24.6 厘米),目前只有大洋中的潮差值与理论值相符,如太平洋中的夏威夷群岛最大潮差为 1 米左右,中途岛约为 0.6~0.9 米。我国沿岸潮差大小,东海的浙江、福建沿岸是我国潮差最大的地方,一般在 5 米左右,其中杭州湾的潮差最大,如澉浦的潮差高达 8.9 米,蔚为奇观。黄海沿岸次之,一般为 4 米左右,其中辽东半岛南岸为 3~7 米,山东半岛北岸约 2 米,南岸及江苏沿岸在

4米左右。渤海潮差一般为2米，近岸约3米，其中营口、塘沽附近达4米以上。南海海面开阔，是我国潮差最小的海区，一般不超过2米，其中雷州半岛两侧达4米以上，海南岛以南和台湾东岸最小，约1米左右。我国潮差总的情况是，近岸比远海大，海湾里比海湾口大。

我国沿海潮流流速大小与沿海潮差大小基本成正比，即潮差大的海区潮流速度最大，潮差小的海区潮流速度小。因此，东海的潮流速度最大，约5～6节；其次为黄海，约3节左右；渤海在3节以下，南海潮流流速最小。

六、航空图的基本知识

航空图是指专供飞行使用的各种地图，简称空图。它是飞行中不可缺少的重要地形资料，是开展航空活动必不可少的工具。航空图的主要描写对象仍然是陆地，但它所着重表示的内容是地面上明显地物、地貌的形态特征和影响飞行安全的地形高程。航空图最主要的特点是便于飞行员在一瞥之下即能迅速辨认地标，从而保证正确飞行与安全。

（一）航空图的种类与用途

航空图按其用途不同分为计划、普通和专用航空图三类。

（1）计划用航空图。是供拟定大区域飞行作战计划，选择远程航线和研究航线空域及其地形情况的空图。其特点是：比例尺较小，一般为1∶500万或更小；地形要素表示较为简略，而着重表示与飞行有关的要素。

（2）普通航空图。是飞行的基本用图，其特点是：比例尺大小与飞机战斗性能匹配；显示内容以地形图为基础，加绘航空要素编制而成。目前已基本形成1∶25万、1∶50万、1∶100万和1∶200万比例尺系列。

1∶25万航空图主要供强击机、直升机趋近目标和低空、超低空飞行使用，也可供高炮、地空导弹部队使用，同时又是诸军兵种联合作战指挥的战役用图。图上较详细地表示了在军事上有意义的自然与社会经济要素。

1∶50万航空图主要用于低空、低速、近程飞行时目视地标领航。适用于强击机、小型运输机和救护部队配合陆、海军作战。在内容的显示上，对领航判读有关的地形要素和航空资料都表示得较为详细；对海图的有关内容也扼要进行了表示。

1∶100万航空图为航空基本用图，主要用于中空、中程飞行时目视地标领航。适用于亚音速歼击机、强击机巡航、作战使用。由于比例尺大小适中，故空军各级指挥机关常用以计划航线、组织战斗和进行飞行训练，是空军的基本用图。在内容显示上，着重表示了有利于领航的线状、面状、重要点状地形要素，以及不同地区的地理景观与航空资料。

1∶200万航空图主要用于高空、高速、远程飞行时目视地标领航。适用于超音速歼击机、运输机转场和空运部队使用。在内容的显示上，与1∶100万航空图基本一致。

（3）专用航空图。是为满足飞行和空中作战的某些特殊需要而编制的航空图。其类别主要有以下几种：

航线图。亦称航路图，是以航线为中心，按20千米宽度所编制的带状空图，专供固定航线使用。其比例尺的选择和内容显示与普通航空图相同。

空域图。亦称基地半径图，是以机场、大城市或地区为中心，以担任防空任务机种最大航程为半径所编制的区域图。主要用于航空兵在此空域内组织实施战斗、空防和训练。其内容显示与普通航空图相同，但大城市或基地附近的情况显示得较为详细。

穿云图。亦称进近程序图,是以机场为中心,按半径15千米编制的区域图。图上详细表示了机场的平面图形,跑道方向,高大障碍物的位置、高程,起飞降落的路线、航向、高度和速度,以及无线电导航资料等,并以图解形式表示出有预定着陆机场的仪表进近、复飞和相应等待程序。该图主要供飞机安全起飞与着陆使用。

(二)地形对飞行的影响

(1)地貌。地貌要素对于飞机飞行有着特殊意义。地貌的起伏形态是确定飞机安全飞行高度的主要依据;地貌起伏的侧视轮廓,如陡起的山脊、奇特的山峰、明显的山口、宽阔的谷地以及俯视形态(如山脉走向、山体分布特征、沟壑延伸与切割程度等),是目视领航良好的地标。由于地貌变化速率较慢,故是稳定的导航要素。航空图依据飞行特点,要求在一瞥之下即能迅速感知山体走向和高低对比印象,因此,图上所侧重表示的是地貌的分布形态和突出点的高程,而不要求显示出地貌的细部。

(2)居民地。居民地是良好的面状或点状地标。飞行中可作为航线的起点、拐弯点、检查点和终点,以及判定飞机位置、检查航向和量算飞行距离的基准点。航空图上按面积大小、行政等级和导航作用的大小,以依比例尺、不依比例尺两种符号表示。

(3)道路。道路,特别是铁路和公路,曲率半径较大,平滑整齐,方向长远,又是连接大居民地的重要干线,加之反光性强,易于空中发现,故沿道路飞行不易迷航,是良好的线状地标。航空图上重点标出了铁路和公路。

(4)境界。航空图上的境界,主要表示国界和不能以国界表示的政治性界线(地区界)。其符号与陆图基本一致,它标志着相应领空范围,若事先不经对方许可,则不能逾越。

(5)水系。水系的位置和分布特征较为稳定,能反射可见光和透过微波,故当其他地标处于模糊不清时,水系要素却清晰可辨,夜间用雷达探测时,水系透过微波而在光屏上呈现清晰的黑色景象,故水系是领航中昼夜都可利用的良好地标。航空图上水系的分类和符号与陆图基本相同。

(6)独立地物。凡独立于旷野和机场周围,便于导航或可能成为飞行障碍的建筑物,统称独立地标。如古塔、发射塔、钻井、塔形建筑物等。它们的符号及表示方法与陆图相同。

(7)植被。植被在地物稀少地区是较明显的地标。图上只表示有地标意义的树林、灌木林。

(三)航空要素

凡是直接服务于飞行的专门要素,统称为航空要素。它包括航空设施、地磁资料、空中特区和垂直障碍物等。航空要素是航空图的重要内容之一,它对保证飞行安全有重大关系,也是航空图区别于其他地图的重要标志。所以,航空图上均用紫色突出表示这些要素。

(1)航空设施。航空设施是指保证飞机安全起降和引导飞机飞行的各种设施。

机场。机场是陆上、水上(或冰、雪上)所划定的专供飞机起飞、降落、停放和组织、保障飞行活动的场所。它包括飞行场地和各项保障设施。

导航设备。保障飞机沿预定航线飞行和安全着陆的地面设备称为导航设备。它包括导航台(站)和导航灯光。

(2)地磁资料。为便于利用罗盘领航和检查航向,航空图上标有各地的地磁情况,可随时查算。

(3)空中特区。一个国家根据某种考虑,在领土和领海上空划定的各种特定空域,叫做空中特区。

空中禁区。禁止飞机飞越的空域,称为空中禁区。通常划在军事要地、重要港口、大城市和工业中心的上空。

空中危险区。在某段时间内,因某种特殊情况暂时不准飞行的危险空域,如高爆区、防雹火箭发射区、远程导弹着陆区等,统称为空中危险区。它通常根据通报在飞行前标出。

空中走廊。一个国家为实施空中保密,保证飞行安全所划定的允许飞机进出穿越的空中通道,称为空中走廊。它规定了具体的方向和宽度,如果飞机超越了规定的航路,将会受到警告和拦截,甚至遭受攻击。

(4)垂直障碍物。垂直障碍物属于独立地标范畴,即以机场为中心,半径15公里范围内独立、高大且对飞机安全有潜在危险的建筑物称为垂直障碍物。航空图上以紫色特定符号表示,并区分顶端有无灯光,注出比高和顶端高程,必要时应注出障碍物性质。

第十三章　近期国内外军情

进入21世纪，特别是近十年来，国内外军情急剧变化。世界军事安全虽然总体稳定，但局部战争与武装冲突仍然不断发生。世界各国为了谋求各自的军事优势，达成自身的政治目的，在军事战略、作战理论、武器装备、体制编制改革、军事行动等各个方面发生了深刻变化。

一、军事战略与作战理论

（一）"分布式杀伤"成美海军作战概念新宠

2014年美国海军战争学院根据濒海战斗舰编队对海上、陆上目标打击的兵棋推演结果，针对水面舰艇反舰能力不足提出"分布式杀伤"作战概念。

"分布式杀伤"作战概念提出后，美海军密集开展相关理论研讨、桌上推演、装备改装和实兵演练，论证其存在的问题和面临的挑战，加速推进该作战概念发展成熟。

2015年1月，美国海军水面舰艇部队高层在《美国海军学院学报》发表题为《分布式杀伤》的论文。此后，美国海军水面部队司令罗登中将通过公开演讲和网络媒体不断宣传"分布式杀伤"概念，使其影响力、内涵不断扩大和丰富。"分布式杀伤"作战概念的核心内涵是：增强美海军水面舰艇的攻击力，在广阔海域将1至3艘舰船组成的"水面行动大队"分散部署，增大对方探测和打击难度，提高自身生存力、杀伤力；发挥美军技术优势，通过平台分散、火力集中实施高效打击和摧毁，以确保美海上优势。基于"分布式杀伤"作战概念的提出目的和水面舰艇装备的实际情况，美国海军采取升级改造和新建同步进行的方式，达到"凡船皆可战"效果，大幅增加水面舰船的进攻能力。2017年1月，美国海军在《水面部队战略》中将"分布式杀伤"作战概念上升为"夺回海洋控制权"的核心作战理论。随着"分布式杀伤"作战概念的演进及其与智能化作战系统的融合，它将突破单一军种的作战概念范畴，成为美国海军作战概念的新宠。

"分布式杀伤"的核心要义突出强调三个方面：

（1）融合——基于作战云。作战云是智能化作战系统的核心部件，是"分布式杀伤"的顶层支撑，呈网状结构，通过实现信息共享和协同作战，达到统一指挥、分布控制、分散实施、集中火力的目的。作战云作用下的每个指挥中心和作战平台（如信息融合和数据传输功能较强的F-35或改进的濒海战斗舰）都是其传感、指挥和火力节点，既能滚动上传信息，又能实时获得共享信息。作战云不会只存在于一个平台上，即使个别平台的指挥链路被切断，其他平台仍然能通过分布式控制节点与作战云联通，从而形成一个联队作战中心。

（2）赋能——塑造水面行动大队的进攻性杀伤力。《水面部队战略》指出："分布式杀伤"的途径是提高舰艇独立攻防能力，在广阔的海域以分散编队方式使用这些舰艇，形成分布式火力，并把"提高全部舰艇的进攻性杀伤力"作为基本原则。基于此，美国海军构建了具有"分布式杀伤"能力的水面舰艇模型，在濒海战斗舰装载一定数量的激光武器、电磁轨道炮、电子战系统、近程拦截导弹和"标准-6"导弹等防空反导武器，腾出空间携带更多的攻击性导弹。

（3）一体——实施一体化作战。"分布式杀伤"并不是水面行动大队能单独实现的，背后需要联队指挥中心在作战云的支撑下,整合陆、海、空、天、网、电等空间领域的作战力量,实施一体化作战。其实现途径为:构建作战云,在信息融合能力较强的第五代战机(如F-35)或改进升级后的水面舰艇(如濒海战斗舰)上开设联队指挥中心,通过联合监视与目标攻击雷达系统、预警与控制系统实施分布式指挥,调动分散配置的水面行动大队、无人机、潜艇等多维作战平台,主动瞄准目标、选择性射击、共享态势感知,集中火力实施有效打击。

(二)美军提出"空海一体战"

2010年5月18日,美国战略与预算评估中心出台了《"空海一体战"构想初探》报告。这份报告明确指出"空海一体战"概念是美军根据国际政治和军事形势的变化而适时推出的一个全新作战概念。其主要目的是解决在中国和伊朗等国家(主要是中国)的"反进入"/"区域拒止"能力日渐增强的背景下,美军如何保持其力量投送能力,从而维护西太平洋和波斯湾的军事平衡,并履行对位于此地的盟友的安全承诺问题。"空海一体战"概念矛头直指中国,对中美未来可能发生的冲突中的许多重要战役问题进行了详细的分析,并为美军在冲突中获胜提供了多条建议。"空海一体战"概念的实施必然对美军未来建设和作战方式产生深刻的影响,并且由于它以中国为假想敌,也必将对中国的军队建设和国家安全产生很大的影响。可以预见,"空海一体战"的影响将主要包括三个方面:

(1)进一步促进美军进行战略重点调整,使其向实质化具体化方向发展。"空海一体战"虽然是战役级的作战概念,但是它也清楚地昭示着美军的战略重点调整。"9·11"事件之后,美军一直把反恐作为主要任务,其作战重点因此放在中南亚地区,其兵力结构和作战方法主要是为了满足对付恐怖组织和非国家行动而设置的。随着反恐战争逐步取得胜利,美军开始把应对新兴国家的"反进入"和"区域拒止"能力作为其主要任务,作战重点转移到了西太平洋地区,因此其兵力结构和作战方法也要能满足对付传统型国家军队的要求。"空海一体战"概念正是为了满足这一要求而生的,而"空海一体战"作为战役级的作战概念这一点表明美军的战略调整不再停留在战备规划层面,而是向战役筹划和战术计划迈出了实质性的一步。

(2)美国将纠集盟友,形成对中国的海空包围圈。"空海一体战"概念矛头直指中国,其中有300多处提到了中国和中国人民解放军,可见美军将在今后的一段时期集中力量对付中国。"空海一体战"概念十分强调美军在发展自己力量的同时,依靠盟友的力量来对付中国的"反进入"和"区域拒止"能力。基于"共同的利益",美国将能够把西太平洋的重要盟友如日本、韩国、澳大利亚等国家拉入对付中国的"空海一体战"中。除了传统盟友外,美军最近在西太平洋的一系列演习表明美国有意将越南等"新盟友"也拉入"反中国"联盟,从而在战略态势上形成对中国的海空包围。

(3)引发新一轮的军备竞赛。"空海一体战"概念提出了多条有助于美军和其盟友战胜中国的反进入和区域拒止能力的"倡议",其中明确指出了美军要大力发展中远程弹道导弹、隐形轰炸机、无人机、超远程无人潜航器和定向能武器,同时也要求日本和澳大利亚等盟友发展和部署如第五代战斗机、下一代反舰巡航导弹等新型武器装备。在这场矛与盾的较量中,中国最终将被迫发展自己的"撒手锏"装备。因此,"空海一体战"概念很可能在西太平洋地区引发新一轮大规模的军备竞赛。

(三)美军颁布《2016—2028年美国陆军作战概念》

2010年8月19日,美国陆军训练与条令司令部颁布了《2016—2028年美国陆军作战概念》手册。手册论述了陆军如何在未来作战环境中遏制冲突、打赢战争和成功处置各种突发事件,阐述了2016—2028年间美国陆军部队如何实施作战,描述了陆军各级指挥部如何组织和指挥下属部队作战及主要作战样式,指出了未来陆军部队取得成功必须具备的能力。与之前相关手册相比,该手册的最大变化是将陆军的概念核心和作战重点从遂行重大作战行动修改为在不确定、复杂战场环境下遂行全谱作战行动的"作战适应性"。其他主要变化还包括:阐述了陆军如何通过"合成兵种机动作战"和"广泛区域安全保卫"来实现联合部队全谱作战行动中的陆军职能,引入了任务指挥和共同营造战场环境等概念,更新了想定并描述了作战功能所需的能力等。

(四)美国第三次"抵消战略"

"抵消战略"是二战后美国军事战略界创造的术语,指用技术优势抵消对手的数量优势,或用突破性技术提供的新能力抵消对手现有的优势军事能力。冷战期间,美国曾先后提出过两次"抵消战略"。

第一次是在20世纪50年代提出的。面对苏联在中欧具有压倒性的常规军事优势,艾森豪威尔政府提出利用美国在核技术、轰炸机和远程导弹领域内的优势地位来抵消苏联的优势。但随着苏联核能力的提升和核均势的形成,第一次"抵消战略"失去了作用。

第二次是在20世纪70年代末提出的。美国依靠在技术和工业领域内的优势地位,大力投资研发新信息技术以实现"赋能价值",通过运用卫星侦测平台、全球定位、计算机网络、精确制导等技术,大大提升已有武器平台的作战效能,启动了新一轮的军事革命,同时也促进了美国的科技创新。随着苏联解体,冷战结束,第二次"抵消战略"被认为成功加速了苏联的战略衰退。

2014年8月5日,美国国防部常务副部长罗伯特·沃克在美国国防大学发表演讲,提出美国需要制定第三个"抵消战略"以维持其技术优势;9月,时任国防部长的哈格尔宣布美国将制定新的"抵消战略";10月20日,美国政府对外宣布正式启动《超越抵消:美国如何保持其军事优势?》项目,探讨美军如何通过保持技术优势以弥补国防预算大幅削减造成的经费不足;一周后,美国战略与预算评估中心公开发布了《迈向新抵消战略:利用美国的长期优势恢复美国全球力量投送能力》的研究报告,详细阐述了新"抵消战略"的基本内涵、整体构想与具体措施。在美国军方和智库的共同努力下,第三次"抵消战略"正式列入议程。

(五)英国发布新版战略防务与安全评估报告

2010年10月19日,英国卡梅伦内阁公布了一份名为《确保英国在不确定时代的安全:战略防务与安全评估》的文件(简称《战略防务与安全评估》),这是自1998年以来英国政府公布的又一份国防政策纲领性文件,也是英国政府第一次综合考虑防卫、安全、情报、发展、外交能力等因素后做出的战略决策。报告文本长达76页,主要介绍了国家安全任务和计划方针、国防建议、核威慑、广义安全、联盟和伙伴关系、结构改革和实施等内容,不仅详细阐述了卡梅伦内阁在战略防务和国家安全方面的基本考虑,而且提出了近10年内的改革计划,重新勾划了如何调整部队结构以应对未来的威胁。

(六)日本解禁集体自卫权

2014年7月1日下午,日本政府召开临时内阁会议,通过了修改宪法解释、解禁集体自卫权的内阁决议案,这意味着日本战后以专守防卫为主的安保政策将发生重大变化。同日,中国外交部发言人洪磊敦促日方慎重处理有关问题,不得损害中国的主权和安全利益。当天通过的内阁决议案推翻了日本历届内阁遵守的"自卫权发动三条件",提出了新的"武力行使三条件":① 日本遭到武力攻击,或与日本关系密切国家遭到武力攻击,威胁到日本的存亡,从根本上对日本国民生命构成明确危险;② 没有其他适当手段可以排除上述攻击;③ 武力行使限于"必要最小限度"。决议案称,在同时满足上述三个条件的情况下,允许日本作为"自卫"手段行使武力。这份决议案还将允许自卫队在"非战斗现场"对其他国家军事行动进行后方支援,并要求简化出动自卫队的手续。日本政府称,决议案的通过并不意味着日本自卫队可以马上行使集体自卫权。日本政府还需要对《自卫队法》《周边事态法》等相关法律进行修改。

日本解禁集体自卫权,将对亚太乃至全球军事和安全都带来重大影响。

日本在二战结束后,在美国的默许和推动下,一再突破和平宪法的限制。1954年建立陆海空自卫队,是对"不得拥有战力"的突破;1991年向海湾地区派遣扫雷舰,突破了自卫队赴海外的禁忌;2004年自卫队赴伊拉克战区,突破了不得赴战区的禁忌;2007年安倍推动防卫厅"厅升省",日本不再只拥有低级别防卫机构;2009年随着战后首艘直升机航母服役,日本拥有了进攻性舰船;2014年随着集体自卫权的解禁和新原则的出台,日本将允许输出军备,突破了武器出口禁令。

(七)日本通过新安保法案

2015年9月17日,在民众和在野党的强烈反对声中,日本参议院和平安全法制特别委员会强行进行表决,通过了与行使自卫权相关的安保法案。新安保法案包括《和平安全法制整备法案》和《国际和平支援法案》两部分。前者为自卫队行使集体自卫权和发动武力攻击打开方便之门,后者允许自卫队随时向盟国军队提供后方支援,其实质是允许自卫队拥有发动战争的主动权,允许自卫队在全球范围内向盟友提供弹药补给、燃料补充等战斗支援。这是对和平宪法第9条规定的"永远放弃发动战争"的彻底颠覆。新安保法案的通过,意味着日本彻底抛弃"和平宪法"和"专守防卫"国策,充分暴露了安倍当局意图通过修改宪法推进日本重新走上军事大国的野心。

(八)美国网络空间战略

2011年7月14日,美国国防部发布首份《网络空间行动战略》。新战略包括五大支柱:第一,将网络空间列为与陆、海、空、太空并列的"行动领域";第二,变被动防御为主动防御,从而更加有效地阻止、击败针对美军网络系统的入侵和其他敌对行为;第三,加强国防部与国土安全部等其他政府部门及私人部门的合作;第四,加强与美国的盟友及伙伴在网络空间领域的国际合作;第五,重视高科技人才队伍建设并提升技术创新能力。

2015年4月23日,美国国防部新版网络战略出台,此版战略是对2011年7月发布的《国防部网络空间行动战略》的首次更新与升级。相较于原版只用13页篇幅简明扼要地列明五大"战略措施",新版战略全长近33页,重新更新和细化了五大"战略目标",更为重要的是,每一个战略目标下都有配套的实施措施。如果说原版是战略上的指导纲要,那么新版则是战略与战术并重的行动指南。总体来看,对比原版的五大"战略措施"和新版的五大"战略目标",美国国防部网络战略始终秉持三大主线,即"行动"、"保护"与"合作",并在原有基础上有所发展。此次新战略最大的特点在于,它用相当的篇幅详细地规划了每一个"战略目标"的执行方案,反映出美国国防部对网络空间与网络行动理念与实践的具体演进。一是"网络威慑"成为新战略的重要组成部分;二是所谓"低烈度"的网络攻击成为关注重点;三是网络行动的进一步"合法化"。

(九)台湾发布"国防报告书"

台湾"国防报告书"自1992年定期出版,由专家学者、"国防委员"、退役将校及记者共同编撰完成,主要以"战略情势""国防方略""全民国防"和"国防战力"为架构论述。

2011年7月19日,台湾"国防部"发布了2011年"国防报告书"。该报告书以"国防新纪元"为论述主轴,全面回顾近年台军"国防"施政成效,展望未来建军方向,内容突显两岸军事对比不平衡,渲染大陆对台军事部署,强调台湾军队将建构"小而精、小而强、小而巧"的"国防"武力,以"创新与不对称"思维推动建军备战,发挥"以小博大"的效果。"国防报告书"的发布主要有三个目的:一是为寻求美军售制造借口;二是为马英九竞选连任助力;三是为"国防建设"增加筹码。

台湾2013年"国防报告书"于2013年10月8日公布。该报告书推估解放军将在2020年建置完成对台用武全面性作战能力,"我国防政策主要采取'创新/不对称'思维,提升联合作战效能,发展小而精、小而强、小而巧的精锐战力"。

2017年12月26日,台湾当局防务部门发布了"国防报告书",这是蔡英文上台后发布的第一本"国防报告书",其中详细列出了解放军绕台的相关数据,还首度列出台美军售流程,首次将"台美军事合作"台面化,还公开证实两军多年来已实施部队层级的交流协训与观摩操演。"报告书"提出蔡英文上台后所谓的战略新思维,标榜以"创新不对称"的思维建构联合战力,解释了所谓的"防卫固守、重层吓阻"战略,并正式将"战力防护、滨海决胜、滩岸歼敌"列为台军建军战略,并列出成立"资通电军"、编成"防空暨导弹指挥部",以及"P-3C型反潜机"成军等。

二、装备动态

(一)"福特"号航空母舰交付美国海军

美国海军新一代核动力航空母舰"福特"号于2013年11月9日正式下水,预计最快在2015年时开始服役,但由于航空母舰(简称航母)预算超支,发电系统、飞机着陆设备等系统出现问题,直到2017年7月22日,"福特号"航空母舰才正式进入美国海军服役。

"福特"号航母采用A1B型核动力装置和隐身设计,配备了电磁弹射器、电磁拦阻器等新型设备,可起降F-35C舰载机和X-47B舰载无人攻击机,未来还将加装电磁轨道炮、激光武器和粒子束武器等新概念武器。作为美国"航母换代计划"的耀眼"明星","福特"号航母可有效应对各种危机冲突和局部战争,作战用途多,具有极强的战略威慑能力。

为更好地服务于舰载机作战,提高航母的整体作战效能,"福特"号航母重点对航空辅助系统和指挥自动化设备进行了升级。通过对舰内设备全部网络化和信息化,"福特"号航母的整体自动化程度相比"尼米兹"级得到较大提升,舰载机出动频率可增加四分之一。"福特"号航母对飞行甲板进行了重新设计,将舰岛后移并减少飞机升降机数量,进一步增加了飞行甲板面积,优化舰载机转运路线,并全面采用电磁弹射器和电磁拦阻系统。更为重要的是,"福特"号航母实现了全寿命周期成本和人力维护成本的下降,空勤人员从3190人减至2000人,全体舰员总数控制在4600人。

(二)英国海军"伊丽莎白女王"号航母服役

2017年12月7日,英国海军历史上最大的航母"伊丽莎白女王"号正式入列皇家海军服役。该舰于2014年7月4日下水并正式命名。"伊丽莎白女王"号航母排水量达6.5万吨,长280米,宽74米,可搭载40架短距/垂直起降的F-35舰载机和直升机,是英国历史上最庞大的战舰。该型航母计划建造2艘,2017年9月8日,二号舰在苏格兰罗塞斯造船厂正式举行命名仪式,成为英国历史上第八艘以"威尔士亲王"命名的军舰。英国新航母采用的全新设计,最大特点就在于其"双舰岛"设计:两个位于右舷的独立舰岛各司其职,前者专司航行操控,后者以舰载机起降控制为主。"双岛"设计提升了航母的抗打击能力,并减少了舰载机起降过程中的气流干扰。

(三)"华盛顿"号核潜艇首次试航

2017年4月9日,最新的"弗吉尼亚"级潜艇"华盛顿"号成功完成了首次试航。此次海试测试了潜艇的海上能力。

"弗吉尼亚"级潜艇攻击型核排水量7800吨,长115米,宽10.4米,水下航行速度25节。该型潜艇将逐步取代已在美军服役多年的"洛杉矶"级攻击型核潜艇,成为美国海军21世纪近海作战的主要力量,同时也保留了远洋反潜能力。美国海军潜艇项目执行官大卫·约翰逊将军在接受记者采访时称,根据美国海军2014年版30年造舰计划,"弗吉尼亚"级潜艇的建造和交付至少将持续到2043年,总共建造48到50艘该级潜艇。

(四)美军X-37B空天飞机首飞

2010年4月22日,世界上第一架空天飞机X-37B从美国佛罗里达州卡纳维拉尔角升空进行了首次试飞。X-37B学名为"轨道测试飞行器",12年前开始研制。该项目最初由美国国家航空航天局(NASA)发起实施,后由美国空军接手,研制工作一直处于绝密状态。X-37B外形类似航天飞机,但大小只有航天飞机的四分之一,无人驾驶,由操作人员在地面监控。X-37B集飞机、运载器、航天器等多重功能于一身,既能在大气层内高速音速飞行,又能进入太空轨道运行。与其他航天器相比,X-37B具有众多独特优势:一是飞行速度快,最高速度可达25马赫,是现代作战飞机飞行速度的6~12倍;二是重复使用率高,除消耗推进剂外不抛弃任何部件,且可维修性强;三是复飞间隔短,数天甚至数小时后就可再次起飞;四是发射费用低,每次的发射费用仅是航天飞机或一次性火箭的几十分之一;五是机动能力强,能将航天器送上太空轨道,并将其向任何方向发射,发射时亦不受轨道要求的限制;六是工作时间长,能在距地面203~926千米的轨道上运行270天。

X-37B的成功发射,表明美国在空天技术上的日趋成熟,它代表了今后数十年内航天运载技术的重要发展方向,并可能成为美国未来控制空间、争夺制天权的关键技术之一。X-37B空天飞机的军事利用潜质主要体现在五个方面:一是充当侦察、监视与预警平台;二是充当空间武器发射平台;三是充当远距离高速运输载体;四是实施反卫星作战或在轨服务;五是充当战时空间预备指挥所。

(五)美国海军X-47B无人攻击机首飞

2011年2月4日,美国海军X-47B无人攻击机成功首飞,标志着美军舰载无人攻击机研制工作取得了阶段性进展。X-47B是世界上第一架全尺寸无人攻击机验证机,也是第一种专门为航空母舰设计的舰载无人攻击机验证机。X-47B不仅具有可弹射起飞、机翼可折叠以及耐高海情、高/低温、强风和盐雾腐蚀环境等一般舰载机的基本特征,还具有以下技术特点:

(1)采用新型气动布局等技术实现隐身化。X-47B是一种亚声速飞机,且要求能够执行纵深打击任务,其战场生存能力完全依赖于超强的隐身性能。X-47B采用了隐身性能较好的翼身融合无尾飞翼式布局,这种气动布局在各个方向上都拥有较好的隐身性能。另外,该机采用S形进气道,并优化了飞机前/后缘,进一步提高了隐身效果。

(2)采用自主空中受油等技术实现长航时。无人攻击机需要能够有远超有人驾驶飞机的超长滞空时间,除了采用更优异高效的气动设计外,还要求具备空中受油能力。美国海军要求X-47B在设计上同时满足空军的"硬式"空中受油和海军的"软式"空中受油。

(3) 采用自主化导航控制技术。作为 X-47B 项目研制的关键一步,国防部启动了联合精确进场与着陆系统(PALS)的研发项目,X-47B 首飞成功实现了地面起降、"环形航线"飞行,初步验证了无尾翼设计的气动控制技术。目前,美国海军还在开发航母移动预测与自动着陆系统(CM-PAL),在 2013 年实现 X-47B 在航母上起飞、降落以及空中飞行等关键功能的自主控制。

(六)美军首颗"天基空间监视"系统卫星投入运行

据美国空军空间司令部网站 2011 年 3 月 14 日报道,经过 5 个多月的在轨试验与评估,美国空军最近已把首颗"天基空间监视"(SBSS)系统卫星的控制权移交给了位于施里弗空军基地的第 50 作战大队第 1 空间作战中队。SBSS 卫星是美国为提高空间目标和活动监视能力,完全掌握空间战场态势而研制的天基武器系统。该卫星投入正式运行后,能按照美国联合空间运行中心的需求,与空军的地面空间监视系统整合,共同执行任务。

首颗 SBSS 系统卫星由美国空间与导弹系统中心、美国空军空间司令部、美国战略指挥空间联合职能司令部、波音公司和鲍尔公司宇航与技术公司共同研制,用于验证空间通信、情报、监视和测量技术。经过 7 年多的努力与合作,该卫星于 2010 年 9 月 25 日由"人牛怪-4"火箭发射。入轨后,美国空间与导弹系统中心和波音公司对该卫星的所有子系统进行了校验,包括收集大量数据,并在地面对这些数据进行分析,然后由空军运行试验与评估中心的工程师们进行试验。项目的总成本是 8.58 亿美元,较初始计划超支约 5 亿美元,发射时间拖延 3 年。美国空军还拟建造由 4 颗 SSBS 卫星组成的实用型星座,形成天地一体化的新的空间监视网。

(七)印军"卡尔·尼科巴"级快速攻击艇服役

2011 年 6 月 8 日,印度海军最新"卡尔·尼科巴"级快速攻击艇"卡布拉"号在南部舰队司令部金奈海军基地服役。"卡尔·尼科巴"级快速攻击艇是印度加登里奇造船与工程有限公司以"班加拉姆"级快速攻击艇为原型设计,其上层建筑采用改进的铝合金建造,隐身性能有了极大提高。该级艇全长 49 米,宽 7.5 米,航速 35 节,以 12~14 节可航行 2,000 海里,标准排水量 320 吨,艇员编制 42 人。该级艇装备 3 台最新型柴油发动机,输出总功率 11,238 马力,确保其航速高达 35 节,大大提升了印度海军濒海反应能力。该级艇舰载系统中印度自产装备达 90%,包括 1 部最先进的印产导航雷达、1 部印产光电火控系统、1 部巴拉特电子公司 HUMSA 舰体声纳阵列、1 部印度加登里奇造船与工程公司的转向齿轮、1 部锚泊系统、1 部甲板机械系统、1 部海水净化系统等。"卡尔·尼科巴"级快速攻击艇尽管个头小,但其武器系统性能并不比一般轻型护卫舰差,集印、俄、意武器于一身,攻击性相当强,能有效应对来自空中、水面和水下各种威胁。

(八)国产歼-20 首飞

2011 年 1 月 11 日 10 时许,在成都黄田坝机场,一架编号 2001 的歼-20 战机在跑道上进行了高速滑行。12 时 50 分,歼-20 战机开始在跑道加速,一架双座位型歼-10 紧随其后。滑行了一段距离后,歼-20 离开地面,在机场上空平稳飞行,和伴飞的歼-10 一直保持一前一后的队形。至下午 1 时 08 分,歼-20 平稳地降到跑道上,结束了总共 18 分钟的首飞。

国产歼-20 战机由成都飞机设计研究所设计,成都飞机工业公司制造,采用双发、DSI 进气道,全动垂尾的鸭式设计。作为中国第四代隐形歼击机,是用于接替歼-10、歼-11 第三代多用途歼击机的未来重型歼击机型号,其目的是满足中国空军 2020 年以后的作战环境需要。

（九）北斗卫星导航系统服务亚太

中国北斗卫星导航系统2012年12月27日起正式服务亚太地区，可提供双向高精度导航、定位、授时和短报文通信服务。五年来，系统连续稳定运行，定位精度持续提高。目前，我国已完成北斗二号系统建设并在我国及周边地区提供服务，正稳步推进北斗三号系统建设，将在全球范围内提供服务。按规划，北斗三号系统将于2018年底建成基本系统，2020年底建成世界一流的全球系统；在此基础上，加快构建基于北斗的国家综合定位、导航、授时体系。相对于北斗二号系统，北斗三号系统的服务区域实现了从中国及亚太地区向全球覆盖的跨越，同时，在用户导航定位的服务精度、信号连续性、系统可用性等方面也实现了大幅提升。

2017年11月5日，北斗三号首批组网卫星以"一箭双星"方式在西昌卫星发射中心发射升空，卫星成功入轨，标志着我国北斗系统拉开全球组网的序幕。

（十）中国国际航空航天博览会

第九届中国航展，即中国国际航空航天博览会，于2012年11月13日至18日在珠海举行。此次航展有38家单位的百余架飞机亮相，包括较受关注的直－19、ARJ－21、空警－200等。

第十届中国航展于2014年11月11日至16日在广东珠海举行。我国的运－20、歼－31、空警－2000等新型飞机首次亮相航展。

第十一届中国航展于2016年11月1日至6日在珠海国际航展中心举行。此次航展展览规模空前，国际化程度进一步提高；展品丰富结构更优，防务展品比例大幅提高；展览形式取得新突破，首增地面装备动态演示；中外飞行表演队联袂登场，飞行表演更加精彩；军政贸易代表团增多，专业活动规格档次更高。

（十一）"长征六号"运载火箭

2015年9月20日7时01分，"长征六号"在太原卫星发射中心点火发射，成功将20颗微小卫星送入太空，创亚洲之最。此次发射任务圆满成功，不仅标志着我国长征系列运载火箭家族再添新成员，而且创造了我国航天一箭多星发射的新纪录。这是我国新一代运载火箭的首次发射，也是我国研制的液氧煤油发动机首次太空出征。

1981年9月20日，我国成功地用一枚运载火箭同时把3颗卫星送入地球轨道。一箭三星发射成功，使中国成为世界上第四个掌握一箭多星发射技术的国家。2013年11月19日，美国轨道科学公司的"弥诺陶洛斯"火箭创纪录地同时把29颗卫星送入地球轨道。同年11月21日俄罗斯用"第聂伯"运载火箭顺利把32颗卫星送入卷入太空。此次"长征六号"火箭一箭20星成功发射，使我国与美国、俄罗斯形成该领域的三甲集团。

2017年11月21日12时50分，中国在太原卫星发射中心用"长征六号"运载火箭，成功将吉林一号视频4、5、6三颗卫星送入预定轨道。

（十二）2017年12月24日，我国首款大型灭火/水上救援水陆两栖飞机"鲲龙"AG600在广东珠海成功首飞。AG600填补了我国在大型水陆两栖飞机领域的研制空白，是继运－20、C919之后我国大飞机家族又一重要成员。

三、体制编制

（一）中国人民解放军新一轮军改

深化国防和军队改革是一场整体性、革命性变革。我们的目标是，以党在新形势下的强军目标为引领，贯彻新形势下军事战略方针，全面实施改革强军战略，着力解决制约国防和军队建设的体制性障碍、结构性矛盾、政策性问题,推进军队组织形态现代化,进一步解放和发展战斗力,进一步解放和增强军队活力,建设同我国国际地位相称、同国家安全和发展利益相适应的巩固国防和强大军队,为实现"两个一百年"奋斗目标、实现中华民族伟大复兴的中国梦提供坚强力量保证。

2015年12月31日,中共中央总书记、国家主席、中央军委主席习近平向陆军、火箭军、战略支援部队授予军旗并致训词,陆军领导机构和火箭军、战略支援部队成立。

2016年1月11日,军委机关由总部制改为多部门制,由原来的总参谋部、总政治部、总后勤部、总装备部四个总部,改为一厅(办公厅)、六部(联合参谋部、政治工作部、后勤保障部、装备发展部、训练管理部、国防动员部)、三个委员会(纪律检查委员会、政法委员会、科学技术委员会)、五个直属机构(战略规划办公室、改革和编制办公室、国际军事合作办公室、审计署、机关事务管理总局)共十五个职能部门。

2016年2月1日,中国人民解放军战区成立大会在北京举行,习近平向各战区授予军旗发布训令,正式建立中国人民解放军五大战区,即:东部战区、南部战区、西部战区、北部战区、中部战区。战区以原军区机关相关职能、机构为基础,充实军种指挥和保障要素,组建战区机关。

2016年12月,军队规模结构和力量编成改革启动实施。2017年2月对军队院校、科研机构、训练机构改革作了专门部署,部队转隶交接和整编工作有序推进。2017年4月8日,习近平发布训令,全军新调整组建84个军级单位,原来的18个集团军调整组建13个集团军,番号分别为:中国人民解放军陆军第七十一、七十二、七十三、七十四、七十五、七十六、七十七、七十八、七十九、八十、八十一、八十二和八十三集团军。调整组建新的集团军,是对陆军机动作战部队的整体性重塑,是建设强大的现代化新型陆军迈出的关键一步,对于推动我军由数量规模型向质量效能型转变具有重要意义。

通过这些大力度的改革,人民解放军突破了长期实行的总部体制、大军区体制、大陆军体制,建立了军委管总、战区主战、军种主建的新格局,实现了军队组织架构的一次历史性变革。

(二)武警部队调整指挥体制

党中央决定,自2018年1月1日零时起,中国人民武装警察部队由党中央、中央军委集中统一领导,实行中央军委武警部队部队领导指挥体制。这是党中央作出的重大政治决定,是完善和发展中国特色社会主义军事制度的重大创新举措,是加强党对人民解放军和其他人民武装力量的绝对领导、确保党和国家长治久安的重大政治设计和制度安排。

这次领导指挥体制调整,武警部队归中央军委建制,武警部队建设按照中央军委规定的建制关系组织领导,中央和国家机关有关部门、地方各级党委和政府与武警部队各级相应建立任务需求和工作协调机制,有利于加强国家武装力量整体建设和运用,有利于武警部队有效履行新时代使命任务,有利于实现领导管理和高效指挥的有机统一。武警部队作为党绝对领导下的重要武装力量,肩负维护国家安全和社会稳定、保障人民安居乐业的神圣使命,主要承担执勤、处突、反恐怖、抢险救援、防卫作战等任务。领导指挥体制调整后,武警部队根本职能属性没有发生变化,不列入人民解放军序列。

(三)俄军组建联合战略司令部

2010年7月6日,俄总统梅德韦杰夫正式签署命令,决定在原列宁格勒军区、莫斯科军区、北高加索军区、伏尔加河沿岸－乌拉尔军区、西伯利亚军区和远东军区6个军区的基础上,合并组建西部、南部、中部、东部4个军区,并以此为基础组建4个联合战略司令部。新组建的西部军区,即"西部"联合战略司令部,将由原莫斯科军区、列宁格勒军区、加里宁格勒特区、北方舰队和波罗的海舰队、第1空防司令部组成,其军区司令部部署在圣彼得堡;新组建的南部军区,即"南部"联合战略司令部,将由原北高加索军区、黑海舰队和里海区舰队、第4空防司令部组成,其军区司令部部署在顿河畔罗斯托夫;新组建的中部军区将由原伏尔加河沿岸－乌拉尔军区和西伯利亚军区所属西部部队、第2空防司令部组成,其军区司令部部署在叶卡捷琳堡;新组建的东部军区将由原远东军区和西伯利亚军区所属东部部队、太平洋舰队和勘察加半岛特区、第3空防司令部组成,其军区司令部部署在哈巴罗夫斯克。随着4个军区和4个联合战略司令部完成组建,俄陆军总司令部、空军总司令部和俄海军总司令部将继续保留。同时,俄陆军总司令部、空军总司令部和俄海军总司令部的机构设置和人员编成将得到进一步的优化,其中,俄海军总司令部人员编成将裁减三分之二。新组建的4个军区和以此为基础新组建的4个联合战略司令部,虽然在称谓上有两种叫法,但是,其相互之间都是平等的关系,只不过是为了区分平时和战时的叫法而已。军区将是平时的叫法,行使平时军事行政机构的基本职能,而联合战略司令部将是战时的叫法,行使战时军事行政机构的基本职能,也就是说平时和战时使用了两块牌子,但都是一套班子。俄军合并组建4个军区,并以此为基础组建4个联合战略司令部的主要目的是,最大限度压缩战略方向的重叠指挥机构,提高联合作战的指挥效率、增强应对各种威胁的作战能力。随着4个军区以及4个联合战略司令部的组建,俄军在战略方向的作战指挥上实现了对其所辖区域陆、海、空三军的集中统一作战指挥,从而为战时实施联合作战奠定坚实基础。

（四）世界首支空天军——俄罗斯空天军

2015年8月1日,根据俄联邦总统部署的第394号命令,俄罗斯空天军正式成立,并开始担负战斗值班任务。由此,俄罗斯形成俄军陆、海、空三军种及战略火箭兵和空降兵两兵种结构。尽管这并非世界上第一支兼具航空和航天能力,初步实现了"空天一体"的军种,但却是第一支以空天军冠名的军种,其成立意义重大。

新组建的俄罗斯空天军担负下列任务:抵御空天进攻,保护国土免受敌人空天武器的打击;使用常规武器与核武器对敌方目标实施打击;对可能攻击本国国土目标的导弹实施拦截;为其他军兵种部队提供航空保障;为最高指挥机关提供外军洲际弹道导弹发射与攻击预警;对太空目标进行监视,消除来自太空的威胁,必要时对其进行拦截;发射轨道航空器,控制军用卫星系统,利用卫星提供必要的军事信息保障;在规定体制内保持战备,运行军用卫星系统及其发射、控制设施;其他的一系列任务。

（五）美军组建空军全球打击司令部

2010年9月30日,美国空军全球打击司令部向外界宣布,该司令部已形成完全作战能力,并从10月1日起正式承担美国军方为其赋予的所有任务。这标志着自2008年10月25日开始启动,历时23个月的全球打击司令部组建工作已基本告一段落。新建全球打击司令部是近年来美国空军最重大的一次机构改组,也是1992年6月原战略空军司令部撤销以来,美国空军核打击力量再次集中于某个专门司令部的统一管辖之下。此举不仅有助于减少美军方在核武器监管领域的疏漏,融合近年来不时出问题的空基战略核力量,还有助于维持美国全面核优势地位,确保美国空军核武库更加高效。

（六）美军成立赛博司令部

2011年5月16日,美国白宫发布的《赛博空间国际战略》中对军事力量保卫美国及其盟友的赛博空间自由,提出了新的政府指导和能力需求。而具体执行这一战略的军事部门正是于2010年5月21日成立的美军赛博司令部。美军赛博司令部的组建,标志着美军正向信息化高端领域转型,预示着虚拟数字形态的赛博空间战争将走向历史舞台。美军近年来高调渲染美国赛博空间面临的威胁,并极力强调成立赛博司令部的必要性,表面上是为了保护自身的赛博空间安全不得已而为之,实质上是在采取攻防兼备的行动方式实现赛博空间化。赛博司令部的最终使命目标,不仅是让赛博空间军事行动从概念走进现实,更是从国家安全和军队作战的层面上准备实施赛博空间战争。

(七)美军网络任务部队初具规模

美国国防部正在努力加紧建设133支网络任务分队,以保护军事网络、关键基础设施和在必要时在网络空间发动反击。原来计划这133支网络任务分队在2016年年底完成,现在美国国防部已经将计划推迟到2018年。从2014财年到2018财年,国防部计划投入18.78亿美元以建设网络任务部队。这支部队最终将达6100到6200多人,由四个军种的军职人员和文职人员共同组成。

四、军事演习与作战行动

(一)中俄"空天安全"联合演习

2017年12月11日至16日,中俄两军在北京举行"空天安全—2017"中俄第二次首长司令部联合反导计算机演习。

此次演习是2016年5月23日至29日中俄在俄国防部空天防御部队中央研究所基地举行"空天安全"演习后,中俄两军第二次举办首长司令部联合反导计算机演习,也是首次在中国举办。双方通过共同演练防空反导作战筹划、指挥、火力协同等内容,应对弹道导弹和巡航导弹对两国领土的突发性和挑衅性打击。演习由空军具体承办。

(二)我海军参加"环太平洋"军事演习

1. "环太平洋—2014"演习

经中央军委批准,由海军导弹驱逐舰"海口"舰、导弹护卫舰"岳阳"舰、综合补给舰"千岛湖"舰、"和平方舟"医院船组成的舰艇编队,2014年6月9日分别从海南三亚、浙江舟山军港起航,赴美参加"环太平洋—2014"演习。此次演习是构建中美新型大国关系和新型两军关系的一次重要实践,是我进一步加强与南太地区国家友好关系的一次重要公共外交探索。演习分为航渡、港岸训练、海上实施、总结撤收四个阶段。我海军舰艇编队在关岛以东海域与美国、新加坡、文莱海军舰艇会合后一起航渡至夏威夷参加联合演习。演习结束后,"海口"舰、"岳阳"舰和"千岛湖"舰赴美国圣迭戈进行了友好访问,"和平方舟"医院船赴汤加、斐济、瓦努阿图、巴布亚新几内亚四国执行"和谐使命—2014"医疗服务任务。参加"环太平洋—2014"演习的共有23个国家。中国海军这次派出4艘水面舰艇、2架直升机、1个潜水分队、1个特战分队,共1100余名官兵参演。

2. "环太平洋—2016"演习

2016年6月30日至8月4日,第25届"环太平洋"军事演习(RIMPAC)在夏威夷群岛和加利福尼亚州及其附近地区举行。此次演习的主题是"能力、应力、伙伴",参加演习的各国军队将演练并展示军队的海上能力和灵活性,这些能力包括救灾、海上安全合作、制海和复杂作战等。实战演练项目包括两栖作战、射击、导弹、反潜和防空演习等。

共有45艘船舰、5艘潜水艇、200多架飞机和25000名人员参加了这一世界上规模最大的国际海上军演。参加此次军演的有澳大利亚、巴西、文莱、加拿大、智利、哥伦比亚、丹麦、法国、德国、印度、印度尼西亚、意大利、日本、马来西亚、墨西哥、荷兰、新西兰、挪威、中国、秘鲁、韩国、菲律宾、新加坡、泰国、汤加、英国和美国等27个国家。

此次军演由美军太平洋舰队主办,美国海军第三舰队司令、海军中将诺拉·泰森(Vice Adm. Nora Tyson)担任联合特遣队指挥官。其他主要领导职位由加拿大、日本、澳大利亚和新西兰等国的军官担任。

"环太平洋"多国海军军事演习始于1971年,是目前国际上规模最大的多国海上联合军事演习。

(三)俄军"中央—2015"战略指挥演习

2015年9月14日至20日,俄军"中央—2015"战略演习在俄中央军区组织实施。这是俄罗斯2015年组织实施的规模最大的军事演习。

此次演习共有约9.5万名军人,7,000余件武器装备,约170架飞机和20艘军舰参演,其中约1.2万名军人、470辆装甲车、约90辆坦克、250辆步兵战车、130辆装甲运兵车以及约20台火炮系统和多管火箭炮系统在靶场参演。俄中央军区司令扎鲁德尼茨基表示,控制中亚地区的国际武装冲突将是本次"中央—2015"战略演习的主要课目。演习评估了集体安全条约组织成员国武装力量军事指挥部门对指挥联合部队控制国际武装冲突,以及在联合特别行动中封锁并消灭非法武装的准备情况。

俄中央军区、里海舰队、空降部队、远程和军事运输航空部队等参加这次演习。此外,参加演习的还有集体安全条约组织快速反应部队哈萨克斯坦武装力量作战小组和分队。

(四)俄军"东方—2010"演习

2010年6月29日至7月8日,俄军在西伯利亚和远东地区举行"东方—2010"战役战略演习。这是俄军自2008年底启动新一轮军事改革以来举行的最大规模的演习。演习动用了西伯利亚军区、远东军区、乌拉尔军区、伏尔加军区等,以及内务部、联邦安全总局等约2万名军人、70架飞机、2,500件武器装备,俄三大舰队也派出共30艘舰艇参演。演习内容包括实弹射击、空降突击和两栖登陆等。演习经过多军种合成演练,在提高远程机动能力、信息作战能力、应对多种威胁能力等方面取得了丰硕成果,坚定了俄高层通过军事改革打造一支新型俄军的决心。

(五)俄军"东方—2014"首长司令部战略演习

2014年19日至25日,俄罗斯远东军队开展了代号为"东方—2014"的军事演习。

此次演习在属于俄军东部军区的14个训练场举行,除东部军区外,中部军区、西部军区和空降兵也参加了演习。参演军人超过15.5万,装甲战车超过4000辆,战斗机和直升机632架,军舰84艘。其中参加演习的军事装备包括"图波列夫-22M3"炸弹、"图-95MS"轰炸机、"伊尔-78"空中加油机、"伊尔-76"与"安-14"运输机,以及远程雷达探测飞机。另外,"米-8""米-24"和"卡-52"直升机,"苏-24"轰炸机、"S-25"攻击机,"米格-31"和"苏-27"战机,以及最新的"S-34"、"苏-30SM"和"苏-35S"多用途战斗机系统都参加了此次演习。演习包括提前战备检查,全面提高警备状态以及海空战略部署等。一些作战部队的动员距离达4000公里,最远达到6000公里。

(六)俄白"西方—2013"演习

2013年9月20日至26日,俄白"西方—2013"联合军演分别在俄罗斯和白俄罗斯的演习场地举行。根据俄国防部提供的数字,在俄罗斯境内参演兵力约为9400人,其中包括200多名白俄罗斯军人;在白俄罗斯境内俄参演兵力达到2520人。此外,俄方还动用10辆坦克、约40架战机和近10艘波罗的海舰队舰船参加此次演习。普京高度评价此次联合演习。他说,整个演习有超过1万名军人参与,新式的武器装备也得到了检验。俄白双方部队表现出高度的一致性,准确完成了训练和作战互动任务。

据悉,上述演习自2009年起每两年举行一次,第一次演习于2009年在白俄罗斯举行,第二次演习于2011年在俄罗斯下诺夫哥罗德州举行。

(七)"和平使命"联合军演

从2005年8月举行的"和平使命—2005"中俄联合军演算起,"和平使命"系列演习已走过13年历程。"和平使命"系列演习的成功举行,不仅深化了上合组织防务合作、有力震慑了"三股势力",而且为世界范围内各国之间的反恐合作提供了范式和借鉴。

每次"和平使命"演习从筹备到举行,都引起世界舆论广泛关注。可以说,"和平使命"已成为世界范围内知名的演习"品牌"。这首先是因为"和平使命"系列演习层次高。作为具有战略影响的联合军事演习,在战略磋商阶段,一般都是各成员国总参谋长参加;在实兵演练阶段有时是各国国家元首出席观摩,有时是各国国防部长出席。其次是因为演习规模大。参演国有时是中俄两国,有时是上合组织所有成员国,具有很强的代表性和广泛性。参演兵力一般涵盖多个军兵种,人数都在千人以上,最多时近万人同时参演。动用的武器装备则基本代表了参演国武器装备的最新发展水平。另一个重要原因在于,演习针对性强、意义重大。上海合作组织作为重要的国际组织,成立之初便提出鲜明的反恐主张。上合组织框架内的"和平使命"系列演习,作为以反恐为主题的联合军事演习,其规模和影响在世界范围内是少见的。近年来,国际反恐斗争形势的发展,进一步显示了"和平使命"演习的战略预见性、现实迫切性和极端重要性。

1. "和平使命—2010"联合军演

2010年9月24日,来自哈萨克斯坦、中国、吉尔吉斯斯坦、俄罗斯、塔吉克斯坦的5000余名官兵组成的精锐之师,在哈萨克斯坦马特布拉克训练场进行了"和平使命—2010"上合组织成员国武装力量联合反恐实兵演练。此次五国联合军演与中外历次联合军演相比,呈现了四大特色:一是参演人数最多,演习规模最大。"和平使命—2010"联合军演是上合组织成立以来的7次联合演习中人数最多、规模最大的一次,中国、俄罗斯联邦、哈萨克斯坦、吉尔吉斯斯坦、塔吉克斯坦五国共派出兵员5000多人,涉及机械化步兵、装甲兵、炮兵、通信兵、空军航空兵、陆军航空兵等十多个军兵种,其中包括陆军战斗群、空军战斗群和综合保障群,装备有坦克、歼击机、轰炸机、武装直升机等。二是反恐对象明确,打击目标一致。这次军演目标指向很明确,设想的敌情是"三股势力",演习各个阶段也紧紧围绕"三股势力"进行,这充分说明上合组织的目的是维护地区稳定安全,不针对第三国,并不像西方某些媒体认为上合组织可能会发展成军事同盟组织。三是新型战机亮相,境外一展风采。中国空军新型战机首次亮相联合军演。中国空军的"轰-6H"飞机、"歼-10"飞机、预警机、加油机等新型战斗机,首次完成实战背景下境内出发、空中加油、伴随掩护、预警指挥、境外打击不着陆返航的全体系、全要素联合作战,检验了中国空军独立遂行远程作战任务的能力,完成了中国空军历史性的跨越。四是三代装备登场,接受实战体验。这次军演中,中国军队最新装备的"轰-6H"飞机、"歼-10"飞机、预警机、加油机、99式坦克、100毫米突击炮、92B轮式步战车、122毫米车载榴弹炮、04式25弹炮结合系统等首次参加境外军事行动,信息化程度高,作业要求条件严,再加上远途兵力投送、实兵演练、夜间实施射击协同作战等因素,对中国军队新型装备进行了一次重要的实战检验。

2. "和平使命—2014"联合军演

2014年8月24日至29日,"和平使命—2014"联合军演在中国呼和浩特市的朱日和训练基地举行。5个上海合作组织成员国——俄罗斯、哈萨克斯坦、吉尔吉斯斯坦、中国和塔吉克斯坦指挥机关和7000多名成员国军人参加演习。演习的主要目的是扩大该组织在国际舞台上的影响力、深化防御领域的合作与相互协作,特别是在恐怖主义和地区威胁方面的合作和协作。

3. "和平使命—2016"联合军演

2016年9月15日至21日,"和平使命—2016"在吉尔吉斯斯坦境内举行。这是首次在吉尔吉斯斯坦境内举行的上海合作组织多边联合反恐军演,哈萨克斯坦、中国、吉尔吉斯斯坦、俄罗斯、塔吉克斯坦等5国共派出1100多名官兵参演,动用各类固定翼飞机(5种)24架、直升机(4种)16架,地面有火炮、坦克、步战车等各型装备200余台。演习以"山地联合反恐怖行动"为主要样式,围绕联合指挥决策和实兵行动两个阶段实施:一是指挥演练阶段,上合组织成员国武装力量联合部队集群联合反恐行动准备;二是实兵演习阶段,成员国武装力量联合部队集群联合反恐行动实施,主要演练联合部队集群打击非法武装入侵先头部队,掩护居民撤离交战地区,封锁、打击、歼灭据守非法武装力量和追歼清剿残敌。当地时间9月17日开始,"和平使命—2016"上合组织联合反恐军事演习在吉尔吉斯斯坦巴雷克奇市"埃杰利维斯"训练中心举行为期3天的实兵实弹合练。这次演习提高了成员国武装力量的训练和协同水平,展示了成员国团结协作维护地区安全稳定的坚强决心。

(八)"使命行动—2010"演习

2010年10月中旬,代号为"使命行动—2010"的解放军集团军跨区机动训练演习全面展开。这次由北京、兰州、成都军区某集团军和空军部分部队3万多人参加的演习实际上是2009年"跨越—2009"跨区实兵演习的继续和深化。"跨越—2009"演习,是解放军开展战术层面基地化、联合化训练的一种全新的探索实践,是对师、旅、团级部队训练成果、作战能力的一次检验评估。"使命行动—2010"演习是在总结"跨越—2009"演习经验成果基础上,从战役层面实施的跨区机动训练,是对军师旅团四级指挥机构训练思想、战役构想以及训练成果、指挥能力、作战能力的一次全面检验评估,是解放军加强体系作战能力建设、推动陆军部队由区域防卫向全域机动转型的实战化探索实践。

(九)美韩联合军演

1. "不屈意志"的海空联合军事演习

2010年7月25日至28日,美国与韩国的海空军等部队在日本海地区举行了代号为"不屈意志"的海空联合军事演习。美韩两国此次军演出动包括"华盛顿"号航母在内的舰船约20艘,飞机200余架,共有8000多名陆海空三军人员参加。实施包括舰对舰攻击、舰对空攻击、空对舰攻击、反潜巡逻、轰炸朝鲜重要军事设施、战争状态下海上运输与机动、防范朝鲜特种部队海上渗透、防范朝鲜网络战袭击等科目。美国最先进的F-22A战机首次在朝鲜半岛执行飞行演习和射击训练等科目,韩国的F-16、F-15K等战机参加了演习。这次演习是1976年以来美韩军队进行的最大规模军演。

2. "乙支自由卫士"联合军演

2010年8月16日至26日,美韩联军在韩国本土和东部海域(日本海)与韩国西部海域(黄海)举行"乙支自由卫士"联合军演。大约5.6万名韩国军人和3万名美军参加了这一为期11

天的军演。2010年9月27日至10月1日,美韩在韩国西部海域(黄海)举行为期5天的反潜联合军事演习。韩国出动了新型驱逐舰、护卫舰和巡逻舰,以及P-3C巡逻机和潜水艇等。美国方面出动了"约翰·麦凯恩"号和"菲茨杰拉德"号驱逐舰、"胜利"号水声监听船等,进行自由攻防战演习和潜水艇追踪演习,目的是为了向朝鲜传递遏制信息,全面提高联合反潜作战能力和韩美协同作战能力。

3. "关键决断"联合军演

2013年3月11日至21日,美韩举行代号为"关键决断"联合军演,有1万余名韩国军人和3500余名美国军人参加演习。其间,F-22战斗机是首次运用于实战演习。

2014年度美韩"关键决断"联合军演于2月24日至3月6日在韩国举行。此次军演有5200名美国军人参加演习,其中1100人来自朝鲜半岛之外。

2015年度美韩"关键决断"联合军演于3月2日至3月13日在韩国举行。此次军演有8600名美国军人和1万多名韩军官兵参加演习。

2016年度美韩"关键决断"联合军演于3月7日至3月18日在韩国举行。这是自2010年3月"天安舰"事件以来规模最大的韩美联合演习。美军出动战斗航空联队、海军陆战队远征部队、"约翰·斯坦尼斯"号核动力航空母舰、核潜艇等,其投入的战斗力量在质与量两方面都创下自1976年以来的最大规模。此次演习首次运用"4D作战概念"。"4D作战概念"是韩美旨在探测(Detect)、干扰(Disrupt)、摧毁(Destroy)和防御(Defense)朝鲜核武及导弹的同盟反导作战理念。

2017年度美韩"关键决断"联合军演于3月13日至3月24日在韩国举行。美军"卡尔·文森"号航母、F-35B隐形战机、B-52战略轰炸机、核动力潜艇等先进装备武器参加此次军演,还派出了历次"关键决断"演习以来规模最大的特种部队,有超过1.3万美国军人参演。此次学习加进一步运用和细化了"4D作战概念"。

(十)中俄"海上联合"军演

1. "海上联合—2012"军演

中俄"海上联合—2012"军演于2012年4月22日至27日在中国青岛附近的黄海海域举行,中俄两国25艘各型舰艇、13架飞机、9架直升机以及2个特战分队参加演习,演习主要科目包括联合防空、海上补给、联合反潜、联合搜救、解救被劫持船舶等。

2. "海上联合—2013"军演

2013年7月5日至12日,中俄"海上联合—2013"军演在日本海彼得大帝湾附近海空域举行,双方共出动水面舰艇18艘、潜艇1艘、固定翼飞机3架、舰载直升机5架以及2个特战分队参加联演。据悉,这是中国海军迄今一次性向国外派出舰艇兵力最多的中外联合演习。根据中俄双方达成的共识,本次演习科目主要包括舰艇锚地防御、联合防空、海上补给、通过敌潜艇威胁区、联合护航、联合解救被劫船舶、打击海上目标、海上联合搜救、实际使用武器及海上阅兵等。本次演习规模大,参演兵力多,参演装备水平高。通过演习,中俄两国海军进一步提升了海上联合军事行动的指挥和协同能力,深化了两军互信和务实合作。

3. "海上联合—2014"军演

2014年5月20日至26日中俄"海上联合—2014"军演在中国东海北部海空域举行,中俄双方参演水面舰艇14艘、潜艇2艘、固定翼飞机9架、舰载直升机6架、特战分队2个。其中,中方水面舰艇8艘、潜艇2艘、固定翼飞机9架、直升机4架、特战分队1个;俄方参演水面舰艇

6艘、直升机2架、特战分队1个。此次演习,两国海军16艘参演舰艇全部混合编组,主要演练了舰艇锚地防御、联合对海突击、联合反潜、联合护航、联合查证识别和联合防空、联合解救被劫持船舶、联合搜救以及海上实际使用武器等9个科目。

此次演习具有三个显著特点:一是首次将参演的舰艇全部进行混编;二是首次组织水面舰艇编队互为条件进行超视距攻防演练;三是首次组织潜艇与水面舰艇编队进行自主对抗。演习的联合性、融合性和实战性明显增强,必将提高两国海军联合行动、共同应对海上安全威胁的能力。

"海上联合—2014"不是投入兵力最多的一次,但是参演双方尤其是中方,投入了很多新型武器装备。"郑州"舰、歼-10战机及苏-30战机等我海军新型武器装备都是首次亮相中俄联演练兵场。导弹驱逐舰"郑州"舰于去年刚刚服役,是我国海军最先进的舰艇之一。歼-10战机是我国自主研制的新一代战斗机,是中型、多功能、超音速、全天候空中优势战斗机。苏-30飞机是一种多用途重型战斗机,可携带中距空空导弹和反舰导弹,主要担负制空和对水面目标攻击任务,具备较强的防空和对海攻击能力。它们出现在联演练兵场上,将有效提升演习的效果,提高两国海军的联合遂行作战任务的能力。

4."海上联合—2015"军演

中俄"海上联合—2015"军演分两阶段举行。和往年相比,此次演习具有鲜明特点:一是首次分阶段进行,演习时间长、范围大;二是中方水面舰艇部队、两栖登陆部队、固定翼飞机等首次联合赴海外参加联演;三是中俄在"海上联合"系列演习中首次增加联合登陆作战科目演练。

"海上联合—2015(Ⅰ)"于2015年5月11日至21日在地中海海域举行,演习目的是深化中俄两国友好务实合作,增强两国海军共同应对海上安全威胁能力。此次演习的课题是维护远海航运安全,演习的主要课目包括海上防御、海上补给、护航行动、保证航运安全联合行动和实际使用武器演练。此次演习,参演舰艇包括中国海军导弹护卫舰"临沂"舰、"潍坊"舰和综合补给舰"微山湖"舰等3艘舰艇,以及俄罗斯"莫斯科"号巡洋舰、"顺利"号护卫舰、"西蒙风"导弹气垫艇、"亚速海"号大型登陆舰、"A·沙巴林"号大型登陆艇和MB-31海洋拖船等6艘舰艇。此外,为执行海上护航、解救被劫持船舶、搜救等非传统海上安全任务,双方还将派出直升机、特战分队等参演。这是中国海军第二次在地中海进行演习。2014年1月,中国海军第十九批护航编队的导弹护卫舰盐城舰在完成了赴地中海执行为运输叙利亚化学武器船只护航任务后,与俄罗斯海军"彼得大帝"号核动力导弹巡洋舰举行了联合演习。

"海上联合—2015(Ⅱ)"于2015年8月20日至28日在彼得大帝湾海域、克列尔卡角沿岸地区和日本海海空域举行。此次演习以"联合保交和联合登陆行动"为主题,主要科目包括联合防空、联合反潜、联合反舰、联合防御、联合登陆等。中俄双方参演兵力共计各型水面舰船23艘、潜艇2艘、固定翼飞机15架、舰载直升机8架、陆战队员400人、两栖装备30台。双方参演兵力采取混合编组和独立编组相结合的方式,编为5个水面舰艇战术群和4个航空兵战术群展开演习活动。中方派出7艘水面舰艇、6架舰载直升机、5架固定翼飞机和200名陆战队员、21台两栖装备。其中,参演的水面舰艇为导弹驱逐舰"沈阳"舰、"泰州"舰,导弹护卫舰"临沂"舰、"衡阳"舰,登陆舰"长白山"舰、"云雾山"舰,综合补给舰"太湖"舰。

5."海上联合—2016"军演

"海上联合—2016"于2016年9月12日至19日在广东湛江以东海空域举行。此次演习科目主要包括联合防空、联合反潜、联合海空寻歼、联合立体夺控岛礁、联合搜救、联合登临检查、锚地防御、实际使用武器等。此次演习首次按"红蓝方"形式进行编组,红方兵力由中俄海军舰艇混编,蓝方兵力由中方舰艇担任。演习中,综合打击能力强、信息化水平高的"郑州"舰担任蓝方编队指挥舰,将指挥新型常规潜艇、新型战机从海底、水面及空中对红方舰艇编队实施多维度"攻击"。新型固定翼预警机将在演习空海域构筑复杂电磁环境,红蓝双方将以"背靠背"形式开展对抗训练。这也是首次将"研究探索进一步提高联演实战化的方法路子"列入演习目的,明确将"实战化"作为今后"海上联合"系列军演的主题,并落实到演习的脚本设计、作战想定、课目设置、指挥关系、兵力编成、交流研讨等方面。

俄罗斯2艘"无畏"级反潜驱逐舰"特里布兹海军上将"号和"维诺格拉多夫海军上将"号、大型两栖舰"佩列斯韦特"号、海上拖船"阿拉套"号以及油轮"佩琴加"号参加了本次演习组成。中方参演兵力以南海舰队为主,北海舰队、东海舰队部分兵力参加。其中包括驱逐舰、护卫舰、登陆舰、补给舰、潜艇等10艘,固定翼飞机11架,舰载直升机8架,以及160名海军陆战队队员和部分两栖装甲装备。

6."海上联合—2017"军演

"海上联合—2017"演习的课题为"联合救援和联合保护海上经济活动",是继"海上联合—2015"之后,"海上联合"系列军演第二次分阶段举行。

"海上联合—2017"第一阶段演习于7月21日至28日在波罗的海海域举行,这是"海上联合"系列军演首次在波罗的海海域举行。我国海军参加演习的052D型导弹驱逐舰"合肥"舰、054A型导弹护卫舰"运城"舰、903型综合补给舰"骆马湖"舰组成编队自三亚起航,经南海、马六甲海峡、孟加拉湾、亚丁湾、苏伊士运河、地中海、直布罗陀海峡和英吉利海峡,航行1.9万余公里,创造了"海上联合"系列军演的最远航程纪录。俄罗斯海军波罗的海舰队首次参演。在"海上联合—2017"第一阶段演习结束后,中国海军参演舰艇编队赶赴俄罗斯圣彼得堡,参加在涅瓦河上举行的俄罗斯海军节盛大阅兵庆典。

"海上联合—2017"第二阶段演习于9月18日至25日在日本海彼得大帝湾和鄂霍次克海阿瓦尼湾举行,这也是"海上联合"系列军演首次在鄂霍次克海海域举行。我国海军051C型导弹驱逐舰"石家庄"舰、054A型导弹护卫舰"大庆"舰、903型综合补给舰"东平湖"舰以及援潜救生船"长岛"船参演。在第二阶段演习中,首次设置了"救援遇险坐底潜艇"课目,并作为海上实兵演习的首个演练课目。我方援潜救生船"长岛"船和俄方救援船"别洛乌索夫"号参演,这也是"海上联合"系列军演中首次有此类专用潜艇救援船参演。两船均携带有现代化的深海潜水器和其他先进的深海作业设备。在这个课目的演练中,俄罗斯海军太平洋舰队所属的1艘"基洛"级877型常规动力潜艇扮演"失事遇险潜艇",并实际坐沉海底,由中俄两国海军联合对其展开"救援"。

(十一)日本陆海空联合"夺岛"演习

2013年11月1日至18日,日本在九州和冲绳地区举行了大规模的陆海空联合"夺岛"演习。该次演习主要演练海上封锁、联合夺岛作战、岛屿登陆与防卫作战、夺取局部制海权和制空权等科目,有34万名陆海空自卫队员、6艘舰艇、380架战机、900辆战车参加演习。这是通过美国手把手的帮带,日本自卫队组织的近年来规模最大的一次作战演习,日本在西南岛屿敏感方向举行"夺岛"这一敏感主题的演习,针对性和指向性明显,颇具挑衅和示威的意图。

(十二)美日"利刃—2014"联合军演

美日"利刃—2014"联合军演于2014年1月27日至31日在日本举行。此次联合军演的主题是提高地区弹道导弹防御(BMD)能力。演习以24小时连续作业的方式进行,使用基于计算机的系统来模拟潜在的真实危机以及测试所有相关人员和单位的实时反应能力。"利刃—2014"演习着眼于以伙伴组织之间的沟通和协作来促进针对可能发生在太平洋地区的危机事件的快速和高效反应。

每两年一次的美日"利刃"联合军演始于1986年,如今已成为美日最高层次的战略性军事演习,也是美日安保同盟框架内的最重要演习之一。近年来该演习的内容与地区局势日益密切,2006年首次出现美日联合"夺岛"的内容,2008年则有针对台海危机的预案,2010年的演习更囊括导弹拦截、海空对抗和联合"夺岛"等多项内容,针对中朝的意图明显。

(十三)美菲"肩并肩"军演

菲律宾曾经是美国的殖民地,两国长期保持军事同盟关系。美菲"肩并肩"演习是两国年度例行的诸军兵种联合两栖作战大型演习。该演习由1978年8月开始的"高速跃进"演习发展而来,1982年改为现名,此后每年3至5月举行一次,每次2—3星期。曾因条约到期,于1995—1999年间短暂中断。演习主要在菲律宾沿海举行,其中海军的主要演习地点是在马尼拉湾;空军的主要演习地点是克拉克空军基地;医疗等民事科目在巴拉望省举行。该演习以美菲《共同防御条约》为依据,目标是增进美菲军队的军事交流与合作,提高两国军队联合作战条件下的计划制定、作战准备和互通性,检验两国共同应对突发性事件特别是军事冲突、自然灾害的能力及美军支援亚太地区驻军的快速反应和部署能力,并表明美国支持菲律宾抵御外部侵略的决心。到2017年,此演习已是第33次举行。"肩并肩—2014"是菲美两国2014年4月28日签署《加强防务合作协议》后举行的首场大规模联合演习,而"肩并肩—2015"则是近年来两国举行的规模最大的一次演习。

1. "肩并肩—2014"军演

2014年5月5日至16日,美国和菲律宾两国在菲境内多处地点举行的年度例行大型联合演习,超过3000名菲军官兵与2500名美军官兵参加,演习项目包括参谋人员演习、野外训练演习、人道主义及民用设施援建等。其中,5月9日,约120名菲美两国海军陆战队官兵在菲北部吕宋岛上三描礼士省的菲海军教育训练指挥部内举行"登陆突击"演练;5月11日和15日,菲美两国军队还先后在甲米地以及打拉省举行实弹演习。菲武装部队总参谋长保蒂斯塔称,通过这次军演,菲律宾与美国共同建立一个地区接触平台,不仅提高了菲美两国的军事能力,也增强了协同配合、联合规划及执行能力。

"肩并肩"军演是菲美年度例行大型联合演习,首次军演于1991年举行,1995年时一度中断,1999年恢复举行,至今年已是第30次。"肩并肩—2014"是菲美两国2014年4月28日签署《加强防务合作协议》后举行的首场大规模联合演习。

2. "肩并肩—2015"军演

2015年4月20日至30日,美国和菲律宾两国年度"肩并肩"军演在菲律宾多地举行。此次演习,美军参演人数为6656人,菲律宾方面的参演人数为5023人,相比前一年,人数规模翻一番,为近5年来最大。另外,美方今年出动76架飞机和3艘战舰,菲方则派出15架飞机和1艘战舰。澳大利亚也派出61名军人参加今年的"肩并肩"演习,是唯一一个参加此次军演的第三方国家。值得注意的是,此次军演之一的海军基地距离中国黄岩岛仅仅220公里。

3. "肩并肩—2016"军演

2016年4月4日至15日,菲美"肩并肩"联合军演在菲律宾5省军事基地举行,共有5000

名美军、3500菲军以及80名澳洲士兵参加。日本、韩国、马来西亚、泰国、柬埔寨、新加坡、印度等多个国家派员观摩。演习内容包括"夺岛演练"、特种作战等。在中东立下战功的美军"高机动火箭系统"(HIMARS)首次在亚太地区亮相;首次有美国防长观看"肩并肩"演习;日本自卫队第一次以观察员身份参与美菲军演。

日本"亲潮号"潜艇,以及"有明"号、"濑户雾"号驱逐舰,4月3日抵达苏比克湾。这是日本潜艇时隔15年重返菲律宾。日本首次派员观摩美菲军演,显示出日本对于区域安全事务的参与已逐渐深化。

4. "肩并肩—2017"军演

2017年5月8日至19日,美菲"肩并肩"联合军演在菲律宾北部的吕宋岛地区和中部的米沙鄢群岛地区举行,这是近年来"肩并肩"军演首次放弃南海作为军演场所。"缩水"成为国际舆论对于此次军演最大的关注点。此次演习,菲美共派出参演部队约5400人,同去年相比大为减少。除了参演人数减少外,军演菲方指挥官、菲律宾中部军区司令官奥斯卡·拉克涛在军演开幕式上称,根据菲律宾总统杜特尔特的要求,本年度"肩并肩"联合军演调整了演习内容,从国土防卫转为人道主义援助、救灾和反恐。这意味着过去常常挑起外界紧张神经的对外防御和海上安全方面的演练不再出现在此次军演的内容清单上。

(十四)美军空袭伊拉克

北京时间2014年8月8日凌晨,美国总统奥巴马宣布,已授权对伊拉克北部的伊斯兰极端武装ISIS目标实施定点空袭。如果ISIS继续向库尔德首府埃尔比勒(Erbil)进军,就会遭到美军空袭。据外电报道,美国五角大楼8日宣称美国已向伊拉克北部发动空袭。两架美军F-18战机当天携带500磅激光制导炸弹轰炸了伊拉克北部逊尼派极端武装ISIS的自行火炮阵地。这是2011年底美国从伊拉克撤军以来,美军对伊境内进行的首次空中打击。但奥巴马也重申,不会动用地面部队,也不希望美国重新卷入当地的战争中。根据联合国的统计,8月初,ISIS从库尔德武装手中夺取了辛贾尔镇、扎马尔镇等地区,导致当地约20万人流离失所。

伊拉克与大叙利亚伊斯兰国,即The Islamic State of Iraq and Greater Syria/IslamicState of Iraq and al Shams(缩写为ISIS或ISIL),为2014新锐恐怖组织,是一支逊尼派背景的宗教极端武装,分布于中东的各个国家。其前身是2006年在伊拉克成立的"伊拉克伊斯兰国"。"al Shams"的意思是"大叙利亚",即叙利亚、黎巴嫩、约旦、以色列和巴勒斯坦。ISIS组织的目标是消除在一战结束后,由温斯顿·丘吉尔所创建的现代中东的国家边界,并在这一地区创立一个由基地组织运作的酋长国。

(十五)2014"金色眼镜蛇"演习

"金色眼镜蛇"演习是美国和泰国联合主办的多国演习,自1981年以来每年举行一次,是东南亚地区最大的多国和多军种联合军事演习。2014年的演习从2月11日持续到21日,韩国、美国、泰国、日本、新加坡、马来西亚、印尼和中国等8个国家派遣10艘舰艇和7800多名兵力参加演习。中国自2002年开始派遣观察员以来,此次是中国军队首度派实兵参加。所派出的17人分队于18日参加了人道主义救援演习,没有参与任何战斗性演习。

此次演习分为指挥所演练、野战实兵演练、人道主义和民事支援三个部分。此次演习以东南亚某国因种族冲突导致内战,同时因遭受强台风袭击引发人道主义危机为背景展开。其中,野战实兵演练科目包括联合实弹射击、两栖登陆、战略空降、医疗、补给支持以及多样化地形中实施的多国科目,如丛林生存等。

中国首次实兵参演"金色眼镜蛇"具有开创性。"金色眼镜蛇"军演由美国和泰国主导,规模较大、内容丰富,中国作为泰国的周边国家,长期以观察员身份参加,而这次从观察员变成了"队员",中国参演的角色发生了转变。这说明在这个地区,中国军事能力特别是地区军事影响能力的提高不能够被忽视。中国军队逐步参与到由美国主导的演习中来,也反映了中美之间的战略互信在逐步增强。

(十六)美日印"马拉巴尔"联合军演

"马拉巴尔"军演最早开始于1992年,起初只是美印两国的双边海军演习,基本上是交替在太平洋和印度洋上举办。2007年,日本以非永久性参与者的身份首次参加该军演。2015年12月,印度和美国宣布将"马拉巴尔"双边演习正式扩大为三边演习,日本也就成为了"马拉巴尔"军演的永久性参与者。

1. "马拉巴尔—2016"

2016年6月10日至17日,美国、日本和印度三国海上军事力量在日本长崎驻日美军佐世保基地进行了代号为"马拉巴尔—2016"的海上联合军事演习。演习包括反潜战、水面战、防空战、海上搜救训练等课目。美日印三国共出动11艘舰船和8000兵力参与此次军演,其中美国派出了核动力航母"约翰·斯坦尼斯"号,印度则派出包括导弹驱逐舰在内的4艘军舰,而日本海上自卫队则派出了标准排水量超过1万吨的"日向"号驱逐舰及新型P-1巡逻机,还有US-2救难飞艇、P-3C巡逻机等。

2. "马拉巴尔—2017"

2017年7月10日至17日,美国、日本、印度三国在孟加拉湾正式举行"马拉巴尔—2017"联合军演。此次联合军演不仅是这项军演史上规模最大的一次,而且从参演舰艇的阵容上看,也可谓是一次"全航母"军演,因为美、日、印三国都派出了航母或者准航母参加。

此次参演的美军舰艇以一个航母打击大队为主,包括1艘核动力航母尼米兹号、1艘导弹巡洋舰、3艘导弹驱逐舰和1艘攻击型核潜艇。印度方面的参演阵容包括其唯一一艘现役航母"维克拉马蒂亚"号,这也是该航母自2013年11月服役后,首次与外国军舰一同进行全面的战斗演习。此外,还有6到7艘军舰和1艘俄制基洛级潜艇。日本海上自卫队则派了"出云"号直升机驱逐舰和"涟"号驱逐舰参演。"出云"号是日本海上自卫队最大级舰船,具有航母式的"全通甲板",因此也被军事评论人士归类为"准航母",该舰稍加改装便可变成一艘"真航母"。此次演习以岸上和海上训练为特色,岸上演练在印度金奈进行,主要包括各国相关专家就技术问题展开交流、侦察行动、地面和反潜战、医疗作业等;海上训练则在孟加拉湾举行,旨在推动各参与国家在军事行动上的参与和配合,提高在多国环境中的规划和执行战术的能力,科目主要包括潜艇熟悉、防空演习、医疗撤离演习等。

五、非战争军事行动

(一)"和平方舟"的亚丁湾之旅

2010年8月31日至11月26日,海军"和平方舟"号医疗船执行"和谐使命—2010"任务,跨越两大洋、航经六大海峡,为正在亚丁湾执行护航任务的中国海军官兵巡诊,并前往吉布提、肯尼亚、坦桑尼亚、塞舌尔和孟加拉国实施人道主义服务、进行友好访问。这次远航,是中国海军首次组织医疗船赴海外执行人道主义服务任务、首次为护航官兵开展医疗服务、首次组织远程卫勤演练。

（二）也门撤侨

2014年以来，也门紧张局势持续升级。2015年3月26日起，由沙特阿拉伯和埃及、约旦、苏丹等其他海湾国家参加的国际联军在也门发动打击胡塞武装的军事行动，当地局势骤然紧张。根据习近平主席和中央军委命令，执行第十九批亚丁湾护航任务的"临沂"舰、"潍坊"舰、"微山湖"舰，自3月27日起暂时停止护航，赴也门执行撤离中国公民任务。这是2008年底中国海军赴亚丁湾护航以来的首次"暂停"。

从3月29日到4月6日，中国海军舰艇分四批从也门安全撤离了600多名中国公民，并协助来自15个国家的279名外国公民安全撤离。此次撤离是中国政府应有关国家请求开展的人道主义救援行动，也是中国政府首次为撤离处于危险地区的外国公民采取的专门行动，充分体现了中国政府"以人为本"的理念和国际主义、人道主义精神。

（三）利比亚撤侨

经中央军委批准，自2011年2月28日起，中国空军共派出4架伊尔-76军用运输机紧急赶赴利比亚执行人员撤离任务。在受领任务后的97个小时内，4架军机共计飞行12架次43小时，单机总航程达到19,397千米，共将1,655名我在利人员从利比亚撤离至苏丹首都喀土穆。

正在亚丁湾、索马里海域执行护航任务的中国海军第七批护航编队"徐州"舰，2月28日也奉命调整航向前往利比亚海域，为接运我撤离人员的外籍邮轮"卫尼泽洛斯"号商船护航。"徐州"舰按照时间节点经红海、苏伊士运河进入地中海，到达利比亚附近海域后，于当地时间3月1日10时30分（北京时间16时30分）与搭乘我2,142名从利比亚撤离人员的"卫尼泽洛斯"号顺利会合并进行伴随护航。

（四）美军猎杀本·拉登

2011年5月1日凌晨，美军"海豹"突击队秘密越过阿富汗边境，在巴基斯坦境内展开代号为"杰罗尼莫"的猎杀行动，成功击毙"基地"组织领导人本·拉登，为历时10年的追捕行动画上了圆满的句号。

当地时间5月1日凌晨，4架美军160夜间特种航空团驾驶员操纵的"黑鹰"改进型直升机，搭载着24名"海豹"突击队员，携带先进战斗装备，从阿富汗起飞，开始执行猎杀任务。由于改进型"黑鹰"直升机装备有降低噪音和减少热辐射的装置，加之直升机超低空飞行，突击队顺利躲过了巴基斯坦防空体系，穿越了阿富汗与巴基斯坦边界。4架直升机抵达巴基斯坦首都附近后，又掉头前往距当地96.6千米的北方城市阿伯塔巴德。即将到达目的地时，由于当地气温过高以及直升机负荷超重，一架直升机出现故障，坠落在伊斯兰堡郊区富人区一个戒备森严的院子里。其驾驶员和突击队员不得不转乘另一架直升机继续行动。1时10分左右，直升机抵达目标房屋后，美军特种部队通过绳索降到院子内。随后，他们迅速展开，实施突击搜索。但在房屋的一层，就遭到来自本·拉登的儿子和2名信使的强烈火力拦阻。双方发生交火，凭借着优势火力，特种兵将3人击毙。随后，特种突击队员兵分两路，同时进入房屋的第二层和第三层，找到了本·拉登。拉登被特种兵击中胸部和左眼上部，当场死亡。之后，特种兵又搜查了整座房屋，找到了电脑、硬盘、资料等大量机密文件。整个行动非常顺利，只持续了40分钟，美国特种兵无一伤亡。行动结束后，特种兵将本·拉登的尸体运上直升机，顺利返回在阿富汗的基地。

（五）"海上巨无霸"首次护航

经中央军委批准，中国海军目前吨位最大、补给能力最强的战舰——南海舰队某作战支援舰支队大型综合补给舰"青海"号,于2011年7月2日从湛江启航,与"武汉"舰、"玉林"舰一起,组成中国海军第九批护航编队,正式执行亚丁湾、索马里海域的护航任务。

(六)朝鲜核试验

2013年1月22日,联合国安理会一致通过关于朝鲜发射卫星问题的第2087号决议,要求朝鲜遵守安理会有关决议规定,不得再使用弹道导弹技术进行发射。1月24日,朝鲜国防委员会发表声明,谴责联合国安理会涉朝决议,称将进行更高水平的试验。朝鲜于2013年2月12日进行了第三次核试验。

2016年1月6日朝鲜进行第四次核武试验,号称成功完成氢弹试验,也是朝鲜首次完成氢弹试验。2016年9月9日,朝鲜成功进行第五次核试验。朝鲜媒体称该国在核和导弹技术方面取得了关键的技术突破。2017年9月3日,朝鲜进行第六次核试验。

(七)朝鲜发射运载火箭

朝鲜不顾国际社会的反对,2012年12月12日用"银河"3号运载火箭将第二颗"光明星"3号卫星成功送入轨道。

2017年7月29日,朝鲜宣布成功进行了第二次"火星"-14洲际弹道导弹试射,导弹从朝鲜西北部地区发射,最大上升高度为3724.9km,飞行距离为998km,飞行时间为47分12秒,最终准确命中设定在公海上的目标水域。

(八)韩国发射运载火箭

2013年1月30日,韩国运载火箭"罗老"号在全罗南道高兴郡的宇航中心成功发射升空。

(九)叙利亚局势

叙利亚的反政府组织于2011年1月26日开始组织示威活动,3月15日由于学生涂鸦反政府内容被逮捕引发骚乱,随后反政府示威活动演变成了武装冲突。叙利亚内战自此爆发并持续至今。由于不仅涉及叙利亚政府与叙利亚反对派组织之间的矛盾,同时还有与作为该国少数种族的库尔德人之间的矛盾,与极端组织"伊斯兰国"之间的对抗,再加上美国、俄罗斯、土耳其等国利益纠缠其中,叙利亚局势异常复杂多变。

所谓的"阿拉伯之春"爆发后,叙利亚反对派要求总统巴沙尔·阿萨德下台,巴沙尔·阿萨德同意通过和谈解决叙利亚国内的矛盾,但遭到叙利亚反对派的拒绝。叙利亚反对派发动对叙利亚武装部队及亲政府的民兵组织的恐怖袭击,特别是在德拉、霍姆斯、伊德利卜和哈马等抗议的中心地区。冲突一直持续,联合国称叙利亚政府军及叙利亚反对派均犯下了包括谋杀、法外处决、酷刑等侵权行为在内的战争罪行。

2015年9月30日,俄罗斯联邦委员会批准在叙利亚动用武装力量,并在叙境内发动首次空袭。11月24日,俄罗斯1架在叙利亚执行反恐任务的苏-24战机被土耳其击落,坠落在叙利亚境内离叙土边境约4公里处,1名飞行员获救,另1名飞行员死亡。俄罗斯、土耳其、美国及北约为此展开博弈,打击"伊斯兰国"极端组织行动平添新变数。

2017年10月4日,叙利亚政府军剿灭了盘踞在叙中部哈马省最后一处极端组织"伊斯兰国"据点,整个哈马省的"伊斯兰国"武装被完全清除。"伊斯兰国"在叙境内主要控制区被压缩在东部代尔祖尔省内。12月6日,俄罗斯总统普京表示,"伊斯兰国"组织在叙利亚幼发拉底河两岸被歼灭,行动后俄武装力量总参谋长瓦列里·格拉西莫夫宣布,叙利亚从"伊斯兰国"恐怖分子手中完全解放,最后的武装分子被消灭在代尔祖尔。12月7日,俄罗斯国防部宣布,叙利亚全境所有城镇、居民点均已从恐怖组织手中解放,俄军在叙利亚的反恐任务已经完成。

（十）萨德入韩

萨德入韩是指韩方不顾中国反对，执意把萨德反导系统部署在韩国星州基地而引发的一系列事件。

2017年2月27日，乐天集团董事局决定为部署萨德供地。3月6日上午，萨德系统的部分装备已经通过军用运输机运抵驻韩美军乌山空军基地。4月26日，萨德反导系统的2辆发射车、X波段雷达开始在韩国投入运行。美国国防部表示，后续会不断地对入驻韩国的萨德系统进行升级。7月29日，韩国总统文在寅在青瓦台国家安全保障会议上下达指令，将立即与美国协商关于韩美间战略遏制力的强化方案，其中包括追加部署剩余的4辆"萨德"发射车。

末段高空区域防御系统（Terminal High Altitude Area Defense，THAAD，萨德）是美国导弹防御局和美国陆军隶下的陆基战区反导系统，一般简称为萨德反导系统。该系统作为专门用于对付大规模弹道导弹袭击的防御系统，其独特优势是在防御大规模导弹威胁的同时，为作战部队提供更加灵活的使用选择。其目的不是取代而是补充MIM-104防空导弹以及海军宙斯盾弹道导弹防御系统、陆基中段防御系统和美国在世界各地部署的预警雷达与传感器，从而使美军具备多层弹道导弹防御能力。

例题分析

近期国内外军情主要考查近期发生的国内外军事事件的时间、地点、人物等基本要素，以及事件本身的影响和重要意义等方面。其考题主要以选择题、填空题、简答题等形式出现。

【例题1】 2011年，围绕南千岛群岛（日本称北方四岛）的归属权，俄罗斯、日本之间爆发的岛屿之争不断升级，外交冲突不断。南千岛群岛不包括（　　）。

A. 色丹、齿舞　　　　　　　　　B. 择捉、国后

C. 库页岛、礼文岛　　　　　　　D. 齿舞、国后

解析：此题答案为C。南千岛群岛包括色丹、齿舞、择捉、国后四个岛屿。

【例题2】 2010年5月25日，美国（　　）超燃冲压飞行器试飞成功，标志着美国制造"全球快速打击"导弹技术已取得关键性突破。

A. X-51　　　　B. B-52　　　　C. X-37B　　　　D. B-2

解析：此题答案为A。X-51速度能达到5马赫，约6000千米/小时，几乎可以在1小时内对地球上任何一处目标实行精确打击。

【例题3】 2010年，日本制造撞船事件，非法扣押我渔民渔船，致使中日钓鱼岛之争愈演愈烈。中日钓鱼岛之争的根源是1951年9月8日美日签订的（　　）以及1971年6月17日日美签订的"归还冲绳协定"。

A.《波茨坦公告》　　　　　　　B.《旧金山和约》

C.《开罗宣言》　　　　　　　　D.《琉球列岛的地理境界》

解析：此题答案为B。1951年9月8日，美日将中国和苏联排除在外，私下达成《旧金山和约》，将琉球群岛及大东群岛等交由美国托管。同日，我国政府发表声明，指出这一和约是非法的。

【例题4】 经中央军委批准，2011年2月28日，在亚丁湾、索马里海域执行护航任务的我国海军第七批护航编队（　　）导弹护卫舰启程赶赴利比亚附近海域，为撤离中国在利比亚被困

人员的船舶提供支持和保护。

A. "徐州"号　　　B. "舟山"号　　　C. "千岛湖"号　　　D. "温州"号

解析：此题答案为A。2011年2月28日正在亚丁湾、索马里海域执行护航任务的中国海军第七批护航编队"徐州"舰，奉命调整航向前往利比亚海域，为接运我撤离人员的外籍邮轮"卫尼泽洛斯"号商船护航。

【例题5】（　　）是世界上第一架全尺寸无人攻击机验证机，也是第一种专门为航空母舰设计的舰载无人攻击机验证机。

A. X–51　　　B. X–47B　　　C. X–37B　　　D. F–22

解析：此题答案为B。本题主要考查对美军X–47B无人攻击机的了解。2011年2月4日，美海军X–47B无人攻击机成功首飞，标志着美军舰载无人攻击机研制工作取得阶段性进展。X–47B是世界上第一架全尺寸无人攻击机验证机，也是第一种专门为航空母舰设计的舰载无人攻击机验证机。

【例题6】2010年9月24日，上合组织成员国在哈萨克斯坦马特布拉克训练场进行了（　　）联合反恐实兵演练。

A. "东方—2010"　　　　　　　　B. "利剑—2010"
C. "远东—2010"　　　　　　　　D. "和平使命—2010"

解析：此题答案为D。2010年9月24日，来自哈萨克斯坦、中国、吉尔吉斯斯坦、俄罗斯、塔吉克斯坦的5000余名官兵组成的精锐之师，在哈萨克斯坦马特布拉克训练场进行了"和平使命—2010"上合组织成员国武装力量联合反恐实兵演练。

【例题7】2010年12月17日，日本内阁通过并发表新《防卫计划大纲》，提出了（　　）这一新概念。

A. 基础防卫力量　　　　　　　　B. 基本防卫力量
C. 机动防卫力量　　　　　　　　D. 应急防卫力量

解析：此题答案为C。2010年12月17日，日本内阁通过并发表新《防卫计划大纲》。"新大纲"指出，日本"不应继续遵循以重视防卫力量的存在威慑效果为核心的传统的'基础防卫力量构想'"，而要"建设一支能更加有效防止和应对各种事态的，能更加能动地促进亚太地区安全保障环境稳定和国际安全保障环境改善的机动防卫力量"。

【例题8】2010年5月21日，美军（　　）的组建，标志着美军正向信息化高端领域转型。

A. 赛博司令部　　　　　　　　　B. 全球打击司令部
C. 核力量司令部　　　　　　　　D. 中央司令部

解析：此题答案为A。2011年5月16日，美国白宫发布的《赛博空间国际战略》中对军事力量保卫美国及其盟友的赛博空间自由，提出了新的政府指导和能力需求。而具体执行这一战略的军事部门正是于2010年5月21日成立的美军赛博司令部。美军赛博司令部的组建，标志着美军正向信息化高端领域转型，预示着虚拟数字形态的赛博空间战争将走向历史舞台。

第十四章　综合练习

根据历年来的考试情况分析,军事知识部分考题总体难度适中,题型简单,题量不大。在不作较大调整改变的情况下,客观题型只有单项选择题一种,题量控制在40道左右,而且基本以记忆型题为主,需要进行分析辨别的题数量较少;主观题只有2道,所给材料阅读量在2,000字左右,难度稍大,需要考生综合多方面的知识和能力作答。从另一方面看,考题覆盖知识面较广,基本上本书所列所有知识点或多或少都会涉及。因此,在复习的时候,客观题的准备应注意"两手抓":一是要抓知识面,所有知识点的内容都要复习到,不要有遗漏;二是要注意记忆的准确性,不要混淆,两者不可偏废。主观题的准备,第一,要熟悉考试大纲规定的各种文种的格式和撰写规范及要求,从标题的拟写、主送对象、正文撰写以及落款等,都要按照规范要求来,不要别出心裁,自行其是;第二,要有代入,也就是要根据考题所明确的考生所充当的角色,而不能按照现实中自己的身份角色来答题;第三,要根据考题的具体要求作答,书写要清晰工整,字数要符合要求。当然,最根本的还是要紧扣题意,不能偏题,如答非所问,则不可能得高分。

此部分实际上由两项内容组成,一是综合练习,二是参考答案及解析。综合练习是根据往年考试情况和考试大纲对各知识点掌握程度的不同要求编写的部分练习题目,供考生备考时强化练习使用。为使考生在练习时更能获得考试的感觉,此部分习题不按章节内容单独出题,而是各部分习题打乱次序,混合编排。参考答案及解析部分,先给出每道题目的正确答案,之后对如何分析理解题意并选择正确答案作出简要分析。此部分综合练习题量相当于对应考题约5份的题量,对考生强化训练可起到很好的帮助。

一、综合练习

1. 在中国古代,原始社会末期就有战争活动,奴隶社会时期战争更为频繁。周武王击败商纣王是在( )。

    A. 阪泉之战　　　B. 涿鹿之战　　　C. 鸣条之战　　　D. 牧野之战

2. 关于无产阶级军事思想和资产阶级军事思想的关系,下列说法错误的是( )。

    A. 关于战争的本质,资产阶级认为:"战争无非是政治通过另一种手段的继续"
    B. 无产阶级军事思想把阶级关系看作政治的主要内容,把战争紧紧地与阶级、阶级斗争联系在一起
    C. 无产阶级军事思想与资产阶级军事思想都重视人民群众在战争中的地位和作用。
    D. 资产阶级军事思想与无产阶级军事思想不同的是,它认为发展生产力是改善军队体制编制、提高军队战斗力的前提

3. 军队现代化的基础工程和关键所在是( )。

    A. 创新军事理论　　　　　　　B. 培养军事人才
    C. 发展武器装备　　　　　　　D. 调整体制编制

4. 坚持积极防御的军事战略方针,从根本上讲,就是要坚持( )。
   A. 先发制人的战略思想　　　　　B. 灵活机动的作战思想
   C. 人民战争的战略思想　　　　　D. 速战速决的作战思想
5. 坚持党领导人民军队的一系列根本制度,下列不正确的是( )。
   A. 军队的最高领导权和指挥权集中于党中央、中央军委
   B. 部队各级党委坚持贯彻民主集中制的组织原则
   C. 保证枪杆子永远掌握在忠于党的可靠人的手里
   D. 支部建在连上
6. 中央军委主席习近平在出席十二届全国人大一次会议解放军代表团全体会议时强调:牢牢把握党在新形势下的强军目标。强军目标是( )。
   A. 努力建设一支听党指挥、能打胜仗、作风优良的人民军队
   B. 努力建设一支与我国国际地位相称的人民军队
   C. 努力建设一支与国家安全和发展利益相适应的人民军队
   D. 努力建设一支为人民服务的人民军队
7. 中国古代军事思想成熟于( )时期。
   A. 夏商西周　　　B. 春秋战国　　　C. 秦汉至宋元　　　D. 明至清
8. 《孙子兵法》的( )篇提出衡量战争胜负的"五事""七计"诸因素。
   A. 《计》　　　B. 《作战》　　　C. 《军争》　　　D. 《九变》
9. "以战止战"的思想提出于( )。
   A. 《吕氏春秋》　　B. 《左传》　　C. 《司马法》　　D. 《吴子》
10. 中国第一部编年体史学巨著是( )。
    A. 《韩非子》　　B. 《左传》　　C. 《论语》　　D. 《易经》
11. 宋代在军制上变化较多,主要实行募兵制,分为禁兵、厢兵、乡兵、蕃兵四种,其中( )隶属州府,从地方招募。
    A. 禁兵　　　B. 厢兵　　　C. 乡兵　　　D. 蕃兵
12. 20世纪80年代,美军提出了以( )为主的"机动战"理论。
    A. 空地一体战　　B. 空天一体战　　C. 空海一体战　　D. 行动中心战
13. 在"非对称"战略思想的影响下,俄罗斯主张压缩军队规模,建立包含现代军队所有构成要素的( )军队。
    A. 全能型　　　B. 多任务型　　　C. 复合型　　　D. 胚胎式
14. 提出"文明冲突论"的代表人物是美国哈佛大学的教授( )。
    A. 博伊德　　　　　　　　　B. 塞缪尔·亨廷顿
    C. 托马斯·哈梅斯　　　　　D. 富勒
15. "五环目标论"中,( )是"重心",是首选的打击目标。
    A. 领导指挥环　　B. 有机必须环　　C. 基础结构环　　D. 保护机制环
16. 美军参谋长联席会议是一个( )。
    A. 智囊机构　　B. 军令指挥机构　　C. 秘书机构　　D. 行政领导部门
17. 美国国防部长是( )。
    A. 五星上将　　B. 退役将领　　C. 现役将官　　D. 文职官员

18. 俄罗斯负责国家安全(包括军事安全和内外综合安全)的国家最高权力机构是( )。
   A. 安全会议   B. 国防部
   C. 总参谋部   D. 联邦议会

19. 俄罗斯海军的舰队属于( )军团。
   A. 战略   B. 战役战略
   C. 战役   D. 战役战术

20. 1929年12月底,在( )古田村召开的中国共产党红四军第九次代表大会(即著名的"古田会议"),通过了《中国共产党红军第四军第九次代表大会决议案》。
   A. 福建上杭   B. 福建长汀
   C. 江西宁冈   D. 江西永新

21. 遵义会议后,中共中央决定成立由( )组成的"三人军事指挥小组",简称"三人团",全权负责军事指挥。
   A. 博古、李德、周恩来   B. 毛泽东、张闻天、王稼祥
   C. 毛泽东、周恩来、王稼祥   D. 周恩来、张闻天、王稼祥

22. 1949年6月15日,中国人民革命军事委员会发布了《中国人民解放军军旗、军徽样式》的命令。根据有关规定,凡中国人民解放军( )级以上部队、院校,均授军旗一面。
   A. 连   B. 营   C. 团   D. 师

23. 1950年4、5月间,我军进行渡海作战,创造了用木船打军舰的战争奇迹,解放了( )。
   A. 海南岛   B. 金门岛   C. 一江山岛 D. 钓鱼岛

24. "两弹一星"是指我国20世纪60年代至70年代成功研制的( )。
   A. 原子弹、导弹和人造地球卫星
   B. 导弹、中子弹和人造地球卫星
   C. 原子弹、中子弹和人造地球卫星
   D. 导弹、氢弹和人造地球卫星

25. 1937年7月7日,日本发动全面侵华战争。中国人民在中国共产党领导下结成抗日民族统一战线,以国民党、共产党两党合作为核心,举国一致,英勇进行反法西斯的抗日民族解放战争。中国人民的抗日斗争,下面说法正确的是( )。
   A. 1937年8月至11月淞沪会战之后,开始转入战略相持阶段
   B. 1938年10月日军占领武汉、广州以后,开始转入战略相持阶段
   C. "百团大战"前后历时3个半月,由于战役前严守机密,收到了出奇制胜的效果。之后,抗日战争转入战略相持阶段
   D. 在徐州会战中,中国军队以劣势装备与日军精锐部队周旋了5个月,并取得台儿庄大捷,由此,抗日战争转入战略相持阶段

26. 不能表明反法西斯同盟国开始从防御转向进攻的战略转折的作战是( )。
   A. 美军1942年6月中途岛海战的胜利
   B. 英军1942年11月阿莱曼战役的胜利
   C. 盟军1944年6月诺曼底登陆战役的胜利
   D. 苏军1943年2月斯大林格勒战役的胜利

27. 1940年9月日军入侵印度支那,越南人民举行北山起义。1945年5月越南解放军成立。日军失败之后,越南境内日军投降。下列描述正确的是(　　)。
    A. 越南北纬16°线以北日军向英军投降
    B. 越南北纬16°线以南日军向美军投降
    C. 中国国民政府接受越南北纬16°以北地区日军投降
    D. 中国国民政府接受越南北纬16°以南地区日军投降

28. 有关第二次世界大战期间法国抵抗法西斯的各种行动,按时间顺序正确的是(　　)。
    A. 法国反法西斯各党派在国内组织各种抵抗运动——法国民族解放委员会在阿尔及尔成立——巴黎爆发武装起义——以戴高乐为主席的法国临时政府成立
    B. 法国民族解放委员会在阿尔及尔成立——法国反法西斯各党派在国内组织各种抵抗运动——巴黎爆发武装起义——以戴高乐为主席的法国临时政府成立
    C. 巴黎爆发武装起义——法国反法西斯各党派在国内组织各种抵抗运动——法国民族解放委员会在阿尔及尔成立——以戴高乐为主席的法国临时政府成立
    D. 法国反法西斯各党派在国内组织各种抵抗运动——巴黎爆发武装起义——法国民族解放委员会在阿尔及尔成立——以戴高乐为主席的法国临时政府成立

29. 1941年12月7日夏威夷时间7点55分,从日本机动部队航空母舰上起飞的轰炸机攻击了珍珠港中的美国太平洋舰队。关于日本偷袭珍珠港,以下描述错误的是(　　)。
    A. 美国人被打了个措手不及
    B. 这一事件使美国威望扫地
    C. 太平洋战争从此拉开了帷幕
    D. 美太平洋舰队所有水面舰艇被摧毁

30. 关于朝鲜战争,下列说法错误的是(　　)。
    A. 朝鲜战争是发生在冷战初期,是一场纯粹的朝鲜南北双方的内战
    B. 美国插手,破坏半岛和平团结,是导致朝鲜战争的根本原因
    C. 南韩和北韩的战略目标都是想通过武力控制整个朝鲜半岛,实现国家的统一。
    D. 美国称之为朝鲜冲突,而不称其为战争

31. 第二次世界大战后发生的最大规模坦克大战发生在(　　)。
    A. 第二次中东战争　　　　　　B. 第三次中东战争
    C. 第四次中东战争　　　　　　D. 第五次中东战争

32. 古巴导弹危机爆发的直接原因是(　　)。
    A. 苏联在古巴部署导弹　　　　B. 美国在意大利和土耳其部署导弹
    C. 猪湾事件　　　　　　　　　D. 苏联与古巴新政府建交

33. 西方媒体评论马岛战争时说:"这是一场没有赢家只有输家的战争",这是因为(　　)。
    A. 战争没有平息两个国家对马岛主权的争执,反而使两个国家距离更远、仇恨更深
    B. 阿根廷的战败导致了更大规模的反政府运动,最后导致军政府倒台
    C. 战争的胜利使强烈的爱国主义情绪横扫英国全国,加强了以首相撒切尔夫人为首的政府的权威
    D. 英国用近千人的伤亡代价和27亿美元的巨额花费换来了名义上的胜利

34. 关于近期几场高技术局部战争爆发的先后顺序,以下正确的是(　　)。
   A. 海湾战争—科索沃战争—阿富汗战争—伊拉克战争
   B. 海湾战争—科索沃战争—伊拉克战争—阿富汗战争
   C. 海清战争—伊拉克战争—阿富汗战争—科索沃战争
   D. 科索沃战争—海湾战争—阿富汗战争—伊拉克战争

35. 在科索沃战争中,关于南联盟的战略目的错误的说法是(　　)。
   A. 充分利用地理条件优势,采取有效的防护措施,最大限度地保存实力
   B. 运用全民抗战的力量和灵活的战法
   C. 力求速战速决,粉碎北约的企图
   D. 维护对科索沃的主权、国家的统一和尊严

36. 在(　　)战争中,中国大使馆被炸。
   A. 阿富汗　　　　B. 伊拉克　　　　C. 海湾　　　　D. 科索沃

37. 关于阿富汗战争,下列说法错误的是(　　)。
   A. 仅从军事角度看,阿富汗战争实质上就是一场信息战
   B. 为各国的反恐怖战争提供了一个范例
   C. 美国借反恐渗透到了中亚
   D. 单一使用信息化空中力量达成战争目的的先河

38. 海湾战争、科索沃战争、阿富汗战争、伊拉克战争所展现出的某些共同性质的特征,使我们可以预测到未来战争的大致走势。下列说法错误的是(　　)。
   A. 传统的战争观念将被打破,平时与战时、战略与战术、软战与硬战相互交织
   B. 战场空间相互重叠,呈现出全维化特征,网络空间、心理空间、外层空间将会成为交战双方争夺的主战场
   C. 军队内部的军种界限分明,日益呈现出大型化、重型化、单元化等特征
   D. 交战的方式呈现出不对称、非线性、超视距、不接触特征

39. 航天飞机是部分可重复使用、往返于地面和近地轨道之间运送有效载荷并完成特定任务的空间飞行器。以下关于航天飞机的描述,错误的是(　　)。
   A. 航天飞机不能作为战斗机袭击地球上的目标
   B. 航天飞机由轨道器、助推器(即助推火箭)、外燃料箱三部分组成
   C. 航天飞机集中了许多现代科学技术成果,是火箭、航天器和航空器技术的综合产物
   D. 航天飞机用火箭垂直发射,入轨时助推火箭及燃料箱均被抛掉,只有轨道器在地球轨道上飞行

40. 半主动式寻的制导是用弹外的信号发射器发射信号,照射或选定目标,弹上的信号接收机接收目标反射的信号,引导弹体命中目标。以下关于半主动式寻的制导的描述,错误的是(　　)。
   A. 雷达技术可以用于半主动寻的制导
   B. 激光技术可以用于半主动寻的制导
   C. 反辐射导弹就是雷达半主动寻的制导的导弹
   D. 与主动式寻的制导相比,它的最大优点是不需要增大武器的重量和尺寸,就可以大大增加攻击目标的威力

41. 军事通信卫星用来担负保密的、大容量的、高速率的战略和战术通信勤务。以下关于军事通信卫星的描述,错误的是(   )。

   A. 一般部署在地球同步轨道上

   B. 通信卫星就是天基无线电波中继站

   C. 也有少数部署在大椭圆轨道和其他轨道上

   D. 它接收到地面发出的无线电波以后直接转发到地面

42. 生物武器是军事行动中用以杀死人、牲畜和破坏农作物的致命微生物、毒素和其他生物活性物质的统称。对生物武器特点的描述,错误的是(   )。

   A. 成本高   B. 致病性强   C. 污染面积大   D. 传染途径多

43. 动能武器指的是一类能够发射5倍于音速的高速弹头,利用弹头的动能直接撞毁目标的武器。下列武器中不属于动能武器的是(   )。

   A. 电磁炮   B. 激光炮   C. 群射火箭   D. 动能拦截弹

44. 海洋监视卫星主要用来对海上舰船和潜艇进行探测、跟踪、定位、识别,并监视其行动,获取军事情报。以下关于海洋监视卫星的描述,错误的是(   )。

   A. 海洋监视卫星包括电子侦察型和雷达型两种

   B. 电子侦察型目标的定位精度不如雷达型卫星

   C. 电子侦察型工作轨道比雷达型卫星的轨道要低

   D. 电子侦察型海洋监视卫星既可以单独使用,也可以与雷达型海洋监视卫星配合使用

45. 2011年7月14日美国国防部发布首份(   ),将网络空间列为与陆、海、空、太空并列的"行动领域"。

   A.《美国国家军事战略》

   B.《网络空间行动战略》

   C.《2016—2028年美国陆军作战概念》

   D.《网络部队建设规划》

46. 2011年2月4日,美海军(   )无人攻击机成功首飞,标志着美军舰载无人攻击机研制工作取得了阶段性进展。

   A. X-51   B. B-52   C. X-37B   D. X-47B

47. 美国空军新组建的(   ),将负责统一管辖美国空军核打击力量。

   A. 核打击司令部   B. 全球打击司令部

   C. 核力量司令部   D. 中央司令部

48. 自2011年2月28日起,中国空军共派出4架(   )军用运输机紧急赶赴利比亚执行人员撤离任务。

   A. 图-100   B. 歼-10   C. 图-300   D. 伊尔-76

49. 关于地形对作战行动的影响,下列表述错误的是(   )。

   A. 水网稻田地居民地小而密,公路稀少,乡村路狭窄,桥梁不坚固,各兵种的机动和协同不便

   B. 城市居民地道路四通八达,便于坦克和战斗车辆机动和展开

   C. 岛屿进攻时,由于岛内多险峻山地,沿海岸岸陡滩狭,登陆和发展战斗都受到限制

   D. 丘陵地便于军队机动和隐蔽配置,构筑工事和指挥协同方便

50. 关于地图比例尺,下列表述正确的是(　　)。
A. 地图比例尺是实地水平距离与图上相应线段长之比
B. 地图比例尺通常以数字比例尺和直线比例尺两种形式单独或结合表示
C. 地图比例尺的大小,是按比值的大小来衡量的,比值大,比例尺就大,图上相同长度线段代表的实际距离也大
D. 1∶100万地形图,是根据1∶10万和1∶25万地形图编绘的,能以较小的幅面显示广大地区的地形总貌。

二、参考答案及解析

1. D。阪泉之战是黄帝征服中原各族的过程中,与炎帝两部落联盟进行的一次战争。涿鹿之战是黄帝部族联合炎帝部族,跟北方的蚩尤部族所进行的一场战争。鸣条之战是夏商之战,而牧野之战则是周商之战。

2. D。资产阶级军事思想和无产阶级军事思想都十分肯定武装力量在武装斗争中具有重要的地位和作用,二者都认为发展生产力是改善军队体制编制、提高军队战斗力的前提,加强训练是提高军队战斗力的有效手段,严格纪律是军队战斗力的保证。故正确答案为D项。

3. B。任何事情都是人干的,没有大批的人才,军队现代化建设的事业就不能成功。因此,培养现代化的军事人才,是军队现代化的基础工程和关键所在。故正确答案为B项。

4. C。坚持人民战争,是任何强大敌人都不敢贸然入侵中国的重要原因。先发制人战略是美国等国家的战略思想。灵活机动的作战思想是人民战争思想中的一个方面,并不能代替人民战争思想。战争年代人民战争强调的是持久胜敌,而非速战速决。故正确答案是C项。

5. C。在长期的革命斗争实践中,我们党形成和确立了一整套保证党对军队绝对领导的根本制度,这就是:军队的最高领导权和指挥权集中于党中央、中央军委;部队各级党委坚持贯彻民主集中制的组织原则;实行党委统一的集体领导下的首长分工负责制;团以上单位设立政治委员和政治机关制度;坚持支部建在连上。这些制度构成了一个严密、科学、完整的体系,实现了党的组织与军队建制的紧密结合,实现了党的领导与军事行政领导的内在统一。故C项错误。

6. A。2013年3月11日,中共中央总书记、中央军委主席习近平在出席十二届全国人大一次会议解放军代表团全体会议时强调,全军要深入贯彻落实党的十八大精神,高举中国特色社会主义伟大旗帜,以邓小平理论、"三个代表"重要思想、科学发展观为指导,牢牢把握党在新形势下的强军目标,全面加强军队革命化现代化正规化建设,为建设一支听党指挥、能打胜仗、作风优良的人民军队而奋斗。

7. B。中国古代军事思想萌芽于夏商,初步形成于西周,逐渐成熟于春秋战国。

8. A。"五事""七计"出自《孙子兵法》中的《计》。

9. C。《司马法》中提出:"杀人以安人,杀之可也;攻其国而爱其民,攻之可也;以战去战,虽战可也。"

10. B。《左传》,即《春秋左氏传》,亦称《左氏春秋》,是我国第一部编年体史学巨著。

11. B。宋代把军队分为禁兵、厢兵、乡兵、蕃兵四种,其中禁兵隶属中央,厢兵隶属州府。

12. A。美军1982年版、1986年版《作战纲要》阐述的空地一体战理论和1993年版《作战纲要》提出的新作战理论,均是机动战理论。因此,本题答案是A。

13. D。本题涉及的考点是"非对称"战略理论对俄军建设和战争准备的影响。在"非对称"战略思想的影响下,为应对未来安全形势俄罗斯将对军队规模做进一步压缩,建立包含现代军队所有构成要素的"胚胎式"军队。

14. B。本题涉及的内容是美国战争与战略理论的相关内容。"文明冲突论"的代表人物是美国哈佛大学的教授塞缪尔·亨廷顿。"暴乱战"理论是由美国国防大学战略研究所高级军事研究员托马斯·哈梅斯在伊拉克战争后创立的。而博伊德提出的则是决策周期论。此外,题目中明确说明代表人物是美国哈佛大学教授,用排除法可排除 A、C、D。故正确答案是 B。

15. A。本题涉及的考点是"五环目标论"。五环分别是指领导指挥环、有机必须环、基础结构环、单个群体环和保护机制环。其中,领导指挥环是"重心",是首选打击目标。故答案为 A。

16. A。参谋长联席会议由主席、副主席和三大军种参谋长(海军为作战部长)组成,是总统、国防部长、国家安全委员会的军事咨询机构。参联会主席由总统提名并经参议院批准任命,是美军最高军事长官,也是总统和国防部长的首席军事顾问。

17. D。国防部是军队最高行政机关,由武装力量政策委员会、国防部长办公厅、陆海空三军种部和参谋长联席会议组成。国防部部长为文职官员,是总统在防务方面的首席助手。

18. A。俄罗斯安全会议是负责国家安全(包括军事安全和内外综合安全)的国家最高权力机构。成员包括总统、议会代表、政府代表、高级指挥官、学者和经济专家。主要任务是制定国家军事、经济和生态安全政策、研究军事指挥机关的结构、挑选国防部领导人员等。

19. B。俄海军舰队是战役战略军团,其使命是在一定的海洋战区单独地或协同其他舰队或其他军种的军团(兵团)完成战役和战略任务。

20. A。1929 年 12 月底,在福建上杭古田村召开了中国共产党红四军第九次代表大会。

21. C。遵义会议实际上确立了毛泽东在党和红军中的领导地位。会后,中央决定组成毛泽东、周恩来、王稼祥三人小组,全权负责军事指挥。

22. C。《内务条令》规定,凡中国人民解放军团级以上部队、院校,均授军旗一面。

23. A。1950 年 4、5 月间,我军第四野战军一部对海南岛国民党军发起渡海登陆作战。

24. A。"两弹"指的是原子弹和导弹,"一星"即人造地球卫星,是新中国社会主义建设伟大成就的重要标志之一,充分显示了中华民族的创造能力。

25. B。中日战争在 1938 年 10 月日军占领武汉、广州以后,开始转入战略相持阶段。

26. C。美军 1942 年 6 月中途岛海战的胜利,英军 1942 年 11 月阿莱曼战役的胜利,以及作为主要标志的苏军 1943 年 2 月斯大林格勒战役的胜利,表明反法西斯盟国开始从防御转向进攻的战略转折。诺曼底登陆战役是战略反攻阶段的著名战役。

27. C。日本投降后,由中国国民政府接受关内各省和越南北纬 16°以北地区日军投降。9 月 2 日越南民主共和国成立。同日,越南北纬 16°线以南日军向英军投降。

28. A。1940 年,法国反法西斯各党派在国内组织各种抵抗运动。1943 年 6 月,法国民族解放委员会在阿尔及尔成立。1944 年 8 月 19 日,巴黎爆发武装起义;8 月 30 日,以戴高乐为主席的法国临时政府成立。

29. D。日本偷袭珍珠港时,美国太平洋舰队除 3 艘未停泊在港内的航空母舰侥幸躲过一劫。

30. A。朝鲜战争是发生在第二次世界大战之后的冷战的初期,是一场从朝鲜内战升级为多国派兵参加、具有相当规模的国际冲突。故 A 是错误的。

31. C。第四次中东战争中,以色列在先期失利的情况下,1973 年 10 月 14 日埃及投入 1000 辆坦克展开第二次大规模进攻时,以色列投入 800 辆坦克,击毁埃坦克 250 辆,迫使埃军当日撤回进攻出发阵地。这是第二次世界大战后最大规模的一场坦克大战。

32. A。美国发现苏联在古巴部署导弹时,采取封锁的手段,形成危机,最终迫使苏联从古巴撤出导弹。因此,古巴导弹危机爆发的直接原因是苏联在古巴部署导弹。

33. A。马岛战争留给后人的警示不断延续,英国用近千人的伤亡代价和 27 亿美元的巨额花费换来了名义上的胜利,但除了挽回一点面子外,似乎再也没有获得什么好处。名义上的失败也没有使阿根廷人放弃争夺马岛主权的斗争,他们在战后把每年的 6 月 10 日定为"马岛主权日"。

34. A。海湾战争爆发于 1991 年,科索沃战争爆发于 1999 年,阿富汗战争爆发于 2001 年,伊拉克战争爆发于 2003 年。故 A 选项正确。

35. C。南联盟的战略目的包括:充分利用战场建设完备和地理条件的优势,采取有效的防护措施,最大限度地保存实力,运用全民抗战的力量和灵活的战法,粉碎北约速战速决的作战企图,维护对科索沃的主权、国家的统一和尊严。故选 C 项。

36. D。在科索沃战争中北约空袭的第三阶段,中国驻南联盟大使馆被炸,致使 3 人死亡、20 多人受伤。故 D 选项正确。

37. D。科索沃战争开辟了单一使用信息化空中力量达成战争目的的先河。故选 D 项。

38. C。四场典型的局部战争所展现出的某些共同性质的特征表明,战争的主体力量、军队内部的军种界限等日趋模糊,日益呈现出小型化、轻型化、一体化、智能化和数字化等特征。故选 C 项。

39. A。航天飞机集中了许多现代科学技术成果,是火箭、航天器和航空器技术的综合产物。在军事上,航天飞机可对敌方弹道导弹的发射和飞机进行预警、作为战斗机袭击地球上的目标。

40. C。反辐射导弹是雷达被动寻的制导的导弹。

41. D。通信卫星就是天基无线电波中继站,一般部署在地球同步轨道上,也有少数部署在大椭圆轨道和其他轨道上,它接收到地面发出的无线电波以后进行放大,然后再转发到地面。

42. A。生物武器的特点为致病性强、污染面积大、传染途径多、成本低。

43. B。动能武器主要有动能拦截弹(分为反卫星、反导弹 2 种)、电磁炮(分为线圈炮、轨道炮和重接炮 3 种)、群射火箭等。激光炮属于定向能武器。

44. C。电子侦察型海洋监视卫星既可以单独使用,也可以与雷达型海洋监视卫星配合使用,其工作轨道比雷达型卫星的轨道要高,覆盖范围也更大,识别目标的能力更强一些,但对目标的定位精度不如雷达型卫星。

45. B。2011 年 7 月 14 日美国国防部发布首份《网络空间行动战略》,将网络空间列为与陆、海、空、太空并列的"行动领域"。

46. D。2011 年 2 月 4 日,美海军 X-47B 无人攻击机成功首飞,标志着美军舰载无人攻击机研制工作取得了阶段性进展。

47. B。美国空军新组建的全球打击司令部,将负责统一管辖美国空军核打击力量。

48. D。经中央军委批准,自2011年2月28日起,中国空军共派出4架伊尔-76军用运输机紧急赶赴利比亚执行人员撤离任务。

49. B。城市居民地建筑物的阻障性使地面机动受到较大限制,坦克和战斗车辆只能沿街道机动,不易展开。

50. B。地图比例尺是图上某线段长与相应实地水平距离之比,比例尺越大,图上相同长度线段代表的实际距离越短,1∶100万地形图,是根据1∶25万和1∶50万地形图编绘的。

第二部分　基本常识

考试大纲

根据《2019年从优秀士兵中选拔干部综合知识考试大纲》，从优秀士兵中选拔干部综合知识考试包括五个部分的内容，第二部分考核的内容是"基本常识"。大纲明确，此部分主要考核考生对人文社科和自然科学等方面基本知识的了解情况，主要包括历史、法律、管理、经济、文学、艺术、自然、地理、环境和科技等内容。

历史部分主要考核对我国古代史、近现代史和世界古代史、近现代史等内容的了解情况；

法律部分主要考核对我国的宪法、行政法、刑法、民法、诉讼法等内容的了解情况；

管理部分主要考核对管理学的基本概念及原理的了解情况；

经济部分主要考核对社会主义市场经济和国际经济等方面的基本理论的了解情况；

文学部分主要考核对中外有重要影响的作家作品的了解情况；

艺术部分主要考核对音乐、绘画、舞蹈、影视等不同艺术形式的特点和重要作品的了解情况；

自然部分主要考核对生物学、天文学、气象、水文等与生活和军事活动密切相关的自然界相关知识的了解情况；

地理部分主要考核对中国地理和世界地理的相关知识的了解情况；

环境部分主要考核对环境与环境保护的相关知识的了解情况；

科学技术部分主要考核对科技发展史以及与生活和军事活动密切相关的科学技术知识的了解情况。

第一章 历 史

一、中国古代史

（一）远古时代的人类

"远古时代"就是我们通常所说的原始社会，也叫作石器时代。使用比较粗糙的打制石器的阶段叫作旧石器时代，使用磨制石器的阶段叫作新石器时代。

元谋人是我国境内迄今发现的最早的人类，距今约 170 万年。因发现地点在云南元谋县上那蚌村西北小山岗上，定名为"元谋直立人"。

北京猿人，距今约 70 万年至 20 万年。在其生活的洞穴中保留有成堆的灰烬，说明当时人类不仅能使用天然火，而且能有意识地对火进行控制。1987 年，周口店北京人遗址被联合国教科文组织列入"世界文化遗产"名录。

山顶洞人，距今约 1 万 8 千年前，其体质形态和现代人基本一致，属晚期智人。因发现于北京市周口店龙骨山北京人遗址顶部的山顶洞而得名。已学会人工取火；同时生产工具有了显著进步，出现了磨光、钻孔技术，制造出了中国缝制工艺史上的第一枚骨针。

原始人经济生活的来源仍然是采集和狩猎两大部门。

距今约六七千年前，中国出现了古老的彩陶文化和黑陶文化。

（二）夏、商、西周

夏王朝是我国历史上第一个奴隶制王朝，它的建立标志着我国历史进入了文明时代。夏王朝的建立，是从禹开始的。

商朝的司母戊大方鼎是迄今考古发现的最大的青铜器；商朝也留下了世界上最早的日食记录；商代的甲骨文是刻在龟甲兽骨上的一种文字，是我国迄今发现的最早的成熟文字。

公元前 841 年，周朝的国人暴动是中国历史上第一次大规模的群众性武装暴动。

《诗经》是中国最早的一部诗歌总集，共 305 篇，分为《风》《雅》《颂》三部分。

（三）春秋、战国

春秋时期（公元前 770 年—前 476 年）已经开始出现铁制工具和牛耕技术；战国时期（公元前 475 年—公元前 221 年）铁制农具和牛耕已广泛应用于农业生产。

经过春秋时期的长期战争，到战国时形成了齐、魏、赵、韩、秦、楚、燕七国争雄的局面，史称战国七雄。

老子与《道德经》。老子，即老聃，春秋末期楚国人，政治上提出"无为而治"的思想；哲学上"道"是老子哲学的基本概念，朴素辩证法是其又一重要内容。

孔子及其思想。孔子，名丘，字仲尼，他的主张主要体现在《论语》中，"仁"、"礼"、"中庸"是孔子思想最重要的组成部分。孔子还是一个伟大的教育家，他第一个打破"学在官府"、贵族垄断教育的局面，开创了私人讲学的风气；提倡"有教无类"，善于因材施教；在学习上他提倡实事求是的态度，"知之为知之，不知为不知，是知也"；在学习时不忘复习，"温故而知新"，要学思结合,融会贯通,"学而不思则罔,思而不学则殆",鼓励学会举一反三,这样的治学态度对后世产生了积极的影响。孔子还是一个整理古籍的专家,他编《诗》《书》,定《礼》《乐》,作《春秋》,赞《周易》,后来这些书被奉为儒家经典。

孟子提出了民贵君轻思想;荀子认为治理国家主要靠礼仪道德,同时主张把法制作为礼的补充形式;墨家思想的核心是"兼爱,非攻";法家思想的集大成者是韩非子,在政治上他主张加强中央集权,为专制主义中央集权封建国家的建立做了理论上的准备。

战国时期,思想文化领域出现了许多派别,称为"诸子百家",各家各派在思想上激烈交锋,史称"百家争鸣"。

中国古代第一个享有很高声誉的名医是春秋后期的扁鹊,他创造的"望、闻、问、切"四诊法一直为中医沿用。

战国时的《甘石星经》是世界上最早的天文学著作。

(四)秦、汉

秦朝是我国历史上第一个统一的中央集权的封建国家。秦统一后,将圆形方孔钱作为统一货币,将小篆作为统一文字,同时统一了度量衡。

汉高祖后,汉文帝、汉景帝继续推行休养生息的政策,出现了中国封建社会的第一个盛世,史称"文景之治"。

汉武帝为了巩固大一统的政权,确定了"罢黜百家,独尊儒术"思想,以孔子学说为核心内容的儒家思想开始占统治地位。

汉武帝时派遣张骞两次出使西域,汉朝和西域各国的经济文化交流日益频繁,开辟了著名的"丝绸之路"。公元166年,大秦(古代对罗马帝国及近东地区的称呼)首次派使臣来到东汉,这是欧洲国家同我国直接友好往来的开始。

西汉时编订的《黄帝内经》是我国现存最早的医书;被后世尊为"医圣"的张仲景的《伤寒杂病论》奠定了中医治疗学的基础;华佗,精于针灸技术,发明麻沸散,发展了我国麻醉学和外科手术学,还编成了五禽戏。

东汉时期的张衡发明的地动仪是世界上最早的地震仪器。

司马迁所著《史记》是我国第一部纪传体通史;班固的《汉书》是第一部完整的断代史。

东汉蔡伦改进了造纸术;东汉《九章算术》是世界最早的应用数学之一。

陈胜、吴广领导的农民起义,是中国历史上第一次大规模的农民战争。

(五)魏晋、南北朝

南朝的祖冲之在世界上第一次把圆周率的数值精确推算到小数点后第七位。

北朝贾思勰《齐民要术》是我国现存第一部完整的农书。

南朝范缜的神灭论思想,比较系统地批判了神学迷信。

北魏郦道元所著《水经注》是一部中国古代最全面、最系统的综合性地理著作。

淝水之战是东晋时期北方的统一政权前秦向南方东晋发起的侵略吞并的一系列战役中的决定性战役,是我国历史上著名的以弱胜强的战例。

(六)隋唐、五代

公元605年,隋炀帝下令开凿贯通南北的大运河,大运河以洛阳为中心,南起余杭(今杭州),北至涿郡(今北京)。

隋朝创立科举制度,唐朝时进一步完善。

隋朝李春设计建造的赵州桥,是世界上现存最古老的石拱桥。

武则天是中国历史上第一个也是唯一的女皇帝。

唐三彩是一种精美的艺术品,主要颜色是青、黄、绿,故得名。

唐朝孙思邈被后世尊为"药王"。

唐朝时,中国是世界上最先进的国家之一,日本先后派了十多批遣唐使到中国学习,他们为中日的友好关系和文化交流起到了积极作用。

唐朝文成公主远嫁西藏,带去许多工匠、技艺、物种,对西藏的开发起到了积极作用。

唐朝的僧一行是杰出的天文学家,在世界上第一次测算出子午线的长度,并创制了系统周密、符合天文实际的《大衍历》。

唐太宗李世民开创"贞观之治",唐玄宗李隆基开创"开元盛世"。唐朝由盛转衰的转折点是安史之乱。

(七) 宋、元

司马光主持编写的《资治通鉴》是我国一部杰出的编年史。

宋代的针灸学和法医学成就突出,《洗冤录集》是中国第一部系统的法医学著作。

元朝管理藏族地区行政事务的中央机构是宣政院,管辖琉球(今台湾)的地方机构是澎湖巡检司。

元朝时各民族长期共处、互相融合,形成了一个新的民族——回族。

元朝时,中外交往频繁,著名的意大利旅行家马可波罗写下《马可波罗游记》,生动描述了大都(今北京)、杭州等城市的繁荣景象,激发了欧洲人对中国的向往。福建的泉州是元朝最大的港口,在当时和埃及的亚历山大港并列为世界第一大港。

元朝的黄道婆推广了黎族先进的棉纺技术。

(八) 明及清(前期)

明成祖永乐年间,政府组织编纂了我国历史上最大的一部类书——《永乐大典》;清乾隆年间组织编著的《四库全书》是当时世界上最大的一部丛书,分经、史、子、集四部。

明代宋应星所著《天工开物》被外国学者誉为"中国17世纪的工艺百科全书"。

明代郑和先后七下西洋,到达亚非三十多个国家和地区。

清朝通过设置驻藏大臣和金瓶掣签制度加强了对西藏的管理。

二、中国近现代史

(一) 列强的侵略

1839年6月,林则徐虎门销烟。

第一次鸦片战争后,1842年清政府与英国签订的中英《南京条约》是中国近代史上第一个不平等条约,割让香港。一系列不平等条约的签订,标志着古老帝国闭关而治时代的结束,是半殖民地半封建社会历史的开端。

鸦片战争前中国社会的主要矛盾是农民阶级与地主阶级的矛盾,战后帝国主义和中华民族的矛盾、封建主义和人民大众的矛盾成为中国社会的主要矛盾,而帝国主义和中华民族的矛盾是各种矛盾中最主要的矛盾,从此中国人民肩负起反帝反封建的双重任务,中国历史进入了民主主义革命时期。

1860年英法联军火烧圆明园;1883—1885年中法战争;1894—1895年中日甲午战争,签订

《马关条约》,使台湾和祖国分离;1900年八国联军侵华。

(二) 太平天国与义和团运动

1851年洪秀全领导金田起义。1853年太平天国颁布《天朝田亩制度》,规定了改革土地制度的办法;后期洪仁玕写了《资政新篇》一书,提出改革内政和建设国家的主张,带有资本主义的色彩。1856年"天京事变"成为太平天国由盛转衰的分水岭。

义和团运动的口号是"扶清灭洋"。

(三) 晚清社会政治、经济与思想文化

1853年,曾国藩在湖南筹办湘军。

19世纪60年代至90年代兴起洋务运动,前期以"自强"为旗号,创办了近代军事工业;后期以"求富"为口号,兴办了许多民用工业。同时洋务运动还创办新式学堂、选派留学生,培养了大批翻译、军事人才。洋务派在中央以奕䜣为代表,在地方以曾国藩、左宗棠、李鸿章、张之洞等为代表。

1861年清政府设立的总理衙门,是为办理洋务对外事务而特设的中央机构。

清朝晚期被誉为"开眼看世界第一人"的是林则徐;魏源提出"师夷长技以制夷"的主张,编写的《海国图志》是近代第一部详尽介绍西方的著作;张之洞发表《劝学篇》,提出"中学为体,西学为用"的思想。

李鸿章创办的轮船招商局是中国最早设立的轮船航运企业;左宗棠创办了中国最早的海军学校——福州船政学堂;京师同文馆是第一所近代学校,也是第一所外国语学校;清末官员郭嵩焘是中国的第一位驻外国公使;1905年清廷废除科举制,中国各地开始兴办新式学校。

(四) 维新运动与辛亥革命

严复最先向中国人系统介绍达尔文的进化论思想。

1895年春,康有为在北京参加会试,联络18省在京1300多举人联名上书,请求光绪帝"拒和""迁都""练兵""变法",这就是著名的"公车上书"。

维新派与顽固派的论战主要围绕三个问题展开:要不要变法;要不要兴民权;要不要改科举、兴西学。

1898年6月,光绪帝颁布"明定国是"诏书,宣布变法,因变法只推行了103天,史称"百日维新"。

1898年9月,慈禧太后发动政变,囚禁了光绪帝并下令搜捕维新派,史称"戊戌政变"。谭嗣同、康广仁、杨深秀、刘光第、杨锐、林旭被害于菜市口,这就是著名的"戊戌六君子"。

1905—1907年,革命派和维新派在思想领域展开了一场激烈论战,主要内容有:要不要用革命手段推翻清王朝;要不要实行民主政治,建立资产阶级共和国;要不要改变封建的土地制度。

同盟会是第一个全国性的资产阶级革命政党,孙中山建立的同盟会的纲领是:驱除鞑虏,恢复中华,创立民国,平均地权。

辛亥革命的指导思想是三民主义,即民族主义、民权主义、民生主义。

1912年1月1日,孙中山在南京宣誓就任中华民国临时大总统,宣告中华民国临时政府成立。

(五) 北洋政局与社会革命

1915年12月,袁世凯复辟称帝,年号为"洪宪"。

1915年，陈独秀在上海创办《青年杂志》，成为新文化运动兴起的标志，该杂志后改名为《新青年》。新文化运动的主要内容：提倡民主，反对专制；提倡科学，反对迷信；提倡新道德，反对旧道德；提倡新文学，反对旧文学。

1917年，蔡元培出任北京大学校长，提出兼容并包的教育方针；李大钊在《新青年》上发表了《我的马克思主义观》，全面介绍了马克思主义唯物史观。

1919年的五四运动标志着中国革命从旧民主主义革命进入到新民主主义革命阶段。

1921年，中共一大的召开宣告了中国共产党的成立；1922年中共二大在中国近代史上第一次提出了彻底的反帝反封建的民主革命纲领。

1924年，中国国民党第一次全国代表大会在广州召开，标志着国共两党合作的正式开始。同年，孙中山在广州创办了黄埔陆军军官学校。

标志着第一次国内革命战争失败的事件是"七一五"反革命政变。

（六）南京政府的成立和苏维埃革命的兴起

中共"八七会议"确定了土地革命和武装反抗国民党反动派的总方针。南昌起义打响了武装反抗国民党反动派的第一枪。

1927年9月，毛泽东率部队在三湾进行改编，从组织上确定了党对军队的绝对领导；1929年12月，红四军在古田召开会议，会议的中心思想是用无产阶级思想进行军队和党的建设。

中国共产党最早建立的革命政府是广州苏维埃政府。

1931年11月成立的中华苏维埃共和国的首都是江西瑞金。

1935年，遵义会议成立了毛泽东、周恩来和王稼祥的三人军事指挥小组。遵义会议是中国共产党第一次独立运用马克思主义原理解决自己路线、方针和政策问题，是中国共产党从幼稚走向成熟的标志。

（七）抗日战争

1931年，日本发动"九一八"事变，攻占沈阳；1935年，华北事变使我国丧失大部分华北的主权；1937年，日本发动卢沟桥事变，抗日战争全面爆发；1937年，日本帝国主义在南京制造了惨绝人寰的大屠杀；1938年，广州、武汉失陷后，中国的抗战进入了战略相持阶段；1945年，抗战取得最后胜利。

1932年1月28日，日本进犯上海，遭到中国军民的坚决抵抗，又称"一·二八"淞沪抗战；1935年，"一二·九"学生运动掀起全国抗日新高潮。

1935年，中国共产党发表《为抗日救国告全体同胞书》，即《八一宣言》，号召停止内战一致抗日。

西安事变的和平解决标志着十年内战基本结束、国共两党第二次合作的初步实现。

武汉会战是指1938年6月至10月中国军队抗击侵华日军进攻武汉的战役。武汉会战是抗日战争初期中国投入兵力最多、战线最长、坚持最久、牺牲最大的一次战役，使日本对中国速战速决的方针破产。

1937年，西北主力红军改名为八路军，总指挥为朱德，副总指挥为彭德怀。后来，南方八省的红色游击队改名为新四军，军长为叶挺，政委兼副军长为项英。皖南事变后，中共中央任命的代理军长为陈毅，政委为刘少奇。

1936年5月，全国各界救国联合会在上海成立，有七位领导人被国民党当局逮捕，史称"七君子事件"，七君子分别是沈钧儒、章乃器、邹韬奋、史良、李公朴、王造时、沙千里。

1937年12月南京沦陷后,国民政府迁往重庆,将重庆作为陪都。

抗战以来,中国军队取得的第一次胜利是平型关大捷;中国军队主动出击日军的最大规模战役是百团大战;中国共产党建立的第一块敌后根据地是晋察冀抗日根据地;在反"扫荡"中壮烈殉国的八路军副总参谋长是左权;1940年日本进攻枣宜地区,战斗中为国捐躯的抗日名将是张自忠。

(八)全面内战

解放战争中的三大战役:辽沈战役、淮海战役和平津战役。

解放战争时期,全歼国民党最精锐部队整编第七十四师的战役是孟良崮战役;揭开人民解放军全国性战略进攻序幕的是刘邓大军挺进大别山。

1949年3月,中国共产党在西柏坡召开七届二中全会,提出党的工作重心由乡村转移到城市;毛泽东在会上提出"两个务必":务必继续保持谦虚谨慎、不骄不躁的作风,务必继续保持艰苦奋斗的作风。

在解放区开展的大生产运动中,把南泥湾变成"陕北的江南"的部队是王震领导的三五九旅。

1947—1948年,解放军为加强部队建设,普遍开展了新式整军运动,其主要内容是:"诉苦",即诉旧社会和反动派给予劳动人民之苦;"三查",即查阶级、查工作、查斗志;"三整",即整顿组织、整顿思想、整顿作风。

1949年4月,国共双方在北平和谈的首席代表分别为张治中和周恩来。

标志着蒋介石政权在中国长达22年之久的反动统治垮台的事件是:1949年4月23日,中国人民解放军占领南京。

(九)从新民主主义到社会主义

新中国成立初期的三大运动是抗美援朝、镇压反革命和土地改革,其中旨在完成民主革命遗留任务的运动是土地改革。

新中国成立初期全国各地开展了"三反"、"五反"运动,"三反"是指反贪污、反浪费和反官僚主义;"五反"是指反行贿、反偷税漏税、反盗骗国家财产、反偷工减料、反盗窃国家经济情报。

1951年5月,中央人民政府与西藏地方政府签订《关于和平解放西藏办法的协议》,标志着西藏和平解放。

1953年,周恩来在会见印度代表团时提出了和平共处五项原则,即互相尊重领土和主权完整、互不侵犯、互不干涉内政、平等互利、和平共处。

中国共产党对资本主义工商业进行社会主义改造的政策是和平赎买。

新中国成立初期,起到临时宪法作用的是《中国人民政治协商会议共同纲领》。

1956年,毛泽东在中共中央政治局扩大会议上提出"百花齐放、百家争鸣",这也成为我国发展科学、繁荣文化艺术的方针。

共和国十大元帅:朱德、彭德怀、林彪、刘伯承、贺龙、陈毅、罗荣桓、徐向前、聂荣臻、叶剑英。

(十)社会主义发展道路的探索

三大改造的基本完成标志着我国初步建立起社会主义基本制度。

中共八大提出,社会主义制度建立后,中国社会的主要矛盾是:先进的社会制度同落后的社会生产之间的矛盾。

面对大跃进带来的严重困难,1961年中共中央针对国民经济提出了八字方针:调整、巩固、充实、提高。

（十一）文化大革命

"文化大革命"中出现的"四人帮"是指江青、姚文元、王洪文、张春桥。

1967年2月，谭震林等老同志严词批评"文化大革命"的种种倒行逆施，被江青一伙污蔑为"二月逆流"。1976年，北京和各地群众利用清明节掀起悼念周恩来、痛斥"四人帮"的抗议运动，即"四五运动"。

"文化大革命"结束的标志是粉碎江青反革命集团。

（十二）改革开放

中国的改革是从农村开始起步和突破的。1978年12月，安徽省凤阳县梨园公社小岗生产队的18户农民立了一份将田地包干到户的生产契约，成为中国农村改革的突破口和标志。

1980年，我国在深圳、珠海、汕头、厦门设立四个经济特区，打开了对外开放的突破口；1984年，国家进一步开放上海、天津、大连、福州、广州等14个沿海城市；1985年，又把长江三角洲、珠江三角洲、闽南三角洲和环渤海地区作为沿海经济开放区；1988年，海南岛成为经济特区；1991年，上海浦东也成为对外开放区。逐渐形成了"经济特区—沿海开放城市—沿海经济开放区—内地"这样一个全方位、多层次、宽领域的对外开放格局。

十一届三中全会：形成了以邓小平为核心的党的第二代领导集体；重新确定的思想路线的核心是实事求是。

十一届六中全会：通过了《关于建国以来党的若干历史问题的决议》，根本上否定了"文化大革命"。

中共十二大提出建设有中国特色社会主义理论。

1984年，"一国两制"的构想写进全国人大六届二次会议通过的《政府工作报告》，成为具有法律效力的基本国策。

中共十四大提出经济体制改革的目标是建立社会主义市场经济体制。

十五届五中全会第一次明确提出"全面建设小康社会"的历史任务。

2000年，江泽民在出席广东茂名高州市领导干部"三讲"教育会议时，首次提出"三个代表"重要思想。

2002年11月，中国共产党第十六次全国代表大会举行。江泽民作《全面建设小康社会，开创中国特色社会主义事业新局面》的报告。报告总结过去五年的工作和十三年的基本经验，阐述全面贯彻"三个代表"重要思想的根本要求，提出全面建设小康社会的奋斗目标。大会通过关于《中国共产党章程（修正案）》的决议，把"三个代表"重要思想同马克思列宁主义、毛泽东思想、邓小平理论一道确立为党必须长期坚持的指导思想。党的十六大以来，国民经济不仅增长速度快，而且持续的时间长、稳定性好。2003—2006年我国国内生产总值年平均增长10.4%。2002年我国国内生产总值120333亿元，2006年达到210871亿元，突破20万亿元，在世界的位次由第六位跃居第四位。2002年我国人均国民总收入首次超过1000美元，在短短的4年内于2006年又超过2000美元，在世界的位次也由第132位上升到第129位。按照世界银行的划分标准，我国已经由低收入国家步入了中等收入国家的行列。

2007年10月，中国共产党第十七次全国代表大会举行。胡锦涛作《高举中国特色社会主义伟大旗帜，为夺取全面建设小康社会新胜利而奋斗》的报告。大会总结了过去五年的工作和改革开放以来的宝贵经验；强调要坚定不移地高举中国特色社会主义伟大旗帜，坚持中国特色社会主义道路和中国特色社会主义理论体系;全面阐述科学发展观的科学内涵、精神实质和根本要求;提出实现全面建设小康社会奋斗目标的新要求。大会通过《关于〈中国共产党章程(修正案)〉的决议》,将科学发展观写入党章。

2009年10月1日,首都举行各界庆祝中华人民共和国成立60周年大会。胡锦涛讲话,回顾新中国成立60年来取得的伟大成就,总结新中国60年发展进步的成功经验,展望祖国美好发展前景。

2011年7月1日,庆祝中国共产党成立90周年大会举行。胡锦涛讲话,回顾中国共产党90年的光辉历程和取得的伟大成就,总结党和人民创造的宝贵经验,提出新的历史条件下提高党的建设科学化水平的目标任务,阐述在新的历史起点上把中国特色社会主义伟大事业全面推向前进的大政方针。强调要高举中国特色社会主义伟大旗帜,坚持和拓展中国特色社会主义道路,坚持和丰富中国特色社会主义理论体系,坚持和完善中国特色社会主义制度。

2012年11月8日至11月14日,中国共产党第十八次全国代表大会在北京召开。胡锦涛作《坚定不移沿着中国特色社会主义道路前进,为全面建成小康社会而奋斗》的报告。报告高举中国特色社会主义伟大旗帜,以马克思列宁主义、毛泽东思想、邓小平理论、"三个代表"重要思想、科学发展观为指导,分析了国际国内形势的发展变化,回顾总结了过去五年的工作和党的十六大以来的奋斗历程及取得的历史性成就,确立了科学发展观的历史地位,提出了夺取中国特色社会主义新胜利的基本要求,确定了全面建成小康社会和全面深化改革开放的目标,对新的时代条件下推进中国特色社会主义事业作出了全面部署,对全面提高党的建设科学化水平提出了明确要求。

回首近代以来中国波澜壮阔的历史,展望中华民族充满希望的未来,我们得出一个坚定的结论:全面建成小康社会,加快推进社会主义现代化,实现中华民族伟大复兴,必须坚定不移走中国特色社会主义道路。

以毛泽东同志为核心的党的第一代中央领导集体带领全党全国各族人民完成了新民主主义革命,进行了社会主义改造,确立了社会主义基本制度,成功实现了中国历史上最深刻最伟大的社会变革,为当代中国一切发展进步奠定了根本政治前提和制度基础。在探索过程中,虽然经历了严重曲折,但党在社会主义建设中取得的独创性理论成果和巨大成就,为新的历史时期开创中国特色社会主义提供了宝贵经验、理论准备、物质基础。

以邓小平同志为核心的党的第二代中央领导集体带领全党全国各族人民深刻总结我国社会主义建设正反两方面经验,借鉴世界社会主义历史经验,作出把党和国家工作中心转移到经济建设上来、实行改革开放的历史性决策,深刻揭示社会主义本质,确立社会主义初级阶段基本路线,明确提出走自己的路、建设中国特色社会主义,科学回答了建设中国特色社会主义的一系列基本问题,成功开创了中国特色社会主义。

以江泽民同志为核心的党的第三代中央领导集体带领全党全国各族人民坚持党的基本理论、基本路线,在国内外形势十分复杂、世界社会主义出现严重曲折的严峻考验面前捍卫了中国特色社会主义,依据新的实践确立了党的基本纲领、基本经验,确立了社会主义市场经济体制的改革目标和基本框架,确立了社会主义初级阶段的基本经济制度和分配制度,开创全面改革开放新局面,推进党的建设新的伟大工程,成功把中国特色社会主义推向二十一世纪。

新世纪新阶段,党中央抓住重要战略机遇期,在全面建设小康社会进程中推进实践创新、理论创新、制度创新,强调坚持以人为本、全面协调可持续发展,提出构建社会主义和谐社会、加快生态文明建设,形成中国特色社会主义事业总体布局,着力保障和改善民生,促进社会公平正义,推动建设和谐世界,推进党的执政能力建设和先进性建设,成功在新的历史起点上坚持和发展了中国特色社会主义。

中国特色社会主义道路,中国特色社会主义理论体系,中国特色社会主义制度,是党和人民经过九十多年奋斗、创造、积累的根本成就,必须倍加珍惜、始终坚持、不断发展。实践充分证明,中国特色社会主义是当代中国发展进步的根本方向,只有中国特色社会主义才能发展中国。

2017年10月18日至10月24日,中国共产党第十九次全国代表大会在北京召开。习近平代表第十八届中央委员会向大会作了题为《决胜全面建成小康社会,夺取新时代中国特色社会主义伟大胜利》的报告。大会选举产生了新一届中央委员会和中央纪律检查委员会,通过了关于十八届中央委员会报告的决议、关于十八届中央纪律检查委员会工作报告的决议、关于《中国共产党章程(修正案)》的决议。

这次大会的主题是:不忘初心,牢记使命,高举中国特色社会主义伟大旗帜,决胜全面建成小康社会,夺取新时代中国特色社会主义伟大胜利,为实现中华民族伟大复兴的中国梦不懈奋斗。中国共产党人的初心和使命,就是为中国人民谋幸福,为中华民族谋复兴。这个初心和使命是激励中国共产党人不断前进的根本动力。全党同志一定要永远与人民同呼吸、共命运、心连心,永远把人民对美好生活的向往作为奋斗目标,以永不懈怠的精神状态和一往无前的奋斗姿态,继续朝着实现中华民族伟大复兴的宏伟目标奋勇前进。

党的十九大是在全面建成小康社会决胜阶段、中国特色社会主义发展关键时期召开的一次十分重要的大会。承担着谋划决胜全面建成小康社会、深入推进社会主义现代化建设的重大任务,事关党和国家事业继往开来,事关中国特色社会主义前途命运,事关最广大人民根本利益。

十八大以来的五年,是党和国家发展进程中极不平凡的五年。面对世界经济复苏乏力、局部冲突和动荡频发、全球性问题加剧的外部环境,面对我国经济发展进入新常态等一系列深刻变化,我们坚持稳中求进工作总基调,迎难而上,开拓进取,取得了改革开放和社会主义现代化建设的历史性成就。五年来的成就是全方位的、开创性的,五年来的变革是深层次的、根本性的。五年来,我们党以巨大的政治勇气和强烈的责任担当,提出一系列新理念新思想新战略,出台一系列重大方针政策,推出一系列重大举措,推进一系列重大工作,解决了许多长期想解决而没有解决的难题,办成了许多过去想办而没有办成的大事,推动党和国家事业发生历史性变革。这些历史性变革,对党和国家事业发展具有重大而深远的影响。

经过长期努力,中国特色社会主义进入了新时代,这是我国发展新的历史方位。这意味着近代以来久经磨难的中华民族迎来了从站起来、富起来到强起来的伟大飞跃,迎来了实现中华民族伟大复兴的光明前景;意味着科学社会主义在二十一世纪的中国焕发出强大生机活力,在世界上高高举起了中国特色社会主义伟大旗帜;意味着中国特色社会主义道路、理论、制度、文化不断发展,拓展了发展中国家走向现代化的途径,给世界上那些既希望加快发展又希望保持自身独立性的国家和民族提供了全新选择,为解决人类问题贡献了中国智慧和中国方案。中国特色社会主义进入新时代,我国社会主要矛盾已经转化为人民日益增长的美好生活需要和不平衡不充分的发展之间的矛盾。

实现中华民族伟大复兴是近代以来中华民族最伟大的梦想。要实现伟大梦想,必须进行伟大斗争、建设伟大工程、推进伟大事业。"四个伟大"紧密联系、相互贯通、相互作用,其中起决定性作用的是党的建设新的伟大工程。推进伟大工程,要结合伟大斗争、伟大事业、伟大梦想的实践来进行,确保党在世界形势深刻变化的历史进程中始终走在时代前列,在应对国内外各种风险和考验的历史进程中始终成为全国人民的主心骨,在坚持和发展中国特色社会主义的历史进程中始终成为坚强领导核心。

新时代中国特色社会主义思想是全党全国人民为实现中华民族伟大复兴而奋斗的行动指南,是对马克思列宁主义、毛泽东思想、邓小平理论、"三个代表"重要思想、科学发展观的继承和发展,是马克思主义中国化最新成果,是党和人民实践经验和集体智慧的结晶,是中国特色社会主义理论体系的重要组成部分,是全党全国人民为实现中华民族伟大复兴而奋斗的行动指南,必须长期坚持并不断发展。

综合分析国际国内形势和我国发展条件,从二〇二〇年到21世纪中叶可以分两个阶段来安排。第一个阶段,从二〇二〇年到二〇三五年,在全面建成小康社会的基础上,再奋斗十五年,基本实现社会主义现代化。第二个阶段,从二〇三五年到21世纪中叶,在基本实现现代化的基础上,再奋斗十五年,把我国建成富强民主文明和谐美丽的社会主义现代化强国。从全面建成小康社会到基本实现现代化,再到全面建成社会主义现代化强国,是新时代中国特色社会主义发展的战略安排。

国防和军队建设正站在新的历史起点上。必须全面贯彻新时代党的强军思想,贯彻新形势下军事战略方针,建设强大的现代化陆军、海军、空军、火箭军和战略支援部队,打造坚强高效的战区联合作战指挥机构,构建中国特色现代作战体系,担当起党和人民赋予的新时代使命任务。继续深化国防和军队改革,深化军官职业化制度、文职人员制度等重大政策制度改革,推进军事管理革命,完善和发展中国特色社会主义军事制度。组建退役军人管理保障机构,维护军人军属合法权益,让军人成为全社会尊崇的职业。

三、世界古代史

(一) 希腊、罗马与欧洲古典文明

古希腊是欧洲文明的发源地。公元前8世纪到公元前6世纪,许多城邦相继出现,其中最重要的是:雅典和斯巴达。公元前5世纪,伯利克里当政时期,雅典的民主制达到极盛。

亚里士多德批判地继承了他的老师柏拉图的哲学思想,"吾爱吾师,但更爱真理"就是他的名言;古希腊史学家希罗多德被尊为"史学之父",他的传世之作是《历史》。

约公元前509年,罗马建立了奴隶制共和国;公元前27年,屋大维建立元首制,罗马帝国形成;395年,帝国分裂为东西两部;476年,西罗马帝国灭亡。西罗马帝国的灭亡,标志着奴隶制度在西欧崩溃。

希腊文明源于爱琴文明,这一文明先以克里特岛为中心,后以迈锡尼为中心。

(二) 欧洲基督教文明

约公元1世纪中叶,基督教诞生,基督教的经典是《圣经》。

法兰克王国在查理曼统治时期发展为军事帝国。843年帝国一分为三,形成了法兰西、意大利、德意志三国的雏形。

十字军东征是指11世纪末到13世纪末西欧封建主、大商人在罗马教皇发动下,以收复基督教圣地为借口,对地中海东岸各国进行的一场侵略性战争,一共8次。

(三) 阿拉伯帝国与伊斯兰文明

伊斯兰教徒称为穆斯林,意为信仰"真主"安拉的人,穆罕默德的说教后来被集录为伊斯兰

教的经典《古兰经》。

阿拉伯数字的发明者是古印度人。

(四) 亚洲

我们今天仍使用的七天一星期制度起源于古代西亚。

日本由奴隶社会向封建社会过渡的标志是大化改新。

四、世界近现代史

(一) 16 世纪的欧洲

1. 文艺复兴

文艺复兴是 14 世纪到 17 世纪初在欧洲兴起的思想文化运动,发源于意大利,其指导思想是人文主义,要求重视人、崇尚人性,是资产阶级反封建、反中世纪神学的思想武器。

彼特拉克最先提出以"人学"对抗"神学",被称为"人文主义之父";薄伽丘以小说集《十日谈》著名;达·芬奇、米开朗琪罗和拉斐尔被称为"美术三杰",达·芬奇代表作有《蒙娜丽莎》《最后的晚餐》,米开朗琪罗雕像有《大卫》,拉斐尔以圣母像著名;马基雅维利冲破了神权政治理论的桎梏,代表作有《君主论》;但丁被称为"中世纪最后一位诗人,又是新世纪的最初一位诗人",代表作有《神曲》。

15 世纪后期,文艺复兴逐渐扩展到西欧其他国家,莎士比亚是英国人文主义的代表,代表作有《罗密欧与朱丽叶》《哈姆雷特》等;拉伯雷是法国的代表人物,代表作有长篇小说《巨人传》;德意志代表人物伊拉斯谟,代表作有《愚人颂》;西班牙代表人物塞万提斯,作品有《堂·吉诃德》。

2. 地理大发现

1487 年,迪亚士抵达非洲南端好望角;达·伽马绕过好望角到达印度,开辟了欧洲和亚洲之间的第一条新航路;哥伦布开辟通往美洲的新航路;麦哲伦完成了人类历史上第一次环球航行。

近代欧洲最先进行殖民活动的国家是西班牙和葡萄牙。

3. 近代自然科学产生

近代自然科学是以天文学领域的革命为开端的。哥白尼创立的"太阳中心说"震撼了科学界和思想界,向教会发出挑战;开普勒继承和发展了哥白尼的思想,发现行星沿椭圆轨道绕太阳运行的规律;伽利略自制望远镜证实了哥白尼学说的正确性,被视为近代自然实验科学的奠基者;布鲁诺捍卫哥白尼学说,同时提出了"宇宙是无限的"这一理论。

近代自然科学的奠基者是牛顿。

4. 宗教改革

宗教改革是 16 世纪首先在德国爆发,随后迅速席卷西欧的一场大规模、意义深刻的社会政治运动。宗教改革奠定了新教基础,同时也瓦解了从罗马帝国颁布基督教为国家宗教以后由天主教会所主导的政教体系,为后来西方国家从基督教统治下的封建社会过渡到多元化的现代社会奠定基础。

5. 启蒙运动

17、18 世纪,欧洲资产阶级发动了一场反封建的思想文化运动,这是继文艺复兴后,欧洲发生的第二次思想解放运动,史称"启蒙运动"。

早期的启蒙思想家有英国的霍布斯和洛克。霍布斯提出"社会契约论",代表作有《利维坦》;洛克赞成君主立宪制。

18世纪启蒙运动达到高潮,代表人物有伏尔泰(提倡天赋人权)、孟德斯鸠(提出"三权分立"学说,代表作有《论法的精神》)、卢梭(主张人民主权思想、代表作有《论人类不平等的起源和基础》《社会契约论》)和以狄德罗为代表的百科全书派。

(二)资本主义的确立和发展

1. 英国资产阶级革命

导火线:苏格兰起义;1640年新议会的召开是革命开始的标志;1649年查理一世被押上断头台;1688年,辉格党人联合部分托利党人发动政变,邀请信奉新教的荷兰执政威廉及妻子玛丽登上王位,这是一次基本没有流血的政变,英国历史上称为"光荣革命",它标志着英国资产阶级革命的完成。

1689年英国议会通过《权利法案》,限制国王的权力,君主立宪制发展起来。

英国资产阶级革命标志着世界近代史的开端。

2. 法国资产阶级革命

导火线:三级会议的召开;1789年7月14日,巴黎人民攻占巴士底狱,革命爆发,这一天成为法国国庆节;8月通过《人权宣言》,它是革命的纲领性文件。

1804年拿破仑加冕称帝,建立法兰西第一帝国,同年颁布《民法典》,随后又公布了其他法典,这些法典成为资本主义社会的法律规范。

3. 美国独立战争

导火线:波士顿倾茶事件;1775年4月,莱克星顿的枪声标志着战争开始;1776年7月4日,大陆会议通过杰斐逊等人起草的《独立宣言》,英属北美殖民地正式宣布独立;1777年,萨拉托加大捷;1781年,英军投降;1783年,英国正式承认美国独立。

4. 美国内战

1861—1865年的美国内战是美国历史上第二次资产阶级革命,扫清了资本主义发展的又一障碍(奴隶制种植园经济)。

南北战争爆发后,林肯政府通过的两个重要文件是《宅地法》和《解放黑人奴隶宣言》。

5. 俄国农奴制改革

17世纪末,沙皇彼得一世进行了为加强统治、扩大军事力量和发展经济的改革;1861年,沙皇亚历山大二世签署了废除农奴制度的法令,俄国走上资本主义发展的道路。

6. 德意志统一

通过1864年对丹麦的战争、普奥战争、普法战争,德国最终实现统一。领导德国完成统一的是"铁血宰相"俾斯麦。

7. 工业革命

1765年,哈格里夫斯发明了珍妮纺纱机,揭开了工业革命的序幕。

1840年前后,英国的大机器生产已基本取代了工场手工业,工业革命基本完成,英国成为世界上第一个工业国家。

瓦特制成改良蒸汽机投入使用,人类进入"蒸汽时代";美国人富尔顿制成的汽船试航成功;英国人史蒂芬孙发明了蒸汽机车。

8. 第二次工业革命

科学技术应用于工业的成就主要表现在四个方面：电力的广泛运用、内燃机和新交通工具的创制、新通讯手段的发明和化学工业的建立。

1866年德国人西门子制成发电机；1870年格拉姆发明电动机，电力开始带动机器，人类进入电气时代。

第二次工业革命时的三大能源是：石油、电力和煤炭。在电力方面做出重要贡献的是西门子和爱迪生。

美国人贝尔发明电话；马可尼试验无线电报成功；莱特兄弟设计制造了飞机；卡尔·本茨制造出世界上第一辆汽车。

9. 垄断组织

资本主义发展到垄断资本主义阶段后，美国被称为"托拉斯帝国主义"，德国被称为"容克资产阶级帝国主义"，英国被称为"殖民帝国主义"，法国被称为"高利贷帝国主义"，俄国被称为"军事封建帝国主义"，日本被称为"带军事封建性的帝国主义"。

（三）工人运动与社会主义运动

1831年和1834年的法国里昂工人起义，是世界上最早的工人武装起义；1848年法国的六月起义是"现代社会中两大对立阶级间的第一次伟大战斗"；1871年的法国巴黎公社是世界上第一个无产阶级政权；1917年苏俄成立的人民委员会是世界上第一个工农苏维埃政府。

1857年，资本主义爆发了一次世界性的经济危机，工人运动和民族解放运动再度高涨，并逐渐走向国际联合；1864年，新的国际工人组织——"国际工人协会"在伦敦成立，这就是历史上的第一国际；1889年7月14日，国际社会主义者代表大会在巴黎开幕，标志着第二国际的成立。

世界上第一次广泛的、群众性的无产阶级革命运动是英国的宪章运动。

科学社会主义诞生的标志是1848年《共产党宣言》的发表。

（四）亚非拉民族主义运动

1791年，法属殖民地海地爆发起义；1804年，海地终于取得独立，成为拉丁美洲第一个独立的国家，掀开了拉丁美洲独立运动的序幕。

标志着帝国主义在非洲的殖民体系最终瓦解的是1990年纳米比亚独立。

（五）第一次世界大战

第一次世界大战是帝国主义国家为重新瓜分世界而进行的一场非正义的、掠夺性的帝国主义战争。

第一次世界大战爆发的导火线是萨拉热窝事件。

第一次世界大战前参加同盟国，战争开始后又参加协约国方面作战的国家是意大利。

（六）俄国十月社会主义革命

人类历史上第一次获得胜利的社会主义革命是俄国十月革命。

世界上第一个社会主义国家的缔造者是列宁。

（七）世界经济危机

1825年英国爆发了第一次资本主义经济危机。

1929—1933年首先爆发于美国，随后波及各主要资本主义国家，演变成一场规模空前的世界性资本主义经济危机，其特点是范围广、时间长、破坏大。

为摆脱危机,美国罗斯福政府全面加强了对经济的干预,推行了系列的改革措施,史称"罗斯福新政",其中心措施是国家对工业的调整。

日本在军部的推动下走上了法西斯道路。意大利法西斯专政的建立者是墨索里尼。

(八) 第二次世界大战

第二次世界大战是一场反法西斯的正义战争。

在慕尼黑阴谋中被牺牲的国家是捷克斯洛伐克。

1939年9月1日,德国突袭波兰,第二次世界大战爆发;1941年苏德战争爆发;1943年,意大利投降,法西斯侵略集团开始瓦解;1945年,德国投降,欧洲战场的战争结束;1945年9月,日本投降,第二次世界大战结束。

三次转折性战役:欧洲战场——斯大林格勒战役;北非战场——阿拉曼战役;太平洋战场——中途岛战役。

法国在第二次世界大战中迅速溃败的主要原因是凭借马奇诺防线,消极防御。

1943年,中美英三国首脑签署《开罗宣言》,声明盟国将对日作战直至其无条件投降,并规定日本侵占的包括东三省、台湾和澎湖列岛在内的中国领土必须归还。

1945年,苏美英三国首脑在雅尔塔举行会议,主要内容是:彻底消灭德国法西斯,惩办战犯;准备战后成立联合国等。

(九) 第二次世界大战后的世界

1945年10月,联合国成立,总部设在美国纽约;主要机构有联合国大会和安全理事会等;主要宗旨是维护国际和平及安全,发展各国间的平等友好关系,促进国际合作,协调各国行动;安理会常任理事国为中、美、英、法、苏;安理会是联合国中唯一有权采取行动来维持国际和平及安全的机构,实行"大国一致"的原则。

1946年,丘吉尔在美国发表反苏反共演说,主张遏制苏联,"铁幕演说"揭开了冷战的序幕。

美苏同盟关系破裂、冷战开始的标志是杜鲁门主义的出台。

1961年召开了第一次不结盟国家或政府首脑会议,不结盟运动正式诞生。

1962年,古巴导弹危机。

1979年,苏联入侵阿富汗。

1983年,里根提出"战略防御计划",即"星球大战"计划。

1980—1988年的两伊战争,损害了两伊的经济发展。

1989年亚太经合组织成立,1991年中国、中国台北和中国香港加入这一组织。

1991年,俄罗斯、乌克兰和白俄罗斯领导人签署明斯克协定,宣布成立"独立国家联合体",后来俄罗斯等11国领导人签署《阿拉木图宣言》,"独联体"扩大到苏联绝大部分加盟共和国。

1993年,《马斯特里赫特条约》正式生效,欧共体12国结成欧盟;1994年底,成员国增至15个;欧元于1999年成功启动,标志着酝酿多年的欧洲经济与货币联盟正式建立。

1994年,在南非举行了第一次各个种族都参加的全国大选,非洲国民大会主席曼德拉成为南非历史上第一位黑人总统。

1995年世界贸易组织(WTO)正式运转,中国于2001年正式加入世界贸易组织,成为其第143个成员国。

恐怖主义被称为"21世纪的政治瘟疫"。

第二次世界大战后,欧洲发展最快的资本主义国家是联邦德国。

（十）第三次科技革命

在第三次科技革命中，最具划时代意义的是电子计算机的发展和应用。

在经济全球化的过程中，起着十分重要作用的是跨国公司。

例题分析

【例题1】北京人遗址中发现很多石片、石块，考古界认为，有些是北京人制造的工具，最有力的依据是（　　）。

A. 数量很大，约有10万多件　　　　B. 出土集中，可能有意堆放

C. 形状多样，有些还有锋刃　　　　D. 便于使用，留有打制痕迹

解析：此题答案为D。A、B、C三项都是干扰项，A、C两项都具有一定的自然性。而人和动物的根本区别是会不会制造工具，因此D项正确。

【例题2】近代先进的中国人最早提出的在中国发展资本主义的方案是（　　）。

A.《海国图志》　　　　　　　　　　B.《资政新篇》

C.《应诏统筹全局折》　　　　　　　D.《临时约法》

解析：此题答案为B。《海国图志》是当时介绍西方历史、地理最翔实的专著；《应诏统筹全局折》实际上是资产阶级维新派的施政纲领；《临时约法》是孙中山在南京颁布的法律性文件。

【例题3】1927年8月1日，中国共产党领导的打响武装反抗国民党反动派第一枪的起义是（　　）。

A. 黄花岗起义　　　B. 武昌起义　　　C. 南昌起义　　　D. 广州起义

解析：此题答案为C。"共产党领导"可排除A、B两项，D项是1927年底爆发的。

【例题4】第一次工业革命给英国社会生活带来了重大变化，下列符合实际情形的是（　　）。

A. 汽车在马路上奔驰　　　　　　　B. 人们可以坐火车外出

C. 电灯照亮了千家万户　　　　　　D. 电话成为重要的通信工具

解析：此题答案为B。汽车、电灯、电话都是第二次工业革命的成果，火车（蒸汽机车）是英国人史蒂芬孙发明的，是第一次工业革命的成果。

【例题5】揭开国共两党由内战到和平、由分裂对峙到合作抗日序幕的是（　　）。

A. "一二·九"运动　　　　　　　　B. 西安事变和平解决

C. 中国民权保障同盟成立　　　　　D. 皖南事变

解析：此题答案为B。西安事变的和平解决标志着十年内战基本结束、国共两党第二次合作的初步实现。

第二章 法　律

一、宪法

(一) 宪法的概念

宪法是国家的根本法,规定国家的根本任务和根本制度,具有最高的法律效力,在国家统一的法律体系中处于核心的地位。

(二) 国体与政体

1. 国体

国体,即国家性质。我国的国体是工人阶级领导的、以工农联盟为基础的人民民主专政,实质上即无产阶级专政。

2. 政体

政体,即政权组织形式,指特定社会的统治阶级按照特定的原则和方式组成并代表国家系统地行使权力的国家政权机关体系。我国的政权组织形式为人民代表大会制度。

(三) 基本制度

1. 政党制度

中国共产党领导的多党合作和政治协商制度,是中国的一项基本政治制度。"长期共存、互相监督、肝胆相照、荣辱与共"是中国共产党同各民主党派合作的基本方针。政治协商会议不属于国家机构,也不同于人民团体,其主要职能是进行政治协商、民主监督和参政议政。

2. 经济制度

(1) 所有制经济形式:国家在社会主义初级阶段,坚持以公有制为主体、多种所有制经济共同发展的基本经济制度,非公有制经济是社会主义市场经济的重要组成部分,国家鼓励、支持和引导非公有制经济的发展,并对公有制经济依法实行监督和管理。

(2) 经济体制:国家实行社会主义市场经济。国家加强经济立法,完善宏观调控,依法禁止任何组织或个人扰乱社会经济秩序。

(3) 分配制度:我国实行以按劳分配为主体、多种分配方式并存的分配制度。

3. 民族区域自治制度

民族区域自治是我国单一制体制下,解决民族问题的基本制度。民族区域自治制度,即在我国领土内,在中央的统一领导下,遵照宪法和法律的规定,以少数民族聚居区为基础,建立民族自治地方,设立自治机关,由少数民族自主地管理本民族自治区域内的事务。

4. 选举制度

选举是指一定的社会成员,按照一定的程序和方法选择公职人员或代表的行为。它是现代国家政治制度的重要组成部分,是民主政治的基础。

我国选举制度的基本原则有四条:

(1) 普遍性原则。在我国,凡年满18周岁、具有中国国籍、依法享有政治权利的人都可以自由地行使选举权和被选举权,不受任何法律或人为的剥夺。

（2）平等性原则。这种平等性有两种表现:一是一人一票,二是选票价值相等。

（3）保障原则。该原则能保证选举公平、公正、公开地进行,使大多数人民的意志能够得到真实的反映。

（4）直接选举与间接选举原则。这条原则主要应用在人大代表的产生方式上,直接选举是由选民直接投票选举代议机关代表;间接选举是由选民先选出代表或选举人,再由代表或选举人投票选举上一级机关代表。

（四）公民的基本权利和义务

公民,是指具有某个国家国籍的自然人。我国《宪法》规定:"凡具有中华人民共和国国籍的人都是中华人民共和国公民。"

1. 公民的基本权利

（1）平等权。《宪法》第33条规定:"中华人民共和国的公民在法律面前一律平等。"平等作为权利,就是指公民不分民族、种族、学历、家庭出身等,都一律享有法律规定的权利;同时在法律面前,不允许任何公民享有法律以外的特权。

（2）选举权与被选举权。《宪法》第34条规定:"中华人民共和国年满十八周岁的公民,不分民族、种族、性别、职业、教育程度等,都有选举权和被选举权;但是依照法律被剥夺政治权利的人除外。"

（3）政治自由。公民有自由表达自己政治意愿的权利,包括言论、出版、集会、结社、游行、示威等方面的自由,其中言论自由是核心,但同时政治自由也是相对的,它必须在法律范围内行使。

（4）宗教信仰自由。这一自由在我国法律上的含义,是指每个公民有信仰宗教的自由,也有不信仰宗教的自由;有信仰这种宗教的自由,也有信仰那种宗教的自由;有过去信教而现在不信教的自由,也有过去不信教而现在信教的自由;有参加宗教仪式的自由,也有不参加宗教仪式的自由。

（5）人身自由。我国宪法规定的人身自由权利包括人身自由和人格尊严不受侵犯、通信自由和秘密受法律保护等方面。

2. 公民的基本义务

（1）维护国家统一和民族团结。

（2）遵守宪法和法律。

（3）维护祖国的安全、荣誉和利益。

（4）保卫祖国,依法服兵役和参加民兵组织。

（5）依法纳税。

（6）其他基本义务。

（五）国家机构

1. 全国人民代表大会

全国人民代表大会是我国的最高国家权力机关,也是行使国家立法权的机关。全国人民代表大会由省、自治区、直辖市和军队选出的代表组成,每届任期五年。

全国人大的职权是宪法确认的全国人大对其职责范围内事项的决定权限,有以下几个方面:① 宪法修改和监督权;② 基本法律的制定权和修改权;③ 中央国家机关组织权;④ 国家重大问题决定权;⑤ 最高监督权;⑥ 应当由最高国家权力机关行使的其他职权。

全国人大常务委员会是全国人民代表大会的常设机关,是在全国人大闭会期间行使最高国家权力的机关,也是国家的立法机关。全国人大常委会每届任期五年,委员长、副委员长连续任职不得超过两届,全国人大常委会会议一般每两个月举行一次。全国人大常委会的职权主要有:① 解释宪法和法律、监督宪法的实施;② 国家立法权;③ 国家重大事务的决定权;④ 人事任免权;⑤ 全国人大授予的其他职权。

2. 地方国家权力机关

地方各级人民代表大会是地方国家权力机关。省、自治区、直辖市、自治州、设区的市的人民代表大会由间接选举产生,每届任期五年;县、自治县、不设区的市、市辖区、乡、民族乡、镇的人民代表大会由直接选举产生,每届任期五年。地方各级人民代表大会会议每年至少举行一次,经1/5以上代表的提议,可以临时召集本级人民代表大会会议。

地方各级人民代表大会的职权主要有:① 地方性法规的制定权(这一权力的主体一般是省一级的以及省、自治区人民政府所在地的市和经国务院批准的较大的市的地方国家权力机关);② 地方重大事项的决定权;③ 人事任免权;④ 监督权;⑤ 其他方面的职权。

县级以上的地方各级人民代表大会设立常务委员会,作为本级人大的常设机关,其职权主要有:① 地方性法规的制定权;② 重要事项决定权;③ 人事任免权;④ 监督权;⑤ 人大组织工作方面的职权。

3. 国家主席

中华人民共和国主席是我国的国家元首,对内对外代表国家。它不是握有一定国家权力的个人,而是一个国家机关,包括国家主席和副主席。我国宪法规定,国家主席、副主席由全国人民代表大会选举产生;每届任期五年,连续任职不得超过两届;国家主席和副主席可以由全国人大罢免。

国家主席的职权有:向全国人大提名国务院总理的人选;根据全国人大和全国人大常委会的决定公布法律;任免国务院的组成人员,授予国家的勋章和荣誉称号,发布特赦令,宣布进入紧急状态、战争状态,发布动员令;代表国家进行国事活动;根据全国人大常委会的决定,派遣和召回驻外全权代表,批准和废除同外国缔结的条约和重要协定。

《宪法》规定,在国家主席缺位时,由副主席继任主席职位;副主席缺位时,由全国人大补选;国家主席、副主席都缺位时,由全国人大补选;在补选前由全国人大常委会委员长暂代主席职位。

4. 国务院

中华人民共和国国务院,即中央人民政府,是最高国家权力机关的执行机关,是最高国家行政机关。国务院由全国人大及其常委会组织产生,执行全国人大及其常委会各项决议,必须对全国人大及其常委会负责并报告工作。

国务院实行总理负责制。国务院的机构设置包括各部、各委员会、办公机构、直属机构和办事机构,组成人员的任免决定以后,都由国家主席宣布。国务院的任期每届与全国人大的任期相同,即为五年,任期届满后,由新一届的全国人大决定,组成新的国务院。宪法规定,总理、副总理、国务委员连续任职不得超过两届。

5. 中央军事委员会

中央军事委员会是全国武装力量的最高领导机关,其设立是对军队在国家生活中的地位的确认。

中央军委由主席、副主席若干人、委员若干人组成。主席由全国人大选举产生,根据主席的提名,全国人大决定其他组成人员的人选。全国人大有权罢免主席和其他组成人员。在全国人大闭会期间,全国人大常委会根据主席的提名,决定其他组成人员的人选。中央军委每届任期与全国人大每届任期相同,即为期五年,但没有届数限制。

中央军委实行主席负责制。主席有权对中央军委职权范围内的事务作出最后决策,但并不排斥民主集中制。中央军委主席在对重大问题作出决策之前,必须进行集体研究和讨论,然后再集中正确的意见作出决策。中央军委领导的我国武装力量包括中国人民解放军和人民武装警察部队。

《宪法》规定,中央军委主席对全国人大和全国人大常委会负责,从而确定了我国的武装力量属于人民的性质。由于军事问题的特殊性,中央军委并不向全国人大及其常委会报告工作,因此,最高国家权力机关有对中央军委的人员任免权,但没有工作监督权。

6. 人民法院

人民法院是国家的审判机关,行使国家审判权。审判权是国家赋予法院审理和判决刑事、民事、经济和行政案件的权力,它是国家权力的重要组成部分,只能由人民法院行使。

根据我国宪法和法律的规定,人民法院的组织系统是最高人民法院、地方各级人民法院和军事法院等专门人民法院。地方各级人民法院包括基层人民法院、中级人民法院和高级人民法院。

最高人民法院是国家的最高审判机关,即它享有终审权、最重大案件审判权和最高的调卷权,它监督地方各级人民法院和专门人民法院的审判工作。从法律上说,最高人民法院在工作中只服从法律,即司法独立的原则,但是我国的审判独立原则不是绝对的,是司法相对独立的原则。我国的人民代表大会制政体,决定了司法权不能独立于最高国家权力机关的权力,最高人民法院既然由全国人大产生,就要向全国人大负责。

二、行政法

(一) 行政法概述

1. 行政法的基本概念

所谓行政法,是指行政主体在行使行政职权和接受行政法律监督过程中与行政相对人、行政法律监督主体之间发生的各种关系,以及行政主体内部发生的各种关系的法律规范的总称。

2. 行政法的基本原则

(1)合法性原则。合法性原则是指行政权的存在、行使必须依据法律,符合法律,不得与法律相抵触,它在行政法中具有不可替代的地位。

(2)合理性原则。合理性原则是行政法原则的另一个重要组成部分,指行政行为的内容要客观、适度、合乎理性,其产生的主要原因是行政自由裁量权的存在。

(3)应急性原则。应急性原则是现代法治原则的重要内容,指在特殊的紧急情况下,出于国家安全、社会秩序或公共利益的需要,行政机关可以采取没有明确法律依据的或与通常状态下法律规定相抵触的措施。

3. 行政主体与行政相对人

(1)行政主体。行政主体是指享有国家行政权,能以自己的名义行使行政权,并能独立地承担因此而产生的相应法律责任的组织。国家行政机关是最主要的行政主体,此外依照法定授权而获得行政权的组织,也可以成为行政主体。一般认为,在我国,行政主体可以分为两大类:行政机关;法律、法规授权的组织。

(2)行政相对人。行政相对人是指行政管理法律关系中与行政主体相对应的另一方当事人,即行政主体的行政行为影响其权益的个人或组织。我国公民、法人或其他组织以及我国境内的外国人、无国籍人、外国组织,都可以作为行政法律关系的行政相对人主体参加行政法律关系。

(二)行政行为

1. 行政行为的概念和特征

行政行为是行政主体为实现国家行政管理目标而行使行政权力,产生法律效果的行为。行政行为具有以下特征:① 行政行为是行政主体的行为;② 行政行为是行使国家行政权的行为,是一种公务行为而非私人行为;③ 行政行为是产生法律效果的行为,其目的在于实现国家行政管理目标。

2. 行政行为分类

(1)具体行政行为与抽象行政行为。

具体行政行为是指行政主体对特定事件或特定人所作的特定处理。具体行政行为有两个基本特点:①只对特定对象有效,不具有普遍约束力;②只对已经发生的事件有约束力,对其后发生的同类事件没有效力。具体行政行为包括行政处罚、行政强制、行政裁决、行政强制执行等。

抽象行政行为是指由行政主体作出的具有普遍约束力的行政行为,一般表现为制定各种行政规则的行为。抽象行政行为有三个基本特点:①具有普遍效力;②适用于行政规定制定以后的行为和事件;③具有不可诉性,即对抽象行政行为不服,是不能提起行政诉讼的。

(2)依职权行政行为与依申请行政行为。

依职权行政行为是指行政主体依据自己的职权,不需要经过相对人的意思表示便能作出发生效力的行为。

依申请行政行为是指行政主体只有在相对人声明或申请的条件下才能作出的行为。

3. 行政处罚

(1)行政处罚的概念和种类

行政处罚是指特定的行政主体依法对违反行政管理秩序而尚未构成犯罪的行政相对人所给予的行政制裁行为。行政处罚可分为七类:警告;罚款;没收违法所得、没收非法财务;责令停产停业;暂扣或吊销许可证、暂扣或吊销执照;行政拘留;法律、行政法规规定的其他行政处罚。

(2)行政处罚的一般程序

行政处罚的一般程序,必须经过以下步骤:①调查取证;②告知处罚事实、理由、依据和有关权利;③听取陈述、申辩或举行听证;④作出处罚决定;⑤送达处罚决定书。但对于行政处罚较重的行政处罚案件,即责令停产停业、吊销许可证或执照、较大数额的罚款等行政处罚,经当事人申请,应当举行听证。

三、刑法

(一)刑法概述

1. 刑法概念

刑法是规定犯罪、刑事责任和刑罚的法律规范的总和。刑法有狭义和广义之分。狭义刑法是指系统规定犯罪、刑事责任和刑罚的刑法典,即《中华人民共和国刑法》;广义刑法是指规定犯罪、刑事责任和刑罚的所有法律规范的总和,主要包括刑法典、单行刑法和附属刑法规范。

2. 刑法的基本原则

(1) 罪刑法定原则

法律明文规定为犯罪行为的,依照法律定罪处刑;法律没有明文规定为犯罪行为的,不得定罪处刑。也就是通常所说的"法无明文规定不为罪,法无明文规定不受处罚"。

(2) 刑法面前人人平等原则

对任何人犯罪,在适用法律上一律平等。不允许任何人有超越法律的特权。

(3) 罪刑相适应原则

刑罚的轻重,应当与犯罪分子所犯罪行和承担的刑事责任相适应。

(二) 犯罪

1. 犯罪的定义与特征

犯罪是严重危害社会、违反刑法并应受刑罚处罚的行为。

犯罪具有三个基本特征:① 犯罪是严重危害社会的行为,即具有一定的社会危害性;② 犯罪是违反刑法的行为,即具有刑事违法性;③ 犯罪是应当受到刑罚处罚的行为,即具有应受到刑罚处罚性。

2. 犯罪构成

犯罪构成包括犯罪客体、犯罪的客观方面、犯罪主体和犯罪的主观方面这四个要素。

(1) 犯罪客体。

犯罪客体是指我国《刑法》所保护而为犯罪行为所侵犯的社会主义社会关系。犯罪客体是犯罪构成的必要条件。

(2) 犯罪的客观方面。

犯罪的客观方面,是犯罪活动的客观外在表现,具体是指说明某种犯罪是通过什么样的行为、在什么样的条件下对刑法所保护的社会关系即犯罪客体进行侵犯,以及这种侵犯造成了什么样的后果的事实特征。

(3) 犯罪主体。

犯罪主体是指实施了危害社会的行为,依法应负刑事责任的人。它包括作为犯罪主体的自然人和作为犯罪主体的单位。

根据《刑法》第 17 条的规定,刑事责任年龄分为三个阶段:①已满 16 周岁的人犯罪,应当负刑事责任,为完全负刑事责任年龄阶段;②已满 14 周岁不满 16 周岁的人,犯故意杀人、故意伤害致人重伤或者死亡、强奸、抢劫、贩卖毒品、放火、爆炸、投放危险物质罪的,应当负刑事责任,为相对负刑事责任年龄阶段;③不满 14 周岁的人不管实施何种危害社会的行为,都不负刑事责任,为完全不负刑事责任年龄阶段。

考虑到未成年犯的特点,明确规定:"已满 14 周岁不满 18 周岁的人犯罪,应当从轻或者减轻处罚。""因不满 16 周岁不予刑事处罚的,责令他的家长或者监护人加以管教;在必要的时候,也可以由政府收容教养。"

(4) 犯罪的主观方面。

犯罪的主观方面是指犯罪主体对自己实施的危害社会行为及其危害社会的后果所持的故意或者过失的心理态度。它包括罪过(犯罪的故意或者犯罪的过失)以及犯罪的目的和动机。

① 犯罪故意。是指行为人明知自己的行为会发生危害社会的结果,并且希望或者放任这种结果发生的一种心理态度。犯罪故意可以分为两种:一是直接故意,指行为人明知自己的行为会发生危害社会的结果,并且希望这种结果发生的心理态度;二是间接故意,指行为人明知自己的行为可能发生危害社会的结果,并且有意放任,以致发生这种结果的心理态度。

② 犯罪过失。是指行为人应当预见自己的行为可能会发生危害社会的结果,因为疏忽大意而没有预见,或者已经预见而轻信能够避免,以致发生了危害社会的结果的主观心理态度。

③ 犯罪的目的和动机。犯罪目的是指行为人通过实施危害社会的行为所希望达到的结果;犯罪动机是指刺激犯罪人实施犯罪行为以达到犯罪目的的内心冲动或起因。

(三) 排除犯罪性的行为

排除犯罪性的行为是指外表上似乎符合某种犯罪的构成要件,但在实质上不仅不具有社会危害性,而且是对社会有益的行为。排除犯罪性的行为不负刑事责任,是我国刑法总则的重要原则之一。

1. 正当防卫

正当防卫是指为了使国家、公共利益、本人或者他人的人身、财产和其他权利免受正在进行的不法侵害,而对不法侵害者所实施的没有明显超过必要限度并且未造成重大损害的行为。正当防卫是法律赋予公民的一项权利。当合法权利遭到正在进行的不法侵害时,公民有权对不法侵害人进行必要的反击,正当防卫不仅不构成犯罪,而且受到法律的保护。

2. 紧急避险

紧急避险是指在法律所保护的权益遇到危险而不可能采用其他措施加以避免时,不得已而采用的损害另一个较小的权益以保护较大的权益免遭损害的行为。我国《刑法》规定,紧急避险行为不负刑事责任。

(四) 未完成罪

1. 犯罪预备

为犯罪而准备工具和制造条件的,是犯罪预备。对于预备犯,可以比照既遂犯从轻、减轻处罚或者免除处罚。

2. 犯罪未遂

已经着手实行犯罪,由于犯罪分子意志之外的原因而未得逞的,是犯罪未遂。犯罪未遂具有三个特征:① 行为人已经着手犯罪;② 犯罪未得逞;③ 犯罪未得逞是由于犯罪分子意志之外的原因。对于未遂犯,可以比照既遂犯从轻或者减轻处罚。

3. 犯罪中止

在犯罪过程中,自动放弃犯罪或者自动有效地防止犯罪结果发生的,是犯罪中止。犯罪中止有两种类型:① 自动放弃犯罪的犯罪中止;② 自动有效地防止犯罪结果发生的犯罪中止。对于中止犯,没有造成损害的,应当免除处罚;造成损害的,应当减轻处罚。

(五) 刑罚

刑罚,是指我国刑法规定的,由国家审判机关依法对犯罪分子所适用的一种强制性的法律制裁措施。

刑罚分为主刑和附加刑。主刑包括管制、拘役、有期徒刑、无期徒刑和死刑。附加刑包括罚金、剥夺政治权利和没收财产。对于犯罪的外国人,可以独立适用或者附加适用驱逐出境。

四、民法

(一) 民事概述

1. 民法的概念

民法是调整平等主体的自然人之间、法人之间、自然人和法人之间的财产关系和人身关系的法律规范的总称。民法调整的财产关系的内容包括物权、债权和知识产权;民法调整的人身关系的内容包括人格权和身份权。

2. 民法的基本原则

民法的基本原则包括:

(1) 当事人法律地位平等的原则。

(2) 自愿、公平、等价有偿、诚实信用原则。

(3) 保护公民、法人合法权益的原则。

(4) 禁止滥用民事权利的原则。该原则包括:民事活动必须遵守国家法律和政策的原则,民事活动应尊重社会公德,不得损害社会公共利益、破坏国家经济计划、扰乱社会经济秩序。

(二) 民事主体和民事法律行为

1. 民事主体

民事主体是指参加民事法律关系,享受权利和承担义务的人。民事主体一般分为自然人和法人两种。

(1) 自然人。

自然人是指基于自然规律出生并生存的人。凡具有某国国籍的自然人,称为该国的公民。我国民法上的自然人,不仅包括中国公民,也包括外国公民和无国籍人,这些人在我国境内参加民事活动,具有民事主体地位,但其活动必须遵守我国的法律。

根据《民法通则》规定,我国公民的民事权利能力始于出生,终于死亡。《民法通则》根据自然人不同的年龄和精神健康状况将自然人的民事行为能力分为三类:第一,完全民事行为能力人;第二,限制民事行为能力人;第三,无民事行为能力人。

(2) 法人。

法人是指具有民事权利能力和民事行为能力,依法独立享有民事权利和承担民事义务的组织。根据法人创设的目的和活动内容的不同,我国法人可以分为企业法人与非企业法人、社团法人与财团法人。法人是人的集合体与财产的集合体的有机统一。

法人应具有以下条件:① 依法成立;② 具有独立的财产;③ 有自己的名称、组织机构和场所;④ 能够独立承担民事责任。

2. 民事法律行为

民事法律行为是指民事主体设立、变更或者终止民事权利义务的合法行为。民事法律行为应具备以下条件:① 行为人必须具有相应的民事行为能力;② 意思表示真实;③ 不违反法律和社会公共利益。

(三) 民事权利

1. 物权

物权是指权利人依法对特定的物享有直接支配和排他的权利,包括所有权、用益物权和担保物权。物,包括不动产和动产。

（1）物权的特点。

① 对世性：权利主体总是特定的，义务主体总是不特定的。

② 支配性：直接支配物的权利。

③ 特定性：物权客体的特定性，是实现物权支配力的客观要求。

④ 排他性：一方面，物权具有排除他人侵害、干涉、妨碍的性质；另一方面，内容相同的物权之间具有相互排斥的性质，即同一物上不容许有两个以上相同内容的物权并存。

⑤ 绝对性：不需要义务人的行为即可在法定范围内无条件、绝对地实现权利。

⑥ 公示性：物权的变动需要使公众知晓。

（2）物权的效力。

① 优先力。同一标的物上有两个或两个以上不同内容或性质的物权存在，或者该物权的标的物也是债权给付的标的物时，成立在先的物权有优先于成立在后的物权的效力，物权有优先于债权的效力。

② 妨害排除力。这是物权排他性的体现，当权利人的权利行使遇到妨害时，所有人有权要求排除妨害。

③ 支配力。财产所有人具有直接支配物的权利，任何他人不具备这样的权利，并且不得干预此项权利的行使。

2. 债权

债是指特定当事人之间的民事法律关系。享有权利的人是债权人，负有义务的人是债务人。

债的发生根据是引起债的法律关系发生的事实。能够引起债的法律关系发生的事实主要有：① 合同；② 侵权行为；③ 不当得利；④ 无因管理。

3. 知识产权

知识产权是指法律赋予人们对创造性智力成果享有的专有的权利，包括人身权利和财产权利。

（1）著作权。

著作权又称版权，一般由作者享有，法律另有规定的除外。它包括著作人身权和著作财产权，前者包括发表权、署名权、修改权和保护作品完整权；后者包括再现作品获得报酬权和演绎权。公民的作品，其发表权和财产权的保护期为作者终身及其死亡后 50 年。

（2）专利权。

专利权是指专利权人对其发明、实用新型和外观设计依法享有的专有（即独占）的权利，但科学发现，智力活动的规则和方法，疾病的诊断和治疗方法，食品、饮料和调味品，药品和用化学方法获得的物品，动物和植物品种，用原子核变换方法得到的物质，不能被授予专利。专利权的主体可以是公民，也可以是法人。

在我国，发明专利的保护期是 20 年；实用新型专利和外观设计专利的保护期是 10 年。作为专利权人的公民死亡时其有效期内的专利财产权可以由继承人继承。

（3）商标权。

商标权是指商标所有人依法对自己的注册商标享有的专用权。商标权的主体必须是依法经过工商登记，从事工商经营活动的公民、法人以及符合我国商标法规定条件的外国人或外国企业。未经注册的商标不能成为商标权的客体。

4. 人身权

人身权是指民事主体依法享有的与其人身不可分离的、没有直接财产内容的民事权利。人身权主要包括：① 生命健康权和人身自由权；② 姓名权和名称权；③ 肖像权；④ 名誉权；⑤ 荣誉权；⑥ 监护权。

5. 财产继承权

公民依法承受死者个人所遗留的合法财产的权利。法定继承的第一顺序：配偶、子女、父母；第二顺序：兄弟姐妹、祖父母、外祖父母。继承开始后，由第一顺序继承人继承；没有第一顺序继承人的，由第二顺序继承人继承。

（四）民事责任

民事责任是民事主体违反民事义务所应该承担的法律责任，是民法规定的保护民事主体权利的补救措施。民事责任包括违反合同的民事责任和侵权的民事责任。

承担民事责任的方式具体表现为民法规定的对违法的行为人采取的各种民事责任措施。《民法通则》规定了下列民事责任形式：① 停止侵害、排除妨碍和消除危险；② 返还财产、恢复原状；③ 修理、重作、更换；④ 支付违约金；⑤ 赔偿损失；⑥ 消除影响、恢复名誉、赔礼道歉。上述民事责任，在实践中既可以单独使用，也可以合并使用。

例题分析

【例题1】按照现行宪法规定，地方各级人民法院对（　　）负责。

A. 上级人民法院

B. 本级人大常委会

C. 本级人民代表大会

D. 本级人大及其常委会

解析：此题答案为 D。最高人民法院对全国人民代表大会及其常委会负责，地方各级人民法院对产生它的国家权力机关负责。

【例题2】某市某区人民政府决定将区建材工业局管理的国有小砖厂出售。小砖厂的承包人以侵犯其经营自主权为由提出行政复议申请，本案的行政复议机关应当是（　　）。

A. 市国有资产管理局

B. 市经济贸易局

C. 市人民政府

D. 区人民政府

解析：此题答案为 C。《行政复议法》第13条规定，对地方各级人民政府的具体行政行为不服的，向上一级地方人民政府申请行政复议。对省、自治区人民政府依法设立的派出机关所属的县级地方人民政府的具体行政行为不服的，向该派出机关申请行政复议。

【例题3】甲欲杀死乙，在乙饭碗里投放毒药，不料朋友丙分食了乙的饭菜，甲为了杀死乙，没有阻止丙，结果导致乙和丙均中毒死亡。甲对丙死亡所持的心理态度是（　　）。

A. 过于自信的过失　　　　B. 疏忽大意的过失

C. 间接故意　　　　　　　D. 直接故意

解析：此题答案为 C。甲对乙的死亡所持的心理态度肯定是直接故意，对于丙的死亡，甲显然不是直接故意。甲为了杀死乙，没有阻止丙而造成了丙的死亡，根本不存在是不是过失的问题,是典型的间接故意。

【**例题 4**】民事主体在法律允许的范围内有完全的意志的自由,自主实施民事法律行为,参加民事法律关系,任何单位和个人都不得非法干预。这体现了(　　)。

A. 诚实信用原则　　　　　　　　B. 民事活动自愿原则
C. 民事活动公平原则　　　　　　D. 主体地位平等原则

解析:此题答案为 B。自愿是指在民事活动中体现当事人的意志,排除他人强迫、欺诈及其他不当影响和压力,自己做主。

【**例题 5**】除法律另有规定外,因(　　)不履行合同时,违约方不向对方承担民事责任。

A. 上级机关的决定　　　　　　　B. 不可抗力
C. 第三人授权　　　　　　　　　D. 第三人违约

解析:此题答案为 B。根据《合同法》规定,因不可抗力不能履行合同的,根据不可抗力的影响,部分或者全部免除责任。可见,我国法律认为,不可抗力的发生会导致当事人可以不向对方承担民事责任。

第三章　管　理

一、管理学概述

(一) 管理

1. 定义

管理是指社会组织中,为了实现预期的目标,以人为中心进行的协调个人目标与组织目标的差异,以达到提高组织效果和效率目的的社会活动。

2. 管理的基本职能

管理的基本职能是计划、组织、领导和控制。在管理工作中,它们之间存在着内在的逻辑关系:计划职能具有先导性、首要性,根据计划的要求和安排确定组织的机构以及部门设置;然后选定有效的领导方式,最后根据计划的要求,设置控制标准以确保计划的完成。

(二) 管理者

管理者是指在一个组织中,按照组织的目的,指挥别人活动的人。管理者按其工作的层次可分为基层管理者、中层管理者和高层管理者。根据管理者所处岗位层次和企业规模的差异,管理者所应具备的能力也有所不同。

二、计划

(一) 计划的概念

1. 基本定义

计划是管理职能中的一项基本职能,是对未来行动的安排。计划的概念有广义和狭义之分,广义的计划是指制定计划、执行计划以及检查计划三个紧密相连的过程;狭义的计划仅指制定计划,即根据实际情况,通过科学、准确的预测,提出在未来一定时期内的目标及实现目标的方法。

2. 计划的重要性

计划的重要性主要体现在四个方面:一是给管理者和非管理者指明了今后的方向;二是减少了未来的不确定性;三是使组织目标高效地实现;四是为控制工作提供了标准。

(二) 计划的分类

1. 按时间跨度划分

根据时间跨度的不同,计划可分为长期计划、中期计划和短期计划。

管理学上通常将五年或五年以上的计划称为长期计划,它主要回答两个问题:一是组织的长远目标和发展方向是什么;二是怎样达到本组织的长远目标。

期限在一年到五年范围内的计划称为中期计划,它是介于长期计划和短期计划之间起到承上启下作用的计划,通常比长期计划详细,同时又是短期计划制定的依据。

期限在一年或一年之内的计划称为短期计划,它非常详细,有着具体的工作要求,能够直接指导一项活动的开展。

2. 按计划的明确性程度划分

计划按其明确性程度可分为具体性计划和指导性计划。

具体性计划具有明确规定的目标以及一套可操作的行动方案,不存在模棱两可,也没有容易引起误解的问题;指导性计划只规定一些一般的方针,它指出重点,但不把管理者限定在具体的目标上和特定的行动方案上。

制定计划时,要根据未来的不确定性因素在灵活性与明确性之间权衡,不确定性越大时,计划越应该是指导性的,反之则应该是具体性的。

(三)决策

1. 决策的概念

决策是计划工作的核心部分,它实质上是一个过程十分复杂的选择行为,包括在最后决定之前的一系列调查、了解、分析的活动。因此,决策是指人们为了达到一定目标,在掌握充分的信息和深刻分析各种情况的基础上,科学地拟定各种方案并加以评估,最终选出合理方案的过程。

2. 决策的分类

决策的种类很多。按照决策的重要性划分,决策可分为战略决策、管理决策和业务决策;按照管理的职能划分,决策可分为生产决策、营销决策、财务决策、人事决策、研究与开发决策等;按照决策的重复性划分,决策可分为常规决策和非常规决策;按照决策的方式划分,决策可分为定性决策和定量决策。

3. 决策的制定

决策是一个过程,决策的制定过程有四个步骤。

(1)发现问题。识别问题是决策制定过程中一个很重要的初始环节,没有问题就不需要决策;问题不明,就难以作出正确的决策。但是,问题的识别和判断往往带有个人的主观判断,因此要想提高识别问题的准确性,就必须进行科学的调查研究,排除可能出现的偶然性和主观因素的干扰。一旦问题明确后,还要指出这个问题能不能解决,如果由于客观条件的限制,问题无法解决,那么决策过程到此结束。

(2)拟定方案。如果只有一个方案,没有选择的余地,也就无所谓决策,因而需要尽可能地多列几个方案,另外,各个方案之间要相对独立,不要互相包含,同时应注重方案的质量而非数量。

(3)评价选择方案。方案拟定后,需要对每一个方案进行分析、评价,从各种方案中选择能最大限度实现所有目标且最经济的方案。在评价方案时,应尽可能多地使用明确的、定量的目标,诸如成本、利润、投资回收期等,增加方案的客观性,以减少由于人们主观判断造成的失误。

(4)实施审查方案。方案实施之前,要保证实施的完备条件和充足的资源,同时,实施的过程也是一个不断反馈的过程。当拟定方案时所忽视的部分或方案本身的缺陷在实施过程中不断地显现时,需要边实施边审查边改进。

(四)战略

1. 战略的含义

战略是决策人根据自己的主观认识去分析、看待决策需要涉及的环境要素,以获得组织内外条件的平衡、决策人的主观认识与客观实际的平衡的结果。

2. 战略规划

战略规划是指制定战略计划和实施计划的管理过程。战略规划是一项非常重要的管理工作,它包含四个步骤:① 制定目标和宗旨;② 战略制定分析;③ 战略形成;④ 战略实施与控制。前三个步骤属于战略计划制定的范畴,后一个步骤属于计划付诸实施的范畴;前三个步骤是最后一步的基础,最后一步必须服从于前三步并最终实现该目标和体现该宗旨。

3. 战略层次

一般来讲,有三个层次的战略计划:公司层战略、事业层战略和职能层战略。

公司层战略是研究企业应该经营哪些事业能使自身长期获利从而得到不断发展,是企业的战略总纲领和最高行动纲领,代表着企业未来的发展方向。一般来讲,公司层战略具有三个方面的特征:其一,主要由企业的高层管理人员来制定和执行;其二,体现了企业全局发展的长期性与整体性;其三,与企业的组织形态相关。

事业层战略是在企业总体战略的指导下,经营管理某一个事业单元的战略计划,它是附属于公司层战略之下的,服务于企业的整体目标并包含所有的竞争议题。

职能层战略则是考虑如何有效地组合企业内部资源来执行公司层战略和事业层战略,思考如何提升企业的运作效率以便获得企业的品质、效率以及创新等各个方面的最佳能力,因而它比较偏重于企业内部主要职能部门的短期战略计划。

三、组织

(一)组织结构

1. 组织设计的基本要素

合理的劳动分工和有效协作是进行组织设计时首先要考虑的两个基本要素。

对于任何一个组织来说,合理的劳动分工能带来明显的经济利益,它不仅能让重复做一项工作的人可以熟练掌握特定的技能,从而提高生产效率和工作质量;同时劳动分工也可以为不同员工各自所具备的特殊技能与专长得到有效发挥创造条件。另外,合理的劳动分工也有助于推广标准化的操作与工具,为大规模生产和降低成本提供了可能性。

有效协作是指多名劳动者在同一劳动过程中或彼此相联系的不同劳动环节中相互配合,依照计划和分工为实现共同目标而进行协调、合作的劳动形态。有效协作对于缩短劳动时间、提高劳动效率、避免不必要的资源浪费以及高效完成组织目标具有重要的作用。

2. 影响组织结构设计的主要因素

(1)组织战略。

战略是关乎组织长远目标以及发展方向的行动方案,是组织能否获得长久竞争优势的关键所在。组织的战略选择从某种意义上说直接影响了管理职务的设置以及部门的划分,并且,战略重点的调整也会引起工作重心的调整,影响各个部门在组织中的作用以及地位的变化,从而要求组织内的部门与管理职务间的关系作相应调整。总之,只有与组织战略相适应的结构形式才能成功地贯彻实施战略,否则将会成为阻碍战略作用发挥的抑制力量。

(2)组织规模。

组织规模的大小也是影响组织结构设计的因素。一个少于 500 人的小型企业很可能会优先考虑按照职能划分部门,形成一种决策权力相对集中的简单型结构;而一个有着成千上万名员工的大型企业,则主要考虑设置若干具有相对独立性的分支机构,比小型企业有着更细化的分工和更多、更严密的规则制度。另外,当组织处于不同的发展阶段,其主要活动内容和运作特点也不相同,这也就要求有不同的组织结构与之相适应。

(3)技术因素。

一方面,组织用于自身管理活动的办公设备和管理手段的技术水平高低,将直接影响组织中的职务设置、结构特点和对管理人员的素质要求;另一方面,组织在向社会提供产品以及服务的过程中所采用的机器设备和生产技术的先进程度对组织结构的影响,这在作为经营性组织的企业中更为明显与直接。

(4)外在环境。

任何组织都是存在于一定的社会环境中,需要不断地与环境交流信息和资源才能得以生存与发展,所以组织结构的设计也不可避免地会受到各种环境因素的影响。一般说来,所处环境的不同会影响到组织结构的整体特征:在变化缓慢、相对稳定的环境中,那些等级关系严格、规章制度详细、职责分工明确的"机械式"组织有很高的运作效率;而在竞争激烈、存在多种不确定因素的动荡环境中,那些更强调合作与横向沟通、等级关系和权责界限相对模糊的"有机式"组织更有利于快速地对环境的变化作出反应。

3. 组织结构设计的一般原则

(1)权责对等原则。

组织中的每个职位和部门都必须完成特定的工作任务,而从事任何工作都必须借助一定的资源条件和权力。为了组织的正常运转,组织结构设计中不仅要明确规定各个部门和职位必须完成的任务和承担的相应责任,还要对不同职位拥有的调配人、财、物、信息资源以及指挥、命令、奖惩的权力作出明确界定。另外,赋予某个部门或职位的权力不要超过其所承担任务的要求,只有职权而无责任或权力大于责任,必然给滥用权力留下隐患。

(2)因职用人原则。

组织结构设计是从设置职位开始的,而职位是根据组织的活动内容、工作任务来确定的,但组织中的各项事物并非千篇一律,各种职位有着不同的工作特点与要求,而每个人由于所受教育程度的不同以及个人经历、性格、能力等方面的差异,并非任何人都能够对任何职位胜任并保证任务完成。因此,因事设职、因职用人就有了逻辑上的合理性。同时,"因职用人"并不是让人去被动地适应职位的要求,而是积极地为人在最能发挥其长处的职位上展示才能,为人得到锻炼获得发展创造条件。

(3)精简机构原则。

精简机构是指在能够保证组织各项业务活动正常展开的前提下尽可能地减少管理层次,简化部门机构,将相同或相近的工作尽量集中在同一个部门之中,配置少而精的主管人员。这样不仅能明显节约组织的管理费用开支,更重要的是减少不必要的重复劳动,减少协调工作量,有利于提高管理效率,避免将组织资源浪费在"内耗"上。精简机构、同类工作集中还有利于从组织结构上避免"政出多门、多头指挥"所造成的混乱。

(二)职务设计

1. 职务设计的基本方式

(1)工作专门化与岗位轮换。

工作专门化是指按照劳动分工原则把工作任务细分,将任务组合设计得尽可能简单和高度专业化,以提高熟练程度和单位劳动时间里的产出效率,最为典型的例子就是生产流水线上的工作任务甚至可以被分解到只有几个标准化的动作。

然而,高度简化重复而又不能了解其实际意义的工作容易使人产生厌烦心理,对工作的厌烦必然导致工作质量和生产效率的下降,而弥补这种缺陷的一种方式就是进行岗位轮换。岗位轮换是指有计划地安排员工定期或不定期地轮流在不同的职务岗位或不同地点工作,以使得员工的工作活动多样化,保持新鲜感与好奇心来避免产生厌烦情绪。特别是对于刚进入组织的新员工,岗位轮换是职业培训的有效手段,让新员工在见习期内,在多个不同岗位上各工作一段时间,尝试与各式各样的员工合作,在实践中观察、比较和选择最适合自己发展的专业领域,是一种可供借鉴的做法。同时,对于一些拥有较大职权和控制关键职能的重要岗位实行任职人员的有计划轮换还是防止滥用职权、降低职务犯罪风险的重要手段。

(2) 任务扩大化与职务丰富化。

任务扩大化是指在不变换工作岗位的前提下通过扩大工作范围来增加工作多样性,借助于任务种类和数量的增加克服职务专门化的弊端。职务丰富化是指增加某个职务所承担工作任务的深度,即职务丰富化的设计为员工们提供的任务不仅仅是执行命令,而是包括了一定限度的计划安排和评价自身工作的内容。职务丰富化不仅使工作更具有挑战性,而且有助于员工更直接地得到对自己工作成果的反馈意见。

(3) 集体工作小组。

集体工作小组是一种有别于传统方式的新设计,其基本特点就是以两个人以上的集体工作为基础来分配和组合工作任务,小组成员如何分工及在需要时进行轮换都由小组自行决定,如学校里的教研室、科研机构的实验室等都是这种有明确目标的协作集体。

2. 工作时间的安排

(1) 固定工作时间。

固定工作时间是最为传统和简单的方式,每天按照固定的时间表上下班,一般工作时间为 7~8 小时。这种节奏固定的循环往复给人以安定感,符合一般人的作息节律而易被大多数人习惯并接受。

(2) 弹性工作时间。

弹性工作时间是一种具有较多的灵活性,只确定员工每周工作的总时数,允许其在限定的范围内有一定的自由去调整、改换其工作时间安排的设计方式。

这种让员工在工作时间的安排上有更多自主权的制度明显减少了员工拖沓怠工的现象,因为每个人为了能更灵活自由地安排业余的时间,都在努力尽快地完成自己的生产任务;同时这种制度能使员工更好地协调自己的工作、学习和生活节奏,有助于提高员工的满意度,减少缺勤率,从而提高整个组织的工作效率。

但是这种制度最主要的缺点就是增加了管理工作的难度,如果能做到个人的工作时间是弹性的,而组织的整体工作却保持连续和均衡,无疑是一种更为理想的方式。

(3) 工作日的调整。

弹性工作时间着眼于调整一天中的工作时段,而工作日的调整则以一周的工作量为一个单元,延长每天的工作时间,将周工作日压缩到 4 天,称为 4~10 方案,即每周工作 4 天,每天工作 10 小时。

这种安排最重要的作用是减少了人们往返于上下班途中的时间和精力消耗,有了更多集中的自由时间来处理个人或家庭事务,发展业余爱好,因而对招聘员工有更大的吸引力;但是这种方案对员工的体力和耐力都有较高的要求,而且几乎很难消除在快下班之前出现的注意力不集中和情绪烦躁不安的现象。

3. 工作方式的选择

(1) 非全日制工作。

非全日制工作的设计意味着让员工选择在一个工作日里只工作半天或者数个小时,于是一个工作岗位就会为两个或更多的人提供工作机会,这对于那些不适合全日制工作的人无疑具有极大的吸引力。从管理的角度来看,在劳动力供应短缺的环境中,此种设计无疑可以为组织带来更多可供挑选的熟练员工。随着经济增长和家庭收入的增加,非全日制工作成为一部分人的主动选择,不过,这种设计只有在住房制度、医疗保险等基本生活保障都已经彻底社会化、商业化的条件下才有较好的可操作性和实际意义。

(2) 临时工作。

临时工作是指组织为了某种需要而临时雇用员工完成特定任务的方式,双方没有长期固定的聘用关系,组织不承诺保证这些临时雇员长期就业的责任。通过雇用临时工既满足了组织在业务繁忙之时完成生产任务的需要,又避免了在经营出现低谷时需要裁员的麻烦。在一个非充分就业的环境中,组织招募临时人员没有什么困难,也不需要太多代价,但却能明显提高对于外部环境的应变能力和组织的灵活性。

(3) 远程家庭办公与错时上下班。

随着电子通信技术的发展和互联网的普及,利用计算机设备和个人电脑实现远程家庭办公已经成为一种新的富有吸引力的工作方式,它在为组织节省了办公用房的同时也为员工减少了用于交通的时间耗费,为员工更好地协调好工作与家庭生活的关系提供了条件。

错时上下班成为许多城市推行的管理措施。这种方案的好处是可以改善交通管理、方便居民生活等。

四、领导

(一) 激励的基本过程

激励是指激发人的行为动机的心理过程。激励用于管理中,是指激发员工的行为动机,也就是说,用各种有效的方法去调动员工的积极性和创造性,改变员工的行为方式。因此,要激励员工,管理者首先应了解员工的需要与动机、员工的行为过程以及影响行为的因素等问题。

1. 需要与动机

对于人来说,需要是由于缺乏某种心理上或生理上的因素而产生不平衡、希望得到补偿的状态。当人们明确地意识到某种需要,并渴望满足这种需要时,就会产生行为动机。

动机是促使人采取某种行动的内在驱动力,动机不仅来源于内在需要的不满足,同时也受到外界环境刺激的影响,动机越强烈,行动的积极性越高。

2. 影响行为的因素

现实生活中的人的行为过程十分复杂,从意识到某种不满足开始、积极思考、采取行动、实现目标、满足需要的若干阶段构成了人行为的全过程。尽管人的行为极为复杂,但也并非完全不可把握,一般而言人的行为会受到个性因素和环境因素的影响。

首先是个性因素。个性是一个人带有倾向性的比较稳定的心理特征,是能力、性格、兴趣爱好、气质等多个方面特点的总和。虽然个性总是表现出不同于他人的独特风格,但却是可以改变和塑造的。由于人的个性特点直接影响着他的行为方式,管理者了解组织成员的个性有助于选择有效的激励手段,将员工行为引向与组织目标一致的方向。

其次是环境因素。人的行为和活动总是在一定的环境中进行的,管理者也可以通过采取措施改变环境条件来激发、强化或遏制某种行为,以促进组织目标的实现。

(二) 需要层次理论

关于人类需要的讨论至今仍是众说纷纭,其中最为广泛引用和讨论的激励理论就是由美国心理学家马斯洛提出的需要层次理论。马斯洛将每个人的需要依照从低到高的顺序划分为以下五个层次:

第一,生理需要。这是人类维持自身生存的最基本要求,包括衣、食、住等方面的要求。当生理需要得不到最低限度的满足时,其他的需要都会退到次要的地位。

第二,安全需要。这个层次的需要包括人们对目前生命财产安全的要求和对未来生活保障的要求两方面。当生活中的温饱需要得到满足以后,人们对安全感的需要变得强烈起来,不仅希望现在的生活环境安定有序,而且希望在不确定的未来,自身的各项生活都能够有保障。

第三,社会需要。这是指人们在社会生活中,希望被他人所接受、关心和爱护,在感情上归属于某一个群体的需求。马斯洛认为,当有了一定的安全感后,人们会主动寻求社会交往,在与他人的相处中获得心理上的满足。

第四,尊重需要。它是一种对于自尊和来自他人的尊重的心理需要。自尊包括对于获得信心、能力、成就的渴望和感到自身重要性的要求。管理者应认识到,对于尊重的需要是催人进取、促人向上的驱动力,只有爱护每位员工的自尊心,创造条件满足员工受人尊重的需要,才能激发他们勤奋工作的积极性。

第五,自我实现需要。这是指人类对于不断成长、发展、开发和实现自己的全部潜力和创造性的心理需要,这是更高层次的需要,是希望在工作上有所作为、在事业上取得较大成就的需要,是一种永无止境的对于证明自身存在价值的追求。

马斯洛将生理需要与安全需要称为较低级的需要,将另外三个层次的需要称为高级需要,只有当较低层次的需要得到基本满足以后,较高层次的需要才会变得更迫切,越是迫切的需要对引导行为的激励作用越大。

(三) 激励的基本原则

1. 按需要激励

需要的满足根据一个人在组织中所做的工作、年龄、企业的规模以及员工的文化背景等因素的不同而有所差异,因此管理者应根据企业的性质以及员工的特点激励员工。

2. 物质激励与精神激励相结合

在人的需要层次中,生理需要和安全需要一般是物质需要,而另外三个层次的需要包含着更深层次的精神需要内容。因此,必须正确处理好物质激励与精神激励的关系,有效地激励员工。

3. 正激励与负激励相结合

根据强化理论,对表现好、工作业绩好的员工应给予表扬和奖励,以鼓励员工的积极性;但对于员工不正确的行为则应采取批评、惩罚等形式。当然,管理者应尽量减少或避免采用负激励的手段。

4. 外在激励与内在激励相结合

外在激励是员工在工作环境中由他人给予的对个人工作结果的肯定,内在激励是员工从工作业绩中自身直接得到的,如取得成就时的自豪感。员工的内在激励潜力要比外在激励大,因此,对员工激励更应强调内在的激励。

五、控制

(一) 控制的相关概念

1. 管理控制的层次

总的来看,管理过程必须通过三个分系统发挥自己的控制职能:

第一,价值系统。它决定组织追求的价值、目标、政策,为组织提供计划、评价的标准和控制的方针政策。

第二,信息系统。它提供各种变量的数据。

第三,预测决策系统。它对备选方案的结果提供预测,并据此作出满意的决策。

2. 管理控制的特点

控制广泛地存在于自然界和人类生活中,但是将控制应用于管理,又具有新的特点:

第一,管理控制具有动态性。任何控制系统与环境之间都存在密切的交互作用,控制的功能就是通过这样一种系统与环境的相互作用来实现的。因此,从本质上说,控制是一个动态的过程。

第二,管理控制具有目的性和反馈性。控制的意义就在于使活动朝着计划目标前进,因此任何一种控制都具有鲜明的目的性。而控制的这种目的性要得以实现,离不开信息反馈,没有信息反馈也就没有了赖以判断对错的对象和依据。因此,目的性和反馈性是任何一个控制系统都具有的特点。

第三,管理控制具有人本性。管理控制归根结底就是对人的控制,同时本身又需要人来执行。控制不仅仅成为一种监督,更要成为一种指导;既要使人遵守控制的准则,又要努力使控制符合人的特性。

第四,管理控制具有创新性。对于控制工作而言,控制的目的不仅仅是要使组织"维持现状",而且致力于使组织不拘泥于现状,要有所创新,争取达到新的目标与高度,即"打破现状",这也是由管理工作的特性决定的。

(二) 控制的过程

1. 确定控制标准是控制过程的起点

控制工作既不可能也没有必要对所有活动的细枝末节都加以控制,只需找到关键点。管理控制的关键点有人员、财务、信息、作业、组织绩效等。管理者越是尽可能选择计划的关键点作为控制标准,控制工作就越有效。

2. 衡量实际工作并与标准做比较

衡量的过程实际上是一个信息产生和比较的过程。用预定标准对实际工作成效和进度进行检查、衡量和比较,及时为管理者提供能够反映偏差是否产生并能判断其严重程度的信息,是这一阶段的主要任务。

3. 采取行动纠正偏差或不适当的标准

在发现偏差后,管理人员所开展的工作应在下述三类纠偏工作中进行选择:一是不采取纠正偏差的措施;二是改进工作,提高绩效;三是修订不适当的标准。选择的基本思路是:首先考虑有无必要采取纠偏措施,如需要,再考虑纠偏措施的方法选择。

(三)控制的类型

1. 前馈控制

管理人员在工作开始之前对工作中可能出现的偏差进行预测和估计,及时采取措施预先防止问题的产生,称为前馈控制。例如,职工的岗前培训,企业相关规章制度的制定等。

2. 现场控制

现场控制发生在活动进行之中。在活动进行之中对出现的偏差实施控制,有利于在发生重大过失或造成不可挽回的损失之前及时采取措施。

3. 反馈控制

反馈控制是一种最常见的控制类型,控制作用发生在行动之后,主管人员分析以前工作的执行结果,将它与控制标准相比较,发现偏差所在及其原因,拟定纠正措施以防止偏差在下一次的工作中出现。例如,企业根据业绩对员工实施奖惩,淘汰不合格产品等。

例题分析

【例题1】管理是一种艺术,这是强调管理的( )。

A. 复杂性　　　B. 有效性　　　C. 实践性　　　D. 精确性

解析:此题答案为C。管理是一种艺术,这是强调管理的实践性。管理人员在管理实践中,既要运用管理知识,又要发挥创造性,采取适宜措施,高效地实现目标。

【例题2】在很大程度上( )决定了组织中的数目和管理人员的数量。

A. 管理层次　　B. 管理幅度　　C. 正规化程度　　D. 集权化程度

解析:此题答案为A。此题主要分清管理层次和管理幅度之间的关系,二者成反比关系。管理层次越多则管理幅度越小,组织结构呈"高耸"形式,反之组织呈"扁平"形式。

【例题3】基层管理者相对于高层管理者的职能重心是( )。

A. 组织　　　B. 人员配备　　C. 领导　　　D. 控制

解析:此题答案为D。基层管理者又称一线管理者,他们的主要职责是传达上级计划指示,直接分配每一个成员的生产任务或工作任务,随时协调下属的活动,控制工作进度。

【例题4】采用匿名通信和反复征求意见的预测方法称为( )。

A. 趋势外推法　　B. 乐队效应法　　C. 德尔菲法　　D. 专家会议法

解析:此题答案为C。德尔菲法是为了克服专家会议法的缺点而产生的一种专家预测方法。在预测过程中,专家彼此互不相识、互不往来,这就克服了在专家会议法中经常发生的专家们不能充分发表意见、权威人物的意见左右其他人意见等弊病。

【例题5】根据时间跨度的不同,管理学上通常将期限在一年或一年之内的计划称为( )。

A. 长期计划　　B. 中期计划　　C. 短期计划　　D. 具体性计划

解析:此题答案为C。根据时间跨度的不同,计划可分为长期计划、中期计划和短期计划。期限在一年或一年之内的计划称为短期计划,它非常详细,能够直接指导一项活动的开展。

第四章 经　　济

一、社会主义市场经济体制

（一）经济体制

1. 经济体制与经济制度

（1）经济制度。

经济制度是人类历史发展一定阶段上生产关系制度体系的总和，主要是生产资料所有制形式。以生产方式为标准，人类社会的经济制度分为原始公社制度、奴隶主义制度、封建主义制度、资本主义制度、社会主义制度和共产主义制度。这是基本的经济制度，也是经济制度的科学分类。

（2）经济体制。

经济体制是经济制度的实现形式。经济制度都有一定的经济体制，经济体制也都反映一定的经济制度。一般来说，经济制度决定经济体制，但反过来经济体制也制约经济制度，在一定条件下甚至会起决定作用。经济制度与经济体制的关系，并不是一一对应的，同一经济制度可以采用不同的经济体制，同一经济体制也可以为不同的经济制度服务。经济体制的要素包括产权组织形式、经济运行机制、收入分配方式、经济决策结构、经济管理组织、政府调控手段等。

2. 经济体制与资源配置

以资源配置为主要内容的经济学，研究在一定经济社会条件下，如何有效利用可供选择的有限资源，以求人们无限需要的最大满足。通常认为，经济学研究的五个基本问题：生产什么、怎么生产、为谁生产、何时生产、谁作决策。

生产什么、怎么生产、为谁生产、何时生产这四个基本问题，究竟由谁来决定呢？这就是经济体制问题。经济体制虽然是经济学研究的五大基本问题之一，却决定着整个资源配置的全局。

3. 市场经济体制与计划经济体制

资源的配置是通过一定的经济机制实现的，在市场经济中它是通过市场机制实现的，即通过市场中的供求机制、价格机制和竞争机制对资源进行配置。

计划经济是通过政府指令自觉地配置资源的整套经济体制。新中国成立后建立起来的高度集中的计划经济体制，在当时条件下对生产力的发展起过积极作用，但是随着社会经济的发展和条件的变化日益暴露出严重弊端。主要是：政府直接管理企业，政企职责不分；由于政府对企业统得过多过死，企业缺乏应有的经营自主权、独立的经济利益和应负的经济责任，缺乏活力；按照行政部门和地区系统管理经济，造成条块分割；单纯依靠指令性计划组织和调节经济活动，忽视商品经济、价值规律和市场的作用，没有形成良好的运行机制；在分配上统收统支，平均主义严重，不能充分调动企业和劳动者的积极性；对外经济关系上基本是闭关自守，脱离世界经济发展的潮流。这些弊端严重阻碍了生产力的发展，使我国的经济建设投入多、产出少、浪费大,经济效益低下,限制了人民生活水平的提高。对原有经济体制进行改革,是解放生产力的要求。

(二) 市场经济

1. 市场经济的基本特征

① 具有经营自主性的企业是市场经济存在的前提;② 在商品交换中通行的平等关系是市场经济运行的基本规则;③ 竞争是市场经济存在和发展的内在动力机制;④ 开放性是市场经济发展的本性;⑤ 健全的法制是市场经济存在和发展的内在要求。

2. 市场经济的基本功能

① 进行社会资源配置;② 促进技术进步和生产效率的提高;③ 推动产业结构升级和优化;④ 按照效率的原则调节社会收入。

3. 市场失灵与宏观调控

市场机制虽然能在资源配置中有效地发挥作用,但它并不是万能的,也有其弱点和不足的方面,即"市场失灵"。市场失灵主要表现为:① 市场解决不了总量问题;② 市场不能有效处理外部经济问题;③ 市场不能有效提供公共产品和服务;④ 市场无法自发地消除垄断;⑤ 市场不能完全实现公正的收入分配;⑥ 市场调节带有一定的盲目性和滞后性,会造成社会资源的损失浪费。

市场机制本身的缺陷,是导致市场经济国家出现周期性经济衰退和其他社会经济矛盾的一个重要原因,也是这些国家逐渐实行和完善政府干预的重要原因。市场的这些缺陷在社会主义市场经济条件下同样存在,必须通过国家的宏观调控和政策、法律的指导来解决。

宏观调控目标是政府最高层次的组织协调全国经济发展的目标,是政府制定各种宏观政策和综合运用各种调节手段的依据。一般来说,宏观调控的目标主要有:保持经济总量即社会总需求和总分配比例的平衡;保证物价稳定和充分就业;保持合理的经济增长速度,使国民经济持续、稳定和快速地增长;优化重大经济结构;实现公正的收入分配,保持国际收支的平衡等。

经济宏观调控,主要通过经济手段、法律手段和必要的行政手段来进行,以便达到宏观调控目标。

政府对市场的干预,固然能够在很大程度上弥补市场失灵,实现宏观调控目标,但是政府这只"看得见的手"往往也有失灵的地方和时候。对此,经济学上与市场失灵相对应,称之为政府失灵。导致政府失灵的原因有:① 信息不完全;② 决策不正确;③ 利益集团压力;④ 政府官员腐化。

(三) 社会主义市场经济

1. 社会主义市场经济的特点

社会主义市场经济的基本特征有两个基本的方面。首先,社会主义市场经济是一种市场经济,它必须体现市场经济的一般性规律;其次,这种市场经济是社会主义条件下的市场经济,社会主义经济制度的本质规定必然要对市场经济的形成、发展产生影响,因此社会主义市场经济必然会体现我国生产关系和国情的特点而具有特殊性。社会主义市场经济的特殊性主要反映在生产资料所有制关系和收入分配关系上。包括三个方面:① 社会主义市场经济是以公有制为主体的市场经济;② 在分配制度上坚持以按劳分配为主,其他分配形式为辅;③ 社会主义市场经济的宏观调控更加自觉有力。

社会主义市场经济,是以生产资料公有制为主体、多种所有制经济共同发展为基础,适应现代社会化大生产和发达商品经济的要求,发挥市场机制配置资源的基础性作用,在国家宏观调控下按照市场规律进行活动,以达到效率与公平相统一的经济运行和调节方式。

2. 社会主义市场经济的基本框架

1993 年,党的十四届三中全会通过《中共中央关于建立社会主义市场经济体制若干问题的决定》;2003 年,党的十六届三中全会通过《中共中央关于完善社会主义市场经济体制若干问题的决定》。这两个文件清晰勾画出了社会主义市场经济体制的基本框架:以公有制为主体、多种所有制经济共同发展为基础,以现代企业制度、统一市场体系、收入分配制度、社会保障制度、对外经济制度为支柱,以宏观调控体系为整合各个支柱的桥梁。

3. 公有制为主体、多种所有制经济共同发展的基本经济制度

以公有制为主体、多种所有制经济共同发展,是我国社会主义初级阶段的制度。这是因为:我国是社会主义国家,必须坚持公有制作为社会主义制度的经济基础;我国处在社会主义初级阶段,需要在公有制为主体的条件下发展多种所有制经济;一切符合于"三个有利于"的所有制形式都可以而且应该用来为社会主义服务。要调整和完善所有制结构,积极探索公有制多种实现形式,增强国有经济在国民经济中的控制力。大力发展国有资本、集体资本和非公有资本等参股的混合所有制经济,实现投资主体多元化,使股份制成为公有制的主要实现形式。同时,大力发展和积极引导非公有制经济,促进各种所有制经济公平竞争和共同发展,形成坚实的社会主义市场经济微观基础。

二、微观经济

(一)市场主体

1. 市场主体类型

市场主体是指在市场上从事生产和交换活动的组织和个人,包括自然人和法人。在所有参与经济活动的主体中,企业是市场存在与发展的最基本的主体,企业的主体性是否完整和充分发挥,直接关系到市场经济发展。市场主体的特点是目的性、自主性、主动性。市场主体可以分为家庭、企业、中介机构、事业单位、政府五个类型。

2. 现代企业制度

现代企业制度是指现代企业的财产组织形式或实现形式,是以完善的企业法人为基础、以公司制企业为典型形式的企业制度。

现代企业制度的主要内容:① 以投资主体多元化、股权分散化、社会化为特征的企业出资人制度;② 以企业财产所有权与法人财产权相分离为特征的法人财产制度;③ 以权力制衡为特征的公司法人治理结构;④ 有限责任制度;⑤ 以经营者的职能专家化和市场化为特征的企业家制度。

现代企业制度的典型形式是公司制,其基本形式有有限责任公司和股份有限公司。我国现代企业制度的基本特征概括为四句话:产权清晰,权责明确,政企分开,管理科学。

3. 市场中介机构

市场中介机构,是指为市场主体提供各种服务以保证市场正常运行的中间性机构。它是政府与企业、企业与企业之间开展经济活动的媒介,它不仅是市场正常运行不可缺少的条件,而且是政府宏观调控的有力助手。它的主要职责是根据政府制定的各种法规和政策,利用各种组

织,发挥民间力量,对各企业实行组织协调、信息沟通、公共服务、监督检查,以弥补政府宏观调控力量的不足。市场中介组织的类型有评价组织、沟通组织、经纪人组织。

(二) 市场竞争

1. 市场体系

市场体系是指具有不同功能的种类市场构成的有机整体。社会主义市场体系是指在社会主义公有制为主体的生产方式中,由具有不同功能的各类市场组成的相互关联、相互制约的有机整体。

市场要素有市场主体、市场客体、市场规则。市场培育的目标:促进各类市场平衡发展;打破地区部门分割封锁;建立市场价格形成机制;不断完善市场交易法规。

2. 产品市场与要素市场

产品市场是指可供人们消费的最终产品和服务的交换场所及其交换关系的总和。要素市场是指用于生产资料产品的交换场所及其交换关系的总和。

产品市场与要素市场合称商品市场。

3. 竞争与垄断

(1) 完全竞争市场。

完全竞争市场必须具备四个特征:① 市场买卖双方的人数很多,任一买者或卖者对市场供求形成的均衡价格,都不能施加可以看得见的影响;② 交易对象都是同质的标准化产品,没有任何差异,因而成本相同,可以做到一物一价;③ 要素可以自由流动,进出市场没有障碍;④ 所有买者都掌握充分信息,交易成本为零。

完全竞争市场,成交价格最低,成交数量最多,没有超额利润,社会福利最大。如果所有各种市场都能处于这种完全竞争均衡,社会资源就得到最优配置,达到了一般均衡状态,也就是帕累托最优状态。

(2) 完全垄断市场。

完全垄断市场具有四个基本特征:① 完全垄断行业只有一个企业,它提供整个行业的产量;② 完全垄断企业所提供的产品,没有良好的替代品,与其他产品的需求交叉弹性趋于零;③ 完全垄断企业不是价格的接受者,而是价格的制定者,它可以根据既定的市场需求,以较高的价格销售较少的产量;④ 完全垄断市场存在进入障碍,其他企业难以参与竞争。

完全垄断市场的形成需要四个条件:规模经济、自然垄断、原料控制、政府特许。

(3) 垄断竞争市场。

垄断竞争市场是比较现实的市场,往往介于完全竞争与完全垄断之间,是竞争与垄断的混合,也就是既有竞争又有垄断的市场。它有四个特征:①企业不少;②企业彼此独立;③产品有别;④进出较易。垄断竞争市场的竞争主要有价格竞争、品质竞争、营销竞争。

(4) 寡头垄断市场。

寡头垄断市场是介于完全竞争与完全垄断之间的另一种比较现实的市场,它的特征是:① 企业极少;② 相互依存;③ 产品同质或异质;④ 进出不易。

4. 市场规则与市场秩序

(1) 完善市场规则。

市场规则是由权力机关制定的(或在长期市场交易中形成的)对市场主体及其经济行为的规范,是市场正常运行的重要保证。主要有市场进入规则、市场竞争规则、市场交易规则。

（2）整顿市场秩序。

整顿和规范市场经济秩序，是一项长期而艰巨的任务，必须坚持不懈地进行。要专项整治，突出重点，标本兼治，重在治本，健全社会信用体系。加强市场管理法制建设，加快建立社会主义市场经济新秩序。

（3）加强市场监督。

建立社会主义市场经济新秩序，必须加强行政执法、行业自律、舆论监督、群众参与相结合的市场监督体系。

（三）收入分配

1. 按劳分配

按劳分配是按照劳动价值进行分配，即在进行必要的社会扣除以后，根据个人提供的劳动分配报酬。按劳分配是社会主义的分配原则，体现着社会主义的经济关系，因而具有社会主义性质。

2. 按要素分配

按生产要素分配是按照生产收益进行分配，即根据各个要素对产出的贡献分配报酬，包括工资、利息、租金、利润。其中，工资是劳动的报酬，租金是土地的报酬，利息是资本的报酬，利润是企业家的报酬。

在按劳分配前提下，按生产要素分配具有客观必然性：

（1）发展社会主义经济，必然充分发挥一切生产要素的积极作用，充分利用国内、国外两种资源，包括劳动、资本、技术、土地等生产要素。

（2）改革开放以来，已经出现了多种所有制经济共同发展、多种分配方式并存的局面。

（3）随着科学技术的发展，知识产权日益受到尊重，技术在生产过程中的作用已受到广泛认同，以技术参股已成为得到普遍承认的投资形式。

（4）随着改革的不断深化和市场体系的发育和完善，资本市场得到发展和扩大，居民个人收入支出的结构也发生了变化。

把按劳分配和按生产要素分配结合起来，有利于资源优化配置、促进经济发展、保持社会稳定。它是我国的基本分配制度的主要内容之一，是收入分配方式新的突破。

3. 以按劳分配为主体、多种分配方式并存的分配制度

江泽民同志在十五大报告中对社会主义市场经济条件下公有制形式作了新的界定："公有制经济不仅包括国有经济和集体经济，还包括混合所有制经济中的国有成分和集体成分"。与此相适应，报告对现阶段分配方式的具体形式也作了新的表述："把按劳分配和按生产要素分配结合起来"。这是对社会主义市场经济条件下分配方式的新发展，它既坚持了社会主义公有制条件下分配的基本原则，又体现了市场经济条件下分配的特点。实行按劳分配与按生产要素分配相结合，必须坚持以按劳分配为主体的原则。

4. 效率与公平

我国处于社会主义初级阶段，尚未全面完成计划经济向市场经济的转变，在处理效率与公平两者关系时，必须坚持效率优先兼顾公平的原则。

实行效率优先是社会主义条件下发展生产力的根本任务和市场机制的作用所决定的。公平是提高效率的保证，兼顾公平就是要实现社会公平，特别是收入分配的公平，通过税收进行再分配，保持合理收入差距，并逐步完善社会保障制度，保障全体人民都能从经济增长和经济发展

中得到实惠。

公平与效率既是矛盾的,又是统一的。公平是效率的保障,只有实现社会公平,才能保障长远的效率。而只有提高效率,促进生产力发展,增加社会财富,才能为实现公平提供物质条件。只讲公平不讲效率,只能实现低水准的平均主义分配;只讲效率不讲公平,会影响社会的稳定,最终失去效率。实现公平与效率的统一,才能保证资源的优化配置,促进经济发展,保持社会稳定。

要坚持效率优先,兼顾公平,既要提倡奉献精神,又要落实分配政策;既要反对平均主义,又要防止收入悬殊。初次分配注重效率,发挥市场的作用,鼓励一部分人通过诚实劳动和合法经营先富起来。再分配注重公平,加强政府对收入分配的调节职能,调节差距过大的收入。规范分配秩序,合理调节少数垄断性行业的过高收入,取缔非法收入。以共同富裕为目标,扩大中等收入者比重,提高低收入者收入水平。

三、宏观经济

(一) 国民经济核算

1. 国民经济核算体系

国民经济核算体系测定一个国家(或地区)在特定时期的经济活动(流量)和特定时点的经济成果(存量),描述国民经济总量结构及其相互关系,反映生产、交换、分配、消费的各个领域和各个部门,是进行经济分析、经济预测和决策研究的可行依据。

2002年,国家统计局根据联合国、世界银行、国际货币基金组织等联合制定的1993年国民经济账户体系,发布了《中国国民经济核算体系(2002)》,使我国国民经济核算基本上与新的国际标准相衔接。这一规范性文件由基本核算表、国民经济账户和附属表三个部分构成。基本核算表通过不同的方式对国民经济运行过程进行全面描述,包括国内生产总值表、投入产出表、资金流量表、国际收支和资产负债表。国民经济账户包括经济总体账户、国内机构部门账户和国外部门账户。附属表包括自然资源实物量核算表和人口资源与人力资本实物量核算表。

2. 国民经济核算指标

(1) 国内生产总值(GDP)。

国内生产总值是按市场价格计算的一个国家(或地区)所有常住单位在一定时期内生产活动的最终成果的总和。在理解GDP时需要注意:GDP只计算经济活动成果;GDP只计算最终产品的市场价值;GDP只计算对外提供或自产自用的货物价值和对外提供的服务价值;GDP只计算一定时期内所生产的最终产品市场价值,在此之前所生产的最终产品价值不计入GDP中,因而是一定时期内的流量而不是存量。

人均国内生产总值也是一个很重要的概念,它反映一个国家(或地区)的发展水平和生活水平。

(2) 国民生产总值(GNP)。

国民生产总值即国民总收入(GNI),是一个国家(或地区)所有常住单位在一定时期内收入初次分配的最终结果。

由于国内生产总值中的一部分可能在初次分配中分配给国外的非常住单位,而国内常住单位的收入也可能来自国外生产所创造的增加值,即国民生产总值 = 国内生产总值 + 来自国外的净要素收入。

3. 国内生产总值的核算方法

国内生产总值的核算方法包括生产法、支出法和收入法,比较常用的是后两种方法。

(二)总供给与总需求

总供给是指一个国家(或地区)在一定时期内国民经济各部门能够提供的产品总和,由于总供给也包括国外提供的产品,因而总供给还包括进口。在现实经济中,总供给中包括已经生产出来但销售不掉而又不得不积压的产品,但这种供给并不形成有效供给。所以,在经济学中有意义的是有效供给。

总需求是指一个国家(或地区)在一定时期内和一定价格水平上,对产品的购买的能力。总需求不同于一般的社会需要,社会需要只是人们的欲望或愿望,它不一定有货币支付能力,而总需求是有货币保证的,不过,这种有货币保证的需求能力也不一定总是能够兑现。

要使国民经济实现有效增长,应当尽可能使总供给和总需求保持均衡,这样既不会使生产出来的产品闲置甚至浪费,也不会使有效需求得不到满足而转化为强制储蓄。均衡的含义有二:一是数量均衡;二是结构均衡。

(三)政府经济管理职能

政府经济管理的职能,主要是制定和执行宏观经济政策,搞好基础设施建设,创造良好的经济发展环境。同时,要培育市场体系,监督市场运行和维护平等竞争,调节社会分配和组织社会保障,控制人口增长,保护自然环境和生态环境,管理国有资产和监督国有资产经营,实现经济和社会的全面发展。

宏观经济调控目标是一个多层次、多维数的目标体系,它们构成一个以终极目标为圆心、层层扩散、环环相扣的靶形结构模型。在社会主义市场经济中,最根本的目标就是提高人民生活水平。

宏观经济目标存在内在矛盾,主要是经济增长与经济稳定之间的矛盾,经济效率与经济公平之间的矛盾。

(四)宏观调控体系

宏观调控体系是政府为实现宏观经济调控目标,对宏观经济运行进行干预、调节和控制而综合运用各种政策和措施的总称,可以分为调控手段和调控方式两个方面。政府采用经济的、法律的以及必要的行政手段,对宏观经济运行进行调控。主要有法律手段、计划手段、经济手段、政府投资。调控方式有直接调控与间接调控、供给调控与需求调控、实物调控与价值调控。

四、国际经济

(一)开放经济

1. 经济全球化

经济全球化其基本标志主要是"三化",即信息化、市场化和资本等生产要素自由流动的跨国化。经济全球化对社会主义国家、发展中国家的经济发展是有利的。这主要表现在:① 有利于吸引外资,弥补国内建设资金的不足;② 有利于引进先进的技术和设备,实现技术发展的超越;③ 有利于学习先进的管理经验,培养高素质的管理人才;④ 有利于发挥比较优势,开拓国际市场。因此,社会主义国家要充分利用它带来的机遇发展自己。

我国的对策:① 提高综合国力,积极发展同世界各国的经济关系;② 规范市场规则,积极融入经济全球化浪潮;③ 发展周边关系,珍惜和平稳定的国际环境和亚太环境;④ 既要反对霸权,又要积极主动地加强同西方发达国家之间的合作;⑤ 借鉴别国经验,加强与发展中国家的团结与合作。

2. 区域性经济合作

区域性经济合作是指某一个区域内两个或两个以上的国家,为了维护共同的经济和政治利益,实现专业化分工而采取共同的经济政策,实行某种形式的经济联合或组成区域性经济团体。区域性经济合作是世界经济生活越来越国际化的产物和表现。它是生产社会化和经济生活国际化发展的历史趋势,有其深刻的现实基础和客观必然性。

3. 跨国公司

跨国公司是通过对外直接投资在国外建立分支或附属机构,以从事跨国生产和经营的现代企业组织。跨国公司有两层含义:一方面,它是高度发达的国际化的经营组织形式;另一方面,它又是高度发达的资本国际化形式。

跨国公司的经营特点:① 以全球战略为导向;② 以分权和集权相结合为模式;③ 以综合性优势为基础;④ 以控制为保障;⑤ 以雄厚经济实力为条件。

跨国公司的主要作用:① 改进资本结构;② 促进技术进步;③ 改善经营管理。

4. 国际竞争力

国际竞争力是指在一定的经济体制下,国民经济在全球经济竞争中表现出来的综合国力的强弱程度。

国际竞争力的影响因素为:① 政府管理创新;② 基础设施;③ 科学技术;④ 金融体系。

(二) 国际贸易

1. 国际贸易方式

国际贸易方式是指国际间进行货物买卖所采取的交易做法。随着国际贸易的发展,国际贸易买卖的交易做法越来越多,出现了许多适应时代发展的灵活的贸易方式。传统的国际贸易方式主要有包销、商业代理、寄售、拍卖。现代的国际贸易方式有展卖、商品交易所的期货交易、补偿贸易。

2. 世界贸易组织

1995年1月1日,世界贸易组织(WTO)作为关贸总协定的继承组织,在瑞士日内瓦正式成立。从此,世界贸易组织与世界银行、国际货币基金组织并列为世界经济贸易中的三大支柱。

2001年12月11日,中国以新成员身份正式加入WTO。

世界贸易组织的宗旨是:提高生活水平,保证充分就业,大幅度稳步提高实际收入和有效需求,扩大货物和服务的生产和贸易,积极努力确保发展中国家尤其是最不发达国家在国际贸易增长中的份额,与其经济发展需要相称。目标是建立一个完整的、更有活力和持久的多边贸易体系,以包括关税与贸易总协定、以往贸易自由化努力的成果和乌拉圭多边贸易谈判的所有成果。实现宗旨与目标的途径是,通过互惠互利的安排,导致关税和其他贸易壁垒的大量减少和国际贸易关系中歧视性待遇的取消。

在世界贸易组织各种协议中所体现的基本原则是非歧视贸易原则,包括最惠国待遇原则、国民待遇原则、互惠互利原则、市场准入原则、公平竞争原则、鼓励发展和改革原则以及透明度原则。

(三) 国际金融

1. 国际收支

一国的国际收支是一国居民在一定时期内与外国居民之间的经济交易的系统记录,是人们对国际贸易和国际间其他经济、政治和文化往来的收支这一社会现象的本质反映和概括。

国际收支平衡表记录了一国对外国全部经济交易,其中不仅包括由于纯粹经济交易而引起的货币收支,还包括由政治、文化、军事等方面所引起的货币收支。国际收支平衡表采取复式簿记形式,收入项目列入贷方,支出项目列入借方。国际收支平衡表的内容具体包括经常项目、资本项目、平衡项目。

国际收支的余额表现为本国对外汇的储存,余额长期大幅度偏离零意味着收支失衡。收支失衡存在外汇风险,也影响国家的金融秩序。在理论上,国际经济收支的最终目标,是长期收支平衡。

根据国际收支失衡的性质,国际收支不平衡可分为四种类型:① 周期性不平衡;② 结构性不平衡;③ 货币性不平衡;④ 收入性不平衡。

国际收支的调节政策主要有:① 外汇缓冲政策;② 财政和货币政策;③ 汇率政策;④ 直接管制。

2. 汇率

外汇是以本国货币兑换外国货币,借以把资金转移到国外,用作国际支付的手段,是国际汇兑的简称,也指国际汇兑中所使用的信用工具和有价证券。汇率是外汇买卖的折算标准。它是指一国货币单位兑换另一国货币单位的比率,即一国货币单位用另一国货币单位表示的价格。

汇率的表示方法有两种:直接标价法和间接标价法。以一定单位的外币折算成若干单位本币来表示的,称为直接标价法。以一定单位的本币折算成若干单位外币来表示的,称为间接标价法。

各国的汇率制度主要有两种:固定汇率制和浮动汇率制。前者是货币当局把本国货币对其他货币的汇率加以基本固定,波动幅度限制在一定的范围之内。后者是指两国货币之间的汇率不由货币当局规定而是由外汇市场的供求状况决定。浮动汇率制又分为自由浮动汇率和管理浮动汇率两种。自由浮动汇率是指货币当局对外汇市场很少干预。管理浮动汇率是指货币当局通过各种措施和手段干预市场,使汇率向有利于本国的方向浮动,或维持在对本国有利的水平上。当今有管理的浮动汇率制已成为国际金融发展的主流。

一国货币汇率经常受到各种因素的影响,这些因素主要有:① 本国经济状况;② 国际收支状况;③ 通货膨胀;④ 利率的变动。除了上述几个主要因素外,关税政策、对外贸易政策、外汇管制政策、国际政治和国际金融市场的动态以及预期心理等因素,也都会对汇率变动发生较大的影响。

3. 国际金融组织

国际金融组织又称国际金融市场机构,是指那些从事国际金融经营管理等项业务并具有超国家性质的金融组织。国际金融组织一般以银行的形式出现,也有一些是以基金、协会、公司等命名。

目前世界国际金融组织大体分为三类:一类是全球性政府间的国际金融组织,如国际货币基金组织和国际复兴开发银行(世界银行)及其附属机构国际开发协会和国际金融公司;一类是洲际性国际金融组织,如亚洲开发银行、非洲开发银行、泛美开发银行和欧洲投资银行;一类是区域内一些国家建立的国家金融组织,如亚洲清算联盟、阿拉伯货币基金组织、西非开发银行、中非国家开发银行、加勒比开发银行等。

对世界经济起着比较重要作用的是国际货币基金组织和世界银行。

(1) 国际货币基金组织

该组织于1945年12月成立,宗旨是促进国际间货币合作,稳定汇率,促进国际贸易和国际汇兑的自由化,消除外汇管制。该组织的主要活动:① 监管成员国汇率政策;② 每年与成员国进行一次磋商,对成员国的经济、金融市场形势和政策作出评价;③ 向成员国提供贷款。该组织的资金主要来自成员国缴纳的份额和向成员国借入的资金。贷款只限于成员国财政和金融当局,不与任何企业进行业务往来,用途限于弥补国际收支逆差或用于经常项目的国际支付,期限为1~5年。我国于1980年恢复了在该组织的合法席位,并拥有执行董事的席位。

(2) 世界银行

该组织成立于1945年,宗旨和任务是向成员国提供长期贷款,以促进成员国资源的开发和国民经济的发展,促进国际贸易长期均衡地增长及国际收支平衡。该组织的资金来源是成员国缴纳的股金和通过发行债券募集。我国是世界银行的成员。世界银行贷款是向发展中国家提供长期生产性贷款,贷款对象是会员国中的低收入国家政府或政府担保的国营或私营企业,贷款期限长达10~50年。

4. 国际金融市场

国际金融市场是国际间进行金融交易的场所,也指国际间的长短期资金借贷场所,或全球范围内所有从事国际金融业务活动的场所,习惯上称国际金融业务的集中地为国际金融中心。国际金融市场包括货币市场(外汇市场)和资本市场,前者是资金借贷在一年以内的交易市场,后者是资金借贷在一年以上的交易市场。

国际金融市场的主要类型有国际外汇市场、国际黄金市场、国际证券市场。国际金融市场的发展特点是金融自由化、金融全球化、金融证券化、金融创新化。

5. 国际资本流动

资本的国际流动是随着国际贸易和生产的国际化发展到一定程度而出现的,是指一个国家(政府、企业和个人)与别的国家(政府、企业和个人)之间以及与国际金融机构之间资本的流入和流出。这里所讲的资本是指货币或现金资本以及与投资相联系的商品资本和生产资本,不包括纯属贸易往来的商品或实物资本。

资本的国际流动有三种基本形态:商品资本的国际流动、货币资本的国际流动和生产资本的国际流动。

例题分析

【例题1】市场的基本含义包括( )。
①市场是商品交换的场所　　　　　②市场是企业行为的外部环境
③市场是交换关系的总和　　　　　④市场是有购买能力的需求
⑤市场是同社会分工和商品生产相联系的
　A. ①③④⑤　　　B. ②③④⑤　　　C. ①②④⑤　　　D. ①②③④

解析:此题答案为A。市场是商品经济运行的载体或现实表现。商品经济越发达,市场的范围和容量就越扩大。市场具有相互联系的四层含义:一是商品交换场所和领域;二是商品生产者和商品消费者之间各种经济关系的汇合和总和;三是有购买力的需求;四是现实顾客和潜在顾客。市场是社会分工和商品经济发展的必然产物。

【例题2】计划经济体制的弊端主要表现为(　　)。
A. 国家对企业统得过多过死
B. 最大限度地动员、集中稀缺资源服务于一些明确的国家目标
C. 满足国家紧急和压倒一切的需要
D. 企业各自自成体系,互相封锁,造成重复建设、重复生产

解析：此题答案为A。弊端是：政府直接管理企业,政企职责不分；由于政府对企业统得过多过死,企业缺乏应有的经营自主权、独立的经济利益和应负的经济责任,缺乏活力；按照行政部门和地区系统管理经济,造成条块分割；单纯依靠指令性计划组织和调节经济活动,忽视商品经济、价值规律和市场的作用,没有形成良好的运行机制；在分配上统收统支,平均主义严重,不能充分调动企业和劳动者的积极性；对外经济关系上基本上是闭关自守,脱离世界经济发展的潮流。

【例题3】市场经济体制下的政府应是(　　)。
A. 生产活动的组织者
B. 经营活动的组织者
C. 企业的直接领导者
D. 宏观经济的管理者和社会经济生活的调解者

解析：此题答案为D。社会主义市场经济,是以生产资料公有制为主体、多种所有制经济共同发展为基础,适应现代社会化大生产和发达商品经济的要求,发挥市场机制配置资源的基础性作用,在国家宏观调控下按照市场规律进行活动,以达到效率与公平相统一的经济运行和调节方式。所以企业是生产活动、经营活动的组织者。政府不是企业的直接领导者,而是宏观经济的管理者和社会经济生活的调解者。

【例题4】第二次世界大战后资本进一步国际化的突出特点是(　　)。
A. 商业资本的国际化　　　　　B. 借贷资本的国际化
C. 产业资本的国际化　　　　　D. 货币资本的国际化

解析：此题答案为C。第二次世界大战后资本进一步国际化的突出特点是产业资本国际化,产业资本国际化集中表现在垄断资本对外直接投资的增加,一种新的国际垄断组织形式——跨国公司应运而生,得到广泛而迅速的发展。

【例题5】国际投资不包括(　　)。
A. 政府投资　　　　　　　　　B. 私人以商品投资
C. 纯属贸易往来的商品或实物资本　　D. 金融机构以货币资本投资

解析：此题答案为C。国际投资,又称对外投资或海外投资,是指跨国公司等国际投资主体,将其拥有的货币资本或产业资本,通过跨国界流动和营运,以实现价值增值的经济行为。

第五章 文 学

一、中国文学

《诗经》是我国第一部诗歌总集，也称《诗》或《诗三百》，收录诗歌305篇。分为风、雅、颂三部分，大量使用了赋、比、兴的表现手法。风、雅、颂与赋、比、兴合称"诗经六义"。

《楚辞》是我国第一部浪漫主义诗歌总集，和《诗经》共同构成中国诗歌的源头，代表作家有屈原等。屈原，名平，字原，是战国时期楚国浪漫主义爱国诗人，也是中国文学史上第一位伟大的诗人，代表作有《离骚》等。"路漫漫其修远兮，吾将上下而求索"是《离骚》中的名句。

《论语》是中国古代儒家的一部重要经典，主要记载孔子及其弟子的言行，是一部语录体散文。由《学而》《为政》《里仁》等20章组成。

庄子，战国时期道家代表人物之一。《庄子》一书是庄子和他的门人以及后学所著，又名《南华经》，现存33篇。《庄子》极具浪漫主义色彩，代表了先秦散文的最高成就。庄子与老子合称"老庄"。庄子和屈原共为中国浪漫主义文学的奠基人。

司马迁，字子长，西汉伟大的史学家、文学家和思想家。所著《史记》又称《太史公书》，记述了从传说中的黄帝至汉武帝时期近三千年的历史。全书130篇，分为12本纪、10表、8书、30世家、70列传。是我国第一部纪传体通史，开创了中国纪传体史学和传记文学的先河，被鲁迅誉为"史家之绝唱，无韵之《离骚》"。

《木兰诗》是北朝民歌的杰出代表，描写了花木兰代父从军的故事。《木兰诗》与《孔雀东南飞》并称为乐府文学的"双璧"。

建安诗歌继承了汉乐府民歌的现实主义精神，具有"慷慨悲凉"的独特风格，被后人称为"建安风骨"。代表诗人有曹操、曹丕、曹植等。

陶渊明，东晋诗人、辞赋家、散文家，同时也是魏晋南北朝最杰出的文学家。代表作有《饮酒》组诗、《桃花源诗并序》《归去来兮辞》等。

刘义庆编写的《世说新语》是一部主要记录魏晋时期人物言行和趣事的志人小说，文笔简洁，生动活泼。

刘勰的《文心雕龙》是中国古代文论史上第一部系统阐述文学理论的专著，对后代文学评论有很大影响。

初唐四杰是指王勃、杨炯、卢照邻、骆宾王。

盛唐著名的田园山水派诗人是孟浩然和王维。他们的诗歌表现了祖国山河的壮丽和田园的自然质朴。王维的诗被苏轼誉为"诗中有画"。

盛唐著名的边塞派诗人有高适、岑参、王昌龄。他们的诗歌表现了祖国的边塞风光和唐人开拓进取的精神。

李白，字太白，号青莲居士，唐代最伟大的浪漫主义诗人，有"诗仙"之称。代表作有《静夜思》《秋浦歌》《蜀道难》《梦游天姥吟留别》《行路难》等。

杜甫,字子美,唐代最杰出的现实主义诗人,人称"诗圣"。与李白合称"李杜",代表了唐代诗歌艺术的顶峰,也是诗歌史上并峙的双峰。代表作有"三吏"(《石壕吏》《新安吏》《潼关吏》)、"三别"(《新婚别》《无家别》《垂老别》)、《闻官军收河南河北》、《自京赴奉先县咏怀五百字》和《春夜喜雨》等。他的诗被称为"诗史"。

白居易,字乐天,号香山居士,中唐伟大诗人,曾提出"文章合为时而著,歌诗合为事而作"的文学主张。代表作有《卖炭翁》《长恨歌》《琵琶行》等。

韩愈,字退之,中唐时期重要的文学家。他反对六朝以来绮靡的文风,提倡朴实的散文,为"唐宋八大家"之首。韩愈著名的散文有《师说》《祭十二郎文》等。

柳宗元,诗文与韩愈齐名,人称"韩柳"。他的散文中最有特色的是描写山水的游记,柳宗元在永州为官时写了《永州八记》,其中《小石潭记》最为著名。

宋词分为豪放派和婉约派。豪放派的代表词人有苏轼、辛弃疾,婉约派的代表词人有柳永、李清照等。

苏轼,字子瞻,号东坡居士,北宋大文豪,他的诗、词、散文、书法和绘画都有独特风格。在词坛上,他开创了豪放派,与南宋词人辛弃疾并称"苏辛",词作《念奴娇·赤壁怀古》千古传诵。诗坛上,他与北宋大诗人黄庭坚并称"苏黄"。在散文创作上,他与父亲苏洵和弟弟苏辙并称"三苏",并一起列入"唐宋八大家",苏轼的著名散文有《前赤壁赋》等。

韩愈、柳宗元、欧阳修、苏洵、苏轼、苏辙、王安石、曾巩,被称为"唐宋八大家"。

陆游,字务观,号放翁,南宋著名爱国诗人,有9300多首诗存世,"爱国御侮"是其诗歌的基本主题。

元杂剧代表了元代文学的主要成就,在文学史上取得了与唐诗、宋词相比肩的地位。关汉卿、马致远、白朴、郑光祖合称"元曲四大家"。在元杂剧作家中,以关汉卿的创作数量最多,影响最大,《窦娥冤》是其代表作。

明代长篇小说是从宋元话本演化发展而来的,《三国演义》《水浒传》《西游记》和《金瓶梅》是其中最著名的作品,被称为明代的"四大奇书"。

罗贯中的《三国演义》是中国古代长篇章回小说的开山之作,也是我国最有代表性的长篇历史演义小说。

施耐庵的《水浒传》是我国第一部描写农民起义的现实主义巨著。

吴承恩的《西游记》是古代神魔小说的代表和古代长篇浪漫主义小说的巅峰之作。

冯梦龙编选的《喻世明言》《警世通言》《醒世恒言》三部短篇小说集,简称"三言"。凌濛初所编的《初刻拍案惊奇》和《二刻拍案惊奇》,简称"二拍"。"三言"和"二拍"代表了明代短篇白话小说的最高成就。

汤显祖,我国明代杰出的戏曲家、文学家。其剧作《牡丹亭》是中国戏曲史上的浪漫主义杰作,剧中描写了杜丽娘与柳梦梅生死离合的爱情故事。

蒲松龄的小说集《聊斋志异》是我国文言短篇小说的顶峰。

吴敬梓的长篇小说《儒林外史》是我国古典讽刺文学的最高峰,对后世讽刺小说的创作影响很大。

曹雪芹的长篇小说《红楼梦》代表了我国古典小说的最高成就。《红楼梦》与《三国演义》《水浒传》《西游记》并称为古典小说"四大名著"。

李伯元的《官场现形记》、吴趼人的《二十年目睹之怪现状》、刘鹗的《老残游记》和曾朴的

《孽海花》合称晚清"四大谴责小说"。

鲁迅，现代文学史上伟大的思想家、文学家。他的作品有小说集《呐喊》《彷徨》和《故事新编》，散文集《朝花夕拾》等以及多部杂文集。《狂人日记》是现代文学史上第一篇白话小说，揭露了封建社会"吃人"的本质。《阿Q正传》突出表现了阿Q的"精神胜利法"，阿Q这个艺术形象不仅是中国文学史上也是世界文学史上的一个典型。

郭沫若，现当代著名诗人、剧作家、历史学家、古文字学家。诗集《女神》是我国现代文学史上一部具有突出成就和巨大影响的新诗集。后期主要进行历史剧创作，代表作有《屈原》等。

茅盾，现代著名小说家、社会活动家，现代进步文化的先驱。积极提倡"为人生的艺术"，是现实主义文学大师。代表作有《子夜》和《林家铺子》。

巴金，现代著名小说家、散文家。早期代表作"爱情三部曲"《雾》《雨》《电》和"激流三部曲"《家》《春》《秋》，影响了一代青年。"文化大革命"后，创作了记录他"真实思想和真挚感情"的五卷本随笔《随想录》。晚年出版了《巴金全集》(26卷)、《巴金译文全集》(10卷)。1982年获意大利"但丁奖"，1983年获法国荣誉勋章，1985年美国文学艺术研究院授予他名誉外籍院士称号。

老舍，现代著名小说家、剧作家。主要作品有《骆驼祥子》《四世同堂》《龙须沟》《茶馆》和《正红旗下》等。他的作品为中国现代文学创造了一个丰满完整的市民世界和独特生动的市民形象体系，具有鲜明的"京味"风格。

曹禺，现代著名剧作家。创作于1933年的处女作《雷雨》，标志着中国话剧艺术开始走向成熟，奠定了曹禺在中国现代话剧史上的地位。曹禺的代表作品还有《日出》《北京人》《原野》《蜕变》等。

钱钟书，现代著名学者、文学家。学贯中西，学术造诣极深，在海内外有很大影响。学术著作《谈艺录》《管锥篇》享誉学界，还著有长篇小说《围城》。

郁达夫，现代作家，以小说和散文最为著名。主要作品有短篇小说《沉沦》《春风沉醉的晚上》《薄奠》《迟桂花》等。郁达夫的作品真率、热情、明丽、酣畅，具有强烈的主观抒情色彩和浪漫主义的感伤气息。

沈从文，现代作家、文物研究专家。代表作有短篇小说《丈夫》《贵生》，中篇小说《边城》《长河》等。他的作品充溢着浓郁的湘西风情和返璞归真的牧歌情调。

张爱玲，现代作家，作品所具有的女性的细腻与古典的美感令人惊叹。主要作品有《倾城之恋》《金锁记》《半生缘》等。晚年从事中国文学评论和《红楼梦》研究。

闻一多，现代作家。"诗人""学者""民主斗士"被称为他的三重人格。新诗集《红烛》《死水》是现代诗坛经典之作。他还对《周易》《诗经》《庄子》和《楚辞》四大古籍进行了整理研究。

徐志摩，现代著名诗派"新月派"的代表诗人。代表作有诗集《志摩的诗》《翡冷翠的一夜》《猛虎集》等，其中《再别康桥》是传世名篇。

戴望舒，现代著名诗派"现代派"的代表诗人。早期诗歌多写个人的孤寂心境，后期诗歌多表现爱国情感，如《狱中题壁》《我用残损的手掌》等。《雨巷》是其最为著名的诗作，并因此被称为"雨巷诗人"。

朱自清，现代散文家、诗人、学者。主要有诗文集《踪迹》，散文集《背影》等，文艺论著《诗言志辨》《论雅俗共赏》等。他的散文以语言洗练、文笔秀丽著称，具有浓厚的诗情画意。散文代表作有《荷塘月色》《背影》《绿》等。

冰心，现当代女作家、儿童文学作家。早期作品主要有诗集《繁星》和《春水》，散文集《寄小读者》和《往事》等，后期作品有散文集《樱花赞》《小桔灯》《再寄小读者》等。冰心的作品以散文见长，大多歌颂母爱，赞美自然，文笔清丽，意蕴隽永。

孙犁，现当代小说家、散文家，被誉为"荷花淀派"创始人。小说散文集《白洋淀纪事》是其秀雅、隽永创作风格的代表作。其中《荷花淀》《嘱咐》等作为现代文学史上负有盛名的短篇，被视为"荷花淀派"的代表作。

赵树理，现当代作家、人民艺术家。代表作有《小二黑结婚》《李有才板话》《李家庄的变迁》《三里湾》《锻炼锻炼》等。赵树理的小说所创造的新颖活泼、为老百姓喜闻乐见的大众化风格，在我国现当代文学领域产生了深远而广泛的影响，并形成了俗称"山药蛋派"的文学流派。

魏巍，当代作家。代表作有获首届茅盾文学奖的长篇小说《东方》和散文集《谁是最可爱的人》等。

刘心武，当代作家，曾任《人民文学》主编。短篇小说《班主任》被认为是新时期文学的发轫之作。代表作还有获第二届茅盾文学奖的长篇小说《钟鼓楼》和获全国优秀短篇小说奖的《爱情的位置》《醒来吧，弟弟》等。

王蒙，当代作家，曾任中华人民共和国文化部部长、《人民文学》主编。代表作有长篇小说《青春万岁》、中短篇小说集《深的湖》等。

贾平凹，当代作家。代表作有长篇小说《浮躁》《废都》等，散文集《月迹》《心迹》《商州散记》和《爱的踪迹》等。小说具有丰富的当代中国社会文化心理内蕴和地域风土特色，格调清新隽永，明白自然；散文以率直、坦诚、不故作高论、不拿架子的风格打动人心。

梁晓声，当代作家。主要作品有短篇小说《父亲》，中篇小说《今夜有暴风雪》，小说集《天若有情》《这是一片神奇的土地》，长篇小说《雪城》《年轮》等。其中《今夜有暴风雪》表现了一代知识青年在"文化大革命"那场荒谬的历史运动中的人格精神和理想追求，被视为"知青小说"里程碑式的作品。

王安忆，当代女作家。作品有获第五届茅盾文学奖的《长恨歌》等约400多万字的短、中、长篇小说，以及若干散文。

余华，当代先锋派小说代表作家。主要作品有《活着》《兄弟》《许三观卖血记》《在细雨中呼喊》等。

莫言，当代作家。主要作品有获全国中篇小说奖的《红高粱》，长篇小说《红高粱家族》《丰乳肥臀》，中短篇小说集《透明的红萝卜》《爆炸》等，2012年获诺贝尔文学奖。

路遥，当代作家。以农村题材创作为主，主要作品有中篇小说《人生》《在困难的日子里》，随笔《早晨从中午开始》等。长篇小说《平凡的世界》获第三届茅盾文学奖。

余秋雨，当代艺术理论家、散文家、中国文化史学者。出版中外艺术史论著作、散文著作多部。代表作有《戏剧理论史稿》《中国戏剧文化史述》《戏剧审美心理学》《艺术创造工程》和文化系列散文集《文化苦旅》《山居笔记》《霜冷长河》《千年一叹》《行者无疆》《千年庭院》等。

王朔，当代作家。主要作品有《空中小姐》《浮出海面》《一半是火焰，一半是海水》《顽主》《千万别把我当人》《玩的就是心跳》《我是你爸爸》《看上去很美》等中长篇小说。由他策划的电视连续剧《渴望》和《编辑部的故事》以及由他的小说改编的电影、电视剧都很受欢迎。20世纪八九十年代之交的中国文坛、影坛曾出现引人注目的"王朔现象"。

铁凝，当代女作家，现任中国作家协会主席。代表作有《大浴女》《麦秸垛》《铁凝日记》等。

此前几十年里中国作协有两名主席,分别是茅盾和巴金。

毕淑敏,当代女作家。主要作品有长篇小说《红处方》《血玲珑》,中短篇小说集《女人之约》《昆仑殇》《预约死亡》,散文集《婚姻鞋》《素面朝天》等。其中《预约死亡》以作者在临终关怀医院的亲历为素材,对面临死亡的当事者及其身边人的内心进行了探索,被誉为"新体验小说"的代表作。

李准,当代小说家、电影剧作家。作品有小说50多篇,电影文学剧本近20部。小说方面主要有短篇小说《不能走那条路》《芦花放白的时候》《车轮的辙印》《李双双小传》,长篇小说《黄河东流去》;电影方面的精品佳作主要有《龙马精神》《清凉寺的钟声》《老兵新传》《李双双》《黄河东流去》《牧马人》《吉鸿昌》等。

徐怀中,当代军旅作家。主要作品有中篇小说《地上的长虹》和《我们播种爱情》。中篇小说《西线轶事》是新时期军事文学的揭幕之作。

李存葆,当代军旅作家。代表作主要有获全国第二、三届优秀中篇小说奖的《高山下的花环》《山中,那十九座坟茔》。

柳建伟,当代军旅作家。主要作品有长篇小说"时代三部曲"《北方城郭》《突出重围》《英雄时代》等。根据柳建伟同名长篇小说改编的22集电视连续剧《突出重围》,是近年来荧屏军旅题材的代表作品。

鲁迅文学奖是为鼓励优秀的中短篇小说、报告文学、诗歌、散文、杂文、文学理论和评论作品的创作,鼓励优秀的中外文学作品的翻译,推动社会主义文学事业的繁荣与发展而设立的,是我国具有最高荣誉的文学大奖之一。鲁迅文学奖由中国作家协会主办。

茅盾文学奖是根据茅盾先生生前遗愿,为鼓励优秀长篇小说创作,推动我国社会主义文学的发展而设立的,是我国具有最高荣誉的文学奖项之一。茅盾文学奖由中国作家协会主办。

全国优秀儿童文学奖和茅盾文学奖、鲁迅文学奖一样,是由中国作家协会主办的我国最高荣誉的文学大奖之一,是我国唯一的纯文学性的儿童文学奖项。

二、外国文学

古希腊神话中,居住在奥林匹斯山上的十二主神分别是:宙斯(天父)、赫拉(神后,婚姻女神)、波塞冬(海神)、哈德斯(冥王)、德墨忒尔(谷物和大地女神)、阿佛洛狄忒(爱与美神)、阿波罗(太阳神)、雅典娜(智慧女神)、阿瑞斯(战神)、阿尔忒弥斯(月亮和狩猎女神)、赫淮斯托斯(铁匠之神)和赫尔墨斯(神使)。

埃斯库罗斯、索福克勒斯和欧里庇得斯是古希腊著名的三大悲剧作家,其代表作分别为《被缚的普罗米修斯》《俄狄浦斯王》和《美狄亚》。

荷马史诗是欧洲文学史上最早、最伟大的作品,包括《伊里亚特》和《奥德赛》,诞生于公元前3世纪到前2世纪。荷马史诗的情节都以特洛伊战争为背景,广泛地展现了古希腊从原始氏族社会向奴隶制社会过渡时期的政治、经济、军事、文化以及人们的生活、斗争和思想感情等,具有极高的认识价值。

但丁,意大利文艺复兴的先驱,恩格斯称他是"中世纪的最后一位诗人,同时又是新时代的最初一位诗人"。主要作品《神曲》由地狱、炼狱和天堂三部分组成,是西方文学史上的一座丰碑,有"中世纪史诗"和"百科全书"之称。

薄伽丘,意大利文艺复兴时期的重要作家。主要作品短篇小说集《十日谈》,因其强烈的反封建性,成为欧洲文学史上第一部现实主义巨著。

拉伯雷,文艺复兴时期法国人文主义文学成就的最高代表。其代表作《巨人传》反映了作者要求冲破封建教会的蒙昧主义、渴望寻找知识巨人的愿望。

塞万提斯,文艺复兴时期西班牙著名作家。代表作《堂·吉诃德》,揭露封建势力丑恶,讽刺骑士制度和骑士文学,是欧洲最早的优秀现实主义长篇小说。

莎士比亚,文艺复兴时期人文主义文学的集大成者,英国伟大的戏剧家。他一生创作了37部戏剧、2部长诗和154首十四行诗。悲剧是他戏剧创作的最高成就,其中最著名的有早期的《罗密欧与朱丽叶》以及形成他创作巅峰的四大悲剧——《哈姆雷特》《奥赛罗》《麦克白》和《李尔王》。

莫里哀,法国古典主义文学的杰出代表,也是西方文学史上最伟大的喜剧作家之一。代表作有《伪君子》《吝啬鬼》等。

歌德,德国文学史上最伟大的作家,也是世界文学史上杰出的作家和文化巨人,恩格斯称他为"天才的诗人",海涅称他为"世界的一面镜子"。歌德的作品充满了狂飙突进运动的反叛精神,在诗歌、戏剧、散文等方面都有较高成就,主要作品有中篇小说《少年维特之烦恼》和诗剧《浮士德》。

卢梭,法国著名启蒙思想家、哲学家、教育家和文学家。文学作品主要有书信体哲理小说《新爱洛依丝》、教育小说《爱弥儿》和灵魂自白书《忏悔录》。

笛福,英国著名的现实主义作家,被称为"英国小说之父",代表作是《鲁滨逊漂流记》。鲁滨逊的形象真实地概括了资本主义上升时期的时代精神——不断进取和冒险精神。

雪莱,英国杰出的浪漫主义诗人。他的诗歌充满了自由和叛逆精神。诗剧《解放了的普罗米修斯》和抒情诗《致云雀》是他最为优秀的作品。享誉世界的名篇《西风颂》中诗句"冬天已经来临,春天还会远吗?"表达了诗人对自由的渴望和对未来的追求。

拜伦,英国浪漫主义文学的卓越代表,也是欧洲19世纪最伟大的诗人。《恰尔德·哈尔德游记》和充分表现诗人自由精神的《唐璜》是其代表作。歌德认为《唐璜》是"绝顶天才的作品"。

雨果,法国浪漫主义运动的领袖,法国文学史上最伟大的作家之一。"人道主义与激情"是他作品的灵魂。代表作有《巴黎圣母院》《悲惨世界》和《九三年》等。

普希金,俄罗斯最伟大的民族诗人,俄罗斯现实主义文学的奠基人和俄罗斯文学语言的典范,被誉为"俄国近代文学之父"和"俄国诗歌的太阳"。主要作品有诗歌《致恰达耶夫》《自由颂》《致西伯利亚的囚徒》,长篇小说《上尉的女儿》和长篇诗体小说《叶甫盖尼·奥涅金》。他的作品主要是俄国民族意识高涨以及贵族革命运动在文学上的反映。

巴尔扎克,法国著名作家。他的《人间喜剧》由90多部作品组成,是世界文学史上规模最宏伟的创作之一,被恩格斯称为"是一部19世纪法国包罗万象的社会史",马克思称它"提供了一部法国社会特别是巴黎上流社会的卓越的现实主义历史"。《人间喜剧》包括《高老头》《欧也妮·葛朗台》《贝姨》《邦斯舅舅》等。

莫泊桑,19世纪法国著名的小说家,和契诃夫、欧·亨利一起被誉为"世界三大短篇小说之王"。《一生》《俊友》《羊脂球》《我的叔叔于勒》《项链》等是其主要作品。

狄更斯,19世纪英国最杰出的批判现实主义作家。他一生共创作14部长篇小说,主要作品有《双城记》《艰难时代》《老古玩店》和《大卫·科波菲尔》等。马克思把他和萨克雷等称誉为英国的"一批杰出的小说家"。

果戈理,19世纪俄国最优秀的讽刺作家,批判现实主义文学的奠基人。他批判沙皇专制农奴制社会,追求一种沉浸在悲哀之中的喜剧性讽刺,被别林斯基称为"含泪的笑",主要作品有《钦差大臣》和《死魂灵》等。

屠格涅夫,俄国批判现实主义作家。长篇小说《罗亭》《父与子》《贵族之家》,散文故事集《猎人笔记》、中篇小说《木木》是其代表作品。《猎人笔记》描写农奴的悲惨生活,抨击农奴制度,被誉为"一部点燃火种的书"。

陀斯妥耶夫斯基,19世纪俄国最杰出的现实主义大师之一,因其创作始终关注人类苦难和生存状态,被称为"人类灵魂的伟大拷问者"。代表作主要有《罪与罚》《白痴》《被侮辱与被损害的》等。

列夫·托尔斯泰,俄国最伟大的现实主义作家,也是世界文学史上影响最大的作家之一。他的作品既有再现生活的广阔性和真实性,又有表现人的心灵世界的深刻性,是19世纪俄国现实主义的最高峰。主要作品有《战争与和平》《安娜·卡列尼娜》和《复活》等。

契诃夫,俄国19世纪批判现实主义文学的最后一位作家,是俄罗斯唯一以短篇小说创作登上世界文坛高峰的作家。主要作品有短篇小说《变色龙》《套中人》,中篇小说《第六病室》,剧本《海鸥》《万尼亚舅舅》《三姊妹》等。

高尔基,无产阶级作家,苏联文学的创始人。代表作有自传体三部曲《童年》《在人间》《我的大学》和无产阶级文学的奠基作《母亲》等。

马克·吐温,美国批判现实主义文学的奠基人,世界著名的短篇小说大师,被福克纳称为"美国文学之父"。《竞选州长》《百万英镑》《汤姆·索亚历险记》和《王子与贫儿》等,都是驰誉世界的作品。

欧·亨利,美国现代短篇小说创始人,世界文学史上著名的短篇小说大师。主要作品有《麦琪的礼物》《警察与赞美诗》《最后一片藤叶》等。他的小说构思巧妙,结局往往出人意料,被称为"欧·亨利笔法"。

安徒生,丹麦著名的童话作家。主要作品有《丑小鸭》《皇帝的新装》《卖火柴的小女孩》和《白雪公主》等。

海明威,美国当代最负盛名的作家之一。早期长篇小说《太阳照样升起》和《永别了,武器》是表现美国"迷惘的一代"的主要代表作。后期作品主要有《乞力马扎罗的雪》《丧钟为谁而鸣》和表现"硬汉子精神"并因此为作者赢得1954年度诺贝尔文学奖的《老人与海》。

罗曼·罗兰,法国现实主义艺术大师,有"欧罗巴的良心"之称。以贝多芬为原型创作的《约翰·克利斯朵夫》,被誉为20世纪第一部伟大的现实主义杰作,并因此分别获得法兰西学士院文学奖和1915年的诺贝尔文学奖。

萧伯纳,英国最杰出的戏剧大师,1925年度诺贝尔文学奖获得者,代表作是《巴巴拉少校》。

肖洛霍夫,苏联时期俄罗斯文学最杰出的代表,他的史诗性巨著《静静的顿河》,因真实地描写了哥萨克人艰辛曲折的人生和命运而享誉世界。

波德莱尔,象征主义的先驱,西方现代主义的始祖。代表作有诗集《恶之花》。

卡夫卡,奥地利著名小说家,现代主义文学的奠基人之一。他的作品深刻揭示了"现代人的困惑"。长篇小说《城堡》《审判》《美国》被称为"卡夫卡三部曲",短篇小说名篇有《变形记》《乡村医生》等。

约瑟夫·海勒,美国黑色幽默派代表作家。发表于1961年的《第二十二条军规》,被誉为黑色幽默的代表和美国当代文学的经典作品。

加西亚·马尔克斯,哥伦比亚著名小说家,1982年度诺贝尔文学奖获得者。代表作是被称为魔幻现实主义经典的《百年孤独》,马尔克斯也由此获得"魔幻现实主义大师"的称号。

泰戈尔,印度著名诗人、作家。诗集有《飞鸟集》《新月集》《园丁集》《吉檀迦利》,长篇小说有《沉船》等。1913年获诺贝尔文学奖,是亚洲第一位诺贝尔文学奖获得者。他的《人民的意志》一诗被定为印度国歌。

例题分析

【例题1】被鲁迅评价为"史家之绝唱,无韵之离骚"的作品是(　　)。
A.《庄子》　　　B.《后汉书》　　　C.《汉书》　　　D.《史记》
解析:此题答案为D。司马迁的《史记》是我国第一部纪传体通史,开创了中国纪传体史学和传记文学,被鲁迅誉为"史家之绝唱,无韵之离骚"。

【例题2】下列诗人中属于山水田园诗派的诗人是(　　)。
A. 王昌龄　　　B. 高适　　　C. 孟浩然　　　D. 岑参
解析:此题答案为C。盛唐著名的山水田园派诗人是孟浩然和王维。边塞派诗人有高适、岑参、王昌龄。

【例题3】下列不属于徐志摩的诗是(　　)。
A.《沙扬娜拉》　　B.《再别康桥》　　C.《雪花的快乐》　　D.《雨巷》
解析:此题答案为D。徐志摩的代表作有《沙扬娜拉》《雪花的快乐》《再别康桥》,《雨巷》是戴望舒最为著名的诗作。

【例题4】曹禺的代表剧作是(　　)。
A.《雷雨》　　　B.《茶馆》　　　C.《屈原》　　　D.《龙须沟》
解析:此题答案为A。老舍的代表作有《龙须沟》《茶馆》,郭沫若的代表作有历史剧《屈原》,曹禺的代表作有《雷雨》等。

【例题5】下列不属于莎士比亚四大悲剧的是(　　)。
A.《罗密欧与朱丽叶》　　　　　　B.《哈姆雷特》
C.《麦克白》　　　　　　　　　　D.《李尔王》
解析:此题答案为A。莎士比亚的四大悲剧包括《哈姆雷特》《奥赛罗》《麦克白》和《李尔王》。《罗密欧与朱丽叶》是他早期悲剧的代表。

第六章 艺　术

一、音乐

中国古代的乐器,分为吹、拉、弹、打四大类,分别由金、石、土、木、匏、革、丝、竹等八种材料制成,称为"八音"。

中国民族乐器按照演奏方法可分为吹管乐器、拉弦乐器、弹拨乐器和打击乐器。吹管乐器主要有笛、箫、唢呐、笙;拉弦乐器主要有二胡、板胡、高胡、中胡;弹拨乐器主要有古筝、琵琶、柳琴、三弦、扬琴;打击乐器主要有鼓、板、钹、锣等。

西洋乐器按照制作的材质、属性不同可分为木管乐器、铜管乐器、打击乐器和弦乐器。木管乐器主要有长笛、短笛、单簧管、双簧管、萨克管、英国管、大管;铜管乐器主要有小号、短号、圆号、长号和大号;打击乐器主要有定音鼓、木琴、大鼓、小军鼓、钹、铃鼓、三角铁、响板等;弦乐器主要有小提琴、中提琴、大提琴、低音大提琴、竖琴、钢琴等。钢琴被称为"乐器之王"。小提琴被称为"乐器皇后"。

中国民族音乐的经典有二胡曲《二泉映月》(作曲者阿炳,原名华彦钧),琵琶曲《十面埋伏》,古琴曲《高山流水》《梅花三弄》,古筝曲《渔舟唱晚》,管弦乐曲《春江花月夜》,小提琴协奏曲《梁祝》(何占豪和陈钢作曲)等。

中国新音乐运动的代表作曲家有聂耳、冼星海、张寒晖、贺绿汀、吕骥等。冼星海被誉为"人民音乐家"。

欧洲古典音乐主要是指巴洛克音乐、古典乐派、浪漫乐派、民族乐派、印象乐派的音乐。巴洛克音乐的代表人物是巴赫、亨德尔等;古典乐派的代表人物是海顿、莫扎特、贝多芬等;浪漫乐派的代表人物是舒伯特、门德尔松、肖邦、李斯特、柴可夫斯基等;民族乐派的代表人物是德沃夏克、格里格等;印象乐派的代表人物是德彪西、拉威尔等。

被誉为"歌曲之王"的是奥地利作曲家舒伯特,被誉为"音乐之父"的是德国作曲家巴赫,被誉为"交响乐之父"的是奥地利作曲家海顿,被誉为"音乐神童"的是奥地利作曲家莫扎特,被誉为"钢琴诗人"的是波兰作曲家肖邦,被誉为"圆舞曲之王"的是奥地利作曲家小约翰·施特劳斯。

奥地利的维也纳有音乐城之称。早在18世纪,维也纳就成了欧洲古典音乐的摇篮。近300年来,维也纳先后涌现了海顿、莫扎特、贝多芬、舒伯特和施特劳斯等许多音乐巨人,他们在这里生活、创作,为后世谱写了无数优美动人的乐章。

音乐史上的"乐圣"是德国作曲家贝多芬。他的代表作品有:九部交响曲,如《英雄》《命运》《田园》等;钢琴奏鸣曲《悲怆》《月光》等。

贝多芬的《d大调小提琴协奏曲》、门德尔松的《e小调小提琴协奏曲》、柴可夫斯基的《d大调小提琴协奏曲》和勃拉姆斯的《d大调小提琴协奏曲》并称四大小提琴协奏曲。

交响音乐包含交响曲、交响组曲、交响诗、交响序曲和交响音画五种类型。交响曲是大型管弦乐曲,通常有四个乐章。

电子音乐于20世纪50年代兴起,它通过各种电子技术造成变化多端的音乐、节奏,造成人声和乐器都达不到的音域和速度,是现代音乐中一个重要的流派。

爵士乐是一种即兴演奏形态,演奏者常是根据某种规定的和声骨架和节奏,将所奏的旋律进行即兴变奏。

歌剧是以歌唱为主,综合音乐、戏剧、诗歌、舞蹈和舞台美术等艺术要素的一种戏剧形式。世界著名的歌剧有比才的《卡门》、威尔第的《茶花女》、莫扎特的《费加罗的婚礼》、普契尼的《蝴蝶夫人》和《图兰朵》等。

莫扎特的三大歌剧是《魔笛》《唐璜》《费加罗的婚礼》。

歌唱一般分为美声唱法、民族唱法、通俗唱法。美声唱法注重在歌唱过程中,使整个歌唱音域都保持最自然的发声状态,歌唱时发挥嗓子的最大能量,使气息运用自如,音色优美动听,音调华丽多变,共鸣丰富浑厚,歌唱持久连贯。民族唱法是具有中华民族独特的歌唱风格和演唱技巧的一种歌唱方法,它以民族语言为基础,以行腔韵味为特长,并与形体表演浑然一体,具有情、声、字、腔相映生辉的特点。通俗唱法是靠歌手根据所表现歌曲的情绪要求,打开喉咙呼吸,采用近似口语化的歌唱形式,如气声、轻声、柔声、强声、直声、喊叫、说白、鼻音等方法,来组合完成一首歌曲,达到一种亲切自然、通俗上口以及与听众自然交流的音乐效果。

世界三大男高音是帕瓦罗蒂、多明戈和卡雷拉斯。

《黄河大合唱》分为《黄河船夫曲》《黄河颂》《黄河之水天上来》《黄水谣》《河边对口曲》《黄河怨》《保卫黄河》《怒吼吧,黄河》八个乐章。

《长征组歌》分为《告别》《突破封锁线》《遵义会议放光辉》《四渡赤水出奇兵》《飞越大渡河》《过雪山草地》《到吴起镇》《祝捷》《报喜》《大会师》十个乐章。

当代军旅代表歌曲有《说打就打》《打靶归来》《我爱这蓝色的海洋》《战友之歌》《驼铃》《小白杨》《说句心里话》《边关军魂》《军中绿花》《当兵的忠诚》《再见吧,妈妈》等。

二、舞蹈

古典舞是在民族民间传统舞蹈的基础上,经过历代专业工作者提炼、整理、加工、创造,并经过较长时期艺术实践的检验流传下来的,具有一定典范意义和古典风格的舞蹈。一般说来,古典舞都具有严谨的程式、规范性的动作和比较高的技巧。欧洲的古典舞蹈一般都泛指芭蕾舞。

芭蕾特指有一定动作规范、技巧和审美要求的欧洲古典舞蹈形式;或泛指以人体动作、姿态表现戏剧内容,推动情节发展,以及表现一定的情绪、意境、心理状态和行为的舞蹈表演形式。芭蕾舞在训练技巧上强调"开""绷""直""立"四个字。

柴可夫斯基的三大芭蕾舞剧是《天鹅湖》《胡桃夹子》和《睡美人》。

现代舞是19世纪末20世纪初在欧美兴起的一种舞蹈流派,其主要美学观点是反对古典芭蕾的因循守旧、脱离现实生活和单纯追求技巧的形式主义的束缚,以合乎自然运动法则的舞蹈动作,自由地抒发人的真实情感,强调舞蹈艺术要反映现代社会生活。伊萨多拉·邓肯被誉为"现代舞之母"。

社交舞蹈又名交际舞或交谊舞,由民间舞蹈演变而成,多为男女对舞的舞蹈形式。国际流行的主要有华尔兹、布鲁斯、狐步舞、快步舞、探戈、伦巴、桑巴等。

华尔兹,英文"Waltz"的音译,三步舞。起源于奥地利民间的一种三拍子的舞蹈,动作流畅飘逸。它在交谊舞中起源最早,历史最悠久。

布鲁斯,英文 Blues 的音译,慢四步舞。来源于美洲丛林中黑人的具有忧郁色彩的乐曲,4/4 拍。传入英国以后,被改变成慢速稳健的舞厅舞,这是一种庄重且保留着宫廷色彩的社交舞蹈。

狐步舞,英文 Fox - trot,中四步舞。最早来源于美国黑人的舞蹈,根据英文 Fox - trot,意思是狐狸快速行走,为此有人认为狐步舞是模仿狡猾的狐狸行路,动作流畅、圆滑、多变。

快步舞,英文 Quick Step,也称"快狐步",快四步舞。1923 年左右,快步舞起源于美国。狐步舞流传后,分为快狐步舞与慢狐步舞两种,慢狐步舞就是今天流行的狐步舞;快狐步舞演变为快步舞,风行于欧洲。

探戈,西班牙文 Tango 的音译,一种阿根廷双人舞。其音乐特点为中速,每分钟为 30 ~ 40 小节,2/4 拍,旋律与节奏常形成交错节奏,伴奏节奏通常以切分音为特色,断奏式演奏,顿挫感很强,所以步伐要果断有力,表现出挺拔俊俏、倜傥洒脱、爽快利落、刚劲有力的风格。

拉丁舞包含伦巴舞、桑巴舞、恰恰舞、斗牛舞、牛仔舞五种类型。

伦巴,英文 Rumba 的音译。原为非洲苏丹黑人的一种民间舞蹈。音乐为 4/4 拍,舞蹈动作的特点是两胯轮流撑动,上身比较自由。

桑巴,英文 Samba 的音译。起源于巴西的一种生动活泼的民间舞蹈,舞曲节拍为 4/4 拍或 2/4 拍,舞蹈者随着音乐节奏一重一轻地自然屈膝弹动,运用下腹部的前后摇摆,带动上身的摆动。

迪斯科舞,来源于美国黑人民间舞蹈和爵士舞蹈。这种舞蹈的特点:一是膝部随节拍颤动;二是身体中段松弛,力量主要用在胯上,随节奏摆动或转动。除了一些规定的步伐外,还可以根据节奏的变化即兴模仿日常生活中的动作,自由奔放。

街舞诞生于 20 世纪 60 年代末,是基于不同的街头文化或音乐风格而产生的多个不同种类的舞蹈的统称,到了 70 年代它被归纳为嘻哈文化的一部分。街舞的动作是由各种走、跑、跳组合而成,并通过头、颈、肩、上肢、躯干等关节的屈伸、转动、绕环、摆振、波浪形扭动等连贯组合而成的,具有较强的表演性、参与性和竞争性。

霹雳舞,舞者情绪兴奋,随着摇滚乐激烈地扭动身体,有时模仿太空人、机器人、擦玻璃、头脚倒立、跟头旋子等动作。动作特点是:野性又潇洒,粗犷又细腻,全身有控制地自如动作,时而波澜起伏,时而光怪陆离。

民间舞是由广大人民群众在长期历史进程中集体创作,不断积累、发展而形成,并在群众中广泛流传的一种舞蹈形式。它直接反映人民群众的思想感情、理想和愿望。民间舞蹈种类繁多,如汉族的秧歌、腰鼓,蒙古族的"安代",藏族的"锅庄""弦子",傣族的孔雀舞等。

三、影视

电影是由活动照相术结合幻灯放映发展起来的一种综合性现代艺术。发明于 19 世纪末。1895 年 12 月 28 日法国路易·卢米埃尔兄弟在巴黎首次对观众放映了《火车到站》《工厂大门》等影片,故将这一天定为世界电影诞生日。

蒙太奇是法文 montage 的译音,原本是建筑学上的用语,意为装配、安装。影视理论家将其引申到影视艺术领域,指影视作品创作过程中的剪辑组合。爱森斯坦是蒙太奇学派的创始人之一。

好莱坞电影的发展史就是美国电影的发展史。美国电影在默片时代已蓬勃发展,电影制片中心逐渐从纽约转移到加利福尼亚州洛杉矶郊外的好莱坞。随着八大影片公司雄踞格局的形成,好莱坞建立了一整套制片厂制度和明星制度,并将影片生产规范化,随之出现了喜剧片、西部片、歌舞片、犯罪片等类型电影。好莱坞电影城的迅速兴起与发展,保证了美国电影在世界市场上的倾销,好莱坞成为美国电影的代名词。

查理·卓别林是世界著名的喜剧电影大师,兼制片人、编剧、导演和作曲多种身份,奠定了现代喜剧电影的基础。卓别林拍摄了一系列著名的电影,如《淘金记》《城市之光》《摩登时代》《大独裁者》等。

西部片,作为好莱坞类型电影之一,以1903年的《火车大劫案》为开始标志,到20世纪三四十年代达到高潮,约翰·福特的《关山飞渡》是其代表作品。影片主要表现美国西部开发时期白人与印第安人之间的矛盾及艰苦而又富于传奇色彩的生活。复仇主题是西部片的传统模式。影片故事多发生在广袤的荒原、沙丘和偏僻的小镇上,其中的人物多是所谓"西部牛仔",影片同时又具有浓厚的个人英雄主义色彩。西部片里的主角多是智勇双全的侠胆义士,他们厌恶权贵,同情广大平民,通常劫富济贫或为民除害,所以深得广大下层人民的喜爱。

第二次世界大战以后西方电影史上声势最大、影响最深的三大流派是意大利新现实主义、法国新浪潮和新德国电影运动。这些流派是对战前以好莱坞为代表的传统的表现美学电影潮流的反叛,从形式到内容改变了传统电影那种虚构生活、臆造理想、追求奢华、沉湎于蒙太奇的拍片方式,以现实世界的外部真实和内心真实作为电影取材的基本依据,追求快捷、简便、纪实的拍片方式,探索电影剪辑方法的真实效果,完善以长镜头为核心的电影再现美学在表现人生、反映社会心理中的巨大作用。

意大利新现实主义电影在第二次世界大战结束前后异军突起,以纪实的手法表现现实生活和斗争,在内容和题材上具有明显的社会性;反对虚构的情节和人为的戏剧纠葛,主张进行实地观察,表现普通人的日常生活和命运,从而展示社会生活风貌;拒绝传统的表演规范,反对明星制;基本上采用外景拍摄。代表作品有维多里奥·德·西卡的《偷自行车的人》、德·桑蒂斯的《罗马11时》、罗伯托·罗西里尼的《罗马,不设防的城市》等。

法国新浪潮电影运动在1959年至1962年间兴起于巴黎,在电影理论家安德烈·巴赞主编的《电影手册》影响下,提出"主观的现实主义"口号,反对过去电影中的"僵化状态",强调拍摄具有导演个人风格的影片,又被称为"作者电影"。影片内容受存在主义哲学和弗洛伊德主义的影响,注重描绘现代都市人的处境、心理、爱情,充满了主观主义和抒情性;采用实景拍摄,主张即兴创作;影片大多没有完整的故事情节,表现手法多变。其代表作有特吕弗的《四百下》、阿伦·雷乃的《广岛之恋》等。

新德国电影运动是指从1962年"奥博豪森宣言"开始,在联邦德国境内掀起的一场电影运动,以法斯宾德、施隆多夫、赫尔佐格、文德斯四人为中坚,他们的作品展现出对时代、历史、现实的关注和思考,对电影表现形式进行了开拓。代表作有施隆多夫的《铁皮鼓》、法斯宾德的《玛利亚·布劳恩的婚姻》和《莉莉·玛莲》、赫尔佐格的《人人为自己,上帝反对大家》、文德斯的《得克萨斯州的巴黎》等。

著名的国际电影节有威尼斯国际电影节、戛纳国际电影节、柏林国际电影节、奥斯卡金像奖等。

奥斯卡金像奖是当今世界上影响最大、历史最长的电影奖之一,由美国电影艺术与科学学院颁发。首届奥斯卡金像奖于1929年5月16日在好莱坞的罗斯福饭店颁发。此后，每年一届，主要颁奖项目有：最佳影片，最佳导演，最佳男女主角、配角等，共计28项。

"金鸡奖""百花奖"是中国电影最具代表性、影响最大的评奖活动。香港电影金像奖是香港电影含金量最高、最重要的年度评奖活动。台湾电影金马奖是台湾电影最知名、最重要的年度评奖活动。

20世纪80年代，中国影坛上出现了陈凯歌、张艺谋、吴子牛等导演的一大批形式新颖的"第五代"影片，如《一个和八个》《老井》《黄土地》《大阅兵》《孩子王》《红高粱》，国际影坛将这批影片的问世称为"中国新电影的真正开始"。

中国"第六代"导演主要有贾樟柯、王小帅、路学长、娄烨、张元、章明等。

中国摄制的第一部影片是1905年秋由北京丰泰照相馆与京剧名角谭鑫培合作拍摄的京剧片段《定军山》，它标志着中国电影的正式诞生。中国第一部长动画片是1941年拍摄的《铁扇公主》。新中国拍摄的第一部风光音乐故事片是1960年根据广西民间传说故事拍摄的故事片《刘三姐》。

《义勇军进行曲》是电影《风云儿女》的主题歌（田汉作词、聂耳作曲，后被定为中华人民共和国国歌）。《我的祖国》是电影《上甘岭》的主题歌，《英雄赞歌》是电影《英雄儿女》的主题歌。

四、美术、书法

中国画与西方绘画不同，西方绘画注重写实，中国画注重"神似"，以写意为主，注重表现画家所追求的意境和情趣。西方绘画多用焦点透视，中国画多用散点透视。西方绘画注重色彩、明暗的运用，中国画运用线条构图。中国画是诗、书、画、印的统一。中国画的基本技法是勾、皴、点、染等。

中国传统绘画的三大题材是人物画、山水画、花鸟画。人物画的代表作有东晋顾恺之的《女史箴图》《洛神赋图》，南唐顾闳中的《韩熙载夜宴图》，北宋张择端的《清明上河图》等。山水画的代表作有隋代展子虔的《游春图》、北宋范宽的《溪山行旅图》、王希孟的《千里江山图》、马远的《寒江独钓图》等。花鸟画的代表作有徐熙的《雪竹图》、徐渭的《杂花图》、郑燮的《风竹图》、吴昌硕的《梅花》等。

中国画中的"四君子"是指梅、兰、竹、菊。

文人画又称士大夫画，泛指中国封建社会中文人、士大夫所作之画，区别于民间画工和宫廷画院、职业画家的绘画。多取材于山水、花鸟、梅兰竹菊、木石等，借以抒发性灵或个人抱负，寓有对民族压迫或对腐朽政治愤懑之情，讲求文字修养、笔墨情趣，强调神韵与画中意境。王维被称为文人画的创始人。

吴道子被世人称为"画圣"。

明代的"吴门四家"是中国美术史上最大的画派，领袖人物是沈周、文徵明、唐寅、仇英。

"扬州八怪"是清乾隆年间寓居江苏扬州的八位代表画家的总称。他们是汪士慎、黄慎、金农、高翔、李少堂、郑燮、李方膺、罗聘。其中影响较大的郑燮，号板桥，以画兰、竹和石头出名，他的画充分体现了思想与个性，形象丰富多样，极其生动。

中国现代绘画大师及其代表作有徐悲鸿的《田横五百士》《奔马》，齐白石的《墨虾图》，张大千的《长江万里图》，傅抱石的《江山如此多娇》，董希文的《开国大典》等。

意大利文艺复兴时期的三位美术大师是达·芬奇、米开朗琪罗、拉斐尔。达·芬奇的代表作有《最后的晚餐》《蒙娜丽莎》等。米开朗琪罗的代表作有《大卫》(雕像)和《最后的审判》(壁画)等。拉斐尔的代表作有《西斯廷圣母》等。

法国浪漫派是19世纪兴起于法国的绘画流派,代表画家及其作品有籍里柯的《梅杜萨之筏》、德拉克洛瓦的《自由引导着人民》等。

法国现实主义绘画兴起于19世纪中叶,主要画家及其代表作有米勒的《拾穗者》《晚钟》,库尔贝的《画室》《打石工》等。

印象派绘画在法国19世纪六七十年代崛起,此后又出现了新印象主义、后期印象主义。他们继承了法国现实主义画家库尔贝"让艺术面向当代生活"的传统,使自己的创作摆脱了对历史、神话、宗教等题材的依赖,摆脱了讲述故事的传统绘画程式的约束,认真观察在光线中的自然景色,追求在光色变化中表现对象的整体,表现自然界给画家稍纵即逝的印象。印象派的代表作品有莫奈的《日出·印象》、马奈的《草地上的午餐》、雷诺阿的《包厢》等。新印象主义的代表作品有修拉的《大碗岛的星期日》等。后期印象主义的代表作品有塞尚的《苹果与橙子》,凡高的《星空》《向日葵》,高更的《塔西提少女》等。

西方现代派绘画是19世纪末20世纪初西方绘画流派的总和,主要有野兽派、立体派、表现主义、抽象派、超现实主义等。野兽派的代表作品有马蒂斯的《红色的和谐》等,立体派的代表作品有毕加索的《格尔尼卡》等,表现主义的代表作品有蒙克的《呐喊》等,抽象派的代表作品有蒙德里安的《百老汇的爵士乐》等,超现实主义的代表作品有达利的《永恒的记忆》等。

莫奈被称为"印象派之父",塞尚被称为"现代主义之父"。

"六书"指汉字的六种构造条例,是后人根据汉字的形成所作的整理,而非先民原始造字法则的全部。包括:象形、指事、会意、形声、转注、假借。

书体法有正(楷)、草、行、隶、篆(大篆、小篆)等书体。

文房四宝是指笔、墨、纸、砚。

东汉书法家张芝被尊为"草圣",东晋的王羲之被尊为"书圣"。

三国的锺繇、东汉的张芝、东晋的王羲之和王献之合称为"书中四贤"。

颜(真卿)、柳(公权)、欧(阳询)、赵(孟頫)并称"楷书四大家"。

王羲之的《兰亭序》被誉为"天下第一行书",颜真卿的《祭侄稿》被誉为"天下第二行书"。

乾隆皇帝的"三希堂"法帖是指王羲之的《快雪时晴帖》、王献之的《中秋帖》、王珣的《伯远帖》。

五、戏剧、曲艺

中国戏曲是世界上历史最悠久的三大戏剧文化之一。与外来的各种戏剧样式(话剧、歌剧等)不同,中国戏曲全面运用了歌、舞、说、唱等艺术手段,并兼容了诗词、小说、武术、杂技、音乐、绘画、建筑等艺术或技术因素,充分发挥了空间和时间艺术的长处,成为世界剧坛上独树一帜的艺术表演体系。

京剧是中国戏曲中诸多剧种的典型代表。京剧,也称"皮黄",由"西皮"和"二黄"两种基本腔调组成它的音乐素材,也兼唱一些地方小曲调(如柳子腔、吹腔等)和昆曲曲牌。它起源于清代中叶,形成于道光年间(公元1825—1850年),有"国剧"之称。京剧表演的艺术形式主要有唱、念、做、打四种,并由此组成一个十分和谐的整体。京剧的角色分为生、旦、净、末、丑。京剧剧目非常丰富,有5000多个传统剧本。影响最大的有"三国戏""杨家将戏""红楼戏"等。

梅兰芳是中国著名的京剧表演艺术家,勇于创新,提高发展了旦角的演唱和表演艺术,形成了独树一帜的"梅派"表演风格。和梅兰芳齐名的三个著名的旦角演员,即程砚秋(御霜)、荀慧生(令香)、尚小云(绮霞),合称为京剧"四大名旦"。

评剧,清末在河北滦县一带的小曲"对口莲花落"基础上形成,20世纪20年代左右流行于东北地区。20世纪30年代以后,评剧在京剧、河北梆子等剧种影响下表演日趋成熟,出现了白玉霜、喜彩莲、爱莲君等流派。

河北梆子,是流行于河北、北京一带的梆子戏,它源于山、陕交界处的山陕梆子,经由山西传至河北,结合河北与北京方言而形成。它保持了梆子腔以梆击节的特点,唱腔高亢激越,善于表演悲剧情节。

秦腔,陕西省地方戏,也叫"陕西梆子",是最早的梆子腔,约形成于明代中期。其表演粗犷质朴,唱腔高亢激越,其声如吼,善于表现悲剧情节。

豫剧,又称"河南梆子"。明代末期由传入河南的山陕梆子结合河南土语及民间曲调发展而成,现流行于河南、河北、山西、山东等省份。

黄梅戏,起源于安徽的戏曲剧种,流行于安徽、江西及湖北地区。它的前身是黄梅地区的采茶调,清代中叶后形成民间小戏,称"黄梅调",用安庆方言演唱。

粤剧,流行于广东、香港、东南亚等粤语语言区。形成于清初,由外地传入的高腔、昆腔、皮黄、梆子等声腔与当地民间音乐结合而成。

昆曲,又称"昆腔""昆剧",是一种古老的戏曲剧种。它源于江苏昆山,明中叶后开始盛行。昆曲的风格清丽柔婉、细腻抒情,表演载歌载舞、程式严谨,是中国古典戏曲的代表。

曲艺是我国传统的民间表演艺术,是由古代民间的口头文学和歌唱艺术经过长期演变形成的一种独特的艺术形式。曲艺的多数曲种是有说有唱的,文学、音乐、表演三位一体,带有一定的综合性,因此,人们也把它称作说唱艺术。根据不同的艺术表现手法、音乐曲调和表演方式,一般可分为平话、相声、快板、鼓曲四大类。

评书的特点是说者一人,只说不唱,表演时以醒木作道具助气氛。评书一般都用普通话讲述,也有使用地方方言的,如四川评书、湖北评书等。

相声是从民间说笑话发展而成的,是最具喜剧风格的曲艺形式,常见的形式是一个人说的单口和甲乙二人捧逗争哏的对口。组织"包袱"(即笑料)和艺术夸张是相声艺术达到喜剧效果的特殊手段。"说、学、逗、唱"是相声表演的具体技巧。

快板包括快板书、对口快板(数来宝)、山东快书、天津快板、竹板书等曲种。它由一两个演员韵诵,演出时用竹板、节子板、铜板击打伴奏。

京韵大鼓又称"京音大鼓",流行于北京、天津、河北和东北、华北的部分地区,有一百多年的历史,是由河北沧州、河间一带流行的木板大鼓改革发展而来。表演形式为一人站唱,自打鼓板,两三人伴奏,主要乐器有大三弦、四胡等。

二人转又称"蹦蹦""双玩意儿"等,流行于东北各地,是在当地民歌、大秧歌的基础上,吸收"莲花落"等表演形式演变而成。表演形式为一男一女,手拿扇子、手绢,边走边唱边舞,唱腔高亢粗犷,唱词诙谐风趣。

六、杂技、民间文艺

杂技是我国最早的表演艺术,指柔术、车技、口技、顶碗、走钢丝、变戏法、舞狮子等技艺。现代杂技特指演员靠自己身体技巧完成的一系列高难动作的表演性节目。

皮影戏,也叫"影戏""灯影戏""土影戏"。用灯光照射兽皮或纸板雕刻成的人物剪影以表演故事的戏剧。剧目、唱腔多同地方戏曲相互影响,由艺人一边操纵一边演唱,并配以音乐。

变脸是川剧的绝活,指戏曲演员通过快速改变面部化妆或变换面具的手法表达一定情感或情境的手法,其中包括抹暴眼(在眉心、鼻眼间抹黑)、吹粉(向脸上吹色粉以改变脸上颜色)和扯脸(以快速手法扯下装于头顶的薄面具),其中"扯脸"是川剧常用的变脸手法。

剪纸是中国最普及的民间传统艺术之一,有着悠久的历史。作为一种镂空艺术,剪纸在视觉上给人以透空的感觉,具有美化和吉祥的特征;其载体可以是纸张、金银箔、树皮、树叶、布、皮革等片状材料。

七、建筑艺术

中国古代建筑从总体上说,以木结构为主,以砖、瓦、石等材料为辅。它的主体结构是在前后木柱之上架设多层木梁,沿着梁垂直的方向再搭设木檩,在柱子上部、屋椽之下有一块"斗拱",这是东方建筑所特有的构件。在布局上强调向平面展开,重视群体组合。

北京故宫是明清两朝皇帝的宫殿,是东方最大的古代宫殿,也是目前世界上保存最完整、规模最大的木结构建筑群。

中国园林以传统文学和绘画的艺术构思,将山水、花木、建筑结合起来,形成了充满诗情画意的园林景观。可分为皇家园林、私家园林、寺观园林和风景名胜园林。北京颐和园(原名清漪园),是中国皇家园林的代表,也是保留至今的最完整的一座皇家园林。苏州拙政园是中国私家园林的杰出代表。

石窟艺术是以雕塑、壁画、建筑三位一体的表现形式,直观而形象地诠释佛教经典,弘扬教义的佛教艺术。我国四大名窟是甘肃敦煌莫高窟、河南洛阳龙门石窟、山西大同云冈石窟、甘肃天水麦积山石窟。

江南三大名楼是湖南岳阳的岳阳楼、湖北武汉的黄鹤楼、江西南昌的滕王阁。

世界上最大的会堂式建筑是北京人民大会堂。

世界五大宫殿:中国故宫、法国凡尔赛宫、英国白金汉宫、俄国克里姆林宫、美国白宫。

秦始皇陵是世界上最大的陵墓。

古埃及最大的金字塔叫胡夫金字塔,建于埃及第四王朝第二位法老胡夫统治时期。

哥特式建筑是公元11世纪下半叶起源于法国,公元13世纪至15世纪流行于欧洲的一种建筑风格。其特点是尖塔高耸、尖形拱门、大窗户及绘有圣经故事的彩色玻璃,整个建筑具有直升线条、雄伟的外观。法国的巴黎圣母院、德国的科隆教堂是最著名的哥特式建筑。

拜占庭建筑在罗马建筑遗产和东方文化经验的基础上形成了自己的独特体系。其主要特点是圆形或多边形的平面结构和圆穹顶。圣索菲亚大教堂是拜占庭建筑的典范。

美国"自由女神"像坐落在纽约,埃菲尔铁塔在法国巴黎。

例题分析

【例题1】 下列属于铜管乐器的是( )。
A. 英国管　　　　B. 双簧管　　　　C. 长笛　　　　D. 圆号

解析: 此题答案为D。西洋木管乐器主要有长笛、短笛、单簧管、双簧管、英国管、大管;铜管乐器主要有小号、短号、圆号、长号和大号。故答案为 D。

【例题 2】少数民族的民间舞蹈孔雀舞属于(　　)。
A. 汉族　　　　B. 蒙古族　　　　C. 藏族　　　　D. 傣族
解析：此题答案为 D。我国民间舞蹈种类繁多,如汉族的秧歌、腰鼓;蒙古族的"安代";藏族的"锅庄""弦子";傣族的孔雀舞等。故答案为 D。

【例题 3】电影艺术的常用手法是(　　)。
A. 倒叙　　　　B. 蒙太奇　　　　C. 时间顺序　　　　D. 细节
解析：此题答案为 B。蒙太奇是指电影作品创作过程中的剪辑组合。在一部影片中,镜头与镜头、场面与场面、段落与段落之间,都存在着蒙太奇,蒙太奇是电影的构成方式和独特的表现手段。故答案为 B。

【例题 4】下列不属于戏曲基本特征的是(　　)。
A. 时代性　　　　B. 程式化　　　　C. 虚拟性　　　　D. 综合性
解析：此题答案为 A。中国戏曲具有综合性、虚拟性、程式化等主要特征。故答案为 A。

【例题 5】被称为"印象派之父"的画家是(　　)。
A. 塞尚　　　　B. 凡高　　　　C. 莫奈　　　　D. 高更
解析：此题答案为 C。印象派绘画在法国 19 世纪六七十年代崛起,早期印象派的代表画家是莫奈,被称为"印象派之父";后期印象主义的代表画家有塞尚、凡高、高更等。故答案为 C。

第七章 自 然

狭义上的自然是指自然界,它是与人类社会相区别的物质世界,即自然科学所研究的无机界和有机界;自然界是客观存在的,水、空气、山脉、河流、微生物、植物、动物、地球、宇宙等都属于大自然的范畴。

大自然里有各种生物,其中包括三大类:植物、动物、细菌和真菌。同时大自然也包含各种生态系统。

大自然有脊椎动物 45000 多种,其中鸟类 9000 种,鱼类 20000 多种。现有 300 余万种昆虫,已经确认的种类仅 100 余万种。

气候是地球上某一地区多年时段大气的一般状态,是该时段各种天气过程的综合表现。气候与人类社会有密切关系,许多国家很早就有关于气候现象的记载。中国春秋时代用圭表测日影以确定季节,秦汉时期就有二十四节气、七十二候的完整记载。

影响气候的主要因素有:

(1) 纬度位置。赤道地区降水多,两极附近降水少。南北回归线附近、大陆东岸降水多,西岸降水少。

(2) 海陆位置。温带地区、沿海地区降水多,内陆地区降水少。

(3) 地形因素。通常情况下,山地迎风坡降水多,背风坡降水少。

(4) 洋流因素。暖流对沿岸地区气候起到升温、增湿的作用。如西欧海洋性气候的形成,就直接得益于暖湿的北大西洋暖流。寒流对沿岸地区的气候起到降温、减湿的作用。

在纬度位置、海路分布、大气环流、地形、洋流等因素的影响下,世界气候大致分为:热带雨林气候、热带草原气候、热带沙漠气候、热带季风气候、亚热带季风气候和季风湿润气候、亚热带沙漠气候、亚热带草原气候、地中海气候、温带海洋气候、温带大陆气候、温带季风气候、温带阔叶林气候、温带草原气候、温带沙漠气候、亚寒带针叶林气候、山地气候、极地苔原气候、极地冰原气候。

由于太阳辐射在地球表面分布的差异,以及海洋、陆地、山脉、森林等不同性质的下垫面在到达地表的太阳辐射的作用下所产生的物理过程不同,使气候除具有温度大致按纬度分布的特征外,还具有明显的地域性特征。按水平尺度大小,气候可分为大气候、中气候与小气候。大气候是指全球性和大区域的气候,如热带雨林气候、地中海型气候、极地气候、高原气候等;中气候是指较小自然区域的气候,如森林气候、城市气候、山地气候以及湖泊气候等;小气候是指更小范围的气候,如贴地气层和小范围特殊地形下的气候,一个山头或一个谷地的气候。

我国国土辽阔,从南到北兼有热带、亚热带、暖温带、温带、寒温带几个不同的温度带。影响我国气候的最主要因素是地理纬度和太阳辐射、海陆位置和洋流、地形及大气环流。我国气温和降水的季节性变化明显,大部分地区受季风影响,四季分明。寒潮、台风、梅雨是我国重要的天气现象,它们的形成、变化构成了我国气候变化的主要征象。

我国冬季最冷的地方是黑龙江的漠河镇,1 月份平均气温为 -30.6℃。那里最冷曾经出现过-52.3℃的极端最低气温,这是我国现有气象记录中的气温最低值。我国夏季最热的地方是新疆的吐鲁番,7月份的平均气温为33℃,人称"火洲"。那里极端最高气温曾经达到49.6℃,这是我国现有气象记录中的最高值。

泥石流是山区沟谷中由暴雨、冰雪融水等水源激发的,含有大量的泥沙、石块的特殊洪流。泥石流的形成必须具备三个条件:陡峭的便于积水、集物的地形、地貌,有丰富的松散物质,短时间内有大量的水源。泥石流的破坏力很强,是一种重大的自然灾害。

沙尘暴是沙暴和尘暴两者兼有的总称,是指强风把地面大量沙尘物质吹起卷入空中,使空气特别浑浊,水平能见度小于1000米的严重风沙天气现象。沙尘暴天气主要发生在春末夏初季节,我国西北部是沙尘暴频发地区。沙尘暴跟地面绿化关系密切。

地震是地球内部介质局部发生急剧的破裂,产生的震波在一定范围内引起地面震动的现象。地震在古代又称地动,它和海啸、龙卷风、冰冻灾害一样,是地球上经常发生的一种自然灾害。

海啸是由水下地震、火山爆发或水下塌陷和滑坡等大地活动造成的海面恶浪,并伴随巨响的现象。它是一种具有强大破坏力的海浪,是地球上最强大的自然力。历史上发生过5次致命大海啸。其中2004年12月26日,强达里氏9.1～9.3级的大地震袭击了印尼苏门答腊岛海岸,持续时间长达10分钟。此次地震引发的海啸甚至危及远在索马里的海岸居民。此次海啸死亡22.6万人,在海啸死亡人数中排名第一。

厄尔尼诺又称厄尔尼诺海流,是太平洋赤道带大范围内海洋和大气相互作用后失去平衡而产生的一种气候现象。正常情况下,热带太平洋区域的季风洋流是从美洲走向亚洲,使太平洋表面保持温暖,给印尼周围带来热带降雨。但这种模式每2～7年被打乱一次,使风向和洋流发生逆转,太平洋表层的热流就转而向东走向美洲,随之便带走了热带降雨,出现所谓"厄尔尼诺现象"。

由于海陆分布及海陆之间存在的温度差异而形成大范围盛行的、风向随季节有显著变化的风系,具有这种大气环流特征的风称为季风。

信风是一种形象的说法,它是指在赤道两边的底层大气中,北半球吹东北风,南半球吹东南风,这种风的方向很少改变,年年如此,稳定出现,很讲信用,故称为信风。

植物细胞有明显的细胞壁和细胞核,其细胞壁由葡萄糖聚合物——纤维素构成。所有植物的祖先都是单细胞非光合生物,它们吞食了光合细菌,二者形成一种互利关系:光合细菌生存在植物细胞内(即所谓内共生现象),最后细菌蜕变成叶绿体,它是一种在所有植物体内都存在却不能独立生存的细胞器。

植物通常是不运动的,因为它们不需要寻找食物。

大多数植物都属于被子植物门,是有花植物,其中还包括多种树木。

世界上最长的植物是白藤,它从根部到顶部达300米,比世界上最高的桉树还长一倍。白藤长度最高达400米,是地球上最长的植物。

世界上开花最晚的植物是拉蒙弟凤梨,出产地是南美洲的玻利维亚,它要生长150年后才开出花序,花序呈圆锥状。拉蒙弟凤梨一生只开一次花,开花后意味着它将枯萎、死去。

杏仁桉树一般都高达100米,其中有一株高达156米,树干直插云霄,有50层楼那样高,成为世界上最高的树。

世界上体积最大的树是美国加利福尼亚的巨杉,长得又高又胖,是树木中的"巨人",所以又名"世界爷"。

世界上最大的花是亚洲东南部的大花草,直径达90厘米。它散发出一种非常难闻的味道,但是苍蝇却很喜欢它。

世界上最毒的树是见血封喉,又名箭毒木,桑科。树高可达40米,春夏之际开花,秋季结出一个个小梨子一样的红色果实,成熟时变为紫黑色。这种果实味道极苦,含毒素,不能食用。树液剧毒,有强心作用。是我国国家三级保护植物。

银杏被称为"活化石"和"植物界的大熊猫"。

年轮是树木的"年龄",每生长一年,树木就多一条年轮。年轮的宽窄跟那一年的雨水有关系。雨水多生长充分,年轮就宽,反之则窄。我国树木的年轮一般都是南宽北窄。

目前已知的动物种类大约有150万种,可分为无脊椎动物和脊椎动物。

无脊椎动物中包括原生动物、扁形动物、腔肠动物、棘皮动物、节肢动物、软体动物、环节动物、线形动物八大类。无脊椎动物占世界上所有动物的90%以上。

脊椎动物包括鱼类、两栖类、爬行类、鸟类、哺乳类五大种类。脊椎动物的特征是由脊椎骨组成的脊柱(脊索只见于胚胎期)。脊柱保护脊髓、脊柱与其他骨骼组成脊椎动物特有的内骨骼系统。有明显的头部,背神经管的前端分化成脑及其他感觉器官,如眼、耳等,脑及感觉器官集中在头部,可加强动物对外界的感应。身体由表皮及真皮覆盖。皮肤有腺体,大部分脊椎动物的皮肤有保护性构造,如鳞片、羽毛、体毛等。有完整的消化系统,口腔内有舌,多数有牙齿,亦有肝及胰脏。循环系统包括心脏、动脉、静脉及血管。排泄系统包括两个肾脏及一个膀胱。有内分泌腺,能分泌激素(荷尔蒙)调节身体机能、生长及生殖。

珊瑚虫是一种海生圆筒状腔肠动物,在白色幼虫阶段便自动固定在先辈珊瑚的石灰质遗骨堆上。珊瑚是珊瑚虫分泌出的石灰质物质,珊瑚的化学成分主要为$CaCO_3$,以微晶方解石集合体形式存在,成分中还有一定数量的有机质,形态多呈树枝状,上面有纵条纹,每个单体珊瑚横断面有同心圆状和放射状条纹,颜色常呈白色,也有少量蓝色和黑色。珊瑚不仅形象像树枝,颜色鲜艳美丽,可以做装饰品,并且还有很高的药用价值。

大堡礁是世界上最大、最长的珊瑚礁群,是世界七大自然景观之一,也是澳大利亚人最引以为豪的天然景观,又称为"透明清澈的海中野生王国"。

中国特产文昌鱼享誉世界,它是揭开脊椎动物起源的一把钥匙。

鸭嘴兽是最原始的哺乳动物,母体虽然有分泌乳汁哺育幼仔成长的功能,但是却不是胎生而是卵生。鸭嘴兽分布在澳大利亚南部塔斯马尼亚岛,是现存最原始的哺乳动物。

最早的鸟化石,迄今已经发现了6个个体,而且保存完好,这些鸟化石,即"始祖鸟",是世界上最早的鸟。它们出现于晚侏罗纪,距今1亿多年。

世界上最小的鸟是蜂鸟,和蜜蜂差不多大,身体长度不超过5厘米,体重仅2克左右。主要分布于南美洲和中美洲森林地带。由于它飞行采蜜时能发出嗡嗡的响声,因而被人称为蜂鸟。

世界上最大的鸟是鸵鸟,它是恐龙时代的动物。鸵鸟属于卵生,蛋重约1.5千克,主要生活在非洲。

在我国鸟类中,消灭森林害虫最多的鸟是杜鹃。

最高的哺乳动物是长颈鹿。长颈鹿是非洲的一种特有动物,抬起头来,最高的雄长颈鹿身高可达6米。

鲸是哺乳动物,不属于鱼类,没有鳃,用肺呼吸,鼻孔长在头顶上,呼吸时形成强大的气流将水喷涌而出。蓝鲸是世界上最大的动物,一头成年蓝鲸身长可达30米,体重超过150吨。

世界上最大的淡水鱼是鲟鱼。它体形庞大,一般体长都在2～3米,体重200～400千克;最大的体长可长达7.5米,体重1000多千克。从进化的角度来看,鲟鱼是世界上古老的鱼类。

鲨鱼早在恐龙出现前3亿年就已经存在于地球上,至今已超过4亿年,它们在近1亿年来几乎没有改变。鲨鱼,在古代叫作鲛、鲛鲨、沙鱼,是海洋中的庞然大物,所以号称"海中狼"。鲨鱼没有鳔,靠肝脏来沉浮。它们游得很快,大白鲨可以以43千米的时速穿梭。鲨鱼需要保护,人们餐桌上香喷喷的鱼翅汤就是用鲨鱼的背鳍做的,一旦被割去背鳍,鲨鱼就会因为失去平衡能力沉到海底饿死。

1.8亿年前,鳐鱼是鲨鱼的同类,但为了适应海底生活,长期将身体藏在海底沙地里,便慢慢进化成现在的模样。鳐鱼属于软骨鱼类,身子扁平,尾巴细长,有些种类的鳐鱼的尾巴上长着一条或几条边缘生出锯齿的毒刺。鳐鱼的眼睛和喷水孔长在头顶,口、鼻和鳃裂在底侧,这些都是鳐鱼为了适应底栖生活而逐渐演化出来的。牙齿像石臼,能磨碎任何东西,背部长着一根剧毒的红色刺,人被刺到会死亡。鳐鱼身体周围长着一圈扇子一样的胸鳍,尾鳍退化,像一根又细又长的鞭子,靠胸鳍波浪般的运动向前进。

我国四大家鱼是指青鱼、草鱼、鲢鱼和鳙鱼。

在动物学上,将所有的猴、猿、猩猩等归在一起,称灵长类动物。灵长类动物中,论个体大小,非洲的大猩猩首屈一指。成年的大猩猩身体十分魁梧,体重一般在200千克以上,最大可达300千克以上,高达1.8米。

非洲的黑猩猩是地球上与人类亲缘关系最近的动物。据推测,人类和黑猩猩是在800万至1000万年前分道扬镳的。生物学证实,黑猩猩与人类的DNA差异大约只有2%,亲缘关系甚至比同在非洲大陆生活、形态上与它们更为接近的大猩猩还要近。

狒狒是体形最大的猴子,生活在非洲大地上。南美亚马逊河流域森林中的狨猴是世界上最小的猴子,成年狨猴身高仅有10～12厘米,重80～100克。峰猴是世界上最懒的猴子,体形又粗又胖,眼睛像熊猫,分布在亚洲东南部和非洲的密林中。

世界上现有250种有袋动物,其中170种产于澳大利亚及其附近岛屿。澳大利亚出产的有袋动物,几乎适应本国的每一种环境,所以称澳大利亚为"有袋类之国"。袋鼠是比较原始的哺乳动物,它虽然是胎生,但没有胎盘,不能像有胎盘哺乳动物那样,生出发育完好的幼仔,而只能产出"早产儿",再在体外"幼儿袋"里继续发育,直至成熟。它们在地球上生活了1亿年,现今只分布在澳大利亚,故有"活化石"之称。

两栖动物是最原始的陆生脊椎动物,既有适应陆地生活的新的性状,又有从鱼类祖先继承下来的适应水生生活的性状。多数两栖动物需要在水中产卵,发育过程中有变态,幼体(蝌蚪)接近于鱼类,而成体可以在陆地生活。但是有些两栖动物进行胎生或卵胎生,不需要产卵,有些从卵中孵化出来几乎就已经完成了变态,还有些终生保持幼体的形态。

根据体温是否变化,可以将动物分为冷血动物和温血动物。冷血动物(变温动物),体温随环境温度的改变而变化。温血动物(恒温动物)则能够调节自身体温,它们的活动并不像冷血动物那样依赖外界温度。鸟和哺乳动物会通过新陈代谢产生稳定的体温。两栖动物一般都是冷血动物。此外,蜂鸟、鸭嘴兽、大型的昆虫和鱼也属于冷血动物。

世界上最会变色的动物是蜥蜴,也叫变色龙,它是冷血动物,是一种"善变"的树栖爬行类动物,在自然界中是当之无愧的"伪装高手",它可以在不经意间改变身体颜色,然后一动不动地将自己融入周围的环境中。

大鲵是世界上现存最大的也是最珍贵的两栖动物。它的叫声很像幼儿哭声,因此人们又叫它"娃娃鱼",是我国国家二类保护水生野生动物,是农业产业化和特色农业重点开发品种,是野生动物基因保护品种。

青蛙靠肺囊呼吸,蝌蚪用鳃呼吸。

昆虫是动物界中无脊椎动物的节肢动物门昆虫纲的动物,是所有生物中种类及数量最多的一群,是世界上最繁盛的动物,已发现100多万种。其基本特点是:体躯三段头、胸、腹,两对翅膀三对足;一对触角头上生,骨骼包在体外部;一生形态多变化,种类繁多遍全球。昆虫在生态圈中扮演着很重要的角色。植物需要得到昆虫的帮助,才能传播花粉。

昆虫可分为鞘翅目、鳞翅目、蜻蜓目、双翅目、膜翅目、半翅目(也叫异翅目)和直翅目七大类。

蜉蝣是世界上寿命最短的昆虫,从变成成虫时起,活不到一天的时间,甚至几小时就死亡。

鞘翅目是昆虫纲中的第一大目,通称"甲虫"。种类有33万种以上,占昆虫总数的40%。其前翅呈角质化,坚硬,无翅脉,因此而得名"鞘翅"。外骨骼发达,身体坚硬,因此能够保护内脏器官。体形的变化甚大。此类昆虫的适应性很强。

鳞翅目是昆虫纲中第二大目,由身体和翅膀上有大量鳞片而得名。蝴蝶是一类日间活动的鳞翅目昆虫,世界上蝴蝶已知种类有17000种左右,蝴蝶翅膀上的鳞片不仅能使蝴蝶艳丽无比,还像是蝴蝶的一件雨衣。因为蝴蝶翅膀的鳞片里含有丰富的脂肪,能把蝴蝶保护起来,所以即使下小雨时,蝴蝶也能飞行。蛾类是鳞翅目中最大的类群,占到鳞翅目种类的90%左右。

蜻蜓目在昆虫纲中是比较原始的类群,也是较小的一个目,全世界约有5000种,我国有300多种。蜻蜓身体粗壮,休息时翅膀平展于身体两侧。蜻蜓目属不完全变态昆虫,稚虫"水蛋"在水中生活,成虫也为肉食性种类,捕食小型昆虫,飞行迅速,性情凶猛。

双翅目包括蚊、蠓、蚋、虻、蝇等,是昆虫纲中较大的目。由于成虫前翅为膜质,后翅退化成"平衡棒"而得名。

膜翅目昆虫的特征明显,包括咀嚼式口器,前后翅连接靠翅钩完成等。这类昆虫分布很广,已知种类10万多种,包括各种蚁和蜂。根据腹部基部是否缢缩变细,分为广腰亚目和细腰亚目。广腰亚目是低等植食性类群,包括叶蜂、树蜂、茎蜂等类群;细腰亚目包括膜翅目的大部分种类,包括蚁、黄蜂和各种寄生蜂等。

半翅目,也叫异翅目。此类昆虫通称"椿象"。已知有38000余种,是昆虫纲中的主要类群之一。半翅目昆虫的前翅在静止时覆盖在身体背面,后翅藏于其下。由于一些类群前翅基部骨化加厚,成为"半鞘翅状"而得名。为刺吸式口器,以植物或其他动物的体内汁液为食。属不完全变态昆虫。其腹部有臭腺,遇到敌害会喷射出挥发性臭液。因此也被称为"臭虫"。

直翅目是一类较常见的昆虫,包括螽斯、蟋蟀、蝼蛄、蝗虫等,全世界已知2万种以上,分布很广。成虫前翅稍硬化,称为"覆翅",后翅膜质。这类昆虫为不完全变态,多以植物为食,为害农、林、经济作物;少数种类为杂食性或肉食性。其中很多种类由于鸣叫或争斗的习性,成为传统的观赏昆虫,如斗蟋和螽斯。

生物体内同外界不断进行的物质和能量交换,在体内不断进行物质和能量转化的过程,叫新陈代谢。新陈代谢是生命现象的最基本特征。新陈代谢是生命体不断进行自我更新的过程,如果新陈代谢停止,生命也就结束。

病毒也属于生物,是因为它能进行新陈代谢和繁殖后代,但不能独立完成(需要依赖活细胞)。

生物能适应环境,改变环境。适应环境的,如枯叶蝶伪装成枯叶的样子,躲避天敌。改变环境的,如人类对大自然的开发、利用。

北极是指地球自转轴的北端,也就是北纬90°的那一点。北极地区是指北极附近北纬66°34′北极圈以内的地区。北冰洋是一片浩瀚的冰封海洋,周围是众多的岛屿以及北美洲和亚洲北部的沿海地区。北极的气候终年寒冷,冬季,太阳始终在地平线以下,大海完全封冻结冰。夏季,气温上升到冰点以上,北冰洋的边缘地带融化,太阳连续几个星期都挂在天空。这里生活着海豹、北极熊、狼等北极动物。北极地区是世界上人口最稀少的地区之一。千百年以来,因纽特人(旧称爱斯基摩人)在这里世代繁衍。

南极被人们称为第七大陆,是地球上最后一个被发现、唯一没有土著人居住的大陆。南极大陆的总面积为1390万平方千米,居世界各洲第五位。整个南极大陆被一个巨大的冰盖所覆盖,平均海拔为2350米。南极洲蕴藏的矿物有220余种。南极洲的标志性动物为帝企鹅,也称皇帝企鹅,是现存企鹅家族中个体最大的,一般身高在90厘米以上,最大可达到120厘米,体重可达50千克。

地球大概已经有46亿年的寿命了,地质学家和古生物学家根据地层自然形成的先后顺序,将地层分为5代11纪。即早期的太古代和元古代、古生代、中生代和新生代。古生代分为寒武纪、奥陶纪、志留纪、泥盆纪、石炭纪和二叠纪,共6个纪;中生代分为三叠纪、侏罗纪和白垩纪,共3个纪;新生代只有第三纪、第四纪2个纪。

太古代时期地球表面很不稳定,地壳变化很剧烈,形成最古的陆地基础,岩石主要是片麻岩,成分很复杂,沉积岩中没有生物化石。晚期有菌类和低等藻类存在。

元古代时期藻类和菌类开始繁盛,晚期无脊椎动物偶有出现。地层中有低等生物的化石存在。

古生代时期岩石由石灰岩和页岩构成。生物群以三叶虫、笔石、腕足类为主,出现板足鲎类,也有珊瑚。藻类繁盛。

中生代时期的主要动物是爬行动物,恐龙繁盛,到白垩纪末期全部绝灭,大约生存了1.6亿年;哺乳类和鸟类开始出现。无脊椎动物主要是菊石类和箭石类。植物主要是银杏、苏铁和松柏。

新生代时期地壳有强烈的造山运动,中生代的爬行动物绝迹,哺乳动物繁盛,生物达到高度发展阶段,和现代接近。后期人类出现。

目前已知世界上最大、最完整的剑齿象化石是在我国甘肃省合水县发现的。

例题分析

【例题1】地球在46亿年的形成发展中,留下了内容丰富的大自然史册记录。按地质年代划分,以下属于古生代的是( )。

A. 剑齿龙　　　　B. 鸟类　　　　C. 人　　　　D. 三叶虫

解析:此题答案为D。按照地质年代长短,地质学家将地层分为太古代、元古代、古生代、中生代、新生代等不同的阶段。答案A属于中生代;B属于中生代和新生代;C属于新生代。只有D三叶虫是古生代。

【例题2】澳大利亚大陆有着独特的自然条件,它的许多物种都是其他大陆所没有的。以下物种不是澳大利亚所有的是(　　)。

A. 桉树　　　　　B. 袋熊　　　　　C. 鸭嘴兽　　　　　D. 朱鹮

解析:此题答案为D。澳大利亚大陆多半以上的动物品种是其独有的,其中桉树和袋类动物被世人熟知,卵生的哺乳动物鸭嘴兽也是其独有的物种。朱鹮是中国独有的物种。

【例题3】由于海陆分布及海陆之间存在的温度差异而形成大范围盛行的、风向随季节有显著变化的风系,具有这种大气环流特征的风称为(　　)。

A. 信风　　　　　B. 海陆风　　　　　C. 气候风　　　　　D. 季风

解析:此题答案为D。信风是指年年在赤道两边的底层大气中,北半球吹东北风,南半球吹东南风,这种风的方向很少改变。题中所说的风学名应是季风,具有季节性。

【例题4】厄尔尼诺是指(　　)。

A. 一种潮汐现象　　　　　　　　B. 一种天文现象
C. 一种气候现象　　　　　　　　D. 一种气象现象

解析:此题答案为C。圣诞节前后,太平洋东海岸的厄瓜多尔、秘鲁沿岸的海水温度有时会异常升高,导致暖水区迅速向西扩展,使得秘鲁沿海的浮游生物和鱼类大量死亡,大批飞鸟也饿死或迁徙。厄瓜多尔、秘鲁沿岸一改干旱气候,屡降大雨,形成严重灾害,人们把这种现象称为厄尔尼诺。它是西班牙语"圣子"的意思,因为这种现象总是出现在圣诞节前后。厄尔尼诺现象的出现不仅给厄瓜多尔、秘鲁沿岸带来了灾难,也为全球气候的异常推波助澜。

【例题5】在我国,树木的年轮一般是(　　)。

A. 南宽北窄　　　B. 南窄北宽　　　C. 东窄西宽　　　D. 西窄东宽

解析:此题答案为A。观察某一株大树,南面的枝叶比北面的繁茂,从树皮上分析,南侧的树皮光滑干燥,北侧的则粗糙潮湿,从树的年轮上看则南宽北窄,因为南向一面,雨水阳光充足,树木吸收的养分多,年轮则较宽。

第八章 地理、环境

一、中国地理

我国的地理位置位于亚欧大陆东部、太平洋西岸。疆域范围南起南沙群岛南端的曾母暗沙,北达漠河北侧黑龙江主航道中心线;西起新疆维吾尔自治区乌恰县以西的帕米尔高原,东至黑龙江省抚远县以东乌苏里江与黑龙江主航道中心线汇流处。南北长约5500千米,东西宽约5200千米。陆地边界长达2.28万千米。我国陆地面积为960万平方千米,约占世界陆地面积的1/15,亚洲面积的1/4,仅次于俄罗斯和加拿大,居世界第三位。

我国近海由北向南分为渤海、黄海、东海和南海四大海区,总面积约490万平方千米。海岸线北起鸭绿江口,南至北仑河口,全长约1.8万余千米。据1982年通过的《国际海洋法公约》的规定,我国拥有300多万平方千米的海洋经济专属区。沿海岛屿有6500多个,面积7.54万平方千米。

世界上邻国最多的国家是中国,有20个,其中14个陆上邻国,分别是朝鲜、俄罗斯、蒙古、哈萨克斯坦、吉尔吉斯斯坦、塔吉克斯坦、阿富汗、巴基斯坦、印度、不丹、尼泊尔、缅甸、老挝和越南。6个海上邻国,分别是韩国、日本、菲律宾、文莱、马来西亚及印度尼西亚。

中国是世界上人口最多的发展中国家。根据第六次全国人口普查统计,截至2010年我国人口总数为13.4亿人。

高原占我国土地总面积的26%。著名的四大高原是青藏高原、云贵高原、黄土高原和内蒙古高原。青藏高原是许多大河的发源地,东流的有长江、黄河,西流的有印度河的上游,南流的有澜沧江、怒江、雅鲁藏布江等。

盆地占我国土地总面积的19%。著名的四大盆地,即准噶尔盆地、塔里木盆地、柴达木盆地和四川盆地。最大的盆地是塔里木盆地,海拔最高的盆地是柴达木盆地,四川盆地有"天府之国"的称号。

我国五大河流分别是:长江、黄河、淮河、珠江、黑龙江。

长江是我国第一大河流,发源于青藏高原唐古拉山主峰各拉丹冬雪山的西南侧,流经青海、西藏、云南、四川、重庆、湖北、湖南、江西、安徽、江苏和上海等11个省、市、自治区,流入东海,全长6300余千米,居世界第三位。

黄河是我国第二大河流,发源于青海巴颜喀拉山,干流全长5464千米,流经青海、四川、甘肃、宁夏、内蒙古、陕西、山西、河南及山东9个省、自治区,成"几"字形,向东注入渤海。

我国是一个多民族国家,有汉、壮、回、维吾尔、彝、苗、满、藏、蒙古、朝鲜等56个民族。中国少数民族中人口在100万以上的有壮、蒙古、回、藏、维吾尔、苗、土家、彝、布依、朝鲜、满、侗、瑶、白14个民族,人口最少的是赫哲族和珞巴族。

我国的少数民族自治区有内蒙古自治区、广西壮族自治区、西藏自治区、宁夏回族自治区、新疆维吾尔自治区。

我国行政区域分为 34 个省、直辖市、自治区、特别行政区,包括 23 个省、5 个自治区、4 个直辖市、2 个特别行政区。各省级单位的简称及省会为:北京市、京,天津市、津,上海市、沪或申,重庆市、渝,河北省、冀、石家庄,山西省、晋、太原,辽宁省、辽、沈阳,吉林省、吉、长春,黑龙江省、黑、哈尔滨,江苏省、苏、南京,浙江省、浙、杭州,安徽省、皖、合肥,福建省、闽、福州,江西省、赣、南昌,山东省、鲁、济南,河南省、豫、郑州,湖北省、鄂、武汉,湖南省、湘、长沙,广东省、粤、广州,海南省、琼、海口,四川省、川、成都,贵州省、黔或贵、贵阳,云南省、滇或云、昆明,陕西省、陕或秦、西安,甘肃省、甘或陇、兰州,青海省、青、西宁,西藏自治区、藏、拉萨,广西壮族自治区、桂、南宁,内蒙古自治区、内蒙古、呼和浩特,宁夏回族自治区、宁、银川,新疆维吾尔自治区、新、乌鲁木齐,香港特别行政区、港,澳门特别行政区、澳,台湾省、台、台北。

我国面积最大的省份是新疆维吾尔自治区,面积最小的省份是宁夏回族自治区。我国民族最多的省份是云南省,分布最广的少数民族是回族。

台湾岛是我国的第一大岛,总面积约 3.6 万平方千米。台湾岛雄峙于我国东南海疆,东濒太平洋,与日本琉球群岛相对,南过巴士海峡与菲律宾群岛为邻,西隔台湾海峡与福建省相望,与海南岛互为犄角,扼西太平洋海上交通的要冲,战略地位非常重要,被美国视为"不沉的航空母舰"。名胜古迹很多,其中日月潭、阿里山最著名。

喜马拉雅山位于我国西藏自治区和尼泊尔、印度、不丹等国边境上,珠穆朗玛峰峰顶岩石面海拔高程 8844.43 米,是世界最高峰。

长城始建于 2500 年前的战国时代,是汉族统治者为抵御外族入侵而建造的防御工程,总长 7000 千米,相当于 14000 华里,所以称万里长城。现在我们看到的多是明代长城。

长江三峡西起重庆奉节,东至湖北宜昌,是瞿塘峡、巫峡、西陵峡的总称。其中最险的是瞿塘峡,最美的是巫峡,最长的是西陵峡。

京杭大运河北起北京,南至杭州,沟通海河、黄河、淮河、长江和钱塘江五大水系。

"五岳"是指山东的东岳泰山、陕西的西岳华山、湖南的南岳衡山、山西的北岳恒山、河南的中岳嵩山。其中五岳之首指泰山。杜甫诗句"会当凌绝顶,一览众山小"是登望泰山时的感受。天下第一奇山是黄山,其"四绝"是指"奇松、怪石、云海、温泉"。

我国五大淡水湖指江西省的鄱阳湖、湖南省的洞庭湖、江苏省的太湖和洪泽湖、安徽省的巢湖。

我国四大佛教名山是五台山、九华山、普陀山和峨眉山。

敦煌在我国甘肃省西部,曾是古代"丝绸之路"的重镇,佛教经西域传到这里,使敦煌较早地融合了佛教的文化艺术。敦煌莫高窟千佛洞壁画,是中外闻名的艺术宝库。

秦始皇陵兵马俑位于陕西省,气势雄伟,被称为"世界第八奇迹"。

黄帝陵位于陕西省黄陵县西北,相传是中华人文始祖黄帝的陵寝。黄帝陵周围古柏参天,庄严肃穆。

承德避暑山庄位于河北省承德市,建于公元 1703—1792 年,是皇家园林的代表。

布达拉宫坐落在西藏拉萨的红山上。布达拉,梵语意为"佛教圣地",是世界上最高的宫殿,也是藏族文化艺术的宝库。

孔庙位于孔子的故乡山东曲阜,庙中主体建筑大成殿与北京故宫太和殿、泰山岱庙天贶殿并称"中国三大殿"。

北京有许多名胜古迹,著名的有卢沟桥、天安门、故宫、八达岭长城、天坛、北海、颐和园、雍和宫、周口店中国猿人遗址、十三陵等。

西安古称长安,是陕西省省会。秦、汉、唐等10个朝代曾在此建都。汉唐时期横贯欧亚大陆的"丝绸之路"就是以长安为起点。名胜古迹主要有秦始皇陵、大雁塔、碑林、秦兵马俑等。

"上有天堂,下有苏杭"中的"苏杭"指的是苏州和杭州。

苏州,又名姑苏城,位于江苏省,以园林著称于世,集中了中国园林建筑艺术的精华,如沧浪亭、狮子林、拙政园、留园等。著名历史古迹有虎丘、寒山寺等。

杭州西湖风景优美妩媚,周围有很多名胜古迹,如灵隐寺、岳飞墓、小瀛州(三潭印月)等。

西双版纳是云南南部傣族聚居区,意谓"美好、理想而神奇的乐土"。

羊城是指广州;石头城是指南京;春城是指昆明。

我国的长江三角洲是著名的"鱼米之乡",珠江三角洲是重要的蔗糖产区。

半坡遗址是黄河流域的原始母系社会遗址。

我国境内最早的人类是元谋人。

我国最大的内流河是塔里木河。我国最大的咸水湖是青海湖。

我国最大、最深的海是南海,也是仅次于珊瑚海和阿拉伯海的世界第三大陆缘海。南海里散布着东沙、西沙、中沙和南沙等群岛。

我国最大的沙漠是塔克拉玛干沙漠,位于新疆塔里木盆地中心,仅次于非洲撒哈拉沙漠。

河西走廊在祁连山北边,因地势较低,形状狭长,并在黄河以西而得名。

地理学家郦道元的代表作是《水经注》。

大熊猫是世界上罕见的珍贵动物,产于川甘边境的平武地区。

二、世界地理

世界七大洲包括亚洲、非洲、北美洲、南美洲、南极洲、欧洲、大洋洲。其中面积最大的是亚洲,最小的是大洋洲。人口最多的是亚洲,国家最多的是非洲。

世界四大洋包括太平洋、大西洋、印度洋、北冰洋。其中面积最大的洋是太平洋,占世界海洋总面积的49.8%,占地球总面积的35%;面积最小的洋是北冰洋。

世界上的人种分为黄色人种、白色人种、黑色人种和棕色人种。这些人种是根据人的皮肤、毛发、眼睛等外表特征来区分的。

海湾(波斯湾)国家是指伊朗、伊拉克、沙特阿拉伯、科威特、巴林、卡塔尔、阿拉伯联合酋长国、阿曼。

北欧五国包括挪威、瑞典、芬兰、丹麦、冰岛。

亚洲与欧洲的分界是乌拉尔山脉、乌拉尔河、大高加索山脉、土耳其海峡;亚洲与非洲的分界是苏伊士运河;北美洲与南美洲的分界是巴拿马运河。

连接太平洋和大西洋的著名海峡是在南美洲的麦哲伦海峡。沟通太平洋和大西洋的运河是巴拿马运河。沟通太平洋与印度洋的海上要道叫马六甲海峡。

国际标准时间是指格林尼治时间,也称世界时,我国处于东八区。

国际日期变更线在太平洋中的180°经线上,它是不经过任何国家的折线。凡从东向西越过这条界线时,日期要加一天,从西向东越过这条界线时,日期要减去一天。

世界上最长的山脉是南美洲的安第斯山脉,长度为9000多千米。

世界上最高的高原是我国的青藏高原,被称为"世界屋脊";世界最高的铁路是青藏铁路,于 2006 年 7 月 1 日正式通车。

世界上海洋最深的地方是太平洋的马里亚纳海沟，深达 11022 米。

世界上面积最大的高原是南美洲的巴西高原，为 500 多万平方千米。

世界上面积最大的平原是南美洲的亚马孙平原，面积大约有 560 万平方千米。它还是世界上最大的热带雨林区，蕴藏着世界五分之一的森林资源。

世界上最大的半岛是亚洲西南部的阿拉伯半岛，面积约 322 万平方千米。南亚的印度半岛和东南亚的中南半岛，分别是世界第二大半岛和第三大半岛。

世界上最大的沙漠是撒哈拉大沙漠，面积约 960 万平方千米，与我国国土面积相同。

世界上最大的岛屿是格陵兰岛，排名第二的是新几内亚岛，排名第三的是加里曼丹岛，排名第四的是马达加斯加岛。

世界上最大的海湾是孟加拉湾，总面积达 217.3 万平方千米。世界著名海湾还有：墨西哥湾（美国东南）、几内亚湾（西非南部沿海）、阿拉斯加湾（美国阿拉斯加南部）、哈得森湾（加拿大东北部）、波斯湾（阿拉伯半岛、伊朗高原之间）、暹罗湾（泰国、柬埔寨、越南之间）。

世界上最长的河流是尼罗河，长度为 6600 千米。

世界上流域面积最广的河流是南美（或拉丁美洲）的亚马孙河。

世界上流经国家最多的河是多瑙河。

世界上最平坦的平原是俄罗斯的西西伯利亚平原。

世界上最低的盆地是吐鲁番盆地，海拔为 -154 米。

世界上最低的"洼地"是死海，海拔为 -392 米。

世界上最大的淡水湖是苏必利尔湖，是北美洲五大湖中最大的一个。五大湖按大小分别为苏必利尔湖、休伦湖、密歇根湖、伊利湖和安大略湖。世界上最大的咸水湖是里海。

世界上最深的湖泊是贝加尔湖。

世界上最长的海峡是莫桑比克海峡，长达 1670 千米。

世界上冰最多的地区是南极大陆。

世界上最大的珊瑚礁是大堡礁，位于澳大利亚东北部。

领土面积居世界前四位的国家是俄罗斯、中国、加拿大、美国。国土面积最小的国家是梵蒂冈，只有 0.44 平方千米。

世界上人口最多的城市是东京（2010 年数据）。

世界"四大海洋石油区"是指波斯湾、马拉开波湖、北海和墨西哥湾。"石油之海"是指波斯湾。

世界部分国家的首都：阿联酋—阿布扎比、阿富汗—喀布尔、埃及—开罗、澳大利亚—堪培拉、巴基斯坦—伊斯兰堡、巴勒斯坦—耶路撒冷、巴拿马—巴拿马城、比利时—布鲁塞尔、秘鲁—利马、波兰—华沙、朝鲜—平壤、丹麦—哥本哈根、德国—柏林、俄罗斯—莫斯科、法国—巴黎、菲律宾—马尼拉、哥伦比亚—波哥大、古巴—哈瓦那、海地—太子港、韩国—首尔、加拿大—渥太华、柬埔寨—金边、卡塔尔—多哈、老挝—万象、黎巴嫩—贝鲁特、罗马尼亚—布加勒斯特、马来西亚—吉隆坡、美国—华盛顿、孟加拉国—达卡、蒙古—乌兰巴托、缅甸—仰光、墨西哥—墨西哥城、尼泊尔—加德满都、日本—东京、沙特阿拉伯—利雅德、泰国—曼谷、瑞典—斯德哥尔摩、瑞士—伯尔尼、塞尔维亚—贝尔格莱德、土耳其—安卡拉、希腊—雅典、西班牙—马德里、新西兰—惠灵顿、新加坡—新加坡、叙利亚—大马士革、意大利—罗马、伊拉克—巴格达、伊朗—德黑兰、英国—伦敦、印度—新德里、印度尼西亚—雅加达、约旦—安曼、越南—河内、智利—圣地亚哥。

三、环境保护

生态系统是由生物与其生存环境共同组成的彼此相互作用、相互依存的统一体,是自然界基本的生态功能单位。生态系统可大可小,生物圈是最大一级的生态系统,由无数大小等级不同的生态系统组成。生态系统由四个基本部分组成:非生命物质、生产者有机体、消费者有机体和分解者有机体。

生态保护是人类以生态科学为指导、遵循生态规律有意识地对生态环境采取一定的对策及措施进行保护的活动。生态保护的关键是应用生态学的理论和方法研究并解决人与生态环境相互影响的问题,协调人类与生物圈之间相互关系。生态保护工作的对象包括自然生态系统的保护、自然资源的保护、生物多样性的保护、自然保护区的建设与管理、农村生态保护、城市生态保护等。

生态平衡是指自然界的每一个生态系统,总是不断地进行着物质循环和能量交换,在一定的时间和条件下,物质和能量的输出和输入处于暂时的稳定状态。

生物污染是指环境中的污染物质通过各种途径进入生物体内,并在体内进行传输、积累和转化,危害生物生长发育并使生物产品污染、质量降低的现象。

《斯德哥尔摩宣言》是第一个人类环境宣言,是在1972年召开的联合国人类环境会议上通过的。

1997年12月,在日本京都召开的《联合国气候变化框架公约》缔约方第三次会议,通过了旨在限制发达国家温室气体排放量以抑制全球变暖的《京都议定书》。

ISO14000是国际标准化组织(ISO)制定的环境管理体系国际标准。

每年的5月31日是"世界无烟日",每年的6月5日是"世界环境日",每年的7月11日是"世界人口日",每年的10月6日是"世界粮食日"。

当今人类面临的五大问题是人口、粮食、能源、资源、环境。

环境监测的对象有大气、水体、土壤、生物、噪声。

我国生态破坏主要表现为森林植被破坏、水土流失、土地沙漠化、虫害严重四个方面。

温室效应是大气中的二氧化碳、甲烷等气体含量增加使地表和大气下层温度增高的现象。

酸雨现象主要是由于煤和石油等燃烧产生的二氧化碳和汽车等排放的氮氧化物造成的。

工业"三废"是指废气、废水、废渣;生活"三废"是指粪便、垃圾、污水。

我国土壤污染物主要是农药和重金属,尤其是镉。

破坏大气中臭氧层的重要物质是氟利昂。臭氧层破坏会导致皮肤癌和白内障患者增多、农作物产量和质量下降、水体浮游生物生长受破坏、引起光化学烟雾污染。

水污染中常说的"五毒"物质是酚、氰、汞、铬、砷。

建筑、装饰装修和家具造成的室内污染物主要有:装饰和家具中的游离甲醛,涂料、油漆和黏合剂中的苯和苯系物,来自砌块、装修用的石材、瓷砖和沙石水泥中的放射性物质。

吸烟危害健康,是因为香烟中含有尼古丁和钋^{210}等致癌物质和放射性物质。

森林是天然的"制氧机",据测定,1公顷的阔叶林每天可吸收1吨二氧化碳,释放出730千克氧气,可供1000人正常呼吸。历史上,世界森林覆盖率最多时是66.7%;目前世界森林覆盖率是22%,我国目前的森林覆盖率约是13.9%。

绿色食品是无污染的安全、优质、营养类食品的总称,因其产自良好的生态环境而得名。绿色食品是由我国农业部基于中国的"生态农业"模式推出的一种安全、无污染的"生态食品"。绿色食品与国外的"有机食品"(美国、日本)、"生态食品"(欧洲)以及"健康食品"等相类似,其宗旨都是通过开发无污染食品,保护资源与环境,实现可持续发展。

清洁能源有生物能、太阳能和地热能。

我国最大的自然保护区是位于青藏高原腹地、青海省南部的三江源自然保护区。

例题分析

【例题1】不与中国陆上接壤的国家是(　　)。
A. 尼泊尔　　　B. 菲律宾　　　C. 缅甸　　　D. 印度

解析:此题答案为B。中国共有14个陆上邻国,8个海上邻国,菲律宾是与中国隔海相望的国家。

【例题2】不属于中国四大佛山的是(　　)。
A. 普陀山　　　B. 武当山　　　C. 九华山　　　D. 峨眉山

解析:此题答案为B。中国四大佛教名山是五台山、九华山、普陀山和峨眉山。

【例题3】全球四大洋中最大、最深、边缘海和岛屿最多的大洋是(　　)。
A. 太平洋　　　B. 大西洋　　　C. 印度洋　　　D. 北冰洋

解析:此题答案为A。世界四大洋为太平洋、大西洋、印度洋、北冰洋,其中面积最大的洋是太平洋。

【例题4】世界上最大的淡水湖是(　　)。
A. 密歇根湖　　　B. 休伦湖　　　C. 苏必利尔湖　　　D. 伊利湖

解析:此题答案为C。世界上最大的淡水湖是苏必利尔湖,是北美洲五大湖中最大的。北美洲五大湖按大小分别为苏必利尔湖、休伦湖、密歇根湖、伊利湖和安大略湖。

【例题5】不属于可再生能源的是(　　)。
A. 海潮能　　　B. 太阳能　　　C. 地热能　　　D. 核能

解析:此题答案为D。核能消耗铀燃料,不是可再生能源。

第九章　科学技术

一、科技发展史

徐光启,明代人,翻译了《几何原本》。

中国古代十大数学名著是《周髀算经》《九章算术》《海岛算经》《五曹算经》《孙子算经》《夏侯阳算经》《张丘建算经》《五经算术》《缉古算经》和《缀术》。

20世纪的五大尖端技术成果是核能与核技术、航天和空间技术、信息技术、激光技术、生物技术。

世界上四个最大的科学难题是人体基因结构、宇宙中的黑暗物质、受控核聚变、生命起源。

第一台电子计算机于1946年问世,即美国研制成功的"爱尼阿克(ENIAC)"计算机,重176吨,占地380平方米,用了18000个电子管,运算速度为5000次/秒。

"973"计划是国家重点基础研究发展计划。"973"计划坚持"面向战略需求,聚焦科学目标,造就将帅人才,攀登科学高峰,实现重点突破,服务长远发展"的指导思想,面向前沿高科技战略领域超前开展基础研究。

晶体管是美国科学家肖克莱、巴丁、布拉顿于1947年发明的。

超导体具有零电阻率的特性,用它制成的输电线可减少电能的损耗。

美国科学家J·沃森和英国科学家F·克里克,1953年合作提出DNA双螺旋结构模型。

中国工程院是我国工程技术界的最高荣誉性、咨询性学术机构,成立于1994年6月。

中国科学院成立于1949年11月1日,是我国最高学术领导机构的综合研究中心。

近代以来的世界五大科技中心依次是意大利、英国、法国、德国和美国。

二、天文、航空航天

宇宙(Universe)是由空间、时间、物质和能量所构成的统一体,是一切空间和时间的综合。

宇宙大爆炸(Big Bang)是一种学说,是根据天文观测研究后得到的一种设想,创立者是美国科学家伽莫夫。大爆炸理论认为大约在150亿年前,宇宙所有的物质都高度密集在一点,有着极高的温度,因而发生了巨大的爆炸。大爆炸以后,物质开始向外大膨胀,就形成了今天我们看到的宇宙,其银河系大约有1000多亿颗恒星。

迄今为止,科学家所发现的最远的天体距离我们一百多亿光年,他们是使用特殊的光学望远镜并通过分析到达地球光线的衰变估算出来的。

在星光灿烂的夜晚仰望天空,会看到繁星闪烁,这种现象是星光被地球大气层折射的结果。

星云是指星际空间的气体和尘埃组成的云雾状天体。

为了便于识别星星,古人将天球划分为许多区域,叫作星座,共有88个星座。每一星座可由其中亮星的特殊分布而辨认出来,它们的界线大致是平行和垂直于天赤道的弧线。

牛郎星是天鹰座的最亮星,织女星是天琴座的最亮星,它们相距16光年。北斗七星属于大熊星座。

太阳系是由太阳和它周围的行星、行星的卫星、彗星以及许多小行星和其他天体共同组成的。太阳系一共有8颗大行星：水星、金星、地球、火星、木星、土星、天王星和海王星。

太阳系中自转最快的行星是木星，自转最慢的行星是金星。

太阳系行星中离地球最近、在地球上看起来最明亮的是金星。

很多小行星都有自己的名字和编号。绝大多数的小行星都处在火星与土星轨道之间。

太阳光球上经常出现的一些暗黑斑点称为黑子。它是太阳表面的一些旋涡状气流，那里的温度比较低，一般只有4000℃左右，而太阳表面的温度有6000℃，这样，温度比较低的旋涡气流区，被温度比较高的太阳表面从后面衬托，就显得略淡无光，形成一个黑斑。这个黑斑就是我们看到的黑子。

所有的彗星都分为彗核、彗发和彗尾三个部分。

哈雷彗星是为了纪念英国天文学家哈雷而命名的，但关于哈雷彗星的最早记录是中国人留下的，记载在《春秋》中，时间是公元前613年。哈雷彗星每隔大约76年都会按时回归。哈雷彗星的最近一次回归是1986年，它的再次回归要等到2061年左右。

陨石一般分为石陨石、陨铁和石铁混合陨石。

通过人造地球卫星测量发现，地球的形状严格讲并非球形，而是略呈梨形外观。

从1947年在墨西哥钻出第一口海上油井算起，世界海底石油的开发已有60多年的历史。

黄道是指地球上的人看太阳于一年内在恒星之间所走的视路径，即地球的公转轨道平面和天球相交的大圆黄道与天赤道成23°26′的角，相交于春分点和秋分点。

潮汐现象主要是由月球的引力造成的，月球引力对固体地壳也可以产生达到0.5米左右的潮汐振幅。

月食是一种特殊的天文现象，指当月球运行至地球的阴影部分时，在月球和地球之间的地区会因为太阳光被地球所遮蔽，就看到月球缺了一块。此时的太阳、地球、月球恰好（或几乎）在同一条直线上。月食可以分为月偏食、月全食和半影月食三种。月食只可能发生在农历十五前后。

日食，又作日蚀，在月球运行至太阳与地球之间时发生。这时对地球上的部分地区来说，月球位于太阳前方，来自太阳的部分或全部光线被挡住，因此看起来好像是太阳的一部分或全部消失了。日食分为日偏食、日全食、日环食。观测日食时不能直视太阳，否则会造成视力损伤。日食只能发生在朔日，即农历的初一。

月亮自转和公转一圈的时间相同。这一周期因选用基准而不同：如果以太阳为基准，平均日为29.5日；如果以恒星位置为基准，平均日为27.3日。相对于太阳的位置而言，地球每24小时旋转一周；相对于恒星的位置而言，地球每23小时56分旋转一周，这是现行时间标量的依据，是太阳日和恒星日日长的由来，也是地球出现朝、昼、暮、夜的原因。

世界上天文观测台大多设在山上是为了减少大气中尘埃、烟雾及水蒸气对观测的影响。我国紫金山天文台把1964年10月9日发现的一颗小行星命名为张衡小行星。

美国航天史上第一名女指令长是艾琳·柯林斯。

第一个飞进宇宙的女性是苏联的捷列什科娃。

第一位进入太空的华人宇航员是王赣骏，王赣骏祖籍是中国江苏盐城，1940年6月16日出生于江西赣县。

中国神舟一号飞船于1999年11月20日成功发射,飞行21小时11分,绕地球14圈。神舟二号飞船于2001年1月10日成功发射,飞行6天零18小时,绕地球108圈。神舟三号飞船于2002年3月25日成功发射,飞行6天零18小时,绕地球108圈。神舟四号飞船于2002年12月30日成功发射,飞行6天零18小时,绕地球108圈。神舟五号飞船于2003年10月15日成功发射,将宇航员杨利伟送入太空,2003年10月16日成功返回,是中国航天史上第一次真正的载人飞行,飞行21小时,绕地球14圈。神舟六号飞船于2005年10月12日成功发射,宇航员费俊龙、聂海胜随船升空,轨道舱平台在太空中正常运行60天,环绕地球1000余圈,工作状况正常,各项科学试验按计划顺利进行并取得了初步成果。神舟七号飞船于2008年9月25日成功发射,飞行2天20小时27分钟,三名宇航员为翟志刚(指令长)、刘伯明和景海鹏。翟志刚出舱作业,刘伯明在轨道舱内协助(刘伯明的头部手部部分出舱),实现了中国历史上宇航员第一次太空漫步,使中国成为第三个有能力把航天员送上太空并进行太空行走的国家。神舟八号飞船于2011年11月1日发射,升空后,与此前发射的天宫一号顺利实现交会对接。按计划,神舟八号飞船将和此后的神舟九号、神舟十号飞船一起组成中国首个空间实验室。"神舟九号"飞船于2012年6月16日发射,宇航员景海鹏、刘旺、刘洋随船升空,刘洋成为我国第一位进入太空的女宇航员,实现了与天宫一号的载人交会对接,掀开中国航天史上极具突破性的一章。神舟十号飞船于2013年6月11日发射,进行了载人天地往返运输系统的首次应用性飞行,将聂海胜、张晓光、王亚平送入太空并成功返回。同时完成与天宫一号空间交会对接等任务,标志着我国载人航天第二步任务第一阶段完美收官,将全面进入空间实验室和空间站研制阶段。

1983年8月30日,"挑战者"号航天飞机首次实现黑夜发射,6天后又在黑夜降落;宇航员队伍中的布拉福德是第一位"登天"的黑人。

1995年6月27日,"亚特兰蒂斯"号发射。它实现了航天飞机和俄罗斯的"和平"号轨道空间站首次对接。美国和俄罗斯宇航员在外太空互相"串门",新闻评论说"冷战"已在地球之外结束。

1990年4月24日,"发现"号航天飞机将"哈勃"太空望远镜送上轨道。自此,人类有了观察遥远宇宙的"火眼金睛"。

宇宙速度是指从地面向宇宙发射人造天体必须具备的初始速度。"第一宇宙速度"亦称环绕速度,其值为7.9千米/秒,具有这个速度的物体可以抵抗地球的引力,环绕地球飞行;"第二宇宙速度"亦称逃逸速度,其值为11.2千米/秒,具有这个速度的物体能够脱离地球的引力,飞到太阳系中去;"第三宇宙速度",其值为16.7千米/秒,如果飞船达到这个速度,就能脱离太阳系,到广阔无垠的银河系中去遨游。

大气层一般可分为五层,它们是对流层、同温层、中间层、电离层和散逸层。飞机、气球一般在对流层和同温层飞行。

地理位置越高,气压越低,水的沸点也变低。在青藏高原,气压低于一个标准大气压,用普通锅把水烧沸腾时,水的温度低于100℃,所以鸡蛋煮不熟。

三、生物、农业

因为降水多、淋溶作用强,所以南方多酸性土;因降水少、淋溶作用弱,所以北方多碱性土。

北宋秦观所著的《蚕书》,是世界上现存最早的关于养蚕的专著。

世界五大庭园树木之一的金钱松,是我国特有的珍贵用材树种。

我国著名的牛品种有南阳牛、秦川牛,世界上最普及的奶牛品种为黑白花奶牛。

公元前 246 年,水工郑国设计和领导修筑了郑国渠。

世界上已知最早的植物纤维是在陕西省西安出土的灞桥纸。

世界上第一个培育无籽西瓜的人是中国的黄昌贤。

中国古代五大农书是两汉时期的《氾胜之书》、北魏贾思勰的《齐民要术》、南宋陈敷的《陈敷农书》、元代王祯的《王祯农书》和明代徐光启的《农政全书》。

从狭义上说,通过基因工程将一种或几种外源性基因(通常为受体生物体中原来没有的)转移至某种特定生物体(动、植物和微生物等)中,并使其有效地表达出相应的产物(多肽或蛋白质),这样的生物体直接作为食品或以其为原料加工生产的食品叫作转基因食品。

人的身高与种族和遗传因素有关,但后天因素中的营养与运动也很重要。

生物遗传的基本规律有分离规律、自由组合规律、连锁规律和互换规律。

人的右半脑是形象思维(或直觉思维)占优势,左半脑是抽象思维(或逻辑思维)占优势。

遗传学的奠基人是奥地利的孟德尔,他发现了两个遗传规律,即分离规律和自由组合规律。以后美国遗传学家摩尔根发展了它,并创立了基因学。

克隆是指通过无性繁殖,形成具有和原生物体完全相同的基因,一般指 DNA 克隆。克隆技术已经在一些领域取得了成功,在农业、挽救濒危物种和医学方面有广阔的应用前景。

随着生命科学和计算机科学的迅猛发展,生命科学和计算机科学相结合形成了一门新学科,这门学科称为生物信息学。

袁隆平被誉为"杂交水稻之父",他培育出的杂交水稻具有高产的优势,国际上甚至把杂交水稻当作中国继四大发明之后的第五大发明,誉为"第二次绿色革命"。

影响作物吸收养分的因素主要有土壤湿度、土壤水分、土壤通气状况、土壤酸碱度。

草木灰的主要成分是碳酸钾,所以习惯上将它作为钾肥使用。

四、核技术

核裂变是指一个重原子分裂成两个或多个原子核。核裂变原理被应用于核电站和原子弹中。

核聚变是指一些较轻的原子核会熔合或集结到一起,核聚变会导致热核反应。核聚变是氢弹的工作原理,将来它也许会作为一种天然的动力来提供巨大的能量。

堆芯,又称活性区,是核反应堆的核心部分,由核燃料、减速器、控制棒和冷却剂等组成。核燃料在堆芯里发生链式裂变反应,把产生的热量通过冷却剂带到热交换器。

目前世界上的核电站均利用铀燃料核裂变后产生的能量发电。它的原理是利用铀原子核分裂时产生的能量,把反应器中的水加热产生蒸汽,然后借蒸汽推动汽轮机,再带动发电机转动产生电能。

粒子加速器是粒子回旋加速器和同步加速器的统称。加速器是一种能人工地把带电粒子的束流加速到高能量的装置,它就像个巨大的田径场,粒子在其中会被磁场加速到极高的速度,然后发射出去,去撞击原子核。它是研究原子核和基本粒子的重要设备。

五、计算机、信息技术

IT 的英文是 Information Technology(信息技术),现在也有人将其定义为 Internet Times(因

特网时代),泛指信息和网络。

信息技术泛指辅助人们进行信息处理的一切技术,包括获取技术、通信技术、计算与处理技术等。现代信息技术是以数字技术和电子技术为核心的技术,其中电子技术的核心为集成电路(IC)技术。

人工智能是计算机科学的一个分支,它企图了解智能的实质,并生产出一种新的能以人类智能相似的方式做出反应的智能机器。"人工智能"一词最初是在1956年达特茅斯(Dartmouth)学会上提出的。从那以后发展了众多理论和原理,人工智能的概念也随之扩展。人工智能(Artificial Intelligence),英文缩写为AI。它是研究、开发用于模拟、延伸和扩展人的智能的理论、方法、技术及应用系统的一门新的技术科学,该领域的研究包括机器人、语言识别、图像识别、自然语言处理和专家系统等。人工智能从诞生以来,理论和技术日益成熟,应用领域也不断扩大,可以设想,未来人工智能带来的科技产品,将会是人类智慧的"容器"。人工智能是对人的意识、思维的信息过程的模拟。人工智能不是人的智能,但能像人那样思考、也可能超过人的智能。

根据计算机所采用的主要电子元件的不同,人们通常将计算机分为电子管计算机、晶体管计算机、中小规模集成电路计算机、大(超大)规模集成电路计算机。微型计算机是20世纪70年代初出现的,它是集成电路发展的产物。

计算机系统由硬件和软件两部分组成。其中,硬件是一切物理装置的总称,从逻辑组成上看,主要由运算器、控制器、存储器、输入设备和输出设备组成,其中运算器与控制器等组成了中央处理器(CPU),存储器分为内部存储器和外部存储器,输入/输出设备简称为I/O设备。

人工智能是指赋予计算机以人类智慧的某些特点,用计算机来模拟人的推理、记忆、学习、创造等智能特征,主要方法是依靠有关知识进行逻辑推理,特别是利用经验性知识对不完全确定的事实进行精确性推理。

软件是计算机系统中与硬件相互依存的部分,包括程序、数据及其相关文档在内的完整集合。

现代微型计算机(简称微机)从逻辑组成上看,通常可分为CPU、内存、外存、I/O设备和总线等部件。从物理组成上看,主要由主机箱、主板、CPU、内存条、显卡、网卡、硬盘、光驱、显示器、键盘、鼠标等组成。

对于内存来说,为了识别存储体内的存储单元,将它们逐一进行编号,这个编号称为地址。地址与存储器单元(以字节为单位)间一一对应,是存储单元的唯一标志。对于外存来说,一般以扇区为基本存储单位,以簇为基本的分配单位。

计算机常用的外存储器有软盘、硬盘、光盘、闪存(U盘)等;常用输入设备有键盘、鼠标器、扫描仪、麦克风、摄像头等,输出设备有显示器(CRT显示器和LCD显示器)、打印机(激光打印机、喷墨打印机、针式打印机)等。

微机的I/O设备接口有多种类型(如串行口、并行口、USB、IEEE1394、SATA、PS/2等),其各种插头/插座以及通信规程和电气特性各不相同。USB是通用串行总线的英文缩写,它是一种可以连接多个设备的总线式串行接口。

软件的主体是程序。软件通常分为系统软件和应用软件,而从软件权益来分类,软件又可分为商品软件、共享软件和自由软件等。

程序是由一系列指令组成的有序集合构成,用于描述解决问题的方法和步骤。计算机执行程序就是执行这一系列的指令。指令是让计算机完成某个操作而发出的命令,指令一般由两部分组成:操作码和操作数。指令系统是指一个 CPU 能执行的所有指令的集合,不同类型的 CPU 其指令系统有所不同。

操作系统是负责计算机全部软、硬件资源的控制与管理的系统软件,它能合理地组织计算机的工作流程,用户通过操作系统可方便地使用计算机。操作系统可分为实时操作系统、批处理操作系统、分时操作系统、网络操作系统、分布式操作系统等。操作系统的功能有处理机管理、存储管理、设备管理、文件管理等。

程序设计语言分为机器语言、汇编语言和高级语言。计算机硬件能直接执行的只有机器语言,采用汇编语言编写的程序必须通过汇编程序汇编成机器语言形式才能执行,采用高级语言编写的程序必须通过解释程序来解释执行,或通过编译程序将其编译成可执行程序。汇编程序、解释程序、编译程序均属于语言处理系统(系统软件范畴)。

数据库是指按一定的数据模型组织并长期存放在外存上的可共享的相关数据集合。数据库管理系统(DBMS)是对数据进行管理的软件系统,它是数据库系统的核心软件。OFFICE 软件包中的 ACCESS 就是一种 DBMS。

计算机病毒是一种程序,在计算机系统运行过程中会破坏资源或影响系统的正常运行。计算机病毒具有传染性、破坏性、潜伏性、隐蔽性、可激发性等特性。计算机病毒通常通过移动存储介质和网络等途径传播。

在计算机等数字化设备中,各种字符的编码由采用的编码标准决定。目前西文字符一般采用 7 位的 ASCII 码,在计算机中存储时占 1 个字节;汉字编码标准主要有 GB2312、GBK、GB18030 等,一般汉字的内码占 2 个字节,GB18030 中的部分汉字占 4 个字节;目前我国台湾等地区采用繁体字,编码标准为 BIG5。

多媒体(Multimedia)是一种以交互方式将文本、图形、图像、音频、视频等多种媒体信息,经过计算机设备的获取、操作、编辑、存储等综合处理后,以单独或合成的形态表现的技术和方法。

图形、图像、音频、视频等多媒体信息通常需要进行压缩编码,根据其采用的压缩编码标准不同、算法不同、文件中数据格式不同,形成了不同类型的多媒体文件。

JPEG 是目前常见的图像格式,数码相机等一般采用此格式。

MP3 是一种流行的音乐格式,它采用 MPEG - 1 layer3 标准进行压缩编码。其压缩比大约为 1:10,从而变成容量较小的文件,更利于互联网用户在网上试听或下载到个人计算机上。

计算机动画是一种人工合成的视频,常见的 FLASH 动画属于此类。

光盘分为 CD、DVD,依数据记录格式及读写的光波不同,其容量差异较大(5 寸 CD 容量为 650MB 左右,单面单层 DVD 容量为 4.7GB 左右)。CD 分为 CD - ROM(只读型)、CD - R(可刻录型)、CD - RW(可读写型),DVD 也可同样划分。

对于多媒体视听光盘来说,CD 一般指音乐唱碟(1 小时左右);VCD 不但能听声音还能看图像(1 小时左右),它采用 MPEG - 1 国际标准进行压缩;DVD 采用 MPEG - 2 国际标准,可存储数小时的影视节目。蓝光光碟是 DVD 之后的下一代光盘格式之一,用以存储高品质的影音以及高容量的数据。一个单层的蓝光光碟容量可达 25 或是 27GB,足够录制一个长达 4 小时的高解析影片。但随着网络的高速发展,以及大容量闪存盘生产成本的降低,蓝光 DVD 不大可能成为主流载体。

计算机网络是处于不同地理位置的计算机系统通过通信设备和线路连接起来,以网络软件实现资源共享和数据交换的系统。通信设备主要有网卡、集线器、交换机、路由器等,通信线路分为有线与无线,有线传输介质主要有双绞线和光纤等。

计算机网络通常分为局域网、广域网以及介于两者之间的城域网。局域网是指地域范围较小的计算机等智能设备通过专用通信线路连接起来构成的网络。

因特网,是英文 Internet 的中文译名,也叫国际互联网,它是计算机网络互相连接成的信息传输网络,也是目前世界上最大的广域网。其主要协议是 TCP/IP。因特网主要用途有发送电子邮件、文件传输、远程登录、电子政务、电子商务、网络电话、网络传真、网络寻呼、网络会议等。

网上的各种服务及信息传输需要各种协议的支持。例如,HTTP——超文本传输协议,FPT——文件传输协议。

为能唯一标识互联网上的计算机,每台电脑都有一个地址,称为 IP 地址。IP 地址由网络号和主机号两部分组成,目前主要是用 32 位二进制数来表示,未来将采用 IPv64 版本(64 位二进制表示)。网络上每台计算机(或其他智能设备)中的网卡有一个全球唯一的 MAC 地址。

由于数字式的 IP 地址不便于记忆,目前网上的主机大多采用文字式的域名进行标识。域名是一种用由小数点隔开的字符串标识网上主机的方法,每个域名都有对应的 IP 地址(理论上可以有多个域名对应于一个 IP 地址)。DNS(Domain Name System,域名系统)是一种网络上用于将域名翻译成 IP 地址的系统。

域名分为多级(通常不超过 5 级,由低级到高级),用小数点进行分隔。常用的一级域名有两种命名方式:一是按国家或地址命名顶层域名,如 cn 代表中国,au 代表澳大利亚。二是按行业命名:com 代表商业组织,org 代表非营利组织,gov 代表政府机构,net 代表网络服务机构,edu 代表教育机构,mil 代表军事机构,firm 代表公司企业,store 代表贸易销售企业,web 代表提供 www 服务的单位,info 代表提供信息服务的单位,rec 代表消遣娱乐单位,nom 代表个人,arts 代表文化娱乐单位。

URL 是指统一资源定位符,是专为标识 Internet 网上资源位置而设的一种编址方式,URL 由三部分组成:传输协议、主机 IP 地址或域名地址、资源所在路径和文件名。

ISP 为网络接入服务商的简称,ISP 一般分为向用户提供拨号入网的 IAP(Internet Access Provider)和向用户提供全方位信息服务的 ICP(Internet Connect Provider)两种。

常用的入网连接方式有"拨号上网"、DDN 专线、ISDN(综合业务数字网)、ADSL(不对称数字用户服务线)等。

VPN(虚拟专用网络)是指在公用网络上虚拟构建专用网络的一种技术。

ISDN 是 Integrated Services Digital Network 的缩写,又称一线通,它是指采用数字交换和数字传输技术提供综合性业务的数字通信系统,它利用一根普通电话线,最多可连接 8 个终端,为用户提供语音、数据、图像、传真等多种业务服务。

WWW 是 World Wide Web 的英文缩写,即全球信息网,俗称"万维网"。目前 WWW 已经成为因特网上最广泛使用的一种信息服务,通过 WWW 可以获取遍布全球的信息资源,也可进行电子政务、电子商务和娱乐等活动。

浏览器指安装在客户机上的一种软件程序,它是用来浏览网上资源并获取信息的基本工具,浏览器有很多种,如微软的 IE、网易的 Netscape,还有 firefox、百度、腾讯的 360 等。网上冲浪的主要工具是浏览器,可以选择 IE 或其他浏览器,在浏览器的地址栏上输入 URL 地址,在 Web 页面上可以移动鼠标到不同的地方进行浏览,这就是所谓网上冲浪。

网页是指利用浏览器在网上浏览的文件,它通常利用超文本标记语言(HTML)进行格式的标记。

主页的英文名称是 homepage,是指单位或个人的因特网"首页"。当用户进入某个网站时,屏幕所显示的首页就是主页,相当于书的总目录。

E-mail 俗称"伊妹儿",专业术语为电子邮件,它是因特网上最普及、最方便的通信工具。电子邮件的地址格式一般为用户名@主机域名。

电子商务指建立在因特网上的商务活动,实现整个贸易的电子化。人们通过因特网进行各种商业活动和信息服务,如网上购物、网上银行等。电子商务的出现,打破了传统的商务模式。如 2014 年 11 月 11 日,由淘宝网推出的所谓"光棍节"购物活动,创造了一天 571 亿元的销售神话。

电子政务是政府机构运用现代网络通信与计算机技术,将政府管理和服务职能通过精简、优化、整合和重组后在互联网上实现的一种方式。它可以打破时间、空间以及条块分割的制约,加强对政府业务的有效监管,提高政府的运作效率,并为社会公众提供高效、优质、廉洁的一体化管理和服务。

GIS 是地理信息系统的英文缩写。GIS 是一种特定的应用任务,存储事物的空间数据和属性数据,记录事物之间关系和演变过程的系统。GIS 应用于城市交通、安全、防火、市政工程、规划、管理、决策等方面,称为城市地理信息系统,又称为数字城市。

数字图书馆(D-Lib)是一种拥有多种媒体、内容丰富的数字化信息资源,是一种能为读者方便、快捷地提供信息的服务机制。

ICQ 意指"I seek you",中文意思是我在找你,俗称网络寻呼机,可以及时传送文字信息、语音信息、聊天和发送文件;BBS 电子公告牌,是英文 Bulletin Board System 的缩写,是互联网上信息实时发布系统,相当于我们生活中的公告栏,每个用户都可以在上面书写,可发布信息或提出看法,大部分 BBS 由教育机构、研究机构或商业机构管理。

WAP 是"Wireless Application Protocol"的缩写,中文意思是无线应用协议。WAP 融合了计算机、网络和电信领域的新技术,能够为移动电话用户提供上网服务。

网络信息安全包括实体安全、信息安全、运行安全等。从信息安全与运行安全来看,其技术措施主要有真实性鉴别、访问控制、数据加密、审计管理等。

防火墙是一个位于内部网络与外部网络(如 Internet)之间的网络安全系统。"防火墙"一词来源于建筑业,指的是建筑中特殊设计的墙,能够阻止火苗蔓延到其他区域或延迟蔓延的速度。网络中的防火墙是按照一定的安全策略建立起来的硬件和(或)软件的有机组成体,以防止黑客攻击,保护内部网络的安全运行。防火墙可以被安装在一个单独的路由器中,用来过滤不想要的信息包,也可以被安装在路由器和主机中,发挥更大的网络安全保护作用。

大量应用软件的广泛使用,大大拓展了计算机系统的应用领域,充分发挥了计算机硬件的功能。了解下列软件及功能:

(1)文字编辑软件:如 WPS、Word 等;

(2)电子表格软件:Excel、Lotus 1-2-3 等;

(3)演示文稿制作软件:PowerPoint、keynote 等;

(4)网页制作软件:FrontPage、DreamWeaver 等;

(5)图像处理软件:PhotoShop、Illustrator、3D max 等;

(6) 词典软件:金山词霸、有道词典等;

(7) 多内码翻译软件:两岸通(Lat)、利方汉字系统(RichWin)、南极星汉字系统等;

(8) 杀毒工具:360杀毒、瑞星、金山毒霸、诺盾、卡巴斯基等;

(9) 解压缩软件:2345好压、Winzip、Winrar等;

(10) 看图工具:ACDsee、美图看看等;

(11) 电子阅读器:PDF阅读器、Readbook、e-BOOK等;

(12) 电子邮件软件:Outlook、HotMail、Foxmail、Dreammail等;

(13) 软件下载软件:网络蚂蚁(Netants)、迅雷、Bitcomet、eMule等;

(14) 软件上传软件:CuteFTP;

(15) 网上聊天软件:QQ、ICQ、微信、Facebook、MSN等。

例题分析

【例题1】 在星光灿烂的夜晚仰望天空,会看到繁星闪烁,产生这种现象的原因是(　　)。

A. 大气折射的结果　　　　　　B. 天黑的缘故

C. 恒星比较亮的缘故　　　　　D. 极光发射的缘故

解析: 此题答案为A。恒星会发光,光到达地球的时候要经过大气层,大气层的密度不同,会将光往不同的方向折射,所以在地面上看,就会看到星星不停闪烁的效果。

【例题2】 网络中的"防火墙"的最初来源是(　　)。

A. 建筑业　　　B. 运输业　　　C. 银行业　　　D. 保险业

解析: 此题答案为A。"防火墙"一词来源于建筑业,指的是建筑中特殊设计的墙,能够阻止火苗蔓延到其他区域或延迟蔓延的速度。网络中的防火墙能够保护内部网络免受外界攻击。

【例题3】 人类第一次登上月球的时间是(　　)。

A. 1967年　　　B. 1968年　　　C. 1969年　　　D. 1970年

解析: 此题答案为C。1969年7月21日,美国宇航员阿姆斯特朗和奥尔德林乘坐"阿波罗11号"首次登月成功,迈出了人类奔向太空的"一大步"。

【例题4】 我国紫金山天文台把1964年10月9日发现的一颗小行星命名为(　　)。

A. 张衡小行星　　　　　　　　B. 徐光启小行星

C. 李善兰小行星　　　　　　　D. 石申小行星

解析: 此题答案为A。张衡是我国东汉时期伟大的天文学家,发明了世界上公认最早的地震仪。即使在今天,张衡的地动仪精确度也很高。为了表示对这位科学家的纪念,天文学家正式将发现的小行星命名为张衡小行星。

【例题5】 关于日全食,下列说法正确的是(　　)。

A. 月球地球在同一条直线上　　B. 太阳光被地球遮住

C. 太阳月球在一条直线上　　　D. 太阳光被月球遮住

解析: 此题答案为D。月球运行到地球和太阳的中间,遮住了太阳,会引起日食;地球运行到月球和太阳的中间时,遮住了太阳,会引起月食。

第十章 综合练习,参考答案及解析

一、综合练习题

1. 19世纪90年代,康有为维新思想的基本特点是(　　)。
   A. 提倡"师夷长技以制夷"
   B. 猛烈批判以孔子为代表的儒家传统道德
   C. 从学习西方科学技术转向宣传民主共和
   D. 把西方资本主义的政治学说同传统的儒家思想相结合
2. 国际收支平衡表采用的形式是(　　)。
   A. 单式簿记　　　B. 复式簿记　　　C. 循环簿记　　　D. 分列簿记
3. 吴敬梓揭露和讽刺古代科举制度罪恶的著名长篇小说是(　　)。
   A.《官场现形记》　　　　　　　　B.《儒林外史》
   C.《老残游记》　　　　　　　　　D.《二十年目睹之怪现状》
4. 影片《黄土地》的导演是(　　)。
   A. 谢晋　　　　　B. 孙道临　　　　C. 张艺谋　　　　D. 陈凯歌
5. 蝴蝶的美丽来自它缤纷多彩的翅膀,蝶类翅膀均有细小的鳞片,它们像瓦片一样层层排列。这些鳞片的作用是(　　)。
   A. 防止雨水　　　B. 保暖　　　　　C. 增加韧性　　　D. 恐吓天敌
6. 除了亚马孙河外,干流全长比长江还长的河流是(　　)。
   A. 多瑙河　　　　B. 莱茵河　　　　C. 尼罗河　　　　D. 伏尔加河
7. 与核能和核技术、航天和空间技术、信息技术、激光技术并称为20世纪五大尖端技术成果的是(　　)。
   A. 生物技术　　　　　　　　　　　B. 网络技术
   C. 克隆技术　　　　　　　　　　　D. 纳米技术
8. 接受(　　)的管理者可能决定向新来的员工支付比最低工资高一些的工资。
   A. 功利观　　　　B. 权利观　　　　C. 公平观　　　　D. 综合观
9. 我国刑法规定在我国领域内犯罪是指(　　)。
   A. 受害人居住地在我国领域内
   B. 犯罪人居住地在我国领域内
   C. 犯罪行为或者结果有一项发生在我国领域内
   D. 受害人与犯罪人均居住在我国领域内
10. 第二次鸦片战争是第一次鸦片战争的继续,主要是因为(　　)。
    A. 背景相同　　　　　　　　　　　B. 目的和性质相同
    C. 方式相同　　　　　　　　　　　D. 发动战争的国家相同

11. 秦朝施政主要依据的学说是（　　）。
    A. 儒家学说　　　　　　　　　　　B. 墨家学说
    C. 道家学说　　　　　　　　　　　D. 法家学说
12. 货币市场是资金借贷在（　　）的交易市场。
    A. 1年以内　　　B. 1年以上　　　C. 5年以上　　　D. 10年以上
13. 散文《荷塘月色》的作者是（　　）。
    A. 冰心　　　　　B. 徐志摩　　　　C. 孙犁　　　　D. 朱自清
14. 下列昆虫中属于直翅目的是（　　）。
    A. 蝗虫　　　　　B. 蜜蜂　　　　　C. 蚂蚁　　　　D. 蝴蝶
15. 与两汉时期的《氾胜之书》、南宋陈旉的《陈旉农书》、元代王祯的《王祯农书》、明代徐光启的《农政全书》并称为中国古代五大农书的是（　　）。
    A. 北魏贾思勰的《齐民要术》　　　　B. 宋代秦观的《蚕书》
    C. 元代的《农桑辑要》　　　　　　　D. 北宋沈括的《梦溪笔谈》
16. 公民、法人或其他组织认为具体行政行为侵犯了其合法权益的,可以自知道该具体行政行为之日起（　　）日内提出行政复议申请,但是法律规定的申请期限超过的除外。
    A. 90　　　　　　B. 60　　　　　　C. 30　　　　　D. 15
17. 被誉为"中国17世纪的工艺百科全书"的科学巨著是（　　）。
    A.《齐民要术》　　　　　　　　　　B.《天工开物》
    C.《梦溪笔谈》　　　　　　　　　　D.《农政全书》
18. 信息筛选的依据是（　　）。
    A. 实用性、精约性、条理性　　　　　B. 先进性、适用性、精约性
    C. 先进性、适用性、条理性　　　　　D. 先进性、精确性、适用性
19. 经济全球化对社会主义国家、发展中国家的经济发展是有利的。其主要表现是（　　）。
    A. 利于吸引外资,弥补国内建设资金的不足
    B. 各国经济发展不平衡
    C. 各国经济同世界经济存在着紧密联系
    D. 贫富两极分化
20. 台湾是中国领土不可分割的一部分,最早将台湾纳入其行政管辖范围的是（　　）。
    A. 三国　　　　　B. 隋朝　　　　　C. 元朝　　　　D. 清朝
21. 下列属于网页制作软件的是（　　）。
    A. WPS　　　　　B. Lotus 1-2-3　　C. Photoshop　　D. FrontPage
22. 塑造吴荪甫形象的小说是（　　）。
    A.《围城》　　　B.《林家铺子》　　C.《子夜》　　　D.《边城》
23. "告诉我,历史有什么用?"——古往今来人们已经作出各种思考,其中唐太宗的回答是（　　）。
    A. "究天人之际,通古今之变"
    B. "考古以证今,规时而达用"
    C. "以古为镜,可以知兴替"
    D. "鉴前世兴衰,考当今得失"

24. 两刑警在追击某犯罪嫌疑人的过程中,租了一辆出租车。出租车不幸被犯罪嫌疑人炸毁,司机被炸伤,犯罪嫌疑人被刑警击毙。该司机正确的救济途径是( )。
   A. 请求两刑警给予民事赔偿
   B. 请求两刑警所在的公安局给予国家赔偿
   C. 请求两刑警所在的公安局给予国家补偿
   D. 要求犯罪嫌疑人的家属给予民事赔偿
25. 素有"石油之海"之称的是( )。
   A. 波斯湾   B. 北海   C. 墨西哥湾   D. 马拉开波湖
26. 与哥白尼的《天体运行论》并称为近代科学宣告独立的两本巨著的是( )。
   A. 维萨里的《人体构造》   B. 托勒密的《天文学大成》
   C. 伽利略的《星际使者》   D. 达尔文的《进化论》
27. 我国京剧史上的"四大名旦"除了梅兰芳、程砚秋、荀慧生,还有一位是( )。
   A. 白玉霜   B. 张君秋   C. 梅葆玖   D. 尚小云
28. 激励的出发点是( )。
   A. 人的需求   B. 动机   C. 人的心理   D. 人的行为
29. 在海洋中,鲨鱼属于游泳健将,鲨鱼的沉浮主要依靠的是( )。
   A. 肝脏   B. 鱼鳔   C. 皮下脂肪   D. 鳍
30. 一国货币汇率经常受到各种因素的影响,这些因素不包括( )。
   A. 本国经济状况   B. 国际收支状况
   C. 经济体制   D. 通货膨胀

二、参考答案及解析

1. D。A项指地主阶级抵抗派;B项指新文化运动;C项指资产阶级革命派。资产阶级维新派的代表人物康有为把西方资本主义的政治学说同传统的儒家思想相结合,宣传维新变法的道理。因此,D项正确。

2. B。国际收支平衡表是一国根据交易内容和范围设置项目和账户,并按照复式记账法对一定时期内的国际经济交易进行系统的记录,对各笔交易进行分类、汇总而编制出的分析性报表。一国的国际收支平衡表对政府决策人和经济学家极为有用。故答案为B。

3. B。吴敬梓的长篇小说《儒林外史》揭露和讽刺了古代科举制度的罪恶。李伯元的《官场现记》、吴趼人的《二十年目睹之怪现状》、刘鹗的《老残游记》和曾朴的《孽海花》合称晚清"四大谴责小说"。

4. D。20世纪80年代,中国影坛上出现了陈凯歌、张艺谋、吴子牛等导演的一大批形式新颖的"第五代"影片,如张军钊导演的《一个和八个》、吴天明导演的《老井》、陈凯歌导演的《黄土地》等。

5. A。蝴蝶翅膀上的鳞片不仅能使蝴蝶艳丽无比,还像是蝴蝶的一件雨衣。因为蝴蝶翅膀的鳞片里含有丰富的脂肪,能把蝴蝶保护起来,所以即使下小雨时,蝴蝶也能飞行。

6. C。世界上最长的河流是尼罗河,长度为6600千米。世界上流域面积最广的河流是南美(或拉丁美洲)的亚马孙河。长江是我国第一大河流,全长6300余千米,居世界第三位。世界上流经国家最多的河是多瑙河。

7. A。20世纪的五大尖端技术成果是:核能和核技术、航天和空间技术、信息技术、激光技术、生物技术。

8. C。一个组织可能有四种道德观:① 功利观;② 权利观;③ 公平观;④ 综合观。其中,公平观要求管理者按公平的原则行事,接受公平观的管理者可能决定向新来的员工支付比最低工资高一些的工资,因为在他看来,最低工资不足以维持该员工的基本生活。

9. C。《刑法》第6条第3款规定,犯罪的行为或者结果有一项发生在中华人民共和国领域内的,就认为是在中华人民共和国领域内犯罪。

10. B。四个选项具有相同的方面,但A、C、D三项只是表面现象;进一步打开中国市场,扩大侵略权益,战争的目的和性质是主要的方面,也是反映本质的方面。因此,答案选B。

11. D。秦统一后,实行严刑峻法,可以看出秦始皇的施政符合韩非子的法家学说的主张。因此,答案为D。

12. A。货币市场是短期资金市场,是指融资期限在一年以下的金融市场,是金融市场的重要组成部分。由于该市场所容纳的金融工具,主要是政府、银行及工商企业发行的短期信用工具,具有期限短、流动性强和风险小的特点,在货币供应量层次划分上被置于现金货币和存款货币之后,称之为"准货币",所以将该市场称为"货币市场"。故答案为A。

13. D。朱自清的散文代表作有《荷塘月色》《背影》《绿》等;冰心有散文集《樱花赞》《小桔灯》《再寄小读者》等;孙犁的代表作是《荷花淀》;徐志摩的诗歌代表作是《再别康桥》。

14. A。昆虫可分为鞘翅目、鳞翅目、蜻蜓目、双翅目、膜翅目、半翅目(也叫异翅目)和直翅目七大类。直翅目包括蚤斯、蟋蟀、蝼蛄、蝗虫等。蝴蝶是鳞翅目昆虫。膜翅目包括各种蚁和蜂。

15. A。中国古代五大农书是:两汉时期的《氾胜之书》、北魏贾思勰的《齐民要术》、南宋陈敷的《陈敷农书》、元代王祯的《王祯农书》和明代徐光启的《农政全书》。

16. B。《行政复议法》第9条规定,公民、法人或者其他组织认为具体行政行为侵犯其合法权益的,可以自知道该具体行政行为之日起六十日内提出行政复议申请,但是法律规定的申请期限超过六十日的除外。

17. B。A、D两项均为农学著作,且A项为北朝贾思勰所著。C项虽是百科全书,但为北宋沈括著,不符合题干的时间要求"17世纪",故选B。

18. B。筛选的依据是信息的适用性、精约性和先进性。其中,适用性是指信息的内容是否符合信息采集的目的,符合者谓之适用,可留下;不符合者则被剔除。精约性是指信息的表述是否精练、简约。先进性是指信息的内容是否先进。被筛选出的信息将同时满足适用性、精约性和先进性的要求。

19. A。所谓经济"全球化"其基本标志主要是"三化",即信息化、市场化和资本等生产要素自由流动的跨国化。经济全球化对社会主义国家、发展中国家的经济发展是有利的。这主要表现在:① 有利于吸引外资,弥补国内建设资金的不足;② 有利于引进先进的技术和设备,实现技术发展的超越;③ 有利于学习先进的管理经验,培养高素质的管理人才;④ 有利于发挥比较优势,开拓国际市场。因此,社会主义国家要充分利用它带来的机遇发展自己。故答案为A。

20. C。元朝时设置澎湖巡检司,是中央政府最早设立的管辖台湾的行政机构。答案为C。

21. D。文字编辑软件如WPS,电子表格软件如Excel、Lotus1-2-3,图像处理软件如PhotoShop,网页制作软件如FrontPage、DreamWeaver等。

22. C。茅盾的代表作是《子夜》和《林家铺子》,《子夜》塑造了民族工业资本家吴荪甫的形象。

23. C。A项是司马迁历史哲学的精髓,与"唐太宗的回答"无关。B项是清朝末年唐才常《史学略论》中的一句话,与"唐太宗的回答"无关。D项是司马光《资治通鉴》中的一句话。故答案为C。

24. C。国家机关工作人员在行使职权的过程中,如果是其职务行为造成公民、法人或者其他组织合法权益损害的,应当由国家承担相应的赔偿或者补偿的责任。当行使职权过程中存在违法或过错时,由国家承担赔偿责任,否则国家承担补偿责任。
本案中的两刑警是在行使职权,相应的责任不应由他们直接承担。因此,C选项正确。

25. A。世界"四大海洋石油区"是指波斯湾、马拉开波湖、北海和墨西哥湾。"石油之海"是指波斯湾。

26. A。近代科学宣告独立的两本巨著是哥白尼的《天体运行论》和维萨里的《人体构造》。

27. D。梅兰芳、程砚秋(御霜)、荀慧生(令香)、尚小云(绮霞)合称为京剧"四大名旦"。

28. B。从激励的内涵看,意味着组织中的领导者应该从行为科学和心理学的基础出发,认识员工的组织贡献行为。即认识到人的行为是由动机决定的,而动机则是由需要引起的。动机产生后,人们就会寻找能够满足需要的目标,而目标一旦确定,就会进行满足需要的活动。

29. A。鲨鱼没有鳔,靠肝脏来沉浮。

30. C。一国货币汇率经常受到各种因素的影响,这些因素主要有:本国经济状况、国际收支状况、通货膨胀、利率的变动。除此之外,关税政策、对外贸易政策、外汇管制政策、国际政治和国际金融市场的动态以及预期心理等因素,也都会对汇率变动发生较大影响。故答案为C。

第三部分　分析推理

考试大纲

根据《2019年从优秀士兵中选拔干部综合知识考试大纲》,从优秀士兵中选拔干部综合知识考试包括五个部分的内容,第二部分考核的内容是"分析推理"。大纲明确,此部分主要考核考生在观察、理解、分析、推理等方面的基本能力。主要包括以下三个方面的内容。

一、判断推理

考核考生根据题目给出的一套图形,或一个算式,或表达逻辑关系的一段文字,理解把握事物间关系和判断推理的能力,以及观察分析问题和解决问题的能力。

二、语言理解

考核考生迅速准确地理解文字材料内涵的能力。包括根据材料查找主要信息;正确理解材料中指定词语、语句的准确含义;概括归纳材料的观点,判断材料表达的态度、意图、目的;准确地遣词用字等。

三、资料分析

考核考生对文字资料、图表资料的综合理解与分析加工能力。

第一章　数学运算

数量关系包括数学运算和数字推理两部分内容,通过数量关系的分析、判断、推理和运算等形式,考查应考者理解和把握事物间量化关系和解决数量关系问题的能力。

数学运算一般表现为算术题和文字题两种基本题型。前者通常给出一个算式,应考者通过对算式进行分析、简化、计算,得出答案,考查应考者的数学运算能力;后者通常给出一段表达数量关系的文字,应考者根据题中的数量关系,利用基础数学知识,通过列式计算,得出答案,考查应考者对数量关系的分析、判断、推理和运算能力。

数学运算具有速度与难度考查的双重性质。在速度方面,要求应考者反应灵活、思维敏捷;在难度方面,主要涉及数学基本知识。但是考试作答时间有限,在限定的时间内做到解答既快又准,就要求应考者具备较高的运算能力、分析推理能力和答题技巧。

【知识要点】数学运算主要涉及数的整除、最大公约数、最小公倍数、奇偶性、质合性、同余和剩余等数学知识。

数的整除:整数 a 除以整数 $b(b \neq 0)$ 除得的商正好是整数而没有余数,我们就说 a 能被 b 整除,或 b 能整除 a。a 叫 b 的倍数,b 叫 a 的约数。约数的个数是有限的。

数的整除的两个重要性质:(1)如果数 a 能被 c 整除,数 b 能被 c 整除,则 $a+b$,$a-b$ 都能被 c 整除;(2)如果数 a 能被 b 整除,也能被 c 整除,且 b 与 c 互质,则 a 能被 $b \times c$ 整除。

最大公约数:两个或多个整数公有的约数叫作这几个数的公约数,其中最大的一个即这几个数的最大公约数。

最小公倍数:两个或多个整数公有的倍数叫作这几个数的公倍数;其中最小的一个叫作这几个数的最小公倍数。

奇偶性的两个重要性质:① 两个奇(偶)数的代数和是偶数,奇数与偶数的代数和是奇数;② 奇数与奇数的积是奇数,整数与偶数的积是偶数。

质数:只能被1和其本身整除的数。

合数:除了1和其本身,还可以被其他整数整除的数。

注意:1既不是质数也不是合数,2是唯一的一个偶质数。

同余:两个整数 m,n,若它们除以整数 k 后所得的余数相同,则称它们对于 k 同余。

同余的重要性质:相对于同一个除数,两数之和的余数与余数之和同余,两数之差的余数与余数之差同余,两数之积的余数与余数之积同余。

剩余:在我国古代算书《孙子算经》中有这样一个问题:"今有物不知数,三三数之剩二,五五数之剩三,七七数之剩二,问物几何?"意思是,一个数除以3余2,除以5余3,除以7余2,问这个数最小是多少? 这类问题在我国称为"孙子问题",也称为剩余问题。关于这一问题的解法,国际上称为"中国剩余定理"。

【基本题型】数列问题、比较大小、数的整除、和差倍比问题、行程问题、工程问题、集合问题、几何问题、排列组合问题、概率问题、统筹问题、推理问题、利润问题、分段计算问题、浓度问题等。

【解题方法】 主要有尾数法、方程法、代入排除法、特殊值法、分合法、十字交叉法、归纳法、逆推法、极端法和图解法等。

一、数列问题

等差数列的相关性质及求和公式是考查的重点。常用公式：(1)等差数列的总和 = 等差中项 × 项数；(2)等差数列的总和 = 项数 × 首项 + 1/2 × 项数 × (项数 − 1) × 公差。

【例题 1】（2008 年国家公务员招录考题）$\{a_n\}$ 是一个等差数列，$a_3 + a_7 - a_{10} = 8$，$a_{11} - a_4 = 4$，则数列前 13 项之和是(   )。

A. 32　　　　　　B. 36　　　　　　C. 156　　　　　　D. 182

解析： 此题答案为 C。因为 $\{a_n\}$ 是等差数列，所以 $a_{10} + a_4 = a_{11} + a_3$，从而 $(a_3 + a_7 - a_{10}) + (a_{11} - a_4) = a_7 + (a_3 + a_{11}) - (a_{10} + a_4) = a_7$，而已知 $(a_3 + a_7 - a_{10}) + (a_{11} - a_4) = 8 + 4 = 12$，所以 $a_7 = 12$ 是等差数列的中项，因此，$S_{13} = a_7 \times 13 = 156$。

【例题 2】 某部举行活动，若干战士站成梯形队伍，最前一排站 6 人，每向后一排增加 1 人，共站成 25 排，这支队伍共有(   )人？

A. 175　　　　　　B. 200　　　　　　C. 375　　　　　　D. 450

解析： 此题答案为 D。每一排比前一排多一人，说明从前到后，每一排人数构成首项为 6、公差为 1、项数为 25 的等差数列。由等差数列求和公式，总人数为 $25 \times 6 + 1/2 \times 25 \times (25 - 1) \times 1 = 450$(人)。

二、比较大小

比较大小常用的方法有作差法、作商法、倒数法、中间值法。

【例题 1】 比较大小：$a = \sqrt[3]{-14}$，$b = -\sqrt{6}$。(   )

A. $a < b$　　　　B. $a > b$　　　　C. $a = b$　　　　D. 不确定

解析： 此题答案为 B。因为 $\dfrac{a}{b} = \dfrac{\sqrt[3]{-14}}{\sqrt{-6}} = \dfrac{\sqrt[6]{196}}{\sqrt[6]{216}} < 1$，所以 $a > b$。

【例题 2】 四个数 a, b, c, d，已知 $a \times 0.08 = 9$，$b \times 0.09 = 10$，$c \times 0.1 = 11$，$d \times 0.11 = 12$，则 a, b, c, d 四个数中最大的一个是(   )。

A. a　　　　　　B. b　　　　　　C. c　　　　　　D. d

解析： 此题答案为 A。四个数分别是 $a = \dfrac{9}{0.08} = \dfrac{8+1}{0.08} = 100 + \dfrac{1}{0.08}$，同理 $b = 100 + \dfrac{1}{0.09}$，$c = 100 + \dfrac{1}{0.1}$，$d = 100 + \dfrac{1}{0.11}$，因为 $0.08 < 0.09 < 0.1 < 0.11$，所以 $\dfrac{1}{0.08} > \dfrac{1}{0.09} > \dfrac{1}{0.1} > \dfrac{1}{0.11}$，比较即得。

三、数的整除

要判定一个数是否能被其他数整除，根据除数的不同，可通过查看被除数的末尾数、数字和、数字差等方式来确定。

【例题 1】 一个四位数分别能被 2、5、6 整除，且被这三个数整除时所得的三个商的和是

1066,这个四位数中前三个数字的和是(　　)。

A. 4　　　　　B. 5　　　　　C. 6　　　　　D. 7

解析：此题答案为 C。设这个四位数为 x，则 $x \div 2 + x \div 5 + x \div 6 = 1066$，解得 $x = 1230$，因此，前三个数字的和为 6。

【例题 2】根据训练需要，把 144 名战士平均分成若干个小组，每组 10 至 40 人之间，则共有(　　)种不同的分法。

A. 4　　　　　B. 5　　　　　C. 6　　　　　D. 7

解析：此题答案为 B。这属于整除问题。由 $144 = 12 \times 12 = 16 \times 9 = 18 \times 8 = 24 \times 6 = 36 \times 4$，可知 144 在 10 和 40 之间的因子数有 12、16、18、24、36 这 5 个数。

四、和差倍比问题

此类问题主要是从两个数的和、差、倍数关系求出这两个数，或者从分量、总量之间的比例关系求出待求量。解后者问题时，关键是找准各分量、总量，以及各分量与总量之间的比例关系，根据"分量÷总量＝所占比例，分量÷所占比例＝总量"求解。

【例题 1】三个盒子共装有乒乓球 180 个，1 号和 2 号两个盒子所装球数之和比 3 号盒子内的球数多 20 个，1 号盒子比 2 号盒子内的球数少 2 个，则 1 号盒子内的球数是(　　)个。

A. 48　　　　B. 49　　　　C. 50　　　　D. 51

解析：此题答案为 B。设 1 号盒子内有 x 个球，则 2 号盒子有 $(x+2)$ 个球，3 号盒子有 $(x+x+2-20)$ 个球，由 $x + (x+2) + (x+x+2-20) = 180$，解得 $x = 49$。

【例题 2】(2011 年国家公务员招录考题)某城市共有 A、B、C、D、E 五个区，A 区人口是全市人口的 $\frac{5}{17}$，B 区人口是 A 区人口的 $\frac{2}{5}$，C 区人口是 D 区和 E 区人口总数的 $\frac{5}{8}$，A 区比 C 区多 3 万人。那么，全市共有人口(　　)万。

A. 20.4　　　B. 30.6　　　C. 34.5　　　D. 44.2

解析：此题答案为 D。已知"A 区比 C 区多 3 万人"，要求"全市共有多少万人"，只需求出"A、C 两区人数之差所对应全市人口比例"即可。

由题意，已知"A 区人口是全市人口的 $\frac{5}{17}$，B 区人口是 A 区人口的 $\frac{2}{5}$"，则 B 区人口是全市人口的 $\frac{5}{17} \times \frac{2}{5} = \frac{2}{17}$，所以 C、D、E 的人口总数是全市人口的 $1 - \frac{5}{17} - \frac{2}{17} = \frac{10}{17}$。又 C 区人口是 D 区和 E 区人口总数的 $\frac{5}{8}$，因此 C 区人口是全市人口的 $\frac{10}{17} \times \frac{5}{8} \div \left(1 + \frac{5}{8}\right) = \frac{50}{17 \times 13}$，A 区与 C 区人口之差是全市人口的 $\frac{5}{17} - \frac{50}{17 \times 13}$。已知"A 区比 C 区多 3 万人"，所以全市共有 $3 \div \left(\frac{5}{17} - \frac{50}{17 \times 13}\right) = 44.2$ 万人。

五、行程问题

行程问题研究物体运动中速度、时间和路程三者的关系，此类问题主要有平均速度问题、相遇问题、追及问题、流水中运行问题等。

【例题1】A营地到B营地是不平坦的公路。某部战士骑电动车由A营地到B营地办事,上坡速度为20千米/小时,下坡速度为30千米/小时。已知该战士在两个营地之间往返一次需要4小时,那么,两营地之间的距离是( )千米。

A. 45　　　　　B. 48　　　　　C. 50　　　　　D. 24

解析:此题答案为B。往返一次的路程等于用不同速度分别走了一个全程上坡路和一个全程下坡路,两段路程相等。所以,往返路程平均速度 $= \dfrac{2 \times 上坡速度 \times 下坡速度}{上坡速度 + 下坡速度} = \dfrac{2 \times 20 \times 30}{20 + 30} = 24$ 千米/小时,又平均速度=总路程÷总时间,所以2×单程=24×4,则单程=48千米。

【例题2】甲车以40千米/小时由A地向B地运动,同时乙车从B地向A地相向匀速运动。两车相遇后分别掉头,并以对方的速度行进。甲车返回A地后又掉头且保持同样的速度向B运动。最后甲、乙两车同时到达B地。则最开始时乙车的速度是( )千米/小时。

A. 120　　　　B. 80　　　　　C. 60　　　　　D. 20

解析:此题答案为B。如图,粗线为最开始甲车行驶速度(即40千米/小时)的路程,细线为最开始乙车行驶速度的路程。

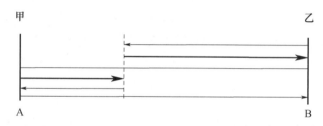

由题意,以40千米/小时的速度行驶了全程,以最开始时乙车的速度行驶了两个全程,所用时间相等,故最开始时乙车的速度=2×最开始时甲车的速度=80千米/小时。

【例题3】某旅游部门规划一条从景点甲到景点乙的旅游线路,两地相距72千米,快艇往返两景点需要3.5小时,顺流航行比逆流航行少用半小时,游船在静水中每小时航行24千米,则游船往返两景点需要( )小时。

A. 5.8　　　　B. 6.0　　　　　C. 6.4　　　　　D. 6.6

解析:此题答案为C。设快艇速度为x,水流速度为y,由题意可知,顺流航行需$(3.5 - 0.5) \div 2 = 1.5$小时,逆流航行需$1.5 + 0.5 = 2$小时,则$x + y = 72 \div 1.5 = 48$,$x - y = 72 \div 2 = 36$,则水流速度$y = 6$千米/小时。游船往返两景点的时间$= \dfrac{72}{24 + 6} + \dfrac{72}{24 - 6} = 6.4$小时。

六、工程问题

工程问题主要涉及工作量、工作时间、工作效率三个量:工作量=工作效率×工作时间。常用方程法、代入排除法解题。

【例题1】战士小刘、小李合作在规定时间内完成某项任务。如果小刘的工作效率再提高20%,则两人可以提前$\dfrac{1}{10}$的时间完成任务;如果小李的工作效率降低25%,则两人就要多工作2.5小时才能完成任务。规定完成任务的时间是( )小时。

A. 20　　　　　B. 24　　　　　C. 26　　　　　D. 28

解析：此题答案为A。设整个工作量为"1"，又设小刘的工作效率为x，小李的工作效率为y，规定的时间为z，由题意可得：

$$\begin{cases}(x+y)z=1\\ [(1+20\%)x+y]\cdot\left(1-\dfrac{1}{10}\right)z=1\\ [x+(1-25\%)y]\cdot(z+2.5)=1\end{cases}$$，解得$x=20$。

【例题2】完成某项工程，单独工作甲需要4天，乙需要6天，而甲、乙、丙共同工作只需2天。则丙单独完成工作需要（　　）天。

A. 11　　　　B. 12　　　　C. 13　　　　D. 14

解析：此题答案为B。设整个工作量为"1"，则甲、乙、丙总工作效率为$\dfrac{1}{2}$，甲工作效率为$\dfrac{1}{4}$，则乙、丙工作效率的和为$\dfrac{1}{2}-\dfrac{1}{4}=\dfrac{1}{4}$；又知乙工作效率为$\dfrac{1}{6}$，所以丙工作效率为$\dfrac{1}{4}-\dfrac{1}{6}=\dfrac{1}{12}$，即丙需要12天完成任务。

七、集合问题

集合类问题一般涉及情况比较复杂，有时借助于图示比较方便直观。

【例题1】某部有12名大学生士兵，其中6人擅长语文，5人擅长数学，5人擅长外语，有3人既擅长语文又擅长数学，有2人既擅长数学又擅长外语，有2人既擅长语文又擅长外语，有1人语、数、外都擅长。则语、数、外只擅长一门的人比语、数、外都不擅长的人多（　　）人。

A. 1　　　　B. 2　　　　C. 3　　　　D. 4

解析：此题答案为C。由题意，擅长语文的6人中，有3人还擅长数学、2人擅长外语，且其中1人语、数、外都擅长。同样可分析其他擅长项。如图所示，将所有条件列入集合中，则语、数、外只擅长一门的人数=2+1+2=5，语、数、外都不擅长的人数=12-(2+1+2+2+1+1+1)=2，因此，(语、数、外只擅长一门的人数)-(语、数、外都不擅长的人数)=5-2=3。

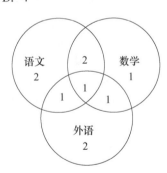

【例题2】某部100名士兵参加5个项目的体能测试，1至5项分别有80人、92人、86人、78人、74人通过测试。通过3个项目（含3项）以上为合格，则至少有（　　）人测试合格。

A. 90　　　　B. 30　　　　C. 70　　　　D. 78

解析：此题答案为C。由题意可知，1至5项没有通过测试的人次分别为：100-80=20，100-92=8，100-86=14，100-78=22，100-74=26，共计有20+8+14+22+26=90人次不达标项目。因为至少3项没通过的战士就不合格，则最多有90÷3=30人不合格，即至少有100-30=70人测试合格。

八、几何问题

对于平面图形，面积相同，越接近圆，周长越小；周长相同，越接近圆，面积越大。对于空间图形，体积相同，越接近球体，表面积越小；表面积相同，越接近球体，体积越大。

【例题1】为加工小部件,将一张面积为4平方米的长方形铁皮对折3次,则所得小长方形铁皮的面积是(   )平方米。

A. $\dfrac{1}{2}$ B. $\dfrac{1}{3}$ C. $\dfrac{1}{4}$ D. $\dfrac{1}{5}$

解析:此题答案为 A。将一张面积为 4 平方米的长方形铁皮对折 1 次后面积是 $4\times\dfrac{1}{2}$ 平方米,对折 2 次后面积是 $4\times\dfrac{1}{2}\times\dfrac{1}{2}$ 平方米,对折 3 次后面积是 $4\times\dfrac{1}{2}\times\dfrac{1}{2}\times\dfrac{1}{2}=\dfrac{1}{2}$ 平方米。

【例题2】(2011年国家公务员招录考题)用一个平面将一个边长为1的正四面体切分成两个完全相同的部分,则切面的最大面积是(   )。

A. $\dfrac{1}{2}$ B. $\dfrac{1}{4}$

C. $\dfrac{\sqrt{2}}{4}$ D. $\dfrac{\sqrt{3}}{4}$

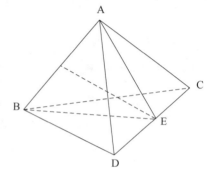

解析:此题答案为 C。如图正四面体 ABCD,要把它分为两个完全相同的部分,应沿着过顶点 A 的一条棱 AB 及其对面三角形 ADC 的高线 AE 所在的平面切开,则△ABE 是一个边长依次为 1、$\dfrac{\sqrt{3}}{2}$、$\dfrac{\sqrt{3}}{2}$ 的等腰三角形,由勾股定理,其底边 AB 的高是 $\sqrt{AE^2-\left(\dfrac{1}{2}AB\right)^2}=\sqrt{\left(\dfrac{\sqrt{3}}{2}\right)^2-\left(\dfrac{1}{2}\right)^2}=\dfrac{\sqrt{2}}{2}$,因此面积是 $\dfrac{1}{2}\times\dfrac{\sqrt{2}}{2}\times 1=\dfrac{\sqrt{2}}{4}$。

九、排列组合问题

注意排列组合问题的两个基本原理——加法原理、乘法原理。分类用加法原理,分步用乘法原理。

【例题1】有 3 位战士站成一排拍合影照时,又来两个伙伴要参与照相。如果保持前 3 个人的相对顺序不变,再插进两个伙伴排成一排,则有(   )种排法。

A. 20   B. 6   C. 4   D. 12

解析:此题答案为 A。第 1 个伙伴插进 3 人队伍,有 4 种站位;第 2 个伙伴再插进 4 人队伍,有 5 种站位。因此共有 $4\times 5=20$ 种安排方法。

【例题2】张叔叔邀请小文到家吃饭,小文在商店准备挑选 3 种水果中的 1 种水果、4 种点心中的 2 种点心和 4 种饮料中的一种饮料作为礼物带给张叔叔。若不考虑挑选的次序,则他可以有(   )种不同选择方法。

A. 4   B. 24   C. 72   D. 144

解析:此题答案为 C。不考虑选择次序,是组合问题。选择水果有 C_3^1 种方法,选择点心有 C_4^2 方法,选择饮料有 C_4^1 方法,因此共计可以有 $C_3^1 C_4^2 C_4^1 = 3\times 6\times 4 = 72$ 种不同选择方法。

十、概率问题

注意区分一般概率问题、条件概率问题,以及多次重复试验问题。

【例题1】在 5 名备选队员张、王、李、赵、刘中选择参赛队员。因参赛人数还没确定,但知道至少有 2 名(含 2 名)成员。如果全凭猜测,则猜对那些被选中队员的概率是(　　)。

A. $\dfrac{1}{15}$ B. $\dfrac{1}{21}$ C. $\dfrac{1}{26}$ D. $\dfrac{1}{31}$

解析:此题答案为 C。5 名队员都有选或不选两种情况,根据乘法原理,共有 $2×2×2×2×2=32$ 种情况。排除不可能的情况:1 名队员都不选的 1 种情况,只选 1 名队员的 5 种情况。因此,要选出 2 名或 2 名以上队员,共有 $32-1-5=26$ 种情况。而正确答案只有一种,故猜对的概率是 $\dfrac{1}{26}$。

【例题 2】战士甲、乙技术水平相当,为一决胜负,他俩需再进行三次比赛,规定三局两胜者为胜。如果已知第一次比赛中战士甲获胜,这时战士乙最终获胜的概率是(　　)。

A. $\dfrac{1}{6}$ B. $\dfrac{1}{4}$ C. $\dfrac{1}{3}$ D. $\dfrac{1}{2}$

解析:此题答案为 B。由题意可知,战士乙要最终获胜,必须连胜第二场和第三场。乙胜第二场的概率是 $\dfrac{1}{2}$,乙胜第三场的概率是 $\dfrac{1}{2}$,根据乘法原理,战士乙最终获胜的概率是 $\dfrac{1}{2}×\dfrac{1}{2}=\dfrac{1}{4}$。

【例题 3】战士小孙进行一次射击练习,已知每次射中 10 环的概率是 80%,则小孙 5 次射击中有 4 次射中 10 环的概率是(　　)。

A. 35.47%   B. 40.96%   C. 60%   D. 80%

解析:此题答案为 B。已知每次射中 10 环的概率是 80%,没射中 10 环的概率是 $1-80\%=20\%$。在 5 次射击中 4 次射中 10 环的方法是 $C_5^4=5$ 种,因此 5 次射击中有 4 次射中 10 环的概率是 $C_5^4×(80\%)^4×20\%=40.96\%$。

十一、统筹问题

统筹问题也称为对策分析类问题,它主要研究人力、物力的运用和筹划,使它们发挥最大效率。主要涉及工作分配问题、时间安排问题、物资搬运问题等。

【例题 1】小明要用一只小船把 32 只绵羊从河的 A 岸运到 B 岸,每次最多运 3 只,往返一次需 5 分钟,自 9 时 30 分时开始运输,9 时 47 分时,至少有(　　)只绵羊还在 A 岸。

A. 23   B. 17   C. 18   D. 20

解析:此题答案为 D。已知每次可以运到对岸 3 只绵羊,往返一次需要 5 分钟,所以当 9 时 47 分时,船只可以往返三次,并在第四次由 A 岸到 B 岸的途中。所以已经运到 B 岸的绵羊有 9 只,途中 3 只,因此仍有 $32-9-3=20$ 只绵羊还在 A 岸。

【例题 2】(2007 年国家公务员招录考题)一个车队有 3 辆汽车,担负着五家工厂的运输任务,这五家工厂分别需要 7、9、4、10、6 名装卸工,共计 36 名;如果安排一部分装卸工跟车装卸,则不需要那么多装卸工,而只需要在装卸任务较多的工厂再安排一些装卸工就能完成装卸任务,那么在这种情况下,总共需要(　　)名装卸工才能保证各厂的装卸需要。

A. 26   B. 27   C. 28   D. 29

解析:此题答案为 A。采用试探法。设五个工厂分别为 A、B、C、D、E 厂。列表如下:

车上装卸工数	A厂需装卸工	B厂需装卸工	C厂需装卸工	D厂需装卸工	E厂需装卸工	装卸工总人数
0	7	9	4	10	6	7+9+4+10+6=36
1	6	8	3	9	5	1×3+6+8+3+9+5=34
2	5	7	2	8	4	2×3+5+7+2+8+4=32
3	4	6	1	7	3	3×3+4+6+1+7+3=30
4	3	5	0	6	2	4×3+3+5+6+2=28
5	2	4	—	5	1	5×3+2+4+5+1=27
6	1	3	—	4	0	6×3+1+3+4=26
7	0	2	—	3	—	7×3+2+3=26
8	—	1	—	2	—	8×3+1+2=27

由表可知，总共需要26名装卸工才能保证各厂的装卸需要。

【例题3】（2006年国家公务员招录考题）在一条公路上每隔100千米有一个仓库，共有5个仓库，一号仓库存有10吨货物，二号仓库存有20吨货物，五号仓库存有40吨货物，其余两个仓库是空的。现在要把所有的货物集中存放在一个仓库里，如果每吨货物运输1千米需要0.5元运输费，那么最少需要（   ）元运费。

A. 4500   B. 5000   C. 5500   D. 6000

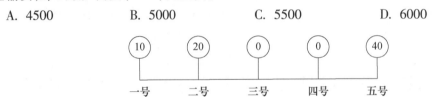

解析： 此题答案为B。如果都运到一号仓库，需要运费（20×100+40×400）×0.5=9000元；如果都运到二号仓库，需要运费（10×100+40×300）×0.5=6500元；如果都运到三号仓库，需要运费（10×200+20×100+40×200）×0.5=6000元；如果都运到四号仓库，需要运费（10×300+20×200+40×100）×0.5=5500元；如果都运到五号仓库，需要运费（10×400+20×300）×0.5=5000元。因此，选择五号仓库运费最少，为5000元。

十二、推理问题

此类题目一般需要通过数学运算寻找推理所需要的条件。

【例题1】（2011年国家公务员招录考题）小赵、小钱、小孙一起打羽毛球，每局两人比赛，另一人休息。三人约定每一局的输方下一局休息。结束时算了一下，小赵休息了2局，小钱共打了8局，小孙共打了5局。则参加第9局比赛的是（   ）。

A. 小赵和小钱   B. 小赵和小孙   C. 小钱和小孙   D. 以上皆有可能

解析： 此题答案为A。由题意，小赵休息了2局，推得小钱和小孙打了2局。已知小钱共打了8局，则知小钱和小赵共打了8-2=6局；同样由已知小孙共打了5局，可知小孙和小赵共打了5-2=3局。由此可知，三人共打了2+6+3=11局。因为按约定，每一局的输方下一局休息，所以相同的两个人不可能连续打两局，因此小钱和小赵所打的6局只能是第1、3、5、7、9、11局，即第9局比赛的是小赵和小钱。

【例题2】（2010年国家公务员招录考题）某机关20人参加百分制的普法考试，及格线为60分，20人的平均成绩为88分，及格率为95%，所有人得分均为整数，且彼此得分不同。那么，成绩排名第十的人最低考了（　　）分。

A. 88　　　　　　B. 89　　　　　　C. 90　　　　　　D. 91

解析：此题答案为B。20人的总分数 = 20×88 = 1760分，不及格的人数 = 20×(1-95%) = 1人，他排在第二十位。要使排在第十位的人考分尽可能的低，在总分一定的情况下，则别人的分数应该尽可能的高。前九名的总分最多是 $100+99+\cdots+92 = \frac{100+92}{2}\times 9 = 864$ 分，则第十名至第十九名的总分最少是 1760-864-59 = 837 分。

若第十名的分数是88分，则第十名至第十九名的总分最多是 88+87+…+79 = 835分，矛盾；

若第十名的分数是89分，则第十名至第十九名的总分最多是 89+88+…+80 = 845分，符合题意。

十三、利润问题

利润主要涉及进价、售价、利润之间的关系，复杂的还会涉及折扣、销量的问题。

【例题1】（2010年国家公务员招录考题）一商品的进价比上月低了5%，但超市仍按上月售价销售，其利润率提高了6个百分点，则超市上月销售该商品的利润率为（　　）。

A. 12%　　　　　B. 13%　　　　　C. 14%　　　　　D. 15%

解析：此题答案为C。设上个月的利润率为 x，则这个月的利润率为 $x+6\%$。已知该商品两个月的售价相同，设上个月的进价为1，则这个月的进价为 $1\times(1-5\%) = 95\% = 0.95$，依照两个月售价相等，得方程 $1\times(1+x) = 0.95\times[1+(x+6\%)]$，解得 $x = 14\%$。

【例题2】（2011年国家公务员招录考题）某商店花10000元进了一批商品，按期望获得相当于进价25%的利润来定价，结果只销售了商品总量的30%。为尽快完成资金周转，商店决定打折销售，这样卖完全部商品后，亏本1000元。那么，商店后期实际是按定价打（　　）销售。

A. 四八折　　　　B. 六折　　　　　C. 七五折　　　　D. 九折

解析：此题答案为B。由题意可知，如果按照定价卖完这批商品，共计 10000×(1+25%) = 12500元。所以销售30%后，获得 12500×30% = 3750元。因为亏本1000元，所以余下的70%的商品只卖得 10000-3750-1000 = 5250元。而若按原定价，余下的70%可以卖到 12500-3750 = 8750元，两者的商即为折扣：5250÷8750 = 0.6，即商店是按定价打六折销售的。

十四、分段计算问题

此类问题中，规定量内 x/单位，超过规定量部分 y/单位，按所给总量分析计算。

【例题1】为鼓励工人劳动，某厂决定对工作量实行超量多奖。月标准工作量以内每加工一个部件奖励25元，超过标准的部分加倍奖励。已知工人小强这个月加工了15个部件，获得奖励625元。若上个月加工了12个部件，则上个月小强获奖金（　　）元。

A. 425　　　　　B. 475　　　　　C. 500　　　　　D. 550

解析：此题答案为B。若15个部件都按超标准工作量计算，即每个部件都按 25×2 = 50元的标准计算，应该获得750元奖金。而实际获得625元，少得了 750-625 = 125元，是因为只有部分超过了标准工作量。所以标准工作量应该是 125÷25 = 5 个。因此,上个月加工 12 个部件,应得奖金 5×25 + 7×25×2 = 475 元。

【例题 2】(2010 年国家公务员招录考题)某城市居民用水价格为:每户每月不超过 5 吨的部分按 4 元/吨收取,超过 5 吨不超过 10 吨的部分按 6 元/吨收取,超过 10 吨的部分按 8 元/吨收取。某户居民两个月共交水费 108 元,则该户居民这两个月用水总量最多为(　　)吨。

A. 17.25　　　　B. 21　　　　C. 21.33　　　　D. 24

解析:此题答案为 B。设按 4 元/吨收取的是 x 吨,按 6 元/吨收取的是 y 吨,按 8 元/吨收取的是 z 吨。由题意,每户每月不超过 5 吨的部分按 4 元/吨收取,所以按 4 元/吨收取的部分两个月不超过 10 吨,即 $0 \leq x \leq 10$,同理,$0 \leq y \leq 10, 0 \leq z$。

又因为该户居民两个月共交水费 108 元,所以 $4x + 6y + 8z = 108$。若最大取 $z = 10, y = 10$,则 $4x + 6y = 100 < 108$ 元,所以必须取 $z = 1$,因此该户居民两个月最多用水总量为 $x + y + z = 21$ 吨。

十五、浓度问题

溶液蒸发或稀释问题中,溶质是不变量,可将不变量赋予一个特定值,据此救出其他量。若两种浓度为 x、$y(x<y)$ 的溶液混合后得到浓度为 z 的溶液,则 $x<z<y$。

【例题 1】(2009 年国家公务员招录考题)一种溶液,蒸发掉一定量的水后,溶液的浓度为 10%;再蒸发掉同样多的水后,溶液的浓度变为 12%;第三次蒸发掉同样多的水后,溶液的浓度将变为(　　)。

A. 14%　　　　B. 17%　　　　C. 16%　　　　D. 15%

解析:此题答案为 D。由题意可知,每次蒸发掉的水量一定,设为 k。已知第一次蒸发后,溶液的浓度为 10%,可设溶质为 10,水为 90。再蒸发一次后,溶液浓度为 12%,则 $\frac{10}{100-k} = 12\%$,解得 $k = \frac{50}{3}$。所以,第三次蒸发后,溶液浓度应为 $\frac{10}{100-2k} = \frac{10}{100-2\times\frac{50}{3}} = 0.15 = 15\%$。

【例题 2】现有一种预防禽流感的药物配置成甲、乙两种不同浓度的消毒溶液。若从甲中取 2100 克,乙中取 700 克,则混合而成的消毒溶液的浓度为 3%;若从甲中取 900 克,乙中取 2700 克,则混合而成的消毒溶液的浓度为 5%。则甲、乙两种消毒溶液的浓度分别为(　　)。

A. 3%,6%　　　　B. 3%,4%　　　　C. 2%,6%　　　　D. 4%,6%

解析:此题答案为 C。设甲、乙两种消毒液的浓度分别为 x、y,由题意可得方程组:
$\begin{cases} \frac{2100x + 700y}{2100 + 700} = 3\% \\ \frac{900x + 2700y}{900 + 2700} = 5\% \end{cases}$,解得 $x = 2\%, y = 6\%$。

第二章　数字推理

数字推理一般表现为数列形式数字推理和图形形式数字推理两种基本题型。前者通常给出一个数列,应考者通过分析所给数列各数字之间的关系,找出其中的排列规律,得出答案;后者通常给出一个或几个包含数字的图形,应考者通过总结图形中数字规律,给出答案。本章内容主要考查应考者的抽象思维和逻辑分析能力。

数字推理在综合知识与能力考试中所占比重不大,但考查范围较广,题目难度较大。包括基础数列、二级数列、三级数列到幂数列、递推数列、分式数列、无理式数列甚至混合数列等,所包含的规律呈现多样化。

【知识要点】数字推理主要涉及数的整除性、质合性等数学基础知识。

质数:只能被1和其本身整除的数。

合数:除了1和其本身,还可以被其他整数整除的数。数1既不是质数也不是合数,数2是唯一的一个偶质数。

数字推理中的数项可包含整数的整数次幂的数(称之为多次方数),或者能够表示成多次方数与整数的和或者与整数的差的形式的数。

【基本题型】等差数列、等比数列、平方数列、立方数列、混合幂数列、分式数列、无理式数列、组合数列、和递推数列、积递推数列、倍数递推数列、图表中的数字推理等。

【解题方法】一是观察数列的数字构成,当题干数字表现为分数、小数等不同形式时,要先将其转化为相同形式的数;二是分析数列的变化趋势,是递增还是递减,抑或是增减交替,以便寻找规律;三是判断数列的结构特征,看数列是否存在间隔或者分组。

一、等差数列

二级等差数列甚至三级等差数列是等差数列内容的考试重点。等差数列的变形形式,主要分析数列的整体变化趋势,根据数列整体增减幅度尝试作差或作商等,观察其二级数列或三级数列的规律。

【例题1】2,4,9,(　　),28。
A. 15　　　　　B. 16　　　　　C. 17　　　　　D. 18

解析:此题答案为C。数列特征:递增且递增幅度不大。

$$\begin{array}{cccccc} 2 & 4 & 9 & (&) & 28 \end{array}$$

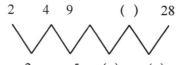

尝试作差　　2　5　(x)　(y)　　猜测为等差数列,公差为3。

作差后,二级数列2,5,x,y按等差数列,可得 $x=8,y=11$。两个数列交叉作和:$2+2=4$,$4+5=9,9+8=17,17+11=28$,原数列规律吻合。

【例题 2】3,6,18,72,(   )。
A. 330   B. 360   C. 380   D. 450
解析：此题答案为 B。数列特征：递增且递增幅度较大，相邻项之间均存在倍数关系。

```
    3    6    18    72    ( )
```

尝试作差   2   3   4   (y)   等差数列，公差为 1。

作商后，二级数列 2,3,4,y 按等差数列，可得 y = 5。两个数列交叉作积：2×3 = 6,6×3 = 18,18×4 = 72,72×5 = 360,原数列规律吻合。

【例题 3】2,4,9,18,32,(   )。
A. 20   B. 30   C. 46   D. 52
解析：此题答案为 D。数列特征：递增且递增幅度不大。

```
    2    4    9    18    32    ( )
```

尝试作差   2   5   9   14   (20)   递增数列，增幅不大。

再次作差   3   4   5   (6)   等差数列，公差为 1。

首次作差后，二级数列仍为递增数列，且增幅减小。再次作差，所得三级数列是等差数列。计算未知项(   ) = 5 + 1 + 14 + 32 = 52。

二、等比数列

等比数列的变形形式，同等差数列一样，主要分析数列的整体变化趋势，根据整体增减幅度尝试作差或作商等，观察其二级数列或三级数列的规律。

【例题 1】0,1,1,3,5,(   )。
A. 7   B. 9   C. 11   D. 13
解析：此题答案为 C。数列特征：递增且前期平缓，后期增幅稍大。

```
    0    1    1    3    5    ( )
```

邻项相加   1   2   4   8   (16)   等比数列，公比为 2。

邻项作差所得二级数列规律不明显，尝试邻项作和，得到二级数列 1,2,4,8,(   )，呈现等比数列特征，公比为 2，所以未知项(   ) = 8×2 − 5 = 11。

【例题 2】1,2,5,14,41,(   )。
A. 48   B. 96   C. 122   D. 144
解析：此题答案为 C。数列特征：递增且增幅较大。

```
    1    2    5    14    41    ( )
```

邻项作差   1   3   9   27   ( )   等比数列，公比为 3。

作差后二级数列 1,3,9,27,(   ) 呈现等比数列的特征,公比为 3。所以未知项(   ) = $27 \times 3 + 41 = 122$。

三、平方数列

平方数列各项可以改写成平方数,底数呈现一定规律。通常平方数列的变形,其底数呈现等差数列,或者数列各项是与平方数相近的项,如 $24 = 5^2 - 1$,$50 = 7^2 + 1$ 等。

【例题 1】9,49,121,225,361,(   )。

A. 529　　　　B. 561　　　　C. 627　　　　D. 683

解析:此题答案为 A。数列特征:都含有平方幂数。

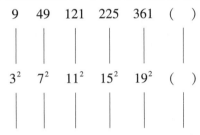

底数　3　7　11　15　19　(23)　等差数列,公差为 4。

未知项(   ) = $(19+4)2 = 529$。

【例题 2】1,9,36,100,225,(   )。

A. 561　　　　B. 521　　　　C. 441　　　　D. 361

解析:此题答案为 C。数列特征:都含有平方幂数,底数递增且幅度不大。

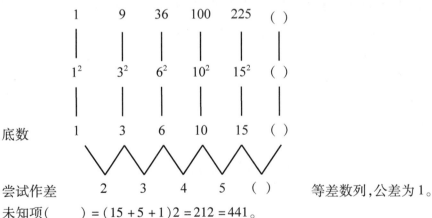

尝试作差　　2　3　4　5　(   )　等差数列,公差为 1。

未知项(   ) = $(15+5+1)2 = 212 = 441$。

四、立方数列

立方数列各项可以改写成立方数,底数呈现一定规律。通常立方数列的变形,其底数呈现等差数列,或者数列各项是与立方数相近的项,如 $7 = 2^3 - 1$,$65 = 4^3 + 1$ 等。

【例题 1】8,27,64,125,(   )。

A. 261　　　　B. 239　　　　C. 225　　　　D. 216

解析:此题答案为 D。数列特征:都含有立方幂数。

```
    8       27      64      125     (   )
    |       |       |       |       |
    2³      3³      4³      5³      (   )
```
底数   2   3   4   5   （6）   等差数列，公差为1。

未知数(   ) = (5+1)3 = 6³ = 216。

【例题2】(2001年国家公务员招录考题) 0，9，26，65，124，(   )。

A. 186　　　　　B. 215　　　　　C. 216　　　　　D. 217

解析：此题答案为D。数列特征：各项都在立方幂数附近。

```
    0       9       26      65      124     (   )
    |       |       |       |       |       |
   1³-1   2³+1    3³-1    4³+1    5³-1    (   )
```

从变形数列的规律可知，未知项(   ) = 6³ + 1 = 217。

五、混合幂数列

混合幂数列各项可以改写成方幂数，底数和指数通常呈现一定规律。含有1的数，注意到 $1^n = 1, n^0 = 1$；对于数字推理题中的分式形式的项，注意一个重要变形：$\frac{1}{a^n} = a^{-n}, \frac{1}{a} = a^{-1}$。

【例题1】(2006年国家公务员招录考题) 1，32，81，64，25，(   )，1。

A. 5　　　　　B. 6　　　　　C. 10　　　　　D. 12

解析：此题答案为B。数列特征：都含有方幂数。注意，题中出现两个1，考虑一个1是1的幂数，另一个1是某数的0次幂。

```
    1       32      81      64      25      (   )     1
    |       |       |       |       |       |         |
    1⁶      2⁵      3⁴      4³      5²      (6¹)      7⁰
```
底数呈现等差数列，公差为1
指数呈现等差数列，公差为-1

未知数(   ) = 6¹ = 6。

【例题2】(2000年国家公务员招录考题) 1，8，9，4，(   )，$\frac{1}{6}$。

A. 3　　　　　B. 2　　　　　C. 1　　　　　D. $\frac{1}{3}$

解析：此题答案为C。数列特征：都含有方幂数。

```
    1       8       9       4       (   )    1/6
    |       |       |       |       |        |
    1⁴      2³      3²      4¹      (5⁰)     6⁻¹
```
底数呈现等差数列，公差为1
指数呈现等差数列，公差为-1

六、分式数列

分式数列通常分别观察整数部分、分子部分、分母部分,寻找规律;有时需要通分,有时又需要把带分数化成假分数,比较灵活。

【例题1】 $\frac{2}{3}, \frac{3}{2}, \frac{8}{3}, \frac{25}{6}, (\quad)$。

A. $\frac{10}{3}$ B. $\frac{35}{6}$ C. 6   D. $\frac{7}{12}$

解析:此题答案为C。数列特征:分母含有2,3,6,均为倍数关系,考虑先通分,再观察。

$$\frac{2}{3}, \frac{3}{2}, \frac{8}{3}, \frac{25}{6}, (\quad)$$

通分 $\frac{4}{6}, \frac{9}{6}, \frac{16}{6}, \frac{25}{6}, (\quad)$

$\frac{2^2}{6}, \frac{3^2}{6}, \frac{4^2}{6}, \frac{5^2}{6}, (\quad)$

分子底数 2 3 4 5 (6)   等差数列,公差为1

未知项$(\quad) = \frac{(5+1)^2}{6} = 6$

【例题2】(2009年国家公务员招录考题)$0, \frac{1}{6}, \frac{3}{8}, \frac{1}{2}, \frac{1}{2}, (\quad)$。

A. $\frac{5}{13}$ B. $\frac{7}{13}$ C. $\frac{5}{12}$ D. $\frac{7}{12}$

解析:此题答案为C。数列特征:前三项分子依次为0,1,3,相邻项作差得二级数列1,2,为等差数列。依此规律,后三项分子依次为3+3=6,6+4=10,10+5=15。这样,第四、五两项依次为$\frac{6}{12}, \frac{10}{20}$。由此,中间四项的分母依次为6,8,12,20,相邻项作差得二级数列2,4,8,为等比数列。依此规律,首项分母应该是5,末项分母应该是36。所以未知项$(\quad) = \frac{15}{36} = \frac{5}{12}$。

【例题3】 $\frac{1}{3}, \frac{4}{5}, \frac{9}{7}, \frac{16}{9}, (\quad), \frac{36}{13}$。

A. $\frac{21}{11}$ B. $\frac{25}{11}$ C. $\frac{27}{11}$ D. $\frac{31}{11}$

解析:此题答案为B。数列特征:前项分子与分母之和是后项分子,分母构成等差数列,公差为2。可猜测未知项$(\quad) = \frac{16+9}{9+2} = \frac{25}{11}$,验证最后一项$\frac{25+11}{11+2} = \frac{36}{13}$,符合整体数列规律。

【例题4】 $1\frac{1}{2}, 4\frac{1}{4}, 9\frac{3}{8}, 16\frac{5}{16}, (\quad), 36\frac{21}{64}$。

A. $25\frac{13}{33}$ B. $21\frac{9}{33}$ C. $21\frac{9}{32}$ D. $25\frac{11}{32}$

解析：此题答案为 D。数列特征：整数部分：$1^2, 2^2, 3^2, 4^2, (5^2), 6^2$，应该是平方数列，底数构成等差数列，公差为 1；分数部分：前项分母减分子等于后项分子，分母 $2^1, 2^2, 2^3, 2^4, (2^5), 2^6$，应该是等比数列，公比为 2。猜测未知项（　　）= $5^2\frac{16-5}{2^5} = 25\frac{11}{32}$，验证最后一项 $6^2\frac{32-11}{2^6} = 36\frac{21}{64}$，符合整体数列规律。

七、无理式数列

对于无理式数列，注意观察无理式的底数、根指数、分子、分母所呈现的规律。

【例题1】 $1+\sqrt{3}, 9+\sqrt{6}, 25+\sqrt{11}, 49+3\sqrt{2}, (\quad)$。

A. $81+3\sqrt{3}$ B. $64+3\sqrt{3}$ C. $81+3\sqrt{2}$ D. $64+3\sqrt{2}$

解析：此题答案为 A。数列特征：整数部分：$1, 9, 25, 49, (\quad)$，化为 $1^2, 3^2, 5^2, 7^2, (9^2)$，为平方数列，底数为等差数列，公差为 2，所以未知量的整数部分是 $(7+2)^2 = 81$。

根式部分：$\sqrt{3}, \sqrt{6}, \sqrt{11}, 3\sqrt{2}, (\quad)$，可以变为 $\sqrt{1^2+2}, \sqrt{2^2+2}, \sqrt{3^2+2}, \sqrt{4^2+2}, (\quad)$，根式内平方数列部分的底数是等差数列，公差为 1，所以未知量的根式部分是 $\sqrt{(4+1)^2+2} = \sqrt{27} = 3\sqrt{3}$。

综上可知，未知数（　　）= $81+3\sqrt{3}$。

【例题2】 $1+\sqrt{3}, 1-\sqrt{3}, \frac{2+\sqrt{10}}{\sqrt{3}}, \frac{2-\sqrt{10}}{\sqrt{3}}, \frac{5+\sqrt{29}}{\sqrt{2}}, (\quad)$。

A. $\frac{2\sqrt{2}}{5-\sqrt{29}}$ B. $\frac{\sqrt{2}}{5-\sqrt{29}}$ C. $\frac{-2\sqrt{2}}{5+\sqrt{29}}$ D. $\frac{-\sqrt{2}}{5+\sqrt{29}}$

解析：此题答案为 C。数列特征：前两项类同，中间两项也类同，由此分析后两项也应该类同。

前两项的乘积 $(1+\sqrt{3})\times(1-\sqrt{3}) = -2$，中间两项的乘积 $\frac{2+\sqrt{10}}{\sqrt{3}} \times \frac{2-\sqrt{10}}{\sqrt{3}} = -2$，所以应该有 $\frac{5+\sqrt{29}}{\sqrt{2}} \times (\quad) = -2$，解得（　　）= $\frac{-2\sqrt{2}}{5+\sqrt{29}}$。

八、组合数列

组合数列一般分为间隔数列和分段数列，间隔数列的奇数项和偶数项通常分别呈现各自的规律，分段数列的各组呈现一定的规律性。组合数列通常增减不定，数字跳跃较大，其典型特征是项数一般较多。

【例题1】 $1, 0, 4, 3, 9, 6, 16, 9, (\quad), (\quad)$。

A. 11, 15   B. 12, 17   C. 21, 13   D. 25, 12

解析：此题答案为 D。数列特征：数项较多，考虑是组合数列。奇数项：1,4,9,16,( )，化为 $1^2,2^2,3^2,4^2,(5^2)$，为平方数列，底数 1,2,3,4,( )，是等差数列，公差为 1。偶数项：0，3,6,9,( )为等差数列，公差为 3。所以，两个未知数{( ),( )} = {(52),(9+3)} = {25,12}。

【例题 2】2,4,3,9,5,25,( ),16,6,( )。

A. 36,6   B. 4,36   C. 36,4   D. 6,36

解析：此题答案为 B。数列特征：数项较多，考虑是组合数列。奇数项的平方是对应的后项。

2 ⟶ 4 3 ⟶ 9 5 ⟶ 25 ( ) ⟶ 16 6 ⟶
  2^2 3^2 5^2 两两为一段，每段是平方关系

由此推断，$(4)4^2 = 16,6 \quad (6^2) = (36)$。

九、和递推数列

和递推数列一般考查到两项和递推数列与三项和递推数列，有时可能相差一个常数，如三项和 + 常数 = 第四项等。这类考题侧重要求应考者对相邻几项进行观察，寻找规律。

【例题 1】21,32,53,85,138,223,( )。

A. 361   B. 263   C. 289   D. 334

解析：此题答案为 A。数列特征：从第三项开始，每一项等于它前面两项的和，此为两项和数列。所以未知项( ) = 138 + 223 = 361。

【例题 2】2,3,4,9,16,29,54,( )。

A. 111   B. 99   C. 89   D. 77

解析：此题答案为 B。数列特征：从第四项开始，每一项等于它前面三项的和，此为三项和数列。所以未知项( ) = 16 + 29 + 54 = 99。

十、积递推数列

积递推数列一般考查到两项积递推数列与三项积递推数列，有时可能相差一个常数，如两项积 + 常数 = 第三项等。这类考题侧重要求应考者对相邻几项进行观察，寻找规律。

【例题 1】(2003 年国家公务员招录考题)1,3,3,9,( ),243。

A. 12   B. 27   C. 124   D. 169

解析：此题答案为 B。数列特征：从第三开始，每一项等于它前面两项的积，此为两项积数列。所以未知项( ) = 3×9 = 27，验证最后一项 9×27 = 243，符合数列规律。

【例题 2】1,2,3,7,43,( )。

A. 124   B. 343   C. 737   D. 904

解析：此题答案为 D。数列特征：从第四项开始，每一项等于它前面三项的积与 1 的和。

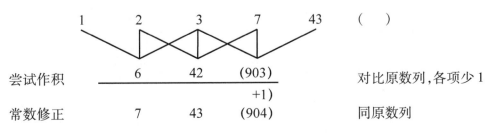

所以未知项（　　）= 3 × 7 × 43 + 1 = 904。

十一、倍数递推数列

倍数递推数列考题要求应考者对相邻两项进行观察，寻找规律。通常是不完全倍数关系，需对倍数产生的误差进行修正，才能还原为原数列。

【例题 1】3,5,9,17,33,65,(　　)。

A. 125　　　　　B. 129　　　　　C. 131　　　　　D. 139

解析：此题答案为 B。数列特征：递增且幅度较大，前后项接近倍数关系。

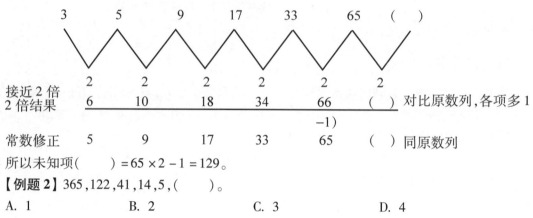

所以未知项（　　）= 65 × 2 − 1 = 129。

【例题 2】365,122,41,14,5,(　　)。

A. 1　　　　　B. 2　　　　　C. 3　　　　　D. 4

解析：此题答案为 B。数列特征：递减且幅度较大，前后项接近倍数关系。

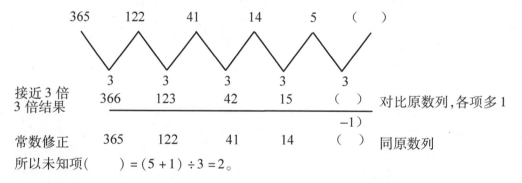

所以未知项（　　）=（5 + 1）÷ 3 = 2。

十二、图表中的数字推理

图表中的数字推理，一般分圆形图形中的数字推理、三角形图形中的数字推理和表格中的数字推理等。图形中的数字推理，一般来说各自图形中的数字之间存在一定关系，各图之间数字的关系类同；表中的数字，部分或整体存在某种关系。总体反映几个数字之间的关系，或者几个数字围绕一个数字之间的关系。

【例题 1】

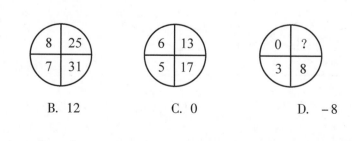

A. 5　　　　　B. 12　　　　　C. 0　　　　　D. −8

解析：此题答案为 D。图形中数字特征：前两个图形中，左边的数字明显比右边的数字小，猜测左边数的乘积与右边数的和之间存在关系。

第一个图中，$8 \times 7 = 56 = 25 + 31$；第二个图中，$5 \times 6 = 30 = 13 + 17$。依此规律，第三个图中，得到 $0 \times 3 = 0 = ? + 8$，所以 $? = -8$。

【例题 2】

A. 24　　　　　　B. 12　　　　　　C. 18　　　　　　D. 26

解析：此题答案为 A。图形中数字特征：前两个图形中的数字之间存在简单的代数关系：第一个图中，$(5 + 3 - 1) \times 3 = 21$；第二个图中，$(9 + 3 - 2) \times 3 = 30$。依此规律，第三个图中，得到 $(6 + 9 - 7) \times 3 = 24$，所以 $? = 24$。

【例题 3】

1	3	1	4	1	5
15	7	40	13	?	21

A. 31　　　　　　B. 34　　　　　　C. 85　　　　　　D. 46

解析：此题答案为 C。图表中数字特征：前两个栏中的四个数字之间按顺时针方向存在递推关系：第一个栏中数字关系是逐个乘以 2 再加 1；第二个栏中数字关系是逐个乘以 3 再加 1。依此规律，第三个栏中数字关系是逐个乘以 4 再加 1：$1 \times 4 + 1 = 5$，$5 \times 4 + 1 = 21$，$21 \times 4 + 1 = 85$。

【例题 4】

2	17	20
5	14	23
8	11	?

A. 13　　　　　　B. 19　　　　　　C. 23　　　　　　D. 26

解析：此题答案为 D。图表中数字按图示顺序构成等差数列，公差为 3。

2	17	20
5	14	23
8	11	?

第三章 图形推理

图形推理问题以图形为载体,要求应考者通过观察、辨别、推理、想象等综合性思维,提炼图形所蕴涵的信息内容,并进而推出新的信息。图形推理既涉及图形在空间结构上的联系,又涉及图形元素之间在内容上的联系,考查应考者对各种事物关系的分析推理能力。

图形推理包括图形对比推理、视觉图形推理、空间图形推理、九宫格图形推理、多图形推理、坐标图形推理等。从解题思路来看,可分为个数变化型、位置变化型、同异型、对称型、综合型等。

【基本题型】图形种类问题、交点个数问题、笔画数问题、一笔画问题、封闭区域个数问题、元素在图中位置问题、图形旋转问题、图形翻转问题、图形求同问题、图形叠加问题、去异存同问题、去同存异问题、图形折叠问题、图形展开问题、轴对称问题、中心对称问题、综合图形问题等。

【解题方法】图形推理主要使用的解题方法有:特征分析法、求同分析法、对比分析法、位置分析法、综合分析法等。

一、图形种类问题

当题干的每个图形都是由多个小图形构成时,要先考虑小图形的个数,或者小图形的种类数。

【例题1】

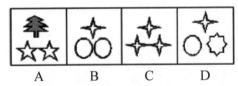

解析:此题答案为 D。题干的图形均是由 3 种不同的小图形组成,而 A、B、C 选项都是由两种小图形组成,只有选 D。

【例题2】

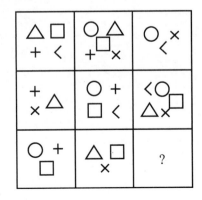
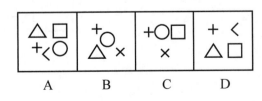

解析：此题答案为 B。此题中，明显可以看到九宫格内每幅图都是由几种固定元素构成的，由此思路可以很快进入到图形元素种类确定情况下图形个数的观察，紧接着就发现每一行中每种元素都恰好有两个，按照这一规律，问号处不能再有小方块，所以选 B。

二、交点个数问题

交点可以是直线与直线的交点、曲线与曲线的交点、曲线与直线的交点以及图形之间的接触点等。这类问题通常考查图形的交点个数是否相同，或图形的交点个数是否存在某种数量关系。

【例题 1】

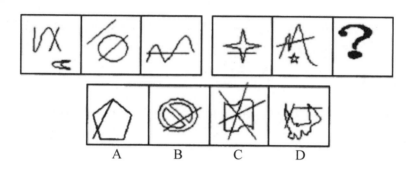

解析：此题答案为 B。考查交点的个数问题。第一组图形中一直线与曲线交点的个数依次为：1、2、3，组成一组递增数列；第二组图形中相应交点的个数依次为：2、4、(6)，也组成一组递增数列。只有 B 项图形中交点的个数是 6 个，符合题意。故选 B。

三、笔画数问题

与汉字有关的考点有笔画数、封闭区域数等。汉字的笔画数按书写习惯计算汉字的笔画数。看到汉字，首先考虑笔画数。与笔画数相关的考点还有线条数，包括直线和曲线构成的图形的线条数。这类问题通常考查图形（包括汉字）的笔画（线条）数是否相同，或图形（包括汉字）的笔画（线条）数是否存在某种数量关系。

【例题 1】（2014 年河北公务员考试试题）

解析：此题答案为 D。观察图形后发现，每个文字结构不统一，并且没有相似的组成部分。但是整体感觉四个文字呈现越来越复杂的趋势，因此我们可以考虑寻找笔画的数量规律，每一幅图的笔画数分别是 1、2、3、4，所以我们需要找到笔画数为 5 的文字，D 选项符合。

【例题 2】

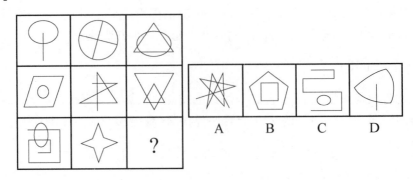

解析：此题答案为 B。观察可发现，每个图形都包含有直线，考虑直线的数量关系，直线数依次是 1、2、3、4、5、6、7、8、(9)，选项中只有 B 直线数为 9。

四、一笔画问题

能从某一点开始不重复、不间断地画出的图形称为一笔画图形。与图形中交点所连接的线条数为偶数的点称为偶点，否则为奇点。如果一个图形的奇点数为 0 或 2，则该图为一笔画图形。

【例题】（2014 年河北公务员考试试题）

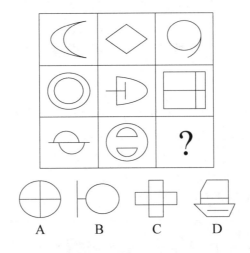

解析：此题正确答案 D。九宫格的出题方式我们需要遵循先横看再竖看再米字型、S 型、O 型看的解题方式。观察图形后我们发现，组成图形的线的曲直性没有明显规律，从上至下图形逐渐复杂。因此可以联想到数笔画。横看第一行第二行分别由一笔、两笔画成，第三行前两个图形是由三笔画成，选项中只有 D 符合要求。

五、封闭区域个数问题

由封闭曲线围成的一个空白部分称为一个区域，区域内部任一点与区域外部任一点的连线都将和区域的边界相交。这类问题通常考查图形中区域的个数是否相同，或区域的个数是否存在某种数量关系。

【例题 1】

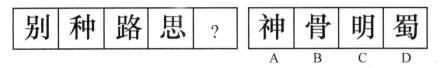

解析：此题答案为 D。纯汉字题，首先考虑笔画数，此题笔画数无特定规律。其次考虑封闭区域数，题干各个汉字的封闭区域数分别为 1、2、3、4，选项中只有 D 有 5 个封闭区域。符合"图形中的封闭区域数构成等差数列"的规律。

【例题 2】

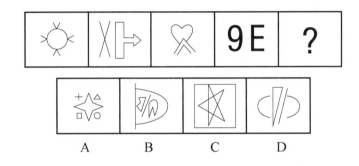

解析：此题答案为 D。题干图形元素众多，既有线条，又有圆弧，还有数字、字母和不规则图形元素，则考虑封闭区域个数。观察图形可发现，题干图形都只有 1 个封闭区域，而选项中只有 D 的封闭区域数为 1。

六、图形旋转问题

这类问题通常给出一组图形，各图形仅是位置的改变，而不会改变图形的大小和形状。组成元素按一定规律移动或旋转，根据各元素移动规律进行推理判断。

【例题 1】

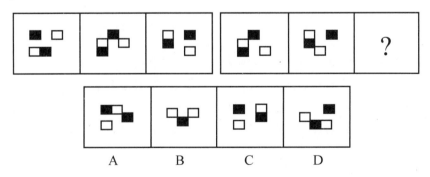

解析：此题答案为 A。观察题干各图形，图形元素类型、个数都一样，只有位置有变化。考虑元素移动或旋转规律。观察可发现，每个小方块依次顺时针方向移动一格得到下一个图形，符合该规律的只有 A。

【例题 2】

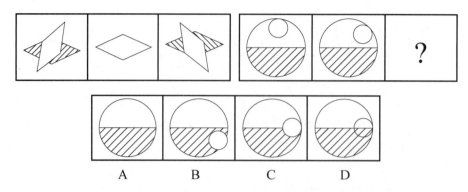

解析：此题答案为 C。第一组图形每次旋转 90 度，白色部分覆盖在阴影上面，得到下一个图形；第二组图形中的大圆不动，小白圆依次顺时针旋转 45 度，且小白圆覆盖在大圆上，得到下一个图形。备选答案中 C 符合。

七、图形翻转问题

图形翻转问题通常给出一组图形，各图形元素大小形状都相同，仅是位置不同。组成元素按一定规律上下左右翻转，根据各元素移动规律进行推理判断。

【例题】

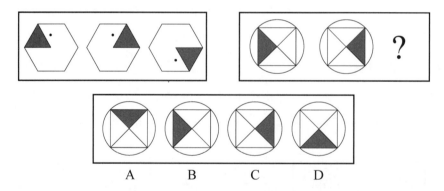

解析：此题答案为 C。题干中第一组图形元素完全相同，只是黑色点和三角形所处的位置不同。观察发现，第一个图形左右翻转可得到第二个图形，第二个图形上下翻转后得到第三个图形。题干中第二组图形元素也完全相同，只是黑色三角形位置有所区别。按之前规律，第一个图形左右翻转可得到第二个图形，而第二个图形上下翻转后得到所需图形，与备选答案中 C 符合。

八、图形求同问题

这类问题通常给出几组图形，每组图形含有相同元素，部分不同元素。重在考查在杂乱图形中发现相同元素的能力。

【例题】

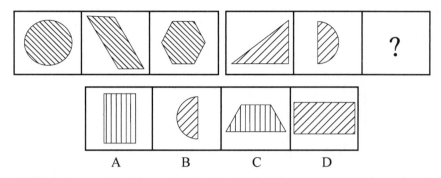

解析：此题答案为 D。题干第一组图形中各图形形状都不相同，仔细观察可发现，各图形内部的斜线倾斜的方向是相同的。与第二组图形前两个图形斜线倾斜方向相同，且图形形状不同的，只有 D。

九、图形叠加问题

此类问题通常给出几组图形，每组图形的前两个图形相加，相同部分重叠，得到第三个图形。组合出的图形还要添加元素，也还要删减元素。

【例题】

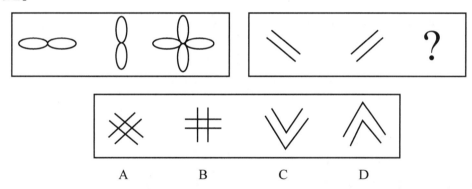

解析：此题答案为 A。题干规律比较明显，第一组图形中前两个图形相叠加，即得到第三个图形。第二组图形按此规律，得到的是 A。

十、去异存同问题

此类问题也属于图形叠加，它将两个图形叠加后，去掉不同部分，保留相同部分。

【例题1】

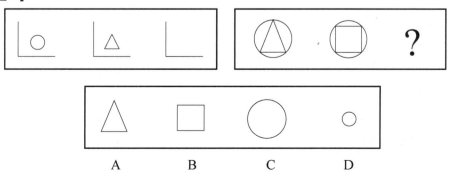

解析：此题答案为C。题干中第一组图形中有相同元素"直角"，第二组图形中前两个图形也有共同元素"圆"，考虑求同问题。观察可发现，第一个和第二个图开相叠加去异存同得到第三个图。C项"圆"符合此规律。

【例题2】

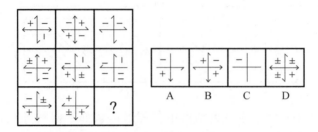

解析：此题答案为A。题干图形元素较多，可先考虑中间十字形的"坐标"，再看各"象限"中元素的关系。观察可发现，从每行来看，第三个图形都可由第一个图形与第二图形叠加去异存同得到。第三行前两个图形叠加去异存同后最终得到的是A。

十一、去同存异问题

此类问题也属于图形叠加，它将两个图形叠加后，去掉相同部分，保留不同部分。

【例题】

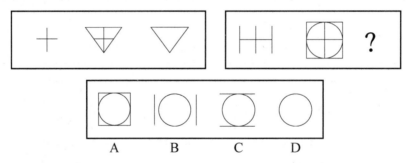

解析：此题答案为C。题干第一组图形前两个图形叠加，去同存异后得到第三个图形。第二组图形前两个图形叠加，去同存异后得到的是C。

十二、图形折叠问题

此类问题可采用逆向思维，将选项中的图形展开看是否与题干图形符合。此种题目采用排除法较好。

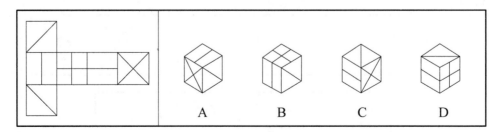

解析：此题答案为B。先考虑A、C选项，即出现"－"、"×"和"\"这三个面时，左边图形折

叠起来后,"\"与"×"所在的面的交会点应远离"-"所在面,因此可排除 A、C;再考虑 B、D 选项,左边图形折叠起来后,观察带有一条斜线的面,斜线的一个顶点会交在"+"和"-"面的交线的端点上,据此可排除 D;B 项可由左边图形折成。

十三、图形展开问题

解此类问题,将题干立体图形展开,看与备选图形的哪个图形符合。此种题目宜采用排除法。

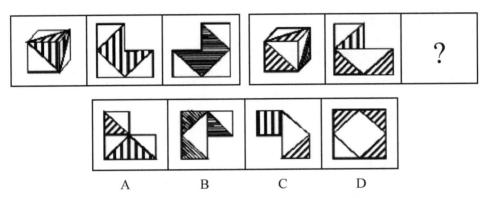

解析: 此题答案为 B。观察可发现,题干中第一组图形中的第二、三个图形都是第一个图形的展开图。第二组中的第二个图形也是第一个图形的展开图。四个选项中只有 B 可由第一个图形展开后得到,因此 B 是正确答案。

十四、轴对称问题

对于一个平面图形,若存在一条直线,图形沿这条直线折叠后,图形的两部分完全重合,该图形称为轴对称图形,这条直线称为该图的对称轴。一个轴对称图形可以有不止一条对称轴。

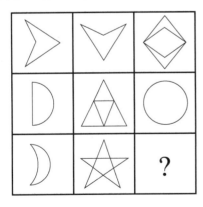 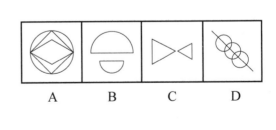

解析: 此题答案为 A。题干中第一列图形都有水平对称轴;第二列图形都有竖直对称轴;第三列图形既有水平对称轴又有竖直对称轴。四个选项中只有选项 A 符合此规律。

十五、中心对称问题

对于一个平面图形,若存在一点,图形绕这个点旋转 180°后,与原图完全重合,该图形称为中心对称图形,这个点称为该图的对称中心。

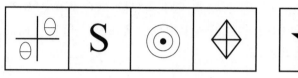 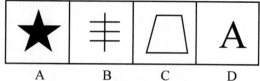

解析：此题答案为 B。观察可知题干中的四个图形都是中心对称图形,选项中只有 B 符合,A、D 是轴对称图形,C 不是对称图形。

十六、综合图形问题

综合图形问题,形式上和前面个别类型相似,但又不完全符合。往往需要仔细观察,试探性地排除一些类型,找到题干图形规律。

第四章 逻辑判断

逻辑判断是根据某种一般性原理和个别性特征,得出关于个别例证的新结论。逻辑判断是必要性推理,即条件如果正确必然有正确的结论。逻辑判断主要考查应考者对题目信息的理解、分析、判断、归纳、综合、演绎、比较的逻辑推理能力,它所涉及的内容包括社会、经济、军事、自然、人文等各个领域。值得一提的是,逻辑判断题目给出的陈述假设是正确的、不容置疑的,正确的答案是通过逻辑判断,与陈述相吻合的结果,不需要附加任何说明。

逻辑推理主要包括必然性推理和可能性推理两种题型。必然性推理又叫演绎推理,是指从真前提能够必然地推出真结论的推理。必然性推理通常通过给出的陈述信息,经过认真推理判断,都有一个必然的结果与题目相符,如果前提为真,则结论必然为真。必然性推理需要掌握基本的逻辑知识,如直言命题、复言命题和三段论等。

可能性推理又叫或然性推理,是与必然性推理相对而言的。它是指前提和结论不具有蕴涵关系的推理,主要分为归纳推理和类比推理。可能性推理需要掌握考查论证的相关知识,往往具有不同的提问方式。可能性推理通常需要确定论点、论据和论证关系,通过逻辑分析、比较选择合适结果。

【知识要点】逻辑判断主要涉及直言命题的概念和类型、词项、对当关系,复言命题的概念和类型,三段论的概念和构成、规则、类型等。

【基本题型】分析推理型、代入推理型、削弱推理型、支持推理型、假设推理型、解释推理型等。

【解题方法】逻辑判断主要使用的解题方法有:代入法、假设法、排除法、排序法、数学计算法等。

一、分析推理型

直接推理型题目注重题干提供的信息,根据上部分内容直接推出合理的结论,应注意理解题目中的重点内容,排除无关项,分清因果关系。

【例题1】(2008年国家公务员招录考题)我国酸雨主要出现于长江以南,北方只有零星分布,这是因为北方常有沙尘天气,来自沙漠的沙尘和当地土壤都偏碱性。由此可以推出( )。

A. 长江以北地区酸性污染物排放较少
B. 长江以南地区的土壤碱性较小
C. 沙尘天气可有效降低酸雨出现的概率
D. 有酸雨的地区出现沙尘天气的概率较小

解析:此题答案为B。由题干,北方酸雨较少是因为来自沙漠的沙尘和当地土壤都偏碱,而不是由于北方常有沙尘天气。所以,酸雨主要出现于长江以南是因为长江以南地区土壤碱性较小。

【例题2】（2006年河南省招警考题）西欧在建立文明社会时打破了原有的氏族关系，建立了以区域为中心的政治关系。中国与西欧不同，它建立文明社会时没有打破原有的氏族关系，相反却以氏族关系为依据，以血缘关系为纽带建立起国家制度，这样的国家是以家族的宗法关系为主干的，所以（　　　）。

A. 西欧的文明比中国的文明先进
B. 在中国文明里，国便是家，家就是国，家为国的本位，国是家的放大
C. 西欧的文明不重视血缘亲情关系
D. 中国的文明比西欧的文明先进

解析：此题答案为B。由"所以"以前的文段可知，"所以"引领的内容应为有关"中国"的内容。

二、代入推理型

代入法是最常用的方法之一，通常在题目信息比较烦琐或对题目的解答没有思路时，都可以用代入法。代入法在必然性推理（由前提必然推出某个结论）和可能性推理（前提与结论之间没有必然的推出关系）的题目中都可使用。

【例题1】有人问战士小王、小李、小张的年龄。小王说："我22岁，比小李小2岁，比小张大1岁。"小李说："我不是年龄最小的，小张和我差3岁，小张25岁。"小张说："我比小王年龄小，小王23岁，小李比小王大3岁。"

以上每人所说的三句话中，都有一句是故意说错的，你知道3个人的年龄到底是多大吗？（　　　）

A. 小王22岁，小李25岁，小张21岁
B. 小王23岁，小李22岁，小张25岁
C. 小王22岁，小李23岁，小张21岁
D. 小王23岁，小李25岁，小张22岁

解析：此题答案为D。解题分析：本题用代入法来解题比较方便。将A项代入，则小王只有一句错误，小李有两句错误，不符题意，所以A项错误；将B项代入，则小王有两句错误，不符题意，所以B项错误；将C项代入，则小王只有一句错误，而小李有两句错误，不符题意，所以C项错误；将D项代入，则小王、小李、小张三人各有一句错误，符合题意。

【例题2】某团进行军事大比武，红军连、英雄连、尖刀连各派了3名运动员参加。赛前有4位连领导在一起预测比赛结果。甲说：红军连平时训练刻苦扎实，前三名肯定是他们的。乙说：据我估计，后起之秀英雄连或者尖刀连能够进前三名。丙说：第一名如果不是红军连就是英雄连的。丁说：前三名红军连最多占一名。比赛结束后发现四人中只有一人的预测是正确的。

以下哪项最可能是该项比赛的结果？（　　　）

A. 第一名红军连，第二名红军连，第三名红军连
B. 第一名红军连，第二名英雄连，第三名尖刀连
C. 第一名英雄连，第二名红军连，第三名尖刀连
D. 第一名尖刀连，第二名红军连，第三名红军连

解析:此题答案为 D。解题分析:同【例题 1】一样,用代入法来解题比较方便。

三、削弱推理型

削弱推理型题目的特点:题干陈述了一个完整的推理或结论,表达了某种观点,要求在备选项中选择一项对题干中的结论进行反驳,从而使题干的结论不成立或者结论的可信程度降低。反驳可以针对结论列举相反的事实,或根据科学原理对其结论进行否定;也可反驳论据,指出它们的虚假性。解答这类问题首先要弄清楚题干的结论是什么、结论的前提是什么,其次确定反驳的方向,是针对结论本身还是结论的前提。削弱推理型题目有时候表述为"最不能削弱",是要求从备选项中找出对题干结论不构成 反驳或削弱的选项。

【例题 1】(2007 年国家公务员招录考题)在许多鸟群中,首先发现捕食者的鸟会发出警戒的叫声,于是鸟群散开。有一种理论认为,发出叫声的鸟通过将注意力吸引到自己身上而拯救了同伴,即为了鸟群的利益牺牲了自我利益。

最能直接削弱上述结论的一项是( )。

A. 许多鸟群栖息时,会有一些鸟轮流担任警戒,危险来临时发出叫声,以此增加群体的生存机会
B. 喊叫的鸟想找到更为安全的位置,但是不敢擅自打破原有的队形,否则捕食者会发现脱离队形的单个鸟
C. 危险来临时,喊叫的鸟和同伴相比可能处于更安全的位置,它发出喊叫是为了提醒它的同伴
D. 鸟群之间存在亲缘关系,同胞之间有相同的基因,喊叫的鸟虽然有可能牺牲,但却可以挽救更多的同胞,从而延续自己的基因

解析:此题答案为 B。题干的结论是,鸟发出叫声是因为拯救鸟群而牺牲自我。要削弱这个结论,就要指出,鸟发出叫声不是为了鸟群的整体利益而自我牺牲的。B 项说明喊叫的鸟是想找到更安全的位置,由此知道,鸟喊叫不是为了拯救同伴,不是为了鸟群的整体利益,只是为了保护自己,这就削弱了题干的结论。

【例题 2】(2008 年广东省公务员招录考题)有学者在对一些成功的女性秘书的调查研究表明,女性秘书具有强烈的现代意识和敏锐的现代眼光,而且她们具有娴熟的公关技巧。正是因为她们具有上述两大优点,使她们在社会舞台上扮演着当之无愧的重要角色,她们在化解矛盾、排除难局等方面有着极其出色的表现。

据此,该学者得出结论,领导者用女性秘书要比用男性秘书好。

以下( )最能削弱上述结论。

A. 女性秘书也有一些显而易见的缺点
B. 个别的调查结果不能得出普遍的结论
C. 合格的秘书不仅要具有强烈的现代意识和娴熟的公关技巧,还要有一些更重要的素质
D. 据一项对男性秘书的调查显示,男性秘书也同样具有强烈的现代意识和娴熟的公关技巧

解析:此题答案为 D。题干中说"正是因为她们具有上述两大优点"从而得出结论领导者用女性秘书要比用男性秘书好。但由 D 项,男性秘书也同样具有强烈的现代意识和娴熟的公关技巧,这样女性秘书在"强烈的现代意识和娴熟的公关技巧"这两点上相对于男性而言就不

是优势了,因此,就得不到题干的结论了。

四、支持推理型

支持推理型题目是给出一段推理,但它的前提条件不够充分或者论据不够全面,不足以推出题干的结论,因此需要补充条件或论据,使其结论的可靠性增强,有时候也称为加强推理型。所以对于这样的题目,我们需要考虑:将这一选项放入题干的前提中,能够对前提条件起到补充作用即可。常使用代入法或排除法。

【例题1】(2007年国家公务员招录考题)2004年,在全球范围内,笔记本电脑的销售量为4900万台,几乎是2000年销售量的2倍,在市场上的占有率从20.3%上升至28.5%。与此同时,成本从每台2126美元下降至1116美元。分析人士预测,到2008年,笔记本电脑的销售量最终会超过台式电脑的销售量。

最能支持上述论断的一项是(　　)。
A. 新型的台式电脑即将问世
B. 中国已经成为笔记本电脑的消费大国
C. 市场对笔记本的需求仍将持续上升
D. 价格已成为影响笔记本电脑销售的重要因素

解析:此题答案为C。题干中由笔记本电脑销售量的迅速提高,得到笔记本电脑的销售量将超过台式电脑。可见,如果没有市场对笔记本电脑的持续需求,那么,结论所说的就不会实现。此题推理的关键是对"笔记本电脑的销售量最终会超过台式电脑的销售量"这一预测找到另外的证据。

【例题2】军人严禁酒后开车。但是经常有人会这么劝告:如果你感到能安全驾驶的时候就可以开车。然而,一项调查研究表明,酒后立即被询问的对象往往低估他们恢复驾驶能力所需的时间。这个结果表明在驾驶前饮酒的人很难遵循这个劝告。

下列(　　)最能支持以上结论。
A. 对于许多人来说,如果他们计划饮酒的话,就不开车去
B. 调查中被研究的对象估计他们的恢复能力,通常比其他饮酒的人更保守
C. 调查中被研究对象也被询问,恢复对安全驾驶不起重要作用的能力所需的时间
D. 一般的人,对劝告的警觉比对调查研究对象的警觉高

解析:此题答案为B。题干的结论是:驾驶前饮酒的人很难遵循这个劝告。A、C项与此无关,D项在一定程度上削弱题干结论,只有B项说明其他饮酒的人通常会比调查研究对象更冒险,也就是更加低估他们恢复驾驶能力所需要的时间。

五、假设推理型

假设推理型题目中的假设部分是题干结论成立的必要条件,而不是充分条件。如果假设条件不成立,题干中的陈述就得不出结论。要找一段推理所依据的假设,首先要明确,如果没有这一个条件,原推理就不能成立。解决假设推理型题目的方法很简单,就是通过否定的方式来排除错误的选项,从而得到正确的选项。

【例题1】(2006年国家公务员招录考题)一般来说,科学家在进行科学研究时,容易被与其目标一致的其他科学家所接受,作为他们的同事。而当某位科学家作为向大众解释科学的人获

得声誉时,大多数其他的科学家会认为他不能再被视为一位真正的同事了。

以上论断所基于的假设是(　　)。

A. 严肃的科学研究不是一项个人活动,而是要依赖一群同事的积极协作
B. 从事研究的科学家们不把他们所忌妒的有名的科学家视为同事
C. 一位科学家可以在没有完成任何重要研究的情况下成为一位知名人士
D. 从事研究的科学家们认为那些科学名人没有动力去从事重要的新研究

解析:此题答案为D。题干的结论是:科学家在进行科学研究时,容易被与其目标一致的其他科学家所接受,作为他们的同事。只有假设D项成立,才能推出结论的成立。

【例题2】某团驻地是一个天然气资源严重缺乏的城市,但长期以来天然气的价格一直偏低。最近该市政府决定调高天然气价格,这一举措将对节约使用天然气产生重大的推动作用。

要使上述结论成立,以下(　　)必须是真的。
(1)有相当数量的浪费使用天然气是因为天然气价格偏低
(2)天然气价格的上调幅度一般足以对浪费使用天然气的用户产生经济压力
(3)天然气价格的上调不会引起用户不满

A. (1)、(2)和(3)　　　　　　　　B. (1)和(2)
C. (1)和(3)　　　　　　　　　　　D. (2)和(3)

解析:此题答案为B。题干的结论可以表述为:天然气价格提高就可以节约使用天然气。要使结论成立,就必须在天然气价格和节约使用天然气之间建立起联系。

六、解释推理型

解释推理型题目是给出一段关于某现象的描述,要求对其作出解释,需要解释的有时是某种现象的原因,有时是某种矛盾。需要解释原因时,关键是要抓住题干结论的主要因素;需要解释某种矛盾时,关键是要抓住题干结论双方的主要差异点。

【例题1】(2007年国家公务员招录考题)研究发现,人类利用婴儿和成人之间形态上的典型差异作为重要的行为线索。幼年的特征可以唤起成年人的慈爱和养育之心。许多动物的外形和行为具有人类婴儿的特征,人们被这样的动物所吸引,把它们培养成宠物。

这一结论最适宜用来解释的现象是(　　)。

A. 某些对童年时代过分留恋的人会在穿衣打扮方面表现出明显幼稚化的倾向
B. 子女长大成人离开家庭后,老人们喜欢养宠物,寄托抚爱之情,打发寂寞时光
C. 长期以来,迪斯尼的艺术家赋予温良可爱的卡通形象米老鼠越来越年轻化的外形
D. 在生活方面被过度照顾的孩子,心理成长会受到一定影响,往往表现得比较脆弱

解析:此题答案为B。题干的结论是:由于许多动物的外形和行为具有人类婴儿的特征,所以这些动物也可以唤起成年人的慈爱和养育之心。B项中的老人们喜欢养宠物,寄托抚爱之情就是因为老人们思念子女而又无法在一起的一种精神安慰。关键是要抓住需要解释的对象和结论之间的关系。

【例题2】日本政府为招募海军,制作广告称:日本海军的死亡率比东京市民还要低。面对质疑,官员解释说:"根据统计,现在东京市民的正常死亡率是11%,而尽管是战争时期,日本海军士兵的死亡率也不过8%。"

如果以上资料真实,以下哪项解释使结论看起来很让人怀疑?(　　)

A. 在战争期间,由于有部分海军负担后勤任务,不直接参战,因而海军士兵的死亡率要低于陆军士兵
B. 上述统计中的东京市民包括生存能力差的婴儿、老人和病人等
C. 敌军打击日本海军的手段和途径没有打击普通市民的手段和途径多
D. 日本海军这样着重宣传主要是为了鼓动人们入伍,其中不免有夸张成分

解析:此题答案为 B。题干的结论是:日本海军的死亡率比东京市民还要低。B 项中东京市民的死亡率是把那些老、弱、病等生存能力差、死亡率高的人群包含在内,而海军士兵都是年轻力壮、死亡率极低的青壮年,因此,这样的数据是不能说明问题的,只有把东京市民中那些与海军士兵相同年龄段的青年人的死亡率与海军士兵的死亡率相比才能说明问题。

第五章 定义判断

定义判断是逻辑学基本知识在现实生活中的一种应用。定义判断主要考查应试者运用给定标准进行判断以及短时间领悟关键要领的能力。因为军队干部经常面对大量复杂的工作,所以要求应试者必须具有利用抽象的概念来判断事情的本质、联系、内涵、发展趋势的能力。定义判断的题目涉及的知识相当广泛,有经济、军事、心理、法律、环境、社会等。有关定义判断的题目,都是先给出一个概念的定义,这个定义可能专业性很强,也可能是日常生活中发生的事情,然后提供四个选项,要求应试者严格根据定义选出一个最符合或最不符合该定义的答案。例如:

职业枯竭是指人们在自己长期从事的工作重压之下,产生身心能量被工作耗尽的感觉。根据上述定义,下列属于职业枯竭状态的是( )。

A. 老周不能胜任自己现有的工作,每天都会忙得焦头烂额
B. 刚参加工作的小李觉得这份工作太累,产生了跳槽的念头
C. 刘经理每天工作繁忙,缺乏充足的休息,情绪也越来越糟糕
D. 在从事过许多不同的职业之后,老王觉得所有工作都索然无味

(答案:C。根据题干所给定义,正确答案为 C。)

定义判断试题有如下特点:

1. 定义的本身都是假定正确的、不容置疑的。依据这个定义所确定的正确选项即便是与现实生活中的规范表述有不一致的地方,应试者也不要进行质疑,更不要因此产生障碍,这就要求应试者在解题时,要理解被定义项的内涵,不要放大或缩小,否则就会对定义产生误解,犯类似"定义过宽"或"定义过窄"的错误。

2. 定义、概念本身比较专业,但都是一些比较基础的概念,在我们的日常生活中会有所接触,一般不会很陌生。

3. 提问形式有肯定性的判断和否定性的判断两种类型。前者是指选出一个最符合定义的选项;后者是指选出一个最不符合定义的选项。

定义判断并不是判断定义本身的正误,而是根据给出的定义(定义核心的内涵和外延),进行全面的理解、分析、综合、推理和判断,最终选择最符合题意的备选项。

【知识要点】定义是由被定义项、定义项和定义联项三个要素组成。例如:"意外事件是指因当事人故意或过失以外的偶然因素而发生的事故",其中"意外事件"就是被定义项,"因当事人故意或过失以外的偶然因素而发生的事故"就是定义项,"是指"就是定义联项。定义具有内涵和外延两个基本特征。定义的内涵就是指这个定义的含义,即该定义所反映的事物对象所具有的本质属性。如"商品是用来交换的劳动产品",其中"用来交换的劳动产品"就是商品的内涵。定义的外延就是指这个定义所反映的事物对象的范围,即具有定义所反映的本质属性的事务或事物。例如商品的外延就是古今中外的一切商品。

【基本题型】肯定判断题型和否定判断题型两个类型。

【解题方法】定义判断主要使用的解题方法有排除分析法、要素分析法、中心词分析法、对应分析法、归纳关键点法等。

在解答定义判断问题时,要恰当运用自己的背景知识,具体解题时要注意:

1. 从题干的定义入手进行分析和判断,还要凭自己的经验、阅历、感觉来判断,尤其是题干的定义和自己掌握或了解的知识之间有差异的时候,更要尊重题干。

2. 多阅读一些与国家、社会、军事、经济、法律相关的文献,根据自己的知识背景准确理解题干"定义项"的关键词,以及对选项中的案例进行准确的归纳、总结和抽象。

3. 如果题干的定义和自己熟悉的专业知识相近时,还要把问题复杂化,以至于把一般的规律和特殊的情况纠结在一起。

例题分析

【例题1】(2010年十一省市公务员招录联考)主观镜头是指在影视活动中把摄像机的镜头当做剧中人的眼睛,直接"目击"剧中人所看到的景象。

根据上述定义,下列属于主观镜头的是( )。

A. 电视剧《红楼梦》描写林黛玉初进贾府与别家不同,心情很复杂,于是处处留心,时时在意

B. 电视剧《三国演义》在展示蒋干"窃书"过程中,把周瑜帐中的每一个角落都用特写镜头进行了放大呈现

C. 电视剧《水浒传》中的豹子头林冲一出场就给了特写镜头,凸显了其外貌特征:"豹头环眼,燕颔虎须,八尺长短身材"

D. 电视剧《西游记》中,孙悟空大闹天宫时,镜头详细表现了打斗的过程

解析:此题答案为B。采用中心词分析法,定义的中心词是"眼睛",而且是剧中人的眼睛,所以镜头捕捉的画面就是剧中人看到的画面。A项说的是心情,C项说的是观众眼睛看到的画面,D项也是观众看到的画面,只有B项符合题意。

【例题2】(2004年国家公务员招录考题)投机是指为了以后再销售(或暂时售出)商品而购买,以期从其价格变化中获利。

根据上述定义,下列属于投机范畴的是( )。

A. 10年前老张承包了村里无人要的15亩果园,如今依靠果树发家致富

B. 小刘最近买了一双皮鞋,因不喜欢样式又转卖给朋友

C. 老杨以10.03元的价格买入2000股股票,以11.00元的价格卖出

D. 王老师买了住房自住,后房价上涨,王老师卖出房屋从中获利

解析:此题答案为C。采用归纳关键点法,投机的定义关键点是购买商品的目的就是为了通过同一商品的"再销售",从而获利,也就是通过再销售获利,其购买前的目的非常明确。C的老杨买股票正是出于此目的,因此是投机。而A的老张承包的是果园,使其获利的是果树,可排除;B的小刘是因为不喜欢皮鞋的样式才卖给朋友,并不是想从价格变化中获利;D的王老师买住房则是首先为了自住,不是为了销售才买房,故都不属于投机。

【例题3】(2009年天津、陕西、湖北三地公务员招录联考)脑科学的研究表明,在人脑的发育中存在"关键期",即人在发展过程中,某一方面在某一阶段发展得最快,比如:3岁以前是动作发展的"关键期",1~3岁是语言发展的"关键期",4岁左右是感知图形的"关键期"。在这一

时期,脑在结构和功能上都具有很强的适应和重组的能力,易于受到环境的影响。关键期内适宜的刺激和经验是运动、感觉、语言及其他脑功能正常发展的重要前提。

下列利用了"关键期"理论的是(　　)。

A. 狼孩10岁时回归社会,学会了简单的语言
B. 先天失聪的聋儿在2岁时接受语言康复训练,最终学会了说话
C. 母亲在怀孕期间给腹中的胎儿听音乐
D. 某体操冠军在3岁时就已经被认为具有体操天赋

解析:此题答案为B。采用对应分析法,题干指出:3岁以前是动作发展的"关键期",1～3岁是语言发展的"关键期",4岁左右是感知图形的"关键期"。A项中语言发展的关键期是1～3岁而不是10岁,C项胎儿是不是属于感受音乐的关键题干中没有给出,D项中天赋是先天的而不是后天发展过程中的,因此A、C、D三项都不符合定义,只有B项聋儿对语言的学习在关键期,符合题意。

【例题4】(2008年国家公务员招录考题)立体农业:是指农作物复合群体在时空上的充分利用。根据不同作物的不同特性,如高秆与矮秆、富光与耐荫、早熟与晚熟、深根与浅根、豆科与禾本科,利用它们在生长过程中的时空差,合理地实行科学的间种、套种、混种、轮种等配套种植,形成多种作物、多层次、多时序的立体交叉种植结构。

根据上述定义,下列属于立体农业的是(　　)。

A. 甲在自己的玉米地里种植大豆
B. 乙在自己承包的鱼塘不但养鱼,还种植了很多莲藕
C. 丙在南方某地区承包了十亩稻田,特意引种了高产的水稻新品种
D. 丁前年承包了一座山,他在山上种植了大量苹果树,并在山上养殖了大量蜜蜂

解析:此题答案为A。采用排除分析法,题干中立体农业的定义指的是农作物复合群体在时空上的充分利用。B、D不属于农业的范畴;而C不属于"不同时空生长的";只有A项,玉米和大豆属于不同时空生长的农作物。

【例题5】(2011年十七省公务员招录联考)低碳经济是在可持续发展理论指导下,通过技术创新、制度创新、产业转型、新能源开发等多种手段,尽可能地减少煤炭、石油高碳能源消耗,减少温室气体排放,达到社会经济发展与生态环境保护双赢的一种经济发展形态。

根据上述定义,下列不符合低碳经济理念的是(　　)。

A. 某粮油食品公司大力推广绿色食品
B. 某小区住房都安装了太阳能电池板
C. 某空调公司引进了低能耗空调生产线
D. 在荒山、滩头、草甸兴建风力发电站

解析:此题答案为A。采用排除分析法,"低碳经济"关键在于通过减少高碳能源的消耗。B、C、D都是通过减少能源消耗、减少温室气体排放的经济发展形态,利用排除法A项符合题意。并且,A项中的"绿色食品"与能源消耗和温室气体排放无直接关系,所以不符合低碳经济概念,不是减少高碳能源的消耗的问题。

【例题6】(2003年国家公务员招录考题)一事不再罚是指对当事人的同一个违法行为,不得给予两次以上罚款的行政处罚。

下面做法不符合一事不再罚规定的是(　　)。

A. 张某回国携带应申报物品而没有向海关申报,海关认定张某的行为构成走私,对其做出没收物品,并罚款人民币2000元的处罚
B. 个体户杨某在贩卖生猪时被"生猪办"执法人员查出没有完税凭证,并且拒绝申报纳税。"生猪办"执法人员遂通知公安机关以妨碍公务为名将其留置盘查48小时。后国税分局根据"生猪办"认定的事实,按照《税收征管法》的规定对杨某没有按照规定申报纳税处以罚款900元
C. 某县有一饮食店,未在工商、税务部门办理登记就开始营业,半年后被工商部门查获罚款。县地税局通过调查,对该饮食店下达了《税务行政处罚事项告知书》《税务处理决定书》《税务行政处罚决定书》,责令其补税并缴纳加收滞纳金和罚款
D. 某甲是河北人,在北京打工。因为多生一个孩子违反了地方法规的规定,已经依据北京市某区计划生育部门的决定在北京缴纳了社会抚养费。某甲在回家探亲时,其户籍所在地的计划生育部门根据河北省有关规定亦对某甲的超生行为征收了社会抚养费

解析:此题答案为D。采用要素分析法。题干中"一事不再罚"是指对当事人的同一个违法行为,不得给予两次以上罚款的行政处罚。这里有两个要素:一是同一个违法行为,二是不能处罚两次以上。

A、B、C三个选项中都没有给当事人两次以上罚款的处罚,只有D项中的某甲因"同一个违法行为"即超生被处以两次罚款,因此不符合"一事不再罚"规定,故选D项。

【例题7】(2009年国家公务员招录考题)有一些植物需经过低温后才能开花并成长结实。通过低温诱导促使植物开花结果的作用称为春化作用。

根据上述定义,下列未利用春化作用原理的是(   )。
A. 洋葱开花影响其品质,因此在春季种植前高温处理越冬贮藏的鳞茎,以降低其感受低温的能力,从而得到较大鳞茎
B. 食用刺玫、二年生天仙子、白菜、甜菜和胡萝卜等不经低温处理就可以开花
C. 将萌发的冬小麦种子装在罐中,放在冬季的低温下40至50天后在春季播种,可获得和秋播同样的收成
D. 在第一年将二年生药用植物当归的缺根挖出,贮藏在高温下,以减少第二年的抽薹率而获得较好的块根

解析:此题答案为B。采用中心词分析法。从题干中可以看出中心词为:低温诱导。食用刺玫、二年生天仙子、白菜、甜菜和胡萝卜等不经低温处理就可以开花。

【例题8】(2008年江西省公务员招录考题)互文是修辞格式之一。在连续性的话语中,将本应和在一起说的两个词语,分别安排在上下两句中或一句的上下段中,参互成文,和而见义,如"主人下马客在船",应理解为:主人和客人共同下了马,来到了船上。

下列不属于互文手法的是(   )。
A. 秦时明月汉时关,万里长征人未还　　B. 白兔捣药秋复春,嫦娥孤栖与谁邻
C. 孤屿池痕春涨满,小栏花韵午晴初　　D. 映阶碧草自春色,隔叶黄鹂空好音

解析:此题答案为B。采用排除分析法。"秦时明月汉时关"一句中,"秦"和"汉"是相互补充,形成互文。"孤屿池痕春涨满,小栏花韵午晴初"中,出句和对句相互交织,"孤屿"和"小栏"是相互补充,形成互文。"映阶碧草自春色,隔叶黄鹂空好音"中,"自"和"空"是参互成文,和而见义,写出了空寂、清冷的感觉。所以只有B项不属于互文手法。

解放军和武警部队院校招生
文化科目统考复习参考教材
(适用于大学毕业生士兵提干推
荐对象、优秀士兵保送入学对象)

综合知识与能力
(下册)

军考教材编写组 编

国防工业出版社
·北京·

内 容 简 介

本书是解放军和武警部队院校招生文化科目统考复习参考教材的综合知识与能力分册,供大学生士兵提干推荐对象和优秀士兵保送入学对象复习使用。本书以《2019年从优秀士兵中选拔干部综合知识考试大纲》为依据,以广大考生复习考试的实际需要为目标而编写的。

图书在版编目(CIP)数据

解放军和武警部队院校招生文化科目统考复习参考教材.综合知识与能力/军考教材编写组编.—北京:国防工业出版社,2019.4
ISBN 978 – 7 – 118 – 11846 – 9

Ⅰ.①解… Ⅱ.①军… Ⅲ.①课程—军事院校—入学考试—自学参考资料 Ⅳ.①E251.3 ②G723.4

中国版本图书馆 CIP 数据核字(2019)第 055120 号

※

国防工业出版社出版发行
(北京市海淀区紫竹院南路23号 邮政编码100048)
天津嘉恒印务有限公司印刷
新华书店经售

开本 787×1092 1/16 印张 23¾ 字数 1159 千字
2019 年 4 月第 1 版第 1 次印刷 印数 1—2000 册 定价 138.00 元

(本书如有印装错误,我社负责调换)

国防书店:(010)88540777 发行邮购:(010)88540776
发行传真:(010)88540755 发行业务:(010)88540717

前　言

应广大考生要求,军队院校招生主管部门组织专家组编写了《解放军和武警部队院校招生文化科目统考复习参考教材》,这套教材包括高中毕业生[含同等学力]士兵适用的《语文》《数学》《英语》《政治》《物理》《化学》,大专毕业生士兵适用的《语言综合》《科学知识综合》《军政基础综合》,大学毕业生士兵提干推荐对象和优秀士兵保送入学对象适用的《综合知识与能力》。

这套教材是军队院校招生考试唯一指定的复习参考教材,内容紧扣2019年解放军和武警部队院校招生文化科目统一考试大纲,科学编排知识框架,合理设置练习讲解,确保了复习内容的科学性、针对性和实用性。同时,这套教材的电子版可在强军网"军队院校招生信息网"(http://www.zsxxw.mtn)免费下载使用。

这套教材的编审时间非常紧张,具体内容难免有不当之处,如对书中内容有疑问,请通过强军网邮箱(qjzsb@www.zsxxw.mtn)及时反馈。

军考教材编写组
2019年3月

说　明

本书依据《2019年从优秀士兵中选拔干部综合知识考试大纲》明确的考试范围编写而成，是2019年大学生士兵提干推荐对象和优秀士兵保送入学对象参加从优秀士兵中选拔干部综合知识考试的复习参考教材。

本书包括五部分内容：军事知识、基本常识、分析推理、综合能力和政治知识。每部分除主体内容外均包括考试大纲和综合练习题（含参考答案及解析），同时主体内容的各个章节也包含了大量的例题分析。

本书在最后收录了"2018年从优秀士兵中选拔干部军事职业能力考核优秀士兵保送入学对象综合知识与能力考试试题"和"2018年从优秀士兵中选拔干部军事职业能力考核大学毕业生士兵提干推荐对象综合知识与能力考试试题"，并附有标准答案和答题卡，供考生全面了解考试形式和内容并模拟练习。

感谢国防大学李国亭教授和战略支援军航天工程大学赵祖明教授在百忙之中审定本书，并给予指导，提出宝贵意见和建议！在本书的编写过程中，得到国防工业出版社崔晓莉主任和尹艳编辑等老师的大力支持和帮助，在此表示衷心的感谢！由于时间紧，任务急，难免有不足和疏漏之处，敬请读者批评指正。

编者
2019年2月

目 录

第一部分 军事知识 ... 1

考试大纲 ... 1

第一章 军事思想综述 ... 3
一、军事思想概述 ... 3
二、军事思想发展概况 ... 3
三、无产阶级军事思想与资产阶级军事思想的联系和区别 ... 6
例题分析 ... 8

第二章 党的军事指导理论 ... 9
一、党的军事指导理论概述 ... 9
二、毛泽东军事思想 ... 9
三、邓小平新时期军队建设思想 ... 14
四、江泽民国防和军队建设思想 ... 16
五、胡锦涛国防和军队建设思想 ... 17
六、习近平强军思想 ... 18
例题分析 ... 22

第三章 中国古代军事思想 ... 25
一、古代经典兵法著作 ... 25
二、其他经典著作中的军事思想 ... 38
三、重要历史人物的军事思想 ... 42
例题分析 ... 47

第四章 世界主要大国军事思想 ... 50
一、外国经典军事著作 ... 50
二、世界主要国家军事思想 ... 56
例题分析 ... 65

第五章 美、俄国防体制与海军情况 ... 68
一、美国国防体制 ... 68
二、美国海军 ... 69
三、俄罗斯国防体制 ... 72
四、俄罗斯海军 ... 73
例题分析 ... 74

第六章 中国人民解放军军史与战史 ... 76

一、土地革命战争时期 …………………………………………………………… 76
　　二、抗日战争时期 ………………………………………………………………… 78
　　三、解放战争时期 ………………………………………………………………… 80
　　四、社会主义革命和建设时期 …………………………………………………… 83
　　五、全面建设社会主义时期 ……………………………………………………… 85
　　六、"文化大革命"时期 …………………………………………………………… 86
　　七、社会主义现代化建设新时期 ………………………………………………… 87
　　例题分析 …………………………………………………………………………… 88

第七章　第二次世界大战 ……………………………………………………………… 93
　　一、第二次世界大战起因 ………………………………………………………… 93
　　二、第二次世界大战前奏 ………………………………………………………… 94
　　三、第二次世界大战全面爆发 …………………………………………………… 94
　　四、第二次世界大战进程 ………………………………………………………… 95
　　五、第二次世界大战结局 ………………………………………………………… 104
　　六、第二次世界大战的影响和特点 ……………………………………………… 106
　　例题分析 …………………………………………………………………………… 106

第八章　冷战时期局部战争和事件 …………………………………………………… 109
　　一、朝鲜战争 ……………………………………………………………………… 109
　　二、中东战争 ……………………………………………………………………… 112
　　三、越南战争 ……………………………………………………………………… 117
　　四、马尔维纳斯群岛战争 ………………………………………………………… 121
　　五、古巴导弹危机 ………………………………………………………………… 123
　　六、两伊战争 ……………………………………………………………………… 126
　　例题分析 …………………………………………………………………………… 129

第九章　冷战后局部战争 ……………………………………………………………… 131
　　一、海湾战争 ……………………………………………………………………… 131
　　二、科索沃战争 …………………………………………………………………… 136
　　三、阿富汗战争 …………………………………………………………………… 142
　　四、伊拉克战争 …………………………………………………………………… 145
　　例题分析 …………………………………………………………………………… 148

第十章　军事高技术 …………………………………………………………………… 154
　　一、军事高技术概述 ……………………………………………………………… 154
　　二、军事高技术应用 ……………………………………………………………… 155
　　例题分析 …………………………………………………………………………… 181

第十一章　军事地理 …………………………………………………………………… 184
　　一、军事地理和军事地理学 ……………………………………………………… 184
　　二、中国的军事地理形势 ………………………………………………………… 186
　　三、中国的自然地理条件 ………………………………………………………… 187

第十二章　军事地形 …………………………………………………………………… 191

一、地形的概念和分类 ·· 191
　　二、地形的军事意义 ·· 191
　　三、各类地形对作战行动的影响 ··· 192
　　四、地形图的识别 ·· 195
　　五、海图的基本知识 ·· 196
　　六、航空图的基本知识 ··· 200

第十三章　近期国内外军情 ·· 203
　　一、军事战略与作战理论 ··· 203
　　二、装备动态 ·· 207
　　三、体制编制 ·· 210
　　四、军事演习与作战行动 ··· 213
　　五、非战争军事行动 ·· 222
　　例题分析 ·· 225

第十四章　综合练习 ·· 227
　　一、综合练习 ·· 227
　　二、参考答案及解析 ·· 233

第二部分　基本常识 ·· 237

考试大纲 ·· 237
第一章　历史 ·· 238
　　一、中国古代史 ··· 238
　　二、中国近现代史 ·· 240
　　三、世界古代史 ··· 247
　　四、世界近现代史 ·· 248
　　例题分析 ·· 252

第二章　法律 ·· 253
　　一、宪法 ··· 253
　　二、行政法 ·· 256
　　三、刑法 ··· 257
　　四、民法 ··· 260
　　例题分析 ·· 262

第三章　管理 ·· 264
　　一、管理学概述 ··· 264
　　二、计划 ··· 264
　　三、组织 ··· 266
　　四、领导 ··· 269
　　五、控制 ··· 271
　　例题分析 ·· 272

第四章　经济 ·· 273
　　一、社会主义市场经济体制 ··· 273

二、微观经济 …………………………………………………………… 275
　　三、宏观经济 …………………………………………………………… 278
　　四、国际经济 …………………………………………………………… 279
　　例题分析 ………………………………………………………………… 282
第五章　文学 ………………………………………………………………… 284
　　一、中国文学 …………………………………………………………… 284
　　二、外国文学 …………………………………………………………… 288
　　例题分析 ………………………………………………………………… 291
第六章　艺术 ………………………………………………………………… 292
　　一、音乐 ………………………………………………………………… 292
　　二、舞蹈 ………………………………………………………………… 293
　　三、影视 ………………………………………………………………… 294
　　四、美术、书法 ………………………………………………………… 296
　　五、戏剧、曲艺 ………………………………………………………… 297
　　六、杂技、民间文艺 …………………………………………………… 298
　　七、建筑艺术 …………………………………………………………… 299
　　例题分析 ………………………………………………………………… 299
第七章　自然 ………………………………………………………………… 301
　　例题分析 ………………………………………………………………… 306
第八章　地理、环境 ………………………………………………………… 308
　　一、中国地理 …………………………………………………………… 308
　　二、世界地理 …………………………………………………………… 310
　　三、环境保护 …………………………………………………………… 312
　　例题分析 ………………………………………………………………… 313
第九章　科学技术 …………………………………………………………… 314
　　一、科技发展史 ………………………………………………………… 314
　　二、天文、航空航天 …………………………………………………… 314
　　三、生物、农业 ………………………………………………………… 316
　　四、核技术 ……………………………………………………………… 317
　　五、计算机、信息技术 ………………………………………………… 317
　　例题分析 ………………………………………………………………… 322
第十章　综合练习,参考答案及解析 ……………………………………… 323
　　一、综合练习题 ………………………………………………………… 323
　　二、参考答案及解析 …………………………………………………… 325

第三部分　分析推理 ……………………………………………………… 328

考试大纲 ……………………………………………………………………… 328
第一章　数学运算 …………………………………………………………… 329
　　一、数列问题 …………………………………………………………… 330
　　二、比较大小 …………………………………………………………… 330
　　三、数的整除 …………………………………………………………… 330

四、和差倍比问题 ………………………………………………………… 331
五、行程问题 ……………………………………………………………… 331
六、工程问题 ……………………………………………………………… 332
七、集合问题 ……………………………………………………………… 333
八、几何问题 ……………………………………………………………… 333
九、排列组合问题 ………………………………………………………… 334
十、概率问题 ……………………………………………………………… 334
十一、统筹问题 …………………………………………………………… 335
十二、推理问题 …………………………………………………………… 336
十三、利润问题 …………………………………………………………… 337
十四、分段计算问题 ……………………………………………………… 337
十五、浓度问题 …………………………………………………………… 338

第二章 数字推理

一、等差数列 ……………………………………………………………… 339
二、等比数列 ……………………………………………………………… 340
三、平方数列 ……………………………………………………………… 341
四、立方数列 ……………………………………………………………… 341
五、混合幂数列 …………………………………………………………… 342
六、分式数列 ……………………………………………………………… 343
七、无理式数列 …………………………………………………………… 344
八、组合数列 ……………………………………………………………… 344
九、和递推数列 …………………………………………………………… 345
十、积递推数列 …………………………………………………………… 345
十一、倍数递推数列 ……………………………………………………… 346
十二、图表中的数字推理 ………………………………………………… 346

第三章 图形推理

一、图形种类问题 ………………………………………………………… 348
二、交点个数问题 ………………………………………………………… 349
三、笔画数问题 …………………………………………………………… 349
四、一笔画问题 …………………………………………………………… 350
五、封闭区域个数问题 …………………………………………………… 350
六、图形旋转问题 ………………………………………………………… 351
七、图形翻转问题 ………………………………………………………… 352
八、图形求同问题 ………………………………………………………… 352
九、图形叠加问题 ………………………………………………………… 353
十、去异存同问题 ………………………………………………………… 353
十一、去同存异问题 ……………………………………………………… 354
十二、图形折叠问题 ……………………………………………………… 354
十三、图形展开问题 ……………………………………………………… 355
十四、轴对称问题 ………………………………………………………… 355
十五、中心对称问题 ……………………………………………………… 355

十六、综合图形问题 …………………………………………………… 356
　第四章　逻辑判断 ……………………………………………………………… 357
　　一、分析推理型 …………………………………………………………… 357
　　二、代入推理型 …………………………………………………………… 358
　　三、削弱推理型 …………………………………………………………… 359
　　四、支持推理型 …………………………………………………………… 360
　　五、假设推理型 …………………………………………………………… 360
　　六、解释推理型 …………………………………………………………… 361
　第五章　定义判断 ……………………………………………………………… 363
　　例题分析 …………………………………………………………………… 364
　第六章　类比推理 ……………………………………………………………… 367
　　一、两项类比推理 ………………………………………………………… 368
　　二、三项类比推理 ………………………………………………………… 369
　　三、对应类比推理 ………………………………………………………… 370
　第七章　资料分析 ……………………………………………………………… 371
　　一、文字资料分析型 ……………………………………………………… 373
　　二、表格资料分析型 ……………………………………………………… 376
　　三、图形资料分析型 ……………………………………………………… 379
　第八章　言语理解 ……………………………………………………………… 382
　　一、题型概述 ……………………………………………………………… 382
　　二、知识要点 ……………………………………………………………… 382
　　三、基本题型 ……………………………………………………………… 391
　　四、解题方法 ……………………………………………………………… 392
　　五、例题解析 ……………………………………………………………… 394
　第九章　综合练习 ……………………………………………………………… 414

第四部分　综合能力 ……………………………………………………………… 425
　第一章　综合能力考试概要 …………………………………………………… 425
　　一、大纲要求 ……………………………………………………………… 425
　　二、综合能力考试的目标 ………………………………………………… 425
　　三、综合能力考试特点 …………………………………………………… 426
　　四、综合能力考试的作答步骤与注意事项 ……………………………… 427
　第二章　归纳概括与综合分析类试题 ………………………………………… 432
　　一、含义 …………………………………………………………………… 432
　　二、能力考查重点 ………………………………………………………… 432
　　三、作答基本要求 ………………………………………………………… 432
　第三章　贯彻执行与提出对策类试题 ………………………………………… 436
　　一、含义 …………………………………………………………………… 436
　　二、能力考查重点 ………………………………………………………… 436
　　三、作答基本要求 ………………………………………………………… 436
　第四章　强化练习 ……………………………………………………………… 444

一、习题 ··· 444
　　二、参考答案 ·· 453

第五部分　政治知识 ·· 458

第一单元　考试大纲 ·· 458
第二单元　马克思主义哲学常识 ································· 460
第一章　物质和意识 ··· 460
　　第一节　世界的物质性 ·· 460
　　第二节　物质和运动 ·· 462
　　第三节　物质存在的时间和空间形式 ···························· 463
第二章　联系与发展 ··· 465
　　第一节　物质世界的普遍联系 ······································ 465
　　第二节　物质世界运动发展的规律性 ···························· 465
第三章　实践与认识 ··· 472
　　第一节　实践是认识的基础 ··· 472
　　第二节　认识的辩证过程 ·· 473
　　第三节　认识的真理性及其检验标准 ···························· 475
第四章　社会的存在和发展 ······································ 477
　　第一节　两种社会历史观 ·· 477
　　第二节　社会基本矛盾及其运动规律 ···························· 479
　　第三节　社会发展的动力 ·· 481
　　第四节　人民群众和个人在社会历史中的地位和作用 ······ 483
　　典型例题 ·· 485

第三单元　政治常识 ·· 490
第一章　习近平新时代中国特色社会主义思想 ············ 490
　　第一节　习近平新时代中国特色社会主义思想的丰富内涵 ······ 490
　　第二节　习近平新时代中国特色社会主义思想的重大意义 ······ 491
第二章　当代中国发展的历史方位 ···························· 493
　　第一节　中国特色社会主义进入新时代 ························ 493
　　第二节　新时代我国社会的主要矛盾 ···························· 496
　　第三节　新时代中国共产党的历史使命 ························ 497
第三章　坚持和发展中国特色社会主义的总任务 ········ 500
　　第一节　社会主义本质及其根本任务 ···························· 500
　　第二节　近代以来中华民族最伟大的梦想 ···················· 501
　　第三节　全面建成小康社会 ··· 504
　　第四节　全面建成社会主义现代化强国 ························ 505
第四章　全面深化改革 ·· 507
　　第一节　全面深化改革的重大意义 ······························· 507

第二节　全面深化改革的总目标和主要内容 …… 507
第五章　建设中国特色社会主义政治 …… 509
　　第一节　中国特色社会主义政治发展道路 …… 509
　　第二节　全面依法治国 …… 511
　　第三节　爱国统一战线 …… 513
第六章　建设中国特色社会主义文化 …… 515
　　第一节　中国特色社会主义文化发展道路 …… 515
　　第二节　培育和践行社会主义核心价值观 …… 516
第七章　建设社会主义和谐社会 …… 518
　　第一节　保障和改善民生 …… 518
　　第二节　加强和创新社会治理 …… 519
　　第三节　坚持总体国家安全观 …… 520
第八章　建设社会主义生态文明 …… 522
　　第一节　建设美丽中国的总体要求 …… 522
　　第二节　建设美丽中国的重点任务 …… 522
第九章　坚持"一国两制"，实现祖国完全统一 …… 524
　　第一节　坚持"一国两制"和推进祖国统一的方针原则 …… 524
　　第二节　推进香港、澳门"一国两制"成功实践行稳致远 …… 525
　　第三节　推动两岸关系和平发展、推进祖国和平统一进程 …… 526
第十章　当代国际社会与中国特色大国外交 …… 528
　　第一节　当代国际社会概况 …… 528
　　第二节　和平与发展的时代主题 …… 530
　　第三节　构建人类命运共同体 …… 530
第十一章　中国特色社会主义事业的领导核心 …… 533
　　第一节　办好中国的事情关键在党 …… 533
　　第二节　坚持党对一切工作的领导 …… 535
　　第三节　坚持全面从严治党 …… 536
　典型例题 …… 539

第四单元　经济常识 …… 548
第一章　商品和货币 …… 548
　　第一节　商品 …… 548
　　第二节　货币 …… 549
　　第三节　商品的价格 …… 551
第二章　社会主义初级阶段的基本经济制度和分配制度 …… 553
　　第一节　社会主义初级阶段的基本经济制度 …… 553
　　第二节　社会主义初级阶段的分配制度 …… 555
第三章　建设现代化经济体系 …… 558
　　第一节　创新、协调、开放、绿色、共享的发展理念 …… 558

第二节　建设现代化经济体系的主要任务 ········· 560
第四章　对外开放的社会主义经济 ········· 562
　　第一节　经济全球化带来的机遇和挑战 ········· 562
　　第二节　形成全面开放新格局 ········· 564
　　典型例题 ········· 566

第五单元　思想道德修养与法律基础常识 ········· 570

第一章　树立正确的人生观、价值观 ········· 570
　　第一节　人生和人生观 ········· 570
　　第二节　人的价值和人生价值观 ········· 572

第二章　理想信念是人生的精神支柱 ········· 580
　　第一节　理想信念的本质 ········· 580
　　第二节　架起通往理想彼岸的桥梁 ········· 582

第三章　爱国主义是新时代革命军人的精神支柱 ········· 586
　　第一节　爱国主义与民族精神 ········· 586
　　第二节　做爱国主义的新时代革命军人 ········· 587

第四章　法律常识 ········· 590
　　第一节　法的基本理论 ········· 590
　　第二节　宪法 ········· 594
　　第三节　一般违法行为和行政制裁 ········· 598
　　第四节　犯罪和刑罚 ········· 601
　　典型例题 ········· 604

第六单元　国防和军队建设常识 ········· 608

第一章　人民军队历史与光荣传统 ········· 608
　　第一节　人民军队的光辉历程 ········· 608
　　第二节　人民军队的历史功勋 ········· 611
　　第三节　人民军队从胜利走向胜利的传家法宝 ········· 612

第二章　把人民军队全面建成世界一流军队 ········· 615
　　第一节　人民军队在中国特色强军之路上迈出坚定步伐 ········· 615
　　第二节　牢固确立习近平强军思想在国防和军队建设中的指导地位 ········· 616
　　第三节　在新的历史起点上全面推进国防和军队现代化 ········· 619

第三章　坚持党对军队绝对领导 ········· 621
　　第一节　党对军队绝对领导的根本原则和制度 ········· 621
　　第二节　军委主席负责制是党对军队绝对领导的最高实现形式 ········· 622
　　第三节　坚决听从党中央、中央军委和习主席指挥 ········· 623

第四章　全心全意为人民服务是我军的根本宗旨 ········· 626
　　第一节　我军来自人民、依靠人民 ········· 626
　　第二节　我军的历史是一部服务人民的壮丽史诗 ········· 627
　　第三节　永远做人民利益的忠实捍卫者 ········· 628

第五章　打仗和准备打仗是军人的天职 ……………………………………………… 630
　　第一节　军队首先是一个战斗队 ………………………………………………… 630
　　第二节　忠实履行战斗队的根本职能 …………………………………………… 631
  第六章　培养有灵魂有本事有血性有品德的新时代革命军人 ……………………… 633
　　第一节　培养"四有"新时代革命军人的重大意义 …………………………… 633
　　第二节　有灵魂是新时代革命军人必备的理想抱负 …………………………… 634
　　第三节　有本事是新时代革命军人必备的素质本领 …………………………… 635
　　第四节　有血性是新时代革命军人必备的精神特质 …………………………… 637
　　第五节　有品德是新时代革命军人必备的道德情操 …………………………… 638
　　典型例题 …………………………………………………………………………… 639

第七单元　强化训练 …………………………………………………………………… 645
　马克思主义哲学常识 ………………………………………………………………… 645
　政治常识 ……………………………………………………………………………… 651
　经济常识 ……………………………………………………………………………… 662
　思想道德修养与法律基础知识 ……………………………………………………… 667
　国防和军队建设知识要点 …………………………………………………………… 671

2018 年从优秀士兵中选拔干部军事职业能力考核
　优秀士兵保送入学对象综合知识与能力考试试题 …………………………………… 677
2018 年从优秀士兵中选拔干部军事职业能力考核
　大学毕业生士兵提干推荐对象综合知识与能力考试试题 …………………………… 706

第六章 类比推理

类比推理是根据两个或两类对象有部分属性相同或相似,从而推出它们的其他属性也相同或相似的推理,简称类推、类比。类比推理是科学研究中常用的方法之一。类比推理在试题中的体现是给出一对相关的词,要求应试者通过观察分析,在备选答案中找出一对与之在逻辑关系上最为贴近或相似的词。从推理的方向上来看,类比推理是从个别到个别或从一般到一般的推理,其前提和结论要么都是关于个别事物的个别属性判断,要么都是关于某一类事物的一般性判断。从推理的结构来看,由于类比推理的结论超出了前提断定的范围,而且其前提只提供了共有属性和推出属性的知识,并没有明确这两种属性之间是否存在必然关系,所以类比推理是一种或然性推理。类比推理根据不同的标准,可以分为不同的类型。以类比对象是否相同或相似为标准,将其分为同性类比推理、异性类比推理、综合类比推理。

【知识要点】同性类比推理是根据两个或两类对象的部分属性相同,来推出其他属性也相同的推理。其逻辑形式如下:

对象 A 和 B 具有相同或相似的 a、b、c 属性
对象 A 还具有其他属性 d } 推出对象 B 也具有属性 d

异性类比推理是根据两个或两类对象不具有部分属性,来推出其他属性也不相同。其逻辑形式如下:

对象 A 不具有 a、b、c、d 属性
对象 B 不具有 a、b、c 属性 } 推出对象 B 也具有属性 d

综合类比推理是根据两个或两类对象部分属性相同,推出它们在某一属性上相同,又根据它们的部分属性不同,推出它们在另一属性上也不同。其逻辑形式如下:

对象 A 具有 a、b 属性,无 c、d 属性
对象 B 具有 a 属性、无 c 属性 } 推出对象 B 也具有属性 b,而无属性 d

【基本题型】类比推理共三种【基本题型】

题型一:给出两个词语,然后选出一组答案,简称两项类比推理。

例如:(2010 年国家公务员招录考题)航线:飞行(　　)。

A. 土壤:种植　　　B. 煤炭:发电　　　C. 提纲:发言　　　D. 地基:建筑

题型二:给出三个词,然后选出一组答案,简称三项类比推理。

例如:(2010 年国家公务员招录考题)争议:仲裁:听证(　　)。

A. 诉讼:审判:旁听　　　　　　　　B. 通货膨胀:宏观调控:货币政策
C. 突发事故:现场抢救:善后处理　　D. 交通安全:交通法规:交通警察

题型三:将所要类比的四个词语都给出,但是中间挖空两个让应试者来填。常见的形式是"××对于(　　)相当于(　　)对于××",简称对应类比推理。

例如:(2010 年十二省市公务员招录联考)血管对于(　　)相当于(　　)对于城市。

A. 血液国家　　　B. 健康居民　　　C. 循环运输　　　D. 身体道路

· 367 ·

通过以上分析可以发现,这三种题型的难度是依次增加的。众所周知,事物之间的关系是错综复杂的,如何又快又准地找出题干中所给的两组词或多组词之间的具体关系是正确解答类比推理的关键。那么如何能够快速定位词组之间的关系呢?

【解题方法】词性分析法、语法分析法、逻辑关系分析法、集合概念分析法、代入法、排除法、细节分析法等。

一、两项类比推理

两项类比型题目非常灵活,两个词汇之间的关系也非常广,这就要求应试者要有较为广泛的生活和社会常识,还要能准确迅速地理解题干所给出的信息和意境。

【例题1】(2006年国家公务员招录考题)二氧化碳:温室效应( )。
A. 石油:煤炭　　B. 公路:汽车　　C. 洪水:水灾　　D. 投资:风险

解析:此题答案为C。采用逻辑关系分析法,因为二氧化碳过多,所以才出现温室效应;因为洪水泛滥,所以才会导致水灾。

【例题2】(2007年安徽省公务员招录考题)跳跃:动作( )。
A. 幸福:团聚　　B. 大楼:小屋　　C. 蜡笔:图画　　D. 郁闷:心情

解析:此题答案为D。集合概念分析法,跳跃是动作的一种形式,二者之间是包含关系;D项中的郁闷是心情的一种,二者也是包含关系,其他选项没有这样的关系。

【例题3】(2007年国家公务员招录考题)正方形:边长( )。
A. 矩形:对角线　　B. 菱形:高　　C. 圆形:半径　　D. 三角形:底边

解析:此题答案为C。细节分析法,这个题目需要一些基本的几何知识,正方形的大小由边长唯一确定,圆的大小由半径唯一确定,其他选项没有唯一确定的。

【例题4】(2008年山东省公务员招录考题)得主:失主( )。
A. 白灾:黑灾　　　　　　　　B. 软武器:硬武器
C. 数据:非数据　　　　　　　D. 远程:近程

解析:此题答案为C。集合概念分析法,题干两个词语是矛盾关系。矛盾关系是指在同一个属概念下的两个概念的外延互相排斥,其相加之和等于该属概念的外延,即$E \cup F = G$,且$E \cap F = \Phi$,则称E与F为矛盾关系。在同一个属概念下的两个概念的外延互相排斥,如果两者的外延之和小于属概念的外延,称之为反对关系,即$E \cup F < G$,且$E \cap F = \Phi$,则称E与F为反对关系。A项中黑灾和白灾只是众多草原灾难中的两种;B项中软武器和硬武器只是武器中的两个类型,还存在其他类型的武器;D项中远程和近程也只是距离的两个内容,还有中程第三个内容。A、B、D项都属于反对关系,只有C项属于矛盾关系。

【例题5】(2009年天津、陕西、湖北三地公务员招录联考)青蛙:庄稼( )。
A. 律师:被告　　B. 树木:城市　　C. 合同:买方　　D. 空气:健康

解析:此题答案为B。语法分析法,青蛙保护庄稼,青蛙是主语,庄稼是宾语。树木绿化城市,树木是主语,城市是宾语。A、C、D项都没有这样的关系。

【例题6】(2011年国家公务员招录考题)亦步亦趋:主见( )。
A. 兴高采烈:恐惧　　　　　　B. 优柔寡断:果断
C. 鼠目寸光:眼力　　　　　　D. 孤陋寡闻:胆识

解析:此题答案为B。逻辑关系分析法,亦步亦趋与主见互为反义词,只有B项符合题意。

【例题7】（2011年国家公务员招录考题）家父：父亲（　　）。
A. 老媪：老伴　　B. 鼻祖：祖宗　　C. 作者：笔者　　D. 鄙人：自己

解析：此题答案为D。细节分析法，家父是父亲的文言文表达方式，只有"鄙人"是"自己"的文言文表达方式。

二、三项类比推理

考试中的类比推理与逻辑学中的类比推理在形式上有所不同，但本质却是一致的，都是根据事物之间的相似性来进行推理。在形式上，试题中只是给出一组具有某种逻辑关系的词汇，让应试者在选项中选出一个与所给词汇的关系最为贴切的选项。所给出的词汇之间到底存在着什么样的逻辑关系是我们需要关注的重点。觉的逻辑关系有：种属关系、并列关系、因果关系、对立关系、反对关系、质问关系、对应关系、描述关系、整体与部分的关系等。随着题目难度的加大，仅考查词汇的逻辑关系是不够的，还需要应试者分析细节，具备一定的人文、地理、诗词、科技常识。

【例题1】（2010年十二省市公务员招录联考）妻子：母亲：社会角色（　　）。
A. 水：冰：液体　　　　　　　　B. 父亲：儿子：家庭
C. 冰糖：砂糖：糖精　　　　　　D. 石墨：金刚石：化学物质

解析：此题答案为D。集合概念分析法，妻子和母亲属于社会角色，妻子和母亲互相之间没有包含关系，属于平行关系。只有选项D符合题意。

【例题2】（2010年国家公务员招录考题）治疗：患者：医院（　　）。
A. 付款：顾客：商场　　　　　　B. 观看：观众：影院
C. 判罚：裁判：赛场　　　　　　D. 改造：罪犯：监狱

解析：此题答案为D。语法分析法，"患者在医院被治疗"属于主谓结构，D项可以解读为"罪犯在监狱被改造"。A、B、C项都不符合题意。

【例题3】（2010年十二省市公务员招录联考）考古：文物：博物馆（　　）。
A. 教育：人才：企业　　　　　　B. 贸易：商品：工厂
C. 耕种：庄稼：土地　　　　　　D. 培训：员工：社会

解析：此题答案为A。语法分析法，题干主要考查了谓语、宾语、场所的对应关系。考古的产物是文物，文物存放在博物馆中发挥作用。依照这一关系，教育的产物是人才，人才在企业中发挥作用。其中B、C选项很容易排除；D选项中，员工应在企业中发挥作用，社会与员工之间无必然联系。所以选择A选项。

【例题4】（2009年广东省公务员招录考题）国家：政府：公务员（　　）。
A. 军营：司令部：司令　　　　　B. 公司：董事会：职员
C. 法庭：审判：审判员　　　　　D. 学校：教师：学生

解析：此题答案为A。集合概念分析法，题干中国家和政府是整体和部分的关系，政府和公务员属于映射关系；符合此类关系的只有A项。B项中董事会和职员构不成映射关系；C项法庭和审判不构成整体和部分的关系；D项中学校和教师及学生分别是映射关系。

【例题5】（2010年国家公务员招录考题）车轮：汽车：运输（　　）。
A. 衣服：衣架：晒衣　　　　　　B. 镜片：眼镜：读书
C. 听筒：电话：通话　　　　　　D. 墨汁：毛笔：书法

解析：此题答案为 C。集合概念分析法和细节分析法,题干中车轮属于汽车的一部分,是从属关系,汽车的基本功能是运输。A 项中衣服不是衣架的一部分;B 项中眼镜的基本功能不是读书;C 项中听筒属于电话的一部分,是从属关系,电话的基本功能是通话;D 项中墨汁不是毛笔的一部分。所以只有 C 项符合题意。

三、对应类比推理

对应类比推理性题目从题干中不一定能找到唯一的逻辑关系,最多只能说存在某种可能的逻辑关系,所以这样的题目就需要使用多种方法来分析才能找出贴切的答案。首先观察题干,分析题干中所给词项之间的关系;其次看选项,利用排除法首先排除与题干明显不相符的选项;最后采用细节分析法,结合题干进行二次推理,分析题干和选项之间的共同点和不同点,找出其中的细微差别,从而找出与题干具有最多共同属性、关系最为相似的选项。

【例题 1】(2009 年国家公务员招录考题)(　　)对于手机相当于交流对于(　　)。
A. 电视　文学　　B. 电脑　文化　　C. 信号　文字　　D. 通信　语言

解析：此题答案为 D。细节分析法和排除法,通信是手机的基本功能,交流是语言的基本功能。

【例题 2】(2009 年天津、陕西、湖北三地公务员招录联考)班门弄斧对于(　　)相当于(　　)对于五谷丰登
A. 贻笑大方　风调雨顺　　　　B. 无妄之灾　国富民强
C. 无奇不有　国泰民安　　　　D. 东施效颦　天从人愿

解析：此题答案为 A。细节分析法和代入法,班门弄斧而后贻笑大方;风调雨顺而后五谷丰登,二者是一种自然的顺接关系。

【例题 3】(2011 年国家公务员招录考题)(　　)对于绿茶相当于音乐对于(　　)。
A. 龙井　浪漫　　B. 早春　娱乐　　C. 咖啡　绘画　　D. 健康　情操

解析：此题答案为 C。集合概念分析法和代入法,咖啡和绿茶都是提神饮料,音乐和绘画都是文艺项目,属于并列关系。

【例题 4】(2010 年十二省市公务员招录联考)(　　)对于效益相当于经营对于(　　)。
A. 投入　利润　　B. 成本　税收　　C. 生产　规划　　D. 资本　管理

解析：此题答案为 A。语法分析法和词性分析法,题干主要考查词性与因果关系。根据题干可知前为动词后为名词,排除 B、D 项。而 A 项中属于必要条件的因果关系,C 项无因果关系,所以只有 A 项符合。

【例题 5】(2010 年江西省公务员招录考题)拱桥对于(　　)相当于樟树对于(　　)。
A. 建筑　绿化　　B. 高超　高大　　C. 技艺　生长　　D. 桥梁　树木

解析：此题答案为 D。集合概念分析法和代入法,拱桥是桥梁的一种,樟树是树木的一种。

第七章 资料分析

资料分析是考查者准确理解、转换和综合分析各种资料(主要包括文字资料、表格资料和图形资料)的能力。资料分析考查的主要内容,一是对某项工作或任务的进展完成情况做出评价和判断,二是对被研究的统计规律、现象之间的依存关系以及依存程度加以揭示和阐述,三是对被研究现象的未来趋势及其变化特征进行预测或推断。

资料分析题目的一般形式,一是提供一组资料,这组资料可能是一个统计表、一段文字或一个图表;二是在资料之后相应地有几个问题,要求应试者根据资料提供的信息进行归类、整理、计算、比较;三是根据分析结果从四个备选答案中找到符合要求的选项。

【知识要点】资料分析涉及的知识较广,主要包括以下内容:

1. 百分数:表示数量的增加或减少的程度。

如:上个月的利润是 100 万元人民币,这个月比上个月增长 10%,则这个月的利润是多少?

答:这个月的利润 = $100 \times (1 + 10\%) = 110$(万)。

2. 百分点:指速度、指数、构成的变动幅度。

如:该企业的年产值去年的增长速度是 12%,今年同去年相比,增长速度回落了 2 个百分点,今年的增长速度是多少?

答:今年的增长速度 = $(12 - 2)\% = 10\%$。

3. 增长量:量和比例增减变化的多少,有时也称为增长,是本期数与基期数的差。

同比增长量:与某一个相同时期相比较,量和比例的增减变化的多少,是本期数与某一个相同时期数的差,有时也称同比增长。

环比增长量:本期与上期相比较,量和比例增减变化的多少,是本期数与上期数的差,有时也称环比增长。

如:某市去年 8 月份商品房均价是 5200 元/平方米,今年 6 月份的商品房均价是 6000 元/平方米,7 月份的商品房均价是 6300 元/平方米,8 月份的商品房均价是 6600 元/平方米,请问:

今年 8 月份商品房均价同 6 月份相比增长量是多少?环比增长量是多少?同比增长量是多少?

答:今年 8 月份商品房均价同 6 月份相比增长量 = $|6600 - 6000| = 600$ 元/平方米。

今年 8 月份商品房均价环比增长量 = $|6600 - 6300| = 300$ 元/平方米。

同比增幅量 = $|6600 - 5200| = 1400$ 元/平方米。

4. 增长速度:量和比例增减变化的快慢,等于增长量与基期数的商,又称增长率。

同比增长速度:和某一个相同时期相比较,量和比例增减变化的快慢,等于同比增长量与基期数的商,又称同比增长率。

环比增长速度:本期与上期相比较,量和比例增减变化的快慢,等于环比增长量与上期数的商,又称环比增长率。如:

表 3-7-1 2008 年 1—9 月全国客运量

客运量	单位	9 月	环比增长率	1—9 月	同比增长率
公路	亿人	18.47	11.4%	163.06	7.4%
水运	亿人	0.2	-2.1%	1.73	-2.7%
民航	亿人	0.16	0.7%	1.41	1.7%

5. 翻番：指数量加倍。翻番的量是以 $2n$ 变化的。

如：今年产量为 10 万吨，计划明年比今年翻 2 番，明年的计划产量为多少？

答：明年的计划产量 $=10\times 2^2=40$（万吨）。

6. 平均数：数的总和与总个数的比值。

如：小王从驻地到城镇每小时行 20 千米，然后从城镇返回驻地，因下雨每小时行 15 千米，问：整个过程小王的平均速度大约是多少？

答：假设城镇到驻地的路程为 s，则小王的平均速度大约是

$$\frac{2s}{\frac{s}{20}+\frac{s}{15}}\approx 17.14（千米/小时）$$

错误做法是：$\frac{20+15}{2}=17.5$（千米/小时）。

7. 中位数：一组数据按大小顺序排列后，位于中间位置的数，若数据个数为奇数，则中间的那个数据就是中位数，若数据个数为偶数，则中间的两个数据的平均值就是中位数。

如：求 1,5,9,3,6,12,8,7 的中位数。

答：首先将这组数据按大小顺序排列：1,3,5,6,7,8,9,12。

所以中位数是 6.5。

8. 价格：商品和服务项目价值的货币表现形式。

价格水平：将一地区、一定时期内某商品或服务项目的所有价格加权计算出的大小。

价格指数：商品和服务项目价格水平变动趋势和变动程度的相对数，用商品和服务项目某一时期的价格水平与另一时期的价格水平相比来计算的。

如：某市 2011 年 8 月份鸡蛋价格水平为每千克 10.27 元，9 月份的价格水平为每千克 9.98 元，9 月份同 8 月份相比鸡蛋的价格水平减少 0.29 元。

9. 人口出生率：一定时期内、一定地区的出生人数与同期平均人数（或期中人数）的比值。

人口死亡率：一定时期内、一定地区的死亡人数与同期平均人数（或期中人数）的比值。

人口自然增长率：一定时期内人口自然增加数（出生数－死亡数）与同期平均人数（或期中人数）的比值。

如：根据北京市疾病预防控制中心公布的结果，去年全市户籍居民人口约为 1189 万人，全年新生儿 63498 人，死亡 62767 人，人口出生率、死亡率和自然增长率是多少？

答：人口出生率 $=\frac{6.3498}{1189}\approx 5.34‰$；

人口死亡率 $=\frac{6.2767}{1189}\approx 5.28‰$；

人口自然增长率 $=\frac{6.3498-6.2767}{1189}\approx 5.34‰-5.28‰=0.06‰$。

除了以上常见知识点外,还会涉及诸如比重、贸易顺差、贸易逆差、国内生产总值(GDP)、居民消费价格指数(CPI)、社会消费品零售总额、人均可支配收入、三大产业、通货膨胀、通货紧缩、利息、汇率等一些在经济、军事、生活、外交、科技等领域常见的知识。

【基本题型】文字资料分析型、表格资料分析型、图形资料分析型以及以上三种综合型题目。

【解题方法】数学计算和逻辑推理。

一、文字资料分析型

文字资料分析型是以纯文字形式呈现的题目,没有表格清晰明了,没有图形简单直观,它在资料分析中是比较难的题目。该类型题目主要考查应试者的阅读能力和计算能力。文字资料分析型题目的做题思路是:首先通读全文,将材料大致分为几个段落,简单了解文章所表述的意思;其次根据文后的提问,带着问题精读文章,找到具体信息、关键信息;最后根据资料中的信息和数据进行计算和推断。

【例题1】(2003年国家公务员招录考题)根据以下文字资料回答问题:

2002年1—6月,我国通信业务收入完成2189.4亿元,比上年同期增长15.6%,增幅是同期国内生产总值的两倍。其中,邮政完成247.4亿元,增长8.5%;电信完成1942.1亿元,增长16.6%。各项业务中,国内长途业务收入222亿元,同比下降0.2%;国际业务收入36.8亿元,下降17.6%;移动通信收入920.6亿元,增长24%;本地网通信收入565亿元,增长13.5%;数据通信收入84亿元,增长68%。以上各项业务分别占整个电信业务收入的11.4%、1.9%、47.4%、29.1%和4.3%。各类新业务迅猛发展。上半年,IP电话通话时长达到253.4亿分钟,同比增长21.3%。移动短信业务量达到326亿条。邮政储蓄期末余额达到6627.1亿元,同比增长24.7%。上半年,全国电话用户新增5126.6万户,平均每月增加854.4万户,用户总数达到3.75亿户。其中,固定电话用户新增1990.9万户,达到1.99亿户;移动电话用户新增3135.7万户,达到1.76亿户。固定电话用户中,城市电话用户新增1385.2万户,达到1.25亿户;农村电话用户新增605.7万户,达到7411.4万户。电话用户中,东、中、西部地区各为1.95亿户、1.1亿户和0.7亿户,分别占52%、29.3%和18.7%。全国电话普及率达到30.2部/百人,比上年末提高4.3个百分点;移动电话普及率达到13.86部/百人,比上年末提高2.7个百分点。

1. 占整个电信业务收入比重最大的业务在2002年上半年中与去年同期相比变化情况是( )。

A. 增长13.5%　　B. 增长24%　　C. 增长68%　　D. 下降0.2%

解析:此题答案为B。由文中可知,"国内长途业务收入222亿元;国际业务收入368亿元;移动通信收入9206亿元;本地网通信收入565亿元;数据通信收入84亿元"。可见,"占整个电信业务收入比重最大的业务"指的是移动通信收入,文中也已经明确给出该业务与去年同期相比增长24%。

2. 2002年上半年,国内生产总值的增幅为( )。

A. 6.5%　　B. 7.0%　　C. 7.8%　　D. 8.8%

解析:此题答案为C。由文中可知,"我国通信业务收入完成21894亿元,……增幅是同期国内生产总值的两倍"。

3. 下列说法中正确的是(　　)。

Ⅰ. 业务收入增长最快的是数据通信,但其占整个电信业务收入比重还不足5%

Ⅱ. 农村电话用户新增数量比城市电话用户新增数量大

Ⅲ. 东部的固定电话用户数比中部和西部的总和还多

A. Ⅰ　　　　B. Ⅱ　　　　C. Ⅱ、Ⅲ　　　　D. Ⅰ、Ⅲ

解析:此题答案为 D。由文中可知,业务收入增长最快的是数据通信,达到68%,但其占整个电信业务收入才4.3%,不足5%,所以Ⅰ正确。农村电话用户新增605.7万户,城市电话用户新增1385.2万户,还是城市新增用户较多,所以Ⅱ不正确。中、西部固定电话用户的总和是1.1+0.7=1.8(亿户),而东部固定电话用户是1.95亿户,所以Ⅲ也正确。故应该选D项。

4. 农村固定电话用户数比上年末增长了(　　)。

A. 5%　　　　B. 9%　　　　C. 15%　　　　D. 20%

解析:此题答案为 B。由文中可知,"农村电话用户新增605.7万户,达到7411.4万户",由此可知,农村电话用户原有7411.4-605.7=6805.7(万户),605.7/6805.7≈8.9%,答案中9%和这个最接近,故选 B项。

5. 下列说法中不正确的是(　　)。

A. 国际业务收入与去年同期相比有所下降

B. IP电话通话时长同比增长超过20%

C. 邮政业务收入同比增长24.7%

D. 移动电话普及率有一定提高

解析:此题答案为 C。由文中可知,"国际业务收入36.8亿元,下降17.6%",所以 A 正确;"IP 电话通话时长达到253.4亿分钟,同比增长21.3%",所以 B 正确;"邮政完成247.4亿元,增长8.5%",所以 C 不正确;"移动电话普及率达到13.86部/百人,比上年末提高2.7个百分点",所以 D 项也正确。

【例题2】(2009年天津、陕西、湖北三地省招录联考)根据以下资料回答问题:

2007年前三季度,我国全社会固定资产投资91,529亿元,同比增长25.7%。其中,城镇固定资产投资78,247亿元,增长26.4%;农村投资13,282亿元,增长21.2%。在城镇投资中,国有及国有控股完成投资33,951亿元,增长16.2%;房地产开发完成投资16,814亿元,增长30.3%。从项目隶属关系看,中央项目投资7,749亿元,同比增长15.4%;地方项目投资70,497亿元,增长27.8%。从产业看,第一、二、三产业分别完成投资938亿元、34522亿元和42,787亿元,同比分别增长41.1%、29.3%和24.0%。从行业看,煤炭开采及洗选业投资1,103亿元,同比增长24.9%;电力、热力的生产与供应业投资5,348亿元,增长10.6%;石油和天然气开采业投资1,232亿元,增长13.7%;铁路运输业投资1,395亿元,增长7.1%;非金属矿制品业投资1,890亿元,增长50.9%;黑色金属矿冶炼及压延加工业投资1,741亿元,增长13.0%;有色金属矿冶炼及压延加工业投资864亿元,增长31.2%。从注册类型看,内资企业投资69,502亿元,同比增长26.8%;港澳台商投资和外商投资分别完成3,742亿元和4,648亿元,分别增长31.5%和18.7%。从施工和新开工项目情况看,截止到9月底,城镇50万元以上施工项目累计259,083个,同比增加27901个;施工项目计划总投资222,439亿元,同比增长18.2%;新开工项目170,123个,同比增加18151个;新开工项目计划总投资60,309亿元,同比增长 24.2%。从到位资金情况看,城镇投资到位资金 88,764 亿元,同比增长 27.8%。其中,国内贷款增长 14.5%,利用外资增长 15.5%,自筹资金增长 32.2%。

1. 2006 年前三季度城镇固定资产投资是(　　)。
   A. 60,479 亿元　　B. 61,904 亿元　　C. 69,104 亿元　　D. 72,815 亿元

   解析:此题答案为 B。由文中可知,"2007 年前三季度,我国城镇固定资产投资 78,247 亿元,增长 26.4%",所以 2006 年前三季度城镇固定资产投资是 78247 ÷ (1 + 26.4%) = 61904 亿元。

2. 下列各项投资中,2007 年前三季度增幅最大的一项是(　　)。
   A. 石油和天然气开采业投资　　　　B. 煤炭开采及洗选业投资
   C. 房地产开发完成投资　　　　　　D. 有色金属矿冶炼及压延加工业投资

   解析:此题答案为 D。由文中可知"2007 年前三季度,石油和天然气开采业投资同比增长 13.7%,煤炭开采及洗选业投资同比增长 24.9%,房地产开发完成投资同比增长 30.3%,有色金属矿冶炼及压延加工业投资同比增长 31.2%"。可见有色金属矿冶炼及压延加工业投资同比增长最大。

3. 就 2007 年前三季度而言,下面说法正确的是(　　)。
   A. 第二产业投资增长率高于第一、第三产业投资增长率
   B. 第三产业投资增长额大于第一、第二产业投资增长额
   C. 第一、第二产业的投资总值要超过第三产业
   D. 上述说法都不正确

   解析:此题答案为 B。由文中可知:"2007 年前三季度,第一、二、三产业分别完成投资 938 亿元、34,522 亿元和 42,787 亿元,同比分别增长 41.1%、29.3% 和 24.0%",第二产业投资增长率高于第三产业投资增长率,低于第一产业的投资增长率,所以 A 项错误。利用数学计算:第一产业投资增长额为 938 − 938 ÷ (1 + 41.1%) = 272.7 亿元,第二产业增长额为 34522 − 34522 ÷ (1 + 29.3%) = 7822.8 亿元,第三产业增长额为 42787 − 42787 ÷ (1 + 24.0%) = 8281 亿元,所以 B 项正确。第一、第二产业的投资总值为 938 + 34522 = 35460 亿元,小于第三产业的投资额 42,787 亿元,所以 C 项错误。

4. 下列说法与资料相符的是(　　)。
   A. 与其他行业相比,2007 年前三季度有色金属增长率最大
   B. 2006 年前三季度,非金属矿制品投资已经超过铁路运输业投资
   C. 2007 年前三季度石油和天然气业的投资额度已经超过煤炭开采及洗选业投资
   D. 2007 年前三季度黑色金属矿工业增长率超过石油和天然气行业增长率

   解析:此题答案为 C。由文中可知:"从行业看,煤炭开采及洗选业同比增长 24.9%;电力、热力的生产与供应业增长 10.6%;石油和天然气开采业投资增长 13.7%;铁路运输业投资增长 7.1%;非金属矿制品业投资增长 50.9%;黑色金属矿冶炼及压延加工业投资增长 13.0%;有色金属矿冶炼及压延加工业投资增长 31.2%",可见 2007 年前三季度投资增长率最大是非金属矿制品业,所以 A 错误。利用数学计算,2006 年前三季度,非金属矿制品投资为 1890 ÷ (1 + 50.9%) = 1252.5 亿元,铁路运输业投资为 1395 ÷ (1 + 7.1%) = 1302.5 亿元,所以 B 错误。由文中可知,2007 年前三季度石油和天然气业的投资额为 1232 亿元,煤炭开采及洗选业投资为 1103 亿元,故 C 正确。由文中可知:"2007 年前三季度,石油和天然气开采业投资同比增长

13.7%,黑色金属矿冶炼及压延加工业投资同比增长13.0%",故D项错误。

5. 关于2007年前三季度,城镇50万元以上的项目,下面说法正确的是( )。

A. 施工项目增加个数小于新开工项目增加个数

B. 新开工项目平均每个项目投资858万元

C. 平均每个新开工项目的金额大于施工项目平均金额

D. 施工项目增速大于新开工项目增速

解析:此题答案为D。由文中可知:"2007年前三季度,城镇50万元以上的项目同比增加27,901个,新开工项目同比增加18,151个",所以A项错误。利用数学计算,新开工项目平均每个项目投资为60309÷170123=0.355亿元=3550万元,所以B项错误。施工项目平均金额为222439÷259083=0.8586亿元,大于新开工项目的金额0.355亿元,所以C项错误。施工项目增速为27901÷(259083−27901)=12.1%,新开工项目增速为18151÷(170123−18151)=11.9%,所以D项正确。

二、表格资料分析型

表格资料分析型题目是以表格呈现的题目,数据简洁清晰,易于比较。考查的主要还是应试者的数学计算能力。

【例题1】(2008年山东省公务员招录考题)根据表格资料回答问题。

社会性别是一个能够影响政策制定中公民参与状况的重要变量,其对公民参与的途径、政策职能结构偏好和参与绩效等都有十分重要的作用。基于中部地区的政治、经济和文化等状况在我国具有一定的代表性,本文以湖北、湖南、河南、江西、安徽和山西六省为个案,从量化层面考查社会性别对于我国政策制定中公民参与的途径,政策职能结构偏好和参与绩效所带来的影响,并以社会性别主流化的视角进行讨论和解释。本研究以在中部六省进行的问卷调查为基础。调查的时间跨度为2004年8月至2006年9月。共发出问卷1600份,收回有效问卷1384份。公民通过什么渠道了解公共政策信息,对于公民的参与动机、参与努力和参与规模具有相当大的影响,所以问卷设计了"你了解国家公共政策信息的第一渠道"的问题。该问题为单选,具体回答情况见表3−7−2。

表3−7−2 社会性别与公民了解公共政策信息的第一渠道

性别	国内电视	国内广播	国内报纸	国内杂志	互联网	会议文件	街谈巷议	外媒
男	536	23	159	5	66	24	22	1
%	64.1	2.8	19.0	0.6	7.9	2.9	2.6	0.1
女	363	13	80	12	55	7	14	4
%	66.2	2.4	14.6	2.2	10	1.3	2.6	0.7

请根据表中数据回答以下问题

1. 从表中可以看出,公民获取政策信息的主渠道有三个,按照选择人数多少依次是( )。

A. 国内电视、国内报纸、互联网

B. 国内报纸、国内电视、互联网

C. 互联网、国内电视、互联网

D. 国内报纸、互联网、国内电视

解析：此题答案为 A。由表格可以看出，男性、女性公民获取政策信息的三个主渠道依次是国内电视 64.1%、66.2%，国内报纸 19.0%、14.6%，互联网 7.9%、10%。人数分别为 536 + 363 = 899、159 + 80 = 239 和 66 + 55 = 121。

2. 从以上三大渠道获取政策信息的人数合计占总数的比例是（　　）。

A. 91.03%　　　　　　　　　　　B. 90.88%
C. 90.97%　　　　　　　　　　　D. 91.3%

解析：此题答案为 C。由表格的信息利用数学计算，三主渠道获取信息的人数占总人数的比例为 $\frac{536+363+159+80+66+55}{1384} \times 100\% \approx 90.97\%$。

3. 如果样本人数相等，则选择"国内报纸""会议文件"作为接受政策信息第一渠道的男性公民人数分别是女性公民人数的（　　）。

A. 1.2 倍,2.2 倍　　　　　　　　B. 1.3 倍,1.5 倍
C. 3.7 倍,1.3 倍　　　　　　　　D. 1.3 倍,2.2 倍

解析：此题答案为 D。由表格的信息利用数学计算，如果样本人数相等，则选择"国内报纸"作为第一渠道的男性公民是女性公民人数的 $\frac{19\%}{14.6\%} \approx 1.3$ 倍。选择"会议文件"作为第一渠道的男性公民是女性公民人数的 $\frac{2.9\%}{1.3\%} \approx 2.2$ 倍。

4. 以上数据能说明的是（　　）。

A. 男、女公民在选择接受政策信息的渠道方面没有明显不同的偏好
B. 男性比女性更倾向于利用"国内报纸""各种会议文件"获取政策信息
C. 男性比女性更倾向于利用"国内杂志""互联网"获取政策信息
D. 男性比女性更倾向于利用外国或港澳台媒体获取政策信息

解析：此题答案为 B。由表格比例两栏可以看出，男性从"国内报纸"和"会议文件"中获取政策信息的比例大于女性的比例。

【例题 2】（2010 年国家公务员招录考题）根据表格资料回答问题：

2010 年一季度，我国水产品贸易进出口总量 158.7 万吨，进出口总额 40.9 亿美元，同比分别增长 14.2% 和 29.0%。其中，出口量 67.1 万吨，出口额 26.5 亿美元，同比分别增长 11.7% 和 24.9%；进口量 91.6 万吨，进口额 14.4 亿美元，同比分别增长 16.0% 和 37.5%。

表 3-7-3　主要进口来源地（进口额前 7 位）

	进口量（万吨）	同比增长率（%）	进口额（亿美元）	同比增长率（%）
俄罗斯	33.20	57.10	4.63	52.30
秘鲁	15.16	-15.63	2.08	31.29
东盟	7.63	18.40	1.20	32.40
美国	6.88	59.30	1.13	42.00
智利	5.24	-40.10	1.11	5.70
挪威	3.88	54.87	0.85	67.31
日本	4.09	80.30	0.65	87.40

表 3-7-4　主要出口目的地(出口额前 7 位)

	出口量(万吨)	同比增长率(%)	出口额(亿美元)	同比增长率(%)
日本	13.24	8.27	6.45	16.95
美国	10.72	3.05	4.66	8.76
欧盟	10.68	11.50	3.71	12.89
韩国	10.30	16.21	3.04	48.68
中国香港	3.42	9.98	2.08	23.78
东盟	6.83	-14.60	1.73	19.43
中国台湾	2.10	52.30	1.28	124.90

1. 2010 年一季度,我国水产品出口额比上年同期约增长了(　　)亿美元。
   A. 5.3　　　　　　B. 7.0　　　　　　C. 9.2　　　　　　D. 21.2

   解析:此题答案为 A。根据题干文字信息和数学计算,2010 年一季度,我国水产品出口额比上年同期约增长为 $26.5 - \dfrac{26.5}{1+24.9\%} \approx 5.3$ 亿美元。

2. 2010 年一季度,我国水产品主要进口来源地,按进口量从小到大排序正确的是(　　)。
   A. 日本—挪威—美国　　　　　　B. 秘鲁—东盟—日本
   C. 挪威—美国—东盟　　　　　　D. 东盟—智利—俄罗斯

   解析:此题答案为 C。由表 1 很容易得出。

3. 2010 年一季度,我国与美国水产品进出口贸易额占我国水产品进出口贸易总额的比重约为(　　)。
   A. 7.8%　　　　　B. 12.7%　　　　C. 14.2%　　　　D. 17.6%

   解析:此题答案为 C。根据题干文字信息和数学计算,我国与美国水产品进出口贸易额占我国水产品进出口贸易总额的比重约为 $\dfrac{4.66+1.13}{40.9} \approx 14.2\%$。

4. 2010 年一季度,我国对以下哪个国家或地区出口水产品的平均单价最高?(　　)
   A. 日本　　　　　B. 美国　　　　　C. 欧盟　　　　　D. 韩国

   解析:此题答案为 A。出口水产品的平均单价=出口额/出口量。日本:$\dfrac{6.45}{13.24} \approx 0.487$,美国$\dfrac{4.66}{10.72} \approx 0.434$,欧盟:$\dfrac{3.71}{10.68} \approx 0.347$;韩国:$\dfrac{3.04}{10.30} \approx 0.295$。

5. 能够从上述资料中推出的是(　　)。
   A. 2010 年一季度,我国是俄罗斯最大的水产品出口目的地
   B. 2009 年一季度,日本比美国进口了更多的我国水产品
   C. 2010 年一季度,我国从秘鲁进口水产品的平均单价比上年同期有所下降
   D. 2009 年一季度,我国对东盟水产品进出口贸易为逆差

   解析:此题答案为 B。题目所给的资料看不出我国是俄罗斯最大的水产品出口目的地;2009 年一季度,日本进口我国水产品约为 $\dfrac{13.24}{1+16.95\%} \approx 11.32$ 万吨,美国进口我国水产品约为 $\dfrac{10.27}{1+8.76\%} \approx 9.44$ 万吨,所以 B 项正确。从表 1 可以看出我国 2010 年从秘鲁进口量减少,而进

口额增加,很显然,同 2009 年比较平均单价上升,所以 C 项错误。2009 年一季度,我国对东盟水产品进口额大约是 $\frac{1.20}{1+3.24\%} \approx 0.91$ 亿美元;2009 年一季度,我国对东盟水产品出口额大约是 $\frac{1.73}{1+19.43\%} \approx 1.44$ 亿美元,显然为顺差,所以 D 项错误。

三、图形资料分析型

图形资料分析型题目,是根据统计数字,以几何图形的形式来表示不同数量关系的资料,其中常用的图形包括条形图、饼图、曲线图以及它们三个的混合图。图形资料分析型题目具有直观、生动、形象、具体等特点。

【例题 1】(2006 年国家公务员招录考题)根据以下图形资料回答问题:

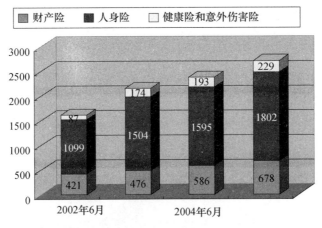

1. 该市 2005 年 6 月的总保费收入比去年同期约增长了(　　)。
   A. 14.1%　　　B. 24.1%　　　C. 34.1%　　　D. 68.5%

解析:此题答案为 A。由图形资料可以看出,2005 年 6 月的总保费收入为 229 + 1802 + 678 = 2709(万元),2004 年 6 月的总保费收入为 193 + 1595 + 586 = 2374(万元)。2005 年 6 月的总保费收入比去年同期增长为 $\frac{2709-2374}{2374} \times 100\% \approx 14.1\%$。

2. 该市 2005 年 6 月人身险保费收入占总保费收入的比重与 2003 年同期相比(　　)。
   A. 约增加了 3%　　　　　　B. 约减少了 3%
   C. 约增加了 6%　　　　　　D. 约减少了 6%

解析:此题答案为 B。由图形资料可以看出,2005 年 6 月人身险保费收入占总保费收入为 $\frac{1802}{2709} \times 100\% \approx 66.5\%$,2003 年同期为 $\frac{1504}{2154} \times 100\% \approx 69.8\%$,2005 年此 2003 年约回落了 3 个百分点。

3. 与上一年同期相比增幅最大的是(　　)。
   A. 2004 年 6 月财产险保费收入　　　B. 2004 年 6 月人身险保费收入
   C. 2005 年 6 月财产险保费收入　　　D. 2005 年 6 月人身险保费收入

解析:此题答案为 A。由图形资料可以看出,2004 年 6 月财产险保费收入比同期约增长 23%,2004 年 6 月人身险保费收入比同期约增长 6%,2005 年 6 月财产险保费收入比同期约增长 16%,2005 年 6 月人身险保费收入比同期约增长 13%。

4. 2003 年 6 月,该市哪一种保险的保费收入占总保费收入的比重相对 2002 年 6 月有最大增长?(　　)

　　A. 财产险　　　　　　　　　　　B. 人身险
　　C. 健康险和意外伤害险　　　　　D. 无法判断

解析:此题答案为 C。由图形资料可以看出,2002 年的财产险比重约为 26%;2002 年的人身险比重约为 68%;2002 年的健康险和意外伤害险的比重约为 5%;2003 年的财产险比重约为 22%;2003 年的人身险比重约为 70%;2003 年的健康险和意外伤害险的比重约为 8%。所以健康险和意外伤害险增加的比例是最大的。

5. 根据四年来该市保费收入的变化,可以推出(　　)。
[1]该市的人均收入有较大增长
[2]人们的保险和理财意识不断增强
[3]人们对于人身险的投入明显高于对于其他险种的投入
　　A. [1]　　　　B. [3]　　　　C. [1]与[2]　　　　D. [2]与[3]

解析:此题答案为 B。从保险费用的变化情况无法推知人均收入的情况,所以[1]不能推出;显然从保费的变化情况也无法判断人们的保险理财意识,所以[2]也无法推知;从保费的变化情况看,人们在人身险的投入方面要远远大于其他险种,所以[3]是可推出的。

【例题 2】(2005 年国家公务员招录考题)2002 年 SCI(科学引文索引)收录各国论文数:

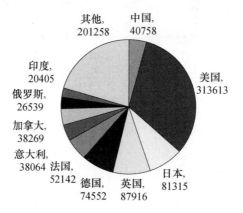

1. 图中所列国家为 SCI 的前十名,我国排名(　　)。
　　A. 第 4　　　　B. 第 5　　　　C. 第 6　　　　D. 第 7

解析:此题答案为 C。本题根据图形所列数字以及所占图形面积的大小,可以观察出前五位分别为美国、英国、日本、德国、法国,第六位是中国。

2. 总数前三的国家的论文总数约占所有国家论文总数的(　　)。
　　A. 45%　　　　B. 50%　　　　C. 55%　　　　D. 60%

解析:此题答案为 B。根据图形资料,前三位的论文总数为 313613 + 87916 + 81315 = 482844。而总论文数为 313613 + 87916 + 81315 + 74552 + 52142 + 40758 + 38064 + 38269 + 26539 + 20405 + 201258 = 974831。总数前三的国家的论文总数约占所有国家论文总数的 $\frac{482844}{974831}$ ×100% = 49.5% ≈ 50%,故选 B 项。

3. 2002年SCI收录文章中,美国占32.17%,则我国约占(   )。

A. 2%   B. 3%   C. 4%   D. 5%

解析:此题答案为C。根据图形资料,2002年SCI收录文章中我国是40758,美国是313613,约为美国的1/8,如果美国占32.17%,我国论文所占比例约为美国所占比例的1/8,故选C项。

4. 日本比英国的论文数少(   )。

A. 5%   B. 8%   C. 10%   D. 12%

解析:此题答案为B。根据图形资料,日本SCI收录文章为81315,英国为87916,所以日本比英国的论文数大约少(87916 - 81315)÷87916×100% = 7.5%≈8%。

5. 从上图可以推出的结论是(   )。

Ⅰ. 法国和中国的论文数量相差最少

Ⅱ. 前十之外的其他国家的论文数量多于德、法、意三国论文数量之和

Ⅲ. 在排名前十的国家中,后七名国家的论文数量之和仍然小于美国

A. 只有Ⅰ   B. 只有Ⅱ   C. 只有Ⅲ   D. 只有Ⅱ和Ⅲ

解析:此题答案为D。根据图形资料,法国与中国论文之差为52142 - 40758 = 11384,中国与加拿大的论文之差为40758 - 38269 = 2489,可知结论Ⅰ错误。德、法、意三国论文数量之和为74552 + 52142 + 38064 = 164758,小于201258,可知结论Ⅱ正确;后七名国家的论文数量之和为74552 + 52142 + 38064 + 38269 + 26539 + 20405 + 40758 = 290729,小于美国的313613,可见结论Ⅲ也正确。故选D。

第八章　言语理解

一、题型概述

言语理解是军官合理运用语言文字进行交流和沟通的必备能力。言语理解测验主要考查应试者对现代汉语的理解和表达能力，即言语理解的正确性、言语表达的规范性、准确性与完整性及准确把握文字材料内涵等方面的能力。

言语理解包括以下三个层面：一是文字运用层面的基础知识，即对应试者关于语言文字基础知识的考查，包括对字、词、短语理解的正确性、表达的准确性等方面。这部分试题主要包括词组的搭配是否合理、成语理解是否正确、常见词运用是否正确等方面。二是语句理解的具体应用能力，即对应试者关于句子内容、逻辑关系的考查，包括句子表达是否歧义、语法表述是否规范、行文是否流畅等方面。三是语言文字的具体应用能力，即对应试者关于语言文字具体应用能力的考查。主要考查应试者的理解、判断、推理、总结、归纳等高级应用能力，包括对短语、长句、段落及篇章理解的正确性、特定引申含义的理解、隐含信息的合理推断、主旨主题的总结归纳、句子段落的逻辑推理等方面。具体是指根据材料查找主要信息及重要细节，正确理解阅读材料中指定词语、语句的准确含义，概括归纳阅读材料的中心、主旨，判断新组成的语句与阅读材料原意是否一致，根据上下文合理推断阅读材料中的隐含信息，判断作者的态度、意图、倾向、目的，准确、得体地遣词用字等。

言语理解部分的考查有三种方式，即对词、句子、篇章的考查。对词的考查形式是逻辑填空，包括三种题型：实词运用、成语运用和虚词运用。对句子的考查形式是语句理解，包括三种题型：病句辨析、歧义句辨析和语句排序。对篇章的考查形式是片段阅读，包括四种题型：主旨概括、态度观点、文意推断、细节判断。

二、知识要点

（一）逻辑填空

1. 实词运用核心知识

实词是指有实在意义的词。实词包括：名词、动词、形容词、数词、量词、代词等。每一个实词都可以详细解说其词义，可以独立充当句子成分。实词运用主要考查以下几个方面内容：

（1）判断词义的大小。

一般来说，不同的实词有其不同的使用范围，如"开垦""开拓""开辟"都有"开发"的意思，但是"开垦"指的是用力把荒芜的土地开发为可以耕种的土地；"开拓"指的是在原有的已经"开垦"的基础上进一步加以扩充；"开辟"的意思则是新的开发，新的开创，其词义的范围最大，可以包括"开垦"和"开辟"两个阶段。通过上下文关系，根据词义大小确定选何种词汇。

（2）考查词义的轻重。

有的实词之间基本意义相近，但是词义的轻重程度有所不同。一般来说，词义的轻重主要是意义相近的动词、形容词表现出来的差别,有的词语适用于比较重要的、较大的事物,有的则适用于一般性的事物;有的表示的程度深,有的则表示的程度浅。如"污蔑"和"诬陷"这两个词都指"硬是说别人做了坏事"的意思,但是"污蔑"指的是捏造事实败坏别人的荣誉,而"诬陷"则是指妄加罪名,进行人身陷害。很明显,"诬陷"的词义程度较重。

(3) 弄清词义的侧重点。

不同的词语,尽管意义差不多,但是其语义上的侧重点却不一定相同。如"愤慨"和"愤怒",都表示极其不满、生气,但前者侧重"慨",情绪激昂,后者侧重"怒",生气、气愤。

(4) 分清词义的具体与抽象。

词语都是对客观事物的概括的反映,如"纸"和"纸张",所指事物相同,但事物的外延有差别,前者是个体,在有的语境中也可指集体,后者一定且在所有语境中都是指称集体。还有一些词语只能表达集合性的、概括的概念,不能表达具体的事物,如"家具""工具"等。有一些实词的差别就在具体与概括的不同上,如"船"和"船只"、"花"和"花朵"、"车"和"车辆"等。

(5) 考查词语的感情色彩。

词语的感情色彩有的很鲜明,有的比较含蓄、隐蔽。如"修饰、粉饰、装饰","修饰"指梳妆打扮或修整装点,使外表整洁美好,也可以指使语言文字生动鲜明,如"修饰语言",它不含褒贬色彩;"粉饰"常指装点门面,掩盖实际,带有贬义,如"粉饰太平";"装饰"泛指点缀,不含贬义。同样是贬义词,但分量有轻有重。譬如"唆使、指使","唆使"指挑动别人去做坏事,有很强的贬义;"指使"表示出主意叫别人去做某一件事,语意较轻。

(6) 区分实词的语体色彩。

语体色彩是指不同的词语适用于不同语体风格而形成的风格色彩意义,如口语语体、书面语语体、小说语体、公文语体、散文语体、韵文语体等。口语语体用词通俗易懂、生动活泼,在对话、文艺作品中常常使用口语;书面语语体用词庄重典雅、讲究分寸,多用于郑重的场合、理论性强的文章等。有些专用词语只适用于某一类文体。如果不注意词语的语体色彩,用得不合适,会使人感到很不协调。如"起程"与"动身"意思相同,但前者书面语语体色彩浓,后者是口语语体色彩浓。

(7) 理解实词的态度色彩。

实词的态度色彩指的是词义中包含的对某事或某人的态度。如"诞辰"和"生日"都指出生的时辰日期,但是"诞辰"带有庄重、敬重的色彩,而"生日"则没有,是一般性的表达。

(8) 分清实词的搭配范围。

有些近义词语有不同的使用范围和搭配习惯。如"雄伟、宏伟",意思相近,但"雄伟"可用于形容山峰、富有历史意义的大型建筑,也可以指乐曲、绘画的雄壮;而"宏伟"指大型建筑或计划的宏大,如"宏伟的计划""宏伟的蓝图",一般不能说"宏伟的乐章"。再如"严密、周密",前者侧重于严格、紧密,没有疏漏,多用于防范方面;而"周密"着重于周到、完备、细密,多用于思考、计划、安排等方面。

(9) 区别实词的适用对象。

从词语的搭配意义来区分,实词还包括对词语的适用对象的分析。如"爱戴"和"爱护"都指有深厚的感情,但是"爱戴"的意思是敬爱而且拥戴,其适用对象是"下级"爱戴"上级",而"爱护"的意思是"爱惜并加以保护",其适用的对象是"长辈"爱护"晚辈",或"上级"爱护"下级",两者的适用对象正好相反,不能混用。

2. 成语运用核心知识

言语理解部分对成语的考查,重在成语的运用,首先多以辨析成语的含义、感情色彩、使用范围为主,所选成语大都取自日常生活,比较偏、怪的成语几乎不出现;其次,日常生活、报纸杂志容易用错的成语出现频率较高;再次,义项较多的成语、运用灵活的成语出现频率也较高。在运用能力上要求能够区别近义成语的使用,特别注意区分成语之间细小的差别;能够结合具体的语境,分析成语的意思与句子前后的意思是否一致或相同;能够辨析成语的意思与句子的意思是否重复多余;能够恰当地运用语法知识,分析成语的搭配、修饰是否恰当。对于成语,主要从两个方面予以把握,一是正确理解成语的意义,二是正确使用、运用成语。

成语运用主要考查以下几个方面内容:

(1) 成语的准确含义。

如"他的这篇论文,中心不突出,论据不恰当,简直是不刊之论"。这里,"不刊之论"的使用是错误的,关键在于对"刊"的理解上,如果按照现代汉语的意思理解,"刊"应该是"刊登"的意思,那么"不刊之论"的意思就是"不能够被刊登的言论或作品",这就和其实际的意思大相径庭了。"刊"的意思应该是"更改","不刊之论"的意思就是"不能够更改的言论",形容言论不可磨灭。

(2) 成语的感情色彩。

如"谭嗣同愿意作为变法牺牲的始作俑者,相比之下,康有为、梁启超两人确乎少些刚烈"。这一句子中的"始作俑者"的使用是错误的。"始作俑者"的本意是第一个制作用来殉葬的木偶、土偶的人,现在用来比喻恶劣风气的开创者,是带有贬义色彩的成语。说"谭嗣同"是"始作俑者"显然是褒贬失当。

(3) 成语与其他词语的搭配。

成语的意思往往比较独特,因此在理解了成语意义的基础上,还要注意成语和其所在句子中其他词语的搭配问题,注意是否得当,是否有语义上的重复累赘等。

如"面对无数个因为'豆腐渣工程'而无辜丧生的人们,面对他们的亲人撕心裂肺的痛苦,我们再也无法保持沉默了"。"撕心裂肺"在这一句子中的搭配是错误的,一般来说,"撕心裂肺"多用来形容哭声等,而不是用来形容"痛苦"。

又如"他那和颜悦色、平易近人的风度,一下子把大家的拘束感都给驱散了"。这里的"和颜悦色""平易近人"和"风度"搭配,也是错误的。"和颜悦色、平易近人"是说脸色平和,容易让人接近,其表示的是一种态度,多和"态度"等词语搭配,而不是一种"风度",不能和"风度"搭配。

(4) 成语的特殊用法。

如"望其项背"的意思指能够看见别人的脖子和后背,比喻能够赶得上或者比得上。一般来说,这个成语必须用于否定句或表示否定意义的反问句当中,否则就是错误的,如"这家公司的雄厚财力是其他公司难以望其项背的"。

(5) 成语的用法功能。

如"有些领导漠不关心人民群众的疾苦","漠不关心"是形容人对事物态度非常冷淡,不闻不问,丝毫也不关心。尽管"漠""不"都是修饰"关心"的,但是作为一个成语,其意义具有凝固性,语法功能上也发生了改变。因此"漠不关心"并不等于"毫不关心",后者是一个词组,其语法功能与其中心词"关心"保持一致,后面可以带宾语。而"漠不关心"则是一个成语,其有着独特的语法功能,不和"关心"一致,后面不能带宾语。

(6) 成语的使用范围。

成语具有约定俗成性,其使用范围也在千百年的使用中得以固定。如"古人中不乏刻苦学习的楷模,悬梁刺股者、闻鸡起舞者、秉烛达旦者,在历史上汗牛充栋",这个句子中的"汗牛充栋"属于误用。"汗牛充栋"的意思是形容书很多,多得用牛来搬运都累得牛出汗,摆放时充满了整个屋子。这个成语的使用范围仅限于形容书多,而不能用来形容别的事物的众多。

(7) 成语造句的逻辑性。

由于成语意义比较独特,有着很丰富的附加意义,要注意成语在句子中的意义表达是否与整个句子在逻辑性上保持了一致。如"在书籍的浩瀚海洋里,学会使用书目,常常能够取得事倍功半的效果",这一句子中的"事倍功半"显然用错了,"学会使用书目"应该是一种进步,不可能"功半",应该是"事半功倍"的误用。

3. 虚词运用核心知识

虚词一般指不能单独成句,意义比较抽象,有帮助造句作用的词。汉语的虚词主要包括副词、介词、连词、助词、叹词、象声词(又叫拟声词)六类。

(1) 副词。修饰或限制动词、形容词的作用,表示程度、范围、时间等的词。

表示程度:很、最、极、十分、越、更加、几乎、少、甚、太

表示范围:都、总、共、一齐、一律、一概、皆、并、唯、独

表示时间、频率:已经、一直、往往、马上、顿时、才、从来、渐渐、偶尔、再三、将要

表示肯定、否定:必须、的确、不、别、莫、未必、不用

表示语气:难道、岂、简直、也许、难怪、大约、只好、居然

表示情状:猛然、肆意、赶紧、悄悄、特意

表示估量:大约、或许、似乎、恐怕

表示处所:到处、处处、满地

(2) 介词。名词、代词、名词性词组组合起来表示时间、方向、对象等的词。

表示时间:从、往、当着、赶、临、于

表示处所、方向:朝、往、在、于、沿着、顺着

表示方式、方法:按照、通过、依照、用、拿

表示原因、目的:由于、为了、因为、因为

表示比较:比、和、同、与、跟

表示排除:除了、除非

表示对象关联:对、对于、替、同、和、叫、让

(3) 连词。连接词、短语、句子的词。

经常连接词或短语:和、跟、同、或者、并、并且、而、而且

经常连接分句或句子:不但……而且、或者……或者、因为……所以、虽然……但是、只有、无论

(4) 助词。附着于别的词后,表示结构、时态、语气等语法意义的词。

结构助词:的、地、得

时态助词:着、了、过

语气助词:呢、吧、吗、呀、啊、哇

(5) 叹词。表示感叹、呼唤、应答的词。

感叹叹词：啊、哼、呸、哈哈、哎哟

呼唤、应答叹词：喂、哎、嗯

(6) 象声词。模拟事物声音的词。如：嗡嗡、潺潺、鸣、吱吱

在言语理解部分，主要考查易混淆虚词的辨析、关联词的搭配。关联词属于连词的一种，是复句中用来连接分句与分句，标明分句与分句之间的关系的词语。关联词可以表并列、因果、转折、递进、承接、选择、假设、条件等关系。因此，掌握关联词是虚词运用的关键。关联词主要包括：

① 并列关系。并列关系指句子的几个分句或者陈述相关的几件事情，或者陈述同一事物的几个方面。分句之间存在互相解释、补充说明的语义关系。具体细分体现在以下两种类型中：

并存的分句：常见关联词有"既……又……""又……又……""一面……一面……""一边……一边……""有的……有的……""也……也……"等。

相反相对的分句：常见关联词有"不是……而是……""是……不是……""有的……有的……""一方面……另一方面……"等。

② 因果关系。因果关系指前后两个分句是原因和结果的对应关系。通常前一个分句为事件的起因，后一个分句为事件结果。

常见关联词有"因为……所以……""由于……以至于……""由于……因而……""之所以……是因为……"。

③ 转折关系。转折关系指前一个分句叙述一个已然性事实，而后一个分句不是顺着这个事实得出结论，而是说出了一个相反的事实。具体细分体现在以下两种类型中：

弱转折：常见关联词有"其实……""实际上……""事实上……""只是"等。

强转折：常见关联词有"虽然……但是……""然而……""不过……""却……"等。

④ 递进关系。递进关系指在句子的两个分句中，后一个分句所表达的意思比前一个分句或语意更进一层，或范围更广泛，或程度更深，或情况更甚。

一级递进：常见关联词有"不但……而且……""不仅……还……""不单……也……""不只……并且……""不独……还""不但不……反而……"等。

二级递进：常见关联词有"……甚至……""……更……"等。

⑤ 承接关系。承接关系指各个分句依次叙述连续发生的几个动作或几件事情，各分句的先后次序是一定的，不能颠倒。

常见关联词有"(首先)……然后……""……便……""……就……""……于是……"等。

⑥ 选择关系。选择关系指两个或更多的分句分别说出两种或几种相关的情况，要求从中选择一种情况。

常见关联词有"不是……就是""或是……或是""宁可……也"等。

⑦ 假设关系。假设关系指前面一个分句表示假设的情况，后一个分句表示由这种假设的情况产生的结果。

常见关联词有"如果……就""假使……便""要是……那么"等。

⑧ 条件关系。条件关系是指句子中一个分句提出条件，另一个分句说明在合格条件下产生的结果。

常见关联词有"只要……就""只有……才""无论……都""不管……也"等。

(二) 语句理解

1. 病句辨析核心知识

辨析病句,是考查对病句的识别与分析,对句法结构正确掌握与词语正确使用的能力,这类题型需要应试者在言语表达的规范性和准确性上具有较高水平。

病句辨析主要考查以下几个方面内容:

(1) 句子成分搭配不当。

一是主语和谓语搭配不当。其语病通常由两方面原因造成,主语和谓语使用的词语语义范围不能相容,或一主多谓或一谓多主不能全部搭配。

二是谓语和宾语(包括补语)搭配不当。其语病通常由两方面原因造成,谓语和宾语(包括补语)使用的语词语义范围不能相容,或一谓多宾(补)或一宾(补)多谓不能全部搭配。

三是主语和宾语搭配不当。其语病通常由两方面原因造成,主语和宾语使用的词语语义范围不能相容,或一主多宾或一宾多主不能全部搭配。

四是中心语和修饰语搭配不当。修饰语是指句中的定语、状语和补语成分,中心语是指受到修饰语修饰和限定的句子主要成分,包括主语、谓语、宾语。这类语病通常是由中心语和修饰语的词语语义范围不能相容造成的。

五是一面对两面搭配不当。在汉语词语中,有些词语只有"一面"意思:可以是正面的,如"高""优""是""应该"等;也可以是反面的,如"低""劣""不是""不应该"等。还有一些词语兼有正反两面的意思,如"高低""优劣""是否""应该不应该"等。句子中使用"能否""是否"等类似的表示正反两面的词语时,与之搭配的状况也必须包含有正反两方面的情况,如果把一面性的词语与两面性的词语搭配,就会造成表达的混乱,就是我们通常说的搭配不当。

(2) 句子成分残缺或多余。

一是句子成分残缺。句子成分残缺包括缺主语、缺谓语、缺宾语、缺定语、缺状语等。二是句子成分多余。

(3) 语序不当。

一是修饰语语序不当。这种类型通常考查定语语序不当和状语语序不当两个方面。

二是虚词的位置安排不当。一般来说,副词用在形容词或动词前,介词一般用在名词、代词或名词性短语之前,连词虽然不和任何句子成分发生关系,但由于表意的需要,其位置有时在主语之前,有时却在主语之后。

三是分句语序不当。分句和分句之间常用一些关联词语来连接,在意义上有一定的联系,常见的有递进、转折、因果、承接、并列等关系。

四是相关联的并列词语或短语语序不当。并列词语或短语的排列,要注意其轻重、先后、大小等关系,同时需注意句子表意上的逻辑关系。

(4) 逻辑矛盾。

"逻辑矛盾"指的是句子的意思在事理上讲不过去,不能正确地反映客观事物间的逻辑关系。例如"学习有态度与方法之分",这句话形式上跟"生物有动物、植物和微生物之分"是一样的,但"动物、植物和微生物"加起来等于"生物",而"态度"和"方法"加起来不等于"学习",所以这句话就是不合逻辑。"逻辑矛盾"可以从概念的运用是否准确、判断的构成是否恰当、推理的方式是否合理等多方面来分析。

一是自相矛盾。句子中出现自相矛盾的情况,有时是由于对词语的概念认识不明确,有时是因粗心大意,前后失去照应。

二是范围不清。概念是有大小之分的,有的词概念范围较大,如"房子";有的词概念范围较小,如"草房""瓦房""楼房"。一般情况下,大概念和小概念是不能并列的。此外,概念与概念之间存在交叉关系的也不能并列。

三是强加因果。所谓强加因果,就是把没有因果关系的说成是有因果关系。强加因果是一种逻辑推断的错误,所提供的"因"前提无法推断出"果"的结果,故构成病句。

四是主客倒置。事物之间的关系,常常有施受、因果、先后等的不同。例如"人咬狗"是施受弄反了,"重力产生地心引力"是因果颠倒,"去年和今年比较起来大不一样"是先后错乱。

五是否定失当。审读否定词时一定要注意含有否定意味的一类词语,如禁止、切忌、杜绝、避免、缺乏等。还要特别注意句子中的否定词,单次否定表否定,双重否定表肯定,三次否定则又变成否定。

六是不合事理。在表述中,违反了人们的逻辑思维,违背了客观现实情况,最终导致句子所表示出来的意义违反常理,显得荒谬不可理解。

七是数词不当。数词的用法有确定的规则,如约数与约数不能同时使用;数量的增加既可以说增加了几倍,也可以说增加了几分之几;数量的减少只能用分数,不能用倍数等。

(5)用词不当。

用词不当主要包括实词用词不当和虚词用词不当。

实词用词不当,包括成语用词不当、名词用词不当、动词用词不当、形容词用词不当等,这些实词产生误用通常都是由于不能精准地把握词语的意义造成的。

虚词用词不当,包括:关联词使用不当。关联词使用不当的情况可以分为两类:第一类是关联词语的选择和使用错误,包括错误选择了关联词和关联词的搭配不当;第二类是关联词语使用的位置不当,有时不能将所统摄的对象全部置于关联词后。其他虚词用词不当,主要有介词用词不当、连词用词不当等。出现错误一般存在两种情况:第一种情况是选词错误,不能表达句子所需要表达的意义;第二种情况是位置不当,不能将所统摄的内容全部置于其后。

(6)结构混乱。

结构混乱,一般称为句式杂糅。它是指一句话两种结构形式纠缠不清,你中有我,我中有你,造成结构混乱的病句类型。出现杂糅语病,往往是组织语言时,先选用一种说法,说着说着不知不觉又换成了另一种说法,结果两种说法套接在一起,形成了一副似是而非的面目,半截是这种结构,半截是那种结构。

一是举棋不定。对某些固定的惯用的造句格式,既想用这种,又想用那种,把两种本来不能结合在一起的格式,硬是混在一起使用,故而也可以称作"格式混杂"。

二是藕断丝连。本应用两个句子来表达的两件事,硬将其变成一个句子凑在一起,或把前一句的后半句用作另一句的开头,硬把前后连成一句,故又称为"前后牵连"。其实前一句话结构已完整,不应该再把它的最后部分用作另一部分的开头。

三是中途易辙,又叫中途变向。在比较复杂的单句中,一件事没有交代完,就又来交代第二件事,结果就出现了两个没有必要同时并存的主语,使句子结构出现了混乱的毛病。

四是反客为主。把上半句主语以外的成分用来作下半句的主语,因此纠缠不清。

2. 歧义句辨析核心知识

歧义句是在理解上会产生两种以上可能的句子,换句话说,就是可以这样理解也可以那样理解的句子。产生歧义句的原因大致有两种,一种是多音多义词造成的歧义,一种是句子结构的不同停顿组合造成的歧义。歧义句主要有语音歧义、词汇歧义、语法歧义三种类型。

(1) 语音歧义。

能够导致歧义的语音特征主要有重音、停顿、声调、语气和语调。句子的轻重音、停顿点、语调等的不同均可以使句子意思有所变化。比如:这个人好说话。"好"读上声,是"易于、便于"之意;读去声,是"爱好、喜欢"之意。

(2) 词汇歧义。

词汇歧义大多都是多义词或多义短语使用不当造成的,如果一个句子里有某个词是多义的,就造成了这个词在句子中的意思不够明确,那么这个句子可能成为多义句。主要包括:

多义词引起歧义。如"这真是好球",即可指球的质量优良耐用,又可指精彩的进球(名词多义)。再如"我叫他去","叫"可理解为让、使、派,这个句子的意思就是"我派他去";"叫"也可以理解为"喊、唤、招"等意思,这个句子就是"我去叫他"或"我去喊他"(动词多义)。

兼类词构成歧义。如"饭不热了",动词,即不用热饭了,凉的也可以吃;形容词,饭凉了。

(3) 语法歧义。

语法歧义是指由于运用语法规则不恰当而造成的语句歧义。主要包括:

一是结构不明产生歧义。如"新的国家的领导人",形容词管辖范围不确定;"两个朋友送的小花瓶",数量词管辖范围不确定。

二是关系不明引起歧义。如"她的花棉袄罩着绿上衣",花棉袄可能在绿上衣上面,也可能绿上衣在花棉袄上面;"修车的人急坏了"可作为"车主",也可作为"修车工人"。

三是指代不明引起歧义。在句子中,指示代词和人称代词的指代如果含糊不明,就会造成歧义。如"李明告诉张伟,他爸爸出差了",谁的爸爸;"我和小王已经商量好了,下了课去打球",可理解为"我独自去打球",也可理解为"我和小王一块去打球"。

四是省略不当引起歧义。如"孩子们很喜欢离休干部李大伯,一来到这里就有说有笑,十分高兴",谁来到这里,孩子们,还是李大伯;"他只有一个儿子,在医院工作",谁在医院工作,他,还是儿子。

3. 语句排序核心知识

所谓语句排序,就是指语句表达要前后勾连、衔接和呼应恰当。一般来说,此类题目给出几个句子,然后对这几个句子进行排序,实际上是考查语句内在的逻辑关系,重在语义关联。

保持语句通顺、语句连贯,必须具备三个基本条件。一是语段条件,是指必须围绕一个统一的话题。共同的话题使语段中的句子组成一个有机的整体,每个句子都围绕同一中心进行阐述。如果没有形成统一的话题,必然东拉西扯,语言的连贯性就会遭到破坏。二是逻辑条件,是指必须形成合理的句序。合理的句序反映了说话人连贯的思路,反过来说,说话人的思路又成为排列句子顺序的线索。一般来说,人们把空间顺序、时间顺序、逻辑顺序作为基本语序。在实际运用时,几种安排句序的方法往往是综合运用的。三是语言条件,是指必须注意语言的照应与衔接。若句子之间缺少必要的过渡、照应、铺垫,跳跃感太大,会影响到语言的连贯性。

保持语意连贯的原则。一是意境协调,指文段所体现出来的情感、意蕴同其中的物象、景致高度契合统一,从而给人带来一种美的感受。二是前后照应,指语段中的信息要前后吻合、彼此呼应,在表意上形成一个严密的整体。三是句式一致,指组成文段的句子、短语结构形成前后具有一致性。四是承启恰当,指要把握文段中句与句之间承上启下、前后勾连的关系。五是合乎逻辑,指语段在表情达意时要遵从一定的逻辑顺序。六是音节和谐,主要体现在一些散文中,会让语句读起来更通顺,更有韵味,更富美感。七是话题统一,指组成段落的句子之间,或者组成复句的分句之间,有紧密的联系,围绕一个中心,集中表现一个事实、场景或思想观点。

语句排序题的快速解题技巧。一是从选项入手确定可能的首句。在四个选项中,如果有两个或以上的选项中的段首句同为一句,则这个选项为首句的可能性较大。二是关联词语的搭配。如果一些语句的开头有关联词的话,一般情况下不会是段首句,而是应该通过关联词表示的关系,寻找其他几句中与之相匹配的一项。三是代词的指代。代词一般不会出现在句首,代词前会有指代的内容。四是主体需保持一致。整段文字的主体需保持一致,即使更换了不同的主体,主体之间也需保持一致。五是时间、空间顺序。整段文字要遵循时间和空间的一定规律。六是包含示例。通常一段中列举的例子一般不是段首句,但是一定可以通过例子表述的内容找到与之相匹配的一句,这句话一般在例子的前面。七是看行文结构。行文结构一般分为"总——分——总""总——分""分——总""并列"这几种格式。"总——分——总"格式为提出问题——分析问题——解决问题的思路。一般解决问题的部分由关键词"应该""需要""必须"等词引导,或者联词"只有……才""只要……就"。

(三) 片段阅读

1. 主旨概括

主旨概括题是言语理解测验中的重要题型,它要求应试者对文段的内容有深入、透彻的理解,能够归纳概括文段的中心思想,即意在文中,不脱离文段的含义对文段进行概括。主旨概括题的主要提问形式有"这段话的主旨是……""对这段话的准确概括是……""这段话主要说的是……"

主旨概括题可从以下两个方面入手:

(1) 压缩主干。文段由句群组成,每个句子都表达一个含义,把每句的大意综合起来加以概括,就是整个文段的主要内容。在抽取主干的过程中要注意前后句子的连贯性,确保文段的意思前后一致,重点语句和非重点语句取舍正确。

(2) 关联词法。在片段阅读中关联词的结构使句子的前后关系具有了一定的倾向性,大致分为以下六种:① 转折后为重点;② 递进后为重点;③ 因果后为重点;④ 选择后为重点;⑤ 假设前为重点;⑥ 充分、必要条件前为重点,反之后为重点。通过文段中出现的关联词可以迅速找到文段的主旨。

2. 态度观点

态度观点题主要考查应试者把握说话人态度、倾向性的能力,在一定程度上与概括主旨题、文意推断题的考点是相互交叉的,都需要应试者理解、把握文段主旨,只是提问的侧重点不同,以至最终选项有所差异。态度观点题的提问形式主要有"这段话主要支持了这样一个观点,即……""可以推知,作者对……的态度是……""符合作者观点的一项是……"等。

态度观点题虽然要求应试者把握文段或作者的态度及倾向性,但实际的解题关键仍然在于对文段主旨的深刻理解与认识,解题思路与概括主旨题的解题思路是一脉相承的。需要注意以下两点:

(1) 借鉴概括主旨题中的关联词法,迅速锁定文段重点,从而确定作者的观点。

（2）由于态度观点题本身要求应试者把握文段或作者的态度和倾向，因而在很大程度上行文中会流露出作者的主观态度，应试者可仔细体会文段的感情色彩，对于文段中给予褒扬，即便不是褒扬，至少是客观中性的评价就基本可以认定为作者或文段支持的观点，而对于文段中暗含贬义用词的说法或观点，基本也可锁定为不符合作者观点的一项。

3. 文意推断

文意推断题主要考查应试者根据文段中心意思进行合理引申、推测的能力。应试者在解答题目时，一方面要忠于原文，另一方面要加以概括、归纳，进行适当的引申。文意推断题的主要提问形式有"这段文字意在说明……""这段文字主要想表达的是……""这段文字说明的道理是……""这段文字说明的主要是……""可以推知，上述文字意在解释……"等。

对于文意推断题，应试者解题的关键在于把握提问的要求，"意在""推出""说明"这些词意味着正确答案暗含在原文的表述中，而没有直接以原文的方式体现出来。主要方法有：

（1）巧用排除。根据文意推断题目的出题要求，正确答案不可能以原文方式直接表述出来，因此照搬原文的主旨句这一类选项可直接予以排除。

（2）忠于原文，切忌对原文主旨过度引申。应试者在作答文意推断题时还是要对原文主旨进行领会、把握，正确选项只能在此基础上引申，而不能增加个人的主观意愿，过度猜测。

（3）比较选项，慎重作答。很多时候选项本身也给应试者提供了作答的线索，一般情况下太过绝对化的选项不是正确答案，如"都""所有""一切""完全""一定""总是"等，通常含有相对、不完全意义的表述会是正确答案，如"可能""大概""相对""部分"等。客观地说，这种方法不具有绝对性，应试者还是要忠于原文，具体问题具体分析。

4. 细节判断

细节判断题主要考查应试者快速辨别文段细节信息的能力。细节判断题常用的提问方式有："下列说法中正确（不正确）的一项是……""下列说法符合（不符合）文意的一项是……""下列选项理解正确（错误）的一项是……"等。

细节判断题要求应试者阅读完文段后迅速判断选项的正确与否，相对前三个考点的题目来说，对主旨的把握不是最重要的，注重的是对细节的比对。因此细节判断题的阅读量相对大一些，内容多一些，耗费的时间也自然多一些。作答细节判断题可借鉴文意推断题的方法：

（1）排除法。解答细节判断题与文意推断题在运用排除法时正好相反，文意推断题要排除与原文一致的选项，而细节判断题则是要保留与原文一致的选项。

（2）完全忠于原文，一般情况下无须引申。作答细节判断题答案尽可能忠于原文，原文表述绝对就是绝对，相对就是相对，必然就是必然，即使完全与应试者的个人观点相背离也必须忠于原文。

（3）注意选项与原文的同义替换。通常情况下命题人会将备选项出得与原文不一致，此时，应试者可以大胆选择对原文进行同义替换的选项为正确答案。

（4）注意命题人对选项进行时态、数量、范围、逻辑等方面的偷换。

三、基本题型

（1）逻辑填空。包括实词运用、成语运用、虚词运用等。

（2）语句理解。包括病句辨析、歧义句辨析、语句排序等。

（3）片段阅读。包括主旨概括（提炼中心思想、概括主要内容、复述主题）、态度观点、文意推断、细节判断。

四、解题方法

言语理解部分题量较多,难度较大,分值高,时间短。应试者要想提高做题速度,提高正确性,掌握科学的解题方法是必不可少的。言语理解部分主要解题方法有:

(一)逻辑填空解题方法

1. 对应关系法

对应分析法是快速突破逻辑填空的有效方法。对应分析法主要适用于有一定的言语片段和上下文之间的关系的语境。命题人通常会在空缺处的上下文设置一些提示信息,这些信息与正确答案之间存在一定呼应关系。对应分析法就是通过揭示这种呼应关系,帮助应试者寻找解题思路。

逻辑填空题中的对应关系主要分为正对应和逆对应两种。

(1)正对应:文段中上下文的某些词句从正面提示了正确答案的信息,包括解说关系、概括关系、顺承关系、递进关系等。

(2)逆对应:文段中上下文的若干词句从反面提示了应选词语的信息,包括转折关系、并列关系、背离关系等。当文段中存在诸如转折关系、并列关系、背离关系等逻辑关系时,应试者可考虑此种对应。

2. 语素分析法

词由语素构成,因此无论以何种方式构成的词,词义和语素义之间必然会有一定的联系。从语素入手辨析近义性词语的词义,不失为辨析词义侧重点的一大法宝。这种方法称为语素分析法,一般通过组词来辨析词义,并遵循代入语境的原则。

(1)存异组词法。近义性词语之所以意义相近,绝大多数是因为具有相同的语素,而之所以有差异,各有侧重,则是因为除相同语素外,还有不同的语素。

(2)分解组词法。对于两个语素都不相同的近义性词语,无法进行存异组词时,就可采用分解组词法。先分解原词,原词各语素分别组词,得到与原词意义相近的一个短语;再代入语境,得出答案。

(3)扩展组词法。在语言实践中,一些词和词组的搭配是约定俗成的,这也为辨析近义性词语提供了一个思路,就是扩展组词法。先按照习惯,组成短语,再代入语境。

(二)语句理解解题方法

1. 语感觉察法

审读病句,可以从感觉上察觉毛病,按习惯的说法会觉出别扭。以上搭配不当、语序不当、语义重复的地方,都可以用此法辨析。当然,任何人的语感都不是天生具备的,而是要靠平时的培养。

2. 提取主干法

运用语法分析的方法,将句子的附加成分(定语、状语、补语)去掉,提取出主干,检查主干是否有毛病;如果主干没毛病,再检查附加成分,看修饰语与中心词之间,修饰语内部是否有毛病。搭配不当以及成分残缺的病句,都可以用此法辨析。

3. 特定句式的特定方法

有些特定句式,解题时应优先考虑有针对性的特定方法。

（1）遇到介宾短语开头的句子，首先考虑它是否有主语，因为现代汉语中，介宾短语不能充当句子的主语，而人们在造句时往往会把本来应当作主语的词放到了介宾短语中，结果使句子失去了主语。

（2）遇到有否定词的句子，首先看它有几个表否定的词，考虑是否把话说反了。现代汉语中可以用双重否定表肯定，但是三重否定仍然表否定。

（3）遇到有表示两方面意思的词语，首先看句子前后表意是否一致。一般地说，一个句子的前（或后）半部分有了表达两方面意思的词，后（或前）半部分也应该有表达两方面意思的词语。因此，只要发现句子中有了表达两方面意思的词语，就要注意它前后是否一致。但是，这并不意味着只要句子中表达两方面意思的词语是双数就可以了，而是要从相关词语的内涵上去考虑。

（4）遇到有代词的句子，首先考虑它的代词指代是否恰当。代词应当有明确的指代，因此只要看到句子中有了代词，特别是句子中的人物或事物又是多项时，首先就要迅速找出这个代词的指代对象，看看指代是否正确或者明确。

（5）遇到用"是"作谓语的句子，首先考虑它的主语和宾语是否表示同一属类。用"是"字作谓语的句子是判断句，判断句的主语和宾语必须是同一类别的事物。因此，遇到这种情况，首先就要检查它的主语和谓语，看看它们是不是代表同一属类的事物。

（6）遇到定语较长的句子，首先考虑它是否丢掉了宾语。一句话的定语较长时，说话人易顾此失彼，忘记把句子写完，因而丢掉了宾语。

（7）遇到有关联词的复句，首先考虑关联词语的使用是否恰当，再看它的位置是否正确。复句中的关联词语要根据主语的情况来决定位置，分句主语相同，关联词语就放在主语的后面；否则，放在主语的前面。

4. 关联法

语句排序题目的答题方法主要有"关联法"。所谓"关联法"，就是根据所给几个句子中语义相关联的两个句子，进行排序，然后进行选项排除，从而得出正确结论。关联法，重在寻找语句内部的关联，而语句内部的关联，我们经常用到的是两种方法：一是语义重叠，也就是两个句子的重复语言较多；二是关联词。根据关联词的固定搭配，很容易能判断出语句的先后顺序。

（三）片段阅读解题方法

片段阅读主要考查的是应试者迅速准确地理解文字材料内涵、把握文字材料主旨的能力。要快速准确地解答片段阅读题首先要能抓住文字材料的重点、关键信息，这些信息能够帮助应试者快速定位文段的论述对象和重点、划分出文段的结构。根据特性不同，将关键信息主要分为以下三大类：关键词、关键句和关键暗示信息。

1. 关键词

在做片段阅读题型时，题干材料中的关键词是非常重要的，主要有以下三种：

（1）高频词。用来确定文段论述主题、重点。反复通常表强调，故高频词一般都是文段的中心词，与文段的主要内容或主旨密切相关。解题时要注意高频词，尤其是解答主旨类题目和主题类题目时可直接锁定包含了高频词的选项为正确答案。比较常见的高频词有名词和动词。当高频词为名词时，则文段的主题应与此相关，此名词在选项中一般作主语；当高频词为动词时，为文段论述的重点，在选项中一般充当谓语，或可转化为名词性短语。

（2）表示某一特定含义的概念。用来确定文段落脚点。文段中出现的含有特定意义的概念,通常是文段的要点。尤其当该概念出现在段尾时,往往是文段的落脚点,与文段的主旨多有密切关系。遇到此类文段时,应试者只要抓住这个概念,运用排除法,即可快速准确地锁定答案。

(3) 提示文段重点或结构的词。这些词用来指示重点、区分层次。与高频词和表示某一特定含义的概念直接点出文段的中心词或落脚点不同,文段中有些词只能间接对快速定位文段的重点或划分出文段的结构起指示作用。这些词一般为关联词、副词、其他某些起提示或指示作用的词。

2. 关键句

关键句就是指提示文段大意、中心、主旨、观点的句子。抓关键句,要从两方面入手:从内容入手,找能表达主旨的中心句;从结构入手,找能体现内容的概括句。在分析内容和结构时,要重点关注三种句子——首句、尾句、承启句。有的试题材料开门见山,首句就是中心句;有的中心句在尾句;有些试题材料的承启句是中心句。

3. 关键暗示信息

有些文段材料的重点暗藏其中,不是很突出,此时需要从中寻找其他暗示信息,通过分析这些暗示信息,顺利找出正确答案。可能存在暗示信息的点有:

(1) 修辞手法。常见的修辞方法有比喻、排比、拟人、对比等,修辞手法对文段主旨的表达起重要作用,是需要注意的一个解题关键点。

(2) 标点符号。引号、冒号、问号、破折号都存在特殊用法,注意这些标点符号有时也可以帮助应试者快速答题。

(3) 数字信息。文段中如果出现大量数字,要注意分析这些数字间的对比关系或联系,在对比和联系中寻找答案。

五、例题解析

(一) 逻辑填空

1. 实词运用

【例题1】疯狂扩散的蓝藻起初并没有使人们感到_____。往年正常情况下,它顶多影响太湖的一些景观,不会带来什么骚乱。雨季一来,这些小生物便会被大量的雨水冲刷稀释,人们会渐渐_____它,直到第二年的来临。还有一些农民把它们捞起来当肥料,_____地称之为"海油"。

填入画横线部分最恰当的一项是( )。

A. 焦虑　淡忘　亲切　　　　　B. 担忧　漠视　形象
C. 异样　适应　生动　　　　　D. 奇怪　习惯　幽默

解析:此题答案为 A。根据"疯狂的、顶多"可以排除选项 C、D。漠视是一个带有消极意义的词,这并不与第二个空格相匹配。第三个空格应带有积极意义,是一个褒义词,所以选 A。

【例题2】钧瓷以其古朴的_____,精湛的_____,复杂的配釉,湖光山色、云霞雾霭、人兽花鸟鱼虫等变化无穷的图形色彩和奇妙韵味,被列为中国古代"五大名瓷"之首。

填入画横线部分最恰当的一项是( )。

A. 造型　技术　　B. 外形　工艺　　C. 外形　技术　　D. 造型　工艺

解析:此题答案为 D。"外形"是指物体外部的形状;"造型"是指创造出来的物体的形象。

钧瓷是独特的、创造出来的,形容钧瓷用"造型"比"外形"更适合。"工艺"是指将原材料或半成品加工成产品的工作方法、技术等。"技术"只是一个经验和知识的生产过程中的积累,"工艺"比"技术"更适合。所以,正确答案是选项D。

【例题3】实践表明,_____良善的制度设计,住房保障已不再是政府的财政包袱,相反,它还是经济增长的_____。住房保障本身已表现出一种强大可持续的生命力,并成为能够产生稳定回报的投资品。

填入画横线部分最恰当的一项是( )。

A. 基于　机遇　　B. 出于　动力　　C. 由于　前提　　D. 鉴于　表现

解析:此题答案为A。从词语的搭配习惯来看,"出于"应搭配使用,如"出于……的考虑(或目的)",用在这里使句子成分残缺,首先排除B。"鉴于"表示以某种情况为前提加以考虑,显然句中没有此意,排除D。"相反"说明横线处的词语与"财政包袱"形成对比或含义相反,"包袱"就是负担,与负担相对则是"机遇"。

【例题4】在当代,发展的竞争归根到底取决于人口素质。谁人口素质高、人力资本_____,谁就占据先机,谁就会走在发展的_____;谁人口素质低、人力资本_____不够,谁就会丧失发展的机遇,跟不上时代前进的步伐。

填入画横线部分最恰当的一项是( )。

A. 丰富　前沿　累积　　　　　　B. 充足　前锋　积累
C. 强大　前端　聚集　　　　　　D. 雄厚　前列　积聚

解析:此题答案为D。本题的突破点在第一个空格,在习惯上,"资本"与D项的"雄厚"最为搭配。进一步验证第二个空格,"走在发展的前列"这个搭配也极佳。

【例题5】作家、出版社、图书零售商依然依靠传统的纸质书利润分成系统获取各自最主要的收入,网络盗版被视为_____这一系统利益的首害。2000年曾_____于电子出版的许多出版社后来都放缓了推出电子化新书的脚步,主要原因便是担心这样会加快网络盗版的速度,减少图书的销售量。

填入画横线部分最恰当的一项是( )。

A. 冲击　争先恐后　　　　　　　B. 侵蚀　跃跃欲试
C. 破坏　摩拳擦掌　　　　　　　D. 分割　踌躇满志

解析:此题答案为B。第一横线处要填的词语和"利益"搭配,从搭配习惯来看,首先排除A、C两项。从感情色彩上来看,"分割"是中性词,与"首害"的感情色彩不统一。"侵蚀"指逐渐侵害使(利益)受消耗或损害,速度较缓慢,这与"担心加快网络盗版的速度"相对应。

2. 成语运用

【例题1】"获指标逾期不买车"该受罚吗?既然无法保证市民在多长时间内参加摇号一定能摇到,那么就没有理由对那些_____的市民予以惩罚,这是一个基本的公平。更何况,大到国家政策尚且可能_____,普通家庭因为种种原因而临时改变购车计划,凭什么就得挨罚呢?

填入画横线部分最恰当的一项是( )。

A. 未雨绸缪　朝令夕改　　　　　B. 防患未然　反复无常
C. 居安思危　变幻莫测　　　　　D. 临渴掘井　变化多端

解析:此题答案为A。由"临时改变购车计划"可知,第二空应填一个表示政策不稳定的成语。"变幻莫测"意为变化又多又快,让人不可捉摸,多用于形容气候、政治风云、命运等。"变化多端"意为变化很多、很大,没有头绪和规律。这两个成语都不能用于形容政策的变化,排除C、D。第一空中,"未雨绸缪"与"防患未然"都有事先做准备的意思,但"防患未然"预防的是事故、灾难的发生。市民为将来可能存在的用车需求而事先参加摇号的举动用"未雨绸缪"来形容更恰当。

【例题2】传统经济学习惯铺陈宏大的说辞,在人性的细节方面,总是_____。被抽空了细节的经济学,虽_____,拥有如庙堂般巍峨的气势,却还原和解读不了世界的真实。

填入画横线部分最恰当的一项是(   )。

A. 语焉不详 高屋建瓴   B. 闪烁其词 博大精深
C. 含糊其辞 鞭辟入里   D. 捉襟见肘 天马行空

解析:此题答案为 A。先看第一空,句中是说传统经济学在细节方面关注不够。"闪烁其词"是指言语遮遮掩掩、吞吞吐吐;"捉襟见肘"形容衣衫褴褛,也比喻顾此失彼。据词义可排除B、D。再看第二空,"高屋建瓴"比喻居高临下、不可阻遏的形势;"鞭辟入里"形容分析透彻、切中要害。由句中"拥有如庙堂般巍峨的气势"可知,这里侧重的是气势的巍峨,故应选"高屋建瓴"。

【例题3】煤炭与石油、天然气相比价格低廉,以同等发热量计算,目前石油价格是煤炭的5倍,天然气价格是煤炭的3倍,所以,在石油价格居高不下的背景下,煤炭价格必然_____。

填入画横线部分最恰当的一项是(   )。

A. 水涨船高   B. 相形见绌   C. 如影随形   D. 随波逐流

解析:此题答案为 A。本题意说的是煤炭价格随着石油价格的走高而走高。结合选项,"水涨船高"是比喻事物随着它所凭借的基础的提高而提高,切合句意。"相形见绌"是指和同类的事物相比较,显出不足。"如影随形"是比喻两个人关系亲密,常在一起。"随波逐流"是比喻没有坚定的立场,缺乏判断是非的能力,只能随着别人走。

3. 虚词运用

【例题1】从社会主义公有制已经显示的优越性和这种优越性还未充分发挥可以看出,目前许多国有企业存在的某些弊端,_____公有制自身问题,_____其表现的具体形式问题,而是经济体制问题。

填入画横线部分最恰当的一项是(   )。

A. 既是 也是   B. 确定 不是
C. 不是 而是   D. 不是 也不是

解析:此题答案为 D。通读题干,凭借语感和已出现的关联词"而是"可判断出,这段材料之间所包含的是并列关系。选项中能与"而是"搭配使用的关联词只有"不是……也不是……",所以正确答案为D。

【例题2】一名较为称职的管理者应该_____有理论_____有实践经验。这实践经验_____指能管理好自己_____指会利用相关管理学的知识,管理好他人,对整个工作有个系统、长远的安排。

填入画横线部分最恰当的一项是(   )。

A. 既 又 不但 反而   B. 不仅 而且 不是 而是
C. 既 也 不是 而   D. 又 又 不仅 还

解析:此题答案为 D。题干涉及的关联词有9个之多。分析题干,"有理论"和"有实践经验"之间是并列关系,因此有表示递进关系的"不仅……而且"的 B 项就被排除;而"管理好自己"和"利用相关管理学的知识……"是递进的关系,因此,C 项也应被排除;而 A 项的"不但"与题干中"反而"属于关联词混搭,所以只有 D 项为正确选项。

【例题3】有一次,一位眼睛近视得很厉害而又不戴眼镜的老师,把我们几个同学招呼到他的宿舍里去,给我们诵读《罪恶的黑手》。他屋子里哪儿都是书,光线显得很昏暗,_____他需要把诗集贴近鼻子尖才能读得出。他的声音并不洪亮,_____无手势,读得很慢,_____很动人。长大以后,我再没去读过这首诗,_____它给我的印象,_____始终留在脑海里。

填入画横线部分最恰当的一项是( )。
A. 因而　又　因此　然而　却　　　　B. 所以　也　却　然而　却
C. 所以　且　又　但是　却　　　　　D. 因此　既　又　但是　却

解析:此题答案为 B。"因此""因而""所以"都表示因果关系中的结果,因此第一个横线处填什么都可以。第二个横线处的选项"又""也""却"也只是并列和递进的区别,对文义影响不大。本题的第三个选项处,"并不洪亮""无手势"和"很动人"之间明显应该是转折的关系,只有 B 项的"却"是转折关系,所以 B 项是最佳答案。最后两个横线处用强转的"但是"和相对弱转的"然而"差别不大,都可以填入。

【例题4】_____不分青红皂白,_____是和亲_____一律加以反对,_____在封建时代还有什么更好的办法可以取得民族之间的和解呢?

填入画横线部分最恰当的一项是( )。
A. 因为　所以　就　可以　　　　　　B. 由于　因此　那　然而
C. 倘若　倘若　就　那么　　　　　　D. 如果　只要　就　那么

解析:此题答案为 D。根据最后一句的问号,可知前面所阐述的必然是一种表示条件关系的句子,所以首先可以排除表示因果关系的 A、B 项。C 项中的两个"倘若"表示的是并列关系,也可以排除。只有 D 项最切合题干意思。

【例题5】依次填入下列各句画横线处的词语,最恰当的一项是:

① 报载孙中山的孙女孙穗芳女士近年多次_____北京大学,为推动孙中山研究作出贡献。

② 北京市政府对城市建设布局做出了_____,在 2008 年前将每年增加 800 万平方米的绿地。

③ 邓亚萍现在留给大家的印象,_____日渐成熟的仪表风度,_____依然保留的拼搏精神。

A. 莅临　计划　不仅是　而且是　　　B. 莅临　规划　不是　而是
C. 亲临　规划　不仅是　而且是　　　D. 亲临　计划　不是　而是

解析:此题答案为 C。这个题目的选项由实词与关联词组成。"不仅是/而且是"是表示递进性并列关系的关联词,即连接的两项可同时肯定;而"不是/而是"表示的是选择性并列关系的关联词。显然邓亚萍给人们的印象,是两种印象兼有。

【例题6】有人认为,_____投资规模与国力相适应的资金运用的调控,_____能体现出投资规模宏观效益的大趋势,_____不能判断宏观规模收益究竟能够达到什么样的水平,_____不能揭示投资规模大小与投资全局收益率高低之间存在什么样的内在联系。这种看法是成问题的。

填入画横线部分最恰当的一项是( )。

A. 研究　如果　但　而且　　　　B. 了解　即使　也　还
C. 进行　虽然　但　也　　　　　D. 通过　只要　就　也

解析：此题答案为 C。根据上下文，可判定这个句群隐含了转折意味，因而须用表转折关系的关联词，而四个选项中"如果""即使"表假设关系，"只要"表条件关系，仅有"虽然……但……"表转折关系，所以对于这道题，单看选项就可轻易选出后三个空白处所应填的关联词，显然，C 为正确选项。

（二）语句理解

1. 病句辨析

【例题 1】下列各句中,没有语病的一句是( )。

A. 以 1994 年创办的"焦点访谈""新闻纵横"为代表,广播电视的舆论监督不仅成为我国扩大民主的一个标志,而且成为十一届三中全会以来新闻改革的一大突破
B. 大力推广普通话数十年来已经取得很大成就,虽然还不到人人会讲的程度,但利用各种方言腔调的普通话来交流一般没有太大的障碍
C. "生存美学"的发展彻底改变了实践美学一枝独秀的格局,形成了多元并存、相互促进,为美学走向更高层次的综合创新奠定了雄厚的基础
D. 生活方式,是人类行为活动的空间展现,包含人的学习生活、职业生活、家庭生活、闲暇生活、社会交往等内容。从生活方式上,大体可以看出一个人的文化素养和思想品位

解析：此题答案为 B。A 逻辑顺序颠倒,将"不仅""而且"两句的内容互换,才构成递进关系。C 成分残缺,在"相互促进"后面加上"的态势"。D 并列使用了有包含关系的概念,应去掉"学习生活""社会交往"。

【例题 2】下列各句中没有语病的一句是( )。

A. 本报派往美国采访"9·11"事件的记者共两位,到美国三小时后,一人发回来一份长篇通讯稿
B. 有关人士强调:最近接连发生特大爆炸事故,大家必须提高防范意识,尽量防止此类事件不再发生
C. 据悉,在以后两天中,与会代表将盈利方式、信息转载规范化、运作与管理等问题展开专题研讨
D. 专家分析,目前中国大范围的气温偏低,主要是由最近一段时间阴雨天气多、光照不足所引起的

解析：此题答案为 D。A"一人"有歧义:"其中一人"还是"每人"? B"防止……不再发生",错用否定,语意不合逻辑。C 成分残缺,应在"将"后加上"就"字或"围绕"一词。

【例题 3】下列各句中没有语病的一句是( )。

A. 为了纪念教师节的到来,东莞市在文化广场举行了盛大的文艺会演,市属各学校均选送了高质量的文艺节目
B. 要学好语文,必须重视阅读,而我们往往只是强调做题,其实,题目即使训练得再多,也是得不偿失的
C. 今年 8 月广东省闹"油荒",现在,曾被此"油荒"困扰下的车民们逐渐觉悟,节油意识大大增强

D. 省消费者协会提醒消费者,选购 MP3 要注意尽量购买市场占有率较高、信誉良好的品牌产品,以免上当受骗

解析:此题答案为 D。A 搭配不当,应去掉"的到来";B 语序不当,"即使"应放"题目"前;C 杂糅,应为"被……困扰"或"在……困扰下"。

2. 歧义句辨析

【例题 1】下列各句中,句意明确的一句是(　　)。

A. 老王看到我们非常惊讶,连忙把分别后的情况告诉我们,还热情地拉我们上他家去
B. 走进新建的师范学院的实验大楼,我感到很受鼓舞,很想上这儿来学习
C. 全球化经营已成为当今大公司的发展战略,而企业兼并则是它们调整经济结构和生产布局的重要手段
D. 他的父母是中学教员,他妈妈就在其母校任教,这次作为校方代表,千里迢迢也赶到北京来了

解析:此题答案为 C。A 是老王惊讶还是我们惊讶?B"新建的"是修饰"师范学院"还是"实验大楼"?D"其"指代不明,他?父?母?

【例题 2】下列各句中,句意明确的一句是(　　)。

A. 如此浩大、迅速的城建规模,是广州建国以来从没有出现过的
B. 国务院有关官员最近强调,要在分配体制上实现突破,逐步使按知识分配成为按劳分配的重要内容
C. 我一定说服妈妈和你一同去,这样你在路上就有个伴儿了
D. 新中国成立前 30 年最大的失误是没有搞计划生育,任何错误都可以补救和纠正,人一下子多出好几亿,谁有本事予以"纠正"呢?

解析:此题答案为 B。
A 广州怎么能建国?可调序为"新中国成立以来广州"或改"建国"为"解放"。C 是我和你一同去还是妈妈和你一同去?D 可以理解为解放以前的三十年,即"新中国成立前/30 年";也可以理解为新中国成立后的前三十年,即"新中国成立/前 30 年。

【例题 3】下列各句中,句意明确的一句是(　　)。

A. 目前,在我市实行教师聘任制是有条件的
B. 这批种子保管没问题,我们的工作是一流的
C. 我看谁也不能否认,这出戏有一定的消极影响
D. 医学家普遍认为,一个人如果不适当地增加饮水,就会影响机体的正常含水量

解析:此题答案为 C。
A 句的"有条件"是有歧义的。既可指我市已具备了有关的条件,也可能是指实行聘任制有一定的限制,不是无条件的。B 句的"保管"有歧义,一是"保证"的意思,读的时候停顿在"种子"后面;一是保存管理的意思,读的时候停顿在"保管"后面。D 句"不适当地增加饮水"可作两种不同的理解:一是针对饮水很少的人说的,读的时候停顿为"不/适当地增加饮水";一是针对饮水过多的情况说的,如在运动后大出汗的情况下。读的时候停顿为"不适当地/增加饮水"。

3. 语句排序

【例题 1】给下列句子排出正确的顺序(　　)。

① 有助于共同体的维护与重建

② 不仅能重构农民的意识与价值系统
③ 而且还能增加村庄社区的黏合能力
④ 建设与农民现实生活相匹配的乡村新文化
⑤ 消减他们因社会急剧变迁而产生的"拔根"感
⑥ 文化建设是新农村建设的灵魂

A. ⑥④②⑤③① 　　　　　　　B. ③①⑥⑤②④
C. ②①③⑤⑥④ 　　　　　　　D. ⑥①⑤③④②

解析：此题答案为 A。根据关联法的要求,选取语义相互关联的两句。很明显的有②和③句,这里出现了"不仅……而且……"关联词。由此可以推出,②句一定在③句的前面,因此,排除 B、D。通过观察 A、C 两项,发现②句的后面一个是⑤,一个是①。依据第②句的内容,②句中谈到的是"意识与价值系统",而第⑤句又谈到的是"'拔根'感",这正是"意识"的东西,因此,⑤句与②句是一致的。

【例题2】 将以下 6 个句子重新排列,语序正确的是（　　　）。

① 在丹麦、瑞典等北欧国家发现和出土的大量石斧、石制矛头、箭头和其他石制工具以及树干造出的独木舟便是遗证
② 陆地上的积冰融化后,很快就出现了苔藓、地衣和细草,这些冻土原始植物引来了驯鹿等动物
③ 又常年受着从西面和西南面刮来的大西洋暖湿气流的影响,很适合生物的生长
④ 动物又吸引居住在中欧的猎人在夏天来到北欧狩猎
⑤ 北欧虽说处于高纬度地区,但这一带正是北大西洋暖流流经的地方
⑥ 这大约发生在公元前 8000 年到公元前 6000 年的中石器时代

A. ⑥⑤③②④① 　　　　　　　B. ⑥②④①⑤③
C. ⑤③②④⑥① 　　　　　　　D. ⑤②③④①⑥

解析：此题答案为 C。首先看四个选项布局,发现是 2-2 模式,这时候首项直接锁定为⑤或⑥。这时候看⑤与⑥谁适合放开头,⑥项中有"这"一个代词,代词必须有指代的对象,而且往往对象在前,因此,⑥放在首项不合适,所以首项为⑤。这时候答案就在 C、D 中选择,再看选项的分布,C 项⑤③②④,D 项⑤②③④,比较 C、D,看⑤后面跟③还是②比较合适,③讲述的是"大西洋暖流",②讲述的是"陆地",因此,很容易发现,③放在⑤后面合适。

【例题3】 将以下 6 个句子重新排列,语序正确的是（　　　）。

① "默契"的形成与发展是谅解、定式、求美、求新等心理因素相互作用的结果
② 同时,因为有心理定式在起作用,所以"默契"具有稳定性
③ 任何艺术的创作与欣赏之间都存在着相互依存、相互制约、相互促进的关系
④ 谅解和求美是"默契"的基础
⑤ 这种关系在艺术形式上的深刻表现之一,就是创作者与欣赏者之间存在着心照不宣的"默契"
⑥ 又由于创作和欣赏双方都要求出新,所以"默契"又不是凝固不变,而是变动发展的

A. ⑤②①④⑥③ 　　　　　　　B. ③④①⑤②⑥
C. ③⑤①④②⑥ 　　　　　　　D. ③⑤②①④⑥

解析：此题答案为 C。此题主要适用承启恰当和前后照应的原则。⑤句句首出现指示代

词"这",不能放段首,排除 A。⑤句开头的"这种关系"对应③句句尾的"关系",故⑤句应紧接③,排除 B。④、②、⑥分别是对①句"谅解、定式、求美、求新"心理因素的分析,故顺序为③⑤①④②⑥,本题选 C。

(三)片段阅读

1. 主旨理解

【例题1】人类为什么能够区别左右?奥秘在于人类的左右大脑是不对称的!动物的大脑是对称的,因而动物不能区分左右。这一设想最初由奥地利物理学家马赫提出,如今已有实验证明,马赫的洞见是正确的。我们的右脑与直觉、情感有关,左脑与逻辑、语言有关。在日常生活中,我们经常也会有这样的体验:一时想不起某物或某景的抽象名词,但却能在大脑中生动地再现其具体模样,这就是左右大脑分工的不同。人类正常的思维活动有赖于左右脑的合作,否则这个世界在我们眼中就会变得荒唐不堪。

这段文字意在表达(　　)。

A. 能够区别左右,是证明人类高于动物世界的关键所在
B. 左右大脑的不同分工及合作是人类认识世界的关键
C. 我们的右脑与直觉、情感有关,左脑与逻辑、语言有关
D. 人们总是钟情于对称之美,但有时创造性恰恰寓于不对称中

解析:此题答案为 B。这段文字主要论述的是:人类能够区别左右的奥秘在于人类的左右大脑是不对称的,正是左右脑的分工与合作使得人类的思维活动得以正常运转,从而认识和改造世界。B 项符合题意。A 项人类与动物的区别不是文段论述的重点,排除。文段重点在于人类左右脑存在不同的分工,而不是具体分工是什么,排除 C。D 项没有紧贴文段的论述对象,排除。

【例题2】对于历史学家而言,历史事实一旦生成,就被视为宿命性的,所以历史上发生的任何事情都可以找到某种"必然性"的理由。但是,对于最终生成的历史事实的价值评判,不应以其生成的某种"必然性"为依据而简单地得出结论。例如,古往今来充满人类史册的政权腐败是一恒久现象,历史学家在探索其生成原因时,可以很自然地得出某种"必然性"的结论,但不能因为这种"必然性"而断言政权腐败应该正面肯定。

这段文字意在强调(　　)。

A. 历史上发生的任何事情都可找到某种"必然性"的理由
B. 历史事实的价值评判不应以其生成的某种"必然性"为依据而简单地得出结论
C. "必然性"的结论并不能判断事实本身的正误
D. 历史事实的宿命性影响到其价值评判

解析:此题答案为 B。文段首先指出历史事实都可找到某种"必然性"的理由,接着"但是"一转,指出并不可因历史事实的"必然性"来进行价值评判,由此可知 B 项表述的内容为文段强调的重点。A 项只是文段的一部分,不是意在强调的内容,排除。文段多次提到"历史""历史学家",可见主要针对的是"历史事实",C 项缺少这个修饰语,排除。文段主要讲的是不应因历史事实的宿命性而影响价值评判,故 D 项与文意不符,排除。

【例题3】据报道,我国国家图书馆浩瀚的馆藏古籍中,仅 1.6 万卷"敦煌遗书"就有 5000余米长卷需要修复,而国图从事古籍修复的专业人员不过 10 人;各地图书馆、博物馆收藏的古籍文献共计 3000 万册,残损情况也相当严重,亟待抢救性修复,但全国的古籍修复人才总共还

不足百人。以这样少的人数去完成如此浩大的修复工程,即使夜以继日地工作也需要近千年。

这段文字的关键词是(　　)。

A. 古籍修复人才不足　　　　　B. 国图修复残损不足

C. 古籍残损修复人才　　　　　D. 国图修复人才工程

解析:此题答案为A。这段文字谈论的话题是古籍修复的处境问题,"古籍""修复"两个词是答题时首先要考虑的。文段通过一系列的数据说明古籍修复的处境不好,具体表现是事多人少,这样,就又可找出另外的关键词——"人才""不足"。

(1)态度观点。

【例题1】 能源价格高并非全是坏事,因为价格杠杆自会调节石油的流向,确保人类以剩下的石油找到更好的新能源,而不是全用到几十年前根本不存在的使夏天变凉爽的能源需求上。实际上,如果我们遵循价格杠杆,甚至无须教育消费者,人人都会做出理智的选择。那些价格杠杆不起作用的地方,多是机制本身有问题的地方,改进机制,才能使价格杠杆更有效。

这段文字的核心观点是(　　)。

A. 改革体制是充分发挥价格杠杆作用的前提

B. 能源的无谓浪费问题应该受到应有的重视

C. 提高能源价格有利于合理利用与节约能源

D. 要充分发挥价格杠杆调节能源流向的作用

解析:此题答案为D。文段选取的是经济方面的内容,谈到了能源价格与能源流向的问题。解题的关键在于把握重点的引导词,文中通过"实际上"引导了主题句"如果我们遵循价格杠杆,甚至无须教育消费者,人人都会做出理智的选择"强调"价格杠杆对于调节能源流向的作用"。

【例题2】 现代科学的思维方式在科学发展过程中经历了巨大的变化,经历了由机械观思维向以系统观为主导的思维转变,强调认识系统的动态性、复杂性和或然决定性。

这段话主要支持了这样一种观点(　　)。

A. 现代科学的思维方式在科学发展过程中经历了巨大的变化

B. 现代科学的思维方式具有超前性

C. 现代科学的主导思想从机械观转向系统观

D. 现代科学以系统观为主导思想

解析:此题答案为C。这段话是说现代科学思维方式发生的巨大的变化:由机械观思维到以系统观为主的思维。

【例题3】 许多研究都指出,吃一顿优质早餐可以让人在早晨思考敏锐,反应灵活,并提高学习和工作效率。研究也发现,有吃早餐习惯的人比较不容易发胖,记忆力也比较好。

这段话主要支持了这样一个论点,即(　　)。

A. 早餐可以让人提高学习和工作效率而且比较不容易发胖

B. 养成吃早餐的习惯有利于保持较好的体形,增强记忆力

C. 早餐对一天的工作学习来说极为重要,不能不吃

D. 优质的早餐可以让人在早晨思考敏锐,反应灵活

解析:此题答案为C。回答本题的关键在于正确区分论据与论点,题干提供了论据,要求在四个选项中选择其支持的论点。选项A、B、D均是论据描述,只有C选项才是符合要求的

论点。

（2）文意推断。

【例题1】 呈现大自然多样性的热带森林是许多动植物最后的栖息地,它们的存在对人类来说极其重要。面对热带森林被严重破坏的状况,人们很容易忘记,这是温带地区大部分森林已经遭遇过的:在已开发地区,大量原始森林消失了;在开发区,尤其在严重降雨区,一旦那些山坡的植被冲坏,就会引起诸如洪水和泥土坍塌等问题,多数植物种类分布广泛,能够承受局部砍伐并幸存下来,但也有些种类分布范围很狭窄,过量砍伐会使之永远消失。

根据这段文字,可以看出作者的意图是（　　）。
A. 呼吁重视与加强对温带森林的保护
B. 说明温带森林实际上更易遭到破坏
C. 分析乱砍滥伐森林的严重后果
D. 强调森林对人类生存的重要性

解析： 此题答案为 D。这段文字首先提到热带森林对于人类来说极其重要,之后指出温带森林遭遇的破坏,意在说明温带森林的重要性,以此让人们对热带森林引起重视,警示人类,所以整个文段是在强调森林对于人类的重要性。

【例题2】 舆论认为,目前由美国牵头的反恐是"越反越恐"。因此马德里反恐国际峰会探索的途径就是通过全球合作,促进不同宗教文化的和平共处、逐步消灭贫困、以多边主义彻底取代单边主义、采取行之有效的联合反恐措施。事实证明,只有合作,才可能真正促进国际社会的民主和安全。

马德里反恐国际峰会探索国际反恐新途径的根本原因是（　　）。
A. 目前由美国牵头的反恐是"越反越恐"
B. 国际反恐活动没有采用和平共处政策
C. 国际反恐活动没有采取联合反恐措施
D. 单边主义致使国际反恐斗争陷入泥潭

解析： 此题答案为 D。片段中第二句"因此马德里……以多边主义彻底取代单边主义、采取行之有效的联合反恐措施"。说明马德里反恐国际峰会探索国际反恐途径的根本原因是"单边主义"的存在。这也是美国反恐"越反越恐"的根本原因。所以本题的正确答案为 D。A 选项为迷惑性答案,由美国牵头的反恐"越反越恐"只是一个表面原因,题意要求是根本原因。

【例题3】 宾夕法尼亚大学的研究人员已经确定,癌细胞的存活可以归结为一种称作 PIM－2 的关键酶。这项即将刊登在《基因和发育》杂志上的发现意味着研究人员对于理解癌细胞在形成肿瘤以前为什么能在人体内存活（对抗体内自然的免疫系统）取得重要进展,在许多肿瘤中,这种酶的浓度都非常高。

从这段文字中可以推出的是（　　）。
A. 发现了一种被称作 PIM－2 的关键酶
B. 这项发现即将刊登在《基因和发育》杂志上
C. 在许多肿瘤中,这种酶的浓度都非常高
D. PIM－2 对癌细胞的存活起着关键的作用

解析： 此题答案为 D。PIM－2 的关键酶在 1984 年被发现,此处说明的是发现它与癌细胞

的关系,故排除 A。B、C 选项排除,因为题干问的是"推出",答案不可能在原文中找到。故此题正确答案为 D。这从文中"可以归结为""取得主要进展""浓度都非常高"等语句中可以推出。

(3)细节判断。

【例题1】人力资源专家认为,女性在能力、知识背景和智力因素上与男性并无差异,而其在沟通能力和亲和力上有着天然优势。信息时代,女性管理者往往更易于被团队成员所认同,更适合营造企业的凝聚力和发挥员工的积极性。

对这段文字,理解不准确的是(　　)。

A. 女性适合做管理工作
B. 女性善于处理各种人事关系
C. 女性在智力上和男性无生理差异
D. 信息时代更适合发挥女性的优势

解析:此题答案为 B。题干中说女性管理者由于有沟通能力和亲和力的天然优势,更容易被团队成员所认同,不是说善于处理人事关系。

【例题2】软件在长期运行和使用中没有磨损、老化、用旧等问题。任何机械、电子设备在运行和使用中,其失效率大都遵循 U 形曲线(即所谓"浴缸曲线")。那是因为刚一投入使用时各部件尚未灵活运转,常常容易出问题。经过一段时间的运行,便可以稳定下来。而当设备已经历相当时期的运转,便会出现磨损、老化等问题,会使失效率突然提高。这意味着已经到达寿命的终点,即将报废了。

下列陈述,不符合文意的是(　　)。

A. 软件在运行和使用中不遵循 U 形曲线(即所谓"浴缸曲线")
B. 任何机械、电子设备刚一投入使用时各部件尚未灵活运转,但是越用越好用
C. 软件和机械、电子设备在运行和使用中的表现有很大的不同
D. 软件不像机械、电子设备那样运行一段时间便可以稳定下来

解析:此题答案为 B。机械电子设备经过长期运转后,会出现磨损、老化等问题,因此,"越用越好用"不正确。

【例题3】无论什么文章,一旦选进语文教材,就不再是原来意义上的、独立存在的作品,而是整个教材系统中一个有机组成部分,是"基本功训练的凭借"。

"基本功训练的凭借"是(　　)。

A. 收入语文教材中的各类作品
B. 那些保持原来意义、独立存在的作品
C. 整个教材系统中的一个有机组成部分
D. 那些不再是原来意义上的、独立存在的作品

解析:此题答案为 A。该文段是一个长句,首要问题就是弄清长句的主谓宾。主语是"选进语文教材的文章","不再是……而是……是……"是三个并列的谓语分句,"基本功训练的凭借"是其中一个谓语分句的内容,指的是主语的内容,句首主语统领几个分句。

【例题4】每个人都有命运不公平和身处逆境的时候,这时我们应该相信:_____。许多事情刚开始时,丝毫看不见结果,更谈不上被社会所承认。要想成功就应付诸努力,既不要烦恼,也不要焦急,踏踏实实地工作就会得到快乐。而一心盯着成功的果实,肯定忍受不了苦干的寂寞,到头来只会半途而废,甚至一无所获。

填入画横线部分最恰当的是(　　)。
A. 好事多磨　　　　　　　　　　B. 一分耕耘一分收获
C. 冬天已来临,春天还会远吗　　D. 道路是曲折的,前途是光明的

解析:此题答案为 B。根据"踏踏实实地工作就会得到快乐"和"到头来只会半途而废,甚至一无所获",可知作者是在强调要付出努力,才能冲出困境,B 项最符合上下文的语境。

(四)典型方法题

1. 逻辑填空·对应关系法:正对应

【例题1】作为一个公司领导,不需要也不可能事必躬亲,但一定要_____,能够在注意细节当中比他人观察得更细致、_____,在某一细节操作上做出榜样,并形成_____,使每个员工不敢马虎,无法_____。只有这样,企业的工作才能真正做细。

填入画横线部分最恰当的一项是(　　)。
A. 明察秋毫　周密　威慑力　搪塞
B. 明辨是非　周详　使命感　推脱
C. 抓大放小　透彻　好习惯　塞责
D. 高瞻远瞩　入微　内聚力　敷衍

解析:此题答案为 A。此为解说关系。本题材料不长,却设了四个空。解答此类题目的基本方法是选定一个突破口,然后分项排除,最终锁定。突破口的选择因人而异,本题中第一空和第三空均有明显的提示信息,适合作为解题的突破口。"能够在注意细节当中比他人观察得更细致"与第一空构成解说关系的正对应。由此可知公司领导要注意细节,相关的只有"明察秋毫";"使每个员工不敢马虎"与"形成_____"(第三空)构成解说关系,"不敢"提示了公司领导要形成的是"威慑力"。由这两空可知,A 为正确答案。

【例题2】有研究表明,生物大灭绝在历史上发生过二十几次,大约每 2600 万年发生一次,似乎具有_____。对于物种大灭绝的发生是否真的如此频繁和有规律,还有争议。但即便是最_____的估计,也认为至少有 5 次物种大灭绝是非常明显的。

填入画横线部分最恰当的一项是(　　)。
A. 必然性　乐观　　　　　　　　B. 规律性　简单
C. 突发性　粗略　　　　　　　　D. 周期性　保守

解析:此题答案为 D。此为概括关系。阅读题干可知,第一空与"大约每 2600 万年发生一次"构成概括关系的正对应,"每"在此表示同一动作有规律地反复出现,由此可知,第一空只能选"规律性"或"周期性"。与"简单"相比,"保守"侧重于指一种底线或最低的限度,与后面的"至少"对应更恰当。因此本题答案为 D。

【例题3】近现代西方科学与人文两种文化经历了融合、冲突和消解三个时期,反映到教育理念上也相应地经历了科学教育与人文教育的相互_____、越走越远和共同反思三个阶段。这一历史发展表明,过分强调科学文化和科学教育,必然导致对人文的_____;而过分强调人文文化和人文教育,也会带来对科学技术的漠视。

填入画横线部分最恰当的一项是(　　)。
A. 渗透　排挤　　　　　　　　　B. 结合　无视
C. 渗透　轻视　　　　　　　　　D. 结合　限制

解析:此题答案为 C。此为顺承关系。"三个阶段"对应"三个时期",因此第一个空格应与

"融合"相对应。与"结合"相比,"渗透"的程度更深,与"融合"所表达的互相影响、不分彼此的意思更贴近,据此可首先排除B、D。第二空中,分号前后的句子分别说明了两种错误倾向造成的后果。由"过分强调人文教育会带来对科技的漠视"可知,过分强调科学教育同样也会造成对人文的漠视,C项中的"轻视"与"漠视"的含义最贴近,故本题选C。

【例题4】我无法不老,但我还有可能年轻。我不敢对我们过于庞大的文化有什么祝祈,却希望自己笔下的文字能有一种_____后的回味、焦灼后的会心、冥思后的放松、苍老后的年轻。当然,希望也只是希望罢了,何况这实在已是一种_____。

填入画横线部分最恰当的一项是(　　)。

A. 苦涩　奢望　　　　　　　　　B. 辛酸　奢求
C. 历练　幻想　　　　　　　　　D. 风雨　梦境

解析:此题答案为A。此为递进关系。由第一空句后的"回味"可知,这里所填的词语应与味道有关,符合这一特征的只有"苦涩"和"辛酸",排除C、D。人们常说"忆苦思甜",故会引起回味的一般是苦味,而不是酸味,由此排除B,答案为A。

2. 逻辑填空·对应关系法:逆对应

【例题1】回到故乡时,发现故乡的传统生活方式正在消亡。村里的人们曾经拥有一个_____而完整的精神世界,但是外面的世界改变了这一切。这个村正在_____而又急遽地转型,只是生活在其中的人_____。

依次填入画横线部分最恰当的一项是(　　)。

A. 美好　不着痕迹　似信非信
B. 淳朴　潜移默化　漠然无知
C. 单一　默不作声　懵懵懂懂
D. 封闭　悄无声息　浑然不觉

解析:此题答案为D。此为转折关系。"潜移默化"强调的变化是一个渐进的过程,村子的转型不可能既是"潜移默化"的,又是"急遽"的,据此可排除B。"不着痕迹""默不作声""悄无声息"都含有悄然无声的意思,正因为村子的转型具有"快"和"无声"的特点,所以生活在其中的人才没有意识到,与此对应的词语为"浑然不觉"。

【例题2】在确立以夏、商、周为核心的中国上古史基本框架的基础上,"夏商周断代工程"将历谱推定、文献梳理、考古与碳十四测定等课题研究成果加以整合,提出了夏商周年表。尽管这个年表还有不够_____之处,但它的提出毕竟标志着中国的上古史已不是_____的传说,而是可信的历史了。

依次填入画横线部分最恰当的一项是(　　)。

A. 细致　子虚乌有　　　　　　　B. 精准　虚无缥缈
C. 合理　扑朔迷离　　　　　　　D. 精确　空穴来风

解析:此题答案为B。此为并列关系。第二空需要填的是一个修饰"传说"的成语。由"不是……而是……"可知前后句子构成并列的逆对应关系,对应"可信"的历史,可推知前文说的是传说的不可靠性。"扑朔迷离"指事情错综复杂,不容易看清楚。看不清楚并不代表不可靠,排除C。"空穴来风"这个成语比较特殊,原意为消息和谣言的传播不是完全没有原因的,故有"空穴来风,未必无因"的说法,后常被误用作消息和传说毫无根据,甚至有部分字典也接受了这一用法。但在考试中出现,通常仍应按原意去理解做题,据此排除D。第一空中,修饰"年表"

这一对象,通常侧重的是准确与否,而非细致或粗糙,故本题选B。

【例题3】对大多数人来说,岗位是个人历练成长的基石。除了极少数的人能_____创建自己的事业,大多数人都必须走一条相同的路:在岗位上磨炼,依托_____奠定未来事业的基础。

依次填入画横线部分最恰当的一项是( )。

A. 直接 组织   B. 主动 团队   C. 独立 同事   D. 一手 集体

解析:此题答案为A。此为背离关系。在创建自己的事业时,人或多或少都会需要别人的帮助,所以"独立""一手"不合句意,排除C、D。句中"极少数"和"大多数"提示语段存在背离型逆对应关系,在辨析A、B两项时,可把选项中第一空词语代入句中一一验证。A:极少数人能直接创建自己的事业——大多数人只能间接完成;B:极少数人能主动创建自己的事业——大多数人只能被动完成;显然B项不合常理,可排除。答案选A。题干说的是大多数人需要在岗位上磨炼,借助岗位这个"基石"来积累经验与资本从而创建事业。

3. 逻辑填空·语素分析法:存异组词法

【例题1】某县公开选拔了一批党政领导干部,从年龄结构上看,_____的这批干部普遍年轻;从_____上看,他们的教育背景普遍较好;至于他们是否具有_____的能力和水平,还需要在实践中进一步检验。

填入画横线部分最恰当的一项是( )。

A. 履职 履新 履历
B. 履职 履历 履新
C. 履新 履职 履历
D. 履新 履历 履职

解析:此题答案为D。运用存异组词法。① 相异语素组词。选项三个词语的相同语素是"履",相异语素是"新""历""职"。"新",新任,"履新"侧重新任就职;"历",经历,由此推知"履历"意为个人经历的说明。"职",职责,"履职"侧重"履行职责"。② 代入语境。由前句可知,这批领导干部是才就职的,故第一空应填"履新",教育背景当然只能从"履历"上看出来,能力和水平就要进一步通过"履职"表现出来。

【例题2】我只不过是替她_____了几句,说明了事实的真相。

填入画横线部分最恰当的一项是( )。

A. 辩护   B. 辩解   C. 辩白   D. 辩证

解析:此题答案为C。运用存异组词法。① 相异语素组词。选项四个词语的相同语素是"辩",相异语素是"护""解""白""证"。"护"常见词组是维护、保护,故"辩护"侧重的是以申辩来维护、保护其言行;"解"意为解开、解释,所以"辩解"侧重强调的是分辩、解释;"白"常见词组有明白、清白,故"辩白"侧重的是在被误解或被指责的情况下分辩,使事实得以澄清,个人得到清白;"证"常见的词组有证据、证明,因此"辩证"侧重的是客观性,指一分为二地看问题的方式。② 代入语境。由题干中的"说明了事实的真相"可知,填"辩白"比较合适。

【例题3】他_____在色彩与线条的世界中,一个星期没有离开过设计室,终于出色地完成了任务。

A. 沉溺   B. 沉沦   C. 沉陷   D. 沉浸

解析:此题答案为D。运用存异组词法。① 相异语素组词。选项四个词语的相同语素是"沉",相异语素是"溺""沦""陷""浸"。由题干中"出色地完成"可知,作者的态度不含贬斥。"沉溺""沉沦"含有贬义,与题干不符,排除A、B项。"沉陷"指地面或建筑物的基础向下陷,词义不符,排除 C 项。② 代入语境。"沉浸"比喻进入某种境界或思想活动中,符合语境,为正确答案。

4. 逻辑填空·语素分析法:分解组词法

【例题】勇往直前的汩汩泉水相信,在岁月的过滤与涤荡下自己将永远一脉＿＿＿＿。

填入画横线部分最恰当的一项是(　　)。

A. 轻盈　　　　B. 顺通　　　　C. 相承　　　　D. 清莹

解析:此题答案为 D。"顺通""相承"与句意不符,排除。"轻盈"和"清莹"没有任何相同语素,这时可运用分解组词法来辨析:轻盈——轻快盈满;清莹——清澈莹亮。将"轻快盈满"和"清澈莹亮"分别代入句中,可看出,"清澈莹亮"更符合句意。

5. 逻辑填空·语素分析法:扩展组词法

【例题1】南山佛教文化苑是一个新崛起的大型文化和生态旅游园区,依山傍海,园林设计匠心独具,＿＿＿＿秀丽,不失为一个放松身心、休闲养性的好去处。

填入画横线部分最恰当的一项是(　　)。

A. 优美　　　　B. 清新　　　　C. 优雅　　　　D. 幽雅

解析:此题答案为 D。根据句意,可首先排除 A、B。本题难点在辨析"优雅""幽雅"。① 按照习惯,组成短语。结合生活实际和平时积累,可得出以下词组:环境幽雅、动作优雅。② 代入语境,可发现"幽雅"更符合句意。

【例题2】虽然很多员工觉得很难控制工作中的压力,但是至少当他们回家时是＿＿＿＿的。然而,随着工作本质的变化,家也已经不再是曾经的"避难所"了。

填入画横线部分最恰当的一项是(　　)。

A. 愉快　　　　B. 清闲　　　　C. 悠闲　　　　D. 轻松

解析:此题答案为 D。根据句意,可首先排除 B、C 项。本题难点在辨析"愉快""轻松"。① 按照习惯,组成短语。结合生活实际和平时积累,我们可得出以下词组:"心情愉快""一身轻松"。② 代入语境,可发现"轻松"更符合句意。

6. 语句理解·语感觉察法

【例题】不管气候和地理环境都极端不利,登山队员仍然克服了困难,胜利攀登到顶峰。

解析:凭语感即可读出关联词语"不管……都……"的搭配不合习惯,正确说法应是"不管……多么不利""尽管……非常不利"。

7. 语句理解·提取主干法

【例题】这家工厂规模不大,但曾两次荣获省科学大会奖,三次被授予省优质产品称号,产品远销全国各地和东南亚地区。

解析:通过压缩句子,提取主干,我们可以很容易地看出,"工厂……被授予省优质产品称号"是搭配不当的。

8. 语句理解·特定句式的特定方法

【例题1】经过这次讲课,对大家的启发很大。

解析:"经过……"是介宾短语,不能充当本句的主语,因而本句主语残缺。可改为"这次讲课,对大家的启发很大"。

【例题2】有没有坚强的意志,是一个人在事业上能够取得成功的关键。

解析:两面对一面,搭配不当。"有没有"是两面,"成功"是一面,不能对应。可改为"有没有坚定的意志,是一个人在事业上能否取得成功的关键"。

【例题3】东端有两座石碑,一座是清乾隆题燕京八景之一"卢沟晓月"四个大字,碑的四周有四根龙抱柱。

解析:"一座是清乾隆题燕京八景之一'卢沟晓月'四个大字"是一个用"是"作谓语的判断句,"一座"是主语,其后隐去了"石碑"二字,故主语应为"一座石碑","四个大字"是宾语,很显然"一座石碑"与"四个大字"明显不是同一属类的事物,故本句犯了主宾搭配不当的错误。

【例题4】社会不断进步,科技知识的价值日益显现,人类已进入知识产权的归属和利益的分成,并已经开始向科技工作者身上倾斜。

解析:这一句子中,谓语动词"进入"带了一个很长的宾语,结果把宾语部分的中心词丢掉了,应在句末添上"的时代"。

【例题5】要是一篇作品里的思想是有问题的,那么文字即使很不错,也是要不得的。

解析:"文字即使很不错,也是要不得的"这一句关联词语放在主语后面,表示前后句主语相同,即可理解为"要是一篇作品里的思想是有问题的,文字即使很不错,文字也是要不得的"。这显然与说话者的原意"要是一篇作品里的思想是有问题的,文字即使很不错,作品也是要不得的"不符。故应把"即使"移到"文字"前。

9. 语句理解·关联法

【例题】给下列句子排出正确的顺序:(　　　)。

① 学校里的教师是在教书育人
② 这不只是像背书那样背出来的
③ 要叫出全校学生的名字,实在不容易
④ 校园内的管理、服务也无不在体现育人的功能
⑤ 能叫出几个学生的名字,很简单
⑥ 这是关爱学生、日积月累的自然结果

A. ①④⑤②③⑥　　　　　　　　B. ②⑥①④⑤③
C. ③⑥②①⑤④　　　　　　　　D. ⑤③②⑥①④

解析:此题答案为 D。根据关联法,我们发现,第③⑤两句有着相同语义,因此比较容易排出前后顺序⑤③,这样可以排除 A、C 两项。通过观察 B、D 两项,我们发现最大的区别在于②句是做首句还是放在③的后面合适呢?其实,第②句有个特点,就是有一个典型的代词"这",我们知道,"这"一定是有所指代的,也就是说,这个句子前面应该有句子。因此,我们可以得出结论,第②句应放在第③的后面,因此答案选 D。

10. 片段阅读·关键词

【例题1】信息时代里的企业就像一个完整的人,组织如骨骼,资金如血液,信息如神经。信息流是生命线,信息系统是神经系统,顾客需求是刺激源。在统一的数字神经系统下,从决策者到管理者再到执行者,从人到机器,如果信息可以一路顺畅,整个企业就能用一个大脑思考。这颗数字大脑不仅要对多样化、个性化的顾客需求做出及时准确的反应,还要在对这类信息资源的筛选和分析中不断寻找新的机遇,拓展进步的空间,打造时刻贴近顾客需求的无缝隙的服务品牌。

这段文字意在强调(　　　)。

A. 打造知名品牌是企业长远发展的基础
B. 应高度重视企业各个环节的有效整合
C. 如何对顾客需求做出及时准确的反应

D. 信息系统对企业具有至关重要的意义

解析：此题答案为 D。通读材料可以发现名词"信息"在文中出现了六次,属于高频词语,A、B、C、D 四个选项中只有 D 项与"信息"有关,这样可快速确定答案为 D。

【**例题 2**】从本质上说,人类文明的进程就是不断脱离动物界的过程,这一过程主要包括人类体质的进化和心性的进化两个方面。从猿到人的体质进化,人类用了上百万年的时间才完成,而人类心性的进化则还要缓慢。当人类跨越石器时代、青铜时代进入铁器时代之后,动物性依然顽强地在人类身上闪现着。如何管理好人类的情感,使带有动物性的人变成理性的人,是儒家最为关注的重要课题。如果把儒家的答卷归结为一个字,那就是"礼"。

对这段文字的主旨概括最准确的是(　　)。

A. 描述人类文明发展进化的大致过程
B. 对比人类体质与心性两方面的进化
C. 阐述儒家强调礼仪作用的社会原因
D. 说明儒家思想的产生根源与现实意义

解析：此题答案为 C。注意到该文段在末尾提出了一个重要概念——"礼",且加了引号,则可快速判断主旨应与此相关,而包含这层含义的只有 C 项。

【**例题 3**】对一项科学工作的评价不能简单地归结为一个数字的大小,任何数字都不能取代同行评议及对该工作科学意义的具体分析和历史检验。然而,不好的评价指标有可能误导评审人员,导致错误的结果;而好的评价指标可以提供更准确的信息,使相应的评审更加客观和公正。

这段文字意在强调,对科学工作的评价(　　)。

A. 应该是主观评价和客观评价的统一
B. 关键在于建立科学的评价指标体系
C. 不应以数字结论作为主要参考依据
D. 需要综合考虑多种因素才能实现公正

解析：此题答案为 B。文段首先指出对科学工作的评价不能简单地归结为数字的大小。然后从正反两方面论证了评价指标对评价结果的影响。由此可知,文段强调的是建立科学的评价指标体系的重要性,即 B 项。本题易错选 C 项,但若能抓住"然而"则能快速得出正确答案,其后的内容从正反两方面论证了评价指标对评价结果的影响。

【**例题 4**】作物生产系统,是一个作物——环境——社会相互交织的复杂系统,作物生产的高产、优质和高效通常又是矛盾的和难于协调统一的整体,而且,高产、优质和高效三者的主次关系也会随着社会经济的发展而变化,可见农学学科的研究对象不仅涉及自然因素,而且涉及了社会因素。

这段文字意图说明(　　)。

A. 农学学科的研究对象既涉及自然因素又涉及了社会因素
B. 作物生产系统是一个作物——环境——社会相互交织的复杂系统
C. 农学是服务于作物生产的一门综合学科
D. 必须以系统学的观点来认识农学和作物生产

解析：此题答案为 A。文段为典型的分总结构,"可见"一词引导的句子归纳总结了文段内容,为文段中心句,A 项表述为文段中心句的同义转述,故选 A。

11. 片段阅读·关键句

【例题1】我们需要倡导一种"闲书"的阅读,这样的阅读首先是一种习惯,在生活中应当熟悉一种"非功利性"的、与工作或生活并不直接相关的书籍的阅读。这种阅读对于人们性情的陶冶、情操的培养和格调的生成,都有相当大的意义。一个人对于文字的敏感和熟悉,使他(她)能够在阅读中获得乐趣而不觉得乏味,而这正是修养与气质的关键部分。

这段文字意在说明(　　)。

A. 我们应倡导"闲书"阅读这样的一种阅读习惯
B. 阅读应当是非功利性的,应该多读与工作或生活不相关的书籍
C. 阅读对于人们性情的陶冶、情操的培养和格调的生成都有重要意义
D. 阅读"闲书"能够培养人的修养和气质

解析:此题答案为 A。这段文字采用总分结构,首句点题,说明我们需要倡导一种"闲书"的阅读,接下来分别阐述了阅读"闲书"的一些好处。故答案选 A 项。B 项。原文说的是"不直接相关",而非"不相关",且原文说的是我们应该熟悉一种非功利性的阅读,而非所有的阅读都应当是非功利性的。C 项偷换了概念,原文说的是"这种阅读"对人们性情的陶冶……有重要意义,"这种阅读"指的是"闲书"的阅读,而非所有的阅读。D 项虽然符合原文,但作者说阅读"闲书"能够培养人的修养和气质,陶冶人的性情与节操,目的还是在于倡导大家阅读"闲书"。

【例题2】在美国,学术界、工业界、主管部门和多数消费者倾向于认为用豆浆代替牛奶是一种更健康的选择。不过,绝大多数西方人很不喜欢豆味,所以美国的豆浆有一步去除或掩盖豆味的操作,而中国人就会觉得这样一点儿豆浆味也没有。对奶味的偏好和对豆味的排斥,是豆浆在西方不够受欢迎的主要原因。此外,豆浆在保存过程中比牛奶容易发生聚集下沉,这也给豆浆成为牛奶那样的方便食品带来了难度。保存难度高,加上市场需求量不是那么大,导致美国豆浆的价格远远高于牛奶。

对这段文字的主旨概括最准确的是(　　)。

A. 对比中国人和西方人对豆浆口味的不同喜好
B. 剖析豆浆在美国市场上价格偏高的原因
C. 探究豆浆在西方市场不受欢迎的根本原因
D. 指出豆浆打入美国市场所必需的技术手段

解析:此题答案为 B。文段为分总结构,前三句先指出因喜好习惯不同使得豆浆在西方市场需求量不大;第四句接着说明豆浆保存难度大;尾句进行总结,正是由于上述两个原因,才导致美国豆浆的价格远远高于牛奶。由此可知,文段的主旨就在于剖析豆浆在美国价格偏高的原因,即 B 项。C 项迷惑性比较大,但文段尾句"导致美国豆浆的价格远远高于牛奶",明确将落脚点放在了"价格"上,而非"不受欢迎"。

【例题3】一个人真正的"精神饥饿感"应该从中小学时期开始培养。现阶段我国亟须在学校教育阶段"拯救阅读",尤其是儿童阅读。"阅读是消灭无知、消灭贫穷、消灭绝望的武器。"一个民族精神境界的高下取决于阅读的水平;一个人的阅读史,就是他的精神发育史;一个没有阅读的学校永远不可能有真正的教育,而没有阅读的"学习"只能称作"训练"。

对这段话主旨的理解,正确的一项是(　　)。

A. 是否从儿时就养成阅读的习惯,将在很大程度上决定一个人的精神境界

B. 阅读应当成为学校教育的重要内容

C. "学习"与"训练"的最大区别在于"训练"仅仅是技能的培养

D. 阅读是培养"精神饥饿感"的最佳方法

解析：此题答案为 B。文段先说应从中小学时开始培养人真正的"精神饥饿感"，接着阐述"现阶段我国亟须在学校教育阶段'拯救阅读'"，第二句承启句即为文段的中心句，由此句可知，这段文字主要阐述的是阅读对于学校教育的重要性。而中心句后的内容都是进一步强调阅读应成为学校教育重要内容的。故本题答案为 B。

12. 片段阅读·关键暗示信息

【例题 1】中国的专利申请平均每年以 48% 的速度增长。中国的专利实施只占专利总量的 20%～30%，与国外达 80% 的实施率相比，专利差距很大。在中国专利申报总量中只有 15% 来自于企业，而发达国家的专利申请 80% 来自于企业。

这段话支持了这样一种观点，即（　　）。

A. 中国科技创新进步势头迅猛

B. 中国的科技创新不仅要注重开发研究，更要加强推广和实施科技成果

C. 中国科技创新水平与国外相比差距很大

D. 中国企业不像科研院所和高校那样重视科技创新活动

解析：此题答案为 B。文段中出现了多个百分数。分析这些数字，可得到如下一些信息："48%"表明我国专利的研发速度很快。20%～30% 和 80% 与 15% 和 80% 的对比则说明，我国专利的实施率较低。综观四个选项，A 项只表述了文段一个方面的内容。文中说的是中国的专利实施率低，而不是中国科技创新水平与国外差距很大，C 项错误。文段没有对比中国企业与科研院所和高校在重视科技创新活动方面的不同。D 项错误。

【例题 2】只要一个国家的决策者，真心希望发展市场经济，愿意按照资本创造与流动的规律办事，能够尊重多数国民基于现实的财产占有与处置权利，就可以让多数所有权变得合法，从而创造出让合法财产灵活流动的环境。这正如将彼此孤立的湖泊，串联成一片巨大的水域，避免零星的湖水，消失在一块块贫瘠的沙地里。一旦资本流动起来，财富创造与经济效率就会在市场中野蛮生长。

对这段文字的主旨理解最准确的是（　　）。

A. 国家需要尊重多数国民的财产占有与处置权利

B. 没有法律保护的所有权，是效率偏低、缺乏活力的所有权

C. 市场经济的发展程度与一国决策者的水平密切相关

D. 所有权合法化，是市场经济正常发展的关键

解析：此题答案为 D。

A 项中有特定字眼"需要"，依据上面的方法很容易误将它当作正确答案。但阅读材料可知，"尊重多数国民的财产占有与处置权利"与"真心希望发展市场经济""愿意按照资本创造与流动的规律办事"为并列关系，讲的是所有权合法化的三个条件。满足了这三个条件，所有权合法化了，才能创造出资本流动的环境，市场经济才会健康发展。由此可知，文段主要讲的是所有权合法化对市场经济的影响，即 D 项。

【例题 3】在民意跟权力的地位不平等时，民意就无法获得权力的尊重。在权力面前自保尚不可得，更何谈让权力听话？因此，要让民意真正发挥作用，除了给予民意力量外，别无他法。

权力尤其需要明白的是,民意就是权力运作的前提和基础,而尊重民意的体现,也并非事事按照民意办——在限于某些条件无法依民意而行事的时候,向公众坦陈原因,求得民众谅解,这是达成权力和民意双赢的必由之路。

通过这段文字,作者想表达的主要观点是(　　)。

A. 只有尊重民意的权力才是合法的权力
B. 权力应服从于民意,不能服从时应保持坦诚和谦卑
C. 民意无法获得权力尊重的根本原因是民意的力量弱小
D. 权力和民意双赢的关键在于公众的知情和谅解

解析: 此题答案为 D。文段尾句"向公众坦陈原因,求得民众谅解,这是达到权力和民意双赢的必由之路"点明了主旨,即权力和民意双赢的关键在于公众的知情和谅解。故答案为 D 项。文段没有提及"合法的权力",排除 A。C 项仅是对现状的陈述,不是作者想表达的主要观点,排除。B 项的迷惑性比较大,但与 D 项相比较,"权力和民意双赢"是文段的落脚点,且"公众的知情和谅解"更与时下热点相符。故 D 项更符合作者想表达的主要观点。

第九章 综合练习

1. 为加强宣传力度，某部业余新闻报道组从6月2日开始每天调入1人，已知每人每天写1篇稿件，该报道组从6月1日至6月21日共撰写稿件840篇。此时，该报道组共有（　　）人。

　　A. 25　　　　B. 30　　　　C. 35　　　　D. 40

2. 某公司去年有员工830人，今年男员工人数比去年减少6%，女员工人数比去年增加5%，员工总数比去年增加3人，则今年男员工有（　　）人。

　　A. 329　　　B. 350　　　C. 371　　　D. 504

3. 甲、乙、丙三个工程队的效率比为6∶5∶4，现将A、B两项工作量相同的工程交给这三个工程队，甲队负责A工程，乙队负责B工程，丙队参与A工程若干天后转而参与B工程。两项工程同时开工，耗时16天同时结束。那么丙队在A工程中参与施工（　　）天。

　　A. 6　　　　B. 7　　　　C. 8　　　　D. 9

4. 102,96,108,84,132,(　　)。

　　A. 36　　　B. 64　　　C. 70　　　D. 72

5. 1,3,4,7,9,11,16,15,(　　),(　　)。

　　A. 17　19　　B. 21　17　　C. 25　19　　D. 27　25

6.

0	3	8
63	?	15
48	35	24

　　A. 79　　　　B. 80　　　　C. 81　　　　D. 821

7. 67,54,46,35,29,(　　)。

　　A. 13　　　B. 15　　　C. 18　　　D. 20

8.

开	面	出
青	勺	什
小	对	?

无	忠	走	三
A	B	C	D

9.

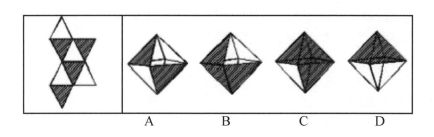

10.

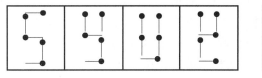   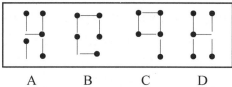

11. 三团有战士为优秀士兵奖励获得者。除非各团有战士为优秀士兵获得者,否则不能从师政治部领取奖章。一团可以从师政治部领取奖章。

由此可以推出(　　)。

A. 三团可以从师部领取奖金

B. 三团有的战士不是优秀士兵奖励获得者

C. 一团有的战士是优秀士兵奖励获得者

D. 一团有的战士不是优秀士兵获得者

12. 已知:(1)小王外出,小李就不外出;(2)只要小李不外出,小王就外出;(3)小王外出。已知这三个判断只有一个真,两个假。由此推出(　　)。

A. 小王、小李都外出　　　　　　B. 小王、小李都不外出

C. 小王外出,小李不外出　　　　D. 小王不外出,小李外出

13. 小刘是"雄狮"长跑俱乐部成员,由于周末训练受伤,不能参加即将举行的军事大比武,而该俱乐部里的其他成员都获得了参加这次军事大比武的资格。

由此可以推出(　　)。

A. 小刘是"雄狮"长跑俱乐部成员,但未获得参加军事大比武资格

B. 军事大比武的参赛者都是"雄狮"长跑俱乐部成员

C. 如果有人参加了军事大比武,又是"雄狮"长跑俱乐部成员,他一定不是小刘

D. 如果有人是"雄狮"长跑俱乐部成员,但没有参加军事大比武,他一定是小刘

14. 老龄社会即是指在一个国家中,其65岁以上人口占该国总人口比例的7%以上。按照这个标准我国从1999年开始进入老龄社会。近几年来,我国65岁以上人口的数量一直在稳定增长,但占全国总人口的比例变化不大。

如果以上判定为真,则以下哪项也必为真?(　　)

A. 我国人口平均年龄超过65岁

B. 近几年来,人民的生活水平越来越好

C. 近几年来,我国65岁以下人口的数量也在不断增加

D. 近几年来,我国25岁以下人口数量不断下降

15. 文学批评是文艺科学一个具有独立性的重要内容,是对作家作品进行系统的、科学的、深入的分析研究,即阐释作品的意义,评定其价值,以发挥作品的社会作用;帮助作者总结创作经验,指导读者文学欣赏,具有很强的实践性和针对性。

根据以上定义,下列不属于文学批评的是( )。

A. 杂志《山东文学》中的一篇文章:《浅议〈三国演义〉中人物关系》

B. 报告文学《焦裕禄》

C. 著作《〈石头记〉研究》

D. 文章《评陈忠实小说〈白鹿原〉的语言及其特征》

16. 国家定价是指由县级(含县级)以上各级人民政府物价部门、业务主管部门按照国家规定权限制定的商品价格和收费标准。根据上述定义判断下列哪种情况属于国家定价?

A. 市民对我市出租车价格过高反响强烈。经调查发现,我市的出租车价格高于其他城市出租车的价格。为此市政府研究决定:将出租车的起步价下调,每公里运价仍保持不变

B. 某国营商店从外地购进了一批皮大衣,尽管皮大衣市场紧俏,其它个体商店的定价远远高于大衣的价值。但为了维护商店的信誉,商店经理决定皮大衣定价以不高于50%的利润为原则

C. 由于近日连续干旱高温,致使城区蔬菜价格不断上涨,引起了广大市民的关注,为维护广大人民的利益,保持市场的稳定,市物价部门公布几种主要蔬菜的最高限价

D. 某商店销售一批高质量的棉被。开始定价是70元,一个月后,由于物价上涨的原因,他们把这批棉被的定价提高到了85元

17. 从众行为是指个人因受到群体的压力而在知觉判断、动作等方面做出与众人趋于一致的行为。

下面不属于从众行为的是( )。

A. 周末休息,大家都要去教室上自习,虽然我并不喜欢,但还是跟大家一起去了

B. 很多同学都买了笔记本电脑,虽然我家庭并不宽裕,但还是咬牙买了一台

C. 我一直喜欢上英语课,我发现上大学后很多人也喜欢英语

D. 既然大家都认为这个题目的解法是正确的,那我也认为正确

18. 故意犯罪是指明知自己的行为会发生危害社会的结果,并且希望或者放任这种结果发生,因而构成犯罪的,是故意犯罪。根据上述定义,下面哪种情况属于故意犯罪?

A. 马某因要与其妻子离婚,其妻不同意,马某意图毒死其妻。不巧孩子误喝了放了毒药的果汁而死

B. 一出租车司机早晨从家出发前就发现车闸不灵,但他过于相信自己开车的技术,结果因车闸失灵而撞伤人行道上的小孩

C. 马因雷声而受惊狂奔,赶车人无法控制,致使正在路边玩耍的两名儿童被撞伤

D. 魏某开车带朋友去郊游,车行到一下坡路时,刹车突然失灵,魏某连忙采取了正当措施,但车子仍刹不住而翻到了沟里魏某和他的两个朋友均撞成重伤。后经技术鉴定刹车失灵纯属机械故障

19. "会当凌绝顶,一览众山小":泰山( )。

A. "姑苏城外寒山寺,夜半钟声到客船":南京

B. "两岸猿声啼不住,轻舟已过万重山":黄河

C. "天门中断楚江开,碧水东流至此回":长江
D. "劝君更进一杯酒,西出阳关无故人":山海关

20. 苹果:水果（   ）。
A. 橙汁:饮料   B. 炒锅:厨具   C. 武汉:湖北   D. 家具:沙发

21. 长安:西安（   ）。
A. 状元:探花   B. 河南:洛阳   C. 番茄:西红柿   D. 蹴鞠:足球

22. 申请（   ）之于批准相当于准备起跑之于（   ）
A. 同意 领奖   B. 审核 冲刺   C. 产权 资金   D. 学校 球鞋

23. 口渴:缺水（   ）
A. 发烧:升温   B. 蒸发:吸热   C. 升职:功绩   D. 风雨:雷电

24. 诗仙:李白（   ）
A. 画圣:吴道子   B. 书圣:王献之
C. 医圣:华佗   D. 诗圣:白居易

25. 降低:升高（   ）
A. 吃苦:享乐   B. 寒冷:炎热   C. 美丽:丑恶   D. 老师:家长

根据下列资料回答 26~30 题。

"十一五"以来,河南省的产业集群发展迅速,特色产业基地已成为河南省经济持续高速增长的新亮点。据统计,2010年河南省特色产业基地工业总产值达5340亿元,约占全省工业总产值的12%;基地的高新技术产品产值2850亿元,占全省高新技术产值的15%;全省特色产业基地的经济增长幅度,明显高于当地经济增长的平均幅度。2010年,河南省特色产业基地的工业总产值,比2009年增长25.5%。与此同时,各特色产业基地占当地经济总量的比重逐步加大,有些基地已占到当地工业总产值的40%以上。如洛阳玻璃特色产业基地的工业总产值,2010年已经占洛阳市工业总产值的43%;安阳钢铁特色产业基地2010年工业总产值占全市工业总产值的41%;南阳禽畜生物制品特色产业基地2010年工业总产值占当地工业总产值的43.5%;国家级新乡耐火新材料产业基地,有高新技术企业15家,占全市高新技术企业总数的21%,基地工业总产值占全市工业总产值近26.5%。

26. 2009年河南省特色产业基地的工业总产值是（   ）。
A. 4768亿元   B. 4255亿元   C. 3814亿元   D. 4413亿元

27. 2010年河南省特色产业基地的高新技术产品产值约占特色产业基地工业总产值的比重是（   ）。
A. 56.5%   B. 53.4%   C. 43%   D. 52%

28. 根据上述资料,2010年特色产业基地占当地工业总产值比重最高的是（   ）。
A. 洛阳玻璃特色产业基地   B. 安阳钢铁特色产业基地
C. 南阳禽畜生物制品特色产业基地   D. 新乡耐火新材料产业基地

29. 2010年河南省高新技术产品产值占全省工业总产值的比重约为（   ）。
A. 53.4%   B. 43.5%   C. 35.5%   D. 37.8%

30. 根据所给资料,下列说法正确的是（   ）。
A. 2010年,新乡市高新技术企业共有15家
B. 2010年,安阳钢铁厂产值占安阳市工业总产值的41%

C. 2010年，南阳禽畜生物制品特色产业基地总产值占该市总产值的43.5%

D. 2010年，洛阳玻璃特色产业基地的工业总产值占该市生产总值的比重小于43%

根据下列资料回答31~35题。

根据有关统计资料报道：在我国的地区工业总产值中，北京市1985年为346.2亿元，1990年为737.4亿元；上海市1985年为862.7亿元，1990年为1632.9亿元。在1990年工业总产值的所有制构成形式上，"全民所有制"北京占62.7%，上海占68.3%；"集体所有制"，北京占29.1%，上海占19.9%；"个体所有制"北京占1.1%，上海占0.1%；"其它所有制"，北京占7.1%；上海占11.7%，请根据此段文字回答下列问题。

31. 1985年上海市的工业总产值是北京的多少倍？（　　）
   A. 2.0倍　　　B. 2.2倍　　　C. 2.5倍　　　D. 2.7倍

32. 1990年，北京市的工业总产值是上海市的百分之几？（　　）
   A. 42.16%　　　B. 43.16%　　　C. 44.16%　　　D. 45.16%

33. 1985—1990年，北京市工业总产值的发展速度为（　　）
   A. 113.00%　　　B. 115%　　　C. 213.00%　　　D. 215%

34. 1985—1990年，上海市工业总产值的增长速度为（　　）
   A. 81.28%　　　B. 89.28%　　　C. 90.28%　　　D. 189.28%

35. 在上海市的1990年工业总产值中，全民所有制与个体所有制的产值比例关系为（　　）
   A. 68.3∶1　　　B. 168.3∶1　　　C. 368.3∶1　　　D. 683∶1

36. 在北京市的1990年工业总产值中，集体所有制与全民所有制的比例关系为（　　）
   A. 0.46∶1　　　B. 0.62∶1　　　C. 2.15∶1　　　D. 1.2∶1

37. 下述判断错误的项是（　　）
   A. 上海市的工业总产值显著高于北京市
   B. 在我国工业领域，全民所有制占主导地位
   C. 集体所有制工业产值呈上升趋势
   D. 1990年我国的私有制工业发展受到限制

38. "花开盛世"彩车中部是一尊长方形的中原宝鼎，_____于著名的青铜器司母戊鼎，仿佛在向人们述说着河南深厚的历史文化_____。彩车周围还装饰着麦穗和黄河浪花，_____着河南第一农业大省的地位。
   填入画横线部分最恰当的一项是（　　）。
   A. 取材　底蕴　象征　　　B. 脱胎　内涵　喻示
   C. 取材　渊源　显示　　　D. 脱胎　传统　标志

39. 夸父这个形象是我们的祖先在远古时代以全部生命力_____的知其不可为而为之的一曲壮歌！他_____了整个时空，从_____的原始社会到因特网时代，从东方到西方。
   填入画横线部分最恰当的一项是（　　）。
   A. 唱出　超越　混沌　　　B. 描绘　穿越　野蛮
   C. 谱写　掩盖　简陋　　　D. 描述　跨越　粗鄙

40. 在美国，对造假行为的打击是_____的，我们几乎可以用"残酷"这个词来形容。通常情况下，这些造假公司的首脑和相关人员都会_____并过上长期的铁窗生活，而且不会有_____的机会。

填入画横线部分最恰当的一项是(　　)。
A. 尽心竭力　一无所有　死灰复燃
B. 竭尽全力　家徒四壁　卷土重来
C. 全力以赴　一贫如洗　重振旗鼓
D. 不遗余力　倾家荡产　东山再起

41. 现代社会中,人们是在相对统一的时间里交往活动,这有利于节约社会成本,提高社会效率,推动社会发展。但全社会的"步调一致"容易导致交通的堵塞,由此引发的一系列社会问题不容忽视。从另一方面来看,人们的需要、社会发展的需求,又对作息时间提出了不同的要求。但作息时间不统一,也会给人们的交往、社会的发展带来一定障碍。

这段文字意在说明(　　)。
A. 作息时间应在统一与差异中寻找平衡
B. 小问题可能会引起社会发展中的大矛盾
C. 调整作息时间是解决交通堵塞的有效措施
D. 作息时间需随着人们生活习惯的改变而调整

42. 经典之所以为经典,就是因为它不但历久弥新,而且常读常新。常言道,"读书百遍其义自见",苏轼也说"故书不厌百回读,熟读深思子自知"。经典之书,不同年龄读有不同年龄的体会,不同境遇读有不同境遇的领悟。小时候背诵经典,可能还不能领会其中要旨,但是背熟了,就成为一个人知识积累的一部分,长大后在生活和工作中自然会慢慢领会其中的精髓。这就是所谓"熟读而后能悟,悟而后能用,用而后生巧,巧而后出新"的道理。

这段文字主要谈论的是(　　)。
A. 经典何以为经典
B. 经典能常读常新
C. 经典阅读具有阶段性
D. 经典的精髓需慢慢领会

43. 医学专家很早以前就开始研究音乐家的天才与其大脑的关系。认为音乐家左、右半球是均衡发展的。大脑的右半球负责旋律和音调的识别,左半球负责节奏和乐理的调节、实施。

这段话直接支持了这样一个观点,即音乐家的天才(　　)
A. 是大脑的右半球负责旋律和音调识别的结果
B. 是由于音乐家大脑左半球负责节奏和乐理的调节、实施的原因
C. 与音乐家人脑左右半球均衡发展有很密切的关系
D. 是音乐家很早以前就具备了的

44. 哲学家冯友兰有一段精确的话:"在读书的时候,即使书中的字都认得了,话全懂了,还未必能知道作书人的意思。意思是离不开语言文字的,但有些是语言文字所不能完全表达出来的。如果仅只局限于语言文字,死抓住语言文字不放,那就成为死读书了……在读书中,就是要过河拆桥。

冯友兰先生这段话直接支持了这样一种论点,即读书时(　　)
A. 明白了文句的字面意思,就要忘掉文句
B. 懂得了文句的精神实质,就要忘掉文句
C. 懂得了文句的字面意思,就不受文句的限制
D. 懂得了文句的精神实质,就不要拘泥于文句

45. ① 如果有了正确的理论,只是把它_____,并不实行,这种理论再好也是没意义的。
② 明摆着是歪理邪说,本应_____才是,却有那么多人相信。真令人想不通。
③ 这孩子真怪,别的什么都不怕,却怕癞蛤蟆,一只癞蛤蟆就吓得他_____地惊叫起来。

填入划横线部分最恰当的一项是（　　）。
A. 束之高阁　不以为意　失魂落魄
B. 奉若神明　不以为然　惴惴不安
C. 奉若神明　不以为然　失魂落魄
D. 不了了之　不以为意　惴惴不安

46. 光谱＿＿＿＿＿＿是由组成发光体的元素的原子发出的。组成发光体的物质不同，产生的光谱就不同。如果我们把一小撮盐放到炽热的火焰中，火焰的光谱会立刻出现几条新的色线，这些色线是由食盐燃烧产生的。我们还可以从这些色线中了解更多的知识。由于钠原子的色带非常特别，是由两条靠得非常近的极亮的黄色线组成的，我们在食盐的光谱中发现了这样的色线，我们就知道食盐中含有钠原子。任何光线，＿＿＿＿＿＿它来自多么遥远的地方，＿＿＿＿＿＿我们将它分解为单色，我们＿＿＿＿＿＿能知道发光体的成分是什么。这种方法使我们分析遥不可及的星辰的化学成分成为可能。

填入画横线部分最恰当的一项是（　　）。
A. 本质上　不论　只有　就
B. 其实　不论　因而　就
C. 实际上　无论　只要　至少
D. 实质上　无论　只要　应该

47. 下列句子中表达有歧义的一项是（　　）。
A. 滑稽广告虽然可看性强，但常常不如严肃的广告那样容易被人记住
B. 人们没有观察到东西也许是因为观察的粗浅，而不是事物本身的隐晦
C. 刚才来我家的那人是我刚认识的市长的秘书的表哥
D. 农村工业化和城市化的同步发展，将从根本上解决欠发达地区农村剩余劳动力转移的问题

48. ① 正常的状况，诗人总是不直接向读者进行灌输
② 一般来说，优秀的诗篇总是避开直说
③ 这是诗的一般规律，也是欣赏诗歌所必不可少的一种思想准备，或者叫做训练
④ 由于不直说，因而增加了欣赏的困难
⑤ 言在此而意在彼，不是说明着什么，而是隐喻着什么
⑥ 他们只是含蓄地点拨你，然后给你以天女散花般的想象的自由
将以上6个句子重新排列，语序正确的是（　　）。
A. ①⑤⑥②③④
B. ①③②⑥⑤④
C. ②④①⑥⑤③
D. ②⑤④③①⑥

49. 从"返乡潮"到"用工荒"，一方面从侧面反映出我国应对国际金融危机的措施及时有力，经济形势不断企稳回升向好。但另一方面，也暴露出了我国目前整体劳动力结构失衡等深层次问题。一边是"就业难"，一边却是"用工荒"；一边是企业对中高级技术人才"求贤若渴"，一边却是民工以缺乏专业技能者居多。要化解"用工荒"问题，除了提高最低工资标准之外，还需要以长远眼光建立一整套长期稳定的工资增长激励机制，同时应加大对中低劳务人员的专业培训投资，让民工在工作中得到价值的不断提升。

对这段文字的主旨概括最准确的一项是（　　）。
A. 阐述"用工荒"折射出的积极效应及消极影响
B. 分析"用工荒"暴露出的问题及应采取的应对举措

C. 指出提高农民工待遇是化解"用工荒"的关键

D. 说明劳动力结构的失衡是导致"用工荒"的深层次原因

50. 从众心理,是社会心理的普遍现象之一。所谓从众,是个体在群体的压力下,放弃自己的意见或违背自己的意见,使自己的言语、行为保持与群体一致的现象。

这段话支持了这样一种论点(　　)。

A. 在实际工作中,工作群体应当更为强调人的个性

B. 个体对群体越信任,个体的行为就越容易趋向群体行为

C. 从众心理在实际工作中产生的是消极的效应

D. 个体从众达到一致或是被迫服从,或是自愿接受

【参考答案及解析】

1. B。从6月2日起调入的人每天撰写稿件的篇数组成等差数列1,2,3,…,19,20,所以调入的人撰写稿件总数是$\frac{20\times(20+1)}{2}=210$,因此原有人撰写稿件数是840-210=630,从而原有人数=$\frac{630}{21}=30$名。

2. A。设去年男员工人数为 x,女员工人数为 y,则 $\begin{cases} x+y=830 \\ (1-6\%)x+(1+5\%)y=830+3 \end{cases}$,解得 $x=350$,因此今年男员工人数=$350\times(1-6\%)=329$。

3. A。设丙队参与A工程 x 天,则参与B工程 $16-x$ 天。由题意可设甲、乙、丙每日工作量分别为6、5、4。由于A、B两项工作量相同,则有 $6\times16+4x=5\times16+4\times(16-x)$,解得 $x=6$。

4. A。数列增减交替,相邻项作差:-6,12,-24,48,(-96)为等比数列,公比为-2,此为二级等比数列。未知项(　　)=132+(-96)=36。

5. C。这明显是一个间隔组合数列。奇数项:1,4,9,16,(25),相邻两项相减,得到一个公差为2的等差数列3,5,7,9;偶数项:3,7,11,15,(19),是等差数列,公差为4。所以,未知项{(　　),(　　)}={(16+9),(15+4)}={(25),(19)}。

6. B。图表中数字按图示顺序构成数列:$1^2-1, 2^2-1, 3^2-1, 4^2-1, 5^2-1, 6^2-1, 7^2-1, 8^2-1, (9^2-1)$。

0	3	8
63	?	15
48	35	24

7. D。相邻项作和:121,100,81,64,(49),化为 $11^2, 10^2, 9^2, 8^2, (7^2)$,底数为等差数列,公差为-1。未知项(　　)=49-29=20。

8. D。第一行汉字都由1部分组成;第二行汉字都由2部分组成;第三行汉字都由3部分组成。选项中只有D是由3部分组成的,满足"图形中的部分数构成等差数列"的规律。

9. A。从展开图可以看出,折叠后的立体的任意两个阴影面是不相邻的。

10. A。从第一个图形开始,每次移动一根火柴得到下一个图形,选项中只有A可由题干第四个图形移动一根火柴得到。

11. C。这是一个假设推理型题目。从"除非各团有战士为优秀士兵获得者,否则不能从师

政治部领取奖章"可以看出,从师政治部领取奖章的必要条件是有战士为优秀士兵的获得者。从而可以推出 C 项"一团有的战士是优秀士兵奖励获得者"是正确的,其他各项都不能必然推出。

12. B。这是一个假设推理型题目。可以使用代入法进行假设推理。假设(1)是真的,那么(2)和(3)就是假的。由(2)假可以得出小李不外出,小王也不外出;由(3)假可以推出小王没有外出。推理出的命题与(1)不矛盾,假设成立。故正确答案为 B。

13. C。这是一个分析推理型题目。小刘不能参加军事大比武,不能说明小刘没有获得参赛的资格,另外该俱乐部的其他成员虽然也获得了参加军事大比武的资格,但是也不能说明就一定去参加军事大比武了。所以 C 项正确。

14. C。这是一个计算推理型题目。这实际上是一个比例的关系问题,虽然 65 岁以上人口的数量一直在稳定增长,但占全国总人口的比例变化不大。所以 65 岁以下人口的数量也在不断增加。这类问题的关键是要搞清楚一个简单的数学关系式的问题。所以只有 C 项符合题意。

15. B。采用要素分析法。根据题干,文学批评主要是评定某作品的价值、指导读者文学欣赏,并且具有很强的实践性和针对性。显然 B 项《焦裕禄》是报告文学而不是文学批评。

16. A。根据定义进行衡量,此题的正确答案为 A。

17. C。采用归纳关键点分析法。根据题干,从众行为的关键点是:做出与众人趋于一致的行为。A、B、D 项的行为都是和众人一致的行为,只有 C 项不属于受到群体的压力而在知觉判断、动作等方面做出与众人趋于一致的行为。

18. A。根据定义进行衡量,此题的正确答案为 A。

19. C。排除法和细节分析法,题干中诗句描述的地方就是后面给出的地方。A 项指的是苏州;B 项指的是长江;D 项指的是阳关。只有 C 项符合题意。

20. A。集合关系分析法和细节分析法,题干中苹果属于水果的一种,是可以来食用的。A 项中橙汁属于饮料的一种,也是可以来食用的;B、C 两项都不是食用品;D 项中家具不是沙发的一种。所以只有 A 项符合题意。

21. A。本题中长安与西安是全同关系,长安是西安在古时的称谓。蹴鞠与足球也是全同关系,蹴鞠是足球在古时的称谓。故选择 D。

22. B。本题中考察顺承关系中事情的发展顺序。先申请,在审核,最后批准。先准备,在起跑,最后冲刺。故本题选择 B。

23. C。逻辑关系分析法,题干中口渴是因为缺水。A 项中发烧不一定因为天气升温;B 项蒸发不一定因为吸热;C 项中升职的原因是因为做出了功绩;D 项中有风雨不一定因为是雷电。所以只有 C 项符合题意。

24. A。排除法和细节分析法,本题考查基本常识。书圣是王羲之,医圣是张仲景,诗圣是杜甫。

25. A。词性分析法和细节分析法,题干中两项互为反义词,且都是动词。B、C 项都是形容词;D 项之间不存在对立关系,不属于反义词。所以只有 A 项符合题意

26. B。根据文字资料:"2010 年,河南省特色产业基地工业总产值达 5340 亿元……河南省特色产业基地的工业总产值,比 2009 年增长 25.5%"。利用数学计算,2009 年河南省特色产

业基地的工业总产值大约是 $\frac{5340}{1+25.5\%} \approx 4255$ 亿元。所以选 B。

27. B。根据文字资料:"2010 年河南省特色产业基地工业总产值达 5340 亿元……基地的高新技术产品产值 2850 亿元",因此 2010 年河南省特色产业基地的高新技术产品产值约占特色产业基地工业总产值的比重为 $\frac{2850}{5340} \approx 53.4\%$。

28. C。根据文字资料:"如洛阳玻璃特色产业基地的工业总产值,2010 年已经占洛阳市工业总产值的 43%;安阳钢铁特色产业基地 2010 年工业总产值占全市工业总产值的 41%;南阳禽畜生物制品特色产业基地 2010 年工业总产值占当地工业总产值的 43.5%;国家级新乡耐火新材料产业基地……基地工业总产值占全市工业总产值近 26.5%"。显然,南阳 2010 年特色产业基地占当地工业总产值的比重最高。

29. C。根据文字资料:"2010 年河南省特色产业基地工业总产值达 5340 亿元,约占全省工业总产值的 12%;基地的高新技术产品产值 2850 亿元,占全省高新技术产值的 15%"。可见,2010 年河南省全省工业总产值为 $\frac{5340}{10\%} = 53400$ 亿元;全省高新技术产品产值为 $\frac{2850}{15\%} = 19000$ 亿元。所以高新技术产品产值占全省工业总产值的比重为 $\frac{19000}{53400} \approx 35.5\%$。

30. D。根据文字资料:"国家级新乡耐火新材料产业基地,有高新技术企业 15 家,占全市高新技术企业总数的 21%",可见,新乡市高新技术企业总数远多于 15 家,所以 A 项错误。资料中未提及"安阳钢铁厂",所以 B 项错误。"南阳禽畜生物制品特色产业基地 2010 年工业总产值占当地工业总产值的 43.5%",并非南阳市总产值,所以 C 项错误。"洛阳玻璃特色产业基地的工业总产值,2010 年已经占洛阳市工业总产值的 43%",工业总产值肯定小于全市总产值,所以 D 项正确。

31. C。$\frac{862.7}{346.2} \approx 2.49$。

32. D。$\frac{737.4}{1632.9} \times 100\% \approx 45.16\%$。

33. C。$\frac{737.4}{346.2} \approx 2.13$。

34. B。$\frac{1632.9}{862.7} \approx 1.8928$。

35. D。$68.3\% \div 0.1\% = 683$。

36. A。$29.1\% \div 62.7\% \approx 0.46$。

37. C。所给资料没有提及集体所有制工业产值的发展趋势。

38. A。取材:选择供加工的原材料;选取创作素材。脱胎:比喻新事物在旧事物中孕育变化而成,也指诗文创作取法前人而又有创新。"中原宝鼎"与"司母戊鼎"之间的关系用"取材"更恰当,排除 B、D。"渊源"比喻事物产生的本源,"底蕴"表示蕴藏着的才智、见识。"著名的青铜器司母戊鼎"体现的是河南的历史文化底蕴。"麦穗和黄河浪花"在这里用作象征意义,第三空应用"象征"。因此本题答案为 A。

39. A。先看第一空,"描述""描绘"与句中的"壮歌"搭配不当,故排除 B、D。再看第二空,句意是夸父精神的影响力从古代一直延伸到现代,从东方到西方,这是一种对时空的"超越",

因此本题答案为 A。

40. D。先看第一空,四个成语都有把全部力量都投入进去的意思,但"尽心竭力"和"竭尽全力"多用于争取一个好的结果,与句中"打击"搭配不合适,排除 A、B。再看第二空,"一贫如洗"和"倾家荡产"都形容穷。但"一贫如洗"可以指一贯很穷,也可以指现在很穷。"倾家荡产"指一开始不穷,而后因某事变穷。句中用来形容"造假公司的首脑和相关人员",用"倾家荡产"更贴切。"东山再起"比喻隐退后再度任职或失势后又重新得势,符合句意。

41. A。文段分别论述了全社会作息时间"步调一致"与"不统一"两种情况存在的利弊问题。分析两种情况可知,关于作息时间调整的问题,应力图在统一与差异这两个矛盾点中寻找平衡,因此本题答案为 A。文段主要针对的是作息时间的调整,B 项扩大了文意范围。C 项在文中没有体现。D 项"生活习惯"在文中没有提及,属妄加推测。

42. B。文段首句指出经典之所以成为经典,是因为常读常新。后面通过引用名言、举例等方法来论证什么是常读常新,即不同年龄、不同境遇阅读经典会产生不同的体会与领悟。由此可见,文段主要谈论的是经典具有常读常新的性质。正确答案是 B。

43. B。根据文字材料进行抽象概括,B 最准确。

44. D。根据文字材料进行抽象概括,D 最准确。

45. A。"束之高阁"与"不实行"正对应,"明摆着是歪理邪说",我们就应该不在乎它,即"不以为意"。

46. C。关联词的运用。A、B 中"不论"是连词,表示条件或情况不同而结果不变,后面往往有并列的词语或表示任指的疑问代词,下文多用"都、总"等副词跟它呼应;C、D 中"无论"也是连词,同样表示条件不同而结果不变,但对后面呼应的词没有限制,所以排除 A、B。C、D 都有一个"只要"表示有了这个条件就一定会有相应的结果,而 D 中"应该"表示"可能"的意思,不能和"只要"搭配,所以不选。

47. C。C 项歧义在:(1)刚认识的市长;(2)刚认识的市长的秘书;(3)刚认识的市长的秘书的表哥。

48. C。⑥句出现人称代词"他们",观察题干,只有①句有可被指称的"诗人",故⑥句应紧接①句后,排除 A、B。观察题干,②句末尾提到"直说",④句开头也提到"直说",④句应与②句紧密衔接,故排除 D。本题选 C。

49. B。文段主要介绍的是"用工荒"反映出的问题,并提出了具体的应对措施。A、D 两项仅仅是对现象的分析,未提到针对性的解决方法,排除。C 项"提高农民工待遇"只是应对措施之一,无法得出其是"化解'用工荒'的关键"的结论,排除。本题答案为 B。

50. D。文段主要讲什么是从众心理。从众心理指的是人们或者自愿放弃自己的想法,或者迫于群体的压力,使得自己的思想与群体保持一致的现象。四个选项中与文段内容最相符合的是 D。A、B 两项在文段中没有体现,C 项说法过于绝对,从文段中无法得出。

第四部分 综合能力

第一章 综合能力考试概要

一、大纲要求

根据《2019 年从优秀士兵中选拔干部综合知识考试大纲》,从优秀士兵中选拔干部综合知识考试包括五个部分的内容,第五部分考核的内容是"综合能力"。大纲明确,此部分主要考核考生阅读理解能力、文字表达能力和分析解决问题能力。给定资料主要涉及思想教育、基层管理、组织训练等与部队工作、生活密切相关的内容。

二、综合能力考试的目标

综合能力考试部分主要考查应考者贯彻执行能力、分析解决问题的能力与文字表达能力。就综合能力考试的形式来看,通常向考生提供一则反映特定实际问题的文字材料,要求考生仔细阅读这些材料,准确把握材料的主要内容,或者概括其中的主要问题,或者分析解决问题,或者提出自己的观点和解决问题的对策及具体方案。可见,考生的贯彻执行能力、分析解决问题的能力与文字表达能力是考生在阅读理解给定资料的基础上,通过准确解决各种问题表现出来的。因此,综合能力考试全面检测考生的科学理论水平和思想能力,全面考查考生在宏观和微观层面上采集各种有效信息,并善于理论联系实际、灵敏地应对和科学地处理各种问题的素质与潜能。具体讲,综合能力考试主要考查考生的四种能力,即阅读理解能力、综合分析能力、贯彻执行与解决问题的能力、文字表达能力。

(一)阅读理解能力

阅读理解能力是指考生运用自身知识、经验和方法顺利进行阅读的能力,包括认读能力、理解能力、欣赏能力、记忆能力及其阅读速度等。理解能力是考生在阅读过程中,不断由事实上升到观点、由具体问题上升到本质属性,把分散的事物综合为具有一定内在联系的事物的能力。由于阅读理解能力的差异,考生分析问题和概括问题的敏捷性和准确度就不同;对于同一则材料,不同人获取的信息和得出的结论也就有所不同。可见,阅读理解能力对考生来说十分重要,是综合能力考试必须具备的最基本的能力。阅读理解能力越强,就越能更好地把握事物的本质,更好地从各类材料中把握事物之间的联系,区分问题的类别、性质、轻重、缓急,发现同中之异,捕捉异中之同,进而能够更好地分析问题、研究问题并恰当地解决问题。因此,阅读理解是完成综合能力考试的基础和关键。

（二）综合分析能力

综合分析能力是指对阅读材料进行提炼加工，在复杂的材料中找出问题的关键所在，从而形成观点的能力。这种能力要求考生能在正确理解给定资料的基础上，运用概念、判断、推理，对材料进行分析与综合，分门别类地筛选、加工，理清思路，抓住材料之间的逻辑关系，提炼材料所反映的中心思想。

（三）贯彻执行与解决问题的能力

贯彻执行与解决问题的能力是指考生能够准确理解工作目标，针对问题提出行之有效的措施、方法和方案，使问题得到解决的能力。这是对考生能力测试的最重要的方面。由于部队干部在思想教育、组织训练和基层管理等活动中总会遇到各种各样的问题，而许多问题没有现成的解决方案，必须由干部针对随机出现的现实问题，快捷地提出解决对策。因此，综合能力考试要求考生在对大量事实进行科学分析的基础上，能够看到问题的本质，能够认识和掌握事物发展的客观规律，及时做出正确的判断和选择，并提出解决问题的方案与措施。

（四）文字表达能力

文字表达能力是指考生借助语言文字将自己的理解、观点、意见和办法等表达出来的能力。在综合能力考试中，考生在语言表达上要做到准确、简明、生动，在分析问题上要做到透彻、全面、清晰，并用恰当的行文表达出来。考生的阅读理解能力、综合分析能力和解决问题能力都要通过准确的语言文字表现出来。如果缺乏文字表达能力，即使前面三种能力再强，也无法让阅卷者了解和知晓。所以，良好的文字表达能力能够将考生的思维活动过程准确地再现出来，使之逻辑清楚、层次分明、用词准确、结构严谨，能够深入浅出地说明事理，明白无误地提出问题并合理地解决问题。

三、综合能力考试特点

综合能力考试通过考生对给定资料的阅读和相关问题的回答，旨在考查考生阅读理解能力、综合分析能力、解决问题能力以及文字表达能力。因此，综合能力考试的试题是主观性试题，试题结构规范，考核目的明确。首先给定一则资料，要求考生在认真阅读给定资料的基础上，理解给定资料所反映的事件（或案例，或社会现象）的本质，然后按要求作答。概括地讲，综合能力考试的特点主要有以下三点：

（一）考核形式的多样性

尽管综合能力考试试卷结构规范、考核目的明确，但就考核的形式来看，综合能力考试试题为主观性试题，包括归纳概括与综合分析类试题、贯彻执行与提出对策类试题。通过考生对上述四类试题的回答，既考查考生普通文体的写作能力，也考查考生公文写作能力，因而考核形式非常灵活。对于归纳概括类试题、综合分析类试题和提出对策类试题，其作答可能属于记叙文、说明文或议论文中的某一种形式，也可能要综合运用叙述、说明、议论等多种表达方式写成答案。对于贯彻执行类试题，主要考查考生的军队公文写作能力，尤其是军队基层常用文书的写作，如通知、报告、请示、工作计划、点名辞、挑战书、应战书、决心书、倡议书等。

（二）考查内容的广泛性

综合能力考试侧重于考查考生阅读理解、分析、解决现实问题的综合素质和能力，因而给定资料的范围极其广泛，内容涵盖了军队思想教育、部队基层管理和组织训练等方面，还涉及社会尤其是军营理论热点问题。一般来说,综合能力考试试题给定资料所反映的问题一般都已有定论,其试题较为规范,材料表述明确,涉及的内容和观点都不偏颇,没有争议,每个考生都能有感而发。当然,也有一些给定资料所反映的问题尚无定论或存在争议,让考生以自己的理解来进行分析和判断,并做出结论和提出相应措施。这就要求考生平时要广泛涉猎各领域、各方面的知识和信息,了解军队政治工作、军队基层管理和军事训练等相关基础知识,关注军营理论热点问题。

(三)考试目的的现实针对性

综合能力考试针对军队基层干部的实际工作需要,主要考查考生对文字资料的阅读理解、提炼概括和综合分析能力,也考查考生对军队基层工作的了解程度和解决问题的能力。这就要求考生不但在语言表达上必须做到准确、简明、生动,说理透彻、全面、清晰,而且所提出的方案和对策必须具有针对性和可行性。因此,在考试中,考生只需理清材料中的逻辑关系,抓住主要问题、主要矛盾或矛盾的主要方面,综合分析,正确判断,结合自身经验与知识的积累,就能按要求正确作答。综合能力考试目的的针对性,也要求考生答题时应着眼于把问题讲得清楚明白,在观点明确、论证有力的基础上适当注意语言表达技巧,无须刻意追求文字的优美华丽。

四、综合能力考试的作答步骤与注意事项

(一)综合能力考试的作答步骤

1. 认真审读材料,领会内容实质

阅读理解给定资料是综合能力考试最基础的环节。材料是试题展开的基础,对它的正确理解与深入分析、整理、归纳、综合是做好综合能力考试的关键,不仅在思考、作答问题的顺序上居于首位,而且从逻辑顺序上讲也是准确作答的前提条件。这是因为,只有认真地读通读懂全部给定资料,才能把握材料所反映的事件的性质,才能准确地概括出材料所反映的主要内容或主要问题,也才能针对主要问题,就给定资料所涉及的范围和条件,提出切实可行的解决问题的对策和方案。因此,考生必须拿出一定的时间来仔细阅读给定资料,以求真正理解和掌握材料的叙述思路和内容实质。

审读材料要求做到仔细通读,理出条理顺序,领会出题用意,区分主次轻重,寻找中心所在。要透彻理解材料,大致需要以下三步:

第一步:带着问题,快速浏览。考生在考试时,首先应该看作答要求中的题目。通过阅读题目,既可以帮助考生对给定资料进行理解,又可以进一步明确阅读的方向和重点。然后进行快速阅读,对给定资料有大致的了解。

第二步:寻找关键,仔细阅读。通过快速浏览,考生在对给定资料有一定了解的基础上,需要对材料的重要信息进行仔细阅读,同时将重点语句、关键词语标识出来。所谓重要信息,就是提出问题、解决问题的材料。

第三步:深刻领会,把握内容实质。通过以上两步的阅读,在对给定资料有了比较系统的理解的基础上,深刻领会材料的内容实质,而后可以进入考试的关键阶段:作答。尤其需要注意的是,在作答的过程中,应该回头再看材料,这是吃透材料的重要环节,也是准确作答的必要条件。

2. 紧扣给定资料,按要求准确作答

综合能力考试的作答一般可分为以下三步来完成:

第一步:审清题意,确定方向。审题主要是明确作答的任务、条件和身份。只有明确这三个

要素,才能避免答非所问、文不对题的情况发生。

第二步:根据材料,提炼要点。要点一般都会存在于给定资料中,因此,概括要点的前提在于准确把握给定资料。有的材料比较复杂,问题较多且彼此交错;有的材料问题比较集中。对前者,要分析出主要症结所在;对后者,要具体问题具体分析。但不管哪一类材料,都要进行归纳与梳理、分析与比较,掌握材料反映的主要问题、主要观点或主要内容等,否则,就难以把握解决问题的关键。概括要点需要准确、深入地理解材料内容,抓住关键问题,这是正确作答的关键。那么,如何提炼要点?一般来说,对于要求归纳概括类试题,其要点可以直接从材料中找到答案;对于综合分析类试题、贯彻执行类试题和提出对策类试题,部分要点可以直接从材料中得到,部分要点需要考生在把握材料实质的基础上进行适当的引申发挥。

第三步:理顺逻辑,加工要点。通过提炼得到的重要信息之间的逻辑联系一般不够紧密,因此,考生在作答时必须按照一定的逻辑顺序对其进行逻辑加工,使答案在写作上做到条理清晰、内在联系紧密、重点突出,从而满足答题的要求。

【题例】

某年初冬时节,桂南某地硝烟四起,铁甲轰鸣。一场营战术综合演练年终考核序幕悄然拉开。

战斗打响后,受考的红方第一梯队很快与蓝方火力交锋,战斗进入灼热化。随后,一连长张明带领第二梯队准时投入战斗,继续与蓝军"厮杀",蓝军溃败。现场指挥的一营长彭强笑容满面地走下指挥平台,正要向团长邀功,没想到却被团长颜磊泼了一盆"凉水":此次考核"不及格"。

战斗完全按照计划有条不紊组织实施,为何被判不及格?彭营长纳闷地要和团长理论。颜团长指着密密麻麻的作战决心图,冷冷一笑地撂下一句:"第二梯队投入战斗时机不恰当。"

此时,彭营长更是感到纳闷,作战方案早已呈团长"把关",并且得到团长的亲自认可,第二梯队也是按照作战计划的时间分秒不差地投入战斗,为何还说投入战斗时机不恰当?欲进行理辩。

"战场上风云变幻,作战时机转瞬即逝,就是看你能不能灵活应变,及时把握有利的作战时机。"看出了彭营长的疑虑,颜团长掐灭了手中的烟头,顿了顿继续说:"刚才的战斗,由于第一阶段装甲车机动速度比预期要快,本来在第一梯队与蓝方交战之前,第二梯队就应该对'敌'集中优势火力实施打击,可第二梯队却迟迟没有开火,丧失了有利时机。要是真上了战场,这要造成多少不必要的牺牲啊?"彭营长这才如梦初醒,低头不语。"指挥作战没有固定的决心方案!"团参谋长段峰说,"战术演练之前,指挥员先拟制'规范''合理'的作战方案,按照方案逐步进行,虽然实施起来有条不紊,但把'演练'当作'摆练',把演习当作'演戏',不符合战场要求,也违背了最基本的战斗力生成规律,不但达不到练指挥、练协同、练战法的目的,反而会使指挥员形成思维定式,若是上了战场,遇到各种新情况必然要打败仗!"

听了团长和参谋长的一席话,在场的指挥员都思绪万千,彭营长感慨地说:"善战应当善'变'。"

根据上述资料,说明为什么善战应当善"变"?(要求:说理透彻,简明扼要,条理清楚;300字左右。)

【分析】

在认真审读材料、领会内容实质阶段:第一步,通过阅读题目,我们就能知道,这则材料的主题是善战应当善"变"。在第二步阅读时,就应对材料作仔细阅读,同时找出重点语句和关键

句,可在材料中用下划线标示出来。如下:

某年初冬时节,桂南某地硝烟四起,铁甲轰鸣。一场营战术综合演练年终考核序幕悄然拉开。

战斗打响后,受考的红方第一梯队很快与蓝方火力交锋,战斗进入灼热化。随后,一连长张明带领<u>第二梯队准时投入战斗</u>,继续与蓝军"厮杀",蓝军溃败。现场指挥的一营长彭强笑容满面地走下指挥平台,正要向团长邀功,没想到却被团长颜磊泼了一盆"凉水":此次考核"不及格"。

战斗完全按照计划有条不紊组织实施,为何被判不及格?彭营长纳闷地要和团长理论。颜团长指着密密麻麻的作战决心图,冷冷一笑地撂下一句:"<u>第二梯队投入战斗时机不恰当。</u>"

此时,彭营长更是感到纳闷,作战方案早已呈团长"把关",并且得到团长的亲自认可,第二梯队也是按照作战计划的时间分秒不差地投入战斗,为何还说投入战斗时机不恰当?欲进行理辩。

"战场上风云变幻,作战时机转瞬即逝,就是看你能不能灵活应变,及时把握有利的作战时机。"看出了彭营长的疑虑,颜团长掐灭了手中的烟头,顿了顿继续说:"刚才的战斗,由于<u>第一阶段装甲车机动速度比预期要快,本来在第一梯队与蓝方交战之前,第二梯队就应该对'敌'集中优势火力实施打击,可第二梯队却迟迟没有开火,丧失了有利时机。</u>要是真上了战场,这要造成多少不必要的牺牲啊?"彭营长这才如梦初醒,低头不语。"指挥作战没有固定的决心方案!"团参谋长段峰说,"战术演练之前,指挥员先拟制'规范''合理'的作战方案,按照方案逐步进行,虽然实施起来有条不紊,但把'演练'当作'摆练',把演习当作'演戏',不符合战场要求,也违背了最基本的战斗力生成规律,不但达不到练指挥、练协同、练战法的目的,反而会使指挥员形成思维定式,若是上了战场,遇到各种新情况必然要打败仗!"

听了团长和参谋长的一席话,在场的指挥员都思绪万千,彭营长感慨地说:"<u>善战应当善'变'。</u>"

在紧扣材料、准确作答阶段:第一步,通过审题明确这是一道综合分析类试题,作答的任务是说明为什么善战应当善"变";作答的条件是说理透彻,简明扼要,条理清楚,300字左右。第二步,深刻理解在阅读中已经画线的关键语句与词语,提炼出答题的要点。第三步,根据作答的条件,按照一定逻辑顺序对要点进行组织,把内容规范地作答于答题纸上即可。据此,本题作答的关键是针对战场瞬息万变的特点,说明没有一成不变的战法,只有善"变"才能制胜。

【参考答案】

古今中外,没有一成不变的战场,更没有一成不变的战法。战场上风云变幻,作战时机转瞬即逝,关键在于能不能灵活应变,及时把握有利的作战时机。在本次战术综合演练中,由于第一阶段装甲车机动速度比预期要快,本来在第一梯队与蓝方交战之前,第二梯队就应该对"敌"集中优势火力实施打击,可第二梯队却迟迟没有开火,丧失了有利时机。因此,"准时加入战斗,为何还挨批评"的根本原因在于没有灵活应变、及时把握有利的作战时机。尤其在信息化条件下,立体多维,信息横流,战场瞬息万变已经成为现代战场的常态,只有善"变"才能适应未来战场,才能制胜。

(二)综合能力考试作答的注意事项

1. 题目指令限制

不同的题目指令有不同的作答要求,有的"概括要点"或"概述主要问题",有的要求分析材料提出看法,有的需要囿于材料,有的需要引申,有的提出对策,有的提出方案。因此,考试时必须注意题目的指令限制。不同指令,需要用不同的方法加以解决。也就是说,不同的指令,属于不同类别的试题,也就有不同的作答要求。因此,作答时首先应该明确试题是归纳概括类试题还是综合分析类试题,是贯彻执行类试题还是提出对策类试题。

2. 身份限制

综合能力考试部分通常模拟军队基层日常工作的特性,因而具有虚拟仿真性。通过考生对各种材料进行分析综合,提出对策建议,或对存在的问题加以解决,考查考生是否具有部队基层干部处理各种事务的潜能。作为虚拟的军队基层干部的考生,应当对部队基层管理、思想教育和组织训练等工作比较了解,对于社会和军事理论热点问题都有所认识和思考,并且具备较高的思想水平、理论水平及分析问题、解决问题的能力。这就要求考生平时要注意广泛搜集各个领域、各个方面的信息。

身份的虚拟性是由综合能力考试的性质决定的,因而考生在作答时必须注意考试要求的虚拟身份的限制。一个方案和对策的提出,与对策人的地位身份密切相关。对策人地位身份不同,所提出和解决问题的角度乃至语气表述自然就不同。考生如果忽视了试卷上的这项限制条件,把自己的身份定位错了,解决问题的任务自然就无法完成。同时还应该注意,考生在按要求虚拟身份时,必须从实际情况出发,扬长避短,不说外行话。

3. 背景资料限制

无论是归纳概括类试题还是综合分析类试题,无论是贯彻执行类试题还是提出对策类试题,也就是说,题目指令限制不管是概括主题、陈述看法,还是提出对策进行论证,考生都应限于试卷给定资料,不得离开资料反映的问题随意联想、发挥。

4. 字数限制

综合能力考试中对字数是有限制性要求的。这种要求不是不合理的机械性要求,而是对考生阅读能力、归纳概括能力、综合分析能力和文字表达能力的综合性的量化要求与测评。所以考生不应突破试卷要求的字数限制,否则影响考试成绩。

【题例】

刘义权,四川德阳人,1950年7月出生,1968年3月入伍,1970年7月入党,2010年1月28日19时20分在北京病逝,原为解放军档案馆馆员。2006年4月退休后返聘,担任该馆中美军事档案合作办公室专家成员。30多年来,他从全国各地收集党和军队珍贵档案83万余件,为建设我军档案资源体系作出了重要贡献,在形成军队档案收集工作制度规范上做了许多开创性工作,被誉为"军档收集第一人"。2008年9月,刘义权被确诊为直肠癌晚期,但他仍以惊人的毅力工作在中美军事档案合作一线,为推动中美两军务实合作作出了积极贡献。2009年12月,刘义权当选2009年度全军中等当代革命军人核心价值观新闻人物。

根据上述资料,以连队党支部名义,制定一份向刘义权同志学习的学习计划。(要求:目的明确,安排合理可行,行文规范;不少于300字。)

【分析】

本题属于贯彻执行类试题,身份要求是"连队党支部",题目指令是"制定一份学习计划",背景资料是"刘义权同志简单事迹介绍",字数限制是不少于300字。考生在作答时必须关注上述四个限制要求,否则就会产生审题不清、答题偏题甚至文不对题的后果。

【参考答案】

关于开展向刘义权同志学习活动的计划

根据上级有关指示精神,连队党支部决定开展为期一月的向刘义权同志学习的活动。为把学习活动落到实处,特制定此计划。

一、学习目的

通过学习刘义权同志的感人事迹,培养全连官兵爱岗敬业、任劳任怨的奉献精神。并以此为契机,促进连队全面建设。

二、学习内容

一是学习刘义权同志的先进事迹文件;二是观看刘义权同志先进事迹的记录片和相关新闻报导资料。

三、学习方式

采取集中学习与个人学习相结合的方式:

1. 个人自学。每周安排 4 个学时的自学时间,用于阅读相关先进事迹材料和新闻报导。

2. 观看录像。每周组织一次集中收看相关录像资料。

3. 演讲比赛。在活动的最后一周,连队组织以班为单位的演讲比赛,谈感想,谈收获。

四、学习要求

要高度重视,不得以任何借口不参加学习;要做好学习笔记,每个人至少撰写 1 篇学习心得体会。

第二章　归纳概括与综合分析类试题

一、含义

归纳概括与综合分析类试题是一种针对给定资料进行归纳概括与分析的试题。根据具体试题作答要求的侧重点不同,又可分为归纳概括类试题与综合分析类试题。

归纳概括类试题指的是对给定资料的内容要点、精神主旨或思想意义进行提炼,并用简明的语言加以概述的试题。这类试题在提问方式上大多使用"归纳""概括""简述"等关键词。

【例1】根据上述资料,简要概括军事电子游戏对部队模拟训练的作用。(要求:准确、全面,条理清楚,语言流畅;400字左右。)

【例2】根据上述资料,简述新时期加强军营文化建设的意义。(要求:简明扼要,条理清楚;300字左右。)

综合分析类试题是一种综合多种命题形式、以分析为主要作答方式的试题,要求考生能够准确把握题目要求,条理清楚、简明扼要地分析问题,揭示问题的本质和意义,阐述独立思考所得的观点。这类试题大多有"分析""阐述"和"评论"等关键词。

【例3】根据上述资料,分析并寻找以小李为代表的新战士状态越来越差的原因及其解决办法,帮助他们走好"兵之初"。(要求:内容具体,符合实际,简明扼要;300字左右)

【例4】根据上述资料,阐述你对"一把钥匙开一把锁,对症下药方能见疗效"这一论断的理解。(要求:观点明确,条理清晰,分析合理;400字左右。)

二、能力考查重点

归纳概括与综合分析类试题主要考查考生的阅读理解能力与综合分析能力。其中,归纳概括类试题要求考生能够较全面地理解给定资料的内容,把握给定资料各部分之间的关系,对给定资料及其观点、事实做出恰当的分析。综合分析类试题要求考生能对给定资料全部或部分内容、观点或问题进行分析和阐述,并做出合理的推断或评价。

三、作答基本要求

归纳概括与综合分析类试题作答的基本要求是:归纳概括准确客观,分析问题合理有据。

归纳概括类试题作答的基本要求主要有三点:① 全面、准确:作答时概括必须全面,符合给定资料反映的实际情况,不能有偏差;② 客观:作答时不能添加个人的主观评价和材料的潜在含义,要完全忠实于给定资料;③ 简明扼要:按照答题字数设置要求,锤炼自己的语言,用简洁的话语作答。

综合分析类试题作答的基本要求主要有三点:① 观点明确:要求考生在把握材料大背景的基础上,正确理解材料所要表达的观点,并给予明确的陈述,不能模棱两可;② 条理清晰:要求考生在作答时逻辑思路明晰,形成的答案做到有条有理、层次分明;③ 合理分析:要求考生找准、找全分析的对象,做到分析合乎情理、符合逻辑规则。

【题例1】

近年来,美军着眼军事转型的需要,充分利用军事电子游戏逼真的战场环境、强大的实时互动功能和特有的寓教于乐功效,把军事电子游戏与教育训练有机地结合起来,作为培育新型军事人才和训练仿真的新平台,取得了良好效果。

军用游戏通常都设置有一定的战役战术背景,玩家可以在近似实战的虚拟战场环境中学习掌握各种战术运用的基本原则、方法和要求。如美军《全光谱战士》就是一款战术类游戏软件。该游戏以城市作战为背景,玩家扮演战斗员角色参与"城市战争"能够基本了解和掌握城市巷战战术的主要原则和方法,包括如何利用和控制城区建筑物,战斗小组成员如何互相掩护快速前进,如何侦察和打击隐蔽敌人,如何减少和防止平民附带伤亡等。如果玩家违背了这些战术要求,就会受到惩罚或以失败告终,比如玩家不注意侦察敌情,忽视自我隐蔽和防护,就很可能被敌人的冷枪冷弹击中毙命,这也能潜移默化地增强受训者的敌情意识。

信息化战争,交战双方的对抗由过去作战力量的线性累加转变为作战系统功能的对抗。提高部队整体作战功能成为当代部队训练的重要内容,诸如作战要素集成训练、诸军兵种联合训练等训练方式走上了军事训练的前台。如《美国陆军》的最新升级版《作战行动》,可支持多位玩家同时联网操作,突出了联合战斗意识和协同作战观念。玩家在游戏中想打败对方,就必须学会与盟友合作,官兵可在虚拟战场空间里进行仿真的"协同作战"。

在科索沃战争、伊拉克战争和阿富汗战争中,外军普遍认识到了官兵心理素质的重要性,并采取诸多措施提高官兵的心理素质。军事电子游戏最为突出的优点就是能提升官兵的心理素质,而稳定的心理素质则是取得战斗胜利的基础。电子游戏以其逼真的三维模拟环境,借助视觉、听觉和触觉神经,引导玩家进入模拟战场,使他们产生身临其境的感觉,在这样近似实战的环境中,提高官兵的心理承受能力。

与传统的训练方式相比,以娱乐为手段开发的电子游戏,具有突出的趣味性和吸引力,可激发官兵学习和训练热情。但要把它与军事训练结合起来,培养出综合素质优秀的战士,还有很多方面要加强引导。

游戏选择要慎重。由于普通电子游戏的商业性,游戏公司设计开发游戏主要着眼于提高趣味性,没有明确的训练目的、标准、要求,游戏中的武器装备性能、作战环境、作战任务与实战没有任何关系,游戏者不会有亲临战场的心理体验,更不可能有负伤、阵亡的感觉,因而无法培养战时冷静、沉稳、坚忍的心理素质。在遴选军事电子游戏软件时,既要把好质量关口也要把好政治关口,防止一些不健康的军事游戏进入部队内部。

要素设计要逼真。敌情、我情、战场环境错综复杂,而电子游戏为了降低设计、使用的复杂度,只能有选择地突出部分要素,忽略其他要素。因此在游戏环境、游戏要素设置上要有针对性,如为了体现协同配合意识,在游戏语音通信和文字通信方面应进行规范化设计,以便达成快速良好的通联。

相关教程要规范。将军事电子游戏引入训练,必须有相应的训练法规和教程来规范其训练目的、方法、程序和要求。电子游戏能够起到激发兴趣、增强团结的作用,但过度沉迷于电子游戏则危害巨大。使用军事电子游戏进行军事训练的目的,是为了提高部队在信息化条件下作战的一些基本素质和能力,如果不能科学地加以利用就会适得其反。

认清军事游戏软件作为教育训练手段局限性。战争除了战术的运用,跟一个国家的战略方针以及外交、政治策略等息息相关,正如克劳塞维茨在《战争论》中所说,"战争是充满偶然性的领域",很多战争因素是突发产生的,不能仅仅凭借计算机数据设定好的模式来按部就班地进行。必须充分认清军事游戏软件的局限性,只能把它作为教育训练的辅助手段。

根据上述资料,简要概括军事电子游戏对部队模拟训练的作用。(要求:准确、全面,条理清楚,语言流畅;400字左右。)

【分析】

上述资料是以"军事电子游戏对部队模拟训练的影响及其运用对策"为主题的一则材料。这是一道归纳概括类试题。根据归纳概括类试题的作答要求——全面、准确、客观和简明扼要,关于军事电子游戏对部队模拟训练的作用,可以从提高官兵战术素养、培养官兵协同意识、增强官兵心理素质和激发官兵训练热情四方面加以概括。

【参考答案】

军事电子游戏对部队模拟训练的作用主要有:① 军事电子游戏有利于提高官兵战术素养。军用游戏通常都设置有一定的战役战术背景,官兵可以在近似实战的虚拟战场环境中学习掌握各种战术运用的基本原则、方法和要求。② 军事电子游戏有利于培养官兵协同意识。玩家在游戏中想打败对方,就必须学会与盟友合作,官兵可在虚拟战场空间里进行仿真的"协同作战"。③ 军事电子游戏有利于增强官兵心理素质。军事电子游戏以其逼真的三维模拟环境,借助视觉、听觉和触觉神经,引导玩家进入模拟战场,使他们产生身临其境的感觉。这种近似实战的环境可以提高官兵的心理承受能力。④ 把军事电子游戏与军事训练结合起来,可激发官兵的学习和训练热情。

【题例2】

小李是独生子,父母经营着一家企业,家境宽裕,生活优越。刚到部队时,小李训练热情很高,表现也十分积极。但两个星期后,小李变得有些魂不守舍,训练积极性也明显下滑。指导员刘振华发现后,主动"贴"上去,但"心贴心"的交流却没换来小李的转变,随着训练强度不断加大,小李的状态越来越差,甚至产生了打"退堂鼓"的想法。

小李当初是抱着到部队干一番事业的目的来的,为何不到一月,热情下降得如此之快?按常规做思想工作的"套路"也进行了谈心谈话,却为何丝毫没有改观?刘指导员犯起了难。一天,班长梁开达的一次汇报给了刘指导员启发。梁班长说,最近小李总喜欢拿着一张和家人的合影偷偷地看。

针对这一情况,刘指导员进行了一次调查,他发现:不少战士到部队两周多,只给家里打过一个报平安的电话;一些战士没有适应部队紧张的生活,没有主动给家人打电话的意识;一些战士打电话聊起来就没完,导致一些战士没有机会。

根据上述资料,分析并寻找以小李为代表的新战士状态越来越差的原因及其解决办法,帮助他们走好"兵之初"。(要求:内容具体,符合实际,简明扼要;300字左右。)

【分析】

上述材料反映了以小李为代表的新战士入伍之初思想和行动出现的波动情况。这是一道综合分析类试题。根据综合分析类试题作答的要求——观点明确、条理清晰、分析合理,依据材料提供的以小李为代表的新战士入伍之初出现的思想、行动波动情况和刘指导员的调查,分析并寻找以小李为代表的新战士状态越来越差的原因及其解决办法。

【参考答案】

随着训练强度不断加大,以小李为代表的新战士状态越来越差,按常规做思想工作也未能解决这一问题。究其原因,在于新战士远离亲人,缺乏与家里亲人的沟通,例如,不少战士到部队两周多,只给家里打过一个报平安的电话;一些战士没有适应部队紧张的生活,没有主动给家人打电话的意识;一些战士打电话聊起来就没完,导致一些战士没有机会。因此,以小李为代表的新战士状态越来越差的根本原因主要在于没用好亲情教育这一剂"良方"。根据这一情况,可以在连队建立起"亲情电话"室,定期组织新战士向家里汇报部队训练、生活情况,通过与家庭的沟通、亲人的鼓励,增强新战士克服困难的信心,帮助他们走好"兵之初"。

【题例3】

2014年5月19日至7月28日,由总参谋部组织的7场陆军训练史上实战化、信息化程度最高,集中体现我军近年来训练改革成果的实兵对抗演习——"跨越—2014·朱日和"系列演习在北京军区朱日和训练基地的广袤草原展开。来自全军七大军区的各一个装甲旅(机步旅)分别与我军第一支专业化"蓝军"——北京军区某机步旅进行实兵自主对抗。对抗的结果为6:1,"蓝军"胜,"红军"败。演习中,"红蓝"双方按实战化要求自主对抗,导演部运用"千分制"数字化评估系统对演习"战况"随机导调,全过程全方位精确评估。记者在演习场上看到的场景与以往的演习大不相同:没有飘扬的彩旗,也看不到整齐划一的"帐篷城";不知道演习的方案,也看不到帐篷中的沙盘;看不到坦克、装甲战车集团冲锋,也看不到密集的步兵队形;没有明显的靶标,也不显示炸点。记者拍摄的画面,也因此简约了许多……此次系列演习,打破了"红军"胜"蓝军"败的传统组训模式,开创了在全军重大演训活动中"蓝军"胜"红军"败的先例,标志着我陆军实战化训练进入了新时代。

根据上述资料,"跨越—2014·朱日和"系列演习给我军军事训练带来了改变。概括分析这种改变对我陆军军事训练造成什么样的影响?(要求:概括全面,观点明确,条理清楚,语言流畅;400字左右。)

【分析】

上述材料字数不多,但包含的内容非常丰富。材料指出,系列演习是陆军训练史上实战化、信息化程度最高的演习,由七大军区各派一支部队与专业蓝军进行实兵自主对抗,而导演部则采取先进手段进行随机导调,使展现出来的场景与以往的演习大不相同。演习的结果也开创了先例,从而成为一场具有标志性意义的演习。作答时应抓住核心,并适当发散,进行深入的分析,才能满足题目所提要求。

【参考答案】

陆军军事训练应该怎么抓,从基层至决策层都在思考。"跨越—2014·朱日和"系列演习所带来的改变给了我们很好的启示:陆军军事训练应走实战化、信息化的路子。具体来讲,一是训练要求的实战化。系列演习中,参训双方进行的是实兵自主对抗,这就要求参训部队都按照实战的要求来分析判断情况、进行决策和组织部队行动,提高了部队训练的实战性。二是训练条件实战化。系列演习是由七大军区各派一支部队与专业蓝军进行实兵自主对抗,而导演部则采取先进手段进行随机导调。和平时期,专业水平的蓝军是最接近潜在敌人的对手,最能磨砺部队,提高部队的适应能力和战斗力。陆军部队组织军事训练,都应该有相应的机会和相应的专业化蓝军部队进行对抗性训练。三是训练模式的实战化。系列演习打破了"红军"胜"蓝军"败的传统组训模式,开创了在全军重大演训活动中"蓝军"胜"红军"败的先例。蓝军能够取得胜利,这样才能有效地促进蓝军部队作战能力的提高,从而为陆军部队培养一个更强的对手,树立一个更高的标杆,进而提高部队训练水平。

第三章 贯彻执行与提出对策类试题

一、含义

贯彻执行与提出对策类试题是设定一定的主题,要求考生有效地完成任务或提出对策、解决问题的试题。根据具体试题作答要求的侧重点不同,又可分为贯彻执行类试题与提出对策类试题。

贯彻执行类试题要求考生依据设定题目所反映的客观实际,准确理解给定资料中所包含的工作目标和组织意图,及时有效地完成任务的试题,主要包括宣传通知类和工作方案类试题。这类试题大多有"以……名义""以……身份"等关键词。

【例1】根据上述资料,以连队党支部的名义,撰写一份向李国文同志学习的活动计划。(要求:内容具体,符合实际,简明扼要;300字左右。)

【例2】根据上述资料,以连长的身份,制定一份周训练计划。(要求:任务明确,条理清晰,格式规范;400字左右。)

提出对策类试题是要求考生针对材料所反映的主要问题或材料中涉及的某个具体问题提出对策思路或解决方案的试题。这类试题大多有"针对""提出""对策"等关键词。

【例3】根据上述资料,针对新战士训练中存在的问题,请你提出一则改进新战士训练的建议。(要求:内容具体,符合实际,条理清楚;300字左右。)

【例4】根据上述资料,假如你是该连连长,你对专业训练内容的问题会提出怎样的意见?为什么?(要求:观点明确,条理清楚,理由充分;400字左右。)

二、能力考查重点

贯彻执行与提出对策类试题主要考查考生完成任务与解决问题的能力。其中,贯彻执行类试题主要考查考生准确理解给定资料中所包含的工作目标和组织意图的能力,以及从实际出发及时有效完成任务的能力,要求考生能够针对现实工作中遇到的问题,合理安排工作,采取有效措施。提出对策类试题要求考生能够运用自身的经验知识,对具体问题做出具体的分析判断,提出切实可行的措施或办法。

三、作答基本要求

贯彻执行与提出对策类试题作答的基本要求:一是注意作答的身份要求,作答时必须明确自身的身份定位以及执行相对方的身份定位;二是提出的方案与对策必须合理、合法、可行。

贯彻执行类试题作答时应注意:一是作答的内容要求,必须做到提纲挈领,能抓住问题的关键,用简明的语言准确而有条理地作答;二是作答的形式要求,贯彻执行类试题考查形式主要有通知、报告、计划、措施、点名辞、倡议书、挑战书、应战书等,除非试题标明不作格式要求,否则作答一定要符合试题要求的形式要件。

提出对策类试题作答时应注意:一是对策具有针对性,就是考生提出的对策所要解决的问题一定是试题指定的问题,而不是其他问题,所提对策依据的材料必须从试题提供的材料中来;二是对策具有可操作性,就是对策要有具体的内容,有明确的主体和客体,有明确的目的。

(一) 通知

传达需要下级执行和有关单位周知或者办理的事项,转发上级机关和不相隶属机关的公文,批转下级机关的公文等,用"通知"。

1. 通知的特点

通知有以下四个特点:

(1) 功能的多样性。在下行文中,通知的功能是最为丰富的。它可以用来布置工作、传达指示、晓谕事项、发布规章、批转和转发文件等。但通知在下行文中的规格,要低于命令、决议、决定、指示等文体。用它发布的规章,多是基层的,或是局部性的、非要害性的。

(2) 运用的广泛性。通知的发文机关,几乎不受级别的限制。大到国家级的党政机关,小到基层的企事业单位都可以发布通知。通知的受文对象也比较广泛。在基层工作岗位上的干部和职工,接触最多的上级公文就是通知。而且通知虽然从整体上看是下行文,但部分通知也可以发往不相隶属机关。

(3) 一定的指导性。用通知来发布规章、布置工作、传达指示、转发文件,都在实现着通知的指导功能,受文单位对通知的内容要认真学习,并在规定时间内完成通知布置的任务。个别晓谕性的通知,特别是通知作为平行文发布的时候,可以没有指导性或只有微弱的指导性。

(4) 较强的时效性。通知是一种制发比较快捷、运用比较灵便的公文文种,它所办理的事项,都有比较明确的时间限制,受文机关要在规定的时间内办理完成,不得拖延。

2. 通知的分类

根据适用范围的不同,可以分为五大类:

(1) 发布性通知:用于发布行政规章制度及党内规章制度。

(2) 批转性通知:用于上级机关批转下级机关的公文,给所属人员,让他们周知或执行。

(3) 转发性通知:用于转发上级机关和不相隶属的机关的公文给所属人员,让他们周知或执行。

(4) 指示性通知:上级机关对下级机关的某项工作所作指示,要求办理或者执行,而根据内容又不适宜于用命令,用指示性通知。

(5) 事务性通知:用于处理日常工作中带事务性的事情,常把有关信息或要求用通知的形式传达给有关机构或群众。

3. 通知的写作结构

通知一般由标题、开头概述、主体内容和结尾几部分组成。

(1) 标题。通知的标题大致有以下几种写法:①发文机关+"关于"+事由+"通知",如《院务部关于二〇一五年元旦放假的通知》。②"关于"+事由+"通知",如《关于做好战备训练中社会化后勤保障工作的通知》。③"关于"+事由,如《关于加强后勤工作特点研究》。④事由+"通知",如《转发(……)的通知》。⑤直接写事由,如《认真做好基层单位伙食管理工作》。⑥只写"通知"二字。

（2）开头。通知的开头是概述通知的根据，或者概述情况，以明根据；或者说明目的，以明根据；或者写明缘由，以明根据；还有的开门见山，直接把通知事项列出，开头并不写根据。

（3）主体。通知的主体是通知的中心部分，这部分要把通知的事项交代清楚。一般说来，除转发性通知和事务性通知以外，主体应包括陈述通知的基本事项和要求。①缘由。发布指示、安排工作的通知，这部分的写法跟决定、指示很接近，主要用来表述有关背景、根据、目的、意义等。批转、转发文件的通知，根据情况，可以在开头表述通知缘由，但多数以直接表达转发对象和转发决定为开头，无需说明缘由。发布规章的通知，多数情况下篇段合一，无明显的开头部分，一般也不交代缘由。②事项。这是通知的主体部分，所发布的指示、安排的工作、提出的方法、措施和步骤等，都在这一部分中有条理地组织表达。内容复杂的需要分条列款。③执行要求。发布指示、安排工作的通知，可以在结尾处提出贯彻执行的有关要求。如无必要，可以没有这一部分。

（4）结尾。多数通知的结束语是对执行通知提出要求，一般表述为"上述各项规定，希各单位遵照执行"，或者"以上通知，望各单位立即向所属人员传达，切实遵照执行"，等等。篇幅短小的通知一般不需有专门的结尾部分。

（二）报告

报告是一种呈阅性的上行文，主要用于下级机关向上级机关汇报工作，反映情况，答复上级机关的询问等。

1. 报告的分类

报告的分类情况比较复杂，从不同的角度分有不同的种类：按内容分为情况报告、工作报告、答复报告和报送报告四种；按行文目的分为呈报性、呈转性报告；按性质划分为综合报告、专题报告；按时限可分为例行报告和不定期报告两种。

2. 报告的特点

（1）内容的汇报性：一切报告都是下级向上级机关或业务主管部门汇报工作，让上级机关掌握基本情况并及时对自己的工作进行指导，所以，汇报性是"报告"的一个大特点。

（2）语言的陈述性：因为报告具有汇报性，是向上级讲述做了什么工作，或工作是怎样做的，有什么情况、经验、体会，存在什么问题，今后有什么打算，对领导有什么意见、建议，所以行文上一般都使用叙述方法，即陈述其事，而不是像请示那样采用祈使、请求等法。

（3）行文的单向性：报告时下级机关向上级机关行文，是为上级机关进行宏观领导提供依据，一般不需要受文机关的批复，属于单项行文。

（4）成文的事后性：多数报告都是在事情做完或发生后，向上级机关作出汇报，是事后或事中行文。

（5）双向的沟通性：报告虽不需批复，却是下级机关以此取得上级机关的支持、指导的桥梁；同时上级机关也能通过报告获得信息，了解下情，报告成为上级机关决策、指导和协调工作的依据。

3. 报告的格式

报告一般由标题、主送机关、正文、署名、日期构成。

（1）标题。报告的标题通常有两种形式：一种是由发文单位、事由和文种构成，如《××营××年度工作报告》；另一种是由事由和文种构成，如《基层保卫工作情况报告》。

（2）主送机关也就是通常所说的"称呼"，是指接收报告的机关、首长和组织的名称，在标题之下顶格书写。

（3）正文。正文通常由报告缘由、报告内容、报告结尾三部分构成。报告缘由就是说明报告的依据和目的，应写得简明扼要。报告内容是正文的主体。主要应写明完成任务、进行工作、处理事务的依据、过程、措施和结果等；有的还要写出经验或教训、工作建议以及今后的打算。报告结尾通常由简明的结束语构成，如"以上情况，特此报告""上述意见如无不妥，请批转"，等等。

（4）署名和日期。如果是以单位名义写的报告，可署单位名称或者单位首长姓名，并加盖单位印章；如果是以个人名义写的报告，可直接署个人姓名；如果是个人检讨书，署名时写"检讨人"三个字，后面加冒号写姓名。署名下方写年、月、日。

（三）计划

计划是为完成任务而事先做的打算。其最显著的特点是预见性，是在研究客观情况的基础上进行的科学预见。计划一旦确定，就要认真贯彻执行，没有特殊情况不可以随意更改，所以计划又带有指导性。计划可以是条文式、表格式，也可以既有条文又有表格，这要根据需要来确定。但是，无论采取什么形式，在结构上大体包括以下几部分：

1. 标题

标题是计划的名称。计划标题要写明制定计划的单位名称、计划内容，有时还加上期限（适用时间），计划也可以不写制定计划单位的名称，只写明计划的内容和期限。

2. 正文

正文有以下几个层次：

（1）前言或概况，即对前段时间的基本情况、成绩、缺点、经验、教训等作简要的总结和分析，交代上级的指示、要求，明确计划的指导思想。有的计划，由于大家对本单位或本项工作历史和现实情况比较熟悉，可略写基本情况，主要突出指导思想。

（2）点明工作的重点和总的目标，即交代指示、任务。这一点要写得简明扼要。

（3）提出今后工作的具体措施。这部分要针对指示、任务，写清怎样去做、先做什么、后做什么、做到什么程度、什么时候完成、如何分工、由谁负责等。对执行计划的具体检查、评比与奖惩办法，也写在这里。

（4）分别对有关部门的工作提出具体要求。

3. 落款和日期

落款和日期写在正文的右下方。如标题已有单位名称，则省略落款，只写年、月、日。

此外，与计划有关的一些材料，不便在正文里表述时，可以写附件或附表，但需要在正文后落款前写明附件或附表的名称、件数。

（四）措施

措施是指军队基层为落实上级有关指示和规定，或为解决日常工作中某一问题所采取的办法和处理要求。措施一般由标题、正文和落款构成。

1. 标题

标题的形式有三种：由单位名称、期限、内容和文种组成，如《一连2011年加强行政管理工作措施》；由单位名称、内容和文种组成，如《二连党支部建设措施》；由内容和文种组成，如《夏季卫生防病措施》。

2. 正文

正文一般分两部分。第一部分是制定措施的缘由、依据和目的。说明为什么要制定本措施,根据什么制定本措施。这部分要写得简明扼要,开门见山。第二部分是解决某一问题而提出的具体办法和要求,然后写要达到的目标或应当收到的效果。这部分通常以条目的形式写。

3. 落款

一般写明制定措施的单位和日期。如标题中已标明单位和日期,文尾可以不再写落款。

(五) 点名辞

点名辞是连(中)队按照《内务条令》,在规定时间内对列队部属口头呼点后进行简短讲话时的非正规发言材料。一般分为日常点名辞和节假日点名辞。

点名辞一般分为以下几个部分:开头要有称呼,一般可称为"同志们"或"点名"。正文先简要讲评当日工作生活状况,表扬好人好事,批评不良现象,传达上级的命令、指示、通知,安排好下一步的工作,最后提出希望要求;临时点名辞主要是用来传达上级紧急命令和指示;节假日点名辞主要是讲评节假日情况,表扬好人好事,批评不良现象并提出希望和要求。

点名辞撰写要求:一是情况了解要准确;二是要突出重点,分清轻重缓急;三是要简练干脆,掷地有声。

(六) 倡议书

倡议书是单位或集体公开倡导开展某项活动所使用的一种文书。倡议书是把最重要的、有创造性的建议或有关组织、部门的口号,变为群众的自觉行动的重要途径。倡议书一般由标题、正文、署名和日期构成,具体写法如下:

1. 标题

倡议书标题要在第一行居中书写,有两种形式:一种是只写"倡议书"三个字;另一种是主题加文种,如"关于×××的倡议书"。

2. 正文

正文一般写三方面的内容:一是发出倡议的根据、原因和目的;二是倡议的具体内容和要求做到的具体事项,通常分条列出,从几个方面提出具体要求;三是倡议者的建议、决心和希望。

3. 署名和日期

写上发出倡议集体或单位的名称,个人发出的则签署个人姓名。署名下方写发出倡议的年、月、日。

(七) 挑战书

挑战书是单位、群体为了开展竞赛活动,向有关单位、群体提出挑战和竞赛的条件的一种文书。挑战书和应战书的作用是激发群众热情,调动大家积极性和创造性,促进群众之间相互鼓励、相互督促,以便更好地完成工作任务。挑战书由标题、称谓、正文、结尾、署名和日期组成。具体写法如下:

1. 标题

挑战书的标题写在第一行的居中位置,写"挑战书"三个字,字体一般比正文字体要稍大些。

2. 称谓

顶格写挑战对象的名称,后面加冒号。

3. 正文

挑战书的正文通常要写竞赛的目的、内容和条件以及评判的方法等内容。

4. 结尾

结尾通常写"此致""敬礼"等表示敬意的话。

5. 署名和日期

在右下方,写提出挑战的单位或集体或个人的名称。日期写在署名的下方。

(八) 应战书

应战书是单位、群体为响应有关单位、群体提出挑战而予以答复的一种文书。应战书必须针对挑战书的内容拟定。

应战书的结构与挑战书大致相同,也由标题、称谓、正文、结尾、署名和日期组成。写法除正文外,其他部分与挑战书相同。

应战书的正文要写明挑战的态度,肯定地回答同意应战。同时表明对挑战条件的态度,是完全同意还是部分同意,有什么补充和修改意见,在这部分里应写清楚。

应战书写作同挑战书一样,必须坚持从实际出发的原则,不讲大话,语言既要热烈又要真诚平和,否则就会使竞赛失去意义。

【题例1】

2014年金秋时节,全军政治工作会议在古田召开,习主席发表重要讲话,鲜明提出要着力培养有灵魂、有本事、有血性、有品德的新一代革命军人。有灵魂就是信念坚定、听党指挥,有本事就是素质过硬、能打胜仗,有血性就是英勇顽强、不怕牺牲,有品德就是情趣高尚、品行端正。"四有"指明了强军兴军进程中我军官兵应当具备的理想抱负、素质本领、精神特质和道德情操,明确了培养什么样的革命军人的目标指向,立起了新一代革命军人应有的样子。目标昭示方向,目标引领成长,目标激发动力。培养"四有"新一代革命军人,既是对新形势下建设强大人民军队的整体要求,又是对每名军人成长成才的个体要求;既呼唤着强军时代英雄群体的崛起,又引领着每名官兵向新的育人目标看齐。广大官兵要坚决响应习主席伟大号召,以强烈的使命意识和担当精神,自觉践行"四有"标准要求,切实树好新一代革命军人的样子,为实现中国梦强军梦贡献智慧力量。

争当"四有"军人是习主席对广大官兵的号召,也是新时代革命军人应当遵循的指向。请你以某连"一名普通士兵——王强"的身份,以"争当'四有'军人"为主题,向全连官兵发出倡议,拟定一份倡议书。(要求:格式规范,观点明确,条例清楚;400字以上。)

【分析】

这是一则关于习主席在古田全军政治工作会议上提出的"四有"军人的材料。这是一道贯彻执行类试题,根据贯彻执行类试题作答的基本要求,本题作答时特别要注意:第一,以某连"一名普通士兵——王强"的身份作答;第二,以"争当'四有'军人"为主题,针对"四有"军人的标准,做到内容具体,条理清楚,格式规范。

【参考答案】

倡 议 书

亲爱的战友们:

习主席在古田全军政治工作会议上鲜明提出:"要着力培养有灵魂、有本事、有血性、有品德的新一代革命军人"的伟大号召。我们每一名同志都应该牢记习主席的殷切嘱托,自觉把个

人理想抱负融入强军兴军的伟大实践,勇于追梦,敢于担当,争做"四有"军人。作为一名普通士兵,我向连全体同志提出如下倡议:

第一,信念坚定、听党指挥。坚定对马克思主义的信仰,对中国特色社会主义的信念,对党中央、习主席的信赖,毫不动摇地坚持党对军队绝对领导,坚决维护权威、维护核心、维护和贯彻军委主席负责制。在行动上,始终在思想上政治上行动上与党中央、中央军委保持高度一致,坚决维护党中央、中央军委和习主席权威,一切行动听从党中央、中央军委和习主席指挥。

第二,素质过硬、能打胜仗。掌握马克思主义军事理论特别是党的军事指导理论,学习了解现代军事理论,认识了解现代战争的本质要求、特点规律,掌握现代军事科技知识,熟练掌握手中武器装备,灵活运用各种战术战法,练就过硬身体心理素质,始终保持令敌闻风丧胆的强大战斗力和威慑力,一旦发生战事能够闻令而动、听令而行,顽强作战、英勇杀敌,冲得上、打得赢,圆满完成党和人民赋予的各项任务。

第三,英勇顽强、不怕牺牲。对工作任劳任怨、尽心竭力,埋头苦干、抓紧快干,无论组织交给什么任务,无论遇到什么困难,无论要求多高多急,都毫不含糊坚决完成,做到我的工作我尽责、我的岗位请放心;学习工作中深钻细研、坚持不懈,面对挑战考验不动摇不懈怠,遇到挫折失败,不气馁不放弃,在千锤百炼中加钢淬火,不断进步;坚定不畏强敌的必胜信念,不管面对多么强大的敌人、处于多么危险的境地,始终保持勇敢战斗状态、勇猛冲锋姿态,充满一往无前、无坚不摧的豪气,舍我其谁、有我无敌的霸气,坚决战胜敌人、赢得胜利;抱定视死如归的献身精神,强化为国家为民族个人生死何所惧的信念,战时同敌人血战到底,平时救群众奋不顾身,身处危难把危险留给自己,面对利诱威逼誓死不屈,以热血和生命捍卫国家利益、民族尊严和人民安危。

第四,情趣高尚、品行端正。始终以国家民族利益为重,以为人民服务为本,以无私奉献为荣;坚守高尚人品官德、诚实守信、爱岗敬业;拥有健康的情趣爱好,生活艰苦简朴,交往纯洁健康,爱好文明高雅;保持对道德法纪的敬畏,不做与道德法纪相背离的事情,决不罔顾法纪、以身试法。

××连　王强
2014 年×月×日

【题例 2】

某军区第一通信总站少数带新兵骨干为了尽快地帮助新兵完成训练任务而随意加大训练量、擅自延长训练时间,结果适得其反。在组织的阶段摸底测试中,很多战士发挥不好,动作走了形,甚至有 30% 的新兵出现明显的不适应现象,极大地挫伤了新战士的训练积极性,也使得训练效果事倍功半。集训队领导掌握这一情况后,及时研究分析出现这种情况的原因和教训,制定详细的训练预案……这些措施,不仅充分调动了新战士训练的积极性,激发了他们的训练热情,也使训练效果更为突出。

根据上述资料,针对新战士训练中存在的问题,请你提出一则改进新战士训练的建议。(要求:内容具体,符合实际,条理清楚;300 字左右。)

【分析】

上述资料反映了某军区第一通信总站新战士训练中存在的一些问题。这是一道提出对策类试题。根据提出对策类试题的作答要求——针对性、可行性和可操作性,针对新战士训练中存在的急于求成现象提出解决对策。

【参考答案】

新战士训练中应坚持的根本点是按纲施训、科学施训,切忌急功近利、急于求成。因此,应该结合新战士的不同身体情况和接受能力制定训练预案;科学组编、因人施训,区分层次制定不同的训练目标和组织方式;贯彻"先抓适应、再抓基础、最后抓提高"的训练方针,遵循训练的客观规律,在八小时以内提高训练质量。对于重点、难点课目,可以组织身体素质好、接受能力强的新战士先行训练,然后再通过"一对一"的帮带活动,在增进战士友谊的同时,提高训练成绩。此外,还可以把基础性体能等训练项目与一些简单的游戏结合到一起组织进行,做到劳逸结合、张弛有度。

第四章 强化练习

一、习题

【习题1】

"夜老虎"遭遇强劲对手

仗怎么打,训练环境条件就应该怎么建。5月中旬,记者在某部综合训练场,亲历了一场加强摩步连夜间对地段防御之敌进攻战斗演练。夜训场上,按照外军一流机步连防御阵地布设的观测器材、目标物、障碍物等,让有着"夜老虎"之称的某旅官兵每前进一步都变得困难重重,也让每一场战斗都充满了变数。

夜半时分,进攻战斗在一片漆黑中打响。记者注意到,此次演练,参战红方官兵除了按要求战斗着装外,还佩戴了人装电子身份标签和定位传感器。而相比之下,参战蓝方阵地上,除了相关的器材和障碍物,竟无一兵一卒!尽管如此,红方官兵却不敢丝毫怠慢,一招一式都按照夜间实战要求规范战术动作,因为大家心里清楚:稍有不慎,自己就有可能暴露在蓝方的枪口之下。

蓝方果真如此厉害?记者不免有些疑惑。"这个夜战综合训练场,通过智能化导控平台,模拟实体对手,实现了人装实时定位、射击判定、网络控制、音视频监视、智能裁决和复盘评估等6项功能。"指挥大厅内,刘副旅长向记者揭晓谜底:看不见的蓝方其实是按战术要求配置的战场多面手,不仅能够模拟实体人员对红方进行攻击,还能够将系统生成的对抗裁决指令实时传送导演部,并以声音、灯光和发烟等形式反馈给参演人员,使训练考评由模糊向精确、由定性向定量转变,大幅提升了训练效益。

"夜战不是将白天的战斗搬到黑夜去打,缺少贴近实战的训练环境,谋打赢便无从谈起。"提起夜训场建设,刘副旅长感触颇深。曾经,由于受训练场地、装备器材保障条件限制,营一级的夜间战术攻防训练很难展开,大大制约了夜训质量的提升。去年初,该旅受领夜训试点任务后,把夜战训练场建设项目作为一号工程来抓:一边积极协调上级帮助,一边自筹资金加快建设。一年多来,这片太行山麓的"准战场"在实战演练中不断完善功能,渐渐成为官兵搏击未来战场的"磨刀石"。

夜幕无影、弹道有痕,战斗仍在继续。红方指挥员胡营长灵活运用烟幕、强光和自制伪装衣等器材,巧妙规避蓝方侦察监视系统。与此同时,官兵们充分发挥照明弹的照明和目标指引作用,集火打击蓝方暴露的重要目标。随着滚雷般的爆炸声响起,"敌"阵地前沿障碍被撕开了3条通路。导演部精确化评估显示:此次进攻,红方压制火器精确打击距离、坦克夜间观瞄打击距离都有了长足进步;多维综合防护能力有提高,但部队被识别概率偏高、对空伴随掩护能力不足……

"打一仗进一步,暴露问题才能解决问题。"对于今天的结果,胡营长心服口服,"我想说的是,我们绝不会让同一个问题绊倒两次。"

根据上述资料,试分析在新的历史条件下,如何提高实战训练的有效性。(要求:分析合理全面,条理清楚,语言精练;400字左右。)

【习题2】

慎烧"三把火" 多用"过山劲"

某部队两位主官履新后,没有"换思路、改规矩",而是认真研究抓好前任未成之事,把等待兑现的承诺和需要解决的问题摆上案头,赢得官兵称赞。

常言道,"新官上任三把火"。领导干部尤其是单位"一把手"履新后,往往工作热情很高、干劲十足,对展示能力、获得肯定具有"紧迫感",这种强烈的进取心值得肯定。但是,既为"新官",大都人生地不熟,对单位实际情况知之不多,对单位发展瓶颈缺少研究。磨刀不误砍柴工,只有摸透官兵思想、分清轻重缓急、找准工作难点,才能举措有力、精准发力。如果盲目地追求"换个气象",轻率地"另搭台子唱新戏","三把火"只会"烧毁"领导干部的威信,"烧掉"融洽的官兵关系,"烧坏"单位的全面建设。

部队建设有自身的规律,抓基层打基础、解难题谋攻坚,往往是过了一山再登一峰,跨过一沟再越一壑。正所谓"骐骥一跃,不能十步;驽马十驾,功在不舍"。传棒接力不能缺少"过山劲",不贪一时之功、不图一时之名,一任接着一任干、一锤接着一锤敲,各项工作就能稳扎稳打、蒸蒸日上。急于求成、急功近利,为了出政绩而另搞一套,换一届领导就兜底翻,单位建设就会出现真空期和断裂带。

当然,领导干部多用"过山劲",不是要固步自封、墨守成规;善做"积微者",不是要慢作为、不作为。时间在变,环境在变,条件在变,抓建部队的思路方法也要随之改变。掌握规律、把握机遇,一旦时机成熟,领导干部就应该果断地抡起"开山斧",做改革发展的闯将、开拓创新的猛将,迅速打开工作新局面,把部队建设推上新台阶。

碑不自立,名由人传。强军兴军事业等不得、慢不得、误不得,履新的领导干部公心持正、力戒浮躁,把高昂的热情、进取的激情放到谋打仗务打赢上,心甘情愿做"潜绩"、扎扎实实抓落实,就能把"接过肩的担子"摆稳挑好,促进部队战斗力涓滴成流、聚沙成塔。

根据上述资料,试分析部队领导干部履新后,为了在工作上开好头,应注意做好哪些事情。(要求:分析合理,条理清楚,语言精练;400字以上。)

【习题3】

资料一

自购装备之后

"买了一个望远镜,竟然引起了这么大轰动!"8月中旬,某部工兵团二连下士张广勋说起自己的一段经历,直呼"没想到"。

那天,该团定向越野考核在烈日下展开。张广勋全神贯注,铺开地图,几番瞭望,带着小组率先抵达终点。

"坐标正确,用时最少!"就在考核员准备宣布张广勋小组夺魁时,却有战士提出异议:张广勋所在小组私自使用自购望远镜,违反考核规程,成绩应该取消!

原来,按照单兵装备携带标准,望远镜只配发到连一级干部,但张广勋平时就是个军事发烧友,喜欢钻研武器装备的他,自购了一副望远镜。年初团里组织士官骨干参加定向越野考核,他正是靠手里的望远镜出奇制胜。

无独有偶,地爆连下士李方来休假回家时,听说市场上有新型多功能工兵锹,便从军品店买了一把。新锹集锹、镐、刀、斧等多种功能于一体,作业效率高于平常训练用的制式锹。在一次地雷埋设考核中,他使用新锹取得了第一名的好成绩。

自购"装备"到底还有多少?该团党委调查后发现,市场上生产的多功能民用装备物美价廉,有的官兵为方便日常战备训练,便自己花钱购买一些急需的物品。"上级配发什么就用什么,岂能随意更换?"不少官兵开始质疑:既然有了装备配发标准,还用这些"杂牌装备",是否符合要求?

"战士没有配发望远镜,不代表战场上就不需要望远镜。"虽然张广勋的成绩因为有失公平被取消,但该团领导依然在交班会上表扬了他和李方来精武强能的做法。

与此同时,该团统一规范管理官兵自购"装备":一方面教育官兵用好制式装备,规定标准之外的装备一律不准携带,讲明白军用装备的不可替代性;另一方面利用部分专项资金,给官兵补充一批确有需求且有效管用的民用装备,这些装备必须通过检验论证才能被允许纳入日常战备训练。最近,类似于测风仪、应急头灯等物美价廉的器材得到补充,方便了日常作业,解决了官兵的战备之急。

"以往普遍认为打仗时战士只要'听指挥'就行,研究地形之类的是指挥员的事,望远镜只配发给干部,也是出于减轻单兵装备携行量和区分作战职能的考虑。"事情还远没有结束,一番细查深究后,更深层次的问题浮出了水面:随着实战化训练的深入,如今这种"干部练干部的、战士练战士的"思维越来越不合时宜,如果在战场上指挥员阵亡,战士平时没有训练只配发给指挥员的电台、望远镜这类装备,是否是备战有所缺失?

"战士自购'装备',表面上是兴趣使然,实则是对打赢的渴求!"该团团长介绍说,虽然实行官兵分训,但打仗本领不能偏科,装备按照作战职能配发,但打仗的本领必须要"一专多能"。该团进一步深入开展"战斗力标准大讨论",引导官兵积极思考未来战场上自己应该会什么、还欠缺什么、应当怎样做;干部实弹射击不再只考手枪,而是把专属战士的步枪、机枪、火箭筒全过一遍;战士不仅精通自己的本职岗位训练课目,还熟知电台操作、明白战术标图、了解指挥流程。

前不久,该团官兵采取了军用制式装备和地方采购装备相结合的方式,较好完成了某靶场未爆弹药搜排任务,受到了上级表扬。

资料二

装备的事儿,不妨听听一线官兵的意见

曾几何时,"没有枪、没有炮,敌人给我们造……"。革命战争年代,我军条件艰苦,渴望配发装备而不得,只能在战场上缴获什么就用什么,只要发现好使管用的家伙事儿,战士们无不如获至宝。如今,看看我军战士的单兵作战装备携带标准,就知道我军的装备已经与当年有了天壤之别。但我们应清醒看到,战场上有一个法则并没有变,那就是:好使管用的装备,永远最受官兵的欢迎;打起仗来,他们也最清楚哪些装备好使管用!

你知道吗,每年一度的"美国陆军十大发明"评选结果居然是由前线士官拍板的!这个旨在促进陆军技术进步、及时吸收实战经验的武器"选秀"活动,一向注重来自战斗前线士兵的意见,其评比委员会是由具有实战经验的前线士官和陆军训练与条令司令部的军官联合组成。

学者苏恩泽说:武器到部队手里,还须经历一个再创新的过程。开发武器的人的想法是1,使用者的想法则是2、3、4……一线士兵最明白任务的需求,最通晓战术的目的,最了解武器的脾性。

放眼未来战争,作战单元向小型化发展,决策层级向末端靠拢,单兵的作用愈发重要。某部工兵团官兵自购"装备"的做法,某种程度上反映了一线官兵对手中好使管用装备的期盼。由此想到,诸如装备研发设计、定型生产乃至列装配发等每一个环节,不仅仅是专家的事、工程师的事、机关参谋的事,也是一线官兵的事。

根据资料一,某工兵团在发现战士在训练考核中使用自购装备后,该团领导采取了哪些措施?在自购装备和制式装备的使用方面,资料二中提出了什么样的观点?(要求:归纳全面,表述准确,条理清楚,语言精练;400字左右。)

【习题4】

第一名该给谁

比武考核,本来是得分高、用时少的该拿第一名。然而,某部某场站在最近组织的战术动作比武考核中,第一名的归属问题却引起了争议。

周小光是该场站警卫连一班战士,平时训练非常实在,动作标准规范,在训练中也喜欢搞一些小创新。这不,为了在这次考核中提高成绩,他早早做了准备,学着"特种兵""陆战队"那样,偷偷为自己"装备"了一套护具。

还别说,考核那天周小光一路"过关斩将",特别是在匍匐前进这个项目中,他轻松超过了所有人,最终用时最少获得了第一名。

就在评委组即将宣布考核结果时,用时仅落后周小光2秒的警卫连战士杜小龙对他"投机取巧"的行为进行了举报。

果不其然,在考核组审视的目光下,周小光佩戴的护腕、护肘、护膝等装具全部显出了"原形"。

顿时,反对周小光获得冠军的声音四起,有的战友认为,训练考核应该实打实、硬碰硬,戴护具是怕苦怕累的表现,爬战术就应该掉皮流血,这样才能锤炼过硬的作风和顽强的意志,所以不能戴。

然而,支持周小光的人同样不在少数,既然是战术训练考核,当然是用时最少、最能适应战场环境的人获得冠军,戴护具能提高速度,且可以有效防止训练伤,更有利于提高战斗力,所以可以戴。

双方各执一词,一时难分高下。正当官兵们讨论下酣时,考核组一锤定音:"周小光获得冠军!"

考核组组长、场站站长任辉东解释道:"在训练中磨砺官兵血性、锤炼过硬作风是必然的,但在实战中,能不能最大限度地保存自己,快速消灭敌人同样是重要的战场法则。既然佩戴护具能够提高战斗力和战场生存能力,那么护具就可以戴。牢固树立战斗力标准,就是要坚持实战需要什么就训练什么,什么最管用就苦练什么的标准。"

任站长的话引起了大家的反思,随后,一场战斗力标准大讨论在该场站展开,官兵们对长期和平练兵积累的"程序性训练""习惯性思维"进行了辩论,一个个看似"投机取巧"却能真正提高战斗力的新方法被大家讨论出来。

根据上述资料,某场站组织的这次战术动作比武考核,第一名最终还是给了周小光。你认为这个决定是否正确,试总结分析这样做的理由。(要求:分析合理,条理清楚,语言精练;400字左右。)

【习题5】

中央军委颁发的《关于努力建设听党指挥、善谋打仗的新型司令机关的意见》,对建设学习型机关、培养学习型参谋提出了明确要求。参谋人员作为司令机关的智囊团,在强军实践中发挥重要作用,必须着眼形势发展,聚焦使命任务,立足岗位职责,努力做爱读书、读好书、善读书的典范,不断增强学习力。

树立正确的读书观念。学习是能力之源,只有不断加强读书学习、更新知识、提升理念,才能增长本领。把读书作为一种生活态度。参谋人员应确立"读书即生活"理念,把读书当成一种习惯,在静心读书中激发"问渠哪得清如许,为有源头活水来"的思想活力,获取"夜来一笑寒灯下,始是金丹换骨时"的精神启迪,培树"天行健,君子以自强不息"的浩然之气,让知识的甘泉滋润心田,让真理的阳光照亮灵魂,在书海中不断丰富和完善自我。把读书作为一种工作责任。读书是提高素质的重要途径,是做好工作的基础课程。参谋人员岗位重要,责任重大,应认清读书是职责所系,应变被动学为主动学,努力将所学知识应用到工作实践中,转化为谋划工作的思路、解决问题的举措、创新发展的办法。把读书作为一种精神追求。参谋人员肩负特殊使命,理想信念必须坚定。要通过读书净化心灵、提升品位、塑造人格,自觉把个人理想融入中国梦强军梦的伟大实践,书写精彩人生。

选择合理的读书内容。着眼听党指挥、善谋打仗要求,结合参谋岗位实际,有选择性、针对性地读书。学党的创新理论坚定理想信念。深入学习习主席系列重要讲话精神特别是习主席国防和军队建设重要论述,坚持不懈用中国特色社会主义理论体系武装头脑,打牢听党话、跟党走的思想根基。学军事理论提高谋划水平。努力学习信息化条件下作战、指挥、训练、保障等相关理论,学习军兵种知识、外军知识和联合作战理论,学习海洋、太空、网络空间等新型安全领域知识,努力掌握谋划指导军事工作的主动权。学业务知识增强履职能力。密切跟踪世界新军事革命发展趋势,努力钻研信息化建设与作战运用相关知识,熟练掌握履行岗位职责所需要的各种业务知识和技能,争做本系统的行家里手。学文史哲经典拓宽知识面。研读文学经典、历史经典,特别是要原原本本研读哲学经典著作,学会运用科学的立场、观点和方法来认识问题,不断提高辩证思维和创新思维的能力。学政策法规强化依法办事能力。学习国家和军队法律法规、条令条例和规章制度,掌握遂行涉外军事行动任务相关的国际法和国际惯例,强化法治信仰和法治思维,切实做到依法指导和开展工作。

掌握科学的读书方法。按照科学的方法读书,方能取得成效。带着问题学。围绕我国安全和发展的重大战略问题、国防和军队建设的重大现实问题、本系统工作和建设的重难点问题,积极开展课题式学习研究,努力寻求对策、破解难题。独立思考学。多读多思,采取分析、比较和提问等方法去粗取精、去伪存真、由此及彼、由表及里,提高学习水平和思维层次。实践牵引学。在工作实践中不断检验理论知识、改进工作方法、掌握实际本领,努力形成学习、思考、运用的闭合回路,取得相互促进、相得益彰的效果。深读、精读、泛读相结合。对于能使我们掌握世界观、方法论,树立坚定信念的书籍,必须进行多角度、大纵深、立体式的学习,聚焦要义,深钻细研,融会贯通。对于履行岗位职责所需的书籍,按照学习、理解、消化、应用的步骤,一步一个脚印,切实将书中的新知识融入到自己原有的知识结构中去。常学、勤学、专学相结合,善于抓住点滴时间读书,抓细抓常,久久为功,做到心无旁骛,在全神贯注中读出精神、悟出真谛。

根据上述资料,读书是参谋人员增强学习力的一条重要的途径。那么,要怎样做,才能使自己成为一个爱读书、读好书、善读书的学习型人才呢?(要求:分析合理,条理清楚,语言精练;400字左右。)

【习题6】

"好兵"?

"明明一个强人,天生一副熊样",这是电视剧《士兵突击》里七连长高城评价许三多的,没想到现实生活中真有这样的人。某电子对抗团下士熊宏鑫,现实版的"士兵突击"。

"出了名"的新兵

新兵连组织队列会操。班长下达"正步走"口令后,反应慢一拍的熊宏鑫在其他战友第一步落地时,才踢出第一步,还是个顺拐。

新兵连第一次手榴弹训练。熊宏鑫展体引弹时,手榴弹脱手向后面飞去,候场官兵一片哗然,抱头闪开。

新兵连共同课目考核,除3000米跑勉强过关,熊宏鑫其余课目全都不及格⋯⋯

老班长轮番拒之门外

2014年12月,新兵营生活结束,新兵转入训练队开始专业学习。熊宏鑫主动报名想学最难的报务专业。听说熊宏鑫要来,报务教练班长坚决不同意:"就他那个样,也能学报务?直接送去炊事班吧。"队里只好调整他去短波专业,短波教练班长找到队长软磨硬泡:"队长,这个兵打死我也不能要!"没办法,队长带着熊宏鑫找到超短波教练班长周红强:"来了训练队总得学专业,你也别挑三拣四了,他就放你这!"眼瞅着熊宏鑫"砸"进自己手里,周红强脸拉得老长⋯⋯

"有得救"的兵

新兵连要组织新兵体能考核,熊宏鑫居然连一个单杠也拉不上去,新兵班长盛振华命令熊宏鑫一个人在器械场继续练吊杠,拉不上一个不准下来。熊宏鑫二话不说,直挺挺地挂在杠上。时间一长,抓不住杠,脱手掉下来,再自己挂上,然后又掉下来,再挂上⋯⋯

盛振华去连部办事,忙活了一下午,到晚饭集合站队时突然发现少了一人,盛振华才猛然想到:熊宏鑫还在器械场。盛振华跑到器械场,远远看到熊宏鑫从单杠上一遍遍摔下来,又一遍遍挂上去。盛振华一阵心疼,拉着熊宏鑫就往卫生队跑。卫生员仔细地给熊宏鑫处理手上磨出的血泡,盛振华倚在门框上,禁不住认真打量起自己带的这个熊兵:这小子说不定还有得救!

笨鸟先飞,几历风霜

开始学超短波专业,最简单的信号截获,别的兵基本上一讲就能掌握,熊宏鑫一周都学不会!跟上大家,是他唯一的目标。但是,熊宏鑫从来不偷懒、不取巧、不懈怠——

练抄码,要求每名学兵早晨5点半起床,除了吃饭、上厕所,一直要戴着耳机坐在电台前,一动不动抄到晚上熄灯号前。满脑子的电波刺啦声,头简直都要炸了,别的兵会趁教练班长不在时,拿下耳机休息一会,但熊宏鑫连睡觉都戴着耳机练听力。

练速率,"负重抄"是苦办法也是好办法,在笔帽一端同时捆上6支笔,"重笔"写久了手指麻疼,吃饭都捏不住筷子,很多战士时常偷懒,悄悄把负重取下,但熊宏鑫一次也没取下来过⋯⋯

"他1天用的抄报纸比我们3天用的还多!春节7天假,有人打牌、有人踢球、有人唱歌、有人打游戏,却没有一个人像他那样在训练室内抄报7天。"同年入伍的下士方维江说。

这个训练最刻苦的兵不断在超越:最后一名、倒数第10名、全队第10名、全队第2名……专业学习结业时,熊宏鑫居然作为替补队员,代表全团新兵参加原济南军区组织的电子对抗专业新兵结业大比武——

50人,40人,30人……每一轮上机抄报直接刷下后10名选手,比武的残酷让选手们喘不过气来。

出人意料的是,替补队员熊宏鑫却闯进了最后决赛。

此时,熊宏鑫已经超越了自己平时训练的最高水平,成绩暂时排在第3位。兄弟单位的一名选手在上一轮就平了原济南军区纪录,熊宏鑫还能超越吗?

能!梅花香自苦寒来,熊宏鑫顶住压力,不仅夺得比武第一名,还打破了尘封4年的军区纪录,荣立二等功。

"破茧成蝶"

熊宏鑫比武夺取第一名,不少人觉得实属侥幸。半年以后,原济南军区组织全区军事训练"创纪录"大比武。这次参赛的不仅有新兵,还有士官,高手如云,但熊宏鑫凭借绝对实力赢得了含金量更高的第二枚金牌,打破自己保持的军区纪录,再度荣立二等功。

"熊宏鑫保持的训练纪录至今仍无人打破,因为他至今都比新兵训练得还刻苦。"团长高飞如是说。

列兵一年两次打破军区专业训练纪录、两次荣立二等功,是这个团建团历史上绝无仅有的,在近年来的中国军队也属罕见。

不是个好兵

创造了这一辉煌的"牛人"却可能连初级士官都选不上——

2016年9月,团里组织预选士官共同课目考核。终于轮到熊宏鑫上场了,现场一下子安静下来,全团官兵的眼球都被吸引在他身上。"30.5米!"监考员持尺丈量大声报出熊宏鑫手榴弹投掷成绩,至此,熊宏鑫共同课目考核全部勉强合格,所有人都长吁了一口气——

共同课目必须全部合格是士官选取的首要条件。然而作为超短波专业全团第一的熊宏鑫,共同课目一直"瘸腿",无论是400米障碍、手榴弹投掷还是别的,个个是"短板"。倘若1项没及格,就拿不到预选士官资格,那将成为团里选取士官保留人才的一个尴尬笑话。

虽然现在他过关了,依然有人觉得他不够格:练了两年,手榴弹才刚过及格线0.5米,算什么好兵?

2015年10月,熊宏鑫被推荐参评原济南军区第三届"强军精武标兵"。预选摸底考核时,他恰好和某特战旅的一位士官分在一组,4×10米折返跑时,竟被人家远远甩下。监考的上级机关参谋冲着团里的带队干部喊:你们团选送的什么人啊!

2015年7月,电子对抗举办"军人样子我的样子"嘉宾访谈活动,熊宏鑫和其他7名官兵被请上台。主持人看受访官兵比较拘谨,就说:大家放松一下。结果别人只是稍微调整坐姿,熊宏鑫却完全放松下来,一下子躺进沙发里,引来台下哄然大笑。指导员何龙翔刚回到连部就接到上级的电话批评:你们是怎么教的兵?全团上千人在台下看着,真丢人!

因为这样那样的"缺陷",熊宏鑫一直备受争议。

真是个好兵

那么熊宏鑫上了战场究竟咋样?且看一场联合实兵演练——

上级调集各方力量,构建复杂电磁环境,各种电波相互交集,不同信号铺天盖地。从密密麻麻、杂乱无章的背景信号中"揪"出蓝方通信信号,绝非易事。

然而,在这场没有硝烟的博弈中,红方总共成功截获蓝方通信信号80个,仅熊宏鑫一个人就捕获了62个,为红方演习取胜立下大功。

熊宏鑫究竟是个好兵吗?

1. 根据以上材料,请你分析说明应该如何看待象熊宏鑫这样的兵?(不少于350字)
2. 根据以上材料分析总结熊宏鑫成才原因。(400字左右)

【习题7】

近段时间来,少数领导干部热衷于表态、钟情于喊口号,调门提得很高,而不注重干实事、解难事的情况,广大群众颇有微词。习主席明察秋毫,日前在新华社一篇题为《形式主义、官僚主义新表现值得警惕》的文章上作出重要指示:纠正"四风"不能止步,作风建设永远在路上。各地区各部门都要摆摆表现,找找差距,抓住主要矛盾,特别要针对表态多调门高、行动少落实差等突出问题,拿出过硬措施,扎扎实实地改。

习主席这一重要指示,可谓一针见血、切中要害,既体现了以习近平同志为核心的党中央对党的十九大后持之以恒正风肃纪的坚强决心,也是作风建设在新起点上的再部署、再出发,为今后一个时期驰而不息地纠正"四风"提供了重要遵循。

党的十八大召开后,从制定和执行中央八项规定开始,全党上下纠正"四风"取得重大成效,但是,也不能不看到,在一些地区和部门,"四风"中的一些老问题并没有完全改掉,而新的问题又有所表现。请你分析调门很高,行动较差、干劲很小背后的原因是什么,并提出作为领导干部贯彻落实反"四风"应当如何做。(要求:观点明确,条例清楚;400字以上。)

【习题8】

突击考核让"金牌连队"走麦城

走进北部战区陆军某旅特战一连,该连12月5日公示的一张年终考核成绩表引起笔者注意:5公里武装越野优秀率73.4%,特种射击优秀率69.8%,特种障碍优秀率75.2%……

"这次考核成绩下降幅度咋这么大?"要知道,特战一连是该旅赫赫有名的"金牌连队",去年底他们不但取得了全优成绩,而且一举刷新了特种障碍、5公里武装越野等4个课目的旅个人考核记录。连长张健坦言:"这是我入伍以来,经历过最'苛刻'的一次考核。"

到底是什么样的考核让"金牌连队"走麦城?"今年我们采用了突击考核模式。"该旅作训科长张永亮介绍说,以往年终考核,都是提前下发考核方案,然后大家针对相关考核内容、考核要求、考核标准有针对性的搞强化训练,而今年年终考核,他们破除了"应试思维",采取无任何准备、无指定时间的突击考核方式,全专业、全课目、全要素检验部队实战化水平。

"连队正准备吃早饭,却突然接到通知,20分钟后进行5公里武装越野考核。"上士梁修龙回想起考核当天的情景依旧有几分无奈,"我们放下筷子跑回连队迅速请领物资,全连官兵刚刚到达考核场,考核就开始了。"

下士刘兵说起当天的经历更是满脸尴尬:"紧急集合哨响起时,我正在上厕所,提起裤子背上枪,就上了考核场。"

更让大家没想到的是,这次考核的课目全是在近似实战的环境下连贯组织实施。笔者在视频资料中看到,在5公里武装越野考核途中,无人机侦察、小股"敌人"袭扰、化学武器袭击等多种战场情况接踵而至,官兵们好不容易冲破层层关卡到达终点,立刻满头大汗地投入到特种射击课目当中。不同以往的是,射击场四处弥漫着滚滚硝烟,远处的靶标在浓烟中若隐若现。

下士邹德邦曾在去年年终考核中打破旅特种射击考核记录。但是,在这次年终考核中,邹德邦却遭遇"滑铁卢",仅仅打出及格成绩。"射击场上的烟幕特别浓,很难捕捉到目标。"邹德邦告诉笔者。

透过这次年终考核,该旅共梳理出部队训练中存在的选训课目偏训漏训情况突出、多课目连贯实施能力较差、陌生地域环境下适应能力较慢等5大类30余项问题,并拿出了具体解决方案,下步他们从严从难组织复补训,将所有问题逐一拉单解决。

针对上述材料,试分析突击考核对部队训练的有效促进。(不少于300字。)

【习题9】

二连的兵有必要熟悉一连连长吗?

某年6月,那时第83集团军某合成旅刚刚合并组建,合成一营组织了一场名为"连史对对碰"的知识竞答活动。

"下面是一道必答题:请问,装步一连的连长是谁?"面对主持人的提问,来自装步二连的下士黄玉晓顿时傻了眼。

这时,台下的二连官兵不乐意了:"一连连长的名字为啥我们二连需要知道?这样的问题有失公平!"

教导员史彦东看到大家满脸不解,便暂时叫停了这场知识竞答活动,干脆围绕"二连的兵是否有必要熟悉一连连长"组织了一场辩论会。

"熟悉其他连的主官,这个话题挺新鲜。"上士刘建聪第一个发言,"我认为没必要,也没有什么意义。其他连队主官平时不组织我们训练,战时也不在一起,基本上没啥交集。所以,没必要知道太清楚,面熟就够了。"

已经有15年兵龄的四级军士长李京阁接过话茬:"当兵这么多年,我只记得自己的连长、指导员。同在一个营的其他连队主官真是印象不深。"

看到两名战士的发言赢得了大家的共鸣,教导员史彦东又将问题引申一层:"大家再试想一下,如果连队战士不了解我们合成营里其他连队的主官,将来上了战场行不行?"

"以前我不知道,但现在绝对不行!"支援保障连战士邓林站了起来,"真正上了战场,我们作为保障力量,可能直接听令于其他连队主官。这就要求我们不仅要清楚其他连队主官的名字、长相,连队的基本编制、武器装备性能等基本信息,还要熟悉主官的声音、习惯等细节。"

梳理我军历史不难发现一个现象:历史荣誉单位中连队占比居多,"以连为家"根深源长。这一现象说明,连队作为基本战斗单位,在昔日战场上发挥了重要作用。

随着战争形态不断演变,陆军的基本作战单位不再是连,而是合成营。战友情连着战斗力,官兵之间亲如兄弟、配合默契,是打胜仗的感情基础。

官兵们长期习惯了在连队这个战斗集体里生死与共,如今在新体制中营成为基本作战单元,怎样在全营范围内形成深厚的战友情谊。

请根据上述材料,分析有什么样的手段和方法使干部战士的思想从"以连为家"转变到"以营为家"(不少于300字。)

【习题10】

"第二被"

二连三班是全团有名的内务先进班。在前段时间刚结束的全团内务检查评比中,三班又一次获得了第一名。其他兄弟连队纷纷组织人员前来参观。一进三班的宿舍,物品的摆放就让大家眼前一亮,整齐有序,纤尘不染。特别是床上的"豆腐块",棱角分明,就像统一加工的精致的箱子,而且无丝毫皱褶,仿佛从来没使用过同,让人叹为观止。

就在昨天晚上,营长何超到二连检查就寝情况,到了三班的宿舍。三班的战士们正忙着准备就寝,只见大家小心翼翼地将床上的"豆腐块"放在学习桌上,然后再从铺下袋子里取出另外一床团成一团、皱皱巴巴的被子铺上。营长发现了三班保持内务先进的秘密。大家都知道,连队战士只有一床盖被,可二连三班的战士却有了"第二被"。为何出现这种情况呢?就是有的战士为了保证内务整齐,让床上有个漂亮的"豆腐块",就想出了"第二被"的土办法。既省事,可以确保内务整齐,在检查评比中还能得先进、受表扬,何乐而不为呢?

当天晚上,营长在二连连部呆到很晚才回去。

针对"第二被"的现象,有人说这是高标准严要求,也有人说这是"土办法"背离实战要求,请你针对这两种观点谈谈自己的看法。(不少于300字。)

二、参考答案

【习题1】

某旅建设的智能化夜战训练场,使"夜老虎"遭遇强劲对手,再一次表明,在现代条件下提高实战训练的有效性,就应该"仗怎么打,训练环境条件就应该怎么建"。

一是要加强实战化战场建设。未来的战争可能发生在什么样的战场环境下,就应该建设什么样的实战化训练场地。只有在训练的过程中充分适应未来的战场环境,才可能真正具有赢得未来战争胜利的作战能力。某部建设的综合训练场,通过智能化导控平台,模拟实体对手,营造未来战场氛围,能使参训官兵获得对未来战场环境的直观感受,迅速提高应对未知情况的能力。

二是要加强实战化对手建设。有了智能化的综合训练场地,还应该有强劲的对手。智能化平台所虚拟的作战对手,其作战方式、作战能力及装备情况等要尽可能地与部队使命任务中的作战对象相符合。应加强对"蓝军"的研究和建设,确保训练能够更贴近对手,贴近实战。

三是要加强实战化训练的组织实施。要精心组织每一次实战化训练,从环境的设定、对手的选择,以及战法的运用等方面下功夫,及早发现问题,解决问题,做到"绝不会让同一个问题绊倒两次"。

【习题2】

领导干部履新,有相当一部分人通常习惯性地"新官上任三把火",忙着立新规、展能力。一来是为了展示自己强烈的进取心,二来也是为了表个态,表示自己非常希望把工作做好。当然,也有的更是为了"立威",显示自己的权威,以为这样会便于今后工作的开展。但是,实际上,"三把火"一烧,往往反而适得其反。要在新单位、新岗位工作上开好头,首先应该沉下去,摸清楚单位的实际情况,找准切入口。新官上任,大都人生地不熟,对单位实际情况不熟悉,对单位存在的问题不掌握,对单位的发展方向和出路在哪里也不甚明了。在这种情况下,一味地只知道"烧火",自然只能是没头苍蝇瞎折腾了。其次,应该保证单位工作的连续性,不能自行其是,另搞一套。要遵循部队建设的客观规律,不能急于求成、急功近利。要认真研究前任未完成之事、尚未兑现的承诺以及急需解决的问题,摆上案头,扎扎实实地履行、完成。对不合理的部分要作出说明,妥善解决,不留"烂尾"。第三,不能固步自封、墨守成规,而应该勇于开拓创新。既要延续前任的决策,但也不能因前任的决定而限制自己的思路和视野。一切都应该立足于部队建设的实际需要,要善于掌握规律、把握机遇,迅速打开工作新局面,把部队建设推上新台阶。

【习题3】

在发现战士在训练考核中使用自购装备后,该团领导采取了三条措施。

一是摸底。团党委对自购装备的使用情况进行了调查,发现确实有部分市场上生产的多功能民用装备物美价廉,部分官兵认为使用这样的装备能够给日常战备训练带来方便,愿意花钱购买。但同时也有部分同志对使用制式装备以外的"杂牌装备"是否符合要求,还不同程度存在疑虑。

二是分析。通过分析,团党委认为,一方面,自购装备在一定程度上确实能够带来便利,也是战士们精武强能的迫切性的体现,是对打赢的渴求,值得肯定。另一方面,由于自购装备的非规范性,必然存在不确定性和隐患,长期使用自购装备,可能对其产生依赖性,从而忽视对制式装备的训练使用,应该克服。

三是借鉴。因为军用装备具有不可替代性,首先要教育官兵用好制式装备。同时,对部分确实有效管用的民用装备,通过检验论证后允许其纳入日常战备训练。另外,要充分发挥官兵的积极性和创造性,调整改革训练组织的方式。

在自购装备和制式装备的使用方面,资料二提出的观点是:应该重视一线士兵对制式装备的使用意见,好使管用的装备才是最受官兵欢迎的装备。

【习题4】

(类似这样的题,只要还是涉及国家大政方针或法规定性的内容,是可以从正反两个方面作答,只要你给出的理由有足够的说服力。此参考答案尝试从正面作答。)

我认为,某场站关于比武考核第一名最终归属问题的决定是正确的。理由如下:

首先,战术动作比武考核,比得就是看谁用时少,得分高。在这次比武考核中,周小光动作规范,用时最少,当然得分就高。而且周小光在平时的训练中就表现得很实在,动作标准规范,还喜欢搞一些小创新。此次比武考核,周小光给自己"装备"护具,正是他平时创新的一种自然的延续。得第一名,实至名归。

其次,周小光因为"装备"了护具,最终成为场站中匍匐前进用时最少的人,说明他本身就具备这样的能力。以前之所以没有表现出来,是因为潜在的对身体可能造成的伤害限制了他能力的全面发挥。护具使他免于这种伤害,他就能够充分的展现自己的潜能,表现出来的成绩突出也就在情理之中了。

第三,在训练中磨砺官兵血性、锤炼过硬作风,与有效地保护自己并不相背。保护自己,自己具备强大的战场生存能力,正是为了更好地、更全面充分地发挥自己所具备的作战能力,从而能够达成快速消灭敌人,赢得战斗胜利的目的。比武,就是没有硝烟的战争,周小光在比武中使用护具,保护了自己,提高了成绩,无可厚非。

【习题5】

读书能够有效地增强一个人的学习力。根据材料中提及的观点,要使自己成为一个爱读书、读好书、善读书的学习型人才，要注意解决好三方面的问题。

一是要树立正确的读书观念。读书不是为了在他人面前炫耀，也不是为了增加几分点评他人的资本。读书是为了更新知识、提高本领，更是为了净化心灵、提升品位、塑造人格。因此，要把读书当作一种生活态度、一种工作责任、一种精神追求，在读书的过程中自觉地把个人理想融入中国梦强军梦的伟大实践，书写精彩人生。

二是要选择合理的读书内容。根据自己的实际和岗位的需要选择要读的书。要学党的创新理论以坚定理想信念，学军事理论以提高谋划水平，学业务知识以增强履职能力，学文史哲经典以拓宽知识面，学政策法规以强化依法办事能力。

三是要掌握科学的读书方法。运用科学的方法，能使自己读书事半功倍，短时间内就能取得明显效果。读书要带着问题学，在独立思考中学，在不断的与实践相结合中学。既要深读、精读、泛读相结合，也要常学、勤学、专学相结合。

【习题6】

之一：

分析熊宏鑫，我们应当硬币两面看，人才不求全。信息化战争条件下，作战体系中分工越来越细，我军兵种专业也越来越繁杂，衡量高低不能"一刀切"。电子对抗部队作为新型作战力量，更不能再用"老步兵"的思维来看问题、搞建设、育人才，400米障碍跑得最快，手榴弹投得最远，不可能是电子对抗团上了战场最管用的兵。一是应该看到他积极追求进步的精神，他有着想把事情做好的强烈愿望，并为之不懈努力，他这种积极追求进步并锲而不舍的精神是全体官兵应当学习的典范。二是应当看到他取得的突出成绩，熊宏鑫是电子对抗团的兵，置身于信息制胜的体系对抗，每一个节点都可能是决定胜负的"砝码"，而节点上的"关键"就是像熊宏鑫一样具有突出专业能力的"奇才"，他们往往能在战争迷雾中第一个发现通向胜利的"小路"。三是应该看到他存在的不足，共同科目和部队管理是熊宏鑫的明显弱项，然而，这些弱项并不是他不努力的结果，这就要求组训人员，针对他个人的特点分析查找存在这些弱项的具体因素，并展开针对性的训练和教育，尽力补足短板。

之二：

熊宏鑫能够成才有着内外两个因素。内因：有着不服输的精神品质，练单杠掉下来，再自己挂上，然后又掉下来，再挂上……正是有着不服输的精神品质，才能够让一个人这样顽强的训练；有着不偷懒、不取巧、不懈怠的训练标准，"连睡觉都戴着耳机练听力""一次也没取下来过负重笔""放假却在训练室内抄报7天"，正是严守这样的训练标准，才使他取得了骄人的成绩。外因：一是组训人员对他的"不放弃"，最初训练成绩不佳影响到了他在组训人员心目中的地位，但是他刻苦训练的态度影响到了组训人员，从班长到队长都没有放弃对他的帮助和关注；二是分到了合适的岗位，根据熊宏鑫的条件，正是分到电子对抗团这样的单位，才使得他通过刻苦训练取得了难得的专业能力，假若他被分到步兵单位，可能连评上优秀士兵都很难，他分到了一个最适合他发展成长的岗位；三是得益于良好的人才选拔机制，电子对抗专业新兵结业大比武并没有对参赛人员设置更多的限制，使得他这样有着突出短板的人有了展现自己才能的机会，四是得益于部队人才观念的转变，越来越多的人认识到，在信息化战争条件下，作战体系中分工越来越细，我军兵种专业也越来越繁杂，衡量人才不能"一刀切"，正是有了这种观念的转变，才会使得一个连体能考核都不及格的兵，凭借突出的专业能力在比武中立了二等功。

【习题7】

背后的原因：原因主要是不愿担责、怕惹麻烦、无利不为；是钓射时态、沽名钓誉、阳奉阴违。对于某些一直以来占据着可以"不给好处不办事，给了好处乱办事"岗位的人，在反腐的高压态势下，就感到有些失意和沮丧。他们在政治表态时很积极、很高调，让人觉得思想不落伍，但轮到履行职责时，又是推拖，又不担责，因为对不给好处仍要办事不习惯。还有一些人显然是惺惺作态、装潢门面，以为口号喊得响、调门提得高，可让人觉得自己很"革命"，很讲政治，很讲忠诚。因此，不论事情做没做，决策有没有，先把口号喊得响响的，调门提得高高的，以引世人注目。有的即使准备做点事，也不认真咨询，不好好论证，匆匆上马、乱干一番，结果导致虎头蛇尾、有头无尾，被群众讥之为"决策拍脑袋、表态拍胸脯、出事拍屁股"的"三拍干部"。

应有的做法：贯彻执行好党的理论、方针、决策、指示，使之在基层开花结果。作为部队领导干部来说，最大的讲政治，就是正确把握部队建设发展方向，贯彻好习近平新时代中国特色社会主义思想及其"军事篇"，把官兵的政治信仰树得牢牢的，实战化训练抓得硬硬的，管理工作抓得紧紧的，战备工作做得实实的，让官兵的战斗精神满满的，一切围绕战斗力标准抓落实、干工作，确保部队能打仗、打胜仗。要把求真务实放到政治高度来认识，切实拿出默默无闻、埋头苦干的精神干工作，降降调门、多跑营门、除除躁气、多蓄底气，沉到基层去，扎到官兵中，为强军兴军、建设世界一流军队尽好自己的职责。

【习题8】

突击考核对部队训练的影响主要体现在以下几个方面：一是能够促使部队抓训练的全面性和扎实性，因为突击式考核，事先不知道考核的项目，这就能够促使大家在组训中全面扎实的抓好训练；二是能够有效发现训练中的短板弱项，突击考核不给大家临阵磨枪的机会，也就能够有效的发现训练中存在的问题；三是能够有效转变训练考核的"应试思维"，切实把"考为评""考为比"向"练为战""考为战"转变。敌人来了不会事先通知，更没有大把的时间准备。平时训练有"瘸腿"，上了战场就会流血牺牲。"一切工作都必须坚持战斗力标准，向能打仗、打胜仗聚焦。"考场就是战场，战场亦是考场，用突击式的考核考出平时水平、考出真实水平，锤炼部队打仗能力。

【习题9】

要想让干部战士从"以连为家"转变到"以营为家"，需要做好以下三个关系的转变：一是转变连与营的关系，开展"学营史、唱营歌、铸营魂、当传人"等活动，将官兵对连的认同感和归属感转变到对营的认同感和归属感，通过组织打破连队建制的娱乐活动，促进官兵之间交流了解，通过学习合成营职能定位和作战要求，使官兵明白彼此相互默契配合的重要性；二是转变连与连的关系，努力改变连队之间竞争大于合作的现状，就是要打破连建制，以营的任务需求为出发，多进行各连教练员交叉互训，组织战法交流，训练数据实时共享等活动切实打破连队之间的壁垒；三是要转变旅与基层关系，改变以往旅直接抓到建制连的工作方法，将评比的对象从连队转到营，把比武竞赛和考核对象从建制连转变到建制营，将有效的引导广大官兵建立起"以营为家"的感情基础。

【习题10】

任何的高标准严要求都必须把握一定的度。若超出了一定的度，便不免影响正常的工作和生活，甚至搞出形式主义、表面文章，可谓过犹不及，适得其反。战士为了所谓内务整齐整洁，以致搞出"第二被"来,这除了个别战士内务观念不明确外,很大程度上与单位领导干部不切实际的要求有很大关系,使得战士使出歪招,而不是把内务整洁当作军人应当保持的一种作风来培养。

　　从战士的"第二被",不难看出个别带兵人的"和平积弊"并没有完全从头脑中铲除,管理中的"土政策""土办法"还在用。习主席反复强调,军队一切工作都必须从实战出发。用"土政策"带兵,用"土办法"管理,重表面、轻实质,重形式、轻内容,在很大程度上背离了实战要求。笔者以为,只要是实战需要,有些东西表面上粗糙一点也没有关系;只要有利于战斗力提升,外表有些瑕疵也无妨。第二次世界大战时,部队开进,为节省体力,巴顿将军从不要求队伍整齐。一切工作唯一标准就是看与实战要求是否对接。反之,就是舍本逐末、本末倒置。

第五部分　政治知识

第一单元　考试大纲

(一)考核目标与要求

考核考生对哲学、政治、经济、道德、法律、国防和军队建设等方面基本观点、基本原理、基本方法的掌握程度,重点考核考生综合运用所学知识认识、分析和解决理论与现实问题的能力。

(二)考试范围与要求

1. 马克思主义哲学常识

哲学及哲学基本问题;物质和意识、运动和静止、时间和空间、联系和发展、认识和实践、社会存在和社会意识、规律、真理等基本概念;世界的物质统一性原理;坚持一切从实际出发,实事求是;唯物辩证法的三个基本规律;认识和实践的辩证关系,认识的辩证发展过程;社会存在和社会意识的关系,社会基本矛盾及其运动规律,社会发展的动力,人民群众在社会历史中的地位作用。

2. 政治常识

习近平新时代中国特色社会主义思想的丰富内涵,中国特色社会主义进入新时代,新时代我国社会的主要矛盾,新时代中国共产党的历史使命;社会主义本质及其根本任务,近代以来中华民族最伟大的梦想,决胜全面建成小康社会,全面建成社会主义现代化强国;全面深化改革的重大意义、总目标、主要内容;中国特色社会主义政治发展道路,全面依法治国,爱国统一战线;中国特色社会主义文化发展道路,培育和践行社会主义核心价值观;保障和改善民生,加强和创新社会治理,坚持总体国家安全观;建设美丽中国的总体要求、重点任务;准确把握坚持"一国两制"和推进祖国统一方针原则,推进香港、澳门"一国两制"成功实践行稳致远,推动两岸关系和平发展、推进祖国和平统一进程;当代国际社会概况,和平与发展的时代主题,构建人类命运共同体;办好中国的事情关键在党,坚持党对一切工作的领导,坚持全面从严治党。

3. 经济常识

商品、货币和价格的基本概念及其原理;社会主义初级阶段的基本经济制度和分配制度;创新、协调、开放、绿色、共享的发展理念,建设现代化经济体系的主要任务;经济全球化的机遇和挑战,形成全面开放新格局。

4. 思想道德修养与法律基础常识

人生观的内容、作用,新时代革命军人要树立正确的人生观;价值与价值观,树立正确价值观要处理好公与私、荣与辱、生与死的关系,当代革命军人核心价值观的内涵要求;理想信念的含义、特征、作用,树立科学的理想信念;爱国主义的基本内容、时代价值,革命军人要把祖国利益放在高于一切的位置;法律的概念、法律与道德的关系,中国特色社会主义法律体系的内容;宪法是我国的根本大法,我国公民的基本权利和义务;一般违法行为的表现、对一般违法行为的制裁;犯罪的特征,违法与犯罪的关系,刑罚的特点、种类、作用。

5. 国防和军队建设常识

人民军队的光辉历程、历史功勋与传家法宝;人民军队在中国特色强军之路上迈出坚定步伐,牢固确立习近平强军思想在国防和军队建设中的指导地位,在新的历史起点上全面推进国防和军队现代化;党对军队绝对领导的根本原则和制度,军委主席负责制是党对军队绝对领导的最高实现形式,坚决维护党中央权威、维护核心、维护和贯彻军委主席负责制;全心全意为人民服务的唯一宗旨;聚焦能打仗打胜仗强化练兵备战;培养"四有"新时代革命军人。

6. 时事政治

2018年4月至2019年3月发生的国内外重大时事。

(三)**试卷结构**

客观题(单项选择题,占40%);主观题(简答题、辨析题、材料分析题、论述题,占60%)。

第二单元　马克思主义哲学常识

第一章　物质和意识

第一节　世界的物质性

马克思主义是从弄清世界上的两大现象——物质和意识的关系上来揭示世界的本质的。马克思主义坚持唯物主义一元论,正确地说明了什么是物质、什么是意识,唯物而辩证地回答了物质和意识的关系,阐明了世界的物质统一性,从而揭示了世界的物质性本质。

一、物质

马克思主义哲学给物质下了一个科学的定义,即所谓物质就是不依赖于人们的意识而又能被意识所反映的客观实在。

首先,这里的物质概念,是从物质和意识对立的高度,指出了物质对于意识的根源性。坚持了唯物论,同唯心论划清了界限。

其次,物质不等于具体的事物,它是从客观存在着的各种事物和现象中抽象概括出的共同本性,即客观实在性。相对于意识而言,一切存在着的事物和现象,不论是自然现象还是社会现象,不论是看得见的实物还是看不见的射线和场,不论是可以直接感觉到的事物还是间接感觉到的事物,也不论是过去的或现在的事物,更不论事物的具体形态、结构、属性如何,人们希望它存在还是厌恶它存在,它们都有共同的本质,即客观实在性,它是物质的根本特性。物质既不随人的意识而增长,也不因人的意识而消亡。

再次,物质是可以被人们认识的。物质既然是客观实在,就能被人们所认识,只有尚未被认识的物质,没有不可认识的物质,认识只是迟早而已。新事物、新现象、新的物质形态和物质现象会层出不穷,只要我们坚信物质的客观实在性和它的可知性,我们就能够认识世界。这种物质观与不可知论划清了界限。

二、意识

1. 意识的本质

科学地解释意识的本质,是认识世界本质的一个重要环节。马克思主义认为,意识的本质只有在物质的运动中才能得到说明。意识是具有高度组织、高度完善的物质——人脑的机能,是人脑对客观存在的反映,这种反映是在人们的实践中实现并随实践的发展而提高的。

第一,意识是人脑的机能。人脑是意识活动的物质器官,没有人脑就没有意识的产生和存在。世界上没有什么"独立自在"的意识现象,意识依赖于人的大脑这种高度完善、复杂而严密的物质器官。而人脑又是自然界长期进化的结果。

第二，意识是客观存在在人脑中的主观映象。人脑是意识的器官，但只有人脑还不能产生意识，人脑只是生产意识产品的"加工厂"，意识的产生还需要"原材料"，它的"原材料"只能来源于客观世界。人们只有在社会实践中同外在的客观世界打交道，使人脑和其他反映器官同客观世界发生联系，才能获得各种外在刺激，在人脑中产生意识。意识是人脑对客观存在的反映，是客观存在在人脑中的主观映象，没有被反映者，就没有反映和反映结果。意识虽然或表现为感觉、知觉、表象，或表现为概念、判断、推理等不同的主观形式，但其反映的对象和内容则是客观的。

第三，意识还是社会的产物。语言是意识产生的关键，而社会实践和社会交往活动是语言产生的基本条件。人类在社会性的生产劳动中不仅改变了自己的生理结构，也实现了由动物心理向人类意识的质的飞跃。

总之，意识是人脑的机能，是客观世界的主观映象，是人脑对客观世界的反映。只有把这两方面结合起来，才能完整地说明意识的本质。

2. 意识的能动作用

意识的能动性，贯穿于认识世界和改造世界的全过程中。

在认识世界的过程中，意识的能动性表现为：首先，意识对物质世界的反映是一个能动的选择过程。人们认识什么，既不是随心所欲，也不是见山识山、见水识水，而是根据实践的需要能动选择的。其次，意识也不是照镜子似的机械反映事物的现象和外部联系，而是能够在现象背后，在外部联系中，经过思维的分析和抽象，深入反映事物的内部联系，认识事物的本质和规律，为人们改造世界提供理论根据。在改造世界的过程中，意识的能动性表现为：

第一，目的性。人们的一切社会活动，都有着明确的目的，通过有目的的社会实践，强化客观世界的变化过程，创造出没有人的参与不可能自行出现的东西，不断地使客观世界更加适合人的生存和发展需要，将社会建设成理想的社会。人之所以比动物更有力量，主要在于人有丰富的思想意识，因而获得了超越其他一切动物的智慧，使我们周围的世界改变了自然进化的轨道，在人的意识参与下运动和发展，人类的智慧显示着越来越大的威力。

第二，创造性。意识可以把不同事物的形态、结构、功能进行组合，创造出高于自然物的人造物。本来自然界没有汽车、飞机，人把它们创造了出来；古代有矛有盾，坦克把矛和盾合为一体，发挥出更有效的进攻与防御功能，这种创造性使人们获得了巨大的成功。当然，意识也可能使人们的创造走入误区，如人们靠着意识的创造作用，将人的能力、美德等集中在一个伟大的人格身上，创造了"上帝""玉皇大帝"等至高无上的神，反过来，人成了它的子民，千百年来向一个子虚乌有的超自然力顶礼膜拜。

第三，计划性。人们的社会实践，尤其是重大社会实践，都是在周密计划的指导下进行的，将社会实践的目标、方法、步骤等一系列问题都编制成严密的计划，以确保目标的实现。没有计划的实践是盲目的实践，盲目的实践是难免会失败的。所以计划性是能动性的重要内容。

第四，对改造客观世界的重要指导和控制作用。意识的重要能动作用是它作为指导实践的观念和理论，既是实践的首要环节，又是实践价值指向的内控要素，它总是驱使人们通过实践把观念的东西变成现实，在客观世界中打下"意志的印记"。

马克思主义强调意识的能动作用，是以意识依赖于物质为条件的，同把意识的能动作用夸大为决定作用的唯心主义有着原则的区别。这是因为：第一，意识的能动作用是在实践中发生的。意识是一种精神力量,只有通过实践才能完成"意识—实践—物质"的转化过程,即用意识指导实践,通过实践使客观物质世界发生合乎规律的变化。人的意识正是通过实践能动地认识世界,又通过实践能动地改造世界。实践本质上是一种物质活动,离开实践,意识是无能为力的。第二,意识的能动作用的发挥,是以遵从物质运动的客观规律为前提的。只有在正确反映了客观规律的思想的指导下,通过符合客观规律的活动,才能实现人们预期的目的。错误思想指导下的实践必然失败,凭主观意志对抗客观规律,注定要遭到客观规律的无情惩罚。第三,意识能动作用的发挥,必须依赖于一定的物质条件和物质手段。人们认识客观世界的广度和深度,同认识所凭借的物质技术手段密切联系着,一般来说,科学技术手段越先进,人们的认识水平也就越高。人们改造客观世界的活动也需要一定的物质手段,俗话说,"没有金刚钻,别揽瓷器活"。没有现成的原材料,没有适用的工具,意识再"巧"也创造不出任何物质的东西来。总之,要正确地、充分地发挥意识的能动作用,就必须遵从客观规律,从现实条件出发,把高度的革命热情与踏实的科学态度结合起来。

三、世界是统一的物质世界

从哲学上看,世界上的万事万物归结起来无非是两大类现象:物质现象和精神现象。人类的一切活动归纳起来无非是两大类活动:认识世界和改造世界。我们认识和看待这两大类现象和两大类活动,都不能不涉及存在和思维的关系问题。存在和思维的关系问题又称为物质和精神的关系问题,构成了全部哲学的基本问题。那么,千差万别、丰富多彩的大千世界是不是统一的?世界物类繁多,千差万别,丰富多彩。这样一个大千世界是不是统一的?统一的基础和本质是什么?对这些问题的回答,有两种最基本的观点:一种是唯心主义观点,认为在世界的两类现象——物质和精神之间,精神是第一性的,物质是第二性的,精神派生物质,世界统一的基础是精神,世界本质上是精神的世界。另一种是唯物主义观点,认为世界是统一的,统一的基础是物质,世界本质上是物质的世界。现代科学已经证明,在整个世界的两大现象中,物质是第一性的,意识是第二性的,物质决定意识,物质是世界的本质和基础,世界本质上是一个统一的物质世界,唯物主义的世界统一论是正确的。

第二节 物质和运动

一、物质和运动

世界是一个统一于物质的世界,物质又是运动的,正是在物质的运动中,世界才成为千姿百态的生命世界。运动是标志宇宙间一切事物、现象的变化及其过程的哲学范畴。从简单的位置移动到复杂的自然变化和思维活动,都属于运动范畴。

物质和运动是不可分割的。没有不运动的物质。物质总是运动着的物质,运动是物质的固有属性和存在方式。世界上的万事万物,都是物质运动的不同表现形式。宇宙天体各以特定的轨道和速度运转,才有宇宙天体系统的和谐;生物机体内部细胞的新陈代谢运动,才有生命的延续;敌我双方的调兵遣将,你攻我守,才有战争。因此,世界是运动的世界,一切事物都以特定形式在运动,这种特殊的运动才使事物呈现各自的特殊性。人们认识物质,就是认识物质的运动形式及其规律。

没有无物质的运动。物质是一切运动的承担者,世界上没有离开物质的运动。机械运动的主体是各种各样的物体,物理运动的主体是分子、原子、基本粒子和场,生物运动的主体是活的有机体,社会运动的主体是人。物质是一切运动的现实基础,脱离物质的所谓纯粹的运动是不可思议的,也是不可能存在的。

二、运动和静止

物质的运动是普遍的、永恒的和无条件的,因而是绝对的。但是绝对运动并不排斥静止的存在,物质在合乎规律的运动过程中,也有某种静止的状态和稳定形式。静止是物质的质、量、位置、运动形式平衡稳定的存在状态。

静止是相对的,它只是运动的特殊状态,因为事物的静止状态是有条件的、暂时的。我们可以从以下两个方面理解:第一,物质在总体上是运动的,静止只是指它在此时此地、此种条件下没做某种形式的运动。但是它必然进行着其他某种形式的运动。人们把走叫作动,把坐则称为静,是就人和地球的相对关系而言,坐时虽然位置没有发生变化,实际上人的身体内部进行着不停的生理和心理运动,而且人也和地球一起绕地轴旋转,并参加太阳系的转动,正所谓"坐地日行八万里,巡天遥看一千河"。第二,静止是物质永恒运动的实现环节,一系列的静止联系起来显示的不是静止,而是运动。电影以每秒24个静止画面的投射,使我们看到的是连贯的自然动作。可见静止构成了无限运动链条上的环节。

事物的存在和发展是运动和静止的统一。二者的辩证关系表现为:首先,运动和静止是相互依存、互为前提的。没有运动谈不上静止,没有静止也无法证明运动,绝对运动失去了相对静止,它自己就失去了存在的基础,相对静止是绝对运动的环节。其次,运动和静止都是事物存在和发展的形式。在运动中事物获得变化和发展,在静止中事物获得过程和质的稳定,没有运动,事物就没有发展;没有静止,发展就没有基础、没有积累。最后,运动和静止是相互包含的。静止中有运动,静止只是处于暂时的动态平衡,平衡中仍有运动,不然平衡无法维持;运动中又有静止,这才使运动有确定的主体,保持并显示出事物质的稳定性。

第三节 物质存在的时间和空间形式

运动的物质以时间和空间作为自己的存在形式。

一、时间

时间是物质运动过程的持续性。这种持续性表现为:某一事物存在或运动过程的久暂,一事物和另一事物、一种运动过程和另一种运动过程依次出现的先后顺序、间隔的长短。时间的特点是一维性或不可逆性。即时间从过去、现在到将来,它的流逝总是沿着单向前进,不可逆转。时间的不可复得使人们十分珍惜时间,认为"一寸光阴一寸金,寸金难买寸光阴"。时间同物质的运动是不可分离的。时间是以物质在空间的运动来度量和认识的,离开物质在空间中的运动,时间就成了无法度量、神秘莫测的东西。人们将地球绕太阳公转一周记为一年,把月球绕地球一周记为一月,将地球绕太阳自转一周记为一天,又把一天划分为24个时段。不难理解,时间就是物质的运动过程或对其过程的度量。

二、空间

空间是运动着的物质的广延性。这种广延性表现为:物质彼此之间的并存关系和分离状态,物体的体积、容积、位置、距离和排列次序等。空间的特点是三维性,即任何物体都有长、宽、高,即三维空间。三维空间的联结形成物体的客观形态,使之成为可以度量的客观实在。现代科学证明,绝对空虚的空间是不存在的。物理学上所说的真空,并不是空无,而是以各种特殊的物质形态(如引力场、电磁场等)存在着的。

三、时间和空间的联系

时间和空间也是不可分的,我们通常把二者联结起来,称为四维时空。这种不可分离源于二者都是物质的存在形式。任何物体,不仅存在于三维空间中,同时也存在于一维的时间中。例如,对一位导航员来说,他不仅要知道飞机的空间位置坐标的纬度、经度、高度,同时还必须知道时间坐标,即知道飞机在什么时间处在什么空间位置。可见,飞机的飞行轨迹是四维时空连续区域中的一个动态的连续的曲线。

时间、空间和运动着的物质不可分。一方面,时间和空间离不开物质运动,离开物质运动的时间和空间是不存在的。另一方面,物质运动也离不开时间和空间,离开时间和空间的物质运动也是不存在的。时间和空间同物质运动的不可分离性,表明了时间和空间的客观性,表明它们作为物质运动的存在形式同物质运动一样,也是不依赖于人的意识的客观存在。

【复习思考题】

1. 什么是物质?什么是意识?为什么说物质决定意识?
2. 意识的能动性表现在哪些方面?
3. 为什么说物质的运动是绝对的,静止只是运动的特殊形式?
4. 为什么说时间和空间是运动的物质的存在形式?

第二章 联系与发展

第一节 物质世界的普遍联系

唯物辩证法认为,世界上的万事万物都处于普遍联系之中,普遍联系引起事物的运动发展。联系和发展的观点是唯物辩证法的总观点和总特征。

一、联系的含义和类型

物质的运动是事物内部及事物之间互相联系的结果。联系是指一切事物、现象之间及其内部诸要素之间的互相影响、互相制约和互相作用。

物质世界是多样性的统一,因而物质现象的联系也是极其复杂、多种多样的。按照联系性质区分,有内部联系和外部联系、直接联系和间接联系、必然联系和偶然联系、本质联系和非本质联系等。内部联系是指在事物自身诸要素之间的联系,一事物与他事物之间的联系是外部联系;事物及其内部因素之间不经过任何中间环节而发生的联系称为直接联系,反之则是间接联系;那些与事物的存在和变化有着不可分割关系的因素之间的联系可谓必然联系,而那些由于外在的变化发生的暂时的、突然的、可有可无的物质现象之间的联系属于偶然联系;事物内部或事物之间所发生的、规定着事物或过程存在、发展及其性质的规律性联系属于本质联系,反之则属于非本质联系。

事物在联系中运动,在运动中产生和变动着联系,使得世界上一切事物都不能孤立地存在,都同周围的其他事物维持着这样或那样的联系或关系,整个世界是一个相互联系的统一整体,任何事物都是统一联系之网上的一个部分、成分或环节。

二、学习联系理论的实践意义

马克思主义哲学关于运动与联系关系的理论,对于我们观察和处理问题有重要的意义。第一,我们要在联系中把握事物的存在及其运动,反对孤立地看问题。一种事物之所以成为它所形成的那种状态和性质,一定是多种条件相联系的结果,这种联系也促成着它的运动,我们只有揭示它的多种联系,才能认识它的性质及其运动趋势,才能正确地对待它。离开联系,一切都将无法理解。正如列宁说的,如果撇开具体的联系,我们对"下雨好不好"这样简单的问题都无法判断。第二,联系又是运动中建立的联系,事物变化了,联系也要变化,因此我们应该一切以时间、地点、条件为转移,绝不可墨守成规。我们在工作中,对一切经验都要作历史的分析,认清它产生的条件、适应的范围,任务、条件变化了,应该在新的联系中制定新的对策,以适应新的情况。

第二节 物质世界运动发展的规律性

事物的相互联系包含事物的相互作用,而相互作用必然导致事物的运动、变化和发展。发展是前进的、上升的运动,发展的实质是新事物的产生和旧事物的灭亡。新事物是指合乎历史前进方向、具有远大前途的东西,旧事物是指丧失历史必然性、日趋灭亡的东西。物质世界的运动发展,表面看来纷繁复杂、杂乱无章,实际上存在着客观规律。所谓规律,就是事物运动过程本身所固有的本质的、必然的联系。任何事物都有自己的运动发展规律,而规律是由事物自身的矛盾决定的,矛盾不同,规律必然各异。马克思主义撇开一切矛盾的具体特点,来研究矛盾的一般特征、特性及其在事物运动发展中的地位和作用;撇开一切矛盾的具体内容,研究矛盾运动的一般规律,从而揭示了自然、社会和人类思维发展的三个基本规律,即对立统一规律、量变质变规律和否定之否定规律。其中,对立统一规律是最根本的规律,是唯物辩证法的实质和核心。

一、对立统一规律

对立统一规律揭示的是事物发展的根源和动力。

1. 矛盾

事物联系和发展的根本内容和动力,就在于事物内部及其事物之间存在着既对立又统一、既互相排斥又互相依赖的关系,这种对立统一关系就是矛盾。我们日常生活中见到的长与短、高与低、真与假、善与恶,同志之间的不同意见,以及战场上的敌与我、攻与守、进与退等等,都是矛盾。矛盾是一个具有双重关系的现象,只要构成矛盾,总是既相互对立又相互统一,只有对立没有统一,或只有统一没有对立,都不称其为矛盾。

2. 矛盾的同一性和斗争性

矛盾的同一性或统一性,是指矛盾双方之间的相互依赖、相互联结、相互渗透、相互贯通、相互转化的性质,它体现的是矛盾着的两方面相互吸引的趋势。矛盾双方不仅存在同一性,而且具有斗争性。矛盾的斗争性,是指矛盾双方相互排斥、相互限制、相互否定的性质,它体现的是矛盾着的两方面相互离异的趋势。

矛盾的同一性和斗争性在事物的发展中起着不同的作用,正是二者不同作用的互相结合才推动事物的发展。矛盾的同一性在事物中的作用是:第一,矛盾双方连为一体,使对立面在相互依存的统一体中得以存在和发展。在矛盾的两个方面,一方的存在以另一方的存在为条件;同样,一方的发展也以另一方的某种存在为条件,在相互依存的矛盾统一体中实现矛盾双方力量和地位的变化。第二,矛盾双方相互吸收有利于自身的因素,在相互利用中各自得到发展。第三,矛盾双方的互相贯通规定事物发展的基本趋势,事物新陈代谢的方向是新旧事物这一对立面之间的相互融会贯通的同一性规定的,没有同一性就没有发展的连续性。譬如,正是根据矛盾的同一性规定事物发展的基本方向和趋势的道理,科学家才得以创立了改良品种的科学。矛盾的斗争性在事物发展中的作用,在于推动矛盾双方力量的此消彼长,最后使旧的矛盾统一体分解、新的矛盾统一体产生,使旧事物变成新事物。总之,矛盾的同一性和斗争性相结合推动事物向前发展。

矛盾的同一性和斗争性相统一的原理告诉我们,要学会在对立面的统一中把握对立面,即在斗争中把握同一,在同一中把握斗争。在处理社会矛盾时,既不能只讲同一不讲差异、斗争,也不能只讲斗争不顾同一,而要求大同、存小异,维护团结,解决矛盾。当今世界,和平与发展成为时代的主题,社会主义和资本主义这两种不同性质的社会制度之间,短时间内还不能最终解决谁战胜谁的问题,而要在共存中发展。我们必须坚持改革开放,敢于吸收那些能为不同的社会制度所容纳,反映现代社会化大生产和共同社会生活需要的经验,发展、壮大、巩固社会主义制度,提高生产力;同时,认清资本主义与社会主义的本质区别,防止和克服资本主义腐朽没落的东西对我们的社会主义制度的侵蚀。

3. 矛盾的普遍性和特殊性

矛盾的对立和统一,既是普遍的,又是特殊的,因此矛盾又具有普遍性和特殊性。

矛盾的普遍性,或称共性,是指矛盾是一切事物的共同本质。它表现在两个方面:一方面,矛盾无处不在。俗话说,"天有阴晴""月有圆缺""人有祸福""事有成败"。这里的阴与晴、圆与缺、祸与福、成与败都是对立统一的关系,因而都是矛盾。世界上没有无矛盾的事物,可以说没有矛盾就没有世界。另一方面,矛盾无时不有。事物一刻也不会停止运动和变化,它自身时时都充满着矛盾,旧的矛盾解决了,新的矛盾也就同时产生,开始新的矛盾运动。总之,矛盾存在于一切事物之中,并且贯穿于事物发展过程的始终,处处有矛盾,时时有矛盾,这是一切事物的共同本质。

矛盾的特殊性,或称个性,是指每一事物的矛盾及其每一矛盾方面各有其特点。矛盾的特殊性表现在两个方面:第一,矛盾与矛盾之间以及同一矛盾在不同的发展阶段上具有不同的特点。世界上的事物之所以千差万别、千变万化,就在于不同事物中的矛盾是不同的,同一事物中的同一矛盾在不同的运动变化阶段上也具有不同的特点。就拿人来说,每个人都有自己的特点,都有自己的矛盾,比如工作矛盾、学习矛盾、生活矛盾等。第二,同一矛盾的每一侧面及其每一侧面在发展的不同阶段,也都各有其特点。

矛盾的普遍性和特殊性或共性和个性,是既相互区别又相互联结的。区别在于:普遍性只是体现着各个特殊矛盾中共同的、本质的东西,只是个别事物的部分或本质,仅大致地包括个别事物。个别的、特殊的矛盾则是丰富生动、复杂多样的。二者的相互联结在于:普遍性存在于特殊性之中,只能通过特殊事物存在着,离开特殊性就没有普遍性。特殊性也离不开普遍性,一定与普遍性相联系而存在。任何事物都是普遍性和特殊性、共性和个性的统一。矛盾的普遍性和特殊性在一定的条件下是可以相互转化的。随着时间的发展和空间的变化,普遍性在更大的范围内会成为特殊性,特殊性在更小的范围内也会成为普遍性。特殊事物在量上的扩张会使它成为普遍的东西,普遍的东西在其他事物的大发展中又会成为特殊事物。

掌握矛盾的普遍性和特殊性相互关系的原理具有重要的意义。首先,这一原理有助于我们正确地认识事物。任何事物,既有不同于他事物的个性,又有与他事物相联系的共性。因此,我们应该在个性和共性的关联中认识事物,从个性中认识共性,在共性中把握个性。

其次,这一原理有助于我们学会科学的工作方法。我们的每一项工作,既有与其他工作的共性,也有它的个性。因此,在工作中要正确地处理共性与个性的关系,注意一般号召与个别指导相结合,领导和群众相结合,解剖麻雀、抓典型与普遍推广相结合,把党的路线、方针、政策同本地区、本单位的实际结合起来。

最后,这一原理是我们把马克思主义的普遍真理和中国革命的具体实践相结合,建设中国特色社会主义的理论根据。坚持马克思主义,就是坚持马克思主义的基本原理,坚持其立场、观点和方法,要真正指导实践,必须把这些基本原理与本国的实际相结合,才能找到适合本国国情的路线、方针、政策。

4. 矛盾在事物运动过程中的不同地位

矛盾的同一性和斗争性相结合推动事物向前发展,那么究竟事物向什么方向发展,这种方向是由什么决定的呢?这就要研究矛盾在客观事物运动过程中的地位差别。

在一个具有多种矛盾的统一体中,矛盾的地位和作用是不同的,因而有主要矛盾和次要矛盾的区别。主要矛盾是在事物的多种矛盾中处于支配地位的矛盾,它对事物的存在和发展起决定作用,并规定和影响着其他矛盾的存在和发展。主要矛盾之外的其他矛盾就是次要矛盾,它可以制约和影响主要矛盾的展开和解决。因此,事物发展的一般进程和基本方向主要是由主要矛盾决定的。就一特定矛盾而言,矛盾的两个方面对统一体的存在和发展所起的作用也是不同的,因此还有矛盾主要方面和矛盾次要方面的区别。矛盾的主要方面对事物的性质起主要的决定作用。但是,主次矛盾和矛盾的主次方面在一定条件下是可以相互转化的。

5. 事物运动发展的内因和外因

事物的运动和发展,不仅是由它本身固有的内部矛盾引起的,也是同它所处的一定的外部条件相联系的。马克思主义哲学用内因与外因这对概念说明事物运动发展的动力与条件之间的关系。内因是指事物发展变化的内在原因,即内部根据、内在矛盾;外因是事物发展变化的外部原因,即外部条件、外部矛盾。

内因和外因在事物发展变化中的地位和作用是不同的。内因是事物发展变化的根据,外因是事物发展变化的条件,外因通过内因而起作用。任何事物都是矛盾体,它发展变化的根本原因,不在其外部,而在其内部,根源于其内部的矛盾性。内因不仅是事物存在的基础,也是该事物区别于他事物的内在本质。作为事物自身运动动力源泉的内因,规定着事物运动发展的基本方向,这就是"种瓜得瓜,种豆得豆"的根本原因。人们认识事物,就要着力揭示其内部矛盾,这样才能把握它的变化和发展。内因是事物发展的第一位原因,但外因对事物的发展并非是可有可无的,它同样对事物发展变化的速度和方向有重要影响。这种影响是通过影响事物的内部矛盾关系来实现的。

内因和外因的划分是相对的。因此,内因和外因将会随着考察范围的扩大或缩小而发生变化。

6. 坚持两点论和重点论的统一

主要矛盾和次要矛盾,矛盾主要方面和次要方面相互关系,以及内因和外因相互关系的原理要求我们,面对实际工作中的矛盾,要坚持两点论和重点论的统一。两点论要求在分析任何事物的矛盾时不仅要看到矛盾双方的对立,而且要看到矛盾双方的统一;不仅要看到矛盾体系中存在着主要矛盾、矛盾主要方面、内因,也要看到次要矛盾、矛盾次要方面、外因。唯物辩证法的两点论不是均衡的两点论,而是有重点的两点论。它要求把握矛盾的不平衡性,分清主次、轻重、缓急,区别对待。可见,两点论是有重点的两点论,重点论是两点中的重点论。处理好这个关系,要注意把握三点:第一,抓中心、抓关键、抓重点,避免"眉毛胡子一把抓",头痛医头、脚痛医脚,捡了芝麻、丢了西瓜。第二,学会"弹钢琴",抓住中心工作,带动全盘工作。第三,根据情况变化,及时实现工作重点的转移,防止把主要矛盾凝固化、绝对化。

总之,矛盾着的两个方面既斗争又同一,推动着事物的运动和发展,其基本道路和方向主要受制于事物的主要矛盾和矛盾的主要方面,这就是矛盾运动规律,即对立统一规律。

二、量变质变规律

事物的发展,不管其具体内容如何,就其一般内容来说,都是事物的量和质的变化,由量的变化引起质的改变,完成旧事物向新事物的转化,然后再开始新的量和质的变化过程,这就是事物运动发展普遍存在的量变质变规律。唯物辩证法揭示的这一规律,指明了事物发展的状态和过程。

1. 质、量、度

人们认识事物,首先遇到的是事物的质和量的关系,任何事物都是质和量的统一。质是指一事物区别于他事物的内在的固有规定性。世界上的事物千差万别,原因就在于各有不同的质,所以这种内在固有的规定性也就是一事物与其他事物的区别或事物存在的界限性。

事物的质通过自身与他事物的关系表现出不同的属性。一事物与他事物的关系是复杂的,因而事物也具有多种多样的质。究竟事物表现出什么样的质,这要看事物处在什么样的联系之中,是相对于什么对象而言的。军人和普通人相区别,其质的规定性在于具有特定的军事素质,并在军队里为国防事业服务。所以,质虽然是事物本身固有的,但它是在与别的事物的关系中表现出来的。

量是事物存在和发展的规模、程度、速度以及它的结构等可以用数量来表示的规定性。例如,一个建设项目的规模大小、建设速度快慢、投资多少等,都是事物量的规定性。量和质虽然都是事物所固有的规定性,但量和质不同,质和事物共存亡,而量和事物的存在不是直接同一的,在一定范围内,量的变化并不改变事物的质,正如百万大裁军也不能改变我军的性质一样。

量的规定性同质的规定性一样,也是多方面的,也有主次之分。例如,一支军队有人数多寡、官兵文化水平和身体素质、武器装备的数量和水平的高低等多种规定性,这些量的规定性从各个不同方面反映着这支军队的总体特征,其中有的量直接关系着这支军队的战斗力,有的影响则小一些。

度是事物保持自己质的数量界限,是事物的质所能容纳的量的变动范围,因此度是质和量的统一。任何事物都有度,事物在度的范围内活动不会引起质变,超过度的变化就会发生根本性质的变化。例如,在一个标准大气压下,液态水的温度是0℃~100℃,低于0℃变成固态,高于100℃则变成气态,0℃和100℃是水温的度量范围的两极关节点。

2. 量变和质变

事物的质和量不是固定不变的,而是随着事物内部矛盾的发展而变化的。事物的数量或结构在度所能容许的范围内发生的不改变事物的根本性质的变化是事物的量变。量变的特点是一种连续的、渐进的、不显著的变化,事物在量变阶段呈现相对静止状态。质变与量变不同,它是突破事物的度,使事物发生根本性质的变化,是实现从一种质态向另一种质态飞跃的运动。如水温升高超出水的度,就出现汽化现象,水的物理性质就变化了,这种变化就是质变。质变和量变有着内在的联系,二者是相互转化的。一方面,量变是质变的必要准备,质变是量变的必然结果。一切事物的发展变化首先都是从量变开始的,当量的变化超出度的范围,才会引起质变,也必然会引起质变。俗话说"千里之堤,溃于蚁穴""小洞不补,大洞吃苦",就是这个道理。可见,质变是受量变制约的,依赖于量变,量变的持续必然引起质变。另一方面,质变又引起新的量变,为新的量变开辟道路。质变是旧的量变过程的终结,又是新的量变过程的开始,新的量变是在新的度中进行的。新的量变发展到一定阶段,又要超出事物的界限,引起新的质变,这样一个量变和质变相互转化的无限过程,使事物的发展呈现出渐进性和飞跃性、连续性和间断性的统一。

量变质变规律对于人们的认识和实践有许多启发意义。首先,任何事物都是质和量的统一,我们对事物的分析,既要认识事物的质,又要认识事物的量,才能认清事物的渐进和飞跃过程,把握事物的性质。其次,既要做艰苦的长期的工作,又要在质变的条件成熟时抓住时机,当断则断,促使旧事物向新事物的飞跃。在改革中,既要有立志改革的革命精神,反对因循守旧,停滞不前;又要立足当前,循序渐进。最后,把握事物的度,掌握"适度"原则。我们做工作,一定要注意"分寸",掌握"火候","过"或"不及"都是不合适的。例如,对他人提出批评,太轻了不能触动其思想,太重他人承受不了,凡事以适度为好。

三、否定之否定规律

事物内在矛盾的对立统一所推动的事物发展,表现为质量互变过程,但是这种质量互变不是质和量的依旧循环,而是表现为螺旋式上升或波浪式前进的运动,是曲折性和前进性的统一。我们把由事物内部肯定因素和否定因素的对立统一总是引起事物的螺旋式上升、波浪式前进的运动,称为否定之否定规律。唯物辩证法揭示的这一规律,指明了事物发展的方向和道路。

1. 肯定和否定

任何事物中都包含着肯定和否定两个方面。肯定方面是维持事物照旧存在的方面,否定方面是促使事物自身灭亡的方面。

事物的肯定或否定既相互对立,又相互统一。肯定和否定的辩证统一表现在三个方面:第一,肯定和否定相互依赖。它们各以对方为自己存在的前提,共处于事物之中,没有肯定,一切事物都不存在;没有否定,事物就不能变化和发展。第二,肯定和否定相互转化。当事物内部肯定方面占据主导地位时,事物就保持其固有的存在和性质,一旦否定方面占支配地位,否定方面就成了新事物中的肯定因素。第三,否定包含着肯定,肯定也包含着否定。否定是事物自身的否定,这种否定的实质是扬弃,即既克服又保留,这就是唯物辩证法讲的辩证的否定。否定方面不是把肯定方面吃掉,而是克服其不利的一面,保留其有利的一面,吸收、改造旧事物的积极成分,使事物的发展保持着连续性。否定的结果,是事物中有生命力的、代表事物发展前途的因素占据主导地位,从而为事物的进一步发展开辟广阔的前途。同样,肯定也不是兼收并蓄,而是肯定事物中有生命力的因素,同时也就否定了其中的糟粕。

2. 否定之否定

事物的发展,不是经过一次否定就到此完结,而是一个有规律的过程,即从肯定到否定再到否定之否定的过程。实际上,尽管经过第一次否定,被否定的东西所具有的一些积极因素被保存下来,但第一次否定却是被否定东西的完全对立面,由否定而走向极端,使初始的形式和第一次否定形成的形式成为对立关系,两个新的对立面构成新的矛盾,其矛盾自身的发展和解决,必然实现对第一次否定的再否定,即否定之否定。否定之否定是一次新的综合,是两种对立面的片面性的克服,解决了二者之间的矛盾,实现了对立面的统一。

3. 事物发展是前进性和曲折性的统一

事物的否定不是一次性否定,而是一个连续不断的过程。旧事物总要被新事物所否定,新事物也会在运动发展中由新到旧,又要被更新的事物所否定。所以,任何事物的发展都不是直线式的,而是表现出螺旋式上升波浪式前进的方向、道路和趋势,即前进性和曲折性相统一的发展过程。原因是:

第一,事物的发展道路是曲折的。如上所述,事物的发展,表现为事物内部肯定因素和否定因素的矛盾斗争,没有肯定就没有事物的存在,没有否定就没有事物的发展。但是,任何否定,都是对旧事物某些方面的克服,某些形态的改变和原有属性的改变。同时,在新旧因素的斗争中,旧因素占据上风的现象也是会发生的,所以曲折是不可避免的。

第二,事物发展的总体趋势是前进上升的。每一次否定都保留了事物的积极因素,又产生了新的因素,把事物推向前进。完成一个过程,实现了否定之否定,就包含了对第一个环节肯定因素的保留,表现为仿佛向旧事物的复归,但这不是简单的重复,而是变革中的继承,是经过曲折迂回,在高级阶段上重复低级阶段上的某些特征、特性。新事物总要战胜旧事物。

第三,事物的发展是前进性与曲折性的统一。事物的否定与曲折,总是前进中的曲折,前进又总是在曲折中实现的,表现为继承与变革、前进性与曲折性的统一。

坚持前进性与曲折性相统一的观点,必须反对循环论和直线论。循环论把事物的发展错误地看成是简单的循环,只看到曲折,而否认前进,实际上否定了事物的发展。直线论的错误是将事物发展的前进性绝对化,认为事物的发展是直线前进的,任何曲折都是反常,只讲前进,否认曲折,忽视了事物发展的复杂性。直线论者必然在挫折面前怨天尤人。这两种观点,都割裂了事物发展的前进性和曲折性的统一,都是形而上学的观点。

【复习思考题】

1. 什么是规律？唯物辩证法揭示了哪三大规律？
2. 什么是矛盾？矛盾的同一性和斗争性在事物发展中各起什么作用？
3. 矛盾的普遍性和特殊性的关系怎样？为什么说矛盾的普遍性和特殊性相统一的原理是建设中国特色社会主义理论的根据？
4. 如果认识和把握事物运动发展中内因和外因的关系？
5. 为什么必须坚持两点论和重点论的统一？
6. 量变和质变的关系如何？
7. 为什么说事物的发展是前进性和曲折性的统一？

第三章 实践与认识

第一节 实践是认识的基础

马克思主义把科学的实践观引入认识论,揭示了认识对实践的依赖关系,并指出认识的过程是实践和认识辩证运动的展开过程,即发现真理、证实真理和发展真理的过程。

一、实践的特点和形式

马克思主义认为,实践是作为主体的人能动地探索和改造世界的物质活动,它既不同于动物的本能活动,又不是人的精神活动,而是主体和客体之间的相互作用过程。人的社会实践具有四个特点:第一,直接现实性。实践活动本身是客观现实因素相互作用的结果,实践能把主体的预期目的变成直接的现实。第二,自觉能动性。实践是人类在一定的需要引发下,怀着一定的目的,按照一定的计划对客体的主动干预。第三,社会性。实践本质上不是单个人的孤立活动,而是处于一定社会关系中的人们的集体活动,它受到社会关系的调节和制约。第四,历史性。实践总是一定历史阶段上的实践,受到历史的制约并随着历史条件的变化而变化,因此实践是不断发展着的社会历史活动。

实践的内容丰富,形式也是多样的。随着人类认识和改造活动的深入,实践形式会不断趋向多样化。在多种实践中,最基本的形式有三种,即生产实践、社会斗争和科学实验。生产实践是人类赖以生存和发展的基础活动,也是其他实践的前提和条件,所以生产活动是最基本的实践活动。社会斗争是调整和改革社会内部人与人之间社会关系的实践活动。一个社会要正常运行,保持协调,求得发展,逐渐理想化,必须对个人和集团的社会行为、社会关系进行各种形式的调节或变革。社会斗争对生产发展和人类的认识有着十分重要的影响。科学实验是指人类探索世界奥秘,获得知识,以便成功地指导实践的活动。随着社会的发展,社会结构的复杂化,人们对生活质量要求的提高,科学实验的重要性越来越突出。除此之外,社会实践还有其他的形式,如教育活动、文学艺术活动等,都是社会不可缺少的。各种社会实践活动是相互联系、相互促进、共同发展的。

二、实践对认识的决定性作用

马克思主义认为,实践决定认识,其决定作用表现为:

第一,实践是认识的源泉。只有在实践中,主体和客体才发生认识与被认识的关系,才能接触客体,解剖客体,分析概括出客体的本质和规律。人们只能在战争中认识战争规律,在市场经济中学会经商,认识价值规律。没有实践就不会有主体对客体的反映。个人的知识来源于直接经验和间接经验,但间接经验也是别人从实践中得来的。

第二,实践是认识发展的根本动力。社会实践创造出新的理论,不断向人们提出新要求、新课题,推动人们从事新的探索和研究;实践创造了新的认识工具,增加了认识手段,提高了认识的精确度;实践不断地改善和提高人类的感觉器官和思维器官,推动人类思维能力的发展;实践还不断地积累新的经验资料,使人们得以不断地整理和概括出新的认识。

第三,实践是认识的目的。人们不是为解释世界而认识世界,而是为改造世界而认识世界,为了给实践以理论指导、达到预期目的、提高实践的功效而认识世界。实践是认识的起点,也是认识的归宿。

第四,实践是检验认识正确与否的标准。认识正确与否,不以人们主观上觉得如何而定,最终总是要由实践作出验证的,经过实践检验,正确的肯定下来,错误的予以纠正,人们的认识才不断地得到补充和完善。总之,认识的发生、发展、最终目的和检验标准都是由实践决定的,实践贯穿于认识全过程,是认识产生和发展的决定力量。

三、实践需要理论指导

一般说来,实践总是在一定的理论指导下进行的,没有理论指导的实践是盲目的实践。正确的理论指导实践能获得成功,因为它正确地反映了客体的本质及其发展规律,能够指导我们按照客体的运动规律改造客体,达到主体的预期目的;而错误的理论指导实践会遭受失败或损失。认识的任务是要获得正确理论,发挥正确理论的积极作用,克服错误理论的消极作用,实现改造世界的历史任务。

第二节 认识的辩证过程

认识的本质是主体在实践基础上对客体的能动反映,这是辩证唯物主义认识论对认识本质的科学回答。认识的辩证过程,是实践和认识矛盾运动的过程。认识的具体过程,包含着由实践到认识,由认识到实践,即在实践的基础上,由感性认识到理性认识,又由理性认识到实践这样两个具体阶段。实践—感性认识—理性认识—实践的循环过程,就是认识发生、发展的过程。

一、由实践到认识

1. 感性认识和理性认识的特征与形式

辩证的认识运动,首先是由实践到认识的过程。这个过程,认识经过由低到高两种形式。感性认识是人类认识必经的初级阶段,是人们在实践的基础上,由感觉器官直接感受到的关于事物的现象、各个片面和外部联系的认识。包含感觉、知觉和表象三种形式或三个发展阶段。感觉是感性认识的初始阶段,它是人的感官对客观事物表面的、个别特征或属性的直接反映。如视觉反映物体的色彩,听觉反映物体的声音,嗅觉反映物体的气味,味觉反映物体的滋味,触觉反映物体的干湿、软硬、冷暖等。人的感觉器官对物体的冷暖干湿、酸甜苦辣、平凸凹曲等色声味形的直接感知所获得的认识,都属于感觉的范围。感觉是主体与客体的直接联系,是感性认识从而也是整个认识的起点。知觉是通过综合各种感觉而产生的对事物的整体性反映。如关于梨的知觉,就是对梨的形状、颜色、味道等感觉的集合。表象,或称观念,是主体通过大脑对过去的感觉和知觉的回忆。人们之所以会出现"谈虎色变",就是因为人们关于虎的表象在大脑中能够再现,从而使人产生如临其境的恐惧。表象已包含着概括和抽象的萌芽,是感性认识的较高形式。感性认识的特点是直接性,它以生动具体的形象直接反映外部世界。这一特点决定了它不可能实现人类认识任务,因而有待于进一步深化和发展为理性认识。

理性认识是认识的高级阶段,是人们对事物的本质和规律的认识。理性认识的形式包括概念、判断和推理。概念是对同类事物的共同点、一般特性的反映。它的形成标志着认识已由感性直观上升到理性思维。概念是理性认识的开端,其他的理性认识形式都是在概念的结合和深化中形成和发展的。判断是展开了的概念,是对客体状况及其联系或关系的反映所作的判明或断定。推理是从事物的联系或关系中由已知合乎规律地推出未知的思维活动。从概念到判断再到推理,是理性认识由低级到高级的发展。理性认识的特点是抽象性和间接性,它以抽象思维的形式间接地反映客观事物的内在关系,它的形成表现为一系列抽象概括、分析综合的过程。正是这一特点决定了它必须以感性认识为基础。

2. 感性认识和理性认识的关系

首先,感性认识是理性认识的基础,理性认识依赖于感性认识。马克思主义不承认所谓的"天赋观念""先验知识",认为一切真知都是从实践中得来的。在社会实践中,人们千百次地获得直观的感性经验,然后对感觉、知觉和表象之间的联系、关系进行判断和推理,才能获得理性认识,离开这些感性经验,理性认识是不可能产生的。正如俗话所说,"近水知鱼性,近山知鸟音","吃一堑长一智"。

其次,感性认识有待于发展深化为理性认识。感性认识上升到理性认识是由认识的任务决定的。认识的任务在于揭示事物的本质和规律,进而服务于实践。为此,就必须把经验中得来的感性材料,经过分析整理,提炼概括出规律性的认识,有效地指导实践。感性认识上升到理性认识是认识过程的深化,表明认识达到了高一级的程度。这是认识过程的第一次飞跃。实现由感性认识到理性认识的飞跃依赖于三个条件。第一,必须具有大量的、丰富的、合乎实际的感性认识材料。第二,要有科学的研究方法和思维方法。第三,要发挥人的主观能动性,开动脑筋,对感性材料进行"去粗取精、去伪存真,由此及彼、由表及里"的艰苦、细致的加工制作。

实践中割裂感性认识和理性认识的关系,偏执一端,不是犯经验主义错误,就是犯教条主义错误。经验主义重经验而轻视理论的指导作用,把个别经验或局部经验当作普遍真理,到处套用;教条主义则轻视感性认识和实践,从本本出发,把真理当成不变的、不受任何条件制约的终极真理。教条主义和经验主义都是主观和客观、认识和实践相脱离的结果。

二、由认识到实践

感性认识上升到理性认识,认识的过程还没有完成。理论还必须回到实践中去,实现由理性认识到实践这一认识过程的第二次飞跃。这次飞跃意义更为重大,因为:第一,它使主体反映客体的认识化为实践,使精神力量转变为物质力量,从而实现主体认识客体的最终目的。第二,理论是否正确、全面,还有待于证实、检验和发展。理性认识指导实践的过程,也是检验和发展理论的过程,是认识过程的继续和深化。只有通过第二次飞跃,才能充分发挥理论对实践的指导作用。认识的辩证发展过程,就是由实践到认识、由认识到实践的循环反复过程,每次循环,认识都相对地进到了高一级的程度,从而使人类的认识从简单到复杂,从有限趋向无限。认识运动的这种反复性和无限性,要求我们必须做到主观和客观、理论和实践的具体的历史的统一。所谓具体的统一,是指主观认识或理论要同一定地点、条件下的客观实际或实践相符合。这种统一又应是历史的统一,即主观认识或理论要同不断发展变化着的客观实际或实践相适应。人们认识的任务,就在于求得主观和客观、理论和实践的具体的历史的统一,不统一就会使我们的思想或理论脱离实际或实践,在工作中犯"左"的或右的错误。

第三节 认识的真理性及其检验标准

一、真理的本质及其特性

马克思主义所讲的真理,是指人们对客观事物及其发展规律的正确认识。错误的认识则是谬误。

真理具有客观性,因为:第一,真理的内容是客观的。马克思主义从物质第一性、意识第二性的前提出发,认为真理的本质特性是它的客观性。虽然真理作为主观认识,不是客观事物本身,但任何认识的真理性都不是由它的主观形式决定的,而是由它的内容决定的,正确地反映了客观事物及其规律的认识,并不会因人而异,或因阶级而异。第二,检验真理的标准——社会实践也是客观的。一种认识是否有客观的真理性,不是以某人或某阶级的主观意志、愿望、利益和好恶而定,而是由实践裁定,否则在认识的真理性问题上就会公说公有理,婆说婆有理。

真理还具有绝对性和相对性。真理的绝对性是指任何真理都是对客观事物及其规律的正确反映,都包含着不依赖于主体的客观的内容,都同谬误有原则的界限,在它存在的条件范围内,是普遍有效的,因而是绝对的、无条件的。没有绝对性,真理就不再是真理。真理的相对性是指真理存在的条件性和界限性。没有相对性对真理的限定,就无法谈论真理。

任何真理既有绝对性也有相对性,没有绝对性就不是客观真理,没有相对性的界定,真理就无法存在。否定真理的相对性,不顾真理存在的条件和范围,到处搬套,从而也就否定了真理的发展。马克思主义的真理观坚持真理的绝对性和相对性的统一,既反对绝对主义,也反对相对主义。

二、实践是检验真理的唯一标准

怎样才能知道我们获得的认识是正确的还是错误的呢?马克思主义认为,只有实践才能对此作出公正的裁决。

实践之所以能够成为检验认识真理性的标准,这是由真理的本性和实践的特性决定的。从真理的本性上看,只有实践才能判明主观是否与客观相符合以及符合的程度。真理的本性就在于主观和客观相符合,检验认识是否具有真理性,即检验人们的认识同客观实际是否相符合以及符合到什么程度。显然,检验不可能由主观认识单独进行,因为认识自身或认识主体不能凭主观意愿、利益或好恶判明认识是真理还是谬误,而必须有客观根据。检验也不可能由客观对象单方面完成,要客观地对认识的正确与否作出裁决,必须把主观认识和客观对象相对照。恰好实践是联结主观与客观的纽带,是主观见之于客观的活动,它能够把主观认识和客观对象相对照,而且实践有一个根本特性,这就是它的直接现实性,即它可以按照理论的要求创造出理论的现实来。实践在理论的指导下如果达到理论的预期目的,创造了理论所要求的实践结果,这种客观结果就表明了认识的真理性;反之,如果反复地实践,其结果总不能达到理论的预期结果,如果不是实践本身的差错,便表明认识不具有真理性,而是谬误。

三、必须坚持解放思想,实事求是,与时俱进

我们党确立的马克思主义的思想路线就是一切从实际出发,理论联系实际,实事求是,在实

践中检验真理和发展真理。毛泽东同志指出:"'实事'就是客观存在着的一切事物,'是'就是客观事物的内部联系,即规律性,'求'就是我们去研究。我们要从国内外、省内外、县内外、区内外的实际情况出发,从其中引出其固有的而不是臆造的规律性,即找出周围事变的内部联系,作为我们行动的向导。"实事求是与解放思想有着不可分割的联系。当人们的实践进入新的阶段,遇到新的矛盾和问题,需要采取新的策略、方法和手段时,常常会遇到陈旧僵化的观念、传统的束缚。此时,只有解放思想,摆脱束缚,打破"左"的或右的思维定式,才能把握机遇,勇于创新,实事求是地处理矛盾、解决问题。

马克思主义是我们立党立国的根本指导思想,是全国各族人民团结奋斗的共同理论基础。马克思主义的基本原理任何时候都要坚持,否则我们的事业就会因为没有正确的理论基础和思想灵魂而迷失方向,就会归于失败。这就是我们为什么必须始终坚持马克思主义基本原理的道理所在。马克思主义具有与时俱进的理论品质。如果不顾历史条件和现实情况的变化,拘泥于马克思主义经典作家在特定历史条件下、针对具体情况作出的某些个别论断和具体行动纲领,我们就会因为思想脱离实际而不能顺利前进,甚至发生失误。这就是我们为什么必须始终反对以教条主义的态度对待马克思主义理论的道理所在。我们党在历史上的一些时期曾经犯过错误,甚至遇到严重挫折,根本原因就在于当时的指导思想脱离了中国的实际。我们党能够依靠自己和人民的力量纠正错误,战胜挫折,继续胜利前进,根本原因就在于重新恢复和坚持贯彻了解放思想、实事求是的思想路线。

马克思主义的发展史充分说明:解放思想、实事求是,是引导社会前进的强大力量。社会实践是不断发展的,我们的思想认识也应不断前进,应勇于和善于根据实践的要求进行创新。要坚持实践是检验真理的唯一标准,在党的基本理论指导下,一切从实际出发,自觉地把思想认识从那些不合时宜的观念、做法和体制中解放出来,从对马克思主义的错误的和教条式的理解中解放出来,从主观主义和形而上学的桎梏中解放出来。坚持科学态度,大胆进行探索,使我们的思想和行动更加符合客观实际,更加符合社会主义初级阶段的国情和时代发展的要求。

【复习思考题】

1. 什么是实践?实践有哪些形式?
2. 为什么说实践决定认识?
3. 认识过程有哪两次飞跃?
4. 感性认识和理性认识的关系是怎样的?
5. 什么是真理?为什么说实践是检验真理的唯一标准?
6. 为什么必须坚持解放思想,实事求是,与时俱进?

第四章 社会的存在和发展

第一节 两种社会历史观

一、社会历史观的基本问题

生活在社会中的人们都有自己的社会历史观。社会历史观是人们对社会历史的根本看法,其基本问题是社会存在和社会意识的关系问题,它是人们理解或研究社会生活、社会历史,解决社会历史观中一系列问题的前提和基础。

社会存在是社会生活的物质方面,它是指社会物质生活条件的总和,即人类社会赖以存在和发展的物质生活条件,主要是生产方式,也包括地理环境和人口因素。

社会意识是社会生活的精神方面,它是社会存在的反映,包括艺术、道德、宗教、政治和法律思想、科学、哲学等多种形式。

社会存在和社会意识何者为第一性、何者为第二性的问题,是划分唯物史观和唯心史观的唯一标准。认为社会意识是第一性,社会存在是第二性的,是历史唯心主义。相反,认为社会存在是第一性,社会意识是第二性的,属于历史唯物主义。

历史唯心主义者主张社会意识决定社会存在。他们有的用人们的思想动机、个别英雄人物的意志来解释历史的发展,把社会发展的主要原因归于人们的意识,把理性、观念和政治的、道德的原则看作是社会历史发展的终极原因;有的则从社会外部去寻找某种根本不存在的、神秘的精神力量,作为社会历史发展的根源。他们否认社会内部的矛盾运动,否认物质生产资料的生产对社会发展的决定作用,否认阶级斗争在阶级社会中的历史作用,否认人民群众是历史的创造者,否认社会历史发展的客观规律。这样,历史唯心主义就歪曲、颠倒了社会历史的本来面貌。

二、社会存在及其对社会意识的决定作用

(一) 社会存在的构成

社会存在也叫社会物质生活条件,它包括地理环境、人口因素和物质资料的生产方式。它们在社会发展中的地位和作用是不同的。

1. 地理环境

所谓地理环境,是指与人类社会所处的位置相联系的各种自然条件的总和。包括自然环境、气候、资源、地理位置以及动物和植物等。

马克思主义肯定地理环境对社会发展的重大作用,但同时指明它不是社会发展的决定力量,因为地理环境不决定社会制度的性质,不是社会发展的根本原因,不能决定社会制度的变革。

2. 人口因素

人口因素是一个综合性概念,包括人口的数量、质量、构成以及发展速度和分布状况,如男女比例、年龄构成、文化结构、人口密度等。马克思主义认为,人口因素是社会存在和发展的必要条件,对社会的发展起着重要作用。但是,人口因素不是社会发展的决定力量。

3. 生产方式

生产方式也叫物质资料生产方式,是社会物质生活本身的具体形式,它是生产力和生产关系的统一。在社会物质生活条件中,只有生产方式才是决定社会发展的决定因素。因为:

第一,生产方式是人类社会赖以存在的基础,是人类其他一切活动的前提。劳动在从猿到人的转变过程中起着决定性作用。在人类社会形成以后,人类为了自身的生存,必须不停地从事生产劳动,只有通过生产劳动解决了物质需要以后,才有可能进行政治、文化活动。所以,物质资料的生产是一切社会活动的基本条件。物质资料的生产一旦停止,社会就会灭亡。

第二,生产方式决定着社会的结构、性质和面貌。一个社会的政治法律制度和意识形态,归根到底是由生产方式的状况决定的。人类从原始社会到奴隶社会、封建社会、资本主义社会和社会主义社会,之所以形成不同的社会结构、社会性质和社会面貌,其中生产方式起了根本的作用。社会的经济、政治和精神面貌,归根到底只能从社会的生产方式中得到如实的说明。

第三,生产方式的发展和变革推动着社会形态的发展和变革。人类社会的发展和变化,首先表现为生产方式的发展和变化,随着生产方式的变更,整个社会制度和意识形态都会发生相应的变化。不同社会制度的依次更替,社会从低级阶段到高级阶段的发展,都是由生产方式的变更决定的。

(二) 社会存在对社会意识的决定性作用

历史唯物主义主张社会存在决定社会意识,认为这种决定作用主要表现在以下四个方面:

第一,社会存在决定社会意识的产生。社会存在是社会意识产生的基础,一定的社会意识只有在社会存在发展需要时,才能产生,才能成为现实。没有社会存在便没有社会意识。

第二,社会存在的状况决定着社会意识的内容。社会意识本质上是社会存在的反映,是人们对自己生活实践于其中的周围环境、社会关系、社会过程的认识,所以社会存在的状况不同,社会意识的内容必然不同。不同的时代,之所以会出现不同的文学艺术作品,是因为社会生活的不同;不同时代道德观念的变化,同样是社会关系变化的结果。

第三,社会存在的阶级内容决定着社会意识的价值倾向。社会存在的主要内容是生产方式,而一定的生产方式总为一定的阶级代表着,它是特定阶级赖以存在的经济基础。封建社会的生产方式是地主阶级赖以存在的经济基础,资本主义的生产方式是资产阶级赖以存在的经济基础,以公有制为基本特征的社会主义的生产方式是工人阶级和广大劳动人民利益的保证。作为反映社会存在状况的哲学、政治法律思想和道德,必然成为占统治地位的生产方式的保护者,这就使社会意识有着鲜明的价值倾向。

第四,社会存在决定着社会意识的变化和发展。既然社会意识是社会存在的反映,社会存在变化了,社会意识迟早要随之变化和发展。

三、社会意识及其对社会存在的反作用

1. 社会意识的构成

社会意识结构也是一个具有多层次的复杂而庞大的体系,主要内容有政治法律思想、道德、

艺术、宗教、哲学等各种社会意识形式和社会心理。

从发展水平上考察社会意识体系中的高低层次，可以把社会意识区分为社会心理和理论意识。社会心理是社会意识的低级形态，它是特定时期的社会群体或广大群众中普遍流行的、自发的、没有定型的心理、观念和精神状态，包括从现实生活中，以及从传统中获得的各种情绪、愿望、信念、习惯、道德风尚和审美情趣等。简单地说，社会心理就是人们的日常意识。与社会心理相反，理论意识是经过职业思想家、艺术家、科学家对社会心理进行整理加工而形成的系统的定型化的思想理论体系，是一种高级形态的社会意识，如哲学、艺术、政治法律思想、道德、宗教等都是社会意识的理论形式。

社会心理是理论意识的初始内容，是理论意识反映社会存在的中介，没有社会心理就不会有理论意识的产生和发展。理论意识是社会心理发展的高级形态，它源于社会心理，又高于社会心理，一旦形成，又影响着人们的社会心理。

2. 社会意识对社会存在的重大反作用

社会意识不仅反映社会存在，而且反作用于社会存在。社会意识对社会存在的反作用表现为如下三个方面：

第一，社会意识批判或维护社会存在。当一种新的社会关系、生产方式形成并起着进步作用时，先进的社会意识的各种形式会论证它的合理性，维护它的存在；没落的社会意识形式会批判它、否定它，从而影响着人们对社会存在的实践态度。

第二，社会意识通过调控人们的社会实践行为来调控社会存在。政治法律以硬性的态度调控人们的行为，保证某种社会关系的存在，或否定某种社会关系的存在；道德以软性的态度来维持或否定人们的日常行为关系，宗教、艺术、哲学等都以自己特有的方式规范着人们的社会实践，从而规范着社会存在。

第三，社会意识对社会存在的变化发展起促进作用或阻碍作用。社会意识产生之后，具有相对独立性，以一定的形式相对独立存在，形成精神力量。进步的社会意识对社会存在变化和发展起积极的促进作用；而腐朽反动的社会意识则对社会存在的变化发展起消极的阻碍作用。

第二节　社会基本矛盾及其运动规律

一、什么是社会基本矛盾

社会矛盾千头万绪，马克思主义认为，生产力和生产关系的矛盾、经济基础和上层建筑的矛盾是社会的基本矛盾。社会基本矛盾的运动是社会运动发展的基本动力，社会基本矛盾的运动规律是社会发展的基本规律。

为什么只有生产力和生产关系的矛盾、经济基础和上层建筑的矛盾才能称得上是社会的基本矛盾呢？因为：第一，这两对矛盾贯穿于人类社会发展过程的始终并存在于一切社会形态之中，只要人类社会存在，就必然存在着这两对矛盾；第二，生产力和生产关系、经济基础和上层建筑概括了社会生活的最基本领域，由它们所构成的两对矛盾，是社会的基本领域之间的矛盾，认识了这两对矛盾，就能把握社会的根本状况；第三，这两对矛盾对社会的其他一切矛盾起支配作用，如阶级矛盾就是这两对矛盾在阶级社会中的表现；第四，这两对矛盾运动过程所体现的本质的、必然的联系，是社会发展的最普遍、最基本的规律。

二、社会基本矛盾的运动规律

1. 生产关系一定要适合生产力状况规律

生产力是人类改造和影响自然界以谋取物质资料的能力。它包括三个基本要素以及通过这些基本要素而发生作用的其他因素。这三个基本要素包括：一是劳动者，它是指具有一定生产经验和劳动技能并从事物质资料生产的人；二是劳动资料，它是人们用来影响和改变劳动对象的一切物质资料及物质条件，主要包括生产工具及其附属物；三是劳动对象，它是在生产过程中被加工改造的物质资料。劳动资料和劳动对象的总和，就是生产资料。影响生产力状态和发展的其他因素主要有科学技术、劳动管理等。

生产关系是指人们在生产过程中结成的人与人之间的社会关系。人们要进行生产，必须结成一定的关系，否则生产是无法进行和持续发展的。生产关系的内容包括三个方面：一是生产资料的所有制关系，即生产资料归谁所有；二是人们在生产过程中的地位和相互关系；三是产品的分配关系。生产关系的三个方面是紧密联系、互相作用的整体。其中生产资料所有制关系是生产关系的基础。它在生产关系中居于主要地位，起着决定性作用。

生产力和生产关系的相互作用，构成了生产方式的矛盾运动，在这种矛盾运动中存在着一种本质的必然的联系，即生产关系一定要适合生产力状况。这条规律的主要内容有两个方面：一方面，生产力决定生产关系。这种决定作用表现在：第一，生产力的状况决定生产关系的性质和形式，有什么样的生产力，就有什么样的生产关系，生产力是生产关系形成的前提和物质基础；第二，生产力发展的要求决定生产关系的变革。在生产方式中，生产力是最活跃、最革命的因素，因为劳动者的技能和其他素质在不断提高，生产工具不断改善和发明，使生产力一刻不停地发展着。生产力的发展要求生产关系与之相适应，否则人不能尽其才，物不能尽其用，生产关系就会成为生产力发展的桎梏。但是，由于生产力内在矛盾的不断推动，它一定能冲破旧的生产关系。所以，生产关系的新陈代谢，都是由生产力的发展决定的。另一方面，生产关系对生产力具有反作用，但反作用归根到底取决于和服从于生产力发展的客观要求。生产关系对生产力的所谓"适合"，就是适应生产力发展的客观要求，成为生产力发展的最佳条件。生产关系对生产力的反作用有两种情况：一是当生产关系适合生产力状况时，对生产力发展起促进作用；二是当生产关系不适合生产力状况和要求时，对生产力发展起阻碍作用。生产关系说到底集中体现着人们的物质利益关系，物质利益关系影响着劳动者的积极性，因而生产关系是否适合生产力的状况和要求，直接影响着人和物的潜在能量能否得到充分发挥。可见，生产关系对生产力作用的性质归根到底是由生产力的客观要求决定的。旧的生产关系可以"阻碍"生产力的发展，但最终不可能"阻止"它，生产力有自己的内在动力，它迟早要冲破阻碍它发展的过时的生产关系的束缚，为建立适应生产力发展要求的生产关系开辟道路，从而推动着生产方式乃至整个社会有规律地由低级向高级不断发展。

生产关系一定要适合生产力状况的规律，是马克思主义政党制定路线、方针和政策的依据。在马克思主义政党已经成为执政党的社会主义国家，党的任务就在于自觉顺应这一规律，根据生产力发展的趋势和要求，适时地建立与之相适应的社会主义生产关系的合理形式，促进生产力的迅速发展。

2. 上层建筑一定要适应经济基础状况规律

社会基本矛盾除了生产力和生产关系的矛盾外，还有经济基础和上层建筑的矛盾，因此经济基础与上层建筑之间的矛盾运动规律，是社会发展的另一基本规律。

马克思主义把一定的生产关系看作一定社会的经济基础,它相对于生产力而言叫生产关系,相对于上层建筑而言又叫一定社会形态的经济基础。所谓经济基础是指由社会一定发展阶段的生产力所决定的生产关系的总和。社会的一定发展阶段上往往存在多种生产关系,但决定一个社会性质的是其占支配地位的生产关系。所谓上层建筑,就是建立在一定经济基础之上的社会意识,以及与之相适应的各种制度和设施的总和。社会意识为社会思想上层建筑,社会制度和设施为社会政治上层建筑。一定的经济基础之上建立起一定的上层建筑就形成一定的社会形态,所以,社会形态是经济基础和上层建筑的矛盾统一体。在经济基础和上层建筑这对矛盾的运动中,存在着这样一种内在的、本质的必然联系:经济基础决定上层建筑,上层建筑对经济基础具有反作用,而反作用的大小和性质取决于经济基础的状况。

经济基础决定上层建筑。首先,经济基础决定上层建筑的产生。经济基础是上层建筑的根源和基础,上层建筑中的社会意识以及制度设施都是适应经济基础的需要而产生的。其次,经济基础的性质决定着上层建筑的性质。经济基础是社会生活和物质关系,它决定着社会的政治生活和精神生活,有什么样的经济基础,就会有什么样的上层建筑。经济上占统治地位的阶级,政治上、思想上也要占统治地位。最后,经济基础的变化决定着上层建筑的变化。上层建筑随经济基础变化而变化,才有可能更好地服务于变化了的经济基础。

上层建筑对经济基础具有反作用,这种反作用集中表现在为其经济基础的形成、巩固和发展服务上。上层建筑对经济基础反作用的性质、大小取决于经济基础的状况。当它服务的经济基础适合生产力发展要求时,其作用就成为推动社会发展的进步力量,经济基础适合生产力要求的程度越高,上层建筑的作用就越大;反之,当它所服务的经济基础不适合生产力发展要求,成为生产力发展的桎梏时,它对经济基础的服务就成了社会发展的阻碍力量。经济基础对生产力的束缚越大,上层建筑对社会的阻碍作用就越大。上层建筑就是这样随其经济基础的产生而产生、消亡而消亡,这个过程就是社会形态由量变到质变再到新的量变的循环过程,每一循环都使社会进入一个更高的形态。

第三节 社会发展的动力

一、社会基本矛盾是社会发展的基本动力,生产力是社会发展的根本动因

正如一切客观事物发展的动力在于事物自身的矛盾运动一样,社会发展的动力也是社会自身的矛盾运动,主要是社会基本矛盾的运动。社会基本矛盾运动有其内在的不同动因和解决矛盾的多种手段,它们在不同程度上都对社会发展起着重大作用。

生产力和生产关系、经济基础和上层建筑这两对矛盾相互联结、相互作用,形成生产力—生产关系(经济基础)—上层建筑的连锁运动,推动着社会不断向前发展。生产力每时每刻都在发展中,随着生产力的发展,现存的生产关系会与之相矛盾,于是就要求调整和变革生产关系。随着生产关系即经济基础的调整和变革,现存的上层建筑同经济基础产生矛盾,于是又必须调整和变革上层建筑以适应经济基础的要求,上层建筑的变革就使社会从一种形态发展到更高的形态。可见,社会基本矛盾是推动社会发展的根本动力,而且作为这种动力的社会基本矛盾运动又是以生产力的发展为根本动因的。

二、科学技术是社会发展的强大动力

科学技术对社会发展的作用,首先表现在科学技术对生产力各要素及其组合方式的关键作用上。科学技术的发展可以造就一代具有新的生产技能和精神风貌的劳动者;新的科学可以导致新劳动工具的发明;新的科学技术可以拓展劳动对象的开采范围和深层次加工利用的能力;科学化管理可以使生产力要素得到合理组合,形成科学的劳动方式,这一切都将大大地推动生产力的发展,成千倍甚至成万倍地提高劳动生产率,强有力地推动社会向前发展。其次,还表现在科学技术指导着社会的治理,使社会获得正常的发展。比如,社会科学能够指导人们按照社会发展规律改造社会,不断地使社会理想化。所以,科学技术作为先进生产力的重要标志,对于推动社会发展有着非常重要的作用。

三、阶级斗争是阶级社会发展的直接动力

在阶级社会里,社会基本矛盾表现为阶级矛盾和阶级斗争。阶级斗争使社会基本矛盾不断解决,从而成为阶级社会发展的直接动力。

阶级斗争成为推动阶级社会发展的直接动力,首先表现在生产方式和社会形态的质变过程中。在阶级社会里,当旧的生产关系严重阻碍生产力发展的时候,任何改变旧生产关系的努力都会遇到代表旧生产关系的阶级的反抗。比如,要根本变革生产资料占有关系或分配关系,旧生产关系的代表阶级是不情愿的,只有经过激烈的阶级斗争,才能促进旧生产关系的变革和新的生产方式的建立。社会形态的更替也是如此。其次,还表现在同一生产方式和社会形态的量变之中。阶级社会的生产方式和社会形态的矛盾,主要反映了占有者和劳动者在经济地位和政治地位上的关系不合理,被统治阶级为了反抗统治阶级的剥削和压迫,不断地斗争,迫使统治阶级作出不同程度的让步,为生产方式和社会形态的质变做了量的准备。然而,阶级斗争作为社会基本矛盾在阶级社会里的表现,是由生产力的发展引起的,阶级斗争只起着解放生产力的作用。正是在这个意义上,我们说阶级斗争是推动阶级社会发展的直接动力,而根本动力仍然是社会基本矛盾。

四、改革是解决社会主义社会基本矛盾、推动社会主义发展的基本手段

解决生产关系与生产力的矛盾、上层建筑与经济基础的矛盾,在阶级对抗的社会里,根本方式是阶级斗争和社会革命。而在社会主义社会里,其基本方式只能是改革,这是由社会主义社会基本矛盾的性质决定的。

首先,社会主义社会和其他一切社会形态一样,也存在着生产力和生产关系、经济基础和上层建筑之间的不相适应和矛盾,需要随着生产力的发展适时调整与生产力状况不相适应的生产关系,与经济基础状况不相适应的上层建筑。但是,由于这种矛盾是非对抗性的,表现为人民的根本利益一致基础上的人民内部矛盾,解决的方式不需要也不应该是暴力革命,而只能是改革。

其次,社会主义社会的改革,是在马克思主义政党的领导下进行的有序的社会实践,能够按照社会发展规律的要求,有规划地以政策和法律的形式对生产关系和上层建筑进行调整,避免社会的大幅度震荡带来的破坏性。

最后,社会主义社会改革的目的是为了更好地实现人民的利益,因而能得到人民群众的支持与广泛参与。

总之,在我国社会主义初级阶段,以公有制为主体、多种所有制经济共同发展的基本经济制度和按劳分配为主体、多种分配方式并存的分配制度的确立,使社会基本矛盾失去以往社会形态的对抗性,完全能够依靠改革解决社会基本矛盾,在安定的环境中通过正常的政策和法律途径,调整生产关系和上层建筑中某些不适应生产力发展的环节或部分,从而使社会基本矛盾随着生产力的发展不断得以解决,始终让基本适应的一面占主导地位,推动社会以前所未有的速度向前发展。

第四节　人民群众和个人在社会历史中的地位和作用

一、人民群众和个人在历史上的作用

决定历史发展的是人民群众还是少数英雄人物,这是历史唯物主义和历史唯心主义的重大分歧。历史唯物主义从社会存在决定社会意识的基本观点出发,认为人民群众才是历史的主体,是社会发展的决定性力量。

1. 人民群众是历史的创造者

人民群众是指以劳动群众为主体的社会进步力量,在阶级社会里,它包括一切对社会历史前进起促进作用的阶级、阶层和社会集团。人民群众创造历史的伟大作用,主要表现为:第一,人民群众是社会物质财富和精神财富的创造者。人民群众作为劳动者是生产力的主导要素。人民群众自身素质的提高和其所创造的生产工具推动着生产力的发展,给社会基本矛盾运动注入了原动力,也就给社会发展注入了原动力。第二,人民群众是解决社会基本矛盾的基本力量。人民群众的普通愿望和要求为社会基本矛盾的解决指明了一定方向,并以"公意"调节着领导人的决策活动,形成群众引导领袖、领袖领导群众的机制。人民群众还是以社会革命形式解决社会基本矛盾的主力军。可见,无论是社会基本矛盾的产生、运动,还是社会基本矛盾的解决,人民群众都是基本主导力量。

2. 历史人物的重要作用

历史人物是社会历史事件的当事人,社会运动的发起者、组织者和领导者,他们对历史发展的作用是重大的,概括起来,就是能影响社会历史发展的个别面貌,而不能规定社会历史发展的基本趋势和基本进程。具体表现为以下三点:首先,历史人物可以在一定限度内提前或推迟一些必然的历史事件的到来,从而加速或延缓历史进程。其次,历史人物的性格、知识结构和才能的差别,影响着解决社会问题的方式和方法,使社会历史进程无不打上领袖人物的特殊印记,并影响历史进程的曲直缓急。最后,历史人物可以使历史事件不可避免的结局出现量的差别,或减轻失败的损失,或最大限度地扩大胜利成果。

3. 杰出人物和人民群众历史作用的关系

马克思主义既承认人民群众创造历史的决定性作用,又承认杰出人物的重大历史作用。但马克思主义认为,这不是两股力量,而是统一于社会实践中的一股力量。因为:

第一,杰出人物是社会历史发展和群众实践客观需要的产物,没有这种需要,他们就不可能产生,因而人民群众创造历史也包括造就自己的领袖人物。杰出人物的杰出之处,就在于比普通社会成员更善于表达群众的愿望和要求,自觉地适应社会需要。

第二,杰出人物的杰出才能是群众社会实践经验的结晶,离开群众的社会实践,其领袖才能

就成了无源之水。杰出人物的杰出之处,就在于比普通社会成员更善于集中群众的智慧,把群众实践中点滴的、分散的经验上升为系统理论,成为领导群众进行社会斗争的思想理论,推动社会发展。

第三,杰出人物的巨大历史作用也要通过人民群众的社会实践才能发挥出来,否则,纵使他们有三头六臂也完不成历史大业。杰出人物的杰出之处,就在于他们能够赢得广大人民群众的信任、拥护和支持,成为群众社会实践的组织者和领导者,共同完成历史重任。可见,个人的作用只有汇合到人民群众的作用中才有巨大的价值,离开人民群众,任何个人都将一事无成。

二、群众观点和群众路线

马克思主义关于人民群众创造历史的根本原理,要求马克思主义政党必须坚持群众观点和群众路线。

群众观点的主要内容包括:相信人民群众能够自己解放自己,反对一切形式的恩赐观点和包办代替的做法;全心全意为人民服务,反对为个人或小集团谋取私利的思想和行为;一切对人民负责,为人民的利益坚持真理、修正错误,同背离人民利益的行为作斗争;尊重群众的首创精神,虚心向人民群众学习,反对轻视群众、凌驾于群众之上的官僚作风。

坚持群众观点必然要求坚持群众路线。群众路线概括而言就是"一切为了群众,一切依靠群众,从群众中来,到群众中去"。马克思主义政党必须坚持群众路线,这是因为:

第一,群众路线是我们党的生命线,是马克思主义政党区别于其他政党的显著特征。马克思主义政党没有自己的特殊利益,人民群众的利益就是党的利益,马克思主义政党依靠的主力军也是人民群众。是否坚持群众路线,决定着党的根本利益和作风,关系到党的生死存亡。

第二,群众路线是我们党的根本工作路线。从群众中来,将群众分散的意见集中起来,化为系统的意见;再到群众中去,对系统的意见进行宣传解释,变为群众的自觉行动。这也是把一般号召和个别指导相结合、领导和群众相结合的过程。

第三,群众路线深刻地体现了马克思主义的认识论原理。人民群众是实践的主体,一切正确的认识,党的路线方针和政策,归根结底只能来源于人民群众的伟大实践。"从群众中来,到群众中去"的过程,实际上是从实践中来到实践中去的循环往复、以至无穷的过程。它正确地解决了实践和认识、感性和理性、个别和一般的关系。

【复习思考题】

1. 社会存在和社会意识的关系是怎样的?
2. 为什么说生产方式是社会发展的决定因素?
3. 社会基本矛盾的内容是什么?
4. 为什么说科学技术是第一生产力?
5. 为什么说人民群众是历史的创造者?历史人物的作用和人民群众的作用是怎样统一起来的?
6. 为什么说马克思主义政党必须坚持群众路线?
7. 在新的历史条件下,牢固树立马克思主义群众观点、自觉贯彻党的群众路线的重大意义是什么?

典型例题

一、物质和意识

1. 哲学上的两大基本派别是指_____。（单项选择）

A. 辩证法和形而上学　　　　　B. 可知论和不可知论

C. 唯物主义和唯心主义　　　　D. 朴素唯物主义和自然辩证法

【参考答案】C

【解析】本题考查的知识点是对哲学上的两大基本派别的确认。根据对哲学基本问题第一方面即思维和存在、精神和物质何者为第一性的不同回答而划分为唯物主义和唯心主义两大基本派别。唯物主义是主张物质是世界的本原，物质第一性、精神第二性的哲学；唯心主义是断言精神是世界的本原，精神第一性、物质第二性的哲学。唯物主义和唯心主义这两个专门的哲学术语有着特定的含义和确定的标准，不能随意乱用，也不能另立标准，否则会造成混乱。所以只能选C。

2. 怎样理解意识是客观存在在人脑中的主观映象？（简答）

【参考答案】

（1）人脑是意识的器官，但只有人脑还不能产生意识，人脑只是生产意识产品的"加工厂"，意识的产生还需要"原材料"，它的"原材料"只能来源于客观世界。

（2）人们只有在社会实践中同外在的客观世界打交道，使人脑和其他反映器官同客观世界发生联系，才能获得各种外在刺激，在人脑中产生意识。

（3）意识是人脑对客观存在的反映，是客观存在在人脑中的主观映象，没有被反映者，就没有反映和反映结果。意识虽然或表现为感觉、知觉、表象，或表现为概念、判断、推理等不同的主观形式，但其反映的对象和内容则是客观的。

3. 绝对的运动是事物存在和发展的唯一形式。（判断）

【参考答案】

（1）这个观点是错误的。

（2）事物的存在和发展是运动和静止的统一。二者的辩证关系表现为：运动和静止是相互依存、互为前提的；运动和静止都是事物存在和发展的形式；运动和静止是相互包含的。

【解析】回答这个判断要注意：必须首先清楚什么是运动、什么是静止，运动和静止二者之间是种什么关系，然后简明扼要地写出理由。

4. 俗话说的"没有金刚钻，别揽瓷器活"，是不是否定了意识的能动作用？它反映了什么道理呢？（分析说明）

【参考答案】

（1）"没有金刚钻，别揽瓷器活"这句俗语并没有否定意识的能动作用。它只是说明，意识能动作用的发挥，必须依赖于一定的物质条件和物质手段。

（2）人们认识客观世界的广度和深度，同认识所凭借的物质手段密切联系着。一般来说，科学技术手段越先进，人们的认识水平也就越高。

（3）人们改造客观世界的活动也需要一定的物质手段，没有现成的原材料，没有适用的工具，意识再"巧"也创造不出任何物质的东西来。

（4）总之，要正确地、充分地发挥意识的能动作用，就必须遵从客观规律，从现实条件出发，把高度的革命热情与踏实的科学态度结合起来。

二、联系与发展

5. 俗话说，"天有阴晴""月有圆缺""人有祸福""事有成败"。这里的阴与晴，成与败，讲的都是_____。（单项选择）

A. 物质意识的关系

B. 对立统一的关系

C. 空间时间的关系

D. 思维与存在的关系

【参考答案】B

【解析】矛盾具有普遍性，或称共性。它是指矛盾是一切事物的共同本质。它表现在两个方面：一方面，矛盾无处不在。像上面说的"天有阴晴""月有圆缺""人有祸福""事有成败"都是对立统一关系，因而都是矛盾。世界上没有无矛盾的事物，可以说没有矛盾就没有世界。另一方面，矛盾无时不有。事物一刻也不会停止运动和变化，它自身时时充满着矛盾，旧的矛盾解决了，新的矛盾也就同时产生，开始新的矛盾运动。从上面关于矛盾的观点可以看出，B是正确的，而A、C、D不符合题意。

6. 依据唯物辩证法普遍联系的原理，判断下列观点正确的是_____。（多项选择）

A. 联系具有普遍性

B. 联系具有客观性

C. 联系具有多样性

D. 任何事物、现象之间都存在着本质的、必然的联系

【参考答案】ABC

【解析】本题考查考生对普遍联系观点的掌握。本题难度不大，大多数考生都能选出正确答案A、B、C项。D项说"任何事物、现象之间都存在着本质的、必然的联系"显然是错误的。

7. 矛盾的同一性和斗争性在事物发展中起着什么样的作用，同一性和斗争性原理告诉我们一些什么？（简答）

【参考答案】

（1）矛盾同一性或统一性，是指矛盾双方之间的相互依赖、相互联结、相互渗透、相互贯通和相互转化的性质，它体现的是矛盾着的两方面相互吸引的趋势。矛盾斗争性，是指矛盾双方相互排斥、相互限制、相互否定的性质，它体现的是矛盾着的两方面相互离异的趋势。

（2）矛盾的同一性和斗争性在事物的发展中起着不同的作用。矛盾的同一性在事物中的作用是：第一，矛盾双方连为一体，使对立面在相互依存的统一体中得以存在和发展；第二，矛盾双方相互吸收有利于自身的因素，在相互利用中各自得到发展；第三，矛盾双方的互相贯通规定事物发展的基本趋势。矛盾的斗争性在事物发展中的作用，在于推动矛盾双方力量的此消彼长，最后使旧的矛盾统一体分解、新的矛盾统一体产生，使旧事物变成新事物。

（3）矛盾的同一性和斗争性相统一的原理告诉我们，要学会在对立面的统一中把握对立面，即在斗争中把握同一，在同一中把握斗争。在处理社会矛盾时，既不能只讲同一不讲差异、斗争，也不能只讲斗争不顾同一，而要求大同、存小异，维护团结，解决矛盾。

8. 事物的发展是前进性和直线性的统一。（判断）

【参考答案】

（1）这个观点是错误的。

（2）事物的否定不是一次性否定,而是一个连续不断的过程。旧事物总要被新事物所否定,新事物也会在运动发展中由新到旧,又要被更新的事物所否定。任何事物的发展都不是直线式的,而是表现了螺旋式上升波浪式前进的方向、道路和趋势,即前进性和曲折性相统一的发展过程。

9. 请你运用辩证唯物主义关于主要矛盾与次要矛盾的辩证关系以及两点论与重点论相统一的原理,联系部队工作实际,论述为什么践行党在新时代强军目标,必须树立全面发展的思想,努力推动部队建设全面发展、全面过硬,履行好新时代我军的使命任务。（论述）

【参考答案】

（1）主要矛盾是处于支配地位的、对事物的发展过程起决定作用的矛盾。次要矛盾是处于从属地位的、对事物的发展过程不起决定作用的矛盾。主要矛盾规定和影响着次要矛盾,次要矛盾也制约着主要矛盾的解决。但主要矛盾和次要矛盾的地位不是固定不变的,随着矛盾斗争中力量的变化,主要矛盾和次要矛盾会发生相互移位。这一辩证关系,要求人们必须善于抓住主要矛盾,以此带动次要矛盾的解决。同时,也要注意兼顾次要矛盾的解决,以此为主要矛盾的解决创造一定的条件。

（2）主要矛盾和次要矛盾辩证关系的原理,启示我们要坚持两点论和重点论的统一。坚持两点论,就是在研究复杂事物的发展过程中,既要研究主要矛盾,又要研究次要矛盾。只肯定其一,忽视或否定其二,就犯了形而上学一点论的错误。坚持重点论,就是在研究复杂事物的发展过程中,要着重研究和处理主要矛盾。不抓重点或否认重点,把各种矛盾平均看待,眉毛胡子一把抓,就是形而上学的均衡论。一点论和均衡论都不符合事物矛盾的本来状况,在理论上是错误的,在实践中是有害的。

（3）新形势下践行强军目标,要求我们在工作实践中坚持全面发展的思想。一方面,强调部队建设全面发展,并不是说抓工作要平均使用力量,不分主次。重视抓主要矛盾,通过重点突破带动整体发展,是推动部队建设、抓工作落实的基本工作方法。另一方面,全面提高部队建设水平需要处理好"工作重点"与"统筹全局"的关系,坚持两点论和重点论的统一,全面推动革命化现代化正规化建设,推动军事、政治、后勤、装备等各领域工作全面发展。树立全面发展思想,需要把重点意识建立在全局观念上,把各项工作放到全面建设、整体推进的要求中衡量,用重点突破带动整体发展,不断提高军队建设整体水平,全面提高履行新时代使命任务的能力。

三、实践与认识

10. 感性认识和理性认识是辩证统一的,因为_____。（多项选择）

A. 感性认识是理性认识的基础,没有感性认识,理性认识就成了无源之水、无本之木

B. 理性认识是抽象的、不可靠的,感觉经验才是唯一可靠的认识

C. 感性认识是不可靠的,理性认识才是可靠的

D. 认识的真正任务在于从感性认识上升为理性认识,把握事物发展的规律性

【参考答案】AD

【解析】该题所考查的知识点是对感性认识和理性认识辩证统一关系的理解和把握。感性认识和理性认识的辩证统一关系表现在二者相互依存:理性认识依赖于感性认识,"感性认识是理性

认识的基础,没有感性认识,理性认识就成了无源之水、无本之木",这是认识论的唯物论;同时感性认识有待于发展到理性认识。因为"认识的真正任务在于从感性认识上升为理性认识,把握事物发展的规律性",这是认识论的辩证法。B项的内容是经验论的观点,C项的内容是唯理论的观点,二者都是割裂感性认识和理性认识的关系所犯的两种错误。所以A、D项才是正确的选项。

11. 真理和谬误之间的相互关系是_____。(单项选择)
　　A. 在任何情况下都是绝对对立的　　B. 没有相互转化的可能性
　　C. 在一定条件下是可以互相转化的　　D. 可以无条件地相互转化的
【参考答案】C
【解析】此题所考查的知识点是对真理和谬误关系的理解和把握。真理和谬误是对立统一关系。二者首先是对立的、有区别的,真理是正确反映,谬误是错误的认识,二者的界限是确定的。同时真理和谬误又具有统一性,集中体现在二者"在一定条件下相互转化"。题中的三个选项中,A、B、D项明显是错误选项,应排除掉,所以C项是该题的唯一正确选项。

12. 实践对认识的决定作用表现在哪些方面?(简答)
【参考答案】
马克思主义认为,实践决定认识,其决定作用表现为:
(1) 实践是认识的源泉。只有在实践中,主体和客体才发生认识与被认识的关系,才能接触客体,解剖客体,分析概括出客体的本质和规律。没有实践就不会有主体对客体的反映。个人的知识来源于直接经验和间接经验,但间接经验也是别人从实践中得来的。
(2) 实践是认识发展的根本动力。社会实践创造出新的理论,不断向人们提出新要求、新课题,推动人们从事新的探索和研究;实践创造了新的认识工具,增加了认识手段,提高了认识的精确度;实践不断地改善和提高人类的感觉器官和思维器官,推动人类思维能力的发展;实践还不断地积累新的经验资料,使人们得以不断地整理和概括出新的认识。
(3) 实践是认识的目的。人们不是为解释世界而认识世界,而是为改造世界而认识世界,为了给实践以理论指导、达到预期目的、提高实践的功效而认识世界。实践是认识的起点,也是认识的归宿。
(4) 实践是检验认识正确与否的标准。认识正确与否,不以人们主观上觉得如何而定,最终是要由实践做出验证的。经过实践检验,正确的肯定下来,错误的予以纠正,人们的认识才不断得到补充和完善。
总之,认识的发生、发展、最终目的和检验标准都是由实践决定的。实践贯穿于认识全过程,是认识产生和发展的决定力量。

13. 在实践的基础上由感性认识上升到理性认识,是人们认识过程的第一次飞跃,因而是一个非常简单而容易的过程。(判断)
【参考答案】
(1)这个观点是错误的。
(2)感性认识上升到理性认识是一个非常复杂而艰难的过程。它必须具备三个条件:第一,必须具有关于认识对象的大量的、丰富的、合乎实际的感性材料,以至它足以反映出客体的本质和规律;第二,要有科学的研究方法和思维方法;第三,要充分发挥主观能动性,开动脑筋,进行"去粗取精、去伪存真、由此及彼、由表及里"的艰苦细致的加工制作。

四、社会的存在和发展

14. 社会历史观是人们对社会历史的根本看法,其基本问题是_____。(单项选择)

   A. 物质和精神的关系问题　　　　　B. 生产力和生产关系的关系问题
   C. 社会存在和社会意识的关系问题　D. 经济基础和上层建筑的关系问题

【参考答案】C

【解析】生活在社会中的人们都有自己的社会历史观。社会历史观是人们对社会历史的根本看法,其基本问题是社会存在和社会意识的关系问题,它是人们理解或研究社会生活、社会历史,解决社会历史观中一系列问题的前提和基础。A、B、D 不符合题意,C 正确。

15. 社会存在的构成包括_____。(多项选择)

   A. 社会心理　　　　　　　　B. 物质资料的生产方式
   C. 地理环境　　　　　　　　D. 人口因素

【参考答案】BCD

【解析】社会存在也叫社会物质生活条件,它包括地理环境、人口因素和物质资料的生产方式。它们在社会发展中的地位和作用是不同的。决定社会面貌及其发展的是社会的物质资料生产方式,而地理环境和人口因素则是社会发展的重要影响因素。B、C、D 正确,A 是错误的。

16. 人民群众是我们国家的主人,是历史的创造者,制定和实施全面建成小康社会的宏伟目标,必须坚持群众路线,集中群众智慧,充分发挥群众的积极性、创造性。请你联系实际谈谈这段话包含的哲学道理,以及为什么我们党必须坚持群众路线?(论述)

【参考答案】

(1)这段话反映了人民群众是历史创造者的哲学原理,以及这一原理要求的马克思主义政党必须坚持群众观点和群众路线的观点。

(2)人民群众是指以劳动群众为主体的社会进步力量,在阶级社会里,它包括一切对社会历史前进起促进作用的阶级、阶层和社会集团。人民群众创造历史的伟大作用,主要表现为:第一,人民群众是社会物质财富和精神财富的创造者。第二,人民群众是解决社会基本矛盾的基本力量。

(3)马克思主义关于人民群众创造历史的根本原理,要求马克思主义政党坚持群众观点和群众路线。

群众观点的主要内容包括:相信人民群众能够自己解放自己,反对一切形式的恩赐观点和包办代替的做法;全心全意为人民服务,反对为个人或小集团谋取私利的思想和行为;一切对人民负责,为人民的利益坚持真理、修正错误,同背离人民利益的行为作斗争;尊重群众的首创精神,虚心向人民群众学习,反对轻视群众、凌驾于群众之上的官僚作风。

群众路线概括起来就是"一切为了群众,一切依靠群众,从群众中来,到群众中去"。马克思主义政党必须坚持群众路线,这是因为:第一,群众路线是我们党的生命线,是马克思主义政党区别于其他政党的显著特征;第二,群众路线是我们党的根本工作路线;第三,群众路线深刻地体现了马克思主义的认识论原理。人民群众是实践的主体,一切正确的认识,党的路线方针和政策,归根结底只能来源于人民群众的伟大革命实践,"从群众中来,到群众中去"的过程,实际上是从实践中来到实践中去的循环往复、以至无穷的过程。

第三单元 政治常识

第一章 习近平新时代中国特色社会主义思想

第一节 习近平新时代中国特色社会主义思想的丰富内涵

党的十八大以来,以习近平同志为核心的党中央坚持解放思想、实事求是、与时俱进、求真务实,坚持辩证唯物主义和历史唯物主义,紧密结合新的时代条件和实践要求,以全新的视野深化对共产党执政规律、社会主义建设规律、人类社会发展规律的认识,进行艰辛理论探索,取得重大理论创新成果,创立了习近平新时代中国特色社会主义思想。这一思想,从理论和实践结合上系统回答新时代坚持和发展什么样的中国特色社会主义、怎样坚持和发展中国特色社会主义的基本问题。习近平新时代中国特色社会主义思想的精神实质和丰富内涵,集中体现在党的十九大报告精辟概括的"八个明确"和"十四个坚持"的新时代中国特色社会主义基本方略之中。

1."八个明确"的基本内容

第一,明确坚持和发展中国特色社会主义,总任务是实现社会主义现代化和中华民族伟大复兴,在全面建成小康社会的基础上,分两步走在本世纪中叶建成富强民主文明和谐美丽的社会主义现代化强国;第二,明确新时代我国社会主要矛盾是人民日益增长的美好生活需要和不平衡不充分的发展之间的矛盾,必须坚持以人民为中心的发展思想,不断促进人的全面发展、全体人民共同富裕;第三,明确中国特色社会主义事业总体布局是"五位一体"、战略布局是"四个全面",强调坚定道路自信、理论自信、制度自信、文化自信;第四,明确全面深化改革总目标是完善和发展中国特色社会主义制度、推进国家治理体系和治理能力现代化;第五,明确全面推进依法治国总目标是建设中国特色社会主义法治体系、建设社会主义法治国家;第六,明确党在新时代的强军目标是建设一支听党指挥、能打胜仗、作风优良的人民军队,把人民军队建设成为世界一流军队;第七,明确中国特色大国外交要推动构建新型国际关系,推动构建人类命运共同体;第八,明确中国特色社会主义最本质的特征是中国共产党领导,中国特色社会主义制度的最大优势是中国共产党领导,党是最高政治领导力量,提出新时代党的建设总要求,突出政治建设在党的建设中的重要地位。

2."十四个坚持"的基本方略

第一,坚持党对一切工作的领导。这一条讲的是领导力量问题;第二,坚持以人民为中心。这一条讲的是政治立场问题;第三,坚持全面深化改革。这一条讲的是发展动力问题;第四,坚持新发展理念。这一条讲的是发展导向问题;第五,坚持人民当家作主。这一条讲的是依靠力量问题;第六,坚持全面依法治国。这一条讲的是法治保障问题;第七,坚持社会主义核心价值体系。这一条讲的是精神力量问题;第八,坚持在发展中保障和改善民生。这一条讲的是发展目的问题;第九,坚持人与自然和谐共生。这一条讲的是人与自然关系问题;第十,坚持总体国家安全观。这一条讲的是国家安全问题;第十一,坚持党对人民军队的绝对领导。这一条讲的是国防和军队建设问题;第十二,坚持"一国两制"和推进祖国统一。这一条讲的是国家统一问题;第十三,坚持推动构建人类命运共同体。这一条讲的是中国和世界关系问题;第十四,坚持全面从严治党。这一条讲的是党的自身建设问题。

习近平新时代中国特色社会主义思想内容十分丰富,涵盖改革发展稳定、内政外交国防、治党治国治军等各个领域、各个方面,构成了一个系统完整、逻辑严密、相互贯通的思想理论体系。"八个明确"是指导思想层面的表述,重点讲的"是什么",回答了新时代坚持和发展什么样的中国特色社会主义的问题;"十四个坚持"是行动纲领层面的表述,重点讲的"怎么办",回答了新时代怎样坚持和发展中国特色社会主义的问题。两者体现了习近平新时代中国特色社会主义思想理论与实践的统一,在核心要义和精神实质上是一致的,不能将两者割裂开来,而应该统一学习、统一把握、统一贯彻。

第二节 习近平新时代中国特色社会主义思想的重大意义

习近平新时代中国特色社会主义思想,是马克思主义中国化最新成果,是中国特色社会主义理论体系的重要组成部分,具有重大的政治意义、历史意义、理论意义、实践意义。

1. 习近平新时代中国特色社会主义思想是新时代中国共产党人的思想旗帜,是国家政治生活和社会生活的根本指针。

这一思想,回答了一系列重大问题,提出了一系列富有时代性、创造性、人民性的重大论断,廓清了一系列大是大非,在坚持什么、反对什么上旗帜鲜明、正本清源,集中体现了我们党的政治意志、政治立场、政治主张,充分彰显了马克思主义的真理力量、科学社会主义的时代价值。有了习近平新时代中国特色社会主义思想这面旗帜,全党思想上精神上就有了鲜明的时代标识,党的团结统一就有了思想根基、"共同语言",带领全国人民奋勇前进就有了正确方向。党的十八大以来,习近平新时代中国特色社会主义思想在新的伟大斗争中,展现出强大的真理穿透力、价值感召力、实践引领力、文化自信力,以这一思想为指引的中国人民实现了精神上的完全主动。确立习近平新时代中国特色社会主义思想在国家政治生活和社会生活中的指导地位,实现了党的主张和国家意志、人民意愿的高度统一,体现了党的性质和我国国体的内在统一,筑牢了全党全国各族人民为实现中华民族伟大复兴而奋斗的共同思想基础。

2. 习近平新时代中国特色社会主义思想为发展马克思主义作出了中国的原创性贡献,谱写了马克思主义新篇章。

这一思想,鲜明贯穿着马克思主义立场观点方法,始终把马克思主义作为理论起点、逻辑起点、价值起点,集中体现了马克思主义的理论品格和精神实质,处处闪耀着马克思主义真理光辉,"没有丢掉老祖宗"。同时,它又以我们正在做的事情为中心,直面前进道路上的各种困难矛盾和风险挑战,着力探索破解难题、推进事业发展的新理念新思想新战略,讲了许多老祖宗没有讲过的新话,具有强烈的时代气息和现实针对性。以一系列具有原创性的新思想新观点新论断,在理论上实现了重大突破、重大创新、重大发展,写出了马克思主义新版本,以全新视野深化了对共产党执政规律、社会主义建设规律和人类社会发展规律的认识,充分彰显了科学理论的强大生命力和中国共产党人的理论创造力,是马克思主义中国化的新飞跃,是当代中国马克思主义、21世纪马克思主义。

3. 习近平新时代中国特色社会主义思想是中国精神的时代精华,为实现中华民族伟大复兴提供了精神力量。

这一思想,鲜明提出并系统论述了中国梦这个重大命题,深刻阐述了民族复兴的基本内涵,深刻揭示了我们在民族复兴历史进程中所处的方位,科学规划了民族复兴的实现路径、战略步骤,为新时代坚持和发展中国特色社会主义注入了新的内涵。习近平新时代中国特色社会主义思想,深刻揭示和自觉遵循中华民族传承发展的历史逻辑,承载着中华文明再创辉煌的历史责任,是中华优秀传统文化创造性转化和创新性发展的光辉典范,吹响了全党全国向民族复兴进军的号角,照亮了迈向民族复兴的伟大征程,注入了实现民族复兴的强大精神力量。在这一思想指引下,我们比以往任何时候都更有信心、更有能力完成新时代党的历史使命,实现国家富强、民族振兴、人民幸福的中国梦。

4. 习近平新时代中国特色社会主义思想饱含着对人类发展重大问题的睿智思考和独特创见,为建设美好世界贡献了中国智慧、中国方案。

这一思想,坚持中华文明的主体性、社会主义现代化建设的实践性,着力把当代中国在社会主义道路上建设现代化的积极探索和宝贵经验,加以理论化、系统化,构建了坚持马克思主义原则、体现独特文明特征,独立于西方模式和西方话语的思想体系、价值体系、制度体系、目标体系、战略体系,深刻凝结着当代中国对人类更好未来的艰辛探索,拓展了发展中国家走向现代化的途径,给世界上那些既希望加快发展又希望保持自身独立性的国家和民族提供了全新选择。

【复习思考题】

1. 习近平新时代中国特色社会主义思想"八个明确"的基本内容是什么?
2. 新时代中国特色社会主义的基本方略是什么?
3. 习近平新时代中国特色社会主义思想的重大意义是什么?

第二章　当代中国发展的历史方位

第一节　中国特色社会主义进入新时代

中国特色社会主义进入新时代,这是党的十九大作出的一个重大政治判断。这一判断,明确了我国发展新的历史方位。

1. 中国特色社会主义进入新时代的基本依据

中国特色社会主义进入新时代,是我们党在科学把握时代趋势和国际局势重大变化,科学把握世情国情党情深刻变化的基础上作出的,有着充分的时代依据、理论依据和实践依据。

一是基于中国特色社会主义进入新的发展阶段。党的十八大以来,以习近平同志为核心的党中央科学把握国内外发展大势,顺应实践要求和人民愿望,推动党和国家事业发生历史性变革,领导人民取得改革开放和社会主义现代化建设的历史性成就。在新中国成立以来特别是改革开放以来我国发展取得的重大成就基础上,我国发展站到新的历史起点上,中国特色社会主义进入新的发展阶段。这个新的发展阶段,既同改革开放近40多年来的发展一脉相承,又有很多与时俱进的新特征。科学认识和全面把握中国特色社会主义新的发展阶段,需要从新的历史方位、新的时代坐标来思考来谋划。

二是基于我国社会主要矛盾发生了新变化。党的十九大提出,我国社会主要矛盾已经由人民日益增长的物质文化需要同落后的社会生产之间的矛盾,转化为人民日益增长的美好生活需要和不平衡不充分的发展之间的矛盾。这个论断,反映了我国发展的实际状况,揭示了制约我国发展的症结所在,指明了解决当代中国发展问题的根本着力点。我国社会主要矛盾发生变化,对我国发展全局必将产生广泛而深刻的影响。科学认识和全面把握我国社会主要矛盾的变化,需要从新的历史方位、新的时代坐标来思考来谋划。

三是基于党的奋斗目标有了新要求。我们既要到2020年全面建成小康社会、实现第一个百年奋斗目标,又要乘势而上开启全面建设社会主义现代化强国新征程,到本世纪中叶建成富强民主文明和谐美丽的社会主义现代化国家。科学认识和把握这一既鼓舞人心又切实可行的奋斗目标,需要从新的历史方位、新的时代坐标来思考来谋划。

四是基于我国面临的国际环境发生了新变化。世界正处于大发展大变革大调整时期,我国发展仍处于重要战略机遇期,前景十分光明,挑战也十分严峻。我国正日益走近世界舞台中央,处在从大国走向强国的关键时期,"树大招风"效应日益显现,外部环境更加复杂,一些国家和国际势力对我们的阻遏、忧惧、施压有所增大,这同样是需要面对的重大问题。科学认识和全面把握国际局势和周边环境的新变化,也需要从新的历史方位、新的时代坐标来思考来谋划。

2. 中国特色社会主义进入新时代的丰富内涵

这个新时代,是承前启后、继往开来、在新的历史条件下继续夺取中国特色社会主义伟大胜利的时代。中国特色社会主义是党和人民90多年来奋斗、创造、积累的根本成就。特别是改革开放以来,我们党带领人民走中国特色社会主义道路,极大激发了中国人民的创造力,极大解放和发展了社会生产力,极大增强了社会活力,极大提升了我国国际地位,社会主义在中国展现出强大生命力。中国特色社会主义是不断发展、不断前进的,需要一代又一代中国共产党人带领人民接续奋斗。中国特色社会主义新时代,我们党治国理政第一位的任务,就是紧紧围绕坚持和发展中国特色社会主义这个主题,团结带领人民奋力实现"两个一百年"奋斗目标,谱写中国特色社会主义新的伟大篇章,让社会主义在中国展现出更加强大的生命力。

这个新时代,是决胜全面建成小康社会、进而全面建设社会主义现代化强国的时代。党的十九大围绕实现"两个一百年"奋斗目标,对经济建设、政治建设、文化建设、社会建设和生态文明建设等提出明确要求。到2020年如期全面建成小康社会,是我们党向人民、向历史作出的庄严承诺,完成这个目标,今后还有不少难关要过,必须举全党全国之力不懈奋斗。全面建设社会主义现代化强国,是第二个百年奋斗目标,更有不少难关要过。从世界发展史看,已经实现现代化的国家和地区,其现代化大多经历了产业革命以来近300年时间才逐步完成的,而我国要用100年时间走完发达国家几百年走过的现代化路程,这种转变不但速度、规模超乎寻常,变化的广度、深度和难度也超乎寻常。因此,坚忍不拔、锲而不舍地为全面建成小康社会、全面建设社会主义现代化强国而奋斗,是中国特色社会主义新时代的必然要求和历史任务。

这个新时代,是全国各族人民团结奋斗、不断创造美好生活、逐步实现全体人民共同富裕的时代。人民对美好生活的向往,始终是我们党的奋斗目标。党的十九大把不断创造美好生活、逐步实现全体人民共同富裕作为发展的目标和归宿,把让老百姓过上好日子作为全部工作的出发点和落脚点,始终为人民代言、为人民立言,充分体现了立党为公、执政为民的执政理念,体现了为中国人民谋幸福、为中华民族谋复兴的使命担当,体现了人民至上的价值追求。在中国特色社会主义新时代,我们党的重大任务,就是更加关注人民对美好生活新的多样化需求,更加关注社会公平正义,更加注重多谋民生之利、多解民生之忧,着力使全体人民在共建共享发展中有更多获得感,着力使全体人民享有更加幸福安康的生活,着力在实现全体人民共同富裕上不断取得实实在在的新进展。

这个新时代,是全体中华儿女勠力同心、奋力实现中华民族伟大复兴中国梦的时代。实现中华民族伟大复兴,是鸦片战争以来中国人民最伟大的梦想,凝聚了几代中国人的夙愿。新中国的成立,为民族复兴奠定了坚实基础。改革开放这场新的伟大革命,为民族复兴注入了强大生机活力。在中国共产党领导下,中国这个世界上最大的发展中国家创造了人类社会发展史上惊天动地的发展奇迹,中华民族焕发出新的蓬勃生机。经过党的十八大以来的历史性变革,今天我们比历史上任何时期都更接近、更有信心和能力实现中华民族伟大复兴的目标。在中国特色社会主义新时代,凝聚起全体中华儿女同心共筑中国梦的磅礴力量,接续奋斗、砥砺前行,我们就一定能够到达民族复兴的光辉彼岸,中华民族必将以更加昂扬的姿态屹立于世界民族之林。

这个新时代,是我国日益走近世界舞台中央、不断为人类作出更大贡献的时代。当今世界,中国人民的梦想同各国人民的梦想息息相通,实现中国梦离不开和平的国际环境和稳定的国际秩序。在中国特色社会主义新时代,面对国际格局和国际关系的深度调整,面对局部冲突和动荡频发、人类需要应对许多共同挑战的外部环境,我们必须统筹国内国际两个大局,始终高举和平、发展、合作、共赢的旗帜,恪守维护世界和平、促进共同发展的外交政策宗旨,牢牢把握构建人类命运共同体的目标追求,始终不渝走和平发展道路、奉行互利共赢的开放战略,坚持正确义利观,树立共同、综合、合作、可持续的新安全观,谋求开放创新、包容互惠的发展前景,促进和而不同、兼收并蓄的文明交流,构筑尊崇自然、绿色发展的生态体系,始终做世界和平的建设者、全球发展的贡献者、国际秩序的维护者。历史上,中国曾为人类文明作出过卓越贡献。在中国特色社会主义新时代,中国一定能为世界的和平与发展、人类的繁荣与进步作出新的更大贡献。

3. 中国特色社会主义进入新时代的意义

中国特色社会主义进入新时代,在中华人民共和国发展史上、中华民族发展史上具有重大意义,在世界社会主义发展史上、人类社会发展史上也具有重大意义。

中国特色社会主义进入新时代,意味着近代以来久经磨难的中华民族迎来了从站起来、富起来到强起来的伟大飞跃,迎来了实现中华民族伟大复兴的光明前景。实现中华民族伟大复兴是近代以来中华民族团结奋斗的最大公约数,是中国共产党与生俱来的历史使命。鸦片战争后,中国逐步沦为内忧外患的半殖民地半封建国家,一步步陷入民族危机的灾难中。无数仁人志士不屈不挠、前仆后继,矢志不渝探索复兴之路。中国共产党在民族蒙受苦难、探求光明的逆境中应运而生,带领人民历经28年浴血奋战,建立新中国,使"占人类总数四分之一的中国人从此站立起来了"。新中国成立以来特别是改革开放40多年来,我们党团结带领人民成功走出一条中国特色社会主义道路,稳定解决了十几亿人的温饱问题,总体上实现小康,不久将全面建成小康社会,中国人民逐步富裕起来。历经苦难与辉煌、曲折与胜利、付出与收获,中国特色社会主义进入了新时代,中华民族正在实现从富起来到强起来的伟大飞跃。到21世纪中叶,我国将全面建成富强民主文明和谐美丽的社会主义现代化强国,中华民族将以更加昂扬的姿态屹立于世界民族之林。

中国特色社会主义进入新时代,意味着科学社会主义在21世纪的中国焕发出强大生机活力,在世界上高高举起了中国特色社会主义伟大旗帜。20世纪80年代末90年代初,东欧剧变、苏联解体,国际共产主义运动遭受严重挫折。一时间,社会主义崩溃论、历史终结论甚嚣尘上。面对世界社会主义处于低潮,中国共产党始终保持战略清醒和战略定力,不为任何风险所惧,不为任何干扰所惑,始终高举中国特色社会主义伟大旗帜,坚定不移地走经过历史和人民选择的中国特色社会主义发展道路。实践表明,中国特色社会主义经受住了各种风险的考验,道路越走越宽广。特别是党的十八大以来,我国经济实力、科技实力、国防实力、综合国力进入世界前列,国际地位前所未有的提升,社会主义中国正越来越走进世界舞台中心,是对国际共产主义运动的重大贡献。中国特色社会主义焕发出的强大生机和活力,将在世界更广的范围内高高扬起社会主义的旗帜。

中国特色社会主义进入新时代,意味着中国特色社会主义道路、理论、制度、文化不断发展,拓展了发展中国家走向现代化的途径,给世界上那些既希望加快发展又希望保持自身独立性的国家和民族提供了全新选择,为解决人类问题贡献了中国智慧和中国方案。目前世界上200多个国家和地区中,走资本主义道路的占绝大多数,但搞得比较像样的还是二三十个老牌资本主义国家。即使欧美几个主要资本主义国家,近年来也麻烦不断、衰象纷呈。广大发展中国家追随欧美资本主义国家的发展理念和发展道路,到头来并没有解决发展问题,有的甚至战乱不断、民不聊生。原社会主义阵营中,不少国家选择了走西方道路,结果大多数发展缓慢、困难重重。与之形成鲜明对比的是,中国成功走出了一条独具特色的社会主义现代化道路,打破了发展中国家对西方国家现代化的"路径依赖",为它们树立了发展榜样。我国的实践向世界说明了一个道理,世界上没有一种普遍适用的发展模式,推动一个国家实现现代化并不是只有西方制度模式这一条道,各国完全可以走出自己的路。

第二节 新时代我国社会的主要矛盾

党的十九大报告指出:"中国特色社会主义进入新时代,我国社会主要矛盾已经转化为人民日益增长的美好生活需要和不平衡不充分的发展之间的矛盾。"这一重大政治论断,反映了我国社会发展的客观实际,丰富和发展了马克思主义矛盾学说,是我们党的重大理论创新成果。

1. 科学分析和清醒把握我国社会主要矛盾

对中国社会主要矛盾的科学判断,是制定党的路线方针政策的基本依据。党对我国社会主要矛盾的认识根据社会发展变化而不断调整和深化。1956年社会主义改造基本完成后,党的八大指出:"我们国内的主要矛盾,已经是人民对于建立先进的工业国的要求同落后的农业国的现实之间的矛盾,已经是人民对于经济文化迅速发展的需要同当前经济文化不能满足人民需要的状况之间的矛盾。"然而,由于各种主客观原因,党的八大关于社会主要矛盾的正确认识,未能很好地坚持下去。1978年十一届三中全会决定把党和国家的工作重点转移到社会主义现代化建设上来。1981年十一届六中全会通过的《历史决议》对我国社会主要矛盾作了科学表述:"在社会主义改造基本完成以后,我国所要解决的主要矛盾,是人民日益增长的物质文化需要同落后的社会生产之间的矛盾。"

2. 社会主要矛盾是由我国现阶段的客观实际决定的

我国社会主要矛盾变化的新表述,是根据中国特色社会主义进入新时代的历史方位作出的,有充分的现实依据。

从社会生产方面看,经过改革开放40年快速发展,我国社会生产力水平总体上显著提高,社会生产能力在很多方面进入世界前列,我国长期存在的短缺经济和供给不足状况已经发生根本性变化,再讲"落后的社会生产"已经不符合实际。这是一个显著变化。

从社会需求方面看,随着人民生活水平显著提高,对美好生活的向往更加强烈。人民群众的需要呈现多样化多层次多方面的特点,在需要的领域和重心上已经超出原先物质文化的层次和范畴,只讲"日益增长的物质文化需要"已经不能真实反映人民群众变化了的需求。这也是一个明显事实。

综合分析各方面情况,党的十九大报告认为,发展不平衡不充分的问题已经成为满足人民日益增长的美好生活需要的主要制约因素。发展不平衡,主要指各区域各方面发展不够平衡,制约了全国发展水平提升。发展不充分,主要指一些地方、一些领域、一些方面还有发展不足的问题,发展的任务仍然很重。现阶段我国发展不平衡不充分表现在很多方面。比如:从社会生产力看,我国仍有大量传统、落后甚至原始的生产力,而且生产力水平和布局很不均衡。从"五位一体"总体布局看,推动国家各方面发展,实现平衡发展、充分发展还不够。从城乡区域发展看,发展水平差距仍然较大,特别是老少边穷地区经济社会发展还比较落后。从收入分配看,收入差距仍然较大,而且农村还有4000多万人尚未脱贫,城市还有不少困难群众。这些发展不平衡不充分问题相互掣肘,带来很多社会矛盾和问题,是现阶段各种社会矛盾的主要根源,已经成为社会主要矛盾的主要方面,必须下功夫去认识它、解决它。

3. 我国社会主要矛盾变化的实践要求

我国社会主要矛盾的变化,要求更好地贯彻以人民为中心的发展思想。人民对美好生活的向往就是我们的奋斗目标。人民群众需求的变化,必将对我国发展全局产生广泛而深刻的影响。只有调整和完善发展战略、各项政策,在继续推动发展的基础上着力解决好发展不平衡不充分的问题;只有坚持在发展中保障和改善民生,解决好群众最关心最直接最现实的利益问题,不断促进社会公平正义,使人民更有获得感、幸福感、安全感,才能更好满足人民对美好生活的需要。

我国社会主要矛盾的变化,要求从全局的高度思考和谋划党和国家工作。理解和解决社会主要矛盾,要具体落实到各个领域、各个方面、各项工作中去。要紧密联系党和国家重点工作,紧密联系人民群众的愿望和期待,贯彻落实新发展理念,统筹推进"五位一体"总体布局,协调推进"四个全面"战略布局,着力实现社会主义现代化建设各领域、各方面相互促进、全面发展。

我国社会主要矛盾新的表述不是一个短期的概念,而是要管相当长的历史时期,具有很强的现实针对性、工作导向和实践要求。要结合当前任务和长远目标,在继续推动发展的基础上,着力解决好发展不平衡不充分问题,大力提升发展质量和效益,更好满足人民在经济、政治、文化、社会、生态文明等方面日益增长的需要,更好推动人的全面发展、社会全面进步。

4. 我国社会主义所处历史阶段和国际地位没有变

我国社会主要矛盾的变化,没有改变我们对我国社会主义所处历史阶段的判断,我国仍处于并将长期处于社会主义初级阶段的基本国情没有变,我国是世界最大发展中国家的国际地位没有变。我国目前人均国内生产总值只相当于世界平均水平的80%左右,按国家和独立经济体排位,大体处在世界中列,在创新能力、产业层次、公共服务等方面与发达国家相比,仍有相当大的差距。实现建成富强民主文明和谐美丽的社会主义现代化强国目标,还有很长的路要走。我们要牢牢把握社会主义初级阶段这个基本国情,牢牢立足社会主义初级阶段这个最大实际,牢牢坚持党在社会主义初级阶段的基本路线。

第三节 新时代中国共产党的历史使命

中国共产党一经成立,就把实现共产主义作为党的最高理想和最终目标,义无反顾肩负起实现中华民族伟大复兴的历史使命,团结带领人民进行了艰苦卓绝的斗争,谱写了气吞山河的壮丽史诗。

1. 中国共产党是民族复兴使命的合格担当者

鸦片战争后,为了民族复兴,无数仁人志士不屈不挠、前仆后继,进行了可歌可泣的斗争,进行了各式各样的尝试。在历史的反复比较中,在各种政治力量的反复较量中,在马克思列宁主义同中国工人运动的结合过程中,中国共产党应运而生,从此担起了实现中华民族伟大复兴的历史使命。

我们党团结带领人民进行28年浴血奋战,打败日本侵略者,打败国民党反动派,推翻帝国主义、封建主义、官僚资本主义统治,完成了新民主主义革命,建立了中华人民共和国,实现了中国从几千年封建专制政治向人民民主的伟大飞跃,为中华民族伟大复兴扫清了根本障碍。

我们党团结带领人民完成社会主义革命,确立社会主义基本制度,推进社会主义建设,完成了中华民族有史以来最为广泛而深刻的社会变革,实现了中华民族由近代不断衰落到根本扭转命运、持续走向繁荣富强的伟大飞跃,为中华民族伟大复兴奠定了坚实基础。

我们党团结带领人民进行改革开放新的伟大革命,开辟了中国特色社会主义道路,使中国大踏步赶上时代,迎来了中华民族从站起来到富起来、强起来的伟大飞跃,为中华民族伟大复兴开辟了光明前景。

实践充分证明,中国共产党是民族复兴使命的合格担当者,只有中国共产党才能带领人民实现中华民族伟大复兴的梦想。

2. 实现新时代历史使命必须统揽"四个伟大"

实现伟大梦想,必须进行伟大斗争。社会在矛盾运动中前进,有矛盾就会有斗争。进入新时代,我们面临的矛盾更加复杂,我们要开展的斗争更加艰巨。要坚决反对一切削弱、歪曲、否定党的领导和社会主义制度的言行,更加自觉地坚持党的领导和中国特色社会主义制度。要坚决反对一切损害人民利益、脱离群众的行为,更加自觉地维护人民利益。要坚决破除一切顽瘴痼疾,更加自觉地投身改革创新时代潮流。要坚决反对一切分裂祖国、破坏民族团结和社会和谐稳定的行为,更加自觉地维护我国主权、安全、发展利益。要坚决战胜一切在政治、经济、文化、社会等领域和自然界出现的困难和挑战,更加自觉地防范各种风险。要充分认识这场伟大斗争的长期性、复杂性、艰巨性,发扬斗争精神,提高斗争本领,同任何贪图享受、消极懈怠、回避矛盾的思想和行为作斗争,有效应对重大挑战、抵御重大风险、克服重大阻力、解决重大矛盾,不断夺取伟大斗争新胜利。

实现伟大梦想,必须建设伟大工程。历史已经并将继续证明,没有中国共产党的领导,民族复兴必然是空想。经历了民族的沉沦与崛起,见证了历史的苦难与辉煌,中国人民愈来愈深刻地认识到,办好中国的事情关键在党,实现中华民族伟大复兴关键在党。中国共产党要始终成为时代先锋、民族脊梁,始终成为马克思主义执政党,自身必须始终过硬。党的十八大以来全面从严治党取得了重大成果,获得了人民群众的高度赞誉。同时要清醒地看到,党面临的执政环境是复杂的,影响党的先进性、弱化党的纯洁性的因素是复杂的,全面从严治党依然任重道远。我们要更加自觉地坚定党性原则,勇于直面问题,敢于刮骨疗毒,消除一切损害党的先进性和纯洁性的因素,清除一切侵蚀党的健康肌体的病毒,不断增强党的政治领导力、思想引领力、群众组织力、社会号召力,确保我们党永葆旺盛生命力和强大战斗力。

实现伟大梦想,必须推进伟大事业。中国特色社会主义是改革开放以来党的全部理论和实践的主题,是党和人民历尽千辛万苦、付出巨大代价取得的根本成就。中国特色社会主义道路是实现社会主义现代化、创造人民美好生活的必由之路,中国特色社会主义理论体系是指导党和人民实现中华民族伟大复兴的正确理论,中国特色社会主义制度是当代中国发展进步的根本制度保障,中国特色社会主义文化是激励全党全国各族人民奋勇前进的强大精神力量。我们要更加自觉地增强道路自信、理论自信、制度自信、文化自信,既不走封闭僵化的老路,也不走改旗易帜的邪路,保持政治定力,坚持实干兴邦,始终坚持和发展中国特色社会主义。

伟大斗争、伟大工程、伟大事业、伟大梦想是一个紧密联系、相互贯通、相互作用、有机统一的整体,统一于新时代坚持和发展中国特色社会主义伟大实践。伟大梦想是目标,指引前进方向;伟大斗争是手段,激发前进动力;伟大工程是保障,提供前进保证;伟大事业是主题,开辟前进道路。其中,起决定性作用的是党的建设伟大工程。因此,必须把党建设好,把伟大工程建设好,确保党在世界形势深刻变化的历史进程中始终走在时代前列,在应对国内外各种风险和考验的历史进程中始终成为全国人民的主心骨,在坚持和发展中国特色社会主义的历史进程中始终成为坚强领导核心。

【复习思考题】

1. 如何理解中国特色社会主义进入了新时代?
2. 如何把握我国社会主要矛盾的新变化?
3. 如何理解"四个伟大"的相互关系?

第三章　坚持和发展中国特色社会主义的总任务

第一节　社会主义本质及其根本任务

在推进改革开放和社会主义现代化建设的进程中,中国共产党提出了社会主义本质理论,进而提出了坚持和发展中国特色社会主义的总任务。这一总任务是,实现社会主义现代化和中华民族伟大复兴,在全面建成小康社会的基础上,分两步走在本世纪中叶建成富强民主文明和谐美丽的社会主义现代化强国。

1. 社会主义本质

社会主义的本质,是解放生产力,发展生产力,消灭剥削,消除两极分化,最终达到共同富裕。社会主义本质既包括了社会主义社会的生产力问题,又包括了以社会主义生产关系为基础的社会关系问题,是一个有机的整体。

第一,突出强调解放和发展生产力在社会主义发展中的重要地位。这是社会主义本质理论的十分明显和突出的特点,强调解放和发展生产力在社会主义本质中的地位,是在科学社会主义理论与社会主义建设实践内在统一的基础上认识社会主义的一个创造。过去,我们曾一度误以为只有不断改变生产关系,不断提高公有化的程度,就能推动生产力的发展,就能更好地建设社会主义。强调解放和发展生产力,纠正了忽视发展生产力的错误观念,反映了我国社会主义初级阶段发展生产力的迫切要求,明确了社会主义基本制度建立后还要通过改革进一步解放生产力的任务。

第二,突出强调消灭剥削,消除两极分化,最终达到共同富裕的发展目标。社会主义发展生产力和资本主义发展生产力的目的根本不同。资本主义发展生产力是为少数人谋利益,必然产生剥削,必然引起两极分化。而社会主义必须消灭剥削,消灭两极分化,最终实现共同富裕,这是社会主义和资本主义的本质区别。社会主义就是要使全体社会成员过上富裕幸福的生活,而资本主义由于私有制和剥削的存在,不可能实现共同富裕。解放和发展生产力,要体现在人民生活水平的"富裕"上,"消灭剥削、消除两极分化",则是要使这种富裕成为"共同富裕"。

2. 社会主义的根本任务

社会主义本质理论揭示了社会主义的根本任务是解放和发展生产力,这合乎科学社会主义基本原则,体现了中国社会主义初级阶段发展实践的迫切要求。

高度发达的生产力是实现社会主义的物质基础。马克思、恩格斯坚持唯物史观,十分重视社会生产力的发展,他们设想的社会主义是建立在资本主义高度发展的基础上,社会生产力水平比较高。而我国的社会主义是在经济文化比较落后的基础上建立的,由于没有经历一个资本主义充分发展的历史阶段,因而发展社会生产力的任务尤为艰巨。邓小平指出,"马克思主义最注重发展生产力。我们讲社会主义是共产主义的初级阶段,共产主义的高级阶段要实行各尽所能,按需分配,这就要求社会生产力高度发展,社会物质财富极大丰富。所以社会主义阶段的最根本任务就是发展生产力。"

解放生产力是为促进生产力的发展开辟道路。按照马克思主义的基本原理,生产关系一定要适应生产力的发展水平,生产关系落后或超越生产力发展的水平,都会影响生产力的发展。新中国成立后,我国经过了社会主义改造,建立社会主义生产关系,但由于当时认为公有制程度越高越好,对非公有制经济采取了简单排斥的做法,使生产关系超越了我国生产力的实际水平,这不但没有促进生产力的发展,反而极大的影响了社会主义建设。党的十一届三中全会以来,党领导全国各族人民通过改革,下气力多方面地改变了同生产力发展不适应的生产关系和上层建筑,不断解放生产力,为生产力的发展扫除了障碍,开辟了道路。

解放和发展生产力是中国特色社会主义的根本任务。社会主义的根本目标是实现共同富裕,进而实现人的自由而全面的发展。要实现这些目标,根本途径就是要解放和发展生产力。只有不断解放和发展生产力,才能逐步提高人民的物质文化生活水平,才能最终实现共同富裕的目标。只有解放和发展生产力,社会主义制度才能充分显示其优越性,才能不断得到巩固和发展。

第二节　近代以来中华民族最伟大的梦想

2012年11月29日,习主席在国家博物馆参观《复兴之路》展览时指出:"现在,大家都在讨论中国梦,我以为,实现中华民族伟大复兴,就是中华民族近代以来最伟大的梦想。"中国梦一经提出,就产生强大的号召力和感染力,成为中国走向未来的鲜明指引,成为激励中华儿女团结奋进、开辟未来的一面精神旗帜。

1. 中国梦凝聚了几代中国人的夙愿

中华民族的昨天、今天、明天,就是对中国人民近代100多年来中国人民寻梦、追梦、圆梦的历史进程的生动诠释。

中华民族的昨天,可以说是"雄关漫道真如铁"。近代以后,中华民族遭受的苦难之重、付出的牺牲之大,在世界历史上都是罕见的。但是,中国人民从不屈服,不断奋起抗争。为了民族复兴,几代人魂牵梦萦,亿万人心结难解。历经上下求索、千辛万苦,中华民族终于在中国共产党的正确领导下,掌握了自己的命运,建立了新中国,确立了社会主义制度,开始了建设自己国家的伟大进程。

中华民族的今天,可以说是"人间正道是沧桑"。改革开放以来,我们总结历史经验,不断艰辛探索,终于找到了实现中华民族伟大复兴的正确道路,取得了举世瞩目的伟大成就。在中国特色社会主义道路上,我国经济实力、综合国力大大增强,人民生活显著改善,实现了从温饱不足到总体小康再向全面小康迈进的跨越。国际地位和国际影响力空前提升,中国崛起被国际媒体称为"近年来最重要的全球变革"。

中华民族的明天,可以说是"长风破浪会有时"。经过鸦片战争以来170多年的持续奋斗,中华民族伟大复兴展现出光明的前景。深藏于中国人民心中的民族复兴梦想,就要梦想成真。正如习主席指出的:"现在,我们比历史上任何时期都更接近中华民族伟大复兴的目标,比历史上任何时期都更有信心、有能力实现这个目标。"

这三句诗将中华民族的昨天、今天和明天,熔铸于百余年中国波澜壮阔、沧桑巨变的历史图景,镌刻于几代人为民族复兴奋斗的艰辛历程,发人深省、催人奋进。中国梦,反映了近代以来一代又一代中国人的美好夙愿,进一步揭示了中华民族的历史命运和当代中国的发展走向,指明了全党全国各族人民共同的奋斗目标。

2. 中国梦归根到底是人民的梦

中国梦的本质是国家富强、民族振兴、人民幸福。这个梦想,把国家的追求、民族的向往、人民的期盼融为一体,体现了中华民族和中国人民的整体利益,表达了每一个中华儿女的共同愿景。正因为如此,中国梦具有广泛的包容性,是中华民族团结奋斗的最大公约数。

中国梦是国家情怀、民族情怀、人民情怀相统一的梦。国泰而民安,民富而国强。中国梦的最大特点,就是把国家、民族和个人作为一个命运共同体,把国家利益、民族利益和每个人的具体利益紧紧联系在一起,体现了中华民族的"家国天下"情怀。实现中国梦,意味着中国经济实力和综合国力、国际地位和国际影响力大大提升,意味着中华民族以更加昂扬向上、文明开放的姿态屹立于世界民族之林,意味着中国人民过上更加幸福安康的生活。

中国梦归根到底是人民的梦。人民是中国梦的主体,是中国梦的创造者和享有者。中国梦不是镜中花、水中月,不是空洞的口号,其最深沉的根基在中国人民心中,必须紧紧依靠人民来实现,必须不断为人民造福。我们的人民是伟大的人民,中国人民素来有着深沉厚重的精神追求,即使近代以来饱尝屈辱和磨难,也没有自弃沉沦,而是始终怀揣梦想,向往光明的未来。实现中华民族伟大复兴,不是哪一个人、哪一部分人的梦想,而是全体中国人民共同的追求;中国梦的实现,不是成就哪一个人、哪一部分人,而是造福全体人民。因此,中国梦的深厚源泉在于人民,中国梦的根本归宿也在于人民。

中国梦是国家的梦、民族的梦,也是每一个中国人的梦。历史告诉我们,每个人的前途命运都与国家和民族的前途命运紧密相连。国家好,民族好,大家才会好。中国这么大一个国家,就像是在大海中航行的一艘超级巨轮。在这艘巨轮上,我们每个人都是"梦之队"的一员,都是中国梦的参与者、书写者,都应当同舟共济、齐心协力、奋勇前行。当今时代是放飞梦想的时代,每个人都有自己的美好梦想。中国梦的广阔舞台,为个人梦想提供了蓬勃生长的空间;每个人向着梦想的不断努力,又都是实现伟大中国梦的一份力量。只要每个人都把人生理想融入国家和民族的伟大梦想之中,敢于有梦、勇于追梦、勤于圆梦,就会汇聚成实现中国梦的强大力量。

3. 坚持中国道路、弘扬中国精神、凝聚中国力量

习主席指出:"实现中国梦必须走中国道路、弘扬中国精神、凝聚中国力量。"这为我们党团结带领人民继续把中国特色社会主义事业推向前进,为实现中华民族伟大复兴的中国梦而努力奋斗指明了方向。

实现中国梦必须走中国道路,这就是中国特色社会主义道路。没有正确的道路,再美好的愿景、再伟大的梦想,都不能实现。中国特色社会主义这条道路来之不易,它是在改革开放40多年的伟大实践中走出来的,是在中华人民共和国成立近70年的持续探索中走出来的,是在对近代以来170多年中华民族发展历程的深刻总结中走出来的,是在对中华民族5000多年悠久文明的传承中走出来的,也是科学社会主义理论逻辑和中国社会发展历史逻辑的辩证统一,具有深厚的历史渊源和广泛的现实基础。只有中国特色社会主义道路才能发展中国、稳定中国,这是一条通往复兴梦想的康庄大道、人间正道。中华民族是具有非凡创造力的民族,我们创造了伟大的中华文明,我们也能够继续拓展和走好适合中国国情的发展道路。要增强对中国特色社会主义的道路自信、理论自信、制度自信、文化自信,坚定不移沿着正确的中国道路奋勇前进。

实现中国梦必须弘扬中国精神,这就是以爱国主义为核心的民族精神和以改革创新为核心的时代精神。伟大的梦想,需要伟大的精神作支撑。没有振奋的精神、没有高尚的品格、没有坚

定的志向,一个民族不可能自立于世界民族之林。实现中国梦,要求我们不仅在物质上强大起来,而且在精神上强大起来。中华文明生生不息,中国精神薪火相传。以爱国主义为核心的民族精神和以改革创新为核心的时代精神,是凝心聚力的兴国之魂、强国之魂。爱国主义是中华民族的精神基因,维系着华夏大地上各个民族的团结统一,激励着一代又一代中华儿女为祖国发展繁荣而不懈奋斗;改革创新体现了中华民族最深沉的民族禀赋,反映了当代中国发展进步的要求,始终是鞭策我们在改革开放中与时俱进的精神力量。要弘扬伟大的民族精神和时代精神,不断振奋全民族的精气神,不断增强团结一心的精神纽带、自强不息的精神动力,永远朝气蓬勃迈向未来。

实现中国梦必须凝聚中国力量,这就是全国各族人民大团结的力量。我国56个民族都是中华民族大家庭的平等一员,共同构成了你中有我、我中有你、谁也离不开谁的中华民族命运共同体。实现中华民族伟大复兴的中国梦是各民族共同的梦,也是各民族自己的梦。中华民族一家亲,同心共筑中国梦。各族人民大团结的力量,是克服各种困难、战胜风险挑战的决定性因素。只要我们紧密团结,万众一心,为实现共同梦想而奋斗,实现梦想的力量就无比强大,我们每个人为实现自己梦想的努力就拥有广阔的空间。生活在我们伟大祖国和伟大时代的中国人民,共同享有人生出彩的机会,共同享有梦想成真的机会,共同享有同祖国和时代一起成长与进步的机会。全国各族人民一定要牢记使命,心往一处想,劲往一处使,用13亿人的智慧和力量汇集起不可战胜的磅礴力量。

实现中华民族伟大复兴是海内外中华儿女的共同梦想。香港、澳门与祖国内地的命运始终紧密相连,实现中国梦需要香港、澳门与祖国内地坚持优势互补、共同发展,需要港澳同胞与内地人民坚持守望相助、携手共进。中国梦与台湾的前途息息相关,两岸同胞要相互扶持,不分党派,不分阶层,不分宗教,不分地域,都参与到民族复兴的进程中来,凝聚两岸一家亲、共圆中国梦的力量。广大海外侨胞有着赤忱的爱国情怀、雄厚的经济实力、丰富的智力资源、广泛的商业人脉,是实现中国梦的重要力量。只要海内外中华儿女紧密团结起来,有力出力,有智出智,团结一心奋斗,就一定能够共同书写中华民族发展的时代华章。

4. 中国梦与世界各国人民的美好梦想相通

中国梦是追求和平的梦。中国梦需要和平,只有和平才能实现梦想。中华民族历来就是爱好和平的民族,天下太平、共享大同是中华民族绵延数千年的理想。中国历史上曾经长期是世界上最强大的国家之一,但没有留下殖民和侵略他国的记录。近代以来100多年间,中国内部战乱和外敌入侵频频发生,中国人民对战争带来的苦难有着刻骨铭心的记忆,对和平有着孜孜不倦的追求,十分珍惜和平安定的生活。中国人民怕的就是动荡,求的就是稳定,盼的就是天下太平。我们将坚定不移走和平发展道路,既努力争取和平的国际环境发展自己,又以自身的发展促进世界和平。作为负责任大国,中国决不会称霸,决不搞扩张,中国越发展,对世界和平与发展就越有利。

中国梦不仅造福中国人民,而且造福各国人民。作为一个拥有13亿多人口的发展中大国,中国一心一意办好自己的事情,实现国家发展和稳定,本身就是对世界的巨大贡献。同时,中国发展对世界各国是重要机遇。中国正在加快推进新型工业化、信息化、城镇化、农业现代化,新的经济增长点将不断涌现。这将为国际和地区伙伴提供更广阔的市场、更充足的资本、更丰富的产品、更宝贵的合作契机。这对世界经济发展无疑是重大利好。中国的发展,是世界和平力量的壮大,是传递友谊的正能量。历史将证明,实现中国梦给世界带来的是机遇不是威胁,是和平不是动荡,是进步不是倒退。随着国力不断增强,中国将进一步发挥负责任大国的作用,在力所能及的范围内承担更多国际责任和义务,为人类和平与发展的崇高事业作出更大贡献。

第三节 全面建成小康社会

全面建成小康社会是实现中华民族伟大复兴的重要基础、关键一步。全面小康和民族复兴,是两个相互联系相互交融的阶段,没有全面小康的实现,民族复兴就无从谈起。今天为全面建成小康社会而奋斗,就是在为明天实现民族复兴而奋斗。

1. 全面小康是全面发展的小康

全面建成小康社会,更重要、更难做到的是"全面"。"小康"讲的是发展水平,"全面"讲的是发展的平衡性、协调性、可持续性。全面建成小康社会,一个不能少;共同富裕路上,一个不能掉队。

全面小康,覆盖的领域要全面,是"五位一体"全面进步的小康。全面小康社会要求经济持续健康发展,人民民主不断扩大,文化软实力显著增强,人民生活水平全面提高,资源节约型、环境友好型社会建设取得重大进展。这是一个整体性目标要求,它们之间相互联系、相互促进、不可分割。任何一个方面发展滞后,都会影响全面建成小康社会目标的实现。要在坚持以经济建设为中心的同时,全面推进经济建设、政治建设、文化建设、社会建设、生态文明建设,促进现代化建设各个环节、各个方面协调发展。

全面小康,覆盖的人口要全面,是惠及全体人民的小康。坚持发展为了人民、发展依靠人民、发展成果由人民共享,全面小康才能真正造福全体人民。习主席指出:"没有全民小康,就没有全面小康。"全面建成小康社会,是没有人掉队的小康。我们到时候不能一边宣布全面建成了小康社会,另一边还有几千万人口的生活水平处在扶贫标准线以下,这既影响人民群众对全面建成小康社会的满意度,也影响国际社会对我国全面建成小康社会的认可度。当前,影响实现全面建成小康社会目标的突出因素主要集中在民生领域,发展不全面的问题很大程度上也表现在不同社会群体的民生保障方面。要持续加大保障和改善民生力度,注重机会公平,保障基本民生,不断提高人民生活水平,实现全体人民共同迈入全面小康社会。

全面小康,覆盖的区域要全面,是城乡区域共同发展的小康。习主席强调:"小康不小康,关键看老乡","没有农村的全面小康和欠发达地区的全面小康,就没有全国的全面小康。"要加大统筹城乡发展、统筹区域发展的力度,推进城乡发展一体化,把努力缩小城乡区域发展差距,作为全面建成小康社会的一项重要任务。缩小城乡区域发展差距,不仅是缩小国内生产总值总量和增长速度的差距,而且是缩小居民收入水平、基础设施通达水平、基本公共服务均等化水平、人民生活水平等方面的差距。

2. 全面建成小康社会的目标要求

经济保持中高速增长。在提高发展平衡性、包容性、可持续性基础上,到2020年国内生产总值和城乡居民人均收入比2010年翻一番,主要经济指标平衡协调,发展质量和效益明显提高。产业迈向中高端水平,农业现代化进展明显,工业化和信息化融合发展水平进一步提高,先进制造业和战略性新兴产业加快发展,新产业新业态不断成长,服务业比重进一步提高。

创新驱动成效显著。创新驱动发展战略深入实施,创业创新蓬勃发展,全要素生产率明显提高。科技与经济深度融合,创新要素配置更加高效,重点领域和关键环节核心技术取得重大突破,自主创新能力全面增强,迈进创新型国家和人才强国行列。

发展协调性明显增强。消费对经济增长贡献继续加大,投资效率和企业效率明显上升。城镇化质量明显改善,户籍人口城镇化率加快提高。区域协调发展新格局基本形成,发展空间布局得到优化。对外开放深度广度不断提高,全球配置资源能力进一步增强,进出口结构不断优化,国际收支基本平衡。

人民生活水平和质量普遍提高。就业、教育、文化体育、社保、医疗、住房等公共服务体系更加健全,基本公共服务均等化水平稳步提高。教育现代化取得重要进展,劳动年龄人口受教育年限明显增加。就业比较充分,收入差距缩小,中等收入人口比重上升。我国现行标准下农村贫困人口实现脱贫,贫困县全部摘帽,解决区域性整体贫困。

国民素质和社会文明程度显著提高。中国梦和社会主义核心价值观更加深入人心,爱国主义、集体主义、社会主义思想广泛弘扬,向上向善、诚信互助的社会风尚更加浓厚,国民思想道德素质、科学文化素质、健康素质明显提高,全社会法治意识不断增强。公共文化服务体系基本建成,文化产业成为国民经济支柱性产业。中华文化影响持续扩大。

生态环境质量总体改善。生产方式和生活方式绿色、低碳水平上升。能源资源开发利用效率大幅提高,能源和水资源消耗、建设用地、碳排放总量得到有效控制,主要污染物排放总量大幅减少。主体功能区布局和生态安全屏障基本形成。

各方面制度更加成熟更加定型。国家治理体系和治理能力现代化取得重大进展,各领域基础性制度体系基本形成。人民民主更加健全,法治政府基本建成,司法公信力明显提高。人权得到切实保障,产权得到有效保护。开放型经济新体制基本形成。中国特色现代军事体系更加完善。党的建设制度化水平显著提高。

3. 决胜全面建成小康社会

一是坚决打好防范化解重大风险攻坚战。高度重视金融、地方债务、信息安全、社会稳定等领域存在的风险隐患,增强忧患意识和底线思维,积极采取有力措施,坚持标本兼治,注重以完善体制机制来防范化解风险。

二是坚决打好精准脱贫攻坚战。坚持精准扶贫、精准脱贫基本方略,坚持专项扶贫、行业扶贫、社会扶贫等"三位一体"大扶贫格局。重点解决好深度贫困问题,加强东西部扶贫协作和对口支援,做好中央单位定点帮扶,做到脱真贫、真脱贫。

三是坚决打好污染防治攻坚战。坚持绿水青山就是金山银山,推进绿色发展,坚持节约优先、保护优先、自然恢复为主,加快形成节约资源和保护环境的空间格局、产业结构、生产和生活方式。

第四节 全面建成社会主义现代化强国

党的十九大报告明确,到本世纪中叶把我国建成富强民主文明和谐美丽的社会主义现代化强国。这是我们党第一次对第二个百年奋斗目标描绘出宏伟蓝图,使未来的发展目标和发展路径更加清晰。

1. 建设社会主义现代化强国是我们党确立的伟大目标

90多年来,中国共产党领导中国人民的一切奋斗,归根到底都是为了实现社会主义现代化和中华民族伟大复兴这一伟大目标。

1954年,周恩来同志在第一届全国人民代表大会上,首次提出包括现代化的工业、农业、交通运输业和国防在内的四个现代化目标。

1978年,党的十一届三中全会果断把党和国家工作中心转移到经济建设上来,实行改革开放、建设社会主义现代化,实现了我们党伟大的历史性转折。邓小平同志强调:"我们从八十年代的第一年开始,就必须一天也不耽误,专心致志地、聚精会神地搞四个现代化建设。"从那以后,我们党在每次全国代表大会上,都从不同角度和不同侧重点,聚焦和强调社会主义现代化建设问题。党的十二大强调全面开创社会主义现代化建设新局面。党的十三大把建设社会主义现代化国家纳入党在社会主义初级阶段基本路线。党的十四大明确提出,要加快改革开放和现代化建设,并确立了社会主义市场经济体制的改革目标。党的十五大强调,改革开放这场新的伟大革命,为社会主义现代化建设创造了良好的体制条件。党的十六大强调,进入全面建设小康社会、加快推进社会主义现代化的新的发展阶段,我们党的庄严使命就是要实现包括推进现代化建设在内的三大历史任务,在中国特色社会主义道路上实现中华民族的伟大复兴。党的十七大强调,继续全面建设小康社会、加快推进社会主义现代化,完成时代赋予的崇高使命。党的十八大强调,建设中国特色社会主义,总任务是实现社会主义现代化和中华民族伟大复兴,并提出"两个一百年"奋斗目标。由此可见,改革开放以来党的历次全国代表大会,都强调社会主义现代化建设,一以贯之地推进建设社会主义现代化国家的历史进程。

2. 全面建成社会主义现代化强国战略安排

从十九大到二十大,是"两个一百年"奋斗目标的历史交汇期。我们既要全面建成小康社会、实现第一个百年奋斗目标,又要乘势而上开启全面建设社会主义现代化国家新征程,向第二个百年奋斗目标进军。这个战略安排,吹响了新时代全面建设社会主义现代化、实现中华民族伟大复兴新的进军号。

综合分析国际国内形势和我国发展条件,从2020年到本世纪中叶可以分两个阶段来安排:

第一个阶段,从2020年到2035年,在全面建成小康社会的基础上,再奋斗15年,基本实现社会主义现代化。这意味着,我们党原来提出的"三步走"战略的第三步即基本实现现代化,将提前15年实现。

第二个阶段,从2035年到本世纪中叶,在基本实现现代化的基础上,再奋斗15年,把我国建成富强民主文明和谐美丽的社会主义现代化强国。展望那时的中国,通过坚持不懈推进"五位一体"建设,将全面提升我国社会主义物质文明、政治文明、精神文明、社会文明、生态文明。

到那时,我国作为具有5000多年文明历史的古国,将焕发出前所未有的生机活力,实现国家治理体系和治理能力现代化,成为综合国力和国际影响力领先的国家,对构建人类命运共同体、推动世界和平与发展将作出更大贡献,中华民族将以更加昂扬的姿态屹立于世界民族之林,实现中华民族伟大复兴的中国梦。

【复习思考题】

1. 如何科学认识社会主义的本质?
2. 为什么说中国梦归根到底是人民的梦?
3. 如何理解全面建成小康中"全面"二字的深刻内涵?
4. 全面建成社会主义现代化强国战略安排是什么?

第四章 全面深化改革

第一节 全面深化改革的重大意义

改革开放是党在新的时代条件下带领全国各族人民进行的新的伟大革命。习主席指出:"改革开放是决定当代中国命运的关键一招,也是决定实现'两个一百年'奋斗目标、实现中华民族伟大复兴的关键一招。"我国40多年来的快速发展靠的是改革开放,决胜全面建成小康社会、全面建设社会主义现代化国家也必须坚定不移依靠改革开放。

1. 全面深化改革,是顺应当今世界发展大势的必然选择。

纵观世界,变革是大势所趋、人心所向。现在世界各国正在加快推进变革,新一轮科技革命和产业变革正在孕育兴起。在这样的形势下,要如期全面建成小康社会,实现中华民族伟大复兴,必须认清形势、居安思危、奋起直追。停顿和倒退没有出路,思想僵化、固步自封,必将被时代所淘汰。我们要顺应浩浩荡荡的历史潮流,勇于承担自己的历史责任,以更大的政治勇气和智慧,更有力的措施和办法推进改革,开辟中国特色社会主义事业更加广阔的前景。

2. 全面深化改革,是解决中国现实问题的根本途径。

改革由问题倒逼而产生,又在不断解决问题中得到深化。同时,旧的问题解决了,新的问题又会产生,因而改革不可能一蹴而就、也不可能一劳永逸。当前,我国发展还面临一系列突出矛盾和挑战,前进道路上还有不少困难和问题。要破解这些矛盾和问题,除了深化改革,统筹推进各领域改革,别无他途。

3. 全面深化改革,关系党和人民事业前途命运,关系党的执政基础和执政地位。

中国特色社会主义进入新时代,要站在更高起点谋划和推进改革,改革要有方向、有立场、有原则。坚持什么样的改革方向,决定着改革的性质和最终成败。全面深化改革的深刻性和复杂性前所未有,各种思想文化相互激荡,各种矛盾相互交织,各种诉求相互碰撞,各种力量竞相发声。在这种情况下,确保改革沿着有利于党和人民事业发展的正确方向前进就越发重要。

第二节 全面深化改革的总目标和主要内容

2013年11月,党的十八届三中全会通过的《中共中央关于全面深化改革若干重大问题的决定》,提出了全面深化改革的总目标和主要内容。

1. 全面深化改革的总目标

习近平新时代中国特色社会主义思想明确,全面深化改革的总目标是完善和发展中国特色社会主义制度、推进国家治理体系和治理能力现代化。

完善和发展中国特色社会主义制度,推进国家治理体系和治理能力现代化,这两句话是一个整体,前一句规定了根本方向,后一句规定了实现路径,我们是在中国特色社会主义道路这个方向上推进国家治理体系和治理能力现代化。推进国家治理体系和治理能力现代化,是完善和发展中国特色社会主义制度的必然要求,是实现社会主义现代化的应有之义。推进国家治理体系和治理能力现代化,就是要使各方面制度更加科学、更加完善,为党和国家事业发展、为人民幸福安康、为社会和谐稳定、为国家长治久安提供一整套更完备、更稳定、更管用的制度体系,实现党、国家、社会各项事务治理制度化、规范化、程序化,善于运用制度和法律治理国家,提高党科学执政、民主执政、依法执政水平,提高运用中国特色社会主义制度有效治理国家的能力,充分发挥我国社会主义制度优越性。

国家治理体系和治理能力是一个国家的制度和制度执行能力的集中体现,两者相辅相成。国家治理体系是在党领导下管理国家的制度体系,包括经济、政治、文化、社会、生态文明和党的建设等各领域体制机制、法律法规安排,即一整套紧密相连、相互协调的国家制度;国家治理能力则是运用国家制度管理社会各方面事务的能力,包括改革发展稳定、内政外交国防、治党治国治军等各个方面。治理国家,制度是起根本性、全局性、长远性作用的,但没有有效的治理能力,再好的制度也难以发挥作用。同时,又不能把国家治理体系和国家治理能力等同起来,不是国家治理体系越完善,国家治理能力越强。必须把国家治理体系和治理能力结合在一起,把两者当作一个相辅相成的有机整体,通过好的国家治理体系提高治理能力,通过提高国家治理能力充分发挥国家治理体系的效能。

推进国家治理体系和治理能力现代化,必须解决好价值体系问题。培育和弘扬核心价值体系和核心价值观,有效整合社会意识,是社会系统得以正常运转、社会秩序得以有效维护的重要途径,是国家治理体系和治理能力的重要方面。能否构建具有强大感召力的核心价值观,关系社会和谐稳定,关系国家长治久安。要大力培育和弘扬社会主义核心价值体系和核心价值观,加快构建充分反映中国特色、民族特性、时代特征的价值体系,努力抢占价值体系的制高点。

2. 全面深化改革的主要内容

在总目标统领下,要全面深化经济体制、政治体制、文化体制、社会体制、生态文明体制和党的建设制度等方面改革。具体内容包括:紧紧围绕使市场在资源配置中起决定性作用和更好发挥政府作用深化经济体制改革,紧紧围绕坚持党的领导、人民当家作主、依法治国有机统一深化政治体制改革,紧紧围绕建设社会主义核心价值体系、社会主义文化强国深化文化体制改革,紧紧围绕更好保障和改善民生、促进社会公平正义深化社会体制改革,紧紧围绕建设美丽中国深化生态文明体制改革,紧紧围绕提高科学执政、民主执政、依法执政水平深化党的建设制度改革。总之,用于推进理论创新、实践创新、制度创新以及其他各方面的创新,让制度更加成熟定型,让发展更有质量,让治理更有水平,让人民更有获得感。

【复习思考题】

1. 如何认识全面深化改革的重大意义?
2. 如何理解全面深化改革的总目标?

第五章　建设中国特色社会主义政治

第一节　中国特色社会主义政治发展道路

中国是一个发展中大国,坚持正确的政治发展道路更是关系根本、关系全局的重大问题。中国特色社会主义政治发展道路是符合中国国情、保证人民当家作主的正确道路,独特的文化传统、独特的历史命运、独特的基本国情,注定了我们必然要走适合自己特点的发展道路。

1. 中国特色社会主义政治发展道路的内涵

中国特色社会主义政治发展道路,就是高举人民民主旗帜,从中国国情出发,坚持党的领导、人民当家作主、依法治国的有机统一,以保障人民当家作主为根本,以增强党和国家活力、调动人民积极性为目标,不断推动社会主义政治制度的自我完善和发展。

中国特色社会主义政治发展道路,是中国共产党领导中国人民把马克思主义基本原理同中国具体国情相结合、经过长期探索实践逐步开辟和形成的,是中国近现代100多年历史发展的必然结果,是中国改革开放40多年历史性巨变的必然结果,是中国人民掌握自己的前途和命运、共同团结奋斗、共同繁荣发展的必然结果。

中国特色社会主义政治发展道路,是中国特色社会主义道路的重要组成部分,是唯一能够为国家富强、民族振兴、人民幸福提供根本政治保证的正确道路。

2. 坚持中国特色社会主义政治发展道路的关键

坚持党的领导、人民当家作主和依法治国的有机统一,是中国特色社会主义政治发展道路的重要内容,也是坚持和拓展这一道路的关键所在。党的领导是人民当家作主和依法治国的根本保证,人民当家作主是社会主义民主政治的本质特征,依法治国是党领导人民治理国家的基本方式,三者统一于我国社会主义民主政治伟大实践。

坚持党的领导。党的性质和宗旨,决定了党的领导与人民当家作主的统一性,共产党执政就是要领导和支持人民当家作主。在中国这样一个十几亿人口的发展中大国,人民利益的广泛性、多样性,实现人民利益的复杂性、艰巨性,必然要求有一个能够真正反映和有效体现人民共同意志的政治核心,来领导动员和组织人民掌握好国家权力,管理好国家、社会事务和各项事业。在当代中国,能够担当起这一重任的政治力量,唯有中国共产党。

坚持人民当家作主。人民当家作主就是广大人民群众在党的领导下,掌握国家政权,行使民主权利,管理国家和社会事务,管理经济和文化事业。党领导人民努力创造各种有效的民主形式,坚持依法治国,才能充分实现人民当家作主的权利,巩固和发展党的执政地位。

坚持依法治国。依法治国就是广大人民群众在党的领导下,依照宪法和法律规定,通过各种途径行使管理国家和社会事务、管理经济和文化事业的权利,保证国家各项工作和社会政治生活都依法进行,逐步实现社会主义民主的制度化、法律化。宪法是治国安邦的总章程,具有最高法律地位、法律权威、法律效力,依法治国首先是依宪治国,依法执政关键是依宪执政,任何组织和个人都不允许有超越宪法和法律的特权。

3. 发展社会主义民主

我国社会主义民主是维护人民根本利益的最广泛、最真实、最管用的民主。发展社会主义民主政治就是要体现人民意志、保障人民权益、激发人民创造活力,用制度体系保证人民当家作主。

人民民主专政是我国的国体。我国宪法明确规定,中华人民共和国是工人阶级领导的、以工农联盟为基础的人民民主专政的社会主义国家。我国现阶段的人民民主专政实质上是无产阶级专政,二者的性质相同,职能作用相同,历史使命也相同。人民民主专政是适合中国国情和革命传统的一种形式,具有鲜明的中国特色。坚持人民民主专政,既在人民内部实行最广泛的民主,又依法对极少数敌人实行最有效的专政,能够维护人民的政权,维护人民的根本利益。

人民代表大会制度是我国的政体。人民代表大会制度作为我国的根本政治制度,与人民民主专政的国体相适应,为国家机构高效运转提供了有力的制度保障。在我国实行人民代表大会制度,是我们党把马克思主义基本原理同中国具体实际相结合的伟大创造,是党领导人民长期奋斗取得的制度成果。实践证明,人民代表大会制度是中国人民当家作主的根本途径和最高实现形式,也是党在国家政权中充分发扬民主、贯彻群众路线的最好实现形式,是中国社会主义政治文明的重要制度载体,已显示出强大的生命力和极大的优越性。

中国共产党领导的多党合作和政治协商制度是我国的一项基本政治制度,是中国共产党、中国人民和各民主党派、无党派人士的伟大政治创造,是从中国土壤中生长出来的新型政党制度。在这一基本政治制度中,中国共产党是领导核心,依法长期执政;各民主党派是中国共产党的亲密友党,依法参政议政。这种政党制度既不是多党制,也不是一党制,而是共产党领导的多党合作制。中国人民政治协商会议是爱国统一战线的重要组织机构,其主要职能是政治协商、民主监督、参政议政。中国共产党与各民主党派合作的基本方针是"长期共存、互相监督、肝胆相照、荣辱与共"。

民族区域自治制度是我国的一项基本政治制度,是中国特色解决民族问题的正确道路的重要内容和制度保障。这项制度体现了民族与区域、政治与经济、历史与现实、制度与法律等因素的有机结合,实现了我国社会主义多民族国家在民主基础上的高度统一。这有利于保障少数民族广泛参与国家和本民族内部事务的管理,维护和保障少数民族与民族自治地方的合法权益;有利于推动各民族和睦相处、和衷共济、和谐发展,巩固和发展平等、团结、互助、和谐的社会主义民族关系;有利于推进少数民族和民族地区经济社会建设,实现各民族共同团结奋斗、共同繁荣发展。

基层群众自治制度是我国的一项基本政治制度,是社会主义民主政治建设的基础和重要组成部分。它是依照宪法和法律的规定,由居民(村民)选举的成员组成居民(村民)委员会,实行自我管理、自我教育、自我服务、自我监督的一种制度,是人民实现当家作主最有效、最广泛的途径,也是最能体现我国社会主义民主政治特点的政治制度之一。

4. 保证人民当家作主

人民当家作主是社会主义民主政治的本质和核心。中国共产党领导人民实行人民民主,就是保证和支持人民当家作主。习主席指出:"保证和支持人民当家作主不是一句口号、不是一句空话,必须落实到国家政治生活和社会生活之中。"

实行人民民主,保证人民当家作主,必须坚持国家一切权力属于人民的宪法理念。要最广泛地动员和组织人民依照宪法和法律规定,通过各级人民代表大会行使国家权力,通过各种途径和形式管理国家和社会事务、管理经济和文化事业,共同建设,共同享有,共同发展,成为国家、社会和自己命运的主人。要扩大人民民主,健全民主制度,丰富民主形式,拓宽民主渠道,从各层次各领域扩大公民有序政治参与,发展更加广泛、更加充分、更加健全的人民民主。要贯彻党的群众路线,密切同人民群众的联系,倾听人民呼声,回应人民期待,不断解决好人民最关心最直接最现实的利益问题,凝聚起最广大人民的智慧和力量。

实行人民民主,保证人民当家作主,要求治国理政大政方针在人民内部各方面进行广泛商量。协商民主是实现党的领导的重要方式,是我国社会主义民主政治的特有形式和独特优势。中国社会主义协商民主丰富了民主的形式、拓展了民主的渠道、加深了民主的内涵。要推进协商民主广泛、多层、制度化发展,统筹推进政党协商、人大协商、政府协商、政协协商、人民团体协商、基层协商以及社会组织协商。

实行人民民主,保证人民当家作主,实现形式是丰富多样的,不能拘泥于刻板的模式,更不能说只有一种放之四海而皆准的评判标准。保证和支持人民当家作主,通过依法选举、让人民的代表来参与国家生活和社会生活的管理是十分重要的,通过选举以外的制度和方式让人民参与国家生活和社会生活的管理也是十分重要的。人民通过选举、投票行使权利和人民内部各方面在重大决策之前和决策实施之中进行充分协商,尽可能就共同性问题取得一致意见,是中国社会主义民主的两种重要形式。在中国,这两种民主形式不是相互替代、相互否定的,而是相互补充、相得益彰的,共同构成了中国社会主义民主政治的制度特点和优势。

第二节 全面依法治国

全面依法治国是中国特色社会主义的本质要求和重要保障。全面依法治国是关系我们党执政兴国、关系人民幸福安康、关系党和国家长治久安的重大战略问题,是完善和发展中国特色社会主义制度、推进国家治理体系和治理能力现代化的重要方面。

1. 党领导人民治理国家的基本方略

全面依法治国,是深刻总结我国社会主义法治建设成功经验和深刻教训作出的重大选择。新中国成立初期,我们党在废除旧法统的同时,抓紧建设社会主义法治,初步奠定了社会主义法治的基础。党的十一届三中全会以来,我们党把依法治国确定为党领导人民治理国家的基本方略,把依法执政确定为党治国理政的基本方式,始终把法治放在党和国家工作大局中来考虑、来谋划、来推进,依法治国取得重大成就。经验和教训使我们党深刻认识到,法治是治国理政不可或缺的重要手段。在我们这样一个大国,要实现经济发展、政治清明、文化昌盛、社会公正、生态良好,必须秉持法律这个准绳、用好法治这个方式。

全面依法治国,是全面建成小康社会、加快推进社会主义现代化的重要保证。当前,我国改革发展稳定形势总体是好的,但发展中不平衡、不协调、不可持续的问题依法突出,人民内部矛盾和其他社会矛盾凸显,党风政风也存在一些不容忽视的问题,其中大量矛盾和问题与有法不依、执法不严、违法不究相关。要妥善解决经济社会发展中一系列突出矛盾和问题,必须密织法律之网、强化法治之力,确保我国社会在深刻变革中既生机勃勃又井然有序。

全面依法治国,是着眼于实现中华民族伟大复兴的中国梦、实现党和国家长治久安的长远考虑。习主席指出:"我们提出全面推进依法治国,坚定不移厉行法治。一个重要意图就是为了子孙万代计、为长远发展谋。"全面依法治国,就是要为党和国家事业发展提供根本性、全局性、长期性的制度保障。

2. 全面推进依法治国的总目标

习近平新时代中国特色社会主义思想,明确全面推进依法治国总目标是建设中国特色社会主义法治体系,建设社会主义法治国家。这就是,在中国共产党领导下,坚持中国特色社会主义制度,贯彻中国特色社会主义法治理论,形成完备的法律规范体系、高效的法治实施体系、严密的法治监督体系、有力的法治保障体系,形成完善的党内法规体系,坚持依法治国、依法执政、依法行政共同推进,坚持法治国家、法治政府、法治社会一体建设,坚持依法治国和以德治国相结合,坚持依法治国和依规治党有机统一,实现科学立法、严格执法、公正司法、全民守法,促进国家治理体系和治理能力现代化。

中国特色社会主义法治体系是中国特色社会主义制度的重要组成部分,也是坚持走中国特色社会主义法治道路的重要保证。建设中国特色社会主义法治体系是全面推进依法治国总揽全局、牵引各方的总抓手,依法治国各项工作都要围绕这个总抓手来谋划、来推进。建设中国特色社会主义法治体系就是要形成完备的法律规范体系、高效的法治实施体系、严密的法治监督体系、有力的法治保障体系,形成完善的党内法规体系。

建设社会主义法治国家,必须坚持依法治国、依法执政、依法行政共同推进,坚持法治国家、法治政府、法治社会一体建设,坚持依法治国和以德治国相结合,坚持依法治国和依规治党有机统一。

3. 坚定不移走中国特色社会主义法治道路

中国特色社会主义法治道路,本质上是中国特色社会主义道路在法治领域的具体体现,是建设社会主义法治国家的唯一正确道路。坚定不移走中国特色社会主义法治道路,是社会主义法治建设成就和经验的集中体现,是坚持和完善中国特色社会主义制度的必然要求,是立足我国基本国情、顺应我国经济社会发展要求的必然选择。

全面推进依法治国,必须坚持走中国特色社会主义法治道路,就是要坚持中国共产党的领导,坚持中国特色社会主义制度,贯彻中国特色社会主义法治理论。党的领导是中国特色社会主义最本质的特征,是社会主义法治最根本的保证;中国特色社会主义制度是中国特色社会主义法治体系的根本制度基础,是全面推进依法治国的根本制度保障;中国特色社会主义法治理论是中国特色社会主义法治体系的理论指导和学理支撑,是全面推进依法治国的行动指南。

4. 深化依法治国实践

推进科学立法。按照党的十九大部署,继续推进科学立法、民主立法、依法立法,做好立改废释工作。科学立法的关键在于把握和遵循立法规律,确保所立之法遵法理、合事理、通情理;民主立法的关键在于坚持立法为了人民、依靠人民,使立法反映人民意志、得到人民拥护;依法立法的关键在于依照法定权限和程序立法,维护社会主义法制的统一和尊严。

推进严格执法。按照党的十九大部署,深入推进依法行政,推动政府工作全面纳入法治轨道,确保2020年基本建成法治政府。要加快建设职能科学、权责法定、执法严明、公开公正、廉洁高效、守法诚信的法治政府;全面推进政务公开法治化,决策公开、执行公开、管理公开、服务公开、结果公开,扩大和保障人民群众知情权、参与权、表达权和监督权;深化行政执法体制改革,牢固树立执法为民理念,坚持严格规范公正文明执法,坚决杜绝粗暴执法、选择性执法、钓鱼执法现象,有效解决乱执法、不执法问题。

推进公正司法。按照党的十九大部署,要加快建设公正高效权威的社会主义司法制度。进一步优化司法职权配置,加快构建司法管理监督新机制,全面推进以审判为中心的刑事诉讼制度改革,努力让司法更公正;健全多元化纠纷解决机制,深入推进案件繁简分流,运用现代科技提高办案效率,努力让司法高效;落实干预、过问案件的记录和追责制度,维护司法裁判的终局性,增强司法判决的执行力,加强对司法人员依法履职的保护,努力让司法更权威。

推进全民守法。按照党的十九大部署,要深入开展全民普法工作,真正把法律交给亿万群众,让法治走进百姓心田。加强法治宣传教育,推动宪法法律至上、法律面前人人平等的法治理念深入人心;各级党组织和全体党员带头尊法学法守法用法,始终对宪法法律怀有敬畏之心,绝不以言代法、以权压法、逐利违法、徇私枉法;创新普法工作方式方法,加强新媒体新技术的深度运用。

第三节　爱国统一战线

人心向背、力量对比是决定党和人民事业成败的关键,是最大的政治。统战工作的本质要求是大团结大联合,解决的就是人心和力量问题。

1. 统一战线是党的事业取得胜利的重要法宝

在长期的革命、建设、改革过程中,我们党始终把统一战线和统战工作摆在全党工作的重要位置,结成了由中国共产党领导的,有各民主党派和各人民团体参加的,包括全体社会主义劳动者、社会主义事业的建设者、拥护社会主义的爱国者、拥护祖国统一和致力于中华民族伟大复兴的爱国者的广泛的爱国统一战线,为党和人民事业不断发展发挥了十分重要的作用。

进入新时代,我国社会主要矛盾已经转化为人民日益增长的美好生活需要和不平衡不充分的发展之间的矛盾,社会结构和利益格局深刻变化,新的社会阶层不断涌现,思想观念日益多样,改革发展稳定任务依然艰巨繁重。肩负历史使命、实现新的目标,需要我们最大限度把各阶层各方面的智慧和力量凝聚起来,最大限度把全社会全民族的积极性、主动性、创造性发挥出来,巩固和发展最广泛的爱国统一战线。

2. 统一战线工作的基本要求

巩固和发展最广泛的爱国统一战线,最根本的是要坚持党的领导。统一战线是党领导的统一战线。在统战工作中,实行的政策、采取的措施都要有利于坚持和巩固党的领导地位和执政地位,必须掌握规律、坚持原则、讲究方法。同时必须明确,党对统一战线的领导主要是政治领导,即政治原则、政治方向、重大方针政策的领导,主要体现为党委领导而不是部门领导、集体领导而不是个人领导。坚持党的领导要坚定不移,但在这个过程中也要尊重、维护、照顾同盟者的利益,帮助党外人士排忧解难。

巩固和发展最广泛的爱国统一战线,必须正确处理一致性和多样性关系。正确处理两者的关系,关键是要坚持求同存异。一方面,要不断巩固共同思想政治基础,包括巩固已有共识、推动形成新的共识,这是基础和前提。另一方面,要充分发扬民主,尊重包容差异。对危害中国共产党领导、危害我国社会主义政权、危害国家制度和法治、损害最广大人民根本利益的问题,必须旗帜鲜明反对。对其他各种多样性,要尽可能通过耐心细致的工作找到最大公约数,画出最大同心圆。

巩固和发展最广泛的爱国统一战线,必须善于联谊交友。统一战线是做人的工作,搞统一战线是为了壮大共同奋斗的力量。交朋友的面要广,朋友越多越好,特别是要交一些能说心里话的挚友诤友。想交到这样的朋友,不能做快餐,而是要做"佛跳墙"这样的功夫菜。要坚持讲尊重、讲平等、讲诚恳,也要坚持讲原则、讲纪律、讲规矩,出于公心为党交一大批肝胆相照的好朋友、真朋友。

巩固和发展最广泛的爱国统一战线,必须高举爱国主义、社会主义旗帜,牢牢把握大团结大联合的主题,把中华儿女广泛团结起来,投身决胜全面建成小康社会、全面建设社会主义现代化国家的伟大实践。要坚持长期共存、互相监督、肝胆相照、荣辱与共,支持民主党派按照中国特色社会主义参政党要求更好履行职能。全面贯彻党的民族政策,深化民族团结进步教育,铸牢中华民族共同体意识,加强各民族交往交流交融,促进各民族像石榴籽一样紧紧抱在一起,共同团结奋斗、共同繁荣发展。全面贯彻党的宗教工作基本方针,坚持我国宗教的中国化方向,积极引导宗教与社会主义社会相适应。加强党外知识分子工作,做好新的社会阶层人士工作,发挥他们在中国特色社会主义事业中的重要作用。构建亲清新型政商关系,促进非公有制经济健康发展和非公有制经济人士健康成长。广泛团结联系海外侨胞和归侨侨眷,共同致力于中华民族伟大复兴。

【复习思考题】

1. 如何理解中国特色社会主义政治发展道路的内涵?
2. 如何把握全面推进依法治国的总目标?
3. 如何把握统一战线工作的基本要求?

第六章 建设中国特色社会主义文化

第一节 中国特色社会主义文化发展道路

在中国特色社会主义总体布局中,文化建设为发展中国特色社会主义事业提供精神动力。在经济全球化、世界多极化、文化多样化、社会信息化的大背景下,必须坚定不移走中国特色社会主义文化发展道路。

1. 坚持中国特色社会主义文化发展道路

文化是一个国家、一个民族的灵魂。文化兴国运兴,文化强民族强。没有高度的文化自信,没有文化的繁荣兴盛,就没有中华民族伟大复兴。要坚持中国特色社会主义文化发展道路,激发全民族文化创新创造活力,建设社会主义文化强国。

中国特色社会主义文化,源自于中华民族五千多年文明历史所孕育的中华优秀传统文化,熔铸于党领导人民在革命、建设、改革中创造的革命文化和社会主义先进文化,植根于中国特色社会主义伟大实践。

中国特色社会主义文化发展道路,就是以马克思列宁主义、毛泽东思想、中国特色社会主义理论体系为指导,坚持社会主义先进文化前进方向,以科学发展为主题,以建设社会主义核心价值体系为根本任务,以满足人民精神文化需求为出发点和落脚点,以改革创新为动力,发展面向现代化、面向世界、面向未来的,民族的科学的大众的社会主义文化,培养高度的文化自觉和文化自信,提高全民族文明素质,增强国家文化软实力,弘扬中华文化,努力建设社会主义文化强国。

2. 发展中国特色社会主义文化

发展中国特色社会主义文化,就是以马克思主义为指导,坚守中华文化立场,立足当代中国现实,结合当今时代条件,发展面向现代化、面向世界、面向未来的,民族的科学的大众的社会主义文化,推动社会主义精神文明和物质文明协调发展。

坚持以马克思主义为指导。马克思主义是指导党和人民事业的理论基础,是指引文化建设正确方向的根本指针。任何时候、任何情况下,都必须毫不动摇坚持和捍卫马克思主义,决不能有丝毫偏离和含糊。坚持以马克思主义为指导,最重要的是坚持马克思主义立场观点方法,运用马克思主义中国化最新成果指导文化建设。坚持以马克思主义为指导,不是抽象的而是具体的,决不能把它当作口号,而是要坚守中华文化立场,立足当代中国现实,结合当今时代条件,具体地贯穿到对中华优秀传统文化的传承弘扬中,贯穿到对革命文化和社会主义先进文化的继承发展中,贯穿到对世界优秀文化成果的借鉴吸收中,更好发展面向现代化、面向世界、面向未来的,民族的科学的大众的社会主义文化。

坚持为人民服务、为社会主义服务。文化建设是党和人民事业的重要组成部分,必须牢牢站稳人民立场,自觉服从服务于大局。必须牢固树立宗旨意识,不断强化大局观、全局观,把为人民服务、为社会主义服务统一于文化建设实践之中。要更加自觉地坚持以人民为中心的发展思想,始终把人民利益摆在至高无上的地位,把实现好、维护好、发展好人民最关心最直接最现实的利益作为出发点和落脚点,让文化改革发展成果更多更公平惠及全体人民,不断满足人民精神文化需求,更好推动人的全面发展。要更加自觉地把围绕中心、服务大局作为基本职责,坚持一切在大局下思考、一切在大局下行动,找准工作结合点和着力点,提高服务大局的能力和水平,更好推动经济持续健康发展和社会全面进步。

坚持百花齐放、百家争鸣。激发全民族文化创新创造活力,是推动文化大发展大繁荣的关键所在。要提倡理论创新、文化创新、知识创新,提倡不同观点、不同风格、不同流派相互切磋、平等讨论,鼓励解放思想、大胆探索,尊重差异、包容多样,让文化创新精神竞相迸发、持续涌流。讲尊重差异、包容多样,并不是无原则的尊重、无底线的包容,决不能让错误的东西、腐朽的东西、落后的东西滋生蔓延。要注意研究纷繁复杂的文化现象,辨析主流与支流、区分先进与落后、划清积极与消极,营造风清气正的文化生态。

坚持创造性转化、创新性发展。创新创造是文化的生命所在,是文化的本质特征。任何一个国家和民族文化的发展,都离不开继承传统和借鉴外来,更离不开创造性转化和创新性发展。在新的时代条件下,推动文化繁荣发展,必须正确处理"守"和"变"、"中"和"外"的关系,做到不忘本来、吸收外来、面向未来,更好构筑中国精神、中国价值、中国力量。要客观科学礼敬地对待中华优秀传统文化,结合新的时代条件和实践要求对其内涵和表现形式加以补充、拓展、完善,赋予其新的时代内涵和现代表达形式,充分展现中华文化独特魅力和时代价值。要坚持开放包容,以更加自信的心态、更加宽广的胸怀,广泛参与世界文明对话,借鉴吸收人类文明成果,增强中华文化的影响力和吸引力。

第二节 培育和践行社会主义核心价值观

核心价值观是一个民族赖以维系的精神纽带,是一个国家共同的思想道德基础。如果没有共同的核心价值观,一个民族、一个国家就会魂无定所、行无依归。历史和现实无不表明,核心价值观是一个国家的重要稳定器,能否构建具有强大感召力的核心价值观,关系社会和谐稳定,关系国家长治久安。

1. 社会主义核心价值观的基本内容

富强、民主、文明、和谐,自由、民主、公正、法治,爱国、敬业、诚信、友善的 24 字表达,把涉及国家、公民、社会三个层面的价值要求融为一体,既体现了社会主义本质要求,继承了中华优秀传统文化,也吸收了世界文明有益成果,体现了时代精神,回答了我们要建设什么样的国家、建设什么样的社会、培育什么样的公民的重大问题,是当代中国精神的集中体现,凝结着全体人民共同的价值追求,是社会主义核心价值观的基本内容。

2. 培育和践行社会主义核心价值观的根本遵循

坚持社会主义核心价值体系,推进社会主义核心价值观建设,必须坚定自觉地以习近平新时代中国特色社会主义思想为指导。要把习近平新时代中国特色社会主义思想作为主心骨、定盘星、度量衡,贯彻到培育和践行社会主义核心价值观全过程、各方面,切实增强干部群众的政治认同、思想认同、情感认同,不断巩固马克思主义在意识形态领域的指导地位、巩固全党全国人民团结奋斗的共同思想基础。

3. 培育和践行社会主义核心价值观的主要任务

充分发挥社会主义核心价值观的引领作用。社会主义核心价值观是我们生而为中国人的独特精神支柱,是凝聚中国力量的思想道德基础,是宣传教育工作的"魂"。要强化对国民教育的引领,强化对精神文明创建的引领,强化对精神文化产品创作生产传播的引领。

充分发挥中华优秀传统文化的滋养作用。中华优秀传统文化是中华民族的精神命脉,是涵养社会主义核心价值观的重要源泉。要坚持创造性转化、创新性发展,要坚持古为今用、推陈出新,不忘本来、辩证取舍,要充分运用传统文化中的道德教化资源。

充分发挥法律和政策的保障作用。法律和政策在社会公共领域具有刚性约束力,对培育践行社会主义核心价值观有着重要的导向作用。要坚持依法治国和以德治国相结合,要加快推动法律法规的立改废释,要大力弘扬社会主义法治精神,要更好运用法治手段维护社会公共价值、解决道德领域突出问题。

充分发挥党员干部的示范作用。党员干部是社会群体中的先进分子,德可为师、行可为范。要推动党员干部在践行社会主义核心价值观上做表率,明大德、严公德、守私德,以实际行动让群众感受到理想信念的力量,用高尚人格感召群众、带动群众。

充分发挥家庭的基础作用。家庭是社会的细胞。家庭和睦则社会安定,家庭幸福则社会祥和,家庭文明则社会文明。培育和践行社会主义核心价值观要从家庭做起,大力加强家庭文明建设,深入开展文明家庭创建,发扬光大中华民族传统美德,重视做好家庭教育,传承良好家风家训,形成爱国爱家、相亲相爱、崇德向善、共建共享的社会主义家庭文明新风尚。

【复习思考题】

1. 如何理解中国特色社会主义文化发展道路的内涵?
2. 如何把握培育和践行社会主义核心价值观的根本遵循?

第七章　建设社会主义和谐社会

第一节　保障和改善民生

为什么人的问题,是检验一个政党、一个政权性质的试金石。带领人民创造美好生活,是我们党始终不渝的奋斗目标。必须始终把人民利益摆在至高无上的地位,必须多谋民生之利、多解民生之忧,在发展中补齐民生短板、促进社会公平正义,在幼有所育、学有所教、劳有所得、病有所医、老有所养、住有所居、弱有所扶上不断取得新进展,深入开展脱贫攻坚,保证全体人民在共建共享发展中有更多获得感,不断促进人的全面发展、全体人民共同富裕。

1. 增进民生福祉是发展根本目的

增进民生福祉是我们党立党为公、执政为民的本质要求。带领人民创造美好生活,是我们党始终不渝的奋斗目标。我们党团结带领全国各族人民进行伟大社会革命,根本目的就是让人民过上好日子。党的一切工作必须始终把人民利益摆在至高无上的地位,必须以最广大人民的根本利益作为最高标准,多谋民生之利、多解民生之忧,坚持把人民群众的小事当作自己的大事,从人民群众关心的事情做起,从让人民群众满意的事情做起。

保障和改善民生是推动发展的根本目的。我们的发展是以人民为中心的发展,人民群众是发展的主体,也是发展的最大受益者。如果发展不能满足人民的期待,不能让群众得到实际利益,这样的发展就失去意义,也不可能持续。要始终坚持发展为了人民、发展依靠人民、发展成果由人民共享,在推动经济持续健康发展的基础上,保证全体人民在共建共享发展中有更多获得感,让社会主义制度优越性得到充分体现,不断促进人的全面发展、全体人民共同富裕。

抓民生也是抓发展。我们党始终把推动经济发展和改善民生有机联系起来。经济发展是民生改善的物质基础,离开了经济发展,改善民生就成了无源之水、无本之木。同时也要看到,民生是做好经济社会发展工作的"指南针",持续不断改善民生,既能有效解决群众后顾之忧,调动人民发展生产的积极性,又可以增进社会消费预期,扩大内需,催生新的经济增长点,为经济发展、转型升级提供强大内生动力。因此,既要通过发展经济为持续改善民生奠定坚实物质基础,又要通过持续不断改善民生为经济发展创造更多有效需求,实现二者良性循环。

2. 保障和改善民生的重点任务

优先发展教育事业。建设教育强国是中华民族伟大复兴的基础工程,必须把教育事业放在优先位置,深化教育改革,加快教育现代化,办好人民满意的教育。要全面贯彻党的教育方针,落实立德树人根本任务,发展素质教育,推进教育公平,培养德智体美全面发展的社会主义建设者和接班人。推动城乡义务教育一体化发展,高度重视农村义务教育,办好学前教育、特殊教育和网络教育,普及高中阶段教育,努力让每个孩子都能享有公平而有质量的教育。完善职业教育和培训体系,深化产教融合、校企合作。加快一流大学和一流学科建设,实现高等教育内涵式发展。健全学生资助制度,使绝大多数城乡新增劳动力接受高中阶段教育、更多接受高等教育。

支持和规范社会力量兴办教育。加强师德师风建设,培养高素质教师队伍,倡导全社会尊师重教。办好继续教育,加快建设学习型社会,大力提高国民素质。

提高就业质量和人民收入水平。就业是最大的民生。要坚持就业优先战略和积极就业政策,实现更高质量和更充分就业。大规模开展职业技能培训,注重解决结构性就业矛盾,鼓励创业带动就业。提供全方位公共就业服务,促进高校毕业生等青年群体、农民工多渠道就业创业。破除妨碍劳动力、人才社会性流动的体制机制弊端,使人人都有通过辛勤劳动实现自身发展的机会。完善政府、工会、企业共同参与的协商协调机制,构建和谐劳动关系。坚持按劳分配原则,完善按要素分配的体制机制,促进收入分配更合理、更有序。鼓励勤劳守法致富,扩大中等收入群体,增加低收入者收入,调节过高收入,取缔非法收入。坚持在经济增长的同时实现居民收入同步增长、在劳动生产率提高的同时实现劳动报酬同步提高。拓宽居民劳动收入和财产性收入渠道。履行好政府再分配调节职能,加快推进基本公共服务均等化,缩小收入分配差距。

加强社会保障体系建设。按照兜底线、织密网、建机制的要求,全面建成覆盖全民、城乡统筹、权责清晰、保障适度、可持续的多层次社会保障体系。全面实施全民参保计划。完善城镇职工基本养老保险和城乡居民基本养老保险制度,尽快实现养老保险全国统筹。完善统一的城乡居民基本医疗保险制度和大病保险制度。完善失业、工伤保险制度。建立全国统一的社会保险公共服务平台。统筹城乡社会救助体系,完善最低生活保障制度。坚持男女平等基本国策,保障妇女儿童合法权益。完善社会救助、社会福利、慈善事业、优抚安置等制度,健全农村留守儿童和妇女、老年人关爱服务体系。发展残疾人事业,加强残疾康复服务。坚持房子是用来住的、不是用来炒的定位,加快建立多主体供给、多渠道保障、租购并举的住房制度,让全体人民住有所居。

坚决打赢脱贫攻坚战。让贫困人口和贫困地区同全国一道进入全面小康社会是我们党的庄严承诺。要动员全党全国全社会力量,坚持精准扶贫、精准脱贫,坚持中央统筹省负总责市县抓落实的工作机制,强化党政一把手负总责的责任制,坚持大扶贫格局,注重扶贫同扶志、扶智相结合,深入实施东西部扶贫协作,重点攻克深度贫困地区脱贫任务,确保到二〇二〇年我国现行标准下农村贫困人口实现脱贫,贫困县全部摘帽,解决区域性整体贫困,做到脱真贫、真脱贫。

实施健康中国战略。人民健康是民族昌盛和国家富强的重要标志。要完善国民健康政策,为人民群众提供全方位全周期健康服务。深化医药卫生体制改革,全面建立中国特色基本医疗卫生制度、医疗保障制度和优质高效的医疗卫生服务体系,健全现代医院管理制度。加强基层医疗卫生服务体系和全科医生队伍建设。全面取消以药养医,健全药品供应保障制度。坚持预防为主,深入开展爱国卫生运动,倡导健康文明生活方式,预防控制重大疾病。实施食品安全战略,让人民吃得放心。坚持中西医并重,传承发展中医药事业。支持社会办医,发展健康产业。促进生育政策和相关经济社会政策配套衔接,加强人口发展战略研究。积极应对人口老龄化,构建养老、孝老、敬老政策体系和社会环境,推进医养结合,加快老龄事业和产业发展。

第二节　加强和创新社会治理

加强和创新社会治理,是完善和发展中国特色社会主义制度、推进国家治理体系和治理能力现代化的重要内容。

1. 加强社会治理制度建设,完善社会治理体制

党的十九大报告从推进制度建设的角度提出了打造共建共治共享的社会治理格局的思路

和要求,即,加强社会治理制度建设要完善党委领导、政府负责、社会协同、公众参与、法治保障的社会治理体制,提高社会治理社会化、法治化、智能化、专业化水平。具体讲:

一是充分发挥各级党委在社会治理中总揽全局、协调各方的领导核心作用,同时强化各级政府抓好社会治理的责任制。中国特色社会主义最本质的特征是中国共产党领导,中国特色社会主义制度的最大优势是中国共产党领导,因此,加强和创新社会治理,必须加强和改善各级党委对社会治理的领导,同时积极发挥各级政府的社会治理职能,切实搞好公共服务、公共管理、公共安全,确保人民安居乐业、社会安定有序。

二是引领和推动社会力量参与社会治理,努力形成社会治理人人参与、人人尽责的良好局面。要以保障人民群众根本利益为出发点和落脚点,保障人民在社会治理事务中依法实现自我管理、自我服务、自我教育、自我监督,确保社会治理过程人民参与、成效人民评判、成果人民共享。

三是要坚持法治保障,充分发挥法治对社会治理的引领、规范和保障作用。要加强社会治理领域相关法律法规立改废和相关政策制度制定完善工作,运用法治思维和法治方式化解矛盾、破解难题、促进和谐,通过社会治理的制度化、规范化、程序化明确预期、稳定信心、激发活力。

2. 多措并举,打造共建共治共享的社会治理格局

打造共建共治共享的社会治理格局是一个系统工程,需要从多个方面、多个角度采取措施,综合施策,形成合力。一是加强预防和化解社会矛盾机制建设,正确处理人民内部矛盾。二是树立安全发展理念,健全公共安全体系。三是加快社会治安防控体系建设,保护人民人身权、财产权、人格权。四是加强社会心理服务体系建设,培育自尊自信、理性平和、积极向上的社会心态。五是加强社区治理体系建设,推动社会治理重心向基层下移。

第三节 坚持总体国家安全观

统筹发展和安全,增强忧患意识,做到居安思危,是我们党治国理政的一个重大原则。

1. 维护国家安全至关重要

国家安全是安邦定国的重要基础,维护国家安全是全国各族人民根本利益所在。综合分析国际国内形势,我国面临对外维护国家主权、安全和发展利益,对内维护政治安全和社会稳定的双重压力,安全和发展环境更趋复杂多变,各种可以预见和难以预见的风险因素明显增多,国家安全内涵和外延比历史上任何时候都要丰富,时空领域比历史上任何时候都要宽广,内外因素比历史上任何时候都要复杂,维护国家安全和社会稳定任务更加繁重艰巨。我们党要巩固执政地位,要团结带领人民坚持和发展中国特色社会主义,保证国家安全是头等大事。

2. 正确理解和把握总体国家安全观

坚持总体国家安全观,必须坚持国家利益至上,以人民安全为宗旨,以政治安全为根本,统筹外部安全和内部安全、国土安全和国民安全、传统安全和非传统安全、自身安全和共同安全,完善国家安全制度体系,加强国家安全能力建设,坚决维护国家主权、安全、发展利益。这是对总体国家安全观原则要求和丰富内涵的深刻揭示。

坚持统筹发展和安全两件大事。这是治国理政的一个重大原则,也是推进国家安全工作的必然要求。安全和发展是一体之两翼、驱动之双轮。发展是安全的基础。建立在发展基础上的

安全才更可靠、更可持续。安全是发展的保障。一个国家选择什么样的国家安全战略,决定了这个国家生存、发展与兴盛之路。

坚持人民安全、政治安全、国家利益至上有机统一。人民安全是国家安全的宗旨,政治安全是国家安全的根本,国家利益至上是国家安全的准则。以人民安全为宗旨,就是要坚持以人民为中心,维护人民根本利益,保障人民当家作主各项权利,保障人民生命财产安全和其他合法权益,为人民创造良好生存发展条件和安定生产生活环境。以政治安全为根本,就是要坚持党的领导和中国特色社会主义制度不动摇,把制度安全、政权安全放在首要位置,为国家安全提供根本政治保证。以国家利益至上为准则,就是要把国家利益作为制定国家安全战略的出发点,牢固树立捍卫国家利益的机遇意识,强化捍卫国家利益的底线思维,创新捍卫国家利益的方式方法,更坚决更有效地维护好捍卫好国家利益尤其是核心利益。

坚持维护和塑造国家安全。这是新时代国家安全的基本定位。新时代国家安全,既要解决好大国发展进程中面临的安全共性问题,更要处理好中华民族伟大复兴关键阶段面临的特殊安全问题。要立足国际秩序大变局来把握规律,立足防范风险大前提来谋划思路,立足我国发展历史机遇期大背景来统筹工作,做到国家利益延伸到哪里、安全保障就跟进到哪里,为国家发展创造良好外部安全环境。

坚持科学统筹的根本方法。坚持总体国家安全观,要求始终把国家安全置于中国特色社会主义事业全局中来把握,充分调动各方面积极性,形成国家安全合力。要统筹外部安全和内部安全,对内求发展、求变革、求稳定,建设平安中国;对外求和平、求合作、求共赢,维护世界和平与发展。统筹国土安全和国民安全,坚持以民为本、以人为本,坚持国家安全一切为了人民、一切依靠人民,真正夯实国家安全的群众基础。统筹传统安全和非传统安全,构建集政治安全、国土安全、军事安全、经济安全、文化安全、社会安全、科技安全、网络安全、生态安全、资源安全、核安全、海外利益安全等于一体的国家安全体系。统筹自身安全和共同安全,构建人类命运共同体,推动各方朝着互利互惠、共同安全的目标相向而行。

【复习思考题】

1. 如何理解保障和改善民生的重大意义?
2. 打造共建共治共享的社会治理格局的思路和要求是什么?
3. 如何正确理解和把握总体国家安全观?

第八章 建设社会主义生态文明

第一节 建设美丽中国的总体要求

建设生态文明是中华民族永续发展的千年大计。要树立和践行绿水青山就是金山银山的理念,坚持节约资源和保护环境的基本国策,像对待生命一样对待生态环境,统筹山水林田湖草系统治理,实行最严格的生态环境保护制度,形成绿色发展方式和生活方式,坚定走生产发展、生活富裕、生态良好的文明发展道路,建设美丽中国,为人民创造良好生产生活环境,为全球生态安全作出贡献。

1. 人与自然是生命共同体,人类必须尊重自然、顺应自然、保护自然

人类只有遵循自然规律才能有效防止在开发利用自然上走弯路,人类对大自然的伤害最终会伤及人类自身,这是无法抗拒的规律。人类文明进步有两个基本关系必须处理好,一是人与人的关系,二是人与自然的关系。人与人的关系处理不好,会带来社会动荡、国家衰败。同样,人与自然的关系处理不好,同样会带来社会崩溃、文明衰退,这是一个客观规律,古今中外,这方面的事例很多。决胜全面建成小康社会、开启全面建设社会主义现代化国家新征程,必须把握好人与自然关系,实现人与自然和谐共生。

2. 我们要建设的现代化是人与自然和谐共生的现代化

既要创造更多物质财富和精神财富以满足人民日益增长的美好生活需要,也要提供更多优质生态产品以满足人民日益增长的优美生态环境需要。建设生态文明是我们党的行动纲领,我们要建设的生态文明,是同社会主义联系在一起的,我们要实现的现代化,是和生态文明相统一的,既是人与自然和谐共生的一种新的文明境界,更是新时代中国特色社会主义的重要内涵。

3. 还自然以宁静、和谐、美丽

节约优先、保护优先、自然恢复为主的方针,不仅要贯彻到生态文明建设中,更要贯彻到"五位一体"总体布局中,体现到"四个全面"战略布局中。形成节约资源和保护环境的空间格局、产业结构、生产方式、生活方式,是建设美丽中国的具体路径。坚持这样的方针和路径,才能减少人类活动对自然的干扰,还自然以宁静、和谐、美丽。这是美丽中国目标基本实现的应有内涵。

第二节 建设美丽中国的重点任务

加快生态文明体制改革,建设美丽中国,要着力完成四个方面的重点任务。

一是推进绿色发展,这是建设美丽中国的重要基础。加快建立绿色生产和消费的法律制度和政策导向,建立健全绿色低碳循环发展的经济体系。构建市场导向的绿色技术创新体系,发展绿色金融,壮大节能环保产业、清洁生产产业、清洁能源产业。推进能源生产和消费革命,构

建清洁低碳、安全高效的能源体系。推进资源全面节约和循环利用,实施国家节水行动,降低能耗、物耗,实现生产系统和生活系统循环链接。倡导简约适度、绿色低碳的生活方式,反对奢侈浪费和不合理消费,开展创建节约型机关、绿色家庭、绿色学校、绿色社区和绿色出行等行动。

二是着力解决突出环境问题,这是人民群众最关心的问题。坚持全民共治、源头防治,持续实施大气污染防治行动,打赢蓝天保卫战。加快水污染防治,实施流域环境和近岸海域综合治理。强化土壤污染管控和修复,加强农业面源污染防治,开展农村人居环境整治行动。加强固体废弃物和垃圾处置。提高污染排放标准,强化排污者责任,健全环保信用评价、信息强制性披露、严惩重罚等制度。构建政府为主导、企业为主体、社会组织和公众共同参与的环境治理体系。积极参与全球环境治理,落实减排承诺。

三是加大生态系统保护力度,这是建设美丽中国的长远大计。实施重要生态系统保护和修复重大工程,优化生态安全屏障体系,构建生态廊道和生物多样性保护网络,提升生态系统质量和稳定性。完成生态保护红线、永久基本农田、城镇开发边界三条控制线划定工作。开展国土绿化行动,推进荒漠化、石漠化、水土流失综合治理,强化湿地保护和恢复,加强地质灾害防治。完善天然林保护制度,扩大退耕还林还草。严格保护耕地,扩大轮作休耕试点,健全耕地草原森林河流湖泊休养生息制度,建立市场化、多元化生态补偿机制。

四是改革生态环境监管体制,这是建设美丽中国的体制保障。加强对生态文明建设的总体设计和组织领导,设立国有自然资源资产管理和自然生态监管机构,完善生态环境管理制度,统一行使全民所有自然资源资产所有者职责,统一行使所有国土空间用途管制和生态保护修复职责,统一行使监管城乡各类污染排放和行政执法职责。构建国土空间开发保护制度,完善主体功能区配套政策,建立以国家公园为主体的自然保护地体系。坚决制止和惩处破坏生态环境行为。

【复习思考题】

1. 如何把握建设美丽中国的总体要求?
2. 建设美丽中国需要着力完成哪些重点任务?

第九章 坚持"一国两制",实现祖国完全统一

第一节 坚持"一国两制"和推进祖国统一的方针原则

保持香港、澳门长期繁荣稳定,必须全面准确贯彻"一国两制"、"港人治港"、"澳人治澳"、高度自治的方针,确保"一国两制"方针不会变、不动摇,确保"一国两制"实践不变形、不走样。

贯彻这一方针,首先必须正确理解和把握"一国"和"两制"的关系。"一国两制"是一个完整的概念。"一国"是实行"两制"的前提和基础,"两制"从属和派生于"一国",并统一于"一国"之内。"一国"是根,根深才能叶茂;"一国"是本,本固才能枝荣。要认识到,国家主体坚持实行社会主义制度,是香港、澳门实行资本主义制度、保持繁荣稳定的前提和保障;香港、澳门依照基本法实行"港人治港"、"澳人治澳"、高度自治,必须充分尊重国家主体实行的社会主义制度。要把坚持"一国"原则和尊重"两制"差异有机结合起来,做到坚守"一国"之本,实现"两制"和谐相处、相互促进,把实行社会主义制度的内地建设好,把实行资本主义制度的香港、澳门建设好。

贯彻这一方针,还必须把维护中央对香港、澳门特别行政区全面管治权和保障特别行政区高度自治权有机结合起来。我国是单一制国家,中央对包括香港、澳门特别行政区在内的所有地方行政区域拥有全面管治权。香港、澳门两个特别行政区的高度自治权不是固有的,其唯一来源是中央授权。高度自治不是完全自治,中央对高度自治权的行使具有监督的权力,绝不允许以"高度自治"为名对抗中央的权力。推进"一国两制"实践,必须把维护中央对香港、澳门特别行政区全面管治权和保障特别行政区高度自治权有机结合起来,任何时候都不能偏废。必须全面准确贯彻"一国两制"方针,确保"一国两制"航船劈波斩浪、行稳致远。

贯彻这一方针,必须坚持一个中国原则、坚持"九二共识"。一个中国原则是两岸关系的政治基础。推动两岸关系和平发展,最根本的是坚持一个中国原则。虽然两岸迄今尚未统一,但中国的主权和领土完整从未分裂,两岸同属一个国家、两岸同胞同属一个民族,这一历史事实和法理基础从未改变,也不可能改变。体现一个中国原则的"九二共识",明确界定了两岸关系的根本性质,是确保两岸关系和平发展的关键。没有这个定海神针,和平发展之舟就会遭遇惊涛骇浪,甚至彻底颠覆。2016年5月以来,两岸关系和平发展面临严峻挑战,根源就是民进党当局拒不承认"九二共识",破坏了两岸关系和平发展的政治基础。只有回到"九二共识"政治基础上来,两岸关系的发展才能拨云见日、重回正轨。

贯彻这一方针,必须坚定反对"台独"这一两岸关系和平发展的最大现实威胁。"台独"分裂势力煽动两岸同胞敌意和对立,损害国家主权和领土完整,破坏台海和平稳定,阻挠两岸关系发展,只会给两岸同胞带来深重祸害。民进党当局顽固坚持"台独"立场,纵容支持各种形式的"去中国化"、"台独"分裂活动,严重冲击两岸关系和平发展。解决台湾问题、实现祖国完全统一,是全体中华儿女共同愿望,是中华民族根本利益所在。在这个民族大义和历史潮流面前,一

切分裂祖国的行径和伎俩都是注定要失败的,都会受到人民的谴责和历史的惩罚!中国人民有坚定的意志、充分的信心、足够的能力挫败一切分裂国家的活动!中国人民和中华民族有一个共同信念,这就是:我们伟大祖国的每一寸领土都绝对不能也绝对不可能从中国分割出去!我们绝不允许任何人、任何组织、任何政党、在任何时候、以任何形式、把任何一块中国领土从中国分裂出去!两岸同胞要坚决反对"台独"分裂势力,共同维护两岸关系和平发展局面。

第二节 推进香港、澳门"一国两制"成功实践行稳致远

"一国两制"是中国的一个伟大创举。在统一的国家之内,国家主体实行社会主义制度,个别地区依法实行资本主义制度,这在过往的人类政治实践中还从未有过。前人用超凡的勇气探索和突破,后人要以坚定的信念实践和发展。当前,中国特色社会主义进入新时代,"一国两制"在香港、澳门的实践也进入新时代。要坚定不移把"一国两制"实践向纵深推进,奋力谱写香港、澳门长期繁荣稳定新篇章。

严格依照宪法和基本法办事。宪法是国家根本大法,是全国各族人民共同意志的体现,是特别行政区制度的法律渊源。基本法是根据宪法制定的基本法律,规定了在特别行政区实行的制度和政策,是"一国两制"方针的法律化、制度化,为"一国两制"在特别行政区的实践提供了法律保障。宪法和基本法共同构成了特别行政区的宪制基础。推进"一国两制"实践,必须严格依照宪法和基本法办事,完善与基本法实施相关的制度和机制,落实宪法和基本法确定的特别行政区宪制秩序。要把中央依法行使权力和特别行政区履行主体责任有机结合起来,确保宪法和基本法赋予中央的权力不受侵犯,保障特别行政区依法享有的行政管理权、立法权、独立的司法权和终审权。要适应"一国两制"实践的发展要求,围绕中央对特别行政区法律备案权、行政长官和主要官员任命权、基本法解释权和修改权、中央政府向行政长官发出指令权等,健全落实基本法的具有操作性的制度和机制,确保基本法得到全面准确贯彻执行。

支持特别行政区政府和行政长官依法施政、积极作为。这是中央一贯的鲜明立场,也是落实"港人治港"、"澳人治澳"、高度自治的一个最重要的体现。当前,香港、澳门内外环境出现了许多新的变化,特别行政区政府在推动经济发展上面临不少新挑战,在维护社会和谐稳定上面临许多新课题。中央将一如既往地支持特别行政区政府和行政长官依法施政、积极作为,团结带领港澳各界人士齐心协力谋发展、促和谐,保障和改善民生,有序推进民主,维护社会稳定,履行维护国家主权、安全、发展利益的宪制责任。

支持香港、澳门融入国家发展大局。国家的持续快速发展,为港澳发展提供了难得机遇、不竭动力、广阔空间,协助港澳抵御风浪、战胜挑战、赢得先机。同时,港澳一直积极参与国家改革开放和现代化建设,在国家经济发展和对外开放中的地位和功能不断提升,作出了特殊而重要的贡献。实践表明,支持香港、澳门融入国家发展大局,是发挥"一国两制"优势,保持港澳长期繁荣稳定的必然要求。要以粤港澳大湾区建设、粤港澳合作、泛珠三角区域合作等为重点,全面推进内地与香港、澳门互利合作,更好发挥港澳背靠祖国、面向世界的有利发展条件和独特竞争优势,不断拓宽港澳与内地共同发展的路径和渠道。要制定完善便利香港、澳门居民在内地发展的政策措施,为港澳同胞到广阔的祖国内地发展提供更多机会,使港澳同胞在服务国家的同时实现自身更好的发展,创造更加美好的生活。

发展壮大爱国爱港爱澳力量。"港人治港"、"澳人治澳"有个界限和标准,必须以爱国者为

主体。在爱国爱港爱澳旗帜下实现最广泛的团结,符合国家根本利益和港澳整体利益、长远利益,是实现港澳长治久安、繁荣发展的根本所在。要坚持爱国者为主体的"港人治港"、"澳人治澳",发展壮大爱国爱港爱澳力量,为保持"一国两制"实践的正确方向,为维护国家主权、安全、发展利益,为维护港澳长期繁荣稳定和港澳同胞福祉,提供坚强而可靠的保证。要增强香港、澳门同胞的国家意识和爱国精神,让港澳同胞同祖国人民共担民族复兴的历史责任、共享祖国繁荣富强的伟大荣光。

继续面向未来加强青少年教育培养。保证"一国两制"事业后继有人,就要加强对香港、澳门青少年的教育培养。要高度重视和关心爱护青年一代,为他们成长、成才、成功创造良好条件。要把我国历史文化和国情教育摆在青少年教育的突出位置,让青少年更多领略中华文明的博大精深,更多感悟近代以来中华民族救亡图存、发愤图强的光辉历程,更多认识新中国走过的不平凡道路和取得的巨大成就,更多理解"一国两制"与坚持和发展中国特色社会主义、实现中华民族伟大复兴的中国梦的内在联系,从而牢牢把握香港、澳门同祖国紧密相连的命运前程,增强投身"一国两制"事业的责任感和使命感,增强为中华民族伟大复兴作贡献的责任感和使命感。

第三节 推动两岸关系和平发展、推进祖国和平统一进程

实现中华民族伟大复兴,要按照一国两制原则,努力推动两岸关系和平发展,扎实推进祖国和平统一进程。

第一,携手推动民族复兴,实现和平统一目标。民族复兴、国家统一是大势所趋、大义所在、民心所向。两岸迄今尚未完全统一是历史遗留给中华民族的创伤。两岸中国人应该共同努力谋求国家统一,抚平历史创伤。台湾前途在于国家统一,台湾同胞福祉系于民族复兴。两岸关系和平发展是维护两岸和平、促进两岸共同发展、造福两岸同胞的正确道路。两岸关系和平发展要两岸同胞共同推动,靠两岸同胞共同维护,由两岸同胞共同分享。中国梦是两岸同胞共同的梦,民族复兴、国家强盛,两岸中国人才能过上富足美好的生活。在中华民族走向伟大复兴的进程中,台湾同胞定然不会缺席。两岸同胞要携手同心,共圆中国梦,共担民族复兴的责任,共享民族复兴的荣耀。台湾问题因民族弱乱而产生,必将随着民族复兴而终结!

第二,探索"两制"台湾方案,丰富和平统一实践。"和平统一、一国两制"是实现国家统一的最佳方式,体现了海纳百川、有容乃大的中华智慧,既充分考虑台湾现实情况,又有利于统一后台湾长治久安。"一国两制"的提出,本来就是为了照顾台湾现实情况,维护台湾同胞利益福祉。"一国两制"在台湾的具体实现形式会充分考虑台湾现实情况,会充分吸收两岸各界意见和建议,会充分照顾到台湾同胞利益和感情。在确保国家主权、安全、发展利益的前提下,和平统一后,台湾同胞的社会制度和生活方式等将得到充分尊重,台湾同胞的私人财产、宗教信仰、合法权益将得到充分保障。两岸同胞是一家人,两岸的事是两岸同胞的家里事,当然也应该由家里人商量着办。和平统一,是平等协商、共议统一。两岸长期存在的政治分歧问题是影响两岸关系行稳致远的总根子,总不能一代一代传下去。在一个中国原则基础上,台湾任何政党、团体同我们的交往都不存在障碍。以对话取代对抗、以合作取代争斗、以双赢取代零和,两岸关系才能行稳致远。我们愿意同台湾各党派、团体和人士就两岸政治问题和推进祖国和平统一进程的有关问题开展对话沟通,广泛交换意见,寻求社会共识,推进政治谈判。

第三,坚持一个中国原则,维护和平统一前景。尽管海峡两岸尚未完全统一,但中国主权和领土从未分割,大陆和台湾同属一个中国的事实从未改变。一个中国原则是两岸关系的政治基础。坚持一个中国原则,两岸关系就能改善和发展,台湾同胞就能受益。背离一个中国原则,就会导致两岸关系紧张动荡,损害台湾同胞切身利益。统一是历史大势,是正道。"台独"是历史逆流,是绝路。我们坚持寄希望于台湾人民的方针,一如既往尊重台湾同胞、关爱台湾同胞、团结台湾同胞、依靠台湾同胞,全心全意为台湾同胞办实事、做好事、解难事。我们愿意为和平统一创造广阔空间,但绝不为各种形式的"台独"分裂活动留下任何空间。中国人不打中国人。我们愿意以最大诚意、尽最大努力争取和平统一的前景,因为以和平方式实现统一,对两岸同胞和全民族最有利。我们不承诺放弃使用武力,保留采取一切必要措施的选项,针对的是外部势力干涉和极少数"台独"分裂分子及其分裂活动,绝非针对台湾同胞。两岸同胞要共谋和平、共护和平、共享和平。

第四,深化两岸融合发展,夯实和平统一基础。两岸同胞血脉相连。亲望亲好,中国人要帮中国人。我们对台湾同胞一视同仁,将继续率先同台湾同胞分享大陆发展机遇,为台湾同胞台湾企业提供同等待遇,让大家有更多获得感。和平统一之后,台湾将永保太平,民众将安居乐业。有强大祖国做依靠,台湾同胞的民生福祉会更好,发展空间会更大,在国际上腰杆会更硬、底气会更足,更加安全、更有尊严。我们要积极推进两岸经济合作制度化,打造两岸共同市场,为发展增动力,为合作添活力,壮大中华民族经济。

第五,实现同胞心灵契合,增进和平统一认同。国家之魂,文以化之,文以铸之。两岸同胞同根同源、同文同种,中华文化是两岸同胞心灵的根脉和归属。人之相交,贵在知心。不管遭遇多少干扰阻碍,两岸同胞交流合作不能停、不能断、不能少。两岸同胞要共同传承中华优秀传统文化,推动其实现创造性转化、创新性发展。两岸同胞要交流互鉴、对话包容,推己及人、将心比心,加深相互理解,增进互信认同。要秉持同胞情、同理心,以正确的历史观、民族观、国家观化育后人,弘扬伟大民族精神。亲人之间,没有解不开的心结。久久为功,必定能达到两岸同胞心灵契合。

【复习思考题】

1. 怎样理解全面准确贯彻"一国两制"、"港人治港"、"澳人治澳"、高度自治的方针?
2. 为什么必须继续坚持一国两制原则推动两岸关系和平发展、推进祖国和平统一进程?

第十章　当代国际社会与中国特色大国外交

第一节　当代国际社会概况

当代任何一个国家都不可能在封闭的状态下生存和发展,为了发展本国的经济、科技和文化,各国都必须同其他国家交往与合作。随着科学技术的进步和经济全球化的发展,各国之间的联系日益密切,相互依存的趋势越来越强,使国际社会成为一个不可分割的整体。

1. 国际社会的构成

国际社会的形成是人类社会发展到一定阶段的产物。在古代,由于社会经济发展水平的局限,国家之间的联系是偶然的和局部的,因而并未形成国际社会。随着近代资本主义经济政治的发展、交通工具的发达、国际贸易的繁荣,各国的相互联系不断加强,从而逐渐形成了现代的国际社会。

当代国际社会的成员主要包括两大类型:第一类是主权国家。目前,世界上共有190多个主权国家,这是国际社会的最基本成员。第二类是国际组织,国际组织是主权国家在某种共同利益基础上结成的国家集合体。此外,日益发展的跨国公司也成为当今国际社会的组成部分。

2. 国际关系

在国际社会中,存在复杂多样的关系,即人们通常所说的国际关系。国际关系主要是指国家之间、国际组织之间以及国家与国际组织之间的关系,其中最主要的是国家与国家之间的关系。

国际关系的内容是多方面的,包括政治关系、经济关系、军事关系、文化关系等。

国际关系的表现形式也是多样的,如表现为共处与竞争、合作与冲突、对抗与协调、和平与战争等。其中竞争、合作和冲突是基本的表现形式。

国家之间之所以出现亲疏离合、错综复杂的关系,主要是由各国的国家利益和国家力量决定的。国家利益是国家生存和发展的必要条件。维护国家利益是主权国家制定和推行对外政策的依据,是对外活动的目的。各国间存在着复杂的利益关系,既存在共同利益,也存在利益的差别和对立。国家间的共同利益是国家合作的基础,而利益的差别和对立则是引起国家间的摩擦或冲突的根源。国家力量是主权国家赖以生存和发展的基础,是捍卫本国利益的能力,是衡量一个国家在国际社会中的地位、作用的重要尺度。

国际关系是发展变化的。各个主权国家因其国家利益和国家力量的变化而导致对外政策的变化,必然对国际社会和其他国家产生不同程度的影响,使原来的国家关系发生相应的变化。

3. 主权国家

主权国家是国际社会的基本成员,是国际关系的主要参加者即基本行为主体。

主权国家的构成要素包括人口、领土、政权和主权,只有具备这四个要素,才能成为主权国家,享有国际法确认的权利和承担相应的义务。人口,即定居于一个国家的居民。人口是国家存在的基本要素。世界上没有一个无人口的国家。领土,即一个国家的居民永久居住、从事社会生产的地域。领土包括领陆、领水、领空。领土是国家经济发展必不可少的条件,也是国家行使主权的空间范围。没有领土,国家便失去其存在的依据。政权,即通常所说的政府组织。国家必须有行使统治权力的政权机关,否则就不称其为国家。主权,即一个国家处理其国内事务和国际事务的统一而不可分割的最高权力,对内最高性和对外独立性是它的特征。主权是国家存在的最重要因素。

主权国家在国际社会中享有的基本权利包括:

第一,独立权。指国家拥有按照自己的意志处理内政、外交事务而不受他国控制和干涉的权利。第二,平等权。指国家不论大小、强弱,也不论政治、经济、意识形态和社会制度有何差异,在国际法上的地位一律平等的权利。第三,自卫权。指国家保卫自己生存和独立的权利。第四,管辖权。指国家对其领域内的一切人和物具有管辖的权利。

主权国家在享有基本权利的同时,应履行不侵犯别国,不干涉他国内政、外交,和平解决国家间争端等国际义务。

4. 国际组织

国际组织是指若干国家为特定的目的,通过条约或协议建立的有一定规章制度的团体。国际组织的主要机构、职权、活动程序,以及成员国的权利和义务,都以正式条约或协议为依据。

国际组织是国际关系发展到一定阶段的产物。自国家产生以来,就有国家之间的交往。但是,在19世纪以前,世界上并没有国际组织。随着社会生产力的提高和经济的发展,国家间的交往增加了,由于交通、贸易、电信、财政等方面国际合作的需要,国际组织在19世纪便应运而生。1865年成立的国际电报联盟,1874年成立的万国邮政联盟和1890年成立的国际铁路货运联盟,是早期范围较大的国际组织。第一次世界大战后,1920年成立的国际联盟是世界上第一个世界性的国际组织。第二次世界大战后,1945年成立的联合国,是当代世界最大的国际组织。据《国际组织年鉴》统计,现在全世界各类国际组织约有2万多个,已经形成了以联合国为中心的国际组织网络。

国际组织依据不同的标准可分为不同的类型。按其目的任务和职权范围,可分为政治性的和专业性的两大类。政治性的国际组织如联合国、阿拉伯国家联盟等;专业性的国际组织如万国邮政联盟、世界卫生组织等。按其活动的区域,可分为世界性的和区域性的两大类。世界性的国际组织如联合国、世界气象组织等;区域性的国际组织如欧洲联盟、东南亚国家联盟等。按其主体的构成,可分为政府间的和非政府间的两大类。政府间的国际组织是以主权国家名义参加的国际组织,如联合国、石油输出国组织等;非政府间的国际组织是以民间团体或个人名义参加的国际组织,如国际红十字会、国际律师协会等。

国际组织在国际社会中的作用是比较复杂的,对每个国际组织的作用要进行具体的分析。绝大多数国际组织是发展国家之间政治、经济、文化、科学、技术等方面交流与合作的纽带;是协调国际政治、经济关系,调解国际争端的主要力量;是争取世界和平和促进经济发展的重要组织形式。它们在现代国际事务中发挥着越来越重要的作用。

5. 国际法及其作用

国际法是各国公认的调整国家关系的有约束力的原则、规则和制度的总称。简言之,国际法就是调整国家之间关系的法律,如海洋法、外交关系法、战争法等。

国际法的产生是国家之间在经济、政治、文化等方面交往发展的必然结果。要使国家之间关系能够正常发展,就要有一定的法规来约束。国际法不是由某一国单独制定的,而是各国在相互交往中通过协议方式制定的。国际法对于国家具有法律上的约束力,它是调整现代国家关系,维护世界和平与安全,促进国际合作的国际法律规范。

国际法对于国家关系的正常发展具有重要作用:第一,确立辨明国际问题是非曲直的标准和法律依据;第二,规定国际社会的基本行为准则,指导国际关系的规范化,减少国际纠纷,确保建立正常的国际秩序;第三,在国际交往过程中建立各种权利与义务的关系,以便明确国际责任。

第二节 和平与发展的时代主题

党的十九大报告明确指出,世界正处于大发展大变革大调整时期,和平与发展仍然是时代主题。

1. 时代主题的内涵

所谓时代主题,是指在一定历史时期内反映世界基本特征并对世界形势的发展具有全局性影响和战略性意义的问题,就是在一定历史条件下世界历史发展进程中需要解决的主要问题。随着世界矛盾和国际形势的发展变化,时代主题也会发生转换。科学认识和准确把握时代主题,是制定正确发展战略和内外政策的重要依据。

2. 对和平与发展时代主题判断的基本点

我们党对时代主题的认识是在不断发展深化的。20世纪70年代末以后,邓小平在战争与和平问题上逐渐形成了新的判断。他指出,世界政治力量对比出现重要变化,和平因素增长超出战争因素增长,世界大战打不起来,争取一个较长期的和平环境是可能的。1985年,邓小平进一步指出:"现在世界上真正大的问题,带全球性的战略问题,一个是和平问题,一个是经济问题或者说发展问题。和平问题是东西问题,发展问题是南北问题。概括起来,就是东西南北四个字。南北问题是核心。"1987年,党的十三大根据邓小平论述,提出了和平与发展是当今世界的两大主题这一深刻论断。

对时代主题的判断,其基本点是:第一,世界大战在一个相当长的时期内可以避免,我们有可能争取较长时期的和平环境;第二,和平与发展是当今世界两大带有全球性的战略问题,是东西方之间、发达国家与发展中国家之间矛盾全局的集中体现;第三,和平与发展是要辅相成的,世界和平是促进各国共同发展的前提条件,各国的共同发展则是保持世界和平的重要基础;第四,和平与发展成为时代主题,并不意味着这两个问题已经解决,要清醒地看到,当今世界和平与发展这两大问题一个都没有解决,还需要各国人民长期存在不懈地共同努力。

3. 实现和平与发展任重道远

当今,世界多极化、经济全球化、社会信息化、文化多样化深入发展,全球治理体系和国际秩序变革加速推进,各国相互联系和依存日益加深,国际力量对比更趋平衡,和平发展大势不可逆转。同时,世界面临的不稳定性不确定性突出,世界经济增长动能不足,贫富分化日益严重,地区热点问题此起彼伏,恐怖主义、网络安全、重大传染性疾病、气候变化等非传统安全威胁持续蔓延,人类面临许多共同挑战,推进人类和平与发展的崇高事业任重而道远。

第三节 构建人类命运共同体

党的十八大以来,习主席以卓越政治家和战略家的宏大视野和战略思维,高瞻远瞩地提出构建人类命运共同体的重要思想。这是习近平新时代中国特色社会主义思想的重要组成部分，是当代中国对世界的重要理论贡献，已经成为中国引领时代潮流和人类文明进步方向的鲜明旗帜，为促进世界稳定繁荣提供了全新的理念、思路和举措。

1. 构建人类命运共同体思想的时代背景

和平、发展、合作、共赢成为时代潮流。当今世界充满希望，也充满挑战。各国相互联系和依存日益加深，形成了你中有我、我中有你的命运共同体。没有哪个国家能够独自应对人类面对的各种挑战，也没有哪个国家能够退回到自我封闭的孤岛，没有哪个国家能够独自应对当前人类面临的各种挑战。世界各国需要以负责任的精神同舟共济，共同维护和促进世界和平与发展。

世界依然面临诸多难题和挑战。当今世界，人类面临诸多难题和挑战，国际金融危机影响深远，地区热点此起彼伏，局部动荡此起彼伏，霸权主义、强权政治和新干涉主义有所上升，网络安全、恐怖主义等非传统安全和全球挑战不断增多。国际社会迫切需要新的全球治理理念，构建新的公正合理的国际体系和秩序，开辟人类美好的发展前景。

中国是维护世界和平推动发展的重要力量。随着我国综合国力不断增强，中国的治理理念和实践受到高度赞赏和广泛认同，国际影响力、感召力、塑造力进一步提高。中国有信心有能力为世界的和平与发展作出更大贡献。中国将高举和平、发展、合作、共赢的旗帜，与世界各国友好合作，共同推动建设相互尊重、公平正义、合作共赢的新型国际关系，构建人类命运共同体。

2. 构建人类命运共同体思想的丰富内涵

构建人类命运共同体思想，是一个科学完整、内涵丰富、意义深远的思想体系，其核心就是建设持久和平、普遍安全、共同繁荣、开放包容、清洁美丽的世界。

政治上，秉持相互尊重、平等协商，努力构建对话而不对抗、结伴而不结盟的新型国际关系。建设一个持久和平的世界，根本要义在于国家之间要构建平等相待、互商互谅的伙伴关系。国家间出现矛盾和分歧，要通过平等协商，坚持对话方式解决分歧争端。和衷共济、和合共生是中华文明的精髓，和平安宁是构建人类命运共同体的基石。只有各国走和平发展道路，彼此之间才能和平相处，共同发展。

安全上，坚持对话协商，统筹应对传统与非传统安全威胁。当前，国际安全形势动荡复杂，传统安全威胁和非传统安全威胁相互交织，安全问题的内涵和外延进一步拓展，同时人类越来越利益交融、安危与共。在这种新形势下，冷战思维、军事同盟、追求自身绝对安全的传统安全观已经行不通，世界各国应树立共同、综合、合作、共赢的可持续新安全观。

经济上，促进贸易和投资自由化便利化，推动全球化向着更加开放、包容、普惠、平衡和共赢的方向发展。人类命运共同体追求的目标就是共同发展。它强调增强各国发展能力，归根到底要靠本国努力；改善国际发展环境，以和平促发展，以发展巩固和平；创造良好外部制度环境，推动建设开放型世界经济；优化发展伙伴关系，让发展成果更多惠及人民，为世界经济全面可持续增长提供新动力。

文化上，尊重世界文明多样性，以文明交流共存超越隔阂冲突。多样带来交流，交流孕育融合，融合产生进步。不同文明凝聚着不同民族的智慧和贡献，没有高低之别，更无优劣之分。要促进和而不同、兼收并蓄的文明交流对话，在交流互鉴中共同发展，使文明交流互鉴成为增进各国人民友谊的桥梁、推动人类社会进步的动力、维护世界和平的纽带。

生态上，坚持环境友好，合作应对气候变化、环境污染及治理等问题。建设生态文明关乎人类未来。解决好工业文明带来的矛盾，以人与自然和谐相处为目标，实现世界的可持续发展和人的全面发展。牢固树立尊重自然、顺应自然、保护自然的意识，坚持走绿色、低碳、循环、可持续发展之路,平衡推进2030年可持续发展议程,采取行动应对气候变化等新挑战,不断开拓生产发展、生活富裕、生态良好的文明发展道路,构筑尊崇自然、绿色发展的全球生态体系。

3. 推动构建人类命运共同体

构建人类命运共同体,既是我国外交的崇高目标,也是世界各国的共同责任和历史使命。我们要深入贯彻落实构建人类命运共同体思想,不断开创中国外交新局面,同世界各国携手合作,共同努力建设一个更加美好的世界。

坚持和平发展道路,推动建设相互尊重、公平正义、合作共赢的新型国际关系。我们不能因现实复杂而放弃梦想,不能因理想遥远而放弃追求。面对充满希望与挑战的世界,坚定不移推动建设新型国际关系,为构建人类命运共同体打下坚实基础。我们将高举和平、发展、合作、共赢的旗帜,恪守维护世界和平、促进共同发展的外交政策宗旨,坚定不移在和平共处五项原则基础上发展同各国的友好合作。坚定维护国际公平正义,反对霸权主义和强权政治。坚决捍卫国家利益,永远不称霸,永远不搞扩张。

不断完善外交布局,打造全球伙伴关系网络。以周边和大国为重点,以发展中国家为基础,以多边为舞台,以深化务实合作、加强政治互信、夯实社会基础、完善机制建设为渠道,全面发展同各国友好合作,不断完善我国全方位、多层次、立体化的外交布局。推进大国协调和合作,构建总体稳定、均衡发展的大国关系框架,按照亲诚惠容理念和与邻为善、以邻为伴周边外交方针深化同周边国家关系,秉持正确义利观和真实亲诚理念加强同发展中国家团结合作。

坚持不懈推进"一带一路"建设,进一步深化全方位对外开放格局。坚持对外开放的基本国策,坚持打开国门搞建设,把"一带一路"与构建人类命运共同体更加紧密结合起来,打造国际合作新平台,增添共同发展新动力。遵循共商共建共享原则,弘扬和平合作、开放包容、互学互鉴、互利共赢的丝路精神,加强同沿线国家的政策沟通、设施联通、贸易畅通、资金融通、民心相通,把"一带一路"建成和平之路、繁荣之路、开放之路、创新之路、文明之路。

深度参与全球治理,积极引导国际秩序变革方向。秉持共商共建共享的全球治理观,积极参与全球治理体系改革和建设。坚定维护以《联合国宪章》宗旨和原则为核心的国际秩序和国际体系,推进国际关系民主化,支持扩大发展中国家在国际事务中的代表性和发言权。建设性参与国际和地区热点问题的解决进程,积极应对各类全球性挑战,维护国际和地区和平稳定。积极维护多边贸易体制主渠道地位,促进国际贸易和投资自由化便利化,反对一切形式的保护主义。中国将继续发挥负责任大国作用,不断为完善全球治理贡献中国智慧和力量。

【复习思考题】

1. 主权国家的构成包括哪些要素?
2. 主权国家在国际社会中享有哪些基本权利?
3. 如何理解时代主题的内涵?
4. 怎样认识构建人类命运共同体思想的丰富内涵?

第十一章　中国特色社会主义事业的领导核心

第一节　办好中国的事情关键在党

中国特色社会主义进入新时代,我们党一定要有新气象新作为。党要团结带领人民进行伟大斗争、推进伟大事业、实现伟大梦想,必须毫不动摇坚持和完善党的领导,毫不动摇把党建设的更加坚强有力。

1. 中国共产党的性质和宗旨

中国共产党是中国工人阶级的先锋队,同时是中国人民和中华民族的先锋队,是中国特色社会主义事业的领导核心,代表中国先进生产力的发展要求,代表中国先进文化的前进方向,代表中国最广大人民的根本利益。党的最高理想和最终目标是实现共产主义。中国共产党以马克思列宁主义、毛泽东思想、邓小平理论、"三个代表"重要思想、科学发展观和习近平新时代中国特色社会主义思想作为自己的行动指南。

中国共产党从成立之日起,就是中国工人阶级的政党,始终坚持工人阶级先锋队的性质。第一,中国共产党是以中国工人阶级为其阶级基础的,是马克思列宁主义与中国工人运动相结合的产物。第二,中国共产党党员是中国工人阶级的有共产主义觉悟的先锋战士。第三,中国共产党是以马克思主义为理论基础和行动指南的,代表了中国社会发展的正确方向。

中国共产党是中国工人阶级的先锋队,同时是中国人民和中华民族的先锋队。中国工人阶级的根本利益同中国人民和中华民族的根本利益是一致的,只有工人阶级才能代表人民和民族的利益;成为中国人民和中华民族的先锋队,是马克思主义执政党的内在要求,是党以实现民族复兴为己任的必然选择。

"两个先锋队"是不可分割的统一整体。一方面,始终成为中国工人阶级的先锋队,是党真正成为中国人民和中华民族先锋队的政治前提。党只有成为工人阶级的先锋队,自觉做到以马克思主义为根本指导思想,以实现共产主义为最终奋斗目标,才能真正拥有当好中国人民和中华民族先锋队所必需的科学指南、政治远见和博大胸襟。另一方面,自觉成为中国人民和中华民族的先锋队,是党真正成为中国工人阶级先锋队的必然要求。党只有始终代表中国人民和整个中华民族的根本利益,才能使工人阶级先锋队性质得以充分体现。坚持"两个先锋队",就能不断增强党的阶级基础,扩大党的群众基础,提高党在全社会的影响力,把全国各族人民紧密地团结在党的周围,完成党的执政使命。

中国共产党的性质决定党的宗旨是全心全意为人民服务。党除了工人阶级和最广大人民群众的利益,没有自己特殊的利益。坚持全心全意为人民服务的宗旨,始终把人民利益放在第一位,始终与人民心连心、同呼吸、共命运,始终依靠人民推动历史前进。坚持全心全意为人民服务的宗旨,是坚持马克思主义唯物史观的根本要求,也是中国共产党区别于一切资产阶级政党最显著的标志:中国共产党的奋斗史,就是全心全意为人民服务的历史。只有为人民服务,党才有存在的意义;只有依靠人民群众,党才会有力量。无论过去、现在和将来,都必须时刻牢记这一根本宗旨,充分发挥党密切联系群众这个最大政治优势。

2. 党的领导地位是历史和人民的选择

中国的近现代历史发展充分证明了这样的道理,没有共产党,就没有新中国;有了共产党,中国的面貌就焕然一新。党的执政地位是在长期革命斗争中逐步形成的,是近现代中国历史发展的必然,是人民的选择。

历史的主体是人民,历史的选择最终要通过人民的选择来实现。人民群众之所以信任、选择和支持中国共产党,就是因为共产党是为人民服务的,是能够满足人民需要的,在旧中国,广大人民群众最迫切的要求是推翻帝国主义、封建主义和官僚资本主义的统治和压迫,获得民族独立和人民解放。毛泽东说:"人民要解放,就把权力委托给能够代表他们的,能够忠实为他们办事的人,这就是我们共产党人。"党适应人民的需要,领导人民推翻了"三座大山",建立了人民当家作主的共和国。新中国成立后,已经站起来的中国人民希望国家繁荣富强,过上幸福美好的生活。党适应这种需要,领导人民为恢复和发展国民经济而奋斗,并顺应社会历史发展的必然,走上了社会主义道路,取得了社会主义建设事业的伟大成就。党的执政地位是人民拥护和选择的结果。

在新的历史条件下,广大人民的根本利益,从根本上说,就是要解放和发展生产力,实现国家的繁荣富强和人民的共同富裕,实现中华民族的伟大复兴。在中国能够团结和带领全国各族人民实现这个宏伟目标的政治力量,只有中国共产党。

第一,坚持中国现代化建设的正确方向需要党的领导,摆脱国家贫穷落后面貌,实现现代化和民族复兴,是中国人民的百年追求和梦想。近代中国历史反复证明,企图通过走资本主义道路使中国实现现代化,根本行不通。中国有句古语:"橘生淮南则为橘,生于淮北则为枳。"这非常形象的说明,做任何事情都要从实际出发,不能照抄照搬别人的做法。近年来,有人脱离中国国情,认为中国应该实行西方的多党制。这种观点在理论上是错误的,在实践上是有害的。只有坚持党的领导,走中国特色社会主义道路,才能保证现代化建设事业的正确方向,才能制定和执行正确的路线、方针、政策,保证现代化建设事业不断取得进步,最终实现中华民族的伟大复兴。

第二,维护国家统一、社会和谐稳定需要党的领导。没有国家统一和社会稳定,就没有国家的繁荣富强和人民的安居乐业,维护国家统一和社会稳定,历来是中国各族人民最关切的头等重要的大事。近代中国,深受外国入侵,军阀混战和政局动荡之害,中国人民对此刻骨铭心。在新时代,党作为中国各族人民根本利益的忠实代表,以科学理论为指导,凭借其丰富的执政经验和驾驭全局的能力,统筹经济社会等各方面发展,努力构建社会主义和谐社会,能够维护国家统一和社会和谐稳定。

第三,正确处理各种矛盾,凝聚亿万人民力量,需要党的领导。中国幅员辽阔,人口众多,且城乡之间、地区之间发展不平衡,差异较大。面临着各种复杂的社会矛盾,面对新形势,新任务,全面建成小康社会,进而建成富强民主文明和谐美丽的社会主义现代化国家,实现中华民族伟大复兴的中国梦,必须在新的历史起点上全面深化改革,只有加强和改善党的领导,充分发挥党总揽全局、协调各方的领导核心作用,提高党的领导水平和执政能力,才能正确处理人民内部矛盾,顺利解决前进中的各种困难和问题,才能凝聚人心,凝聚力量,确保改革取得成功,共建美好未来。

第四,应对复杂国际环境需要党的领导。当前,经济全球化和世界多极化在曲折中发展,科学技术发展日新月异,综合国力的竞争日趋激烈,敌对势力仍然对我国实施西化、分化战略,在复杂的国际局势下,只有以坚强的政治核心把全国各族人民团结起来,才能保证我国真正走独立自主的和平发展道路。中国共产党就是这样一个能够把人民组织起来、团结起来走和平发展道路的政治核心。

第二节　坚持党对一切工作的领导

中国特色社会主义最本质的特征是中国共产党领导,中国特色社会主义制度的最大优势是中国共产党领导,党是最高政治领导力量。党政军民学,东西南北中,党是领导一切的。党的领导地位是历史的选择,也是人民的重托,归根到底是近代以来中国的历史逻辑、政治逻辑、实践逻辑所决定的。正是有了党的坚强领导,中国人民才从根本上改变了自己的命运,中国发展才取得了举世瞩目的伟大成就,中华民族才迎来了伟大复兴的光明前景。党的十八大以来,党和国家各项事业之所以开创新局、谱写新篇,也离不开党的坚强领导和顽强奋斗。坚持党的领导,是党和国家的根本所在、命脉所在,是全国各族人民的利益所系、幸福所系。

1. 坚持党对一切工作的领导,必须自觉维护党中央权威和集中统一领导

自觉维护党中央权威和集中统一领导,自觉在思想上政治上行动上同党中央保持高度一致,这是一条根本的政治规矩。过去一个时期,由于种种原因,一些同志在这个问题上产生模糊认识,一些地方和部门不敢旗帜鲜明坚持党的领导,党的领导弱化问题比较普遍,甚至出现放弃党的领导的现象。以习近平同志为核心的党中央针对这个问题,果断提出全党必须增强政治意识、大局意识、核心意识、看齐意识,严明党的政治纪律和政治规矩,党的领导得到全面加强,党的领导被忽视、淡化、削弱的状况得到明显转变。

2. 坚持党对一切工作的领导,要确保党始终总揽全局、协调各方

我国社会主义政治制度优越性的一个突出特点,就是坚持党总揽全局、协调各方的领导核心地位。中央委员会、中央政治局、中央政治局常委会,这是党的领导决策核心。党中央作出的决策部署,党的组织、宣传、统战、政法等部门要贯彻落实,人大、政府、政协、法院、检察院的党组织要贯彻落实,事业单位、人民团体等的党组织也要贯彻落实。各方面党组织都要对党委负责,自觉向党委报告重大工作和重大情况,在党委统一领导下尽心尽力做好自身职责范围内的工作。各地区各部门党委(党组)要加强向党中央报告工作。要坚决防止和反对个人主义、分散主义、自由主义、本位主义、好人主义,坚决防止和反对宗派主义、圈子文化、码头文化,坚决反对搞两面派、做两面人,实现全党思想上统一、政治上团结、行动上一致,把党的路线方针政策体现和落实到经济建设、政治建设、文化建设、社会建设、生态文明建设以及国防和军队建设、外交、党的建设等各个方面。

3. 坚持党对一切工作的领导,同坚持党的民主集中制原则是一致的

我们党实行的民主集中制,是民主基础上的集中和集中指导下的民主相结合的制度,既要充分发扬民主,又要善于集中。一方面,党的重大决策都要严格按照程序办事,充分发扬民主,广泛听取意见和建议,做到兼听善听、防止偏听偏信,做到科学决策、民主决策、依法决策。另一方面,在充分发扬民主的基础上,要有正确的集中,党中央从全局出发、集中各方面智慧作出的决定,各地方各部门都要坚决贯彻执行,不允许任何人讨价还价。要充分发挥各地方各部门的积极性、主动性、创造性,但决不允许自行其是、各自为政,决不允许有令不行、有禁不止,决不允

许搞上有政策、下有对策。

第三节 坚持全面从严治党

习主席指出,在全面从严治党这个问题上,我们不能有差不多了、该松口气、歇歇脚的想法,不能有打一仗就一劳永逸的想法,不能有初见成效就见好就收的想法。全面从严治党只有进行时、没有完成时,永远在路上。

1. 全面从严治党的重大意义

实现党的历史使命,必须坚持全面从严治党。我们党从诞生那一天起,就义无反顾担当起为中国人民谋幸福、为中华民族谋复兴的历史使命。97年来,我们党不忘初心,牢记使命,团结带领全国各族人民,跨过一道又一道沟坎,取得一个又一个胜利,创造一个又一个奇迹,使中华民族伟大复兴展现前所未有的光明前景。针对党员干部队伍中出现的一系列严重问题,我们全面加强党的领导和党的建设,坚决改变管党治党宽松软状况,消除了党和国家内部的严重隐患,刹住了一些过去认为不可能刹住的歪风邪气,攻克了一些司空见惯的顽瘴痼疾,形成了反腐败斗争的压倒性态势,巩固了党的执政基础。实践证明,实现党的历史使命,党必须始终坚强有力,全面从严治党永远在路上。

党要紧跟时代前进步伐,必须坚持全面从严治党。面对世界多极化、经济全球化、社会信息化、文化多样化的深入发展,面对以经济实力、科技实力、文化实力、军事实力为主要内容的综合国力竞争的日趋激烈,面对我们党执政环境的深刻变化,面对党风廉政建设和反腐败斗争的继续深化,我们党的领导核心作用与推进国家治理体系和治理能力现代化的关系更加密切,党要管党、全面从严治党的任务越来越艰巨繁重,这些都要求我们坚持问题导向、保持战略定力,推动全面从严治党向纵深发展。

解决党内深层次矛盾和问题,必须坚持全面从严治党。党的十八大以来,以习近平同志为核心的党中央以刀刃向内、自我革命的精神从严管党治党,使我们党经历了一次革命性锻造,在解决突出问题上开创了崭新局面。同时必须清醒认识到,我们党面临的执政环境是复杂的,影响党的先进性、弱化党的纯洁性的因素也是复杂的,党内存在的思想不纯、组织不纯、作风不纯等突出问题尚未得到根本解决。因此,我们必须增强忧患意识,坚定不移全面从严治党,不断提高党的创造力、凝聚力、战斗力,使我们党永远立于不败之地。在全面从严治党这个根本问题上,决不能有打好一战就一劳永逸的幻想,决不能有初见成。

2. 新时代党的建设总要求

新时代党的建设总要求是:坚持和加强党的全面领导,坚持党要管党、全面从严治党,以加强党的长期执政能力建设、先进性和纯洁性建设为主线,以党的政治建设为统领,以坚定理想信念宗旨为根基,以调动全党积极性、主动性、创造性为着力点,全面推进党的政治建设、思想建设、组织建设、作风建设、纪律建设,把制度建设贯穿其中,深入推进反腐败斗争,不断提高党的建设质量,把党建设成为始终走在时代前列、人民衷心拥护、勇于自我革命、经得起各种风浪考验、朝气蓬勃的马克思主义执政党。

党的建设的根本方针。一是坚持和加强党的全面领导,这是新时代党的建设的根本出发点和落脚点。党政军民学,东西南北中,党是领导一切的。习主席反复强调,中国共产党的领导,是中国特色社会主义最本质的特征,是中国特色社会主义制度的最大优势。党的十九大报告把坚持和加强党的全面领导确定为党的建设的根本方针,充分显示了我们党坚定的政治自信,表明了党的建设的初心所在。二是坚持党要管党、全面从严治党,这是党的建设的一贯方针和要求。在从严治党前加上"全面"二字,是对党的十八大以来党的建设的实践经验的规律性把握,实现了党的建设指导方针的与时俱进。新时代党的建设必须紧紧围绕"两个坚持"的根本方针来部署、来推进、来检验,通过加强党的建设,不断增强党的创造力、凝聚力、战斗力和领导力、号召力。

  党的建设的工作思路。"以加强党的长期执政能力建设、先进性和纯洁性建设为主线",继承和发展了党的十八大报告相关表述,特别是把长期执政能力建设提到了全党面前,凸显了"永远在路上"的思想内涵和实践导向。"以党的政治建设为统领",这是对党的建设历史特别是十八大以来党的建设宝贵经验的科学总结和理论升华,抓住了马克思主义执政党建设的根本点、关键点,对党的各方面建设必将起到纲举目张的作用。"以坚定理想信念宗旨为根基",强调的是共产党人的初心和政治灵魂,通过加强党的建设,使广大党员干部不断坚定对马克思主义的信仰,始终牢记全心全意为人民服务的宗旨,自觉成为共产主义远大理想和中国特色社会主义共同理想的坚定信仰者和忠实实践者。"以调动全党积极性、主动性、创造性为着力点",强调的是推进新时代中国特色社会主义伟大事业必须尊重党员的主体地位和首创精神,最大限度调动广大党员干部积极性、主动性、创造性,推动形成想作为、敢作为、善作为的良好风尚。

  党的建设的总体布局。"全面推进党的政治建设、思想建设、组织建设、作风建设、纪律建设,把制度建设贯穿其中,深入推进反腐败斗争",这是党的十九大报告对党的建设总体布局的一个重大理论和实践创新,对于新时代全面加强党的建设具有重要意义。将长期沿用的"思想政治建设"区分为政治建设和思想建设,凸显了政治建设在党的各项建设中的统领和首要地位;新增"纪律建设",体现了管党治党要把纪律规矩挺在前面的新鲜经验;将制度建设贯穿党的各项建设之中,回归了制度建设的内在规定性,更加凸显了制度建设的重要地位和作用;强调要"深入推进反腐败斗争",与加强纪律建设一起,充分表明了我们党坚定不移正风肃纪的坚强决心。

  党的建设的迫切任务。当前,一些地方和部门党的建设工作质量不高,有的搞"两张皮",围绕中心服务大局不够;有的搞形式主义,注重实效不够。党的十九大报告强调要提高党的建设质量,就是要求党的建设工作必须紧紧围绕新时代党和国家各项工作的布局来展开,坚持和加强党的全面领导,不断提高党的建设科学化水平。

  党的建设的总目标。"始终走在时代前列、人民衷心拥护、勇于自我革命、经得起各种风浪考验、朝气蓬勃的马克思主义执政党",这是对新时代党的建设总目标的一个全新的概括。"五句话"既有各自丰富的内涵,更构成了一个统一的整体,充分彰显了我们党作为马克思主义执政党的先进性纯洁性,彰显了我们党引领时代潮流、与时俱进的品格,彰显了我们党为中国人民谋幸福、为中华民族谋复兴的立党初心。

  3. 全面从严治党的战略部署

  把党的政治建设摆在首位。旗帜鲜明讲政治是我们党作为马克思主义政党的根本要求。党的政治建设是党的根本性建设,决定党的建设方向和效果。保证全党服从中央,坚持党中央权威和集中统一领导,是党的政治建设的首要任务。要坚定执行党的政治路线,严格遵守政治纪律和政治规矩,在政治立场、政治方向、政治原则、政治道路上同党中央保持高度一致。要尊崇党章,严格执行新形势下党内政治生活若干准则,增强党内政治生活的政治性、时代性、原则性、战斗性。完善和落实民主集中制的各项制度，坚持民主基础上的集中和集中指导下的民主相结合。弘扬忠诚老实、公道正派、实事求是、清正廉洁等价值观。

用新时代中国特色社会主义思想武装全党。思想建设是党的基础性建设。革命理想高于天。共产主义远大理想和中国特色社会主义共同理想，是中国共产党人的精神支柱和政治灵魂，也是保持党的团结统一的思想基础。要把坚定理想信念作为党的思想建设的首要任务，牢记党的宗旨，挺起共产党人的精神脊梁，自觉做共产主义远大理想和中国特色社会主义共同理想的坚定信仰者和忠实实践者。

建设高素质专业化干部队伍。党的干部是党和国家事业的中坚力量。要坚持党管干部原则，坚持德才兼备、以德为先，坚持五湖四海、任人唯贤，坚持事业为上、公道正派，把好干部标准落到实处。要坚持党管人才原则，聚天下英才而用之，加快建设人才强国。

加强基层组织建设。党的基层组织是确保党的路线方针政策和决策部署贯彻落实的基础。要以提升组织力为重点，突出政治功能，把企业、农村、机关、学校、科研院所、街道社区、社会组织等基层党组织建设成为宣传党的主张、贯彻党的决定、领导基层治理、团结动员群众、推动改革发展的坚强战斗堡垒。

持之以恒正风肃纪。我们党来自人民、植根人民、服务人民，一旦脱离群众，就会失去生命力。加强作风建设，必须紧紧围绕保持党同人民群众的血肉联系，增强群众观念和群众感情，不断厚植党执政的群众基础。凡是群众反映强烈的问题都要严肃认真对待，凡是损害群众利益的行为都要坚决纠正。

夺取反腐败斗争压倒性胜利。人民群众最痛恨腐败现象，腐败是我们党面临的最大威胁。只有以反腐败永远在路上的坚韧和执着，深化标本兼治，保证干部清正、政府清廉、政治清明，才能跳出历史周期率，确保党和国家长治久安。要坚持无禁区、全覆盖、零容忍，坚持重遏制、强高压、长震慑，坚持受贿行贿一起查，坚决防止党内形成利益集团。强化不敢腐的震慑，扎牢不能腐的笼子，增强不想腐的自觉，通过不懈努力换来海晏河清、朗朗乾坤。

健全党和国家监督体系。增强党自我净化能力，根本靠强化党的自我监督和群众监督。要加强对权力运行的制约和监督，让人民监督权力，让权力在阳光下运行，把权力关进制度的笼子。强化自上而下的组织监督，改进自下而上的民主监督，发挥同级相互监督作用，加强对党员领导干部的日常管理监督。构建党统一指挥、全面覆盖、权威高效的监督体系，把党内监督同国家机关监督、民主监督、司法监督、群众监督、舆论监督贯通起来，增强监督合力。

全面增强执政本领。领导十三亿多人的社会主义大国，我们党既要政治过硬，也要本领高强。要增强学习本领，增强政治领导本领，增强改革创新本领，增强科学发展本领，增强依法执政本领，增强群众工作本领，增强狠抓落实本领，增强驾驭风险本领。

【复习思考题】

1. 中国共产党的性质是什么？
2. 如何理解办好中国的事情关键在党？
3. 如何理解坚持党对一切工作的领导？
4. 怎样认识全面从严治党的重大意义？
5. 如何把握新时代党的建设总要求？

典型例题

一、习近平新时代中国特色社会主义思想

1. 中国共产党人的初心和使命,就是为中国人民_____,为中华民族_____。这个初心和使命是激励中国共产党人不断前进的根本动力。(单项选择)

   A. 谋幸福,谋未来　　　　　　　B. 谋生活,谋复兴
   C. 谋幸福,谋复兴　　　　　　　D. 谋生活,谋未来

   【参考答案】C

2. 习近平新时代中国特色社会主义思想,明确中国特色社会主义最本质的特征是_____。(单项选择)

   A. "五位一体"总体布局　　　　B. 建设中国特色社会主义法治体系
   C. 人民利益为根本出发点　　　　D. 中国共产党领导

   【参考答案】D

3. 如何理解习近平新时代中国特色社会主义思想的重大意义?(论述)

   【参考答案】

   (1)习近平新时代中国特色社会主义思想,是马克思主义中国化最新成果,是中国特色社会主义理论体系的重要组成部分,具有重大的政治意义、历史意义、理论意义、实践意义。

   (2)习近平新时代中国特色社会主义思想是新时代中国共产党人的思想旗帜,是国家政治生活和社会生活的根本指针。这一思想,回答了一系列重大问题,提出了一系列富有时代性、创造性、人民性的重大论断,廓清了一系列大是大非,在坚持什么、反对什么上旗帜鲜明、正本清源,集中体现了我们党的政治意志、政治立场、政治主张,充分彰显了马克思主义的真理力量、科学社会主义的时代价值。有了习近平新时代中国特色社会主义思想这面旗帜,全党思想上精神上就有了鲜明的时代标识,党的团结统一就有了思想根基、"共同语言",带领全国人民奋勇前进就有了正确方向。确立习近平新时代中国特色社会主义思想在国家政治生活和社会生活中的指导地位,实现了党的主张和国家意志、人民意愿的高度统一,体现了党的性质和我国国体的内在统一,筑牢了全党全国各族人民为实现中华民族伟大复兴而奋斗的共同思想基础。

   (3)习近平新时代中国特色社会主义思想为发展马克思主义作出了中国的原创性贡献,谱写了马克思主义新篇章。这一思想,鲜明贯穿着马克思主义立场观点方法,始终把马克思主义作为理论起点、逻辑起点、价值起点,集中体现了马克思主义的理论品格和精神实质,处处闪耀着马克思主义真理光辉,"没有丢掉老祖宗"。同时,它又以我们正在做的事情为中心,直面前进道路上的各种困难矛盾和风险挑战,着力探索破解难题、推进事业发展的新理念新思想新战略,讲了许多老祖宗没有讲过的新话,具有强烈的时代气息和现实针对性。以一系列具有原创性的新思想新观点新论断,在理论上实现了重大突破、重大创新、重大发展,写出了马克思主义新版本,以全新视野深化了对共产党执政规律、社会主义建设规律和人类社会发展规律的认识,充分彰显了科学理论的强大生命力和中国共产党人的理论创造力,是马克思主义中国化的新飞跃,是当代中国马克思主义、21世纪马克思主义。

   (4)习近平新时代中国特色社会主义思想是中国精神的时代精华,为实现中华民族伟大复

兴提供了精神力量。这一思想,鲜明提出并系统论述了中国梦这个重大命题,深刻阐述了民族复兴的基本内涵,深刻揭示了我们在民族复兴历史进程中所处的方位,科学规划了民族复兴的实现路径、战略步骤,为新时代坚持和发展中国特色社会主义注入了新的内涵。习近平新时代中国特色社会主义思想,深刻揭示和自觉遵循中华民族传承发展的历史逻辑,承载着中华文明再创辉煌的历史责任,是中华优秀传统文化创造性转化和创新性发展的光辉典范,吹响了全党全国向民族复兴进军的号角,照亮了迈向民族复兴的伟大征程,注入了实现民族复兴的强大精神力量。在这一思想指引下,我们比以往任何时候都更有信心、更有能力完成新时代党的历史使命,实现国家富强、民族振兴、人民幸福的中国梦。

(5)习近平新时代中国特色社会主义思想饱含着对人类发展重大问题的睿智思考和独特创见,为建设美好世界贡献了中国智慧、中国方案。这一思想,坚持中华文明的主体性、社会主义现代化建设的实践性,着力把当代中国在社会主义道路上建设现代化的积极探索和宝贵经验,加以理论化、系统化,构建了坚持马克思主义原则、体现独特文明特征,独立于西方模式和西方话语的思想体系、价值体系、制度体系、目标体系、战略体系,深刻凝结着当代中国对人类更好未来的艰辛探索,拓展了发展中国家走向现代化的途径,给世界上那些既希望加快发展又希望保持自身独立性的国家和民族提供了全新选择。

二、当代中国发展的历史方位

4. 经过长期努力,中国特色社会主义进入了新时代,这是我国发展新的_____。(单项选择)

A. 未来方向　　B. 未来方位　　C. 历史方向　　D. 历史方位

【参考答案】D

5. 从_____到_____,是"两个一百年"奋斗目标的历史交汇期。(单项选择)

A. 二〇二〇年　二〇三五年　　B. 十九大　　二十大
C. 二十大　　二十一大　　D. 二〇三五年　本世纪中叶

【参考答案】B

6. 如何把握我国社会主要矛盾的变化?(论述)

【参考答案】

(1)党的十九大报告把我国社会主要矛盾的表述修改为"人民日益增长的美好生活需要和不平衡不充分的发展之间的矛盾",主要依据有以下三个方面。

(2)第一,经过改革开放近40年的发展,我国社会生产力水平明显提高,社会生产能力在很多方面进入世界前列,"落后的社会生产"的提法已经不能真实反映我国发展的现状。

(3)第二,人民生活显著改善,对美好生活的向往更加强烈,不仅对物质文化生活提出了更高要求,而且在民主、法治、公平、正义、安全、环境等方面的要求日益增长,再只讲"物质文化需要"已经不能真实全面反映人民群众的愿望和要求。人民群众对美好生活的期待越来越强烈。

(4)第三,影响满足人民美好生活需要的因素有很多,但主要是发展不平衡不充分问题。对社会主要矛盾作出新判断新表述,必须找准制约满足人民美好生活需要的主要因素,这是社会主要矛盾的主要方面。综合分析,当前和今后一个时期制约满足人民美好生活需要的主要因素是发展不平衡不充分问题,其他问题归根结底都是由这个问题造成或派生的。发展不平衡,主要指各区域各领域各方面发展不够平衡,包括经济社会发展各个领域各个方面不够平衡,存在"一条腿长、一条腿短"的失衡现象,制约了全国发展水平提升。发展不充分,主要指一些地区、一些领域、一些方面还存在发展不足的问题,发展的任务仍然很重。

(5)党的十九大报告把我国社会主要矛盾的表述修改为"人民日益增长的美好生活需要和不平衡不充分的发展之间的矛盾",是从历史和现实、理论和实践、国内和国际等的结合上进行思考,得出的正确结论。

(6)我国社会主要矛盾的变化,没有改变我们对我国社会主义所处历史阶段的判断。社会主要矛盾的变化,只是反映了一定时期社会矛盾运动的内涵和形式发生了变化,但不足以说明由生产力和生产关系这一社会基本矛盾所决定的社会发展阶段发生了变化。我国仍处于并将长期处于社会主义初级阶段的基本国情没有变,我国是世界最大发展中国家的国际地位没有变。

三、坚持和发展中国特色社会主义的总任务

7. 从全面建成小康社会到基本实现现代化,再到全面建成_____,是新时代中国特色社会主义发展的战略安排。(单项选择)

A. 创新型国家　　　　　　　B. 社会主义现代化强国
C. 社会主义现代化大国　　　D. 世界一流强国

【参考答案】B

8. 全党要更加自觉地增强_____、_____、_____、_____,既不走封闭僵化的老路,也不走改旗易帜的邪路,保持政治定力,坚持实干兴邦,始终坚持和发展中国特色社会主义。(多项选择)

A. 道路自信　　B. 理论自信　　C. 制度自信　　D. 文化自信

【参考答案】ABCD

9. 从十九到二十大,是全面建成小康社会决胜期。(判断)

【参考答案】

(1)这个观点是错误的。

(2)从现在到二〇二〇年,是全面建成小康社会决胜期。实现第一个百年奋斗目标,即全面建成小康社会,是我们党向人民、向历史作出的庄严承诺。从十九大到二十大,是"两个一百年"奋斗目标的历史交汇期。我们既要全面建成小康社会、实现第一个百年奋斗目标,又要乘势而上开启全面建设社会主义现代化国家新征程,向第二个百年奋斗目标进军。

四、全面深化改革

10. 全面深化改革的总目标是_____。(单项选择)

A. 完善和发展中国特色社会主义制度、推进国家治理体系和治理能力现代化
B. 解放和发展社会生产力
C. 解放和增强社会活力
D. 促进社会和谐稳定

【参考答案】A

11. 深化机构和行政体制改革。转变政府职能,深化简政放权,创新监管方式,增强政府公信力和执行力,建设人民满意的_____政府。(单项选择)

A. 法治　　　　B. 创新型　　　C. 廉洁　　　　D. 服务型

【参考答案】 D

12. 论述全面深化改革的重大意义（论述）

【参考答案】

（1）改革开放是党在新的时代条件下带领全国各族人民进行的新的伟大革命。改革开放是决定当代中国命运的关键一招，也是决定实现"两个一百年"奋斗目标、实现中华民族伟大复兴的关键一招。我国40多年来的快速发展靠的是改革开放，决胜全面建成小康社会、全面建设社会主义现代化国家也必须坚定不移依靠改革开放。

（2）全面深化改革，是顺应当今世界发展大势的必然选择。纵观世界，变革是大势所趋、人心所向。现在世界各国正在加快推进变革，新一轮科技革命和产业变革正在孕育兴起。在这样的形势下，要如期全面建成小康社会，实现中华民族伟大复兴，必须认清形势、居安思危、奋起直追。停顿和倒退没有出路，思想僵化、固步自封，必将被时代所淘汰。我们要顺应浩浩荡荡的历史潮流，勇于承担自己的历史责任，以更大的政治勇气和智慧，更有力的措施和办法推进改革，开辟中国特色社会主义事业更加广阔的前景。

（3）全面深化改革，是解决中国现实问题的根本途径。改革由问题倒逼而产生，又在不断解决问题中得到深化。同时，旧的问题解决了，新的问题又会产生，因而改革不可能一蹴而就，也不可能一劳永逸。当前，我国发展还面临一系列突出矛盾和挑战，前进道路上还有不少困难和问题。要破解这些矛盾和问题，除了深化改革，统筹推进各领域改革，别无他途。

（4）全面深化改革，关系党和人民事业前途命运，关系党的执政基础和执政地位。中国特色社会主义进入新时代，要站在更高起点谋划和推进改革，改革要有方向、有立场、有原则。坚持什么样的改革方向，决定着改革的性质和最终成败。全面深化改革的深刻性和复杂性前所未有，各种思想文化相互激荡，各种矛盾相互交织，各种诉求相互碰撞，各种力量竞相发声。在这种情况下，确保改革沿着有利于党和人民事业发展的正确方向前进就越发重要。

五、建设中国特色社会主义政治

13. 我国人民民主专政与人民代表大会制度的关系是＿＿＿＿。（单项选择）

A. 前者是国家性质，后者是政治制度
B. 前者是政体，后者是国体
C. 前者是国家权力机关，后者是国家管理机关
D. 前者是国家管理机关，后者是国家权力机关

【参考答案】 A

14. 发挥社会主义协商民主重要作用。＿＿＿＿是具有中国特色的制度安排，是社会主义协商民主的重要渠道和专门协商机构。（单项选择）

A. 政党协商　　B. 人大协商　　C. 基层协商　　D. 人民政协

【参考答案】 D

15. 全面推进依法治国的总目标是什么？（简单）

【参考答案】

（1）习近平新时代中国特色社会主义思想，明确全面推进依法治国总目标是建设中国特色社会主义法治体系，建设社会主义法治国家。

（2）具体地说，就是在中国共产党领导下，坚持中国特色社会主义制度，贯彻中国特色社会

主义法治理论,形成完备的法律规范体系、高效的法治实施体系、严密的法治监督体系、有力的法治保障体系,形成完善的党内法规体系,坚持依法治国、依法执政、依法行政共同推进,坚持法治国家、法治政府、法治社会一体建设,坚持依法治国和以德治国相结合,坚持依法治国和依规治党有机统一,实现科学立法、严格执法、公正司法、全民守法,促进国家治理体系和治理能力现代化。

六、建设中国特色社会主义文化

16. _____是一个国家、一个民族发展中更基本、更深沉、更持久的力量。(单项选择)

  A. 道路自信   B. 理论自信
  C. 制度自信   D. 文化自信

【参考答案】D

17. 社会主义核心价值观倡导的爱国、敬业、诚信、友善,明确了_____层面的价值准则。(单项选择)

  A. 国家   B. 社会   C. 公民个人   D. 集体

【参考答案】C

18. 中国特色社会主义文化就是指中华优秀传统文化。(判断)

【参考答案】

(1)这个观点是错误的。

(2)中国特色社会主义文化,源自于中华民族五千多年文明历史所孕育的中华优秀传统文化,熔铸于党领导人民在革命、建设、改革中创造的革命文化和社会主义先进文化,植根于中国特色社会主义伟大实践。发展中国特色社会主义文化,就是以马克思主义为指导,坚守中华文化立场,立足当代中国现实,结合当今时代条件,发展面向现代化、面向世界、面向未来的,民族的科学的大众的社会主义文化,推动社会主义精神文明和物质文明协调发展。要坚持为人民服务、为社会主义服务,坚持百花齐放、百家争鸣,坚持创造性转化、创新性发展,不断铸就中华文化新辉煌。

七、建设社会主义和谐社会

19. 构建社会主义和谐社会的重点是_____。(单项选择)

  A. 建设和谐文化,巩固社会和谐的思想道德基础
  B. 完善社会管理,保持社会安定有序
  C. 解决人民群众最关心、最直接、最现实的利益问题
  D. 搞好党群关系

【参考答案】C

20. 坚持总体国家安全观,要以_____为宗旨,走出一条中国特色国家安全道路。(单项选择)

  A. 政治安全   B. 人民安全
  C. 国际安全   D. 国土安全

【参考答案】B

21. 如何正确理解和把握总体国家安全观?(简答)

【参考答案】

（1）坚持总体国家安全观，必须坚持国家利益至上，以人民安全为宗旨，以政治安全为根本，统筹外部安全和内部安全、国土安全和国民安全、传统安全和非传统安全、自身安全和共同安全，完善国家安全制度体系，加强国家安全能力建设，坚决维护国家主权、安全、发展利益。

（2）坚持统筹发展和安全两件大事。这是治国理政的一个重大原则，也是推进国家安全工作的必然要求。

（3）坚持人民安全、政治安全、国家利益至上有机统一。

（4）坚持维护和塑造国家安全。这是新时代国家安全的基本定位。新时代国家安全，既要解决好大国发展进程中面临的安全共性问题，更要处理好中华民族伟大复兴关键阶段面临的特殊安全问题。

（5）坚持科学统筹的根本方法。坚持总体国家安全观，要求始终把国家安全置于中国特色社会主义事业全局中来把握，充分调动各方面积极性，形成国家安全合力。

八、建设社会主义生态文明

22. 加快建立绿色生产和消费的法律制度和政策导向，建立健全_____的经济体系。（单项选择）

  A. 绿色低碳循环发展　　　　　B. 绿色节约循环发展
  C. 绿色低碳节约发展　　　　　D. 节约低碳循环发展

【参考答案】 A

23. 党的十九大报告指出，要完成_____、_____、_____三条控制线划定工作。（多项选择）

  A. 生态保护红线　　　　　　　B. 永久基本农田
  C. 城镇开发边界　　　　　　　D. 国土绿化面积

【参考答案】 ABC

24. 怎样理解生态文明的核心就是坚持人与自然和谐共生？（论述）

【参考答案】

（1）人因自然而生，人与自然是一种共生关系，对自然的伤害最终会伤及人类自身。人类必须尊重自然、顺应自然、保护自然，否则就会遭到大自然的报复。我们决不能以牺牲生态环境为代价换取经济发展，坚决摒弃损害甚至破坏生态环境的发展模式和做法，要走经济发展与生态环境保护有机统一的绿色发展之路，建设生态文明。

（2）生态文明的核心就是坚持人与自然和谐共生。基于这样的出发点，建设生态文明，第一，要尊重自然、顺应自然、保护自然，保护自然生态系统，维护人与自然之间形成的生命共同体。第二，要树立和践行绿水青山就是金山银山的理念。第三，要坚定不移推动形成绿色发展方式和生活方式，坚持节约资源和保护环境的基本国策，实行最严格的生态环境保护制度，以新发展理念为指导，创新生产方式，改变生活方式，坚定走生产发展、生活富裕、生态良好的文明发展道路。第四，要把生态文明建设融入经济建设、政治建设、文化建设、社会建设各方面和全过程，着力树立生态文明理念、完善生态文明制度体系、维护生态安全，优化生态环境，形成节约资源和保护环境的空间格局、产业结构、生产方式、生活方式，建设美丽中国，努力开创社会主义生态文明新时代。

（3）建设人与自然和谐共生的生态文明，关系人民福祉，关系民族未来。我们要建设的现代化是人与自然和谐共生的现代化，既要创造更多物质财富和精神财富以满足人民日益增长的美好生活需要，也要提供更多优质生态产品以满足人民日益增长的优美生态环境需要。

九、坚持"一国两制"，实现祖国完全统一

25. 解决台湾问题、实现祖国完全统一，是全体中华儿女＿＿＿＿＿＿＿，是中华民族＿＿＿＿＿＿＿所在。（单项选择）

A. 一致愿望　　根本利益　　　　B. 共同愿望　　本质利益
C. 一致愿望　　本质利益　　　　D. 共同愿望　　根本利益

【参考答案】D

26. ＿＿＿＿＿＿＿是两岸关系的政治基础。（单项选择）

A. "九二共识"　　　　　　　　B. 反对"台独"
C. 一个中国原则　　　　　　　　D. 和平统一

【参考答案】C

27. 怎样理解全面准确贯彻"一国两制"、"港人治港"、"澳人治澳"、高度自治的方针？（论述）

【参考答案】

（1）贯彻这一方针，首先必须正确理解和把握"一国"和"两制"的关系。"一国两制"是一个完整的概念。"一国"是实行"两制"的前提和基础，"两制"从属和派生于"一国"，并统一于"一国"之内。"一国"是根，根深才能叶茂；"一国"是本，本固才能枝荣。要认识到，国家主体坚持实行社会主义制度，是香港、澳门实行资本主义制度、保持繁荣稳定的前提和保障；香港、澳门依照基本法实行"港人治港"、"澳人治澳"、高度自治，必须充分尊重国家主体实行的社会主义制度。要把坚持"一国"原则和尊重"两制"差异有机结合起来，做到坚守"一国"之本，实现"两制"和谐相处、相互促进，把实行社会主义制度的内地建设好，把实行资本主义制度的香港、澳门建设好。

（2）贯彻这一方针，还必须把维护中央对香港、澳门特别行政区全面管治权和保障特别行政区高度自治权有机结合起来。我国是单一制国家，中央对包括香港、澳门特别行政区在内的所有地方行政区域拥有全面管治权。香港、澳门两个特别行政区的高度自治权不是固有的，其唯一来源是中央授权。高度自治不是完全自治，中央对高度自治权的行使具有监督的权力，绝不允许以"高度自治"为名对抗中央的权力。推进"一国两制"实践，必须把维护中央对香港、澳门特别行政区全面管治权和保障特别行政区高度自治权有机结合起来，任何时候都不能偏废。

（3）贯彻这一方针，必须坚持一个中国原则、坚持"九二共识"。一个中国原则是两岸关系的政治基础。推动两岸关系和平发展，最根本的是坚持一个中国原则。虽然两岸迄今尚未统一，但中国的主权和领土完整从未分裂，两岸同属一个国家、两岸同胞同属一个民族，这一历史事实和法理基础从未改变，也不可能改变。体现一个中国原则的"九二共识"，明确界定了两岸关系的根本性质，是确保两岸关系和平发展的关键。

（4）贯彻这一方针，必须坚定反对"台独"这一两岸关系和平发展的最大现实威胁。"台独"分裂势力煽动两岸同胞敌意和对立，损害国家主权和领土完整，破坏台海和平稳定，阻挠两岸关系发展，只会给两岸同胞带来深重祸害。解决台湾问题、实现祖国完全统一，是全体中华儿女共

同愿望,是中华民族根本利益所在。我们绝不允许任何人、任何组织、任何政党、在任何时候、以任何形式、把任何一块中国领土从中国分裂出去。两岸同胞要坚决反对"台独"分裂势力,共同维护两岸关系和平发展局面。

十、当代国际社会与中国特色大国外交

28. 党的十九大报告指出,必须统筹国内国际两个大局,始终不渝走和平发展道路、奉行_____的开放战略。(单项选择)
   A. 互利共赢　　B. 互相合作　　C. 包容互信　　D. 开放共赢
   【参考答案】A

29. 积极促进"一带一路"国际合作,努力实现_____、设施联通、_____资金融通、_____,打造国际合作新平台,增添共同发展新动力。(多项选择)
   A. 政策沟通　　B. 贸易畅通　　C. 民心相通　　D. 人员互通
   【参考答案】ABC

30. 构建人类命运共同体思想内涵是什么?(简答)
   【参考答案】
   (1)构建人类命运共同体思想,是一个科学完整、内涵丰富、意义深远的思想体系,其核心就是建设持久和平、普遍安全、共同繁荣、开放包容、清洁美丽的世界。
   (2)政治上,秉持相互尊重、平等协商,努力构建对话而不对抗、结伴而不结盟的新型国际关系。
   (3)安全上,坚持对话协商,统筹应对传统与非传统安全威胁。
   (4)经济上,促进贸易和投资自由化便利化,推动全球化向着更加开放、包容、普惠、平衡和共赢的方向发展。
   (5)文化上,尊重世界文明多样性,以文明交流共存超越隔阂冲突。多样带来交流,交流孕育融合,融合产生进步。
   (6)生态上,坚持环境友好,合作应对气候变化、环境污染及治理等问题。建设生态文明关乎人类未来。

十一、中国特色社会主义事业的领导核心

31. 全党必须牢记,_____的问题,是检验一个政党、一个政权性质的试金石。(单项选择)
   A. 为什么人　　　　　　B. 执政宗旨
   C. 建党宗旨　　　　　　D. 权力来源
   【参考答案】A

32. 党的_____是党的根本性建设,决定党的建设方向和效果。(单项选择)
   A. 思想建设　　　　　　B. 政治建设
   C. 组织建设　　　　　　D. 制度建设
   【参考答案】B

33. 要尊崇党章,严格执行新形势下党内政治生活若干准则,增强党内政治生活的_____。(单项选择)
   A. 政治性、时代性、原则性、战斗性

B. 思想性、政治性、时代性、原则性
C. 政治性、思想性、时代性、原则性
D. 政治性、思想性、时代性、战斗性

【参考答案】A

34. 如何理解坚持党对一切工作的领导？（论述）

【参考答案】

（1）中国特色社会主义最本质的特征是中国共产党领导，中国特色社会主义制度的最大优势是中国共产党领导，党是最高政治领导力量。党政军民学，东西南北中，党是领导一切的。党的领导地位是历史的选择，也是人民的重托，归根到底是近代以来中国的历史逻辑、政治逻辑、实践逻辑所决定的。正是有了党的坚强领导，中国人民才从根本上改变了自己的命运，中国发展才取得了举世瞩目的伟大成就，中华民族才迎来了伟大复兴的光明前景。坚持党的领导，是党和国家的根本所在、命脉所在，是全国各族人民的利益所系、幸福所系。

（2）第一，坚持党对一切工作的领导，必须自觉维护党中央权威和集中统一领导，自觉在思想上政治上行动上同党中央保持高度一致。这是一条根本的政治规矩。

（3）第二，坚持党对一切工作的领导，要确保党始终总揽全局、协调各方。我国社会主义政治制度优越性的一个突出特点，就是坚持党总揽全局、协调各方的领导核心地位。中央委员会、中央政治局、中央政治局常委会，这是党的领导决策核心。党中央作出的决策部署，党的组织、宣传、统战、政法等部门要贯彻落实，人大、政府、政协、法院、检察院的党组织要贯彻落实，事业单位、人民团体等的党组织也要贯彻落实。

（4）第三，坚持党对一切工作的领导，同坚持党的民主集中制原则是一致的。我们党实行的民主集中制，是民主基础上的集中和集中指导下的民主相结合的制度，既要充分发扬民主，又要善于集中。一方面，党的重大决策都要严格按照程序办事，充分发扬民主，广泛听取意见和建议，做到兼听善听、防止偏听偏信，做到科学决策、民主决策、依法决策。另一方面，在充分发扬民主的基础上，要有正确的集中，党中央从全局出发，集中各方面智慧作出的决定，各地方各部门都要坚决贯彻执行，不允许任何人讨价还价。

第四单元　经济常识

第一章　商品和货币

第一节　商品

一、商品的使用价值和价值

商品是用来交换的劳动产品,它首先必须是一个有用物,能用来满足人们的某种需要。商品的有用性就是商品的使用价值。

每一种商品的使用价值,具有各不相同的性质,用来满足人们各种不同的需要。正因为各种商品具有不同的使用价值,它们之间才会发生交换关系。使用价值是商品的自然属性。商品必须有使用价值,但不能反过来说,凡是有使用价值的东西都是商品。商品不仅有使用价值,而且应有与其他商品相交换的属性,即应有交换价值。使用价值是交换价值的物质承担者。

交换价值首先表现为一种使用价值与另一种使用价值相交换的量的比例。那么,商品的交换价值又是由什么决定的呢？不同使用价值的商品可以按照一定的比例相互交换,这说明各种商品必然包含有某种同质的东西。因为只有同质的东西,才能从量上计算它们的比例关系。

一切商品从它们都是劳动产品、都有商品生产者的劳动凝结在里面这个角度看,就变成了性质相同的东西了。价值就是凝结在商品中的无差别的人类劳动,即一般人类劳动。劳动创造了价值,价值就是决定交换价值的基础,交换价值是价值的表现形式。价值是商品的社会属性,体现着商品生产者互相交换劳动的社会关系。

使用价值和价值是商品的两个基本属性,也称作商品的两个因素。商品是使用价值和价值的统一体。一种东西如果没有使用价值,即使在它上面付出大量劳动,也不能形成价值,因而不是商品,如工厂生产出的废品。有些对人类有很大的使用价值的天然物品,如阳光、空气和水,由于没有人的劳动耗费在其中,就没有价值,不能成为商品。但是,只要加上人的劳动,它们就有了价值,就可以成为同其他劳动产品相交换的商品,如把河水加工成自来水。可见,一种东西要成为商品,它必须既有使用价值又有价值,两者缺一不可。

二、社会必要劳动时间决定商品的价值量

商品的价值是劳动创造的,所以商品的价值量是由体现在商品中的劳动量决定的。劳动量是由劳动时间来计量的,而劳动时间又是以一定的时间单位如小时、日等作为尺度的。因此,商品的价值量是由生产这种商品所耗费的劳动时间决定的。

那么,是不是谁耗费的劳动时间多,谁的商品价值量就大;谁耗费的劳动时间少,谁的商品价值量就小呢?当然不是。因为如果这样,就不会出现有的厂家盈利多,有的厂家盈利少,有的厂家甚至亏本的情况了。

现实生活说明,商品是一个"天生的平等派",它不管个别生产者耗费的劳动时间有多大差别,在市场上出卖时,只能是同样商品卖同样的价钱,也就是说,同样商品的价值量是相同的。决定商品价值量的劳动时间,不是个别劳动时间,而是社会必要劳动时间。马克思说:"社会必要劳动时间是在现有的社会正常的生产条件下,在社会平均的劳动熟练程度和劳动强度下制造某种使用价值所需要的劳动时间。"

商品的价值量是由生产商品的社会必要劳动时间决定的。而社会必要劳动时间会随着劳动生产率的变化而变化。劳动生产率是指劳动者的生产效率,它通常用同一劳动在单位时间内生产某种产品的数量来表示,也可用生产单位产品的劳动时间来表示。单位时间生产的产品数量越多,或者说单位产品所消耗的劳动时间越少,说明劳动生产率越高。可见,社会劳动生产率越高,单位商品生产中耗费的社会必要劳动时间就越少,单位商品的价值量就越小。反之,社会劳动生产率越低,单位商品生产中耗费的社会必要劳动时间就越多,单位商品的价值量就越大。所以,商品的价值量与体现在商品中的社会必要劳动量成正比,与劳动生产率成反比。

第二节 货币

一、货币的产生

货币是商品交换发展的结果,是在商品交换漫长的历史发展过程中,从商品世界中游离出来固定地充当一般等价物的特殊商品。

充当一般等价物的商品,开始是不固定的。随着历史的发展,一般等价物最终固定在贵金属金和银上。金、银一旦固定地充当一般等价物,就成了货币。可见,货币是从商品世界分离出来的、固定地充当一般等价物的商品。货币的本质就是一般等价物。金、银能够充当货币,是因为金、银本身也是商品,具有价值。此外,金、银有着许多最适宜充当货币的优点。首先,体积小,价值大。开采金、银要耗费巨大的劳动,所以金、银价值大。金比银价值更大。这样人们只要携带少量的金、银,就能够买到大量的商品。其次,容易分割,质地均匀。金、银可以随意熔合,任意分割,而且其价值不会受到损失。最后,金、银不会腐烂,久藏不坏。所以,货币最终由贵金属金、银来承担,绝非偶然。

二、货币的职能

货币的职能是指货币在经济社会中所起的作用,它是货币本质的体现。货币自产生起,就具有价值尺度和流通手段两种基本职能。

1. 价值尺度

价值尺度,是指货币用来充当衡量和表现商品价值量大小的标准。

货币之所以能执行价值尺度的职能,能用来衡量其他一切商品的价值,是因为货币同其他商品一样,都是社会劳动的产物,本身包含着一定的价值。但执行价值尺度的职能时,可以是观念上的货币,而不必是现实的货币。

用货币表现出来的商品价值就是商品的价格。换言之,价格是价值的货币表现。我们平常讲的物价,就是商品的价格。

2. 流通手段

流通手段,是指货币充当商品交换的媒介。商品流通是以货币为媒介的商品交换。其公式为:商品—货币—商品。在这里,货币在两种商品的交换中起着媒介作用,也就是执行流通手段的职能。

执行流通手段职能的货币不能只是观念上的货币,而应该是实实在在的货币。

3. 货币的其他职能

货币除了具有价值尺度和流通手段两种基本职能外,还具有贮藏手段、支付手段、世界货币等职能。

货币退出流通领域,当作社会财富的代表被保存起来,这时货币执行着贮藏手段的职能。

货币执行支付手段的职能是随着商品赊账买卖的产生而出现的。在赊销赊购中,货币被用来偿还债务。后来,它又被用来支付地租、利息、税款、工资等。

当货币越出国内市场,在世界市场购买外国商品,支付国际收支差额,作为社会财富的代表在国与国之间转移时,它就有了世界货币的职能。

三、纸币

金属货币最初是以金银条块的形式流动的,每做一笔生意都要核实重量、检查成色,很不方便,于是就出现了具有一定形状、重量、成色和面额价值的铸币。金属铸币在长期流通过程中会逐渐磨损,成为不足值的货币,一般情况下并不影响它同足值的铸币一样使用。后来,又产生了作为价值符号的纸币。与金属货币相比,纸币的制作成本低,更易于保管、携带和运输,避免了铸币在流通中的磨损。所以,纸币被世界各国普遍使用。

纸币是由国家(或某些地区)发行的、强制使用的价值符号。国家有权发行纸币,但不可以任意发行纸币。纸币的发行量必须以流通中所需要的货币量为限度。如果纸币发行量超过了流通中实际需要的货币量,就会引起物价上涨。通货膨胀,是经济运行中出现的全面、持续的物价上涨的现象。而纸币发行量超过流通中实际需要的货币量,是导致通货膨胀的主要原因之一;但如果纸币发行量小于流通中实际需要的货币量,会使商品销售发生困难,直接阻碍商品流通,甚至引发通货紧缩。通货紧缩,是与通货膨胀相反的一种经济现象。它表现为物价全面持续下跌,通常伴随着经济衰退的出现。

随着信息技术的迅猛发展,特别是银行计算机网络化的实现,出现了用电子计算机进行储存、转账、购买、支付的"电子货币",人们越来越多地借助于银行的电子计算机系统完成自动转账业务。

四、信用工具和外汇

1. 信用工具

在核算一定时期的各项经济收支往来时,人们通常使用两种结算方式,一是现金结算,二是转账结算。前者是用纸币来完成经济往来的收付行为,后者是双方通过银行转账来完成经济往来的收付行为。信用卡、支票等,是经济往来结算中经常使用的信用工具。

信用卡。信用卡是具有消费、转账结算、存取现金、信用贷款等部分或全部功能的电子支付卡。其中,银行信用卡是商业银行对资信状况良好的客户发行的一种信用凭证。持卡人可以在发卡银行指定的消费场所消费,也可以在指定的营业机构存取现金或转账。使用信用卡可以集存款、取款、消费、结算、查询于一体,能减少现金的使用,简化收款手续,方便购物消费,增强消费安全,给持卡人带来诸多便利。

支票。支票是活期存款的凭证,是持票人委托银行等金融机构见票时无条件支付一定金额给收款人或者持票人的票据。凡在银行开立支票存款账户的,银行给予空白支票簿,存户可在其存款金额内签发支票。银行按照票面上签注的金额付款给持票人。

2. 外汇

同外国人做生意,出国旅游、购物,需要使用外汇。外汇是用外币表示的用于国际间结算的支付手段。使用外汇必须了解汇率。汇率又称汇价,是两种货币之间的兑换比率。如果用一定单位外币可以兑换更多的人民币,说明外币的汇率升高;反之,则说明外币汇率跌落。

保持人民币币值基本稳定,即对内保持物价总水平稳定,对外保持人民币汇率稳定,这对人民生活安定、国民经济又好又快发展,对世界金融稳定、经济发展,具有重要意义。

第三节 商品的价格

一、影响价格的因素

1. 供求影响价格

市场上同一商品的价格经常会发生变化,有时高,有时低;有的地方高,有的地方低。引起价格变动和差异的因素很多,如气候、时间、地域、生产条件、政策等,甚至宗教信仰、习俗等文化因素也能对价格产生影响。各种因素对商品价格的影响,是通过改变该商品的供求关系来实现的。

当一种商品供不应求时,商品短缺,购买者争相购买,销售者趁机提价,买方不得不接受较高的价格以满足自身的需要,于是出现"物以稀为贵"的现象。这就是所谓卖方市场。

当一种商品供过于求时,商品过剩,销售者竞相出售,购买者持币待购,卖方不得不以较低的价格处理过剩的存货,于是出现"货多不值钱"的现象。这就是所谓买方市场。

2. 价值决定价格

虽然价格的变动受到供求关系的影响,但价格最终是由价值决定的。价值是价格的基础,价格是价值的货币表现。市场上各种商品的价格高低不等,首先是因为它们所包含的价值量不同。在其他条件不变的情况下,商品的价值量越大,价格越高;商品的价值量越小,价格越低。

由于供求关系不断变化,商品的价格有时高于价值,有时低于价值。供不应求时,价格高于价值;供过于求时,价格低于价值。但是,价格既不可能无限上涨,也不可能无限下跌,而是以商品的价值为基础,始终围绕着价值上下波动。从单个交换过程来看,价格时涨时落,但从一段较长时间看,商品的价格总的来说仍然与价值相符合。

商品的价值量由生产该商品的社会必要劳动时间决定,商品交换以价值量为基础实行等价交换,是价值规律的基本内容。商品价格受供求关系的影响,围绕价值上下波动,则是价值规律的表现形式。

二、价格变动的影响

1. 对人们生活的影响

消费者享有消费的自由,可以根据商品价格的涨跌来决定要不要购买。一般来说,当某种商品的价格上升时,人们会减少对它的购买;当这种商品的价格下降时,人们会增加对它的购买。

价格变动会引起需求量的变动,但不同商品的需求量对价格变动的反应程度是不同的。粮食、食盐等生活必需品价格的上涨,往往不会导致消费者对其消费量的急剧减少。而液晶电视机、轿车等高档耐用品的价格的大幅度下降,则会导致消费者对其需求量的迅速增加。

消费者对既定商品的需求,不仅受该商品价格变动的影响,而且受相关商品价格变动的影响。

对于出行者来说,火车和飞机是可以相互替代的交通工具;对于一些家庭来说,牛肉和羊肉互为替代品。在可以替代的两种商品中,一种商品价格上升,消费者将减少对该商品的需求量,转而消费另一种商品,导致对另一种商品的需求量增加;反之,一种商品价格下降,消费者将增加对该商品的需求量,导致对另一种商品的需求量减少。

对于体育爱好者来说,乒乓球和乒乓球拍是互补商品。在有关互补关系的商品中,一种商品的价格上升,不仅使该商品的需求量减少,也会使另一种商品的需求量减少;反之,一种商品价格下降、需求量增加,会引起另一种商品需求量随之增加。

2. 对生产经营的影响

价格变动对生产的影响,集中地表现在以下几个方面:

调节生产规模。当市场上某种商品供过于求时,该商品的价格下降,生产者获利减少,这时生产者会压缩生产规模,减少产量。当商品供不应求时,该商品的价格上涨,生产者获利增加,这时生产者会扩大生产规模,增加产量。

提高劳动生产率。企业只有提高劳动生产率,才能缩短其生产商品的个别劳动时间,给自己的产品提供降价的空间,使其在价格竞争乃至生存竞争中更具优势。

促使企业生产适销对路的高质量产品。消费者购买商品是为了获得使用价值,哪个生产者能提供质量好的或其他企业无法生产的产品,他就能获得较大的市场份额,从而获取更多的利润。

【复习思考题】

1. 商品的两个因素是什么?
2. 商品的价值量是由什么决定的?
3. 货币有哪些职能?
4. 影响商品价格的因素是什么?
5. 价格变动对人们的生活和生产经营有哪些影响?

第二章 社会主义初级阶段的基本经济制度和分配制度

第一节 社会主义初级阶段的基本经济制度

一、社会主义初级阶段基本经济制度的确立

在社会主义初级阶段,应该建立怎样的所有制结构,确立什么样的基本经济制度,我们的认识有一个逐步深化的过程。新中国成立以后,适应当时的国际形势和快速工业化的要求,建立起了单一公有制的所有制结构。改革开放以后,公有制一统天下的局面被打破,形成了公有制为主体、多种所有制经济共同发展的格局。党的十五大,第一次明确提出,公有制为主体、多种所有制经济共同发展,是我国社会主义初级阶段的基本经济制度。这一制度的确立,是由社会主义性质和初级阶段国情决定的。第一,我国是社会主义国家,必须坚持公有制作为社会主义经济制度的基础;第二,我国处在社会主义初级阶段,生产力还不够发达,发展也很不平衡,需要在公有制为主体的条件下发展多种所有制经济;第三,一切符合"三个有利于"的所有制形式,都可以而且应该用来为发展社会主义服务。社会主义初级阶段的基本经济制度,既包括作为社会主义经济基础的公有制经济,也包括非公有制经济。把非公有制经济纳入基本经济制度之中,是因为它们同公有制经济一样,也是为社会主义服务的。

实践充分证明,我国基本经济制度的确立,实现了社会主义的本质要求和初级阶段的现实需要的有机统一,能够发挥多种所有制的优势,充分调动各方面的积极性,有利于促进经济社会的快速发展,有利于巩固和发展社会主义制度,具有巨大的优越性。党的十八届三中全会进一步提出,公有制为主体、多种所有制经济共同发展的基本经济制度是中国特色社会主义制度的重要支柱,也是社会主义市场经济体制的根基。公有制经济和非公有制经济都是社会主义市场经济的重要组成部分,都是我国经济社会发展的重要基础。

二、坚持公有制为主体、多种所有制经济共同发展

坚持和完善公有制为主体、多种所有制经济共同发展的基本经济制度,必须毫不动摇地巩固和发展公有制经济,坚持公有制的主体地位,发挥国有经济的主导作用,不断增强国有经济活力、控制力、影响力。必须毫不动摇地鼓励、支持和引导非公有制经济发展,激发非公有制经济活力和创造力。要把坚持公有制为主体,促进非公有制经济发展,统一于社会主义现代化建设的进程中,不能把两者对立起来。

1. 毫不动摇地巩固和发展公有制经济

毫不动摇地巩固和发展公有制经济,是坚持和完善社会主义初级阶段基本经济制度必须遵循的一条基本原则。马克思主义认为,所有制是社会经济制度的核心和基础,决定着社会经济

制度的性质。公有制经济是我国社会主义现代化建设的支柱和国家进行宏观调控的主要物质基础,是社会主义经济性质的根本体现。坚持公有制的主体地位,对于发挥社会主义制度的优越性具有关键性作用。我国的所有制结构改革,是以坚持公有制主体地位为前提的,发展多种所有制经济也是以确保公有制的主体地位为条件的。任何否定公有制主体地位的观点,在理论和实践上都是有害的。

巩固和发展公有制经济,坚持公有制经济主体地位,要全面认识公有制经济的含义。公有制经济包括国有经济和集体经济,以及混合所有制经济中的国有成分和集体成分。坚持公有制的主体地位,主要体现在两个方面:一是公有资产在社会总资产中占优势;二是国有经济控制国民经济命脉,对经济发展起主导作用。这是就全国而言的,有的地方、有些产业可以有所差别。公有资产既要有量的优势,更要注重质的提高。国有经济起主导作用,主要体现在控制力上。只要坚持公有制为主体,国有经济控制国民经济命脉,在经济中的控制力和竞争力得到增强,在这个前提下,国有经济比重减少一些,并不会影响我国的社会主义性质。

坚持公有制主体地位,要发挥国有经济主导作用,不断增强国有经济活力、控制力、影响力。国有经济是我国国民经济的支柱,是推进国家现代化、保障人民共同利益的重要力量。国有企业的改革发展,对完善社会主义市场经济体制和巩固社会主义制度,具有极为重要的意义。要坚持国有企业在国家发展中的地位不动摇,坚持国有企业搞好、做大做强不动摇。

巩固和发展公有制经济,还要努力寻找能够极大促进生产力发展的公有制实现形式。公有制经济的性质和实现形式是两个不同层次的问题。公有制经济的性质体现在所有权的归属上,坚持公有制的性质,根本的是坚持国家和集体对生产资料的所有权。所有制作为生产关系的基础,有公有制与私有制、社会主义与资本主义的区别。而所有制的实现形式是采取怎样的经营方式和组织形式问题,它不具有"公"与"私"、"社"与"资"的区分。实现形式要解决的是发展生产力的组织形式和经营方式问题。只要能够有利于生产力的发展,公有制的实现形式可以而且应当多样化,一切反映社会化生产规律的经营方式和组织形式都可以大胆利用。要根据社会化生产规律的要求,采取多样化的经营方式和资产组织形式,使国有经济在更大范围内获得广阔的发展空间。

2. 毫不动摇地鼓励、支持、引导非公有制经济发展

毫不动摇地鼓励、支持、引导非公有制经济发展,激发非公有制经济活力和创造力,是坚持和完善基本经济制度必须遵循的又一条原则。非公有制经济包括个体经济、私营经济、外商独资经济、混合所有制经济中的非公有制经济成分等。社会主义初级阶段的生产力水平和发展的不平衡性,给非公有制经济留下了广阔的空间。非公有制经济是促进经济社会发展的重要力量,在支撑增长、促进创新、扩大就业、增加税收等方面具有重要作用。要坚持权利平等、机会平等、规则平等,废除对非公有制经济各种形式的不合理规定,消除各种隐性壁垒,制定非公有制企业进入特许经营领域具体办法,保证各种所有制经济依法平等使用生产要素、公开公平公正参与市场竞争。

3. 坚持和完善基本经济制度,要积极发展混合所有制经济

混合所有制经济是基本经济制度的重要实现形式,是坚持公有制主体地位,增强国有经济活力、控制力、影响力的一个有效途径和必然选择。发展国有资本、集体资本、非公有资本等交叉持股、相互融合的混合所有制经济,有利于国有资本放大功能、保值增值、提高竞争力,有利于各种所有制资本取长补短、相互促进、共同发展。要允许更多国有经济和其他所有制经济发展成为混合所有制经济,国有资本投资项目允许非国有资本参股。允许混合所有制经济实行企业员工持股,形成资本所有者和劳动者利益共同体。

第二节　社会主义初级阶段的分配制度

一、社会主义初级阶段分配制度的主要内容

在社会主义初级阶段,实行公有制为主体、多种所有制经济共同发展的基本经济制度,决定了收入分配领域必然实行按劳分配为主体、多种分配方式并存的分配制度。

1. 按劳分配是社会主义的分配原则

社会主义之所以必须坚持按劳分配的主体地位,是由社会主义公有制和生产力发展水平决定的。公有制是实行按劳分配的所有制基础。公有制实现了人们在生产资料占有上的平等关系,排除了个人凭借对生产资料的所有权来无偿地占有他人劳动成果的可能;同时,劳动者在共同占有生产资料的基础上为社会提供劳动,社会则根据每个劳动者提供的劳动数量和质量进行收入分配。生产力水平是实行按劳分配的物质基础。在社会主义社会,生产力水平还没有达到高度发达的程度,社会产品还没有极大丰富,劳动还是谋生的手段,还没有成为生活的第一需要,不具备实行按需分配的条件。在现阶段,劳动者向社会提供的劳动数量和质量存在着差别。只有承认这种差别,并在个人收入分配上体现这种差别,才能充分调动劳动者的积极性。坚持按劳分配的主体地位,体现为按劳分配是全社会占主体的分配原则,也体现为它是公有制经济内部的主体分配原则。随着经济体制改革的深化,公有制的实现形式已经发生了深刻的变化,职工持股、法人持股以及同各种非公有经济的合营等各种形式纷繁多样,企业内部的分配形式也呈现多样化。在这样的条件下,虽然企业职工收入的来源和形式已经不仅仅依靠按劳分配,但是只要企业仍然是公有制或公有控股企业,按劳分配就仍然是企业内部职工收入的主要形式,职工收入主要仍然来自按劳分配。坚持按劳分配的主体地位对于坚持中国特色社会主义经济的性质具有重要意义。按劳分配是社会主义公有制在分配领域的体现,只有坚持按劳分配的主体地位,才能体现公有制的主体地位,才能保证人们相互之间在平等的经济关系基础上建立和谐的经济利益关系,才能保证向共同富裕这一目标前进。

2. 在社会主义初级阶段,多种分配方式并存是收入分配制度的一大特点

按劳分配以外的多种分配方式,其实质是按生产要素的占有状况进行分配。所谓按生产要素分配,就是指生产要素的所有者凭借其生产要素所有权从生产要素使用者那里获得收益。生产要素归纳起来可以分成两大类:一类是各种物质生产条件,如土地等自然资源以及各种生产资料;另一类则是人的劳动,包括人们在生产过程中提供的活劳动、技术、信息、管理等。实行按生产要素分配,必须健全劳动、资本、技术、管理等生产要素按贡献参与分配的制度,使多种分配方式的实现具有制度保证。社会主义初级阶段实行按生产要素分配有其必要性。各种生产要素都是物质财富和使用价值的源泉,是社会生产不可或缺的要素,这是按生产要素分配的物质基础;同时由于存在着多种所有制经济,当生产要素被排他性地占有时,实行按生产要素分配的原则,才能使各种生产要素得到充分有效的利用,这是按生产要素分配的经济基础。依据生产要素的不同类别,按生产要素分配大体可以区分为以下几种形式:按劳动力价值分配,按资本或资产等物质生产要素分配,按管理和知识类的生产要素,如科技发明、创造、信息、专利等形式参与生产成果的分配。

二、收入分配与社会公平

1. 社会公平的重要体现

公平的含义较宽泛,涉及经济、政治、法律等各个领域。合理的收入分配制度是社会公平的重要体现。

收入分配的公平,主要表现为收入分配的相对平等,即要求社会成员之间的收入差距不能过于悬殊,要求保证人们的基本生活需要。收入分配公平与平均主义有着根本的区别。公平的收入分配,是社会主义分配原则的体现,它有助于协调人们之间的经济利益关系,实现经济发展、社会和谐。

坚持和完善按劳分配为主体、多种分配方式并存的分配制度,为我国实现社会公平、形成合理有序的收入分配格局提供了重要的制度保证。

保证居民收入在国民收入分配中占合理比重、劳动报酬在初次分配中占合理比重是实现社会公平的重要举措。这有利于理顺国家、企业和个人三者的分配关系,维护劳动者利益;也有利于合理调整投资与消费的关系,促进经济社会协调健康发展。当前,要逐步提高居民收入在国民收入分配中的比重,提高劳动报酬在初次分配中的比重。着力提高低收入者的收入,逐步提高最低工资标准,建立企业职工工资正常增长机制和支付保障机制。

再分配更加注重公平是实现社会公平的另一重要举措。鼓励勤劳守法致富,扩大中等收入群体,增加低收入者收入,调节过高收入,取缔非法收入。坚持在经济增长的同时实现居民收入同步增长、在劳动生产率提高的同时实现劳动报酬同步提高。拓宽居民劳动收入和财产性收入渠道。履行好政府再分配调节职能,加快推进基本公共服务均等化,缩小收入分配差距。

2. 处理好效率与公平的关系

效率,是指经济活动中产出与投入的比率,它表示资源有效利用的程度。效率提高意味着资源的节约和社会财富的增加。效率是人类经济活动追求的基本目标之一。

在社会主义市场经济条件下,效率与公平具有一致性。一方面,效率是公平的物质前提。社会公平的逐步实现只有在发展生产力、提高经济效率、增加社会财富的基础上才有可能。没有效率作为前提和基础的公平,只能导致平均主义和普遍贫穷。另一方面,公平是提高经济效率的保证。只有公平分配,才能维护劳动者权益,激发劳动者发展生产、提高经济效率的积极性。效率与公平分别强调不同的方面,二者又存在矛盾。

发展社会主义市场经济,初次分配和再分配都要处理好效率与公平的关系,既要提高效率,又要促进公平。我国人口众多,人均自然资源相对匮乏。发展经济必须充分调动各方面的积极性,提高资源利用效率。同时,要将收入差距控制在合理的范围内,使分配的结果能促使人们奋进,使社会具有生机和活力。

处理好效率与公平的关系,既要反对平均主义,又要防止收入差距悬殊;既要落实分配政策,又要提倡奉献精神,在鼓励人们创业致富的同时,倡导回报社会和先富帮后富。

三、共同富裕是社会主义的根本目标

共同富裕是社会主义所要实现的根本目标。在私有制社会中,只有少数人的富裕。社会主义社会的建立,为达到共同富裕这一理想境界开辟了道路。

共同富裕不是同时富裕、同等富裕。社会主义实行按劳分配的结果,必然是一部分人先富裕起来。在以劳动为尺度分配个人消费品的条件下,一些人向社会提供的劳动数量较多、质量较高、家庭负担又较轻,他们必然较早地富裕起来。由于我国生产力的发展很不平衡,那些物质条件和人力条件较好的地区、企业,劳动者的收入也比较高。我国还存在除按劳分配外的其他一些分配方式,也会使一部分人先富起来。可见,要求所有的劳动者和所有地区同时、同等程度地富裕起来,在我国现阶段是不可能做到的。

在通过"先富"走向"共富"的道路上,必须反对和克服平均主义,防止和纠正收入差别过分悬殊这两种分配不公的错误倾向,初次分配和再分配都要处理好效率和公平的关系,再分配要更加注重公平。同时,还应提高公众纳税意识,完善国家税收机制。这样,我们就能通过先富带动后富,逐步走向共同富裕。

【复习思考题】

1. 我国社会主义初级阶段的基本经济制度是什么?
2. 社会主义初级阶段的分配制度是什么?
3. 如何处理公平与效率之间的关系?

第三章 建设现代化经济体系

第一节 创新、协调、开放、绿色、共享的发展理念

一、新发展理念是关系我国发展全局的一场深刻变革

发展是一个不断变化的进程,发展环境不会一成不变,发展条件不会一成不变,发展理念自然也不会一成不变。创新、协调、绿色、开放、共享的发展理念不是凭空得来的,而是在深刻总结国内外发展经验教训、分析国内外发展大势的基础上形成的,也是针对我国发展中的突出矛盾和问题提出来的,集中反映了我们党对我国发展规律的新认识。

新发展理念是针对世界经济复苏低迷形势、我国经济发展进入新常态提出的治本之策。当前,国际金融危机深层次影响还在持续,世界经济复苏进程仍然曲折,保护主义、单边主义、民粹主义以及逆全球化思潮抬头,对我国发展影响不可低估。同时,我国经济发展进入新常态,转方式、调结构的要求日益迫切。面对这种新变化新情况,再坚持粗放发展模式、简单地追求增长速度,显然行不通,必须确立新发展理念来引领和推动我国经济发展,实现由高速增长阶段转向高质量发展阶段,不断开创经济发展新局面。

新发展理念是针对当前我国发展面临的突出问题和挑战提出来的战略指引。创新,注重的是解决发展动力问题,在国际发展竞争日趋激烈和我国发展动力转换的形势下,只有把发展基点放在创新上,形成促进创新的体制架构,才能塑造更多依靠创新驱动、更多发挥先发优势的引领型发展。协调,注重的是解决发展不平衡问题,只有坚持区域协同、城乡一体、物质文明精神文明并重、经济建设国防建设融合,才能在协调发展中拓宽发展空间,在加强薄弱领域中增强发展后劲。绿色,注重的是解决人与自然和谐问题,只有坚持绿色富国、绿色惠民,为人民提供更多优质生态产品,推动形成绿色发展方式和生活方式,才能协同推进人民富裕、国家富强、中国美丽。开放,注重的是解决发展内外联动问题,只有丰富对外开放内涵,提高对外开放水平,协同推进战略互信、经贸合作、人文交流,才能开创对外开放新局面,形成深度融合的互利合作格局。共享,注重的是解决社会公平正义问题,只有让广大人民群众共享改革发展成果,才能真正体现社会主义制度优越性。

新发展理念是我国发展理论的又一次重大创新。改革开放 40 年来,我们党总是根据形势和任务的变化,适时提出相应的发展理念和战略,引领和指导发展实践。从以经济建设为中心、发展是硬道理,到发展是党执政兴国的第一要务,到坚持科学发展、全面协调可持续发展,到坚持五位一体总体布局,每一次发展理念、发展思路的创新和完善,都推动实现了发展的新跨越。党的十八大以来,以习主席为核心的党中央着眼新的发展实践,深入推进党的理论创新,在发展目标、发展动力、发展布局、发展保障等方面形成了一系列新理念新思想新战略。新发展理念,体现了对新的发展阶段基本特征的深刻洞悉,体现了对社会主义本质要求和发展方向的科学把

握,标志着我们党对经济社会发展规律的认识达到了新的高度,是我国经济社会发展必须长期坚持的重要遵循。

二、准确把握新发展理念的科学内涵

创新、协调、绿色、开放、共享的发展理念,是管全局、管根本、管长远的导向,具有战略性、纲领性、引领性。

创新是引领发展的第一动力。发展动力决定发展速度、效能、可持续性。对我国这么大体量的经济体来讲,如果动力问题解决不好,要实现经济持续健康发展和"两个翻番"是难以做到的。坚持创新发展,是分析近代以来世界发展历程特别是总结我国改革开放成功实践得出的结论,是应对发展环境变化、增强发展动力、把握发展主动权,更好引领新常态的根本之策。习主席指出,抓住了创新,就抓住了牵动经济社会发展全局的"牛鼻子"。树立创新发展理念,就必须把创新摆在国家发展全局的核心位置,不断推进理论创新、制度创新、科技创新、文化创新等各方面创新,让创新贯穿党和国家一切工作,让创新在全社会蔚然成风。

协调是持续健康发展的内在要求。新形势下,协调发展具有一些新特点。比如,协调既是发展手段又是发展目标,同时还是评价发展的标准和尺度;协调是发展两点论和重点论的统一,既要着力破解难题、补齐短板,又要考虑巩固和厚植原有优势,两方面相辅相成、相得益彰,才能实现高水平发展;协调是发展平衡和不平衡的统一,协调发展不是搞平均主义,而是更注重发展机会公平、更注重资源配置均衡;协调是发展短板和潜力的统一,协调发展就是找出短板,在补齐短板上多用力,通过补齐短板挖掘发展潜力、增强发展后劲。树立协调发展理念,就必须牢牢把握中国特色社会主义事业总体布局,正确处理发展中的重大关系,重点促进城乡区域协调发展,促进经济社会协调发展,促进新型工业化、信息化、城镇化、农业现代化同步发展,在增强国家硬实力的同时注重提升国家软实力,不断增强发展整体性。

绿色是永续发展的必要条件和人民对美好生活追求的重要体现。绿色发展,就是要解决好人与自然和谐共生问题。人类发展活动必须尊重自然、顺应自然、保护自然,否则就会遭到大自然的报复,这个规律谁也无法抗拒。人因自然而生,人与自然是一种共生关系,对自然的伤害最终会伤及人类自身。只有尊重自然规律,才能有效防止在开发利用自然上走弯路。树立绿色发展理念,就必须坚持节约资源和保护环境的基本国策,坚持可持续发展,坚定走生产发展、生活富裕、生态良好的文明发展道路,加快建设资源节约型、环境友好型社会,形成人与自然和谐发展现代化建设新格局,推进美丽中国建设,为全球生态安全作出新贡献。

开放是国家繁荣发展的必由之路。实践告诉我们,要发展壮大,必须主动顺应经济全球化潮流,坚持对外开放,充分运用人类社会创造的先进科学技术成果和有益管理经验。要看到现在搞开放发展,面临的国际国内形势同以往有很大不同,总体上有利因素更多,但也面临更深层次的风险挑战:国际力量对比正在发生前所未有的积极变化,但更加公正合理的国际政治经济秩序的形成依然任重道远;世界经济逐渐走出国际金融危机阴影,但还没有找到全面复苏的新引擎;我国在世界经济和全球治理中的分量迅速上升,但经济大而不强问题依然突出,我国经济实力转化为国际制度性权力依然需要付出艰苦努力;我国对外开放进入引进来和走出去更加均衡的阶段,但支撑高水平开放和大规模走出去的体制和力量仍显薄弱。树立开放发展理念,就必须顺应我国经济深度融入世界经济的趋势,奉行互利共赢的开放战略,坚持内外需协调、进出口平衡、引进来和走出去并重、引资和引技引智并举,发展更高层次的开放型经济,积极参与全球经济治理和公共产品供给,提高我国在全球经济治理中的制度性话语权,构建广泛的利益共同体。

共享是中国特色社会主义的本质要求。共享发展理念,其内涵主要有四个方面。一是全民共享,即共享发展是人人享有、各得其所,不是少数人共享、一部分人共享。二是全面共享,即共享发展就要共享国家经济、政治、文化、社会、生态文明各方面建设成果,全面保障人民在各方面的合法权益。三是共建共享,即只有共建才能共享,共建的过程也是共享的过程。四是渐进共享,即共享发展必将有一个从低级到高级、从不均衡到均衡的过程,即使达到很高的水平也会有差别。树立共享发展理念,就必须坚持发展为了人民、发展依靠人民、发展成果由人民共享,作出更有效的制度安排,使全体人民在共建共享发展中有更多获得感,增强发展动力,增进人民团结,朝着共同富裕方向稳步前进。

创新、协调、绿色、开放、共享的发展理念,相互贯通、相互促进,是具有内在联系的集合体,要统一贯彻,不能顾此失彼,也不能相互替代。哪一个发展理念贯彻不到位,发展进程都会受到影响。一定要深化认识,从整体上、从内在联系中把握新发展理念,增强贯彻落实的全面性系统性,不断开拓发展新境界。

第二节　建设现代化经济体系的主要任务

建设现代化经济体系是党中央从党和国家事业全局出发,着眼于实现"两个一百年"奋斗目标、顺应中国特色社会主义进入新时代的新要求作出的重大决策部署。国家强,经济体系必须强。只有形成现代化经济体系,才能更好顺应现代化发展潮流和赢得国际竞争主动,也才能为其他领域现代化提供有力支撑。我们要按照建设社会主义现代化强国的要求,加快建设现代化经济体系,确保社会主义现代化强国目标如期实现。

现代化经济体系,是由社会经济活动各个环节、各个层面、各个领域的相互关系和内在联系构成的一个有机整体。要建设创新引领、协同发展的产业体系,实现实体经济、科技创新、现代金融、人力资源协同发展,使科技创新在实体经济发展中的贡献份额不断提高,现代金融服务实体经济的能力不断增强,人力资源支撑实体经济发展的作用不断优化。要建设统一开放、竞争有序的市场体系,实现市场准入畅通、市场开放有序、市场竞争充分、市场秩序规范,加快形成企业自主经营公平竞争、消费者自由选择自主消费、商品和要素自由流动平等交换的现代市场体系。要建设体现效率、促进公平的收入分配体系,实现收入分配合理、社会公平正义、全体人民共同富裕,推进基本公共服务均等化,逐步缩小收入分配差距。要建设彰显优势、协调联动的城乡区域发展体系,实现区域良性互动、城乡融合发展、陆海统筹整体优化,培育和发挥区域比较优势,加强区域优势互补,塑造区域协调发展新格局。要建设资源节约、环境友好的绿色发展体系,实现绿色循环低碳发展、人与自然和谐共生,牢固树立和践行绿水青山就是金山银山理念,形成人与自然和谐发展现代化建设新格局。要建设多元平衡、安全高效的全面开放体系,发展更高层次开放型经济,推动开放朝着优化结构、拓展深度、提高效益方向转变。要建设充分发挥市场作用、更好发挥政府作用的经济体制,实现市场机制有效、微观主体有活力、宏观调控有度。以上几个体系是统一整体,要一体建设、一体推进。我们建设的现代化经济体系,要借鉴发达国家有益做法,更要符合中国国情、具有中国特色。

建设现代化经济体系,需要扎实管用的政策举措和行动。要突出抓好以下几方面工作。一是要大力发展实体经济,筑牢现代化经济体系的坚实基础。实体经济是一国经济的立身之本,是财富创造的根本源泉,是国家强盛的重要支柱。要深化供给侧结构性改革,加快发展先进制造业,推动互联网、大数据、人工智能同实体经济深度融合,推动资源要素向实体经济集聚、政策措施向实体经济倾斜、工作力量向实体经济加强,营造脚踏实地、勤劳创业、实业致富的发展环境和社会氛围。二是要加快实施创新驱动发展战略,强化现代化经济体系的战略支撑,加强国家创新体系建设,强化战略科技力量,推动科技创新和经济社会发展深度融合,塑造更多依靠创新驱动、更多发挥先发优势的引领型发展。三是要积极推动城乡区域协调发展,优化现代化经济体系的空间布局,实施好区域协调发展战略,推动京津冀协同发展和长江经济带发展,同时协调推进粤港澳大湾区发展。乡村振兴是一盘大棋,要把这盘大棋走好。四是要着力发展开放型经济,提高现代化经济体系的国际竞争力,更好利用全球资源和市场,继续积极推进"一带一路"框架下的国际交流合作。五是要深化经济体制改革,完善现代化经济体系的制度保障,加快完善社会主义市场经济体制,坚决破除各方面体制机制弊端,激发全社会创新创业活力。

【复习思考题】

1. 如何准确把握新发展理念的科学内涵?
2. 建设现代化经济体系有哪些主要任务?

第四章 对外开放的社会主义经济

第一节 经济全球化带来的机遇和挑战

一、经济全球化内涵及其主要表现

1. 经济全球化的内涵

经济全球化是指生产、贸易、金融等经济活动超越国界,向全球拓展的过程,是资本、能源、技术、劳务等生产要素在全球配置和自由流通的过程,是各国经济相互依存和融合不断加强的过程。经济全球化的不断深化是当今世界发展的客观趋势和基本特征。推动我国发展,必须主动顺应经济全球化潮流,主动参与和推动经济全球化进程,发展更高层次的开放型经济。

2. 经济全球化的主要表现

经济全球化是当今世界经济最为突出的特点。主要表现为:

生产全球化日益深入,跨国公司更趋活跃。经济全球化是各国生产过程更加紧密的结合在一起,国际产业结构调整和转移加快,国际分工进一步深化,水平型国际分工取代过去的垂直型分工,发达国家与发展中国家之间的部门间分工,发达国家之间部门内部分工,跨国公司内部分工和同一产品生产过程的国际分工,成为国际分工的主要方式。

贸易自由化在深度和广度上不断拓展。经济全球化的发展,是各种贸易壁垒不断被突破,贸易自由化便利化不断加强不仅极大的促进了国际贸易的增长,而且促进了国际贸易结构发生深刻变化,生产全球化的发展和产业结构的调整,使国际贸易结构发生深刻变化,包括旅游、运输、知识产权和与贸易有关的投资措施等服务性贸易在国际贸易中的比重不断上升。

金融国际化不断加快,国际资本流动空前增加。随着信息技术在金融领域被广泛应用,金融自由化浪潮席卷全球,全球金融市场空前发展,金融机构国际化趋势不断加强,金融产品日趋多样化,金融国际化的发展,是各国的经济活动,越来越多的同国际金融市场相联系。

科技全球化日新月异。科技革命进程加快,科技成果迅速应用转化,国际科技合作不断加强,生产全球化带来的技术全球性扩展使科技全球化成为经济全球化的重要表现之一。

人员跨国界流动规模不断扩大。经济全球化的发展,促进了以劳务、旅游和移民等为主导的人员跨国界流动,大规模增加,进一步促进了全球化发展。

二、经济全球化的作用

1. 经济全球化的积极作用

经济全球化对每个国家来说都是一把"双刃剑",既是机遇,也是挑战,经济全球化的积极作用,表现在以下几个方面。

有利于各国生产要素的优化配置和合理利用。一国经济运行的效率,无论多高,总要受本国资源和市场的限制,只有全球资源和市场一体化,才能使一国经济在目前条件下,最大限度的摆脱资源和市场的束缚,经济全球化可以实现以最有利的条件来进行生产,以最有利的市场来进行销售,生产要素得以在全球范围内优化配置,各个国家可在世界经济的密切交往中实现优势互补,提高经济效益。

促进了国际分工的发展和国际竞争力的提高。经济全球化促进了世界市场的不断扩大和区域统一,是国际分工更加深化,各国可以充分发挥自身优势,根据世界市场竞争的要求,从事能获得最大限度的比较优势的产品生产,提高生产效率,经济全球化,可以弥补各国资本,技术等生产要素的不足,是各国积极参与国际市场竞争,迅速实现产业演进和制度创新,提高自身的国际竞争力。

为发展中国家利用后发优势实现跨越式发展提供机遇。产业结构的世界范围梯度转移,为不同发展水平的国家适应世界范围产业结构调整创造条件,所有国家都能利用信息技术和现代运输技术加入全球产品与服务贸易市场,有助于缩小强势国家与弱势国家之间的差距,广大发展中国家获得更多发展机遇。

促进世界经济多极化发展。经济全球化使国际经济关系更加复杂,它使以往的国别关系、地区关系发展成为多极关系和全球关系,推动了处理这些关系的国际协调和合作机制的发展,并导致一系列全球性经济规则的产生,使参与经济全球化进程的国家让渡或放弃部分主权,形成和遵守这些经济规则。因此,从这个意义上说,经济全球化是一个制度变迁的过程,是一个既相互竞争又相互融合渗透的过程。

2. 经济全球化的消极作用

由于经济全球化会导致严重的不平等、不公平和全球贫富分化的加剧,因此并不是所有国家和民众都能平等地从全球化中获益,反全球化运动浪潮就成为对全球化负效应的集中回应。经济全球化的消极作用,主要表现在两个方面:

一方面,经济全球化加剧了世界资源配置和经济发展的不平衡。经济全球化是在不公平不合理的国际经济旧秩序没有根本转变的情况下发生和发展的,是南北发展差距继续扩大,贫富分化加剧。作为资本和先进技术的主要拥有者,发达国家总是处在全球化的中心地位,这使它们在价格制定等方面具有主导权,并可以利用对世界银行、国际货币基金组织、世界贸易组织的控制权,制定利己规则,实行趋同化标准,强迫发展中国家开放市场;发展中国家则总是处在边缘地位,必然造成富者越富,贫者越贫。

另一方面,经济全球化使主权国家的经济安全面临严峻挑战。经济全球化把市场经济的盲目性、自发性、滞后性、无序性等扩展到全球范围。由于各个经济紧密的联系在一起,导致经济动荡和经济萧条在国际间的传递、放大,特别是国际资本的巨额流动和国际金融投机活动的规模,远远超过许多国家的抵御能力,使主权国家的经济安全受到空前巨大的压力,对发展中国家的负面影响更应引起注意。同样是两场百年一遇的大危机,20世纪30年代的大萧条,冲击的主要是欧美国家,但2008年始于美国的金融危机则席卷全球,世界各国都被波及。现在不仅大国打喷嚏小国会感冒,小国风吹草动,也可能产生蝴蝶效应。比如欧洲个别中小经济体的国内债务危机,快速演变为整个欧洲的主权债务危机,影响波及全球。

第二节 形成全面开放新格局

一、对外开放是一项基本国策

开放带来进步,封闭必然落后。中国开放的大门不会关闭,只会越开越大。开放也是改革,改革和开放密不可分、相辅相成。20世纪70年代末,中国在改革的同时,实行对外开放,并逐步把它作为一项长期坚持的基本国策。40年来,对外开放和改革一起成为当代中国最鲜明的特色,成为推动中国特色社会主义发展的强大动力,在全面建成小康社会,全面深化改革的进程中,强调必须牢牢毫不动摇地坚持对外开放,主要是基于以下几方面的原因:

一是对中国发展历史经验教训深刻总结的结果。邓小平说:"现在任何国家要发达起来,闭关自守都不可能,我们吃过这个苦头,我们的老祖宗吃过这个苦头。"经验表明,关起门来搞建设是不可能成功的,只会限制自己的发展,甚至给国家和民族带来灾难。综观世界历史,每个强国盛世都是开放的。从我国经验看,也是越开放越发展,越发展越开放,40年来,我们从建立经济特区到开始沿海、沿江、沿边内陆地区再到加入世界贸易组织,从大规模"引进来"到大踏步"走出去",形成了开放型经济,货物贸易进出口总额、吸收利用外资、外汇储备等均位居世界第一,服务贸易、对外投资发展迅速,对外开放成为推动发展持续不断的动力。

二是顺应经济全球化大势和科技发展机遇的客观要求。历史告诉我们,一个国家要发展繁荣,必须把握和顺应世界发展大势。现在的世界是开放的,世界开放是世界经济发展的历史趋势,在以信息化为基础的新技术革命推动下,经济全球化趋势快速推进,世界经济联系越发紧密,各国相互依赖和利益交融程度进一步加深,为在国际分工和国际竞争中获取最大利益,各国纷纷实行更加开放的政策。20世纪80年代以来,我们抓住了经济全球化和新科技革命的机遇,通过对外开放特别是通过加入世界贸易组织,主动参与经济全球化,综合国力上了一个大台阶。当前我们正面对推进科技创新的重要历史机遇,机不可失,时不再来,必须紧紧抓住。

三是为了借鉴和吸收人类文明的一切优秀成果。人类文明源远流长、灿烂辉煌,各种文明"五色交辉,相得益彰;八音合奏,终和且平",推动了人类的共同进步。资本主义经过几百年的发展,特别是一些发达国家,在经济、科技、教育、文化和社会管理等方面积累了丰富的经验,取得了许多历史性的文明成果。社会主义作为崭新的社会制度,必须大胆借鉴、吸收人类社会包括资本主义社会创造出来的文明成果,根据国情,结合新的实践进行新的创造,这样才能加快发展,赢得同资本主义相比较的优势。

四是加快社会主义现代化建设的需要。在我们这样一个人口众多的发展中的社会主义大国,任何时候都不可能依靠别人搞建设,必须始终把独立自主、自力更生作为自己发展的根本基点,但同时又需要开拓国际市场,利用国外资源,坚持互利共赢。独立自主是实行对外开放的目的,对外开放是实现独立自主发展的手段。在推进对外开放的过程中,努力做到利用国际有利条件和充分发挥我国优势相结合,扩大引进技术和全面增强自主创新能力相结合,利用外资和大力促进国内产业结构优化升级相结合,支持"走出去"战略和缓解国内短缺资源约束相结合,促进内外资源合理配置,内外市场互为补充,提高我国经济的整体竞争力,增强独立自主的能力。

实行对外开放,使中国成功实现了从封闭半封闭到全方位开放的伟大历史转变,中国已经越来越多地融入世界,在促进自身快速发展的同时,也为世界的繁荣发展作出了重要贡献。从当今时代和世界发展趋势看,全球化的加速使各国经济联系越发紧密,面临的共同问题、共同利益和相互依存度增加,这更要求实行开放式发展战略,共同应对挑战,在合作共赢中发展。中国对外开放的大门打开就不会关上,不但不会关上,而且会在更大范围更宽领域更深层次上开放。中国对外开放不是权宜之计,而是必须长期坚持的基本国策。

二、全面开放的基本内涵

党的十九大强调,要以"一带一路"建设为重点,坚持引进来和走出去并重,遵循共商共建共享原则,加强创新能力开放合作,形成陆海内外联动、东西双向互济的开放格局。这一重大工作部署,既包括开放范围扩大、领域拓宽、层次加深,也包括开放方式创新、布局优化、质量提升,具有深远战略意义。坚持主动开放,把开放作为发展的内在要求,更加积极主动地扩大对外开放。坚持双向开放,把引进来与走出去更好结合起来,拓展经济发展空间。坚持全面开放,推动形成陆海内外联动、东西双向互济的开放格局。坚持公平开放,构建公平竞争的内外资发展环境。坚持共赢开放,推动经济全球化朝着普惠共赢方向发展。坚持包容开放,探索求同存异、包容共生的国际发展合作新途径。

三、中国开放的大门越开越大

纵观世界发展大势,经济全球化是不可逆转的时代潮流。中国坚持对外开放的基本国策,坚持打开国门搞建设,中国开放的大门不会关闭,只会越开越大!

推进"一带一路"建设。"一带一路"建设是我国扩大对外开放的重大举措。要着力把"一带一路"建成和平之路、繁荣之路、开放之路、创新之路、文明之路。共建"一带一路"倡议源于中国,但机会和成果属于世界,中国不打地缘博弈小算盘,不搞封闭排他小圈子,不做凌驾于人的强买强卖。秉持和遵循共商共建共享的原则,把"一带一路"打造成为顺应经济全球化潮流的最广泛国际合作平台,让共建"一带一路"更好造福各国人民。

加快贸易强国建设。要加快转变外贸发展方式,从以货物贸易为主向货物和服务贸易协调发展转变,从依靠模仿跟随向依靠创新创造转变,从大进大出向优质优价、优进优出转变。加快货物贸易优化升级,鼓励高新技术、装备制造、品牌产品出口,引导加工贸易转型升级。促进服务贸易创新发展,改革服务贸易发展机制,大力发展服务外包,打造"中国服务"国家品牌。培育贸易新业态新模式,支持跨境电子商务、市场采购贸易、外贸综合服务等健康发展,打造外贸新的增长点。实施更加积极的进口政策,不以追求贸易顺差为目标,主动扩大进口,向世界表明中国愿意打开自己的市场、分享发展机遇。

改善外商投资环境。加强利用外资法治建设,统一内外资法律法规,制定新的外资基础性法律,与国家对外开放大方向和大原则不符的法律法规和条款要限期废止或修订。完善外商投资管理体制,营造公平竞争的市场环境,全面实行准入前国民待遇加负面清单管理制度,依法给予内外资企业同等待遇。大幅度放宽市场准入,放宽银行、证券、保险行业外资股比限制,放宽外资金融机构设立限制,扩大外资金融机构在我国业务范围,拓宽中外金融市场合作领域。保护外商投资合法权益,不以强制转让技术作为市场准入的前提条件。加强知识产权保护,严厉打击侵权假冒违法犯罪行为,鼓励中外企业开展正常技术交流合作。

优化区域开放布局。加大西部开放力度,完善口岸、跨境运输等开放基础设施,实施更加灵活的政策,在西部地区形成若干开放型经济新增长极。赋予自由贸易试验区更大改革自主权,鼓励地方大胆试、大胆闯、自主改,形成更多制度创新成果,进一步彰显全面深化改革和扩大开放的试验田作用。支持海南全岛建设自由贸易试验区,支持海南逐步探索、稳步推进中国特色自由贸易港建设,打造开放层次更高、营商环境更优、辐射作用更强的开放新高地。

创新对外投资方式。促进国际产能合作,在更高层面上、更广空间内参与国际合作,培育互利共赢的新格局。加强对海外并购的引导,重在扩大市场渠道、提高创新能力、打造国际品牌,增强企业核心竞争力。规范海外经营行为,引导企业遵守东道国法律法规、保护环境、履行社会责任,遏制恶性竞争,努力实现共同、可持续的发展。健全服务保障,加强和改善信息、法律、领事保护等服务,保障海外人员安全,维护海外利益。

促进贸易和投资自由化便利化。支持多边贸易体制,落实世贸组织《贸易便利化协定》,积极参与服务贸易协定、政府采购协定等谈判。稳步推进自由贸易区建设,推动区域全面经济伙伴关系协定早日达成,推进亚太自贸区和东亚经济共同体建设,逐步构筑起立足周边、辐射"一带一路"、面向全球的高标准自由贸易区网络。继续与有关国家商谈高水平的投资协定以及各种形式的优惠贸易安排,妥善应对贸易摩擦,既管控好分歧,又维护好利益。人类的历史就是在开放中发展的。40多年来,中国共产党领导中国人民坚持对外开放基本国策,打开国门搞建设,成功实现从封闭半封闭到全方位开放的伟大转折。面向未来,我们也必将在更加开放的条件下,推动中国经济实现高质量发展,以实际行动推动经济全球化造福世界各国人民。

【复习思考题】

1. 经济全球化的主要表现有哪些?
2. 如何正确认识经济全球化的作用?
3. 为什么必须毫不动摇地坚持对外开放?
4. 如何把握全面开放的基本内涵?

典型例题

一、商品和货币

1. 近年来,我国加大了知识产权保护的力度,在使用相关知识产权时经原创人员同意且给予相关报酬。下列与知识产权性质相同的是_____。(单项选择)

  A. 自然状态的空气   B. 商店里的商品
  C. 好朋友送的礼物   D. 家庭餐桌上自产的蔬菜
【参考答案】B

2. 即使供不应求,一辆普通的自行车的价格再涨,也不会比一辆汽车的价格高。从根本上说这是因为_____。(单项选择)

  A. 生产一辆汽车比生产一辆普通自行车耗费的社会必要劳动时间多

B. 生产一辆汽车比生产一辆普通自行车耗费的个别劳动时间多
C. 一辆汽车的实用性比一辆普通自行车的实用性大得多
D. 喜欢坐汽车的人比喜欢骑普通自行车的人多

【参考答案】A

3. 怎样认识"液晶电视刚上市时,价格很高,现在却越来越便宜"这种现象?(简答)

【参考答案】

（1）商品的价格是由价值决定的。一般来说,价值量大的商品价格高。

（2）商品的价值是由生产该商品所耗费的社会必要劳动时间决定的。生产商品所耗费的社会必要劳动时间多,商品的价值量就大,价格就高。

（3）社会劳动生产率提高时,生产商品的社会必要劳动时间减少,商品的价值量变小,商品的价格就降低。

（4）一般来说,商品供不应求,价格上涨;供过于求,价格下跌。

（5）液晶电视刚上市时,由于技术等方面的原因,其成本高,耗费的社会必要劳动时间多,商品的价值量大,供不应求,因而价格高。

（6）随着科学技术的发展,生产液晶电视机的社会劳动生产率不断提高,生产液晶电视机的社会必要劳动时间缩短,电视机的价值量减少,供给量也大为增加,因而价格不断降低。

二、社会主义初级阶段的基本经济制度和分配制度

4. 2016年上半年,攀枝花市非公有制经济增加值占攀枝花市经济总量（GDP）的比重为49.5%,比去年同期提高0.9个百分点,非公有制经济比重逐年提高,已成为攀枝花市经济的重要组成部分。对此,下列认识正确的是_____。（单项选择）

① 非公有制经济在我国国民经济中具有主体地位
② 非公有制经济在一定程度上促进了经济社会发展
③ 非公有制经济在我国国民经济中具有合法地位
④ 非公有制经济已成为攀枝花市国民经济的主体

A. ①④　　　B. ①②　　　C. ①③　　　D. ②③

【参考答案】D

5. 我国现阶段实行按劳分配为主体、多种分配方式并存的分配制度。实行这种分配制度的根本原因是_____。（单项选择）

A. 我国实行公有制为主体、多种所有制经济共同发展的基本经济制度
B. 我国构建和谐社会的客观要求
C. 我国现阶段生产力发展的水平和特点
D. 社会主义条件下人们劳动的性质和特点

【参考答案】C

6. 甲是某国企的员工,收入主要是工资和奖金;乙是私营企业主;丙是某独资外企的技术人员;丁承包本村土地进行种植获取收入。下列关于他们收入方式的说法正确的是_____。（单项选择）

A. 甲和乙是按劳分配
B. 甲和丁是按生产要素分配

C. 丙和丁是按劳分配
D. 乙和丙是按生产要素分配

【参考答案】D

7. 在市场经济条件下,市场在资源配置中起决定性作用。所以,市场是唯一的资源配置手段。(判断)

【参考答案】

(1)这个观点是错误的。

(2)市场经济本质上就是市场决定资源配置的经济,发展社会主义市场经济,就要让市场在资源配置中发挥决定性作用。但强调市场不是不要政府,让市场在资源配置中起决定性作用,不是起全部作用。发展社会主义市场经济,既要发挥市场作用,也要发挥政府作用,市场作用和政府作用的职能是不同的。政府的职责和作用主要是保持宏观经济稳定,加强和优化公共服务,保障公平竞争,加强市场监管,维护市场秩序,推动可持续发展,促进共同富裕,弥补市场失灵。

三、建设现代化经济体系

8. 发展是解决我国一切问题的基础和关键,发展必须坚定不移贯彻_____的发展理念。(单项选择)

A. 创新、协调、绿色、开放、共享
B. 创造、协调、生态、开放、共享
C. 创新、统筹、绿色、开放、共享
D. 创造、统筹、生态、开放、共享

【参考答案】A

9. 贯彻新发展理念,建设现代化经济体系,必须坚持质量第一、效益优先,以_____为主线。(单项选择)

A. 转变发展方式
B. 优化经济结构
C. 供给侧结构性改革
D. 转换增长动力

【参考答案】C

10. 建设现代化经济体系的主要任务包括哪几个方面?(简答)

【参考答案】

(1)一是要大力发展实体经济,筑牢现代化经济体系的坚实基础。
(2)二是要加快实施创新驱动发展战略,强化现代化经济体系的战略支撑。
(3)三是要积极推动城乡区域协调发展,优化现代化经济体系的空间布局。
(4)四是要着力发展开放型经济,提高现代化经济体系的国际竞争力。
(5)五是要深化经济体制改革,完善现代化经济体系的制度保障。

四、对外开放的社会主义经济

11. 在我国,实行对外开放、发展对外经济关系必须始终坚持的根本基点是_____。(单

项选择）

A. 独立自主、自力更生的原则

B. 平等互利原则

C. 非歧视原则

D. 贸易平衡原则

【参考答案】A

12. 目前，我国已经成为全球最大贸易国。但长期以来，我国产品参与国际竞争主要依赖数量和价格优势，缺乏核心竞争力。为此必须_____。（单项选择）

① 实施更加积极主动的开放战略，全面提高开放型经济水平

② 加快推动开放朝着优化结构、拓展深度、提高效益方向转变

③ 加快形成以技术、品牌、质量、服务等为核心的出口竞争新优势

④ 充分利用劳动力资源丰富的优势，大力发展劳动密集型产品

A. ①②③　　　　B. ①②④　　　　C. ①③④　　　　D. ②③④

【参考答案】A

13. 党的十九大报告指出，推动形成全面开放新格局。要以_____建设为重点，坚持引进来和走出去并重，遵循共商共建共享原则，加强创新能力开放合作，形成陆海内外联动、东西双向互济的开放格局。（单项选择）

A. "金砖机制"　　　　　　　B. 自贸区

C. "一带一路"　　　　　　　D. 区域合作

【参考答案】C

14 谈谈你对全面开放基本内涵的理解？（简答）

【参考答案】

（1）坚持主动开放，把开放作为发展的内在要求，更加积极主动地扩大对外开放。

（2）坚持双向开放，把引进来与走出去更好结合起来，拓展经济发展空间。

（3）坚持全面开放，推动形成陆海内外联动、东西双向互济的开放格局。

（4）坚持公平开放，构建公平竞争的内外资发展环境。

（5）坚持共赢开放，推动经济全球化朝着普惠共赢方向发展。

（6）坚持包容开放，探索求同存异、包容共生的国际发展合作新途径。

第五单元　思想道德修养与法律基础常识

第一章　树立正确的人生观、价值观

第一节　人生和人生观

一、人生和人生观的内容

1. 人生的含义

与其他动物不同,人的生命活动不仅仅是一个自然过程,还包含极其丰富的社会内容。人不仅要活着,还要生产、交往和创造。人活着就有人生,人的成长、工作、学习、家庭、爱情、理想以及人际交往等,都属于人生的内容。概括起来,人生无非是两个方面:一是人的社会实践,二是人的生命历程。由于人是社会的人,生活在社会中,因此这两个方面又是密不可分的。所以,所谓人生,就是个人的生活实践和社会实践的历程。

2. 人生观的形成

人生活在这个世界上,会不断面对各种各样的问题,不可避免地经历成功和失败,遭遇幸福和苦难,积累经验和教训,由此引发对人生的思考。这种思考由浅入深,由个别到一般,由具体到抽象,由个别问题到全部人生,最后集中到"什么是人""人为什么活着""人究竟应该怎样活着"等根本问题上,这就一个人的人生观。所谓人生观,是人们在实践中形成的对于人生目的和意义的根本看法,它决定着人们实践活动的目标、人生道路的方向,也决定着人们行为选择的价值取向和对待生活的态度。人生观的形成主要有以下几个方面的原因:

第一,人生观是个人所处的一定历史条件和社会关系的产物。人生观作为一种个人意识,而且是带有强烈价值观念的意识,它反映和表达着某种社会利益、阶级利益和个人利益,而这些利益在社会中是通过社会关系来体现和保障的。因此,一般说来,人生活在哪一种社会关系中,他就会对保障他的利益的社会关系采取认同和接受态度。社会中形成的不同人生观或相互对立的人生观,从根本上说,都是他所代表的社会关系的不同和对立造成的。在阶级社会里,不同的阶级由于经济利益不同,他们的人生观也必然不同。

第二,人生观是个人的社会生活实践的产物。认识来源于实践。人们对人生的目的、意义的认识,并不能从个人所处社会历史条件和社会关系中直接派生出来,而必须和个人的实践相结合,社会历史条件和社会关系为人生观的产生奠定了可能性,只有人生实践才能把它变成现实。个人在社会生活中遇到的一系列问题,诸如人与自然的关系、人与社会的关系、人与人的关系等。人们对这些关系的理解都和人们的社会生活实践有关。在社会生活实践中,人们要认识实践的对象,培养知识修养;认识社会发展趋势,正确把握未来;认识人际关系,加强道德修养,形成生活的情感和意志。这就使得家庭、阶级关系等方面的影响对个人人生观的形成不具有绝对的必然性。

第三,人生观的形成与社会的宣传教育给人的影响有关。人生观也是一种人生知识,同其他知识一样,包括直接知识和间接知识两部分。个人的社会生活实践对人生观的形成固然重要,但个人接受的社会教育和人生观的感染对人生观的形成也是十分重要的。就一般的社会成员而言,依靠个人生活实践而形成的对人生观的认识,会受到个人的知识水平和知识结构、个人的经验、思想觉悟、情感意志以及各种复杂心理活动的影响,这就会使得个人对人生目的、意义和评价标准的认识产生差别。而人生观的宣传和教育可以使个人形成的人生观提高到清晰的、自觉的水平。

第四,崇高的人生观也是个人长期修养的结果。家庭关系、社会关系、舆论宣传虽然对个人人生观的形成产生重大作用,但这一切都需要个人对人生问题的观念认同,个人通过理论修养、意志磨炼,从而能对个人与他人、个人与社会、物质追求与精神追求、奉献与索取、苦与乐、生与死等问题获得科学的认识,以高尚的道德境界对待和处理这些关系,不断树立起高尚的人生观。

3. 人生观的基本内容

人生观的内容是十分丰富而又复杂的,主要是通过人生目的、人生态度和人生价值三个方面体现出来的。概括来说,它包括三个方面:

第一,人生目的。人生目的是指生活在一定历史条件下的,对"人为什么活着"这个根本问题的认识和回答,是人在人生实践中关于自身行动的根本指向和人生追求。人生目的是人生观的核心。它决定人生道路、人生态度和人生价值标准。

第二,人生态度。所谓人生态度,就是指人们通过生活实践形成的对人生问题的一种稳定的思想倾向和基本意愿。它是人生观的重要内容。一个人有什么样的人生观就会有什么样的人生态度,当一个人对自己的人生观作为某种明确的选择,实际上就在主要方面决定了他将如何对待生活,决定了他在实践中将以怎样的方式处理各种人生问题。反过来,一个人对人生的态度如何,往往又制约着他对整个世界和人生的看法,从而对个人的世界观、人生观产生重要影响。

第三,人生价值。人生价值是一种特殊的价值,是人的生活实践对于社会和个人所具的作用和意义。选择什么样的人生目的,走什么样的人生道路,如何处理生命历程中个人与社会、现实与理想、付出与收获、身与心、生与死等一系列人生中的重大问题,人们总是有所取舍、有所好恶,对于赞成什么、反对什么、认同什么、抵制什么,总会有一定的标准。人生价值就是人们从价值角度考虑人生问题的根据。

二、新时代革命军人要树立正确的人生观

1. 人生观在人生实践中的重要作用

人生观来自人的社会实践,又对人的社会实践有巨大的指导作用。其作用主要有以下几个方面:

第一,人生观是人们选择生活内容的内在根据。人要使自己成为什么样的人,成就什么样的事,生活中追求什么,有什么样的生活情趣和格调,就其内在根据而言,则是由个人的人生观决定的。所以我们看到,历史上同一阶级的不同分子却有着不同的政治主张,同一家庭的成员

却由于信仰不同而走上不同的人生道路。信奉享乐主义人生观的人,把享乐看成生存的全部意义和奋斗的根本目标;信奉权力意志主义人生观的人,则把谋取权力当作毕生的追求;而形成了共产主义人生观的人,会自觉地把推动社会进步、谋求人民的利益当作终生的奋斗目标。

第二,人生观是人们选择人生道路的基本原则。人生道路是个人实现人生目标的基本途径,人生观不同,即使在某种层次上有共同的人生目标,实现的基本途径即人生道路也不会相同。比如,享乐是人生目标中不可缺少的一部分,但是享乐主义人生观会支配它的信奉者不择手段地追求享乐,以感官的满足为最大的快乐。而具有共产主义人生观的战士却在为社会进步的奋斗中享受着人生的乐趣。

第三,人生观是人生的巨大精神力量。人们一旦确立了一种人生观,就会为了在这种人生观指导下所确定的人生目标去积极活动。腐朽没落的人生观会促使人们铤而走险;健康向上的人生观会激发人们热爱生活,为了正义的事业,百折不挠。邱少云被敌人的燃烧弹活活烧死而不滚向身边的水沟,黄继光以自己火热的胸膛堵住敌人的枪口,董存瑞用自己年轻的身躯撑起了炸药包,如果他们没有确立无产阶级人生观,哪来如此之大的献身勇气!

2. 新时代革命军人需要树立正确的人生观

人生观的作用是巨大的,但由于人生观有正确和错误之分,正确的人生观能使人健康向上,成为有益于社会、有益于人民的人;错误的人生观则能把人引向堕落。所以,我们要树立科学的人生观,使自己成为一个高尚的人,一个脱离了低级趣味的人,一个有益于社会、有益于人民的人。

新时代革命军人树立正确的人生观,有着特别重要的意义。

第一,树立正确的人生观,才能产生献身国防的精神。军人不同于一般社会成员的最典型之处,是他总是以自己的不安全换取国家、民族和人民的安全,以牺牲自己的生命为奉献的最基本形式。贪生怕死的人是不可能有志于献身国防的。

第二,树立正确的人生观,才能立志成才,早日成才。军营中的每一个岗位都是按战争的要求设定的,正因为如此,军营中的岗位技能并非都是非军事领域所能派上用场的。这就要求每一个军人首先应成为一名合格的军人,成为真正能打胜仗的战士,爱军习武,爱岗敬业,成为军队建设的有用之材。

第三,树立正确的人生观,会帮助我们辨识人生方向,少走弯路、错路。树立正确的人生观,对于人生目标的确立和人生道路的选择极为重要。我们看到,在社会生活中,有的人饱经生活的磨难却百折不挠,而有的人遇到一点困难就悲观失望,甚至自寻短见;有的人把权力当作为人民服务的义务,而有的人则把权力当作捞取个人利益的筹码。说到底,不同的人生观产生着不同的结果。在新形势下,各种意识形态、生活方式和人生观会通过各种渠道影响着我们,作为革命战士,要加强马克思主义人生观修养,抵制各种不良倾向,走出自己辉煌的人生道路。

第二节 人的价值和人生价值观

一、人生价值和革命军人的特殊价值

1. 人生价值

在日常生活中,我们经常会碰到"价值"问题。一件事物对于我们有意义、有效用,它就是

有价值的;对于我们没有意义、没有效用,它就是没有价值的。所以,价值是客观事物的性能在人们头脑里的一种反映。具体而言,它是事物对于人的需要而言的某种有用性。人是一种价值性的存在,人的价值,就是人的生活实践对于自己、他人和社会需要的满足。因此,人生价值就是指人的生活实践对个人和社会所具有的作用和意义。在人的生活实践中,人生价值内在地包含两方面的内容。一是人生的自我价值,二是人生的社会价值。

人生的自我价值,是指个体的人生活动对于自己的生存和发展所具有的价值,主要表现为对自身物质和精神需要的满足程度。一般来说,一个人通过自己的活动所达到的自我满足、自我完善的程度越高,他实现的自我价值就越大,反之就越小。当他不能靠自己的力量维持自己正常的生存和发展时,就会变得消沉、颓废,甚至对生命失去信心,这就引起了自我价值的丧失。

人生的社会价值,是指个体的人生活动对他人、社会所具有的价值,主要表现个体对他人、社会所做的贡献。一般说来,一个人的贡献越大,他实现的社会价值就越大。但每个人的职业不同、能力不同,对他人、社会所做贡献的大小不能简单地量化比较。一个人对他人、社会所做的贡献不仅可以是物质方面的,也可以是精神方面的。比如,雷锋只是平凡工作岗位上的一名战士,但他的精神境界是高尚的,长期以来对社会的精神文明建设产生了广泛深刻的积极影响,所以他的社会价值重于泰山,是难以估量的。

人生的自我价值和社会价值,既互相区别,又密切联系,共同构成人生价值的矛盾统一体。一方面,人生自我价值的实现是个体为社会创造更大价值的前提。人的各种需要的满足都离不开个体的努力和奋斗,人为实现自我价值而努力奋斗的过程,一般也是其创造社会价值的过程。个体的人生活动不仅具有满足自我需要的价值属性,还必然包含满足社会需要的价值属性。另一方面,人生的社会价值是实现人生的自我价值的基础。人是社会的人,人进行的自我价值活动从来都不是孤立的个人活动。一般情况下,一个人所追求的社会价值目的越高,为他人和社会创造的财富越多,他所能实现的自我价值就越大。如果把自我价值的实现仅仅理解为单纯的利己活动,囿于自我的封闭圈,不为他人、社会做出贡献,这样的自我价值是不可能实现的。

2. 革命军人的特殊价值

如果说普通社会成员的价值在于对社会的贡献,那么军人的价值就在于他的贡献方式增加了更为明确的特殊内容:流血牺牲。对任何一种社会的进步和任何一种职业价值的实现而言,牺牲奉献都是可能的、必要的,但作为革命军人,肩负的神圣使命和军事生活的特点,要求他们付出的牺牲、奉献比一般社会成员更特别、更巨大。

第一,在战时,军人是以自己的不安全来换取人民的安全,以自己的流血牺牲求得国家和人民的安宁与幸福。和平时期,在抢险救灾、战备执勤、维护社会稳定等各种急难险重任务面前,人民军队的性质要求革命军人在生死抉择面前,毫不犹豫地把生的希望让给人民,把死的威胁留给自己,无条件地献出自己的一切乃至生命。第二,在日常工作中,军人要无条件地服从军队建设需要,牺牲个人利益。军人不能离开军事需要钻研个人致富的本领;不能无视军队所必须的铁一般的纪律而享受一般社会成员自由安排业余生活的自由;军人不能不顾边防的安危,一心向往大都市,而应为了国家的安全、人民的幸福,不论是深山老林、戈壁沙漠,还是荒郊野岭、孤岛边陲,哪里需要就驻守在哪里。第三,在奉献自己的同时也牺牲了家庭的利益。统一的军事行动、严格的军营生活,以及各种各样的原因,使军人大都过着与家人天各一方的生活,年轻的夫妻两地分居,家人的生、老、病、死不能照顾,要求军人及其家属承受超出常人的负担。没有军人的牺牲奉献,也就无军人的价值可言。历史的发展和人心的认同证明了一个真理:奉献与崇高同在,牺牲与伟大共存。

二、人生价值观和当代革命军人核心价值观

1. 人生价值观

价值观,是人们对价值问题的根本看法,包括对价值的实质、构成、标准的认识,这些认识的不同,形成了人们不同的价值观。把价值观运用于考察人生问题,就会形成关于人应当怎样生活,应当追求什么,应当怎样对待自己、他人和社会等问题的基本看法和立身处世的基本原则,这就是人生价值观。

任何人都会自觉不自觉地形成一定的人生价值观,人在社会生活中的各种行为和活动都必然要受到其人生价值观的支配和影响。人生价值观的具体表现形式是多种多样的。在阶级社会里,人生价值观总是从属于一定阶级的,因而具有鲜明的阶级性;超阶级的、抽象的人生价值观是没有的。而历史上一切剥削阶级特别是资产阶级的人生价值观的基本特征,都是把人的自我价值置于人的价值的中心地位,把追求私利和满足私欲作为人生的根本价值目标。所谓个人主义、利己主义、唯我主义、享乐主义等,都是这种人生价值观的具体表现形式。与此相反,马克思主义认为,人的社会价值在人的价值中处于主导地位。因此,衡量一个人的价值的大小,主要应该看他的社会价值。当然,马克思主义并不否认人的自我价值的重要性,但是,在马克思主义看来,人的自我价值是从属于人的社会价值的、第二位的东西,人们应该在努力实现其社会价值的过程中去实现其自我价值,而不应该本末倒置地把人的自我价值置于人的价值的中心地位,更不应该脱离人的社会价值去追求自我价值。

2. 当代革命军人核心价值观

军人核心价值观,从根本上决定和反映着军人的政治立场、理想信念和价值追求,对军人思想道德和行为方式起着主导作用。重视军人核心价值观教育,是我军政治工作的优良传统,也是世界各国军队的普遍做法。实践证明,鲜明的、富有凝聚力和感召力的军人核心价值观,是凝聚军心、鼓舞士气的强大精神力量。

"忠诚于党,热爱人民,报效国家,献身使命,崇尚荣誉"是当代革命军人核心价值观的基本内容。忠诚于党,就是要自觉坚持党对军队的绝对领导,高举中国特色社会主义伟大旗帜,坚定中国特色社会主义理想信念,任何时候任何情况下都坚决听党指挥。热爱人民,就是要忠实践行全心全意为人民服务的根本宗旨,视人民利益高于一切、重于一切,永葆人民子弟兵政治本色,与人民群众心连心、同呼吸、共命运,为人民无私奉献。报效国家,就是要大力弘扬爱国主义精神,把个人的前途命运与国家的前途命运紧密联系在一起,坚决捍卫国家主权、安全、领土完整和人民民主专政的国家政权,为建设富强民主文明和谐的社会主义现代化国家贡献力量。献身使命,就是要履行革命军人神圣职责,爱军精武,爱岗敬业,不怕牺牲,英勇善战,坚决履行好党和人民赋予的新世纪新阶段军队历史使命。崇尚荣誉,就是要自觉珍惜和维护国家、军队、军人的荣誉,视荣誉重于生命,自觉践行社会主义荣辱观,弘扬革命英雄主义和集体主义精神,提高素质、全面发展,争创一流、建功立业,贞守革命气节,严守军队纪律。当代革命军人核心价值观的五个方面是相互联系的整体,是反映我军官兵与党、人民、国家、军队的关系以及官兵之间关系最基本、最核心的价值观念,体现了我军优良传统、时代发展要求、官兵价值追求的统一,必须全面准确地理解和把握,并大力加以倡导和培育。

三、树立正确价值观需要处理好的几个关系

(一)公与私

1. 公和私的相互关系

(1)公和私的含义

公和私通常在两种既有联系又有区别的意义上被使用。一是在存在关系的意义上,公和私指的是所有物,公指的是公共利益,即社会或集体利益;私指的是个人利益或相对于社会的团体利益。公属于社会和集体,私属于个人或团体。二是在行为关系的意义上,公指的是为社会、为集体的行为倾向;私指的是为个人、为小团体的行为倾向。

(2)公和私的辩证关系

公与私的区别,既有绝对性又有相对性。在一定的范围内,公与私的界限是分明的,公就是公,私就是私,为公就是为公,自私就是自私,不能含糊其词、模棱两可。比如,在一个集体中,集体的事业、利益就是公,个人的事情、利益就是私;维护集体利益就是奉公,只顾个人利益就是谋私。这是公与私对立的绝对性。公与私的对立还有相对性一面。这种相对性有两种情况。第一种情况是,随着范围的变化,公与私的性质会发生变化。在一定范围内的公,在更大的范围内可能变成私,如相对国家利益的地方利益,相对全局利益的局部利益,甚至相对于人类利益的民族利益。在一定范围内维护本集体的利益是为公,如果在更大的范围内,只顾本集体而不顾大集体,这种行为就成了有自私倾向的本位主义、小团体主义。甚至某一国家、民族只顾本国、本民族的利益而不顾国际利益、人类利益,这种"民族主义"就成了狭隘的民族主义。第二种情况是,公与私是相互关联的,在各自实现的过程中,又有相互转化的可能。在社会生活中,工资、住房、子女教育等个人的生活条件问题解决好了,个人无后顾之忧,可以心情舒畅地为集体、为社会工作;处理不好,就会影响个人工作的积极性,甚至影响社会的安定。当把本单位、本部门、本行业的利益强调到极端,不顾甚至损害整体利益,小公就变成大私。

当然,那种为了个人利益而损人利己、损公肥私的行为总是绝对的私欲;那种被金钱欲冲昏头脑的制毒、贩毒活动,国际恐怖活动,遭到国际社会的普遍谴责,是绝对的私和绝对的恶。而那些为了全人类的利益艰苦奋斗的国际主义者,为了人民大众的利益"先天下之忧而忧,后天下之乐而乐"的行为所体现出的忘我精神,历来受到人们的敬仰和称颂,成为超越时代限制的传统美德而被发扬光大。

2. 处理公私关系的基本原则

(1)集体利益高于个人利益,个人利益应服从集体利益

社会主义公有制,无产阶级和人民群众的根本利益,以及我军的无产阶级性质,都要求我们在处理个人利益和集体利益的关系时,坚持集体主义原则。

在社会主义社会里,集体利益代表着绝大多数人的根本利益、整体利益和长远利益,只有集体利益的发展,才有个人利益的保障,在这个意义上,集体利益高于个人利益。因而,个人应把集体利益摆在高于个人利益的位置之上。当个人利益和集体利益发生冲突时,应牺牲个人利益以保证集体利益。

(2)个人利益实现着集体利益,集体利益保障着个人利益

集体利益要靠每个人的辛勤劳动才能实现,没有单个人的奋斗,集体利益就是虚幻的。个人在为集体利益奋斗时,需要以个人的生存和发展为条件,因而保证个人的正当利益也是保证

集体利益的条件。所以,集体主义强调集体利益,不是否定个人利益,而是通过保障和维护集体利益,为个人的发展提供更好的保障。

(3)坚持集体主义,反对个人主义

同集体主义相对立的是个人主义。个人主义在处理个人利益与集体利益关系时,表现为三种形式:第一,一心为私,损公肥私。个人主义者认为,人人为自己,上帝为大家,利己是人处理公私关系的普遍形式,甚至不惜损人利己,损公肥私。在当今社会,有些人视国家财产如无主之物,化公为私,侵占国家的财物;有的人搞权钱交易,把人民赋予的职权当作谋取个人利益的资本,这些都是个人主义的恶劣表现。第二,私高于公,先私后公。个人主义者在个人利益和国家利益、集体利益发生矛盾的时候,总是把个人利益放在第一位,满足了个人需要之后,才考虑国家、集体和人民的需要。例如,有的人不服从组织安排,或遇事向组织讨价还价,就是将私看得高于公的个人主义的典型表现。第三,假公济私,搞小团体主义。小团体主义打着为"公"的招牌,实质上是假公济私,让国家利益、社会利益、人民的利益,服从并服务于小团体的利益、一帮一派的利益,它是一种放大了的个人主义,或是披着伪装的个人主义。因此,反对个人主义必须反对小团体主义。

坚持集体主义,反对个人主义,这就是无产阶级的公私观。它同一切剥削阶级的公私观对立的焦点,不在于是否承认私,而在于能否正确认识和处理公与私的关系,即个人利益和集体利益的关系,其核心是如何认识个人正当的、合理的利益与自私自利的界限。个人正当的、合理的利益有三个相互联系的特点:一是确系个人之必需。人要生存和发展,就要有保障和发展自己的体力和智力的生活资料,以保证自己和家庭的衣食住行等条件,维持生命的存在和创造性劳动。它作为"私",在一定历史条件下是不容否认的,是社会必须给予满足的。二是确属自己的劳动应得。正当的、合理的个人利益必须是自己劳动的等价物,或劳动之应得报酬。这是由社会主义的按劳分配原则决定的。不劳而获,少劳多取,都是不正当、不合理的。三是这种利益的获得是以对集体利益的贡献、促进,至少是以不损害集体利益为基本前提的。

(二)荣与辱

1. 荣与辱的相互关系

(1)荣与辱的含义

在我们人生的历程中,既会出现自己的思想和行为因受到社会、组织和他人的褒奖,而产生一种愉悦、满足和光荣感的时刻,也会经历因自己的思想和行为遭到社会舆论的谴责和厌恶,而感到苦恼、愧疚和羞耻的时刻,即所谓荣与辱。

"荣"即"光荣",它与"耻辱"相对,是人们对自己的思想和行为的社会价值的肯定性评价而产生的欣慰和自尊。说得通俗一点,就是人们赞扬了我们,我们感到荣耀。"誉"即"名誉",是社会、组织、他人给我们的称号、名分、赞扬或肯定。因此,所谓荣誉,就是一定社会、组织对人们的德行和贡献的肯定、赞誉和褒奖,以及在受肯定、被赞扬、被褒奖者心中产生的光荣感、自豪感和社会责任感。可见,我们通常说的荣誉就包括名誉和荣誉感两个方面。荣誉有三个特点:一是与贡献相联系;二是与德行相联系;三是与名声相联系,体现为社会或他人对某种行为及其结果的评价,这种名声可以有多种形式,我们通常用字碑和口碑来概括。

"辱"即"耻辱",从主观方面说,它是个人对自己的思想和行为社会价值的否定性评价,以及由此产生的愧疚和羞耻感;从客观方面讲,它是社会对个人思想和行为反社会价值的谴责或处罚。

(2) 荣辱观及其评价标准

荣辱观是人们对荣与辱的根本看法和态度。不同的荣辱观有划分荣与辱的不同标准。但是,那些为国家、民族、人民做出牺牲和奉献的人,总是受到社会的肯定和褒奖;而那些为了私利而不惜牺牲国家、民族和人民利益的人,则遭到历史的唾弃。无产阶级的荣誉观吸收了一切荣誉观中的合理因素而又把它提升到全新的高度,形成最高尚的荣誉观,那就是对人民、对阶级、对党、对集体和人类事业的无私奉献,也就是邓小平同志说的:"以热爱祖国、贡献全部力量建设社会主义祖国为最大光荣,以损害社会主义祖国的利益、尊严和荣誉为最大耻辱"。

道德规范是评价荣与辱的直接标准。一般说来,凡是受社会赞赏的道德行为就是荣,凡是被社会谴责和厌恶的行为就是耻。但是,由于不同的人、不同的阶级有不同的道德,所以划分荣与辱的根本标准必须是社会功利标准。凡是对社会进步有益的思想和行为就是荣,反之则是耻。

(3) 荣与辱的相互影响

荣与辱在特定的社会关系中,泾渭分明,不可混淆。但是,荣与辱作为一对矛盾,又是相互联系、相互影响的。首先,荣与辱互为存在的条件,没有荣就没有辱,没有辱也没有荣。在个人身上,没有光荣就体验不到耻辱,没有耻辱也体验不到光荣;在社会中,没有光荣无以定耻辱,没有耻辱无以见光荣。

其次,荣与辱在一定条件下可以相互成为各自向对方转化的条件。荣在一定条件下可以转化为辱,或为辱的产生准备条件。当一个人取得一定荣誉后,容易骄傲自满,如果居功自傲,就会退步,甚至堕落。辱在一定条件下也可以转化为荣。一个人也可能受到不公正的待遇或因过失、犯罪而处于耻辱之境。如果他正视现实、忍辱负重、自强不息,或悔过自新、痛改前非、重新做人,辱就转化为荣,或辱成了产生荣的条件。

2. 新时代革命军人要正确对待荣与辱

(1) 树立正确的荣誉观

在人民军队中,评价军人荣誉的尺度是他是否严格履行保卫祖国、建设祖国的义务。履行社会义务、出色完成任务,是军人的职责和使命。获得荣誉是军人履行义务、作出贡献的外在标志。革命军人要正确对待荣与辱,必须树立正确的荣誉观。

荣誉观是革命军人道德意识、道德信念和道德人格的集中体现。树立正确的荣誉观,是培育当代革命军人核心价值观的一项基础性工作。树立正确的荣誉观,首先要加强对崇尚荣誉的理解。崇尚荣誉,就是要自觉珍惜和维护国家、军队、军人的荣誉,视荣誉重于生命。树立正确的荣誉观,核心是要端正对待荣誉的态度和目的,即革命军人争创英雄业绩、争取荣誉的目的,不是仅仅为了本单位的名声,更不是为了个人的私利,而是为了国家的荣誉、党的荣誉、军队的荣誉。国家、军队、军人的荣誉三者之间本质上是一致的,因此应当把争取个人荣誉与维护国家、军队、集体的荣誉统一起来。军队和军人的荣誉是在报效国家、为国家利益奋斗中获得的,国家荣誉也就包含着军队和军人的荣誉。军人荣誉源于国家和军队,军人在创造个人荣誉过程中,就是在为国家和军队赢得荣誉;同时,军人又在分享国家和军队的荣誉。这就要求我们自觉把个人荣誉融入到国家和军队的荣誉之中,珍惜和维护国家、军队、军人的荣誉,并为之努力奋斗。

（2）增强集体荣誉感

人是社会的人，每个人都离不开他人、社会和集体，因而无产阶级的荣誉感总是把个人荣誉和集体荣誉联系起来，增强集体荣誉感。任何个人的成功都离不开他人、集体和社会，个人只有将自己的智慧、才能和奋斗汇合到集体中去，才有可能做出光辉的成就。军人更是如此，离开战斗的集体，个人就将一事无成，个人的努力也会失去意义。一个具有无产阶级荣誉感的军人，总是把个人的荣誉看成集体力量的结晶，为集体的荣誉而竭尽努力，在集体的成功中获得满足和光荣感。

（3）努力克服虚荣心

荣誉感是一种积极的人生态度、高尚的道德情操、健全的心理品质，它同正直、诚实是紧密相连的。真正有荣誉感的人，关心和珍视荣誉，但最关心的是自己对国家、人民、集体应尽的义务和贡献。这样的荣誉感体现着高度的责任感和事业心。但由于在现实生活中，荣誉与个人的利益、地位相联系，虚荣心的产生就有了社会基础。虚荣心是务名而不务实，或是为了务名而务实的沽名钓誉思想。有虚荣心的人往往投机取巧，弄虚作假，不择手段地骗取荣誉。得不到荣誉就牢骚满腹、怨天尤人，忌恨领导、埋怨群众；得到荣誉就沾沾自喜，向社会伸手。一个革命军人，既要增强荣誉感，同时也要克服虚荣心，扎扎实实地做好本职工作，为国家、军队和人民做出最大的贡献。

（4）正确对待荣与辱

我们的同志有的立过功，有的受过奖，这就需要我们正确对待已有的荣誉，否则我们就会居功自傲，故步自封。荣誉对于个人，有这样三个特点：第一，荣誉只能说明过去，而不能说明永远。它仅表明我们在过去某时某事上为社会做出了贡献。第二，荣誉具有两面性。荣誉有积极作用，同时它也会产生负面作用，对于那些不能正确对待荣誉的人，荣誉就容易成为他们的包袱，变成使他们陶醉、麻痹的"迷魂药"。第三，荣誉总是属于淡泊名利的人。认识到荣誉的负面作用，我们就要以科学的态度对待荣誉，尤其在鲜花和赞扬声中，更要保持清醒头脑，谦虚谨慎，戒骄戒躁，把荣誉当作新的起点，不断进取，再立新功。摆正名利与事业的关系，"视名利淡如水，看事业重如山"。

对待他人荣誉的正确态度是：虚心向他人学习，热情宣传他人的事迹，使其精神发扬光大。要克服忌妒之心。忌妒，是一种憎恨别人的成绩和荣誉的卑劣情感，它是在利己主义以及与之相联系的虚荣心的基础上产生的。忌妒之心是事业的大敌，它不但毁灭别人，也毁灭自己，每个人都应该努力克服它。

金无足赤，人无完人；人非圣贤，孰能无过。我们自己有荣也有辱，他人同样有辱也有荣。因此，我们不但要正确对待自己和他人的荣誉，还要正确对待自己和他人的耻辱。当自己犯了错误或受到处罚，要知耻而思过，明辨是非，痛改前非。这样，羞耻之心就成了自己向善的另一种动力。如果恬不知耻，必将铸成大错，受到更大的耻辱；知荣守辱，将会被一时的失误压垮。

对待他人耻辱的正确态度是：对那些恬不知耻、执迷不悟的人，要敢于斗争，帮助其认识错误，反对是非不辨、荣辱不分；而对那些蒙耻而知耻的人，要伸出温暖的手，帮助他们洗去心灵上的污垢和顾虑，重新做人，切勿幸灾乐祸，那样会使他们感到无立锥之地而走上绝路。革命军人，应心胸开阔，团结一切可以团结的人，为伟大的事业共同奋斗。

【复习思考题】

1. 人生观有哪些内容?
2. 新时代革命军人为什么要树立正确的人生观?
3. 如何把握革命军人的特殊价值?
4. 为什么说革命军人的价值在于牺牲奉献?如何理解公与私的辩证关系?
5. 新时代革命军人应该如何树立正确的荣誉观?

第二章　理想信念是人生的精神支柱

第一节　理想信念的本质

一、理想的本质

1. 理想的含义

理想是人们在生活中形成的具有实现可能性的对未来的向往和追求。它是人们世界观、价值观和人生观在奋斗目标上的集中体现。首先,理想作为对未来的向往和追求,是对现实生活的超越。理想来源于现实,又高于现实。理想作为对美好生活的想象具有一定的完美性,它是对现实生活的缺陷和不完满性的超越。

2. 理想的特征

理想作为人类特有的一种精神现象,是人类社会实践的产物,其特征主要表现为时代性、超前性、实践性和多样性。

理想的时代性。理想同任何一种社会意识一样,不是人的头脑中固有的,而是一定社会生产方式的产物,必然带着特定时代的烙印。在阶级社会中,它还必然带有特定阶级的烙印。生产力发展水平不同,社会性质和人们所处经济政治文化地位不同,所处的阶级关系与阶级地位不同,对社会发展规律认识和把握的深度与广度不同,所形成的理想也必然不同。理想不仅受时代条件的限制,而且随时代的发展而发展,随着社会的进步,人类对社会发展规律和人的全面发展规律的认识逐步深化,人们也会不断的调整、丰富和发展自己的理想。

理想的超前性。理想是建立在现实基础之上的,对未来的要求和期望的集中表达。它源于现实,又超越现实。正是这种高于现实的超越性,理想才会对人们有着巨大的感召力,才会激励人们为实现理想而奋斗。当然,理想并不等于空想和幻想。理想应当是超前性和现实性的结合。只有扎根于现实的土壤,符合自然、社会和人类思维发展规律的理想,才是经过奋斗能够实现的科学理想。科学的理想是人的主观能动性与社会发展客观趋势一致性的反应,因而对人们有着巨大的感召力,对社会实践具有重要的指导作用。

理想的多样性。由于成长环境和性格等方面的不同,人们会形成不同的理想,从而使理想具有多样性。即使是一个人,也会形成关于社会生活不同方面的许多理想。比如对未来的事业、学业、生活等方面都会形成一些理想。

理想的实践性。理想与人的行动联系在一起,离开了实际行动的理想,也就不成其为真正的理想。理想之所以能够成为一种推动人生实践的巨大力量,就是由于它不是纯粹停留于主观领域,而是进入人们改造世界的活动,化为人们行动的热情和意志,成为一种实践的力量。实践产生理想,实践检验和调整理想,实践实现理想,并在反复实践的基础上生成新的更高层次的理想,一切离开活生生的社会实践的"理想",只能是无法实现的空想。

二、信念的本质

1. 信念的含义

信念是人们对某种特殊的价值目标或生活理想的崇高寄托与心灵承诺,是人们在一定的认识基础上确立的某种思想或事物坚信不疑并身体力行的心理状态和精神状态。它是人类引导自我前行的本因。信念中包含有一定的认识,如果没有这些认识或观念,人们就没有相信的对象,也就不会有信念。但信念不是冷冰冰的认识现象,它作为人们所强烈认同的认识,是与人的感情紧密联系在一起的。坚定的信念往往伴随着炽热的感情。因此,信念也总能在感情的激励下导致相应的行动。信念不仅内化于心,不仅仅是深藏于人内心的思想观念,它总要外化于行,表现在人们的言行举止当中。在信念的鼓舞下,人们的意志是坚强的,行为是坚决的,而且始终不渝。信念一旦形成,就不会轻易改变。因为信念是在人生实践中逐步形成的,积淀了一个人长期的生活经验、人生感悟,包含了生活环境对他耳濡目染的熏陶和影响。一定的思想观点之所以成为人的信念,除了经过理智上的反复认识和深刻认同外,还有感情上的强烈激励。信念与人格密切相关,信念的稳定是人格可靠的表现。

2. 信念的特征

信念的特征主要表现为复合型、稳定性、执着性和多样性。

信念的复合性。它的形成是一个人们对某种思想或事物从认知到相信、再到坚信的过程。在这一过程中,人们对思想和事物的认知是重要的。它并不局限于理性的认知范围,而是渗透了情感因素,即人们在这种明确认知的过程中已融入了炽热的情感。进而在明确认知和炽热情感的双重驱动下,逐步形成追逐目标的强烈意志。因此,人们在审视信念时,既要了解作为信念基础的认知的正确性与深刻性,又要拷问情感的倾向性及意志的坚韧性。

信念的稳定性。信念一经形成,不会轻易改变。因为信念既有理智的底蕴,又有情感的烘托,更有意志的支撑。当然,信念的稳定性也不是绝对的。科学的信念必然会随着实践的发展与时俱进,会得到不断的充实、调整和完善。一个人已经确立的信念,只有经过长期的观察和反复的实践确证需要改变时,才有可能改变。

信念的执着性。信念因其执着而为信念。当一个人抱有坚定的信念时,他就会全身心投入为实现目标而努力奋斗的事业中去,精神上高度集中,态度上充满热情,行为上坚定不移。坚定的信念,会激发人们强大的精神定力,不为利益所动,不为诱惑所扰,不为困难所惧。

信念的多样性。不同的人由于利益需要、思想观念、成长环境、人生经历和性格特点等方面的不同,会形成不同的信念。同一个人也会形成不同类型和层次的信念。在信念体系中,高层次的信念决定着地层次的信念,低层次的信念服从于高层次的信念。在一定的社会中,人们各自的信念也有共通之处,从而形成社会共同信念。信念最集中、最高的形式是信仰。信仰有科学与非科学之分,我们所主张的是科学的信仰。

在人的生命历程中,理想和信念总是如影随形、相互依存。理想是信念的根据和前提,信念则是实现理想的重要保障。在很多情况下,理想亦是信念,信念亦是理想。当理想作为信念时,它是指人们确信的一种观点和主张;当信念作为理想时,它是与奋斗目标相联系的一种向往和追求。

三、理想信念是精神之"钙"

理想指引人生方向,信念决定事业成败。没有理想信念,就会导致精神上"缺钙"。就会得软骨病。青年战士正处于世界观、人生观、价值观形成和确立的关键时期,只有筑牢信仰之基,才能为成长进步、强军报国坚定坚定思想基础。

1. 理想信念是安身立命的根本。有了坚定的理想信念,站位就高了,眼界就宽了,心胸就开阔了。就能坚持正确政治方向,在胜利和顺境时不骄傲不急躁,在困难和逆境时不消沉不动摇,经受住各种风险和困难考验,自觉抵御各种腐朽思想的侵蚀,永葆革命军人的政治本色。在人民军队 90 多年的辉煌历史上,无数革命军人不惜流血牺牲,靠的就是这种信念,为的就是这个理想。尽管他们也知道,自己追求的理想并不会在自己手中实现,但他们坚信,一代又一代人为之持续努力,一代又一代人为此作出牺牲,崇高的理想信念就一定能实现。

2. 理想信念是思想道德纯洁的"主心骨"。国无德不兴,人无德不兴。事实一再表明,理想信念动摇是最危险的动摇,理想信念滑坡是最危险的滑坡。如果理想信念这个"总开关"出了问题,那就会政治上变质、经济上贪婪、道德上堕落、生活上腐化,什么问题都可能出。检验一名军人理想信念是否坚定,主要看能否在重大政治考验面前有政治定力,能否抵御住各种新媒体上散布的个人主义、自由主义、享乐主义的思想侵,是否能做到吃苦在前、享受在后,是否能在急难险重任务面前勇挑重担

3. 理想信念是个人成长进步的"助推器"。对于革命军人来说,崇高的理想信念是军旅人生的坐标原点,为人生指明奋斗的方向。革命理想信念,把革命军人的前途命运与党、人民、国家的前途命运紧密联系在一起,体现了价值取向的先进性。为崇高的理想、坚定的信念而奋斗,是正义而崇高的事业,是具有光明前途的事业,能够激发革命军人的创造潜能和智慧的事业。为人民军队的神圣使命而献身,是青年学员实现自身价值的最好选择。

4. 理想信念是军旅人生的坚定精神支撑。人的精神世界如同一座大厦,缺少支柱就会倒塌,而理想信念就是支撑人生大厦的柱石。它的作用往往在困难的时候、严酷的考验中展现出来。在现实人生中,当遇到特别困难或遭遇重大打击时,有时甚至陷入绝望境地的时候,如果没有一种力量来支撑自己,人就会垮下来。而且理想信念往往能够使人们浴火重生,支撑着人们的精神和意志,不为巨大的困难所压倒,而且使人在困难和逆境中振作起来,战胜各种艰难险阻。

第二节 架起通往理想彼岸的桥梁

一、把握个人理想与社会理想的辩证关系

个人理想是指处于一定历史条件和社会关系中的个体对于自己的未来物质生活、精神生活所产生的各种向往和设想。社会理想是指社会集体乃至社会全体成员的共同理想,即在全社会占主导地位的共同奋斗目标。今天我们的社会理想,就是中国特色社会主义共同理想。

1. 个人理想和社会理想,既有区别,又密不可分。没有个人理想构成的社会理想,是虚无缥缈的海市蜃楼,是没有根基的空中楼阁。没有社会理想的个人理想,是杂乱无序的一盘散沙。

社会理想以个人理想为基础,个人理想以社会理想为价值指向。个人理想不只有个体的意义,而且具有社会的意义。这是因为,个人总是存在于一定社会之中。革命军人在确立自己的个人理想时,不能脱离当代中国的社会现实。

2. 个人理想和社会理想互相依存、互为条件。个人理想是社会理想的必要基础和前提。社会历史的第一个前提是有生命的个人的存在,个人只有获得自我需要的必要的满足,才能生存、发展,成为价值的创造者,才能为他人和社会厚待创造和奉献。个人理想不能脱离社会理想而存在。个人是在社会中并通过社会才能成为现实的个人理想。个人理想的价值也要通过人的社会价值来实现和表现,人要通过对社会的贡献去显示自己的人生意义。从根本上说,人与社会的基本关系决定了人只有社会中,并且只有通过社会才能实现自己的个人理想和社会理想。为他人服务,为社会奉献,为人类造福,不仅与人的自我完善、自我实现不相冲突,而且还是人自我完善、自我实现的根本途径。

任何和谐发展的社会都是因为有自己共同的社会理想。一个存在着多种多样思想观念和价值取向的社会,必须有与其政治、经济、文化相适应的、并能形成广泛社会共识的社会理想。这种共同的社会理想,提供共同的思想道德基础,凝聚社会的意志和力量,指引社会前进的方向。共同的社会理想,反映着社会的价值需要、价值目标和价值追求,涵盖社会发展的指导思想、精神风貌,在社会意识中占据中心地位,起着主导、统领和整合作用。它是社会系统得以运转、社会秩序得以维持的基本精神依托,集中体现出一个社会在某个历史发展阶段的精神气质,构成了社会的精神支柱。

3. 社会理想规范引领个人理想。人是社会的人,追求个人理想的实践活动都是在社会中进行的。因此,个人理想不能依个人愿望随意确定,它由以正确的社会理想为价值坐标。个人理想的实现,必须以社会理想的实现为前提和基础。所以,个人理想只有同国家的前途、民族的命运相结合,个人的向往和追求只有同社会的需要和人民的利益相一致,才可能变为现实。"得其大者可以兼其小"。只有把人生理想融入国家和民族的事业中,才能最终成就一番事业。常言道,大河无水小河干,大河有水小河满。革命军人要把个人的命运与国家、人民和军队的命运紧密联系在一起,把个人理想融入社会理想之中,在为实现社会理想而奋斗的过程中实现个人理想,这是革命军人成长成才的必由之路。

二、认清实现理想的长期性、曲折性和艰巨性

理想变为现实是一个过程。一般来说,一个理想目标越小越低,实现它需要的时间和努力就越少;而理想越是远大,实现它则需要更长的时间、更多的付出。即使是那些比较容易实现的理想,也不是唾手可得、轻而易举实现的。

理想的实现具有长期性。任何一种理想的实现都不是简单小事。在现实生活中,人们对于理想的美好有充分的想象,而对理想实现的艰难则估计不足。希望顺利地实现理想,渴望尽快实现理想,这是人之常情。但是如果不切实际地把实现理想设想得过分容易,对前进道路上的困难缺乏思想准备,那不仅会对人的追求产生不利的影响,而且容易使人产生挫折感。所以,实现理想,要理性地认识到理想实现的长期性。

理想的实现具有曲折性。通向理想境界的道路没有笔直的,总是九曲十八弯。正由于曲曲折折,所以追求理想的道路才更加漫长。有时候,有一条道路似乎很直接,离目标最近,但走到最后却发现理想的实现还是可望不可即。有时候,人们走上一条迂回弯曲的道路,似乎越走离

目标越远,但实际上却真正能到达终点。人世间的任何一条道路没有笔直的。实现理想的过程也无不如此。人们在探索实现理想的过程中,犯一些错误、走一些弯路是难以避免的。金无足赤,人无完人。这就使得追求理想实现的路如同盘山公路,只有在不断转弯过程中不断地接近目标。

理想的实现具有艰巨性。实现任何伟大的理想,没有平坦的大道可走。在实现崇高理想的历程中,会有许多"雪山""草地"需要跨越,还有许多"娄山关""腊子口"需要征服,一切贪图安逸、不愿继续艰苦奋斗的想法都是要不得的,一切骄傲自满、不愿继续开拓前进的想法都是要不得的。"宝剑锋从磨砺出,梅花香自古寒来"。因此,青年人要不怕困难、攻坚克难,再接再厉、严于律己、锐意进取,立足学业,埋头苦干,从自身苦干,从自身做起,从点滴做起,用勤劳的双手、一流的业绩成就属于自己的人生精彩。

三、立足岗位成才是军人实现理想的可靠方式

中国人民解放军历来是一所为世人公认的培养人、造就人的大学校。人民军队之所以能够造就人才,就一般意义而言,是因为它有如下的特殊优势:一是思想政治优势。我军系统扎实的思想政治教育,能够培养军人良好的思想政治和道德素质。二是管理优势。严明的纪律、严格的管理,能够培养和锻炼军人遵纪守法、令行禁止的良好作风。三是实践优势。艰苦的军事训练生活,执行急难险重的任务,战场上血与火的拼搏,使艰难困苦与军旅生涯相伴随。这些宝贵的精神财富是仅有一般社会实践的人难以获得的,但它却是任何一个事业成功者不可缺少的。四是环境优势。我们军队的同志来自五湖四海,这就使军营成了文化汇集之地,使军人成为见多识广的人,并且具有一般人所无法获得的社会适应性。

成才几乎是我们大家的共同愿望,尤其是对青年人来说,渴望成才的心情更为迫切。但是,作为一名军人,则要强调认清军旅优势,立足岗位成才,这是因为:

第一,热爱本职工作,才有成才的强大动力。人的潜力在一定的意义上是无穷的,而潜力的发挥是靠兴趣来调动的,兴趣来源于对本职工作的热爱,只要我们爱这一行,就愿意干这一行,从而下决心去钻这一行,达到精通这一行,成为这一行的专家里手。

第二,立足本职岗位,才有成才的保证。军队的每一行、每一个岗位,都是军事活动不可缺少的,因此都有其特有的重要性。刻苦钻研本职工作,使自己才智的提高服务于集体,领导支持、战友满意,崭露出来的才能有用武之地,成就才会不断积累起来。

第三,钻研本职业务,才有成才的良好条件。热爱自己的本职工作,就能充分利用部队已有的装备、器材、资料,使自己成才具备便捷的条件,即使条件差一些,领导也会想方设法为我们创造条件。

第四,献身本职工作,才有成才的知识源泉。实践出真知,本职工作的实践是我们专业知识的直接源泉,只要我们热爱本职工作,刻苦钻研,我们的专业知识和技能就能不断提高,同时就能不断地发现,我们手中的武器、我们的操作方法,甚至我们的管理,有哪些是科学的、先进的,有哪些还需要改进、革新,从而探索解决的办法,在某一方面作出贡献。

事实证明,本职岗位是军人成才的最可靠场所和最佳条件,岗位成才是军人成才的可靠方式。

【复习思考题】

1. 理想信念的作用是什么?
2. 如何把握个人理想与社会理想的辩证关系?
3. 怎样理解实现理想的长期性、曲折性和艰巨性?
4. 为什么说岗位成才是军人实现理想的可靠方式?

第三章　爱国主义是新时代革命军人的精神支柱

第一节　爱国主义与民族精神

一、爱国主义的基本内容

爱国主义是人们对自己国家的热爱以及由此所产生的思想理论和行为实践。它反映了个人与其所属的国家民族之间的精神联系，是从人们爱自己的骨肉亲人、爱自己的故土发展而成的民族之情和祖国之爱。

爱国主义是人们对自己祖国的深厚感情。爱国主义首先是人们对自己生于斯长于斯的祖国的一种热烈的爱。集中体现在民族自豪感、民族自尊心和民族自信心。民族自豪感表现为对民族精神、民族文化、民族历史、民族地位的自豪。民族自尊心，是指一个民族自我珍重，坚决维护国家和民族利益，不容许外来势力歧视、凌辱本国和本民族的尊严和荣誉的情感。民族自信心是一种对自己祖国和民族未来充满信心的积极情感，是建立在对本民族聪明才智和力量的充分认识基础之上的一种理性化情感。

爱国主义是人们对自己祖国的忠诚观念。这种意识是一种将自己的一切与祖国的前途、民族的命运紧密联系在一起，始终不忘国家民族大义，并将一腔赤子热血洒向青天尽忠魂的效忠国家民族的观念，是一种哪怕粉身碎骨也决不背叛自己的祖国和民族的浩然之气和民族气节。

爱国主义是人们建设祖国保卫祖国的行为实践。爱国主义的情感观念只有落实到具体的行动上，化为建设祖国、保家卫国的行为，才算是名副其实的爱国主义。因此，爱国主义不仅是一种思想情感，也是铁肩担道义的切实行动。它作为一种行为模式，贯注于人们的生命活动中，化为具体的实践行为，表现为建设祖国而奋发图强、励精图治。

二、爱国主义的时代价值

在中华民族几千年绵延发展的历史长河中，爱国主义始终是激昂的主旋律，始终是激励我国各族人民自强不息的强大力量。新的历史条件下，在实现中华民族伟大复兴中国梦的壮丽征程中，爱国主义必将迸发出更加灿烂的时代光芒。

1. 爱国主义是中华民族继往开来的精神支柱

在历史的发展过程中，中华民族表现出了强大的生命力。鼓舞中华民族艰苦奋斗、继往开来的重要精神支柱，就是千百年来深深融入民族意识之中的爱国主义优良传统。

在新的历史条件下，致力于中华民族的伟大复兴，必须在爱国主义的伟大旗帜下，建立最广泛的爱国统一战线，集中整个民族的智慧和力量来谋求国家的发展和民族的振兴。我们要用共同理想信念凝聚民族意志，用中国精神激发中国力量，动员全体中华儿女共同创造中华民族新的伟业。

2. 爱国主义是维护祖国统一和民族团结的纽带

在中华民族发展史上,爱国主义对于维护祖国统一和民族团结起到了十分重要的作用。事实证明,什么时候团结统一,国家就强盛安宁;什么时候分裂内乱,国家就积贫积弱。千百年来的历史经验已铭刻在中华儿女的心灵之中,团结统一,始终代表了中国社会历史的发展方向,代表了中国各族人民的共同心愿。

维护国家主权和领土完整,是国家的核心利益,在反对分裂、维护国家统一这个重大原则问题上,中国人民从未有丝毫的犹豫和退让。骨肉分离和分争,是让亲者痛、仇者快的事情,只有骨肉团聚,祖国统一,才是各族人民的共同期盼和福祉。

3. 爱国主义是实现中华民族伟大复兴的动力

辉煌灿烂的中华古代文明,曾经长期处于世界领先地位,并且远播海外,为人类文明的发展做出了重要贡献,进入近代以后,长期的内忧外患,外国烈强的侵略和奴役,阻碍了中国的发展,导致山河凋敝、国力日衰,几乎到了亡国的边缘。无数爱国志士发愤图强,努力探索和寻求民族复兴的道路。在中国共产党的领导下,中国人民以马克思主义为思想武器,经过艰苦卓绝的长期奋斗,实现了民族独立和解放,建立了社会主义新中国,为中华民族伟大的复兴的奠定了坚实的基础。新中国的成立,特别是改革开放以来,中国人民的爱国主义热情空前高涨,爱国主义在推动祖国的全面发展和进步方面,发挥着越来越重要的作用。

新形势下,各国之间综合国力的竞争日趋激烈。在激烈的国际竞争中,中华民族立于不败之地的一个重要保障,就是高扬爱国主义旗帜,最大限度地团结全国各族人民,港澳台同胞以及广大海外侨胞,激发起爱我中华、建我中华、强我中华的爱国热情。"人心齐,泰山移",中华儿女万众一心,奋发图强,艰苦奋斗,就一定能够战胜任何艰难险阻,多少代人所期盼的中华民族伟大复兴的目标就一定会实现。

4. 爱国主义是实现人生价值的力量源泉

爱国主义体现了每一个中华儿女对祖国的责任,这种责任是社会发展的客观要求,也是每个人自身发展的客观需要。一个人能够成为什么人,应该成为什么人,在很大程度上需要依赖于社会,依赖于生于斯、长于斯的祖国。祖国给个人的成长发展创造条件,对个人创造的成果作出评价,为个人实现人生价值提供舞台、指明方向。

伟大的人生目标往往产生于对祖国深厚的爱,一个人对祖国爱得越深,历史责任感就越强烈,人生目标就越明确,人生信念就越坚定。古往今来,彪炳中华民族史册的,无一不是忠诚的爱国者。他们之所以能做出一番事业,使自己的人生,有价值、有意义,根本原因在于对自己的祖国和人民有一颗滚烫的赤子之心。新时代革命军人肩负着强军兴国的历史重任,与其他职业群体相比,新时代革命军人的爱国主义是满足国家安全需要的神圣义务,是誓以鲜血和生命保卫祖国的崇高责任。作为爱国主义最高形态的革命军人的爱国主义,无疑为革命军人建功立业,提供了强大精神支撑和奋斗动力。我们一定要把爱国之情、强国之志、报国之行统一起来,把自己的梦想融入实现中国梦的壮阔奋斗之中,把自己的名字写在中华民族伟大复兴的光辉史册之上。

第二节 做爱国主义的新时代革命军人

一、深刻理解我军爱国主义的时代特征

我军作为新型的人民军队,是适应国家独立和民族解放的需要而产生的,是中国历史上最

先进的爱国武装集团。在长期的革命斗争中,我军继承和发扬中华民族爱国主义的优良传统,形成了独具特色的爱国主义精神。

第一,热爱祖国同热爱中国共产党的高度统一。中国共产党是我军的缔造者和领导者,是国家和民族利益的忠实代表,她把全国各族人民的利益作为自己的最高利益,把实现民族解放、国家独立、人民幸福作为自己的神圣使命,党的使命也是我军的使命。正是有了中国共产党的领导,我军才由小到大、由弱变强,为国家和人民建立了不朽功勋。几十年的革命征程使我军官兵懂得,党对军队的绝对领导是我军的建军之魂、立军之本。在社会主义现代化建设的新的历史阶段,我军官兵发扬爱国主义传统就应该更加热爱党、忠于党,自觉地同党中央在政治上、思想上、行动上保持高度一致,无条件地完成党赋予我们的神圣使命。

第二,热爱祖国与热爱人民的统一。我军是为了广大劳动人民翻身解放而建立起来的,紧紧地和全国人民站在一起,全心全意为人民服务,是我军的唯一宗旨。从这个宗旨出发,我军一代又一代的官兵,把对祖国的炽热情感化作对人民的满腔热忱,为了人民的利益甘愿牺牲一切,战争年代,为人民抛头颅、洒热血;和平年代,为了人民的安危,抢险救灾,维护社会秩序,与人民同呼吸、共命运、心连心。军队视人民为父母,人民把军队看成自己的子弟兵,支持军队、拥护军队、爱戴官兵。事实告诉我们,只有以人民利益为最高利益,我军才能在履行保卫祖国、建设祖国的使命中获得深厚的力量源泉。

第三,热爱祖国同热爱社会主义的高度统一。中国近代史雄辩地证明,只有社会主义才能救中国,只有社会主义才能发展中国。因而,走中国特色社会主义道路,体现了我国各族人民的根本利益,代表着历史发展的方向和趋势,把爱国与爱社会主义统一起来,才能真正把爱国主义落到实处。

第四,爱国主义与国际主义高度一致。任何国家和民族的解放与进步事业,都是同世界人民的解放与进步事业联系在一起的,都需要各国人民之间相互同情、相互支持。只有把爱国主义与国际主义统一起来,才能克服狭隘的民族利己主义和大国沙文主义,推动本民族同世界人民的解放与进步事业一道前进,成为真正的爱国主义者。几十年来,我军在错综复杂的国际斗争中,既是保卫祖国、建设祖国的重要力量,也是一支反对霸权主义、维护世界和平的重要力量。坚持爱国主义与国际主义的统一,一方面,反对借口国际主义,推行大国沙文主义和霸权主义政策,侵略或干涉别国内政的行为;另一方面,反对盲目排外、妄自尊大的狭隘民族主义。这是我军作为人民军队的爱国主义优良传统的重要标志。

二、把祖国利益放在高于一切的位置

祖国利益是一个国家全体人民的共同利益、长远利益和根本利益,它包括领土完整、主权独立、经济发展、文化繁荣、政治民主和社会进步等。人民军队作为祖国利益的忠实保卫者,要求每个官兵都必须自觉地把祖国利益放在高于一切的位置,甘愿为祖国利益无私奉献。这就要求我们:

第一,树立祖国利益高于一切的思想,摆正个人利益同祖国利益的关系。祖国利益和个人利益是紧密相连的,它包括个人利益,是个人利益的基础、源泉和根本保证。一方面,有了祖国的利益,才有我们个人的利益;相反,如果没有祖国的利益,没有国家的繁荣富强,个人的一切利益都会失去保障。另一方面,祖国利益的实现又要靠她的每一位成员的勤奋工作与奉献,个人以看似微薄之力,汇集成集体、祖国的整体力量,祖国才能以它特有的方式保障着每个个体的利益。军人由于职业的特殊性,会比常人遇到更多的个人利益与祖国利益的矛盾。在处理这一关系时,高度爱国主义思想觉悟要求我们,首先,应该做到个人利益无条件地服从祖国利益,服从组织,听从指挥,恪尽职守,做出业绩;其次,当祖国需要的时候,勇于为祖国利益而献身。为祖国献身是爱国主义的最高表现。

第二,树立祖国利益高于一切的思想,坚决抵制拜金主义、享乐主义和极端个人主义的影响。拜金主义、享乐主义和极端个人主义,是私有制和剥削阶级人生观的产物,与爱国主义思想背道而驰,冰炭不容。一个人如果被这种腐朽思想占据了心灵,就会成为一个对祖国利益、前途麻木不仁的人。以捍卫祖国利益为己任的革命军人,只有自觉抵制拜金主义、享乐主义和极端个人主义的影响,在思想上筑起牢固的防线,才能经受住名利、金钱、美色的诱惑和考验,自觉地为祖国利益而奋斗,才能完成党和人民赋予我们的神圣使命。

三、忠实履行保卫祖国、建设祖国的神圣职责

保卫祖国、建设祖国是党和人民赋予我军的光荣职责,也是我军爱国主义的基本内容。它要求我们:

第一,坚持捍卫祖国的领土完整和主权独立。面对错综复杂的国际形势和周边环境,发扬爱国主义,首先,必须树立居安思危、常备不懈的思想,任何时候都不要忘记我军的根本职能,时刻做好为保卫祖国而战斗的思想准备。其次,爱军习武,练就过硬的作战本领。最后,牢固树立立足现有装备,不断提高打赢信息化局部战争的信心。一旦战争爆发,誓死保卫祖国的领土、领海和领空。

第二,积极投身于建设中国特色的社会主义事业。建设中国特色社会主义,代表着中国历史发展的方向,是当代中国人民爱国主义的集中体现,也是当代中国军人爱国主义的重要内容。以经济建设为中心,大力发展生产力,是建设中国特色社会主义的中心任务。军队要服从并服务于这个大局,积极参加国家的经济建设和社会主义精神文明建设,每一位官兵都应在建设中国特色社会主义的伟大实践中做出自己应有的贡献。

第三,大力培育以爱国主义和革命英雄主义为核心的战斗精神。战斗精神是军人理想信念、道德品质、意志作风的凝结和体现。要在践行强军目标的进程中自觉培育战斗精神,发扬一不怕苦、二不怕死的精神,坚定为祖国统一而战、为捍卫国家主权和领土完整而战、为民族尊严而战、为中华民族的根本利益而战的意志。把培育战斗精神自觉贯穿于军事斗争准备的各个方面,充分认清肩负的使命任务,强化随时准备打仗的思想,坚定敢打必胜的信心。把培育战斗精神自觉贯穿于军事训练的全过程,在近似实战的环境中,在艰苦严格的训练中,在重大军事行动中,培养坚定的战斗意志、顽强的战斗作风、过硬的心理素质。大力宣扬和学习谋打赢、钻打赢、练打赢的先进典型,争当"四有"新时代革命军人。

【复习思考题】

1. 爱国主义有哪些基本内容?
2. 如何理解我军爱国主义的时代特征?

第四章　法律常识

第一节　法的基本理论

一、什么是法律

1. 法律的概念

在我们日常工作和生活中,经常接触到一些规则,如俱乐部规则、教室使用规则、仓库管理规则等,这些规则虽然同法律有某些相同点,即规定人们可以做什么,不可以做什么,但规则不等同于法律。法律,是指国家按照统治阶级的意志制定或认可,并由国家强制力保证实施的行为规范的总和。

首先,法律是统治阶级意志的体现。不同阶级都有自己的阶级意志,但不是各阶级的意志都能表现为法律。只有在经济上占统治地位,掌握着国家政权,从而在政治上也占统治地位的阶级,才能把本阶级的意志通过国家机关制定成为法律,并强制全体社会成员遵守和服从。法律所表现的统治阶级意志,是指集中反映统治阶级的根本愿望和共同要求,代表统治阶级的整体利益,而不是统治阶级中少数人的意志,更不是个别人的意志。法律是统治阶级意志的表现,但并不是统治阶级的意志都表现为法律。因为表现统治阶级意志的有各种各样的形式,如哲学、道德、文学、艺术、宗教等,法律与它们的区别在于以国家意志的形式表现出来,即以法律、规章、条例等形式表现出来。也就是说,只有把统治阶级的意志上升为国家意志,才能成为法律。

其次,法律是国家制定或认可的行为规则。制定和认可,是国家创建法律的两种方式。制定法律,就是指国家根据统治阶级意志直接创立法律,如我国全国人民代表大会通过的《中华人民共和国宪法》就属于这种方式。认可法律,是指国家根据实际情况和客观需要,把风俗习惯等某些既存社会规范确认为法律。不论是国家制定的,还是国家认可的,所有法律,对于全体社会成员来说,都是必须严格遵守的。

再次,法律是由国家强制力来保证执行的行为规则。法律既然是统治阶级意志的体现,它代表着统治阶级的利益,那么它的实施就常常遇到被统治阶级的反抗和破坏,因此需要有国家的强制机关,即军队、警察、监狱、法庭等作为后盾,迫使被统治阶级服从。使用国家强制力作后盾是统治阶级意志上升为国家意志的要求,它不仅要求被统治阶级遵守法律,而且约束统治阶级内部成员遵守法律。

最后,法律是规定人们权利和义务的行为规则。它规定着人们在社会生活中如何行动,即什么可以做、什么不可以做,什么是允许做的、什么是不允许做的,以及违反法律应承担的法律责任。它一方面调整着统治阶级和被统治阶级的关系;另一方面也调整着统治阶级内部的关系,以取得全体社会成员共同遵守的效力,维护有利于统治阶级的社会关系和社会秩序。

总之,法律是统治阶级意志的体现,并以国家强制力保证其执行。法律与统治阶级的政治有着密切的联系,它直接反映统治阶级的政治要求,并为统治阶级的政治服务。因此,法律具有强烈的阶级性和鲜明的政治性。超阶级的、脱离政治的法律是不存在的。

2. 法律与道德的关系

法律是成文的道德,道德是内心的法律。法律和道德都具有规范社会行为、调节社会关系、维护社会秩序的作用,在国家治理中都有其地位和功能。但是,法律和道德又有着重要的区别:(1)产生的条件不同。在阶级社会只有统治阶级的法律,没有被统治阶级的法律。但道德却不是这样,统治阶级和被统治阶级各有自己的道德,有不同的是非观念和善恶标准。(2)存在的形式不同。法律以严格、明确的行为规范为存在形式;而道德却是笼统、抽象的行为规范,存在于人们的意识和社会舆论之中。因而,法律的遵守和执行,是靠国家强制力来保证的;道德的遵循,则是靠社会舆论的力量来维持的。(3)发展的前途不同。法律是阶级社会的现象,随着国家的消亡而消亡;而道德则随着社会的发展而发展。

法治和德治相互补充、相互促进、相得益彰,二者是辩证统一的关系。法律凝结着社会的基本价值取向和道德规范,遵守法律就是遵守最低限度的道德。从这个意义上说,任何法律都有一定的道德属性。道德则将外在的法律规范转化为内在的自我约束,促使人们主动认识自己的责任与义务、自愿选择有道德的行为。一个人的道德觉悟提升了,就会自觉尊法学法守法用法;全社会的道德水准提升了,法治建设才会有坚实的基础。此外,法律和道德还可以相互转化。法律和道德都植根于一定的历史文化环境与社会环境,文化的演进、社会的发展推动法律和道德的发展。考察人类历史会发现,法律和道德之间呈现一种流动的边界:一些道德规范"流动"到法律规范之中,这是道德转化为法律;一些法律规范"流动"到道德规范之中,这是法律转化为道德。这说明法律和道德之间没有一成不变的分界线,其双向"流动"的目的是为了与当时的经济社会发展需要相适应。

二、我国的社会主义法律

1. 我国社会主义法律的本质特征

我国社会主义法律,是在中国共产党领导的新民主主义革命时期孕育,在中华人民共和国成立后不断形成和发展起来的。改革开放以来,我国法治建设进入了前所未有的快速发展时期,形成了以宪法为统帅的社会主义法律体系,国家和社会生活各方面实现了有法可依,这是一个巨大的历史成就。从本质上说,我国社会主义法律是中国特色社会主义制度的重要组成部分,是党领导人民当家作主的制度保障。

我国社会主义法律体现了党的主张和人民意志的统一。我国社会主义法律既具有鲜明的阶级性,又具有广泛的人民性,体现了阶级性与人民性的统一。我国是中国共产党领导下的社会主义国家,人民是国家的主人,制定法律的权力属于人民。中国共产党是中国工人阶级的先锋队,同时是中国人民和中华民族的先锋队,是中国特色社会主义事业的领导核心。社会主义法律维护人民的根本利益,巩固中国共产党的领导地位,体现了党的主张和人民意志的统一。党领导人民制定宪法法律,党领导人民实施宪法法律,党自身必须在宪法法律范围内活动,这就是党的领导力量的体现,也是我国社会主义法律最本质特征的具体表现。

我国社会主义法律具有科学性和先进性。在剥削阶级占统治地位的社会中,法律受少数人狭隘利益的局限,容易与客观规律和历史发展趋势相背离。我国社会主义法律反映的不是少数人的特殊利益,而是全体人民的共同利益,尽管其具体内容会随着经济社会的发展而调整变化,但它与历史发展的基本方向和规律是一致的。因此，从本质上说，我国社会主义法律更能尊重和反映社会发展规律，具有科学性和先进性。我国法律坚持马克思主义世界观和方法论，并指导人们在法律实践中尊重和反映客观规律。我国法律适应时代发展要求，改革创新立法体制、立法程序、立法技术，使立法的质量和水平不断提高。

我国社会主义法律是中国特色社会主义建设的重要保障。法的社会作用是从法在社会生活中要实现的目的角度来认识的。我国法律的社会作用体现了社会主义的本质要求，经济发展、政治清明、文化昌盛、社会公正、生态良好，都离不开社会主义法律的引领、规范和保障。经济建设方面，我国法律维护和巩固社会主义经济制度，促进社会主义市场经济持续健康发展，保障现代化经济体系建设顺利推进。政治建设方面，我国法律维护和巩固社会主义政治制度，保障社会主义民主政治顺利推进，保证人民享有广泛的民主权利和自由，巩固人民民主专政。文化建设方面，我国法律巩固社会主义意识形态，维护社会主义核心价值观，弘扬社会主义道德，促进文化事业和文化产业的发展，推动社会主义文化繁荣兴盛。社会建设方面，我国法律确保让改革发展成果更多更公平惠及全体人民，促进社会公平正义，形成有效的社会治理、良好的社会秩序，使人民获得感、幸福感、安全感更加充实、更有保障、更可持续。生态文明建设方面，我国法律倡导尊重自然、顺应自然、保护自然的理念，引导形成节约资源和保护环境的空间格局、产业结构、生产方式、生活方式，推动绿色发展，促进人与自然和谐共生。

2. 中国特色社会主义法律体系

中国特色社会主义法律体系是以我国全部现行法律规范按照一定的标准和原则划分为不同的法律部门，并由这些法律部门所构成的具有内在联系的统一整体。

现在，我国以宪法为核心，以涵盖宪法及宪法相关法、民商法、行政法、经济法、社会法、刑法、诉讼与非诉讼程序法等七个法律部门的法律为主干，由法律、行政法规、地方性法规等三个层次法律规范构成的中国特色社会主义法律体系已经基本形成，国家经济、政治、文化、社会生活各个方面基本做到有法可依，有力地保障和推动了中国特色社会主义事业的发展。

中国特色社会主义法律体系是中国特色社会主义永葆本色的法制根基，是中国特色社会主义创新实践的法制体现，是中国特色社会主义兴旺发达的保障。完善以宪法为核心的中国特色社会主义法律体系，是全面依法治国的重要内容，是建设中国特色社会主义法治体系的前提和基础。

三、建设中国特色社会主义法治体系

法律体系主要着眼于静态的法律制度建设，更多强调的是制度体系，而法治体系更多强调的是动态、互动、交往理性的有机整体。建设中国特色社会主义法治体系，就是在中国共产党领导下，坚持中国特色社会主义制度，贯彻中国特色社会主义法治理论，形成完备的法律规范体系、高效的法治实施体系、严密的法治监督体系、有力的法治保障体系，形成完善的党内法规体系。

1. 完备的法律规范体系

完备的法律规范体系，是中国特色社会主义法治体系的前提，是法治国家、法治政府、法治社会的制度基础。完备的法律规范体系，是以宪法为核心，由部门齐全、结构严谨、内部协调、体例科学、调整有效的法律及其配套法规所构成的法律规范系统。完善法律规范体系的基本要求包括：坚持立法先行，发挥立法在改革开放和经济社会发展中的引领和推动作用，加快完善法律、行政法规、地方性法规体系,为全面依法治国提供基本遵循;科学立法、民主立法、依法立法,坚持上下有序、内外协调、科学规范、运行有效的原则,立改废释并举,实现从粗放立法向精细立法转变,提高立法质量和效率;实现立法和改革决策相衔接,做到重大改革于法有据、立法主动适应改革和经济社会发展需要。

2. 高效的法治实施体系

建设高效的法治实施体系,是建设中国特色社会主义法治体系的重点。高效的法治实施体系,是指执法、司法、守法等各个环节有效衔接、协调高效运转、持续共同发力,实现效果最大化的法治实施系统。完善法治实施体系的重点内容包括:健全宪法实施制度,把树立宪法权威作为全面推进依法治国的重大事项抓紧抓好;加快建设职能科学、权责法定、执法严明、公开公正、廉洁高效、守法诚信的法治政府,依法全面履行政府职能,完善行政组织和行政程序法律制度,健全依法决策机制,深化行政执法体制改革,坚持严格规范公正文明执法;深化司法体制综合配套改革,规范司法行为,提高司法公信力,努力让人民群众在每一个司法案件中感受到公平正义;着力培育公民和社会组织自觉守法的意识和责任感,充分调动全社会自觉守法的积极性主动性,营造全社会共同守法的良好氛围。

3. 严密的法治监督体系

严密的法治监督体系,是指以规范和约束公权力为重点建立的有效的法治化权力监督网络。它以有权必有责、用权受监督、违法必追究,坚决纠正有法不依、执法不严、违法不究行为等为主要任务,是宪法法律有效实施的重要保障,是加强对权力运行制约和监督的迫切要求。完善法治监督体系的重点内容包括:健全宪法实施和监督制度;强化对行政权力的制约和监督;加强对司法活动的监督;发挥党内监督、人大监督、民主监督、行政监督、司法监督、审计监督、社会监督、舆论监督的合力,推进法治监督工作规范化、程序化、制度化,形成对法治运行全过程全方位的监督;深化国家监察体制改革,依法建立党统一领导的反腐败工作机构,构建集中统一、权威高效的国家监察体系,实现对所有行使公权力的公职人员监察全覆盖。

4. 有力的法治保障体系

有力的法治保障体系,是全面依法治国的重要依托。有力的法治保障体系,是指在法律制定、实施和监督过程中形成的结构完整、机制健全、资源充分、富有成效的保障系统,包括政治和组织保障、人才和物质条件保障、法治意识和法治精神保障等。完善法治保障体系的重点内容包括:切实加强和改进党对全面依法治国的领导,提高依法执政能力和水平,为全面依法治国提供有力的政治和组织保障;加强高素质法治专门队伍和法律服务队伍建设,提高法治工作队伍和法律服务队伍思想政治素质,为全面依法治国提供坚实的人才和物质保障;努力推动形成办事依法、遇事找法、解决问题用法、化解矛盾靠法的良好的守法社会氛围,为全面依法治国提供丰厚法治文化保障。

5. 完善的党内法规体系

建设完善的党内法规体系,是中国特色社会主义法治体系的本质要求和重要内容。完善的党内法规体系,是指科学、程序严密、配套完备、运行有效的党内制度及其运行、保障体系。完善党内法规体系的总目标是到建党100周年时形成比较完善的党内法规制度体系、高效的党内法规制度实施体系、有力的党内法规制度建设保障体系,党依据党内法规管党治党的能力和水平显著提高。完善党内法规体系的重点内容包括在党章之下分为党的组织法规制度、党的领导法规制度、党的自身建设法规制度、党的监督保障法规制度。

第二节 宪法

一、宪法是国家的根本大法

宪法是国家的根本大法，是国家的总章程，它集中反映统治阶级的意志，是统治阶级实行阶级专政的工具。作为国家根本大法，宪法与普通法律有所不同，主要表现在以下三个方面：

（1）内容不同

宪法规定国家最根本的问题，即规定社会制度和国家制度的基本原则。例如，宪法规定了国家性质、国家政治制度和经济制度、公民的基本权利和义务等，这些都是国家最根本的问题。而普通法律，只规定国家生活中某一方面的具体问题。例如，婚姻法只规定婚姻、家庭这一方面的问题，刑法只规定有关犯罪和刑罚问题。

（2）效力不同

宪法具有最高的法律效力。宪法是普通法律的立法基础，普通法律的制定要根据宪法，并且不得与宪法相抵触。例如，我国的刑法、刑事诉讼法、选举法等都是根据我国宪法中已经规定了的基本原则制定出来的。宪法的最高法律效力，还表现在它是一切国家机关团体和公民必须遵守的基本行为准则。

（3）制定和修改程序不同

宪法的制定和修改与普通法律不同，规定有特别的程序。我国宪法规定，宪法的修改，由全国人民代表大会常务委员会或者五分之一以上全国人民代表大会代表提议，并由全国人民代表大会以全体代表的三分之二以上的多数通过。而普通法律的制定和修改，由全国人民代表大会以全体代表的过半数通过，或者由全国人民代表大会常务委员会通过即可。

二、我国宪法的基本内容

新中国成立以来，我国先后于 1954 年、1975 年、1978 年和 1982 年颁布了四部宪法。1988 年、1993 年、1999 年、2004 年和 2018 年，全国人大分别对 1982 年宪法个别条款和部分内容作出必要的也是十分重要的修正，使我国宪法在保持稳定性和权威性的基础上紧跟时代前进步伐，不断与时俱进。特别是通过 2018 年的宪法修改，党的十九大确定的重大理论观点和重大方针政策，党和国家事业发展的新成就新经验新要求，包括习近平新时代中国特色社会主义思想、把我国建设成为富强民主文明和谐美丽的社会主义现代化强国、实现中华民族伟大复兴、中国共产党领导是中国特色社会主义最本质的特征、倡导社会主义核心价值观、确立宪法宣誓制度、完善国家主席任期制度、深化国家监察体制改革等载入国家根本法。

我国宪法由《序言》《总纲》《公民的基本权利和义务》《国家机构》《国旗、国歌、国徽、首都》五个部分构成。宪法确认了党领导人民长期奋斗取得的辉煌成果，规定了人民民主专政国家政权的性质和根本制度，明确了国家未来建设发展的根本任务和总的目标，是党的指导思想、中心工作、基本原则、重大方针、重要政策在国家法制上的最高体现。

1. 我国的国家制度

（1）国体和根本政治制度。国体即国家性质，是国家的阶级本质，是指社会各阶级在国家生活中的地位和作用。我国宪法第一条就规定："中华人民共和国是工人阶级领导的、以工农联盟为基础的人民民主专政的社会主义国家。社会主义制度是中华人民共和国的根本制度。中国共产党领导是中国特色社会主义最本质的特征。禁止任何组织或者个人破坏社会主义制度。"人民民主专政是我国的国体。

为了保证人民当家作主,我国宪法规定了人民代表大会制度这项根本政治制度。人民代表大会制度是中国社会主义民主政治最鲜明的特点,是人民当家作主的重要途径和最高实现形式,是社会主义政治文明的重要制度载体,是我国的根本政治制度。人民代表大会制度是我国的政权组织形式。政权组织形式,又称政体,是指掌握国家权力的阶级实现国家权力的政权体制,是形成和表现国家意志的方式,或者说是表现国家权力的政治体制。国体决定政体,政体体现国体。依照我国宪法,人民行使国家权力的机关是全国人民代表大会和地方各级人民代表大会。国家机构实行民主集中制原则,通过民主选举组成全国人民代表大会和地方各级人民代表大会,并以人民代表大会为基础,建立全部国家机构,对人民负责,受人民监督,以实现人民当家作主的制度。国家行政机关、监察机关、审判机关、检察机关由人民代表大会产生,对它负责,受它监督,这与一些国家实行的立法机关、行政机关和司法机关平起平坐、三权分立有本质区别。

(2)基本政治制度。我国宪法确立的基本政治制度,主要有中国共产党领导的多党合作和政治协商制度、民族区域自治制度和基层群众自治制度。

中国共产党领导的多党合作和政治协商制度。共产党领导、多党派合作,共产党执政、多党派参政是中国共产党领导的政党制度的基本特色,也是我国政治制度的一大优势。我国宪法规定:"中国共产党领导的多党合作和政治协商制度将长期存在和发展。"这一制度符合中国国情,反映了中国共产党同各民主党派长期共存、互相监督、肝胆相照、荣辱与共的关系。中国人民政治协商会议是中国共产党领导的多党合作和政治协商的重要机构,是我国政治生活中发扬社会主义民主的重要形式。

民族区域自治制度。民族区域自治制度是中国共产党和各族人民的一个伟大创造。我国宪法规定:"中华人民共和国是全国各族人民共同缔造的统一的多民族国家。"民族区域自治制度体现了国家的集中统一和民族区域自治的正确结合,体现了全国各民族人民的共同利益和少数民族特殊利益的正确结合。它可以保证少数民族当家作主,更好地管理本民族的内部事务;它可以促进少数民族地区尽快地发展,促进全国各民族的共同繁荣昌盛;它可以促进民族团结,保证国家的统一,有利于加强边疆建设和巩固国防。

基层群众自治制度。基层群众自治制度是城乡基层群众在党的领导下,依法直接行使民主权利,管理基层公共事务和公益事业,实行自我管理、自我服务、自我教育、自我监督的一项基本政治制度。基层群众自治是基层民主的主要实现形式,是人民当家作主最有效、最广泛的途径。我国宪法规定,城市和农村按居民居住地区设立的居民委员会或者村民委员会是基层群众性自治组织。城市居民委员会组织法和村民委员会组织法,为发展城乡基层民主,加强基层政权建设,保障城乡居民享有更多更切实的民主权利提供了法律依据。

(3)基本经济制度。基本经济制度是指一国通过宪法和法律调整以生产资料所有制为核心的各种基本经济关系的规则、原则和政策的总和。我国宪法规定:"中华人民共和国的社会主义经济制度的基础是生产资料的社会主义公有制,即全民所有制和劳动群众集体所有制。社会主义公有制消灭人剥削人的制度,实行各尽所能、按劳分配的原则。"同时还规定:"国家在社会主义初级阶段,坚持公有制为主体、多种所有制经济共同发展的基本经济制度,坚持按劳分配为主体、多种分配方式并存的分配制度。"

社会主义公有制是我国经济制度的基础。全民所有制和劳动群众集体所有制是我国社会主义公有制的两种基本形式。全民所有制经济即国有经济,是国民经济中的主导力量,控制着国家的经济命脉,决定着国民经济的社会主义性质。我国宪法规定,国家保障国有经济的巩固和发展。国家保护城乡集体经济组织的合法的权利和利益,鼓励、指导和帮助集体经济的发展。个体、私营等各种形式的非公有制经济是社会主义市场经济的重要组成部分,对充分调动社会各方面的积极性、加快生产力发展具有重要作用。国家保护个体经济、私营经济等非公有制经济的合法权利和利益。国家鼓励、支持和引导非公有制经济的发展,并对非公有制经济依法实行监督和管理。坚持平等保护物权,形成各种所有制经济平等竞争、相互促进的新格局。

2. 我国公民的基本权利和义务

公民的基本权利,是指公民在国家政治、经济、文化和社会生活各方面享有的不可缺少的主要权利。我国宪法关于公民基本权利的规定包括:

(1)公民享有平等权。即公民在法律面前一律平等。任何公民在享有宪法和法律规定的权利,履行宪法和法律规定的义务的时候,都是平等的,都不得有超越宪法和法律之上的特权。

(2)公民享有广泛的政治权利和自由。政治权利是指公民依法享有管理国家和参与国家政治生活的权利。年满18周岁的公民,除依法被剥夺政治权利的之外,都有选举权和被选举权;有言论、出版、集会、结社、游行、示威的自由;有批评、建议、申诉、控告、检举和依法取得赔偿的权利。

(3)公民有宗教信仰自由。宪法规定:"中华人民共和国公民有宗教信仰自由。"任何国家机关、社会团体和个人不得强制公民信仰宗教或者不信仰宗教,不得歧视信仰宗教的公民和不信仰宗教的公民。

(4)公民有人身自由权利。宪法规定:"中华人民共和国公民的人身自由不受侵犯。""任何公民,非经人民检察院批准或者决定或者人民法院决定,并由公安机关执行,不受逮捕。"这就是说,公民的人身自由不受任何非法的干扰和侵犯。公民的人身自由,是一个国家公民应该享有的最起码的、最基本的权利,是公民享有其他一切权利的先决条件。宪法还规定:公民的人格尊严不受侵犯,禁止用任何方法对公民进行侮辱、诽谤和诬告陷害;公民的住宅不受侵犯,不得非法搜查或者非法侵入公民的住宅。公民的通信自由和通信秘密受法律的保护。

(5)公民有广泛的社会经济权利。公民有劳动的权利和义务。劳动者有休息的权利。公民在年老、疾病或者丧失劳动能力的情况下,有从国家和社会获得物质帮助的权利。国家保障残疾军人的生活,抚恤烈士的家属,优待军人家属。国家和社会帮助安排盲、聋、哑和其他有残疾的公民的劳动、生活和教育。公民的合法的私有财产不受侵犯。国家依照法律规定保护公民的私有财产权和继承权。

(6)公民有学习文化的权利和从事科学研究、文化艺术创作和其他文化活动的自由。

(7)妇女有同男子平等的权利。妇女在政治的、经济的、文化的、社会的和家庭的生活各方面享有同男子平等的权利。国家保护妇女的权利和利益,实行男女同工同酬,培养和选拔妇女干部。婚姻、家庭、母亲和儿童受国家的保护。禁止破坏婚姻自由,禁止虐待老人、妇女和儿童。

(8)华侨的正当权益受国家保护。华侨是侨居国外的公民。宪法规定:"中华人民共和国保护华侨的正当的权利和利益,保护归侨和侨眷的合法的权利和利益。"

公民在行使自由和权利的时候,不得损害国家的、社会的、集体的利益和其他公民的合法的自由和权利。世界上从来不存在什么绝对的、不受任何限制的自由和权利。国家保护公民的合法的自由和权利,不允许任何组织或者个人侵犯,但也绝不允许任何人利用这种自由和权利进行危害国家安全的活动和其他破坏活动。

任何公民在享受宪法和法律规定的权利的同时,必须很好地履行义务。公民的基本义务,是指公民对国家应当履行的主要责任。宪法规定公民的基本义务有以下几项:

(1)公民有维护国家统一和全国各民族团结的义务。

(2)公民有遵守宪法和法律、保守国家秘密、爱护公共财产、遵守劳动纪律、遵守公共秩序、尊重社会公德的义务。

(3)公民有维护祖国安全、荣誉和利益的义务。

(4)公民有依照法律服兵役和参加民兵组织的光荣义务。抵抗侵略、保卫祖国,是中华人民共和国公民的神圣职责。

(5)公民有依照法律纳税的义务。

在我国,公民享有的权利与应当履行的义务是一致的。这种一致性主要表现在:一是任何公民都享有宪法和法律赋予的权利,同时必须履行宪法和法律规定的义务。没有无义务的权利,也没有无权利的义务。二是某些基本权利,既是权利又是义务。如劳动权、受教育权,其本身是权利,同时也是义务。三是权利和义务互相制约、互相促进。公民享有的权利越广泛、越有保障,就越能激发主人翁的责任感和劳动热情,从而更加自觉地、忠实地履行义务;公民越能自觉地、忠实地履行义务,就越能加快社会主义现代化建设,为保障自身权利的实现创造更丰富的物质条件。

我军是执行革命政治任务的武装集团。为了保证全军高度集中统一,维护国家安全稳定,军队对军人行使某些权利作了特殊的规定。比如,在结社方面,未经相应政治机关批准,军人不得参加民主党派,不得擅自参加地方的群众团体,不得成立条令条例规定以外的团体和组织,不得组织或参加、支持非法集会、游行、静坐、绝食、罢工、罢课等。在宗教信仰方面,军人不得参加任何宗教组织和宗教活动;不允许任何宗教组织在部队发展成员,进行传教活动;不允许各种非法宗教书刊和其他宣传品在部队传播。在婚姻方面,军人不得与外国人结婚等。对这些规定,我军每个官兵都必须严格遵守。

3. 我国的国家机构

(1)全国人民代表大会

中华人民共和国全国人民代表大会是最高国家权力机关,每届任期五年。全国人民代表大会常务委员会是全国人民代表大会的常设机关。全国人民代表大会和全国人民代表大会常务委员会行使国家立法权。

(2)中华人民共和国主席

中华人民共和国主席、副主席由全国人民代表大会选举。有选举权和被选举权的年满四十五周岁的中华人民共和国公民可以被选为中华人民共和国主席、副主席。中华人民共和国主席、副主席每届任期同全国人民代表大会每届任期相同。

(3)国务院

中华人民共和国国务院,即中央人民政府,是最高国家权力机关的执行机关,是最高国家行政机关。它领导和管理全国的经济、文化、教育、科学、国防建设、民政、公安、民族事务等工作,领导地方各级人民政府工作。国务院实行总理负责制。

(4)中央军事委员会

中华人民共和国中央军事委员会领导全国武装力量。中央军事委员会实行主席负责制。

中央军事委员会主席对全国人民代表大会和全国人民代表大会常务委员会负责。中央军事委员会每届任期同全国人民代表大会每届任期相同。

（5）地方各级人民代表大会和地方各级人民政府

省、直辖市、市、县、市辖区、乡、民族乡、镇设立人民代表大会，是地方国家权力机关。在设立地方各级人民代表大会的地方，也设立地方各级人民政府。

（6）民族自治地方的自治机关

民族自治地方的自治机关是自治区、自治州、自治县的人民代表大会和人民政府。自治区、自治州、自治县的自治机关依法行使自治权；民族自治地方的人民代表大会有权依照当地民族的政治、经济和文化的特点，制定自治条例和单行条例。

（7）监察委员会

中华人民共和国设立国家监察委员会和地方各级监察委员会。中华人民共和国国家监察委员会是最高监察机关。国家监察委员会领导地方各级监察委员会的工作，上级监察委员会领导下级监察委员会的工作。国家监察委员会对全国人民代表大会和全国人民代表大会常务委员会负责。地方各级监察委员会对产生它的国家权力机关和上一级监察委员会负责。监察委员会依照法律规定独立行使监察权，不受行政机关、社会团体和个人的干涉。

（8）人民法院和人民检察院

中华人民共和国人民法院是国家的审判机关。我国设立最高人民法院、地方各级人民法院和军事法院等专门人民法院。最高人民法院监督地方各级人民法院和专门人民法院的审判工作，上级人民法院监督下级人民法院的审判工作。中华人民共和国人民检察院是国家的法律监督机关。我国设立最高人民检察院、地方各级人民检察院和军事检察院等专门人民检察院。最高人民检察院领导地方各级人民检察院和专门人民检察院的工作，上级人民检察院领导下级人民检察院的工作。

第三节　一般违法行为和行政制裁

一、一般违法行为及其表现

1. 什么是违法行为

违法行为，就是违反了国家法律以及其他法规的行为。根据违法行为的性质和情节以及对社会造成的危害程度，可分为一般违法行为和严重违法行为。严重违法行为，往往指触犯刑律，应受到刑法处罚的行为；一般违法行为，是指违法行为轻微，对社会的危害不大，还没有触犯刑律的行为。一般违法行为虽然没有严重违法（即犯罪）行为那样对社会危害程度大，但它也给国家、社会和人民带来损失，如果不及时地给予惩戒、制止，还可能进一步发展成为犯罪。

2. 一般违法行为的表现

一般违法行为的表现有很多种，如违反《中华人民共和国治安管理处罚法》的行为，违反《中华人民共和国道路交通安全法》的行为，违反《中国人民解放军纪律条令》的行为等。在这其中，《中华人民共和国治安管理处罚法》规定了大量的一般违法行为，主要表现在以下四个方面：

（1）扰乱公共秩序的行为

主要有：扰乱机关、团体、企业、事业单位秩序，致使工作、生产、营业、医疗、教学、科研不能正常进行,尚未造成严重损失的;扰乱车站、港口、码头、机场、商场、公园、展览馆或者其他公共场所秩序的;扰乱公共汽车、电车、火车、船舶、航空器或者其他公共交通工具上的秩序的;非法拦截或者强登、扒乘机动车、船舶、航空器以及其他交通工具,影响交通工具正常行驶的;破坏依法进行的选举秩序的,等等。

(2) 妨害社会安全的行为

主要有:违反国家规定,制造、买卖、储存、运输、邮寄、携带、使用、提供、处置爆炸性、毒害性、放射性、腐蚀性物质或者传染病病原体等危险物质的;非法携带枪支、弹药或者弩、匕首等国家规定的管制器具的;盗窃、损毁油气管道设施、电力电信设施、广播电视设施、水利防汛工程设施或者水文监测、测量、气象测报、环境监测、地质监测、地震监测等公共设施的;盗窃、损毁路面井盖、照明等公共设施的,等等。

(3) 侵犯人身权利、财产权利的行为

主要有:非法限制他人人身自由、非法侵入他人住宅或者非法搜查他人身体的;写恐吓信或者以其他方法威胁他人人身安全的;公然侮辱他人或者捏造事实诽谤他人的;偷窥、偷拍、窃听、散布他人隐私的;殴打他人的,或者故意伤害他人身体的;冒领、隐匿、毁弃、私自开拆或者非法检查他人邮件的;盗窃、诈骗、哄抢、抢夺、敲诈勒索或者故意损毁公私财物的,等等。

(4) 妨害社会管理的行为

主要有:拒不执行人民政府在紧急状态情况下依法发布的决定、命令的;阻碍国家机关工作人员依法执行职务的;冒充国家机关工作人员或者以其他虚假身份招摇撞骗的;伪造、变造或者买卖国家机关、人民团体、企业、事业单位或者其他组织的公文、证件、证明文件、印章的;煽动、策划非法集会、游行、示威、不听劝阻的;违反关于社会生活噪声污染防治的法律规定,制造噪声干扰他人正常生活的;伪造、隐匿、毁灭证据或者提供虚假证言、谎报案情,影响行政执法机关依法办案的;协助组织或者运送他人偷越国(边)境的;刻画、涂污或者以其他方式故意损坏国家保护的文物、名胜古迹的;偷开他人机动车的;吸食、注射毒品的;卖淫、嫖娼的;以营利为目的,为赌博提供条件的,或者参与赌博赌资较大的,等等。

二、对一般违法行为的制裁

1. 一般违法行为应受行政制裁

一般违法行为要受行政制裁。行政制裁是根据国家的法律,或者是根据国家机关、企业、事业单位的规章制度以及军队的纪律,对犯有违法行为或是违反内部纪律,尚不够刑事处分的人员采取的一种强制措施,这种强制措施又分为行政处分和行政处罚。

行政处分也叫纪律处分,就是指国家机关、企事业单位根据国家法律、规章制度,对犯有轻微违法行为或违反内部纪律行为的人员给予的一种制裁。只有拥有行政处分权的主管部门,才有权作出行政处分的决定。行政纪律处分分为:警告、记过、记大过、降级、降职、撤职、留用察看、开除八种。

行政处罚是依据国家法律(如行政管理法规、森林法规、环保法规等)的规定,由特定的国家行政机关(如公安机关、市场监督管理机关、林业管理机关等)给予犯有轻微违法行为,尚不够刑事处分的人的一种制裁。可见,行政处罚必须根据有关法律的具体规定来执行,而且必须由特定的国家行政机关来行使这项权力,其他没有处罚权的机关和部门是不能行使的。这是行政处罚和行政处分不同的地方。行政处罚根据违法行为的不同类别,由不同的机关执行处罚。

行政处罚有警告、没收、罚款、责令赔偿损失、行政拘留等。例如,乱砍林木,是违反森林管理法规的行为,由林业管理机关执行处罚;环境的污染和破坏,是违反环境保护法规的行为,由环境保护机关执行处罚;无证驾驶机动车辆,是违反交通规则的行为,由交通管理机关执行处罚;违反市场管理法规的行为,则由市场监督管理机关执行处罚。

2. 对军人违反纪律条令的处分

对军人违反纪律条令的处分分为警告、严重警告、记过、记大过、降职或降级(衔)、撤职直至开除军籍。处分决定可采取当面、队前、会议或书面形式宣布,以教育本人或部队。不论采取何种形式,对受处分者应该坚持说服教育,热情帮助,防止简单粗暴。不得歧视,不得侮辱人格,严禁打骂和变相体罚。

3. 对违反《中华人民共和国治安管理处罚法》的处罚

根据《中华人民共和国治安管理处罚法》的规定,对违反治安管理行为的处罚种类分为:警告;罚款;行政拘留;吊销公安机关发放的许可证。对违反治安管理的外国人,可以附加适用限期出境或者驱逐出境。治安管理处罚由县级以上人民政府公安机关决定;其中警告、500元以下的罚款可以由公安派出所决定。

办理治安案件所查获的毒品、淫秽物品等违禁品,赌具、赌资、吸食、注射毒品的用具,以及直接用于实施违反治安管理行为的本人所有的工具,应当收缴,按照规定处理。违反治安管理所得的财物,追缴退还被侵害人;没有被侵害人的,登记造册,公开拍卖或者按照国家有关规定处理,所得款项上缴国库。

已满14周岁不满18周岁的人违反治安管理的,从轻或者减轻处罚;不满14周岁的人违反治安管理的,不予处罚,但是应当责令其监护人严加管教。

精神病人在不能辨认或者不能控制自己行为的时候违反治安管理的,不予处罚,但是应当责令其监护人严加看管和治疗。间歇性的精神病人在精神正常的时候违反治安管理的,应当给予处罚。

盲人或者又聋又哑的人违反治安管理的,可以从轻、减轻或者不予处罚。

醉酒的人违反治安管理的,应当给予处罚。

有两种以上违反治安管理行为的,分别决定,合并执行。行政拘留处罚合并执行的,最长不超过20日。

共同违反治安管理的,根据违反治安管理行为人在违反治安管理行为中所起的作用,分别处罚。

教唆、胁迫、诱骗他人违反治安管理的,按照其教唆、胁迫、诱骗的行为处罚。

单位违反治安管理的,对其直接负责的主管人员和其他直接责任人员依照本法的规定处罚。其他法律、行政法规对同一行为规定给予单位处罚的,依照其规定处罚。

违反治安管理有下列情形之一的,减轻处罚或者不予处罚:情节特别轻微的;主动消除或者减轻违法后果,并取得被侵害人谅解的;出于他人胁迫或者诱骗的;主动投案,向公安机关如实陈述自己的违法行为的;有立功表现的。

违反治安管理有下列情形之一的,从重处罚:有较严重后果的;教唆、胁迫、诱骗他人违反治安管理的;对报案人、控告人、举报人、证人打击报复的;六个月内曾受过治安管理处罚的。

以上所述的是对犯有一般违法行为的人的处罚。如果有人犯有严重违法(犯罪)行为,对社会造成了严重危害,就不再运用行政处罚来对他们进行约束和制裁,而必须运用刑法武器来同他们进行斗争。

第四节 犯罪和刑罚

一、犯罪

1. 什么是犯罪

我国刑法第十三条对什么是犯罪作了明确的规定,即:一切危害国家主权、领土完整和安全,分裂国家、颠覆人民民主专政的政权和推翻社会主义制度,破坏社会秩序和经济秩序,侵犯国有财产或者劳动群众集体所有的财产,侵犯公民私人所有的财产,侵犯公民的人身权利、民主权利和其他权利,以及其他危害社会的行为,依照法律应当受刑罚处罚的,都是犯罪,但是情节显著轻微危害不大的,不认为是犯罪。

明知自己的行为会发生危害社会的结果,并且希望或者放任这种结果发生,因而构成犯罪的,是故意犯罪。故意犯罪,应当负刑事责任。

应当预见自己的行为可能发生危害社会的结果,因为疏忽大意而没有预见,或者已经预见而轻信能够避免,以致发生这种结果的,是过失犯罪。过失犯罪,法律有规定的才负刑事责任。

行为在客观上虽然造成了损害结果,但是不是出于故意或者过失,而是由于不能抗拒或者不能预见的原因所引起的,不是犯罪。

2. 犯罪的特征

犯罪有以下三个基本特征:

(1)一切犯罪都是对社会具有危害性的行为

行为的社会危害性,是犯罪最本质的特征。没有社会危害性的行为,不能认为是犯罪。判断一个人的行为是否构成犯罪,首先要看他是否做出了危害社会的行为,只有行为人已经做出了危害社会的行为,才能认为是犯罪。反之,如果只有犯罪意图和打算,而没有做出危害社会的实际行为,就不能认为是犯罪。

(2)一切犯罪都是触犯刑律的行为

所谓刑律,就是规定有刑罚的法律。犯罪虽然是对社会具有危害性的行为,但并不是所有危害社会的行为都是犯罪。在危害社会的行为中,有的违反民法,有的违反行政法,有的违反经济法,而犯罪是指违反了刑法的行为,即通常所说的触犯刑律。例如,偷窃、诈骗、侵占少量公私财物的,是违反《中华人民共和国治安管理处罚法》的行为;而盗窃、诈骗、抢劫公私财物数额较大的,就是违反刑法的行为。确定某种行为是否犯罪,必须以这种行为对社会的危害程度是否达到触犯刑法的规定为依据,这是区分犯罪和其他违法行为的一个重要标志。

(3)一切犯罪都是依法应受到刑罚处罚的行为

国家对危害社会的行为的管理,根据其性质和情节不同,采取不同的制裁方法。对于触犯刑法的犯罪行为是采取刑罚这种最严厉的制裁方法处理。因此,应受到刑罚处罚的行为,是犯罪的特有的法律特征。

上述三个特征必须同时具备,缺少任何一个都不构成犯罪。

3. 犯罪的种类

我国刑法分别规定有十类犯罪,即危害国家安全罪;危害公共安全罪;破坏社会主义市场经济秩序罪;侵犯公民人身权利、民主权利罪;侵犯财产罪;妨害社会管理秩序罪;危害国防利益罪;贪污贿赂罪;渎职罪;军人违反职责罪。

刑法规定的每一类犯罪中又包括若干具体罪名,比如危害国家安全罪包括背叛国家罪、分裂国家罪、颠覆国家政权罪、叛逃罪、间谍罪等具体罪名,军人违反职责罪包括战时造谣惑众罪、战时自伤罪、逃离部队罪、武器装备肇事罪等具体罪名。刑法规定的十类犯罪行为一共包括460多个具体罪名。

二、刑罚

1. 刑罚的概念

刑罚是国家审判机关对罪犯实行惩罚的一种强制方法。它具有以下三个特点:

(1)刑罚是最严厉的国家强制方法。它可以判处没收罪犯的财产和剥夺政治权利以及其他权利;它也可以判处罪犯有期徒刑或无期徒刑从而剥夺他的短期、长期以至终身的自由;它甚至可以判处死刑立即执行而剥夺罪犯的生命。

(2)刑罚只能对犯罪分子适用。刑罚这种严厉的强制方法,不适用于无罪的人,更不允许株连无辜者。否则就是违法,要追究违法者的法律责任。

(3)刑罚只能由人民法院代表国家依法行使,其他任何机关、企事业单位或个人都没有这个权力。如果违背这个规定,就是侵犯公民人身权利、民主权利,破坏社会主义法制的行为。

2. 我国刑罚的目的和作用

我国刑罚的目的在于:打击敌人,惩罚和教育犯罪分子,制止和预防犯罪的发生,以保护国家和人民的利益,巩固人民民主专政,最终达到消灭犯罪。

从上述的目的可以看出,我国刑罚具有特殊预防和一般预防两个作用。特殊预防,就是对犯罪分子给以恰如其分的处罚,除判处死刑立即执行的罪犯外,要在劳动中进行教育改造,使他们不再犯罪,变为自食其力的新人。一般预防,就是通过对犯罪分子的惩罚,可以警戒社会上的不稳定分子,使他们悬崖勒马,消除犯罪念头,不以身试法,不走上犯罪的道路。同时,通过对犯罪分子的惩罚,可现身说法地教育人民自觉遵守国家法纪,维护社会秩序,提高人民当家作主的责任感,并且还会有力地动员群众,积极同犯罪分子作斗争。

3. 我国刑罚的种类

我国的刑罚根据刑法第三十二条至第三十五条的规定,分为主刑和附加刑两类。

所谓主刑,就是只能独立适用的刑罚,不能附加适用。法院在判处案件时不能对一个罪犯同时判处两种主刑,一次判决只能判处一种主刑。我国的刑法规定的主刑有五种:管制、拘役、有期徒刑、无期徒刑、死刑。

(1)管制

管制主要适用于罪行较轻的犯罪分子。对判处管制的犯罪分子,不进行关押,而是依法实行社区矫正。他们的行动必须遵照法律的许可,服从监督,并在劳动中享受同工同酬。管制的期限,为三个月以上二年以下。

(2)拘役

拘役是人民法院对罪犯判处短期剥夺自由的一种刑罚。它主要适用于情节较轻的犯罪分子,由公安机关就近执行。拘役的期限一般为一个月以上六个月以下。在执行期间,被判处拘役的犯罪分子每月可以回家一天至两天;参加劳动的,可以酌量发给报酬。

(3) 有期徒刑

有期徒刑是人民法院判处剥夺罪犯在一定期限内的自由,并交由监狱或者其他执行场所执行的一种刑罚。凡有劳动能力的,都应当参加劳动,接受教育和改造。除数罪并罚或死缓变更外,有期徒刑的刑期一般为六个月以上十五年以下。

(4) 无期徒刑

无期徒刑是人民法院判处剥夺罪犯终身自由的一种刑罚。它适用于那些罪行严重,但还不够判处死刑的犯罪分子。被判处无期徒刑的犯罪分子,在劳动改造中,确有悔改或立功表现,在执行了一定刑期之后,可以减为有期徒刑。

(5) 死刑

死刑是人民法院判处剥夺罪犯生命的刑罚,是我国最严厉的一种刑罚。它只适用于罪行极其严重的犯罪分子。对于应当判处死刑的犯罪分子,如果不是必须立即执行的,可以判处死刑同时宣告缓期二年执行。

我国的刑罚,除了主刑以外,还有附加刑。附加刑又称从刑。它既可以附加于主刑,又可以独立适用。我国刑法规定的附加刑有三种:罚金、剥夺政治权利、没收财产。

(1) 罚金

这是由人民法院判处,强制罪犯向国家缴纳一定数额货币的刑罚。它主要适用于那些不择手段攫取钱财而犯罪的分子,如走私犯、投机倒把犯、伪造票证犯、窝赃犯、销赃犯等。

(2) 剥夺政治权利

这是由人民法院判处,剥夺罪犯参加国家管理和参加政治活动的权利。剥夺政治权利是剥夺下列权利:选举权和被选举权;言论、出版、集会、结社、游行、示威自由的权利;担任国家机关职务的权利;担任国有公司、企业、事业单位和人民团体领导职务的权利。对于危害国家安全的犯罪分子应当附加剥夺政治权利;对于故意杀人、强奸、放火、爆炸、投毒、抢劫等严重破坏社会秩序的犯罪分子,可以附加剥夺政治权利。

(3) 没收财产

这是由人民法院判处,把罪犯个人所有财产的一部分或全部无偿地收为国有的刑罚。主要适用于罪行严重的贪污犯、走私犯、投机倒把犯、盗窃犯等。

在五种主刑和三种附加刑以外,我国还有一种驱逐出境的刑罚。这是由人民法院判处,把犯罪的外国人或无国籍人逐出我国国境的一种刑罚。这种刑罚可以单独适用或附加适用。

【复习思考题】

1. 中国特色社会主义法治体系的基本内容是什么?
2. 为什么说宪法是国家的根本大法?
3. 我国宪法规定了公民有哪些基本权利?
4. 我国公民应当履行哪些基本义务?如何正确理解公民权利和义务的关系?
5. 什么是犯罪?犯罪的基本特征是什么?
6. 什么是刑罚?我国刑罚的特点是什么?
7. 我国刑罚的目的和作用是什么?
8. 我国刑罚有哪几种?

典型例题

一、树立正确的人生观、价值观

1. 人要使自己成为什么样的人，成就什么样的事，生活中追求什么，有什么样的生活情趣和格调，就其内在根据而言，是由_____。（单项选择）

  A. 上帝或神的启示决定的

  B. 个人的人生观决定的

  C. 先天具有的人性的"自然要求"决定的

  D. 遗传基因决定的

【参考答案】B

2. 道德规范是评价荣与辱的_____。（单项选择）

  A. 根本标准　　　B. 直接标准　　　C. 间接标准　　　D. 唯一标准

【参考答案】B

3. 伟大的时代造就英雄的战士，改革开放和社会主义现代化建设的伟大实践造就了一大批时代英雄。请联系近几年部队出现的英雄事迹，谈谈新时代革命军人树立正确人生观的重要意义。（论述）

【参考答案】

（1）第一，树立正确的人生观，才能产生献身国防的精神。军人不同于一般社会成员的最典型之处，是他总是以自己的牺牲奉献来换取国家、民族和人民的安全，贪生怕死的人是不可能有志于献身国防的。

（2）第二，树立正确的人生观才能立志成才，早日成才。军营中的每一个岗位都是按战争的要求设定的，这就要求每一个有志青年入伍以后，首先应当成为一名合格的军人，爱军习武，爱岗敬业，成为国防和军队现代化建设的有用之材。

（3）第三，树立正确的人生观，会帮助我们辨识人生方向，少走弯路、歧路。树立正确的人生观，对于人生目标的确立和人生道路的选择极为重要，不同的人生观产生不同的结果。面对强国强军的时代要求，我们应当树立正确的人生观，把自己的前途命运同全面推进国防和军队现代化建设紧密地联系在一起，走出自己辉煌的人生道路。

二、理想信念是人生的精神支柱

4. 理想的实现具有曲折性是指_____。（单项选择）

  A. 理想的实现要经历失败和挫折的考验

  B. 理想的实现往往是偶然的

  C. 理想的实现几乎是不可能的

  D. 理想的实现主要依靠机遇

【参考答案】A

5. 信念的特征主要表现为_____。（多项选择）

  A. 复合性　　　B. 稳定性　　　C. 执着性　　　D. 多样性

【参考答案】ABCD

6. 结合自身实际,谈谈应如何把握个人理想与社会理想的辩证关系。(论述)

【参考答案】

(1)把个人理想融入社会理想之中,在为实现社会理想而奋斗的过程中实现个人理想,这是新时代革命军人成长成才的根本途径。个人理想是指处于一定历史条件和社会关系中的个体对于自己未来的物质生活、精神生活所产生的种种向往和追求。它包括个人具体的社会政治理想、道德理想、职业理想和生活理想等。社会理想是指社会集体及其绝大多数成员的共同理想,是在全社会占主导地位的共同奋斗目标。个人理想与社会理想的关系实质上是个人与社会的关系在理想层面上的反映。个人与社会有机的联系在一起,二者相互依存,相互制约,共同发展。同样,个人理想与社会理想也是相互联系、相互影响、相互制约的关系。

(2)社会理想主导个人理想。这是因为,人是社会的人,追求个人理想的实践活动都是在社会中进行的,正确的个人理想不是依个人主观愿望随意确定的,从根本上说它是由社会决定的。因此在整个理想体系中,社会理想是最根本最重要的,而个人理想则从属于社会理想。换句话说,个人理想的确立要以社会理想为指导,个人理想的实现依赖于社会理想的实现。个人的理想只有同国家前途与民族命运结合起来、个人的向往和追求只有同社会需要和人民利益一致起来,才有转化为现实的可靠途径和基本条件。如果个人不顾时代条件、偏离社会需求,仅仅从个人的喜好去自我设计,自己想干什么就干什么,那么不仅他的人生价值取向是错误的,而且这种追求和向往也很难如愿以偿,必定会在现实中碰壁。

(3)个人理想体现社会理想。社会是个人的社会,社会理想与个人理想密不可分。社会理想不是凭空产生的,也不是由外在力量强加的,而是建立在许许多多个人理想基础上的,是个人理想的凝练和升华。一个社会占主导地位的社会理想代表和反映着这个社会占统治地位阶级的根本利益和共同愿望。社会理想必须依靠千百万人的实践才能实现,倘若没有每个社会成员朝着个人理想的努力奋斗,不是把社会理想贯彻到各行各业的人的工作、劳动、学习和生活中去,社会理想就会成为不着边际的空想。也就是说,社会理想的实现归根到底还要靠社会成员的共同努力,并体现在个人理想的具体实践之中。因此在我们的军旅实践中,应当正确处理个人理想与社会理想的关系,既要反对只讲个人理想、不讲社会理想的错误倾向,也要反对空谈社会理想、不讲个人理想的片面观点。

(4)新时代革命军人的人生理想是具有丰富内容的奋斗目标体系,同样包括社会理想和个人理想两个方面。新时代革命军人要确立正确的个人理想,就应自觉地把个人追求与强国强军的宏伟大业相融合,与中国特色社会主义共同理想及共产主义远大理想相联系,并为之顽强拼搏,奋斗不息。

三、爱国主义是新时代革命军人的精神支柱

7. 爱国主义的最高表现是_____。(单项选择)

A. 服从命令 B. 为祖国献身
C. 苦练杀敌本领 D. 热情服务人民

【参考答案】B

8. 做到爱国主义与国际主义的高度一致,就要_____。(单项选择)

A. 阻止一切外国的东西影响本国

B. 在国际上宣传以我为标准

C. 反对盲目排外、妄自尊大的狭隘民族主义

D. 汲取一切外来文化

【参考答案】C

9. 作为新型的人民军队,我军继承和发扬中华民族爱国主义的优良传统,形成了独具特色的爱国主义精神。我军爱国主义都有哪些时代特征?(简答)

【参考答案】

(1)第一,热爱祖国同热爱中国共产党的高度统一。

(2)第二,热爱祖国与热爱人民的统一。

(3)第三,热爱祖国同热爱社会主义的高度统一。

(4)第四,爱国主义与国际主义高度一致。

四、法律常识

10. 法律是统治阶级意志的表现,它是以_____。(单项选择)

A. 哲学的、道德的等形式表现出来的

B. 纪律约束的形式表现出来的

C. 国家意志的形式表现出来的

D. 行政命令的形式表现出来的

【参考答案】C

11. 国家的根本大法是_____。(单项选择)

A. 刑法　　　　B. 民法　　　　C. 宪法　　　　D. 行政法

【参考答案】C

12. 简述中国特色社会主义法律体系的构成及其作用。(简答)

【参考答案】

(1)中国特色社会主义法律体系是以我国全部现行法律规范按照一定的标准和原则划分为不同的法律部门,并由这些法律部门所构成的具有内在联系的统一整体。

(2)中国特色社会主义法律体系是以宪法为核心,以涵盖宪法及宪法相关法、民商法、行政法、经济法、社会法、刑法、诉讼与非诉讼程序法等七个法律部门的法律为主干,由法律、行政法规、地方性法规等三个层次法律规范构成。

(3)中国特色社会主义法律体系已经基本形成,使得国家经济、政治、文化、社会生活各个方面基本做到有法可依,有力地保障和推动了中国特色社会主义事业的发展。

13. 违法和犯罪在本质上是相同的,所以它们在危害程度上和处罚上也是相同的。(判断)

【参考答案】

(1)这个观点是错误的。

(2)违法和犯罪虽然本质上是相同的,但二者又存在着不同点。其不同点是:违法包括一般违法和严重违法,二者对社会的危害程度不一样。而犯罪仅指对社会的危害性较大,并触犯了刑法的行为,也就是严重违法行为。一般违法行为对社会的危害性相对较小,尚未触犯刑法,只是违反《中华人民共和国治安管理处罚法》等行政法。对违法和犯罪的处罚也不同。犯罪是用刑罚手段来处罚的,而违法行为中的一般违法行为往往用行政制裁的办法来处罚。

14. 我国刑罚的种类有哪些?（简答）

【参考答案】

(1)我国的刑罚分为主刑和附加刑两类。

(2)所谓主刑,就是只能独立适用的刑罚,不能附加适用。法院在判处案件时不能对一个罪犯同时判处两种主刑,一次判决只能判处一种主刑。我国的刑法规定的主刑有五种:管制、拘役、有期徒刑、无期徒刑、死刑。

(3)我国的刑罚,除了主刑以外,还有附加刑。附加刑又称从刑。它既可以附加于主刑,又可以独立适用。我国刑法规定的附加刑有三种:罚金、剥夺政治权利、没收财产。

第六单元　国防和军队建设常识

第一章　人民军队历史与光荣传统

第一节　人民军队的光辉历程

人民军队在中国共产党的坚强领导下,走过了90多年的光辉历程。90多年来,人民军队高举着党的旗帜,脚踏着祖国的大地,背负着民族的希望,浴血奋战,勇往直前,战胜一切敌人,征服一切困难,为中国人民站起来、富起来、强起来建立了不朽的功勋!历史充分证明:我们的人民军队不愧是听党指挥的英雄军队,不愧是忠心报国的英雄军队,不愧是为中华民族伟大复兴英勇奋斗的英雄军队。

1. 土地革命战争中创建成长

中国共产党在1921年成立以后,领导中国人民走上了反帝反封建的新民主主义革命的伟大征程。1924年,国共两党第一次合作。但由于受右倾机会主义错误影响,我党忽视了对军队的争取,尤其是放弃了党对军队的领导权。因而,在蒋介石叛变革命、发动"四一二"反革命政变的紧要关头,党无力组织有效的反抗,致使轰轰烈烈的大革命失败。中国共产党从血的教训中认识到掌握武装力量的极端重要性,开始了创建人民军队的艰辛征程。

1927年8月1日的南昌起义,打响了武装反抗国民党反动派的第一枪。1927年9月9日,毛泽东在湘赣边界领导工农武装和部分国民革命军举行了秋收起义。9月底,部队到达永新县三湾村,进行了著名的"三湾改编",在部队中建立了党的各级组织,实行"支部建在连上"和新的党代表制度,为建立新型的人民军队打下了基础。1927年10月,毛泽东率领秋收起义部队到达井冈山,建立了第一个农村革命根据地,从此开辟了一条以农村包围城市、武装夺取政权的崭新道路。1929年底,在福建省上杭县古田召开了中共红四军第九次代表大会,纠正和肃清了各种非无产阶级思想,形成了我党我军历史上著名的古田会议决议,确立了从思想上建党、从政治上建军的重大原则。这一系列建军治军的探索和实践,为红军成为党绝对领导下的新型人民军队奠定了坚实的理论和制度基础。

蒋介石从1930年冬到1933年9月,先后向中央革命根据地发动了五次"围剿"。红军采取毛泽东"诱敌深入、歼敌于根据地之内"等战略方针,取得了前四次反"围剿"的胜利。在第五次反"围剿"斗争中,毛泽东的正确战略战术原则受到党内"左"倾错误领导的排斥,未能打破敌人的"围剿",红军被迫于1934年10月开始长征。1935年1月,党中央召开遵义会议,确立了毛泽东在党中央和红军中的领导地位,危急关头挽救了党、挽救了红军、挽救了中国革命。遵义会议以后,中央红军在毛泽东正确路线和战略战术指引下,四渡赤水,巧过金沙江,强渡大渡河,飞夺泸定桥,翻越了终年积雪的夹金山,打破了数十万敌人的围追堵截,6月在四川懋功地区与先期到达的红四方面军会合。1935年10月中央红军胜利到达陕北。同年11月,红二、六军团从湘鄂川黔根据地出发长征,于1936年6月分别与红四方面军一部会合。7月上旬,红二、六军团和第三十二军合编为红二方面军。1936年10月,红一方面军先后同红四、二方面军在甘肃会宁和宁夏将台堡会师。至此,中国工农红军三大主力齐聚陕北,震惊世界的万里长征胜利结束。红军长征的胜利,播撒了革命火种,培育了革命精神,锤炼了革命骨干,为人民军队的发展壮大打下了坚实基础,充分显示了共产党领导的人民军队无坚不摧的战斗力量,标志着中国革命新局面的开始。

2. 抗日烽火中经受锤炼

1931年9月18日,日本帝国主义制造了震惊中外的"九一八"事变。1936年12月,东北军将领张学良、西北军将领杨虎城联合发动了"西安事变",促使蒋介石接受停止内战、共同抗日等条件。"西安事变"的和平解决,为国共两党第二次合作奠定了基础,成为国内革命战争走向抗日民族解放战争的转折点。1937年7月7日,日本帝国主义发动"卢沟桥事变",抗日战争全面爆发。8月,根据我党同国民党达成的协议,红军主力部队改编为国民革命军第八路军(简称八路军)。10月,南方8省的红军和游击队改编为国民革命军新编第四军(简称新四军)。

战争初期,在中国共产党的坚强领导下,八路军、新四军、华南游击队、东北抗日联军和其他抗日武装力量,奋起反击,英勇作战,用血肉之躯筑起坚不可摧的钢铁长城。1937年9月25日,八路军在平型关首战告捷,取得了抗战开始后中国军队主动寻歼日军的第一个大胜利,粉碎了日军不可战胜的神话。

1938年10月广州、武汉失守后,抗日战争进入战略相持阶段。根据党中央的战略决策,八路军于1938年冬开始由山区向平原挺进,广泛深入地发展群众性游击战争,不断消灭敌人的有生力量。新四军东进北上,先后开辟了苏南、苏中等根据地。1940年8月,为了粉碎敌人对华北抗日根据地的"扫荡"和"网笼"政策,八路军总部对华北日军发动了一次大规模的以破袭敌人交通线为重要目标的进攻战役。参战部队有105个团约20万人,故称百团大战。这次战役沉重打击了日军,进一步提高了共产党和八路军的威望。抗日战争进入相持阶段以后,国民党顽固派消极抗日,积极反共,先后发动了三次反共高潮。其中最为严重的是1941年1月,蒋介石制造了震惊中外的"皖南事变"。针对国民党顽固派的罪行,我军坚决贯彻党中央关于"坚持抗战,反对投降;坚持团结,反对分裂;坚持进步,反对倒退"的正确方针,针锋相对,坚决斗争,重建了新四军军部,连续打退了国民党的三次反共高潮。

1945年6月党的"七大"结束后,我军在全国范围内形成了对日寇占领的大多数城市和交通要道的战略包围,并发动了全面的大反攻。1945年8月15日,日本宣布无条件投降,中国人民取得了近代以来反侵略战争的第一次彻底胜利。抗日战争中,我军由5万余人发展到120多万人,对敌作战12.5万余次,消灭日、伪军171.4万余人,收复国土104.8万平方公里,为打败日本帝国主义,赢得中华民族的独立,作出了杰出的贡献,在我国历史上写下了光辉的篇章。

3. 解放战争中发展壮大

抗日战争胜利后,深受战争创伤的中国人民迫切希望建立一个和平民主的新中国。1945年8月28日,毛泽东前往重庆与国民党当局进行谈判,国共双方于10月10日正式签署会谈纪要(即双十协定)。然而,双十协定刚签订,蒋介石便调集军队,向我解放区进攻,企图侵吞胜利果实,用武力实现对全国的独裁统治。1946年6月,国民党军队22万人进攻中原解放区,全面内战爆发。随后,党领导的八路军、新四军、东北民主联军等部队陆续改称"中国人民解放军"。

面对在数量和装备上拥有绝对优势的国民党军强大军事进攻,我军在毛泽东军事思想指引下,灵活运用正确的作战原则,集中优势兵力,在运动中各个歼灭敌人,在全面内战爆发后的头8个月内歼敌71万余人,挫败了国民党军对我各解放区的全面进攻。

1947年6月30日,刘伯承、邓小平率晋冀鲁豫野战军主力在鲁西南强渡黄河,揭开了解放战争战略进攻的序幕。在取得鲁西南战役重大胜利后,刘邓大军千里挺进大别山,直插敌人战略纵深。与此同时,陈毅、粟裕率领华东野战军主力从东路挺进苏鲁豫皖地区,陈赓、谢富治率领晋冀鲁豫野战军太岳兵团从西路挺进豫西。三路大军,相互策应,机动歼敌,形成"品"字形进攻阵势,直逼南京、武汉,中原地区变成人民解放军夺取全国胜利的前进基地。接着,全国各个战场都向敌人展开了进攻。在这种情况下,党中央审时度势,及时抓住战机,指挥我军与国民党军进行了战略决战。1948年9月,东北野战军发起辽沈战役,随后华东野战军和中原野战军以徐州为中心发起了淮海战役,11月29日东北野战军和华北野战军发起平津战役。三大战役规模之大,歼敌之多,在中国战争史上绝无仅有,在世界战争史上也极为罕见。

1949年4月21日,毛泽东、朱德发布了向全国进军的命令,我百万大军强渡长江,彻底摧毁了敌人苦心经营的战略防线。4月23日,解放军占领南京,宣告了蒋家王朝在大陆的覆灭。随后,我各路大军继续向中南、西北、西南各省进军,不断取得胜利。1949年10月1日,中华人民共和国宣告成立。

波澜壮阔的解放战争历经3年多时间,人民解放军在全国人民的支持下南征北战,以劣胜优,共歼灭敌军807万人,毙、俘敌少将以上高级军官1600余名,创造了无数可歌可泣的光辉业绩。在紧张激烈的战争环境中,我军贯彻一面打仗、一面建设和以战养战、以战教战的方针,军队规模从战争初期的120万人发展到500多万人。同时,大力加强部队的军事、政治和后勤建设,进一步健全党委制度,进行团结互助运动、立功运动和新式整军运动,开展政治、经济、军事三大民主。进行大规模整编,统一全军部队番号,完善军队体制编制和指挥体系。加强炮兵、工兵等特种兵建设,组建铁道兵团,并着手组建海军和空军,人民解放军的建设和发展进入了一个崭新的历史时期。

4. 社会主义革命和建设中阔步前进

新中国成立以后,我军的任务随之发生了历史性的变化,由过去夺取政权、解放全中国,变为保卫祖国、巩固人民民主专政、支援和参加社会主义建设。人民军队不负党和人民的重托和期望,在社会主义革命和建设中建立了新的功绩。

新中国成立伊始,为巩固人民民主专政,我军遵照党中央的命令,对残余的国民党反动势力展开了战略追击和围歼战,进行了衡宝战役、西南战役以及解放海南岛等战役,歼灭国民党正规军128万余人。1951年5月,和平解放西藏。我军还进行了一江山岛等战役,多次挫败了国民党反动派对沿海和内陆地区的骚扰破坏活动,维护了陆海边防、领空和国家的安全。

新中国成立后,我军还多次粉碎了帝国主义和霸权主义的侵略扩张。1950年6月,美帝国主义悍然发动侵略朝鲜的战争,党中央果断地作出了"抗美援朝,保家卫国"的战略决策,中国人民志愿军奉命开赴朝鲜战场。在异常残酷的战争中,我军以压倒一切敌人的英雄气概,连续发动了五次战役,和朝鲜人民军一起,将不可一世的美国侵略者打退到三八线附近,最终迫使其在停战协定上签字。历时两年九个月的抗美援朝战争,维护了亚洲和世界和平,提升了中国的国际威望,为社会主义建设赢得了一个相对稳定的和平环境。此后,我军又先后进行了中印边境自卫反击作战、珍宝岛自卫反击作战、西沙群岛自卫反击作战等战争行动,坚决打击了入侵者的嚣张气焰,有效维护了国家领土主权安全。

随着大规模战争的结束,人民解放军进入了现代化、正规化建设的新阶段。为加快军队现代化建设步伐,我国着手建立国防科技工业体系,全面展开武器装备的研制和生产,1964年10月16日中国第一颗原子弹爆炸成功,1966年10月27日核导弹发射试验成功,1967年6月17日第一颗氢弹空爆试验成功,1970年4月24日第一颗人造地球卫星升空。1966年7月1日,第二炮兵正式组建;1974年8月1日,第一艘核潜艇正式编入海军战斗序列,中国有了自己的战略核力量,国防尖端技术和武器装备发展迈上了一个新的台阶。

5. 改革开放中跨越发展

1978年12月,党的十一届三中全会召开,确定把党和国家的工作重心转移到经济建设上来,作出了实施改革开放的战略决策。伴随改革开放的风雨征程,人民军队掀开了全面建设、跨越发展的新的一页。

改革开放初期,国际形势发生积极变化,和平、发展成为时代主题。我军在以邓小平同志为核心的党的第二代中央领导集体领导下,着眼建设强大的现代化正规化的革命军队,果断实行军队建设指导思想的战略性转变,从立足于"早打、大打、打核战争"的临战状态转移到和平时期建设轨道上来,开始有计划有步骤地进行现代化建设。针对我军机构重叠、人员臃肿的状况,1985年6月,党中央、中央军委作出体制改革和精简整编决定,裁减军队员额100万。

20世纪90年代初,我国改革开放和社会主义市场经济深入发展,在以江泽民同志为核心的党的第三代中央领导集体的领导下,我军充实完善新时期军事战略方针,紧紧围绕"打得赢、不变质"两大历史性课题,按照"政治合格、军事过硬、作风优良、纪律严明、保障有力"总要求,全面加强军事、政治、后勤和装备建设,推动国防和军队建设迈出新的步伐。

进入新世纪新阶段,国际国内环境发生深刻变化,我国安全问题的综合性复杂性和多变性凸显。在以胡锦涛同志为总书记的党中央领导下,我军着眼有效履行新世纪新阶段历史使命,以推动国防和军队建设科学发展为主题,以加快转变战斗力生成模式为主线,加速推进中国特色军事变革,着力提高军队应对多种安全威胁、完成多样化军事任务的能力。

6. 行进在强军兴军征程上

党的十八大以来的五年,习主席着眼坚持和发展中国特色社会主义、实现中华民族伟大复兴的中国梦,围绕国防和军队建设提出一系列新思想新观点新论断新要求,形成了习近平强军思想,为推进强军事业提供了科学指南。在党中央、中央军委和习主席坚强领导下,全军和武警部队以党在新时代的强军目标为引领,贯彻新形势下军事战略方针,坚持政治建军、改革强军、科技兴军、依法治军,强化练兵备战,推进军民融合深度发展,实现了政治生态重塑、组织形态重塑、力量体系重塑、作风形象重塑,在中国特色强军之路上迈出了坚实步伐,朝着实现强军目标、把人民军队建设成为世界一流军队砥砺前行。

第二节 人民军队的历史功勋

90多年来,人民军队历经硝烟战火,一路披荆斩棘,付出巨大牺牲,取得一个又一个辉煌胜利,为党和人民建立了伟大的历史功勋。

这个伟大的历史功勋就是,英雄的人民军队,在党领导的22年武装革命斗争中,以无往不胜的英雄气概、坚韧不拔的革命毅力、灵活机动的战略战术、英勇顽强的战斗作风,克服了各种难以想象的艰难困苦,打败了国内外异常凶恶的敌人,夺取了土地革命战争、抗日战争、解放战争的伟大胜利,推翻了压在中国人民头上的三座大山,以鲜血和生命为建立人民当家作主的新中国奠定了牢固根基,彻底扭转了中华民族近代以来落后挨打的被动局面。

这个伟大的历史功勋就是,英雄的人民军队,积极投身社会主义革命和建设,全面履行保卫祖国、保卫人民和平劳动的职能,胜利进行抗美援朝战争和多次边境自卫作战,打出了国威军威,捍卫了祖国万里边疆和辽阔海空,为巩固新生人民政权、形成中国大国地位、维护中华民族尊严提供了坚强后盾。

这个伟大的历史功勋就是,英雄的人民军队,积极投身改革开放新的伟大革命,有力服务和保障国家改革发展稳定大局,依法履行香港、澳门防务职责,有效应对国家安全面临的各种威胁,坚决打击一切形式的分裂破坏活动,积极参与对外军事交流合作和联合国维和行动,为维护中国共产党领导和我国社会主义制度,为维护国家主权、安全、发展利益,为维护我国发展的重要战略机遇期,为维护地区和世界和平提供了强大力量支撑。

人民军队一路走来,紧跟党和人民事业发展步伐,在战斗中成长,在继承中创新,在建设中发展,革命化现代化正规化水平不断提高,威慑和实战能力不断增强。人民军队已经由过去单一军种的军队发展成为诸军兵种联合的强大军队,由过去"小米加步枪"武装起来的军队发展成为基本实现机械化、加快迈向信息化的强大军队。

站在新的历史起点上,我们更加深切地感受到,中华民族走出苦难、中国人民实现解放,有赖于一支英雄的人民军队;中华民族实现伟大复兴、中国人民实现更加美好生活,必须加快把人民军队建设成为世界一流军队。我们要不忘初心、继续前进,坚定不移走中国特色强军之路,把强军事业不断推向前进。推进强军事业,必须毫不动摇坚持党对军队的绝对领导,确保人民军队永远跟党走;必须坚持和发展党的军事指导理论,不断开拓马克思主义军事理论和当代中国军事实践发展新境界;必须始终聚焦备战打仗,锻造召之即来、来之能战、战之必胜的精兵劲旅;必须坚持政治建军、改革强军、科技兴军、依法治军,全面提高国防和军队现代化水平;必须深入推进军民融合发展,构建军民一体化的国家战略体系和能力;必须坚持全心全意为人民服务的根本宗旨,始终做人民信赖、人民拥护、人民热爱的子弟兵。我们要更加紧密地团结在以习近平同志为核心的党中央周围,铭记光辉历史,开创强军伟业,勇敢担起我们这一代革命军人的历史责任,为实现中国梦强军梦作出新的更大贡献。

第三节　人民军队从胜利走向胜利的传家法宝

90多年来,在长期实践中,人民军队在党的旗帜下前进,形成了一整套建军治军原则,发展了人民战争的战略战术,培育了特有的光荣传统和优良作风。这是人民军队从胜利走向胜利的传家法宝,是人民军队必须永志不忘的红色血脉。

1. 人民军队从胜利走向胜利,彰显了中国共产党领导的伟大力量

毛泽东同志曾经指出:"我们的原则是党指挥枪,而决不容许枪指挥党。"党对军队绝对领导的根本原则和制度,发端于南昌起义,奠基于三湾改编,定型于古田会议,是人民军队完全区别于一切旧军队的政治特质和根本优势。千千万万革命将士矢志不渝听党话、跟党走,在挫折

中愈加奋起,在困苦中勇往直前,铸就了拖不垮、打不烂、攻无不克、战无不胜的钢铁雄师。在风雨如磐的漫长革命道路上,我军将士讲得最多的一句话是:只要跟党走,一定能胜利。忠诚,造就了人民军队对党的赤胆忠心,造就了人民军队和人民的鱼水情意,造就了人民军队为党和人民冲锋陷阵的坚定意志。

历史告诉我们,党指挥枪是保持人民军队本质和宗旨的根本保障,这是我们党在血与火的斗争中得出的颠扑不破的真理。有了中国共产党,有了中国共产党的坚强领导,人民军队前进就有方向、有力量。前进道路上,人民军队必须牢牢坚持党对军队的绝对领导,把这一条当作人民军队永远不能变的军魂、永远不能丢的命根子,任何时候任何情况下都以党的旗帜为旗帜、以党的方向为方向、以党的意志为意志。

2. 人民军队从胜利走向胜利,彰显了理想信念的伟大力量

崇高的理想,坚定的信念,是中国共产党人的政治灵魂,是人民军队的精神支柱。邓小平同志曾经指出:"为什么我们过去能在非常困难的情况下奋斗出来,战胜千难万险使革命胜利呢?就是因为我们有理想,有马克思主义信念,有共产主义信念。"从艰苦卓绝的井冈山斗争到千难万险的长征路,从硝烟弥漫的抗日战争到摧枯拉朽的解放战争,从坚决捍卫国家主权、安全、领土完整的英勇斗争到抢险救灾、保卫人民生命财产安全的顽强拼搏,从支援国家经济社会建设的无私奉献到维护地区和世界和平的实际行动,崇高理想信念的灯塔指引人民军队一路向前。

历史告诉我们,革命理想高于天,人民军队之所以能够攻坚克难、战无不胜、发展壮大,关键是人民军队有马克思主义理论武装,有崇高理想信念,有为理想信念而英勇献身的崇高追求。崇高理想信念是人民军队勇往直前的精神力量,是全军将士心中熊熊燃烧的火炬。前进道路上,人民军队必须矢志不渝坚持崇高理想信念,任何时候任何情况下都敢于为崇高理想信念而奋不顾身奋斗。

3. 人民军队从胜利走向胜利,彰显了改革创新的伟大力量

人民军队成长发展史,就是一部改革创新史。土地革命战争时期创立一整套建军原则制度,抗日战争时期实行精兵简政,解放战争时期组建五大野战军,新中国成立后多次调整体制编制,人民军队边战边改、边建边改、愈改愈强。从红军时期的"十六字诀",到抗日战争时期的"持久战",从解放战争时期的"十大军事原则",到抗美援朝战争时期的"零敲牛皮糖",再到新中国成立后军事战略方针的不断调整,人民军队从战争中学习战争,从实践中探索规律,在世界军事史上书写了战争指导艺术不断创新的生动篇章。

历史告诉我们,改革创新、与时俱进,是人民军队不断发展的康庄大道,人民军队的力量来自改革创新,人民军队的胜利来自改革创新。只有不断改革创新,才能不断获得发展进步的生机活力,才能永远立于不败之地。前进道路上,人民军队必须勇于改革、善于创新,任何时候任何情况下都永不僵化、永不停滞。

4. 人民军队从胜利走向胜利,彰显了战斗精神的伟大力量

敢于斗争、敢于胜利,一不怕苦、二不怕死,是人民军队血性胆魄的生动写照。"狼牙山五壮士"、"白刃格斗英雄连"、"刘老庄连"、董存瑞、邱少云、黄继光等无数英雄群体和革命先烈,用生命诠释了一往无前的英雄气概。在枪林弹雨的战场上,面对气焰嚣张的强大敌人,人民军队曾经发出了"三个不相信"的英雄宣言:在革命战士面前,不相信有完不成的任务,不相信有克服不了的困难,不相信有战胜不了的敌人!英勇顽强,视死如归,血战到底,人民军队用大无畏的气概赢得了党的信任、人民赞誉,也赢得了世界尊敬。

历史告诉我们，战争不仅是物质的较量，更是精神的比拼。没有顽强的意志，没有敢于牺牲的品质，再好的武器装备也不能保证胜利。一代一代革命军人正是靠着向死而生的英勇决绝，形成了压倒一切敌人而决不被敌人所屈服的伟大气概。前进道路上，人民军队必须大力弘扬敢打必胜的精神品质，任何时候任何情况下都保持革命英雄主义的昂扬斗志。

5. 人民军队从胜利走向胜利，彰显了革命纪律的伟大力量

人民军队素以纪律严明著称于世，自创建之日起就把革命的坚定性、政治的自觉性、纪律的严肃性结合起来，统一意志、统一指挥、统一行动，千军万马有令必行、有禁必止，攻如猛虎、守如泰山。正是由于有了建立在高度政治觉悟基础上的革命纪律，将士们哪怕冻饿交加，也不拿群众一针一线；哪怕烈火焚身，也岿然不动，直至付出生命；哪怕身陷绝境，也坚守战位，慷慨赴死。人民军队始终是高度团结统一的战斗集体，始终保持了强大的凝聚力和战斗力。

历史告诉我们，加强纪律性，革命无不胜。一支军队的力量，不仅要看其人数，不仅要看其武器装备，还要看其纪律性。一支没有纪律的军队，只能是乌合之众。前进道路上，人民军队必须用铁的纪律凝聚铁的意志、锤炼铁的作风、锻造铁的队伍，任何时候任何情况下都一切行动听指挥、步调一致向前进。

6. 人民军队从胜利走向胜利，彰显了军民团结的伟大力量

人民军队始终和人民同呼吸、共命运、心连心，完全彻底为人民奋斗，哪里有敌人，哪里有危难，哪里就有人民子弟兵。谁把人民放在心上，人民就把谁放在心上。"最后一碗米送去做军粮，最后一尺布送去做军装，最后一件老棉袄盖在担架上，最后一个亲骨肉送去上战场"。这首战争年代广为传唱的民谣，就是军民团结如一人的生动体现。

历史告诉我们，有了民心所向、民意所归、民力所聚，人民军队就能无往而不胜、无敌于天下。只要始终站在人民立场上，赢得最广大人民衷心拥护，就能构筑起众志成城的铜墙铁壁。前进道路上，人民军队必须牢记全心全意为人民服务的根本宗旨，任何时候任何情况下都做人民子弟兵。

【复习思考题】

1. 90多年来人民军队为党和人民建立哪些伟大的历史功勋？
2. 如何理解人民军队从胜利走向胜利的传家法宝？

第二章　把人民军队全面建成世界一流军队

党的十八大以来,习主席在新时代坚持和发展中国特色社会主义历史进程中,着眼实现中华民族伟大复兴的中国梦,紧紧围绕新时代建设一支什么样的强大人民军队、怎样建设强大人民军队,深入进行理论探索和实践创造,形成了习近平强军思想,开拓了中国特色强军之路,把当代中国马克思主义军事理论和军事实践发展推向新境界。

第一节　人民军队在中国特色强军之路上迈出坚定步伐

五年砥砺奋进,奠定强军基业。习主席全面把握国际国内大势,紧紧围绕建设一支听党指挥、能打胜仗、作风优良的人民军队,以巨大政治勇气和强烈责任担当,提出一系列重大方针原则,作出一系列重大决策部署,推进一系列重大工作,带领我军取得历史性成就、发生历史性变革,引领国防和军队建设进入新时代。

重振政治纲纪,坚定不移推进政治整训,有效解决了弱化党对军队绝对领导的突出问题。针对我军政治生态一度恶化的问题,习主席指出,"这种状态任其发展下去,就会面临我军变质、江山变色的严重危险",强调"解决部队中存在的严重问题,必须从坚持党对军队的绝对领导抓起"。在古田召开全军政治工作会议,对新时代政治建军作出部署,引领全军重整行装再出发。健全党领导军队的制度体系,全面深入贯彻军委主席负责制,严明政治纪律和政治规矩,严肃查处郭伯雄、徐才厚案件并全面彻底肃清其流毒影响。深化党的科学理论武装,强化官兵"四个意识",培育"四有"革命军人,锻造"四铁"过硬部队。贯彻军队好干部标准,匡正选人用人风气,坚定不移纯洁干部队伍特别是高级干部队伍。贯彻全面从严治党要求,严肃党内政治生活,加强领导干部教育管理监督,推动管党治党从"宽松软"走向"严紧硬"。通过整顿思想、整顿用人、整顿组织、整顿纪律,我军政治生态焕然一新。

重塑组织形态,大刀阔斧全面深化改革,有效解决了制约我军建设的体制结构的突出问题。面对制约国防和军队建设的体制性障碍、结构性矛盾、政策性问题,习主席强调:"不改革,不全面改革,不彻底改革,我军是打不了仗、打不了胜仗的。"坚持把改革摆在战略全局的突出位置,创新改革组织模式,加强体系设计和长远谋划,以敢于啃硬骨头、敢于涉险滩的担当和勇气,向积存多年的顽瘴痼疾开刀,坚决破除各方面体制机制弊端。几年来,我军改革大开大合、大破大立、蹄疾步稳,领导指挥体制改革率先展开,规模结构和力量编成改革压茬推进,政策制度改革成熟一项推进一项,打破了长期实行的总部体制、大军区体制、大陆军体制,形成了军委管总、战区主战、军种主建的新格局,改变了长期以来陆战型、国土防御型的力量结构和兵力布势,实现了我军组织架构和力量体系的整体性、革命性重塑。

重整斗争格局,坚定捍卫国家核心利益,有效解决了军事力量运用方面的突出问题。近年来,国际局势发生新的复杂深刻变化,我国安全和发展需求不断拓展。习主席领导制定新形势下军事战略方针,在拓展积极防御战略纵深、加快军事力量走出去、经略新型安全领域等方面积极作为。将军事斗争准备基点放在打赢信息化局部战争上，突出海上军事斗争和军事斗争准备，组织一系列重大军事行动，特别是南海岛礁建设取得重大进展、驻吉布提保障基地投入使用，有效维护了国家主权、安全、发展利益。我军有效应对各战略方向突发情况，既意志品质坚定，又加强战略策略运用，保持了战略全局稳定。

重构建设布局，创新发展理念和方式，有效解决了我军建设聚焦实战不够、质量效益不高的突出问题。习主席反复强调："军队是要准备打仗的，一切工作都必须坚持战斗力标准，向能打仗、打胜仗聚焦。"全军旗帜鲜明坚持备战打仗导向，战斗队意识明显增强，能打仗、打胜仗能力有效提升。确立"五个更加注重"战略指导，制定实施军队建设发展"十三五"规划，狠抓实战化军事训练，加快发展新型作战力量，建设一切为了打仗的后勤，发展高新技术武器装备，构建新型军事人才培养体系和新型军事科研体系，加强国防动员、边海空防、军队外事等工作，推动军民融合发展步入快车道，我军建设质量效益明显提高。

重树作风形象，强力推进正风肃纪反腐，有效解决了不正之风和腐败现象滋生蔓延的突出问题。习主席坚持把改进作风作为推进各项工作的突破口，从军委自身抓起，从高级干部严起，踏石留印、抓铁有痕，下大气力整治"四风"、整肃纲纪。坚持有腐必反、有贪必肃，坚持无禁区、全覆盖、零容忍，拿出刮骨疗毒、壮士断腕的决心勇气，坚定不移推进反腐败斗争，一大批腐败分子被绳之以法。积极构建权力运行制约和监督体系，强化纪检、巡视、审计监督，全面停止军队有偿服务，铲除腐败滋生土壤。几年如一日抓下来，我军好传统好作风逐步回归，党心民心极大振奋，军心士气极大提振，集聚起强军兴军的强大正能量。

这些历史性成就、历史性变革的取得，根本在于习主席这个党中央的核心、全党的核心和军队统帅的坚强领导，在于习近平强军思想的科学指引。习近平强军思想，引领着强军实践，升华于强军实践，是党的十八大以来人民军队实践经验和智慧的结晶，是新时代建军治军奋斗创造的根本成就。

第二节　牢固确立习近平强军思想在国防和军队建设中的指导地位

习近平强军思想，明确了新时代国防和军队建设一系列根本性方向性全局性的重大问题，是习近平新时代中国特色社会主义思想的"军事篇"，是马克思主义军事理论中国化时代化的新飞跃，是党的军事指导理论的重大突破、重大创新、重大发展，为实现党在新时代的强军目标、把人民军队全面建成世界一流军队提供了科学指南和行动纲领，必须牢固确立强军思想在国防和军队建设中的指导地位。

明确强国必须强军，巩固国防和强大人民军队是新时代坚持和发展中国特色社会主义、实现中华民族伟大复兴的战略支撑。安不可以忘危，治不可以忘乱。新时代我国安全的内涵外延、时空领域、内外因素都在发生深刻变化。由大向强、将强未强之际往往是国家安全的高风险期，我们越是发展壮大，面临的压力和阻力就越大。这是我国由大向强发展进程中无法回避的挑战，是实现中华民族伟大复兴绕不过的门槛。强国必须强军，军强才能国安。国防和军队建设是国家安全的坚强后盾，军事手段是实现伟大梦想的保底手段，军事斗争是进行伟大斗争的重要方面，打赢能力是维护国家安全的战略能力。国防和军队现代化进程必须同国家现代化进程相适应，军事能力必须同实现中华民族伟大复兴的战略需求相适应。我军必须服从服务于党的历史使命，把握新时代国家安全战略需求，为实现中华民族伟大复兴提供战略支撑。

明确党在新时代的强军目标是建设一支听党指挥、能打胜仗、作风优良的人民军队，必须同国家现代化进程相一致，力争到2035年基本实现国防和军队现代化，到本世纪中叶把人民军队全面建成世界一流军队。建设强大的人民军队是我们党的不懈追求。在各个历史时期，我们党都根据形势任务的变化，及时提出明确的目标要求，引领我军建设不断向前发展。习主席提出中国梦不久就提出强军梦，作出全面建成社会主义现代化强国战略部署的同时，提出实现党在新时代的强军目标，把人民军队全面建成世界一流军队。这是准确把握国家安全环境的深刻变化、强国强军的时代要求，对我军建设目标作出的新概括新定位，内在要求建设强大的现代化陆军、海军、空军、火箭军、战略支援部队、联勤保障部队和武装警察部队，建设绝对忠诚、善谋打仗、指挥高效、敢打必胜的联合作战指挥机构，不断提高我军现代化水平和实战能力。

明确党对军队绝对领导是人民军队建军之本、强军之魂，必须全面贯彻党领导军队的一系列根本原则和制度，确保部队绝对忠诚、绝对纯洁、绝对可靠。坚持党对人民军队的绝对领导是新时代中国特色社会主义基本方略的重要内容，是党和国家的重要政治优势。抓军队建设首要从政治上看，对党绝对忠诚要害在"绝对"二字。必须按照新时代党的建设总要求加强我军党的建设，强化"四个意识"，严肃政治纪律和政治规矩，深入抓好军魂教育，经常、主动、坚决地向党中央和中央军委看齐，坚决维护权威、维护核心、维护和贯彻军委主席负责制，全面彻底肃清郭伯雄、徐才厚流毒影响，坚决抵制"军队非党化、非政治化"和"军队国家化"等错误政治观点的影响，确保全军在任何时候任何情况下都坚决听从党中央和中央军委指挥。

明确军队是要准备打仗的，必须聚焦能打仗、打胜仗，创新发展军事战略指导，构建中国特色现代作战体系，全面提高新时代备战打仗能力，有效塑造态势、管控危机、遏制战争、打赢战争。人民军队永远是战斗队，人民军队的生命力在于战斗力。必须贯彻新形势下军事战略方针，把备战与止战、威慑与实战、战争行动与和平时期军事力量运用作为一个整体加以运筹，牢固树立战斗力这个唯一的根本的标准，提高军事训练实战化水平，扎实做好各方向各领域军事斗争准备，聚力打造精锐作战力量，着力建设一切为了打仗的支援保障力量，加快构建适应信息化战争和履行使命要求的武器装备体系，加快建设以联合作战指挥人才为重点的高素质新型军事人才队伍，发扬一不怕苦、二不怕死的战斗精神，锻造召之即来、来之能战、战之必胜的精兵劲旅。

明确作风优良是我军鲜明特色和政治优势，必须加强作风建设、纪律建设，坚定不移正风肃纪、反腐惩恶，大力弘扬我党我军光荣传统和优良作风，永葆人民军队性质、宗旨、本色。作风优良才能塑造英雄部队，作风松散可以搞垮常胜之师。人民军队要恪守全心全意为人民服务的宗旨，牢记为人民扛枪、为人民打仗的神圣职责，始终做人民信赖、人民拥护、人民热爱的子弟兵，不断发展坚如磐石的军政军民关系。把理想信念的火种、红色传统的基因一茬茬、一代代传下去，加强党史军史和光荣传统教育，永葆老红军的政治本色。军中绝不能有腐败分子藏身之地，要锲而不舍、驰而不息地把作风建设和反腐败斗争引向深入，努力铲除腐败现象滋生蔓延的土壤，积极培育风清气正的政治生态。严肃各项纪律，坚持严字当头、一严到底，下大气力治松、治散、治虚、治软，用铁的纪律凝聚铁的意志、锤炼铁的作风、锻造铁的队伍。各级领导干部要以钉钉子精神抓落实，以行动作无声的命令，以身教作执行的榜样，带动形成崇尚实干、敢于担当、主动作为的良好氛围。

明确推进强军事业必须坚持政治建军、改革强军、科技兴军、依法治军，更加注重聚焦实战、更加注重创新驱动、更加注重体系建设、更加注重集约高效、更加注重军民融合，全面提高革命化现代化正规化水平。政治建军是我军的立军之本,任何时候任何情况下都不能有丝毫松懈;改革是决定军队未来的关键一招,必须大刀阔斧实施改革强军战略;科学技术是核心战斗力,必须下更大气力推进科技兴军、赢得军事竞争主动;军队越是现代化越要法治化,必须厉行法治、从严治军。贯彻"五个更加注重"战略指导,必须强化作战需求牵引,提高军队建设实战水平;下大气力抓理论创新、抓科技创新、抓科学管理、抓人才集聚、抓实践创新,靠改革创新实现新跨越;坚持成体系筹划和推进军事力量建设,全面提高我军体系作战能力;坚持以效能为核心、以精确为导向,提高国防和军队发展精准度;深入实施军民融合发展战略,加快把国防和军队建设融入经济社会发展体系,实现国防和军队建设更高质量、更高效益、更可持续发展。

明确改革是强军的必由之路,必须推进军队组织形态现代化,构建中国特色现代军事力量体系,完善和发展中国特色社会主义军事制度。深化国防和军队改革,是为了设计和塑造军队未来。领导管理和作战指挥体制改革,以重塑军委机关和战区为重点,强化中央军委集中统一领导和战略指挥、战略管理功能,形成决策权、执行权、监督权既相互制约又相互协调的运行体系,构建平战一体、常态运行、专司主营、精干高效的战略战役指挥体系。规模结构和作战力量体系改革,按照调整优化结构、发展新型力量、理顺重大比例关系、压减数量规模的要求,推动我军由数量规模型向质量效能型、由人力密集型向科技密集型转变,部队编成向充实、合成、多能、灵活方向发展。军队政策制度调整改革,立起打仗的鲜明导向,营造公平公正的制度环境,使军事人力资源配置达到最佳状态,让军人成为全社会尊崇的职业,把军队战斗力和活力充分激发出来。

明确创新是引领发展的第一动力,必须坚持向科技创新要战斗力,统筹推进军事理论、技术、组织、管理、文化等各方面创新,建设创新型人民军队。创新能力是一支军队的核心竞争力,也是生成和提高战斗力的加速器。我们这支军队,靠改革创新走到现在,也要靠改革创新赢得未来。必须把创新驱动发展的引擎全速发动起来,善于运用新理念、新思路、新方法推进我军各项建设。要加快形成具有时代性、引领性、独特性的军事理论体系,依靠科技进步和创新把我军建设模式和战斗力生成模式转到创新驱动发展的轨道上来,下大气力推进军事管理革命,努力培养造就宏大的高素质创新型军事人才队伍,大力弘扬创新文化,激励官兵争当创新的推动者和实践者,使谋划创新、推动创新、落实创新成为全军的自觉行动。

明确现代化军队必须构建中国特色军事法治体系,推动治军方式根本性转变,提高国防和军队建设法治化水平。一支现代化军队必然是法治军队。强化法治信仰和法治思维,坚持依法治官、依法治权,领导干部带头尊法学法守法用法,引导官兵把法治内化为政治信念和道德修养,外化为行为准则和自觉行动。构建系统完备、严密高效的军事法规制度体系、军事法治实施体系、军事法治监督体系、军事法治保障体系,坚决维护法规制度权威性,强化法规制度执行力。推动实现从单纯依靠行政命令的做法向依法行政的根本性转变,从单纯靠习惯和经验开展工作的方式向依靠法规和制度开展工作的根本性转变,从突击式、运动式抓工作的方式向按条令条例办事的根本性转变,形成党委依法决策、机关依法指导、部队依法行动、官兵依法履职的良好局面。

明确军民融合发展是兴国之举、强军之策,必须坚持发展和安全兼顾、富国和强军统一,形成全要素、多领域、高效益军民融合深度发展格局,构建一体化的国家战略体系和能力。把军民融合发展上升为国家战略,是我们党长期探索经济建设和国防建设协调发展规律的重大成果,是从国家安全和发展全局出发作出的重大决策,是应对复杂安全威胁、赢得国家战略优势的重大举措。着眼经济实力和国防实力同步增长,强化统一领导、顶层设计、改革创新和重大项目落实,同步推进体制和机制改革、体系和要素融合、制度和标准建设,完善军民融合组织管理体系、工作运行体系、政策制度体系,努力开创经济建设和国防建设协调发展、平衡发展、兼容发展新局面。

习近平强军思想内涵丰富、思想深邃,构成一个系统完整、逻辑严密、相互贯通的科学军事理论体系,必须全面准确学习领会、毫不动摇贯彻落实。

第三节 在新的历史起点上全面推进国防和军队现代化

党的十九大着眼全面建设社会主义现代化国家,对坚持走中国特色强军之路、全面推进国防和军队现代化作出战略部署,绘就了把人民军队全面建成世界一流军队的总目标和路线图,明确了全面贯彻习近平强军思想的实践要求。

准确把握新时代军队使命任务。习主席深刻指出,我军必须为巩固中国共产党领导和我国社会主义制度提供战略支撑,为捍卫国家主权、统一、领土完整提供战略支撑,为拓展我国海外利益提供战略支撑,为促进世界和平与发展提供战略支撑。这是党和人民赋予人民军队的新时代使命任务,是支撑中华民族伟大复兴的战略要求,也是我军全部价值之所在。"四个战略支撑",深刻阐明了我军的政治属性,反映了党和军队之间的天然联系,要求军队坚定站在党的旗帜下,坚决维护国家政权安全、制度安全,坚决维护政治社会大局稳定;阐明了我军的根本职能,要求军队有效维护国家安全,在实现中华民族伟大复兴的历史进程中顶住压力阻力、扛住挑战风险,真正执干戈以卫社稷;阐明了我军的战略功能,要求军队紧跟国家海外利益拓展进程,逐步加强安全保障,有效维护海外利益安全;阐明了我军的国际责任,要求我军适应国际体系变革、构建人类命运共同体的战略需要,在维护和平的国际环境和周边环境、营造有利战略态势上发挥更大作用。全军要强化使命担当,增强忧患意识和进取精神,以时不我待、只争朝夕的紧迫感,加快提升履行新时代使命任务能力。

准确把握全面推进国防和军队现代化战略安排。党的十九大对全面推进国防和军队现代化,提出了路线图、时间表、任务书。到2020年,要基本实现机械化,信息化建设取得重大进展,战略能力有大的提升。实现这一目标任务,必须聚力攻坚,紧抓快干,务期必成。在实现2020年目标任务的基础上,全面推进军事理论、军队组织形态、军事人员、武器装备现代化,力争到2035年,基本实现国防和军队现代化。这意味着将原来的"三步走"发展战略第三步目标实现时间提前了15年。到本世纪中叶,把人民军队全面建成世界一流军队。这体现了同国家现代化进程相一致的战略要求,彰显了我们党大踏步实现强军、迈向一流的决心气魄。全军要牢牢扭住国防和军队建设目标任务,一步接着一步推,一茬接着一茬干,一张蓝图干到底。

准确把握国防和军队现代化建设战略重点。国防和军队现代化建设是一个系统工程,千头万绪,必须找准战略重点,以重点突破带动整体提升。构建联合作战指挥体系,打造坚强高效的战区联合作战指挥机构,打通联合作战全系统全流程指挥链路,带动全军联合作战能力提升。构建新型军事管理体系,完善"需求——规划——预算——执行——评估"的战略管理链路,提高军事系统运行效率和我军建设质量效益。构建现代军事力量体系,统筹各方向各领域建设,统筹作战力量、支援保障力量建设,推动我军力量体系整体提升。构建新型军事训练体系,坚持实战实训、联战联训,坚持以训促建、训用结合,提高实战化训练水平。构建新型军事人才体系,大力实施人才战略工程,加强军队院校教育、部队训练实践、军事职业教育"三位一体"新型军事人才培养体系建设,推动人才建设水平整体跃升。构建国防科技创新体系,加快发展高新技术武器装备,提高武器装备质量和体系结构科学化水平。构建现代军事政策制度体系,对政策制度进行系统谋划、前瞻设计、整体重塑,营造约束有力、激励有效的制度环境。构建军民融合发展体系,逐步实现国家各领域战略布局一体融合、战略资源一体整合、战略力量一体运用。

【复习思考题】

1. 如何理解习近平强军思想的丰富内涵?
2. 如何准确把握全面推进国防和军队现代化的战略安排?

第三章　坚持党对军队绝对领导

第一节　党对军队绝对领导的根本原则和制度

党对军队绝对领导是科学完备的治军之道。我军之所以能够历经曲折而愈益强大、历经考验而本色不变，之所以是一支拖不垮、打不败的威武胜利之师，党对军队绝对领导的根本原则和制度发挥了至关重要的作用，这也是一切敌人最惧怕我们的一点。

党对军队绝对领导的根本原则，明确了党和军队的关系，规定了坚持党的领导的唯一性、彻底性和无条件性。其基本内容包括：军队必须完全地无条件地置于中国共产党的领导之下，在思想上政治上行动上始终与党中央、中央军委保持高度一致，坚决维护党中央、中央军委权威，任何时候任何情况下都坚决听从党中央、中央军委指挥；决不允许向党闹独立性，不允许其他政党在军队中建立组织和进行活动，也不允许任何个人向党争夺兵权；未经党中央、中央军委授权，任何人不得插手军队，更不得擅自调动和指挥军队。这些都准确深刻地反映了中国共产党对军队实施绝对领导的特点和要求。

第一，党对军队实施独立的领导。中国共产党是中国人民解放军唯一的独立的领导者和指挥者，中国人民解放军只接受中国共产党的领导。这是指领导权和指挥权的不可分割性。党对军队实施独立的领导，主要体现为：我军必须完全地无条件地置于中国共产党的领导之下，任何时候任何情况下都坚决听从党中央、中央军委指挥。除中国共产党及其助手中国共产主义青年团外，不允许其他党派、社会团体和任何宗教在军队中建立组织和开展活动。军队中一切组织和个人，决不允许向党闹独立性，不允许向党争夺兵权，不允许打个人的旗号。军队成员不得参加其他党派和宗教组织，未经相应政治机关批准，不得擅自参加地方的群众团体，不得成立条令条例规定之外的团体和组织。

第二，党对军队实施直接的领导。党对国家和社会的领导，主要是通过制定大政方针，提出立法建议，推荐重要干部，进行思想宣传，发挥党组织和党员的作用，坚持依法执政来实现的。党对军队的领导不经过中间环节，是直接领导、直接指挥。党对军队实施直接的领导，主要体现为：军队的最高领导权和指挥权属于党中央、中央军委，军委实行主席负责制。未经党中央、中央军委授权，任何人不得插手军队，更不得擅自调动和指挥军队。党在军队设立各级组织，赋予其统一领导和团结的核心地位，形成一个严密的组织系统，通过其领导和指挥所属部队，使党的领导能够从中央直达基层、直达士兵。党委（支部）负责把党的路线、方针、政策和上级的命令指示传达到部队，领导部队坚决贯彻落实。

第三，党对军队实施全面的领导。党对军队的领导，不仅要管思想政治建设、党的建设，而且要管军事、管打仗。通俗地讲，就是纵向到底、横向到边。党对军队实施全面的领导，主要体现为：在领导范围上，党的领导涵盖军事、政治、后勤、装备建设各个领域，贯穿于完成各项任务的全过程。在领导内容上，是包括政治领导、思想领导和组织领导在内的全面领导，其中思想上的领导是基础,政治上的领导是核心,组织上的领导是保证。

坚持党对军队绝对领导不是抽象的原则要求,而是有一整套制度作保证的。这些制度主要包括:军队最高领导权和指挥权属于党中央和中央军委,军委实行主席负责制;实行党委制、政治委员制、政治机关制;实行党委统一的集体领导下的首长分工负责制;实行支部建在连上。军委主席负责制是党对军队绝对领导的最高实现形式,党委、政治委员和政治机关是党从思想上政治上组织上建设和掌握部队的重要组织支撑,党委统一的集体领导下的首长分工负责制是党领导军队的根本制度,支部建在连上是党指挥枪原则落地生根的坚实基础。这一整套制度,是我们党在领导人民军队进行革命、建设和改革的实践中探索总结出来的,构成了一个严密科学完整的组织领导体系。这些制度紧密联系、相互衔接、共同作用,形成了一个"闭合回路",是系统、完整、成熟的制度架构,为党对军队绝对领导提供了坚如磐石的根本保证。

第二节 军委主席负责制是党对军队绝对领导的最高实现形式

1982年12月4日,第五届全国人民代表大会第五次会议通过第四部《中华人民共和国宪法》规定,中央军事委员会实行主席负责制。2017年10月24日,中国共产党第十九次全国代表大会通过的《中国共产党章程》规定,中央军事委员会实行主席负责制。军委主席负责制,是从党、国家、军队全局出发的重大制度安排,是坚持党对军队绝对领导、实现党和国家长治久安的根本要求,集中反映了党和人民的意志、全军官兵的期望。

根据八二宪法和党中央、中央军委有关文件规定,军委主席负责制的含义主要包括三个方面:一是全国武装力量由军委主席统一领导和指挥。宪法规定,"中华人民共和国中央军事委员会领导全国武装力量""中央军事委员会实行主席负责制"。党的十八大后,中共中央军委第一次常务会议修订的《中央军事委员会工作规则》明确,"中央军事委员会是党和国家的最高军事领导机关,统一领导全国武装力量""中央军事委员会实行主席负责制"。这实际上就明确,军委主席对中国人民解放军现役部队和预备役部队、中国人民武装警察部队、民兵等所有武装力量,拥有党和国家赋予的最高领导权和指挥权,未经授权其他任何人无权领导和指挥。二是国防和军队建设一切重大问题由军委主席决策和决定。凡在国防和军队建设中带有根本性、方向性、全局性的重大问题,比如部队作战行动和指挥、高级干部任免、体制编制调整、军费使用管理、武器装备研制以及军队重大活动等,最高决策权和最终决定权属于军委主席。以军委主席名义发布的公文、以中央军委名义制发的公文,都须经军委主席审签。三是中央军委全面工作由军委主席主持和负责。中央军事委员会由主席,副主席若干人,委员若干人组成。军委主席主持军委全面工作,军委副主席协助军委主席工作、军委委员参加军委集体领导工作,并对军委主席负责。军委主席负责制是党指挥枪原则制度长期发展完善、内生性演化的必然结果和重大成果,是中国特色社会主义政治制度、军事制度的重要内容,具有科学的理论依据和坚实的实践基础。

军委主席负责制蕴含着马克思主义国家学说的精髓要义。马克思主义关于国家、阶级、政党、领袖、军队之间关系的原理,是我们党和国家制定军事领导制度的基本遵循,也是理解把握军委主席负责制的思想之匙。马克思主义认为,军队是国家政权的主要成分,是阶级统治的暴力工具,无产阶级专政的首要条件就是无产阶级军队;政党是特定阶级利益的代表者和维护者,任何政党执政都必然掌握军队的领导权。列宁强调,政党通常是由最有威信、最有影响、最有经验、被选出担任最重要领导职务而被称为领袖的人们所组成的比较稳定的集团来主持的。在我国,中国共产党是工人阶级的先锋队,同时是中国人民和中华民族的先锋队,是中国特色社会主义事业的坚强领导核心。党代表工人阶级和广大人民执掌政权,也必然牢牢掌握一支强大的人民军队,并通过党的领袖掌握党和国家的最高军事领导权。军委主席负责制作为党对军队绝对领导的最高实现形式,反映了我国执政党、国家、军队之间内在的天然的联系,从最高领导权层面确保了我军永远是党的军队、人民的军队、社会主义国家的军队。

军委主席负责制体现了国家军事领导权配置的普遍规律。国家大柄,莫重于兵。国家军事领导权配置,解决的是统治阶级如何有效掌控军权的问题。从世界范围看,虽然由于国体政体和历史文化差异,各国国防体制不尽相同,但其军事制度安排都具有一个共同的根本指向,即军队的领导指挥权必须始终牢牢掌握在最高统帅手中。据有关资料对110个国家宪法统计,有78个国家宪法明文规定军队统帅由国家元首担任。美国宪法规定,总统是武装部队的总司令、全军最高统帅。俄罗斯宪法规定,总统是国家元首和俄联邦武装力量最高统帅。在法国,总统为军队最高统帅。在古巴,古巴共产党中央第一书记担任国务委员会主席,同时兼任部长会议主席和武装力量总司令。这些国家的元首一般都是执政党的领袖人物,都代表本党、本阶级掌握最高军事统帅权。军委主席负责制,吸收借鉴古今中外军事领导权配置的有益经验,体现了军事领域"兵权贵一"的规律要求,实现了全国武装力量领导权和指挥权的高度统一。

军委主席负责制凝结着我们党建军治军的历史经验和优良传统。我们党在创建和领导人民军队的实践中,对军队最高领导权的配置和运用进行了反复探索,不断总结正反两方面历史经验,丰富完善党的军事领导制度。第五次反"围剿"至遵义会议召开前,由于代表正确路线的毛泽东被排除在党和红军决策层之外,党对军队的领导和指挥出现严重失误,导致红军遭受重大挫败,中国革命出现严重危机。1935年遵义会议实际确立了毛泽东在党和红军的领导地位后,1936年组成以毛泽东为主席的中华苏维埃共和国中央革命军事委员会,1937年毛泽东担任中共中央革命军事委员会主席,逐步形成党领导军队的坚强核心。经过抗日战争、解放战争淬炼,党的军事领导制度在实践中进一步丰富完善,成为夺取中国革命胜利的关键因素,也为新中国建立军委主席负责制奠定了重要基础。进入改革开放新时期,针对一个时期以来存在的党和国家最高军事领导权在法律规定和实际运行中不统一的问题,八二宪法规定中华人民共和国中央军事委员会领导全国武装力量,中央军委实行主席负责制,使党对军队的领导和国家对军队的领导融为一体。国家的中央军委与党的中央军委,实际上是一个机构,组成人员和对军队的领导职能完全一致。从根本大法层面建立健全党和国家的军事领导制度,确立军委主席负责制,开辟了党领导军队理论与实践的新境界。党的十八大以来,在习主席坚强领导和有力推动下,贯彻落实军委主席负责制的制度机制进一步丰富完善,向法治化、规范化方向推进了一大步。

第三节 坚决听从党中央、中央军委和习主席指挥

我军是党绝对领导的人民军队,历来把对党忠诚、听党指挥、向党看齐作为最高政治要求。不管形势如何发展,军队体制编制如何变化,人员如何更新换代,一切行动听从党中央、中央军委指挥这一条决不能变,必须作为信念信仰来恪守,作为政治要求来遵守,作为行动准则来坚守。

1. 坚决维护核心、听从指挥

一个政党、一个国家,领导核心至关重要,关乎旗帜道路方向,关乎党运国脉军魂。党的历

史、新中国发展的历史都告诉我们：要治理好我们这个大党、治理好我们这个大国，保证党的团结和集中统一至关重要，维护党中央权威至关重要。党的十八大以来，我国改革开放和社会主义现代化建设取得历史性成就，推动党和国家事业发生历史性变革，根本的是有习主席这个党的核心和军队统帅的坚强领导，有习近平新时代中国特色社会主义思想的科学指引。当前，世情国情党情军情深刻变化，世界正发生前所未有之大变局，进行伟大斗争、建设伟大工程、推进伟大事业、实现伟大梦想，比以往任何时候都更需要一个坚强的领导核心、需要习主席这个党的核心和军队统帅领航掌舵。我们要不断强化"四个意识"，做到思想上坚定追随，政治上绝对忠诚，情感上真挚热爱，行动上紧紧跟上，任何时候任何情况下都坚决听从党中央、中央军委和习主席指挥，不折不扣贯彻落实党中央、中央军委和习主席决策指示，以有效履行使命的实际行动彰显忠诚担当。要坚决贯彻执行党的路线方针政策，始终站在党和人民的立场上，正确处理个人利益与国家利益、眼前利益与长远利益的关系，自觉在思想上政治上行动上同党中央、中央军委和习主席保持高度一致。

2. 坚决落实党中央、中央军委和习主席决策指示

对党绝对忠诚要害在"绝对"两个字，就是唯一的、彻底的、无条件的、不掺任何杂质的、没有任何水分的忠诚。在落实党中央、中央军委决策指示上打折扣、搞变通、打擦边球，不是贯彻力执行力的问题，实际上是听不听招呼、听不听指挥的问题，能不能自觉维护党中央、中央军委权威的问题。每名官兵必须坚持用这样的标准要求自己，坚决做到枪听我的话、我听党的话，革命军人心向党，党叫干啥就干啥，任何时候都对党忠诚老实，表里如一、知行统一，坚决反对"伪忠诚""亚忠诚"，决不做政治上的"两面人"。

3. 坚决抵制错误观点的影响

长期以来，围绕坚持党对军队绝对领导这个根本政治原则问题的斗争和较量尖锐复杂，一些西方国家加紧对我国策动"颜色革命"，加紧实施网上"文化冷战"和"政治转基因"工程，极力鼓吹"军队非党化、非政治化"和"军队国家化"，妄图动摇党对军队的绝对领导，对我军官兵拔根去魂，把军队从党的旗帜下拉出去。面对这些错误观点，我们必须坚守对党忠诚的政治立场，在大是大非面前分清良莠、明辨是非，在各种困难、诱惑、威胁面前经受考验，旗帜鲜明地维护党的形象，捍卫党的主张，坚决同各种错误言行作斗争。要严格遵守政治纪律"十不准"和军队党员"七个决不允许"，立场坚定，严守规矩，坚决维护党的形象。要增强政治观念，遇事多想政治上的要求，办事多想政治上的规定，交往多想政治上的影响，把住政策底线，守住思想防线，确保任何时候、任何情况下政治不失分，行为不失范。要对敌对势力的渗透破坏保持高度警惕，不为谣言所惑，不为杂音所扰，不为蛊惑所动，坚决同各种错误思想言论作斗争，始终保持对党忠诚的政治立场和政治品格。

4. 坚决完成党赋予的各项任务

人民军队历来有这样一个好传统：只要党一声令下，全军官兵不管遇到多大困难、作出多大牺牲，都毫不含糊，坚决完成任务。作为革命军人，要紧紧团结在各级党组织的周围，自觉接受党的教育，听从党的指挥，服从党的安排，把完成党交给的各项任务作为最大责任。平时，要坚决认真、雷厉风行地贯彻执行党中央、中央军委的决策指示，确保政令军令畅通。党让抢险救灾，就义无反顾，勇往直前；党让戍边守卡，就百倍警惕地站好岗、放好哨，守卫好祖国的每一寸疆海；党让在平凡岗位上工作，就甘当革命的螺丝钉，拧在哪里，就在哪里闪闪发光。战时，要强化军令如山意识，党指向哪里就打到哪里。让进攻，刀山火海也敢闯，像尖刀那样勇往直前；让

坚守,山崩地裂不退却,像钢钉那样铆在阵地上,不惜一切代价坚决完成党赋予的战斗任务,自觉做一名听党指挥、爱党忠诚的好战士。

【复习思考题】

1. 坚持党对军队绝对领导的根本原则有哪些基本内容?
2. 军委主席负责制的含义包括哪些方面?
3. 如何理解军委主席负责制是党对军队绝对领导的最高实现形式?
4. 新时代革命军人如何做到坚决听从党中央、中央军委和习主席指挥?

第四章　全心全意为人民服务是我军的根本宗旨

第一节　我军来自人民、依靠人民

我军是中国共产党缔造和领导的新型人民军队,是为无产阶级和劳动人民翻身解放而建立起来的,这就决定了我军的根本宗旨是全心全意为人民服务。1945年4月,毛泽东在党的七大政治报告中明确指出:"紧紧地和中国人民站在一起,全心全意地为中国人民服务,就是这个军队的唯一的宗旨。"

1. 坚持全心全意为人民服务宗旨的要求

坚持全心全意为人民服务的宗旨,要求这个军队所有的人,必须以为人民服务为己任,为人民扛枪,为人民打仗,决不能谋少数人或狭隘集团的私利,决不能为升官发财、出人头地捞好处;必须全心全意地为人民服务,决不能半心半意、三心二意,更不能假心假意,只要人民需要,即使献出生命也在所不惜;必须把人民的利益放在高于一切、重于一切的位置,以是否符合人民利益作为一切言论和行动的最高标准,自己的事再大也是小事,人民的事再小也是大事,自觉把个人的理想、前途和命运融入为人民服务的伟大事业。

2. 坚持全心全意为人民服务宗旨的意义

全心全意为人民服务的宗旨,是我军团结战斗的思想基础。毛泽东曾经指出,这个军队之所以有力量,不仅是因为参加这个军队的人都具有自觉的纪律,而且在于他们是为着广大人民群众的利益,为着全民族的利益,而结合、而战斗的。几十年的革命斗争实践表明,我军面对强大敌人所表现出的敢打必胜、一往无前的英雄气概,战胜一切困难、压倒一切敌人的意志力量,从根本上讲来源于全心全意为人民服务的思想。在全心全意为人民服务的宗旨下,我军广大官兵懂得为谁扛枪、为谁打仗,对人民无限热爱,对敌人刻骨仇恨;在全心全意为人民服务的宗旨下,我军广大官兵不怕任何艰难困苦,以苦为荣,艰苦奋斗,勇往直前;在全心全意为人民服务的宗旨下,我军广大官兵兢兢业业,任劳任怨,在平凡的岗位上为人民作出了不平凡的贡献。

全心全意为人民服务的宗旨,是我军不断发展壮大的力量源泉。毛泽东说:"战争的伟力之最深厚的根源,存在于民众之中。"军政军民团结是我党我军特有的政治优势。来自人民、为了人民,始终与人民血肉相连、生死与共,是我军的制胜之本、力量之源。革命战争年代,人民群众积极参军参战,地方政府积极拥军支前,全力支援自己的军队打胜仗;和平建设时期,人民群众同样把官兵当亲人,把部队的事当成自己的事,像爱护亲人那样爱护子弟兵,像战争年代那样关心支持部队建设,有力推动和保证了我军建设发展。

历史告诉我们,有了民心所向、民意所归、民力所聚,人民军队就能无往而不胜、无敌于天下。只要始终站在人民立场上,赢得最广大人民衷心拥护,就能构筑起众志成城的铜墙铁壁。

第二节 我军的历史是一部服务人民的壮丽史诗

90多年来,我军始终紧紧和全国人民站在一起,患难与共,生死相依,视人民利益高于一切,为人民利益不懈奋斗。一部人民解放军的历史,就是一部为了民族独立、人民解放的历史,就是一部与人民群众血肉相连、生死相依的历史,就是一部为了人民、服务人民的历史。

1. 战火纷飞的生死关头,人民军队为人民利益牺牲一切

在艰苦卓绝的革命斗争中,面对强大凶恶的敌人,我军始终把人民的利益放在高于一切的位置,危难时刻舍身相助,生死关头挺身而出,把生的希望让给群众,把死的危险留给自己。革命战争年代以来,共有2000多万烈士为人民献身,其中有名可查的有370多万。刘老庄82勇士、狼牙山五壮士、爱民模范马定夫等,他们和千千万万个烈士一样,都有一个共同的墓志铭:为了人民的解放和幸福,甘愿牺牲自己的一切。

2. 大灾大难的危急时刻,人民军队把人民利益高高举过头顶

当特大地震来临时,当森林大火肆虐时,当突发疫情蔓延时,当滔天洪水扑来时,人民军队总是迅速出动、火速驰援、舍生忘死、勇往直前。哪里最危险,哪里就有子弟兵的身影;哪里最需要,哪里就有人民军队的足迹。解放军来了人心定。一次次爱民为民的英雄壮举,赢得了广大人民群众的爱戴和信赖。1998年夏天的抗洪抢险、2008年5月的汶川抗震救、2015年6月的"东方之星"救援,解放军和武警官兵都以自己的实际行动践行了我军宗旨,赢得了人民群众的高度赞扬。

3. 突如其来的生死考验,人民军队为人民利益挺身而出

在人民军队的群英谱中,爱民为民的先进典型不计其数,为了群众的生命安全勇拦惊马的刘英俊、跳进粪池勇救老人的军校大学生张华、见义勇为勇斗歹徒的徐洪刚、一个人感动一座城的救人英雄孟祥斌、三闯火海的最美警卫战士高铁成等,生动诠释了人民军队爱人民的高尚情怀。他们为保卫人民生命财产挺身而出、勇于牺牲的英雄壮举,都源于对人民群众的深情大爱,都源于对我军全心全意为人民服务价值的高度认同。

4. 守护和平的漫漫岁月,人民军队为人民利益无私奉献

军人牺牲何止在战场。和平建设时期,为了人民的幸福和安宁,一代代官兵从来没有松懈过脑中的弦,放下过手中的枪。他们不图名、不图利,默默工作在祖国的边疆、海岛,以及一切需要军人奋斗的地方,使全心全意为人民服务的精神薪火相传、深深扎根。20世纪五六十年代,面对祖国和人民的召唤,我军数十万官兵主动放弃城市的安逸,不计个人得失,不求名利地位,乐于奉献,甘愿吃苦,来到荒凉艰苦的戈壁滩,为实现"两弹一星"和载人航天的伟大事业,谱写了一曲为人民鞠躬尽瘁、死而后已的光辉篇章。改革开放后,面对利益调整的新考验,广大官兵"头顶边关月,心系天下安",坚守在雪域高原、深山密林、大漠戈壁、海岛边陲,为人民甘守清贫,无私奉献。新形势下,虽然军队面临的社会环境和担负的使命任务发生了深刻变化,但我军官兵为人民无私奉献的信念始终没有动摇。无论是在高山哨所,还是在大海孤岛,无论是驾驶银鹰翱翔蓝天,还是在操控潜艇游弋大洋,无论是在外太空的空间站,还是在亚丁湾的护航舰,广大官兵如同回报母亲的恩情一样,用自己的青春和热血捍卫着祖国的每一片领海领空,守卫着人民群众的幸福安宁。

5. 艰苦奋战的建设一线,人民军队为人民利益勇挑重担

人民军队的性质和宗旨,决定了我军既是战斗队,又是为人民服务的工作队和生产队。几

十年来,军队始终视人民如父母,把驻地当故乡,充分利用自身资源和优势,为群众诚心诚意办实事,尽心竭力解难事,屯垦拓荒、兴修水利、捐资助学、扶贫帮困,在西部大开发的主战场,在重点工程建设的工地上,在社会主义新农村建设的进程中,到处都留下了子弟兵的足迹,到处都洒下了官兵的汗水,谱写了一曲曲军爱民、民拥军的华彩乐章。

第三节 永远做人民利益的忠实捍卫者

实现党在新时代的强军目标,为践行全心全意为人民服务的宗旨提出了新的要求,赋予了新的内涵。每名官兵要始终牢记,我军的根基在人民、血脉在人民、力量在人民,在任何时候任何情况下都必须与人民群众心连心、同呼吸、共命运,忠实捍卫人民的利益,做人民群众的守护神。

1. 永葆人民子弟兵的政治本色

人民军队建设发展的历史告诉我们,人民群众永远是军队生长的土壤、发展的根基和力量的源泉,无论战争形态如何演变、高技术如何发展,兵民是胜利之本的战争规律没有改变,人民群众永远是坚如磐石的靠山。特别是未来信息化战争,大量新型武器装备和技术广泛运用,保障复杂,消耗巨大,更需要大力推进军民融合发展,更需要在人才、资金、技术等方面得到人民群众的支持和帮助。我们要始终牢记,作为党领导下的人民军队,全心全意为人民服务的根本宗旨永远不能变,人民子弟兵热爱人民的政治本色永远不能丢。

2. 切实端正对人民群众的态度

践行全心全意为人民服务的宗旨、永葆人民子弟兵政治本色,要端正对人民群众的态度,始终牢记为人民扛枪,为人民打仗的神圣职责,牢记"军队打胜仗,人民是靠山",保持同人民群众水乳交融、生死与共的关系,视人民利益高于一切、重于一切,以人民需要为第一需要,把维护人民利益作为最高责任。要虚心向群众学习,真心实意拜群众为师,甘当群众的小学生,自觉学习他们吃苦耐劳、拼搏进取的好精神,学习他们勤俭节约、艰苦朴素的好作风,学习他们埋头苦干、质朴淳厚的好品质。要时刻站在群众的立场上想问题,帮助群众解决困难时真心诚意,不敷衍了事,当个人、部队利益与人民利益发生矛盾时,不计自身得失,不与民争利,甘愿牺牲奉献。要正确看待群众的赞誉,谦虚谨慎,戒骄戒躁,虚心听取群众意见,经常检点自己的言行,不断坚定热爱人民、服务人民的政治立场,真正守住人民子弟兵这个"本"。

3. 始终与人民群众保持血肉联系

倾心爱人民、真心为人民,是人民军队的不懈追求。时代发展到今天,虽然军队住进了营房、围起了院墙,但是对人民的感情不能有任何间隔,军民之间的鱼水深情不能变,军民之间的血肉联系也不能变。要牢固树立人民群众是真正英雄的观念,不断增强对人民群众的真挚情感,不因社会环境改变而淡化,不因生活条件改善而疏远,不因庸俗风气干扰而偏移,一如既往地热爱人民、服务人民,视人民为父母、把驻地当故乡,自觉践行爱民为民的价值追求。要大力发扬拥政爱民的光荣传统,满腔热情地参与社会公益事业和军民共建活动,广泛参与驻地扶贫帮困、捐资助学和新农村建设,以实际行动多为人民做好事、办实事、解难事,反哺人民群众的养育之恩。要严格遵守群众纪律,认真执行党的民族和宗教政策,尊重人民群众特别是少数民族的风俗习惯,依法处理军警民纠纷,树立文明之师的良好形象。

4. 时刻准备为人民牺牲奉献

军人是一种特殊的职业,总是和牺牲奉献联系在一起。为人民牺牲奉献,是革命军人的最高价值体现。既然选择了军人这个崇高的职业,就要坚定为人民牺牲奉献的信念,以实际行动践行全心全意为人民服务的宗旨。在生死考验的危急关头,要具有为国家和人民利益舍得献出自己一切的决心和勇气,赴汤蹈火、义无反顾、冲锋在前、英勇奋战,甘愿为人民流血牺牲。在艰苦恶劣的环境和条件下,要不怕吃苦受累、不怕寂寞孤独,舍小家为大家,甘愿为人民奉献青春热血。在平凡的工作岗位,要以职责使命为重,无论从事什么工作、担负什么任务,都干一行、爱一行、精一行,甘愿为人民贡献全部智慧和力量。

【复习思考题】

1. 如何把握坚持全心全意为人民服务宗旨的要求?
2. 新时代革命军人如何做到永远做人民利益的忠实捍卫者?

第五章　打仗和准备打仗是军人的天职

第一节　军队首先是一个战斗队

军队是要打仗的。我军作为一支执行党的政治任务的武装集团,能打胜仗是党和人民对军队的根本要求,时刻准备打仗是革命军人履行职责的重要前提。我们要牢固树立当兵打仗的思想,眼睛盯着战场,枪口瞄着对手,心中想着打赢,以枕戈待旦的精神状态时刻准备为祖国和人民去战斗。

1. 打仗是军队与生俱来的职能

军队的出现是一种社会历史现象。人类社会产生后,很长一段时间并没有军队。到原始社会末期,因争夺猎物、围场、住所,部落间经常发生械斗,才出现了部落武装。进入阶级社会后,统治阶级为了对外侵略与反侵略、对内镇压反抗,建立了专职打仗的队伍。从此,军队走上了历史舞台,成为影响人类文明进程和社会发展走向的重要力量。波斯文明和古希腊文明曾是东、西方文明的优秀代表,公元前5世纪末,横跨欧、亚、非三洲的波斯帝国妄图征服希腊,发动了漫长的希波战争。在长达半个多世纪的战争中,面对强大的敌人,希腊军队毫不畏惧,殊死抗击,最终在萨拉米斯海战中大败波斯军队。从此,波斯帝国逐渐走向衰落,希腊文明日益昌盛,成为世界文明的中心。"国家大柄,莫重于兵。"军队历来是"国之干城""民之栋梁",军队强弱、战争胜负,关乎国家安危、民族兴衰。能打仗、打胜仗,是一支军队赖以生存的根本意义和价值所在。

2. 打仗和准备打仗始终是人民军队建设发展的主线

我军从诞生之日起,就英勇投身为中国人民求解放、求幸福,为中华民族谋独立、谋复兴的洪流,把打赢每一场战争、取得每一次战斗胜利作为根本任务。从南昌起义打响反抗国民党反动派的第一枪,到取得二万五千里长征的胜利,从打败日本侵略者到消灭八百万蒋匪军,在党领导的22年的武装革命斗争征程中,人民军队无时不经受着血与火的战斗考验。战争年代如此,新中国成立后也是如此。早在党的七届二中全会上,毛泽东就明确指出:"人民解放军永远是一个战斗队。就是在全国胜利以后,在国内没有消灭阶级和世界上存在着帝国主义制度的历史时期内,我们的军队还是一个战斗队。对于这一点不能有任何的误解和动摇。"《中华人民共和国宪法》第二十九条规定:"中华人民共和国的武装力量属于人民。它的任务是巩固国防,抵抗侵略,保卫祖国,保卫人民的和平劳动,参加国家建设事业,努力为人民服务。"这就从法律上明确规定了我军战斗队的任务。在党的领导下,我军胜利进行抗美援朝战争和多次边境自卫作战,打出了国威军威,捍卫了祖国万里边疆和辽阔海空,为巩固新生人民政权、形成中国大国地位、维护中华民族尊严提供了坚强后盾。历史证明,我军不愧为一支英勇善战、一往无前的战斗队。

随着国家建设发展,人民军队积极投身改革开放新的伟大革命,有力服务和保障国家改革发展稳定大局,依法履行香港、澳门防务职责,有效应对国家安全面临的各种威胁,坚决打击一切形式的分裂破坏活动,积极参与对外军事交流合作和联合国维和行动,始终把战斗队作为根本职能,把打仗作为第一位要求。特别是党在新时代的强军目标,明确了人民军队为实现中国梦提供强大力量保证的重大责任,对部队能打仗、打胜仗提出了新的更高要求。我们要充分认清战斗队永远是我军的基本定位、战斗力永远是军人的不变追求,自觉把打仗当天职、视打赢为目标,始终瞄着能打仗、打胜仗苦练打赢本领,在实现强国梦强军梦征程中书写属于中国军人的时代风采。

第二节 忠实履行战斗队的根本职能

战场打不赢,一切等于零。能打胜仗是军队履行职能使命的根本要求,反映了军队建设的根本指向。90多年来,正因为人民军队能打仗、打胜仗,战争年代才成为中国革命的力量依托,社会主义革命、建设和改革时期才成为人民民主专政的坚强柱石、社会主义国家的钢铁长城。新时代,我军要坚决维护中国共产党的领导和中国特色社会主义制度,坚决维护国家主权、安全、发展利益,坚决维护国家发展的重要战略机遇期,坚决维护地区与世界和平,必须把能打仗、打胜仗作为头等大事,建设一支让党和人民放心的世界一流军队。

1. 牢固树立战斗力这个唯一的根本的标准

坚持战斗力这个唯一的根本的标准,就是要把提高战斗力作为各项建设的出发点和落脚点,一切工作和建设都围绕能打胜仗来展开,切实把战斗力标准在部队建设的全过程和各领域中立起来、落下去。在90多年的发展历程中,战斗力始终是我军建设发展的根本标准。无论在什么时候、什么情况下,坚持战斗力这个唯一的根本的标准始终都不能变。如果说战斗力标准是一棵大树,其他标准都是树上的枝和叶,都必须服从于战斗力标准;离开战斗力标准这棵大树,强调其他标准就是舍本逐末,就会贻害无穷。抓部队、搞建设,要按习主席的指示要求,紧紧扭住能打仗、打胜仗这个强军之要,把全部心思向打仗聚焦,各项工作向打仗用劲,把战斗力标准在军事、政治、后勤、装备等各项工作中确立起来,用战斗力标准牵引带动部队建设、检验评价工作成效,使部队建设朝着强军打赢去推动和落实。

2. 提高军事训练实战化水平

战场上的胜利从来都不是轻而易举、唾手可得的,都是以战前严格训练、流血流汗为代价换来的。我军之所以能征善战著称于世,与坚持开展严格的实战化军事训练息息相关。新的历史条件下,中央军委专门颁发《关于提高军事训练实战化水平的意见》,各部队按照能打仗、打胜仗要求,从难从严从实战需要训练部队,大力加强经常性考核、比武、拉动,兴起了实战化训练热潮。打仗是硬碰硬,训练必须实打实。我们要进一步端正训风演风考风,坚持仗怎么打兵就怎么练,打仗需要什么就苦练什么,部队最缺什么就专攻精练什么,紧贴作战任务、作战对手搞好使命课题训练,加强检验性、对抗性训练,在近似实战的环境下摔打锻炼部队,切实提高军事训练实战化水平。

3. 提高信息化条件下威慑和实战能力

能打胜仗,说到底是要打赢信息化战争。信息化条件下,现代战争的制胜机理发生了深刻变化,对军队的打仗能力也提出了许多新要求。锻造一支能打仗、打胜仗的强大军队,就必须紧跟时代发展潮流,把信息化作为现代化建设的发展方向,全面提高信息化条件下威慑和实战能力。要推动信息化建设加速发展,充分发挥军事信息系统的基础支撑作用,突出抓好指挥控制系统建设、战略预警体系建设;把信息资源开发利用摆在更加突出的位置,加强数据建设、软件建设、情报信息融合,大力推进信息资源深度开发和高效利用;加强信息化主战武器装备系统建设,大力研发软、硬杀伤型信息武器装备和新概念武器装备,根据实际情况对现有的机械化武器装备进行信息化改造和升级;着眼提高基于信息系统的体系作战能力,把各种作战力量、作战单元、作战要素融合集成为整体作战能力。要扎实抓好新型作战力量建设,着眼构建中国特色军事力量体系,坚持把加强新型作战力量建设作为战略重点,大力加强战略预警、军事航天、防空反导、信息攻防、战略投送、远海防卫等力量建设,增强我军新质作战能力。

4. 扎实有效抓好军事斗争准备

军事斗争准备是军队的基本实践活动,是维护和平、遏制危机、打赢战争的重要保证。要有效履行战斗队职能,必须坚持军事斗争准备龙头地位不动摇、扭住核心军事能力建设不放松,努力把军事斗争准备提高到一个新水平。统筹推进各方向军事斗争准备,把主要战略方向和其他战略方向统一起来,逐步形成能够相互策应、相互支援的统一战场和更为有利的作战布势,以保持战略全局的平衡和稳定。

【复习思考题】

1. 如何理解军队首先是一个战斗队?
2. 新时代革命军人如何忠实履行战斗队的根本职能?

第六章 培养有灵魂有本事有血性有品德的新时代革命军人

第一节 培养"四有"新时代革命军人的重大意义

党的十九大报告提出,培养有灵魂、有本事、有血性、有品德的新时代革命军人。"四有"是一个紧密联系、相辅相成、内在统一的有机整体,立起了新形势下铸魂育人的根本尺度,明确了革命军人最基本最核心的要求。有灵魂决定新时代革命军人的政治命脉,有本事撑起新时代革命军人的使命担当,有血性彰显新时代革命军人的职业特质,有品德匡正新时代革命军人的行为准则。

1. 培养"四有"新时代革命军人是着眼实现中国梦强军梦作出的战略思考

当前,中华民族伟大复兴进程走到关键的历史阶段,我军处在从大国军队向强国军队跨越的新起点上。我们越发展壮大,遇到的挑战和风险就会越大;越接近民族复兴梦想,越需要建设巩固的国防和强大的军队。党在时代的强军目标,描绘了建设大国军队、强国军队、一流军队的壮丽蓝图,展示了新形势下人民军队强军兴军的意志、抱负和追求。强军目标决定育人目标,育人目标支撑强军目标。当代中国军人尤其是青年官兵,既是强国强军的筑梦人,又是继往开来的接班人。没有大批的合格革命军人,就没有听党指挥的军魂永固,就没有能打胜仗的能力支撑,就没有优良作风的可靠保障。培养"四有"新时代革命军人,集中反映了强军目标对官兵素质能力的时代要求,体现了习主席着眼实现中国梦强军梦深邃长远的战略考量,这是新形势下人民军队强军兴军的百年大计,是中国特色社会主义事业根基永固的千秋大业。

2. 培养"四有"新时代革命军人是对我们党铸魂育人思想的继承与发展

从一定意义上说,人民军队的发展史,就是按照党的要求"立人"的历史,就是一代又一代革命军人在党的领导下英勇奋斗的历史。每当时代发生变化、党和军队确立新的奋斗目标或提出新的重大任务时,我们党都会提出相应的育人目标和要求。这种目标和要求都打上了鲜明的时代烙印,都见证了人民军队阔步前行的历史足迹。习主席关于培养"四有"新时代革命军人的重要思想,深刻揭示了培养合格革命军人的内在规律,是对新形势下我军铸魂育人目标的新概括、新定位,与我们党培养合格革命军人思想一脉相承又与时俱进,进一步丰富了我们党建军治军思想。

3. 培养"四有"新时代革命军人是人民军队培育社会主义核心价值观走在前列的内在要求

社会主义核心价值观,是社会主义中国的精神旗帜。培养新时代革命军人与践行社会主义核心价值观是内在统一的,它既体现了核心价值观对军人思想道德和行为规范的内在要求,也是我军培育核心价值观的重要载体和实践抓手。有灵魂、有本事、有血性、有品德,凝结着社会主义先进军事文化的精髓要义,承载着军人立身、立志、立德、立业的价值表达和价值引领。作为新形势下军队建设的铸魂育人工程,培养新时代革命军人是对官兵素质由内而外的升级塑造。自觉做到有灵魂、有本事、有血性、有品德,就能永葆红色基因不变、革命气节不移、英雄豪气不减、精武强能不懈,以崭新的风貌挺立时代潮头。

4. 培养"四有"新时代革命军人是对解决军队建设重大现实问题的时代回应

当前,面对国家安全环境发生深刻变化的新形势,面对意识形态领域斗争尖锐复杂的新态势,面对长期相对和平环境和市场经济深入发展带来的新课题,面对军事斗争准备艰巨繁重的新任务,只有按照"四有"要求,灵魂上"补钙",本事上"升级",血性上"淬火",品德上"提纯",立起新时代革命军人的好样子,才能做到政治靠得住,风浪击不垮,战场打得赢,肩负起强军兴军的历史使命。

第二节　有灵魂是新时代革命军人必备的理想抱负

有灵魂,是强军兴军进程中我军官兵应当具备的理想抱负,是对新时代革命军人的政治要求。核心要义是习主席强调的信念坚定、听党指挥。就是要对党的理想高度认同、对党的信仰忠贞不渝、对党的要求坚决恪守,始终保持对实现中国梦强军梦的坚定信念信心,自觉坚持党对军队绝对领导的根本原则和制度,始终在思想上政治上行动上同党中央、中央军委和习主席保持高度一致,一切行动听从党中央、中央军委和习主席指挥。

1. 有灵魂就是要信念坚定、听党指挥

始终保持对实现中国梦强军梦的坚定信念信心。实现中国梦,对军队来说就是实现强军梦。党在新时代的强军目标,明确了加强军队建设的聚焦点和着力点,听党指挥是灵魂,决定军队建设的政治方向;能打胜仗是核心,反映军队的根本职能和军队建设的根本指向;作风优良是保证,关系军队的性质、宗旨、本色。必须牢记强军目标、坚定强军信念、献身强军实践,坚定不移走中国特色强军之路,朝着强军目标奋勇前进。

毫不动摇坚持党对军队绝对领导。坚持党对军队绝对领导,关系我军性质宗旨、关系社会主义前途命运、关系党和国家长治久安,是建军之魂、强军之魂。在这个根本政治原则问题上,必须头脑特别清醒、态度特别鲜明、行动特别坚决,坚定党对军队绝对领导的政治自信和政治自觉,坚定不移地听党的话、跟党走。

坚决听从党中央、中央军委和习主席指挥。信念坚定、听党指挥,最紧要的是始终在思想上政治上行动上同党中央、中央军委保持高度一致,坚决维护党中央、中央军委和习主席的权威,一切行动听从党中央、中央军委和习主席指挥。这一条,必须作为最高的政治要求来遵守,作为最高的政治纪律来维护。

2. 有灵魂是践行强军目标必备的政治品格

有灵魂是把正方向、坚定立场的根本保证。革命军人有了坚定的理想信念和崇高的价值追求,就能知所趋赴、有所坚守,自觉与党同心同德,坚决听党指挥。革命军人只有坚定信念、听党指挥,才能拥有"定盘星""主心骨",始终保持政治清醒和政治定力,任何时候都不迷茫、不迷航。

有灵魂是不懈奋斗、干事创业的力量源泉。实现中国梦强军梦,既是光荣而神圣的事业,也是艰巨而繁重的任务,绝不是轻轻松松、顺顺当当就能实现的。革命军人信念坚定、听党指挥,就能激发起忘我献身热情、无穷拼搏勇气和顽强韧劲斗志,战胜一个个"硬骨头""拦路虎",朝着强军目标不断前进。

有灵魂是拒腐防变、经受考验的信念支撑。在长期和平环境下,我军始终面临着精神懈怠的危险,容易滋生拜金主义、享乐主义、极端个人主义等思想。革命军人信念坚定、听党指挥,就能把住总开关,扎紧篱笆,炼就"金刚不坏之身",在大是大非面前旗帜鲜明,在风浪考验面前无所畏惧,在各种诱惑面前立场坚定。

3. 按照有灵魂要求固本培元

真学真信真用党的科学理论。要深入学习马克思主义基本原理和马克思主义中国化成果,坚定实现中国梦强军梦的自觉自信。要重点学习习近平新时代中国特色社会主义思想特别是习近平强军思想,全面领会核心要义和精神实质,深刻把握贯穿其中的坚定信仰追求、历史担当意识、真挚为民情怀、务实思想作风和科学思想方法,增进对党中央、习主席的信赖拥戴。

学习党史军史和我党我军优良传统。要大力学习弘扬我党我军在长期实践中用鲜血和生命铸就的光荣传统和优良作风,学习弘扬全军各部队不同历史时期培育形成的特有革命精神,自觉传承红色基因、当好红色传人。

旗帜鲜明批驳抵制错误思想观点。要绷紧意识形态斗争这根弦,增强政治敏锐性和政治免疫力,凡事都要想一想其政治背景、政治动机和政治影响,不为错误思潮和政治观点所惑所扰。要强化政治意识、政权意识,坚决同各种错误思想作斗争。

严守政治纪律和政治规矩。军队守纪律首要的是遵守政治纪律,守规矩首要的是遵守政治规矩,任何人不得越过政治纪律、政治规矩的红线,越过了就是大忌,就要付出代价。要严格遵守政治纪律"十不准"和"七个决不允许"的要求,严禁发表与党的路线方针政策和军委决策指示相违背的言论,严禁编造、听信、传播有损党的领导和形象的谣言信息,决不对党的决策指示说三道四。

第三节 有本事是新时代革命军人必备的素质本领

有本事,是强军兴军进程中我军官兵应当具备的素质本领,是对新时代革命军人的能力要求。核心要义是习主席强调的素质过硬、能打胜仗。就是要始终牢记我军的根本职能,把打仗作为主业、专业和事业,掌握必备的现代军事、科技知识,练就过硬的作战能力,有效履行使命任务,成为能打胜仗的"刀尖子"。

1. 有本事就是要素质过硬、能打胜仗

掌握必备的现代军事、科技知识。现代战争往往牵涉政治、经济、文化、历史、地理等多种因素,陆海空天电网多维战场融为一体,要求军人具有较高的科学文化水平,掌握更加宽厚的军事知识。要了解现代军事理论,认识现代战争的本质要求、特点规律,特别是要熟悉了解信息化战争的作战样式、一体化联合作战的基本要求等。要掌握岗位急需、履行职责必备的知识,熟悉干好工作必需的基础理论,了解完成本职工作需要的相关知识,切实把应知应会的知识理解透、掌握好。要了解世界新军事革命态势和中国特色军事变革进程,了解军事科技和武器装备发展动向,为进一步做好工作创造有利条件。

练就过硬的作战能力。作为新时代革命军人,有本事最起码的是军官胜任本级指挥,士兵胜任本职岗位,具备精湛的技战术素养,能打仗、打胜仗。信息化条件下,武器装备的系统性、联动性、智能化程度越来越高,每个战位、每名官兵都是制胜的关键节点。要熟悉了解手中武器装备的基本性能，熟练掌握操作使用流程和维护保养方法，精通技术战术运用，实现人与武器的最佳结合，做到装备玩得转、信息联得通、系统用得精、枪炮打得准。

能够有效完成使命任务。革命军人有本事，说一千道一万，就是把肩负的使命履行好、把交给的任务完成好。这既是有本事的具体体现，也是对本领是否过硬的实际检验。军人的第一身份是战斗员，第一职责是备战打仗。一旦发生战事，广大官兵必须闻令而动、听令而行，顽强作战、英勇杀敌，冲得上、打得赢。当前，我军军事演习、抢险救灾、维稳处突、护航维和等重大任务日益增多，对和平时期军队履行职能使命提出更高要求。广大官兵要勇于挑重担、扛大梁、当先锋、打头阵，危急关头站得出来、豁得出去，对上级赋予的任务能够克服困难、坚决完成。

2. 有本事是践行强军目标必备的核心能力

有本事是坚持战斗力标准的内在要求。战斗力是由人、武器装备以及人与武器装备的结合方式三个基本要素构成的，其中人是战斗力中最核心最能动的要素，人的素质高低、本领大小直接决定着战斗力的水平。打赢信息化战争对战斗力各要素都提出了新的更高要求，迫切需要每名官兵的思想观念、工作标准、精神状态、能力素质、工作作风实现一个大的提升。

有本事是应对现实安全威胁的紧迫要求。当前，我国周边特别是海上方向安全的不稳定性不确定性增多，国家安全面临的现实和潜在威胁增多，维护国家统一、领土主权、海洋权益和发展利益的任务更加艰巨。各种敌对势力加紧进行渗透、破坏、颠覆活动，维护国家政治安全和社会稳定增加了新的难度。面对各种现实安全威胁，必须具有过硬的素质本领，才能坚决完成各项军事斗争任务，有效履行军队使命任务。

有本事是解决"两个能力不够"问题的现实要求。当前，我军现代化水平与国家安全需求相比差距还很大，与世界先进军事水平相比差距还很大，打现代化战争能力不够、各级干部指挥现代化战争能力不够的问题依然很现实地摆在我们面前。这就要求每名官兵强化"本领恐慌"意识，对照差距补短板，瞄准强敌练硬功，勇于创新求突破，不断提高驾驭现代战争的能力，锤炼信息化条件下遂行作战任务的能力。

3. 按照有本事要求学知强能

在学习思考中提高。学习是革命军人强本事、长才干的基本途径。要深入学习新形势下军事战略方针，准确领会中央对国际战略形势和国家安全环境的科学判断，深刻理解积极防御战略思想新的内涵，深刻把握战争准备基点的新变化。要加强作战问题研究，深入研究任务、研究对手、研究战场，真正把现代战争制胜机理、作战任务、作战对手、作战环境搞透，把部队遂行作战任务的作战指导、战法运用、指挥协同、综合保障等重大问题搞清，提高领导部队建设和指挥打仗的素质本领。

在军事实践中砥砺。军事训练和重大军事任务，为革命军人强本事、长才干提供了广阔的实践平台。要积极投身实战化军事训练，坚持从实战需要出发从难从严训练，把科目训全、内容训实、时间训够、质量训好。要积极投身重大军事任务实践，主动冲在前、挑重担，做到每执行一次重大任务，能力素质就得到一次提升。

在攻坚克难中强化。强军征程中必然面临不少新情况新问题，要不等不靠、不躲不绕，主动寻找创新点、突破口，积极参与民主练兵、训练改革、技术创新，努力在推进工作创新中更新观念、提高能力。

第四节 有血性是新时代革命军人必备的精神特质

有血性,是强军兴军进程中我军官兵应当具备的精神特质,是对新时代革命军人的精气神要求。核心要义是习主席强调的英勇顽强、不怕牺牲。就是要胸怀不辱使命的强烈担当,保持坚忍不拔的顽强意志,坚定不畏强敌的必胜信念,发扬视死如归的献身精神。

1. 有血性就是要英勇顽强、不怕牺牲

胸怀不辱使命的强烈担当。忠诚使命、献身使命,是新时代革命军人职业品质的集中体现,是对党和人民的庄严承诺。在强军兴军征程中,有许多沉疴积弊需要破除,有许多新情况新问题需要解决,履行使命必须落实到干好每件工作、完成每项任务上。在实际工作中,无论组织交给什么任务,无论遇到什么困难,无论要求多高多急,都要毫不含糊坚决完成,做到我的工作我尽责、我的岗位请放心。

保持坚忍不拔的顽强意志。不怕苦累、不畏艰险,愈难愈勇、愈挫愈奋,是对军人意志作风的基本要求,是完成任务不可或缺的重要支撑。革命军人要在困难面前逞英雄、显风流。日常工作中,精神振奋、乐观向上,严寒酷暑熬得住,偏远闭塞耐得住,艰难困苦扛得住。训练演习时,严训实练、连续奋战,强度再大不言累,难度再大不退缩。面对挑战考验,不动摇不懈怠,意志坚定,斗志昂扬,坚决攻克各种难关。遇到挫折失败,不气馁不放弃,在千锤百炼中加钢淬火,在耐压抗挫中成长成熟。

坚定不畏强敌的必胜信念。勇猛顽强、无所畏惧,敢于亮剑、勇于胜利,是军人豪气胆魄的集中体现,是战胜敌人的力量源泉。革命军人不管面对多么强大的敌人、处于多么危险的境地,都要保持勇敢战斗状态、勇猛冲锋姿态,充满一往无前、无坚不摧的豪气,舍我其谁、有我无敌的霸气。

发扬视死如归的献身精神。除了胜利一无所求,为了胜利一无所惜,是革命军人血性胆气的最高境界。军人最大的荣誉是在英勇无畏战斗中得到的,军人至高的忠诚是在勇于牺牲奉献中体现的。在人民生命财产安全受到威胁时,临危不惧、挺身而出、决不退缩。在国家安全和统一受到侵害时,衔命出征、冲锋陷阵,生命不息战斗不止。面对敌人威逼利诱,铁骨铮铮、大义凛然、誓死不屈,贞守革命军人气节。

2. 有血性是践行强军目标必备的精神特质

有血性是我军战胜强大敌人的制胜密码。我军素以有强大的战斗精神闻名于世。90多年来,我军战无不胜、所向披靡,一个重要原因就是具有一不怕苦、二不怕死的血性胆气。这是我军的重要法宝和特有优势。

有血性是打赢信息化战争的精神利刃。信息化战争战局态势瞬息万变、火力打击精确猛烈,要求官兵必须临阵不乱、临危不惧,才能始终保持高昂士气和良好状态。信息化装备操作精细复杂、要求越来越严,要求官兵必须沉着冷静、严谨缜密,才能发挥武器装备的最佳作战效能。信息化作战更加强调体系支撑、联合制胜,要求官兵必须团结协同、密切配合,才能形成并发挥整体作战威力。可以说,信息化战争对军人血性的要求不是降低了而是更高了,军人血性对打赢的作用不是减弱了而是更强了。

有血性是战胜强军进程中困难挑战的动力引擎。实现党在新时代的强军目标,没有改革创新的锐气、攻坚克难的勇气是不行的。当前,军事斗争准备面临大量矛盾和问题,只有坚持向积弊开战、朝纵深进击,才能推动各项准备工作不断拓展深化。深化国防和军队改革进入深水区和攻坚期，只有敢啃硬骨头，敢于涉险滩，才能冲破思想观念的障碍和利益固化的藩篱，解决长期积累的体制性障碍、结构性矛盾、政策性问题。

有血性是彰显革命军人意志力量的形象标识。英勇顽强、不怕牺牲的血性是我军官兵用鲜血和生命浇铸的不朽品牌，也是人民群众评判合格革命军人的特有标准。身有血性方称勇。只有强化不怕苦累、牺牲奉献的意志，砥砺平时忘我、战时忘死的胆气，才能树好革命军人应有的样子。

3. 按照有血性要求练胆激气

用军队职能使命强化。血性支撑职能使命，职能使命催生血性。要认真学习领会新时代军队使命任务，弄清"为谁扛枪、为谁打仗，当兵干什么、练兵为什么"的基本道理，深扎精武强能、备战打仗的思想根子。要深刻认识国家安全形势的复杂性严峻性，树牢随时准备打仗思想，强化战备观念和敌情意识，时刻紧绷打仗这根弦，保持高度戒备状态。

用优良传统作风熏陶。优良传统作风是滋养血性的肥沃土壤。要深入学习了解我党我军波澜壮阔的革命史、艰苦卓绝的斗争史、可歌可泣的英雄史，学习人民军队的特有革命精神，学习部队战史、战例、战将、战斗英雄，在寻根溯源中感悟战斗精神，在心灵震撼中激发血性胆气。

用训练演习任务磨砺。要积极投身实战化训练，把练技术练战术与练思想练作风结合起来，注重在战备演习、抢险救灾、维和维稳等重大任务中全面摔打磨炼，培育舍身报国战斗信念、敢打必胜战斗血性、团结协作战斗品格、沉稳坚韧战斗心理、英勇顽强战斗作风。

用军人崇高荣誉激发。荣誉是激发军人血性的重要动力。要倍加珍惜我军辉煌厚重的荣誉，学习英模人物先进事迹，参加仪式纪念活动，从先辈先烈用鲜血生命换来的荣誉功勋、荣誉称号、锦旗奖章中，触摸历史、感悟责任、激扬血性。要积极创造荣誉，树牢见任务就抢、见红旗就扛、见第一就争的意识，投身创先争优、立功创模活动，努力在本职岗位上创造一流业绩、作出更大贡献。

第五节　有品德是新时代革命军人必备的道德情操

有品德，是强军进程中官兵应当具备的道德情操，是对新时代革命军人的道德要求。核心要义是习主席强调的情趣高尚、品行端正。就是要知荣明耻、明辨是非、克己慎行、自律慎独，保持崇高追求，提升思想境界，培养健康情趣，模范遵守社会公德、职业道德、家庭美德和个人品德，始终做一个高尚的人、纯粹的人、脱离低级趣味的人、有益于人民的人。

1. 有品德就是要情趣高尚、品行端正

保持崇高精神追求。始终以国家和民族利益为重，把国家、民族利益高高举过头顶，把报国之志与强军之行统一起来，自觉为强国强军贡献智慧力量。始终以为人民服务为本，胸怀对人民群众的赤诚大爱，端正对人民群众的根本态度，增进对人民群众的真挚感情，为人民利益不懈奋斗。始终以无私奉献为荣，把国家利益、社会利益、集体利益置于个人利益之上，大公无私、公而忘私，平凡岗位上忘我工作、默默奉献。

坚守高尚人品官德。把端正人格品行作为立身之本，正直坦荡，诚实守信，助人为乐，敬业奉献，团结友爱，孝老爱亲。把纯洁官德修养作为为官之基，党员干部既要修德在前、立德在先，更要在"德"的标准上高于官兵、严于官兵。

培养健康情趣爱好。生活要艰苦俭朴，反对大手大脚、铺张浪费，抵制享乐主义、奢靡之风，做到以勤为本、以苦励志、以俭修身。交往要纯洁健康，在处理人际关系和人情问题上讲党性、讲原则。爱好要文明高雅，提升审美层次，追求高格调高品位的精神生活，多读书、多运动、多参加健康有益的文化活动,坚决抵制腐朽思想文化和生活方式。

把好道德法纪底线。始终怀有敬德畏法之心,自觉在思想上划出红线、在行为上明确界限,坚决维护法纪尊严与权威。时刻握紧道德法纪戒尺,决不做与道德相违背的事情,决不罔顾法纪、以身试法。

2. 有品德是践行强军目标必备的道德操守

有品德是立身做人、当兵为官的准则。青年官兵处在世界观人生观价值观形成的关键时期,常常面临得与失、苦与乐、义与利、生与死的考验,只有不断加强道德修养、强化道德约束,才能自觉匡正人生追求、抵御各种诱惑,始终走得正、行得端。

有品德是履职尽责、干好工作的基础。无论是平时训练执勤,还是战时冲锋陷阵,都需要高尚道德作有力支撑,否则就难以形成强大的向心力凝聚力,完成任务、履行使命就无从谈起。新形势下,广大官兵纯洁思想道德面临许多现实考验,只有自觉修身养德,才能激发强烈的事业心责任感,积极为强军兴军贡献智慧力量。

有品德是保持本色、树好形象的保证。当前社会上的多元价值取向和不良风气不断向军营渗透蔓延,一些官兵无私奉献、艰苦奋斗等革命精神有所弱化,是非、美丑、荣辱等基本道德标准出现错位,对部队的形象声誉带来损害。广大官兵只有加强道德修养,升华思想境界、涵养浩然正气、塑造高尚品格,才能永葆政治本色,维护我军良好形象。

3. 按照有品德要求修身立德

自觉培育践行核心价值观。大力弘扬和践行社会主义核心价值观,持续培育当代革命军人核心价值观,融入岗位实践,进入日常养成,躬身笃行,久久为功,切实在落细落小落实上下功夫见成效。

学习弘扬中华优秀传统文化。认真汲取中华优秀传统文化的思想精华和道德精髓,继承和发扬中华传统武德,学习精忠报国、抗敌御侮的爱国精神,有死之荣、无生之辱的忠烈气节,尚武精艺、智勇兼备的英武气质,和军爱卒、赏信罚必的为将之道,从中受到教益、获得启迪。

模范遵守基本道德规范。要自觉维护社会公德,始终恪守革命军人职业道德,积极践行家庭美德,着力锤炼个人品德,自觉做一个高尚的人、纯粹的人、脱离低级趣味的人、有益于人民的人。

坚持做好小事、管好小节。要从做好小事、管好小节开始起步,从自身严起、从现在做起,见善则迁,有过则改,踏踏实实做事,老老实实做人。

【复习思考题】

1. 培养"四有"新时代革命军人的重大意义?
2. 为什么说有血性是强军进程中官兵必备的精神特质?

典型例题

一、人民军队历史与光荣传统

1. 1927年9月,毛泽东领导的湘赣边界秋收起义部队在进军井冈山时,在江西省永新县进行了著名的_____,在部队中建立了党的各级组织。(单项选择)

A. 三湾改编　　　　　　　　B. 古田会议

C. 新式整军运动　　　　　D. 团结互助运动

【参考答案】A

2. 1935年1月,党中央召开_____,确立了毛泽东在党中央和红军中的领导地位,危急关头挽救了党、挽救了红军、挽救了中国革命。(单项选择)

A. 古田会议　　　　　　　B. 遵义会议
C. 瓦窑堡会议　　　　　　D. 七届二中全会

【参考答案】B

3. 90多年来人民军队为党和人民建立哪些伟大的历史功勋?(简答)

【参考答案】

(1) 这个伟大的历史功勋就是,英雄的人民军队,在党领导的22年武装革命斗争中,以无往不胜的英雄气概、坚韧不拔的革命毅力、灵活机动的战略战术、英勇顽强的战斗作风,克服了各种难以想象的艰难困苦,打败了国内外异常凶恶的敌人,夺取了土地革命战争、抗日战争、解放战争的伟大胜利,推翻了压在中国人民头上的三座大山,以鲜血和生命为建立人民当家作主的新中国奠定了牢固根基,彻底扭转了中华民族近代以来落后挨打的被动局面。

(2) 这个伟大的历史功勋就是,英雄的人民军队,积极投身社会主义革命和建设,全面履行保卫祖国、保卫人民和平劳动的职能,胜利进行抗美援朝战争和多次边境自卫作战,打出了国威军威,捍卫了祖国万里边疆和辽阔海空,为巩固新生人民政权、形成中国大国地位、维护中华民族尊严提供了坚强后盾。

(3) 这个伟大的历史功勋就是,英雄的人民军队,积极投身改革开放新的伟大革命,有力服务和保障国家改革发展稳定大局,依法履行香港、澳门防务职责,有效应对国家安全面临的各种威胁,坚决打击一切形式的分裂破坏活动,积极参与对外军事交流合作和联合国维和行动,为维护中国共产党领导和我国社会主义制度,为维护国家主权、安全、发展利益,为维护我国发展的重要战略机遇期,为维护地区和世界和平提供了强大力量支撑。

二、把人民军队全面建成世界一流军队

4. 新时代军队使命任务是,我军必须为_____。(多项选择)

A. 巩固中国共产党领导和我国社会主义制度提供战略支撑
B. 捍卫国家主权、统一、领土完整提供战略支撑
C. 拓展我国海外利益提供战略支撑
D. 促进世界和平与发展提供战略支撑

【参考答案】ABCD

5. 习近平强军思想的重大指导意义(简答)

【参考答案】

习近平强军思想,明确了新时代国防和军队建设一系列根本性方向性全局性的重大问题,是习近平新时代中国特色社会主义思想的"军事篇",是马克思主义军事理论中国化时代化的新飞跃,是党的军事指导理论的重大突破、重大创新、重大发展,为实现党在新时代的强军目标、把人民军队全面建成世界一流军队提供了科学指南和行动纲领,必须牢固确立强军思想在国防和军队建设中的指导地位。

三、坚持党对军队绝对领导

6. 为了实现党对军队的绝对领导,我们党在领导军队的长期实践中,逐步形成和确立了一系列制度。主要包括_____。(多项选择)

A. 军队的最高领导权和指挥权集中于党中央、中央军委,军委实行主席负责制
B. 党委统一的集体领导下的首长分工负责制
C. 支部建在连上
D. 实行党委制、政治委员制、政治机关制

【参考答案】ABCD

7. 军委主席负责制的含义包括哪些方面?(简答)

【参考答案】

军委主席负责制的含义主要包括三个方面:
一是全国武装力量由军委主席统一领导和指挥。
二是国防和军队建设一切重大问题由军委主席决策和决定。
三是中央军委全面工作由军委主席主持和负责。

8. 请你联系实际论述,作为革命战士,应该怎样才能做到坚决听从党中央、中央军委和习主席指挥?(论述)

【参考答案】

(1)坚决维护核心、听从指挥。历史告诉我们:要治理好我们这个大党、治理好我们这个大国,保证党的团结和集中统一至关重要,维护党中央权威至关重要。党的十八大以来,我国改革开放和社会主义现代化建设取得历史性成就,推动党和国家事业发生历史性变革,根本的是有习主席这个党的核心和军队统帅的坚强领导,有习近平新时代中国特色社会主义思想的科学指引。当前,世情国情党情军情深刻变化,世界正发生前所未有之大变局,进行伟大斗争、建设伟大工程、推进伟大事业、实现伟大梦想,比以往任何时候都更需要一个坚强的领导核心、需要习主席这个党的核心和军队统帅领航掌舵。我们要不断强化"四个意识",做到思想上坚定追随,政治上绝对忠诚,情感上真挚热爱,行动上紧紧跟上,任何时候任何情况下都坚决听从党中央、中央军委和习主席指挥,不折不扣贯彻落实党中央、中央军委和习主席决策指示,以有效履行使命的实际行动彰显忠诚担当。要坚决贯彻执行党的路线方针政策,始终站在党和人民的立场上,正确处理个人利益与国家利益、眼前利益与长远利益的关系,自觉在思想上政治上行动上同党中央、中央军委和习主席保持高度一致。

(2)坚决落实党中央、中央军委和习主席决策指示。对党绝对忠诚要害在"绝对"两个字,就是唯一的、彻底的、无条件的、不掺任何杂质的、没有任何水分的忠诚。在落实党中央、中央军委决策指示上打折扣、搞变通、打擦边球,不是贯彻力执行力的问题,实际上是听不听招呼、听不听指挥的问题,能不能自觉维护党中央、中央军委权威的问题。每名官兵必须坚持用这样的标准要求自己,坚决做到枪听我的话、我听党的话,革命军人心向党,党叫干啥就干啥,任何时候都对党忠诚老实,表里如一、知行统一,坚决反对"伪忠诚""亚忠诚",决不做政治上的"两面人"。

(3)坚决抵制错误观点的影响。长期以来,围绕坚持党对军队绝对领导这个根本政治原则问题的斗争和较量尖锐复杂,一些西方国家加紧对我国策动"颜色革命",加紧实施网上"文化冷战"和"政治转基因"工程,极力鼓吹"军队非党化、非政治化"和"军队国家化",妄图动摇党

对军队的绝对领导,对我军官兵拔根去魂,把军队从党的旗帜下拉出去。面对这些错误观点,我们必须坚守对党忠诚的政治立场,在大是大非面前分清良莠、明辨是非,在各种困难、诱惑、威胁面前经受考验,旗帜鲜明地维护党的形象,捍卫党的主张,坚决同各种错误言行作斗争。要严格遵守政治纪律"十不准"和军队党员"七个决不允许",立场坚定,严守规矩,坚决维护党的形象。要增强政治观念,遇事多想政治上的要求,办事多想政治上的规定,交往多想政治上的影响,把住政策底线,守住思想防线,确保任何时候、任何情况下政治不失分,行为不失范。要对敌对势力的渗透破坏保持高度警惕,不为谣言所惑,不为杂音所扰,不为蛊惑所动,坚决同各种错误思想言论作斗争,始终保持对党忠诚的政治立场和政治品格。

(4)坚决完成党赋予的各项任务。作为革命军人,要紧紧团结在各级党组织的周围,自觉接受党的教育,听从党的指挥,服从党的安排,把完成党交给的各项任务作为最大责任。平时,要坚决认真、雷厉风行地贯彻执行党中央、中央军委的决策指示,确保政令军令畅通。党让抢险救灾,就义无反顾,勇往直前;党让戍边守卡,就百倍警惕地站好岗、放好哨,守卫好祖国的每一寸疆海;党让在平凡岗位上工作,就甘当革命的螺丝钉,拧在哪里,就在哪里闪闪发光。战时,要强化军令如山意识,党指向哪里就打到哪里。让进攻,刀山火海也敢闯,像尖刀那样勇往直前;让坚守,山崩地裂不退却,像钢钉那样铆在阵地上,不惜一切代价坚决完成党赋予的战斗任务,自觉做一名听党指挥、爱党忠诚的好战士。

四、全心全意为人民服务是我军的根本宗旨

9. 1945年4月,_____在党的七大政治报告中明确指出:"紧紧地和中国人民站在一起,全心全意地为中国人民服务,就是这个军队的唯一的宗旨。"(单项选择)

A. 毛泽东 B. 周恩来
C. 朱德 D. 邓小平

【参考答案】A

10. 我军必须坚定地站在人民的立场上,把人民的利益看得高于一切,决定于_____与人民群众的血肉联系。(单项选择)

A. 严格的纪律 B. 我军的性质
C. 上下团结一致 D. 我军的条令条例

【参考答案】B

11. 如何把握坚持全心全意为人民服务宗旨的要求?(简答)

【参考答案】

(1)坚持全心全意为人民服务的宗旨,必须以为人民服务为己任,为人民扛枪,为人民打仗,决不能谋少数人或狭隘集团的私利,决不能为升官发财、出人头地捞好处。

(2)坚持全心全意为人民服务的宗旨,必须全心全意地为人民服务,决不能半心半意、三心二意,更不能假心假意,只要人民需要,即使献出生命也在所不惜;

(3)坚持全心全意为人民服务的宗旨,必须把人民的利益放在高于一切、重于一切的位置,以是否符合人民利益作为一切言论和行动的最高标准,自己的事再大也是小事,人民的事再小也是大事,自觉把个人的理想、前途和命运融入为人民服务的伟大事业。

五、打仗和准备打仗是军人的天职

12. 党的十九大报告指出,适应世界新军事革命发展趋势和国家安全需求,提高建设质量和效益,确保到二〇二〇年基本实现_____,_____建设取得重大进展,_____有大的提升。(单项选择)

  A. 现代化　信息化　战斗能力　　　B. 机械化　信息化　战斗能力
  C. 机械化　信息化　战略能力　　　D. 现代化　信息化　战略能力

【参考答案】C

13. 党的十九大报告指出,力争到二〇三五年_____国防和军队现代化,到本世纪中叶把人民军队_____世界一流军队。(单项选择)

  A. 全面实现　基本建成　　　B. 全面实现　全面建成
  C. 基本实现　基本建成　　　D. 基本实现　全面建成

【参考答案】D

14. 党的十九大报告指出,树立_____是核心战斗力的思想,推进重大技术创新、自主创新,加强军事人才培养体系建设,建设创新型人民军队。(单项选择)

  A. 创新　　　B. 科技　　　C. 人才　　　D. 技术

【参考答案】B

15. 新时代革命军人如何忠实履行战斗队的根本职能?(论述)

【参考答案】

(1)战场打不赢,一切等于零。能打胜仗是军队履行职能使命的根本要求,反映了军队建设的根本指向。牢固树立战斗力这个唯一的根本的标准。坚持战斗力这个唯一的根本的标准,就是要把提高战斗力作为各项建设的出发点和落脚点,一切工作和建设都围绕能打胜仗来展开,切实把战斗力标准在部队建设的全过程和各领域中立起来、落下去。要按照习主席的指示要求,紧紧扭住能打仗、打胜仗这个强军之要,把全部心思向打仗聚焦,各项工作向打仗用劲,把战斗力标准在军事、政治、后勤、装备等各项工作中确立起来,用战斗力标准牵引带动部队建设、检验评价工作成效,使部队建设朝着强军打赢去推动和落实。

(2)提高军事训练实战化水平。战场上的胜利从来都不是轻而易举、唾手可得的,都是以战前严格训练、流血流汗为代价换来的。打仗是硬碰硬,训练必须实打实。要进一步端正训风演风考风,坚持仗怎么打兵就怎么练,打仗需要什么就苦练什么,部队最缺什么就专攻精练什么,紧贴作战任务、作战对手搞好使命课题训练,加强检验性、对抗性训练,在近似实战的环境下摔打锻炼部队,切实提高军事训练实战化水平。

(3)提高信息化条件下威慑和实战能力。能打胜仗,说到底是要打赢信息化战争。信息化条件下,现代战争的制胜机理发生了深刻变化,对军队的打仗能力也提出了许多新要求。必须紧跟时代发展潮流,把信息化作为现代化建设的发展方向,全面提高信息化条件下威慑和实战能力。要推动信息化建设加速发展,充分发挥军事信息系统的基础支撑作用;把信息资源开发利用摆在更加突出的位置;加强信息化主战武器装备系统建设;着眼提高基于信息系统的体系作战能力。

(4)扎实有效抓好军事斗争准备。要有效履行战斗队职能,必须坚持军事斗争准备龙头地位不动摇、扭住核心军事能力建设不放松,努力把军事斗争准备提高到一个新水平。

六、培养有灵魂有本事有血性有品德的新时代革命军人

16. 有灵魂,是强军兴军进程中我军官兵应当具备的理想抱负,是对新时代革命军人的政治要求。核心要义是_____。(单项选择)

A. 情趣高尚、品行端正　　　　B. 信念坚定、听党指挥
C. 英勇顽强、无私无畏　　　　D. 素质过硬、能打胜仗

【参考答案】B

17. 有品德,是强军进程中官兵应当具备的道德情操,是对新时代革命军人的道德要求。核心要义是_____。(单项选择)

A. 情趣高尚、品行端正　　　　B. 信念坚定、听党指挥
C. 英勇顽强、无私无畏　　　　D. 素质过硬、能打胜仗

【参考答案】A

18. 为什么说有血性是强军兴军进程中我军官兵必备的精神特质?(简答)

【参考答案】

(1) 有血性,是强军兴军进程中我军官兵应当具备的精神特质,是对新时代革命军人的精气神要求。核心要义是习主席强调的英勇顽强、不怕牺牲。就是要胸怀不辱使命的强烈担当,保持坚忍不拔的顽强意志,坚定不畏强敌的必胜信念,发扬视死如归的献身精神。

(2) 有血性是我军战胜强大敌人的制胜密码,我军素以有强大的战斗精神闻名于世,这是我军的重要法宝和特有优势。

(3) 有血性是打赢信息化战争的精神利刃,信息化战争战局态势瞬息万变、火力打击精确猛烈,要求官兵必须临阵不乱、临危不惧,才能始终保持高昂士气和良好状态。

(4) 有血性是战胜强军进程中困难挑战的动力引擎,实现党在新形势下的强军目标,必须具备改革创新的锐气和攻坚克难的勇气。

(5) 有血性是彰显革命军人意志的形象标识,英勇顽强、不怕牺牲的血性是我军官兵用鲜血和生命浇铸的不朽品牌,也是人民群众评判合格革命军人的特有标准。

第七单元 强化训练

马克思主义哲学常识

一、选择题

1. "世界的真正统一性就在于它的物质性。"可见,哲学上物质的概念是指_____。
   A. 宇宙间存在的各种具体物质形态 B. 无法被人的意识感知的客观实在
   C. 人们能够看得见、摸得着的东西 D. 在意识之外客观存在的客观实在

【参考答案】D

2. "意识一开始就是社会的产物,而且只要人们还存在着,它就仍然是这种产物。"对马克思的这句话理解正确的是_____。
   A. 有人存在就一定会有意识 B. 意识是在社会实践过程中形成的
   C. 脱离了社会也可以形成意识 D. 意识是自然界发展的产物

【参考答案】B

3. 恩格斯盛赞意识是"地球上最美的花朵"。关于"意识的起源"的准确表述是_____。
   A. 意识是物质世界发展到一定阶段的产物
   B. 意识只是人脑的机能和属性
   C. 意识的形式是主观的,而内容是客观的
   D. 意识是客观存在的主观映象

【参考答案】A

4. 毛泽东指出:"世界上就是这样一个辩证法:又动又不动。净是不动没有,净是动也没有。"这告诉我们_____。
   A. 世界上的一切事物都是绝对运动的
   B. 世界上的事物具有相对静止性
   C. 世界上的一切事物都是绝对运动和相对静止的统一
   D. 物质和运动是不可分的

【参考答案】C

5. 没有运动的物质和没有物质的运动一样,是不可想象的。对此理解不正确的是_____。
   A. 运动是物质的运动,物质是运动的固有属性和存在方式

B. 运动是物质的运动,物质是运动的承担者

C. 物质离不开运动,运动也离不开物质,物质和运动密不可分

D. 物质的运动是绝对的、永恒的、无条件的

【参考答案】A

6. 在庆祝中国共产党成立95周年大会上,习近平同志引用了毛泽东同志"进京赶考"的名言,强调"这场考试还没有结束,还在继续。今天,我们党团结带领人民所做的一切工作,就是这场考试的继续"。"这场考试还没有结束"说明_____。

① 运动是物质的存在方式

② 世界上一切事物都处于运动变化中

③ 运动是物质的运动,物质是运动的载体

④ 世界上没有静止的事物

A. ①④　　　　B. ②③　　　　C. ①②　　　　D. ②④

【参考答案】C

7. "树上结西瓜"原是讽刺一些人不懂农业生产而异想天开,如今却在河北省新乐市邯邨镇变成了现实。当地瓜农试验搭架,使西瓜吊在空中,由于四面透气,成熟期提前了5—8天,瓜形好,甜度也增加了不少。这表明_____。

A. 人们在自然面前是无所不能的

B. 科学技术是战胜自然规律的唯一因素

C. 规律是客观的,人们可以创造和改变规律

D. 人们可以认识和利用规律,造福人类

【参考答案】D

8. "别说村干部权力小,大权不比市长少。"村干部虽处在治理的"神经末梢",却管理着国家惠农物资的发放、拆迁、补偿工作等,村干部可"插手"的机会不少,若对村干部监管不到位,很容易滋生腐败。这说明_____。

① 量变总会引起质变,要防止小官巨贪

② 质变是量变的必然结果,要防止积小贪成巨贪

③ 联系是事物变化发展的条件,要加强监管

④ 量变到质变的过程就是发展,要防微杜渐

A. ①③　　　　B. ①④　　　　C. ②③　　　　D. ②④

【参考答案】C

9. 毛泽东在《党委会的工作方法》中指出:"一个人的工作,究竟是三分成绩七分错误,还是七分成绩三分错误,必须有个根本的估计。如果是七分成绩,那么就应该对他的工作基本上加以肯定。把成绩为主说成错误为主,那就完全错了。"从唯物辩证法看,这里强调的是_____。

① 事物的性质是由主要矛盾的主要方面决定的

② 无视矛盾的次要方面就不能正确认识矛盾

③ 矛盾的主要方面与次要方面既相互依赖又相互转化

④ 在认识矛盾时须着重把握矛盾的主要方面

A. ①③　　　　B. ①④　　　　C. ②③　　　　D. ②④

【参考答案】B

10. 文化部发文要求:营造鼓励创新、宽容失败的文化创造环境,支持企业和个人加强产品研发和内容原创,推动文化内容、形式、手段创新。其中鼓励创新、宽容失败的哲学依据是_____。

A. 新事物取代旧事物的过程不可能一帆风顺
B. 发展的实质是事物的前进和上升,是新事物的产生和旧事物的灭亡
C. 新事物具有旧事物所不可比拟的优越性
D. 鼓励和宽容可以为创新和失败提供精神动力

【参考答案】A

11. 创客圈里有句名言:再好的创意如果不能转化成现实产品,那也是垃圾。这种说法_____。

A. 否定了意识活动的能动性　　B. 忽视了人类思维的创造性
C. 强调了实践的直接现实性　　D. 突出了运动的客观规律性

【参考答案】C

12. 自1986年起,中国的反贫困战役一直在"攻坚",政策几经调整:从"救济式扶贫"到"开发式扶贫";从"区域性扶贫"到"瞄准贫困县""整村推进",再到"扶贫入户"……。现在,党和政府提出"精准扶贫"。这种政策变化体现了认识是_____。

① 一个由浅入深的发展过程
② 随着历史条件变化而具有不确定性
③ 在实践的基础上主体对客体的能动反映
④ 一种无止境的循环往复运动

A. ①②　　　　B. ③④　　　　C. ①③　　　　D. ②④

【参考答案】C

13. 在生产力和生产关系的矛盾中_____。

A. 生产关系是矛盾的主要方面,起着主要的决定作用
B. 生产力是矛盾的主要方面,起着主要的决定作用
C. 生产力和生产关系地位相等
D. 先进的生产关系决定生产力的发展

【参考答案】B

14. 十一届三中全会以来,由于党的路线、方针、政策的正确,促进了我国经济的迅速发展,这说明_____。

A. 上层建筑对经济基础有能动的反作用
B. 上层建筑的进步可以决定经济基础发展的根本方向
C. 经济基础发展的总趋势是由上层建筑决定的
D. 经济发展的规律是可以改变的

【参考答案】A

15. 阶级斗争是阶级社会发展的_____。

A. 根本动力　　B. 唯一动力　　C. 辅助力量　　D. 直接动力

【参考答案】D

二、简答题

16. 什么是矛盾的普遍性？矛盾普遍性表现在哪些方面？

【参考答案】

（1）矛盾的普遍性，或称共性，是指矛盾是一切事物的共同本质。

（2）它表现在两个方面：一方面，矛盾无处不在。俗话说，"天有阴晴""月有圆缺""人有祸福""事有成败"。这里的阴与晴、圆与缺、祸与福、成与败都是对立统一的关系，因而都是矛盾。世界上没有无矛盾的事物，可以说没有矛盾就没有世界。另一方面，矛盾无时不有。事物一刻也不会停止运动和变化，它自身时时都充满着矛盾，旧的矛盾解决了，新的矛盾也就同时产生，开始新的矛盾运动。

（3）总之，矛盾存在于一切事物之中，并且贯穿于事物发展过程的始终，处处有矛盾，时时有矛盾，这是一切事物的共同本质。

17. 人的社会实践具有哪些特点？

【参考答案】

（1）直接现实性。实践活动本身是客观现实因素相互作用的结果，实践能把主体的预期目的变成直接的现实。

（2）自觉能动性。实践是人类在一定的需要引发下，怀着一定的目的，按照一定的计划对客体的主动干预。

（3）社会性。实践本质上不是单个人的孤立活动，而是处于一定社会关系中的人们的集体活动，它受到社会关系的调节和制约。

（4）历史性。实践总是一定历史阶段上的实践，受到历史的制约并随着历史条件的变化而变化，因此实践是不断发展着的社会历史活动。

18. 人民群众创造历史伟大作用的主要表现？

【参考答案】

（1）人民群众是社会物质财富和精神财富的创造者。人民群众作为劳动者是生产力的主导要素。人民群众自身素质的提高和其所创造的生产工具推动着生产力的发展，给社会基本矛盾运动注入了原动力，也就给社会发展注入了原动力。

（2）人民群众是解决社会基本矛盾的基本力量。人民群众的普通愿望和要求为社会基本矛盾的解决指明了一定方向，并以"公意"调节着领导人的决策活动，形成群众引导领袖、领袖领导群众的机制。

（3）人民群众还是以社会革命形式解决社会基本矛盾的主力军。无论是社会基本矛盾的产生、运动，还是社会基本矛盾的解决，人民群众都是基本主导力量。

三、阅读材料题

19. "十三五"时期，我国发展的环境、条件、任务、要求等都发生了新变化。认识新常态、适应新常态、引领新常态，保持经济社会持续健康发展，必须有新理念、新思路、新举措。发展理念是发展行动的先导，是发展思路、发展方向、发展着力点的集中体现。要认真总结经验、深入分析问题，把发展理念梳理好、讲清楚，以发展理念转变引领发展方式的转变，以发展方式转变推动发展质量和效益的提升，为"十三五"时期我国经济社会发展指好道、领好航。运用物质和意识辩证关系的知识分析上述材料。

【参考答案】

（1）物质决定意识要求我们一切从实际出发，实事求是。"十三五"时期，我国发展的环境、条件等都发生了新的变化，因此必须从实际出发，具体研究和梳理发展的理念。

（2）意识具有能动作用，能够指导人们能动地认识世界和改造世界。认真梳理发展理念和思路，有利于进一步推动发展方式转变，为"十三五"时期我国经济社会发展指好道、领好航。

20. 面对世界经济深度调整、复苏乏力，国内经济增速换挡、结构调整阵痛、经济下行压力加大的状况，2015年11月召开的中央财经领导小组第十一次会议提出供给侧结构性改革的概念，要求从供给、生产端入手解放和发展生产力；12月召开的中央经济工作会议把推进供给侧结构性改革作为2016年的重要任务。2016年12月召开的中央经济工作会议又提出，2017年要继续深化供给侧结构性改革，并部署推进农业供给侧结构性改革、着力振兴实体经济、促进房地产市场平稳健康发展，为供给侧结构性改革注入了新的内涵。运用运动和静止的关系原理，分析我国不断推进供给侧结构性改革的正确性。

【参考答案】

（1）物质世界是绝对运动和相对静止的统一，运动是无条件的、永恒的和绝对的，静止是有条件的、暂时的和相对的。

（2）适应经济发展新常态的要求，持续推进供给侧结构性改革，并根据经济形势的变化适时调整具体任务，及时增添新的内涵，既保持了决策的相对稳定性，又能与时俱进，因时而变，正确处理了运动和静止的关系。

21. 在人类活动和气候变暖的共同影响下，宁夏、甘肃、内蒙古等北方地区，一度面临"沙进人退"的严峻形势，人们在沙漠中打井取水，井越打越深，水从淡水变成咸水，最后井都荒废了，人们的生产生活受到严重影响。我们在与自然相处的过程中越来越了解沙漠，尝到了教训，学到了经验，理念、政策和做法发生了转变。今天，我们尊重自然，顺应自然，保护自然，一条生态恢复、生产发展、生活改善的"治沙"道路，正越走越宽广。从"沙进人退"到"治沙"，事实进一步说明人要命令自然就必须改变自己并服从自然。运用规律的有关知识，分析这一观点。

【参考答案】

（1）辩证唯物论认为，规律是事物运动过程中固有的本质的、必然的、稳定的联系。规律是客观的，我们必须尊重规律，按客观规律办事。

（2）规律的客观性并不表示人在规律面前是无能为力的，人有主观能动性，可以认识和利用规律为人类造福。

（3）我们"改造自然"就必须认识自然规律，按自然规律办事。否则，必将受到自然规律的惩罚。

（4）该观点反映了要改造客观世界，就必须把发挥主观能动性和尊重客观规律结合起来。

22. 据医学史料记载，17世纪20年代，英国有个医生给一位生命垂危的青年输羊血，奇迹般地挽救了该青年的生命。其他医生纷纷效仿，结果造成了大量受血者死亡，输血医疗手段便被禁止使用。19世纪80年代，北美洲医生给一位濒临死亡的产妇输人血，产妇起死回生。医学界再次掀起输血医疗热，却带来惊人的死亡率。直到1901年维也纳医生莱因茨坦发现了人体的血型系统，才打开了科学输血的大门。上述材料是怎样体现"实践是认识的基础"这个道理的？

【参考答案】

（1）第一次输羊血成功，从而发现输血可以救治病人，说明实践是认识的来源。

（2）从输羊血到输人血直到终于解决输血问题，表明实践是认识发展的动力。

（3）输羊血的成功和大量受血者死亡和输人血的再次成功及又一次输血医疗热带来的惊人死亡率，直到最终因发现血型系统而使输血问题得以成功解决，说明实践是检验认识的真理性的唯一标准。

（4）为救人而输血，并探寻输血失败的原因，直至发现人体的血型系统，从而最终解决输血问题，说明实践是认识的目的。

政治常识

一、选择题

1. 党的十八大以来,我们统筹推进"＿＿＿＿"总体布局、协调推进"＿＿＿＿"战略布局,"十二五"规划胜利完成,"十三五"规划顺利实施,党和国家事业全面开创新局面。

  A. 五位一体 四个全面   B. 四位一体 五个全面

  C. 五个全面 四位一体   D. 四个全面 五位一体

【参考答案】A

2. 党的十八大以来,我国经济保持中高速增长,在世界主要国家中名列前茅,国内生产总值从五十四万亿元增长到＿＿＿＿多万亿元,稳居世界第二,对世界经济增长贡献率超过百分之三十。

  A. 六十   B. 七十   C. 八十   D. 九十

【参考答案】C

3. 党的十八大以来,脱贫攻坚战取得决定性进展,＿＿＿＿贫困人口稳定脱贫,贫困发生率从百分之十点二下降到百分之四以下。

  A. 六千多万 B. 七千多万 C. 八千多万 D. 九千多万

【参考答案】A

4. 党的十八大以来,我们党坚持反腐败无禁区、全覆盖、零容忍,坚定不移"打虎"、"拍蝇"、"猎狐",＿＿＿＿的目标初步实现,＿＿＿＿的笼子越扎越牢,＿＿＿＿的堤坝正在构筑,反腐败斗争压倒性态势已经形成并巩固发展。

  A. 不敢腐 不能腐 不想腐   B. 不能贪 不敢贪 不想贪

  C. 不想捞 不敢捞 不能捞   D. 不敢腐 不想捞 不能贪

【参考答案】A

5. 中国共产党第十九次全国代表大会,是在全面建成小康社会决胜阶段、中国特色社会主义进入＿＿＿＿的关键时期召开的一次十分重要的大会。

  A. 新时期   B. 新阶段

  C. 新征程   D. 新时代

【参考答案】D

6. 十九大的主题是:不忘初心,＿＿＿＿,高举中国特色社会主义伟大旗帜,决胜全面建成小康社会,夺取新时代中国特色社会主义伟大胜利,为实现中华民族伟大复兴的中国梦不懈奋斗。

  A. 继续前进   B. 牢记使命

  C. 方得始终   D. 砥砺前行

【参考答案】B

7. 习近平新时代中国特色社会主义思想,明确坚持和发展中国特色社会主义,总任务是实现社会主义现代化和中华民族伟大复兴,在全面建成小康社会的基础上,分_____在本世纪中叶建成富强民主文明和谐美丽的社会主义现代化强国。

  A. 两步走   B. 三步走   C. 四步走   D. 五步走

【参考答案】A

8. 中国特色社会主义进入新时代,我国社会主要矛盾已经转化为人民日益增长的_____需要和_____的发展之间的矛盾。

  A. 物质文化 不充分不平衡   B. 幸福生活 落后的社会生产

  C. 幸福生活 不充分不平衡   D. 美好生活 不平衡不充分

【参考答案】D

9. 党的十九大报告指出,从现在到二〇二〇年,是全面建成小康社会_____。

  A. 决战期   B. 决胜期   C. 关键期   D. 攻坚期

【参考答案】B

10. 党的十九大报告指出,综合分析国际国内形势和我国发展条件,从二〇二〇年到本世纪中叶可以分两个阶段来安排。第一个阶段,从_____到_____,在全面建成小康社会的基础上,再奋斗十五年,基本实现社会主义现代化。

  A. 二〇二〇年 二〇三五年   B. 二〇二五年 二〇四〇年

  C. 二〇三〇年 二〇四五年   D. 二〇三五年 本世纪中叶

【参考答案】A

11. 党的十九大报告指出,综合分析国际国内形势和我国发展条件,从二〇二〇年到本世纪中叶可以分两个阶段来安排。第二个阶段,从_____到_____,在基本实现现代化的基础上,再奋斗十五年,把我国建成富强民主文明和谐美丽的社会主义现代化强国。

  A. 二〇二〇年 二〇三五年   B. 二〇三五年 二〇五〇年

  C. 二〇三〇年 二〇四五年   D. 二〇三五年 本世纪中叶

【参考答案】D

12. 党的十九大报告指出,必须认识到,我国社会主要矛盾的变化,没有改变我们对我国社会主义所处历史阶段的判断,我国仍处于并将长期处于_____的基本国情没有变,我国是世界最大发展中国家的国际地位没有变。

  A. 社会主义阶段   B. 社会主义初级阶段

  C. 社会主义中级阶段   D. 社会主义高级阶段

【参考答案】B

13. _____是实现社会主义现代化、创造人民美好生活的必由之路。

  A. 中国特色社会主义道路   B. 中国特色社会主义理论体系

  C. 中国特色社会主义制度   D. 中国特色社会主义文化

【参考答案】A

14. _____是指导党和人民实现中华民族伟大复兴的正确理论。

  A. 中国特色社会主义道路   B. 中国特色社会主义理论体系

  C. 中国特色社会主义制度   D. 中国特色社会主义文化

【参考答案】B

15. _____是当代中国发展进步的根本制度保障。
   A. 中国特色社会主义道路　　　　B. 中国特色社会主义理论体系
   C. 中国特色社会主义制度　　　　D. 中国特色社会主义文化
   【参考答案】C

16. _____是激励全党全国各族人民奋勇前进的强大精神力量。
   A. 中国特色社会主义道路　　　　B. 中国特色社会主义理论体系
   C. 中国特色社会主义制度　　　　D. 中国特色社会主义文化
   【参考答案】D

17. 民主首先是指一种_____。
   A. 意识形态　　B. 文化传统　　C. 国家制度　　D. 社会制度
   【参考答案】C

18. 国家的性质是由_____决定的。
   A. 生产力的发展水平
   B. 一定的社会经济基础和与之相应的阶级关系性质
   C. 一定的社会上层建筑和与之相应的意识形态
   D. 综合国力
   【参考答案】B

19. 坚持党的领导、人民当家作主、依法治国有机统一。_____是社会主义民主政治的本质特征。
   A. 党的领导　　　　　　　　　　B. 人民当家作主
   C. 依法治国　　　　　　　　　　D. 政治体制改革
   【参考答案】B

20. 加强人民当家作主制度保障。_____是坚持党的领导、人民当家作主、依法治国有机统一的根本政治制度安排。
   A. 人民代表大会制度　　　　　　B. 多党合作和政治协商制度
   C. 民族区域自治制度　　　　　　D. 基层群众自治制度
   【参考答案】A

21. _____是中国特色社会主义的本质要求和重要保障。
   A. 全面依法治国　　　　　　　　B. 全面从严治党
   C. 全面发展经济　　　　　　　　D. 全面可持续发展
   【参考答案】A

22. _____是一个国家、一个民族发展中更基本、更深沉、更持久的力量。
   A. 道路自信　　　　　　　　　　B. 理论自信
   C. 制度自信　　　　　　　　　　D. 文化自信
   【参考答案】D

23. _____是社会主义核心价值体系的主题。
   A. 中国特色社会主义共同理想　　B. 民族精神和时代精神
   C. 社会主义荣辱观　　　　　　　D. 爱国主义精神
   【参考答案】A

24. 社会主义核心价值观倡导的自由、平等、公正、法治,明确了_____层面的价值准则。
A. 国家 B. 社会 C. 集体 D. 公民个人
【参考答案】B

25. 国家安全是安邦定国的重要基石,_____是全国各族人民根本利益所在。
A. 加快经济发展 B. 扩大对外开放
C. 促进国际合作 D. 维护国家安全
【参考答案】D

26. 我们要牢固树立社会主义生态文明观,推动形成_____现代化建设新格局,为保护生态环境作出我们这代人的努力!
A. 人与人和谐共处 B. 人与社会和谐发展
C. 人与自然和谐发展 D. 人与环境良性循环
【参考答案】C

27. 我们要建设的现代化是人与自然_____的现代化。
A. 和谐相处 B. 和睦相处 C. 和谐共生 D. 友好相处
【参考答案】C

28. 我们呼吁,各国人民同心协力,构建人类命运共同体,建设持久和平、普遍安全、共同繁荣、开放包容、_____的世界。
A. 公平正义 B. 团结友好 C. 清洁美丽 D. 合作共赢
【参考答案】C

29. 深刻认识党面临的精神懈怠危险、能力不足危险、脱离群众危险、_____的尖锐性和严峻性,坚持问题导向,保持战略定力,推动全面从严治党向纵深发展。
A. 消极腐败危险 B. 享乐主义危险
C. 官僚主义危险 D. 形式主义危险
【参考答案】A

30. 坚决防止和反对个人主义、分散主义、自由主义、本位主义、_____,坚决防止和反对宗派主义、圈子文化、码头文化,坚决反对搞两面派、做两面人。
A. 宗派主义 B. 形式主义
C. 好人主义 D. 享乐主义
【参考答案】C

31. 共产主义远大理想和_____,是中国共产党人的精神支柱和政治灵魂,也是保持党的团结统一的思想基础。
A. 社会主义共同理想 B. 中国特色社会主义共同理想
C. 共同富裕理想 D. 小康社会理想
【参考答案】B

32. 要坚持党管干部原则,坚持德才兼备、以德为先,坚持五湖四海、任人唯贤,坚持事业为上、_____,把好干部标准落到实处。
A. 立场坚定 B. 团结友善
C. 素质过硬 D. 公道正派
【参考答案】D

33. 要以提升_____为重点,突出政治功能,把企业、农村、机关、学校、科研院所、街道社区、社会组织等基层党组织建设成为宣传党的主张、贯彻党的决定、领导基层治理、团结动员群众、推动改革发展的坚强战斗堡垒。

　　A. 凝聚力　　　B. 领导力　　　C. 组织力　　　D. 战斗力

【参考答案】C

34. 要坚持无禁区、全覆盖、零容忍,坚持_____,坚持受贿行贿一起查,坚决防止党内形成利益集团。

　　A. 重预防、强高压、长震慑　　　　B. 重遏制、强高压、长震慑
　　C. 重遏制、不减压、长震慑　　　　D. 重预防、强高压、长威慑

【参考答案】B

35. 增强党自我净化能力,根本靠强化党的自我监督和_____。

　　A. 舆论监督　　　　　　　　　　　B. 群众监督
　　C. 司法监督　　　　　　　　　　　D. 民主监督

【参考答案】B

36. 推进_____,建设覆盖纪检监察系统的检举举报平台。强化不敢腐的震慑,扎牢不能腐的笼子,增强不想腐的自觉,通过不懈努力换来海晏河清、朗朗乾坤。

　　A. 监察领域国家立法　　　　　　　B. 预防腐败国家立法
　　C. 反腐败国家立法　　　　　　　　D. 廉政国家立法

【参考答案】C

二、简答题

37. 全面深化改革的总目标是什么?

【参考答案】

习近平新时代中国特色社会主义思想明确,全面深化改革的总目标是完善和发展中国特色社会主义制度、推进国家治理体系和治理能力现代化。

38. 中国特色社会主义政治发展道路的内涵是什么?

【参考答案】

(1)中国特色社会主义政治发展道路,就是高举人民民主旗帜,从中国国情出发,坚持党的领导、人民当家作主、依法治国的有机统一,以保障人民当家作主为根本,以增强党和国家活力、调动人民积极性为目标,不断推动社会主义政治制度的自我完善和发展。

(2)中国特色社会主义政治发展道路,是中国共产党领导中国人民把马克思主义基本原理同中国具体国情相结合、经过长期探索实践逐步开辟和形成的,是中国近现代100多年历史发展的必然结果,是中国改革开放40多年历史性巨变的必然结果,是中国人民掌握自己的前途和命运、共同团结奋斗、共同繁荣发展的必然结果。

(3)中国特色社会主义政治发展道路,是中国特色社会主义道路的重要组成部分,是唯一能够为国家富强、民族振兴、人民幸福提供根本政治保证的正确道路。

39. 培育和践行社会主义核心价值观的主要任务有哪些?

【参考答案】

(1)充分发挥社会主义核心价值观的引领作用。

(2)充分发挥中华优秀传统文化的滋养作用。中华优秀传统文化是中华民族的精神命脉,是涵养社会主义核心价值观的重要源泉。要坚持创造性转化、创新性发展,要坚持古为今用、推陈出新,不忘本来、辩证取舍,要充分运用传统文化中的道德教化资源。

(3)充分发挥法律和政策的保障作用。

(4)充分发挥党员干部的示范作用。

(5)充分发挥家庭的基础作用。

40. 构建人类命运共同体思想的时代背景是什么?

【参考答案】

(1)和平、发展、合作、共赢成为时代潮流。当今世界充满希望,也充满挑战。各国相互联系和依存日益加深,形成了你中有我、我中有你的命运共同体。没有哪个国家能够独自应对人类面对的各种挑战,也没有哪个国家能够退回到自我封闭的孤岛,没有哪个国家能够独自应对当前人类面临的各种挑战。世界各国需要以负责任的精神同舟共济,共同维护和促进世界和平与发展。

(2)世界依然面临诸多难题和挑战。当今世界,人类面临诸多难题和挑战,国际金融危机影响深远,地区热点此起彼伏,局部动荡此起彼伏,霸权主义、强权政治和新干涉主义有所上升,网络安全、恐怖主义等非传统安全和全球挑战不断增多。国际社会迫切需要新的全球治理理念,构建新的公正合理的国际体系和秩序,开辟人类美好的发展前景。

(3)中国是维护世界和平推动发展的重要力量。随着我国综合国力不断增强,中国的治理理念和实践受到高度赞赏和广泛认同,国际影响力、感召力、塑造力进一步提高。中国有信心有能力为世界的和平与发展作出更大贡献。中国将高举和平、发展、合作、共赢的旗帜,与世界各国友好合作,共同推动建设相互尊重、公平正义、合作共赢的新型国际关系,构建人类命运共同体。

41. 为什么要坚持走和平发展道路?

【参考答案】

(1)坚持走和平发展道路,是中国根据时代发展潮流和国家根本利益作出的战略抉择。实现中华民族伟大复兴的中国梦的奋斗目标,必须有和平国际环境。没有和平,中国和世界都不可能顺利发展;没有发展,中国和世界也不可能有持久和平。只有坚持走和平发展道路,只有同世界各国一道维护世界和平,中国才能实现自己的目标,才能为世界作出更大贡献。

(2)中国走和平发展道路,不是权宜之计,更不是外交辞令,而是从历史、现实、未来的客观判断中得出的结论,是思想自信和实践自觉的有机统一。中国走和平发展道路的自信和自觉,来源于中华文明的深厚渊源,来源于对实现中国发展目标条件的认知,来源于对世界发展大势的把握。

(3)世界繁荣稳定是中国的机遇,中国发展也是世界的机遇。走和平发展道路,对中国有利,对亚洲有利,对世界也有利。中国坚持走和平发展道路,既积极争取和平的国际环境发展自己,又以自身发展促进世界和平;既让中国更好利用世界的机遇,又让世界更好分享中国的机遇,促进中国和世界各国良性互动、互利共赢。

42. 为什么要坚持全面从严治党?

【参考答案】

(1)实现党的历史使命,必须坚持全面从严治党。我们党从诞生那一天起,就义无反顾担当起为中国人民谋幸福、为中华民族谋复兴的历史使命。我们党团结带领全国各族人民,取得一个又一个胜利,创造一个又一个奇迹。针对党员干部队伍中出现的一系列严重问题,全面加强党的领导和党的建设,坚决改变管党治党宽松软状况,形成了反腐败斗争的压倒性态势,巩固了党的执政基础。实践证明,实现党的历史使命,党必须始终坚强有力,全面从严治党永远在路上。

（2）党要紧跟时代前进步伐,必须坚持全面从严治党。面对我们党执政环境的深刻变化,面对党风廉政建设和反腐败斗争的继续深化,我们党的领导核心作用与推进国家治理体系和治理能力现代化的关系更加密切,党要管党、全面从严治党的任务越来越艰巨繁重,这些都要求我们坚持问题导向、保持战略定力,推动全面从严治党向纵深发展。

（3）解决党内深层次矛盾和问题,必须坚持全面从严治党。随着社会主义市场经济深入发展和对外开放不断扩大,党执政的条件和环境发生深刻变化。必须看到,全面从严治党只是开了一个好局,巩固、深化、提高的工作任重道远,解决党内深层次矛盾和问题需要持续努力。全党同志务必保持清醒头脑,增强忧患意识,坚定不移全面从严治党,不断提高党的创造力、凝聚力、战斗力,使我们党永远立于不败之地。

43. 为什么说全面从严治党永远在路上？

【参考答案】

（1）这是由全面从严治党在党和国家事业发展中的根本性作用决定的。打铁还需自身硬。办好中国的事情,关键在党,关键在党要管党、全面从严治党。全面从严治党是党的建设的重要组成部分,是坚持党的领导、实现党的历史使命的根本保障,不仅关系党的前途命运,而且关系国家和民族的前途命运。只有进一步把党建设好,确保我们党永葆旺盛生命力和强大战斗力,我们党才能团结带领人民有效应对重大挑战、抵御重大风险、克服重大阻力、解决重大矛盾,不断从胜利走向新的胜利。

（2）这是深入解决党内突出矛盾和问题的需要。党面临的执政环境是复杂的,影响党的先进性、弱化党的纯洁性的因素也是复杂的,党内存在的思想不纯、组织不纯、作风不纯等突出问题尚未得到根本解决。全面从严治党依然任重道远,必须始终坚持问题导向,保持战略定力,推动全面从严治党向纵深发展,不断从思想上、政治上、组织上、作风上、制度上防范和解决党内存在的各种矛盾和问题。

（3）这是有效应对"四大考验"和"四种危险"的必然选择。当前,党面临的各种环境发生重大而深刻的变化,党员队伍也发生很大的变化,这给党的发展带来了机遇和挑战。互联网等现代信息技术迅猛发展,对党的领导能力和治理水平提出更高要求。党面临的执政考验、改革开放考验、市场经济考验、外部环境考验依然是长期的、复杂的,精神懈怠危险、能力不足危险、脱离群众危险、消极腐败危险更加尖锐地严峻地摆在全党面前。我们要有效应对"四大考验"和"四种危险",不断提高党自我净化、自我完善、自我革新、自我提高的能力,就必须坚持不懈抓好党的建设,不断把全面从严治党引向深入。

三、判断题

44. 社会主义初级阶段理论的提出,解决了建设中国特色社会主义的首要问题。

【参考答案】

（1）这个观点是正确的。

（2）马克思主义认为,正确认识国情,正确判断社会发展所处的阶段以及这一阶段的经济、政治、文化和社会特点,是革命和建设首先要解决的问题。能否正确认识我国的国情和我国社会现在所处的历史阶段,直接关系到党所领导的社会主义事业的成败。

（3）党的十一届三中全会以后,我们党依据实事求是、一切从实际出发的思想路线,科学地分析和概括了现阶段我国的国情特点,作出我国正处在社会主义初级阶段的科学论断,正确地阐明了社会主义初级阶段我国的社会性质、发展程度、基本特征、主要矛盾、根本任务和基本路线,从而解决了建设中国特色社会主义的首要问题。

45．坚持党对一切工作的领导,同坚持党的民主集中制原则是一致的。

【参考答案】

(1)这个观点是正确的。

(2)我们党实行的民主集中制,是民主基础上的集中和集中指导下的民主相结合的制度,既要充分发扬民主,又要善于集中。一方面,党的重大决策都要严格按照程序办事,充分发扬民主,广泛听取意见和建议,做到兼听善听、防止偏听偏信,做到科学决策、民主决策、依法决策。另一方面,在充分发扬民主的基础上,要有正确的集中,党中央从全局出发、集中各方面智慧作出的决定,各地各部门都要坚决贯彻执行,不允许任何人讨价还价。要充分发挥各地方各部门的积极性、主动性、创造性,但决不允许自行其是、各自为政,决不允许有令不行、有禁不止,决不允许搞上有政策、下有对策。

四、论述题

46. 如何理解伟大斗争、伟大工程、伟大事业、伟大梦想,紧密联系、相互贯通、相互作用？

【参考答案】

(1)伟大斗争、伟大工程、伟大事业、伟大梦想是一个紧密联系、相互贯通、相互作用、有机统一的整体,统一于新时代坚持和发展中国特色社会主义伟大实践。伟大梦想是目标,指引前进方向；伟大斗争是手段,激发前进动力；伟大工程是保障,提供前进保证；伟大事业是主题,开辟前进道路。

(2)在"四个伟大"的相互关系中,起决定性作用的是党的建设伟大工程。只有全面加强党的领导,不断增强"四个意识",提高"四自能力",经受"四大考验",战胜"四种危险",把党建设得更加坚强有力,确保党在世界形势深刻变化的历史进程中始终走在时代前列,在应对国内外各种风险和考验的历史进程中始终成为全国人民的主心骨,在坚持和发展中国特色社会主义的历史进程中始终成为坚强领导核心,才能团结带领人民有效应对重大挑战、抵御重大风险、克服重大阻力、解决重大矛盾,夺取新时代中国特色社会主义伟大胜利,才能不断迈向实现中华民族伟大复兴的宏伟目标。如果离开了党的坚强领导,如果党自身不过硬,要想赢得伟大斗争、推进伟大事业、实现伟大梦想,必然是空想。

47. 如何理解坚持党的领导、人民当家作主、依法治国之间的有机统一关系？

【参考答案】

(1) 党的领导是人民当家作主和依法治国的根本保障。我们是在共产党领导下的人民当家作主和依法治国。中国共产党作为一个领导着有 13 多亿人口的社会主义大国的执政党,在国家政治生活中处于绝对的领导地位,这就使得党的领导对于实现人民当家作主和依法治国具有决定性的意义。党的最根本的使命,就是通过制定正确的路线、方针、政策和理论纲领,代表中国最广大人民群众的根本利益,立党为公、执政为民,领导和支持人民当家作主,这是我国社会主义民主政治建设的最大优势。

(2)人民当家作主是社会主义民主的本质和核心。全国各族人民是建设中国特色社会主义事业的主体,能否真正实现人民当家作主,充分发挥人民群众的积极性和创造性,是检验党的领导是否正确和执政能力的根本标准,也是检验社会主义民主实现程度的根本标准。党只有真正做到顺民意、谋民利、得民心,才能得到人民群众的支持和拥护,才能永远立于不败之地。

(3)依法治国是党和国家的基本方略。在当今的历史条件下,党和人民的意志将主要通过法律的形式加以固定化,党的领导和人民当家作主将在法制的轨道上,通过依法治国来实现。执政党的权力必须经过一定的法律程序,才能成为管理国家的社会公共权力。宪法和法律是人民意志的体现,也是党的主张的体现,党代表人民的根本利益,就要使党的领导方式和执政方式符合法治的原则,使党的执政活动严格地在宪法和法律的范围内活动。

(4)中国共产党的领导、人民当家作主、依法治国基本方略,决定了我国社会主义国家政权的根本性质,是我国政治制度区别于资本主义国家政治制度的本质特征。三者是一个有机整体,统一于中国特色社会主义民主政治实践,任何时候任何情况下都不能动摇、都不能偏废。

48. 为什么要坚持全面依法治国?

【参考答案】

(1)全面依法治国是中国特色社会主义的本质要求和重要保障。法律是治国之重器,法治是国家治理体系和治理能力的重要依托。

(2)全面依法治国是坚持和发展中国特色社会主义制度的本质要求。法治与政治制度紧密相联,有什么样的政治制度就有什么样的法治体系。只有全面依法治国,建设中国特色社会主义法治体系,才能建设科学立法、严格执法、公正司法、全民守法的社会主义法治国家。

(3)全面依法治国是解决党和国家事业发展面临的各种突出矛盾和问题的紧迫需要。中国特色社会主义进入了新时代,只有全面依法治国,才能解放和增强社会活力、促进社会公平正义、维护社会和谐稳定、确保党和国家长治久安。

(4)全面依法治国是决胜全面建成小康社会、夺取新时代中国特色社会主义伟大胜利的必然要求。从全面建成小康社会到基本实现社会主义现代化,再到全面建成社会主义现代化强国,是新时代中国特色社会主义发展的战略安排,客观上要求必须坚持全面依法治国,创造更好的法治环境,为中国走向繁荣富强、中华民族实现伟大复兴提供法治保障。

49. 为什么要坚持社会主义核心价值体系?

【参考答案】

(1)坚持社会主义核心价值体系,是巩固全党全国各族人民团结奋斗的共同思想道德基础的迫切需要。坚持社会主义核心价值体系,特别是坚持马克思主义指导地位、牢固树立共产主义远大理想和中国特色社会主义共同理想,培育和践行社会主义核心价值观,在多元多样中立主导,在交流交融中谋共识,才能形成既解放思想又统一思想、既弘扬主旋律又包容多样性的生动局面,才能巩固全党全国各族人民团结奋斗的共同思想道德基础。

(2)坚持社会主义核心价值体系,是推进国家治理体系和治理能力现代化的迫切需要。推进国家治理体系和治理能力现代化,根本途径是全面深化改革。改革方向的把握,改革方案的设计,改革路径的选择,都内含价值问题。改革需要正确的价值体系引领。社会主义核心价值体系在所有社会主义价值目标中处于核心地位,牢牢坚持社会主义核心价值体系,才能加快构建充分体现崇尚法治、维护权利、注重程序、科学规范等现代治理理念的价值体系,顺利推进国家治理体系和治理能力现代化。

(3)坚持社会主义核心价值体系,是增强文化自信、提高国家文化软实力的迫切需要。坚持社会主义核心价值体系,用以爱国主义为核心的民族精神和以改革创新为核心的时代精神鼓舞斗志,充分挖掘和弘扬中华传统文化的价值,不断从时代的火热实践中汲取新鲜养分,有利于中华文化保持民族性、时代性、先进性,展现中国特色、中国风格、中国气派,有利于抵御西方资产阶级腐朽思想文化渗透,维护国家政治安全、文化安全,有利于推动中华文化更好走向世界、扩大我国的国际影响力,切实增强中国特色社会主义文化自信。

50. 怎样理解增进民生福祉是发展根本目的?

【参考答案】

(1)增进民生福祉是我们党立党为公、执政为民的本质要求。带领人民创造美好生活,是我们党始终不渝的奋斗目标。我们党团结带领全国各族人民进行伟大社会革命,根本目的就是让人民过上好日子。党的一切工作必须始终把人民利益摆在至高无上的地位,必须以最广大人民的根本利益作为最高标准,多谋民生之利、多解民生之忧,坚持把人民群众的小事当作自己的大事,从人民群众关心的事情做起,从让人民群众满意的事情做起。

(2)保障和改善民生是推动发展的根本目的。我们的发展是以人民为中心的发展,人民群众是发展的主体,也是发展的最大受益者。如果发展不能满足人民的期待,不能让群众得到实际利益,这样的发展就失去意义,也不可能持续。要始终坚持发展为了人民、发展依靠人民、发展成果由人民共享,在推动经济持续健康发展的基础上,保证全体人民在共建共享发展中有更多获得感,让社会主义制度优越性得到充分体现,不断促进人的全面发展、全体人民共同富裕。

(3)抓民生也是抓发展。我们党始终把推动经济发展和改善民生有机联系起来。经济发展是民生改善的物质基础,离开了经济发展,改善民生就成了无源之水、无本之木。同时也要看到,民生是做好经济社会发展工作的"指南针",持续不断改善民生,既能有效解决群众后顾之忧,调动人民发展生产的积极性,又可以增进社会消费预期,扩大内需,催生新的经济增长点,为经济发展、转型升级提供强大内生动力。因此,既要通过发展经济为持续改善民生奠定坚实物质基础,又要通过持续不断改善民生为经济发展创造更多有效需求,实现二者良性循环。

51. 结合实际,谈谈怎样才能满足人民日益增长的优美生态环境需要。

【参考答案】

(1)优美生态环境是人民对美好生活向往的重要内容。我国即将全面建成小康社会,人民生活水平不断提高,对美好生活需要日益广泛。当前我国长期以来忽视生态环境保护、生态恶化的状况得到明显改变,但与人民群众改进生态环境质量的强烈要求还有很大距离。我们要以满足人民对美好生活的向往为目标,纠正不正确的发展观念和粗放的发展方式,补齐生态环境这块突出短板,实行绿色低碳循环发展,让天更蓝、山更绿、水更清、生态环境更优美,提高人民生活质量,向人与自然和谐共生的现代化迈进。

(2)满足人民日益增长的优美生态环境需要,要正确处理创造物质精神财富与提供更多优质生态产品的关系。经济要发展,绝不能再以牺牲生态环境为代价,不能再走"先污染后治理"和"边污染边治理"的老路。要树立和践行绿水青山就是金山银山、保护生态环境就是保护生产力、改善生态环境就是发展生产力的理念,坚持节约资源和保护环境的基本国策,实行最严格的生态环境保护制度,加快建立绿色生产和消费的法律制度和政策导向,形成节约资源和保护环境的空间格局、产业结构、生产方式、生活方式,坚定走生产发展、生活富裕、生态良好的文明发展道路,使人民群众在享受丰富物质精神财富的同时切实感受到绿色发展带来的优美生态环境。

(3) 满足人民日益增长的优美生态环境需要,要坚持解决突出环境问题与加强生态系统保护并举。要高度重视解决损害群众健康的突出环境问题,坚持预防为主、综合治理,强化水、大气、土壤等污染防治,明显改善环境质量,使人民群众直接感受到环境治理成效。同时,要加大山水林田湖草和海洋等生态系统保护力度,坚持节约优先、保护优先、自然恢复为主的方针,实施重要生态系统保护与修复重大工程,增强生态产品生产能力,提升生态系统质量和稳定性。

(4) 满足人民日益增长的优美生态环境需要,要正确处理加强我国生态文明建设与参与全球应对气候变化的关系。建设生态文明,我们要主动加强生态文明建设,为全球生态安全做出贡献,展现承担国际责任和履行国际义务的大国风范。同时,要充分认识到,应对全球气候变化单靠一个或几个国家努力并不能取得决定性成效,要积极参与全球环境治理,坚持共同但有区别的责任原则、公平原则和各自能力原则,与国际社会共同构建合作共赢、公平合理的国际气候制度,共同保护好人类赖以生存的地球家园。

经济常识

一、选择题

1. "驴友"小明是一名美院学生,在国庆长假的旅游中,杭州的山川美景和风土人情激发了他的灵感。他拍下了许多精彩的照片,并复制成光碟出售给旅游杂志社。复制的山川美景能成为商品,是因为_____。

   A. 它具有独特的使用价值

   B. 只要是人类劳动的产物就是商品

   C. 它能给人精神上的享受

   D. 它凝结了人类劳动,并用于交换

   【参考答案】D

2. 货币出现后,它不仅是商品交换的媒介,而且是社会财富的代表。人们崇拜货币,是因为_____。

   A. 货币是商品交换发展到一定阶段的产物

   B. 货币是由金银来充当的

   C. 货币也是商品,具有价值

   D. 货币的本质是一般等价物,是财富的代表

   【参考答案】D

3. 2016年11月8日,印度突然宣布废除500卢比和1000卢比两种大面值货币,"废钞风暴"引发的现金危机给印度人的生活带来诸多不便,不少地方倒退到以物易物时代。这表明_____。

   ① 物物交换是商品流通的有效方式

   ② 纸币是由国家(或地区)发行并强制使用的

   ③ 货币具有充当商品交换媒介的职能

   ④ 国家可以任意发行和废除纸币

   A. ①③ B. ①④

   C. ②③ D. ②④

   【参考答案】C

4. 需求法则是指商品需求量随价格上升而下降,随其价格下降而上升的一般规律。但生活中有时东西越贵越有人买,如天降大雨,小贩乘机提价销售雨伞,雨伞却卖得不错。这表明此时_____。

   A. 需求法则不起作用 B. 处于卖方市场

   C. 处于买方市场 D. 雨伞的价值上升

   【参考答案】B

5. 为了节约木材资源、保护生态环境,我国将实木地板纳入消费税的征收范围。从价格机制看,上述做法之所以能够节约木材资源,是因为征收消费税会导致_____。

   A. 实木地板销售价格提高,使生产企业增加实木地板的供给量
   B. 实木地板销售价格提高,使消费者减少对实木地板的需求量
   C. 实木地板销售价格降低,使生产企业减少实木地板的供给量
   D. 实木地板销售价格降低,使消费者减少对实木地板的需求量

   【参考答案】B

6. 市场是资源配置的有效手段,是因为市场能够_____。
   ① 及时、准确、灵敏地传递供求信息
   ② 事先对资源配置作出合理安排
   ③ 调动人们生产与创新的积极性
   ④ 自发实现效率与公平的有机统一

   A. ①②　　　　B. ①③　　　　C. ②④　　　　D. ③④

   【参考答案】B

7. 在市场经济中_____。
   ① 市场是配置资源的唯一手段
   ② 市场通过价格、供求等因素调节资源配置
   ③ 需要法律、道德的规范和引导
   ④ 市场总是促进劳动生产率的提高和资源的有效利用

   A. ①②　　　　B. ②③　　　　C. ②④　　　　D. ③④

   【参考答案】B

8. "国家对各类企业一视同仁,为各种所有制经济平等参与市场竞争创造良好的环境和条件。"这表明,在我国现阶段_____。

   A. 各类经济在我国所有制结构中所处的地位是平等的
   B. 各类经济的经营范围完全开放,不受任何限制
   C. 个体、私营和外资经济已成为社会主义经济的主要组成部分
   D. 公有制经济和非公有制经济在市场经济中的地位是平等的

   【参考答案】D

9. 市场方式是我国资源配置的基础性方式。下列选项中是以市场方式配置资源的有_____。

   A. 我国中信集团全资购入美国西林公司股份
   B. 上海市政府对在校大学生每月提供物价补贴
   C. 中国三一重工向外国灾区援助大型器械
   D. 中央财政增支4万亿元用于基础设施和基础产业建设

   【参考答案】A.

10. 建设现代化经济体系,必须把发展经济的着力点放在_____上,把提高供给体系质量作为主攻方向,显著增强我国经济质量优势。

    A. 实体经济　　B. 共享经济　　C. 虚拟经济　　D. 国民经济

    【参考答案】A

11. 党的十九大报告指出,我国经济已由_____阶段转向_____阶段,正处在转变发展方式、优化经济结构、转换增长动力的攻关期,建设现代化经济体系是跨越关口的迫切要求和我国发展的战略目标。

　　A. 高速增长　高水平发展　　　　B. 匀速发展　高水平发展
　　C. 高速增长　高质量发展　　　　D. 匀速发展　高质量发展
【参考答案】C

12. _____是引领发展的第一动力,是建设现代化经济体系的战略支撑。
　　A. 改革　　　B. 创新　　　C. 开放　　　D. 科技
【参考答案】B

13. 加快完善社会主义市场经济体制。经济体制改革必须以完善产权制度和_____为重点,实现产权有效激励、要素自由流动、价格反应灵活、竞争公平有序、企业优胜劣汰。

　　A. 要素市场化配置　　　　　　B. 建立现代财政制度
　　C. 创新和完善宏观调控　　　　D. 规范价格管理
【参考答案】A

14. 近几年来,我国许多国有企业高薪聘用科技人员,并且允许他们以科技入股,根据企业效益分红。国企这些科技人员的收入属于_____。

　　A. 按劳分配　　　　　　　　　B. 按共同劳动者劳动成果分配
　　C. 按生产要素分配　　　　　　D. 按劳分配与按市场要素分配
【参考答案】D

15. 实施"走出去"战略是提高我国开放型经济水平的重大举措。下列情况属于"走出去"的是_____。

　　① 广东营造外商投资的良好环境
　　② 联想收购摩托罗拉移动智能手机业务
　　③ 中国企业投资非洲航空业
　　④ 中国银行向美国花旗银行转让部分股权
　　A. ①②　　　B. ①③　　　C. ②④　　　D. ②③
【参考答案】D

16. 我国提出的建设"丝绸之路经济带"和"21世纪海上丝绸之路"的倡议受到国际社会的广泛关注。共建"一带一路"有利于_____。

　　① 构建区域经济优势,实现主导世界市场的目的
　　② 区域内要素有序自由流动,实现资源优化配置
　　③ 拓宽经济发展空间,完善我国开放型经济体系
　　④ 平衡区域内各国经济发展,提高经济运行速度
　　A. ①④　　　　　　　　　　　B. ①③
　　C. ②③　　　　　　　　　　　D. ②④
【参考答案】C

17. 目前绝大多数跨国公司在华都有大量投资,中国是世界上最有活力的外资投资地区。跨国公司在华投资的根本目的在于_____。

　　A. 提高其产品的市场占有率　　B. 追求更大的利润

C. 帮助中国解决资金问题　　　　D. 推行经济霸权

【参考答案】B

二、简答题

18. 简述中国坚持对外开放的基本国策,坚持打开国门搞建设的重大举措。

【参考答案】

(1)推进"一带一路"建设。

(2)加快贸易强国建设。

(3)改善外商投资环境。

(4)优化区域开放布局。

(5)创新对外投资方式。

(6)促进贸易和投资自由化便利化。

19. 经济全球化有哪些作用?

【参考答案】

(1) 有利于各国生产要素的优化配置和合理利用。

(2) 促进了国际分工的发展和国际竞争力的提高。

(3) 为发展中国家利用后发优势实现跨越式发展提供机遇。

(4) 促进世界经济多极化发展。

(5) 经济全球化加剧了世界资源配置和经济发展的不平衡。

(6) 经济全球化使主权国家的经济安全面临严峻挑战。

三、判断题

20. 货币能够与一切商品相交换,意味着流通中的货币量越多越好。

【参考答案】

(1)这种观点是错误的。

(2)货币是从商品中分离出来固定地充当一般等价物的特殊商品,因此,它能与一切商品相交换。商品流通过程中实际需要的货币量同商品价格总额成正比,同货币流通速度成反比。

在其他条件不变的情况下,货币流通速度越快,流通中所需要的货币量越少;反之,流通中所需要的货币量会越多。因此,流通中所需要的货币量在不同时期是不一样的,当然也就意味着流通中的货币量并非越多越好。

21. 国有资产在社会总资产中占优势是公有制经济主体地位的表现之一。

【参考答案】

(1)这种观点是错误的。

(2)公有制占优势不等于国有资产占优势,公有资产不仅包括国有资产,还包括集体资产及混合所有制经济中的国有资产和集体资产。

四、论述题

22. 有一片公共牧场,无偿地向所有牧羊人开放。每个牧羊人都想获得最大利益,于是尽可能地增加放养数量。当牧场容量达到极限后,公共牧场上的悲剧发生了:草场迅速退化,牧民纷纷破产。这就是人们常说的"公地悲剧"。运用所学的知识,说明"公地悲剧"的主要成因。

【参考答案】

(1)市场调节不是万能的,市场调节存在自发性、盲目性、滞后性等固有的弊端。

(2)公共生活领域制度缺失,政府失位。

23. 改革开放以来,我国在收入分配体制的改革中取得了巨大的成就,但收入分配领域还存在着不尽如人意的地方,收入差距不断拉大。试述如何完善收入分配关系,促进社会公平?

【参考答案】

(1)我国实行按劳分配为主体、多种分配方式并存的分配制度。我国的分配制度有助于维护社会公平,促进共同富裕。

(2)公平的收入分配,是社会主义分配原则的体现,有助于协调人们之间的经济利益关系,实现经济发展、社会和谐。逐步提高最低工资标准,保障职工工资正常增长和支付,有助于维护公平。

(3)当前要逐步提高居民收入在国民收入分配中的比重,提高劳动报酬在初次分配中的比重。着力提高低收入者的收入,规范收入分配秩序,建立企业职工工资正常增长机制和支付保障机制。

(4)坚持效率与公平相结合的原则。发展社会主义市场经济,初次分配和再分配都要处理好效率与公平之间的关系,既要提高效率,又要促进公平。

24. 2016年5月23日,我国与苏丹签署合作协议,共同制定双方未来十年在核电开发方面合作路线图。我国多次强调要发挥核电技术出口的带动作用,创建我国经济新的比较优势和竞争优势;国家领导人在出访期间也多次力推中国核电"走出去",核电"走出去"已成为国家战略。两大品牌华龙一号和CAP1400均拥有完整的自主知识产权,完全满足三代核电的技术标准。"十三五"期间,中国核电将秉承自主创新、安全高效、开放合作的态度,充分发挥完整核工业体系的优势,以核电"走出去"为龙头,带动核电运行服务、核设施退役治理及核技术应用等全产业链,以中核梦助推中国梦,实现由核试验大国向核工业强国转变。

结合材料,分析核电"走出去"对中国经济发展的战略意义。

【参考答案】

(1)一是利于提高我国的对外开放水平,更好地参与国际竞争与合作,利用好国内、国际两个市场、两种资源。

(2)二是核电"走出去"有利于构建互利共赢、多元平衡、安全高效的开放型经济发展体系。

思想道德修养与法律基础知识

一、选择题

1. 人生观的核心问题是_____。
   A. 人生目的　　B. 人生态度　　C. 人生价值观　　D. 人生意义
   【参考答案】A

2. 谈论人的价值的性质及其大小,就是在谈论人的_____。
   A. 生存与发展的关系
   B. 长远利益与眼前利益的关系
   C. 奉献与索取的关系
   D. 个人价值与社会价值的关系
   【参考答案】C

3. 社会主义公有制、无产阶级和人民群众的根本利益,以及我军的无产阶级性质,都要求我们在处理个人利益和集体利益的关系时,坚持_____。
   A. 集体主义原则　　B. 社会主义原则
   C. 共产主义原则　　D. 个人主义原则
   【参考答案】A

4. 同志间对待他人耻辱的态度应当是_____。
   A. 对蒙耻而知耻的人热情帮助　　B. 主动回避与其疏远
   C. 抓住其错误无情批斗　　D. 事不关己,高高挂起
   【参考答案】A

5. 一般违法行为应受行政制裁。行政制裁分为_____。
   A. 管制、拘役和罚金　　B. 行政处分和行政处罚
   C. 有期徒刑和没收财产　　D. 行政管制和行政处罚
   【参考答案】B

6. 中华人民共和国国家监察委员会是最高_____。
   A. 法律监督机关　　B. 监察机关
   C. 审判机关　　D. 国家权力机关
   【参考答案】B

7. _____,从根本上决定和反映着军人的政治立场、理想信念和价值追求,对军人思想道德和行为方式起着主导作用。
   A. 军人荣辱观　　B. 军人核心价值观
   C. 军人世界观　　D. 军人生死观
   【参考答案】B

二、简答题

8. 人生观是怎样形成的?

【参考答案】

(1) 人生观是个人所处的一定历史条件和社会关系的产物。

(2) 人生观是个人的社会生活实践的产物。

(3) 人生观的形成与社会的宣传教育给人的影响有关。

(4) 崇高的人生观也是个人长期修养的结果。

9. 人生观在人生实践中具有哪些重要作用?

【参考答案】

(1) 人生观是人们选择生活内容的内在根据。

(2) 人生观是人们选择人生道路的基本原则。

(3) 人生观是人生的巨大精神力量。

10. 理想的特征主要表现为哪几个方面?

【参考答案】

理想的特征主要表现为时代性、超前性、实践性和多样性。

11. 什么是无产阶级的公私观,它同一切剥削阶级公私观对立的焦点是什么?

【参考答案】

(1) 坚持集体主义,反对个人主义,就是无产阶级的公私观。

(2) 它同一切剥削阶级的公私观对立的焦点,不在于是否承认私,而在于能否正确认识和处理公与私的关系,即个人利益和集体利益的关系,其核心是如何认识个人正当的、合理的利益与自私自利的界限。

12. 新的历史条件下,爱国主义有哪些时代价值?

【参考答案】

(1) 爱国主义是中华民族继往开来的精神支柱。

(2) 爱国主义是维护祖国统一和民族团结的纽带。

(3) 爱国主义是实现中华民族伟大复兴的动力。

(4) 爱国主义是实现人生价值的力量源泉。

13. 在我国,公民享有的权利与应当履行的义务之间的关系是怎样的?

【参考答案】

(1) 在我国,公民享有的权利与应当履行的义务是一致的。

(2) 这种一致性主要表现在:一是任何公民都享有宪法和法律赋予的权利,同时必须履行宪法和法律规定的义务。没有无义务的权利,也没有无权利的义务。二是某些基本权利,既是权利又是义务。如劳动权、受教育权,其本身是权利,同时也是义务。三是权利和义务互相制约、互相促进。公民享有的权利越广泛、越有保障,就越能激发主人翁的责任感和劳动热情,从而更加自觉地、忠实地履行义务;公民越能自觉地、忠实地履行义务,就越能加快社会主义现代化建设,为保障自身权利的实现创造更丰富的物质条件。

14. 当代革命军人核心价值观的内涵?

【参考答案】

忠诚于党,热爱人民,报效国家,献身使命,崇尚荣誉是当代革命军人核心价值观。

15. 对违反《中华人民共和国治安管理处罚法》的行为该如何处罚？

【参考答案】

根据《中华人民共和国治安管理处罚法》的规定，对违反治安管理行为的处罚种类分为：警告；罚款；行政拘留；吊销公安机关发放的许可证。对违反治安管理的外国人，可以附加适用限期出境或者驱逐出境。治安管理处罚由县以上人民政府公安机关决定；其中警告、五百元以下的罚款可以由公安派出所决定。

16. 我国刑罚的目的和作用是什么？

【参考答案】

（1）我国刑罚的目的在于：打击敌人，惩罚和教育犯罪分子，制止和预防犯罪的发生，以保护国家和人民的利益，巩固人民民主专政，最终达到消灭犯罪。

（2）我国刑罚具有特殊预防和一般预防两个作用。特殊预防，就是对犯罪分子给以恰如其分的刑事处分，除判处死刑立即执行的罪犯外，要在劳动中进行教育改造，使他们不再犯罪，变为自食其力的新人。一般预防，就是通过对犯罪分子的惩罚，可以警戒社会上的不稳定分子，使他们悬崖勒马，消除犯罪念头，不以身试法，不走上犯罪的道路。同时，通过对犯罪分子的惩罚，可现身说法地教育人民自觉遵守国家法纪，维护社会秩序，提高人民当家作主的责任感，并且还会有力地动员群众，积极同犯罪分子作斗争。

三、判断题

17. 社会上各阶级都有自己的阶级意志，因此这些意志都能表现为法律。

【参考答案】

（1）这个观点是错误的。

（2）社会上各阶级都有自己的阶级意志，但不是各阶级的意志都能表现为法律。只有在经济上占统治地位，掌握着国家政权，从而在政治上也占统治地位的阶级，才能把本阶级的意志通过国家制定成为法律，并强制全体社会成员遵守和服从。

18. 一般违法行为应受到刑法处罚。

【参考答案】

（1）这个观点是错误的。

（2）一般违法行为，是指违法行为轻微，对社会的危害不大，还没有触犯刑律的行为。一般违法行为没有严重违法（即犯罪）行为那样对社会危害程度大，也应该及时地给予处分、惩戒，否则可能进一步发展成为犯罪，但这种惩戒不应是刑法处罚。一般违法行为要受到行政制裁。这种强制措施又分为行政处分和行政处罚。

四、论述题

19. 请你联系实际，论述为什么革命军人的价值就在于牺牲奉献？在和平时期，如何做一名忠实履行我军宗旨的革命战士？

【参考答案】

（1）革命军人的价值就在于牺牲奉献。这是因为，在战时，军人是以自己的不安全来换取人民的安全，以自己的流血牺牲求得国家和人民的安宁与幸福。在抢险救灾、战备执勤、维护社会安定等各种急难险重任务面前，人民军队的性质要求革命军人在生死抉择面前，毫不犹豫地把生的希望让给人民,把死的威胁留给自己,无条件地献出自己的一切,乃至生命。在日常工作中,军人要无条件地服从军队建设需要,牺牲个人利益。军人在奉献自己的同时也牺牲了家庭的利益。没有军人的牺牲奉献,也就无军人的价值可言。

(2)在和平时期,要成为一名忠实履行我军宗旨的真正的革命军人,就要立志献身国防事业,处处以人民利益为重,以工作需要为重,不为名、不为利、不怕苦、不畏难,在平凡的工作岗位上努力工作,为部队的现代化建设作出贡献。在改革开放、发展社会主义市场经济大潮中,在利益调整面前,先天下之忧而忧,后天下之乐而乐,全心全意为人民服务,弘扬无私奉献的精神。紧跟时代步伐,追求高尚人生,刻苦学习科学文化,争做"四有"新时代革命军人。

20. 我国公民在国家政治、经济、文化和社会生活各方面享有广泛的权利和自由。有人据此认为,公民的自由和权利是绝对的、不受任何限制的,并且不需履行任何义务。你是怎样认识这个问题的?

【参考答案】

(1)世界上从来不存在什么绝对的、不受任何限制的自由和权利。公民在行使自由和权利的时候,不得损害国家的、社会的、集体的利益和其他公民合法的自由和权利。国家保护公民的合法的自由和权利,不允许任何组织或者个人侵犯,但也决不允许任何人利用这种自由和权利进行危害国家安全的活动和其他破坏活动。

(2)任何公民在享受宪法和法律规定的权利的同时,必须很好地履行义务。公民的基本义务,是指公民对国家应当履行的主要责任。宪法规定公民的基本义务有:第一,公民有维护国家统一和全国各民族团结的义务。第二,公民有遵守宪法和法律,保守国家秘密,爱护公共财产,遵守劳动纪律,遵守公共秩序,尊重社会公德的义务。第三,公民有维护祖国安全、荣誉和利益的义务。第四,公民有依照法律服兵役和参加民兵组织的义务。抵抗侵略,保卫祖国,是中华人民共和国公民的神圣职责。第五,公民有依照法律纳税的义务。

(3)我军是执行革命政治任务的武装集团。为了保证全军高度集中统一,维护国家安全稳定,军队对军人行使某些权利作了特殊的规定。比如,在结社方面,未经相应政治机关批准,军人不得参加民主党派,不得擅自参加地方的群众团体,不得成立条令条例规定以外的团体和组织,不得组织或参加、支持非法集会、游行、静坐、绝食、罢工、罢课等。在宗教信仰方面,军人不得参加任何宗教组织和宗教活动;不允许任何宗教组织在部队发展成员,进行传教活动;不允许各种非法宗教书刊和其他宣传品在部队传播。在婚姻方面,军人不得与外国人结婚等。对这些规定,我军每个官兵都必须严格遵守。

国防和军队建设知识要点

一、选择题

1. _____年10月,毛泽东率领秋收起义部队到达井冈山,建立了第一个农村革命根据地,从此开辟了一条以农村包围城市、武装夺取政权的崭新道路。
    A. 1927　　　　　　　　　　　B. 1928
    C. 1929　　　　　　　　　　　D. 1930
    【参考答案】A

2. 古田会议决议,确立了_____的重大原则。
    A. 从政治上建党、从组织上建军　　B. 从组织上建党、从政治上建军
    C. 从思想上建党、从政治上建军　　D. 从政治上建党、从体制上建军
    【参考答案】C

3. 1937年9月25日,八路军在_____首战告捷,取得了抗战开始后中国军队主动寻歼日军的第一个大胜利,粉碎了日军不可战胜的神话。
    A. 雁门关　　　　　　　　　　　B. 平型关
    C. 太原　　　　　　　　　　　　D. 黄土岭
    【参考答案】B

4. 军队是要准备打仗的,一切工作都必须坚持_____标准,向能打仗、打胜仗聚焦。
    A. 战斗力　　　　　　　　　　　B. 斗争力
    C. 战争力　　　　　　　　　　　D. 硬实力
    【参考答案】A

5. _____反映军队的根本职能和军队建设的根本指向。
    A. 做好军事斗争准备　　　　　　B. 支援国家经济建设
    C. 听党指挥　　　　　　　　　　D. 能打胜仗
    【参考答案】D

6. 人民军队完全区别于一切旧军队的政治特质和根本优势是_____。
    A. 精武强能、英勇善战　　　　　B. 党对军队绝对领导的根本原则和制度
    C. 一不怕苦、二不怕死　　　　　D. 改革创新、与时俱进
    【参考答案】B

7. 党的十九大报告指出,加强军队党的建设,开展_____主题教育。
    A. "三严三实"　　　　　　　　　B. "两学一做"
    C. "坚定理想信念"　　　　　　　D. "传承红色基因、担当强军重任"
    【参考答案】D

三、简答题

8. 简要概括人民军队 90 多年的光辉历程。

【参考答案】

（1）土地革命战争中创建成长。

（2）抗日烽火中经受锤炼。

（3）解放战争中发展壮大。

（4）社会主义革命和建设中阔步前进。

（5）改革开放中跨越发展。

（6）行进在强军兴军征程上。

9. 革命战士应当怎样立足本职岗位全心全意为人民服务？

【参考答案】

（1）分工不同，目标一致。军队是一个有机的战斗集体，多种多样的工作，都与祖国的事业、人民的幸福紧密相连，无论哪项工作，都是部队整体的需要，都能为祖国、为人民作出贡献。

（2）个人的兴趣爱好要服从革命的需要。个人的爱好、特长与自己所担负的工作，常常出现不相一致的现象。应首先服从部队整体工作需要，并在不同的工作岗位上，培养出适合革命需要的新特长、新爱好来。

（3）为人民服务的崇高思想要体现在实际行动上。革命战士为人民服务的崇高思想，要体现在行动上，在部队不同的岗位上，干一行、爱一行、专一行。要从大处着眼、小处入手，立足本职，勤奋工作，以雷锋同志为榜样，把有限的生命投入到无限的为人民服务中去。

10. 十八大以来，习主席带领我军取得历史性成就、发生历史性变革主要体现在哪些方面？

【参考答案】

（1）重振政治纲纪，坚定不移推进政治整训，有效解决了弱化党对军队绝对领导的突出问题。

（2）重塑组织形态，大刀阔斧全面深化改革，有效解决了制约我军建设的体制结构的突出问题。

（3）重整斗争格局，坚定捍卫国家核心利益，有效解决了军事力量运用方面的突出问题。

（4）重构建设布局，创新发展理念和方式，有效解决了我军建设聚焦实战不够、质量效益不高的突出问题。

（5）重树作风形象，强力推进正风肃纪反腐，有效解决了不正之风和腐败现象滋生蔓延的突出问题。

这些历史性成就、历史性变革的取得，根本在于习主席这个党中央的核心、全党的核心和军队统帅的坚强领导，在于习近平强军思想的科学指引。

三、论述题

11. 如何理解人民军队从胜利走向胜利的传家法宝？

【参考答案】

（1）90 多年来，在长期实践中，人民军队在党的旗帜下前进，形成了一整套建军治军原则，发展了人民战争的战略战术，培育了特有的光荣传统和优良作风。这是人民军队从胜利走向胜利的传家法宝，是人民军队必须永志不忘的红色血脉。

（2）人民军队从胜利走向胜利,彰显了中国共产党领导的伟大力量。

（3）人民军队从胜利走向胜利,彰显了理想信念的伟大力量。

（4）人民军队从胜利走向胜利,彰显了改革创新的伟大力量。

（5）人民军队从胜利走向胜利,彰显了战斗精神的伟大力量。

（6）人民军队从胜利走向胜利,彰显了革命纪律的伟大力量。

（7）人民军队从胜利走向胜利,彰显了军民团结的伟大力量。

12. 如何认识党在新时代的强军目标?

【参考答案】

（1）习近平新时代中国特色社会主义思想,明确党在新时代的强军目标是建设一支听党指挥、能打胜仗、作风优良的人民军队,把人民军队建设成为世界一流军队。这一强军目标科学回答了"为什么要强军""强军目标是什么""怎样走中国特色强军之路"重大课题,是新的时代条件下我们党建军治军的总方略,集中体现了新时代新任务对军队建设的新要求,为在新的起点上加快推进国防和军队现代化提供了根本引领。

（2）一是要坚持以新形势下军事战略方针为统揽;二是要统筹推进强军兴军战略布局;三是要全面提高新时代打赢能力;四是要推进军民融合深度发展。

13. 新时代革命军人如何做到永远做人民利益的忠实捍卫者?

【参考答案】

（1）永葆人民子弟兵的政治本色。人民军队建设发展的历史告诉我们,人民群众永远是军队生长的土壤、发展的根基和力量的源泉,无论战争形态如何演变、高技术如何发展,兵民是胜利之本的战争规律没有改变,人民群众永远是坚如磐石的靠山。特别是未来信息化战争,大量新型武器装备和技术广泛运用,保障复杂,消耗巨大,更需要大力推进军民融合发展,更需要在人才、资金、技术等方面得到人民群众的支持和帮助。我们要始终牢记,作为党领导下的人民军队,全心全意为人民服务的根本宗旨永远不能变,人民子弟兵热爱人民的政治本色永远不能丢。

（2）切实端正对人民群众的态度。践行全心全意为人民服务的宗旨、永葆人民子弟兵政治本色,要端正对人民群众的态度,始终牢记为人民扛枪,为人民打仗的神圣职责,牢记"军队打胜仗,人民是靠山",保持同人民群众水乳交融、生死与共的关系,视人民利益高于一切、重于一切,以人民需要为第一需要,把维护人民利益作为最高责任。要虚心向群众学习,真心实意拜群众为师,甘当群众的小学生,自觉学习他们吃苦耐劳、拼搏进取的好精神,学习他们勤俭节约、艰苦朴素的好作风,学习他们埋头苦干、质朴淳厚的好品质。要时刻站在群众的立场上想问题,帮助群众解决困难时真心诚意,不敷衍了事,当个人、部队利益与人民利益发生矛盾时,不计自身得失,不与民争利,甘愿牺牲奉献。要正确看待群众的赞誉,谦虚谨慎,戒骄戒躁,虚心听取群众意见,经常检点自己的言行,不断坚定热爱人民、服务人民的政治立场,真正守住人民子弟兵这个"本"。

（3）始终与人民群众保持血肉联系。倾心爱人民、真心为人民,是人民军队的不懈追求。要牢固树立人民群众是真正英雄的观念,不断增强对人民群众的真挚情感,自觉践行爱民为民的价值追求。要大力发扬拥政爱民的光荣传统,满腔热情地参与社会公益事业和军民共建活动,反哺人民群众的养育之恩。要严格遵守群众纪律,认真执行党的民族和宗教政策,尊重人民群众特别是少数民族的风俗习惯,依法处理军警民纠纷,树立文明之师的良好形象。

(4) 时刻准备为人民牺牲奉献。在生死考验的危急关头,要具有为国家和人民利益舍得献出自己一切的决心和勇气,赴汤蹈火、义无反顾,冲锋在前、英勇奋战,甘愿为人民流血牺牲;在艰苦恶劣的环境和条件下,要不怕吃苦受累、不怕寂寞孤独,舍小家为大家,甘愿为人民奉献青春热血;在平凡的工作岗位,要以职责使命为重,无论从事什么工作、担负什么任务,都干一行、爱一行、精一行,甘愿为人民贡献全部智慧和力量。

14. 如何做到坚持把政治建军放在首位,确保我军任何时候任何情况下都以党的旗帜为旗帜、以党的方向为方向、以党的意志为意志?

【参考答案】

(1) 一要加强军队党的建设。军队党的建设的首要任务是确保党对军队的绝对领导,必须始终坚持党对绝对的绝对领导,核心是坚持和全面深入贯彻落实军委主席负责制;坚持以能打仗、打胜仗为根本立足点,成为部队战斗力的增强剂和功放器;坚持党要管党、从严治党方针,高标准、严要求,努力走在全党前列;坚持以改革创新精神加强军队党的建设,推进制度创新,改进方式方法,不断提高军队党的建设科学化水平。

(2) 二要坚定政治信仰。把学习贯彻习近平新时代中国特色社会主义思想特别是习近平强军思想作为首要任务,掌握蕴含其中的马克思主义立场观点方法,用以观察思考、分析解决问题,进一步坚定"四个自信",打牢强军兴军的思想理论根基。

(3) 三要坚决维护核心。毫不动摇坚持党对军队绝对领导的一系列根本原则和制度,坚决维护和贯彻军委主席负责制,进一步强化"四个意识",坚定忠诚核心、拥戴核心、维护核心的思想自觉和政治自觉。四要培养"四有"新人。适应强军目标新要求,把握铸魂育人特点规律,培养有灵魂、有本事、有血性、有品德的新时代革命军人,锻造铁一般信仰、铁一般信念、铁一般纪律、铁一般担当的过硬部队,永葆人民军队性质、宗旨、本色。

15. 如何理解军委主席负责制是党对军队绝对领导的最高实现形式?

【参考答案】

(1) 军委主席负责制,是从党、国家、军队全局出发的重大制度安排,是坚持党对军队绝对领导、实现党和国家长治久安的根本要求,集中反映了党和人民的意志、全军官兵的期望。军委主席负责制的含义主要包括三个方面:一是全国武装力量由军委主席统一领导和指挥。二是国防和军队建设一切重大问题由军委主席决策和决定。三是中央军委全面工作由军委主席主持和负责。

(2) 军委主席负责制蕴含着马克思主义国家学说的精髓要义。马克思主义认为,军队是国家政权的主要成分,是阶级统治的暴力工具,无产阶级专政的首要条件就是无产阶级军队;政党是特定阶级利益的代表者和维护者,任何政党执政都必然掌握军队的领导权。列宁强调,政党通常是由最有威信、最有影响、最有经验、被选出担任最重要领导职务而被称为领袖的人们所组成的比较稳定的集团来主持的。在我国,中国共产党是工人阶级的先锋队,同时是中国人民和中华民族的先锋队,是中国特色社会主义事业的坚强领导核心。党代表工人阶级和广大人民执掌政权,也必然牢牢掌握一支强大的人民军队,并通过党的领袖掌握党和国家的最高军事领导权。军委主席负责制作为党对军队绝对领导的最高实现形式,反映了我国执政党、国家、军队之间内在的天然的联系,从最高领导权层面确保了我军永远是党的军队、人民的军队、社会主义国家的军队。

(3)军委主席负责制体现了国家军事领导权配置的普遍规律。国家军事领导权配置,解决的是统治阶级如何有效掌控军权的问题。从世界范围看,虽然由于国体政体和历史文化差异,各国国防体制不尽相同,但其军事制度安排都具有一个共同的根本指向,即军队的领导指挥权必须始终牢牢掌握在最高统帅手中。军委主席负责制,吸收借鉴古今中外军事领导权配置的有益经验,体现了军事领域"兵权贵一"的规律要求,实现了全国武装力量领导权和指挥权的高度统一。

(4)军委主席负责制凝结着我们党建军治军的历史经验和优良传统。我们党在创建和领导人民军队的实践中,对军队最高领导权的配置和运用进行了反复探索,不断总结正反两方面历史经验,丰富完善党的军事领导制度。第五次反"围剿"至遵义会议召开前,党对军队的领导和指挥出现严重失误,导致红军遭受重大挫败,中国革命出现严重危机。1935年遵义会议实际确立了毛泽东在党和红军的领导地位后,逐步形成党领导军队的坚强核心。经过抗日战争、解放战争淬炼,党的军事领导制度在实践中进一步丰富完善,成为夺取中国革命胜利的关键因素,也为新中国建立军委主席负责制奠定了重要基础。

(5)进入改革开放新时期,八二宪法规定中华人民共和国中央军事委员会领导全国武装力量,中央军委实行主席负责制,使党对军队的领导和国家对军队的领导融为一体。从根本大法层面建立健全党和国家的军事领导制度,确立军委主席负责制,开辟了党领导军队理论与实践的新境界。党的十八大以来,在习主席坚强领导和有力推动下,贯彻落实军委主席负责制的制度机制进一步丰富完善,向法治化、规范化方向推进了一大步。2017年10月党的十九大,将军委主席负责制郑重写入党章,彰显了我们党的政治自信、制度自信。

(6)军委主席负责制是党对人民军队绝对领导的制度"龙头",是确保国家长治久安的"定海神针"。我军维护核心、听从指挥,首要的是维护和贯彻军委主席负责制,强化政治意识、大局意识、核心意识、看齐意识,始终在政治立场、政治方向、政治原则、政治道路上同党中央、习主席保持高度一致,一切行动听从党中央、习主席指挥。

16. 如何理解习近平强军思想的丰富内涵?

【参考答案】

(1)明确强国必须强军,巩固国防和强大人民军队是新时代坚持和发展中国特色社会主义、实现中华民族伟大复兴的战略支撑。

(2)明确党在新时代的强军目标是建设一支听党指挥、能打胜仗、作风优良的人民军队,必须同国家现代化进程相一致,力争到2035年基本实现国防和军队现代化,到本世纪中叶把人民军队全面建成世界一流军队。

(3)明确党对军队绝对领导是人民军队建军之本、强军之魂,必须全面贯彻党领导军队的一系列根本原则和制度,确保部队绝对忠诚、绝对纯洁、绝对可靠。

(4)明确军队是要准备打仗的,必须聚焦能打仗、打胜仗,创新发展军事战略指导,构建中国特色现代作战体系,全面提高新时代备战打仗能力,有效塑造态势、管控危机、遏制战争、打赢战争。

(5)明确作风优良是我军鲜明特色和政治优势,必须加强作风建设、纪律建设,坚定不移正风肃纪、反腐惩恶,大力弘扬我党我军光荣传统和优良作风,永葆人民军队性质、宗旨、本色。

(6)明确推进强军事业必须坚持政治建军、改革强军、科技兴军、依法治军,更加注重聚焦实战、更加注重创新驱动、更加注重体系建设、更加注重集约高效、更加注重军民融合,全面提高革命化现代化正规化水平。

（7）明确改革是强军的必由之路，必须推进军队组织形态现代化，构建中国特色现代军事力量体系，完善和发展中国特色社会主义军事制度。

（8）明确创新是引领发展的第一动力，必须坚持向科技创新要战斗力，统筹推进军事理论、技术、组织、管理、文化等各方面创新，建设创新型人民军队。

（9）明确现代化军队必须构建中国特色军事法治体系，推动治军方式根本性转变，提高国防和军队建设法治化水平。一支现代化军队必然是法治军队。

（10）明确军民融合发展是兴国之举、强军之策，必须坚持发展和安全兼顾、富国和强军统一，形成全要素、多领域、高效益军民融合深度发展格局，构建一体化的国家战略体系和能力。

习近平强军思想内涵丰富、思想深邃，构成一个系统完整、逻辑严密、相互贯通的科学军事理论体系，必须全面准确学习领会、毫不动摇贯彻落实。

二○一八年从优秀士兵中选拔干部军事职业能力考核

优秀士兵保送入学对象综合知识与能力考试试题

考生须知	1. 考试时间：180 分钟。 2. 试题分值：第一部分政治理论知识（15 题）、第二部分军事知识（50 题）、第三部分基本常识（30 题）、第四部分科学知识综合（50 题），均为单项选择题，每题 2 分，共 290 分；第五部分分析推理（50 题），每题 3 分，共 150 分；第六部分综合能力（2 题），每题 30 分，共 60 分。总分 500 分。 3. 应考者携带考试文具包括黑色字迹的钢笔或签字笔、2B 铅笔和橡皮。客观题用 2B 铅笔、主观题用钢笔或签字笔在答题卡上作答，在试题或其他位置作答一律无效。 4. 考试结束后，试卷及答题卡全部上交并分别封存。

第一部分　　政治理论知识

1. 中共中央总书记、国家主席习近平 2017 年 12 月 1 日在人民大会堂出席中国共产党与世界政党高层对话会开幕式，并发表题为_____的主旨讲话。
   A.《携手建设更加美好的世界》
   B.《深化互利合作　促进共同发展》
   C.《坚持合作创新法治共赢　携手开展全球安全治理》
   D.《深化伙伴关系　增强发展动力》

2. 2017 年 12 月 13 日是南京大屠杀惨案发生_____周年，也是第四个南京大屠杀死难者国家公祭日。中共中央、全国人大常委会、国务院、全国政协、中央军委 12 月 13 日上午在南京隆重举行南京大屠杀死难者国家公祭仪式。
   A. 70　　　　B. 75　　　　C. 80　　　　D. 90

3. 2018 年 2 月 24 日，十二届全国人大常委会第三十三次会议表决通过了关于实行宪法宣誓制度的决定，对宪法宣誓制度相关规定作出适当修改。决定从_____起施行。
   A. 2018 年 3 月 12 日　　　　B. 2018 年 10 月 1 日
   C. 2018 年 12 月 31 日　　　　D. 2019 年 1 月 1 日

4. 中国特色社会主义进入新时代，我国社会主要矛盾已经转化为人民日益增长的美好生活需要和_____的发展之间的矛盾。
   A. 生产力　　B. 生产方式　　C. 不平衡不充分　　D. 生产关系

5. 2018 年是全面贯彻党的十九大精神的开局之年，是改革开放_____周年，是决胜全面建成小康社会、实施"_____"规划承上启下的关键一年。
   A. 40　十三五　　B. 45　十三五　　C. 30　十二五　　D. 40　十二五

6. 感性认识和理性认识是辩证统一的，是因为_____。
   ①感性认识是理性认识的基础，没有感性认识，理性认识就成了无源之水、无根之木
   ②理性认识是抽象的，不可靠的，感觉经验才是唯一可靠的认识
   ③感性认识是不可靠的，理性认识才是可靠的
   ④认识的真正任务在于感性认识上升为理性认识，把握事物发展的规律性
   A. ①②　　　　B. ①③　　　　C. ③④　　　　D. ①④

7. _____是全面推进依法治国、加快建设社会主义法治国家最根本的保证。
   A. 共产党的领导　　　　　　　　B. 法规制度建设
   C. 高级干部廉政建设　　　　　　D. 国防和军队建设

8. 近年来，"闲置就是浪费、使用但不购买"的新消费观正悄然盛行，分享经济逐渐成为我国经济增长的"主引擎"。这一新的消费观念体现了_____。
   ①绿色消费　②从众消费　③提前消费　④勤俭节约
   A. ①③　　　B. ②③　　　C. ①④　　　D. ③④

9. _____是引领发展的第一动力，是建设现代化经济体系的战略支撑。
   A. 改革　　　B. 创新　　　C. 开放　　　D. 科技

10. "鞋子合不合脚，自己穿着才知道。一个国家的发展道路合不合适，只有这个国家的人民才最有发言权。"国家主席习近平的这段话表明，在处理国际关系时应该_____。
    ①坚持各国主权平等，反对干涉别国内政　②维护公平正义，尊重各国人民的选择
    ③坚定维护共同利益，同时维护本国利益　④增强综合国力，抢占国际竞争优势
    A. ①②　　　B. ②③　　　C. ②④　　　D. ①④

11. 社会主义首要的根本任务是_____。
    A. 改善人民生活　　　　　　　　B. 发展社会主义市场经济
    C. 解放和发展生产力　　　　　　D. 推进政治体制改革

12. 下列说法不正确的是_____。
    A. 违法和犯罪在本质上是相同的　　B. 违法和犯罪对社会的危害程度不一样
    C. 一般违法行为应受到刑法处罚　　D. 对违法和犯罪的处罚不同

13. 法国有一句谚语："一点又一点，小鸟筑成巢"。《老子》说："合抱之木，生于毫末；九层之台，起于累土。"其中蕴含的哲学道理是_____。
    A. 一切事物的变化发展都是从质变开始的
    B. 量变是质变的前提和必要准备
    C. 只要有量变，就必然发生质变
    D. 量变和质变的关系是决定和被决定的关系

14. "中国制造2025"构想的提出，对于中国传统制造业的转型升级影响深远。把智能制造作为中国制造未来的主攻方向，实现由中国制造向中国创造、中国智造转型。这有利于_____。
    ①促进我国经济实现由实体经济向虚拟经济转变
    ②通过产品结构的优化升级，引导消费新潮流
    ③推动产业升级，增强核心技术的竞争力
    ④催生新技术、新业态、新模式，形成新的经济增长点
    A. ①④　　　B. ②③　　　C. ①②　　　D. ③④

15. 在长期实践中，我军形成了一整套优良传统。我军优良传统的核心内容是_____。
    A. 坚持党对军队的绝对领导　　　B. 坚持全心全意为人民服务的根本宗旨
    C. 坚持官兵一致、发扬民主　　　D. 坚持实行自觉的严格的纪律

第二部分　　军事知识

16. "以战止战"的义战观点出自_____。
    A.《孙子兵法》　　B.《六韬》　　C.《司马法》　　D.《三略》

17. 1941年12月_____，太平洋战争从此拉开帷幕。
    A. 日本进攻东南亚　　　　　　B. 中途岛海战
    C. 莱特湾海战　　　　　　　　D. 日本偷袭珍珠港

18. 1944年6月6日，盟军实施的诺曼底登陆战役发生在_____。
    A. 英国　　　B. 法国　　　C. 波兰　　　D. 比利时

19. 淮海战役历时65天，歼敌_____万。
    A. 55.5　　　B. 52.5　　　C. 47　　　D. 48

20. _____已经认识到战争是和政治紧密相连的，从而提出了"兵者，以武为植，以文为种。武为表，文为里"的说法。
    A.《孙膑兵法》　　B.《尉缭子》　　C.《司马法》　　D.《军志》

21. _____抛弃儒家以礼治军的原则，认为"礼不可治兵"，强调"吾在军中持法是也"。
    A. 刘彻　　　B. 铁木真　　　C. 曹操　　　D. 戚继光

22. 当代战争的总根源是_____。
    A. 恐怖主义　　B. 资本主义　　C. 霸权主义　　D. 新军国主义

23. 抗日战争时期，八路军129师师长是_____。
    A. 彭德怀　　B. 贺龙　　C. 刘伯承　　D. 林彪

24. 毛泽东军事思想的核心内容是_____。
    A. 歼灭战思想　　B. 人民战争思想　　C. 积极防御思想　　D. 以劣胜优思想

25. 中国人民解放军担负打仗、做群众工作和_____三项基本任务。
    A. 训练　　　B. 管理　　　C. 学习　　　D. 生产

26. 战争性质取决于_____。
    A. 谁先发动战争　　　　　　B. 战争在哪个国家的国土上进行
    C. 战争的政治目的　　　　　D. 战争规模的大小

27. 战争按其性质区分为_____。
    A. 正义战争和非正义战争　　B. 革命战争和反革命战争
    C. 进步的战争和退步的战争　D. 侵略战争和反侵略战争

28. 提出"天时不如地利，地利不如人和"观点的是_____。
    A. 孔子　　　B. 孟子　　　C. 孙子　　　D. 老子

29. 骑兵作为一种兵种独立编成是在_____。
    A. 春秋中期　　B. 春秋战国之交　　C. 战国中期　　D. 战国后期

30. 韩信"背水为阵，智擒赵王"的战场在_____。
    A. 马陵　　　B. 获鹿　　　C. 井陉口　　　D. 元氏

31. _____是我国最早的以统军驭将政治谋略为内容的专题兵书。
   A.《孙子兵法》   B.《孙膑兵法》   C.《六韬》   D.《三略》

32. 在_____中，首先提出了选将在德方面的五个要求，即"勇、智、仁、信、忠"。
   A.《六韬》   B.《孙膑兵法》   C.《三略》   D.《司马法》

33. 江泽民关于国防和军队建设"三步走"发展战略，第二步，再用十年时间即到_____年，随着国家经济实力的增长，使国防和军队现代化建设有一个较大的发展。
   A. 2020   B. 2022   C. 2023   D. 2025

34. 胡锦涛强调指出，把从严治军作为全局性、_____、长期性工作紧抓不放。
   A. 建设性   B. 经常性   C. 基础性   D. 根本性

35. 习主席强军思想提出力争到_____年基本实现国防和军队现代化。
   A. 2035   B. 2025   C. 2045   D. 2028

36. 美国军事理论创新的主要特点：一是勇于超越自我；二是_____；三是着眼体系博弈；四是得益于独特的学术研究氛围和机制。
   A. 紧密结合武力   B. 紧密结合政治
   C. 紧密结合科技   D. 紧密结合经济

37. 孙膑在治军方面，首先强调_____。
   A."仁义"   B."富国"   C."纪律"   D."强兵"

38.《孙子兵法》_____作为预知战争胜负，制定战争策略的重要依据。
   A."庙算"   B. 知彼知己   C. 通九变之利   D. 识众寡之利

39. 我军以"深圳号"命名的舰艇属于_____。
   A. 驱逐舰   B. 护卫舰   C. 战术潜艇   D. 巡洋舰

40. 被以色列称为"赎罪日战争"的是_____中东战争。
   A. 第一次   B. 第二次   C. 第三次   D. 第四次

41. 2018年3月5日是毛泽东题词"向雷锋同志学习"发表_____周年。
   A. 50   B. 55   C. 60   D. 65

42. 原始社会的战争，对推动_____发展起到了重要作用。
   A. 军事思想   B. 国家   C. 社会   D. 经济

43. 伪装技术是为了隐蔽自己和欺骗、迷惑敌人所采取的各种隐真示假的技术措施，是军队_____的一项重要内容。
   A. 进攻   B. 防御   C. 隐身   D. 战斗保障

44. 现代伪装技术主要有遮蔽、融合、示假、_____四种。
   A. 遮障   B. 隐蔽   C. 隐身   D. 规避

45. _____是研制最早、发展最快、隐身技术含量最高的隐身兵器。
   A. 隐身导弹   B. 隐身舰艇   C. 隐身坦克   D. 隐身飞机

46. _____航空图主要供强击机、直升机趋近目标和地空、超低空飞行使用，也可供高炮、地空导弹部队使用，同时又是诸军兵种联合作战指挥的战役用图。
   A. 1∶25万   B. 1∶50万   C. 1∶100万   D. 1∶200万

47. 地形是地貌和_____的总称。
    A. 山地   B. 道路   C. 平原   D. 地物

48. 下列选项，属于滑膛炮的是_____。
    A. 加农炮   B. 榴弹炮   C. 迫榴炮   D. 无坐力炮

49. 《队列条令》规定，齐步的行进速度为每分钟_____步。
    A. 110－116   B. 116－122   C. 122－136   D. 170－180

50. 下列选项，属于窒息性毒剂的是_____。
    A. 芥子气   B. 氢氰酸   C. 光气   D. 毕兹

51. 全军新调整组建84个军级单位，原来的18个集团军调整组建_____个集团军。
    A. 12   B. 13   C. 14   D. 15

52. 以下选项，不属于陆军兵种的是_____。
    A. 防空兵   B. 空降兵
    C. 通信兵   D. 电子对抗兵

53. 动能武器指的是一类能够发射5倍于音速的高速弹头，利用弹头的动能直接撞毁目标的武器。下列武器中不属于动能武器的是_____。
    A. 电磁炮   B. 群射火箭   C. 动能拦截弹 D. 激光武器

54. 雷达侦察机由天线、天线控制设备、_____和终端设备四部分组成。
    A. 显示器   B. 分析器   C. 示波器   D. 接收机

55. 内务条令规定连队出早操每次时间通常为_____分钟。
    A. 20   B. 30   C. 40   D. 50

56. 中央军事委员会实行_____。
    A. 集体负责制   B. 多数人负责制
    C. 委员会全体负责制   D. 主席负责制

57. 某单位发生安全事故，重伤18人，依据《中国人民解放军安全条例》规定，该事故属_____。
    A. 一般事故   B. 严重事故
    C. 重大事故   D. 特大事故

58. 八路军第115师在_____平型关地区，对日军进行的伏击战，是八路军首战告捷的作战。
    A. 河南省   B. 河北省   C. 山西省   D. 山东省

59. 2017年12月13日，习主席到71集团军某旅视察，走进_____生前所在班与战士座谈，充分肯定连队尊崇英雄、学习英雄的做法。
    A. 王杰   B. 雷锋
    C. 董存瑞   D. 李向群

60. 1943年11月22日至26日，_____政府首脑在开罗举行会议，签署了《开罗宣言》。
    A. 中国、美国、苏联   B. 美国、英国、苏联
    C. 美国、英国、法国   D. 中国、美国、英国

61. 分队在行进间遇见首长和上级时，_____。
    A. 全体人员一起敬礼　　　　　　　B. 全体人员由前至后依次敬礼
    C. 由带队指挥员敬礼　　　　　　　D. 可以不敬礼

62. 我军《纪律条令》规定对个人的奖励项目不包括_____。
    A. 嘉奖　　　B. 三等功　　　C. 八一勋章　　　D. 优秀党员

63. 下列国家不与中国接壤的是_____。
    A. 朝鲜　　　B. 俄罗斯　　　C. 泰国　　　D. 越南

64. 2018年4月12日，中央军委在南海海域举行海上阅兵，执行检阅任务是_____舰。
    A. 石家庄　　　B. 长沙　　　C. 三亚　　　D. 青岛

65. 下列国家不属海湾（波斯湾）国家的是_____。
    A. 伊朗　　　B. 伊拉克　　　C. 叙利亚　　　D. 巴林

第三部分　　基本常识

66. 中华人民共和国的国体是_____。
    A. 议会制　　　　　　　　　　　B. 共和制
    C. 人民民主专政　　　　　　　　D. 人民代表大会制度

67. 我国《宪法》规定，年满_____周岁的公民才具有选举权和被选举权。
    A. 16　　　　　B. 17　　　　　C. 18　　　　　D. 19

68. 国防法规定，国家根据动员要求，可以依法征用_____的设备设施、交通工具和其他物资。
    A. 组织和个人　　B. 组织　　　　C. 个人　　　　D. 公民

69. 使馆馆长的等级不包括_____。
    A. 大使　　　　　B. 代办　　　　C. 临时代办　　D. 公使

70. 人们常用"杏林春暖""杏林满园"赞扬某人的技术和道德，这里的"杏林"是_____的代称。
    A. 教育界　　　　B. 戏曲界　　　C. 植物学界　　D. 中医学界

71. 与计划经济相对应的经济范畴是_____。
    A. 市场经济　　　　　　　　　　B. 商品经济
    C. 自然经济　　　　　　　　　　D. 产品经济

72. 强化"四个意识"是强化政治意识、大局意识、核心意识和_____。
    A. 纪律意识　　　B. 看齐意识　　C. 服从意识　　D. 奉献意识

73. 发挥政治工作生命线作用，培养有灵魂、有本事、有血性、_____的新时代革命军人。
    A. 有觉悟　　　　B. 有理想　　　C. 有品德　　　D. 有素质

74. 下列省市简称不正确的是_____。
    A. 湖南省（湘）　　　　　　　　B. 山东省（鲁）
    C. 海南省（海）　　　　　　　　D. 天津市（津）

75. 《静夜思》"床前明月光，疑是地上霜。举头望明月，低头思故乡。"作者是_____。
    A. 杜甫　　　　　B. 李白　　　　C. 苏轼　　　　D. 刘禹锡

76. 日常生活中经常可以依靠动物的某些行为预测天气，下列对应正确的是_____。
    A. 麻雀围食—雨天　　　　　　　B. 龟背冒"汗"—晴天
    C. 蜻蜓低飞—雨天　　　　　　　D. 蚂蚁垒窝—晴天

77. 歌曲《我的祖国》是电影_____中的插曲。
    A. 《英雄儿女》　　　　　　　　B. 《打击侵略者》
    C. 《海外赤子》　　　　　　　　D. 《上甘岭》

78. 下列不属于我国五大淡水湖泊的是_____。
    A. 鄱阳湖　　　　B. 洪湖　　　　C. 太湖　　　　D. 洞庭湖

79. 《中华人民共和国国歌》的曲作者是_____。
    A. 冼星海　　　　B. 聂耳　　　　C. 公木　　　　D. 田汉

80. 2018年是中国人民解放军建军_____周年。
    A. 80　　　　　　B. 90　　　　　　C. 91　　　　　　D. 92

81. 2018年3月25日至28日，_____对我国进行了非正式访问。
    A. 日本首相安倍晋三　　　　　　B. 朝鲜劳动党委员长金正恩
    C. 韩国总统文在寅　　　　　　　D. 法国总统马克龙

82. 第二十三届冬季奥林匹克运动会在_____举行。
    A. 日本东京　　　　B. 俄罗斯索契　　　C. 韩国平昌　　　D. 德国汉堡

83. 我国首颗暗物质科学卫星为_____。
    A. "嫦娥"号　　　B. "悟空"号　　　C. "探索者"号　　　D. "神州"号

84. 2017年7月28日，习主席首次颁授_____，充分体现了对英模典型的崇高敬意和高度褒奖。
    A. "七一勋章"　　　　　　　　　B. "八一勋章"
    C. "共和国勋章"　　　　　　　　D. "友谊勋章"

85. 第十三届全国人民代表大会第一次会议决定组建_____。
    A. 退役军人安置部　　　　　　　B. 退役军人保障部
    C. 退役军人管理部　　　　　　　D. 退役军人事务部

86. 《三国演义》"三英战吕布"中的"三英"是指_____。
    A. 诸葛亮、关羽、赵云　　　　　B. 刘备、关羽、赵云
    C. 张飞、关羽、赵云　　　　　　D. 刘备、关羽、张飞

87. 2018年博鳌亚洲论坛在我国的_____举行。
    A. 北京　　　　　　B. 天津　　　　　　C. 广州　　　　　　D. 海南

88. 在我国，树木年轮宽的一方一般是_____。
    A. 南方　　　　　　B. 北方　　　　　　C. 东方　　　　　　D. 西方

89. 唐代诗人_____有"诗圣"之称。
    A. 李白　　　　　　B. 杜甫　　　　　　C. 白居易　　　　　D. 韩愈

90. 下列选项不属于"唐宋八大家"的是_____。
    A. 韩愈　　　　　　B. 欧阳修　　　　　C. 王安石　　　　　D. 李白

91. 被恩格斯称为"天才的诗人"是_____。
    A. 莎士比亚　　　　B. 歌德　　　　　　C. 雪莱　　　　　　D. 拜伦

92. 被誉为"人民音乐家"的是_____。
    A. 冼星海　　　　　B. 聂耳　　　　　　C. 贺绿汀　　　　　D. 郭兰英

93. 我国民间舞蹈"安代"属于_____。
    A. 汉族　　　　　　B. 蒙古族　　　　　C. 藏族　　　　　　D. 傣族

94. 下列选项不属于中国画中"四君子"的是_____。
    A. 梅　　　　　　　B. 兰　　　　　　　C. 松　　　　　　　D. 竹

95. 我国京剧形成于清代_____。
    A. 嘉庆年间　　　　B. 道光年间　　　　C. 咸丰年间　　　　D. 光绪年间

第四部分　　科学知识综合

96. 楚辞最宏伟的代表作品是屈原的＿＿＿＿。
    A. 《离骚》　　　　　　　　　B. 《九歌》
    C. 《九章》　　　　　　　　　D. 《湘夫人》

97. 我国文学史上现存的第一首长篇叙事诗是＿＿＿＿。
    A. 《观沧海》　　　　　　　　B. 《诗经》
    C. 《孔雀东南飞》　　　　　　D. 《木兰辞》

98. 我国第一部长篇讽刺小说是＿＿＿＿。
    A. 《官场现形记》　　　　　　B. 《儒林外史》
    C. 《孽海花》　　　　　　　　D. 《变形记》

99. 荒诞派戏剧的代表作品是＿＿＿＿。
    A. 《茶馆》　　　　　　　　　B. 《威尼斯商人》
    C. 《百年孤独》　　　　　　　D. 《等待戈多》

100. "清泉石上流"的上句是＿＿＿＿。
    A. 明月松间照　　　　　　　　B. 大漠孤烟直
    C. 天寒白屋贫　　　　　　　　D. 月出惊山鸟

101. 被称为"雨巷诗人"的是＿＿＿＿。
    A. 鲁迅　　　　　　　　　　　B. 戴望舒
    C. 闻一多　　　　　　　　　　D. 徐志摩

102. 宋代第一个专力写词的作家是＿＿＿＿。
    A. 苏轼　　　B. 辛弃疾　　　C. 陆游　　　D. 柳永

103. 元代最具代表性的文学体裁是＿＿＿＿。
    A. 诗　　　　B. 词　　　　　C. 曲　　　　D. 赋

104. 唐代诗人并称"元白"的是＿＿＿＿。
    A. 元结　白居易　　　　　　　B. 元稹　白居易
    C. 元稹　白朴　　　　　　　　D. 元结　白朴

105. 法国作家巴尔扎克是著名的＿＿＿＿作家。
    A. 批判现实主义　　　　　　　B. 浪漫主义
    C. 古典主义　　　　　　　　　D. 荒诞主义

106. 已知集合 $A=\{x|x=3n+2, n\in N\}$, $B=\{6,8,10,12,14\}$, 则集合 $A\cap B$ 中元素的个数为( ).

   A. 5   B. 4   C. 3   D. 2

107. 已知 q 是等比数列 $\{a_n\}$ 的公比, 则 "$q<1$" 是 "数列 $\{a_n\}$ 是递减数列" 的( ).

   A. 充分不必要条件   B. 必要不充分条件
   C. 充要条件   D. 既不充分也不必要条件

108. 若 $f(x)=\lg(x^2-2ax+1+a)$ 在区间 $(-\infty,1]$ 上递减, 则 a 的范围为( ).

   A. $[1,2)$ B. $[1,2]$ C. $[1,+\infty)$ D. $[2,+\infty)$

109. 已知等比数列 $\{a_n\}$ 满足: $a_1=\dfrac{1}{4}$, $a_3 a_5=4(a_4-1)$, 则 $a_2=$ ( ).

   A. 2   B. 1   C. $\dfrac{1}{2}$ D. $\dfrac{1}{8}$

110. 设 $a=0.6^{0.6}$, $b=0.6^{1.5}$, $c=1.5^{0.6}$, 则 a,b,c 的大小关系是( ).

   A. $a<b<c$ B. $a<c<b$
   C. $b<a<c$ D. $b<c<a$

111. 在锐角 $\triangle ABC$ 中, 角 A,B 所对的边长分别为 a,b, 若 $2a\sin B=\sqrt{3}b$, 则角 A 等于( ).

   A. $\dfrac{\pi}{12}$ B. $\dfrac{\pi}{6}$ C. $\dfrac{\pi}{4}$ D. $\dfrac{\pi}{3}$

112. 已知椭圆 $C:\dfrac{x^2}{a^2}+\dfrac{y^2}{b^2}=1(a>b>0)$ 的左、右顶点分别为 A_1, A_2, 且以线段 A_1A_2 为直径的圆与直线 $bx-ay+2ab=0$ 相切, 则 C 的离心率为( ).

   A. $\dfrac{\sqrt{6}}{3}$ B. $\dfrac{\sqrt{3}}{3}$ C. $\dfrac{\sqrt{2}}{3}$ D. $\dfrac{1}{3}$

113. 若两直线 a 与 b 异面, 则过 a 且与 b 垂直的平面( ).

   A. 有且只有一个   B. 可能有一个, 也可能不存在
   C. 有无数多个   D. 一定不存在

114. 平行于直线 $2x+y+1=0$ 且与圆 $x^2+y^2=5$ 相切的直线的方程是( ).

   A. $2x-y+\sqrt{5}=0$ 或 $2x-y-\sqrt{5}=0$ B. $2x+y+5=0$ 或 $2x+y-5=0$
   C. $2x-y+5=0$ 或 $2x-y-5=0$ D. $2x+y+\sqrt{5}=0$ 或 $2x+y-\sqrt{5}=0$

115. 我国第一艘航空母舰"辽宁舰"在某次舰载机起降飞行训练中, 有 5 架歼 15 飞机准备着舰, 如果甲、乙两机必须相邻着舰, 而丙、丁两机不能相邻着舰, 则不同的着舰方法有( ).

   A. 12 种   B. 18 种   C. 24 种   D. 48 种

116. — I'm sorry. I made a mistake!

— _____. Nobody is perfect.

A. Take your time   B. You're right

C. Whatever you say   D. Take it easy

117. After we walked _____ the forest, and _____ a river, we arrived at that small village.

A. across; across   B. through; across

C. across; through   D. through; through

118. Most baby girls talk at _____ age than boys do.

A. an earlier   B. an earliest

C. the earlier   D. the earliest

119. He is so busy. He cannot afford enough time with his son _____ he wants to.

A. even if   B. as if

C. because   D. before

120. Although he's wealthy, he spends _____ on clothes.

A. little   B. few

C. a little   D. a few

121. — Paul has gone abroad to try his luck.

— In my _____, his decision is not wise.

A. word   B. view   C. sight   D. way

122. It's a custom in China to have some tea or other drinks before the meal _____.

A. serves   B. served

C. is served   D. to be served

123. Mary has left the book on the table _____ purpose so that you can read it.

A. with   B. on   C. in   D. out of

124. Can you tell me _____?

A. who is that gentleman   B. that gentleman is who

C. who that gentleman is   D. whom is that gentleman

125. This is one of the best films _____.

A. that have been shown this year   B. that have shown

C. that has been shown this year   D. that has shown

126. 首先发现电流磁效应的科学家是_____.
   A. 安培　　　　　B. 奥斯特　　　　C. 库仑　　　　　D. 麦克斯韦

127. 降落伞在匀速下落的过程中遇到水平方向吹来的风,若风速越大,则降落伞_____.
   A. 下落的时间越短　B. 下落的时间越长　C. 落地时速度越小　D. 落地时速度越大

128. 如图所示,为一质点做直线运动时的速度—时间($v-t$)图象,图中阴影部分的面积 S 表示_____.
   A. 初速度　　　　　　　　　　　B. 末速度
   C. 速度的变化量　　　　　　　　D. 位移

129. 以下关于功说法中正确的是_____.
   A. 力做功多,则说明受力物体的位移一定大
   B. 力对物体不做功,则物体一定没有位移
   C. 力对物体做正功,力与位移方向一定相同
   D. 力对物体做负功,力与位移不一定方向相反

130. 关于机械能守恒,下面说法中正确的是_____.
   A. 物体所受合力为零时,机械能一定守恒
   B. 在水平地面上做匀加速运动的物体,机械能一定守恒
   C. 在竖直面内做各种抛体运动的物体,若不计空气阻力,机械能一定守恒
   D. 在竖直平面内做匀速圆周运动的物体,机械能一定守恒

131. 关于物体内能以及变化,以下说法正确的是_____.
   A. 物体从外界吸收热量,其内能一定增加
   B. 物体对外界做功,其内能一定减少
   C. 若物体与外界不发生热交换,则物体的内能必定不改变
   D. 物体对外做功,其内能不一定改变,向物体传递热量,其内能也不一定改变

132. 抽制高强度细丝时要用激光监控其粗细,如图所示,观察激光束经过细丝时在光屏上所产生的条纹即可判断细丝粗细的变化_____.
   A. 这主要是光的干涉现象
   B. 这主要是光的衍射现象
   C. 如果屏上条纹宽度变宽,表明抽制的丝变粗
   D. 这主要是光的反射现象

133. 对于红、绿、蓝三种单色光,下列表述正确的是_____.
   A. 红光频率最高　　　　　　　B. 蓝光频率最高
   C. 绿光光子能量最小　　　　　D. 蓝光光子能量最小

134. 下列关于电磁波的叙述中,正确的是_____.
   A. 电磁波是电磁场由发生区域向远处的传播
   B. 电磁波在任何介质中的传播速度均为 3.00×10^8 m/s
   C. 电磁波由真空进入介质传播时,波长不变
   D. 电磁波不能产生干涉、衍射现象

135. 下列说法中正确的是_____.
   A. 卢瑟福通过对 α 粒子轰击金箔的散射实验的研究,提出原子的核式结构学说
   B. 对于某种金属,用超过其极限频率的入射光照射,入射光强度越弱,所逸出的光电子的最大初动能越小
   C. 贝可勒尔通过对天然放射现象的研究,发现了原子中存在原子核
   D. 目前核电站都采用核聚变反应发电

相对分子质量:
H: 1　　C: 12　　N: 14　　O: 16　　Na: 23　　Al: 27　　S: 32　　Cl: 35.5

136. 下列物质按混合物、纯净物、化合物、单质的顺序排列正确的是_____。
　　A. 空气、烧碱、金刚石、氧气　　　　B. 漂白粉、氧气、石墨、乙烯
　　C. 海水、纯碱、甲烷、钠　　　　　　D. 苹果汁、维生素 C、铜、酒精

137. 实验室用于检验 I^- 的试剂是_____。
　　A. KCl　　　　B. $AgNO_3$　　　　C. NaOH　　　　D. H_2O

138. 向某溶液中投入铝片后有大量 H_2 放出,则在该溶液中一定不能大量存在的离子是_____。
　　A. H^+　　　　B. OH^-　　　　C. Cl^-　　　　D. HCO_3^-

139. 下列做法错误的是_____。
　　A. 用湿润的红色石蕊试纸检验氨气
　　B. 少量金属钠着火时,用细干沙覆盖灭火
　　C. 易燃试剂与强氧化性试剂分开存放并远离火源
　　D. 用 50mL 量筒配制 $0.1mol \cdot L^{-1}$ 的 Na_2CO_3 溶液

140. 下列反应中,氯元素被氧化的是_____。
　　A. $2KClO_3 \xrightarrow[\triangle]{MnO_2} 2KCl + 3O_2 \uparrow$
　　B. $MnO_2 + 4HCl(浓) \xrightarrow{\triangle} MnCl_2 + 2H_2O + Cl_2 \uparrow$
　　C. $H_2 + Cl_2 \xrightarrow{点燃} 2HCl$
　　D. $BaCl_2 + Na_2SO_4 == BaSO_4 \downarrow + 2NaCl$

141. 下列说法错误的是_____。
　　A. 硫是一种不溶于水的黄色晶体
　　B. 硫在空气中燃烧的产物是 SO_2
　　C. 硫在纯氧中燃烧的产物是 SO_3
　　D. 硫的化合物常存在于火山喷出的气体中

142. 下列溶液中,阴离子浓度最大的是_____。
　　A. $0.5mol \cdot L^{-1} H_2SO_4$ 溶液 50mL　　　　B. $0.6mol \cdot L^{-1} Al_2(SO_4)_3$ 溶液 35mL
　　C. $0.8mol \cdot L^{-1} NaCl$ 溶液 70mL　　　　　D. $0.7mol \cdot L^{-1} Al(NO_3)_3$ 溶液 70mL

143. 下列操作中,一定能使氨水中 NH_4^+ 浓度增大的是_____。
　　A. 加入 NaOH 溶液　　　　　　B. 通入 HCl 气体
　　C. 加水稀释　　　　　　　　　D. 加入 KCl 固体

144. 人造地球卫星使用了一种高能银锌电池,其电极反应式为:
　　$Zn + 2OH^- - 2e == ZnO + H_2O$,　$Ag_2O + H_2O + 2e == 2Ag + 2OH^-$
　　据此判断 Ag_2O 是_____。
　　A. 负极,被氧化　　　　　　　B. 负极,被还原
　　C. 正极,被氧化　　　　　　　D. 正极,被还原

145. 化学与环境密切相关,下列有关说法正确的是_____。
　　A. N_2 属于大气污染物
　　B. 酸雨是 pH 值大于 5.6 且小于 7 的雨水
　　C. 大气中 CO_2 含量增多会导致酸雨
　　D. 塑料制品的过度使用会造成"白色污染"

第五部分　　分析推理

146. 直观教学是指利用教具作为感官传递物,向学生展示相关内容,以达到提高学习效率或效果的一种教学方式。直观教学包括实物直观、模象直观和言语直观。实物直观通过直接感知实际事物而进行;模象直观通过对实物的模拟性形象来直接感知;言语直观是在形象化的语言作用下,通过学生对语言的物质形式(语音、字形)的感知及对语义的理解而进行的一种直观形式。

根据上述定义,下列不属于上述三种直观教学的是_____
A. 请学生分角色朗读戏剧作品,或通过上台表演来体会人物性格
B. 在艺术鉴赏课上,使用幻灯片给学生展示西方油画的经典之作
C. 暑期带着学生去工厂和农村进行实地参观访问
D. 请学生在课后阅读整篇小说内容并撰写读后感

147. 符号是人们共同约定来指称一定对象的标志物,它可以包括以任何形式通过感觉来显示意义的全部现象,在这些现象中某种可以感觉的东西就是对象及其意义的体现者。

根据上述定义,下列选项属于符号的是_____
A. 中医诊断时所观察的舌苔　　　　B. 野外行路时人所使用的指南针
C. 十字路口指示用的红绿灯　　　　D. 搜救犬救人时所闻的人体气味

148. 时间知觉是对客观现象延续性和顺序性的感知,时间知觉的信息,既来自于外部,也来自内部。外部信息包括计时工具,也包括宇宙环境的周期性变化。内部信息是机体内部的一些有节奏的生理过程和心理活动。

根据上述定义,下列没有包含时间知觉信息的是_____
A. 东边日出西边雨,道是无晴却有晴　　B. 三更灯火五更鸡,正是男儿读书时
C. 人有悲欢离合,月有阴晴圆缺　　　　D. 月出惊山鸟,时鸣春涧中

149. 隐身战机目前主要依靠外形设计和材料表面涂层,来降低其可探测性,实现雷达隐身。但是,受现有技术和材料水平以及战机制造难度、机动性能、造价与后续费用、维护保障方便性等诸多限制,隐身战机不得不在上述几方面做出一定平衡,因此一般不可能实现全方位和全电磁波段的所谓全隐身,特别是它在执行特殊任务,携带或挂载暴露在机体外的非隐形配置时,隐身能力要下降很多。

这段文字意在_____
A. 介绍制造隐身战机的困境　　　　B. 分析隐身战机的设计缺陷
C. 探讨隐身战机的技术难点　　　　D. 论述隐身战机的隐身原理

150. 海洋微生物大多是海洋的生产者,参与海洋物质生产、传递、沉降、分解和转化的过程,为海洋植物的生存提供良好的环境和资源。除此之外,多数海洋微生物具有分解有机物质的能力,能将有机物分解成氨、硝酸盐以及二氧化碳等,为海洋植物提供营养物,对海洋无机营养再生起了重要作用。海洋中具有光合作用的微生物能利用简单无机物合成有机物和氧,有利于其他生物生存。

关于海洋微生物的作用,这段文字未涉及的是_____
A. 参与海洋的物质循环　　　　　　B. 保护海洋的生态平衡
C. 促使海洋的富营养化　　　　　　D. 维护海洋的食物链

151. 中俄计划携手建设从莫斯科出发,穿越哈萨克斯坦通往北京的欧亚高速运输走廊。新铁路的兴建可能要耗时八至十年。从工程的规模及价值来看,它堪与苏伊士运河_____。后者大幅缩短了通航里程及时间,迅速对全球贸易产生了_____的影响。

填入画线部分最恰当的一项是_____。

A. 比肩　不可估量　B. 媲美　旷日持久　C. 争雄　超乎预期　D. 匹敌　源源不断

152. 阅读终端在不断下移,打开手机就可以阅读到新闻,关注他人微博就可以了解到需要的信息。所以如果纸媒还_____地认为自己不可取代,那无疑是自寻死路。许多纸媒在新闻方面早已_____了,只要广告额下降到一定程度,关门是迟早的事。

填入画横线部分最恰当的一项是_____

A. 一厢情愿　渐行渐远　　　B. 执迷不悟　千篇一律
C. 不可一世　差强人意　　　D. 抱残守缺　乏善可陈

153. 大数据是指规模极其巨大,以致很难通过一般软件工具加以获取、管理、处理并整理成为有用资讯的海量数据。其具有大量、高速、多样和价值四个特点,被认为是人类新世纪的"新财富",价值"堪比石油"。发达国家纷纷将开发利用大数据作为夺取新一轮制高点的重要目标,就是个明证。

这段文字意在说明_____

A. 大数据在处理上还存在技术难度
B. 大数据背后隐藏着巨大的价值
C. 发达国家在开发利用大数据上已经先行一步
D. 开发利用大数据已成为国家竞争的一个热点

154. 在现代军事中,战略威慑的地位越来越重要。战略威慑的实力,由常备军和后备力量两个部分组成,要确保这两支力量正常运转和发展,除了国民经济动员外,还需要一种无形力量的支持。这正是信息化战争中,新闻舆论战所承担的战略任务。因为没有媒体的宣传,别人就不可能全面感受到你的"强大",其威慑作用也会大打折扣。从海湾战争到伊拉克战争,美国都是借助媒体挥舞"威慑大棒",战前就发动大规模的舆论攻势,使对方先失一局。可见,通过舆论战抢占话语权,先发制敌,形成对己有利的战争环境,有助于实现战略目标。

这段文字意在说明_____

A. 舆论战成为打赢信息化战争的重要手段　B. 大规模舆论攻势成为现代战争的前哨战
C. 媒体宣传是联结常备军与后备力量的纽带　D. 新闻舆论战对战略威慑至关重要

155. 大数据时代,正是通过挖掘个人选择偏好、生活轨迹、金融信用等数据,把握社会整体的需要、供给和趋势,进而更好地造福社会。有了大数据,企业可以据此实现颠覆式创新,创造个性化、定制化的产品。政府部门可以据此提高治理效能,相关政策可以更好辨证施治。对于个人而言,大数据带来的是更方便、更精准、更有效率。可以说,_____,正在成为现代社会最重要的进步动力之一。

填入画横线部分最恰当的一项是_____

A. 大数据使得统计上显著的相关关系越来越多
B. 大数据日益改变着人类日益普及的网络行为
C. 大数据利用信息技术创造持久有力的竞争优势
D. 大数据将信息从知识的载体进化为智慧的源泉

156. 某营来了三名代职教员,报到前,教导员得知以下情况:三人中有一位来自陆军院校,一位来自海军院校,一位来自空军院校。老王比空军教员的年龄大,老吴和海军教员不同岁,海军教员比老郑年龄小。

根据上述信息,教导员可以得知_____。

A. 老吴是陆军教员,老郑是海军教员,老王是空军教员

B. 老吴是海军教员,老郑是空军教员,老王是陆军教员

C. 老吴是空军教员,老郑是陆军教员,老王是海军教员

D. 老吴是空军教员,老郑是海军教员,老王是陆军教员

157. 茶叶是中国人喜爱的健康饮品。一般人将茶叶冲泡饮用几次之后,就将喝剩的茶叶倒掉。某专家对此指出,其实茶叶中能够溶解于水的物质是有限的,大量有营养的物质仍然保留在茶叶中,白白倒掉实在可惜,人们应该将喝剩的茶叶吃掉。

以下哪项如果为真,最能反驳该专家的观点?_____

A. 茶叶中许多没有营养的物质也不能溶于水

B. 茶叶中含有茶叶碱和微量元素,可以提神醒脑

C. 茶叶中多数农药残留和重金属吃下去会被人体吸收

D. 很多人将喝剩的茶叶留下来做茶饼、茶叶蛋等

158. 某旅对一营5个连队进行了集体五公里武装越野考核,考核结束后,几位连长预测了一下各连的成绩:

一连长说:没有连队会达标。

二连长说:有的连队会达标。

三连长说:1连或机枪连可达标。

成绩通报后,只有一位连长的预测是正确的,由此可推出_____

A. 没有连队达标 B. 全营都达标了 C. 一连达标 D. 机枪连未达标

159. 扶贫必扶智,让贫困地区的孩子们接受更好的教育是扶贫开发的重要任务,也是阻断贫困代际传递的重要途径。以下哪项是上述论证的假设?_____

A. 贫困代际传递导致教育落后   B. 富有家庭大都接受良好教育

C. 扶贫工作难,扶智工作更难   D. 知识改变命运,教育成就财富

160. 甲、乙、丙、丁四名士官讨论春节探亲休假一事。甲说:乙回去,我就肯定回去;乙说:丙回去我就不回去;丙说:无论丁回去不回去,我都回去;丁说:甲乙中至少有一个人回去,我就回去。以下哪项推论可能正确?_____

A. 乙、丙两个人回去了   B. 甲一个人回去了

C. 甲、丙、丁三个人回去了   D. 四个人都回去了

161. 甲、乙、丙、丁四名学员利用晚上时间分别参加学院组织的板报设计、音乐指挥、篮球裁判、足球裁判专长培训,已知板报设计周二不上课,音乐指挥周三不上课,篮球裁判周四不上课,足球裁判只有周三、周五上课,周一4个班都不上课。某天,甲说:"我这两天都没课,明天才能去上课。"乙说:"我也明天去,因为后天没课。"丙说:"我和甲的情况正好相反,我明天去了没用,今天去倒是上课的。"丁说:"我从明天开始,连续五天都可以去上课"。

那么乙参加的培训课是_____。

A. 板报设计   B. 音乐指挥   C. 篮球裁判   D. 足球裁判

162. 小赵、小钱、小孙、小李、小周 5 名新兵参加投弹考核,他们成绩之间的关系是:小孙没有小钱高,小周没有小李高,小赵高于小钱,而小李不如小孙高,则成绩最高的是_____。
   A. 小赵   B. 小钱
   C. 小孙   D. 小李

163. 对于战士小李、小王、小刘能否考取军校,有以下四种猜测:
   (1)小李能考取;
   (2)要是小王能考取,那么小刘也能考取;
   (3)或者小王能考取,或者小李能考取;
   (4)小王能考取。
   事后证实,这四种猜测中只有一种是对的。
   根据以上信息,可以得出以下哪项?_____
   A. 小李考取了
   B. 小刘没有考取
   C. 小刘考取了
   D. 小李没有考取

164. 11,24,39,56,_____。
   A. 74   B. 75   C. 76   D. 77

165. 1,6,5,7,2,8,6,_____,3。
   A. 7   B. 8   C. 9   D. 10

166. 102,96,108,84,_____,36。
   A. 122   B. 132   C. 134   D. 136

167. 汽车连一辆汽车第一天行驶了 5 个小时,第二天行驶了 600 千米,第三天比第一天少行驶 200 千米,三天共行驶 18 小时,已知第一天的平均速度与三天全程的平均速度相同,则三天共行驶了_____千米。
   A. 800   B. 900
   C. 1000   D. 1200

168. 工程队接到一项工程,投入 80 台挖掘机。如连续施工 30 天,每天工作 10 小时,正好按期完成。但施工过程中遭遇大暴雨,有 10 天时间无法施工,工期还剩 8 天时,工程队增派 70 台挖掘机并加班施工。工程队若想按期完成,平均每天需要多工作_____小时。
   A. 1.5   B. 2   C. 3   D. 3.5

169. 小游射击共用了 10 发子弹,全部命中,分布在 10 环、8 环和 5 环上,总成绩为 75 环,则命中 10 环的子弹数是_____。
   A. 1 发   B. 2 发   C. 3 发   D. 4 发

170. 植树节期间,某班在一块直角三角形绿地的周边上植树,共植树 12 棵,如果树间距为 1 米,绿地面积为 6 平方米。则在绿地的斜边上最多能植_____棵树。
   A. 5   B. 6   C. 7   D. 8

171. 两学员队为召开联欢晚会,分别编排了 3 个和 2 个节目,要求同一学员队的节目不能连续出场,则安排节目出场顺序的方案共有_____。
   A. 12 种   B. 16 种   C. 18 种   D. 24 种

(第172题~177题。根据给出的相关词,从四个备选项中找出在逻辑关系上与之最为贴切或相似的一个)

172. 闪电战:战术:突袭_____
　　A. 润滑油:机械:减震　　　　　　B. 戈壁滩:地形:干旱
　　C. 防空洞:轰炸:隐蔽　　　　　　D. 斑马线:标记:通过

173. 法律:法盲_____
　　A. 地图:路盲　　B. 黑暗:夜盲　　C. 文字:文盲　　D. 雪地:雪盲

174. 侦察:证据_____
　　A. 调查:数据　　B. 实验:研究　　C. 探索:发现　　D. 尝试:失败

175. 文物:建筑_____
　　A. 烹饪:佐料　　B. 商店:楼房　　C. 诗人:教授　　D. 皮鞋:布鞋

176. 学生:学霸:学习_____
　　A. 军人:军官:卫国　B. 房奴:孩奴:还贷　C. 女士:护士:护理　D. 白领:金领:管理

177. 丝绸之路之于_____相当于万里长征之于_____
　　A. 敦煌　遵义　B. 骆驼　草鞋　C. 沙漠　海洋　D. 贸易　解放

178. 从所给的四个选项中,选出最合适的一个填入问号处,使之呈现一定的规律性。_____

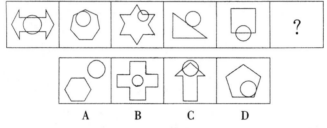

179. 从所给的四个选项中,选出最合适的一个填入问号处,使之呈现一定的规律性。_____

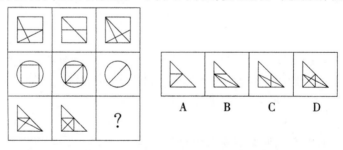

180. 左图给定的是正方体纸盒的外表面,下面哪一项能由它折叠而成?_____

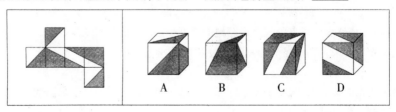

181. 把下面的六个图形分为两类,使每一类图形都有各自的共同特征或规律,分类正确的一项是:

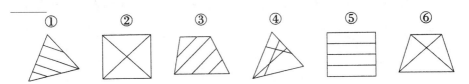

A. ①②④,③⑤⑥
B. ①④⑤,②③⑥
C. ①③⑤,②④⑥
D. ①③⑥,②④⑤

182. 左边给出一立体图形,从任意面将其剖开,下面哪一项不可能是该立体图形的截面? _____

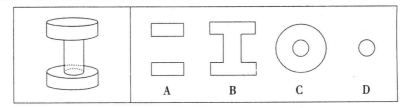

183. 从所给的四个选项中,选出最合适的一个填入问号处,使之呈现一定的规律性。_____

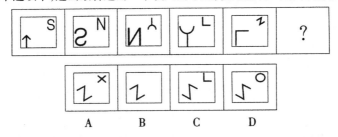

184. 从所给的四个选项中,选出最合适的一个填入问号处,使之呈现一定的规律性。_____

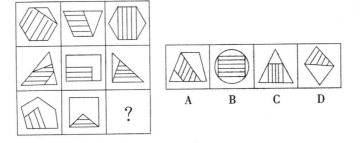

185. 从所给的四个选项中,选出最合适的一个填入问号处,使之呈现一定的规律性。_____

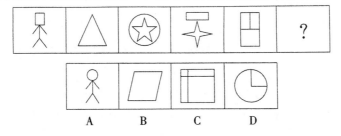

根据以下资料回答 186～190 题

2016年"一带一路"沿线64个国家GDP之和约为12.0万亿美元,占全球GDP的16.0%;人口总数约为32.1亿人,占全球总人口的43.4%;对外贸易总额(进口额＋出口额)约为71885.6亿美元,占全球贸易总额的21.7%。

2016年"一带一路"沿线国家情况

	人口(万人)	GDP(亿美元)	进口额(亿美元)	出口额(亿美元)
蒙古	301.4	116.5	38.7	45.0
东南亚11国	63852.5	25802.2	11267.2	11798.6
南亚8国	174499.0	29146.6	4724.1	3308.5
中亚5国	6946.7	2254.7	422.7	590.7
西亚、北非19国	43504.6	36467.5	9675.5	8850.7
东欧20国	32161.9	26352.1	9775.5	11388.4

186. 2016年全球贸易总额约为多少万亿美元？_____
    A. 28   B. 33   C. 40   D. 75

187. 2016年"一带一路"沿线国家中,东欧20国的人均GDP约是中亚5国的多少倍？_____
    A. 2.5   B. 3.6   C. 5.3   D. 11.7

188. "一带一路"沿线主要区域中,2016年进口额与出口额数值相差最大的是_____。
    A. 东南亚11国   B. 南亚8国
    C. 西亚、北非19国   D. 东欧20国

189. 2016年,蒙古GDP约占全球总体GDP的_____。
    A. 0.61‰   B. 1.56‰   C. 0.06‰   D. 0.16‰

190. 关于"一带一路"沿线国家2016年状况,能够从上述资料中推出的是_____。
    A. 超过六成人口集中在南亚地区
    B. 东南亚和南亚国家GDP之和占全球的8%以上
    C. 平均每个南亚国家对外贸易额超过1000亿美元
    D. 平均每个东欧国家的进口额高于平均每个西亚、北非国家的进口额

根据以下资料回答 191～195 题

2012年我国夏粮生产获得了较好收成。全国夏粮总产量达到12995万吨,比2011年增加356万吨,增长2.8%,超过1997年12768万吨的历史最高水平,比10年前增长31.6%。2012年,河北、山西、江苏、安徽、山东、河南、湖北、四川、陕西、甘肃、新疆这11个主产省(区)增产夏粮364万吨,其中安徽增产80万吨、山东增产75万吨、河北增产63万吨、河南增产55万吨,在非主产省(区、市)中北京、辽宁、浙江、湖南、重庆、云南、宁夏有不同程度减产。

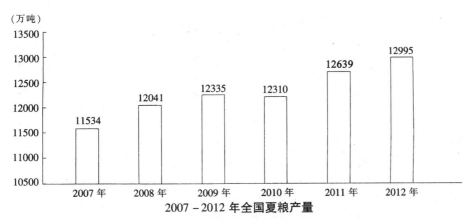

2007－2012年全国夏粮产量

2012年11个主产省(区)夏粮播种面积及总产量

	播种面积(万公顷)	总产量(万吨)
全国总计	2757.6	12995
河北	244.5	1353.1
山西	70.9	261.1
江苏	237.7	1143.5
安徽	245.9	1301.5
山东	362.7	2179.9
河南	536.7	3186.1
湖北	134.9	447.4
四川	181.3	587.6
陕西	128.7	472.5
甘肃	96.5	323.8
新疆	108.1	580.0

191. 2002年全国夏粮产量约为_____。
　　A. 4107万吨　　　B. 9875万吨　　　C. 12768万吨　　　D. 17102万吨

192. 河北、安徽、四川、新疆四个省(区)中,2012年夏粮每公顷产量高于全国平均水平的省份有几个?_____
　　A. 1　　　　　　B. 2　　　　　　　C. 3　　　　　　　D. 4

193. 2012年11个主产省(区)夏粮播种面积约占全国播种总面积的_____。
　　A. 52%　　　　　B. 67%　　　　　　C. 71%　　　　　　D. 85%

194. 假如2013年我国夏粮产量增长率创6年以来的新高,则2013年产量预计_____。
　　A. 在12995~13128万吨之间　　　B. 在13200万吨左右
　　C. 不高于13314万吨　　　　　　D. 高于13456万吨

195. 根据上述材料,下列说法错误的是_____。
　　A. 2012年,11个主产省(区)夏粮增产量超过了全国增产总量
　　B. 2011年安徽夏粮产量为1221.5万吨
　　C. 与上一年相比,夏粮增长量最多的年份是2008年
　　D. 2012年夏粮产量比2008年大约增加了2.8%

第六部分　　综合能力

给定材料一：

陆军某部在学习贯彻党的十九大精神中，强化备战打仗导向，坚持"一个让路、三个不争"：即一切工作为主业让路，不与战备训练争时间、争人力、争资源，促进战斗力标准在部队真正立起来、落下去。这种聚精会神抓练兵备战，真正把"中心居中"放在心中的做法值得点赞。

"中心居中"，才能决战决胜。然而，"不是中心胜似中心"的现象时有发生。到底是谁在与战备训练争时间、争人力、争资源？有的机关部门把分工当分家，各自为战，争时抢位，造成"业务"工作分散中心；有的热衷于安排大项活动，把出名挂号、多转经验当作主要成绩，造成"亮点"工程冲击中心；有的以"事故定乾坤"，危不施训、险不练兵，管出了安全也管弱了战斗力，造成"保底"工程影响中心；有的习惯以会议落实会议，以文件指导文件，造成"五多"现象干扰中心。

俗话说，一个中心为"忠"，两个中心为"患"。军事训练作为部队的经常性中心工作，是生成和提高战斗力的基本途径。"中心不居中"，战斗力标准就成了一个"空口袋"，很难立起来，就不可能做好新时代练兵备战工作，部队在关键时候就会"掉链子"，打不了胜仗。

要确保"中心居中"，必须做到部署安排任务、整合抓建力量，都要向能打仗、打胜仗聚焦。各项建设做到各在其位、协调推进，各个部门做到各司其职、形成合力。正确处理完成大项任务、临时性工作与打牢战斗力基础的关系，统筹兼顾当前建设与长远发展，保证战斗力建设有序推进、稳步提升。突出实战需要、突出重点部队、突出一线需求，推动各种力量资源向战斗力建设高度聚拢，在备战打仗中发挥最大效益。转变领导方式、工作模式和工作作风，对与备战打仗关系不大的会议、工作组、检查考核、试点观摩、评比表彰等下决心压减或取消。另一方面，各级党委和领导应把能打胜仗作为最大政绩，坚持谋划决策充分体现战斗力发展要求，决定重大事项优先考虑战斗力建设急需，出台政策措施注重集聚抓建战斗力合力。按照打仗要求选人用人，建立用战斗力贡献率来检验工作的考核评价体系，形成有利于提高战斗力的舆论导向、工作导向、用人导向、政策导向，确保中心工作真正居中。

196. 根据上述材料，你分析一下在确保"中心居中"上存在的主要问题，并结合实际谈谈确保"中心居中"的主要对策。（要求：概括准确，论证充分，语言流畅，400字左右）

给定材料二：

古人云："凡事预则立，不预则废。"学习也是一样，有了计划，就不会打乱仗，就可以合理安排时间，适当分配精力。

对于部队官兵来说，该怎样制订学习计划呢？不少战友在制订计划时劲头很足，但往往忽略了实际情况，结果实行起来感到困难重重。如果不清楚自己在这个学习计划中要接受和消化多少知识、培养哪些能力，不确定能有多少确实可用的学习时间，不明白学习上的欠缺和漏洞，就无法制订出适合自己的学习计划。

由于实际的学习生活可能千变万化，往往不好预测，所以长远的计划不能订得太具体。但是，每个月在学习上应解决哪几个主要问题心中应当有数。这样，就可以把在一个较长时间内才能完成的学习任务分到每周、每天去。有了具体的短安排，长远计划中的任务就可以逐步得到实现；有了长远计划，又可以在完成具体学习任务时，心中有明确的学习目标。

计划的具体内容和实施步骤是在学习之前拟定的，只是一种设想，要把它变成现实还要经过一段时间的努力。在这个过程中，自己的思想可能发生某些变化，学习的各种条件也会有改变，学习计划订得再实际也难免出现估计不到的情况。例如，某个阶段学习内容难度大，这样计划中的学习任务就可能完不成。再或者，有时集体活动占用了较多的学习时间，也会影响学习计划的实施等。所以为了保证计划的实现,学习计划不要订得太满、太死、太紧,要留有机动时间,目标也不要订得过高,这样有利于增强学习的信心。

在制订好学习计划后,就需要全力以赴,确保实施。

在学习生活中,经常会受到各种事物的吸引,学习时间少就是因为自己从事的非学习活动太多的缘故。因此,要用顽强的意志控制自己,尽量保证学习时间。可以利用零碎时间去完成一些自己感兴趣、需要时间少、比较灵活的学习任务,也可以把分散的零碎时间集中起来使用。时间是分散的,但学习的内容是集中、专一的,这样,在零碎时间内也能完成比较大的学习任务。每周过后,应该想一想,在过去一周完成了什么学习任务?花了多少时间?学习效果如何?如何改进?以此来使时间利用率不断得到提高。相信在合理制订计划、科学有效落实的情况下,战友们一定能在学习上更进一步。

197. 根据以上材料,结合部队实际,谈谈如何制订学习计划及确保实施?(要求:概括准确,层次清晰,语言流畅,400字左右)

二〇一八年从优秀士兵中选拔干部军事职业能力考核

优秀士兵保送入学对象综合知识与能力考试答题卡

注意事项：
1. 答题前，考生务必将自己的部别、姓名、考生号填写、填涂在规定位置，考生号使用2B铅笔填涂。
2. 选择题须使用2B铅笔填涂，非选择题须使用黑色墨水签字笔作答，字体工整、笔迹清楚。
3. 考生须在答题卡各题目规定答题区域内答题，超出答题区域答题无效；在稿纸、试题卷上作答无效。
4. 保持卡面清洁，不准折叠，不得弄破。

第一部分　政治理论知识（每小题2分，共30分）

第二部分　军事知识（每小题2分，共100分）

请在各题目的答题区域内作答，超出答题区域的答案无效

请在各题目的答题区域内作答，超出答题区域的答案无效

第三部分　基本常识（每小题2分，共60分）

(Answer bubbles for questions 66–95, options A B C D)

第四部分　科学知识综合（每小题2分，共100分）

(Answer bubbles for questions 96–145, options A B C D)

第五部分　分析推理（每小题3分，共150分）

(Answer bubbles for questions 146–185, options A B C D)

请在各题目的答题区域内作答，超出答题区域的答案无效

请在各题目的答题区域内作答，超出答题区域的答案无效

186 [A] [B] [C] [D]　　191 [A] [B] [C] [D]
187 [A] [B] [C] [D]　　192 [A] [B] [C] [D]
188 [A] [B] [C] [D]　　193 [A] [B] [C] [D]
189 [A] [B] [C] [D]　　194 [A] [B] [C] [D]
190 [A] [B] [C] [D]　　195 [A] [B] [C] [D]

第六部分　综合能力（每小题30分，共60分）

196.

请在各题目的答题区域内作答，超出答题区域的答案无效

197.

二〇一八年从优秀士兵中选拔干部军事职业能力考核

优秀士兵保送入学对象综合知识与能力考试试题答案及评分标准

第一部分　政治理论知识（共15题，每题2分）

1. A	2. C	3. A	4. C	5. A	6. D
7. A	8. C	9. B	10. A	11. C	12. C
13. B	14. D	15. A			

第二部分　军事知识（共50题，每题2分）

16. C	17. D	18. B	19. A	20. B	21. C
22. C	23. C	24. B	25. D	26. C	27. A
28. B	29. C	30. C	31. D	32. A	33. A
34. C	35. A	36. C	37. D	38. A	39. A
40. D	41. B	42. C	43. D	44. D	45. D
46. A	47. D	48. D	49. B	50. C	51. B
52. B	53. D	54. D	55. B	56. D	57. B
58. C	59. A	60. D	61. C	62. D	63. C
64. B	65. C				

第三部分　基本常识（共30题，每题2分）

66. C	67. C	68. A	69. C	70. D	71. A
72. B	73. C	74. C	75. B	76. C	77. D
78. B	79. B	80. C	81. B	82. C	83. B
84. B	85. D	86. D	87. D	88. A	89. B
90. D	91. B	92. A	93. B	94. C	95. B

第四部分　科学知识综合（共50题，每题2分）

96. A	97. C	98. B	99. D	100. A	101. B
102. D	103. C	104. B	105. A	106. D	107. D
108. A	109. C	110. C	111. D	112. A	113. B
114. B	115. C	116. D	117. B	118. A	119. A
120. A	121. B	122. C	123. B	124. C	125. A
126. B	127. D	128. D	129. C	130. C	131. D
132. B	133. B	134. A	135. A	136. C	137. B
138. D	139. D	140. B	141. C	142. D	143. B
144. D	145. D				

第五部分　　分析推理（共50题，每题3分）

146. D	147. C	148. A	149. B	150. C	151. A
152. D	153. B	154. D	155. D	156. C	157. C
158. D	159. D	160. C	161. C	162. A	163. D
164. B	165. C	166. B	167. B	168. B	169. B
170. B	171. A	172. D	173. C	174. A	175. C
176. A	177. A	178. D	179. C	180. D	181. C
182. C	183. D	184. A	185. A	186. B	187. A
188. D	189. D	190. C	191. B	192. C	193. D
194. D	195. D				

第六部分　　综合能力（共2题，每题30分）

196. 存在的主要问题：
（1）中心工作受冲击；
（2）把分工当分家，没有聚焦中心工作；
（3）缺乏科学统筹。
主要对策：
（1）学会"弹钢琴"，念好"统"字诀；
（2）树牢聚力强军、一切为战的理念；
（3）建立健全有效机制，为"中心居中"提供保证。
分值分配：
主要问题：每条4分，共12分。
主要对策：每条4分，共12分。
概括准确，论证充分，语言流畅，4分。
400字左右，2分。

197. 如何制订学习计划：
（1）要从个人实际出发；
（2）长计划和短安排要结合好；
（3）留有余地。
如何实施：
（1）要排出各种干扰；
（2）要擅于利用零碎时间；
（3）要不断地检查时间的利用率。
分值分配：
如何制订学习计划：每条4分，共12分。
如何实施：每条4分，共12分。
概括准确，层次清晰，语言流畅，4分。
400字左右，2分。

二○一八年从优秀士兵中选拔干部军事职业能力考核

大学毕业生士兵提干推荐对象综合知识与能力考试试题

考生须知	1. 考试时间：150 分钟。 2. 试题分值：第一部分政治理论知识（15 题）、第二部分军事知识（50 题）、第三部分基本常识（30 题），均为单项选择题，每题 2 分，共 190 分；第四部分分析推理（50 题），每题 3 分，共 150 分；第五部分综合能力（2 题），每题 30 分，共 60 分。总分 400 分。 3. 应考者携带考试文具包括黑色字迹的钢笔或签字笔、2B 铅笔和橡皮。客观题用 2B 铅笔、主观题用钢笔或签字笔在答题卡上作答，在试题或其他位置作答一律无效。 4. 考试结束后，试卷及答题卡全部上交并分别封存。

第一部分　　政治理论知识

1. 中共中央总书记、国家主席习近平 2017 年 12 月 1 日在人民大会堂出席中国共产党与世界政党高层对话会开幕式，并发表题为_____的主旨讲话。
   A. 《携手建设更加美好的世界》
   B. 《深化互利合作　促进共同发展》
   C. 《坚持合作创新法治共赢　携手开展全球安全治理》
   D. 《深化伙伴关系　增强发展动力》

2. 2017 年 12 月 13 日是南京大屠杀惨案发生_____周年，也是第四个南京大屠杀死难者国家公祭日。中共中央、全国人大常委会、国务院、全国政协、中央军委 12 月 13 日上午在南京隆重举行南京大屠杀死难者国家公祭仪式。
   A. 70　　　　　　B. 75　　　　　　C. 80　　　　　　D. 90

3. 2018 年 2 月 24 日，十二届全国人大常委会第三十三次会议表决通过了关于实行宪法宣誓制度的决定，对宪法宣誓制度相关规定作出适当修改。决定从_____起施行。
   A. 2018 年 3 月 12 日　　　　　　　B. 2018 年 10 月 1 日
   C. 2018 年 12 月 31 日　　　　　　D. 2019 年 1 月 1 日

4. 中国特色社会主义进入新时代，我国社会主要矛盾已经转化为人民日益增长的美好生活需要和_____的发展之间的矛盾。
   A. 生产力　　　B. 生产方式　　　C. 不平衡不充分　　　D. 生产关系

5. 2018 年是全面贯彻党的十九大精神的开局之年，是改革开放_____周年，是决胜全面建成小康社会、实施"_____"规划承上启下的关键一年。
   A. 40　十三五　　B. 45　十三五　　C. 30　十二五　　D. 40　十二五

6. 感性认识和理性认识是辩证统一的，是因为_____。
   ①感性认识是理性认识的基础，没有感性认识，理性认识就成了无源之水、无根之木
   ②理性认识是抽象的，不可靠的，感觉经验才是唯一可靠的认识
   ③感性认识是不可靠的，理性认识才是可靠的
   ④认识的真正任务在于感性认识上升为理性认识，把握事物发展的规律性
   A. ①②　　　　　B. ①③　　　　　C. ③④　　　　　D. ①④

7. _____是全面推进依法治国、加快建设社会主义法治国家最根本的保证。
   A. 共产党的领导　　　　　　　　B. 法规制度建设
   C. 高级干部廉政建设　　　　　　D. 国防和军队建设

8. 近年来，"闲置就是浪费、使用但不购买"的新消费观正悄然盛行，分享经济逐渐成为我国经济增长的"主引擎"。这一新的消费观念体现了_____。
   ①绿色消费　②从众消费　③提前消费　④勤俭节约
   A. ①③　　　　B. ②③　　　　C. ①④　　　　D. ③④

9. _____是引领发展的第一动力，是建设现代化经济体系的战略支撑。
   A. 改革　　　　B. 创新　　　　C. 开放　　　　D. 科技

10. "鞋子合不合脚，自己穿着才知道。一个国家的发展道路合不合适，只有这个国家的人民才最有发言权。"国家主席习近平的这段话表明，在处理国际关系时应该_____。
    ①坚持各国主权平等，反对干涉别国内政　②维护公平正义，尊重各国人民的选择
    ③坚定维护共同利益，同时维护本国利益　④增强综合国力，抢占国际竞争优势
    A. ①②　　　　B. ②③　　　　C. ②④　　　　D. ①④

11. 社会主义首要的根本任务是_____。
    A. 改善人民生活　　　　　　　　B. 发展社会主义市场经济
    C. 解放和发展生产力　　　　　　D. 推进政治体制改革

12. 下列说法不正确的是_____。
    A. 违法和犯罪在本质上是相同的　　　B. 违法和犯罪对社会的危害程度不一样
    C. 一般违法行为应受到刑法处罚　　　D. 对违法和犯罪的处罚不同

13. 法国有一句谚语："一点又一点，小鸟筑成巢"。《老子》说："合抱之木，生于毫末；九层之台，起于累土。"其中蕴含的哲学道理是_____。
    A. 一切事物的变化发展都是从质变开始的
    B. 量变是质变的前提和必要准备
    C. 只要有量变，就必然发生质变
    D. 量变和质变的关系是决定和被决定的关系

14. "中国制造2025"构想的提出，对于中国传统制造业的转型升级影响深远。把智能制造作为中国制造未来的主攻方向，实现由中国制造向中国创造、中国智造转型。这有利于_____。
    ①促进我国经济实现由实体经济向虚拟经济转变
    ②通过产品结构的优化升级，引导消费新潮流
    ③推动产业升级，增强核心技术的竞争力
    ④催生新技术、新业态、新模式，形成新的经济增长点
    A. ①④　　　　B. ②③　　　　C. ①②　　　　D. ③④

15. 在长期实践中，我军形成了一整套优良传统。我军优良传统的核心内容是_____。
    A. 坚持党对军队的绝对领导　　　　B. 坚持全心全意为人民服务的根本宗旨
    C. 坚持官兵一致、发扬民主　　　　D. 坚持实行自觉的严格的纪律

第二部分　　军事知识

16. "以战止战"的义战观点出自_____。
    A. 《孙子兵法》　　B. 《六韬》　　C. 《司马法》　　D. 《三略》

17. 1941年12月_____，太平洋战争从此拉开帷幕。
    A. 日本进攻东南亚　　　　　　B. 中途岛海战
    C. 莱特湾海战　　　　　　　　D. 日本偷袭珍珠港

18. 1944年6月6日，盟军实施的诺曼底登陆战役发生在_____。
    A. 英国　　　B. 法国　　　C. 波兰　　　D. 比利时

19. 淮海战役历时65天，歼敌_____万。
    A. 55.5　　　B. 52.5　　　C. 47　　　D. 48

20. _____已经认识到战争是和政治紧密相连的，从而提出了"兵者，以武为植，以文为种。武为表，文为里"的说法。
    A. 《孙膑兵法》　　B. 《尉缭子》　　C. 《司马法》　　D. 《军志》

21. _____抛弃儒家以礼治军的原则，认为"礼不可治兵"，强调"吾在军中持法是也"。
    A. 刘彻　　　B. 铁木真　　　C. 曹操　　　D. 戚继光

22. 当代战争的总根源是_____。
    A. 恐怖主义　　B. 资本主义　　C. 霸权主义　　D. 新军国主义

23. 抗日战争时期，八路军129师师长是_____。
    A. 彭德怀　　　B. 贺龙　　　C. 刘伯承　　　D. 林彪

24. 毛泽东军事思想的核心内容是_____。
    A. 歼灭战思想　　B. 人民战争思想　　C. 积极防御思想　　D. 以劣胜优思想

25. 中国人民解放军担负打仗、做群众工作和_____三项基本任务。
    A. 训练　　　B. 管理　　　C. 学习　　　D. 生产

26. 战争性质取决于_____。
    A. 谁先发动战争　　　　　　B. 战争在哪个国家的国土上进行
    C. 战争的政治目的　　　　　D. 战争规模的大小

27. 战争按其性质区分为_____。
    A. 正义战争和非正义战争　　　B. 革命战争和反革命战争
    C. 进步的战争和退步的战争　　D. 侵略战争和反侵略战争

28. 提出"天时不如地利，地利不如人和"观点的是_____。
    A. 孔子　　　B. 孟子　　　C. 孙子　　　D. 老子

29. 骑兵作为一种兵种独立编成是在_____。
    A. 春秋中期　　B. 春秋战国之交　　C. 战国中期　　D. 战国后期

30. 韩信"背水为阵，智擒赵王"的战场在_____。
    A. 马陵　　　B. 获鹿　　　C. 井陉口　　　D. 元氏

31. _____是我国最早的以统军驭将政治谋略为内容的专题兵书。
   A.《孙子兵法》   B.《孙膑兵法》   C.《六韬》   D.《三略》

32. 在_____中，首先提出了选将在德方面的五个要求，即"勇、智、仁、信、忠"。
   A.《六韬》   B.《孙膑兵法》   C.《三略》   D.《司马法》

33. 江泽民关于国防和军队建设"三步走"发展战略，第二步，再用十年时间即到_____年，随着国家经济实力的增长，使国防和军队现代化建设有一个较大的发展。
   A. 2020   B. 2022   C. 2023   D. 2025

34. 胡锦涛强调指出，把从严治军作为全局性、_____、长期性工作紧抓不放。
   A. 建设性   B. 经常性   C. 基础性   D. 根本性

35. 习主席强军思想提出力争到_____年基本实现国防和军队现代化。
   A. 2035   B. 2025   C. 2045   D. 2028

36. 美国军事理论创新的主要特点：一是勇于超越自我；二是_____；三是着眼体系博弈；四是得益于独特的学术研究氛围和机制。
   A. 紧密结合武力   B. 紧密结合政治
   C. 紧密结合科技   D. 紧密结合经济

37. 孙膑在治军方面，首先强调_____。
   A."仁义"   B."富国"   C."纪律"   D."强兵"

38.《孙子兵法》_____作为预知战争胜负，制定战争策略的重要依据。
   A."庙算"   B. 知彼知己   C. 通九变之利   D. 识众寡之利

39. 我军以"深圳号"命名的艇艇属于_____。
   A. 驱逐舰   B. 护卫舰   C. 战术潜艇   D. 巡洋舰

40. 被以色列称为"赎罪日战争"的是_____中东战争。
   A. 第一次   B. 第二次   C. 第三次   D. 第四次

41. 2018年3月5日是毛泽东题词"向雷锋同志学习"发表_____周年。
   A. 50   B. 55   C. 60   D. 65

42. 原始社会的战争，对推动_____发展起到了重要作用。
   A. 军事思想   B. 国家   C. 社会   D. 经济

43. 伪装技术是为了隐蔽自己和欺骗、迷惑敌人所采取的各种隐真示假的技术措施，是军队_____的一项重要内容。
   A. 进攻   B. 防御   C. 隐身   D. 战斗保障

44. 现代伪装技术主要有遮蔽、融合、示假、_____四种。
   A. 遮障   B. 隐蔽   C. 隐身   D. 规避

45. _____是研制最早、发展最快、隐身技术含量最高的隐身兵器。
   A. 隐身导弹   B. 隐身舰艇   C. 隐身坦克   D. 隐身飞机

46. _____航空图主要供强击机、直升机趋近目标和地空、超低空飞行使用，也可供高炮、地空导弹部队使用，同时又是诸军兵种联合作战指挥的战役用图。
   A. 1∶25万   B. 1∶50万   C. 1∶100万   D. 1∶200万

47. 地形是地貌和_____的总称。
    A. 山地　　　　　B. 道路　　　　　C. 平原　　　　　D. 地物

48. 下列选项，属于滑膛炮的是_____。
    A. 加农炮　　　　B. 榴弹炮　　　　C. 迫榴炮　　　　D. 无坐力炮

49. 《队列条令》规定，齐步的行进速度为每分钟_____步。
    A. 110－116　　　B. 116－122　　　C. 122－136　　　D. 170－180

50. 下列选项，属于窒息性毒剂的是_____。
    A. 芥子气　　　　B. 氢氰酸　　　　C. 光气　　　　　D. 毕兹

51. 全军新调整组建84个军级单位，原来的18个集团军调整组建_____个集团军。
    A. 12　　　　　　B. 13　　　　　　C. 14　　　　　　D. 15

52. 以下选项，不属于陆军兵种的是_____。
    A. 防空兵　　　　　　　　　　　　B. 空降兵
    C. 通信兵　　　　　　　　　　　　D. 电子对抗兵

53. 动能武器指的是一类能够发射5倍于音速的高速弹头，利用弹头的动能直接撞毁目标的武器。下列武器中不属于动能武器的是_____。
    A. 电磁炮　　　　B. 群射火箭　　　C. 动能拦截弹　　D. 激光武器

54. 雷达侦察机由天线、天线控制设备、_____和终端设备四部分组成。
    A. 显示器　　　　B. 分析器　　　　C. 示波器　　　　D. 接收机

55. 内务条令规定连队出早操每次时间通常为_____分钟。
    A. 20　　　　　　B. 30　　　　　　C. 40　　　　　　D. 50

56. 中央军事委员会实行_____。
    A. 集体负责制　　　　　　　　　　B. 多数人负责制
    C. 委员会全体负责制　　　　　　　D. 主席负责制

57. 某单位发生安全事故，重伤18人，依据《中国人民解放军安全条例》规定，该事故属_____。
    A. 一般事故　　　　　　　　　　　B. 严重事故
    C. 重大事故　　　　　　　　　　　D. 特大事故

58. 八路军第115师在_____平型关地区，对日军进行的伏击战，是八路军首战告捷的作战。
    A. 河南省　　　　B. 河北省　　　　C. 山西省　　　　D. 山东省

59. 2017年12月13日，习主席到71集团军某旅视察，走进_____生前所在班与战士座谈，充分肯定连队尊崇英雄、学习英雄的做法。
    A. 王杰　　　　　　　　　　　　　B. 雷锋
    C. 董存瑞　　　　　　　　　　　　D. 李向群

60. 1943年11月22日至26日，_____政府首脑在开罗举行会议，签署了《开罗宣言》。
    A. 中国、美国、苏联　　　　　　　B. 美国、英国、苏联
    C. 美国、英国、法国　　　　　　　D. 中国、美国、英国

61. 分队在行进间遇见首长和上级时，_____。
    A. 全体人员一起敬礼　　　　　　　B. 全体人员由前至后依次敬礼
    C. 由带队指挥员敬礼　　　　　　　D. 可以不敬礼

62. 我军《纪律条令》规定对个人的奖励项目不包括_____。
    A. 嘉奖　　　B. 三等功　　　C. 八一勋章　　　D. 优秀党员

63. 下列国家不与中国接壤的是_____。
    A. 朝鲜　　　B. 俄罗斯　　　C. 泰国　　　D. 越南

64. 2018年4月12日，中央军委在南海海域举行海上阅兵，执行检阅任务是_____舰。
    A. 石家庄　　　B. 长沙　　　C. 三亚　　　D. 青岛

65. 下列国家不属海湾（波斯湾）国家的是_____。
    A. 伊朗　　　B. 伊拉克　　　C. 叙利亚　　　D. 巴林

第三部分　　基本常识

66. 中华人民共和国的国体是_____。
    A. 议会制　　　　　　　　　　B. 共和制
    C. 人民民主专政　　　　　　　D. 人民代表大会制度

67. 我国《宪法》规定，年满_____周岁的公民才具有选举权和被选举权。
    A. 16　　　　B. 17　　　　C. 18　　　　D. 19

68. 国防法规定，国家根据动员要求，可以依法征用_____的设备设施、交通工具和其他物资。
    A. 组织和个人　　B. 组织　　　　C. 个人　　　　D. 公民

69. 使馆馆长的等级不包括_____。
    A. 大使　　　　B. 代办　　　　C. 临时代办　　D. 公使

70. 人们常用"杏林春暖""杏林满园"赞扬某人的技术和道德，这里的"杏林"是_____的代称。
    A. 教育界　　　B. 戏曲界　　　C. 植物学界　　D. 中医学界

71. 与计划经济相对应的经济范畴是_____。
    A. 市场经济　　　　　　　　　　B. 商品经济
    C. 自然经济　　　　　　　　　　D. 产品经济

72. 强化"四个意识"是强化政治意识、大局意识、核心意识和_____。
    A. 纪律意识　　B. 看齐意识　　C. 服从意识　　D. 奉献意识

73. 发挥政治工作生命线作用，培养有灵魂、有本事、有血性、_____的新时代革命军人。
    A. 有觉悟　　　B. 有理想　　　C. 有品德　　　D. 有素质

74. 下列省市简称不正确的是_____。
    A. 湖南省（湘）　　　　　　　　B. 山东省（鲁）
    C. 海南省（海）　　　　　　　　D. 天津市（津）

75. 《静夜思》"床前明月光，疑是地上霜。举头望明月，低头思故乡。"作者是_____。
    A. 杜甫　　　　B. 李白　　　　C. 苏轼　　　　D. 刘禹锡

76. 日常生活中经常可以依靠动物的某些行为预测天气，下列对应正确的是_____。
    A. 麻雀围食—雨天　　　　　　　B. 龟背冒"汗"—晴天
    C. 蜻蜓低飞—雨天　　　　　　　D. 蚂蚁垒窝—晴天

77. 歌曲《我的祖国》是电影_____中的插曲。
    A.《英雄儿女》　　　　　　　　B.《打击侵略者》
    C.《海外赤子》　　　　　　　　D.《上甘岭》

78. 下列不属于我国五大淡水湖泊的是_____。
    A. 鄱阳湖　　　B. 洪湖　　　　C. 太湖　　　　D. 洞庭湖

79. 《中华人民共和国国歌》的曲作者是_____。
    A. 冼星海　　　B. 聂耳　　　　C. 公木　　　　D. 田汉

80. 2018年是中国人民解放军建军_____周年。
    A. 80   B. 90   C. 91   D. 92

81. 2018年3月25日至28日，_____对我国进行了非正式访问。
    A. 日本首相安倍晋三   B. 朝鲜劳动党委员长金正恩
    C. 韩国总统文在寅   D. 法国总统马克龙

82. 第二十三届冬季奥林匹克运动会在_____举行。
    A. 日本东京   B. 俄罗斯索契 C. 韩国平昌   D. 德国汉堡

83. 我国首颗暗物质科学卫星为_____。
    A. "嫦娥"号   B. "悟空"号   C. "探索者"号 D. "神州"号

84. 2017年7月28日，习主席首次颁授_____，充分体现了对英模典型的崇高敬意和高度褒奖。
    A. "七一勋章"   B. "八一勋章"
    C. "共和国勋章"   D. "友谊勋章"

85. 第十三届全国人民代表大会第一次会议决定组建_____。
    A. 退役军人安置部   B. 退役军人保障部
    C. 退役军人管理部   D. 退役军人事务部

86. 《三国演义》"三英战吕布"中的"三英"是指_____。
    A. 诸葛亮、关羽、赵云   B. 刘备、关羽、赵云
    C. 张飞、关羽、赵云   D. 刘备、关羽、张飞

87. 2018年博鳌亚洲论坛在我国的_____举行。
    A. 北京   B. 天津   C. 广州   D. 海南

88. 在我国，树木年轮宽的一方一般是_____。
    A. 南方   B. 北方   C. 东方   D. 西方

89. 唐代诗人_____有"诗圣"之称。
    A. 李白   B. 杜甫   C. 白居易   D. 韩愈

90. 下列选项不属于"唐宋八大家"的是_____。
    A. 韩愈   B. 欧阳修   C. 王安石   D. 李白

91. 被恩格斯称为"天才的诗人"是_____。
    A. 莎士比亚   B. 歌德   C. 雪莱   D. 拜伦

92. 被誉为"人民音乐家"的是_____。
    A. 冼星海   B. 聂耳   C. 贺绿汀   D. 郭兰英

93. 我国民间舞蹈"安代"属于_____。
    A. 汉族   B. 蒙古族   C. 藏族   D. 傣族

94. 下列选项不属于中国画中"四君子"的是_____。
    A. 梅   B. 兰   C. 松   D. 竹

95. 我国京剧形成于清代_____。
    A. 嘉庆年间   B. 道光年间   C. 咸丰年间   D. 光绪年间

第四部分　　分析推理

96. 直观教学是指利用教具作为感官传递物,向学生展示相关内容,以达到提高学习效率或效果的一种教学方式。直观教学包括实物直观、模象直观和言语直观。实物直观通过直接感知实际事物而进行;模象直观通过对实物的模拟性形象来直接感知;言语直观是在形象化的语言作用下,通过学生对语言的物质形式(语音、字形)的感知及对语义的理解而进行的一种直观形式。
根据上述定义,下列不属于上述三种直观教学的是_____
A. 请学生分角色朗读戏剧作品,或通过上台表演来体会人物性格
B. 在艺术鉴赏课上,使用幻灯片给学生展示西方油画的经典之作
C. 暑期带着学生去工厂和农村进行实地参观访问
D. 请学生在课后阅读整篇小说内容并撰写读后感

97. 符号是人们共同约定来指称一定对象的标志物,它可以包括以任何形式通过感觉来显示意义的全部现象,在这些现象中某种可以感觉的东西就是对象及其意义的体现者。
根据上述定义,下列选项属于符号的是_____
A. 中医诊断时所观察的舌苔　　　B. 野外行路时人所使用的指南针
C. 十字路口指示用的红绿灯　　　D. 搜救犬救人时所闻的人体气味

98. 时间知觉是对客观现象延续性和顺序性的感知,时间知觉的信息,既来自于外部,也来自内部。外部信息包括计时工具,也包括宇宙环境的周期性变化。内部信息是机体内部的一些有节奏的生理过程和心理活动。
根据上述定义,下列没有包含时间知觉信息的是_____
A. 东边日出西边雨,道是无晴却有晴　　　B. 三更灯火五更鸡,正是男儿读书时
C. 人有悲欢离合,月有阴晴圆缺　　　D. 月出惊山鸟,时鸣春涧中

99. 隐身战机目前主要依靠外形设计和材料表面涂层,来降低其可探测性,实现雷达隐身。但是,受现有技术和材料水平以及战机制造难度、机动性能、造价与后续费用、维护保障方便性等诸多限制,隐身战机不得不在上述几方面做出一定平衡,因此一般不可能实现全方位和全电磁波段的所谓全隐身,特别是它在执行特殊任务,携带或挂载暴露在机体外的非隐形配置时,隐身能力要下降很多。
这段文字意在_____
A. 介绍制造隐身战机的困境　　　B. 分析隐身战机的设计缺陷
C. 探讨隐身战机的技术难点　　　D. 论述隐身战机的隐身原理

100. 海洋微生物大多是海洋的生产者,参与海洋物质生产、传递、沉降、分解和转化的过程,为海洋植物的生存提供良好的环境和资源。除此之外,多数海洋微生物具有分解有机物质的能力,能将有机物分解成氨、硝酸盐以及二氧化碳等,为海洋植物提供营养物,对海洋无机营养再生起了重要作用。海洋中具有光合作用的微生物能利用简单无机物合成有机物和氧,有利于其他生物生存。
关于海洋微生物的作用,这段文字未涉及的是_____
A. 参与海洋的物质循环　　　B. 保护海洋的生态平衡
C. 促使海洋的富营养化　　　D. 维护海洋的食物链

101. 中俄计划携手建设从莫斯科出发,穿越哈萨克斯坦通往北京的欧亚高速运输走廊。新铁路的兴建可能要耗时八至十年。从工程的规模及价值来看,它堪与苏伊士运河_____。后者大幅缩短了通航里程及时间,迅速对全球贸易产生了_____的影响。

　　填入画线部分最恰当的一项是_____。

　　A. 比肩　不可估量　B. 媲美　旷日持久　C. 争雄　超乎预期　D. 匹敌　源源不断

102. 阅读终端在不断下移,打开手机就可以阅读到新闻,关注他人微博就可以了解到需要的信息。所以如果纸媒还_____地认为自己不可取代,那无疑是自寻死路。许多纸媒在新闻方面早已_____了,只要广告额下降到一定程度,关门是迟早的事。

　　填入画横线部分最恰当的一项是_____。

　　A. 一厢情愿　渐行渐远　　　　B. 执迷不悟　千篇一律

　　C. 不可一世　差强人意　　　　D. 抱残守缺　乏善可陈

103. 大数据是指规模极其巨大,以致很难通过一般软件工具加以获取、管理、处理并整理成为有用资讯的海量数据。其具有大量、高速、多样和价值四个特点,被认为是人类新世纪的"新财富",价值"堪比石油"。发达国家纷纷将开发利用大数据作为夺取新一轮制高点的重要目标,就是个明证。

　　这段文字意在说明_____

　　A. 大数据在处理上还存在技术难度

　　B. 大数据背后隐藏着巨大的价值

　　C. 发达国家在开发利用大数据上已经先行一步

　　D. 开发利用大数据已成为国家竞争的一个热点

104. 在现代军事中,战略威慑的地位越来越重要。战略威慑的实力,由常备军和后备力量两个部分组成,要确保这两支力量正常运转和发展,除了国民经济动员外,还需要一种无形力量的支持。这正是信息化战争中,新闻舆论战所承担的战略任务。因为没有媒体的宣传,别人就不可能全面感受到你的"强大",其威慑作用也会大打折扣。从海湾战争到伊拉克战争,美国都是借助媒体挥舞"威慑大棒",战前就发动大规模的舆论攻势,使对方先失一局。可见,通过舆论战抢占话语权,先发制敌,形成对己有利的战争环境,有助于实现战略目标。

　　这段文字意在说明_____

　　A. 舆论战成为打赢信息化战争的重要手段　B. 大规模舆论攻势成为现代战争的前哨战

　　C. 媒体宣传是联结常备军与后备力量的纽带　D. 新闻舆论战对战略威慑至关重要

105. 大数据时代,正是通过挖掘个人选择偏好、生活轨迹、金融信用等数据,把握社会整体的需要、供给和趋势,进而更好地造福社会。有了大数据,企业可以据此实现颠覆式创新,创造个性化、定制化的产品。政府部门可以据此提高治理效能,相关政策可以更好辨证施治。对于个人而言,大数据带来的是更方便、更精准、更有效率。可以说,_____,正在成为现代社会最重要的进步动力之一。

　　填入画横线部分最恰当的一项是_____

　　A. 大数据使得统计上显著的相关关系越来越多

　　B. 大数据日益改变着人类日益普及的网络行为

　　C. 大数据利用信息技术创造持久有力的竞争优势

　　D. 大数据将信息从知识的载体进化为智慧的源泉

106. 某营来了三名代职教员,报到前,教导员得知以下情况:三人中有一位来自陆军院校,一位来自海军院校,一位来自空军院校。老王比空军教员的年龄大,老吴和海军教员不同岁,海军教员比老郑年龄小。

根据上述信息,教导员可以得知_____。

A. 老吴是陆军教员,老郑是海军教员,老王是空军教员
B. 老吴是海军教员,老郑是空军教员,老王是陆军教员
C. 老吴是空军教员,老郑是陆军教员,老王是海军教员
D. 老吴是空军教员,老郑是海军教员,老王是陆军教员

107. 茶叶是中国人喜爱的健康饮品。一般人将茶叶冲泡饮用几次之后,就将喝剩的茶叶倒掉。某专家对此指出,其实茶叶中能够溶解于水的物质是有限的,大量有营养的物质仍然保留在茶叶中,白白倒掉实在可惜,人们应该将喝剩的茶叶吃掉。

以下哪项如果为真,最能反驳该专家的观点?_____

A. 茶叶中许多没有营养的物质也不能溶于水
B. 茶叶中含有茶叶碱和微量元素,可以提神醒脑
C. 茶叶中多数农药残留和重金属吃下去会被人体吸收
D. 很多人将喝剩的茶叶留下来做茶饼、茶叶蛋等

108. 某旅对一营5个连队进行了集体五公里武装越野考核,考核结束后,几位连长预测了一下各连的成绩:

一连长说:没有连队会达标。

二连长说:有的连队会达标。

三连长说:1连或机枪连可达标。

成绩通报后,只有一位连长的预测是正确的,由此可推出_____

A. 没有连队达标   B. 全营都达标了   C. 一连达标   D. 机枪连未达标

109. 扶贫必扶智,让贫困地区的孩子们接受更好的教育是扶贫开发的重要任务,也是阻断贫困代际传递的重要途径。以下哪项是上述论证的假设?_____

A. 贫困代际传递导致教育落后   B. 富有家庭大都接受良好教育
C. 扶贫工作难,扶智工作更难   D. 知识改变命运,教育成就财富

110. 甲、乙、丙、丁四名士官讨论春节探亲休假一事。甲说:乙回去,我就肯定回去;乙说:丙回去我就不回去;丙说:无论丁回去不回去,我都回去;丁说:甲乙中至少有一个人回去,我就回去。以下哪项推论可能正确?_____

A. 乙、丙两个人回去了   B. 甲一个人回去了
C. 甲、丙、丁三个人回去了   D. 四个人都回去了

111. 甲、乙、丙、丁四名学员利用晚上时间分别参加学院组织的板报设计、音乐指挥、篮球裁判、足球裁判专长培训,已知板报设计周二不上课,音乐指挥周三不上课,篮球裁判周四不上课,足球裁判只有周三、周五上课,周一4个班都不上课。某天,甲说:"我这两天都没课,明天才能去上课。"乙说:"我也明天去,因为后天没课。"丙说:"我和甲的情况正好相反,我明天去了没用,今天去倒是上课的。"丁说:"我从明天开始,连续五天都可以去上课"。那么乙参加的培训课是_____。

A. 板报设计   B. 音乐指挥   C. 篮球裁判   D. 足球裁判

112. 小赵、小钱、小孙、小李、小周5名新兵参加投弹考核,他们成绩之间的关系是:小孙没有小钱高,小周没有小李高,小赵高于小钱,而小李不如小孙高,则成绩最高的是_____。
    A. 小赵   B. 小钱
    C. 小孙   D. 小李

113. 对于战士小李、小王、小刘能否考取军校,有以下四种猜测:
    (1)小李能考取;
    (2)要是小王能考取,那么小刘也能考取;
    (3)或者小王能考取,或者小李能考取;
    (4)小王能考取。
    事后证实,这四种猜测中只有一种是对的。
    根据以上信息,可以得出以下哪项?_____
    A. 小李考取了
    B. 小刘没有考取
    C. 小刘考取了
    D. 小李没有考取

114. 11,24,39,56,_____。
    A. 74   B. 75   C. 76   D. 77

115. 1,6,5,7,2,8,6,_____,3。
    A. 7   B. 8   C. 9   D. 10

116. 102,96,108,84,_____,36。
    A. 122   B. 132   C. 134   D. 136

117. 汽车连一辆汽车第一天行驶了5个小时,第二天行驶了600千米,第三天比第一天少行驶200千米,三天共行驶18小时,已知第一天的平均速度与三天全程的平均速度相同,则三天共行驶了_____千米。
    A. 800   B. 900
    C. 1000   D. 1200

118. 工程队接到一项工程,投入80台挖掘机。如连续施工30天,每天工作10小时,正好按期完成。但施工过程中遭遇大暴雨,有10天时间无法施工,工期还剩8天时,工程队增派70台挖掘机并加班施工。工程队若想按期完成,平均每天需要多工作_____小时。
    A. 1.5   B. 2   C. 3   D. 3.5

119. 小游射击共用了10发子弹,全部命中,分布在10环、8环和5环上,总成绩为75环,则命中10环的子弹数是_____。
    A. 1发   B. 2发   C. 3发   D. 4发

120. 植树节期间,某班在一块直角三角形绿地的周边上植树,共植树12棵,如果树间距为1米,绿地面积为6平方米。则在绿地的斜边上最多能植_____棵树。
    A. 5   B. 6   C. 7   D. 8

121. 两学员队为召开联欢晚会,分别编排了3个和2个节目,要求同一学员队的节目不能连续出场,则安排节目出场顺序的方案共有_____。
    A. 12种   B. 16种   C. 18种   D. 24种

(第122题~127题。根据给出的相关词,从四个备选项中找出在逻辑关系上与之最为贴切或相似的一个)

122. 闪电战:战术:突袭_____
 A. 润滑油:机械:减震 B. 戈壁滩:地形:干旱
 C. 防空洞:轰炸:隐蔽 D. 斑马线:标记:通过

123. 法律:法盲_____
 A. 地图:路盲 B. 黑暗:夜盲 C. 文字:文盲 D. 雪地:雪盲

124. 侦察:证据_____
 A. 调查:数据 B. 实验:研究 C. 探索:发现 D. 尝试:失败

125. 文物:建筑_____
 A. 烹饪:佐料 B. 商店:楼房 C. 诗人:教授 D. 皮鞋:布鞋

126. 学生:学霸:学习_____
 A. 军人:军官:卫国 B. 房奴:孩奴:还贷 C. 女士:护士:护理 D. 白领:金领:管理

127. 丝绸之路之于_____相当于万里长征之于_____
 A. 敦煌 遵义 B. 骆驼 草鞋 C. 沙漠 海洋 D. 贸易 解放

128. 从所给的四个选项中,选出最合适的一个填入问号处,使之呈现一定的规律性。_____

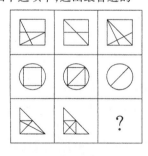

129. 从所给的四个选项中,选出最合适的一个填入问号处,使之呈现一定的规律性。_____

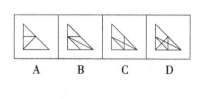

130. 左图给定的是正方体纸盒的外表面,下面哪一项能由它折叠而成?_____

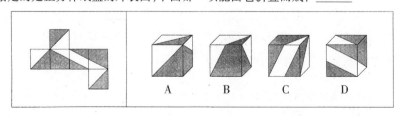

131. 把下面的六个图形分为两类,使每一类图形都有各自的共同特征或规律,分类正确的一项是:_____

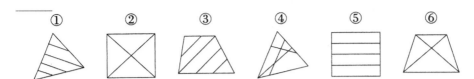

A. ①②④,③⑤⑥ B. ①④⑤,②③⑥
C. ①③⑤,②④⑥ D. ①③⑥,②④⑤

132. 左边给出一立体图形,从任意面将其剖开,下面哪一项不可能是该立体图形的截面?_____

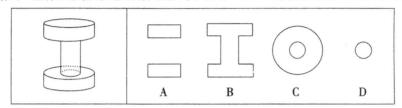

133. 从所给的四个选项中,选出最合适的一个填入问号处,使之呈现一定的规律性。_____

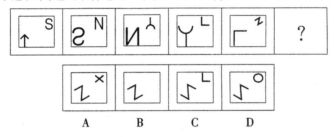

134. 从所给的四个选项中,选出最合适的一个填入问号处,使之呈现一定的规律性。_____

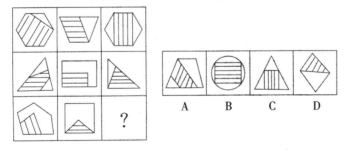

135. 从所给的四个选项中,选出最合适的一个填入问号处,使之呈现一定的规律性。_____

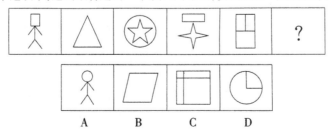

根据以下资料回答 136～140 题

2016年"一带一路"沿线64个国家GDP之和约为12.0万亿美元,占全球GDP的16.0%;人口总数约为32.1亿人,占全球总人口的43.4%;对外贸易总额(进口额+出口额)约为71885.6亿美元,占全球贸易总额的21.7%。

2016年"一带一路"沿线国家情况

	人口(万人)	GDP(亿美元)	进口额(亿美元)	出口额(亿美元)
蒙古	301.4	116.5	38.7	45.0
东南亚11国	63852.5	25802.2	11267.2	11798.6
南亚8国	174499.0	29146.6	4724.1	3308.5
中亚5国	6946.7	2254.7	422.7	590.7
西亚、北非19国	43504.6	36467.5	9675.5	8850.7
东欧20国	32161.9	26352.1	9775.5	11388.4

136. 2016年全球贸易总额约为多少万亿美元?_____
  A. 28   B. 33   C. 40   D. 75

137. 2016年"一带一路"沿线国家中,东欧20国的人均GDP约是中亚5国的多少倍?_____
  A. 2.5   B. 3.6   C. 5.3   D. 11.7

138. "一带一路"沿线主要区域中,2016年进口与出口额数值相差最大的是_____。
  A. 东南亚11国   B. 南亚8国
  C. 西亚、北非19国   D. 东欧20国

139. 2016年,蒙古GDP约占全球总体GDP的_____。
  A. 0.61‰   B. 1.56‰   C. 0.06‰   D. 0.16‰

140. 关于"一带一路"沿线国家2016年状况,能够从上述资料中推出的是_____。
  A. 超过六成人口集中在南亚地区
  B. 东南亚和南亚国家GDP之和占全球的8%以上
  C. 平均每个南亚国家对外贸易额超过1000亿美元
  D. 平均每个东欧国家的进口额高于平均每个西亚、北非国家的进口额

根据以下资料回答 141～145 题

2012年我国夏粮生产获得了较好收成。全国夏粮总产量达到12995万吨,比2011年增加356万吨,增长2.8%,超过1997年12768万吨的历史最高水平,比10年前增长31.6%。2012年,河北、山西、江苏、安徽、山东、河南、湖北、四川、陕西、甘肃、新疆这11个主产省(区)增产夏粮364万吨,其中安徽增产80万吨、山东增产75万吨、河北增产63万吨、河南增产55万吨,在非主产省(区、市)中北京、辽宁、浙江、湖南、重庆、云南、宁夏有不同程度减产。

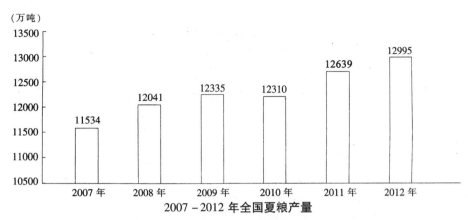

2007-2012年全国夏粮产量

2012年11个主产省(区)夏粮播种面积及总产量

	播种面积(万公顷)	总产量(万吨)
全国总计	2757.6	12995
河北	244.5	1353.1
山西	70.9	261.1
江苏	237.7	1143.5
安徽	245.9	1301.5
山东	362.7	2179.9
河南	536.7	3186.1
湖北	134.9	447.4
四川	181.3	587.6
陕西	128.7	472.5
甘肃	96.5	323.8
新疆	108.1	580.0

141. 2002年全国夏粮产量约为_____。

A. 4107万吨　　B. 9875万吨　　C. 12768万吨　　D. 17102万吨

142. 河北、安徽、四川、新疆四个省(区)中,2012年夏粮每公顷产量高于全国平均水平的省份有几个?_____

A. 1　　B. 2　　C. 3　　D. 4

143. 2012年11个主产省(区)夏粮播种面积约占全国播种总面积的_____。

A. 52%　　B. 67%　　C. 71%　　D. 85%

144. 假如2013年我国夏粮产量增长率创6年以来的新高,则2013年产量预计_____。

A. 在12995~13128万吨之间　　B. 在13200万吨左右

C. 不高于13314万吨　　D. 高于13456万吨

145. 根据上述材料,下列说法错误的是_____。

A. 2012年,11个主产省(区)夏粮增产量超过了全国增产总量

B. 2011年安徽夏粮产量为1221.5万吨

C. 与上一年相比,夏粮增长量最多的年份是2008年

D. 2012年夏粮产量比2008年大约增加了2.8%

第五部分　综合能力

给定材料一：

陆军某部在学习贯彻党的十九大精神中,强化备战打仗导向,坚持"一个让路、三个不争":即一切工作为主业让路,不与战备训练争时间、争人力、争资源,促进战斗力标准在部队真正立起来、落下去。这种聚精会神抓练兵备战,真正把"中心居中"放在心中的做法值得点赞。

"中心居中",才能决战决胜。然而,"不是中心胜似中心"的现象时有发生。到底是谁在与战备训练争时间、争人力、争资源？有的机关部门把分工当分家,各自为战,争时抢位,造成"业务"工作分散中心;有的热衷于安排大项活动,把出名挂号、多转经验当作主要成绩,造成"亮点"工程冲击中心;有的以"事故定乾坤",危不施训、险不练兵,管出了安全也管弱了战斗力,造成"保底"工程影响中心;有的习惯以会议落实会议,以文件指导文件,造成"五多"现象干扰中心。

俗话说,一个中心为"忠",两个中心为"患"。军事训练作为部队的经常性中心工作,是生成和提高战斗力的基本途径。"中心不居中",战斗力标准就成了一个"空口袋",很难立起来,就不可能做好新时代练兵备战工作,部队在关键时候就会"掉链子",打不了胜仗。

要确保"中心居中",必须做到部署安排任务、整合抓建力量,都要向能打仗、打胜仗聚焦。各项建设做到各在其位、协调推进,各个部门做到各司其职、形成合力。正确处理完成大项任务、临时性工作与打牢战斗力基础的关系,统筹兼顾当前建设与长远发展,保证战斗力建设有序推进、稳步提升。突出实战需要、突出重点部队、突出一线需求,推动各种力量资源向战斗力建设高度聚拢,在备战打仗中发挥最大效益。转变领导方式、工作模式和工作作风,对与备战打仗关系不大的会议、工作组、检查考核、试点观摩、评比表彰等下决心压减或取消。另一方面,各级党委和领导应把能打胜仗作为最大政绩,坚持谋划决策充分体现战斗力发展要求,决定重大事项优先考虑战斗力建设急需,出台政策措施注重集聚抓建战斗力合力。按照打仗要求选人用人,建立用战斗力贡献率来检验工作的考核评价体系,形成有利于提高战斗力的舆论导向、工作导向、用人导向、政策导向,确保中心工作真正居中。

146.根据上述材料,你分析一下在确保"中心居中"上存在的主要问题,并结合实际谈谈确保"中心居中"的主要对策。(要求:概括准确,论证充分,语言流畅,400字左右)

给定材料二：

古人云："凡事预则立,不预则废。"学习也是一样,有了计划,就不会打乱仗,就可以合理安排时间,适当分配精力。

对于部队官兵来说,该怎样制订学习计划呢？不少战友在制订计划时劲头很足,但往往忽略了实际情况,结果实行起来感到困难重重。如果不清楚自己在这个学习计划中要接受和消化多少知识、培养哪些能力,不确定能有多少确实可用的学习时间,不明白学习上的欠缺和漏洞,就无法制订出适合自己的学习计划。

由于实际的学习生活可能千变万化,往往不好预测,所以长远的计划不能订得太具体。但是,每个月在学习上应解决哪几个主要问题心中应当有数。这样,就可以把在一个较长时间内才能完成的学习任务分到每周、每天去。有了具体的短安排,长远计划中的任务就可以逐步得到实现;有了长远计划,又可以在完成具体学习任务时,心中有明确的学习目标。

计划的具体内容和实施步骤是在学习之前拟定的,只是一种设想,要把它变成现实还要经过一段时间的努力。在这个过程中,自己的思想可能发生某些变化,学习的各种条件也会有改变,学习计划订得再实际也难免出现估计不到的情况。例如,某个阶段学习内容难度大,这样计划中的学习任务就可能完不成。再或者,有时集体活动占用了较多的学习时间,也会影响学习计划的实施等。所以为了保证计划的实现,学习计划不要订得太满、太死、太紧,要留有机动时间,目标也不要订得过高,这样有利于增强学习的信心。

在制订好学习计划后,就需要全力以赴,确保实施。

在学习生活中,经常会受到各种事物的吸引,学习时间少就是因为自己从事的非学习活动太多的缘故。因此,要用顽强的意志控制自己,尽量保证学习时间。可以利用零碎时间去完成一些自己感兴趣、需要时间少、比较灵活的学习任务,也可以把分散的零碎时间集中起来使用。时间是分散的,但学习的内容是集中、专一的,这样,在零碎时间内也能完成比较大的学习任务。每周过后,应该想一想,在过去一周完成了什么学习任务?花了多少时间?学习效果如何?如何改进?以此来使时间利用率不断得到提高。相信在合理制订计划、科学有效落实的情况下,战友们一定能在学习上更进一步。

147. 根据以上材料,结合部队实际,谈谈如何制订学习计划及确保实施?(要求:概括准确,层次清晰,语言流畅,400字左右)

二〇一八年从优秀士兵中选拔干部军事职业能力考核
大学毕业生士兵提干推荐对象综合知识与能力考试答题卡

考生部别：_____

考生姓名：_____

填涂示例
正确填涂 ■
错误填涂 ☑ ✗ ● ◐

缺考标记
考生禁止填涂
☐
监考老师填涂缺考者的考生号和缺考标记

考 生 号（0-9 每列）

注意事项：
1. 答题前，考生务必将自己的部别、姓名、考生号填写、填涂在规定位置，考生号使用2B铅笔填涂。
2. 选择题须使用2B铅笔填涂，非选择题须使用黑色墨水签字笔作答，字体工整、笔迹清楚。
3. 考生须在答题卡各题目规定答题区域内答题，超出答题区域答题无效；在稿纸、试题卷上作答无效。
4. 保持卡面清洁，不准折叠，不得弄破。

第一部分　政治理论知识（每小题2分，共30分）

1 [A] [B] [C] [D]　　6 [A] [B] [C] [D]　　11 [A] [B] [C] [D]
2 [A] [B] [C] [D]　　7 [A] [B] [C] [D]　　12 [A] [B] [C] [D]
3 [A] [B] [C] [D]　　8 [A] [B] [C] [D]　　13 [A] [B] [C] [D]
4 [A] [B] [C] [D]　　9 [A] [B] [C] [D]　　14 [A] [B] [C] [D]
5 [A] [B] [C] [D]　　10 [A] [B] [C] [D]　　15 [A] [B] [C] [D]

第二部分　军事知识（每小题2分，共100分）

16 [A] [B] [C] [D]　　21 [A] [B] [C] [D]　　26 [A] [B] [C] [D]　　31 [A] [B] [C] [D]
17 [A] [B] [C] [D]　　22 [A] [B] [C] [D]　　27 [A] [B] [C] [D]　　32 [A] [B] [C] [D]
18 [A] [B] [C] [D]　　23 [A] [B] [C] [D]　　28 [A] [B] [C] [D]　　33 [A] [B] [C] [D]
19 [A] [B] [C] [D]　　24 [A] [B] [C] [D]　　29 [A] [B] [C] [D]　　34 [A] [B] [C] [D]
20 [A] [B] [C] [D]　　25 [A] [B] [C] [D]　　30 [A] [B] [C] [D]　　35 [A] [B] [C] [D]

36 [A] [B] [C] [D]　　41 [A] [B] [C] [D]　　46 [A] [B] [C] [D]　　51 [A] [B] [C] [D]
37 [A] [B] [C] [D]　　42 [A] [B] [C] [D]　　47 [A] [B] [C] [D]　　52 [A] [B] [C] [D]
38 [A] [B] [C] [D]　　43 [A] [B] [C] [D]　　48 [A] [B] [C] [D]　　53 [A] [B] [C] [D]
39 [A] [B] [C] [D]　　44 [A] [B] [C] [D]　　49 [A] [B] [C] [D]　　54 [A] [B] [C] [D]
40 [A] [B] [C] [D]　　45 [A] [B] [C] [D]　　50 [A] [B] [C] [D]　　55 [A] [B] [C] [D]

56 [A] [B] [C] [D]　　61 [A] [B] [C] [D]
57 [A] [B] [C] [D]　　62 [A] [B] [C] [D]
58 [A] [B] [C] [D]　　63 [A] [B] [C] [D]
59 [A] [B] [C] [D]　　64 [A] [B] [C] [D]
60 [A] [B] [C] [D]　　65 [A] [B] [C] [D]

请在各题目的答题区域内作答，超出答题区域的答案无效

请在各题目的答题区域内作答,超出答题区域的答案无效

第三部分　基本常识(每小题2分,共60分)

66 [A] [B] [C] [D]　　71 [A] [B] [C] [D]　　76 [A] [B] [C] [D]　　81 [A] [B] [C] [D]
67 [A] [B] [C] [D]　　72 [A] [B] [C] [D]　　77 [A] [B] [C] [D]　　82 [A] [B] [C] [D]
68 [A] [B] [C] [D]　　73 [A] [B] [C] [D]　　78 [A] [B] [C] [D]　　83 [A] [B] [C] [D]
69 [A] [B] [C] [D]　　74 [A] [B] [C] [D]　　79 [A] [B] [C] [D]　　84 [A] [B] [C] [D]
70 [A] [B] [C] [D]　　75 [A] [B] [C] [D]　　80 [A] [B] [C] [D]　　85 [A] [B] [C] [D]

86 [A] [B] [C] [D]　　91 [A] [B] [C] [D]
87 [A] [B] [C] [D]　　92 [A] [B] [C] [D]
88 [A] [B] [C] [D]　　93 [A] [B] [C] [D]
89 [A] [B] [C] [D]　　94 [A] [B] [C] [D]
90 [A] [B] [C] [D]　　95 [A] [B] [C] [D]

第四部分　分析推理(每小题3分,共150分)

96 [A] [B] [C] [D]　　101 [A] [B] [C] [D]　　106 [A] [B] [C] [D]　　111 [A] [B] [C] [D]
97 [A] [B] [C] [D]　　102 [A] [B] [C] [D]　　107 [A] [B] [C] [D]　　112 [A] [B] [C] [D]
98 [A] [B] [C] [D]　　103 [A] [B] [C] [D]　　108 [A] [B] [C] [D]　　113 [A] [B] [C] [D]
99 [A] [B] [C] [D]　　104 [A] [B] [C] [D]　　109 [A] [B] [C] [D]　　114 [A] [B] [C] [D]
100 [A] [B] [C] [D]　　105 [A] [B] [C] [D]　　110 [A] [B] [C] [D]　　115 [A] [B] [C] [D]

116 [A] [B] [C] [D]　　121 [A] [B] [C] [D]　　126 [A] [B] [C] [D]　　131 [A] [B] [C] [D]
117 [A] [B] [C] [D]　　122 [A] [B] [C] [D]　　127 [A] [B] [C] [D]　　132 [A] [B] [C] [D]
118 [A] [B] [C] [D]　　123 [A] [B] [C] [D]　　128 [A] [B] [C] [D]　　133 [A] [B] [C] [D]
119 [A] [B] [C] [D]　　124 [A] [B] [C] [D]　　129 [A] [B] [C] [D]　　134 [A] [B] [C] [D]
120 [A] [B] [C] [D]　　125 [A] [B] [C] [D]　　130 [A] [B] [C] [D]　　135 [A] [B] [C] [D]

136 [A] [B] [C] [D]　　141 [A] [B] [C] [D]
137 [A] [B] [C] [D]　　142 [A] [B] [C] [D]
138 [A] [B] [C] [D]　　143 [A] [B] [C] [D]
139 [A] [B] [C] [D]　　144 [A] [B] [C] [D]
140 [A] [B] [C] [D]　　145 [A] [B] [C] [D]

请在各题目的答题区域内作答,超出答题区域的答案无效

第五部分 综合能力（每小题30分,共60分）

146.

147.

二〇一八年从优秀士兵中选拔干部军事职业能力考核

大学毕业生士兵提干推荐对象综合知识与能力考试试题答案及评分标准

第一部分　　政治理论知识（共15题，每题2分）

1. A	2. C	3. A	4. C	5. A	6. D
7. A	8. C	9. B	10. A	11. C	12. C
13. B	14. D	15. A			

第二部分　　军事知识（共50题，每题2分）

16. C	17. D	18. B	19. A	20. B	21. C
22. C	23. C	24. B	25. D	26. C	27. A
28. B	29. C	30. C	31. D	32. A	33. A
34. C	35. A	36. C	37. B	38. A	39. A
40. D	41. B	42. C	43. D	44. D	45. D
46. A	47. D	48. D	49. B	50. C	51. B
52. B	53. D	54. D	55. B	56. C	57. B
58. C	59. A	60. D	61. C	62. D	63. C
64. B	65. C				

第三部分　　基本常识（共30题，每题2分）

66. C	67. C	68. A	69. C	70. D	71. A
72. B	73. C	74. C	75. B	76. C	77. D
78. B	79. B	80. C	81. B	82. C	83. B
84. B	85. D	86. D	87. D	88. A	89. B
90. D	91. B	92. A	93. B	94. C	95. B

第四部分　　分析推理（共50题，每题3分）

96. D	97. C	98. A	99. B	100. C	101. A
102. D	103. B	104. D	105. D	106. C	107. C
108. D	109. D	110. C	111. C	112. A	113. D
114. B	115. C	116. B	117. C	118. B	119. D
120. B	121. A	122. B	123. C	124. A	125. C
126. A	127. A	128. D	129. C	130. D	131. C
132. C	133. D	134. A	135. A	136. B	137. A
138. D	139. D	140. C	141. B	142. C	143. D
144. D	145. D				

第五部分　　综合能力（共2题，每题30分）

146. 存在的主要问题：
   （1）中心工作受冲击；
   （2）把分工当分家，没有聚焦中心工作；
   （3）缺乏科学统筹。
   主要对策：
   （1）学会"弹钢琴"，念好"统"字诀；
   （2）树牢聚力强军、一切为战的理念；
   （3）建立健全有效机制，为"中心居中"提供保证。
   分值分配：
   主要问题：每条4分，共12分。
   主要对策：每条4分，共12分。
   概括准确，论证充分，语言流畅，4分。
   400字左右，2分。

147. 如何制订学习计划：
   （1）要从个人实际出发；
   （2）长计划和短安排要结合好；
   （3）留有余地。
   如何实施：
   （1）要排出各种干扰；
   （2）要擅于利用零碎时间；
   （3）要不断地检查时间的利用率。
   分值分配：
   如何制订学习计划：每条4分，共12分。
   如何实施：每条4分，共12分。
   概括准确，层次清晰，语言流畅，4分。
   400字左右，2分。